CLASSIQUES JAUNES

Essais

Remarques sur la langue françoise

Claude Favre de Vaugelas

Remarques sur la langue françoise

Édition critique par Wendy Ayres-Bennett

PARIS
CLASSIQUES GARNIER
2025

Wendy Ayres-Bennett, professeur de philologie et de linguistique françaises à l'université de Cambridge, est directrice d'un projet international sur les Observations sur la langue française. Son champ d'investigation principal est le français classique et préclassique. Elle a coécrit avec Magali Seijido *Remarques et observations sur la langue française*, qui a obtenu le Prix de l'Académie française Georges Dumézil 2013.

ISBN 978-2-406-17984-9
ISSN 2417-6400

INTRODUCTION

1. VAUGELAS : L'HOMME ET L'ŒUVRE

1.1 VIE

Claude Favre de Vaugelas, auteur des célèbres *Remarques sur la langue françoise*, fut baptisé le 6 janvier 1585 à Meximieux dans l'Ain ; il était probablement né la veille[1]. Il était le fils d'Antoine Favre, jurisconsulte renommé et magistrat savant, né à Bourg-en-Bresse en 1557. Antoine Favre fut d'abord éduqué au collège des Jésuites à Paris et partit ensuite étudier le droit à Turin, où il fut reçu docteur en droit. Il commença sa carrière au barreau du Sénat de Chambéry en 1579, puis obtint la charge de juge-mage de Bresse en 1584 ; après être devenu sénateur de Savoie en 1587, il s'installa avec sa famille à Chambéry. En 1597, Henri de Nemours le nomma président du Conseil du Genevois ; il résida à Annecy jusqu'en 1610, puis retourna à Chambéry pour présider le Sénat de Savoie. Outre ses publications latines sur la jurisprudence, dont la plus importante est le *Codex Fabrianus* (première édition 1606), guide destiné aux avocats et aux juges de Savoie sous l'Ancien Régime, Antoine Favre était l'auteur de trois centuries de sonnets spirituels, d'une centurie

1 Voir l'acte baptistaire cité par Streicher (1934 : vii). La biographie la plus complète et la plus récente de Vaugelas est celle de Combaz (2000). Ce résumé biographique utilise comme sources principales les travaux de Collet (1949-1950, 1950a/b, 1954), Combaz (1996, 2000, 2003), Daumas (1951), Duval (1950a/b), Mombello (1988a/b, 1989, 1996), Mugnier (1902-1903), Rat (1967), Révérend du Mesnil (1869-1870) et Streicher (1933, 1934). Voir aussi Aveline (1956), Granger (1943) et Guichenon (1650). Pour des notices du type « Vaugelas, l'homme et l'œuvre », voir Adam (1947), Belaval (1962), Bordeaux (1935), Bruneau (1950), Galliot (1948), Grillet (1807 : 118-122), Henriot (1958), Herriot (1950), Moore-Rinvolucri (1951), Niceron (1732 : 294-303), Rat (1963), Rey (1900), Sainte-Beuve (1866) et Sayous (1853 : 97-118). Parmi les nombreuses introductions aux travaux de Vaugelas, citons Arland (1950), Blochwitz (1968), Jodogne (1962-1963), Minckwitz (1897), Perret (1950) et Thabuis (1976).

de quatrains moraux, ainsi que d'une tragédie française, *Les Gordians et Maximins, ou l'Ambition*, imprimée en 1589 et décrite par Streicher comme une « tragédie injouable », formulée dans « la langue de la Pléiade » (Streicher 1934 : ix). Ami du futur Saint François de Sales et d'Honoré d'Urfé, Antoine Favre édita les *Épîtres morales* de ce dernier. Sa première femme, Benoîte Favre de Vaugelas, mère de Claude, lui avait donné neuf enfants au terme de onze grossesses[2]. Son premier fils, René, devint juriste comme son père ; selon le testament d'Antoine Favre, « la plus grande et la plus particulière amitié » liait René et Claude, son deuxième fils[3]. Quelques mois après la mort de Benoîte, Antoine Favre prit en 1606 une deuxième épouse, Philiberte Martin de la Pérouse.

Claude passa donc sa jeunesse dans un milieu cultivé. Son éducation formelle se fit probablement au collège des Jésuites à Chambéry et au Collège Chapuisien à Annecy, mais il semble qu'Antoine Favre se soit également préoccupé de la formation de ses deux fils aînés, et en particulier de leur formation juridique. En 1599, au moment du deuxième voyage diplomatique d'Antoine Favre à Rome pour suivre le procès d'Anne d'Este contre Alphonse d'Este, ses deux fils aînés l'accompagnèrent ; pendant ce séjour de presque deux ans ils eurent comme condisciple Claude-Gaspard Bachet de Méziriac, lui aussi futur membre de l'Académie Française. Claude, qui avait déjà une bonne connaissance du latin et dans une moindre mesure du grec, se familiarisa avec la langue et la culture italienne et composa quelques vers italiens[4]. Fin décembre 1601 les trois Favre, en compagnie de François de Sales, quittèrent de nouveau Annecy. Cette fois ils se rendirent à Paris ; ce fut l'occasion pour le jeune Vaugelas de commencer à fréquenter la cour d'Henri IV et, selon ses propres mots dans la Préface des *Remarques* (III.1), de faire « son apprentissage en nostre langue aupres du grand Cardinal du Perron & de M. Coëffeteau ».

2 Parmi ces enfants, la mieux connue après Claude est peut-être Marie-Jacqueline, qui entra en 1611 dans l'ordre de la Visitation, nouvelle communauté religieuse fondée sous la direction de Jeanne de Chantal conformément à la vision de François de Sales (voir Chaugy 1659).

3 Combaz (2000) contient en annexe d'importants documents sur la vie de Vaugelas et sa famille, y compris le testament d'Antoine Favre (2000 : 522-526).

4 Déjà en 1606, Vaugelas fit publier un poème dédicatoire en latin dans le *Codex Fabrianus definitionum forensium* de son père (Favre 1606). Pour une discussion des sources classiques (latines et grecques) et italiennes citées par Vaugelas, voir ci-dessous (sections 3.1 et 3.2). Après le français, le latin est de loin la langue la plus citée par Vaugelas, mais ses observations comportent également des exemples grecs et italiens.

Pendant l'hiver de 1606-1607, Antoine Favre et François de Sales fondèrent l'Académie florimontane « ad exemplum Italicum » au sein de la maison familiale Favre. L'Académie, qui comptait une quarantaine de membres, avait un programme ambitieux : « Les leçons se feront ou de théologie ou de politique (*administration*) ou de philosophie, ou de rhetorique, ou de cosmographie ou de géometrie et d'arithmetique. On y traictera de l'ornement des langues et surtout de la françoise » (Mugnier 1902-1903, I : 291-292). Vaugelas tira sans doute profit de cette expérience lorqu'il devint plus tard membre de la nouvelle Académie Française. C'est également de cette période que datent les deux premières lettres de Vaugelas que nous ayons conservées ; elles sont adressées à Mme de la Faverge qu'il appelle « sa tante[5] ». Comme l'ont déjà fait remarquer Streicher (1934 : xiv) et Combaz (2000 : 353), la qualité de son français et l'attention qu'il porte au choix des mots sont déjà évidentes dans ces premières lettres.

En 1607 le jeune homme, de caractère timide, déférent et assez crédule, entra comme officier domestique à Paris au service du duc Henri de Nemours, position modeste, qui ne lui assurait que des gages assez peu élevés. En février de l'année suivante, son nouveau maître lui demanda d'acheminer son linge précieux de Paris à Turin où sa présence est attestée jusqu'en octobre 1608. Le mois suivant Vaugelas revint à Annecy ; selon Combaz (2003), il rendit notamment visite à Charles de Menthon et à son épouse Marie de Chatillon, dame Des Hayes, qui étaient devenus ses amis grâce à Antoine Des Hayes, vieil ami de son père et beau-père de Claire Faure. D'après Combaz, Claire Faure allait devenir l'objet de son amour. Rentré à Paris, Vaugelas fréquenta la maison du Cardinal Du Perron, où il rencontra François de Malherbe, ainsi que le cabinet de Nicolas Coeffeteau ; ces derniers exercèrent une grande influence sur le développement ultérieur de ses idées linguistiques et de sa pratique de traduction. En 1611, son père lui céda la baronnie de Pérouges pour lui assurer quelques ressources, mais il était destiné à passer sa vie criblé de dettes, poursuivi par les créanciers[6].

5 Les lettres sont reproduites dans une orthographe modernisée par Combaz (2000 : 352-353, 354-355) et c'est cette version que nous citons ici. Pour une liste complète des lettres de Vaugelas qui ont survécu, voir Annexe IV.

6 Voir, par exemple, la lettre de Vaugelas à l'abbé de la Mante à Turin (Combaz 2000 : 380-383).

Grâce à sa maîtrise de la langue espagnole[7], en 1612 Vaugelas accompagna le duc de Mayenne en Espagne pour lui servir d'interprète lors des négociations relatives au double mariage de Louis XIII avec d'Anne d'Autriche et d'Elisabeth de France avec Philippe d'Espagne. Selon Combaz, cinq lettres, toutes envoyées de Madrid et datées de juillet et d'août 1612, sont attribuables à Vaugelas[8], bien que seule l'une d'entre elles (lettre du 23 juillet 1612 à Monsieur Des Hayes) soit signée. Dans la lettre du 19 août, Vaugelas se plaint de son oisiveté et évoque les rares librairies de Madrid. C'est peut-être pendant ce séjour qu'il eut l'occasion d'écouter personnellement l'augustinien Cristóbal de Fonseca, dont la réputation de prédicateur était déjà bien établie. Quoi qu'il en soit, c'est avec un texte de cet auteur, les *Discursos para todos los Evangelios de la Quaresma*, que Vaugelas choisit de commencer sa carrière de traducteur. Sa traduction, publiée en 1615 alors qu'il n'avait que 20 ans, passa presque inaperçue, à la grande différence de la traduction de Quinte-Curce. À la même époque parut la traduction par Coeffeteau de l'*Histoire romaine* de Florus, qui devait influencer le jeune Vaugelas quand il commença sa célèbre traduction de la *Vie d'Alexandre* de Quinte-Curce dans les années 1620, texte qui ne fut publié qu'après sa mort[9].

Selon le témoignage de Vaugelas lui-même, « [a]u retour de l'Espagne il se mit à la suite du Roy, le servant en ses voyages et en ses armees » (MS 18470, f° 362), sans cesser d'appartenir au duc de Nemours (Streicher 1934 : xxv). La situation devint délicate lorsqu'au printemps de 1616, son maître s'allia aux Espagnols pour déclarer la guerre au duc de Savoie. Bien que les deux cousins se réconcilièrent en 1616, le duc de Savoie était

7 Le Mémoire autographe de Vaugelas (Paris, Bibliothèque Nationale, fonds français, 18470, f° 362) parle de « la grande practique qu'il avoit de la langue Espagnole ». Vaugelas fait quelques comparaisons avec l'usage de la langue espagnole dans ses remarques ; voir, par exemple, p. 7, 330, 352, 551. Peu de références sont faites à d'autres langues étrangères. L'allemand est mentionné par exemple pour son usage du pronom *man* (p. 29) et comme source possible du mot *alte* (p. 552), et Vaugelas indique qu'il connaît l'existence des mots venus de l'arabe en espagnol (p. 518). Il fait par ailleurs référence à l'hébreu et au perse dans ses commentaires sur la morphologie des noms propres en français (p. 66-73). Dans cette introduction, la pagination indiquée entre parenthèses renvoie, sauf indication contraire, à celle du texte de Vaugelas. Pour les conventions de citation des textes et du manuscrit de Vaugelas, voir section 8 ci-dessous.

8 Voir Combaz (2000 : 366-379). Les quatre premières lettres sont adressées à M. Des Hayes, conseiller et maître d'hôtel de Louis XIII et gouverneur de Montargis, tandis que la cinquième s'adresse à une dame anonyme qui, selon Combaz, est probablement Mme de Rambouillet.

9 Pour l'histoire de la publication de cette traduction, voir ci-dessous (section 1.2), et Ayres-Bennett et Caron (1996).

rancunier, et le Président Favre décida sans doute de ne pas laisser son fils dans cette position. En automne 1618, lorsqu'Antoine Favre revint à Paris avec François de Sales pour préparer le mariage de Charles-Amédée, héritier présomptif du duc de Savoie, avec Christine de France, sœur de Louis XIII, il tira profit de cette occasion et obtint pour Claude une charge de « gentilhomme entretenu de la Maison du Roy de France » dotée d'une pension de 2000 livres[10]. Pourtant la situation financière de Vaugelas ne s'améliora guère : en 1623, certains indices suggèrent que la pension n'était plus payée. Pendant ses heures de loisir il fréquentait les milieux où l'on examinait les livres, en s'intéressant notamment aux questions linguistiques, et où l'on parlait des usages douteux du français, et en particulier les salons de Mme de Rambouillet et de Madame des Loges. Les *Doutes* de Bouhours rapportent que Madame la Marquise *, sa bonne amie – selon toute probabilité Mme de Rambouillet –, avait ainsi décrit le caractère de Vaugelas :

> C'estoit un homme admirable que M. de Vaugelas [...] ce que j'estimois le plus en luy, ce n'est pas le bel esprit, la bonne mine, l'air agréable, les maniéres douces & insinuantes ; mais une probité exacte, & une dévotion solide, sans affectation & sans grimaces. Je n'ai jamais veû [...] un homme plus civil & plus honneste, ou, pour mieux dire, plus charitable & plus Chrestien. Il ne fascha jamais personne ; & M. Pelisson a dit de luy véritablement, qu'il craignoit toûjours d'offenser quelqu'un, & que le plus souvent il n'osoit pour cette raison prendre parti dans les questions que l'on mettoit en dispute. Au reste, il joignoit à ses autres qualitez une rare modestie. Quoy-qu'il fust tres-versé dans nostre Langue, & que la Cour l'écoutast comme un oracle, il se défioit de ses propres lumiéres ; il profitoit de celles d'autruy ; il ne faisoit jamais le maistre ; & bien loin de se croire infaillible en fait de langage, il doutoit de tout, jusques à ce qu'il eust consulté ceux qu'il estimoit plus sçavans que luy. (Bouhours 1674 : 263-264)

Il comptait parmi ses amis proches Nicolas Faret, savoyard lui aussi et auteur de *L'Honneste Homme*, ainsi que Jean Chapelain, Valentin Conrart et Vincent Voiture, tous trois visiteurs assidus au Salon Bleu de Mme de Rambouillet et futurs membres de l'Académie Française.

Antoine Favre mourut en février 1624, léguant à Vaugelas la Seigneurie et Baronnie de Pérouges. Malgré ce legs, la situation financière de Vaugelas

10 C'est l'une des raisons qu'Antoine Favre invoque dans son Testament pour expliquer son choix de laisser une part moins importante d'héritage à Claude qu'à ses frères (Combaz 2000 : 524). Antoine Favre mentionne également le legs par le grand-père maternel de Vaugelas de « la maison et rente de Vaugelas, et autres biens situés à Meximieux et Bresse qui en dépendent ».

s'aggrava et en 1627 il fut obligé de vendre sa baronnie de Pérouges pour se procurer de l'argent. D'après une lettre de Faret du 30 août 1626 (Combaz 2000 : 175), Vaugelas entra cette année-là dans la maison de Gaston d'Orléans comme gentilhomme ordinaire. Il se trouva très vite au service d'un prince rebelle, car Gaston d'Orléans quitta le royaume en septembre 1629. Vaugelas le suivit dans tous ses déplacements et sa longue odyssée à travers la France et hors du Royaume lui coûta sa pension annuelle. Une lettre datant de la fin 1633 nous indique que Vaugelas était à Bruxelles avec Gaston d'Orléans et qu'il y recevait sa maîtresse avec l'intention de l'épouser une fois rentré en France et son rang et ses biens rétablis. Bien qu'il se trouvât souvent loin de Paris, Vaugelas fut néanmoins recruté comme membre de la société secrète catholique fondée en 1630 par Henri de Lévis, duc de Ventadour, sous le nom de la « Compagnie du Très-Saint-Sacrement de l'Autel ».

En 1634, Vaugelas était toujours au service de Gaston d'Orléans qui fut discrédité, puis pardonné, et rentra chez lui à Blois. Le 27 novembre 1634 Vaugelas fut admis à l'Académie Française comme 32e membre de la Compagnie, qui fut instituée officiellement le 27 janvier 1635 par lettres patentes du roi. Dès 1635 il semble avoir renoué des liens avec ses amis à Paris, et le 10 décembre de cette même année on le trouve à l'Académie lisant devant les Immortels le discours *De la traduction* de son ami Bachet de Méziriac. En 1636 Vaugelas quitta enfin le service de Gaston d'Orléans et racheta sa baronnie de Pérouges. Il se consacra désormais aux travaux que lui confia l'Académie. Les registres de l'Académie du 14 décembre 1637 nous indiquent que « M. de Vaugelas, qui avoit fait depuis longtemps plusieurs belles & curieuses observations sur la langue, les offrit à la Compagnie qui les accepta et ordonna qu'il en conféroit avec M. Chapelain », texte sur lequel il devait encore travailler dix ans. Son activité principale était de diriger le projet du dictionnaire de l'Académie suivant le plan de Chapelain, approuvé par Richelieu ; sa pension fut rétablie, même si elle ne fut payée que sporadiquement[11]. La terrible lenteur avec laquelle le dictionnaire progressa est bien connue, et à la mort de Vaugelas en 1650 on n'était arrivé qu'à la lettre I.

11 Vaugelas avait également présenté sans succès son dessein pour le dictionnaire, « auquel il offroit de nouveau de contribuer ses remarques » (extrait des *Registres*, 18 janvier 1638, cité dans Pellisson et d'Olivet 1858 : I, 101-102) ; ce passage se poursuit par la division de ces observations en trois catégories, voir ci-dessous p. 93.

Les soucis financiers devaient le poursuivre jusqu'à sa mort et il fut obligé de rester célibataire[12]. Ce manque d'argent et sa situation précaire expliquent peut-être les étranges anecdotes que l'on a rapportées sur les dernières années de sa vie. D'après une lettre de septembre 1638 adressée par Chapelain à Balzac (Streicher 1934 : xxxviii-xxxix), Vaugelas était « reduit à mener une vie de solliciteur, de questeur d'avis, et mesmes de dénonciateur de crimes », activité pour laquelle il fut dénoncé par Boisrobert. En 1644, M. de Rambouillet obtint pour sa femme l'autorisation de faire une loterie, « la blanque royale », et Vaugelas en fut nommé directeur. Malheureusement la loterie se solda par un échec l'année suivante lorsqu'un certain sieur de Chuyes s'enfuit avec la caisse. Dès octobre 1646, Vaugelas devint le gouverneur du troisième fils du Prince Thomas de Savoie-Carignan avec la promesse – jamais tenue – d'un salaire de 1200 ducatons par an. Quand Marie de Bourbon-Carignan revint à Paris en 1647 avec ses deux fils aînés, Vaugelas reçut la charge de deux élèves supplémentaires, Emmanuel-Philibert qui était sourd-muet et Joseph-Emmanuel qui était bègue. Sa situation était difficile, comme l'atteste une lettre du père Bailly à Madame Royale datée du 9 octobre 1646 : « Une chose luy fasche, dit-il, d'avoir perdu deux ans en ce service sterile, sans avoir tiré un seul doube de ses appointements, ni receu en tout ce temps là aucun present, sinon un chapelet de douze soubs, que M. la P. de C[arignan] luy donna un jour pour reparer la perte du sien, qu'elle mesme avoit rompu, ou defilé en le maniant [...] il fut conclu qu'il ne serviroit plus ». À en croire Tallemant des Réaux (1960 : I, 549), « C'est elle [*sc.* Marie de Bourbon-Carignan] qui a fait mourir ce pauvre M. de Vaugelas, à force de l'obliger à se tenir debout et descouvert ». Le 28 mai 1647, Vaugelas nous apprend que sa maladie l'a empêché de terminer la préface de ses *Remarques*, mais le livre parut cette même année avec un achevé d'imprimer en date du 8 octobre 1647, ce qui semble confirmer que la correction des épreuves avait été assez rapide. Dans une lettre à Madame Royale (Mombello 1996), non datée mais peut-être rédigée en 1649, Vaugelas décline une offre de cette dernière, qui lui avait proposé d'entrer à son service comme précepteur du jeune duc de Savoie. La dernière lettre de Vaugelas, datée du 7 janvier 1650 et adressée à Bailly, contient des renseignements intéressants sur la traduction de Quinte-Curce. Vaugelas

12 En 1646 il fut contraint d'engager de nouveau sa baronnie de Pérouges pour six ans, et deux ans plus tard il aliéna pour la même durée son domaine de Vaugelas.

lui envoie le livre 5 de sa traduction et lui promet le livre 7[13]. La lettre nous indique également que la traduction devait comporter des notes qui n'ont pas survécu ; il remarque que « sans ces notes, il arrivera infailliblement que, si l'on veut conférer le Français avec le Latin, on n'y trouvera pas toute la fidélité qu'on désire dans une traduction, parce que je suis la leçon tantôt d'un exemplaire, tantôt d'un autre, et tantôt d'un Manuscrit et tantôt des Critiques, et selon cela j'ose assurer qu'il ne s'est point encore fait de traduction plus fidèle que la mienne, autant que les règles de la bonne traduction le demandent, dont je prétends faire un discours bien particulier dans l'Avertissement au lecteur » (Combaz 2000 : 499).

Vaugelas mourut le 26 février 1650. Il était criblé de dettes, et tous les cahiers manuscrits du dictionnaire et tous ses écrits furent saisis par ses créanciers ; l'Académie ne put en prendre possession qu'en 1651. Dernière anecdote curieuse : selon Sainte-Beuve (Duval 1950b), Vaugelas aurait inclus dans son testament une clause qui stipulait que son corps devait être vendu à la médecine pour acquitter ses dettes. Ses funérailles eurent lieu le 27 février 1650 à l'église Saint-Eustache à Paris.

1.2 L'ŒUVRE

Au XVIIe siècle, la grammaire et la traduction étaient perçues comme deux facettes interdépendantes du même travail. Selon une anecdote bien connue, lorsque ses amis demandaient à Malherbe de rédiger une grammaire française, ce dernier les renvoyait à sa traduction du 33e livre de Tite-Live, qu'il considérait comme le parangon du bon usage et du beau style (Baillet 1722 : III, 122). La complémentarité de la grammaire et de la traduction est particulièrement évidente dans l'œuvre de Vaugelas.

La première traduction de Vaugelas, une version française des *Discursos para todos los Evangelios de la Quaresma*[14] du prêtre espagnol Cristóbal de Fonseca (Fonsèque), fut publiée en 1615 quand il n'avait que 20 ans. Il s'agit probablement d'un exercice juvénile, dont le sujet lui fut peut-être suggéré par François de Sales[15]. Elle comporte des indices intéressants

13 Il s'agit sans doute de la version remaniée après la publication en 1646 de la traduction par Nicolas Perrot d'Ablancourt des *Guerres d'Alexandre* d'Arrien, traduction qui a beaucoup influencé celle de Vaugelas, voir ci-dessous.

14 La version espagnole fut publiée l'année précédente en 1614.

15 Vaugelas caractérise l'usage linguistique de François de Sales ainsi : « Son langage estoit net, nerveux et puissant en persuasion, mais surtout il excelloit en la proprieté des

sur l'usage et le style de Vaugelas au début de sa carrière de traducteur. Le langage de cette traduction est dans son ensemble typique de celui des auteurs des deux premières décennies du XVIIe siècle[16].

La deuxième traduction de Vaugelas, une version française de la *Vie d'Alexandre* de Quinte-Curce, jouit d'une grande notoriété non seulement au XVIIe siècle – et même avant sa publication posthume[17] – mais également au XIXe siècle ; Nisard la décrivit alors comme « l'un des premiers modèles de nostre langue classique[18] ». Vaugelas passa une trentaine d'années à améliorer sa traduction, la réécrivant et la corrigeant jusqu'à sa mort en 1650 ; il fut d'abord influencé par la façon de traduire de Nicolas Coeffeteau, mais vers la fin de sa vie c'est du style de Nicolas Perrot d'Ablancourt qu'il s'inspira de plus en plus, en particulier après la publication en 1646 de la traduction faite par celui-ci des *Guerres d'Alexandre* par Arrien[19]. Il travailla donc toute sa vie adulte sur ses deux grands ouvrages complémentaires, les *Remarques sur la langue françoise* et la traduction de Quinte-Curce.

Vaugelas ne put jamais se résoudre à faire publier la traduction de Quinte-Curce et aucun manuscrit de sa main n'a malheureusement survécu. La première édition posthume parut en 1653 grâce à Valentin Conrart et Jean Chapelain, tous deux académiciens et amis de Vaugelas. En 1655 parut une deuxième édition, plus ou moins identique à la première. La troisième édition de 1659, dont Olivier Patru avait supervisé la publication, se distingue nettement des précédentes. L'éditeur disait avoir utilisé une nouvelle copie du texte qui était plus claire et qui aurait constitué la version définitive de Vaugelas. Les nombreuses éditions publiées par la suite adoptèrent toutes la version éditée par Patru.

Selon le manuscrit autographe des *Remarques* (voir 2.1), Vaugelas promit d'autres ouvrages sur la langue française dont il ne reste pourtant aucune trace. Dans ce manuscrit il indique qu'il allait préparer une liste de façons de parler que l'usage autorise contre la raison (f° 4r^o^), une liste de fautes qui se commettent « en chaque Prouince

mots, dont il faisoit un choix si exquis que c'estoit ce qui le rendoit ainsy lent et tardif a s'expliquer » (François de Sales 1892-1964 : I, lxxvi).

16 Voir Ayres-Bennett (1987a : 159-178).

17 Guez de Balzac note dans une lettre de 1636 que « L'Alexandre de Quinte-Curce estoit invincible, & celuy de Vaugelas est inimitable » (Balzac 1665 : I, 415).

18 Nisard (1850 : *Avertissement*).

19 Sur l'évolution de la façon de traduire de Vaugelas, voir Ayres-Bennett (1987a : 141-158).

de France » (f° 31r°)[20], une liste de mots et d'expressions « que nostre langue a par dessus les autres » (f° 33v°) et une liste de mots « qui commencent à sentir le rance et le uieux » (f° 64r°)[21]. Dans la préface que Louis-Augustin Alemand[22] publia de façon anonyme au début des *Nouvelles Remarques de M. de Vaugelas sur la langue françoise* (1690), l'éditeur prétend que ce texte comprend également de nouvelles observations inédites, celles dont Pellisson fait mention dans son histoire de l'Académie Française. Dans une note de bas de page de son édition de ce texte, l'Abbé d'Olivet indique la vraie nature de ces remarques : « ce Recueil, à peu de choses près, ne roule que sur des phrases absolument surannées, même du temps de M. de Vaugelas ; en sorte qu'on peut raisonnablement croire que c'est le rebut de ses premières Remarques » (Pellisson et d'Olivet 1858 : I, 235). Ce reproche lui avait été déjà fait en 1740 par l'Abbé Claude-Pierre Goujet (1740 : 143) dans sa *Bibliotheque françoise*. Alemand prétend avoir obtenu le manuscrit de l'Abbé de La Chambre, élu à l'Académie Française en 1690 ; celui-ci aurait également donné à Thomas Corneille les notes manuscrites de Jean Chapelain sur les remarques de Vaugelas (Vaugelas 1687 : *Avertissement*). Comme nous le montrerons dans la section suivante, le texte de la plupart des observations des *Nouvelles Remarques* est presque identique à celui du manuscrit de l'Arsenal ; nous pouvons donc conclure qu'Alemand se servit pour préparer son édition soit du manuscrit de l'Arsenal, ce qui nous semble l'hypothèse la plus plausible, soit d'un autre manuscrit qui lui ressemblait beaucoup[23]. Pour qui connaît l'histoire du texte, il est ironique qu'Alemand cite un passage du manuscrit dans lequel Vaugelas défend Malherbe contre ceux qui critiquent ses premiers

20 Dans les *Nouvelles Remarques* (Vaugelas 1690 : Préface d iiij^{r}, 277) Alemand fait également deux fois mention d'un traité publié par Vaugelas « sur les fautes de Langue que l'on fait dans les différentes Provinces du Royaume ».

21 Il existe également quelques vers de Vaugelas qui n'ont pas été publiés de son vivant ; voir, par exemple, Vaugelas (1690 : c iij^{v}-ciiij^{v}).

22 Louis-Auguste Alemand (?1653-1728), né à Grenoble, avocat au parlement de Grenoble, historien et traducteur, publia en 1688 son propre recueil d'observations intitulé *Nouvelles Observations, ou Guerre civile des François, sur la langue* (Paris, J. B. Langlois).

23 Selon le catalogue de l'Arsenal, apparaît l'annotation suivante : « Sur le premier plat, note effacée ; on lit encore "Pour M. Allemand..." » ; ce commentaire n'est plus visible, mais cette note semble conforter notre hypothèse selon laquelle Alemand aurait copié presque mot à mot les remarques non publiées dans le manuscrit. L'histoire du manuscrit reste pourtant obscure ; voir ci-dessous (section 2.1).

ouvrages et déplore la pratique consistant à publier après la mort d'un auteur les textes qu'il a lui-même rejetés :

> Mais <c'est le malheur> la destinee des grands hommes est qu'apres leur mort on fait imprimer indifferemment toutes ~~les~~ <leurs> œuures, quoy qu'eux mesmes en ayent condamné la plus part sur lesquelles il est extremem[ent] iniuste de leur <faire> ~~uouloir~~ leurs proces comme l'on fait tous les iours nonobstant leur desaueu. (f° 8r°)[24]

Si les différences entre le manuscrit de l'Arsenal et les remarques publiées en 1647 sont importantes, Alemand préfère généralement reproduire fidèlement le texte du manuscrit et les différences entre les deux versions sont plutôt mineures. Chaque observation est suivie d'un commentaire d'Alemand qui, se référant souvent aux autres remarqueurs, vise à mettre à jour les observations de Vaugelas.

Vaugelas ne publia donc pendant sa vie que deux ouvrages, la traduction des sermons de Fonsèque en 1615 et les *Remarques sur la langue françoise* plus de trente ans après. Cependant, si l'on ajoute à ces textes la première version des observations telle qu'elle apparaît dans le manuscrit de l'Arsenal et les deux éditions posthumes de la traduction de Quinte-Curce, son œuvre nous permet de suivre l'évolution de ses idées sur la langue française pendant la première moitié du siècle, trajectoire qui accompagne celle du développement du français classique.

2. HISTOIRE DES *REMARQUES SUR LA LANGUE FRANÇOISE*

2.1 GENÈSE DU TEXTE : LE MANUSCRIT DE L'ARSENAL

Seul subsiste un manuscrit autographe des remarques de Vaugelas, conservé à la bibliothèque de l'Arsenal à Paris[25]. Il semble que ce manuscrit ait appartenu à la collection des manuscrits de Valentin Conrart, peut-être

24 Sur la façon dont nous transcrivons le manuscrit, voir section 8 ci-dessous. Pour deux images du manuscrit, voir Fig. 1 et 2, p. 211-212.

25 MS 3105 Vaugelas, *Remarques sur la langue française.* Sur le manuscrit voir également Ayres (1983) et Ayres-Bennett (1987a : 3-12).

du fait de sa qualité de Secrétaire perpétuel de l'Académie Française ; les manuscrits de celui-ci furent vendus en bloc plusieurs fois après sa mort pour finir par être revendus en 1769 par le bibliophile Jean Milsonneau au marquis de Paulmy, dont les collections constituent les pièces maîtresses de la bibliothèque de l'Arsenal[26]. Le manuscrit comporte cent feuillets et est revêtu d'une reliure de vélin. La main, identique à celle employée dans les lettres autographes signées par Vaugelas, est en général bien lisible, mais les ajouts dans la marge (en particulier en haut et en bas des feuillets) sont parfois difficiles à lire, soit parce que les caractères sont très petits ou trop serrés, soit parce que les pages sont abîmées.

La datation et l'histoire précise du manuscrit restent incertaines[27]. Bien qu'il contienne en germe les idées essentielles de la doctrine de Vaugelas – par exemple sur la primauté de l'usage (fº 4vº)[28], sur le haut degré de perfection du français (fº 9vº), sur l'importance centrale de la pureté[29] et de la netteté[30] du langage (fº 54rº) ou sur les néologismes (fº 79rº) – et que le but de l'ouvrage y soit déjà clairement exposé[31], les différences avec la version publiée en 1647 sont majeures du point de vue du contenu et de la présentation, qui est essentiellement alphabétique dans le manuscrit[32]. La quantité de ratures, de corrections, d'ajouts et de notes marginales, ainsi que l'inclusion de différentes versions de la même remarque à divers stades de leur rédaction, indiquent qu'il s'agit d'un

26 Voir Muzerelle (1996). Si Alemand avait bien reçu des mains de Pierre Cureau de La Chambre le manuscrit dont il se servit pour éditer les *Nouvelles Remarques*, cela implique que circulaient au moins deux copies du manuscrit.

27 Le manuscrit ne mentionne que deux dates, 1645 (folio non numéroté) et 9-12 août 1647 (fº 98rº) ; elles apparaissent dans des feuillets au début et à la fin du texte qui ne font pas partie du texte principal, ce qui suggère qu'il s'agit d'ajouts tardifs.

28 L'expression *bon usage* ne figure pourtant qu'une seule fois dans le manuscrit (fº 88rº).

29 Vaugelas établit pourtant une distinction entre les puristes et ceux qui ont « un soing raisonable » de la pureté, voir ci-dessous, p. 64.

30 Vaugelas (fº 81rº) affirme également comme principe général l'importance de la répétition des mots pour la netteté : « *Repetition de mot.* C'est icy une des plus importantes reigles de nostre langue, et dont l'usage est aussi frequent. Car elle s'entend sur les Articles, sur les Noms, sur les Pronoms, sur les Verbes, sur les Conionctions, <et> sur les Prepositions. Vous en uerrez des exemples de tout cela, si uous les cherchez en leur place. »

31 Voir manuscrit fº 5vº : « Et nostre dessein n'est pas de redire ce que les grammaires Françoises apprenent aux Estrangers, mais de remarquer ce que les Francois mesmes les plus polis et les plus sçauants en nostre langue peuuent ignorer. »

32 Nous traiterons ci-dessous des différences principales entre le manuscrit et le texte de 1647 : voir les sections sur les sources littéraires (3), le rapport entre le français écrit et l'oral et entre la poésie et la prose (4.2), la présentation du texte (5.1), le métalangage (5.2) et le style (5.4).

ensemble d'observations recueillies pendant une longue période. Citons à titre d'exemple le commentaire sur *Mademoiselle* (f° 61v°). La remarque manuscrite commence de la façon suivante : « *Madamoiselle* ne se dit plus ni ne s'escrit plus ainsi, mais *Mademoiselle* auec un *e* apres le *D*. Et ne sert de rien de dire qu'on dit *Damoiselle* et non pas *Demoiselle* ». Une note marginale, insérée plus tardivement – peut-être même sept ans plus tard –, rectifie le jugement prononcé initialement sur *damoiselle* : « Au contraire on commence à dire et à escrire *Demoiselle* et *queualle* ~~non C~~ et non plus *Caualle*, c'est depuis six ou sept ans ». Deuxième exemple typique : la première ébauche de commentaire sur *comme ainsi soit* au folio 13 contient beaucoup de ratures. Au folio 40 Vaugelas reprend de l'observation ce qu'il veut en retenir et l'étoffe grâce à l'adjonction d'idées nouvelles, dont une comparaison des mérites relatifs de Coeffeteau et d'Amyot qui ne figure pas dans la version publiée (p. 469*).

Le manuscrit ne constitue donc pas la version définitive des observations, remaniées avec soin pour la publication, mais un assemblage plus ancien de commentaires portant surtout, mais pas exclusivement[33], sur la langue, fruit de longues années de travail. Environ un tiers des remarques publiées ne figurent pas dans le manuscrit et avant tout on n'y trouve pas de version de la célèbre préface, dont la rédaction commença probablement, selon Streicher (1934 : xlviii), en 1646, et ne s'acheva qu'en 1647. Si Vaugelas commença à mûrir ses idées sur la langue française dès son arrivée à Paris, sous l'influence de ses rencontres à la cour, chez Du Perron et dans les salons[34], il est bien possible que la partie centrale du manuscrit ait été rédigée dans les années 1630 et que le travail n'ait véritablement pris un nouvel essor qu'après l'élection de Vaugelas à l'Académie Française en 1634.

33 Figurent par exemple, surtout à la fin du manuscrit, des commentaires personnels, notamment des informations sur sa santé et ses médicaments, des indications sur des personnes et des adresses (f° 98r°). Citons en tant qu'exemple ce passage dans lequel il parle du remède qu'il prend en août 1647 : « Ie m'apperçois que ie ne tousse pas tant de beaucoup quand i'en prens, que quand ie n'en [prens ?] pas et qu'il me semble que i'ay un peu plus de uigueur, mais pour le uentre qui est dur, et l'appetit qui est fort petit, ie ne uois pas qu'il y face rien. »

34 Au folio 94r° Vaugelas indique par exemple qu'il a été corrigé lui-même par Malherbe (mort en 1628) pour son usage fautif de *vostre* : « *Vostre* auec l'article deuant et la note d'interrogation apres, est une façon de parler Italienne, qui n'est pas receüe en nostre langue, ainsi que ie l'ay appris de la propre bouche de M. de Malherbe, et en mon propre fait, ou il me reprit de cela, comme d'une façon de parler qui n'estoit point françoise mais purement Italienne comme il est uray. »

Connaissait-il l'ouvrage de Jean de Wapy (ou Wepy), publié à Mousson en 1634, qui portait le titre *Les Remarques sur la langue françoise pour parler à la mode & selon l'air du temps*[35] ? Ce petit volume in-12, divisé en quatre sections principales, ressemble à beaucoup d'égards aux remarques de Vaugelas. Nous trouvons dans la première section du volume, par exemple, une distinction entre le bon et le mauvais usage, une emphase sur le bon usage de mots et d'expressions et sur la nécessité d'éviter les équivoques et les solécismes, et la différenciation de termes apparentés. Il est intéressant de noter que Wapy (1634 : 9) reconnaît que les sources de ses remarques sont à la fois « la lecture des plus excellens écrivains » et « la conference qu'[il a] euë, non sans une extreme satisfaction avec un des plus parfaits Maistres de bien dire ». Il existe pourtant des différences avec l'ouvrage de Vaugelas : la deuxième section sur les « petits mots françois » est organisée selon les parties du discours, tandis que la troisième, qui décrit l'usage des prépositions, les présente selon l'ordre alphabétique. Wapy inclut également des remarques sur l'usage des figures et des métaphores, et sur la façon d'accorder la demande avec la réponse.

D'autres influences sur Vaugelas sont plus nettes. Le manuscrit de l'Arsenal comporte de nombreuses références précises à l'édition de 1631 des *Œuvres* de Malherbe[36] ; le nombre et la précision des références

35 Nous ne traiterons pas dans les détails de cet ouvrage important, récemment redécouvert par M. Douglas Kibbee, qui prépare une publication consacrée à ses ressemblances avec l'ouvrage de Vaugelas. Nous le remercions vivement de nous avoir signalé l'existence de ce texte, qui nous amènera probablement à réenvisager nos conceptions sur les débuts du genre. Kibbee (à paraître) soutient que Jean de Chabanel (*ca.* 1560-1625), auteur des *Sources de l'élégance de la langue françoise* (1612), constitue un autre maillon dans la chaîne entre les remarqueurs de la tradition latine de la première Renaissance, les premiers commentateurs de la langue toscane au XVIe siècle, et les remarqueurs de la tradition française du XVIIe siècle. Contrairement à ses modèles italiens et à ses successeurs français, Chabanel organise ses commentaires selon les parties du discours, sans pourtant présenter une grammaire complète d'aucune partie du discours. Par exemple, la première partie de l'ouvrage, consacré à l'article, se limite à l'article défini, et la deuxième, sur la préposition, ne traite que de *à*, *de*, *en* et *par*. De plus, dans certaines parties, il s'adresse plutôt aux erreurs typiques de l'apprenant, y compris dans celle sur le genre des substantifs, dans laquelle il envisage certains mots considérés plus tard par Vaugelas (par ex. *rencontre*, *mensonge*, *poison*). Nous ferons quelques références à ces deux textes dans nos notes de bas de page.

36 Malherbe (1631). La pagination des éditions de 1630 et de 1631 est presque identique, mais les références correspondent plus fidèlement à celle de 1631. Par exemple, dans la liste des inédits la citation pour le mot *Bac* (f° 30v°) apparaît bien à la page 273 dans

semblent en effet indiquer que Vaugelas a commencé par annoter le texte de Malherbe, tout comme Malherbe lui-même avait annoté la poésie de Desportes[37]. Il est possible qu'il s'agisse pour l'essentiel de la version des observations qu'il présenta à l'Académie en 1637. Vaugelas note lui-même l'importance dans l'élaboration de ses ouvrages des critiques et commentaires qui lui sont adressés : « C'est pourquoy j'ay tousjours creu, qu'il n'y avoit point de meilleur remede pour ne point faire de faute, ou plustost pour n'en gueres faire, que de communiquer ce que l'on escrit, avant que de le mettre au jour » (Préface XIII.3). Selon la *Clef de Conrart*[38], celui-ci avait lu les observations sous forme manuscrite et un commentaire de Ménage (1676 : 70-71) semble confirmer le caractère « collectif » du travail ; il note que Vaugelas a élaboré ses remarques « avec le secours de ses amis : de M. Chapelain, de M. Conrart, de M. Patru, & de quelques autres de ces Messieurs de l'Académie. Je ne lui ay pas nui aussi. Je lui ay fait part de plusieurs observations [...][39] ». Un autre signe probable de la mise en circulation du manuscrit et de l'adéquation des questions analysées avec les préoccupations linguistiques du temps se trouve dans *Les Lumières de Mathieu de Morgues* de Scipion Dupleix, texte publié en 1645 en réponse à la critique de Mathieu de Morgues de 1636.

l'édition de 1631, mais à la page 272 dans celle de 1630. Autre exemple extrait de la même liste : le mot *caprice* (f° 44v°) est utilisé au féminin dans l'édition de 1631, mais au masculin en 1630. Sur le commentaire fait par Malherbe sur la poésie de Desportes, voir Brunot (1891).

37 La tradition consistant à annoter et à commenter les textes littéraires était bien établie en France. Citons à titre d'exemple les annotations faites par Henri Estienne sur la poésie de Du Bellay (Clément 1898), ou les célèbres *Sentiments de l'Académie sur la tragi-comédie du Cid* de 1637 (voir Civardi 2004), texte évidemment bien connu de Vaugelas.

38 Bibliothèque de l'Arsenal MS 5420, Tome II, 1re partie, p. 24-25.

39 Il observe toutefois que si « M. de Vaugelas me fesoit l'honneur de me communiquer ses Remarques devant que de les envoyer à son Imprimeur : [...] il ne me fesoit pas tousjours celui de déférer à mes sentimens » (Ménage 1675 : 117). Notons que Ménage reprend dans ses *Observations* certaines questions qui figurent dans le manuscrit, mais qui ne sont publiées que par Alemand dans les *Nouvelles Remarques* de 1690. Par exemple, la concurrence entre *surérogatoire/superérogatoire* et entre *surintendant/superintendant* est évoquée dans une observation (1675 [¹1672] : 512) publiée bien avant la publication des *Nouvelles Remarques de Vaugelas* (où une remarque manuscrite unique (f° 83r°) est divisée en deux remarques par Alemand (1690 : 215, 199)). Les observations de Marguerite Buffet (1668), qui reprennent fréquemment les sujets déjà traités par Vaugelas, confirment peut-être aussi la mise en circulation des remarques manuscrites. On trouve par exemple chez Buffet (1668 : 81) une remarque sur *tre(s-)tout* : « Parlant de voyage, on demandera qui sera des vostres ; on dit souvent nous y allons tretous, ce qui est ridicule, il faut dire tous » ; l'usage de ce mot est déjà condamné par Vaugelas dans le manuscrit (f° 89r° ; Vaugelas 1690 : 497).

Dupleix traite de 56 questions qui constituent à son avis des « preuves de l'ignorance de Mathieu de Morgues » (Dupleix 1645 : 313-335). Une bonne vingtaine de ces questions sont relatives à des points également abordés par Vaugelas dans ses *Remarques*[40] ; elles comprennent par exemple la distinction entre certains termes apparentés (*consommer/consumer* ; *hors/fors*), la distinction entre l'emploi des prépositions et celui des adverbes (*dans/dedans*, *sur/dessus*), l'accord du participe passé, le genre de *rencontre* et d'*affaire* et des questions de morphologie verbale (*ayt/aye*) ; toutes ces questions figurent déjà dans le manuscrit de l'Arsenal.

La diffusion du manuscrit suscita également des réactions critiques, en particulier celle de La Mothe Le Vayer dans ses *Considerations sur l'eloquence françoise de ce tems* (1638). Vaugelas en avait pris connaissance et répond notamment à ces critiques dans la section IX de la Préface[41].

L'étude des importantes différences entre le manuscrit et le texte publié en 1647 nous permet d'examiner à la fois la façon de travailler de Vaugelas et la manière dont ses idées sur la langue française ont mûri et évolué. Dans l'histoire de l'émergence du français classique, le manuscrit représente une étape importante entre l'usage précoce de Vaugelas dans la traduction des sermons de Fonsèque et la formulation définitive de ses idées en 1647[42].

Commençons par nous pencher sur la façon de travailler de Vaugelas. Celui-ci fait fréquemment état dans le manuscrit d'hésitations ou de doutes. Dans le cas de la remarque intitulée « *Tous deux & tous les deux* », publiée de façon posthume par Alemand dans les *Nouvelles Remarques de Vaugelas* (1690 : 365), Vaugelas note qu'il est difficile d'établir une règle permettant de rendre compte des contextes où l'on ne peut utiliser que l'une de ces expressions et de ceux où les deux sont possibles, et il se contente de citer des exemples de chaque cas. Il est notable qu'Alemand

40 Une autre question traite de l'usage de *a passé / est passé*, qui fait l'objet d'une observation publiée par Alemand en 1690 (« *Passer* », Vaugelas 1690 : 520).

41 Sur la querelle autour du nouveau prescriptivisme, qui opposait, par exemple, le sceptique François de La Mothe Le Vayer, le « vieux Gaulois » Scipion Dupleix, le théologien et romancier Jean-Pierre Camus, et Marie Le Jars de Gournay aux notions de rigueur lexicale et grammaticale promues par Malherbe et, plus tard, par Vaugelas, voir Kibbee (2010). Kibbee note que cette querelle reflète également des oppositions philosophiques (scepticisme/foi) et politiques (restriction du pouvoir royal / absolutisme). Pourtant, à notre avis, la dichotomie prescripteur/descripteur est probablement trop rigide, notamment pour Vaugelas (voir ci-dessous 6.7), mais également pour Camus, par exemple.

42 Des exemples sont cités par Ayres (1983 : 20) et Ayres-Bennett (1987a : 159-178).

n'indique pas que Vaugelas avait ajouté « i'en doute » dans la marge du manuscrit, à côté du titre (f° 89r°). On trouve le même type d'hésitation dans l'observation sur *Despit* (f° 25v°), qui n'a été publiée ni par Vaugelas en 1647 ni par Alemand en 1690 :

> *Despit* adiectif me semble fort mauuais, et par consequent ie ne crois pas que ce soit bien parler de dire *Ie suis depit contre uous*, ou *auecque uous*. <I'en doute, ie ne le condamne pas.>

Dans le manuscrit, Vaugelas cherche à expliquer les différents usages des pronoms personnels dans les exemples « ces choses là sont indifferentes d'elles mesmes » et « ces choses là de soy sont indifferentes » (f° 86r°) ; il note : « Il faut chercher la raison de cela, et uoir s'il y en a une ou si ce n'est que l'usage » ; dans la version publiée il conclut : « En quoy il faut avoüer que c'est une bizarre chose que l'Usage, & qu'en voicy un bel exemple » (p. 167).

Les notes à fonction d'aide-mémoire, destinées à rappeler à Vaugelas qu'il lui faut compléter certaines questions, mettent également en évidence le caractère de document de travail du manuscrit. On lit par exemple au folio 48v° l'annotation suivante : « Promesse du Pronom possessif faite à la lettre A sous l'article derniere page dont il se faut acquiter ». La remarque manuscrite sur les synonymes (f° 87v°) ébauche les grandes lignes de la longue observation qui porte ce titre dans la version publiée (p. 493*-499) :

> *Synonimes*. faut en faire un discours, alleguer les exemples frequents des Latins, et particulierem[ent] celuy de Iustin au commencement de son œuure, contre quelques uns de noz modernes Escriuains qui les condamnent absolument, et se trompent. Il en faut rendre la raison. M. Coeff. *Il ne se fit iamais un si signalé et si remarquable combat*. Amyot merueilleux en cela.

La comparaison de la version manuscrite avec la version publiée nous permet de suivre l'élaboration des idées linguistiques de Vaugelas, d'une première ébauche jusqu'à la version définitive. L'observation manuscrite sur « *Monsieur, Mad*[e] » (f° 62r°) esquisse sommairement le contenu de la remarque publiée sans citer d'exemples précis ; il est à noter que même le commentaire « comme apres certains uerbes » est un ajout :

> *Monsieur, Monseigneur, Madame, Mad*[lle] *Sire*, et autres semblables que l'on doit inserer dans les lettres que l'on escrit, ou dans les discours que l'on fait aux personnes de respect, ne se peuuent pas mettre indifferemment en tous lieux

> ~~Ils~~ D'ordinaire on les situe fort mal, et particulierement apres les Verbes. Il en faut donner des exemples. Cela est important, parce que non seulement à les bien situer et entrelasser ilz donnent beaucoup de grace à la periode, mais aussi parce qu'en y manquant, et les placant mal <comme apres certains uerbes>, on fait de sens ridicules.

La remarque publiée est en revanche assez longue et y sont énumérés différents contextes linguistiques, ainsi que des exemples concrets de chaque cas (p. 544-550).

Notre étude de la genèse des idées linguistiques de Vaugelas se fera en quatre temps. Nous commencerons par étudier brièvement quelques différences entre les remarques publiées et les premières versions de celles-ci telles qu'elles apparaissent dans le manuscrit ; ces différences seront surtout commentées dans nos notes de bas de page. Nous évoquerons ensuite les observations que Vaugelas a choisi de ne pas inclure dans son recueil de 1647, mais qui ont été publiées par Alemand dans les *Nouvelles Remarques* de 1690. La troisième partie de notre analyse sera consacrée aux remarques inédites, c'est-à-dire à celles qui ne figurent ni dans les *Remarques* ni dans les *Nouvelles Remarques* de Vaugelas, et enfin nous examinerons dans notre dernière partie les éléments qui apparaissent pour la première fois en 1647.

Lorsqu'une première version de la remarque publiée apparaît déjà dans le manuscrit, il est rare que n'ait été effectuée aucune modification lors du passage à la version définitive. La différence est parfois mineure et peut consister en une simple amélioration du style, en un remaniement de l'ordre des idées ou en une mise en relief de différents éléments. Il arrive assez souvent que Vaugelas cite des exemples différents ou en ajoute de nouveaux (voir, par exemple, « *Trois substantifs, dont le premier est masculin, & les autres deux, feminins, quel genre ils demandent* », p. 381 ; « *Conjurateur*, pour *conjuré* », p. 518-519). Dans d'autres cas, la version publiée étoffe et complète la version manuscrite : l'observation manuscrite sur « *Lequel, lesquels, laquelle, lesquelles* » (fº 58vº) ne comprend que la moitié du texte publié (p. 115-118). Les différences entre les deux versions sont parfois assez nuancées. Par exemple, dans la remarque manuscrite « *Quoy qu'il en soit* et *quoy que c'en soit* » (fº 75rº), Vaugelas note non seulement que les deux formes sont acceptables, mais qu'il est souhaitable de les employer toutes deux « sans se rendre partial de l'un[e] plustost que de l'autre, comme font plusieurs qui s'attachants tousiours à une façon de parler semblent [...]ment condamner celle dont ilz ne se seruent iamais, quoy qu'elle soit tres-bonne. Et puis cela sert à monstrer la richesse et la diuersité du langage ». Si dans la version imprimée (p. 321-322) Vaugelas estime toujours que les deux variantes sont acceptables, il conclut « mais le dernier, *quoy qu'il en soit*, est beaucoup plus en usage aujourd'huy, & plus doux ». Il arrive que dans la version définitive Vaugelas fasse preuve de davantage de souplesse dans son jugement ; dans le manuscrit il formule ainsi la distinction entre l'usage de *de la sorte* et *de cette sorte* comme une règle absolue : « Cette reigle de l'usage de ces deux façons de parler n'est pas seulement pour les delicats, elle est essentielle pour parler correctement » (f° 23r°), tandis que dans le texte publié il admet qu'il vient « d'apprendre des Maistres, qu'aujourd'huy on ne l'observe plus, & que tous deux sont bons devant & aprés, quoy que neantmoins ils avoüent qu'il est bien plus élegant d'en user selon la remarque, que de l'autre façon » (p. 26). Il est cependant plus fréquent que le jugement qui apparaît dans la version publiée soit plus rigide, une évolution dont la remarque sur la répétition de *tout* dans les syntagmes coordonnés constitue une illustration intéressante (f° 91v°, p. 559-560).

Les différences entre les deux versions sont parfois radicales, que Vaugelas ait changé d'avis ou qu'il ait simplement fait état d'un changement d'usage. Loin d'être inflexible dès lors qu'il s'est prononcé sur une question linguistique, Vaugelas est bien conscient que l'usage peut se modifier au cours d'une période assez brève : sa préférence pour *innumerable*, exposée dans le manuscrit, est remplacée en 1647 par une défense d'*innombrable* (p. 243-244). De même, il révise son jugement sur l'acceptabilité de *convoitise* : dans le manuscrit il soutient que « force bons Autheurs [...] en usent auiourd'huy » (f° 15r°), tandis que dans les *Remarques* il admet « je ne vois plus aucun de nos bons Escrivains qui en use » (p. 339). Dans le cas du choix entre *sousmission* et *submission*, le changement d'usage est déjà signalé dans un ajout dans le manuscrit :

> *Submission*. Il faut dire *submission* et non pas *sousmission*, quoy que l'on die *sousmettre*, et *sousmis*, et non pas *submettre*, ni *submis*. C'est l'Vsage qui le ueut ainsi, il n'y faut pas chercher de raison. <Cela a changé depuis, ~~il faut~~ on dit maintenant *sousmission*>. (f° 87r°)

Quand un changement est décrit comme récent dans le texte publié (*chose, choses*, p. 220) ou lorsque la perte d'un mot est déplorée (*magnifier*, p. 128-129), c'est l'ancien usage qui est préféré dans le manuscrit.

Les modifications concernent non seulement des jugements sur les usages particuliers, mais aussi des questions plus générales. Vaugelas semble par exemple admettre dans le manuscrit que le contexte linguistique peut lever une équivoque potentielle :

> Et en somme toutes les fois que l'Equiuoque est tel qu'il ne se peut pas euiter quant à l'ordre et à l'arrangement des paroles, mais que le sens supplee à ce defaut là ~~et~~ <parce> que ce qui ua deuant et apres fait entendre clairement ce que l'on ueut dire, alors l'Equiuoque n'est point uitieux, parce qu'~~e là~~ il n'engendre point d'obscurité, qui est son seul uice. (f° 75v°)

En revanche, il pose dans les *Remarques* comme principe qu'il ne faut pas se fier au contexte pour comprendre une construction ambiguë (p. 590).

Examinons à présent les 255 remarques manuscrites que Vaugelas choisit de ne pas diffuser en 1647, mais qui furent publiées plus tard par Louis-Augustin Alemand dans les *Nouvelles Remarques* de 1690, dans la plupart des cas sans aucune modification, si ce n'est une petite clarification du sens de l'observation, l'ajout d'une citation ou d'un exemple ou la suppression d'une expression de doute ou d'hésitation[43]. Les raisons pour lesquelles Alemand choisit d'inclure ou de supprimer une observation manuscrite ne sont pas toujours claires, car s'il ne les publie pas toutes, il fait figurer dans son recueil des remarques raturées dans le manuscrit, qui contiennent une expression de doute de la part de Vaugelas, dont le contenu figure déjà dans une remarque de 1647 ou même qui contredisent la remarque publiée[44].

Afin de comprendre les objectifs et les préoccupations principales de Vaugelas dans ses *Remarques sur la langue françoise*, il est beaucoup plus intéressant d'examiner les raisons pour lesquelles il décida lui-même de ne pas publier ces rejets. Dans la plupart des cas, il avait changé d'avis soit parce que l'usage avait évolué depuis la rédaction de l'observation consignée dans le manuscrit, soit parce que ses collègues et ses amis l'avaient averti que son jugement était fautif ou qu'il s'était lui-même

43 Nous décrirons dans notre édition critique de ce texte (en préparation) les différences entre la version manuscrite et le texte imprimé ; Ayres-Bennett (1987a : 6-7) comprend également quelques exemples de modifications. Il est à noter qu'Alemand, tout comme Vaugelas, abandonne l'ordre alphabétique du manuscrit. Il ajoute 30 autres remarques, dont les deux tiers donnent des exemples empruntés à la traduction de Quinte-Curce avec les commentaires de l'Académie. Ces observations préfigurent l'annotation faite par l'Académie de cette traduction en 1719-1720 ; voir Ayres-Bennett et Caron (1996).

44 Voir Ayres-Bennett (1987a : 7-8).

rendu compte de son erreur. Un exemple de changement d'usage est celui du choix entre *superintendant* et *surintendant* : dans le manuscrit (f° 83r°, Vaugelas 1690 : 215) Vaugelas juge qu'il faut dire *superintendant*, tout en notant que l'autre forme est acceptable ; or, comme le remarque Alemand dans son commentaire, Ménage confirme que *superintendant* était une forme ancienne et obsolète. Dans le manuscrit, Vaugelas continue à défendre l'usage d'*exercite* – mot très utilisé par Amyot et Coeffeteau – en particulier pour éviter la répétition trop fréquente d'*armée* (f° 31v°-32r°, Vaugelas 1690 : 377-383), même s'il note que certains écrivains ne l'approuvent pas. Le jugement d'Alemand selon lequel le mot était déjà condamné par le bon usage au temps de Vaugelas est corroboré par l'examen de l'usage contemporain. D'après Frantext, le mot n'est plus utilisé après les deux premières décennies du siècle et de fait Coeffeteau est l'un des derniers auteurs à l'avoir employé[45]. Quant à *ains*, dans le manuscrit Vaugelas admet déjà que ce mot commence à vieillir, tout en regrettant qu'il disparaisse de l'usage (f° 4v°, Vaugelas 1690 : 284-285) ; en 1647 le mot figure uniquement dans la liste des barbarismes (p. 568). Le désir d'éviter toute question qui avait perdu de sa pertinence est bien illustré par la décision de ne pas publier la remarque sur *car* : la querelle sur *car* atteignit son apogée entre 1628 et 1632, mais dès la fin des années 1630 il n'y avait plus de raison d'en parler (f° 34v°, 33r°, Vaugelas 1690 : 446-452)[46].

L'usage de Vaugelas dans ses propres publications reflète parfois également l'évolution de sa pensée linguistique sur un point précis. Il rejette par exemple l'observation qui permet l'usage des variantes *public* et *publique* comme formes masculines de l'adjectif (f° 73r°, Vaugelas 1690 : 56) ; or Alemand note dans son commentaire que Vaugelas n'utilise que *public* dans sa traduction de Quinte-Curce. De même, il ne publie pas l'observation selon laquelle le verbe *dériver* est toujours neutre et jamais actif (f° 25r°, Vaugelas 1690 : 62) ; dans les remarques publiées il observe, en ce qui concerne l'étymologie de *faire (h)alte*, que quelques-uns « le derivent de l'Allemand *halten* » (p. 552). D'autres observations sont peut-être omises de la version publiée parce que Vaugelas ne les jugeait pas assez sophistiquées pour son public. Citons le cas de la conjugaison

45 http://www.frantext.fr. Sur l'attitude de Vaugelas envers Amyot et Coeffeteau voir ci-dessous (section 3.3).

46 La remarque manuscrite commence au folio 34v° et continue au folio 33r°. Sur la querelle autour de *car*, voir Wadsworth (1940) et Ayres (1983 : 20-21).

de *peindre* (f° 81r°, Vaugelas 1690 : 21) : ce commentaire figure à la fin de l'observation manuscrite intitulée « Resoudre ». Vaugelas publie le commentaire sur la conjugaison de ce verbe (p. 61) mais supprime celui sur *peindre*, probablement parce que, comme l'estime Alemand, « il n'y a guéres que le peuple qui dise *peindons, atteindons, peindez, atteindez*, &c. ». Si la plupart des suppressions sont donc assez faciles à expliquer, on peut en déplorer certaines autres. Alemand regrette que « la belle & curieuse Remarque » sur les différents usages d'*an* et *année* ne figure pas dans la version définitive du texte (f° 5v°-6r°, Vaugelas 1690 : 396-400). S'agissait-il ici encore d'une question que Vaugelas ne considérait pas comme susceptible d'être utile à son lectorat ?

Le manuscrit contient également des remarques et des passages qui n'ont été publiés ni dans les *Remarques* de 1647 ni dans les *Nouvelles Remarques* de 1690. Il n'est pas possible de déterminer de façon très précise le nombre d'inédits, la définition et la délimitation de ce qui est inédit n'étant pas toujours faciles[47]. En plus des observations qui traitent d'un sujet entièrement nouveau, d'autres abordent une question apparentée à celle d'une remarque publiée, ou comportent un exemple supplémentaire[48], sans parler des notes et citations éparses, des renvois à d'autres rubriques et des aide-mémoire destinés à son usage personnel. Sans compter les renvois[49] et les rappels[50], les citations sans commentaires[51], les titres sans observation[52], et les notes personnelles,

47 Il nous semble que la liste de 18 inédits dressée par Chassang (1880 : II, 479-486) omet des observations qui n'ont jamais été publiées, tout en contenant inversement des observations qui ne sont pas vraiment inédites (par exemple, le jugement sur la prononciation d'*adversité* se trouve dans la remarque intitulée « *Quand il faut prononcer le D aux mots qui commencent par Ad, avec une autre consone apres le D* », p. 439-441). Si nous considérions comme inédite toute remarque ayant subi des modifications entre le manuscrit et la version publiée, leur nombre serait considérable.

48 Voir, par exemple, la remarque manuscrite sur « *Au dessous du ciel* » (f° 47r°), citée note 484, p. 388 ci-dessous, ou « *Substantifs* » (f° 86v°), note 876, p. 475.

49 Par exemple, « *Parfait, parfaitement, perfection* Voyez *Difforme* » (f° 69r°), « *Tomber* Voyez *Exceller* » (f° 89v°).

50 Par exemple, « *Desirer* promesse qu'il faut acquiter à la lettre *a* sur l'article *De* » (f° 25r°), « Promesse du Pronon possessif faite à la lettre *a* sur l'article derniere page dont il se faut acquiter » (f° 48v°).

51 Par exemple, « [...] M. de Malh. p. deuers 222 et si tous ses appas sont encore en sa face [...] » (citation ajoutée en tête du f° 27v°).

52 Par exemple, « *Choier* » (f° 17r°). Dans le cas de « *Mon, sçauoir mon* », la remarque ne consiste qu'en une quasi-répétition du titre (« *Mon, à scauoir mon, sçauoir mon* ») sans commentaire (f° 62v°).

ainsi que les listes de citations et les notes en lien avec la future préface, sur lesquelles nous reviendrons, il reste une cinquantaine de remarques inédites, brèves pour la plupart (voir Annexe II).

Les deux grands domaines privilégiés par Vaugelas dans ses remarques, la syntaxe et le lexique (voir section 6), représentent également près des quatre cinquièmes des observations inédites. Dans le domaine syntaxique Vaugelas évoque souvent le même type de question que dans les remarques publiées, mais il propose une nouvelle illustration d'un principe général ou un cas apparenté : figurent par exemple des observations supplémentaires sur le choix des prépositions (*en/à*, f° 28v°, etc.), la construction de verbes particuliers (« *Esmouuoir à (la) pitié* », f° 26r°), la négation (« *Ni* auec *sans* », f° 65r°), et l'usage du *ne* explétif (« *De peur* », f° 24r°). Il recourt à des procédés similaires dans la discussion sur l'usage des pronoms : parallèlement à la remarque publiée sur l'usage de « *Y, avec les pronoms* » (p. 95), une observation évoque l'emploi de *en* dans des contextes similaires (f° 25v°). En complément de la remarque publiée qui distingue *que* et *ce que* (p. 173), une observation inédite porte sur la distinction entre *ce qui* et *ce que* (f° 44v°). Les problèmes posés par les syntagmes coordonnés et l'ordre des mots sont également bien représentés parmi les inédits. Vaugelas donne différents exemples de la nécessité de répéter les mots grammaticaux dans les structures coordonnées, sauf dans le cas de la coordination des synonymes ou approchants (f° 76v°, voir 6.4.7). On note toutefois son hésitation au feuillet 82v° dans la remarque intitulée « *Repetition de deux particules necessaire* » et l'exception relative à la coordination des adjectifs (f° 8v°). La deuxième remarque inédite intitulée « *Equiuoque* » au feuillet 26v° est une illustration typique du traitement dans le texte des transpositions fautives (p. 481-484) ; l'observation au feuillet 91r° cite un exemple de Malherbe où la transposition est au contraire supposée avoir « bonne grace » : « Dieu a donné à plusieurs des priuileges extraordinaires, mais *de celuy* de ne mourir pas ie suis encore à en uoir le premier exemple ». Les problèmes posés par les anaphores ambiguës ne sont évoqués dans les *Remarques* que dans l'observation intitulée « *Des equivoques* » (p. 585-593, voir 6.4.9) où Vaugelas cite des exemples comportant des pronoms relatifs, démonstratifs et possessifs ; figure également parmi les inédits un exemple avec le pronom personnel *il* (f° 26v°). On pourrait donc peut-être conclure que Vaugelas a décidé de supprimer la plupart des remarques syntaxiques inédites afin d'éviter que des exemples trop nombreux ou des redondances ne risquent d'alourdir son texte.

Il est parfois plus difficile d'expliquer l'omission, dans l'ouvrage publié, de certaines remarques lexicales. Par exemple, à en juger par l'usage en vigueur dans les textes du XVIIe siècle, les jugements sur *apostume/aposteme* (f° 9r°)[53], *presager/presagier* (f° 73r°), *profonder/approfondir* (f° 73r°) et *malediction/maudisson* (f° 62r°) sont justes. Or dans chacun de ces cas les dernières attestations de la forme critiquée dans la base Frantext datent des premières décennies du XVIIe siècle, et il se peut que Vaugelas ait décidé en 1647 que les observations n'avaient plus lieu de figurer dans le texte du fait de l'obsolescence de ces formes. Son jugement selon lequel l'adverbe *finablement* (f° 38r°) était vieilli est également corroboré par les usages textuels ; il est intéressant qu'il préfère dans le manuscrit l'adverbe *finalement*, très employé tout au long du siècle, mais condamné dans les observations publiées (p. 31). Par ailleurs, il indique déjà son changement d'avis sur l'emploi adjectival de *despit* dans le manuscrit (f° 25v°), et *congratuler* (f° 15v°), censuré dans le manuscrit, est employé par les auteurs tout au long du siècle. On trouve également dans les inédits des exemples de son habitude de définir les mots par opposition avec des termes apparentés (voir 6.5) : ainsi le sens d'*audace* est-il comparé à celui de *hardiesse* (f° 37r°). L'interprétation des inédits n'est pas toujours possible : il est par exemple impossible de connaître l'avis de Vaugelas sur les variantes *assemblement* et *assemblage* (f° 10r°) ou sur le substantif *bac* (f° 30v°), car il indique seulement que tous ces termes sont employés par Malherbe.

Deux observations lexicales inédites contiennent d'intéressants commentaires généraux. L'observation sur le verbe *excogiter* indique que Vaugelas ne condamne pas l'emploi des formes savantes empruntées au latin « car la moitie de n[ot]re langue est composee de semblables mots » (f° 31r°)[54]. Dans la discussion sur *difforme* et *difformité* (f° 25r°), il note de façon explicite que la qualité de la voyelle dans la forme simple peut différer de celle de la forme dérivée.

Quant aux autres observations inédites, cinq d'entre elles traitent de questions morphologiques spécifiques[55] et deux de la prononciation

---

53 *Cf.* Ménage (1676 : 263-264).

54 Un commentaire similaire figure dans les *Nouvelles Remarques* (1690 : 195-196) à ceci près que « la moitié » est remplacé par « une grande partie ».

55 Deux de ces remarques sont raturées dans le manuscrit (*Eschange*, f° 27r° ; *Beuuois, beuray, Beuuez*, f° 30r°) ; les autres traitent du genre grammatical de *caprice* (f° 44v°) et

de mots particuliers. L'unique observation sur le style concerne l'usage des temps dans les harangues obliques (fº 46rº-vº), qui fait l'objet d'un traitement similaire à celui réservé à l'usage des temps dans les narrations historiques (p. 457-459).

Quatre autres remarques traitent en revanche de questions plus générales et leur omission est donc assez regrettable. Celle intitulée « *Grammaire* » (fº 42vº) nous donne un aperçu de la façon dont il concevait son ouvrage par rapport à celle des ouvrages de grammaire formelle : ceux-ci, à la différence de son recueil, ne « parle[nt] point des barbarismes des paroles ni de ceux de l'oraison ni des ~~[...] ni de~~ meilleurs mots ni des meilleures façons de parler ». Deux autres touchent à des questions de traduction : si la première lui rappelle de consulter une harangue de Quinte-Curce au sixième livre de l'édition de Raderus pour l'imiter dans sa traduction des deux premiers livres de l'ouvrage (fº 76vº), celle qui figure au feuillet 90vº, annotée en marge « pour Q. Curce », observe qu'une belle traduction doit non seulement reproduire avec fidélité le texte original mais le surpasser, nouvel indice de la considération dont jouissaient à cette époque les traductions. Enfin, un commentaire général porte sur le rapport entre l'oral et l'écrit (voir ci-dessous 4.2.2) : Vaugelas y note que beaucoup de mots se disent, mais ne s'écrivent pas (fº 88rº).

En résumé, beaucoup des observations inédites sont rejetées pour les mêmes raisons que celles qui sont néanmoins publiées par Alemand dans les *Nouvelles Remarques*, à savoir parce que Vaugelas n'était pas certain de leur validité[56] ou de leur pertinence, ou parce qu'il se demandait si l'évolution de l'usage n'avait pas rendu superflue la discussion d'un point particulier. L'observation inédite intitulée « *Ou* pour *au lieu* » (fº 68vº) constitue un exemple intéressant. Vaugelas y note que cet usage est « encore pire que *la où* » ; or celui-ci est exclu du bel usage dans les *Remarques* (p. 45-46), ce qui suggère que la première erreur a peut-être été considérée comme trop banale pour être incluse dans la version définitive de l'ouvrage. Il semble que notre remarqueur ait également essayé d'éviter les répétitions et de traiter conjointement dans le texte publié des points et des exemples qui apparaissent en plusieurs endroits

---

de la bonne forme masculine de l'adjectif *fidèle* et de *mil* (fº 38rº, 61rº ; *cf. Remarques*, p. 447-448).

56 Il fait parfois explicitement mention de ses doutes, par exemple, « Ie pense que ie me trompe » (fº 82vº).

dans le manuscrit. Comme on l'a vu, l'exclusion d'autres remarques est plus difficile à expliquer, et peut-être plus particulièrement lorsqu'il s'agit de remarques portant sur des questions lexicales.

Même si l'on prend en compte les remarques publiées en 1690, les remarques inédites et les notes personnelles, on n'a pas épuisé le contenu du manuscrit. Au début et à la fin de celui-ci, deux listes de citations contiennent des mots et des expressions soulignés ; les premières citations sont extraites d'une harangue faite par « M. de Schonberg [*sc.* Schomberg] aux Estats du Languedoc » en 1645 (feuillet sans numéro entre feuillets 3 et 4) et les autres sont empruntées à « la response au bref du Pape » (f° 93v^{o}), c'est-à-dire au « Discours de M. le chancelier au nonce sur les mécontentemens que le Roi avait du Pape au sujet des Barberin[57] ». Voici quelques exemples représentatifs de cette deuxième liste :

> Pour obliger cette Couronne de donner les mains à l'oppression d'une Maison ~~qu'elle~~ que leur Ma^{tz} ont honoré de leur protection royale[58].
>
> la France a esprouue une suite continuelle d'actions desobligeantes[59]
>
> On a ueu les Espagnols agir dans Rome auec la mesme hauteur qu'ilz auroient peu faire dans Madrid[60]
>
> La France n'a pas laissé de continuer à dissimuler, affin que sa deuotion enuers le S^{t} siege soustenant de si grandes espreuues en eclatast dauantage[61]

Au feuillet 3 Vaugelas note quelques idées de Jean Chapelain qui sont reprises dans sa conception du bon usage tel qu'il est défini dans la Préface de l'ouvrage : les façons de parler établies par l'usage sont élégantes, mais il ne faut pas essayer d'en créer d'autres sur le modèle de celles-ci, « et nous n'auons point d'Autheur si celebre qui se puisse donner cette licence, qu'il n'en soit blasmé de tout le monde » ; les « grands hommes

---

57 Le texte est reproduit dans les Mémoires d'Omer Talon (1839 [1646] : 162-166).

58 *Cf.* « pour les obliger contre l'honneur et l'intérêt de cette couronne de donner les mains à l'oppression d'une maison qu'elles ont honorée de leur protection royale » (Talon 1839 : 162-163).

59 *Cf.* « La France a été la seule qui, sans en avoir reçu aucune [*sc.* grâce], a éprouvé une suite continuelle d'actions désobligeantes » (Talon 1839 : 163).

60 *Cf.* « On a vu dans ce pontificat-ci les Espagnols agir dans Rome comme dans leur trône et avec la même hauteur qu'ils auroient pu faire dans Madrid » (Talon 1839 : 163).

61 *Cf.* « Elle n'a pas laissé avec tout cela de continuer à dissimuler, afin que sa dévotion envers le saint-siége, soutenant de si rudes épreuves, en éclatât davantage » (Talon 1839 : 164).

parmy les latins » n'hésitaient pas à créer de nouvelles expressions et à se servir de figures extraordinaires :

> parce que le peuple mesme sans parler des honnestes gens estoit plus disposé à les receuoir. Mails il n'y a plus un auiourd'huy des trois ordres de l'Estat, à qui ces figures hardies <et nouuelles> puissent plaire, si ~~elles~~ ce n'est quelqu'une qui soit inuentee avec beaucoup de discretion et de iugement, et encore n'en faut il pas faire mestier[62].

Le feuillet se termine par le commentaire suivant :

> En uain i'aurois pris la peine de faire des Remarques sur n[ot]re langue, que i'espere deuoir estre utiles à ceux qui ueulent bien parler et bien escrire, si premierem[ent] ie ne faisois uoir, que de bien faire l'un et l'autre sont deux choses utiles et mesmes necessaires ; Car à quel propos de trauailler à donner des moyens de paruenir à une fin si apres qu'on y est paruenu <et qu'on en a atteint la perfection> auec beaucoup de trauail, on n'en tire aucune utilité.

Vaugelas conclut que même si personne ne pense qu'il est inutile de bien parler et de bien écrire, la plupart des gens ne comprennent pas à quel point il est important de « bien faire tous les deux ». Voici en quelques mots toute la raison d'être de son ouvrage.

Les deux derniers feuillets du manuscrit sont particulièrement difficiles à lire : certains commentaires sont notés obliquement et à l'envers, souvent dans de très petits caractères ; les ratures sont nombreuses, et le dernier feuillet est très abîmé. Le feuillet 97rº-vº contient des notes sur le rôle respectif des auteurs et de la Cour dans la définition du bon usage (voir 4.1.1), ainsi qu'une discussion des raisons pour lesquelles le français est à son avis devenu plus riche et plus beau que les autres langues vulgaires :

> c'est à cause de la conuersation et de la communication des beaux esprits qui est plus grande en France qu'ailleurs mesme auec les femmes car comme les natures ~~leur~~ se rendent belliques à force de faire la guerre et de s'exercer aux armes, et le <grand> commerce des marchandises enrichit les marchands, a fait fleurir le trafic, aussi le grand commerce d'une langue, la rend riche et fleurissante. (fº 97vº)

Le texte examine ensuite le rapport entre les mots et les choses : Vaugelas juge que Cicéron avait raison de mettre toujours ensemble « res et

62 C'est également à Chapelain qu'est emprunté le parallèle avec la foi (voir Préface V.2).

uerba », parce que « les paroles qui ne representent pas bien trahissent les choses[63] » ; c'est pour cette raison qu'il accorde une telle importance à « la propreté des mots et des phrases » (voir 6.5.2). Il décrit plus en détail quelques autres qualités du bon usage : la clarté est requise « pour les [*sc.* les choses] faire uoir », tandis que l'ornement et l'élégance sont importants « pour attirer le lecteur, et luy donner l'enuie d'escouter ».

Non seulement les différences entre le manuscrit de l'Arsenal et les remarques publiées dans la version définitive sont radicales du fait de la modification et de la suppression de nombreuses observations, mais la version publiée contient de nombreux éléments qui n'apparaissent pas dans le manuscrit. Il s'agit en particulier de la Préface, d'environ un tiers des remarques et de l'index.

Rien dans le manuscrit ne s'apparente à une version complète de la préface. Au contraire, comme nous l'avons déjà indiqué, seules quelques notes et idées au début et à la fin du manuscrit, ainsi que quelques commentaires ici et là peuvent être considérés comme des ébauches de certains éléments de la préface publiée dans la version définitive[64].

Seuls les deux tiers des sujets sont traités dans le manuscrit, et très peu d'observations sont tout à fait identiques dans les deux versions, les modifications et les révisions étant parfois radicales, comme nous l'indiquons dans les notes de bas de page. Les observations méthodologiques (p. 503-509), ainsi que les remarques de définition et de synthèse (par ex. p. 567-577) sont très majoritairement nouvelles dans le texte publié. Si l'on classe les ajouts en fonction de leur thème principal, on note qu'environ la moitié des observations qui traitent de la prononciation et de l'orthographe ne se trouvent pas dans le manuscrit. Vaugelas admet dans un commentaire manuscrit qu'il ne s'intéresse guère aux questions de prononciation :

63 Ce passage contredit la thèse de Merlin (1994 : 372) selon laquelle on observe chez Malherbe et Vaugelas une scission entre les mots et les choses, qui accompagne la scission du public et du privé. Vaugelas indique également dans les *Remarques* (p. 577-578) qu'à son avis la netteté du raisonnement « est la partie essentielle du discours, sans laquelle avec toute la pureté & la netteté de langage, on est insupportable, la raison n'estant pas moins essentielle au stile, qu'à l'homme », mais que la netteté du raisonnement ne constitue pas le sujet de son livre.

64 Une note marginale apparaît par exemple au feuillet 53r°, dans l'observation intitulée « *Iusques à* et *Iusqu'à* » : « Pour la preface, à perdre » qui se trouve à côté d'une digression sur le but des remarques (« ces petites remarques ne sont que pour ceux qui aspirent à la perfection ») et sur l'importance de soigner les « choses quoy que tres-legeres qui doiuent estre obserues auec quelque soing si l'on ueut exceller par dessus les autres ».

> Encore que n[ot]re dessein ne soit pas de faire des Remarques touchant la Prononciation, si est ce que ie n'ay pas iugé <hors de propos> inutile de resoudre une difficulté que i'ay oüy faire souuent s'il falloit prononcer *Ingredients*, *Expedients* <*escient*>, comme si l'on escriuoit *Ingrediants*, *Expediants*, et *Esciant* auec un *a* ou bien s'il les faut prononcer auec un *e* comme on les escrit. (f° 55r°)

Le taux d'ajouts, pour les remarques touchant à des questions morphologiques ou lexicales, est d'environ 40 %, et par conséquent, en termes absolus, les observations lexicales sont de loin les plus nombreuses parmi les ajouts. Ceci n'a rien d'étonnant dans la mesure où le lexique est la composante du langage la plus sujette aux changements. En revanche, la proportion des ajouts dans les domaines de la syntaxe et du style est en-dessous de la moyenne. Cette distribution nous semble suggérer que Vaugelas s'est dès le début intéressé aux questions syntaxiques, à la netteté et à l'élimination des constructions équivoques. En somme, les ajouts reflètent à la fois l'évolution plus ou moins rapide des différents domaines de l'usage et la genèse des remarques. L'ajout des remarques sur la prononciation est par exemple indissociable de l'intérêt croissant manifesté par Vaugelas pour le langage parlé (voir 4.2.2). Des observations brèves, qui apparaissent sous différentes rubriques dans le manuscrit, sont regroupées dans des remarques plus synthétiques. Il arrive que certains aspects d'un problème soient déjà évoqués dans le manuscrit, mais que de nouveaux exemples douteux soient examinés dans le texte de 1647. Tel est le cas, par exemple, pour la question de la prononcation du *h aspiré* : les principes généraux qui guident sa prononciation sont énoncés dans le manuscrit (p. 197-201), mais Vaugelas ajoute dans la version définitive la discussion sur les mots composés (p. 201-202) et sur *héros*, etc. (p. 1-3). Dans la préface, il admet que l'abandon de l'ordre alphabétique lui permettait d'ajouter de nouvelles observations jusqu'à la dernière minute : il est peut-être significatif que les ajouts se trouvent surtout dans la deuxième moitié du texte et que de longs passages comportant uniquement de nouvelles remarques se succèdent souvent sans remarque intervenante, par exemple deux séries de huit nouvelles observations interrompues par une seule remarque plus ancienne (p. 382-389, 391-399).

La décision de renoncer à l'ordre alphabétique du manuscrit et d'adopter l'ordre plus aléatoire du volume publié nécessita l'ajout d'un index pour aider les lecteurs à s'orienter dans le texte. L'index contient à la fois des entrées qui correspondent aux titres des observations[65] et d'autres, précédées d'une étoile, qui renvoient aux remarques « qui se trouvent dans le texte du livre hors des titres ». L'examen de celles-ci est révélateur car elles sont parfois formulées d'une façon plus générale que l'observation elle-même. Par exemple, dans la remarque intitulée « *Esperdûment, ingenûment, & des autres adverbes terminez en* ment », Vaugelas note que dans la formation de ces adverbes, le *e* de l'adjectif féminin a été supprimé et qu'un accent a été ajouté à la voyelle précédente pour indiquer la suppression. L'index, en revanche, annonce un principe plus général : « * *Accent aigu & circonflexe pourquoy se marquent* ». D'autres, par exemple « * *Donrray, dorray* », correspondent au titre d'une remarque manuscrite qui a été déplacée dans une rubrique différente dans le texte publié.

Pour conclure, Vaugelas a passé plusieurs années à concevoir et à améliorer ses observations avant la publication de la première édition en 1647. La comparaison avec le manuscrit fait nettement apparaître son désir d'opérer une sélection judicieuse de remarques pour son public, rejetant d'une part ce qui ne lui paraissait plus pertinent ou ce dont il mettait en doute la validité ou l'importance, et réécrivant, corrigeant, et améliorant d'autre part ce qu'il choisit de retenir. Le remaniement et la mise à jour de son contenu reflètent sa conviction que la langue française s'était perfectionnée même depuis le temps de Malherbe ; comme l'indique la Préface, loin d'avoir des vues rigides, il était bien conscient que certains aspects de l'usage peuvent évoluer au cours d'une période relativement brève de vingt-cinq ou trente ans, même si les principes fondamentaux régissant l'usage du français restent stables (Préface X.2). Est donc à l'œuvre dans la genèse des remarques le même esprit de perfectionnisme qui l'avait empêché de faire publier la traduction de Quinte-Curce avant sa mort. Un commentaire dans la Préface suggère qu'il ne se sentait pas prêt à publier ses remarques :

> C'est que n'ayant pas achevé ces Remarques, quand ceux qui ont tout pouvoir sur moy, m'ont fait commencer à les mettre sous la presse, j'ay eu moyen d'en ajouster tousjours de nouvelles, ce que je n'eusse pû faire si j'eusse suivy l'un des deux ordres, dont je viens de parler. (Préface XII.2)

La date des modifications, et en particulier de l'abandon de l'ordre alphabétique, n'est pas claire. Si Vaugelas reproche à l'imprimeur d'avoir

65 L'index comporte quelques erreurs. Par exemple, la première entrée « Absynthe » indique la page 227 au lieu de 527.

introduit quelques fautes d'impression dans son texte, il nous semble peu probable qu'il ait pu vouloir introduire un changement aussi important qu'une présentation radicalement différente du contenu.

2.2 PRÉSENTATION DES DIFFÉRENTES ÉDITIONS

Le grand succès du livre de Vaugelas est attesté par le nombre de nouvelles éditions et de réimpressions qui parurent tout au long du XVIIe siècle. La première édition, seule à avoir vu le jour du vivant de l'auteur, fut publiée par deux maisons d'éditions : celle de la Veuve Camusat (Denise de Courbes) et de son gendre, Pierre Le Petit, imprimeurs-libraires de l'Académie[66], et celle d'Augustin Courbé, imprimeur et libraire du duc d'Orléans, frère du Roi, de 1630 à 1643. Les éditions publiées à partir de 1662 notent que Vaugelas transféra le privilège qui lui fut accordé en 1646 à Augustin Courbé[67]. Nous ne savons pas s'il avait commencé par employer l'imprimeur-libraire de l'Académie pour transférer le privilège ensuite à Augustin Courbé ou si les imprimeurs se sont accordés pour publier le texte en même temps en 1647. Le nom de l'auteur n'apparaît pas sur la page de titre, mais l'épître est signée C. F. D. V. Faute d'avoir produit une grammaire officielle, l'Académie adopta l'ouvrage en quelque sorte comme s'il était le sien[68], même si le nom de l'auteur n'est pas suivi de la mention « de l'Académie Française » sur la page de titre de l'ouvrage (Delalain 1907 : 10) ; le choix de la Veuve Camusat et Pierre Le Petit comme imprimeurs-libraires n'a donc rien d'étonnant. Conformément au statut 50 de l'Académie, il était défendu à son imprimeur de procéder à quelque modification que ce soit pour les publications officielles, mais on ne sait pas si cette convention s'appliquait également au texte de Vaugelas ou si, par exemple, les éditeurs ont modifié son orthographe pour qu'elle se conforme aux conventions de leur maison. La maison de la Veuve Camusat et Pierre

66 Les trois premiers libraires-imprimeurs de l'Académie furent Jean Camus, élu le 10 avril 1634, la Veuve de Jean Camusat, élue le 26 juillet 1639, et Pierre Le Petit, élu en 1643. Ce dernier devint aussi imprimeur-libraire ordinaire du Roi en 1647, l'année de la publication des *Remarques*.

67 Le premier privilège fut accordé pour une période de vingt ans ; la longue durée du privilège suggère que l'auteur était extrêmement bien considéré par la Monarchie.

68 Voir *Grammaire de l'Académie Française* (1932 : vii) : « [L'Académie] adopta les *Remarques* de Vaugelas, et persuadée que ces *Remarques* étaient la meilleure des grammaires, elle en procura de nouvelles éditions, après les avoir révisées et complétées d'observations de Patru et de Thomas Corneille ».

Le Petit était particulièrement renommée pour la qualité et la fidélité de ses éditions (Delalain 1907 : 28) mais, comme le note l'*Avertissement*, Vaugelas n'ayant pas eu le temps de relire toutes les pages, l'imprimeur laissa échapper des erreurs de pagination[69]. Il semble également mettre en doute la fidélité de l'imprimeur dans les Fautes d'Impression :

> S'il se trouve qu'en cét Ouvrage l'Autheur n'observe pas tousjours ses propres Remarques, il declare que c'est sa faute ou celle de l'Imprimeur, & qu'il s'en faut tenir à la Remarque, & non pas à la façon dont l'Autheur en aura usé contre sa Remarque, ou dont l'Imprimeur aura corrompu la copie.

Nous disposons d'autres indices de la notoriété du livre ; ainsi le choix du format in-4° est-il signe de la considération dont jouissait le texte. Nous avons pu identifier cinq tirages différents de la première édition, qui diffèrent légèrement les uns des autres (par exemple en ce qui concerne la position du privilège, la division du texte entre les pages, l'orthographe (*sortant/sortans*, etc.) ou le choix du type d'étoile en bas de page)[70].

La première édition de 1647 fut la seule publiée par la Veuve Camusat et Pierre Le Petit. Lui succédèrent une série rapide de nouvelles éditions er de réimpressions[71]. En 1649, 1651 et 1654 furent publiées trois éditions du format in-8° (« jouxte la copie imprimée A Paris, chez Augustin Courbé »), éditions assez similaires sans être pour autant de simples réimpressions. En 1655 parut chez Courbé une troisième édition qui, malgré l'indication « reveuë et corrigée », est presque identique à la

69 La pagination passe brutalement de la page 256 à la page 297, et les assemblages de feuillets Ggg-Lll et Mmm-Qqq ont la même pagination (457-496) ; dans notre édition les doublons sont indiqués par une étoile. Dans certains tirages de la première édition et dans d'autres éditions l'erreur commence à la page 456. Selon Veryrin-Forrer (1978), il existe même une édition où l'erreur commence à la page 452.

70 Les exemplaires suivants représentent les différents tirages : éditions de la Veuve Camustat et Pierre Le Petit – Rés X-917 (BnF), Rés X-918 (BnF), X-2441 (BnF), 4-BL-494 (Bibliothèque de l'Arsenal) ; édition d'Augustin Courbé – 4-BL-493 (Bibliothèque de l'Arsenal). L'exemplaire Rés X-918 (BnF) contient des annotations de la main de Pierre Huet. La grande majorité des exemplaires qui subsistent sont ceux publiés par la Veuve Camusat et Pierre Le Petit.

71 La publication des éditions de deux pièces célèbres de Pierre Corneille servira de comparaison. *Le Cid* : 1re édition 1637 in-4°, 2e édition 1637 in-12°, 3e édition 1637 in-4°, contrefaçon caennaise 1637 in-8° ; *Horace* : 1re édition 1641 in-4°, 2e édition 1641 in-4°, 3e édition 1641 in-12°, 4e édition 1641 in-12°, contrefaçon avignonnaise 1641 in-8°, contrefaçon hollandaise 1641 in-12° (voir Riffaud 2009).

première édition[72]. Deux ans plus tard fut publiée une nouvelle version chez François Vivien à Bruxelles, désignée sur la page de titre comme la « Quatriesme Edition, reveuë & corrigée. Jouxte la Copie de Paris ». La quatrième édition de Courbé parut en 1659 à Paris. Elle avait été imprimée à Rouen par Laurens Maurry, imprimeur reconnu pour la grande qualité typographique de ses éditions ; cette édition in-12° comporte une « Table beaucoup plus ample qu'aux precedentes impressions, où les Remarques qui se trouvent dans le texte du livre, hors des titres, sont marquées d'une estoille *[73] ». Avant même la publication de la première édition de la *Grammaire générale et raisonnée* de Port-Royal en 1660, avaient donc été publiées une dizaine d'éditions et de réimpressions du texte : les *Remarques* devinrent vite une référence incontournable pour tous ceux qui voulaient produire une grammaire ou tout autre ouvrage sur la langue française. La publication d'un même texte in-4° et in-12° était un procédé réservé aux succès de librairie et qui avait été employé pour la première fois lors de la publication du *Cid* de Corneille en 1637 ; les livres de petit format permettaient de vulgariser l'ouvrage et rencontraient peut-être un succès particulier auprès du lectorat féminin.

Le rythme de publication des éditions du texte ne ralentit guère dans les années 1660. L'édition de 1662 nous apprend qu'Augustin Courbé avait cédé le privilège à Thomas Jolly[74] et Louis Billaine : ils publièrent des éditions partagées en 1662, 1663 et 1664. Apparut également en 1665 une édition probablement contrefaite à Amsterdam, chez Jean de Ravestein.

---

72 Aucune édition ne porte la mention « deuxième édition ». Il semble que l'édition de la bibliothèque municipale de Lyon, indiquée dans le catalogue comme datant de 1658, soit un exemplaire de la troisième édition, les 3 « III » de la date ayant été ajoutés à la main. Je suis reconnaissante à Yves Montrosier pour ces informations.

73 Les ajouts ne sont peut-être pas aussi nombreux que cette désignation ne pourrait le faire penser. Par exemple, à la lettre A les premiers ajouts sont « Terminaisons en *Ail, al & aux* » (après l'entrée « *Aigle* ») ; « *Arrian, & Arrien* » (après « *Arondelle* ») ; « *L'article indefiny ne reçoit jamais apres soy, le pronom relatif* » (après « *Reigle nouvelle & infaillible, pour sçavoir quand il faut repeter les articles ou les prepositions, tant devant les noms que devant les verbes* » ; et « *Avec moy* » (après « *Il faut tousjours prononcer le c,* d'avec *devant quelque lettre qu'il se rencontre* »). L'exemplaire de l'édition de 1659 à la bibliothèque universitaire de Cambridge est également une contrefaçon, qui n'inclut pas cette nouvelle table plus étoffée.

74 Nous lisons, par exemple, dans l'édition de Paris, Louis Billaine, 1672 : « Et ledit sieur C. F. D. V. a transporté le droit du present Privilege à Augustin Courbé, suivant l'accord fait entr'eux, & ledit Courbé l'a cedé à Thomas Jolly & Louis Billaine, pour en joüir en son lieu & place le temps porté par iceluy ». Thomas Jolly succéda à Augustin Courbé en 1663, après avoir acheté la moitié de son fonds en 1662.

Le 18 avril 1665, un deuxième privilège fut accordé à Louis Billaine, pour une période de « quinze années consecutives, à commencer du jour de la premiere r'Impression » : Billaine y associa Thomas Jolly, et ce dernier y associa à son tour Simon Bénard, son beau-frère. Parurent ensuite deux séries d'éditions partagées – autre signe du succès de l'ouvrage – en 1670 et en 1672 (chez L. Billaine, chez T. Jolly, et chez T. Jolly et S. Bénard), toujours in-12°[75]. L'édition de 1670 est la première édition authentique à inclure sur la page de titre la mention explicite, « Par Monsieur de Vaugelas ». L'édition publiée chez Benoist Roulet à Cologne en 1677 comporte probablement une fausse adresse. Le deuxième privilège n'ayant pas expiré, il est bien probable que les éditions publiées à Lyon la même année aient également été des contrefaçons, comme semblent l'indiquer les permissions d'imprimer : l'édition de Jean Carteron contient la mention « Je consens pour le Roy qu'il soit permis à Claude de la Roche de faire imprimer le livre intitulé [...] & que les deffences ordinaires luy soient accordées pour deux années, à Lyon, le 20. Septembre 1677 », mais cette mention ne figure pas dans l'édition de Claude de La Roche. La dernière édition des années 1670 fut publiée par « la Société » en 1678, c'est-à-dire par plusieurs libraires qui se regroupèrent pour partager le privilège. Ce volume nous apprend que le 18 mars 1677 un nouveau privilège de vingt ans avait été accordé à Guillaume de Luynes et que « ledit de Luyne a fait part du present Privilege à Jacques le Gras, Michel Bobin, Nicolas le Gras, Claude Barbin, Pierre Traboüillet, Theodore Girard, Charles Osmont & la Veuve Mauger, suivant l'accord fait entre eux[76] ».

Une nouvelle étape dans l'histoire du texte s'annonce en 1687 avec l'édition de Théodore Girard, qui ajouta aux remarques de Vaugelas les notes de Thomas Corneille. Dans l'Avertissement de cette édition, Thomas Corneille, frère cadet de Pierre, explique avoir lu le texte de Vaugelas « pour en profiter & non pour y trouver à reprendre ». Il défend l'ouvrage contre la critique de La Mothe Le Vayer : il estime en effet que la plupart des remarques sont encore valides, le but de ses commentaires étant surtout de signaler les points sur lesquels l'usage

---

75 Streicher (1934 : li) fait mention d'une édition de 1673 (Rouen et Paris, Louis Billaine) que je n'ai pas pu identifier.

76 La continuation du privilège « a esté venduë à la dissolution de la Compagnie avec tous les Exemplaires à Thomas Girard, un des associez suivant l'accord fait entr'eux » (édition de Paris, 1687).

a évolué depuis la publication de la première édition quarante ans auparavant. Il s'appuie également sur l'autorité de Ménage pour « sa profonde érudition », sur celle de Bouhours, qui a écrit « avec une politesse qu'il est difficile d'imiter », sur les conseils de Damien Mitton et des membres de l'Académie Française, ainsi que sur les observations manuscrites de Chapelain que l'Abbé de La Chambre lui avait confiées. La *Bibliothèque universelle* de l'année 1687 en publia un compte rendu positif qui commence par noter que « les Remarques de M. de Vaugelas sont si connuës, qu'il suffiroit d'en mettre le titre, s'il ne falloit pas dire en deux mots ce que M. *de Corneille* y a ajoûté[77] ». Ce texte connut aussi des éditions pirates (en 1690 et en 1703-1713 à Amsterdam) et des réimpressions (en 1697 et en 1698 chez la Veuve de Girard et Nicolas Gosselin respectivement).

Deux autres commentaires sur le texte furent publiés au cours de la première moitié du XVIIIe siècle. Après la publication en 1694 de la première édition de leur dictionnaire, les Immortels hésitaient entre trois principaux projets : la préparation d'une nouvelle édition de cet ouvrage, l'élaboration de la grammaire dont ils promettaient la rédaction depuis la fondation de l'Académie en 1635, et la lecture critique des bons auteurs (Pellisson et d'Olivet 1858 : I, 86-100). Suite à la décision de confier la grammaire à l'un de leurs membres, Régnier-Desmarais, qui la publia en 1705, les Académiciens concilièrent en quelque sorte les trois tâches en œuvrant à la rédaction de leurs observations sur les remarques de Vaugelas. Les *Observations de l'Académie Française sur les remarques de Vaugelas* furent publiées pour la première fois en 1704 et rééditées en 1705 à La Haye[78]. Le deuxième commentaire, celui d'Olivier Patru, sur lequel il avait passé plus de trente ans, avait déjà été publié après sa mort en 1681 dans ses *Plaidoyers et œuvres diverses*, mais en l'absence du texte de Vaugelas sa valeur était sensiblement diminuée ; en 1738 il fut publié dans une nouvelle édition des *Remarques* à côté des notes de Thomas Corneille. Cette édition inclut également des commentaires

77 *Bibliothèque universelle*, tome VII, p. 182-195 (p. 182). L'auteur du compte rendu note pourtant que certains auraient souhaité qu'il réorganise le contenu en adoptant un classement par partie d'oraison parce qu'il est parfois difficile de trouver le sujet que l'on recherche. Il regrette ensuite ce qu'il considère comme l'appauvrissement du langage et le déclin de la liberté du français depuis l'époque d'Amyot et semble tenir « les Dames & les Cavaliers » (p. 191) pour principaux responsables de ce déclin.

78 Voir l'édition critique de ce texte par Philippe Caron qui paraîtra dans cette collection.

sur les *Nouvelles Remarques de Vaugelas*, qui sont identifiées à juste titre comme le « rebut de ses premiéres Remarques » (Vaugelas 1738 : I, 457). Ce texte connut plusieurs réimpressions, identiques à quelques légères variations près, publiées par différentes maisons d'édition la même année[79] ; on peut y voir un nouvel indice de l'intérêt non démenti pour le texte de Vaugelas, ravivé par l'ajout d'annotations et de commentaires sur l'évolution de l'usage.

L'année 1738 marque la fin des nouvelles éditions de notre texte pour une période de presque 150 ans. En effet, l'édition de Chassang de 1880 ne considère plus le texte comme reflétant l'usage contemporain, mais plutôt comme un document historique. Parmi les éditions du vingtième siècle, c'est celle de Jeanne Streicher (1934), qui comporte une reproduction du texte en fac-similé, qui a connu le plus grand succès, et elle a fait l'objet de réimpressions en 1970 et en 2000[80]. En 2009 Zygmunt Marzys a publié l'édition critique la plus récente et la plus complète du texte ; il présente non seulement les différences entre le texte publié et le manuscrit de l'Arsenal, mais il s'intéresse aussi à la comparaison avec l'usage contemporain, tel qu'il est attesté dans Frantext[81]. Notre édition sert de complément à la sienne, notamment par son approche centrée sur l'analyse linguistique (voir section 6 ci-dessous).

3. SOURCES MÉTALINGUISTIQUES ET LITTÉRAIRES

Au cours de l'élaboration de ses remarques Vaugelas n'hésitait pas, lorsqu'un usage était douteux, à consulter l'usage écrit des écrivains qu'il considérait comme des autorités ou, comme nous l'avons déjà noté, à solliciter l'opinion de ses contemporains. Il observe, par exemple

79 Le privilège est accordé pour six ans à Jacques Clousier qui reconnaît « avoir cedé à Messieurs Huart, Didot, Nyon fils & de Nully chacun un cinquiéme pour en joiur conjointement avec moi ».

80 L'édition de Lagane (1975 [^{1}1969]) contient environ le tiers de l'édition originale. Les remarques ont été regroupées sous des rubriques grammaticales, pour faciliter la consultation.

81 Marzys est bien conscient des problèmes associés à l'usage de cette base de données ; nous ajoutons quelques réserves supplémentaires, ci-dessous p. 192, 210.

dans le manuscrit, à la rubrique « *De* auec le participe passif » (f° 67r°), qu'il est amené à condamner un usage qu'affectionne Malherbe dans ses écrits, et il conclut : « Il faut uoir comme en use M. Coeff. et s'en tenir là[82] ». À deux reprises dans le manuscrit (f° 12v°, 86v°), il note qu'il faudra demander à l'Académie quelle est la forme à retenir. Dans le texte publié, il nomme assez peu de sources en comparaison avec les remarqueurs qui lui succédèrent tels que Ménage ou Bouhours[83]. Il décrit explicitement dans sa Préface (XV.1) la façon dont il citera ses sources écrites. En général la politesse et le tact l'empêchent de nommer explicitement les écrivains dont les usages linguistiques sont critiqués dans ses observations. La comparaison avec le manuscrit, que nous mènerons tout au long de ce chapitre, ne laisse pas de doute sur le fait qu'il s'agit d'une stratégie consciente et que Vaugelas a délibérément supprimé les références explicites et précises aux auteurs et aux textes. Ce procédé est employé de manière particulièrement systématique pour les auteurs ou les usages des auteurs qu'il censure, qu'il ne nomme jamais, qu'ils soient morts ou vivants (XIV.2). Pour masquer l'identité de la source il modifie parfois la citation ; il note pourtant qu'il ne reprend pas « une seule faute qui ne se trouve dans un bon Escrivain » (XIV.3). Il a donc recours à des formules plutôt allusives pour désigner ses sources, comme « un de nos plus celebres Escrivains » (pour désigner Perrot d'Ablancourt à la page 129, et Malherbe à la page 513). Quand Vaugelas veut faire l'éloge d'un écrivain, il le nomme si l'auteur est mort, mais pas si l'auteur est encore vivant « de peur de [lui] attirer de l'envie, ou de passer pour flateur » (XV.1). Il reconnaît que souvent l'identité de l'auteur demeure évidente « à travers ce voile », mais qu'il préfère néanmoins les traiter de cette façon, qui sert à « soulager leur pudeur, & à rendre la loüange moins suspecte & de meilleure grace ».

L'identification des sources anonymes dans le texte publié n'est par conséquent pas toujours facile. Il existe pourtant dans le fonds Conrart à la bibliothèque de l'Arsenal un deuxième manuscrit, la *Clef de Conrart*, que nous pouvons utiliser en conjonction avec le manuscrit autographe

---

82 Lorsqu'il manifeste une hésitation, il évoque parfois son intention de consulter des sources faisant autorité : « *A l'Improuiste* quoy que pris de l'Italien et assez nouueau, est fort bon. M. Coef. en use souuent, et est incomparablement meilleur, qu'*au despourueu*, ou *à l'impourueüe*, qui ne me semblent pas trop bons, et ne sçay si i'en uoudrois user. Il s'en faut rapporter à nos Maistres » (f° 4v°).

83 Sur ce point, voir Ayres-Bennett et Seijido (2011a : 233-251).

de Vaugelas pour recueillir des indices sur ses sources françaises[84]. Cette Clef propose l'identification d'une cinquantaine de références anonymes qui y sont répertoriées. Cependant non seulement la Clef est incomplète[85], mais la comparaison avec le manuscrit de Vaugelas fait clairement apparaître que certaines des suggestions proposées sont inexactes. Par exemple, la *Clef de Conrart* fait l'hypothèse que l'auteur de la citation à la rubrique « *Exemple d'une construction estrange* » (p. 195) est Guez de Balzac, mais le manuscrit (f° 83r°) confirme qu'il s'agit d'une citation de Malherbe (« Le fait du lion et de celuy qui uouloit tuer le Tyran sont semblables »), légèrement remaniée pour en dissimuler la source. Malgré les lacunes et les erreurs qu'elle comporte, la Clef est néanmoins une source valable lorsque l'on recherche les noms d'auteurs et de personnages qui ne figurent ni dans le manuscrit ni dans le texte publié.

Les sources principales dans les *Remarques* sont des écrivains et des autorités sur la langue française, des auteurs et des grammairiens latins et quelques auteurs italiens. Malgré sa maîtrise de la langue espagnole, Vaugelas ne cite aucune source espagnole[86].

---

84 Bibliothèque de l'Arsenal MS 5420 (*Recueil Conrart*, XI), p. 24-25. Selon Chassang (1880 : I, lxi), l'auteur de ce manuscrit serait Desmarais, mais comme celui-ci est l'un des auteurs identifiés par la Clef, il nous semble beaucoup plus probable que l'auteur en est Conrart (voir Ayres-Bennett 1987a : 56).

85 Par exemple, le manuscrit autographe de Vaugelas indique clairement que le célèbre écrivain auquel il fait allusion à la page 513 est Malherbe (« Malh. p. 252 », f° 67r°), mais son identité n'est pas indiquée dans la Clef.

86 Il nous semble que le commentaire de Ménage sur le manque d'érudition de Vaugelas n'est pas tout à fait juste, ou qu'il ne l'est que par comparaison avec la grande érudition de Ménage lui-même : « M. de Vaugelas estoit un fort honneste homme : ce que j'estime beaucoup plus que d'estre un savant homme : mais ce n'estoit pas un savant homme. Je connois une personne qui lui a fourni tous les passages Grecs, Latins & Italiens, qui sont dans son livre » (Ménage 1676 : 70). Sa seule faiblesse est peut-être sa connaissance imparfaite du grec : les citations grecques sont peu nombreuses et elles contiennent assez souvent des erreurs ou des coquilles, comme le note Dupleix (« Il nous allegue rarement la langue Greque sans y errer », 1651 : 474).

3.1 SOURCES GRECQUES ET LATINES

3.1.1 Sources classiques

Le texte comporte peu de références aux auteurs grecs[87]. Seuls trois d'entre eux font l'objet de commentaires : Démosthène qui, avec Cicéron pour le latin, est considéré comme l'un des deux auteurs les plus éloquents (Préface XI.3), Lucien de Samosate, décrit lui aussi comme l'un des meilleurs auteurs grecs (p. 147), et Denys d'Halicarnasse. Vaugelas prétend citer en grec une critique par ce dernier des périodes trop longues « qui suffoquent par leur grandeur excessive ceux qui les prononcent » (p. 592) ; selon nos connaissances actuelles, la citation vient plutôt du traité *Du style* par Démétrios de Phalère.

Les auteurs latins, en revanche, sont à la fois plus nombreux et plus fréquemment cités. Deux auteurs dominent : Quintilien en sa qualité de grammairien et de rhéteur et Cicéron pour l'excellence de son style[88].

À deux reprises (Préface XV.3, p. 593) Vaugelas exprime le souhait que lui succède un Quintilien français qui puisse répertorier les qualités du bon français. Il s'inscrit distinctement dans la lignée de Quintilien, notamment en ce qui concerne la description des critères de la correction linguistique, l'insistance sur l'importance de la pureté[89] et de la netteté du langage, et l'intégration des qualités stylistiques et rhétoriques dans la grammaire. L'influence de Quintilien transparaît notamment dans les références explicites à son autorité dans le texte, par exemple quand Vaugelas cite la distinction qu'il a établie entre *emendata oratio* et *dilucida oratio* (p. 578)[90], se réfère à son apologie de la clarté et sa censure des équivoques (p. 589-591), recommande d'adopter sa politique circonspecte envers les néologismes (p. 255), ou invoque sa défense des constructions établies par l'usage qui ne suivent pas les règles grammaticales (p. 375, 463*), résumée par la formule « aliud est

87 Les noms de Platon, d'Aristote et d'Épictète ne figurent que dans des exemples, des gloses ou dans la discussion des noms propres. Plutarque et Arrien sont également cités pour les traductions françaises de leurs textes. Seul Lucien est mentionné dans le manuscrit.

88 Vaugelas fait explicitement mention de Cicéron 19 fois dans le texte et de Quintilien 16 fois (en excluant l'observation qui s'intéresse uniquement à la forme de son nom).

89 Voir Préface IX.3.

90 Quintilien fait mention en effet de trois qualités du discours : la correction ou la pureté, la clarté, et l'élégance (« ut emendata, ut dilucida, ut ornata sit ») (*Institution oratoire* I, 5, 1).

Latine, aliud grammatice loqui[91] ». On entrevoit également plusieurs échos implicites à l'*Institution oratoire* dans le texte. Si pour Quintilien le langage a pour fondement le raisonnement (qui se fonde principalement sur l'analogie)[92], l'ancienneté, l'autorité des auteurs (en particulier les orateurs et les historiens), et l'usage (I, 6, 1), il conclut que l'usage est le maître le plus sûr du parler (I, 6, 3)[93]. Il définit en outre l'usage à suivre non pas comme la pratique de la majorité, mais comme la pratique sur laquelle s'accordent les gens cultivés, tout comme, dans le domaine des mœurs, on règle sa conduite sur celle des honnête gens[94].

Vaugelas loue à plusieurs reprises la qualité extraordinaire du style de Cicéron et s'appuie sur son autorité, comme sur celle de Quintilien, pour justifier le soin qu'il porte lui-même à la pureté du langage (Préface IX.3). Cicéron est donc considéré comme « Prince de l'Eloquence[95] » : s'il commence même à exister de bonnes traductions françaises des textes cicéroniens (Préface XV.3), les lettres de Voiture, si excellentes soient-elles, ne surpassent pas celles de Cicéron (p. 478). Vaugelas conseille aux lecteurs d'adopter la même stratégie que Cicéron pour introduire de nouveaux mots, c'est-à-dire de les faire précéder d'une expression comme « pour user de ce mot » (p. 44), et il justifie sa décision de consulter les femmes pour résoudre les cas d'usage douteux en invoquant l'exemple de Cicéron, qui aurait dans de telles circonstances consulté sa femme et sa fille (p. 380, 505). Des textes nombreux et variés de Cicéron sont cités, dont sa correspondance (p. 363, 489), *De provinciis consularibus* (p. 163), et *De senectute* (p. 495*), et on dénombre également des citations et des allusions à *De oratore* (p. 380), à l'*Orator* (p. 415) et à *De finibus bonorum et malorum* (p. 487*).

Des auteurs et des textes canoniques figurent au rang des sources et autorités latines citées par Vaugelas[96]. Parmi les auteurs classiques les plus

91 I, 6, 27 : « une chose est de parler latin, une autre chose de parler grammaticalement ». Il est intéressant de noter que l'emploi par Vaugelas du terme « François » fait écho au concept de *Latinitas*, voir 5.2.3.

92 Voir sections 4.1.4 et 4.1.5 ci-dessous.

93 « Consuetudo vero certissima loquendi magistra ».

94 « Ergo consuetudinem semonis vocabo consensum eruditorum, sicut vivendi consensum bonorum » (I, 6, 45).

95 Manuscrit de l'Arsenal, f° 64v°.

96 Comme on pouvait s'y attendre, les rares références au latin tardif concernent soit des textes légaux, soit des textes religieux. Dans les Fautes d'Impression, Vaugelas critique le « Latin barbare » employé par Tribonien dans certains passages corrompus du Code

fréquemment nommés, sont mentionnés deux historiens, Tacite, auteur des *Annales*[97], et Tite-Live, auteur de l'*Histoire romaine*[98] ; on ne trouve par ailleurs qu'une seule référence explicite à Quinte-Curce (p. 487*). Le manuscrit de l'Arsenal contient le nom d'un autre historien, Justin, source d'exemples pour la remarque promise sur les synonymes (f° 87v°). C'est au biographe Suétone que Vaugelas emprunte l'opinion de Caligula sur le style de Sénèque[99] (p. 584), ainsi que quelques informations sur le grammairien Pomponius Marcellus (Préface IX.3). Jules César, « le plus pur de tous les Latins » (p. 487*), figure dans le texte non seulement en tant que personnage historique, mais également en tant qu'auteur des *Commentaires sur la Guerre des Gaules* et d'un traité sur l'analogie, aujourd'hui presque entièrement perdu. Vaugelas connaît également les grands poètes du latin classique ; des exemples empruntés à Térence et à Virgile sont par exemple cités pour étayer son jugement sur l'expression *unir ensemble* (p. 158-159), tandis que dans la remarque intitulée « *Celle-cy* pour *lettre* » (p. 489) il cite un exemple d'Ovide pour montrer que les Latins n'étaient pas aussi scrupuleux que les Français sur ce point. Il est intéressant de noter que Vaugelas introduit de telles comparaisons avec l'usage du latin, malgré son désir d'aménager son contenu pour qu'il puisse être compris par un public féminin et ses affirmations insistantes selon lesquelles « Chaque langue a ses termes et sa diction, et qui, par exemple, parle Latin comme font plusieurs, avec des paroles Latines et des phrases Françoises ; ne parle pas Latin, mais François, ou plustost ne parle ny François ny Latin » (p. 509-510). Le renvoi à l'autorité de textes latins est un procédé également employé lors de l'évocation de questions plus générales : les célèbres vers de l'*Art poétique* d'Horace sont cités (Préface X.1) pour défendre son argument selon lequel même si « c'est la destinée de toutes les langues vivantes, d'estre sujettes au changement », ce changement se produit assez lentement et n'arrive pas « à la milliesme partie de ce qui demeure » et qu'il vaut donc la peine

---

Justinien et l'oppose à l'usage dans le *Digeste*, texte que Vaugelas, fils du célèbre jurisconsulte Antoine Favre, connaissait certainement très bien. À la page 301 il prétend citer un exemple emprunté à Saint Augustin (voir note 1073).

97 Voir p. 72, 104, 417, 418 ; la traduction française des *Annales* par Nicolas Perrot d'Ablancourt fait également l'objet de commentaires élogieux (p. 458).

98 Il s'agit à chaque fois de la même citation empruntée au début de l'*Histoire romaine* (p. 104, 417, 418).

99 Le style de Sénèque est également critiqué par Vaugelas dans sa remarque sur les synonymes (p. 498).

de décrire et de cultiver sa langue. Les références aux écrivains latins sont toutefois relativement peu fréquentes, surtout par comparaison avec les *Observations* de Ménage : Apulée, Pline le Jeune, Sénèque le Père et Tertullien ne sont par exemple mentionnés qu'une seule fois chacun.

Parmi les grammairiens latins, Vaugelas fait mention de Varron, de Priscien, de Pomponius Marcellus et de Messala dans le texte publié. Varron « le plus sçavant des Romains » est cité deux fois (p. 453, 470) pour justifier le recours à l'analogie quand l'usage est douteux[100]. Priscien, quant à lui, est associé aux « puissances Grammaticales » qu'il est inutile d'invoquer quand domine un usage qui va contre la raison ou les règles grammaticales (p. 311). Les autres grammairiens latins ne sont pas cités pour leur opinion sur des points de grammaire ; Vaugelas invoque plutôt leur autorité lorsqu'il souhaite se défendre contre certains critiques, et en particulier La Mothe Le Vayer, qui lui ont reproché son souci excessif de la pureté du langage[101]. La réputation de Messala, orateur et général romain, comme celle de Jules César, n'a en rien souffert parce qu'il était aussi l'auteur d'ouvrages grammaticaux (Préface IX.1). Vaugelas maintient également contre La Mothe Le Vayer (1669 : 486-487) que Suétone n'a pas critiqué Pomponius Marcellus pour le trop grand soin qu'il portait à la pureté du langage, mais seulement pour l'emploi d'un procédé pédantesque (Préface IX). Pour justifier son opinion qu'il n'est permis à personne, et pas même au souverain, de créer un mot nouveau, Vaugelas invoque l'autorité de ce grammairien qui aurait reproché à l'empereur Tibère d'avoir créé un mot nouveau ; ce passage est repris et discuté par les remarqueurs tout au long du siècle[102].

Les noms de deux autres grammairiens latins font l'objet de brèves mentions dans le manuscrit : dans la remarque manuscrite intitulée « *Son*, *sa*, *ses* », Vaugelas observe qu'un excellent grammairien a commis l'erreur de confondre *suum* et *ipsius* au moment même où il reprenait cette erreur ; si dans les *Remarques* publiées il l'identifie comme étant

100 Pour d'autres échos au texte de Varron, voir Ayres-Bennett (1987a : 59-60).

101 Voir Thielemann (1998) et Wionet (2013).

102 Hélène Merlin-Kajman (2003 : 133-137 ; 2011a) observe que cette anecdote a fait l'objet de plusieurs commentaires depuis le XVIe siècle, la version la plus développée étant celle d'Amyot dans le chapitre de son *Projet d'éloquence royale* consacré à l'élocution. Elle est contestée par Marie de Gournay en 1626 et apparaît ensuite dans les *Considerations* de La Mothe Le Vayer en 1638. Sur la polémique à propos de la formation de mots nouveaux, voir par exemple Dupleix (1651 : 91-92), Ménage (1676 : 170-171) et Bouhours (1692 : 387-388).

Lorenzo Valla (voir ci-dessous), il se demande encore dans le manuscrit si cette erreur ne se trouve pas plutôt chez Macrobe ou Aulu-Gelle (f° 87v°). L'apparition de ce dernier nom, absent du texte publié, est intéressante car la présentation des *Nuits attiques*, un ensemble décousu de notes prises au cours des lectures de l'auteur ou de conversations et portant sur des sujets variés – langue et grammaire mais également histoire, philosophie, droit, critique littéraire – n'est pas sans rappeler la présentation choisie par Vaugelas pour son texte publié[103].

3.1.2 Sources humanistes

Dans ses *Remarques*, Vaugelas fait référence aux deux grammairiens humanistes du latin, Jules César Scaliger et Lorenzo Valla. Il fait mention de plusieurs des ouvrages du premier, à savoir sa poétique (p. 501), son traité contre Cardan[104] (p. 391) ainsi qu'indirectement sa grammaire latine spéculative *De causis linguae latinae libri tredecim* (1540) qui visait à étudier les fondements de la langue latine d'un point de vue philosophique. Dans la préface (XII.1) il déclare que s'il avait pour but de rédiger une grammaire, il adopterait une présentation qui suivrait la classification des parties du discours « à cause de la dependance qu'elles ont l'une de l'autre par un certain ordre fondé dans la nature, & non point arrivé par hazard, comme Scaliger le Pere l'a admirablement demonstré ». Dans l'observation intitulée « *Le pronom relatif ne se peut rapporter à un nom qui n'a point d'articles* » (p. 386-388), il essaie de formuler une explication à cette règle en suivant l'exemple de Scaliger[105] :

> Je crois pour moy, que c'est à cause que le pronom relatif s'appellant ainsi pour la relation ou le rapport qu'il a à quelque chose qui a esté nommée, il faut que les deux, & le nom & le pronom soient de mesme nature, & ayent une correspondance reciproque, qui face que l'un se puisse rapporter à l'autre. Or est-il que cela ne peut arriver entre deux termes, dont l'un est tousjours defini, qui est le pronom relatif, & l'autre indefini, qui est le nom sans article, ou sans un article defini. Le pronom est comme une chose fixe & adherente, & le nom sans article, ou avec un article indefini, est comme une chose vague & en l'air, où rien ne se peut attacher. Je ne sçay si je me seray fait entendre, ou quand on

103 Voir section 5.1.

104 *Poetices libri septem* (1561) ; *Exotericarum exercitationum liber quintus decimus, De Subtilitate, ad Hieronymum Cardanum* (1557).

105 Pour la reformulation et l'extension de cette règle, voir Arnauld et Lancelot (1676 : 79-87).

> m'entendra, si l'on sera satisfait de ce petit raisonnement, & s'il ne sera point trouvé trop subtil, & trop metaphysique ; mais l'exemple du grand Scaliger, qui a fait de si beaux raisonnemens sur la Grammaire Latine, m'a donné en la nostre cette hardiesse, que le Lecteur prendra s'il luy plaist en bonne part.

Ce passage indique que, loin d'ignorer la tradition grammaticale humaniste, il l'appréciait, mais la fonction assignée à son ouvrage et le public visé ne lui permettaient pas d'adopter plus généralement sa démarche. C'est également ainsi que Vaugelas semble considérer Valla, « excellent Grammairien » (p. 491*), auteur de *De linguae latinae elegantia libri VI* (^{1}1430), une série d'observations et d'analyses de l'usage du latin. Si dans le texte publié Vaugelas le cite deux fois en relation avec des usages latins (p. 347, 491*), dans le manuscrit de l'Arsenal il note à deux reprises qu'il faudra indiquer pourquoi il n'a pas suivi l'ordre de Valla pour son ouvrage (voir 5.1). Le manuscrit nous livre le nom d'un troisième grammairien humaniste. La remarque manuscrite sur l'emploi des vers dans la prose se termine sur la note suivante : « Faut uoir ce que Corrador et Quintilien disent sur ce suiet » ; il s'agit de la grammaire humaniste, *De lingua latina* de Corradus, publiée en 1569[106].

3.2 SOURCES ITALIENNES

Les références aux auteurs italiens sont elles aussi assez peu nombreuses. Pour commencer par les trois grands auteurs italiens, Dante, Boccace et Pétrarque, les deux premiers ne sont cités qu'une seule fois chacun dans les remarques publiées en 1647, le premier pour avoir créé de nouveaux mots « horribles » (p. 492), le deuxième pour avoir commencé son *Décaméron* avec un vers (p. 417). Quant à Pétrarque, il n'est cité qu'une seule fois dans le manuscrit de l'Arsenal dans un passage qui suggère une certaine familiarité de Vaugelas avec la littérature italienne ; alors qu'il évoque l'origine de *l'on dit* ou *on dit* en français, il note ainsi :

> Au reste ce ne sera pas une curiosité ~~desagreable~~ <du tout impertinente> de sçauoir l'ethymologie de ces deux mots, qui uiennent sans doute d'*Homme*, ou de *L'homme*, comme si, *on dit* uouloit dire *homme dit*, et *l'on dit*, vouloit dire *l'homme dit*, mais que par succession de temps et pour une plus grande facilité, parce qu'on a besoing à tous coups de ce mot là, on <l'auoit abregé> [...] ainsi que l'on

106 Figure également une référence au commentaire de Mattheus Raderus (1561-1634) sur Quinte-Curce (f° 76v°), texte que Vaugelas aurait utilisé en préparant sa traduction de la *Vie d'Alexandre*, comme l'indique la préface rédigée par Du Ryer.

> a fait plusieurs autres. Il me semble d'auoir ueu ie ne sçay ou cette remarque, qui d'abord ne me sembla pas [...] <sans quelque> apparence, mais depuis ayant leu dans les Poetes Italiens, et particulierement dans le Petrarque force passages ou ilz mettent par exemple *Huom brama*, pour dire *on desire* [...]. (f° 68r°)

Apparaissent donc ici et là quelques références aux autres écrivains italiens : Bentivoglio, « l'un des plus exacts et des plus elegans Escrivains de toute l'Italie », auteur du texte *Della Guerra di Fiandra* (p. 250-251) ; « ce fameux Poëte italien », l'auteur de *Il pastor fido* (Guarini), pour son usage du néologisme *dishumanare* (p. 491-492) ; et Le Tasse. Dans ce dernier cas, Vaugelas cite un usage italien (l'accord dans *Ogni cosa di strage era ripieno*) pour étayer son jugement sur un usage français (p. 220, 467*).

Il est frappant que le seul théoricien du débat sur la « question de la langue » italienne à être explicitement mentionné dans le texte de Vaugelas soit Pietro Bembo « à qui la langue Italienne est si redevable » (Préface II.6), parce que, comme nous le montrerons, notre remarqueur s'inscrit plutôt dans la tradition des opposants de Bembo de par son attitude envers les sources du bon usage. Ce ne sont cependant pas les observations de Bembo sur la question de la langue qui sont citées, mais son affirmation selon laquelle « presque tous les meilleurs Autheurs de sa langue, n'ont pas esté ceux qui estoient nez dans la pureté du langage, & cela par cette seule raison, qu'il n'y a jamais eu de lieu au monde, non pas mesme Athenes ny Rome, où le langage ait esté si pur, qu'il ne s'y soit meslé quelques defauts, & qu'il est comme impossible, que ceux à qui ils sont naturels n'en laissent couler dans leurs escrits ». Cette citation, ajoutée à la version publiée, pourrait être, du moins partiellement, interprétée comme une justification de sa propre position en tant que Savoyard et autorité sur la langue française.

Malgré l'absence de références directes à la *questione della lingua*, les échos textuels aux traités importants du débat suggèrent que Vaugelas avait connaissance de la controverse. Comme le dit Paolo Carile (1976 : 92) :

> En effet, tous les problèmes de langue affrontés et débattus par la culture française au cours des premières années du XVIIe siècle, trouvent leurs prémisses naturelles, et souvent aussi leur dérivation directe, dans les traités que Bembo, Speroni, Calmeta, Castiglione, Trissino, Machiavelli, Varchi, et bien d'autres encore, composèrent au siècle précédent.

Trois courants principaux peuvent être identifiés dans la querelle italienne sur la langue. Le premier d'entre eux est le courant archaïsant, dont le principal représentant était Bembo, auteur des *Proses sur la langue vulgaire* (1525), qui prônait l'usage d'une langue archaïsante ou d'un modèle classique, fondé sur le toscan littéraire du XIVe siècle. Le triomphe des thèses archaïsantes de Bembo est particulièrement manifeste dans le *Vocabolario degli Accademici della Crusca*, qui cite surtout Dante, Pétrarque, Boccace et Villani. Il est intéressant de noter que Marco Antonio Mambello, dit Cinonio, rédigea deux volumes d'*Osservazioni della lingua italiana* dans la première moitié du XVIIe siècle : seul le *Traité des particules* est édité de son vivant en 1644 ; le *Traité des Verbes* le sera de façon posthume en 1685. Ces deux volumes offrent une grammaire descriptive et normative, écrite « pour mieux prêcher », et traitent surtout de la microsyntaxe, mais ils se distinguent de l'ouvrage de Vaugelas de deux manières importantes : la présentation du contenu n'est pas aléatoire[107] et, notamment, Mambello s'appuie sur l'autorité des auteurs du XIVe siècle, dont il fournit un relevé presque exhaustif d'exemples littéraires.

Le deuxième courant regroupait les tenants d'une « lingua cortigiana », ou langage de cour, qui proposaient une solution plutôt « éclectique », c'est-à-dire une langue standardisée sur le modèle de la langue des cours d'Italie. Parmi les partisans de cette position, citons Vincenzo Colli, Gian Giorgio Trissino qui promouvait une orthographe réformée, et enfin son plus célèbre représentant, Baldassare Castiglione, l'auteur du *Cortegiano* (*Courtisan*, 1528), dont une première traduction française parut dès 1537, suivie par la traduction célèbre de Chappuis en 1580 (Pons 1987). Le *Courtisan* devint un ouvrage incontournable pour la noblesse d'Europe et tous les manuels de bienséance d'origine française ont été influencés par ce texte (Von Gemmingen 1986 : 43)[108]. Selon Castiglione tout courtisan doit veiller à sa façon de s'habiller, de parler, à ses gestes pour protéger sa réputation. Le texte de Castiglione présente des ressemblances très nettes avec celui de Vaugelas[109]. Citons à titre d'exemple ses idées sur la suprématie de

107 Dans le *Traité des particules* les mots sont classés par leur lettre initiale, tandis que dans le *Traité des verbes* Mambello organise le contenu selon les différentes catégories verbales (temps, modes, etc.).

108 L'influence de Castiglione en France s'exerça surtout sur l'*Honneste Homme ou l'Art de plaire à la court* (1630) de Nicolas Faret ; Magendie (Faret 1925) relève les emprunts quasiment textuels que Faret a faits à Castiglione. On a déjà mentionné l'amitié proche qui liait Faret et Vaugelas ; pour une discussion des parallèles entre la présentation de Faret et celle de Vaugelas, voir la section 5.1.

109 Max Pfister (cité par Engler 1993 : 224) rappelle qu'existent également d'importantes différences entre ces deux textes : par exemple « Vaugelas se rapporte clairement à un

l'usage (Pons 1987 : 11), le caractère agréable des constructions qui violent les règles grammaticales, mais qui sont acceptées par l'usage (*ibid.* : 70), l'insistance sur l'usage courant et le rejet de mots anciens (*ibid.* : 66), le refus de l'affectation (*ibid.* : 71), et la priorité accordée à l'oral (*ibid.* : 60)[110].

Quant au troisième courant, le courant « toscan », ses partisans préféraient un standard fondé sur l'usage contemporain du florentin ou, plus généralement, du toscan. Si la position adoptée par Vaugelas s'apparente surtout à celle de Castiglione, il est intéressant que l'on relève dans notre texte certains échos à l'*Ercolano* de Varchi, en particulier l'observation sur l'usage contemporain comme maître ou « patron » de la langue[111] et la distinction entre le bon et le mauvais usage (*uso* et *misuso*)[112].

3.3 SOURCES FRANÇAISES

Les références aux textes écrits en français sont de loin les plus nombreuses, comme on pouvait s'y attendre ; elles prévalent à la fois du point de vue du nombre de noms différents cités et de la fréquence d'apparition de certains auteurs. Le Tableau 1 dresse la liste des auteurs français qui sont cités ou auxquels Vaugelas fait allusion dans les remarques publiées, des auteurs cités ou auxquels il fait allusion dans le manuscrit de l'Arsenal, et de quelques autres écrivains identifiés par la *Clef de Conrart*. Les chiffres entre parenthèses donnent le nombre d'occurrences de chaque nom dans le texte publié[113]. Le premier chiffre indique combien de fois le nom apparaît comme source explicite d'un exemple, d'une citation ou d'une opinion, tandis que le deuxième porte sur le nombre d'autres références à l'auteur.

---

idéal linguistique représenté par une couche sociale bien déterminée [...], tandis que Castiglione [...] parle d'un *uso* tout court ».

110 Beatrice Bagola (1991) compare le texte de Vaugelas avec les ouvrages italiens de Paolo Beni, Benedetto Fioretti, Diodato Franzoni et Benedetto Buommattei ; elle conclut (1991 : 95) qu'il faut considérer ces auteurs italiens non comme des sources, mais plutôt comme des représentants du courant de pensée qui s'opposait à l'Académie della Crusca et par conséquent comme soutenant sa vision pour le dictionnaire de l'Académie.

111 Varchi (1570 : 144) : « e l'uso è il maestro, e il padrone delle lingue » ; *cf.* Marzys (1984 : 12).

112 Sur ce point, voir Engler (1993). Engler cite également quelques parallèles textuels entre *Degli Avvertimenti della lingua sopra'l Decamerone* de Lionardo Salviati (1584-1586), responsable de la Crusca, et la Préface de Vaugelas pour montrer que Salviati était également présent dans le « paradigme culturel » de Vaugelas.

113 Il est à noter que dans le cas du nombre d'occurrences des noms d'Amyot, de Malherbe et de Coeffeteau, ces chiffres incluent le passage où Vaugelas parle de la forme de leur nom utilisée pour les citer (Préface XV.3) ; ces contextes ont été exclus des chiffres donnés dans Ayres-Bennett (2007a, 2007b).

Auteurs explicitement cités dans les *Remarques* et le manuscrit	Auteurs cités dans le manuscrit et auxquels Vaugelas fait allusion dans les *Remarques*[i]
Jacques Amyot (18 + 14)	*# Jean-Louis Guez de Balzac[ii]
Jean Bertaut (3 + 0)	*# Jean Chapelain
Nicolas Coeffeteau (59 + 33)	*# Antoine Godeau[iii]
Philippe Desportes (2 + 0)	*# Jean Ogier de Gombauld
Jacques Du Perron (3 + 10)	*# Vincent Voiture
Guillaume Du Vair (0 + 1)	
# François de Malherbe (84 + 8)	
Michel de Montaigne (1 + 0)	
Pierre de Ronsard (2 + 2)	

i. Vaugelas fait également allusion à l'Académie Française dans la première section de sa Préface.

ii. Si l'on considère François Ogier comme seul auteur de l'*Apologie de Balzac*, il faudrait plutôt faire figurer Balzac dans la catégorie des auteurs auxquels il fait allusion dans les *Remarques*, mais qui sont absents du manuscrit.

iii. Si Antoine Godeau (1606-1672) n'est pas nommé dans les observations publiées, les lecteurs l'auraient identifié comme étant l'auteur des *Œuvres chrétiennes* (p. 483) ; le manuscrit (f° 22v°) confirme qu'il est également l'auteur de la *Paraphrase* citée à la page 496.

Auteurs cités dans les *Remarques*, mais non nommés dans le manuscrit	Auteurs cités dans le manuscrit, mais non nommés dans les *Remarques*
Joachim Du Bellay (1 + 0)	* François de Cauvigny, sieur de Colomby
Robert Estienne (1 + 0)	Pierre Du Moulin
Clément Marot (2 + 0)	Henri Estienne
Jean Nicot (1 + 0)	*# Marin Le Roy de Gomberville
Ramus (Pierre de la Ramée) (1 + 0)	François de Molière[i]

i. Il est intéressant de noter que François de Molière figure également dans le « catalogue des livres les plus célèbres en nostre langue » inclus dans les *Registres* de l'Académie Française, 22 février 1638 (Pellisson et d'Olivet 1858 : I, 105).

Auteurs auxquels Vaugelas fait allusion dans les *Remarques*[i], mais absents du manuscrit	Auteurs auxquels Vaugelas fait allusion dans le manuscrit
Pierre de Bérulle (p. 484)	Du B. (f° 30r°) : Guillaume de Saluste Du Bartas
* Valentin Conrart	« Phyl » (f° 25v°, 26v°) : Jean Goulu
* Marin Cureau de La Chambre	« M. le Ch. de B. » (f° 26v°)
*# Habert de Cérizy	Critique de la traduction d'Amyot (f° 40v°) : * Claude-Gaspard Bachet (Méziriac)
*# François de La Mothe Le Vayer	François Ogier (*Apologie pour M. de Balzac*) (f° 53r°)
Jean Marot (p. 300)	« Voyez la gram. Françoise p. 155 », « V. la gram.155 » (f° 92r°, 97v°) : Charles Maupas
Antoine de Montméran (p. 26)	« MF » (f° 69r°) : * Nicolas Faret ?
*# Olivier Patu	
*# Nicolas Perrot d'Ablancourt	
Auteur de la traduction d'Arrien (1581) : Claude Witart	
Auteur d'*Artaxerxe* : Jean Magnon	

i. Il peut s'agir d'une circonlocution du type « un de nos meilleurs Escrivains, & des plus eloquens du barreau » pour désigner Olivier Patru ou de la mention d'un titre d'ouvrage.

Noms supplémentaires mentionnés dans la *Clef de Conrart*
* Louis Giry
Feu M. d'Avaux
* Jean Desmarets de Saint-Sorlin
* Honorat de Porchères Laugier
[Senaut : Jean-François Senault[i]]

i. Senault est identifié comme étant l'auteur de la paraphrase dans laquelle *discord* est utilisé, mais cette attribution est erronée (p. 496). Il est frappant que même Conrart, ami de Vaugelas, ait eu des difficultés à identifier ses sources.

* l'un des premiers membres de l'Académie Française (élu 1634-1640)
# nommé également dans la *Clef de Conrart*

TABLEAU 1 – Références aux auteurs français
dans les *Remarques sur la langue françoise* de Vaugelas (1647).

Retenons de cette liste trois points particulièrement saillants : le peu de références explicites aux grammaires ou autres textes métalinguistiques ; la prédominance de Malherbe, de Coeffeteau, d'Amyot et à un moindre degré de Du Perron parmi les sources littéraires ; et l'importance centrale du milieu académique pour Vaugelas dès lors que sont évoqués des auteurs encore vivants.

La quasi-absence dans le texte publié de références aux grammaires et dictionnaires français qui avaient précédé l'ouvrage de Vaugelas est très frappante ; seuls sont mentionnés le *Trésor de la langue française* de Jean Nicot pour l'étymologie des mots *amiral* et *amirauté* (p. 440) et la grammaire de Ramus (p. 194)[114]. Cette dernière référence semble pourtant suggérer que Vaugelas connaissait bien les principales grammaires du français :

> C'est de faire l'*h*, muëtte quand elle est aspirée, ou consone, selon Ramus, & plusieurs grands Grammairiens, qui l'appellent *aspirée*, *aspirante*, ou *consone*, indifferemment. (p. 194)

114 Ces autorités sur la langue ne sont pas citées dans le manuscrit. Il est intéressant de noter que Vaugelas fait mention dans les Fautes d'Impression du *Trésor de la langue latine* de Robert Estienne, mais pas de son *Dictionarium latino-gallicum* de 1532 qui est le plus ancien dictionnaire latin-français.

Il est rare qu'apparaissent d'autres références à la tradition grammaticale française, mais celles-ci confirment qu'il connaissait certains ouvrages de deux autorités grammaticales importantes : Henri Estienne et Charles Maupas. Marzys (2004), qui dresse la liste des importantes différences entre les *Hypomneses de gallica lingua* d'Henri Estienne et les *Remarques*, conclut toutefois que l'influence d'Estienne sur le texte de Vaugelas est minimale, à l'exception du choix du titre. Le commentaire manuscrit sur le choix entre *le souper* ou *le soupé* comme verbe substantivé, dans lequel Vaugelas note que « les grecs de qui il semble que nous auons pris cette façon de parler comme une infinité d'autres, qui ont esté remarquees par Henry Estienne, et par ~~diuers~~ <plusieurs> autres Autheurs, conseruent leur infinitif tout pur apres l'article » (f° 55r°), est peut-être une allusion au *Traicté de la conformité du langage François avec le grec* (1565) ou aux *Hympomneses* dans lesquels la question est reprise. Marzys (2004 : 36) suggère qu'étant donné la renommée de leur auteur Vaugelas connaissait probablement les deux ouvrages[115]. En revanche, les similarités entre les jugements de Maupas et surtout d'Antoine Oudin (1632) d'une part et de Vaugelas d'autre part sont trop fréquentes pour être fortuites[116]. À deux reprises, dans les rubriques « *En* relatif » (f° 92r°) et « *Y* particule relatiue » (f° 97v°), Vaugelas fait référence à la page 155 de « la gram. Françoise », c'est-à-dire à la *Grammaire et syntaxe françoise* de Maupas[117]. Étant donné la connaissance très précise qu'il avait du texte de Maupas, il semble vraisemblable que Vaugelas ait délibérément supprimé toute référence aux grammaires formelles dans la version publiée pour satisfaire son public mondain et pour distinguer la fonction de son ouvrage de celle des grammaires destinées aux étrangers :

115 Nous avons déjà fait mention du volume annoté de la main d'Henri Estienne des différentes poésies de Du Bellay. Henri Estienne souligne, par exemple, les dérivations et les archaïsmes dont le statut est incertain (voir Clément 1898).

116 Winkler (1912 : 4) cite un cas, parmi d'autres, où Vaugelas semble reprendre et étoffer la grammaire d'Oudin. Voir aussi Brunot (1905-1953 : III, 29) et Sánchez Regueira (1985). Nous donnerons des exemples de ces ressemblances dans nos notes de bas de page. Lorsqu'est évoqué le choix du genre grammatical, par exemple, il arrive que Maupas prenne note de l'ancien usage ou permette l'usage des deux genres, tandis que le jugement d'Oudin se rapproche de celui de Vaugelas. Vaugelas convertit parfois une préférence d'Oudin en règle absolue ; voir par exemple nos commentaires sur *navire* (p. 150) ou *exemple* (p. 315).

117 Cette pagination correspond à la réimpression de la deuxième édition du texte publiée par A. Bacot à Paris en 1625. La première édition, intitulée *Grammaire françoise*, fut publiée en 1607 à Blois.

> Et nostre dessein n'est pas de redire ce que les Grammaires Françoises aprennent aux Estrangers, mais de remarquer ce que les François mesme les plus polis et les plus sçavans en nostre langue peuvent ignorer. (p. 183)[118]

Deux commentaires dans le manuscrit indiquent, par exemple, qu'il connaissait bien la terminologie grammaticale (voir 5.2.1 ci-dessous)[119] ; il y conteste également les jugements des grammairiens, par exemple, sur l'usage d'*autrui* :

> Ie sçay bien que quelques grammairiens françois disent qu'*autruy* se met quelquefois auec les Articles definis et qu'alors il ueut dire *<le> Bien*, et non pas *la personne*, par exemple *Ie ne ueux rien de l'autruy* pour dire *du bien d'autruy*, mais ilz se trompent. (f° 10r°)[120]

Il préfère plutôt se situer dès la première page de la Préface dans le milieu de l'Académie Française et citer les opinions sur la langue d'un Chapelain (Préface X.2).

Deux autres références dans les *Remarques* font preuve de ses connaissances de la tradition métalinguistique française. À la page 558, Vaugelas cite Joachim Du Bellay, auteur de *La Defence et illustration de la Langue Francoyse* (1549), plaidoyer célèbre en faveur de la langue française (voir ci-dessous). Le livre d'Antoine de Montméran, *Synonimes et épithètes françoises* (1645), auquel Vaugelas fait référence à la page 26, est, en revanche, beaucoup moins connu de nos jours ; l'ouvrage se situe dans la tradition du recueil d'épithètes de Maurice de La Porte (1571), mais l'auteur y ajoute un « recueil de mots françois » à partir des synonymes.

Dans le manuscrit, Vaugelas prend également position de façon implicite dans la querelle suscitée par les *Lettres* de Guez de Balzac, querelle qui constituait une cristallisation du débat sur la langue française, de la lutte pour le bon usage et de la définition de la vraie éloquence[121]. À trois reprises Vaugelas censure l'opinion de Jean Goulu dans ses

---

118 Dans son épître, Maupas explique comment, pour préparer sa grammaire destinée aux étrangers, il recueillait les « difficultez qui les travailloient » et « couchoi[t] par escrit ces [...] observations à mesure que les occasions s'en presentoient ».

119 « Quand les deux Adiectifs ou Epithetes sont simples <ou positifs qu'appellent les grammairiens> » (f° 7r°) ; « Au reste ce Preterit que les grammairiens appellent Defini ou Simple » (f° 95v°).

120 Maupas (1618 : f° 90v°) décrit encore cet usage, mais selon Oudin (1640 : 142) il n'est plus utilisé.

121 Voir Bombart (2007).

Lettres de Phyllarque à Ariste, pamphlet publié en 1627 qui attaquait la modernité de Balzac : Goulu avait par exemple tort selon lui de critiquer l'emploi de l'expression *décerner des honneurs* (f° 25v°) ou du verbe *ériger* (f° 26v°). Bien que dans les remarques publiées Vaugelas critique certaines caractéristiques du style de Balzac[122], ainsi que certains de ses usages spécifiques (par exemple *il en sera de sa felicité, comme de ces songes*, p. 231), il ne tarit pas d'éloges sur sa contribution au développement du style et de l'éloquence du français :

> *Si ce mot n'est François cette année, il le sera l'année qui vient*, dit de bonne grace dans l'une de ses lettres, celuy à qui nostre langue doit ses nouvelles richesses, & ses plus beaux ornemens, & par qui l'eloquence Françoise est aujourd'huy rivale de la Greque & de la Latine. (p. 214)

Parmi les mots nouveaux analysés, si l'autorité de Balzac ne suffit pas pour faire triompher *exacteté* (p. 239-240), Vaugelas prédit que *seriosité*, utilisée déjà par Balzac dans ses lettres, s'établira dans le bon usage[123]. Le manuscrit comporte également deux références positives à l'*Apologie pour Monsieur de Balzac* (1627)[124]. Au folio 61v° par exemple, dans la remarque sur l'usage des monosyllabes (*cf.* p. 129-130), il note qu'il est comme impossible d'écrire en français sans utiliser des monosyllabes consécutifs ; il continue : « Cela est fort bien traité dans l'Apologie de M. de B. ou l'on allegue pour exemple un uers tout entier de Malherbe qui n'est composé que de monosyllabes, à sçauoir *et moy ie ne uois rien quand ie ne la uois pas.*⁺ ⁺ Et au 4 l. des B. C'est de la main de Dieu que tout ce bien me uient ».

Parmi les sources littéraires françaises, on note la présence dominante des traductions chez les auteurs les plus cités, autre signe de l'interdépendance intime à cette époque entre grammaire et traduction. Par exemple, la plupart des exemples empruntés à Malherbe sont extraits de sa traduction *Des bienfaits* de Sénèque et ceux d'Amyot de ses traductions de Plutarque[125]. Nous savons que Vaugelas fut d'abord

122 Voir p. 163 « *Allusion de mots* ».

123 Notons que l'identification de Balzac dans la *Clef de Conrart* est parfois erronée : voir par exemple p. 90 (note 367).

124 La paternité de ce texte est controversée puisqu'on en donne pour auteur tantôt François Ogier (1597-1670), tantôt Balzac lui-même, tantôt les deux hommes, qui en auraient été co-auteurs.

125 *Vies des hommes illustres* ou *Vies parallèles* (1559) et *Œuvres morales* (1572). Sur l'usage lexical dans la traduction des *Vies des hommes illustres*, voir Ernst (1977). Ernst compare la traduction d'Amyot (citée d'après l'édition de 1567 [1967 éd. Jean Massin] avec celles de

influencé dans sa propre traduction de la *Vie d'Alexandre* de Quinte-Curce par le style et la façon de traduire de Coeffeteau et ensuite par Perrot d'Ablancourt[126] ; c'est dans ce contexte qu'il a peut-être consulté la traduction française d'Arrien par Claude Witart publiée en 1581 (p. 78), *Les Faicts et conquestes d'Alexandre le Grand*.

Si l'on examine les auteurs français invoqués pour illustrer *le bon* et *le mauvais usage* dans les *Remarques*, on peut établir une distinction entre trois principaux groupes qui se succèdent chronologiquement[127]. Le premier groupe, dont les membres sont souvent désignés par Vaugelas comme les « anciens Escrivains », comprend les auteurs nés pendant la première moitié du XVIe siècle ou même plus tôt, comme Ronsard (1524-1585), Du Bellay (1522-1560), Montaigne (1533-1592), et Marot (1496-1544). Ces auteurs sont cités en particulier pour illustrer un usage suranné ou obsolète ; Ronsard, par exemple, utilisait le mot *eveschė* au féminin (p. 368), Clément Marot employait *pleur* au masculin (p. 422)[128], tandis que Du Bellay affectionnait l'ancienne expression *et qu'ainsi soit* (p. 538)[129]. Ils peuvent également être considérés comme des représentants d'une époque de créativité lexicale parfois excessive : Ronsard est critiqué pour sa création de nouveaux mots superflus qui ne se sont pas établis dans le bon usage (p. 569). Dans le manuscrit, à la rubrique « Baise-main » (fo 30ro), Vaugelas ajoute une note marginale qui n'est pas publiée dans les *Nouvelles Remarques* (1690 : 11-12) : après avoir commenté que le français « hait autant ces mots composez que la greque les aime », il ajoute « faut parler du ciel porteflambeau de Du B. ». Cette dernière observation est une référence à la première *Semaine* de Guillaume de Saluste, seigneur Du Bartas (1544-1590). Les innovations ne sont toutefois pas toujours condamnées : Montaigne aurait été le premier à préférer la forme moderne *Chypre* à *Cypre* dans des expressions telles que *la poudre de Chypre* (p. 6) et Vaugelas note que Claude Witart emploie dans sa traduction d'Arrien publiée en 1581 *sur le minuit* plutôt que l'ancienne forme, courante à cette

Tallemant (6 vols, 1663-1663 ; 8 vols 1684) et de Dacier (vol 1 1694 ; 9 vols 1721-1734) pour suivre l'évolution du vocabulaire du milieu du XVIe siècle à la fin du XVIIe siècle.

126 Voir Ayres-Bennett (1987a : 139-158) et Ayres-Bennett et Caron (1996). Vaugelas cite néanmoins surtout l'*Histoire romaine* de Coeffeteau dans ses remarques, voir note 135 ci-dessous.

127 Voir Ayres-Bennett (2007a, 2007b).

128 Vaugelas cite également ses célèbres vers qui énoncent les règles régissant l'accord du participe passé avec le complément d'objet direct (p. 176).

129 Vaugelas ne fait pas référence à la contribution de Du Bellay à la genèse de l'idée que la langue française a besoin d'être réglée.

époque, *sur la minuit* (p. 78)[130]. Il est d'ailleurs intéressant de noter que Philippe Desportes (1546-1606), auteur critiqué par Malherbe et qui se situe peut-être à l'intersection entre ce groupe et notre deuxième groupe, est cité comme étant l'auteur de deux innovations[131] et fait l'objet d'un commentaire plutôt élogieux pour sa création du mot *pudeur* (p. 538).

Au sein de ce groupe d'« anciens », Jacques Amyot (1513-1593) constitue le cas le plus intéressant : cet auteur est le troisième auteur français le plus cité dans l'ouvrage et il constitue en quelque sorte le point de départ de l'horizon chronologique des sources littéraires françaises de Vaugelas[132]. Dans les remarques publiées, les références à l'usage d'Amyot se répartissent de façon plus ou moins égale entre celles où Vaugelas note la continuité de l'usage linguistique depuis le temps d'Amyot (par exemple, p. 246) et celles où il observe un changement (par exemple, p. 479). La position de Vaugelas vis-à-vis d'Amyot est résumée dans ses commentaires sur l'usage lexical et l'emploi des synonymes : Amyot a laissé « des richesses » lexicales, mais la moitié de ses expressions et de ses mots ont depuis été supprimés (Preface X.1) ; son legs constitue maintenant « un thresor [...] qu'il faut mesnager & dispenser avec jugement sans gaster le stile en le chargeant de synonimes » (p. 496*)[133]. En somme, Vaugelas est bien conscient que l'usage du français et les préférences stylistiques ont évolué depuis Amyot, mais celui-ci constitue toutefois à plusieurs égards l'une de ses premières autorités pour l'usage écrit.

Quant au deuxième groupe d'écrivains, il semble comprendre des auteurs dont la renommée avait atteint son apogée pendant les années 1600-1620. Parmi eux citons en particulier Malherbe (1555-1628), Coeffeteau (1574-1632) et Du Perron (1556-1618), que Vaugelas avait tous connus personnellement de leur vivant.

Coeffeteau et Malherbe sont mentionnés avec une fréquence similaire dans les *Remarques*[134], mais l'attitude de Vaugelas envers ses deux sources

---

130 Notons toutefois que dans la liste des « fautes touvées en l'impression de quelques exemplaires » à la fin de la traduction, il est noté « Pag. 182. Lig. 7 & ailleurs, le minuit, lisez, la mi-nuit ».

131 Vaugelas lui attribue aussi le premier usage de *recouvert* pour *recouvré* pour satisfaire la rime (p. 16).

132 Vaugelas établit une sorte de généalogie de ses sources dans laquelle Coeffeteau se situe dans la lignée d'Amyot. *Cf.* Ayres-Bennett (2007b).

133 Voir aussi les éloges d'Amyot dans la Préface (X.1).

134 Il faut noter toutefois que Vaugelas donne beaucoup plus souvent un exemple précis extrait des œuvres de Malherbe.

principales n'est pas tout à fait identique. Nicolas Coeffeteau, traducteur de Florus et auteur d'une *Histoire romaine*, est considéré comme une autorité linguistique à imiter dans plus de la moitié des cas où il est cité, et en particulier pour la netteté de sa syntaxe (voir, par exemple, p. 120, 156)[135]. Son usage est parfois mis en opposition avec celui d'un autre auteur au statut d'autorité, Malherbe : Coeffeteau, comme « tous les Autheurs modernes », utilisait la forme préférée par Vaugelas, *vinrent*, tandis que Malherbe écrivait toujours *vindrent* (p. 97). Dans la plupart des autres cas, Vaugelas note que l'usage a évolué depuis l'époque où Coeffeteau écrivait et il associe plutôt celui-ci aux « anciens » : par exemple, Vaugelas remarque qu'Amyot, Coeffeteau et « tous les anciens » employaient le verbe *magnifier*, dont il regrette qu'il soit sorti de l'usage courant (p. 128-129). Il est donc évident que selon Vaugelas Coeffeteau se situe entre les anciens et les modernes :

> j'avouë, que c'est la destinée de toutes les langues vivantes, d'estre sujettes au changement ; mais ce changement n'arrive pas si à coup, & n'est pas si notable, que les Autheurs qui excellent aujourd'huy en la langue, ne soient encore infiniment estimez d'icy à vingt-cinq ou trente ans, comme nous en avons un exemple illustre en M. Coëffeteau, qui conserve tousjours le rang glorieux qu'il s'est acquis par sa Traduction de Florus, & par son Histoire Romaine ; quoy qu'il y ait quelques mots & quelques façons de parler, qui florissoient alors, & qui depuis sont tombées comme les feüilles des arbres. (Préface X.1)

En évitant l'usage de la conjonction *premier que*, par exemple, Coeffeteau se range aux côtés des auteurs modernes (p. 111), tandis qu'en préférant antéposer l'adjectif devant les noms (p. 183-184), il se distingue de l'usage contemporain.

L'attitude de Vaugelas envers François de Malherbe est plus complexe et plus ambiguë[136]. Le statut de Malherbe comme autorité linguistique était déjà bien établi, et c'est sans doute pour cette raison que Vaugelas semble avoir commencé son travail de remarqueur en annotant ses œuvres. Le manuscrit de l'Arsenal contient non seulement des références précises aux *Œuvres* de Malherbe pour les exemples cités dans le texte publié, mais également

---

135 Vaugelas réserve à Coeffeteau un traitement différent de celui de Malherbe (voir ci-dessous), puisque seul est cité un corpus restreint de ses écrits. Tous les exemples ou presque sont extraits de deux livres de l'*Histoire romaine*, le Livre I « Contenant tout ce qui s'est passé de plus memorable sous l'Empire d'Auguste » (abrégé par Vaugelas en « la vie d'Auguste ») et le Livre V « Contenant tout ce qui s'est passé de plus memorable sous l'Empire de Neron » (« la vie de Neron »).

136 *Cf.* Marzys (2000).

beaucoup d'autres exemples qui sont supprimés ou rendus anonymes dans le texte publié. Tous ces cas seront indiqués dans nos notes de bas de page.

Dans un peu plus de la moitié des cas où Malherbe est explicitement nommé dans les remarques publiées, Vaugelas conseille aux lecteurs de prendre exemple sur son usage linguistique[137]. Beaucoup des exemples cités sont extraits des textes rédigés en prose, et notamment de sa traduction des *Bienfaits* de Sénèque, mais à la différence des autres auteurs qui figurent parmi les principales sources d'autorité de Vaugelas – Amyot, Coeffeteau, Du Perron – il est également admiré pour ses vers. Dans sa discussion sur l'ordre des mots en français, par exemple, Vaugelas observe : « Plusieurs attribuent aux vers la cause de ces transpositions, qui sont des ornemens dans la Poësie, quand elles sont faites, comme celles de M. de Malherbe, dont le tour des vers est incomparable » (p. 483).

Il existe toutefois une proportion importante de cas dans lesquels l'autorité de Malherbe est soumise à certaines réserves. Il arrive ainsi que Vaugelas fasse mention d'un usage démodé employé par Malherbe, par exemple son emploi de *servir aux malades* au lieu de *servir les malades* (p. 479). Plus nombreux sont cependant les cas (environ 28 %) où il ne s'agit pas d'un changement d'usage linguistique mais d'un tour considéré comme fautif, et ce malgré le statut d'autorité de Malherbe. Par exemple, Vaugelas censure son usage de l'expression *n'en pouvoir mais* (p. 142), que selon lui Coeffeteau n'emploie jamais, tout en notant que Malherbe « affectoit en sa prose toutes ces phrases populaires ».

La position critique adoptée par Vaugelas envers Malherbe est particulièrement évidente à la lecture des observations manuscrites, dans lesquelles notre remarqueur ne se sent pas aussi contraint par des considérations de délicatesse ou de tact. Citons le cas de la remarque manuscrite consacrée aux noms propres (f° 65r°), dans laquelle sa critique est exposée d'une façon plus explicite :

> *Noms propres* <anciens soit> grecs ou latins se doiuent nommer selon l'usage. M. de Malh. met *Socrates* presque tousiours dans les B. et *Diogenes* pour *Socrate*

137 Lorsque la critique est vraiment sévère, Vaugelas se protège en cachant l'identité de Malherbe derrière une expression anonyme comme « un des plus celebres Autheurs de nostre temps » ; c'est ainsi qu'il introduit son affirmation que Malherbe n'a « jamais connu la netteté du stile, soit en la situation des paroles, soit en la forme et en la mesure des periodes, pechant d'ordinaire en toutes ces parties, et ne pouvant seulement comprendre ce que c'estoit que d'avoir le stile formé, qui en effet n'est autre chose que de bien arranger ses paroles, et de bien former et lier ses periodes » (p. 579).

> et *Diogene*, c'est une faute.* Ainsi faut il dire *Antoine* et non *Antonius Cleopatre*, et non pas *Cleopatra*. On dit *Appelles* et *Apelle*, mais ce dernier se dit plus en uers qu'en prose. * mais M. de Malh. en cela et en certaines autres façons de parler a fait comme les uieilles gents, qui bien que propres et s'habillants à la mode ne se sçauroient empescher de retenir tousiours quelque chose du uieux temps.

À deux reprises (f° 87v°, 88v°) Vaugelas critique Malherbe pour son omission du pronom personnel sujet au début du deuxième membre d'une phrase coordonnée ; il note que François de Molière fait souvent la même faute en « sa belle Polyxene » par imitation de Malherbe. Bref, comme il le signale dans la Préface (XIII.1), aucun auteur ne peut prétendre ne commettre aucune faute, même les meilleurs, que l'on peut par ailleurs prendre pour modèles (III.3). Il fait par conséquent preuve d'indépendance de jugement par rapport à Malherbe, qui n'est pas toujours présenté comme un modèle à imiter :

> *Mille.* On se sert ordinairement de ce nombre pour dire *Beaucoup*, par exemple *Il m'a fait mille caresses, on luy a dit mille iniures*, pour dire *Force caresses* et *Force iniures*. Cela se dit <et s'escrit> tous les iours ~~[…]~~, et neantmoins M. de Malh. condammoit absolument ~~[…]~~ <cette façon de parler>, mais ~~[…cette façon de parler, en quoy]~~ <ie puis dire auec tout le respect que l'on doit à sa memoire, qu'il condamnoit un innocent et qu'> on n'est pas obligé de l'imiter <en cela> comme en mille autres choses, dont il a enrichi nostre langue. (f° 61r°, 1690 : 434)

À plus d'une occasion, il établit une distinction importante entre les puristes « qui pourroient sembler trop seueres et trop exacts » et « ceux là seulement qui ont un soing raisonable de la pureté et netteté du langage » (f° 54r°)[138]. Il est donc évident que les résumés traditionnels de l'histoire du français dans la première moitié du XVIIe siècle, selon lesquels Vaugelas se voit comme le continuateur de l'œuvre de Malherbe, auquel il voue une admiration inconditionnelle, sont à réviser.

---

138 *Cf.* « *Quasi* est un mot qui commence à se fener, et qui est peu usité des bons Escriuains. Ie ne pense pas que M. Coef. en ayt usé <une fois> dans sa traduction de Florus ni dans toute son histoire Romaine. Et ce n'est pas tellement un scrupule, ou une superstition de noz Puristes, desquels on se plaint entre autres choses, qu'ilz retranchent tous les iours quelque mot de nostre langue, que ce ne soit encore le sentiment de beaucoup de personnes <de la Court>, qui ~~[…]~~ n'ont pas le goust corrompu » (f° 74r°). Il est intéressant de comparer ces commentaires avec la critique de Malherbe faite par Balzac dans le *Socrate Chrestien* (1665 : II, 263-264). Balzac décrit Malherbe comme un « Tyran des mots & des syllabes », et se demande ainsi : « Avec quelle attention vouloit-il qu'on l'escoutast, quand il dogmatisoit de l'usage & de la vertu des Particules ? ».

Si Malherbe et Coeffeteau sont à la fois, et presque au même titre, les grandes autorités de l'usage linguistique et les principales cibles des critiques de Vaugelas, les trois autres écrivains « demi-modernes » explicitement nommés par Vaugelas dans le texte publié – Du Perron, Du Vair et Bertaut – sont surtout cités pour illustrer des usages surannés[139]. Le poète Jean Bertaut, par exemple, utilisait toujours l'ancien mot *complaintes* (p. 358) et se servait du verbe *ressembler* avec un complément d'objet direct (p. 480*). Jacques Du Perron, mentionné treize fois dans le texte, est le quatrième auteur français le plus cité dans les références explicites et le sixième au total (après Quintilien et Cicéron). Bien que Vaugelas justifie sa compétence comme remarqueur en notant qu'il fréquente la Cour depuis 35 ou 40 ans et que « dés sa tendre jeunesse [il] auroit fait son apprentissage en nostre langue aupres du grand Cardinal du Perron & de M. Coëffeteau » (Préface III.1), il note dans dix de ces exemples que l'usage s'est modifié depuis Du Perron. Celui-ci sert donc de référence pour établir la chronologie d'un changement linguistique plus récent. Citons à titre d'exemple le commentaire sur *au demeurant* qu'il compare à *au surplus* (p. 388-389) ; le premier est supposé avoir « cet avantage sur l'autre, qu'au moins, du temps du Cardinal du Perron & de M. Coeffeteau, il estoit fort bon, & ce n'est que depuis quinze ou seize ans, que l'on commence à le mettre au rang des termes barbares[140] ».

Le troisième groupe de sources littéraires françaises est constitué par ceux que Vaugelas appelle « nos modernes Escrivains », dont les noms ne sont pas explicitement cités, conformément à la politique de Vaugelas, qui se refuse à nommer les auteurs qu'il critique, ou, de leur vivant, les auteurs dont il fait l'éloge. De fait, les auteurs modernes, collectivement, font pour la plupart l'objet de commentaires appréciatifs dans les *Remarques* ; ils évitent par exemple l'ancienne conjonction *premier que* (p. 111) ou la vieille préposition *devers* (p. 172). Il arrive néanmoins que

139 Guillaume Du Vair, auteur contemporain de Du Perron, est à l'instar de Ronsard décrit comme un créateur de mots qui n'ont pas eu de succès (p. 569) ; c'est la seule référence explicite à cet auteur dans les *Remarques* ainsi que dans le manuscrit. Anne Sancier-Château (*in* Caron 2004 : 92) note qu'existent des points de convergence entre Du Vair et Vaugelas, surtout en ce qui concerne la construction de la période, mais, à la différence de Vaugelas, dans son *Traité de l'éloquence française* de 1594, Du Vair exalte la vigueur de la parole des hauts magistrats et croit en une grande éloquence française à l'antique (*cf.* Fumaroli 1992 : 937). Sur les rapports entre Du Vair, Coeffeteau et Malherbe, voir aussi Balsamo (2013).

140 Sur le travail de correction fait par Du Perron entre 1586 et 1590 de son *Oraison funèbre sur la mort de Monsieur de Ronsard*, voir Sancier-Château (1998).

Vaugelas reproche à certains d'entre eux de continuer à se servir d'un mot ou d'une expression tels que *cependant que* (p. 223-224) ou *à l'encontre de* (p. 250-251), qu'il ne considère pas comme acceptables.

Quels sont les auteurs qui appartiennent à ce groupe de modernes ? Il s'agit sans doute des écrivains encore vivants qui avaient publié des ouvrages pendant les années 1630-1640, puisque le changement linguistique, d'après Vaugelas lui-même, se produit dans une période d'environ vingt-cinq à trente ans, du moins dans le cas de l'usage linguistique des traits particuliers (Préface X.1). Le manuscrit de l'Arsenal cite les noms de plusieurs auteurs contemporains de Vaugelas qui ne sont pas nommés dans son texte ou seulement de façon allusive : Jean Chapelain (1595-1674), François de Cauvigny, sieur de Colomby (1589-1649)[141], Antoine Godeau (1605-1672)[142], Jean Ogier de Gombauld (1588-1666)[143], Marin Le Roy de Gomberville (1600-1674)[144], Vincent Voiture (1597-1648)[145]. Ils étaient tous membres de l'Académie Française et par conséquent connus personnellement de Vaugelas, et il est bien probable que leur influence ne se limitait pas à leur usage écrit. Les allusions dans le texte publié nous permettent d'ajouter les noms d'autres Académiciens[146] : Valentin Conrart (1603-1675, p. 505), Marin Cureau de La Chambre (1594-1669, p. 206), Germain Habert de Cérizy (1615-1654, p. 483-484), auteur de la vie de Bérulle, Olivier Patru (1604-1681, Préface XV.3), et Nicolas Perrot d'Ablancourt (1606-1664, p. 458), loué pour son excellente traduction des *Annales* de Tacite[147]. La *Clef de Conrart* nous livre encore

141 Voir par exemple les notes 182 et 1110 sur *securité* (p. 43) et *ce fut pourquoy* (p. 309).

142 On trouve également dans le manuscrit deux citations extraites de son discours sur les œuvres de Malherbe (f° 62v°, 80r°).

143 Vaugelas se réfère par exemple à son usage dans ses épîtres de l'indicatif dans des contextes où il faudrait employer un subjonctif (f° 83v°, Vaugelas 1690 : 158).

144 Voir la remarque intitulée « Plein de bonne mine » (f° 88v°, Vaugelas 1690 : 251).

145 Voir, par exemple, la note 174 sur *la plupart*, p. 41-42. On pourrait ajouter à cette liste Jean-Louis Guez de Balzac (1595-1654) si on l'accepte comme (co-)auteur de l'*Apologie de M. de Balzac* (voir ci-dessus), et Nicolas Faret (1596-1646) si notre identification de ses initiales est correcte. Claude-Gaspard Bachet (Méziriac) était mort en 1638 ; Vaugelas le décrit comme « vn des plus sçauants hommes de nostre siecle » (f° 40v°), mais il note que Bachet a observé tant de fautes dans la traduction d'Amyot qu'il faudra les vérifier avant de s'y fier « si on ne ueut passer pour un calomniateur et se charger de la haine publique ».

146 François de La Mothe le Vayer (1588-1672) est également cité, mais ces mentions sont en lien avec les critiques qu'il avait adressées à Vaugelas, auxquelles celui-ci souhaite répondre, voir ci-dessus p. 22, 48.

147 Pour l'influence de Perrot d'Ablancourt sur la traduction de Quinte-Curce de Vaugelas, voir Ayres-Bennett et Caron (1996).

deux noms d'Immortels contemporains de Vaugelas[148] : Jean Desmarets de Saint-Sorlin (1595-1676, Préface XI) et Louis Giry (1595-1665)[149].

En revanche, peu de références ou d'allusions sont faites aux auteurs contemporains qui ne sont pas Académiciens : Jean Magnon (p. 71), Pierre Du Moulin pour avoir été le premier à écrire le mot *insulte* (f° 54r°), et Claude de Mesmes, comte d'Avaux (p. 485*). Certaines références restent obscures, soit parce que Vaugelas n'utilise que des initiales pour citer sa source (« M. le Ch. De B. », f° 26v°), soit parce les sources restent anonymes dans le manuscrit ; citons, par exemple, « *Argent uif* qu'a dit un de noz excellents Escriuains ne uaut rien » (f° 10v°), ou sous la rubrique « Faisable » : « Et ie fais cette remarque parce qu'un de noz plus purs Escriuains a fait cette faute » (f° 27v°).

4. BON USAGE ET VARIATION SOCIOLINGUISTIQUE

Dès la première page, Vaugelas présente son ouvrage comme une description de l'usage :

> Ce ne sont pas icy des Loix que je fais pour nostre langue de mon authorité privée ; Je serois bien temeraire, pour ne pas dire insensé ; car à quel titre & de quel front pretendre un pouvoir qui n'appartient qu'à *l'Usage*, que chacun reconnoist pour le Maistre & le Souverain des langues vivantes ? (Préface I)[150]

Décrire « l'usage » implique toutefois nécessairement que l'on choisisse quel usage on veut promouvoir, si bien que la discussion se tourne rapidement vers la définition du *bon usage* (Préface II)[151], ou – pour nous servir des termes modernes – de la norme descriptive à la norme

148 Un troisième, François d'Arbaud de Porchères, est mort en 1640.

149 Il n'est toutefois pas certain que cette identification soit juste, voir Préface XI (note 138) et p. 138 (note 543).

150 Pour l'usage des métaphores juridiques dans les *Remarques*, voir ci-dessous, section 5.4.

151 Marzys (2009 : 19-21) souligne l'originalité de Vaugelas dans son emploi du « bon usage » dans un contexte linguistique. Nous retrouvons pourtant dans les *Remarques* de Wapy (1634 : 45) l'affirmation qu'« il y a un bon & un mauvais usage ». Sur le concept du bon usage chez Vaugelas, voir aussi, par exemple, Brunetière (1903), Ott (1947, 1962), Cohen (1954), Caput (1972), Marzys (1974), Percival (1976), et Spillner (1981).

prescriptive[152]. Par conséquent, coexistent chez Vaugelas deux modèles différents :

- un modèle prescriptif ou codificateur qui vise à promouvoir le bon usage et à rejeter les variantes représentant le mauvais usage ;
- un modèle « sociolinguistique » selon lequel les variantes sont jugées plus ou moins bonnes selon le contexte, le registre, le style, etc.[153].

Nous commencerons par présenter le modèle prescriptif (4.1) pour passer ensuite au modèle sociolinguistique (4.2). Nous nous demanderons enfin dans quelle mesure il est possible d'établir une distinction nette entre les deux modèles dans les *Remarques* et s'il faut considérer Vaugelas plutôt comme « législateur » ou « simple témoin » de l'usage (4.3).

4.1 LE MODÈLE PRESCRIPTIF : L'ÉLABORATION DU BON USAGE

4.1.1 Définition du bon usage

La définition de l'usage, ou du bon usage, préoccupait déjà les grammairiens latins, dont Varron et Quintilien, deux des sources principales citées par Vaugelas. Pour ces deux Romains, l'usage à suivre n'est pas celui de la majorité mais d'une élite. Pour Quintilien il s'agit de l'accord des gens cultivés (*consensus eruditorum*) ou des honnêtes gens (*consensus bonorum*) ; Varron quant à lui associe l'usage commun (*consuetudo communis*) au mauvais usage du peuple ignorant[154].

Le débat sur la définition du bon usage a été repris au XVIe siècle en France et différentes propositions ont été formulées, les dépositaires de la norme s'identifiant aux membres de la Cour royale, à ceux du Palais (c'est-à-dire aux gens de justice) ou même, plus rarement, au peuple dans un sens assez large[155]. Des auteurs comme Clément Marot et des

152 Nombreuses études sur la norme au XVIIe siècle ont été publiées (voir, par exemple, Glatigny (1982), Wolf (1983), Dumonceaux (1986), Settekorn (1981, 1988), Merlin-Kajman, (2004), Siouffi et Steuckardt (2007), Suso López (sans date)). Il convient toutefois de noter que le terme « norme » n'est pas employé à cette époque dans son acception linguistique. Pour une étude des rapports norme-structure chez Vaugelas, voir Bonhomme (1990).

153 Nous étudierons le métalangage associé à chacune de ces approches en section 5.2.

154 Quintilien, *De institutio orationis*, I, 6, 45 ; Varron, *De lingua latina*, X, 16.

155 Ramus (1572 : 30) propose une conception plus large de l'usage : « Bref selon le jugement de Platon, Aristote, Varron, Ciceron le peuple est souverain seigneur de sa langue, & la tient comme un fief de franc aleu, & n'en doit recognoissance a aulcun seigneur. L'escolle

grammairiens comme Louis Meigret, et, dans certains de ses écrits, Jacques Peletier du Mans, affirmaient leur préférence pour la Cour[156]. Plus nombreux, cependant, étaient ceux qui s'opposaient à ce modèle ; citons parmi d'autres Étienne Pasquier, Théodore de Bèze ou Robert Estienne. Henri Estienne était particulièrement hostile au langage des courtisans, corrompu à ses yeux par l'usage excessif des italianismes, et il s'était fait le défenseur du peuple cultivé de Paris et de la langue du Palais. Dans les premières décennies du XVIIe siècle, Jean-Pierre Camus ou Marie de Gournay refusaient toujours de prendre pour modèle l'usage des courtisans.

Vaugelas met en quelque sorte fin à ce débat, du moins pour une certaine période, en proposant sa célèbre définition du bon usage :

> C'est la façon de parler de la plus saine partie de la Cour, conformément à la façon d'escrire de la plus saine partie des Autheurs du temps[157]. Quand je dis *la Cour*, j'y comprens les femmes comme les hommes, & plusieurs personnes de la ville où le Prince reside, qui par la communication qu'elles ont avec les gens de la Cour participent à sa politesse. (Préface II.3)

Selon Vaugelas le bon usage se fonde sur trois autorités[158]. La première source – et celle qu'il considère comme primordiale – est la Cour, entité qu'il définit, comme l'indique la citation, dans un sens assez large[159].

---

de ceste doctrine n'est point es auditoires des professeurs Hebreus, Grecs, & Latins en l'universite de Paris comme pensent ces beaux Etymologiseurs, elle est au Louvre, au Palais, aux Halles, en Greve, a la place Maubert ». Sa position restait toutefois marginale. Sur l'histoire du débat, voir surtout Trudeau (1992). Marzys (2010) esquisse également l'histoire de l'emploi de l'expression. La question du choix de la norme préoccupait également les Italiens dans la célèbre *questione della lingua*, voir ci-dessus (section 3.2).

156 Voir Lodge (1993 : 170-171) et Trudeau (1992 : 50-53, 79-85). Trudeau note comment chez Meigret l'autorité de la langue « courtisane » est toutefois soumise au contrôle rigoureux du grammairien.

157 Dans le manuscrit (f° 97v°), Vaugelas explique comment il conçoit le rôle des auteurs ; le passage est malheusement difficile à lire : « La tasche particuliere des bons Autheurs et Escriuains est de faire le choix des mots et des façons de parler qui sont les plus [...], et les plus nobles, de reigler le langage par les loix de la grammaire, de corriger de certains mots qu'il n'est ques[tion] que d'une seule lettre, dont le changement fait un mot barbare, comme suruenir aux necessitez que [...] <la plus part de gens> la Court [...] sçait le latin et l'origine du mot [...] <subuenire> subuenir, ainsi d'une infinité d'autres ».

158 Il est notable que dans le manuscrit de l'Arsenal (f° 11r°) Vaugelas fasse mention d'une quatrième condition pour garantir le bon usage, être « nez au cœur de la France ». Vaugelas, Savoyard, a-t-il supprimé cette condition dans le texte publié pour justifier sa propre position ?

159 Notre remarqueur se montre très bien disposé à l'égard de l'usage « naïf » ou « naturel » des femmes (voir ci-dessous). Sur les rapports entre « la cour » et la « ville », voir l'étude

La décision de se fonder sur l'usage de la Cour était justifiée par des raisons historiques et socioculturelles. Dans un climat de confrontation entre le Parlement de Paris et d'abord Richelieu, qui visait à limiter le pouvoir de cette institution, puis Mazarin, représentant la couronne – confrontation qui culminera avec la Fronde (1648-1652) – Vaugelas ne pouvait que s'allier avec la Cour royale, dont l'essor préfigurait déjà l'émergence de la monarchie absolue de Louis XIV[160]. Mais Vaugelas avait également de bonnes raisons linguistiques de préférer l'usage de Cour : si Henri Estienne rejetait le modèle de la Cour à cause de sa « corruption » par les italianismes, Vaugelas, au contraire, estimait qu'il s'y parlait une langue relativement neutre et homogène, peu affectée par les régionalismes et probablement la plus compréhensible. L'usage des milieux juridiques est donc exclu du bon usage :

> Je sçay bien qu'on dit au Palais, *il a fait les submissions au greffe*, mais c'est un terme de Palais, qui ne tire point à consequence pour le langage ordinaire. (p. 25)

L'ouvrage ne contient qu'une quinzaine d'observations où est établi un contraste explicite entre l'usage du Palais et le bon usage[161] : la majorité d'entre elles traite de problèmes lexicaux, mais d'autres portent sur des questions de syntaxe, de morphologie, et même de prononciation[162]. Tout comme l'Académie, qui exclura de son dictionnaire les termes techniques parce qu'ils ne font pas partie du *français commun*, Vaugelas censure ces usages parce qu'ils sont associés à une profession ou un domaine particulier[163].

L'accent mis sur l'usage oral constitue l'un des aspects les plus originaux de l'ouvrage de Vaugelas. Même si Meigret fait allusion à l'usage des bons courtisans, pour citer Hélène Merlin-Kajman (2011b : 115), « C. Vaugelas

---

classique d'Erich Auerbach (1951) sur la composition du public littéraire au temps de Louis XIV.

160 Il est peut-être significatif que dans un commentaire manuscrit, supprimé dans le texte publié (f° 34v°), Vaugelas semble adopter une attitude plus ouverte vis-à-vis de l'usage du Palais : « Cependant ce mot [*doué*] a toutes les qualitez que les plus difficiles esprits sçauroient desirer, pour estre excellent, car premierement il est en usage à la Court [*sic*], au Palais et dans les chaires des Predicateurs ». Dans les remarques publiées l'usage du Palais est systématiquement censuré.

161 Les termes utilisés par Vaugelas pour désigner ce milieu sont *Palais*, *notaire* et *chicane*. Sur la langue du Palais et la formation du « bel usage », voir Brunot (1907).

162 Voir, par exemple, p. 39, 63, 98, 246-247, 514-515.

163 Il ne fait presque aucune référence aux autres professions ; une exception notable est la remarque sur *naviguer*, *naviger* (p. 66).

est sans doute le premier auteur [...] à se placer sans ambiguïté et exclusivement dans la perspective de l'élocution, non de l'éloquence ». De cette façon il se distingue nettement de la tradition italienne ; comme nous l'avons déjà noté (3.2), Mambello, auteur de deux volumes d'*Osservazioni della lingua italiana*, a uniquement recours à des exemples littéraires.

Deuxième source du bon usage : « la plus saine partie » des auteurs contemporains. Dans la détermination du bon usage la priorité est accordée au langage parlé, que l'usage écrit corrobore (Préface II.5) ; l'usage parlé et l'usage écrit ne sont toutefois pas toujours conformes, comme semble l'indiquer la définition du bon usage[164]. Le style écrit est parfois plus « exact » (p. 80) et la lecture de bons auteurs constitue un moyen de l'améliorer :

> Mais le consentement des bons Autheurs est comme le sceau, ou une verification, qui authorise le langage de la Cour, & qui marque le bon Usage, & decide celuy qui est douteux. On en voit tous les jours les effets en ceux qui s'estudient à bien parler & à bien escrire, lors que se rendant assidus à la lecture des bons Ouvrages, ils se corrigent de plusieurs fautes familieres à la Cour, & acquierent une pureté de langage & de stile, qu'on n'apprend que dans les bons Autheurs. (Préface II.2)[165]

Comme le remarque Vaugelas lui-même, aucun auteur n'a un français si parfait qu'il ne commet aucune faute (Préface XIII.1) et par conséquent l'imitation d'un auteur particulier, quel qu'il soit, ne saurait constituer un moyen d'acquérir le bon usage. Le bon usage écrit consiste plutôt en une distillation de ce qu'il y a de meilleur chez les meilleurs écrivains, une idéologie plutôt qu'une réalité. Plusieurs remarques sont destinées à dissuader les lecteurs d'imiter un usage particulier d'un écrivain qui par ailleurs peut être considéré comme un modèle à imiter.

Lorsque ni la Cour, ni les auteurs ne peuvent déterminer le bon usage, Vaugelas fait appel à une troisième autorité, « les gens sçavants en la langue », et conseille qu'on suive l'opinion de la majorité de ces experts. Il est parfois nécessaire de les consulter « parce qu'il se presente beaucoup de doutes & de difficultez, que la Cour n'est pas capable de resoudre, & que les Autheurs ne peuvent esclaircir, soit que les exemples dont on peut tirer l'esclaircissement y soient rares, & qu'on ne les trouve pas à point nommé, ou qu'il n'y en ait point du tout » (Préface II.7).

---

164 Sur le rapport entre français écrit / français parlé chez Vaugelas, voir aussi Voile (1936).

165 Pour une discussion du rapport entre l'usagé parlé et l'usage écrit dans les *Remarques*, voir ci-dessous, 4.2.2.

Vaugelas pense surtout aux membres de l'Académie Française, comme semble l'indiquer l'observation intitulée « *Si apres VINT & UN, il faut mettre un pluriel, ou un singulier* » (p. 147-149)[166].

De nombreux critiques se sont penchés sur l'origine et sur la signification de l'expression « la plus saine partie de » dans la définition du bon usage[167]. Nous nous bornons à souligner deux points essentiels. En premier lieu, il s'agit de l'usage d'une élite et non pas celui de la majorité, d'une norme sociale de distinction ; autrement dit, la définition est qualitative et non pas quantitative (Préface II.2)[168]. Il arrive par conséquent qu'un usage courant à la Cour soit critiqué ; par exemple, Vaugelas note que l'usage du pronom *y* pour *lui* est « une faute toute commune parmy nos Courtisans » (p. 94). En second lieu, Vaugelas introduit un élément subjectif dans sa définition puisqu'il appartient en fin de compte au jugement personnel de déterminer quels locuteurs appartiennent à « la plus saine partie ». Cette latitude dans l'interprétation de l'expression lui permet d'adopter une approche plutôt prescriptive et de choisir comme modèles les locuteurs qui correspondent le mieux à sa conception du bon usage[169]. Par exemple, un ton prescriptif est employé dans la remarque « *Preigne* pour *prenne*, *vieigne* pour *vienne* » (p. 66) où Vaugelas condamne explicitement l'usage des hommes et des femmes à la Cour. L'interprétation de l'expression est cependant soumise à quelques contraintes : l'usage doit être reçu et non pas émaner d'un seul individu ; nul n'a le droit d'innover ou de dévier du bon usage, quelle que soit sa position sociale ou sa réputation comme autorité littéraire (p. 509)[170]. Le bon usage est plutôt collectif : il convient, pour

166 Selon Marzys (2009 : 25-26), Vaugelas fit appel à l'expertise de ses amis lettrés tels que Jean Chapelain, Valentin Conrart ou Olivier Patru, moins en leur qualité d'académiciens qu'en celle de gens ayant une expérience prolongée et réfléchie du langage courtisan. Le recours à l'opinion des académiciens en cas de doute est toutefois souvent contraire à son jugement exprimé ailleurs : « *Que dans les doutes de la langue il vaut mieux pour l'ordinaire, consulter les femmes, & ceux qui n'ont point estudié, que ceux qui sont bien sçavans en la langue Grecque, & en la Latine* » (p. 503-505). Si Conrart ne connaissait pas les langues anciennes, Chapelain et Patru étaient de bons latinistes.

167 Voir, par exemple, Janik (1984), Weinrich (1960, 1989b), Marzys (2010).

168 Claude Buffier, dans sa grammaire de 1709, remplace « la plus saine partie » par « la plus nombreuse partie » (1709 : 21-22) pour éviter les problèmes d'interprétation.

169 Nous examinerons à quel point Vaugelas est prescripteur ou descripteur du bon usage dans la section 6.7.

170 En pratique, Vaugelas semble faire preuve de déférence envers quelques personnages qu'il admire. Il note, par exemple, dans le cas du nouveau verbe *debrutaliser*, créé par Mme de

plaire à son interlocuteur, d'utiliser le mot ou l'expression qu'il aurait choisi lui-même, ce qui a pour conséquence une sorte de conformisme linguistique. Tout comme un honnête homme doit apprendre comment se comporter ou s'habiller pour se conformer aux mœurs de la Cour, il lui faut également se servir des *Remarques* de Vaugelas qui font office de guide de comportement linguistique[171].

4.1.2 Bon usage et mauvais usage : exclusion des variantes diaphasiques, diastratiques, diatopiques et diachroniques

Dans le modèle prescriptif, est établie une dichotomie nette opposant « bon usage » et « mauvais usage » ; selon Vaugelas ce dernier apparaît surtout dans le burlesque, le comique et le satirique (Préface VII.3). Dans la remarque intitulée « *Des mieux* » (p. 123), il critique sévèrement l'usage de cette expression, qu'il considère comme « tres-basse, & nullement du langage de la Cour, où l'on ne la peut souffrir », et il rappelle aux lecteurs la maxime selon laquelle « jamais les honnestes gens ne doivent en parlant user d'un mot bas, ou d'une phrase basse, si ce n'est par raillerie ». Il souligne qu'il faut faire attention à ce que personne ne pense, comme c'est souvent le cas, qu'on l'a utilisé par ignorance plutôt que par raillerie.

De plus, dans ce modèle *le bon usage* correspond au *bel usage*, ce qui exclut tout ce qui est supposé être « bas » ou « de la lie du peuple » :

> Au reste quand je parle du *bon Usage*, j'entens parler aussi du *bel Usage*, ne mettant point de difference en cecy entre le bon & le beau ; car ces Remarques ne sont pas comme un Dictionnaire qui reçoit toutes sortes de mots, pourveu qu'ils soient François, encore qu'ils ne soient pas du bel Usage, & qu'au contraire ils soient bas & de la lie du peuple. (Préface VII.1)

Le bon usage n'exclut pas seulement les registres ou les genres considérés comme « bas » ; il se définit aussi selon des critères sociaux, géographiques et diachroniques. Si de nombreuses observations décrivent la variation selon le style ou le niveau de langue, relativement peu de

---

Rambouillet : « Aussi a-t-il esté fait par une personne, qui a droit de faire des mots, & d'imposer des noms, s'il est vray ce que les Philosophes enseignent, qu'il n'appartient qu'aux sages d'eminente sagesse d'avoir ce privilege » (p. 492).

171 Sur le concept d'*honnêteté*, voir Magendie (1925), Bury (1994).

remarques font état de différences liées à la classe sociale du locuteur. La moindre importance accordée à ce paramètre de variation peut être imputée à la fonction assignée à l'ouvrage : les fautes que commet « la lie du peuple » sont en général considérées comme trop élémentaires ou « grossières » pour être traitées dans l'ouvrage. Dans la préface, Vaugelas associe clairement le *mauvais usage* avec *le peuple* : « Selon nous, *le peuple n'est le maistre que du mauvais Usage, & le bon Usage est le maistre de nostre langue* » (Préface VII.3). En se référant à la variation sociale, il a recours à une simple dichotomie entre *les honnestes gens* d'une part et *le peuple*, *le peuple de Paris* ou, le plus fréquemment, *la lie du peuple* de l'autre[172]. L'usage du *peuple* est toujours condamné ; par exemple il note que le peuple dit « abusivement » *c'est mon plus prochain voisin* (p. 94). Dans certaines remarques Vaugelas établit un lien explicite entre *le bas* et l'usage de « la lie du peuple » :

> On dit ordinairement en parlant, *tout mon monde est venu*, *son monde n'est pas venu*, pour dire, *tous mes gens*, ou *tous mes domestiques sont venus*, *ses gens ne sont pas venus* ; Mais il le faut eviter comme un terme bas, & si je l'ose dire, de la lie du peuple. (p. 169)

C'est également ainsi que l'on peut expliquer la rareté relative des remarques ayant trait aux régionalismes[173]. Notons que le texte publié ne comporte aucun commentaire sur les usages de la région natale de Vaugelas, la Savoie[174]. Le gascon est cité 9 fois dans 7 observations différentes, le français parlé « le long de la riviere de Loire » 9 fois dans 4 observations différentes, le français du Midi 7 fois dans 4 observations différentes, le normand 5 fois dans 4 observations différentes, le bourguignon dans 3 observations, et le poitevin et l'angevin dans une seule observation chacun[175]. Les commentaires sur les usages régionaux sont introduits pour deux raisons principales : afin d'indiquer l'origine d'un mauvais usage qui commence à s'établir à la Cour « par contagion »

172 À la fin du siècle, François de Callières (1693) publie un livre qui s'intéresse spécifiquement aux usages « bourgeois » : *Du bon, et du mauvais usage, dans les manieres de s'exprimer. Des façons de parler bourgeoises. Et en quoy elles sont differentes de celles de la Cour. Suitte des Mots à la mode*, Paris, C. Barbin.

173 Une raison supplémentaire est évoquée p. 180 ci-dessous. En revanche, Ménage donne beaucoup plus d'informations sur les usages régionaux dans ses deux volumes d'observations.

174 Le manuscrit comporte une référence unique à l'usage du verbe *aider* en Savoie (f° 47r° ; Vaugelas 1690 : 530).

175 Dans le manuscrit, Vaugelas fait deux fois mention de l'usage en Bretagne (f° 25r°, 68r°).

ou pour signaler des habitudes régionales difficiles à éliminer, même après un long séjour à la Cour. Dans la première catégorie Vaugelas cite, par exemple, quelques gasconismes, comme l'usage de *commencer de* (p. 424) ou d'*aller au devant* (p. 371)[176]. Il traite surtout du deuxième type dans la remarque intitulée « *Quel, & quelle*, pour *quelque, languir, plustost, sortir, rester* » (p. 136-139) : il est particulièrement difficile de se libérer de ces fautes parce qu'elles consistent en un emploi abusif d'un terme français. Quel que soit le type de régionalisme décrit – qu'il soit de nature phonétique[177], morphologique[178], syntaxique[179] ou lexicale – il est systématiquement critiqué. Quant aux références aux langues étrangères, Vaugelas s'en sert avant tout pour mettre en avant des ressemblances ou des différences avec le français, c'est-à-dire pour introduire une perspective comparative[180] ; l'allemand par exemple utilise *man* d'une manière qui ressemble à l'emploi du pronom français *on* (p. 12) et le français a recours à des infinitifs substantivés par imitation du grec (p. 152). Les comparaisons les plus nombreuses sont celles entre français et latin, Vaugelas notant en particulier que les Français, dans le domaine syntaxique, sont plus « exacts » que les Romains dans l'emploi de certaines constructions[181].

Les remarques qui font état d'un changement d'usage sont en revanche très nombreuses, Vaugelas y consacrant près d'un cinquième de ses observations. Résolu à décrire l'usage actuel et bien conscient de l'évolution linguistique et des différences entre l'usage contemporain et celui non seulement des auteurs du XVIe, mais même de ceux des premières décennies du siècle, Vaugelas a pour objectif de noter fidèlement les mots, expressions et constructions qui sont sortis du bon usage, qui sont en train de vieillir ou qui commencent à s'établir[182]. Comme nous l'avons

---

176 Dupleix (1651 : 138, 367) conteste parfois la nature gasconne de ces usages.

177 Par exemple la mauvaise prononciation de l'interrogatif *aime-je* dans le Midi (p. 211)

178 Par exemple la mauvaise conjugaison de *faillir* en Normandie (p. 311).

179 Par exemple les erreurs dans les constructions négatives chez les Méridionaux (p. 405, 574) ou les personnes qui habitent « le long de la riviere de Loire » (p. 36).

180 Le perse, l'hébreu et le barbare ne sont évoqués que comme sources de noms propres en français ; l'arabe est mentionné une seule fois comme source de mots espagnols (p. 518). La grande majorité des exemples grecs sont cités dans la remarque qui traite de l'assimilation des mots grecs en français (p. 202-209), suivie par celle qui traite des noms propres (p. 68-73).

181 Voir, par exemple, 6.4.2. Pour sa position sur les emprunts lexicaux à l'italien, voir 6.5.2, p. 179-180.

182 Pour sa position sur les néologismes et les archaïsmes, voir 6.5.2.

déjà noté, selon lui, le changement se produit au cours d'une période de vingt-cinq ou trente ans, bien qu'il reconnaisse que la grande majorité des usages restent stables, surtout sur le plan syntaxique (Préface X.1). De plus, il pense que les principes fondamentaux qui sous-tendent ses jugements linguistiques demeureront inchangés, et qu'« il sera tousjours vray aussi, que les Reigles que je donne pour la netteté du langage ou du stile subsisteront, sans jamais recevoir de changement » (Préface X.2)[183]. Comme nous l'avons vu, les modalités selon lesquelles Vaugelas conçoit la chronologie de l'évolution linguistique se reflètent également dans le choix de ses exemples, dont on peut considérer qu'ils appartiennent à trois grandes périodes. Vaugelas donne parfois un indice précis de la chronologie du changement (par ex. *soumission/submission*, p. 25 ; *longuement*, p. 57-58) ; dans d'autres cas, la mention de certains auteurs permet une datation approximative, comme dans la remarque sur *print, prindrent, prinrent* (p. 98). Les différences entre l'usage conseillé dans le manuscrit et celui préféré dans le texte publié nous montrent aussi que certains changements sont récents. Cependant, la datation reste parfois floue lorsque Vaugelas se contente d'évoquer un contraste avec ce qu'on faisait « autrefois » (p. 170) ou « anciennement » (p. 94) et l'usage contemporain.

Nous nous demanderons dans la section 6.7 dans quelle mesure les remarques de Vaugelas reflètent ou guident l'usage. S'il y a variation ou hésitation quant à ce qui constitue l'usage actuel, il exprime certaines préférences. Par exemple, il note que s'il existe une variation entre un mot ancien et un nouveau dans l'usage contemporain, il choisira toujours l'ancien, « selon cette reigle generale, qu'un *mot ancien, qui est encore dans la vigueur de l'Usage est incomparablement meilleur à escrire, qu'un tout nouveau, qui signifie la mesme chose* » (p. 334). Si, par ailleurs, il regrette que certains termes sortent de l'usage, en particulier certaines conjonctions, il accepte qu'il faille suivre celui-ci. Dans la remarque sur *recouvert* et *recouvré* il suggère toutefois qu'il est peut-être possible d'arrêter un changement si l'on intervient très tôt :

> A cause de *recouvert*, force gens disent, *recouvrir*, pour *recouvrer*, & pensent avoir raison, mais il n'est pas encore establi comme *recouvert*, & il ne le faut

183 Il est en effet convaincu que la langue française a atteint un état de perfection et que « quand une langue a nombre & cadence en ses periodes, comme la Françoise l'a maintenant, elle est en sa perfection, & qu'estant venuë à ce point, on en peut donner des reigles certaines, qui dureront tousjours » (Préface X.3).

> pas souffrir ; Car si au commencement, deux ou trois personnes d'authorité se fussent opposées à *recouvert*, quand il vint à s'introduire à la Cour, on en eust empesché l'usage, aussi bien que M. de Malherbe l'a empesché de quelques autres mots tres-mauvais, qui commençoient à avoir cours. (p. 17)[184]

4.1.3 Usage déclaré et usage douteux

Dans la Préface (IV.1), Vaugelas établit une dichotomie entre *l'usage declaré* et *l'usage douteux*, distinction qui pose également des problèmes d'interprétation. Le but de son ouvrage n'est ni de décrire les fondements de la grammaire, comme le font les grammaires destinées aux étrangers, ni de traiter « les fautes grossieres, qui se commettent dans les Provinces, ou dans la lie du peuple de Paris » (XIV.4), mais de discuter des difficultés les plus épineuses et « de remarquer ce que les François mesme les plus polis & les plus sçavans en nostre langue peuvent ignorer » (p. 183). En somme, les observations ont pour but de « monstrer le bon usage de ceux qui sont faits, & s'il est douteux ou inconnu, de l'esclaircir, & de le faire connoistre » (Préface I)[185]. Dans l'observation qui traite de la prononciation des formes du verbe *fuir*, Vaugelas expose sa position :

> Mais comme j'escrivois cecy, un des plus beaux esprits de ce temps, à qui je le communiquay, ne voulut pas neantmoins se rendre à la force de ces raisons, qu'on pourroit appeller demonstrations. Pour toute defense il ne leur opposa que l'*Usage*, qui à ce qu'il soustient, ne fait *fuir*, ny tous ses autres temps dont il s'agit, que d'une syllabe. A cela je respondis, que si l'*Usage*, ne les faisoit que d'une syllabe, il n'y avoit rien à dire, que ces Remarques estoient pleines de l'entiere deference qu'il falloit rendre à l'Usage au prejudice de toutes les raisons du monde ; Mais c'est la question, de sçavoir si l'Usage les fait d'une ou de deux syllabes ; car s'il l'avoit decidé il n'y auroit plus de doute, & de le mettre aujourd'huy en question, est une preuve infaillible qu'il ne l'a pas decidé ; Car il faut considerer, qu'encore que l'Usage soit le maistre des langues, il y a neantmoins beaucoup de choses où il ne s'est pas bien declaré, comme nous l'avons fait voir en la Preface, par plusieurs exemples, qui ne peuvent estre contredits. (p. 454-455)

Comment peut-on alors résoudre les problèmes linguistiques posés par les cas d'« usage douteux » ? Il est évident que si l'usage est douteux, un

184 Sur le débat entre Brunot et Brunetière à propos de la connaissance qu'avait véritablement Vaugelas de la nature du changement linguistique et de l'histoire de la langue, voir Ayres-Bennett (1987a : 23-24).

185 Pour une discussion des raisons pour lesquelles un usage peut être douteux et une étude de la proportion des remarques qui traitent de *l'usage douteux*, voir Ayres-Bennett (1987a : 19-20).

simple recours au bon usage ne saurait résoudre la difficulté linguistique. Vaugelas conclut qu'il faut alors « necessairement recourir à la Raison, qui vient au secours de l'Usage ».

4.1.4 *Usage et raison*

L'interprétation de la notion de « raison » chez Vaugelas a fait l'objet de controverses[186]. Vaugelas résume dans la Préface (V.3) sa manière de concevoir le rapport entre l'usage et la raison : « En un mot l'Usage fait beaucoup de choses *par raison*, beaucoup *sans raison*, & beaucoup *contre raison* ». Les exemples qu'il donne pour illustrer chacun de ces cas sont révélateurs. Les exemples d'usage « sans raison » suggèrent qu'il pense surtout à la nature arbitraire du signe ; il est ainsi arbitraire que l'on utilise la forme *j'aimais* pour indiquer l'imparfait et *j'aimerai* pour le futur, ou que les formes *je fais* et *tu fais* soient identiques tandis que celle de la troisième personne se termine en *t*. Pour lui, toutes les conjugaisons irrégulières sont également « sans raison ».

En revanche, il considère que dans la plupart des constructions grammaticales l'usage se fait « par raison ». Il cite comme illustration de ce principe l'accord du substantif et de l'adjectif en genre et en nombre, ou l'accord du verbe avec le nombre du sujet nominal. Dans la remarque qui énonce la règle selon laquelle « le pronom relatif ne se peut rapporter à un nom qui n'a point d'articles », il va jusqu'à dire que l'usage fait beaucoup plus de choses « avec raison » que « sans raison » ou « contre raison » (p. 387-388).

Parmi les faits linguistiques décrits comme « contre raison », il cite notamment la construction *une infinité de gens croient*, qui contredit précisément la règle générale selon laquelle le sujet nominal s'accorde en nombre avec le verbe. Un autre exemple d'infraction aux règles générales est l'usage de *recouvert* pour *recouvré*, le participe n'étant pas formé de façon régulière à partir de l'infinitif du verbe. Vaugelas répète à plusieurs reprises que les expressions qui sont « contre raison » ont souvent un charme particulier ; il observe par exemple dans son analyse de l'expression *il y en eut cent de tuez*, qu'il faut laisser le « de » sans

186 Hillman (1976) adopte peut-être la position la plus extrême en maintenant que Vaugelas souscrit au « culte de la raison » du XVIIe siècle ; sur le rapport entre usage et raison à cette époque, voir aussi Hillman (1972), Ayres-Bennett (1987b), Padley (1988 : 390-407), Landy-Houillon (1991), et Marzys (1993).

s'interroger sur la raison de son inclusion et conclut : « C'est la beauté des langues, que ces façons de parler, qui semblent estre sans raison, pourveu que l'Usage les authorise. La bizarrerie n'est bonne nulle part que là[187] ». Comme les *Remarques* ont pour but de traiter des particularités de l'usage, des cas difficiles ou exceptionnels qui peuvent tromper même les Français les plus polis, les observations portent plus souvent sur des exemples de l'usage « contre raison » que sur ceux qui suivent les règles fondamentales de la grammaire.

Lorsqu'il mentionne des exemples de l'usage « avec raison », Vaugelas semble donc penser à la régularité grammaticale qui se fonde sur le « sens commun » (p. 307), au raisonnable plutôt qu'au rationnel[188]. L'association entre « règle » et « raison » est explicite, par exemple, dans la remarque sur *recouvert* pour *recouvré* (p. 15-17). Ailleurs, le terme est plutôt utilisé pour indiquer si un usage a une explication ou une cause. C'est par exemple le sens de « raison » au début de l'observation « *La*, pour *le* » (p. 27-29) ; Vaugelas explique pourquoi il faut plutôt dire *quand je le suis* et non pas *quand je la suis* : « La raison de cela est, que ce, *le*, qu'il faut dire, ne se rapporte pas à la personne, car en ce cas là il est certain qu'une femme auroit raison de parler ainsi, mais il se rapporte à la chose ; & pour le faire mieux entendre, c'est que ce *le*, vaut autant à dire que *cela*, lequel *cela*, n'est autre chose que ce dont il s'agit, qui est, *malade* en l'exemple que j'ay proposé ». La remarque conclut :

> Neantmoins puis que toutes les femmes aux lieux où l'on parle bien, disent, *la*, & non pas, *le*, peut-estre que l'Usage l'emportera sur la raison, & ce ne sera plus une faute. Pour *les*, au pluriel, il ne se dit point, ny par la raison, ny par l'Usage.

---

187 La nécessité de suivre l'usage est si absolue – du moins en théorie – que là même où il le croit ridicule, il soutient qu'il faut le suivre. La censure du mot *poitrine* à cause de son usage dans des expressions comme *poitrine de veau* en est un cas célèbre analysé par plusieurs commentateurs ; bien que Vaugelas pense que les raisons invoquées pour justifier sa condamnation sont « tres-impertinentes », il argue que l'usage du mot a néanmoins cessé peu à peu (p. 60).

188 Vaugelas affirme que le langage reflète la pensée et de plus que « la parole n'est pas seulement une image de la pensée, mais de la chose mesme que nous voulons representer » (p. 160) ; il n'adopte pourtant pas la position de Port-Royal selon laquelle, pour citer Kukenheim (1966 : 35) « les modalités du langage sont également celles de la pensée ».

4.1.5 Résolution de l'« usage douteux » : analogie, étymologie, douceur

Si dans les cas d'usage douteux Vaugelas invoque la nécessité de recourir à la raison, en pratique il fait appel à d'autres concepts pour justifier son jugement sur le bon usage, et notamment l'analogie, la « douceur » et même l'étymologie.

Commençons par l'analogie[189], qui est invoquée, par exemple, dans la remarque sur la prononciation des différentes formes de *fuir* (p. 451-457), ou dans celle sur le néologisme *devouloir* (p. 490-492), qui suit des modèles bien établis pour la formation de nouveaux verbes :

> Selon l'analogie des mots il seroit aisé de l'establir, parce que nous en avons quantité de cette nature en nostre langue, comme *detromper*, que j'ay veu venir à la Cour, & que l'on trouvoit aussi estrange au commencement, qu'on fait maintenant *devouloir*, mais qui est aujourd'huy entierement en usage. Nous disons donc *tromper detromper*, *mesler demesler*, *faire deffaire*, *croistre decroistre*, *habiller deshabiller*, car on met un *s*, en la composition quand le verbe commence par une voyelle, comme *armer desarmer*.

Dans les *Remarques* l'analogie est parfois associée explicitement avec la raison, comme dans la remarque sur *fuir* où Vaugelas se fonde sur la régularité des conjugaisons verbales pour juger quel usage est le meilleur. Dans la Préface toutefois, l'analogie est plutôt définie comme une sorte d'usage :

> Cette *Analogie* n'est autre chose en matiere de langues, qu'un Usage general & estably que l'on veut appliquer en cas pareil à certains mots, ou à certaines phrases, ou à certaines constructions, qui n'ont point encore leur usage declaré, & par ce moyen on juge quel doit estre ou quel est l'usage particulier, par la raison & par l'exemple de l'Usage general ; ou bien l'*Analogie* n'est autre chose qu'un usage particulier, qu'en cas pareil on infere d'un Usage general qui est desja estably ; ou bien encore, c'est une ressemblance ou une conformité qui se trouve aux choses desja establies, sur laquelle on se fonde comme sur un patron, & sur un modelle pour en faire d'autres toutes semblables. (Préface IV.4)
>
> De tout ce discours il s'ensuit que nostre langue n'est fondée que sur l'Usage ou sur l'*Analogie*, laquelle encore n'est distinguée de l'Usage, que comme la copie ou l'image l'est de l'original, ou du patron sur lequel elle est formée,

---

189 Sur l'histoire et l'usage du concept de l'analogie dans la tradition grammaticale, voir, par exemple, Siebenborn (1976), Christmann (1980), Douay et Pinto (1991), Hassler (2007).

> tellement qu'on peut trancher le mot, & dire que nostre langue n'est fondée que sur le seul Usage ou desja reconnû, ou que l'on peut reconnoistre par les choses qui sont connuës, ce qu'on appelle *Analogie.* (Préface V.1)

Cette définition de l'analogie lui permet à la fois d'avoir recours à cette notion pour déterminer des cas d'usage douteux et de conserver le principe de la suprématie de l'usage[190].

Dans la remarque intitulée « *Pluriel* » (p. 468-470), l'analogie semble être directement associée à l'étymologie. Vaugelas justifie son propre usage de *pluriel* « quoy que tous les Grammairiens François ayent tousjours escrit *plurier*, avec une *r* » par référence à l'étymon latin *pluralis* et le fait que « nous n'avons pas un seul mot pris du Latin, soit adjectif, ou substantif, qui ne retienne l'*l* quand elle se trouve en la derniere ou penultiesme syllabe Latine, où il y ait une *l* ». Comme dans le cas de la régularité grammaticale ou de l'analogie, il n'est pas nécessaire d'avoir recours à l'étymologie quand l'usage est déclaré (p. 553)[191] ; par exemple la forme *courte-pointe* (pour *contre-pointe*), qui à son avis n'indique pas la bonne origine du terme, s'est établie « contre toute sorte de raison » (p. 404)[192].

De multiples raisons peuvent être invoquées pour expliquer des usages qui ne respectent pas la régularité grammaticale de la langue. Par exemple, dans l'observation « *Y, avec les pronoms* » (p. 95) Vaugelas explique l'asymétrie entre l'ordre des pronoms dans la construction *menez-nous y* et dans *menez y moy*, en invoquant les exigences de la « douceur », à savoir la nécessité d'éviter l'ordre *menez-m'y*, peu plaisant à l'oreille[193]. Il est bien conscient toutefois de la nature subjective de l'euphonie et que

190 *Cf.* Varron, *De lingua latina*, IX, 2 : « Mais quant à ceux qui nous ordonnent, quand nous parlons, pour certains de suivre l'usage, pour d'autres la raison, ils ne sont pas en si grand désaccord ; parce que l'usage et l'analogie sont plus liés entre eux qu'ils ne le croient » (traduction Bernard Colombat).

191 Sur le rôle de l'étymologie dans les *Remarques*, voir aussi Marzys (1970-1971).

192 À la différence de ce qu'on trouve dans les premières grammaires du français du XVIe siècle, Vaugelas note qu'en principe il est préférable de ne pas avoir recours au Latin pour déterminer un usage en français parce que « Chaque langue a ses termes & sa diction, & qui, par exemple, parle Latin comme font plusieurs, avec des paroles Latines & des phrases Françoises ; ne parle pas Latin, mais François, ou plustost ne parle ny François ny Latin » (p. 509-510). Pour une discussion de la façon dont le latin est représenté par Vaugelas, voir Ayres-Bennett (2014).

193 Cette explication sera critiquée par les auteurs de la *Grammaire générale et raisonnée* (1676 : 62). Sur *la douceur*, voir aussi section 6.1, p. 122.

par conséquent « *il n'y a ny cacophonie, ny repetition, ny quoy que ce puisse estre, qui offense l'oreille, quand elle y est accoustumée* » (p. 52). En faisant l'accord au masculin dans l'exemple *il n'y a sorte de soin qu'il n'ayt pris* plutôt qu'avec le sujet grammatical de la phrase, « on regarde plustost le sens que la parole » (p. 484*). Vaugelas fait également appel à des considérations sémantiques dans sa « *Reigle nouvelle & infaillible pour sçavoir* quand il faut repeter les articles, *ou* les prepositions, *tant devant les noms, que devant les verbes* » (p. 214-218)[194]. La règle des synonymes qu'il propose est supposée être fondée sur la raison :

> Car la raison veut que des choses qui sont de mesme nature, ou fort semblables, ne soient point trop separees, & qu'on les laisse demeurer ensemble ; Comme au contraire elle veut que l'on separe celles qui sont opposees, & tout à fait differentes, & que l'article, ou la preposition soit comme une barriere entre-deux.

On trouve le même type d'explication dans la remarque qui énonce la règle selon laquelle un pronom relatif ne peut se rapporter à un nom qui n'est pas précédé par un article (p. 386-388) ; il faut que les deux éléments soient de même nature « & ayent une correspondance reciproque, qui fasse que l'un se puisse rapporter à l'autre ». Ici, comme ailleurs, Vaugelas souligne que ces explications sont pourtant d'une importance secondaire et dans la conclusion de la remarque il semble presque s'excuser pour avoir osé « ce petit raisonnement ». Bref, l'usage est comme la foi « qui nous oblige à croire simplement & aveuglément, sans que nostre raison y apporte sa lumiere naturelle » ; cela nous n'empêche pas pourtant « de raisonner sur cette mesme foy, & de trouver de la raison aux choses qui sont par dessus la raison » (Préface V.2). Dans cette même observation il a recours à un autre argument pour essayer d'expliquer ce qui apparaît comme un contre-exemple à la règle générale qu'il établit : les constructions qui contiennent un vocatif du type « Avarice qui causes tant de maux » ne contreviennent pas à son principe général parce qu'on y sous-entend l'article du vocatif « o ». Ici la notion d'ellipse – fréquemment employée par exemple par Sanctius avant Vaugelas et par les grammairiens rationalistes après lui – sert à expliquer une anomalie plus apparente que réelle.

Nous avons noté que Vaugelas cite comme troisième autorité « les gens sçavants en la langue » et qu'il conseille dans ce cas de suivre l'opinion

194 Voir ci-dessous, section 6.4.1.

de la majorité. Souvent ceux-ci résoudront une question « douteuse » en se servant de l'analogie (Préface IV.4). Il note toutefois que leurs voix sont parfois partagées et que dans ce cas, « il sera libre d'user tantost de l'une des façons & tantost de l'autre, ou bien de s'attacher à celuy des deux partis, auquel on aura le plus d'inclination, & que l'on croira le meilleur » (Préface IV.3). Il est vrai que dans certaines observations Vaugelas traite deux usages de manière indifférenciée et conseille aux lecteurs de se servir des deux variantes ; les formes *descouverte* et *descouverture* (p. 487) sont ainsi toutes deux jugées acceptables. Cependant, dans d'autres cas il semble bel et bien que Vaugelas nous donne à lire sa préférence personnelle : comme *d'autant que* écrit avec une apostrophe pour *parce que* est devenu « comme universelle », il se sent obligé d'inclure la remarque « pour empescher qu'elle ne s'establisse tout à fait » (p. 326).

4.2 LE MODÈLE « SOCIOLINGUISTIQUE »

4.2.1 Variabilité de l'usage

Selon la perspective normative ou codificatrice, l'usage linguistique doit se conformer à une norme rigide. Cette codification a plusieurs avantages : elle contribue à former une élite linguistique et sociale (*la distinction*) ; elle procure du plaisir aux auditeurs et aux lecteurs qui aiment lire et écouter des idées exprimées de la façon qu'ils auraient eux-mêmes choisie ; elle garantit par conséquent une communication réussie sans hésitation ou ambiguïté ; et elle participe à la fixation du français dans son état présent de perfection (Préface X.2).

À côté de ce modèle prescriptif, on peut identifier une autre idéologie, selon laquelle l'usage est considéré comme roi, et qui accepte que puissent coexister deux ou plusieurs variantes d'un mot ou d'une construction. Dès la première section de sa préface Vaugelas se présente comme « simple tesmoin, qui depose ce qu'il a veu & oüi ». Dans ce modèle de nature « sociolinguistique », Vaugelas reconnaît la valeur relative des différents usages et présente une analyse beaucoup plus nuancée selon laquelle les usages sont plus ou moins heureux selon le contexte, le registre, le style, etc. Par exemple, à propos de la variation *sur les armes*, *sous les armes*, il écrit :

> il faut user tantost de l'un & tantost de l'autre, afin qu'il ne semble pas que l'on condamne celuy dont on ne se sert jamais, en quoy l'on auroit tort, &

> pour conserver d'ailleurs tout ce qui contribuë à la richesse de nostre langue ; comme est de pouvoir dire une mesme chose de deux façons, plustost que d'une seule. (p. 396-397)

Il accepte également que puissent exister une grande variété d'usages en fonction de paramètres comme le genre, le registre, le contexte et le style. Ainsi remarque-t-il à propos de *comme ainsi soit*, « J'avoüe que dans une lettre il seroit exorbitant ; mais qui ne sçait qu'il y a des paroles & des termes pour toutes sortes de stiles ? » (p. 470*). Vaugelas semble ici admettre que le bon usage, contrairement à ce que veut le premier modèle, peut être subdivisé en trois niveaux, *le bas*, *le mediocre* et le *sublime*, ce qui permet aux termes considérés comme *bas* ou *familiers* d'appartenir néanmoins au bon usage :

> mais il y a bien de la difference entre un langage soustenu, & un langage composé de mots & de phrases du bon Usage, qui comme nous avons dit, peut estre bas & familier, & du bon Usage tout ensemble. (Préface VII.3)

De plus, dans ce modèle, bon Usage et bel Usage, ou l'usage dans le beau style, ne sont pas nécessairement synonymes, comme le suggère l'observation qui traite de l'expression *pour l'heure* : « Cette façon de parler pour dire *pour lors*, est bonne, mais basse, & ne doit pas estre employée dans le beau stile, où il faut dire *pour lors* » (p. 192). Selon Vaugelas, si l'on ne veut pas paraître ridicule, critique la plus sévère que l'on puisse adresser à un honnête homme, il est important de ne pas confondre les différents niveaux de langue. Il ajoute que chaque genre a ses propres mots et expressions et que la langue française n'est donc nullement pauvre. Au contraire :

> Elle a des magazins remplis de mots & de phrases de tout pris, mais ils ne sont pas ouverts à tout le monde, où s'ils le sont, peu de gens sçavent choisir dans cette grande quantité ce qui leur est propre. (p. 511)

Par conséquent, comme nous l'avons déjà noté, Vaugelas n'élimine pas toujours l'une des deux variantes. La remarque qui traite de la concurrence entre *recouvré* et *recouvert* (p. 15-17) constitue ici encore un cas intéressant. Notre remarqueur admet que l'usage a imposé l'emploi de *recouvert* pour *recouvré*, mais il reconnaît également que la plupart de ceux qui ont étudié considèrent cette forme comme fautive. Il conseille donc d'utiliser tantôt l'une tantôt l'autre « dans un œuvre de longue haleine » : *recouvré* « pour satisfaire à la reigle & à la raison » et *recouvert* « pour satisfaire à l'Usage ». Dans la plupart des cas cependant les usages sont différenciés, par exemple en fonction du contexte, de la situation ou du style :

> Nous n'avons qu'*enfin*, *en un mot*, *aprés tout*, car ny *finalement*, ny *bref*, ne s'employent plus gueres dans le beau stile, quoy que l'on s'en serve dans le stile ordinaire. (p. 31)
>
> Tous les gens de mer, disent, *naviguer*, mais à la Cour on dit, *naviger*, & tous les bons Autheurs l'escrivent ainsi. (p. 66)
>
> Ainsi l'on dit, *autant qu'il en pourroit dans mon œil*, pour dire, *autant qu'il en pourroit tenir dans mon œil*; c'est à dire *rien*. Il est vray que cette phrase est bien extraordinaire, & que dans les Provinces de delà Loire, on a de la peine à la comprendre, mais elle est prise des Grecs, qui se servent de leur δύναται au mesme sens, & j'en ay veu des exemples dans l'un de leurs meilleurs Autheurs, qui est Lucien. Neantmoins, encore qu'on le die en parlant, on ne l'escrit point dans le beau stile, mais seulement dans le stile bas. (p. 146-147)
>
> *Fournir*
> Il a trois constructions differentes, car on dit *la riviere leur fournit le sel*, *leur fournit du sel*, & *les fournit de sel*, qui est le meilleur & le plus elegant des trois. (p. 320)

Si dans le premier modèle Vaugelas utilise des termes absolus tels que *falloir* et *faute*, dans ce deuxième modèle il s'agit plutôt de valeurs relatives.

Pour essayer de déterminer dans quelle mesure les différents paramètres de variation sociolinguistique sont invoqués par Vaugelas – et, pour procéder à une comparaison avec la démarche de ses successeurs – nous avons effectué un classement approximatif des observations des remarqueurs selon le type de variation traitée et l'attitude adoptée envers cette variation[195]. Il n'est évidemment pas toujours facile de dissocier les différents paramètres de la variation ; par exemple, lorsqu'il examine l'usage de « *Possible*, pour *peut-estre* » Vaugelas lui-même remarque : « Les uns l'accusent d'estre bas, les autres d'estre vieux. Tant y a que pour une raison, ou pour l'autre, ceux qui veulent escrire poliment, ne feront pas mal de s'en abstenir » (p. 149). Cette analyse, qui permet de mettre en évidence des tendances générales, a donc un caractère purement indicatif. Cinq paramètres de variation ont été pris en considération :

195 Pour les détails de l'analyse et des résultats, voir Ayres-Bennett (2004a).

- Medium de l'expression : français écrit / français parlé
- Registre ou niveau de langue
- Sexe du locuteur
- Changement linguistique[196]
- Classe ou statut social

On peut tirer trois conclusions principales de cette analyse. Premièrement, par rapport à ses successeurs, Vaugelas est l'un des remarqueurs qui s'intéresse le plus à la variation sociolinguistique et son texte constitue par conséquent une source précieuse pour qui s'intéresse à la variabilité de l'usage au milieu du XVIIe siècle. Deuxièmement, ses observations traitent surtout de la différence entre l'usage écrit et parlé, de la variation selon les registres et les styles, et du changement linguistique. Les commentaires qui distinguent l'usage des hommes et des femmes sont moins nombreux, mais il y est toutefois plus attentif que ses successeurs. En revanche, il s'intéresse moins aux différences liées à la classe sociale du locuteur. Enfin, sa position sur les trois types de variation n'est pas identique. Comme nous l'avons vu, les variantes diachroniques et sociales sont toujours mentionnées afin de circonscrire le bon usage contemporain. Quant à la position de Vaugelas sur la variation selon le medium d'expression, le sexe du locuteur et le niveau de langue ou le style, elle n'est pas aussi rigide et dans certaines remarques il accepte la variation.

4.2.2 Français écrit, français parlé

La question de savoir comment Vaugelas envisage le rapport entre l'oral et l'écrit est complexe[197]. À partir de notre étude du manuscrit

196 Notons qu'il est rare que Vaugelas établisse un rapport explicite entre le changement linguistique et la variation liée à l'âge du locuteur. Un cas exceptionnel est son commentaire sur l'usage du verbe *fuir* suivi par la préposition *de* ; il le juge ancien, « ne l'ayant jamais entendu dire qu'à des gens fort vieux » (p. 534).

197 Les problèmes d'interprétation sont en partie liés à son usage peu systématique des termes *dire* et *parler*. Si dans certaines remarques *dire* et *écrire* sont utilisés pour distinguer l'usage parlé et l'usage écrit (« l'Usage plus fort que la raison dans les langues, fait *dire à la Cour, & escrire à tous les bons Autheurs* », p. 35), dans d'autres les deux verbes semblent être employés de façon interchangeable (« Je pensois que M. de Malherbe eust esté le premier qui *l'eust escrit* de cette sorte, mais j'ay trouvé que M. de Montagne *dans ses Essais, ne le dit* jamais autrement », p. 6 [nous soulignons]. Dans l'exemple suivant, Vaugelas se sert de l'expression « mal parler de dire » pour parler de l'usage écrit : « C'est donc mal

de l'Arsenal, nous avons fait l'hypothèse qu'après avoir commencé par annoter des sources écrites, il attribua au cours de la genèse des *Remarques* un rôle croissant à l'usage parlé ; ce changement de perspective pourrait au moins partiellement expliquer la coexistence dans le texte publié en 1647 de positions assez contradictoires sur le rapport entre le français écrit et le français parlé. La définition du bon usage dans la Préface (II.3) semble impliquer que l'usage parlé et l'usage écrit sont conformes et que l'usage parlé est prioritaire : « Car enfin la parole qui se prononce, est la premiere en ordre & en dignité, puis que celle qui est escrite n'est que son image, comme l'autre est l'image de la pensée » (Préface II.5)[198]. Selon cette position, à chaque niveau de langage parlé correspond un niveau équivalent de langage écrit (p. 510)[199], et la plus grande erreur consiste à ne pas écrire comme on parle (p. 509). Cependant, l'usage écrit ou « le style » (p. 80) est supposé être plus exigeant et plus exact[200]. Vaugelas cite par exemple le cas de « certaines particules qu'on n'observe gueres en parlant, quoy que si on les observoit, on en parleroit encore mieux ; mais que le stile qui est beaucoup plus severe demande pour une plus grande perfection » (Préface VI). Nous avons vu qu'il s'intéresse assez peu aux questions de prononciation dans le manuscrit ; un commentaire marginal sur la remarque « *La*, pour *le* » (f° 57r°) donne d'ailleurs plus d'importance aux sources écrites qu'au témoignage de la Cour :

> Ie m'en rapporte à noz Maistres. Car en ces petites particules là et en ces uetilles on s'arreste plus a ~~ce que~~ <la façon dont> les bons Autheurs en usent, qu'à ce que le commun usage mesmes des Courtisans nous en uoudroit imposer.

---

parler de dire, comme font quelques-uns de nos meilleurs Escrivains, *voyant lors le peril dont il estoit menacé* »).

198 On trouve le même argument chez les réformateurs de l'orthographe du XVIe siècle. Par exemple, dans son *Traité touchant le commun usage de l'escriture françoise* (1542), Meigret écrit : « puis que les letres ne sont qu'images de voix, [...] l'escriture devra estre d'autant de letres que la prononciation requiert de voix » (f° Aiii v°).

199 Voir par exemple, « *Mais que* », p. 162-163.

200 Dans le texte publié, l'usage écrit est décrit comme « le sceau, ou une verification, qui authorise le langage de la Cour » (Préface II.5). Dans le manuscrit, pourtant, Vaugelas se sert de deux autres comparaisons pour décrire le rapport entre l'usage parlé et l'usage écrit, et celles-ci impliquent que l'usage écrit est plus « raffiné » : les écrivains donnent « la derniere forme » à l'usage de la cour, « comme la farine est auec le son, on oste le son, et outre cela on l'ablue encore pour en tirer la fine fleur » (f° 97r°) ; ou bien le langage de la Cour est comme les fleurs du printemps d'où les abeilles sucent « ce qu'il y a de meilleur aux fleurs pour en composer leur miel » (f° 97v°). La première métaphore fait penser au choix du blutoir (instrument qui sert à séparer la farine du son) comme symbole de l'Accademie della Crusca et à celui du vers de Pétrarque comme devise : *il più bel fior ne coglie* (« il en cueille la plus belle fleur »).

L'idée que l'usage écrit est plus exigeant est également avancée dans certaines observations publiées : par exemple *sans point de faute* est censé être « une façon de parler de la lie du peuple, dont les honnestes gens n'ont garde de se servir, & beaucoup moins encore, les bons Escrivains » (p. 162). C'est probablement pour cette raison que certaines observations traitent de la différence entre l'usage parlé et l'usage écrit. Pour ne citer que deux exemples :

> *Il n'y a rien de tel, il n'y a rien tel*
> Tous deux sont bons, & il semble qu'en parlant on dit plustost *il n'y a rien tel*, que l'autre, mais qu'en escriuant, on dit plustost *il n'y a rien de tel.* Pour moy je voudrois tousjours escrire ainsi. (p. 323)
>
> *Ce dit-il, ce dit-on*
> On dit tous les jours l'un & l'autre en parlant, mais on ne le doit point dire en escrivant, que dans le stile bas. Il suffit de *dit-il, dit-on*, sans *ce*, & c'est ainsi qu'il s'en faut servir par parenthese, quand on introduit quelqu'un qui parle. (p. 308)

4.2.3 Niveaux de langue, styles et genres

Dans de nombreuses remarques Vaugelas met en avant le caractère relatif du bon usage et présente un système de valeurs au sein duquel les mots, expressions et constructions sont supposés être plus ou moins acceptables selon le contexte dans lequel ils apparaissent ou le style employé. Dans ces remarques Vaugelas souligne l'importance de la « propriété » des mots et des expressions ; pour savoir bien parler et bien écrire il faut bien choisir les termes qui conviennent au registre, au style et au genre du discours ou de l'ouvrage (voir 6.5.2). Il est crucial de ne pas confondre les différents niveaux de langage si l'on ne veut pas paraître ridicule.

Dans deux remarques (p. 242, 510), Vaugelas évoque la distinction traditionnelle entre trois genres[201] ou styles : *le bas*, *le médiocre* et *le sublime.* D'après ce modèle, les styles les plus bas sont la satire, la comédie et l'épigramme burlesque. Comme nous l'avons déjà remarqué, Vaugelas ne semble pas certain que ce qui est *bas* appartienne au bon usage[202]. Sa

---

201 Le terme « genre » est utilisé à la fois pour désigner la différence entre poésie et prose (p. 192) et les différents styles (p. 510).

202 Sur l'inclusion du bas dans le bon usage, voir la description de *pour l'heure* citée ci-dessus ; sur la distinction entre *le bas* et *le bon*, voir le commentaire sur *solliciter* : « *Solliciter* pour *servir, secourir, & assister un malade*, comme on le dit ordinairement à Paris, est du plus bas usage ; au lieu qu'aux autres significations il est fort bon, & fort noble » (p. 57).

position sur les autres genres n'est pas clairement exposée : *le genre sublime* semble être l'équivalent du *haut style* (p. 510) ou du *style noble* (p. 170) ou même du *style majestueux* (p. 470*), mais il n'indique pas dans quels types de textes ce style est représenté[203]. Le même manque de détails caractérise les références au *style médiocre* ou *ordinaire* (p. 445). Dans la pratique, Vaugelas a plutôt recours dans de nombreuses observations à une simple distinction entre deux types de style, et particulièrement entre *le style bas* et *le beau style* (p. 147, 162, etc.). Ailleurs, il établit un contraste entre *le beau style* et *le style ordinaire* (p. 31) ou *le beau style* et *le style des Notaires* (p. 310). Il est bien conscient qu'au cours du temps les usages peuvent changer de genre ou de style : *proüesse* « n'entre plus dans le beau style, qu'en raillerie » (p. 403), tandis que *attendu que* « commence à se rendre fort commun dans le beau stile » (p. 472*).

Vaugelas parle peu du *burlesque* dans les observations, malgré l'importance de ce genre au milieu du siècle en France. En effet, seuls trois usages dans le texte sont désignés comme burlesques : *n'en pouvoir mais* (p. 142), *seriosité* (p. 254) et la construction illustrée par *cet homme icy* ou *cet homme-cy* (p. 366). Dans l'usage oral, l'emploi de termes bas est délicat et il faut que le ton de la voix indique nettement qu'on les utilise « pour rire » (Préface VII.3) ou « par raillerie » (p. 123). Dans l'usage écrit, l'emploi de *proüesse* par raillerie a plutôt une connotation ironique (p. 403).

4.2.4 Poésie et prose

La conception qu'avait Vaugelas du rapport entre l'usage de la poésie et celui de la prose semble avoir également évolué au cours de la genèse de l'ouvrage. Dans le manuscrit (f° 42r°), il note que l'une des grandes « douceurs » de la poésie française réside dans le fait qu'elle utilise le même vocabulaire que la prose, ce qui rend le langage poétique compréhensible ; il explique en effet que seuls les mots *maint* et *gent* au singulier ne s'utilisent qu'en poésie, ainsi que *discord* dont l'emploi est inacceptable en prose, mais « bon » en vers (f° 22v°). Il souligne que ces commentaires portent uniquement sur l'absence de distinction lexicale entre poésie et prose, puisque dans le domaine syntaxique la poésie a recours à de nombreuses

203 Par exemple, il ne situe ni *le style poétique* (p. 142) ni *le style historique* (p. 187) explicitement dans cette hiérarchie.

transpositions qui ne seraient pas tolérées en prose. Dans le texte publié, de plus nombreux mots sont décrits comme particulièrement aptes à l'usage poétique : il juge que *futur* est « plus de la Poësie, que de la bonne prose » (p. 463), et il établit une distinction entre *de moy* « consacré à la Poësie », et *pour moy* à la prose (p. 193-194)[204]. Vaugelas nie aussi dans le manuscrit qu'un poète puisse choisir un terme pour satisfaire les contraintes du mètre (*alors que*, f° 4r°) ; dans le texte publié, en revanche, il semble accepter que certains usages puissent être dictés par la licence poétique (p. 227-228). Les exigences formelles de la poésie – rime ou mètre – peuvent déterminer le choix des formes, qu'il s'agisse des noms propres (p. 71) ou des formes verbales (p. 132, 413). Ce qui est toléré par la licence poétique a évidemment des limites (p. 119, 188), mais Vaugelas reconnaît qu'un mot comme *vouloir* pour *volonté* qui n'est plus en usage en prose peut continuer à être employé dans les textes poétiques.

4.2.5 Le langage des femmes

Vaugelas est le remarqueur qui s'intéresse le plus aux usages propres aux femmes et en général il décrit leur langage de manière positive. Nous avons noté que le langage féminin était explicitement inclus dans la définition du bon usage. Il conseille d'ailleurs qu'on consulte les femmes dans les cas d'usage douteux ; comme elles sont moins éduquées que les hommes, et surtout ignorantes de la grammaire formelle et des langues classiques, il considère que leur jugement sur l'usage du français est plus authentique ou « naif » (p. 503-505). Le regard que porte Vaugelas sur le langage féminin est plutôt indulgent, comme on l'entrevoit dans l'observation sur *ouvrage* (p. 445) : bien qu'il juge que le mot *ouvrage* est du genre masculin, il observe que puisque les femmes parlent de leurs propres ouvrages en utilisant le genre féminin, il faut leur permettre de continuer cet usage. Son commentaire sur *expedition* témoigne du respect qu'il manifeste pour le jugement des femmes ; il conseille de l'éviter dans la bonne société parce qu'il ne lui a pas échappé :

> que des Dames d'excellent esprit lisant un livre, où ce mot estoit employé au sens dont nous parlons, s'estoient arrestées tout court au milieu d'un des plus

---

204 À la fin du siècle, des remarqueurs tels que Bouhours ou Andry de Boisregard consacrent de nombreuses observations aux différences d'usage entre la poésie et la prose. Selon Ménage (1675 : 155, 161), la poésie aime les mots et les locutions « extraordinaires ».

> beaux endroits du livre, perdant ou du moins interrompant par l'obscurité d'un seul mot le plaisir qu'elles prenoient en cette lecture. (p. 370)[205]

Les femmes sont donc exigeantes dans le domaine linguistique, et dans un milieu où il y a « plus de personnes desraisonnables & impertinentes, qu'il n'y en a de l'autre sorte » (p. 548), il faut prendre garde à ne pas utiliser un terme ou une expression qui risque de ne pas être compris et par conséquent de déplaire aux lecteurs.

L'usage des femmes est toutefois décrit dans certains cas comme abusif, par exemple quand elles emploient le pronom *ils* au lieu de *elles* (p. 574) ou lorsqu'elles adoptent une prononciation qu'elles condamneraient dans la bouche d'autrui (p. 438)[206].

4.3 VAUGELAS : CODIFICATEUR OU SOCIOLINGUISTE AVANT LA LETTRE ?

Ainsi les *Remarques* de Vaugelas sont-elles tantôt prescriptives et normatives, tantôt plus tolérantes de la variation linguistique. Il convient toutefois de manier cette distinction avec une certaine prudence. Il arrive que la différence entre les deux modèles ne soit pas aussi nette qu'on pourrait le penser, et ce pour deux raisons principales. Tout d'abord, comme le note John Joseph (1987 : 18), il n'y a pas toujours grande différence dans la pratique entre l'affirmation « les meilleures personnes disent x (et non pas y) » et l'injonction « dites x et non pas y », d'autant plus que Vaugelas maintient qu'il faut toujours aspirer à la perfection (p. 80). Vaugelas remarque lui-même dans son observation intitulée « *Des Participes actifs* », « qu'il n'y auroit guere à dire entre ces deux propositions *qu'il* [*le participe feminin*] *n'est point du tout de la langue*, ou *qu'il en est, de sorte, que l'usage en est tres-rare, & qu'encore en ce cas là, le gerondif est beaucoup meilleur* » (p. 430-431). Dans sa discussion sur la « *Netteté de construction* », il observe que certains considéreront son jugement « comme un vain scrupule », mais il ajoute qu'ils « ne peuvent pas nier avecque raison, que la construction ne soit incomparablement meilleure de la façon que je dis, & il faut tousjours faire en toutes choses, ce qui

205 Il suggère à la fin de la remarque d'ajouter *militaire* pour expliquer le terme, conseil assez illogique étant donné qu'il admet que les femmes comprennent aussi peu *militaire* qu'*expedition*.

206 Pour une étude approfondie de la question du langage des femmes au XVIIe siècle, voir Ayres-Bennett (2004c, chapitre 4).

est le mieux » (p. 143)[207]. Prenons le cas de la remarque sur « *Bestail*, & *bestial* » dans laquelle Vaugelas maintient que « tous deux sont bons, mais *bestail*, est beaucoup meilleur. Il semble que *bestial* est plus dans l'usage de la campagne, & que l'autre est plus de la ville & de la Cour » (p. 337). Pour les lecteurs de Vaugelas, le choix de la forme à utiliser va de soi. Pour réussir dans la bonne société, il faut adopter les usages les plus parfaits :

> Pour moy, je ne le condamne point aux autres, mais je ne m'en voudrois pas servir, à cause qu'il y a deux sortes d'Usages, le commun, & l'excellent, & que je ne voudrois pas user d'une façon de parler, que l'excellent Usage eust condamnée. (p. 42)

Deuxièmement, n'oublions pas que « ce simple tesmoin » ne traite nullement des « fautes grossieres, qui se commettent dans les Provinces, ou dans la lie du peuple de Paris » (Préface XIV.3), c'est-à-dire qu'une grande partie des usages régionaux et sociaux est exclue de la discussion. De plus, le bon usage est défini comme celui de « la plus saine partie » ou de l'élite des voix. Pour citer Sylvain Auroux (1998 : 242) : « La référence à l'usage n'a jamais suffi à éliminer le prescriptivisme. [...] [L]a base du prescriptivisme c'est l'usage : il se borne à sélectionner certains types d'occurrences ».

Malgré ces réserves, il nous semble qu'on a trop souvent mis l'accent exclusivement sur les remarques qui adoptent une position prescriptive, sans prendre en compte la présence d'observations moins rigides et la dimension plutôt sociolinguistique de l'ouvrage[208].

5. PRÉSENTATION ET MÉTALANGAGE

Le choix de la présentation et du métalangage employé par Vaugelas est intimement lié à la fonction de son ouvrage. Selon les Registres de l'Académie Française du 18 janvier 1638 (Pellisson et d'Olivet 1858 :

207 Voir aussi : « Mais il n'est pas question pourtant de gauchir tousjours aux difficultez, il les faut vaincre, & establir une reigle certaine pour la perfection de nostre langue » (p. 83).

208 Nous reviendrons sur cette question dans la section 6.7 de l'Introduction.

I, 101-102), en proposant ses observations comme point de départ pour le travail sur le dictionnaire, il les divisait en trois espèces :

> La première, qui appartenoit proprement au Dictionnaire, ne regardant que les mots simples ; la seconde, pour la construction, qui appartenoit à la Grammaire ; la troisième, consistant en certaines règles, qui n'étoient pas proprement du ressort du Dictionnaire ni de la Grammaire, parce qu'elles ne regardoient ni le barbarisme ni le solécisme, les deux matières sur lesquelles la Grammaire et le Dictionnaire emploient toute l'étendue de leur juridiction, qui néanmoins, disoit-il, étoient très-nécessaires pour la netteté, l'ornement, la grâce, l'élégance et la politesse du style, et d'autant plus nécessaires, qu'il y avoit moins de personnes qui le sussent que de ceux qui savent écrire sans barbarisme et sans solécisme, desquels un style peut être affranchi, et ne laisser pas d'être extrêmement imparfait[209].

La portée de son étude est donc tout d'abord plus vaste que celle de la grammaire traditionnelle et de la lexicographie, car son ouvrage aborde également des questions de stylistique et de rhétorique. Elle est par ailleurs plus restreinte que celle d'un dictionnaire de la langue « qui reçoit toutes sortes de mots, pourveu qu'ils soient François » (Préface VII.1). Comme nous le verrons, la présentation qui convient à une grammaire formelle ou à un dictionnaire n'est pas adaptée à son volume d'observations[210]. De plus, le point de départ d'une observation étant souvent une question relative à l'usage douteux, les remarques ont tendance à traiter de particularités linguistiques, et si parfois certaines règles générales s'en dégagent, dans la grande majorité des cas elles ne sont données qu'à travers les exemples individuels[211].

---

209 Dans le manuscrit de l'Arsenal (f° 42 v°), des distinctions similaires sont implicites dans sa définition de la grammaire (voir ci-dessus, p. 31). Il est à noter que la grammaire est parfois évoquée dans des termes peu élogieux ; dans la Préface (II.6), il note, par exemple, que le Cardinal Bembo « n'a pas terni l'esclat de sa pourpre parmy la poussiere de la Grammaire ».

210 Dans l'Épître de sa grammaire (1618), Maupas lie également la distinction entre grammaire et trésor à une différence de présentation : « autre chose est de composer une Grammaire, & autre un tresor de la langue. La Grammaire est un amas de preceptes generaux avec leurs exceptions artistement agencez, & je ne pense pas qu'il s'y trouve de ce costé là grand deffaut. Le tresor traite à part & par le menu chaque mot du langage selon l'ordre alphabeticque, œuvre gros & long ; non reiglé par art, car, *Singularium nulla est ars* ».

211 Il est intéressant de noter que plus tard Irson et Chiflet utiliseront des listes pour intégrer les questions relatives à l'usage douteux dans leurs grammaires ; voir Delesalle et Mazière (2002).

La présentation et le métalangage de l'ouvrage sont également adaptés au lectorat implicitement désigné, les honnêtes gens français, y compris les dames, qui ont horreur du pédantisme. La tendance anti-pédantesque privilégiait la forme de courtes remarques décousues et formulées dans un langage peu technique[212].

5.1 PRÉSENTATION ET STRUCTURE DE L'OUVRAGE

La présentation adoptée par Vaugelas pour le texte publié présente trois caractéristiques principales : les sujets sont traités dans de courtes remarques détachées dont le titre indique le sujet principal ; les observations apparaissent en général dans un désordre voulu et n'ont pas de lien entre elles, même si parfois des remarques qui traitent de sujets apparentés se suivent[213] ; elles sont d'habitude assez brèves, allant de quelques lignes à quelques pages.

Les raisons pour lesquelles Vaugelas a choisi d'adopter cette forme décousue sans organisation ni ordre logique sont exposées dans la douzième section de la Préface. Tout d'abord il rejette l'ordre alphabétique « qui ne contribuë rien à l'intelligence des matieres que l'on traite », surtout si le recueil comporte une table des matières. La décision de rejeter l'ordre alphabétique – l'ordre caractéristique des dictionnaires – est délibérée, car les observations dans le manuscrit de l'Arsenal sont regroupées avec celles qui commencent par la même lettre de l'alphabet et l'ordre des feuillets suit dans les grandes lignes l'ordre alphabétique. Il arrive parfois que l'ordre alphabétique ne soit pas strictement observé et qu'une lettre de l'alphabet soit continuée hors séquence, en général parce que Vaugelas n'avait pas laissé assez de place pour toutes les observations qui commencent par une lettre et qu'il voulait faire des ajouts. Par exemple, un bloc d'observations qui commencent par « P » se situe entre celles qui commencent par « O » et celles qui commencent par « Q » (f° 69r°-73v°), mais il existe également un feuillet décrit comme un « Supplement de P » (48r°-49r°), ainsi que des entrées qui commencent par cette lettre ajoutées aux feuillets 29r°,

212 Sur les caractéristiques du genre de remarques sur la langue française, voir Ayres-Bennett (2002, 2004b) et Ayres-Bennett et Seijido (2011a).

213 Voir, par exemple, p. 9-15, 303-310, 385-388. Le livre se termine aussi par une série d'observations qui traitent des qualités plus générales du bon usage, de la pureté et de la netteté du style (p. 567-593) ; ce sont les remarques les plus longues de l'ouvrage, atteignant jusqu'à huit pages dans l'édition de 1647.

35v° et 88r°-v°[214]. Les renvois dans le manuscrit confirment également le choix de l'ordre alphabétique ; nous lisons, par exemple, « Ainsi en est il de plusieurs autres Prepositions comme *contre*, *auec*, *sur* et leurs semblables, desquelles il sera parlé selon l'ordre Alphabetique en leurs places » (f° 71r°). À deux reprises (f° 42v°, 97v°), notre remarqueur note qu'il faut expliquer pourquoi il n'a pas choisi d'adopter l'ordre de Valla. Ce commentaire n'est pas facile à interpréter, car si Valla organise la matière de son ouvrage en six livres et 474 chapitres et que ses deux premiers livres traitent de différentes parties de l'oraison, sa volonté de respecter la non-systématicité de la langue est reflétée par une absence relative de fil conducteur dans l'analyse des faits[215].

Dans la Préface du livre publié, Vaugelas rejette également l'ordre fondé sur les neuf parties du discours – la présentation généralement adoptée par les grammaires de l'époque – parce qu'à son avis cet ordre, qui ne sert qu'à ceux qui connaissent la langue latine et qui comprennent les termes grammaticaux de la tradition latine, pourrait « effaroucher » son public. En revanche, non seulement ce qu'il appelle « cét agreable meslange » lui permet d'ajouter de nouvelles remarques jusqu'au dernier moment, mais il possède également des qualités intrinsèques :

> Mais comme je n'ay eu dessein que de faire des Remarques, qui sont toutes destachées l'une de l'autre, & dont l'intelligence ne depend nullement, ny de celles qui precedent, ny de celles qui suivent, la liaison n'y eust servy que d'embarras, & j'eusse bien pris de la peine pour rendre mon travail moins agreable, & moins utile ; car il est certain que cette continuelle diversité de matieres recrée l'esprit, & le rend plus capable de ce qu'on luy propose, sur tout quand la briefveté y est jointe, comme icy, & qu'on est asseuré que chaque Remarque fait son effet.
>
> Apres tout, il y a une certaine confusion qui a ses charmes, aussi bien que l'ordre ; toutefois je ne tiens pas que ce soit une confusion qu'un meslange de diverses choses, dont chacune subsiste separement. (Préface XII.1-2)

Le caractère arbitraire de la juxtaposition de questions ayant trait à l'usage douteux est manifeste au sein d'une même observation. Par exemple, dans la remarque intitulée « *Seraphin, remerciment, agrément, viol* », Vaugelas regroupe plusieurs questions qui n'ont rien de commun entre elles, « parce qu'il n'y a qu'un mot à dire sur chacun, & que par diverses rencontres, ils se presentent à ma plume tous ensemble » (p. 413).

214 Quelques feuillets sont vierges.
215 Voir Giard (1984).

Le choix de la présentation de courtes remarques détachées sur l'usage qui s'enchaînent pêle-mêle sans ordre logique s'explique en partie, comme nous l'avons indiqué, par la fonction de l'ouvrage et le lectorat envisagé. Comme Vaugelas visait à plaire en particulier aux cercles mondains et courtois, y compris aux femmes, il préférait employer une présentation qui rend la lecture plus agréable. De plus, il n'était pas nécessaire de lire toutes les observations d'un trait ; on pouvait feuilleter le livre lorsque l'on rencontrait un usage douteux ou difficile. Cette forme est également bien adaptée à la discussion de particularités de l'usage et d'idiotismes, ce qui constituait le sujet principal de l'ouvrage de Vaugelas[216].

Le contexte dans lequel Vaugelas travaillait était également propice à la rédaction d'un volume de remarques plutôt que d'une grammaire formelle. Notons tout d'abord que l'on discutait de la même façon des problèmes posés par l'usage linguistique et de ses subtilités dans les salons que Vaugelas aimait fréquenter[217]. De plus, il est facile de comprendre comment il a pu passer d'une annotation de l'œuvre de Malherbe, travail qui est peut-être à l'origine de son ouvrage (voir 2.1), à l'élaboration d'un volume d'observations sur la langue : les commentaires faits au hasard à mesure que le texte les suggérait se seraient transformés en un nouveau genre d'observations particulières sur le lexique, la morphologie, la syntaxe, la prononciation et le style du français.

La présentation des *Remarques* constitue une innovation importante pour un ouvrage sur la langue française. On peut cependant mettre en évidence quelques ressemblances et parallèles entre celle-ci et la présentation adoptée par certains ouvrages sur d'autres langues, notamment le latin, et dans d'autres types de texte de la tradition française. Dans la tradition latine un exemple notable, comme nous l'avons déjà remarqué, est celui des *Nuits Attiques* d'Aulu-Gelle, qui consistent en un recueil de commentaires et de notes sur des choses que l'auteur avait lues ou entendues et qui avaient piqué son intérêt[218]. Tout comme les *Remarques*

216 Nous avons montré ailleurs (Ayres-Bennett et Seijido 2011b) comment à mesure qu'au cours des siècles le contexte socio-culturel a changé et que les besoins des lecteurs ont évolué, la forme des remarques est devenue de moins en moins adaptée.

217 Plus tard, le travail qu'il fera en parallèle sur le dictionnaire de l'Académie a peut-être encouragé sa tendance à examiner le détail des questions ponctuelles.

218 Sur la dette de Vaugelas envers la tradition grammaticale latine, voir ci-dessus section 3.1.1.

de Vaugelas, l'ouvrage se présente comme une succession de chapitres très brefs sans lien les uns avec les autres ; si presque tous les domaines de savoir sont abordés, les chapitres les plus nombreux sont consacrés aux questions linguistiques et grammaticales[219]. Dans la tradition française, le format choisi par Vaugelas fait écho à celui d'autres types d'ouvrages constitués de commentaires, de notes ou de courts paragraphes[220]. Nicolas Faret, par exemple, avait organisé en courts chapitres le contenu de son *Honneste Homme*[221]. Le commentaire des ouvrages littéraires constituait l'une des tâches principales de l'Académie Française, et l'exemple le plus célèbre du siècle en est son commentaire sur *Le Cid* de Corneille : ces commentaires n'adoptaient pas d'ordre logique mais suivaient tout simplement l'ordre du texte. Urbain Chevreau, cinq ans avant la publication du livre de Vaugelas, défend dans des termes similaires le manque d'ordre dans la présentation de son recueil de lettres : « Il y a de certains dereglemens qui nous surprennent & qui nous charment, la confusion n'est pas toujours desagreable, & l'on sçait qu'entre les beautez celles qui se negligent le plus ne sont pas celles d'ordinaire qui plaisent le moins » (Chevreau 1642 : *Avertissement*). Et même si Maupas et Oudin avaient choisi de publier une grammaire formelle destinée aux étrangers, ils notent tous deux que leur ouvrage comporte de nouvelles observations sur la langue[222]. Bref, certaines tendances dans son milieu culturel et intellectuel encourageaient Vaugelas à adopter la présentation de courtes remarques qui ne suivaient aucun ordre particulier ; cela ne

219 Voir Aulu-Gelle (1967-1989), Rolfe (1927-1928) et Fögen (2000 : 180-220).

220 Voir Ayres-Bennett (1991). L'intérêt pour les formes brèves se manifeste en particulier dans la deuxième moitié du siècle dans les *Pensées* de Pascal, les *Maximes* de La Rochefoucauld, ou les *Caractères* de La Bruyère. Le titre de la quatrième partie du *Berger extravagent* de Charles Sorel est également un indice de la prédilection du temps pour les commentaires littéraires et remarques linguistiques : « Remarques sur les XIIII. livres du Berger extravagant [...] avec quelques autres observations, tant sur le langage, que sur les avantures » (Paris, Toussainct du Bray, 1628).

221 La première édition de *L'Honneste Homme ou l'Art de plaire à la court* de Nicolas Faret date de 1630. Rappelons que Faret était un compatriote et ami de Vaugelas et que le livre de Vaugelas s'apparente aux livres de courtoisie.

222 Voir, par exemple, l'Avis « Aux curieux » dans la première édition de la grammaire d'Oudin de 1632 : « On jugera facilement dans mon livre une quantité de nouvelles observations que je ne tiens de personne : conférées au demeurant à plusieurs beaux esprits, sur la capacité desquels j'ay fondé mon travail ». Le terme « observation » est également utilisé pour désigner les dix pages d'addenda qui sont regroupés dans la rubrique « Quelques obmissions, & nouvelles observations survenues pendant l'impression de ce livre » (1632 : 314-324).

diminue toutefois en rien l'originalité de son approche et son statut de créateur d'un nouveau genre d'ouvrage sur la langue française.

5.2 MÉTALANGAGE

Motivé par le même désir de ne pas « effaroucher » son public, Vaugelas prétend éviter, du moins en théorie, de trop utiliser la terminologie grammaticale de l'époque. Cette réticence à employer les termes grammaticaux reflète une attitude plus généralement négative envers l'usage dans le discours poli de termes techniques et spécialisés. Dans un passage inédit du manuscrit (f° 79r°), Vaugelas affirme que les « termes de l'art » ne doivent figurer que dans un contexte technique :

> Il y a bien plus, c'est qu'il n'est pas permis de se seruir mesmes des termes de quelque art que ce soit, si ce n'est que l'on en traite ex professo qu'ilz appellent, si ces termes là ne sont tellement usitez qu'ilz soient conus à tout le monde, par exemple si ie parle d'un nauire, ou d'une galere, i'useray bien de tous ces mots, *Rames, auirons, uoiles, proüe, pouppe, tillac* encore et plusieurs autres semblables qui estants fort en usage sont entendus d'un chacun, mais aussitost que ie parleray de trinquet, de carene et autres dont le nombre est infini, parce que ces mots n'estant pas si usitez ne s'entendent que de ceux du mestier, ie ne parlery plus comme il faut, non pas mesmes quand ie ferois une description d'un combat naual, ou il semble que l'on ne se sçauroit passer d'employer tous ces termes là, qui ne sont gueres entendus que des gents de marine[223].

Dans le texte publié, il cultive une négligence voulue envers l'usage du métalangage ; il désigne, par exemple, le pronom personnel, *nous*, comme un nom, et puis ajoute entre parenthèses « que j'appelle nom, quoy qu'il soit pronom, parce que cela n'importe » (p. 177)[224]. Sa nonchalance vis-à-vis des termes techniques ne se limite pas aux termes grammaticaux qui désignent les parties du discours et leurs accidents. Par exemple, lorsqu'il évoque les usages qui portent atteinte à la pureté du langage, il observe ainsi :

223 *Cf.* Préface IX.3 : « Les termes de l'art sont tousjours fort bons & fort bien receus dans l'estenduë de leur jurisdiction, où les autres ne vaudroient rien ; & le plus habile Notaire de Paris se rendroit ridicule, & perdroit toute sa pratique, s'il se mettoit dans l'esprit de changer son stile, & ses phrases pour prendre celles de nos meilleurs Escrivains ; Mais aussi que diroit-on d'eux s'ils escrivoient, *Iceluy, jaçoit que, ores que, pour & à icelle fin*, & cent autres semblables que les Notaires employent ? »

224 Si Ramus avait déjà catégorisé les pronoms comme des « noms » (Swiggers 2001 : 398), dans ce cas il s'agissait d'un choix théorique et non pas d'une indifférence terminologique.

> Tout cela sont des fautes contre la pureté du langage ; Quelques uns disputent s'il les faut appeller solecismes, ou barbarismes ; mais n'estant question que du nom, il importe peu ; car que ce soit l'un, ou que ce soit l'autre, il le faut egalement eviter pour parler & escrire purement, quoy que selon mon avis on doive plustost appeller solecisme que barbarisme des fautes dans les declinaisons, & dans les conjugaisons, puis qu'elles font une partie principale de la grammaire, contre laquelle il me semble qu'on ne peut pecher, que ce ne soit proprement un solecisme[225]. (p. 573)

Le fait qu'il s'agisse d'une stratégie délibérée se confirme de nouveau si l'on compare le texte publié avec le manuscrit, dans lequel Vaugelas emploie plus de termes associés à la tradition grammaticale et rhétorique tels que *tmesis* (f° 75v°), *tautologie*, *macrologie* (f° 94v°). Dans la remarque manuscrite qui traite de *Difforme* et *deformité* (f° 25r°), des termes logiques s'ajoutent aux termes grammaticaux : « C'est ainsi qu'il faut dire et non pas *Difformité* quoy qu'on die *Difforme* n'estant pas nouueau en nostre langue qu'il y ayt changement de uoyelle entre l'Adiectif et le Substantif d'une mesme chose <ou le Concret, et l'Abstrait pour parler en Logicien> ». Figurent également dans le manuscrit des gloses pour expliquer le sens des termes et faciliter la compréhension ; par exemple, en se servant du terme *nom verbal* il note : « car c'est ainsi qu'on appelle ces noms là, parce qu'ilz deriuent des Verbes » (f° 14r°). L'absence de définitions dans le texte publié, en revanche, peut rendre l'interprétation quelque peu incertaine. Prenons le cas de la distinction entre les termes *synonimes*, *approchans*, *tout à fait differens* et *contraires* qui est utilisée dans plusieurs observations[226] : faute de définition, on ne comprend pas immédiatement pourquoi les termes « bastir & aggrandir » sont supposés être *approchans*, tandis que « bastir & fortifier » sont *differens tout à fait*, comme sont « bastir & planter » (p. 227).

Malgré ces suppressions, il reste dans le texte publié de nombreux termes métalinguistiques hérités de la tradition grammaticale latine et française, dont Vaugelas avait une bonne connaissance (section 5.2.1 ci-dessous). La présence de termes techniques est néanmoins diluée par son usage d'autres types de mots et d'expressions pour traiter des questions grammaticales et pour caractériser *le bon usage*. Tout d'abord on trouve des termes empruntés au vocabulaire commun auxquels un sens « semi-technique » est attribué selon le contexte (5.2.2). Figurent également certains termes empruntés

225 Pour une discussion sur les barbarismes et solécismes, voir ci-dessous, 6.1.

226 Pour une discussion sur la règle « des synonymes », voir ci-dessous, p. 145-147.

à la tradition rhétorique et qui se rapportent aux notions de correction, les marques d'usage qui sont typiques des dictionnaires de l'époque, et d'autres termes plus généraux d'approbation ou de censure (5.2.3). L'usage de ces différentes terminologies a pour conséquence d'aérer le style de l'ouvrage et de le rendre plus accessible aux personnes sans éducation grammaticale formelle. On observe chez Vaugelas non seulement la juxtaposition de termes grammaticaux et rhétoriques, mais l'inclusion de mots et d'expressions du langage ordinaire qui servent parfois à expliquer les notions grammaticales d'une façon plus informelle. Par exemple, à côté de la terminologie traditionnelle pour désigner les concepts relatifs aux questions d'accord et de rection (*s'accorder*, *se rapporter*, *regir*, etc.), figurent d'autres expressions moins formelles : « le genitif donne la loy au verbe, & non pas le nominatif » (p. 42) ; « les personnes du verbe doivent respondre par tout à celles des pronoms personnels » (p. 88). Bref, Vaugelas est plutôt éclectique dans son choix de métalangage[227].

5.2.1 Terminologie grammaticale

Vaugelas admet qu'il est impossible d'éviter tout à fait l'emploi de la terminologie grammaticale héritée de la tradition latine. En justifiant son jugement sur le choix des formes du verbe *fuir*, il note :

> qu'en toutes les langues, comme en la nostre, les temps des modes qu'ils appellent, ou des conjugaisons ; car il faut necessairement user icy des termes de la Grammaire, se diversifient tousjours autant qu'il se peut, par exemple on dit en Latin en la premiere personne du present de l'indicatif, *amo*, en celle de l'imparfait *amabam*, au parfait, *amavi*, au plus que parfait *amaveram*, & au futur *amabo*. (p. 452-453)

Sa dépendance vis-à-vis de la tradition grammaticale latine transparaît notamment dans les références fréquentes qu'il fait aux cas nominaux ; il va même jusqu'à parler de la construction de l'*ablatif absolu* en français (p. 118). Bien que dans le manuscrit Vaugelas reconnaisse que la catégorie formelle des cas ne s'applique pas à toutes les langues (f° 57r°), l'usage des termes *nominatif*, *accusatif*, *datif*, etc. ne se limite pas aux pronoms qui conservent

227 Nous incluons à la fin de notre édition un index des termes métalinguistiques employés par Vaugelas. Il est à noter qu'il n'est pas toujours facile de circonscrire ce que l'on peut qualifier de métalangage, les différentes variétés de terminologie étant intimement liées dans les *Remarques*.

une variation morphologique en lien avec leur fonction dans la phrase[228]. De plus, il utilise parfois la terminologie des catégories grammaticales pour éclaircir la différence entre deux usages apparentés. Il explique, par exemple, les différences d'emploi de *cependant* et de *pendant* en fonction de leur catégorie grammaticale : « Il y a cette difference entre *cependant*, & *pendant*, que *cependant* est tousjours adverbe, & qu'il ne faut jamais dire *cependant que*, & que *pendant* n'est jamais adverbe, mais tantost conjonction, comme *pendant que vous ferez cela*, & tantost preposition, comme *pendant les vacations* » (p. 223). Autre illustration du même procédé : l'accord ne se fait pas dans l'exemple *Ils estoient quelque cinq cens hommes*, parce que *quelque* y est adverbe et donc par définition indéclinable (p. 4).

Il est en effet remarquable d'observer avec quelle fréquence la terminologie traditionnelle des catégories grammaticales est employée par Vaugelas dans son recueil, malgré son emploi apparemment peu soucieux du métalangage. Christophe Rey, dans un article de 2007, dresse la liste des articles identifiés explicitement comme appartenant au domaine de la « Grammaire » dans les dictionnaires de Richelet (1680), de Furetière (1690) et de l'Académie (1694). Il identifie 104 articles dans le dictionnaire de Richelet, dont 96 désignés comme des « Terme[s] de Grammaire », 6 comme des « Terme[s] de Grammaire Gréque », un comme un « Mot de Grammaire » et un autre enfin comme un « Terme de Grammaire françoise[229] ». Il en dénombre 161 dans le dictionnaire de Furetière et 63 dans celui de l'Académie. Il est frappant que 83 % des termes de Richelet, 69 % de ceux de Furetière et 71 % de ceux de l'Académie – c'est-à-dire plus des deux tiers dans chaque cas – soient utilisés dans les *Remarques*. De plus, les omissions sont parfois faciles à expliquer. Si l'on regarde par exemple les 17 termes catégorisés de cette façon mais absents des *Remarques*, la liste inclut 5 termes de grammaire grecque et des termes dont une forme apparentée est néanmoins utilisée par Vaugelas (*disjonction*, *passivement*).

Le fait qu'il fasse mention de neuf parties du discours (Préface XII) confirme de nouveau qu'il connaissait bien les grammaires françaises de Robert Estienne (1557) et de Maupas (1618 [^{1}1607]), qui se distinguent de la tradition latine qui n'en nomme que huit. Vaugelas ne mène pourtant pas d'étude systématique des catégories afférentes aux différentes parties

228 Les grammaires françaises de l'époque adoptent la même approche.
229 La liste contient en fait 103 articles, l'erreur venant apparemment du fait que « relatif » est décrit deux fois comme un « terme de grammaire » lorsqu'il est substantif et adjectif.

du discours ou de leurs « accidents » pour utiliser le terme de la tradition latine, mais il emploie la plupart du temps la terminologie grammaticale sans commentaire. Le Tableau 2 dresse la liste des termes employés dans le texte publié. Notons que Vaugelas inclut à la fois des critères formels et sémantiques dans les catégories ou sous-catégories qu'il mentionne. Par exemple, les adjectifs sont sous-catégorisés comme *verbaux*[230], *numeraux* et *des couleurs* (p. 183-183, 430), et les sous-catégories des noms comprennent *nom verbal* et *nom collectif*. Vaugelas adopte en général la terminologie traditionnelle, mais il semble qu'il soit parmi les premiers à se servir du terme *liaison* pour faire référence aux mots et aux expressions tels que *somme*, *en somme*, *en un mot*, *finalement*, *bref* (p. 31)[231]. Comme ses contemporains, il utilise également le terme *particule* – dont il mentionne plusieurs sous-catégories, à savoir *particule adverbe*, *particule conditionnelle* et *particule séparative ou disjonctive* ; les exemples suggèrent pourtant qu'il inclut dans cette catégorie non seulement des mots invariables, mais aussi d'autres petits mots courts comme les articles (p. 572) ou les pronoms personnels (Préface VI, *cf.* Siouffi 1998 ; 2010 : 152-167)[232]. Les termes techniques sont parfois coordonnés avec des mots plus familiers pour aider la compréhension ; citons à titre d'exemple « les mots allongez ou derivez » (Préface XI), « particule separative ou disjonctive » (p. 421).

Si le métalangage grammatical utilisé par Vaugelas est, malgré sa position théorique, assez riche, peu de références sont faites en revanche aux figures de rhétorique dans les *Remarques*, bien que sa connaissance de cette tradition soit évidente à la lecture du manuscrit. Il reste dans le texte publié quelques références au « vice » du pléonasme (p. 158-159, 488*) et certaines allusions implicites à la figure de l'ellipse[233]. D'autres termes, comme le verbe *arrondir*, décrit par Richelet comme un « terme de rhétorique », font écho à cette tradition ; en voici un exemple :

230 L'usage du terme *adjectif verbal* pour désigner un participe employé comme adjectif date de la grammaire de Restaut publiée en 1732. Vaugelas se sert de la collocation près d'un siècle plus tôt, mais pour désigner plutôt les adjectifs qui se terminent en *-able*, tels que *pardonnable* ou *faisable*.

231 Par conséquent, Andry de Boisregard (1692 [¹1689] : 285) considère qu'il est encore nécessaire de la définir plus de quarante ans plus tard : « [Les liaisons] consistent dans de petites particules, qui lient ensemble les parties du discours, comme : *Car*, *veu que*, *ainsi*, *de sorte que*, *si bien que*, &, *&c.* ».

232 Sur l'histoire du terme *particule*, voir Colombat (1999 : 206-209) ; les « traités des particules » tels que ceux de Monet publié en 1629, ont connu un succès important dans l'édition scolaire (*ibid.* : 81-89).

233 Voir ci-dessous, p. 144-145, 172.

Mais pour la prose, peu de gens comprendront l'avantage qu'elle tire d'allonger ou d'accourcir d'une syllabe une periode, s'ils n'entendent l'art de l'arrondir, & s'ils n'ont l'oreille delicate. (p. 15)

Partie du discours	Catégories afférentes
ARTICLE[i] Comme Robert Estienne, Vaugelas inclut dans cette catégorie *de* (p. 171) et *à*, tout en notant que « Ce que nous appellons icy *articles*, d'autres l'appellent prepositions, mais la difference du nom ne fait rien à la chose » (p. 215).	Article défini Article indéfini
NOM	Nom adjectif (Adjectif, épithète) Adjectif de couleur Adjectif numéral Adjectif participe Adjectif verbal Nom substantif Nom appellatif Nom propre Nom collectif Nom national Nom provincial Nom verbal Simple/composé Positif, comparatif, superlatif Cas : nominatif, accusatif, genitif, datif, ablatif, vocatif Genre : masculin, feminin, commun[ii], (neutre pour le latin) Nombre : singulier, pluriel, (duel pour le grec)

PRONOM	Pronom démonstratif ; cette catégorie inclut *soy* (p. *491) Pronom personnel Pronoms possessif Pronom relatif (*qui*, *lequel*, etc.) ; comme cela est typique à cette période, cette catégorie inclut également les pronoms compléments d'objet direct (*le*, *la*, *les*) puisque le terme *relatif* signifie avant tout *anaphorique*[iii]
VERBE	Verbe simple, verbe composé Verbe substantif Verbe auxiliaire Actif (= transitif), neutre, passif, neutre passif[iv] Personne Nombre Temps : Présent, futur Temps du passé[v] : (prétérit) imparfait, prétérit (parfait) défini ou simple, prétérit indéfini ou composé[vi], prétérit plus-que-parfait Mode[vii] : indicatif, subjonctif ou conjonctif, optatif, impératif, infinitif Conjugaison
PARTICIPE	Participe passif (ou « participe du prétérit indefini ou composé ») Participe (présent) actif (qui se distingue selon Vaugelas du « gerondif » qui est précédé par « en », p. 186)

ADVERBE	Adverbe de lieu Adverbe de quantité Adverbe de temps Adverbe local Adverbe relatif
PRÉPOSITION	Préposition simple, préposition composée
CONJONCTION Conjonction, conjonctive	Conjonction conditionnelle[viii]
INTERJECTION[ix]	

i. L'ordre est celui présenté par Vaugelas dans la section XII de la Préface. Nous incluons dans ce tableau (dans des formes modernisées) tous les termes qui figurent dans son texte, mais nous rappelons que Vaugelas n'en fait pas d'étude systématique ou exhaustive.
ii. Vaugelas utilise également l'expression « substantifs hermaphrodites » (p. 299), belle métaphore qui se retrouve chez Ménage (1675 : 138, 139).
iii. Parmi les termes qui ont un sens différent à cette période, citons notamment *phrase* (pour expression).
iv. Dans la tradition latine, on attribue cinq genres aux verbes : actif, neutre, passif, commun et déponent. Les grammaires françaises du XVIe siècle n'en retiennent en général que trois : actif, neutre, passif (par exemple Pillot, Robert Estienne), ou, plus rarement, deux (actif, passif chez Meigret). Comme exemples du passif, Vaugelas propose à la fois *estre attaqué* (p. 18) et *s'est bruslé* (p. 358). À la page 346 il désigne le verbe *se passionner* plutôt comme « neutre passif ».
v. Pour les différentes collocations utilisées par Vaugelas, voir l'index du métalangage sous *prétérit*, etc.
vi. Jean-Marie Fournier (2001 : 447-448) observe que les termes *défini* et *indéfini* sont utilisés de la même façon par Oudin et Chiflet pour indiquer respectivement *le passé simple* et *le passé composé*, mais que cet usage est inversé par les grammairiens de Port-Royal.
vii. Ménage (1675 : 477) fait mention du terme alternatif, *mœuf*, qui se trouve déjà au XVe siècle dans le *Donait françois* de Jean Barton : « Dans les autres mœufs, ou pour parler à la mode, dans les autres modes ».
viii. Pour un tableau du classement sémantique des conjonctions dans les grammaires françaises du XVIe siècle, voir Colombat (2003 : lxxix).
ix. Ici encore Vaugelas suit la majorité des grammaires françaises, dont Meigret (1550) et Estienne (1557), qui font de l'interjection une partie du discours plutôt qu'une sous-classe de l'adverbe.

TABLEAU 2 – Terminologie associée aux parties du discours employée dans les *Remarques*.

5.2.2 Termes semi-techniques

À côté des termes hérités de la tradition grammaticale latine, Vaugelas emploie des termes « semi-techniques ». Il s'agit parfois des verbes ou des substantifs du vocabulaire général qui avaient acquis un sens linguistique consacré dans les dictionnaires monolingues de la fin du siècle. Vaugelas utilise par exemple le verbe *se manger* qui est défini par Furetière (1690) de la façon suivante : « Faire une élision, ne pas prononcer quelque lettre. En François l'e feminin se mange devant une voyelle [...] ». Autre exemple du même type, l'une des définitions dans le dictionnaire de l'Académie du verbe *naturaliser*, employé trois fois par Vaugelas, dénote un usage linguistique : « Il se dit fig. des mots et des phrases que l'on transporte d'une Langue en une autre. *Inpromptu est un mot Latin, mais nous l'avons naturalisé. l'usage seul peut naturaliser des mots estrangers. c'est une phrase Italienne, une phrase Espagnole, qui n'est pas encore naturalisée en France* ». Dans d'autres cas, Vaugelas attribue dans son texte à certains termes un usage « métalinguistique » qu'on ne trouve pas dans les dictionnaires. L'exemple le plus intéressant en est peut-être l'expression *construction lousche* qui est employée pour censurer une construction jugée ambiguë, « parce qu'elle semble regarder d'un costé, & elle regarde de l'autre » (p. 113). L'usage de verbes communs l'empêche d'avoir recours au métalangage formel. Son emploi des verbes *accompagner*, *vouloir* et *venir (de)* dans les exemples suivants est caractéristique de ce phénomène :

> La Reigle est, que quand il y a trois verbes dans une periode continue, si le premier est accompagné d'une negative, les deux autres qui suivent, doivent estre mis au subjonctif [...] (p. 381-382)
>
> *Si* pour *adeò* en Latin
> Estant mis devant un adjectif, & un substantif, il veut *que*, aprés luy, & non pas *comme*. (p. 63)
>
> Et de mesme dans le figuré *il n'y a point de fonds*, *il faut faire un fonds*, *&c.* il faut dire *fonds*, & non pas *fond*, parce que ce *fonds* là vient de *fundus*, & non pas de *fundum*, le François ayant conservé l'*s*, au propre & au figuré du mot qui vient de *fundus*, & ne l'ayant pas receuë en celuy qui vient de *fundum*, comme il n'y en a point au Latin. (p. 348)

5.2.3 Marques d'usage et termes associés à la notion de correction

Pour décrire *le bon usage* Vaugelas se sert des marques d'usage qui ont fait l'objet d'études, notamment pour leur emploi dans les dictionnaires monolingues du siècle[234]. Cette terminologie vise à ordonner les usages au sein d'une hiérarchie d'acceptabilité et s'associe au modèle sociolinguistique chez Vaugelas, reflétant le fait qu'il tolère davantage de variation que ses successeurs à l'exception près de Ménage. Les marques d'usage sont donc associées aux différents types de variation[235] :

- Variation diachronique : *nouveau*, *vieux*, *ancien*, *n'est plus en usage*, *vieillit*, etc.[236].
- Fréquence d'occurrence : *frequent*, *fort usité*, etc.
- Domaine, pratique, profession : *terme de Palais*, *stile de Notaire*, etc.
- Couche sociale ou variation diastratique : *de la lie du peuple*, *du peuple de Paris*, etc.
- Appartenance à certains types de textes ou genres : *comique*, *burlesque*, *satirique*, *stile historique*, etc.
- Variation diaphasique ou stylistique : *bas*, *familier*, *noble*, *majestueux*, etc.

Ces marques d'usage sont mélangées, voire coordonnées, avec de termes plus généraux indiquant la correction, l'approbation ou la censure tels que les adjectifs *bon*, *meilleur*, *excellent*, *necessaire*, *commode*, *mauvais*, *defectueuse*, *vicieux*, *monstrueux* ou les verbes *bannir*, *condamner*, *corrompre*, *pécher*. Les jugements peuvent être nuancés par l'ajout d'un adverbe ; par exemple, Vaugelas distingue *bon*, *fort bon*, *moins bon*, *gueres bon* et *tres-bon*. Sont aussi inclus certains termes qui expriment un jugement esthétique. Les qualités constitutives de la perfection du français sont énumérées à la fin du volume : il s'agit de *la pureté*, *la netteté*, « *la proprieté des mots & des phrases*, *l'elegance*, *la douceur*, *la majesté*, *la force*, & ce qui resulte de tout cela *l'air & la grace*, qu'on appelle *le je ne sçay quoy*, où *le nombre*, *la briefveté*, *& la naïfveté de l'expression*, ont encore beaucoup de part » (p. 593)[237]. Par conséquent

---

234 Voir, par exemple, Glatigny (1990).

235 Ces listes ne sont pas exhaustives (voir notre index du métalangage). Rappelons que ces catégories ne sont pas toujours faciles à distinguer.

236 Sur l'attitude de Vaugelas envers les archaïsmes, voir Marzys (1978).

237 Sur l'histoire de la notion de « correction linguistique » chez les Grecs et les Latins, voir Matthews (1994 : 50-51).

Vaugelas utilise une série d'adjectifs tels que *pur*, *net*, *propre*, *elegant* et *doux* pour indiquer ces propriétés positives et un éventail de termes pour désigner les transgressions contre ces qualités, et notamment les *barbarismes* et les *solécismes*. L'idée de la perfection du français est également soulignée par l'usage fréquent du terme *François*, employé comme terme d'approbation suivant la tradition de la *Latinitas*. Le sens de ce terme varie selon le contexte[238] ; il peut, par exemple, indiquer ce qui appartient à la langue mais qui n'a pas beaucoup de mérite (p. 455), ou désigner le français « standard » plutôt que les variétés parlées dans les régions ou par les étrangers (p. 353). Il est toutefois également employé pour décrire ce qui est propre au français, sans parallèle dans d'autres langues, et donc idiomatique. Ces usages sont particulièrement appréciés :

> Cette façon de parler *s'attaquer à quelqu'un*, pour dire *attaquer quelqu'un*, est tres-estrange & tres-Françoise tout ensemble ; Car il est bien plus elegant de dire *s'attaquer à quelqu'un*, qu'*attaquer quelqu'un*. Ce sont de ces phrases dont nous avons parlé ailleurs, qui ne veulent pas estre espluchées, ny prises au pied de la lettre, parce qu'elles n'auroient point de sens, ou mesmes sembleroient en avoir un tout contraire à celuy qu'elles expriment, mais qui bien loin d'en estre moins bonnes en sont beaucoup plus excellentes. (p. 472*)

Notons pour terminer que l'expression « plus François » apparaît en collocation avec des qualificatifs tels que *plus elegant* ou *meilleur* ; dans ces contextes elle est associée à des qualités comme l'élégance, la beauté, la pureté ou la grâce, constitutives du mythe de la langue française.

5.3 QUESTIONS ÉNONCIATIVES

Dans un excellent article, Marc Bonhomme (1993) observe que dès la première section de la Préface Vaugelas prône le principe polyphonique avant la lettre, c'est-à-dire qu'il revendique son statut de locuteur ou d'émetteur du discours grammatical (« je ne pretens passer que pour un simple tesmoin, qui depose ce qu'il a veu & oüi », « je ne fais que rapporter ») tout en rejetant le rôle de l'énonciateur ; autrement dit, il refuse d'assumer la responsabilité de ses assertions pour la transférer à un super-énonciateur collectif, l'usage :

---

238 Voir Ayres-Bennett (1996). L'expression « n'est point François » est déjà utilisée par l'Académie Française dans son commentaire sur le *Cid* ; voir, par exemple, Civardi (2004 : 412, 418).

> Ce ne sont pas icy des Loix que je fais pour nostre langue de mon authorité privée ; Je serois bien temeraire, pour ne pas dire insensé ; car à quel titre & de quel front pretendre un pouvoir qui n'appartient qu'à *l'Usage*, que chacun reconnoist pour le Maistre & le Souverain des langues vivantes ?

M. Bonhomme note toutefois que, comme c'est souvent le cas, dans ses observations la position de Vaugelas est plus complexe, et que dans la pratique son discours est tantôt neutralisé, tantôt modalisé, tantôt fortement engagé[239]. Dans un certain nombre de remarques Vaugelas respecte bien le principe polyphonique et le discours adopte un ton objectif avec l'usage du pronom *on* :

> La question est s'il faut dire *Apres six mois de temps escoulez*, ou *apres six mois de temps escoulé*. On tient que l'un & l'autre est bon, mais que le premier est plus grammatical, & le second plus elegant. (p. 383)

Il nous semble que cette « dépersonnalisation » de l'énoncé est l'une des caractéristiques du texte de Vaugelas qui le différencie d'autres ouvrages sur la langue française de la première moitié du siècle[240]. Si les querelles entre Ogier et Garasse, Malherbe et Desportes ou Dupleix et Morgues sont souvent personnelles et même virulentes, Vaugelas supprime en général la critique personnelle de ses prédécesseurs pour essayer de créer un nouveau type d'ouvrage sur la langue française. Notons que le style du manuscrit est également plus personnel que le texte publié. Par exemple, dans le manuscrit Vaugelas évoque deux positions différentes sur la répétition de *ce* devant le verbe substantif et termine en faisant clairement part de son propre jugement :

> Quelques uns le repetent <deuant le uerbe Substantif>, et d'autres ne le repetent pas. Par exemple. *ce qu'il y a de plus deplorable, c'est &c.* Ainsi en use M. Coef. et tous ceux qui escriuent purement. D'autres le laissent et disent *Est* seulement, mais ie crois quant à moy que c'est une faute. (f° 12r°)

239 Il observe (1993 : 29) que dans plusieurs remarques il est difficile de déterminer si Vaugelas adopte le rôle de l'énonciateur. Dans les séquences coercitives du type « ne vaut rien » ou « il faut dire », la formulation dépersonnifiée ou neutralisée pourrait renvoyer à n'importe quel producteur virtuel, y compris – mais pas nécessairement – Vaugelas.

240 Pour une discussion des « masques » de la prescription et du prescripteur, voir Berrendonner (1982 : 35-45).

Ce commentaire personnel ne figure plus dans la version publiée de l'observation (p. 303-304).

Dans d'autres remarques il est fait mention de positions opposées dans les débats grammaticaux, mais Vaugelas se borne à adopter le rôle du locuteur, sans exprimer de préference explicite pour l'un des différents jugements :

> Tous ceux qui sçavent escrire, & qui ont estudié, disent, *je vais*, & disent fort bien selon la Grammaire [...] Mais toute la Cour dit, *je va*, & ne peut souffrir, *je vais*, qui passe pour un mot Provincial, ou du peuple de Paris. (p. 27)

Dans certaines remarques, cependant, « le partage entre les fonctions de locuteur et de l'énonciateur devient poreux » (Bonhomme 1993 : 31). M. Bonhomme cite le cas de la remarque sur *ouvrage* ; après avoir noté que le mot est toujours masculin mais que les femmes parlant de leur ouvrage l'emploient toujours au féminin, Vaugelas conclut : « Il semble qu'il leur doit estre permis de nommer comme elles veulent ce qui n'est que de leur usage ; je ne crois pas pourtant, qu'il nous fust permis de l'escrire ainsi » (p. 445). Enfin, dans d'autres remarques, Vaugelas devient nettement énonciateur et décideur, et il cumule les fonctions de grammairien-transcripteur, de grammairien-prescripteur et de grammairien-évaluateur. Tel est le cas pour l'observation intitulée « *Epithete mal placé* » (p. 156-157) dans laquelle il utilise non seulement le pronom personnel *je*, mais aussi des termes nettement évaluatifs (« pas bien situé », « beaucoup de gens y manquent ») et des expressions déontiques (« il faut », « doivent tousjours estre ensemble », etc.) :

> Exemple, *en cette belle solitude, & si propre à la contemplation*. Je dis que le second epithete, *& si propre*, n'est pas bien situé, & qu'il le faut mettre ainsi, *en cette solitude si belle, & si propre à la contemplation*, parce que les deux adjectifs doivent tousjours estre ensemble, & jamais il ne faut mettre le substantif entre les deux adjectifs ; comme en cet exemple, *solitude*, est entre *belle*, & *si propre*. Cette reigle est importante pour la netteté du stile & de la construction. J'en ay fait une remarque, à cause que beaucoup de gens y manquent. M. Coeffeteau n'y a jamais manqué, il escrivoit trop nettement ; Ce n'est pas que quelquefois ce renversement n'ayt beaucoup de grace & de force, mais cela est tres-rare, & il ne me vient point d'exemple pour le faire voir, c'est pourquoy il ne le faut faire que le moins que l'on pourra, & avec jugement.

Cette alternance entre une position objective et une position plutôt subjective est également manifeste dans le rapport que Vaugelas établit avec son public. Si l'expression « on dit » est privilégiée, il utilise aussi « nous disons » ou « nous disons en François » pour s'associer à ses lecteurs. De la même façon l'expression « nostre langue » est fréquente dans les observations (il y a environ 140 occurrences de l'expression dans le texte). Selon M. Bonhomme, la polyphonie des *Remarques* représente bien la nature collective et consultative du projet, mais comme elle est difficilement tenable dans la réalité, Vaugelas ne peut pas s'empêcher d'adopter parfois une attitude moins objective et plus engagée.

Il nous semble que les différents types de discours reflètent également la coexistence du modèle prescriptif et sociolinguistique dans l'ouvrage (voir ci-dessus section 4). Les remarques qui s'inscrivent dans le modèle codificateur ou prescriptif commencent souvent par une expression déontique du type « il faut dire » :

> Il faut dire, *subvenir à la necessité de quelqu'un*, & non pas *survenir*, comme dit la plus part du monde ; Car *survenir* veut dire toute autre chose, comme chacun sçait. (p. 38)

Dans la remarque suivante, les termes « ne valent rien », « faute » sont des indices nets de l'attitude prescriptive du remarqueur :

> *Sieger*, pour *assieger*, & *tasser* pour *entasser*, ne valent rien ; C'est une faute familiere à de certaines Provinces, & particulierement à la Normandie, où l'on use du simple, au lieu du composé, comme, *sieger une ville*, & *tasser du bled*, pour dire, *assieger une ville, & entasser du bled*. (p. 76-77)

Pour ne citer que quelques termes et expressions clef de l'ouvrage[241], apparaissent dans le texte plus de 300 occurrences de l'expression *il faut* + verbe dans le texte. La collocation *il faut dire* est de loin la plus représentée avec près de 250 occurrences[242] ; viennent ensuite les séquences *il faut escrire*, *il faut prononcer*, *il faut mettre* qui sont beaucoup moins fréquentes (une vingtaine d'occurrences chacune) et une série d'autres verbes (*prendre garde*, *repeter*, *eviter*, *user*, *etc.*). Les expressions plus fortes – *il faut tousjours*, *il faut necessairement*, *il faut de necessité* – sont employées une cinquantaine de fois, tandis que la forme modulée – *il faut plustost*

241 Voir aussi Dumonceaux (1986), Nathalie Fournier (2004).
242 Ce chiffre inclut les expressions « il faut dire & escrire ».

dire – n'apparaît que deux fois. Parmi les quelque soixante-dix occurrences de l'expression *il ne faut*, une dizaine sont du type absolu *il ne faut jamais*. On dénombre une centaine d'occurrences de *faute* dans un contexte linguistique et près de cent vingt occurrences de *reigle*[243]. Il est à noter qu'à côté de ces termes clef Vaugelas utilise parfois des synonymes, par exemple *erreur*, *vice* et *abus*, pour varier son style.

Le ton prescriptif et normatif du discours est renforcé par l'usage d'une série d'adjectifs et d'adverbes, tels que *barbare*, *mauvais*, *vicieux*, *pire*, *mal*, *pis* (voir l'index). Les titres mêmes des remarques peuvent être significatifs : prenons le cas de « *Preigne* pour *prenne*, *vieigne* pour *vienne* » (p. 65) ou de « Deux mauvaises prononciations, qui sont tres-communes, mesme à la Cour » (p. 436-437).

Comme nous l'avons fait remarquer, dans le modèle sociolinguistique les usages sont plutôt ordonnés au sein d'une hiérarchie ou d'un continuum de valeurs. Deux usages peuvent être jugés acceptables, mais l'un d'entre eux est préféré car Vaugelas le considère comme *meilleur* (p. 10), *plus élegant* (p. 26), *plus ordinaire* (p. 30), *plus naturel* (p. 43), *plus doux* (p. 47), *plus François* (p. 62), *plus usité* (p. 97), *plus en usage* (p. 164) ou comme ayant *plus de grace* (p. 85). Les remarques de ce type ont d'habitude un titre plus neutre dans lequel les termes sont simplement coordonnés ou juxtaposés (« *On*, *l'on*, & *t-on* » ; « *Precipitément*, ou *precipitamment*. *Armez à la legere*, *legerement armez* »).

5.4 STYLE ET USAGE DES MÉTAPHORES

Dans le manuscrit de l'Arsenal Vaugelas utilise souvent un style vivant et n'hésite pas à employer des expressions fortes[244]. Les métaphores, les comparaisons et les personnifications sont plus nombreuses dans cette première version du texte. Par exemple, la conjonction *car* y est décrite comme « ce pauure mot, de qui l'on tire de si grands seruices et qui ne fait mal à personne » (f° 33r°) et l'équivoque est caractérisée comme « la peste de l'eloquence et du stile » (f° 58v°). Les images vives peuvent être supprimées avant la publication ; la version

243 Dumonceaux (1986 : 36) observe que le mot peut désigner tantôt une règle pratique, une recette (par exemple pour la prononciation des mots difficiles), tantôt un conseil très général (il faut fuir l'équivoque, éviter la cacophonie), et tantôt une règle grammaticale à proprement parler (par exemple une règle concernant un accord).

244 Charles Bruneau (1955 : 168) note également que les *Remarques nouvelles* adoptent souvent un « ton » plus familier que les remarques publiées.

manuscrite de l'observation sur *suspect* et *soupçonneux* est plus expressive que le texte publié (p. 401) :

> Vne infinité de gents commencent à dire *soupçonneux* pour *suspect*, et *suspect* pour *soupçonneux* qui est une ~~eschange~~ <chose> insupportable. Il faut ~~bien~~ <de bonne heure> s'opposer à ces monstres et les estouffer dans le berceau, car si une fois on les laisse croistre, et s'establir dans l'Vsage, il n'y aura plus de remede, et ~~c'est~~ <ce seroit> une tache bien uilaine à la beauté de n[ot]re langue. (f° 86r°)

L'expression dans le manuscrit est en général plus variée. Vaugelas n'hésite pas à y employer, par exemple, des références savantes :

> C'est que *de bien* tient icy lieu d'adiectif, car de soy le substantif, c'est à dire la Substance non recipit magis nec minus comme disent les Philosophes. (f° 69 r°)

Si le style du texte publié est plus mesuré, moins personnel et plus adapté à son public, les métaphores continuent néanmoins à y jouer un rôle important. Vaugelas utilise une série de comparaisons et de métaphores liées à certains domaines récurrents : la mode ; le goût ; la croissance, la culture, et le cycle de vie ; la maladie, la santé et la médecine ; la richesse et l'économie ; le pouvoir, l'autorité et la monarchie ; et avant tout le droit coutumier. Comme nous l'avons indiqué ailleurs[245], ces métaphores servent à :

- introduire les concepts et les arguments centraux du texte d'une façon non technique et abordable, en les mettant en relation avec d'autres centres d'intérêt de la vie quotidienne tels que la maladie, la mode ou la religion. Pour expliquer, par exemple, le rapport complexe entre l'usage et la raison en matière de langue, Vaugelas se sert d'une image religieuse (« il est de l'Usage comme de la Foy, qui nous oblige à croire simplement & aveuglément, sans que nostre raison y apporte sa lumiere naturelle ; mais que neantmoins nous ne laissons pas de raisonner sur cette mesme foy, & de trouver de la raison aux choses qui sont par dessus la raison » (Préface V.2)).
- créer un sentiment de cadre intellectuel partagé, en suscitant chez ses lecteurs des réactions prévisibles fondées sur des connaissances communes, ce qui aide à les convaincre que les arguments sont

245 Voir Ayres-Bennett (2009, 2011b).

raisonnables. Les termes relatifs aux sciences politiques tels que *souverain*, *maistre*, *authorité*, *tyran*, *empire*, *roi*, *pouvoir*, tous utilisés dans les deux premières pages de la Préface, auraient nécessairement une résonance pour le public contemporain[246].

– donner à l'ouvrage une unité structurelle et une cohésion intertextuelle malgré le choix de la présentation décousue ; après avoir établi des métaphores et images juridiques dans la Préface (« Ce ne sont pas icy des Loix que je fais pour nostre langue de mon authorité privée [...]. Et tant s'en faut que j'entreprenne de me constituer Juge des differens de la langue, que je ne pretens passer que pour un simple tesmoin, qui depose ce qu'il a veu & oüi, ou pour un homme qui auroit fait un Recueil d'Arrests qu'il donneroit au public », etc.), les termes juridiques apparaissent ici et là dans les observations (*juger*, *tesmoin*, *accuser*, *alleguer*, *condamner*, etc.) et forment un des fils conducteurs de l'argumentation.

– donner au texte une cohésion intra-textuelle et le situer dans la tradition linguistique en se servant des mêmes métaphores que ses prédécesseurs latins et français. Parfois l'usage des mêmes métaphores souligne la continuité des idées (par exemple tout lecteur qui connaissait l'*Art poétique* d'Horace ne pouvait que reconnaître l'allusion à Horace dans la citation « quoy qu'il y ait quelques mots & quelques façons de parler, qui florissoient alors, & qui depuis sont tombées comme les feüilles des arbres » (Préface X.1). En revanche, en reprenant le trope du XVIe siècle de la richesse de la langue française, présent par exemple chez Du Bellay, il se distingue de ses prédécesseurs ; les richesses du français sont maintenant à ménager : « & qu'on ne luy reproche point sa pauvreté ; car c'est bien souvent celle des mauvais harangueurs, ou des mauvais Escrivains, & non pas la sienne ; Elle a des magazins remplis de mots & de phrases de tout pris, mais ils ne sont pas ouverts à tout le monde, ou s'ils le sont, peu de gens sçavent choisir dans cette grande quantité ce qui leur est propre » (p. 511). L'appréciation de ces échos n'était pourtant pas nécessaire pour comprendre le texte.

---

246 Voir Kibbee (2011a, 2011b). Kibbee met clairement en évidence la manière dont Vaugelas prend position dans des débats contemporains en se demandant si l'usage et la raison, les lois et les règles sont des éléments de tyrannie ou de pouvoir légitime. Ces métaphores sont également examinées par Coski (2011).

Parmi les métaphores, ce sont celles qui sont liées au domaine juridique, qui réapparaissent tout au long du texte, qui ont suscité le plus grand intérêt[247]. Pour ne citer que quelques exemples d'usage de ce champ métaphorique, dans le droit coutumier il n'y a pas de législateur et le droit est « reçu » et non pas constitué ; ainsi Vaugelas se déclare témoin – et non pas juge – de l'usage reçu. La distinction entre *consuetudo notoria* et *consuetudo dubia* est reprise dans la différence faite par Vaugelas entre l'*usage déclaré* et *usage douteux* ; et, tout comme dans le droit coutumier un doute peut être résolu par la consultation des témoins (*l'enquête par turbes*), « les gens sçavants en la langue » (à savoir les membres de l'Académie Française) constituent la troisième source du bon usage. Dans le domaine juridique, trois types de coutumes sont identifiés, *secundum legem, praeter vel ultra legem* et *contra legem*, ce qui trouve un parallèle dans l'affirmation de Vaugelas selon laquelle l'usage fait beaucoup de choses *par raison*, beaucoup *sans raison* et beaucoup *contre raison.* L'expression « la plus saine partie », dont, comme nous l'avons noté ci-dessus[248], l'origine et l'interprétation sont controversées, semble néanmoins faire écho à la notion de *sanior pars*, concept qui est employé dans le droit coutumier ; de plus, en cas de conflit entre la *maior pars* et la *sanior pars*, c'est cette dernière qui prime.

Les métaphores juridiques se distinguent des autres métaphores employées dans les *Remarques* de deux façons importantes. Premièrement, il ne s'agit pas d'un domaine de la vie quotidienne qui faisait partie des expériences communes de tout son lectorat, en particulier des femmes. Il est assez surprenant que Vaugelas emploie le vocabulaire d'un domaine technique dans son ouvrage, compte tenu de sa position vis-à-vis des termes spécialisés. Notons toutefois qu'il choisit souvent de remplacer le terme juridique exact par un synonyme du langage commun vraisemblablement pour éviter le pédantisme. Il se sert donc d'*usage* et non de *coutume*, d'*usage déclaré* et non d'*usage notoire*, de *compagnie* et non de

---

247 Sur l'usage des métaphores juridiques chez Vaugelas voir, par exemple, Weinrich (1960, 1989a), Janik (1984), Ayres-Bennett (2011b), Merlin-Kajman (2011b), et Kibbee (2012). Comme le note Claude Nédélec (2004), la référence juridique, en matière de langue, est un poncif du temps, utilisé également par Charles Sorel dans son *Rôle des présentations faites aux Grands Jours de l'Éloquence française* (*ca.* 1634-1635), présentation parodique et burlesque des débats sur la langue et critique de la fondation de l'Académie Française et de la position représentée par Vaugelas.

248 Voir ci-dessus 4.1.1, p. 72.

turbe[249]. Deuxièmement, comme nous l'avons noté, Vaugelas exclut explicitement le jargon juridique du bon usage. Il est par conséquent difficile de conclure que ces métaphores ont un rapport naturel avec le contenu de l'ouvrage. Les observations pourraient se lire de deux façons différentes : pour ceux qui reconnaissaient les allusions juridiques le texte aurait une signification plus riche, mais il restait parfaitement compréhensible pour qui n'était pas en mesure d'apprécier ces échos.

6. ANALYSE DES REMARQUES

Pour essayer d'identifier les grandes préoccupations de Vaugelas dans ses *Remarques*, nous avons classé les observations selon ce qui semble en être le sujet ou la fonction principale. Ce procédé n'est pas sans comporter une part d'arbitraire : il est souvent difficile d'établir une distinction nette entre les différentes catégories, surtout dans le cas de la prononciation et de l'orthographe, et une seule observation peut traiter de plusieurs questions différentes. Le classement nous permet pourtant de déterminer quelles questions le préoccupaient plus particulièrement, ce que la présentation volontairement décousue du volume nous empêche de voir clairement.

Plus de 70 % des observations sont consacrées à deux grands centres d'intérêt : la syntaxe et le lexique. Les remarques sur la morphologie et la prononciation constituent ensemble un peu plus de 20 % du volume. Les questions de style et d'orthographe demeurent enfin chez Vaugelas des préoccupations relativement mineures[250].

6.1 REMARQUES GÉNÉRALES : MÉTHODOLOGIE ET DÉFINITIONS

À la différence de ses successeurs, qui ne s'intéressent guère aux questions de méthodologie, Vaugelas inclut deux observations intéressantes

---

249 Il convient également de noter que le vocabulaire juridique est plus fréquemment employé dans le manuscrit où Vaugelas attribue encore un rôle au Palais dans la constitution du bon usage. En voici un exemple : « *Traistreusement* ne uaut rien, car il n'est point en usage ni à la Court parmy ceux qui parlent bien ni dans les bons Autheurs. Et il ne faut que cela pour luy faire son proces, [...] <et le condamner> » (f° 89 v°).

250 Voir Annexe III. Pour un classement quelque peu différent, voir Körver (1992).

sur la méthodologie qu'un remarqueur devrait adopter pour résoudre un usage douteux. Dans les remarques « *Que dans les doutes de la langue il vaut mieux pour l'ordinaire, consulter les femmes, & ceux qui n'ont point estudié, que ceux qui sont bien sçavans en la langue Grecque, & en la Latine* » (p. 503-505) et « *De quelle façon il faut demander les doutes de la langue* » (p. 505-509), il prône une approche qui nous semble assez moderne[251]. Dans la première remarque, il explique qu'il préfère utiliser comme informateurs linguistiques les personnes qui parlent bien le français, mais qui n'ont pas étudié d'autres langues, et en particulier ne connaissent ni le latin ni le grec ; ceux-ci émettent un jugement fidèle et naturel sur l'usage, qui n'est pas corrompu par leur connaissance d'autres langues. C'est pour cette raison que les femmes sont considérées comme particulièrement aptes à déterminer le bon usage. Dans la deuxième observation, Vaugelas essaie de contourner le paradoxe de l'observateur. Il note que si l'on adopte la méthodologie ordinaire, selon laquelle on demande l'opinion de son informateur sur une question problématique de façon directe, il « ne respondra plus dans cette naïfveté qui descouvre l'Usage que l'on cherche, & duquel il est question, mais se mettra à raisonner sur cette phrase, ou sur une autre semblable, quoy que ce soit par l'Usage & non pas par le raisonnement, que la chose se doit decider » (p. 506). Si l'informateur comprend le latin ou une autre langue étrangère, on peut lui demander comment il exprimerait en français ce que l'on lui demande dans cette autre langue. Mais pour les autres, il faut formuler la question de telle sorte qu'ils ne se rendent pas compte de la source du doute.

Le volume se termine par une série de remarques qui définissent et illustrent deux termes primordiaux dans la pensée linguistique de Vaugelas – voire de l'époque classique – la pureté et la netteté. Il est intéressant de noter que l'accent est surtout mis sur les fautes commises si l'on ne respecte pas ces deux impératifs : barbarismes[252], solécismes et équivoques (p. 567-593) ; autrement dit, ces concepts sont plutôt définis de façon négative[253].

---

251 *Cf.* Stéfanini (1959 : 168) qui signale que l'un des mérites de notre remarqueur est d'avoir, « en délimitant très soigneusement le groupe social qui le parlait enregistré, dans des conditions véritablement scientifiques, un état de langue ».

252 Voir aussi la remarque intitulée « *Barbarisme* » (p. 486-487).

253 Voir aussi notre discussion sur la définition que propose Vaugelas des négligences de style (la section 6.6 ci-dessous).

Dans la remarque intitulée « *Qu'il y a une grande difference entre* la pureté & la netteté du stile. *Et premierement*, de la pureté » (p. 567-568), Vaugelas commence par établir une distinction entre ces deux notions qui, à son avis, sont malheureusement très souvent confondues :

> La pureté du langage & du stile consiste *aux mots, aux phrases, aux particules, & en la syntaxe.* Et la netteté ne regarde que *l'arrangement, la structure, ou la situation des mots, & tout ce qui contribuë à la clarté de l'expression.*

Cette distinction nous semble d'un grand intérêt, parce qu'on ne peut l'apparier ni à la distinction moderne entre lexique et morphosyntaxe, ni à celle entre morphologie et syntaxe. Dans la longue remarque intitulée « *De la netteté du stile* », Vaugelas poursuit la différenciation de ces notions, qui dérive de la distinction faite par Quintilien entre *emendata oratio* et *dilucida oratio* (p. 577-585). Il note qu'il est tout à fait possible de respecter la pureté du langage sans avoir un style net :

> Un des plus celebres Autheurs de nostre temps que l'on consultoit comme l'Oracle de la pureté du langage[254], & qui sans doute y a extremement contribué, n'a pourtant jamais connu la netteté du stile, soit en la situation des paroles, soit en la forme & en la mesure des periodes, pechant d'ordinaire en toutes ces parties, & ne pouvant seulement comprendre ce que c'estoit que d'avoir le stile formé, qui en effet n'est autre chose que de bien arranger ses paroles, & de bien former & lier ses periodes.

Les barbarismes « des mots » et « des phrases » concernent pour la plupart le choix correct d'un mot ou d'une expression ; il s'agit d'éviter tout terme qui n'est « pas François », qui ne s'emploie pas dans un sens donné, qui n'est plus en usage ou qui est trop nouveau. Notons toutefois que des questions de nature plutôt syntaxique apparaissent dans sa liste de barbarismes, par exemple l'usage d'un adverbe pour une préposition ou l'omission des particules dans des contextes linguistiques où elles sont obligatoires. Comme exemple de ce dernier type de barbarisme, Vaugelas cite l'omission des articles dans les syntagmes coordonnés, ainsi que l'omission de *pas* ou *point* dans les constructions négatives. Dans l'énumération des types de solécismes, Vaugelas associe également des problèmes linguistiques de natures différentes. Les deux premiers types – les erreurs de déclinaison et de conjugaison – constituent des

254 Malherbe selon la *Clef de Conrart.*

problèmes morphologiques[255], tandis que le solécisme de construction comprend « toutes les fautes qui se commettent contre les reigles de la syntaxe ». Vaugelas y inclut des questions relatives au choix du genre des noms, à la forme correcte des pronoms, à l'accord des participes, à l'accord avec les noms dits collectifs, à la construction des prépositions, etc., ainsi qu'à l'usage fautif des articles (type d'erreur déjà mentionné dans la listes des barbarismes), par exemple dans la construction *j'ay d'argent* pour *j'ay de l'argent*.

La distinction établie par Vaugelas entre *barbarisme* et *solécisme* ne correspond donc plus à celle de la tradition latine. Dans cette tradition, *barbarisme* désigne les fautes qui concernent les mots simples et *solécisme* les fautes de construction. Autrement dit, en incluant dans la catégorie de *barbarisme* non seulement les fautes concernant les mots simples, mais aussi des fautes de construction telles que l'omission des pronoms personnels, Vaugelas en élargit la définition. Cette modification est critiquée par Scipion Dupleix, qui préfère l'acception conforme à la tradition grecque et latine : « jamais le Barbarisme ne consiste qu'en seuls mots pris separément : & le vice ou impureté en la phrase entiere est appellé *Solecisme & incongruité*. Ce principe est ainsi establi par les Grammairiens Grecs & Latins » (Dupleix 1651 : 166-167). Les autres remarqueurs continuent toutefois à l'employer dans un sens élargi[256].

Les fautes que l'on peut commettre contre la netteté sont également énumérées et illustrées : la « mauvaise situation des mots », la « mauvaise structure » (dans ces cas « il y a tousjours quelque chose à ajouster, ou à diminuer, ou à changer non pas simplement pour le lieu, mais pour les mots »), les syntagmes coordonnés mal construits, les équivoques, les constructions dites « lousches », la séparation de deux membres d'une période par une autre période qui fonctionne comme une parenthèse entre eux, et les périodes trop longues. Nous reviendrons sur les principes qui sous-tendent les observations syntaxiques dans la section dédiée à ces questions (6.4.1), mais notons dès maintenant que les erreurs contre la netteté semblent comprendre à la fois certaines questions que nous considérerons en fait comme syntaxiques et d'autres qui semblent plutôt

255 Vaugelas note lui-même que leur caractérisation comme barbarismes ou solécismes est controversée, mais qu'il ne croit pas que la question soit importante.

256 Voir Ayres-Bennett et Seijido (2011a : 78).

avoir une dimension stylistique[257]. La faute qui consiste à donner un même régime à deux verbes qui demandent deux régimes différents, comme *il a embrassé & donné le baiser de paix à son fils*, est une illustration du premier type. Quant au deuxième type, Vaugelas en donne un exemple lorsqu'il évoque les cas de « mauvaise structure » auxquels on ne peut remédier qu'en remplaçant l'un des termes. Il cite la phrase *il travaille extremement proprement*, qu'il commente ainsi :

> J'entens tous les jours à la Cour de ces façons de parler, où l'on joint deux adverbes de mesme terminaison, & je m'estonne que ceux qui le disent ne s'apperçoivent point d'une si grande rudesse. Mais outre cela, c'est encore un vice contre la netteté, qui demande que l'on change un de ces adverbes, & que l'on die *il travaille fort proprement*. On peut aussi se servir de *tres-* superlatif, & au lieu de dire *il escrit extremement elegamment*, on dira *il est escrit fort elegamment* ou *tres elegamment* ; mais deux adverbes de suite de cette mesme terminaison sont contraires à la netteté. (p. 584-585)

Notons que dans cette critique, Vaugelas condamne non seulement la « rudesse » de l'emploi consécutif de deux adverbes ayant la même terminaison, mais aussi le manque de netteté. Dans quel sens cette construction manque-t-elle de netteté ? S'il y a une équivoque potentielle dans cette structure – on pourrait d'abord penser que l'adverbe *extremement* modifie *travaille* plutôt que *proprement* – il est difficile de déterminer en quoi la substitution de *fort* remédie à cette difficulté. Peut-être que l'emploi d'un adverbe plus court est supposé rendre la construction plus cohérente, et par conséquent réduire le risque d'hésitation, mais la remarque est loin d'être explicite sur ce point.

Dans la remarque suivante intitulée « *Des equivoques* » (p. 585-593), qui nous amène au cœur de la conception classique de la netteté, Vaugelas note en fait que l'équivoque constitue le plus grand des vices contre la netteté. C'est surtout l'emploi fautif des pronoms relatifs, démonstratifs et possessifs qui, à son avis, peut donner lieu à des constructions équivoques. Dans les exemples qu'il donne de l'usage des *relatifs*, catégorie qui, comme cela était typique à l'époque, inclut non seulement ce que nous considérons actuellement comme des pronoms relatifs mais aussi les pronoms personnels anaphoriques, on observe l'importance de la règle

257 Dans la recherche de la perfection linguistique dans les *Remarques*, il y a souvent un mélange étroit entre grammaire et style, et l'ajout de considérations rhétoriques dans le contenu grammatical.

de proximité : très souvent l'équivoque – qui est souvent potentielle plutôt que réelle – est due au fait que du point de vue grammatical le relatif semble se rapporter au substantif le plus proche tandis que le sens indique qu'il se réfère à un autre. Tout cela dépend de l'un des principes établis par Vaugelas selon lequel une phrase est fautive dès qu'il faut avoir recours au contexte pour la comprendre (p. 590). Parmi les différentes sortes d'équivoques, il discute de celles liées aux anaphores, au rattachement syntaxique, aux constructions dites « lousches », aux longues parenthèses et aux longues périodes[258].

La remarque se clôt sur une énumération des autres qualités nécessaires au bon usage du français[259]. La *proprieté des mots et des phrases* – notion apparentée à celle du « mot juste » de La Bruyère – concerne le bon choix de mot selon le genre, le contexte, le registre et le style de l'ouvrage[260]. D'après la définition du grammairien Chiflet (1659 : 148), elle oblige « à se servir des mots & des phrases propres au sujet que l'on traite » (voir 6.5.1). La liste continue avec des caractéristiques plutôt stylistiques ou rhétoriques, « *l'elegance, la douceur, la majesté, la force*, & ce qui resulte de tout cela, *l'air, & la grace*, qu'on appelle *le je ne sçay quoy*, où *le nombre, la briefveté, & la naïfveté de l'expression*, ont beaucoup de part ». Si ces dernières caractéristiques ne sont pas définies de façon explicite comme le sont *la pureté* et *la netteté*, elles sont souvent invoquées dans les observations pour justifier le fait qu'il préfère un certain usage à un autre.

Le critère d'*elegance* (ou l'adjectif *elegant*) est mentionné dans une cinquantaine d'observations. Le plus souvent il s'agit de distinguer deux ou plusieurs termes ou constructions qui sont tous deux acceptables, mais dont l'un est jugé plus élégant (par exemple « *A l'improviste, à l'impourveu* », p. 192, *inonder* + complément d'objet direct / *inonder sur*, p. 543). Il peut être associé à la brièveté (ou la suppression d'un élément, par exemple, p. 420) ou à la noblesse (p. 306). Dans quelques observations Vaugelas établit un contraste entre une construction qui est plus régulière ou plus grammaticale et une autre qui est

258 Ces constructions sont examinées plus en détail dans notre section sur la syntaxe ci-dessous ; voir aussi Tourrette (2014).

259 François de Sales note déjà l'importance de *la netteté* et de *la naïveté* entre autres qualités de style dans une lettre du 5 octobre 1604 adressée à André Frémyot (1892-1964 : XII, 322) : « Je dis de mesme du langage, qui doit estre clair, net et naïf, sans ostentation de mots grecz, hebreux, nouveaux, courtisans. La tisseure doit estre naturelle, sans preface, sans ageancemens [*sic*] ».

260 *Cf.* Quintilien, *Institution oratoire*, X, 1, 5-15.

plus élégante (p. 383, 494) ; ces constructions élégantes peuvent par conséquent être « extraordinaire[s] » (p. 111) ou « tres-estrange[s] » (p. 472*).

Comme le note notre remarqueur, le critère de *douceur* est une notion plutôt subjective et se fonde surtout sur ce qui est familier ou commun (p. 73, 212)[261]. Même si la succession de deux voyelles est en principe considérée comme mauvaise, elle est tolérée dans le cas de *commença à* – et même dans un exemple tel qu'*il commença à avouer* – conformément à une maxime qui ne souffre aucune exception et selon laquelle « il n'y a jamais de mauvais son qui blesse l'oreille, lors qu'un long usage l'a estably, & que l'oreille y est accoustumée » (p. 424). Comme on pouvait s'y attendre, la douceur est citée comme critère permettant de trier les usages dans des remarques sur la prononciation ; par exemple *ai* est jugé plus doux que *oi* (p. 98, 411), *e* plus doux que *a* (p. 141, 146, etc.), *eu* plus doux que *o* (p. 341), etc. Elle peut également expliquer un changement de prononciation, surtout quand il s'agit d'une simplification : la prononciation de *satifaire* au lieu de *satisfaire* est considérée plus douce et plus aisée (p. 157), ainsi que celle d'*agrément* pour *agreement* ou *remerciment* pour *remerciement* (p. 443). Elle influe non seulement sur le choix des sons, mais aussi sur leur combinaison ; l'ouvrage contient par exemple une longue remarque qui énumère les contextes dans lesquels il est préférable d'écrire *avec* ou *avecque* (p. 311-315). Remarquons toutefois que le recours au critère de douceur dans le sens d'« euphonie » ne se limite nullement aux remarques qui traitent de la prononciation ; elle est également invoquée dans celles qui traitent de la syntaxe, du lexique et du style. Vaugelas affirme, par exemple, qu'il est préférable de n'utiliser que des particules d'une ou deux syllabes entre la préposition *pour* et son infinitif : par conséquent l'ordre *pour aviser avec Quintus* est jugé plus doux que *pour avec Quintus aviser* (p. 63). Sur le plan lexical, les formes plus brèves *rival* et *desbarquer* sont jugées plus douces que *corrival* et *desembarquer* (p. 358, 467) ; les nouveaux mots ou expressions doux sont également plus aptes à s'établir dans l'usage (p. 40, 123). Dans le domaine stylistique Vaugelas note à plusieurs reprises que la poésie doit être plus douce que la prose (p. 325) ; par ailleurs, les rimes dans la prose ont une certaine « rudesse » (p. 235-238).

261 Sur le concept du « jugement de l'oreille », voir Steuckardt et Thorel (2017).

Les notions de *majesté* et de *force* ne sont invoquées que rarement dans le texte[262]. En revanche, le jugement selon lequel une expression ou une construction « a bonne grace » est fréquent. Vaugelas attribue « la premiere place parmy toutes les perfections du stile » (p. 104) au naturel ou à la *naïveté* du style, qualité souvent associée à l'usage des femmes. Si les fautes contre *la pureté* et *la netteté* sont *vicieuses*, *monstrueuses* ou *insupportables*, celles contre *le nombre* sont plutôt des *negligences* (voir la section 6.6).

6.2 PRONONCIATION ET ORTHOGRAPHE

6.2.1 Prononciation

Environ 8 % des remarques de Vaugelas ont pour sujet principal une question de prononciation. Il convient toutefois de souligner que plusieurs autres remarques font mention en passant d'un aspect phonique d'un mot que Vaugelas considère principalement d'un autre point de vue[263]. Les questions de prononciation et d'orthographe sont particulièrement difficiles à distinguer. Cela s'explique en partie par le fait que les doutes sur la prononciation et l'orthographe d'un mot ou d'une expression sont souvent associés, mais la difficulté est également liée à l'usage indifférencié du métalangage par Vaugelas. Comme cela est typique à l'époque, il ne distingue pas rigoureusement les termes qui désignent les sons et ceux qui désignent les lettres ; son usage du mot *diphtongue* est caractéristique de cet emploi polyvalent : « on prononce beaucoup de mots escrits avec la diphtongue[264] *oi*, comme s'ils estoient escrits avec la diphtongue *ai* » (p. 98). De la même façon, il utilise le verbe « dire » même dans des contextes où il s'agit clairement d'un usage écrit : « on demande s'il faut dire *en Flandre*, ou *en Flandres*, *la Flandre*, ou *la Flandres*. Pourquoy cette question ? parce que l'*s* ne s'y prononce point, soit qu'elle y soit ou qu'elle n'y soit pas » (Préface IV.1). Pour représenter la prononciation il se borne dans les grandes lignes à employer l'orthographe traditionnelle et il n'adopte pas de système particulier pour transcrire

262 La *majesté* est surtout associée au genre sublime (p. 244). Sur la *force*, voir Zuber (1995 : 361-376).

263 Voir, par exemple, l'observation sur *commencer* qui traite principalement de la construction verbale (*commencer à* ou *commencer de*), mais qui fait également mention de la mauvaise prononciation « quemencer » (p. 425).

264 Vaugelas corrige l'orthographe de ce mot dans les « Fautes d'Impression ».

les sons comme celui de Louis Meigret ou de Jacques Peletier du Mans au siècle précédent. Le respect de l'orthographe traditionnelle est de nouveau conforme à la fonction et au lectorat de l'ouvrage.

Comme nous l'avons déjà indiqué, Vaugelas invoque assez régulièrement le critère de la *douceur* pour justifier sa préférence pour un certain usage, par exemple pour favoriser *bizarre* au lieu de *bigearre* (p. 330) ou *cangreine* plutôt que *gangreine* (p. 361). Il répète dans trois observations différentes son avis selon lequel la prononciation de *e* [ɛ] est plus douce que celle d'*a* [a] (p. 141, 250, 512), peut-être en partie parce que l'ouverture de la bouche est moins grande pour articuler cette voyelle. Il fait en particulier appel à la douceur – ou à son antonyme la cacophonie – dans les remarques qui traitent de la frontière des mots et des problèmes de hiatus. Comme on pouvait s'y attendre, Vaugelas censure les prononciations associées à la ville de Paris (« *Filleul, fillol* », p. 341) ou à la chaire ou au barreau (« *Acheter* », p. 318-319) et favorise celles de la Cour ; sont également critiquées les prononciations considérées comme archaïques (*pu* pour *plus*, p. 230), régionales[265] ou non conformes au registre ou style utilisé (*allair* pour *aller*, p. 437).

Dans le domaine vocalique, Vaugelas traite dans plusieurs remarques de trois questions qui, selon les enquêtes[266], sont parmi les plus saillantes de l'époque : la variation entre [wɛ], [ɛ] et [wa] ; l'alternance entre [ɛ] et [a] en particulier devant [r] ; l'alternance entre [o] et [u] ou *l'ouïsme*. Autrement dit, ces remarques semblent bien identifier « l'usage douteux » dans le domaine de la prononciation. Quatre autres centres d'intérêts principaux se dégagent dans les remarques sur les voyelles : la prononciation de certaines voyelles nasales, l'alternance de *eu* ([œ]) avec d'autres voyelles, la prononciation de schwa, et les questions de syllabation. À la différence de certains remarqueurs ultérieurs tels qu'Andry de Boisregard, Vaugelas ne s'intéresse pas aux questions de prosodie (quantité vocalique et syllabique).

Commençons par la prononciation de 'oi'. Cette question a été discutée dans plusieurs types de textes métalinguistiques depuis le

265 Sur « l'imaginaire norme de prononciation aux XVIe et XVIIe siècles », voir Morin (2011). Morin note comment, malgré l'existence d'une norme déclarée, les provinciaux conservent dans leur parler, du moins en partie, des traits de leur région d'origine lorsqu'ils s'établissent à Paris. N'oublions pas que Voiture (1650 : 367) parle dans une lettre à Mademoiselle de Rambouillet de 1638 du « mauvais accent » de Vaugelas.

266 Voir, par exemple, Ayres-Bennett (1990) ou Lodge (2004 : 180-185).

XVIe siècle[267]. L'évolution de [wɛ] à [ɛ] fut critiquée par presque tous les grammairiens du XVIe siècle, et Ferdinand Brunot croit par conséquent que « c'est [...] un des premiers et des plus sensibles exemples de la règle venant contrarier l'usage ». En plus de ce changement se manifestait une deuxième tendance parisienne, considérée comme encore plus populaire, la transformation de [wɛ] en [wa] ; elle ne s'est pas généralisée, mais s'est cependant maintenue comme variante minoritaire pour s'établir plus tard, et notamment après la Révolution.

Vaugelas consacre une remarque assez longue à la variation entre [wɛ] et [ɛ] (p. 98-101). En adoptant une perspective synchronique[268], il a contribué, avec d'autres grammairiens du siècle, à établir pour certains types de mots la répartition assez arbitraire de ces deux voyelles qui subsiste jusqu'à nos jours, par exemple dans les adjectifs désignant les nationalités (*Suédois*/*Anglais*).

En général, Vaugelas juge la prononciation en [ɛ] ('ai') « incomparablement plus douce & plus delicate » et, tout comme le grammairien Oudin (1640 : 42-43), il la préfère dans les désinences de l'imparfait et celles du temps que nous appelons aujourd'hui le conditionnel (« à l'optatif & au subjonctif »)[269]. Il observe pourtant que plusieurs personnes abusent de cette voyelle, et il essaie par conséquent de formuler des règles pour la répartition des deux sons. Il ne conseille donc l'usage moderne en [ɛ] que pour un petit nombre de verbes, et notamment pour *je connais*, *tu connais*, etc., et promeut [wɛ] pour les verbes tels que *je conçois*, *je reçois* et ceux composés à partir de *voir* (*je prevois*, *je revois*, etc.). La variation persistait dans deux autres contextes où la variante promue par Vaugelas n'a pourtant pas triomphé. Il recommande la prononciation en [ɛ] pour les mots qui font partie de sa liste d'exceptions à la règle générale selon laquelle « dans tous les monosyllabes on doit prononcer *oi* » : *froid*, *crois*, *droit*, *soient*, *soit*[270]. Il préfère également les prononciations représentées

---

267 Voir Thurot (1881-1883 : I, 352-414) ; Brunot (1905-1953 : II, 255-257).

268 Il convient toutefois de noter qu'il a parfois recours à l'étymologie dans les observations sur la prononciation, par exemple, pour déterminer si un *h* est aspiré ou muet (voir ci-dessous).

269 En 1618, Maupas considère par ailleurs toujours cette prononciation comme une faute faite par les courtisans « singes des nouveautez », « par une folle imitation des erreurs des estrangers » (f° 16v°).

270 Il conseille de fait la prononciation *soit* quand le mot est utilisé « pour approuver quelque chose » et « quand il signifie *sive* ».

par les graphies *craire*, *accraire*, *creance*[271], *craistre* et *accraistre*, bien qu'il approuve les formes *boire*, *memoire*, *gloire*, *foire*, etc. Le débat a continué tout au long du siècle ; Ménage (1675 : 582-591), par exemple, dresse de longues listes des mots de chaque type, y compris des mots « prononcez diversement ». Au début du siècle suivant, l'Académie Française (1704 : 116) accepte dans les grandes lignes les recommandations de Vaugelas à quelques différences près.

Deuxième cas important d'alternance vocalique : les grammairiens avaient constaté dès le XVIe siècle dans les dialectes centraux et dans le parler parisien populaire une tendance assez ancienne à ouvrir la voyelle [ɛ] en [a] surtout devant /r/ (*er*/*ar*). À l'inverse, toujours devant /r/, les dames et les courtisans prononçaient [ɛ] au lieu de [a]. La prononciation en *er* fut par conséquent utilisée par tous ceux qui voulaient adopter une prononciation cultivée, même parfois dans des cas où la prononciation en *ar* était la bonne du point de vue étymologique (par exemple *boulevert* pour *boulevard*)[272]. Vaugelas préfère donc *guérir* à *guarir* et *herondelle* à *arondelle*[273], mais il note de nouveau qu'il ne faut pas abuser de cette tendance et il conseille l'usage de *marque*, *sarge* et *marri* parce ce sont les prononciations typiques de la cour. Tous les remarqueurs qui lui ont succédé et se sont prononcés sur cette question sont du même avis que lui, sauf dans le cas de *sarge*. Vaugelas associe à cette discussion la variation entre *demoiselle*/*damoiselle* et *mademoiselle*/*madamoiselle* (p. 141-142) même si la qualité du *e* est différente dans ces exemples. Là encore il conseille l'usage des formes en *e*, « comme nostre langue se perfectionne tous les jours ».

La question de l'*ouïsme* (variation entre [o] et [u]) faisait depuis le XVIe siècle l'objet de vives discussions dans de nombreux types d'ouvrages métalinguistiques, y compris dans les grammaires de Maupas et d'Oudin[274]. Selon Brunot (1905-1953 : IV, 177), 60 mots firent l'objet

---

271 Dans la remarque « *Croyance, creance* » (p. 541-542) Vaugelas établit une distinction sémantique entre les deux formes, même si à son avis elles se prononcent de la même façon. Voir aussi son commentaire sur *ployer* et *player*, p. 411.

272 Rosset (1911 : 98) observe qu'il restait 44 mots pour lesquels la prononciation, hésitant entre *a* et *e*, s'est fixée au XVIIe siècle ; puisque 18 étaient fixés dès l'époque d'Oudin et 6 se sont fixés après le XVIIe siècle, il conclut que c'est bien au XVIIe siècle que s'est définitivement établie la distribution de ces deux voyelles.

273 Ménage (1675 : 13-15), Bouhours (1692 : 561) et l'Académie (1704 : 536) préfèrent tous la forme moderne *hirondelle*, que Vaugelas considère comme la meilleure après *herondelle*, tout en notant que cette forme a « plusieurs partisans capables de l'authoriser » (p. 513).

274 Voir, par exemple, Thurot (1881-1883 : I, 240-266), Ayres-Bennett (1990).

d'une décision entre la publication de la grammaire d'Oudin et celle du dictionnaire de l'Académie de 1718, même si elle ne fut pas toujours prise de façon cohérente (par exemple, *porter* mais *tourment*). En 1704, l'Académie peut donc observer qu'« il y a longtemps qu'on a perdu l'habitude de prononcer la lettre *o*, comme si elle estoit accompagné d'un *u* » (p. 330). Vaugelas se montre « non-ouïste », et favorise donc *arroser*, *chose*, *costé*, *fossé* (p. 219-220) et *portrait* (p. 340-341). Il semble indiquer que la prononciation en [o] ne s'est établie dans le bon usage que depuis dix ou douze ans ; notons que dans les *Fautes d'impression* du livre, la forme *rabouteuse* est remplacée par *raboteuse*.

Deux autres domaines d'alternance vocalique sont traités dans une série de remarques. Concernant les voyelles nasales, Vaugelas parle de la variation entre [jɛ̃] et [jɑ̃] dans les mots tels qu'*ingredient*, *expedient*, *inconvenient*, *escient* (p. 29-30), et exprime sa préférence, dans ces exemples, pour la dernière voyelle ; il essaie même de formuler une règle générale pour expliquer la distribution de ces voyelles selon le contexte phonétique. Deux autres observations traitent de la prononciation d'une voyelle nasale dans un mot particulier. Les remarqueurs ultérieurs partagent l'avis de Vaugelas sur la bonne façon de prononcer *tomber* (p. 82). À la différence de la position prise dans certaines remarques dans lesquelles il semble recommander que l'orthographe reflète la prononciation du mot, il conseille l'orthographe *convent*, mais la prononciation *couvent* (p. 502) ; si l'Académie (1704 : 528) adopte toujours la même position que Vaugelas, Ménage (1675 : 168) et Bouhours (1692 : 560) préfèrent en revanche la forme *couvent* pour l'oral et l'écrit. Trois remarques traitent de l'alternance de *eu* [œ] avec d'autres voyelles, soit dans des mots particuliers (*filleul*/*fillol*, p. 341 ; *veuve*/*vefve*, p. 412), soit dans les formes radicales des verbes *trouver*, *prouver*, *esprouver* et *pleuvoir* (p. 133-134). Aucun de ces jugements n'a été contesté par ses commentateurs.

Quant à la prononciation du schwa, Vaugelas s'y intéresse lorsque celui-ci est en position médiale, par exemple dans la discussion au sujet de *seureté* (p. 343), et quand il est en position finale (*encore*, p. 252-253 ; *avec, avecque, avecques*, p. 311-315[275]). À son avis, le schwa se prononce

275 Cette remarque traite également de la prononciation des consonnes en position finale. Voir aussi la discussion sur la prononciation de *remerciement*, *agrément* (p. 413), de quelques adverbes (p. 442-444), et de quelques formes verbales au futur (p. 119).

toujours dans *seureté* et *pureté*[276]. En position finale, à la différence par exemple de Ménage (1675 : 83) et de l'Académie (1704 : 275-276), il ne tolère que la forme *encore* (p. 252-253), et conseille même aux poètes d'éviter *encor* ; il considère d'autre part que *avec* et *avecque* sont tous deux acceptables, cette variation permettant non seulement aux poètes mais aussi aux auteurs qui écrivent en prose de « satisfaire l'oreille, soit pour former la juste mesure d'une periode, soit pour les joindre aux mots avec lesquels ils rendent le son plus doux, & la prononciation plus aisée, soit en fin pour empescher dans la prose la mesure des vers » (p. 312). La question de la quantité des syllabes se pose également dans trois autres remarques : tous les commentateurs entérinent le jugement de Vaugelas sur la prononciation du participe passé d'*avoir* (p. 319) et d'*aoust* (p. 322) en une seule syllabe, mais ils ne sont pas aussi unanimes sur la prononciation du passé simple et du participe passé du *fuir* en deux syllabes (p. 451).

On peut également mettre en évidence certaines préoccupations centrales dans le domaine consonantique : les questions d'alternance consonantique ; la syncope ou l'épenthèse d'une consonne ; l'épineuse question de la prononciation du *h* aspiré ou muet. Cette dernière question est étroitement liée aux problèmes de liaison et d'élision.

Les alternances consonantiques sont toujours traitées à travers la discussion d'exemples particuliers, même si dans le cas de *persecuter* Vaugelas passe du particulier au plus général. Il s'agit surtout de la variation dans la prononciation des fricatives, soit à cause de la présence ou l'absence du voisement (*acheter* ([ʃ]/[ʒ]), p. 318-319 ; *persecuter* ([s]/[z]), p. 114), soit en fonction du lieu d'articulation de la consonne (*Chypre* ([ʃ]/[s]), p. 6 ; *bigearre*/*bizarre* ([ʒ]/[z], p. 330). Selon Thurot (1881-1883 : II, 218), il existe très peu de commentaires sur la prononciation de *Chypre* avant Vaugelas ; si Vaugelas préfère la forme en [ʃ], le débat continue chez les remarqueurs. Ménage (1675 : 376-377) affirme sa préférence pour, d'une part, *l'isle de Cypre*, d'autre part *la poudre de Chypre*, sans pourtant condamner ceux qui dient *l'isle de Chypre* ; Andry (1692 : 124) considère de même que les avis sont partagés, tandis que Corneille (Vaugelas 1687 : I, 8) et l'Académie (1704 : 8) essaient d'établir une différence entre *Cypre* pour la « géographie ancienne » et *Chypre* pour la « géographie moderne ». Le traitement d'*acheter* semble par ailleurs être un commentaire plutôt isolé,

276 *Cf.* Thurot (1881-1883 : I, 146-149, 155-156).

et la prononciation de ce mot ne figure pas, par exemple, chez Thurot. La présence ou l'absence du voisement est également prise en compte dans deux remarques qui se suivent, « *Gangreine* » ([k]/[g], p. 361-362) et « *Exemple* » ([ks]/[gz], p. 362). Dans le premier cas Vaugelas préfère l'orthographe *gangreine*, mais la prononciation *cangreine* avec [k] pour éviter « la repetition des deux *g* », tout en notant qu'il y a beaucoup de mots dans lesquels « le vulgaire confond ces deux lettres » comme *secret* et *vagabond*[277]. Un dernier cas d'alternance consonantique est celle de « deux *ll*, liquides » avec *l* ([ʎ]>[j]/[l], p. 447-448) : Vaugelas cite le cas de *gentille* parce que cet adjectif constitue une exception à la règle générale concernant les adjectifs (*subtile*, *civile*, *vile*, etc.).

Quand sont évoquées les syncopes ou épenthèses de consonnes, deux grandes préoccupations dominent : la tendance à simplifier les groupes consonantiques, et la prononciation du *-r* en position finale, en particulier dans les infinitifs. La tendance à simplifier les groupes consonantiques est selon Lodge (2004 : 185) une question d'une haute saillance à cette époque. Bien que Vaugelas présente la syncope de [s] devant [f] dans *satisfaire*, *satisfaction* comme une faute récente (p. 157), cette prononciation « beaucoup plus aisée » est déjà mentionnée par Meigret et Peletier au XVIe siècle (Thurot 1881-1883 : II, 320-321) ; elle ne s'est cependant pas imposée comme le craignait Vaugelas. Il note que les mauvaises prononciations de *arbre*, *marbre* et *plus* avec des groupes consonantiques simplifiés ne s'entendent plus à la cour, mais il conseille toutefois d'écrire et de prononcer *mecredi* sans *r*, malgré son étymologie. La variation a longtemps continué : Thurot (1881-1883 : II, 279) note que Buffier observe au début du siècle suivant qu'« on prononce et on écrit *mécredi* ». De la même façon, Vaugelas ne prend pas l'étymologie en compte quand il opte pour *fronde* au lieu de *fonde* (p. 25) ; comme l'a bien noté Patru, « la *fronde* et *les frondeurs* [...] ont bien decidé cette question » (Streicher 1936 : 44).

Vaugelas critique les personnes qui prononcent les infinitifs de la première conjugaison en *-er* avec un *e* ouvert et un *r* final et conseille la prononciation avec un *e* fermé (p. 437-438)[278]. Dans sa remarque,

277 Cette variation avait été déjà discutée au XVIe siècle pour les exemples de *secret* et *vagabond* (voir Thurot 1881-1883 : II, 201-206), mais, selon Thurot, Oudin est le premier à se pencher sur la prononciation de *gangrène*.

278 Il fait une très brève allusion à la prononciation des infinitifs en *-ir* dans l'une des observations sur la prononciation de *h* où il recommande la prononciation *couri* sans *r* (p. 198). *Cf.* « *Apres souper*, ou *apres soupé* » (p. 152).

il fait état de l'hésitation générale à l'époque sur la prononciation de ces infinitifs : il note que ses amis ont commencé par défendre la prononciation en /ɛr/, mais qu'il a fini par les convaincre de la justesse de son jugement[279]. Il nie notamment qu'il soit permis d'employer une prononciation différente pour les « paroles prononcées en public[280] ». Beaucoup de ses successeurs adoptent une position plus nuancée et distinguent les différentes prononciations selon le type de discours ou de genre ou selon le contexte phonétique[281]. S'ils jugent que la prononciation sans *r* est conseillée pour la prose, ils maintiennent que la consonne se prononce à la fin des vers et au milieu des vers devant une voyelle (voir, par exemple, Ménage 1675 : 253-254) ; certains grammairiens prônent la prononciation avant une voyelle même en prose (Thurot 1881-1883 : II, 152). D'autres, tels qu'Andry de Boisregard (1692 : 466-467) et Buffet (1668 : 144), tentent de proposer une sorte de compromis en soutenant qu'il ne faut ni articuler le /r/ fortement, ni le supprimer entièrement.

Dans la remarque intitulée « *Quand il faut prononcer le D aux mots qui commencent par Ad, avec une autre consone d'apres le D* » (p. 439-441), Vaugelas se sent obligé de dresser une liste des mots « selon l'ordre du Dictionnaire » de ce type et d'indiquer dans chaque cas si le /d/ se prononce, c'est-à-dire s'il faut utiliser la forme savante en /ad-/ ou la forme populaire en /a-/[282]. Ici Vaugelas semble vouloir établir une conformité entre l'orthographe et la prononciation, « car à quel propos laisser un *d*, qui n'est là que comme une pierre d'achoppement pour faire broncher le Lecteur ? ». La plupart des jugements de Vaugelas sont approuvés par les remarqueurs ultérieurs qui y ajoutent simplement quelques corrections et ajouts mineurs.

---

279 *Cf.* le commentaire de Maupas (1618 : f° 11 r°) : « Je trouve niaise, la fantaisie d'aucuns, qui affectent une lasche prononciation du bas populas, d'obmettre & supprimer du tout, toutes les *r*, finales, ainsi. *Vous plaist-il veni disné avec moy, vous me ferez plaisi*, au lieu de dire. *Venir*, *disner*, *plaisir*, avec moderee prononciation de l'r ».

280 Pour une discussion du double style de prononciation pratiqué dans la haute société de Paris aux XVIIe et XVIIIe siècles, voir Gendron (2011). Après Vaugelas, on établit constamment une distinction entre deux styles de discours dans la seconde moitié du siècle : celui du discours familier de la conversation ou le bel usage des salons et de la cour et celui du discours soutenu de la parole publique (c'est-à-dire pratiqué au barreau, en chaire et au théâtre), prononciation décrite par Ménage (1676 : 231) comme « emphatique et majestueuse ».

281 Voir, par exemple, Caron (2010).

282 Thurot note (1881-1883 : II, 356) comment la prononciation latine s'est maintenue dans les mots de la langue savante et s'est introduite même dans quelques mots purement français, du moins par leur forme.

Les observations qui traitent de la prononciation du *h* sont parmi les plus difficiles à interpréter. Ce sont en fait deux questions apparentées : il s'agit de déterminer d'une part si le *h* est toujours aspiré à cette époque et d'autre part dans quelles circonstances il faut faire l'élision ou la liaison.

Anne-Marie Brousseau (2007) remarque que le moment où l'aspiration a complètement cessé de se faire entendre en français n'a pas été clairement établi. Si en français populaire le *h* semble avoir disparu dès le XVIe siècle, dans la langue savante la prononciation se serait maintenue plus longtemps, peut-être même au XIXe siècle, soutenue notamment par l'influence des grammairiens. Thurot (1881-1883 : II, 392), qui fonde ses conclusions sur les témoignages de grammairiens, de Meigret et Palsgrave jusqu'à Beauzée et Demandre, pense que l'aspiration était « très sensible [...] jusqu'au XVIIIe siècle » ; il cite d'autre part quelques rares grammairiens qui semblent indiquer que le *h* aspiré ne se réalise pas, dont Lartigaut en 1669. Brousseau se sert des données fournies par les créoles français pour corroborer l'hypothèse selon laquelle le *h* aspiré était réellement prononcé à l'époque de la formation des créoles soit dans la deuxième moitié du XVIIe ou la première du XVIIIe siècle, du moins dans les variétés mésolectales du français parlées aux Antilles. Quelques légers indices semblent également confirmer que pour Vaugelas le *h* aspiré se prononçait toujours : par exemple, en parlant de la prononciation de *oui* (p. 242-243), il semble indiquer que ce mot se prononce comme si l'on écrivait *hoüy*, « excepté que l'*h* ne s'aspireroit point, comme nous avons remarqué au mot de *huit*, qui se gouverne tout ainsi que les mots qui commencent par une *h* consonante, si ce n'est qu'il ne s'aspire point[283] ».

Les cinq observations qui traitent de cette question, dont trois se suivent (p. 194-202), contre la pratique ordinaire de Vaugelas, se concentrent surtout sur les problèmes d'élision et de liaison posés par les mots qui commencent par un *h*. Deux traitent des mots douteux (« *Heros, heroïne, heroïque* » (p. 1-3) et « *Huit, huitiesme, huitain* » (p. 73)), qui constituent des exceptions aux tendances générales identifiées par Vaugelas. Dans la remarque « H, *aspirée, ou consone, & H, muëtte* » (p. 194-198), il note que les provinciaux de la plupart des régions de France ainsi

283 *Cf.* p. 73 ; l'Académie (1704 : 87) maintient au contraire qu'il y a « quelque sorte d'aspiration dans l'*h* de ces trois mots [*huit*, *huitiesme*, *huitain*], quoy qu'elle ne soit pas si sensible que dans *honte* & dans *hardi* ».

que les étrangers – groupe auquel il ne s'intéresse que rarement – font souvent des fautes d'élision et de liaison avec les mots qui commencent par *h* aspiré. Après une digression sur la prononciation des consonnes en position finale[284], il résume : « L'*h*, est ou *consone*, ou *muëtte* [...] Si elle est *consone*, il faut faire deux choses, l'une, l'*aspirer*, & l'autre, *y observer tout ce qui s'observe avec les autres consones* » (p. 198). Dans la remarque suivante Vaugelas essaie effectivement de dégager des règles pour déterminer si le *h* est aspiré ou pas, règles qu'on ne peut appliquer sans avoir une bonne connaissance du latin ; il dresse en passant la liste de quelques exceptions supplémentaires. Dans une troisième remarque il traite de la prononciation du *h* dans les mots composés – qui suit en principe la prononciation dans les mots simples – tout en notant l'exception de *haut-exhaussé* (p. 201-202).

Les difficultés d'élision, de liaison et d'enchaînement sont soulevées dans quatre autres remarques. Si les jugements sur l'élision de *si* (p. 372) et des fausses liaisons du type *on-z-a*, *on-z-ordonne* (p. 436-437) sont acceptés sans difficulté par ses successeurs, on hésitait entre *l'onziesme*, forme préférée de Vaugelas (p. 77-78), de Ménage (1675 : 488), d'Andry (1693 : 216) et de Bouhours (1692 : 547), même si ce dernier ne condamne pas l'autre forme, et *le onziesme*, forme conseillée par l'Académie (1704 : 91). Sur la prononciation de *oüy* (p. 242-232), les commentateurs notent le manque de cohérence de Vaugelas qui conseille qu'on prononce *ce oüy*, tout comme on prononce *un oüy* (et non *un noüy*), mais préfère toutefois *cet oüy* comme forme écrite.

Comme on l'a déjà établi, le concept de cacophonie est fréquemment cité dans les remarques qui traitent du hiatus à la frontière des mots. Quatre observations successives (p. 9-15) traitent du bon usage de *on*, *l'on*, *t-on* et *qu'on*[285] dans lesquelles notre remarqueur évoque la nécessité d'éviter la cacophonie pour justifier le choix d'une variante. Il fait également mention de cette question dans sa Préface (VI), où il parle de l'usage de « certaines particules ». Dans ce passage il semble suggérer – malgré sa position théorique selon laquelle l'usage parlé et l'usage écrit sont conformes – que l'on ne fait guère attention à ces

284 Comme l'a bien remarqué Chiflet (1659 : 212-215), il omet des exceptions et établit même une fausse généralisation (voir Ayres-Bennett 1987a : 76-77).

285 Pour une discussion sur la variation entre *on* et *l'on* en français actuel, voir Coveney (2004 : 91-112).

particules en parlant, mais « que le stile qui est beaucoup plus severe demande pour une plus grande perfection » ; dans ce cas, le concept de cacophonie, qui est lié à l'aspect phonique du langage, semble moins pertinent pour expliquer leur usage. De fait l'Académie (1704 : 17), tout en approuvant la remarque de Vaugelas, note que dans la conversation l'usage par exemple de *dites que l'on commence* (au lieu de *dites qu'on commence*) serait trop affecté. Dans le cas de *jusques à* et *jusqu'à* (p. 21-22) Vaugelas accepte les deux formes, selon que « l'oreille desire une syllabe de plus ou de moins pour arrondir une periode ». La nature subjective du critère de l'euphonie est bien indiquée par le commentaire de l'Académie (1704 : 25) sur cette remarque : « On n'a point trouvé qu'il y eust de cacophonie dans ces deux phrases de M. de Vaugelas, *jusqu'à ce qu'aprés*, *jusqu'à ce qu'ayant* ».

Notre dernier groupe de remarques sur la prononciation concerne la prononciation de mots étrangers en français. Il est bien probable que cette question intéressait les remarqueurs comme les traducteurs de textes latins et grecs. Dans la première observation (p. 143-146) Vaugelas parle de l'adaptation des noms propres latins en français, tandis que dans la deuxième il s'agit plutôt de mots grecs (p. 202-209).

6.2.2 *Orthographe*

Les observations qui se focalisent sur les questions d'orthographe sont beaucoup moins nombreuses (*ca.* 2,4 %), et elles traitent le plus souvent des particularités de l'usage. En énumérant la liste de raisons pour lesquelles l'usage peut être incertain (Préface IV.2), Vaugelas commence par remarquer que « si la prononciation d'un mot est ignorée, il faut de necessité que la façon dont il se doit escrire, le soit aussi ». Pour illustrer ce type d'usage douteux, il cite non seulement l'orthographe de mots isolés, tels que *parallele/paralelle*, mais aussi les problèmes d'accord (*je vous prens tous à tesmoin / je vous prens tous à temoins*; *c'est une des plus belles actions qu'il ayt jamais faites / qu'il ayt jamais faite*)[286].

Comme nous l'avons déjà suggéré, Vaugelas n'adopte pas une politique très conséquente concernant le rapport entre la prononciation et la graphie. Si dans le cas des mots qui commencent par *ad-* il conseille

286 Il existe naturellement d'autres remarques qui, tout comme les observations sur l'accord, que nous avons classées dans la rubrique « syntaxe », ont une dimension orthographique.

la suppression du 'd' quand il n'est pas prononcé (voir ci-dessus) et prédit qu'on finira par changer l'orthographe de *croyance* en *creance* pour refléter la prononciation du mot, malgré ses préférences personnelles (p. 542), dans d'autres remarques il reconnaît la présence de lettres muettes (*pseaumes*, p. 365, *respondre*, p. 371) ou une disparité entre la forme écrite et la forme parlée (*berlan*/*brelan*, p. 409-410[287], *couvent*/*convent*, p. 502). Bref, il ne s'intéresse guère aux questions de réforme de l'orthographe et se concentre plutôt sur des points de détail en lien avec l'usage douteux[288].

Dans plusieurs cas où l'orthographe est incertaine parce que la prononciation est identique pour les deux variantes, l'hésitation provient de la présence d'un 's' final non prononcé (« *Jusque*, sans *s* à la fin », p. 21 ; « *Guere, gueres, de naguere, de nagueres* », p. 335 ; « *De certains mots terminez en* e *feminin, & en* es », p. 391-392), mais un exemple avec un 't' final est également cité (« *S'il faut dire* landy, *ou* landit », p. 516-518). Le cas de *sans dessus dessous* (p. 44-45) est plus complexe, parce que les différentes orthographes proposées reflètent différentes hypothèses sur la composition de l'expression (*c'en dessus dessous, sens dessus dessous*).

Autre question récurrente dans l'ouvrage : la soudure ou non-soudure graphique des formes. Faudrait-il écrire *parce que* en trois mots ou en deux (p. 90-91)[289], *arc-en-ciel* ou *arcenciel* (p. 471), *d'autant que* ou *dautant que* quand le mot a le sens de *parce que* (p. 326-327), *nagueres* ou *n'a-gueres* (p. 335) ?

Vaugelas a parfois recours à l'étymologie pour justifier son orthographe préférée (« *Quand à moy* », p. 53), tandis que dans d'autres cas il mentionne simplement une différence entre l'usage latin et français (*seraphin*, p. 413). En prescrivant la forme *faire alte*, il soutient même qu'il ne faut avoir « aucun esgard à toutes les etymologies, qu'on pourroit rapporter au contraire » (p. 553).

Transparaît dans le traitement de l'orthographe le souci de distinguer l'usage des formes apparentées que nous retrouvons, par exemple, dans

287 Dans ce cas Vaugelas note que plusieurs personnes commencent à adopter l'orthographe *brelan* qui correspond à la prononciation.

288 Selon Bernard Cerquiglini (2004 : 135), le silence « presque total » de Vaugelas sur l'orthographe tient à une tension entre le respect dû à une graphie formée par la tradition savante, et son sentiment qu'un usage féminin pourrait être naturel, moderne et, en un sens, très français.

289 Cette question est naturellement liée à sa grammaticalisation comme conjonction.

les remarques sur le lexique : Vaugelas indique par exemple les contextes où il faut se servir respectivement de *quand* et de *quant* (p. 52-53), formes qui se prononcent de façon identique devant un mot qui commence par une voyelle. Dans la remarque « *Parallele* » il va jusqu'à suggérer qu'on utilise la forme *parallele* quand le mot est un adjectif et a un sens propre, mais la forme *paralelle* quand le mot est un substantif et a un sens figuré, même s'il décrit cet usage comme un « abus » (p. 106-108) ; cette remarque fut beaucoup critiquée par ses successeurs.

6.3 MORPHOLOGIE

Dans le domaine de la morphologie – sujet traité dans environ un huitième des remarques de l'ouvrage – on distingue deux grands blocs importants : morphologie nominale et morphologie verbale. Ici et là apparaissent également de rares remarques sur les déterminants et substituts du groupe nominal[290] et sur la formation des adverbes en *-ment* (p. 164, 442-444).

6.3.1 Morphologie nominale

La très grande majorité des remarques qui traitent de la morphologie nominale portent sur le genre grammatical (34 remarques, *ca.* 6 % de toutes les observations)[291]. Un premier groupe important traite des substantifs pour lesquels le genre grammatical est incertain[292]. Dans près de la moitié des cas le substantif commence par une voyelle. Il est intéressant de noter qu'on trouve un vaste éventail de jugements qui vont de la prescription totale à la tolérance absolue. Si pour de nombreux mots Vaugelas considère que seul l'un des deux genres est acceptable (par exemple, pour *rencontre*, *anagramme*, *préface*, *maxime*, *date*, etc.[293]), pour d'autres il juge qu'ils sont « hermaphrodites », c'est-à-dire, qu'ils peuvent être indifféremment utilisés au masculin ou au féminin (par

290 « *Cy, joint aux substantifs* » (p. 366-367), « *Mille, milles* » (p. 392).

291 Colombat (1999 : 324) note la place considérable occupée dans les grammaires latines de l'âge classique par les règles consacrées au genre des noms. Comme le genre grammatical relève pour une grande part de l'arbitraire, la maîtrise de son usage en français est facilement associée à la distinction sociale.

292 Notons que dans les grammaires de Maupas et d'Oudin on trouve plutôt de longues listes de mots pour lesquels les auteurs indiquent le genre considéré comme le bon.

293 Voir p. 19, 25, 64, 342-343.

exemple, *foudre, aigle, thériaque*[294]). Entre ces deux extrêmes se trouvent des cas où Vaugelas exprime une préférence, mais semble cependant tolérer la variation :

> Epithete est feminin, *une belle epithete, les epithetes Françoises*, qui est le titre d'un livre nouvellement imprimé ; quelques-uns pourtant le font masculin ; tous deux sont bons. (p. 26)
>
> Pour *Duché*, on le fait tantost masculin, tantost feminin, mais il me semble beaucoup plus usité au masculin, & *Comté* de mesme, quoy que l'on die *la Franche-Comté*. (p. 368)

L'observation sur *ouvrage* témoigne de la déférence dont fait preuve notre auteur pour l'usage des femmes : bien qu'il remarque que le mot est masculin quelle que soit sa signification, il observe que les femmes parlant de leur propre ouvrage utilisent le genre féminin ; il conclut : « il semble qu'il leur doit estre permis de nommer comme elles veulent ce qui n'est que de leur usage ; je ne crois pas pourtant, qu'il nous fust permis de l'escrire ainsi » (p. 445).

Vaugelas juge que la langue française a une prédilection particulière pour le genre féminin (p. 299), même s'il décrit le genre masculin comme « le plus noble » parce que l'accord se fait au masculin quand le sujet consiste en une combinaison de mots masculins et féminins (p. 381). En pratique, les deux genres apparaissent avec une fréquence comparable dans ses décisions au sujet des cas douteux traités dans ses observations. Dans plusieurs cas Vaugelas note un changement d'usage ; pour *évêché* l'évolution s'est produite depuis le temps de Ronsard, pour *navire* et *erreur* depuis Amyot, et pour *doute* seulement 15 ou 20 ans auparavant parce que Coeffeteau et Malherbe, qui pour lui constituent souvent des figures d'autorité, les utilisaient encore avec l'autre genre. Le genre d'un mot nouveau peut aussi faire l'objet d'une incertitude (*intrigue*)[295].

Dans la grande majorité des cas, le jugement de Vaugelas est conforme à notre usage contemporain, soit qu'il prescrive l'usage d'un seul genre, soit qu'il suggère que les deux genres sont acceptables tout en exprimant une préférence nette pour l'usage moderne. Parmi les autres exemples traités, il conseille dans deux cas le genre opposé à celui qui a fini par s'établir (*absinthe, ivoire*), et laisse subsister la variation dans un troisième

294 Voir p. 299-300, 410.
295 Voir p. 368, 130, 299-300, 126.

(*thériaque*)[296]. On ne dénombre que quatre mots pour lesquels Vaugelas recommande l'usage d'un seul genre, alors que le mot peut toujours être employé en français contemporain au masculin ou au féminin selon la signification (*relâche*, *réglisse*, *rencontre*, *espace*)[297]. Quant à *délices*, Vaugelas observe avec raison que ce substantif s'emploie au féminin quand il est au pluriel, mais il préfère ne pas l'utiliser au singulier pour éviter le changement de genre (p. 249). Si l'on compare ses jugements avec l'usage des écrivains du XVIIe siècle, il est également notable que, la plupart du temps, les choix de Vaugelas semblent refléter l'usage contemporain. Cette conformité s'explique d'abord parce que, dans le cas de certains mots, le genre grammatical semble avoir été déjà établi au temps de la publication des remarques (par exemple *mensonge*, *poison*). Dans d'autres cas, Vaugelas a toutefois bien identifié la direction de l'évolution de la langue et l'usage qui était en train de progresser a fini par triompher. Prenons le cas d'*épitaphe* : notre remarqueur admet que les deux genres sont utilisés mais qu'il préfère l'usage du féminin (p. 32). Si l'on fait l'analyse des textes de Frantext pour la période allant de 1600 à 1647[298], son jugement semble contredire l'usage, puisque les occurrences du masculin sont beaucoup plus nombreuses. Mais à regarder les données de plus près, on observe que presque tous les exemples masculins se trouvent dans des textes publiés avant 1630, tandis que tous les exemples du féminin datent de la période allant de 1623 à 1647.

Dans une dizaine de remarques Vaugelas discute des substantifs qui ont deux genres différents selon le sens ou, plus rarement, selon la distribution du mot. Dans la première catégorie il inclut certains exemples comme *voile*, *pourpre* ou *gens*[299], tandis que dans la seconde il note que, dans le sens de « sacrement », *ordres* est précédé par un adjectif au féminin (*les sainctes Ordres*), mais suivi d'un adjectif au masculin (*les Ordres sacrez*, p. 367).

Dans le domaine adjectival, Vaugelas traite notamment de quelques exceptions aux règles générales, qu'il s'agisse des formes masculines qui varient selon le contexte phonétique (*bel*/*beau*, p. 328 ; *vieil*/*vieux*, p. 377-378), de la forme féminine de l'adjectif *grand* (*grande*/*grand'*, p. 168), des

296 Voir p. 527, 373, 410.

297 Voir p. 34, 410, 19, 488-489.

298 Voir Ayres-Bennett et Caron, à paraître.

299 Voir p. 460-461, 58-59, 462-463.

pluriels irréguliers (*pseaumes penitentiaux*, p. 364-365), ou des adjectifs qui n'ont pas de formes comparatives ou superlatives (*prochain*, *voisin*, p. 93-94). De la même façon le but de la remarque sur la bonne formation des adjectifs au superlatif (p. 75-76) est surtout de noter qu'on utilise toujours l'article *le*, *la*, *les* (« au nominatif »), même si le substantif est précédé de *du*, *de la*, *des* ou de *au*, *à la*, *aux* (qu'il décrit comme les formes du génitif, de l'ablatif et du datif) ; la raison qu'il propose pour expliquer cette apparente asymétrie d'usage est que dans un exemple tel que « c'est la coustume des peuples les plus barbares », les mots « qui sont », ou « qui furent », etc. sont sous-entendus.

Tout comme dans le chapitre de la prononciation, Vaugelas, traducteur expérimenté, s'intéresse à l'adaptation morphologique en français des noms latins et grecs. Dans sa longue remarque intitulée « *Noms propres* » (p. 66-73) il se sent pourtant obligé de conclure que « *l'Usage*, & *[s]on observation* decideront la plus part des difficultez qui se presenteront sur ce sujet » (p. 73).

6.3.2 *Morphologie verbale*

Comme on pouvait s'y attendre, la discussion sur la morphologie verbale chez Vaugelas se concentre surtout sur la conjugaison des verbes irréguliers et anomaux comme *résoudre*, *asseoir* ou *conquérir*[300]. Dans la remarque générale sur les solécismes, Vaugelas affirme que dans la langue parlée les fautes de conjugaison sont nombreuses :

> *Aux conjugaisons*, il [le solecisme] a bien plus d'estenduë ; car combien y en a-il, qui y pechent en parlant, mettant des *i*, pour des *a*, & des *a* pour des *i*, comme on fait en plusieurs endroits du preterit simple, quand on dit par exemple *j'alla*, pour *j'allay*, *il allit*, pour *il alla*, & en un autre temps *nous allißions*, pour *nous allaßions* ? J'ay dit en parlant, parce qu'en escrivant, je n'ay point encore veu de si monstrueux Escrivain, qui face des fautes si enormes. Combien y en a-t-il qui disent *j'ay sentu*, pour *j'ay senty*, *cueillit* & *recueillit*, pour *cueille* & *recueille*, *conduit*, *reduit*, au preterit definy, pour *conduisit*, & *reduisit*, *faisions*[301], à l'optatif, & au subjonctif pour *facions*, *vous mesdites*, pour *vous mesdisez*, *il faillira faire*, pour *il faudra faire*. Toute la Normandie dit ce

300 Voir p. 61, 165-166, 339-340. Vaugelas semble hésiter sur la désignation des différentes conjugaisons. À la page 456 il adopte le classement selon lequel la première conjugaison se termine en *-er*, la seconde en *-ir*, la troisième en *-oir*, et la quatrième en *-re*, tandis qu'à la page 232 les verbes en *-ir* sont décrits comme faisant partie de la quatrième conjugaison.

301 Dans l'original : *faisons* (*Fautes d'impression*).

> dernier. *Resoudons*, pour *resolvons* ; car le *d*, du verbe *resoudre*, ne se garde point dans la conjugaison, que là où il y a une *r* apres, comme *resoudray, resoudrois*, &c. & une grande quantité d'autres de cette nature qu'on trouvera semez par cy, par là dans mes Remarques. (p. 572-573)

Plusieurs sources de difficultés sont traitées : le verbe peut être défectif (« *Asseoir* pour *establir* » (p. 536), « *Il sied* » (p. 539-541)) ou posséder certaines formes qui posent des problèmes de prononciation ou d'orthographe (« *Verbes dont l'infinitif se termine en IER* » (p. 109-111), « *De la premiere personne du present de l'indicatif, devant le pronom personnel* je » (p. 210-212)). Dans certains cas, l'hésitation dérive d'une incertitude sur la classe à laquelle appartient le verbe (« *S'il faut dire* cueillera, *&* recueillera, *ou* cueillira *&* recueillira » (p. 481*-483*), « *S'il faut dire revestant, ou revestissant* » (p. 231-234)) ou du fait que les verbes composés ne se conjuguent pas toujours de la même façon que les verbes simples correspondants (« *Previt, preveut* » (p. 370-371)). La décision peut toucher soit la désinence (*ayt*/*aye*), soit le radical verbal (*preigne*/*prenne*, *vieigne*/*vienne*)[302].

Quelles tendances peut-on mettre en évidence dans les remarques sur la morphologie verbale ? Tout d'abord, plusieurs observations visent à éliminer un allomorphe lorsque deux (ou même trois) d'entre eux étaient jusqu'alors en variation libre, si bien que l'observation identifie la direction du changement linguistique et prescrit l'usage de la forme moderne (par exemple, *prit* et *prirent* plutôt que *print*, *prindrent* ou *prinrent* (p. 98), *laisserai* et *donnerai* au lieu des contractions *lairrai* et *donrai* ou *dorrai* (p. 119)). Dans le cas de *vinrent* et *vindrent* la formulation du jugement est moins absolue (« tous deux sont bons »), mais il est évident que pour Vaugelas seule la première forme est à employer puisque « toute la Cour & tous les Autheurs modernes » l'utilisent (p. 97). Tout comme dans les observations sur le genre grammatical, il reste néanmoins des cas où il laisse persister la variation : citons à titre d'exemple *vesquit* et *vescut* (p. 119), et *dient* et *disent* pour la troisième personne du pluriel du subjonctif de *dire* (p. 349). L'observation intitulée « *Recouvert*, *& recouvré* » (p. 15-17) représente peut-être l'exemple le plus extrême de cette approche et montre clairement que Vaugelas ne peut pas être caractérisé de façon simpliste comme un prescripteur rigide. Comme nous l'avons déjà fait remarquer (section 4.2.1), Vaugelas se sent obligé d'accepter

302 Voir p. 90, 66.

recouvert pour *recouvré*, forme introduite « contre la reigle, & contre la raison », mais il note par ailleurs que ce mot n'est pas si généralement reçu que « la pluspart de ceux qui ont estudié ne le condamnent, & ne le trouvent insupportable » (p. 16). Si dans une lettre ou « quelque autre petite piece » il choisirait *recouvert* parce qu'il est plus usité, dans un ouvrage plus long il préfère alterner entre les deux formes, utilisant *recouvert* pour respecter l'usage de toute la Cour et *recouvré* pour ne pas passer parmi les gens de lettres « pour un homme qui ignorast ce que les enfans sçavent ».

Deuxième tendance notable : la préférence pour l'emploi d'une forme distincte pour chaque personne du verbe (par exemple *je puis* au lieu de *je peux*, p. 65). Vaugelas note pourtant que toutes les langues – même le grec – possèdent des formes syncrétiques, et il conseille donc l'usage de *je crois*, *je fais*, *je crains*, etc. avec un 's' final, malgré l'identité de ces formes avec celles de la deuxième personne du singulier (p. 131). L'une des remarques qui suscitèrent les plus vives controverses chez ses successeurs est celle qui discute de la première personne du présent de l'indicatif d'*aller* (p. 27), observation dans laquelle il répète le principe selon lequel « lors que chaque personne est differente de l'autre, en matiere de conjugaison, c'est la richesse & la beauté de la langue, parce qu'il y a moins d'equivoques, dont les langues pauvres abondent ». Le désaccord entre ses deux sources principales – « la plus saine partie » des auteurs (« tous ceux qui sçavent escrire, & qui ont estudié ») qui favorisent *je vais*, et « la plus saine partie » de la Cour qui ne tolère que *je va* – laisse le lecteur incertain sur l'usage à adopter[303].

Suivant la démarche typique de Vaugelas, la plupart des remarques qui traitent de la morphologie verbale sont consacrées à des formes particulières. Trois semblent pourtant annoncer un sujet plus général (p. 131, 189, 210). Dans la discussion dans laquelle il s'interroge sur la présence du *-s* à la deuxième personne du singulier à l'impératif, Vaugelas n'essaie pas de formuler des généralisations selon la classe du verbe, mais il se borne plutôt à dresser une liste qui correspond aux « dixneuf ou vingt terminaisons differentes de ces imperatifs »

303 Dans un article qui traite de la restitution de la prononciation au XVIIe siècle, Philippe Caron (2010 : 186) soutient que coexistaient probablement quatre formes et non deux, avec une différence de longueur entre *vais/vay* et *vas/va* ; il considère donc Vaugelas comme « une source apparemment douteuse » sur cette question. Voir aussi Kibbee (2014 : 319-321).

(p. 189). En revanche, dans l'observation dans laquelle il se demande « *S'il faut dire revestant, ou revestissant* » il se réfère à « l'analogie des conjugaisons[304] » et élabore des règles pour distinguer les deux sous-types des « verbes de la quatriesme conjugaison, dont l'infinitif se termine en *ir* » :

> Or est-il que tous les verbes de la quatriesme conjugaison, dont l'infinitif se termine en *ir*, ont cela sans exception, au moins je n'en ay point remarqué jusqu'icy, que si la premiere personne singulier du present de l'indicatif garde l'*i* en sa terminaison, & a autant de syllabes que l'infinitif, alors la premiere personne pluriele du mesme temps est en *issons* [...]. (p. 232)

La présentation décousue de l'ouvrage l'a peut-être empêché de se souvenir qu'il avait lui-même cité une exception dans sa discussion sur *haïr* (p. 20).

6.4 SYNTAXE

6.4.1 Introduction

Les observations morphosyntaxiques et syntaxiques représentent environ 36 % des remarques de Vaugelas. De plus, elles sont souvent assez longues, ce qui confirme l'importance de la syntaxe dans son ouvrage. Si l'on compare son travail à celui des grammairiens qui l'ont précédé[305], il est intéressant de noter l'importance attribuée à l'accord (30 observations), à la coordination (23 observations) et à la linéarisation ou ordre des mots (16 observations) ; en revanche, les problèmes liés à l'anaphore, qui préoccuperont de plus en plus ses successeurs, ne sont traités que dans une longue remarque qui examine les différents types d'équivoques (p. 585-593)[306]. Parmi les autres principaux centres d'intérêts de Vaugelas (plus de 10 remarques) figurent la construction

---

304 Pour une discussion du statut ambigu de l'analogie dans les *Remarques*, voir la section 3.2 ci-dessus.

305 Cette observation est valable non seulement pour les grammairiens du XVIe siècle tels que Sylvius (Jacques Dubois), Meigret et Henri Estienne chez qui la syntaxe n'est pas de première importance, mais même pour Maupas et Oudin, qui s'intéressent beaucoup plus aux questions syntaxiques. Selon Peter Rickard (1968 : 30), la discussion de la syntaxe au XVIe siècle ne dépassait guère l'évocation des limites de l'accord du sujet avec le verbe, de l'adjectif avec le substantif et du relatif avec son antécédent.

306 La question de l'anaphore des pronoms relatifs après un nom sans déterminant est examinée dans deux remarques importantes (p. 385-388), voir ci-dessous, p. 152.

ou le régime des verbes (22 remarques)[307], et l'usage des prépositions (15 remarques), des conjonctions (12 remarques) et des pronoms relatifs (11 remarques). Le reste (un peu plus d'un tiers du total) constitue un ensemble relativement disparate comportant des observations qui discutent de l'emploi ou de l'évolution de formes ou de constructions concurrentes, et de structures syntaxiques particulières qui posaient des problèmes[308]. Vaugelas adopte parfois une approche plutôt morphosyntaxique, c'est-à-dire qu'il traite à la fois de la forme et de l'usage d'une catégorie[309] ; dans d'autres observations la discussion ne concerne que l'usage syntaxique d'une certaine partie du discours ou un problème purement syntaxique tel que la coordination.

Si la syntaxe représente une préoccupation centrale dans l'ouvrage, les remarques syntaxiques ne sont pas fondées sur une théorie élaborée ou complexe de la syntaxe du français. Les jugements formulés par Vaugelas ne sont pas toutefois complètement aléatoires ou dépourvus de fil conducteur. En l'absence d'une théorie syntaxique développée, il se fonde sur quelques principes fondamentaux.

Le premier de ces principes est la conviction que la plupart des constructions grammaticales sont régulières. Selon notre remarqueur, le français est plus exact et plus régulier que le latin (p. 86-88), par exemple parce qu'il évite les relatifs que nous disons de liaison, c'est-à-dire les phrases qui commencent par un pronom ou un adjectif relatif[310]. Pour illustrer l'usage qui opère *par raison*, Vaugelas cite des exemples d'accord grammatical : « par exemple, de joindre l'adjectif au substantif en mesme genre & en mesme nombre ; de joindre le pluriel des verbes au pluriel des noms, & plusieurs autres semblables » (Préface V.3). Quand il traite dans son ouvrage de la syntaxe « de Convenance », pour utiliser le terme employé dans la grammaire de Port-Royal (Arnauld et Lancelot 1676 : 153), il se

307 Figurent aussi deux observations sur les constructions verbales particulières « tomber aux mains de quelqu'un » (p. 167) et « prendre le respect à quelqu'un » (p. 462*).

308 Plusieurs raisons sont citées pour expliquer le caractère douteux d'un usage syntaxique. Vaugelas note par exemple que l'incertitude sur les accords grammaticaux peut dériver de la non-prononciation du *-s* final (p. 564-565) ; de même il remarque que les Français hésitent entre « le voilà qui vient » / « le voilà qu'il vient » parce que l'oreille ne discerne pas aisément la différence entre *qui* et *qu'il* (p. 353-354). Dans ces cas le doute peut être résolu par l'analogie, c'est-à-dire par référence aux constructions parallèles où l'usage est établi.

309 Voir, par exemple, la remarque « *Va croissant, va faisant*, &c. » (p. 185-186) qui traite à fois de la forme de cette périphrase verbale et de son usage.

310 Sur l'attitude de Vaugelas envers le latin, voir Ayres-Bennett (2014).

concentre donc sur les cas douteux et exceptionnels où les règles générales ne sont pas suivies. La « Syntaxe de regime », en revanche, est « presque toute arbitraire » (Arnauld et Lancelot 1676 : 154), et Vaugelas consacre par conséquent de nombreuses observations aux problèmes de régime verbal.

Deuxième principe fondamental : il convient avant tout de respecter l'impératif de netteté, c'est-à-dire d'éviter à tout prix les constructions équivoques, même si dans un contexte donné l'ambigüité est plutôt virtuelle que réelle (*cf.* 6.1 ci-dessus). L'importance attribuée par Vaugelas à la netteté s'explique par référence au contexte socioculturel. Dès la Préface il annonce qu'« Il ne faut qu'un mauvais mot pour faire mespriser une personne dans une Compagnie, pour descrier un Predicateur, un Advocat, un Escrivain » (IX.2). Si l'on fait hésiter son interlocuteur ou son lecteur même temporairement sur le sens de la construction, on risque qu'il perde intérêt ou cesse même de vous respecter.

À ce principe est lié le troisième des préceptes qui sous-tendent les remarques syntaxiques de Vaugelas : celui qui veut que chaque proposition soit claire et immédiatement compréhensible sans qu'il soit nécessaire d'avoir recours au contexte ou aux éléments non-linguistiques pour la déchiffrer. Cette exclusion du rôle du contexte dans l'interprétation est exprimée de façon succincte dans la longue remarque qui traite « *Des equivoques* » (p. 585-593) : « C'est à faire aux paroles de faire entendre le sens, & non pas au sens de faire entendre les paroles » (p. 590). Sa conception des rapports entre le locuteur ou l'écrivain d'une part et son interlocuteur ou son lecteur d'autre part est explicitée dans la remarque qui traite de l'usage et de la place de *Monseigneur*, *Monsieur*, *Madame*, *Mademoiselle* dans une lettre ou dans un discours (p. 544-550). Vaugelas critique les constructions du type « je ne veux pas acheter Madame, si peu de chose à si haut pris », à cause de « l'equivoque ridicule qu'il peut faire, & avec le verbe, & avec le nom qui en est regi » (p. 547). La raison qu'il donne pour expliquer ce scrupule – que l'on pourrait considérer excessif – est significative :

> car encore que ces equivoques pour l'ordinaire soient desraisonnables, & ne se puissent pas dire equivoques, sans faire violence à la phrase d'une façon grossiere & impertinente, comme est celle qui est si triviale & si importune […] si est-ce qu'il ne faut pas laisser de les eviter, & avec d'autant plus de soin, qu'il y a plus de personnes desraisonnables & impertinentes, qu'il n'y en a de l'autre sorte. (p. 548)

Autrement dit, le lecteur ou l'auditeur est plutôt conçu comme une personne malveillante, qui ne coopère pas, qui n'est pas prête à chercher le sens par le contexte. Rappelons le contexte social de l'élaboration de l'ouvrage : les salons, le monde poli, la Cour royale où chacun – en particulier les nouveaux riches et les personnes récemment ennoblies – cherchait à plaire. Un commentaire sur l'usage du mot *expedition* dans un sens militaire confirme combien il est important de veiller à la réaction possible de son interlocuteur ou du lecteur. Vaugelas conseille aux lecteurs de ne pas utiliser ce mot dans les ouvrages qui sont destinés à la Cour ou aux dames, parce qu'il a « bien pris garde, que des Dames d'excellent esprit lisant un livre, où ce mot estoit employé au sens dont nous parlons, s'estoient arrestées tout court au milieu d'un des plus beaux endroits du livre, perdant ou du moins interrompant par l'obscurité d'un seul mot le plaisir qu'elles prenoient en cette lecture » (p. 370).

L'accent mis sur la netteté et le refus de toute équivoque implique que la syntaxe du français soit soumise à une quatrième exigence : elle doit être explicite, et le marquage morphologique et syntaxique maximal. Vaugelas critique alors les constructions, assez typiques des premières années du XVIIe siècle, qu'il considère comme elliptiques ou insuffisamment explicites, par exemple parce que les morphèmes communs (pronoms personnels ou possessifs, déterminants, prépositions, etc.) dans les syntagmes coordonnés ne sont pas répétés de façon systématique devant le second membre de la construction. Il favorise donc les constructions explicites et symétriques. Chez Vaugelas la critique des tournures elliptiques concerne notamment les syntagmes coordonnés[311] et l'ellipse est surtout reprise quand la restitution de la tournure complète dans le second membre rend la construction incongrue ou quand il est impossible d'identifier ou de récupérer les éléments omis. Deux exemples de type différent permettent d'illustrer ce principe. Vaugelas condamne la construction « Il s'est bruslé, & tous ceux qui estoient aupres de luy » (p. 358) et conseille plutôt la forme plus longue et plus explicite, « Il s'est bruslé & a bruslé tous ceux qui estoient aupres de luy » ; il note que dans un tel cas il ne faut ni « affecter la brieveté » ni « craindre la repetition » parce qu'« il est impossible que la construction du verbe passif puisse

311 L'ellipse est parfois considérée comme élégante parce qu'elle permet à la construction d'être plus brève ; voir la discussion sur la remarque « *De cette façon de parler*, il sçait la langue Latine & la langue Grecque » (p. 493-495) ci-dessous.

compatir avec celle du verbe actif, ny le verbe auxiliaire *estre*, tenir la place de l'autre verbe auxiliaire *avoir*, tant leurs fonctions & leurs regimes sont differens, ou pour mieux dire, opposez ». Deuxième exemple qui concerne plutôt une question d'accord grammatical : Vaugelas maintient qu'il est préférable d'éviter un exemple tel que « je suis plus beau que vous » quand un homme parle à une femme et de choisir plutôt une autre expression comme « j'ai plus de beauté que vous », ou même la construction « régulière », « je suis plus beau que vous n'estes belle ». La construction est uniquement acceptable si la forme de l'adjectif est identique pour les deux genres, comme c'est le cas pour *riche*, *noble* ou *pauvre* (p. 461-462).

Certaines exceptions importantes au principe de l'exigence du marquage morphologique et syntaxique maximal distinguent toutefois Vaugelas de ses successeurs. Ces exceptions s'expliquent par ce qu'il présente comme une règle « nouvelle & infaillible » (p. 214) – la règle des synonymes. Cette règle s'applique surtout à la répétition des prépositions devant des noms ou des infinitifs coordonnés (p. 50-51, 214-218), mais elle est également utile pour savoir quand il est nécessaire de répéter, par exemple, *tout* devant des noms coordonnés (p. 559-561). Selon la règle des synonymes, ces termes sont à répéter dans les syntagmes coordonnés si les noms ou les verbes coordonnés ont un sens différent ou opposé, tandis qu'on peut les omettre devant le deuxième terme si les termes coordonnés sont synonymes ou « approchans », c'est-à-dire s'ils ont un sens proche. Il conseille donc d'une part « pour bastir & pour demolir » (sens contraires), et « pour bastir & pour fortifier » (sens différents) avec la répétition de la préposition, mais il soutient d'autre part qu'il serait « mal parler » de répéter les prépositions dans les exemples « pour bastir & construire » (synonymes) & « pour bastir & aggrandir » (approchants) (p. 216-217). La même règle, « fondee en raison » (p. 218), est également pertinente pour résoudre les questions délicates d'accord grammatical (p. 219) : par exemple, selon Vaugelas, il est préférable de faire l'accord au singulier dans un exemple tel que « sa clemence & sa douceur estoit incomparable », mais au pluriel quand il s'agit des contraires, par exemple, « l'amour & la haine l'ont perdu » (p. 219). Notons pourtant que Vaugelas semble conscient du fait que l'usage dans les constructions coordonnées est en train de se modifier. Il observe que la règle ne s'applique plus à l'usage des articles (p. 214) ou des possessifs (p. 519-520) devant les noms coordonnés, même si elle est infaillible dans les contextes mentionnés ci-dessus. La remarque qui prescrit « *Qu'il est nécessaire de repeter les articles devant les substantifs* » (p. 474*-477*), qui apparaît pour la première fois dans la version publiée du texte, est explicite sur ce point :

> Il est vray qu'au genitif, on s'en dispensoit autrefois aux mots synonimes & approchans, comme *j'ay conceu une grande opinion de la vertu & generosité de ce Prince*, au lieu de dire, *une grande opinion de la vertu & de la generosité de ce Prince*, & M. Coeffeteau, qui escrivoit si purement, le disoit souvent ainsi sans repeter l'article ; Mais je pense avoir desja dit en quelque une de mes Remarques, que cela ne se fait plus aujourd'huy, & qu'encore que les mots soient synonimes ou approchans, il ne faut pas laisser de repeter l'article.

Vaugelas mentionne deux autres contextes grammaticaux où la répétition est toujours obligatoire : le pronom personnel objet direct devant des infinitifs coordonnés (p. 495-496) et *si* devant des adjectifs coordonnés (p. 490*-491*). De plus, dans deux autres remarques où la règle des synonymes est invoquée pour expliquer dans quels contextes il est nécessaire de répéter des éléments dans des constructions coordonnées, la position de Vaugelas semble tendre vers la répétition quel que soit le sens des termes coordonnés. Dans l'observation qui traite de la question de savoir « Quel est l'usage des articles avec les substantifs, accompagnez d'adjectifs, avec particules, ou sans particules » (p. 477*-480*), il note que quand les substantifs sont synonymes ou approchants on n'est obligé de répéter ni l'article ni l'adjectif (*c'est le fils du meilleur parent & amy que j'aye au monde*), et il conclut en affirmant que la règle est « d'un grand usage ; car elle influë presque sur toutes les parties de l'Oraison, sur les articles[312], sur les noms soit substantifs, soit adjectifs, sur les verbes, sur les prepositions, & sur les adverbes ». Il considère toutefois que la construction comportant une répétition est plus heureuse (*c'est le fils du meilleur parent & du meilleur amy*)[313]. L'usage des possessifs est jugé identique (p. 519-520). Il n'est donc pas étonnant que l'Académie,

312 Notons qu'il décrit *à* comme un article dans l'exemple « il n'y a rien qui porte tant les hommes à aimer & cherir la vertu » (p. 215).

313 Avec l'ajout de *plus*, il permet trois versions différentes : la version « complète » (*il practique les plus hautes & les plus excellentes vertus*), celle où ni l'article ni *plus* ne sont répétés (*il practique les plus hautes & excellentes vertus*), et celle où seul *plus* est répété (*il practique les plus hautes & plus excellentes vertus*), version considérée comme la meilleure par Malherbe et d'autres (*cf.* Chiflet 1659 : 143).

dans son commentaire sur la remarque qui présente la règle comme nouvelle, affirme que « La regle que M. de Vaugelas a crû pouvoir establir par cette remarque n'a point esté approuvée. La repetition de l'article a paru necessaire dans tous les exemples qu'il rapporte sans aucun égard pour les synonimes ou apparents, ni pour les contraires ou tout à fait differents » (1704 : 239). Dans ce cas, comme dans d'autres, Vaugelas se montre moins sévère que les commentateurs qui lui ont succédé sur les exigences de la régularité syntaxique, mais on observe déjà entre le manuscrit et la version publiée, et même dans celle-ci, une transition vers une position plus rigide.

Le cinquième principe qui nous semble sous-tendre les remarques concerne la linéarité ou la proximité des termes apparentés. Une relation de dépendance doit être reflétée dans la phrase par le rapprochement maximal ou par la contiguïté des éléments interdépendants. Dans la longue remarque intitulée « *De la netteté du stile* » (p. 577-585), deux principaux types d'erreur contre la netteté sont identifiés : la « mauvaise situation des mots » et la « mauvaise structure ». Dans sa discussion du premier type Vaugelas se sert de la notion de *transposition*[314] ; de fait il insiste à plusieurs reprises sur le fait que « l'arrangement des mots est un des plus grands secrets du stile » (p. 481)[315]. Il est surtout important de donner au verbe sa juste place dans la phrase : « En effet si l'on sçait bien placer & entrelasser le verbe au milieu des autres parties de l'oraison, on sçaura un des plus grands secrets, & la principale reigle de l'arrangement des paroles » (p. 482)[316].

Comme l'a remarqué Gilles Siouffi[317], quand on parle de « transposition » il faut nécessairement faire intervenir une dimension imaginaire, qui serait, en l'occurrence, la dimension « première », c'est-à-dire la dimension de simple « position ». Deux sous-types de transposition sont identifiés par Vaugelas ; dans le cas de la transposition simple, « les mots [...] sont

314 Le terme *transposition* apparaît une fois chez Maupas (1618 : f° 66 r°) et est également utilisé par Malherbe (Brunot 1891 : 495). Brunot cite un usage du verbe *transposer* chez Ronsard.

315 Le mot *secret* est employé à plusieurs reprises par Vaugelas pour suggérer peut-être la difficulté ou même l'impossibilité d'atteindre une maîtrise parfaite du langage (*cf.* « les autres [pechent] pour ne sçavoir pas tous les secrets de la langue ; car qui se peut vanter de les sçavoir ? », Préface XIII.2).

316 Selon Nathalie Fournier (2002 : 51), « c'est une originalité incontestable de Maupas de saisir le verbe dans sa fonction nodale et cohesive, en tant que pivot de l'énoncé ».

317 Siouffi (1995 : 124-125) ; *cf.* Siouffi (2010 : 128).

simplement transposez & considerez en eux-mesmes sans avoir aucun rapport aux autres mots, & sans blesser en rien la construction grammaticale » (p. 581), tandis que la deuxième sorte de « mauvaise situation » :

> n'est vicieuse que selon le rapport qu'elle a aux autres mots, comme par exemple si je dis *il ne se peut taire, ny parler*, je ne parle pas nettement, il faut dire *il ne peut se taire ny parler*, parce qu'encore qu'*il ne se peut taire*, soit bien dit, à s'arrester là, & mieux dit que ne seroit, *il ne peut se taire*, qui pourtant ne seroit pas mauvais, mais moins bon que l'autre, à cause qu'il est beaucoup moins dans l'Usage, si est-ce qu'estant suivy d'un autre verbe, & ne s'arrestant pas là, il faut arranger les paroles en sorte, que le verbe qui regit les deux infinitifs, ayt sa construction nette avec l'un & avec l'autre. (p. 581-582)

Vaugelas termine la discussion sur la distinction entre les deux types de transposition en remarquant que le premier type choque l'oreille mais ne porte pas atteinte à la construction grammaticale, tandis que le second compromet la construction mais ne choque pas l'oreille « si elle n'est sçauante & delicate en ces matieres ». Dans la remarque suivante, intitulée « *Des equivoques* » (p. 585-593), il propose des exemples où l'usage des pronoms anaphoriques est fautif parce que ceux-ci violent la règle de proximité :

> En voicy un bel exemple d'un celebre Autheur[318], *qui trouverez-vous qui de soy-mesme ayt borné sa domination, & n'ait perdu la vie sans quelque dessein de l'estendre plus avant ?* Au sens on voit bien que *l'estendre*, se rapporte à *domination*, & non pas à *vie*, mais parce qu'*estendre*, est propre aux deux substantifs qui le precedent, & que *vie*, est le plus proche, il fait equivoque & obscurité.

Cette liste des critères employés par Vaugelas pour résoudre les doutes syntaxiques n'est pas exhaustive. Les traits plus esthétiques et plus subjectifs du bon usage énumérés à la fin de l'ouvrage – *la douceur*, *l'élégance*, *la brièveté* et *la naïveté* (p. 593) – jouent pourtant un rôle plutôt secondaire dans le domaine de la syntaxe. Prenons le cas de la brièveté. Dans la remarque « *De cette façon de parler*, il sçait la langue Latine & la langue Grecque » (p. 493-495), notre auteur remarque que le sens de ces paroles peut s'exprimer de quatre façons :

1. Il sçait la langue Latine & la langue Grecque
2. Il sçait la langue Latine & la Grecque

318 Malherbe, *Bienfaits*, VII, 3 (Malherbe 1631 : I, 319).

3. Il sçait la langue Latine, & Grecque
4. Il sçait les langues Latine & Grecque.

Il établit une première distinction entre les deux dernières, qui sont critiquées pour leur caractère trop elliptique, et les deux premières, qui sont acceptables ; les avis sont néanmoins partagés lorsqu'il s'agit de décider laquelle est la meilleure. Certains favorisent la première parce qu'elle est plus régulière et plus grammaticale, tandis que d'autres préfèrent la deuxième « parce, disent-ils, que la repetition des mots, à moins que d'estre absolument necessaire, est toujours importune, outre qu'en l'evitant on s'exprime avec plus de briefveté, ce qui est bien agreable, surtout aux François ». La brièveté pourtant ne doit jamais compromettre la netteté de l'expression. Même si l'usage de l'infinitif passé dans l'exemple « il marcha contre les ennemis, qu'il sçavoit avoir passé la riviere » évite l'usage d'une subordonnée relative assez maladroite, il ne le recommande pas, parce qu'il considère qu'« il y a quelque chose de rude en cette construction » (p. 102).

La douceur est également perçue comme un critère secondaire. Dans l'observation « *Y, avec les pronoms* » (p. 95) Vaugelas préfère *menez-y-moy* et *menes-y-moy* à *menez-m'y* et *menes-m'y* « à cause du mauvais & ridicule son » que produisent les deux premières expressions, même si cela crée une asymétrie avec les autres pronoms pour lesquels les constructions du type *menez-nous y* et *menez-les y* ne posent pas problème. Il termine toutefois la remarque en concluant qu'il ne voudrait pas utiliser *menez-y-moy*, etc. dans un texte écrit si ce n'est dans un style fort bas, et propose plutôt de substituer *là* à *y* (*menez-moy là*, etc.).

Il est également intéressant de noter qu'il semble exclure le rôle de la ponctuation ou de l'intonation comme facteurs susceptibles de résoudre une équivoque potentielle. Dans la remarque intitulée « *Netteté de construction* » (p. 112-114), Vaugelas censure l'exemple « Germanicus a egalé sa vertu, & son bonheur n'a jamais eu de pareil » qu'il considère comme une construction « lousche », « parce qu'elle semble regarder d'un costé, & elle regarde de l'autre ». Il explique la difficulté ainsi :

> Je dis que ce n'est pas escrire nettement, que d'escrire comme cela [...] parce que *sa vertu* est accusatif, regi par le verbe *a egalé*, & *son bonheur* est nominatif, & le commencement d'une autre construction, & de l'autre membre de la periode. Neantmoins il semble qu'estant joints par la conjonctive, *et*,

> ils aillent ensemble, ce qui n'est pas, comme il se voit en achevant de lire la periode entiere.

Il admet que cette position est très sévère – il est difficile d'imaginer comment pouvoir coordonner les propositions si l'on ne peut pas utiliser la conjonction « et » dans un tel contexte – parce que la lecture de la phrase entière élimine le doute. De plus, il ne tient pas compte de l'emploi de la virgule qui indique la présence d'une rupture après « sa vertu ». Le fait qu'à son avis le lecteur ou l'auditeur soient d'abord induits en erreur, même brièvement, suffit, car « naturellement on n'aime pas à se mesprendre. Enfin c'est une imperfection qu'il faut eviter, pour petite qu'elle soit, s'il est vray qu'il faille tousjours faire les choses de la façon la plus parfaite qu'il se peut, sur tout lors qu'en matiere de langage il s'agit de la clarté de l'expression ».

Bref, ce sont toujours les exigences de la netteté et le refus des constructions équivoques qui prévalent. Même si Vaugelas n'est pas aussi sévère que ses successeurs, les qualités clef de la syntaxe dite classique sont déjà mises en relief dans son texte. Bien qu'il indique dans sa préface (X.2) que la syntaxe est la partie de la langue la moins sujette aux changements, il est intéressant de noter qu'un nombre important des remarques traitent de l'évolution de l'usage (par exemple en ce qui concerne les constructions verbales ou l'ordre des mots) et qu'il existe également des différences significatives dans ce domaine si l'on compare le manuscrit et la version publiée du texte.

6.4.2 Groupe nominal

Environ 36 remarques sont consacrées au groupe nominal : il s'agit surtout du traitement des pronoms relatifs (11), suivis des pronoms personnels (7) et démonstratifs (7). On dénombre par ailleurs quelques observations éparses sur les déterminants, les possessifs, les indéfinis, et les numéraux[319].

Pour commencer par la rubrique la plus importante, celle des pronoms relatifs, un premier groupe de cinq observations traite de la concurrence entre *lequel*, *laquelle*, etc. et d'autres pronoms relatifs (*qui* (p. 48-50, 115-118), *quoy* (p. 54), *où* (p. 91), *dont* (p. 343-345)) ; Vaugelas

319 Il s'agit d'une remarque unique (p. 123-124) qui traite de la distinction entre l'adjectif numéral cardinal et l'adjectif numéral ordinal.

juge généralement préférable d'éviter *lequel*, *duquel*, *auquel*, etc., même si cela nécessite la répétition du pronom *qui*. Il note pourtant certaines exceptions où *lequel* est la forme à préférer, par exemple pour éviter une équivoque quand le pronom relatif pourrait se référer à deux antécédents de différents genres ou quand on commence « quelque narration considerable » (p. 115-116). Sur la référence des pronoms relatifs, Vaugelas s'avère plus sévère que ses prédécesseurs ; tandis que pour Oudin (1640 : 126-127) *qui* aux « cas obliques » peut renvoyer non seulement à des personnes mais aussi à des choses animées, Vaugelas restreint son usage aux personnes et exclut les animaux et les choses morales si elles ne sont pas personnifiées (p. 55)[320].

On peut identifier deux approches opposées dans les remarques sur les pronoms relatifs[321]. D'une part, dans l'observation intitulée « *Que c'est* » (p. 173) qui fait état du changement d'usage vers la forme moderne, *ce que c'est*, l'approche est plus lexicale que syntaxique : la différence entre *que c'est* et *ce que c'est* n'est pas expliquée en termes syntaxiques, mais plutôt comme une concurrence entre deux expressions rivales. Dans l'observation qui traite des relatifs de liaison (« *QUI, au commencement d'une periode* », p. 86-88) d'autre part[322], la critique de la construction se fonde sur l'idée qu'une phrase est une unité régulière qui véhicule un sens complet, mais qui ne peut pas avoir « une longueur demesurée & monstrueuse ». Dans les relatifs de liaison, on observe une tension entre cette nécessité de limiter la longueur de la phrase (qu'elle « ne passe pas les bornes ») et les exigences du sens (« ajouter ce qui luy manque »). Pour Vaugelas, l'impossibilité de cette construction en français est un indice net que « nous sommes plus exacts en nostre langue, & en

320 Dans la remarque précédente, il note qu'il est inutile d'observer que *quoi* ne peut jamais se référer aux personnes, parce que seuls les étrangers font cette faute (p. 54). Voir Nathalie Fournier (1998 : 195) : « En français moderne, l'opposition humain / non humain structure strictement le système des pronoms, tant les indéfinis et les interrogatifs que les anaphoriques (relatifs, personnel *il*, adverbiaux *en*, *y*). C'est un point de forte divergence d'avec le français classique, qui se caractérise par une indétermination du trait sémantique /± humain/, aussi bien dans le domaine des morphèmes grammaticaux, que dans celui du lexique […] À partir de Vaugelas, les commentaires sont très abondants sur cette question, et leur récurrence est le signe qu'un changement crucial s'amorce dans la référence pronominale ».

321 Nous reviendrons à cette question dans notre discussion sur les problèmes de congruence des termes en contexte immédiat (6.5.5), où nous soutiendrons que l'approche de Vaugelas est souvent plus syntaxique que celle de ses successeurs, et notamment celle de Bouhours.

322 *Cf.* la remarque intitulée « *Abus du Pronom demonstratif*, celuy » (p. 459*-460*).

nostre stile, que les Latins, ny que toutes les Nations, dont nous lisons les escrits » (p. 86-87).

Dans deux remarques qui se suivent, « *L'article indefini ne reçoit jamais apres soy le pronom relatif*, ou, *le pronom relatif ne se rapporte jamais au nom qui n'a que l'article indefini* » et « *Le pronom relatif ne se peut rapporter à un nom qui n'a point d'articles* » (p. 385-388), Vaugelas essaie – malgré sa tendance habituelle à traiter des particularismes de l'usage – de formuler des règles générales pour l'usage des pronoms relatifs et, dans la deuxième remarque, de proposer même une explication de cet usage « avecque raison » : comme le pronom relatif est toujours défini, il doit se rapporter à un nom qui est de même nature. Il observe que dans les exemples qui contiennent un vocatif (« Avarice qui causes tant de maux », etc.), l'exception n'est qu'apparente parce que dans cet exemple on sous-entend « l'article du vocatif *o* ».

Dans le chapitre X de la deuxième partie de la *Grammaire générale et raisonnée*, les grammairiens de Port-Royal reformulent la règle de Vaugelas, considérée insuffisante, de la façon suivante[323] : « Dans l'usage présent de nostre langue, on ne doit point mettre de *qui* apres un nom commun, s'il n'est déterminé par un article, ou par quelque autre chose qui ne le détermine pas moins que ferait un article » (Arnauld et Lancelot 1676 : 81). Comme le note Pariente (1985 : 185-188), ils introduisent d'importantes différences, dont la plus significative est le remplacement de l'article par la catégorie plus vaste de déterminant du nom. Tandis que la règle de Vaugelas se fonde sur la catégorie morphologique de l'article, Port-Royal la reformule en passant à la fonction, soit la détermination du nom, ou l'« estenduë » de la signification du nom. Les différents types de phrases qu'ils énumèrent qui sont incompatibles avec la règle de Vaugelas ne le sont plus une fois qu'on comprend que la détermination peut prendre d'autres formes que la présence de l'article[324].

Les remarques qui traitent de l'usage des pronoms personnels sont assez disparates, mais on y voit clairement apparaître certaines préoccupations récurrentes de Vaugelas. Figurent parmi les thèmes typiques

323 La publication de *Cartesian Linguistics* [*La Linguistique cartésienne*] par Noam Chomsky en 1966, livre polémique qui caractérise d'une part les grammairiens de Port-Royal comme ses aïeux intellectuels et d'autre part Vaugelas comme l'ancêtre des béhavioristes, a soulevé beaucoup de commentaires ; voir Hall (1969).

324 Les seuls contre-exemples qui ne sont pas expliqués par cette règle sont des « restes du vieux stile » (Arnauld et Lancelot 1676 : 87), c'est-à-dire des archaïsmes.

la restriction de la référence sémantique du pronom *y* (p. 94)[325], la clarification de la limite de l'emploi du pronom *soy* par rapport aux formes non-réflexives (p. 166-167, 491*-492*), et la préférence pour une syntaxe explicite et régulière (« *LE, pronom relatif oublié* », p. 33).

Vaugelas est le premier à faire un commentaire sur la réponse d'une femme à un homme qui lui avait dit « quand je suis malade, j'aime à voir compagnie », en ces termes, « & moy quand je la suis », c'est-à-dire en utilisant le pronom féminin pour référer à sa personne (p. 27-29). Selon lui, c'est une faute que commettent presque toutes les femmes, que ce soit à Paris ou à la Cour ; la preuve qu'il s'agit d'une erreur est que le pronom pluriel *les* ne serait jamais utilisé dans un tel contexte si on parlait par exemple à deux hommes. Malgré la nature fautive de la construction, il pense que cet usage pourrait s'imposer puisqu'il est en faveur parmi « toutes les femmes où l'on parle bien ». Cette remarque a été débattue par beaucoup de ses successeurs[326]. Les commentaires de Ménage, de Thomas Corneille et de l'Académie semblent confirmer que cet emploi du pronom féminin par les femmes persistait même au début du siècle suivant. Bouhours observe que Patru a de bonnes raisons pour ne pas considérer l'emploi du pronom féminin comme une faute, et Corneille juge que l'usage doit l'emporter. Bouhours décide néanmoins de suivre l'opinion de Vaugelas en attendant la publication des remarques de Patru, et l'Académie (1704 : 33) conclut qu'« on ne peut trop s'opposer à l'abus que les femmes font de la particule *la*, quand elles l'employent au lieu de *le* ».

Parmi les remarques sur l'usage des pronoms et des déterminants démonstratifs, possessifs et indéfinis, un groupe important traite des formes et des constructions proches et qui pourraient être confondues (*autres*/*autrui*, p. 511-512 ; *ceux qui* / *ceux-là qui*, p. 325 ; « ses serviteurs qui » / « ceux de ses serviteurs qui » p. 327-328). Comme on pouvait s'y attendre[327], concernant l'usage des possessifs, il déconseille la construction illustrée dans l'exemple *un mien frere* (p. 363-364) qu'il considère comme archaïque, mais il défend l'emploi du *mon*, etc. devant un nom féminin qui commence par une voyelle (p. 351-353), même si

325 Voir aussi « *Y, avec les pronoms* » (p. 95) discuté ci-dessus.

326 Voir Streicher (1936 : 50-52).

327 Comme le note Nathalie Fournier (1998 : 140-141), les possessifs ont vu leurs formes se différencier au cours du moyen français selon qu'ils étaient employés comme pronoms ou comme déterminants.

cela semble contraire aux règles générales de l'accord en français[328]. Sur l'emploi des démonstratifs, figure une série de remarques qui – en opposition à la présentation que privilégiait Vaugelas – se suivent et qui traitent toutes d'un aspect de l'usage de *ce* (p. 303-310). Sont inclus un exemple de la concurrence entre *ce* et *cela* (p. 308), un usage de *ce* considéré comme redondant (vestige de la préférence en ancien français pour le verbe en deuxième position, p. 308), et une discussion dans laquelle il se demande quand il faut répéter *ce* dans la construction *ce qu'il y a de plus deplorable, est / c'est...* (p. 303-304) ; dans ce dernier cas Vaugelas recommande que l'usage soit réglé par les considérations de proximité[329]. En revanche, le pronom indéfini *quiconcque* ne doit jamais être repris par le pronom sujet *il*, quelle que soit la distance entre le pronom indéfini et le verbe principal (p. 328).

Lorsqu'il traite enfin de questions relatives à l'emploi des déterminants, Vaugelas s'intéresse surtout à la question de leur usage dans les syntagmes coordonnés[330]. Ces observations mises à part, il propose deux types de remarques dans ce domaine : une observation isolée sur la concurrence de *de* avec *du*, *de la* et *des* qui répète la règle, déjà exposée par Maupas (1618 : f° 24 r°) et Oudin (1640 : 53), selon laquelle il faut utiliser *du*, *de la*, *des* devant les substantifs, mais *de* si le substantif est précédé par un adjectif (p. 330-331), et trois observations sur la présence ou l'absence de déterminants. Vaugelas établit comme principe général que le français, comme le grec, « aime extremement les articles » (p. 170) et il censure par conséquent la construction, à son avis nouvelle, *il a esprit, il a esprit & cœur.* Il accepte toutefois les deux constructions *vent de midy* et *vent du midy* (p. 412) et note qu'il n'est pas permis d'utiliser les articles avec les noms propres si ce n'est pour désigner quelques auteurs italiens (p. 253-254).

6.4.3 *Verbe et groupe verbal*

Dans cette rubrique, Vaugelas traite surtout des questions relatives aux régimes verbaux (transitivité, etc.). Dans cette discussion il se sert de la

328 Il propose, sans se décider pour l'une ou pour l'autre, deux explications possibles de cet usage, à savoir que *mon* est du genre commun ou que cet usage empêche la cacophonie de deux voyelles en hiatus.

329 Il note également que les formes *à ce faire* et *en ce faisant*, vieillies, ont trouvé un dernier domaine d'emploi dans le style des notaires (p. 309-310).

330 Voir p. 145-147 ci-dessus et p. 170-171 ci-dessous.

terminologie traditionnelle héritée de la grammaire latine (*cas*, *actif*, etc.). Sont par ailleurs faites des observations plutôt disparates sur l'usage des modes et des temps et sur le choix de l'auxiliaire. Il est remarquable que ne figurent qu'une seule observation sur le choix entre subjonctif et indicatif (p. 381-382) et une seule observation sur l'usage des temps verbaux (le cas particulier de la non-concordance des temps avec « c'est / ce fut pourquoi », p. 308-309) ; d'autres questions, comme le choix entre passé composé ou passé simple, ne sont pas abordées. En revanche, Vaugelas inclut trois observations intéressantes sur l'usage des périphrases verbales. Les *Remarques* confirment le déclin de plusieurs de ces formes dans le bon usage[331] : la construction *va croissant*, *va faisant* n'est plus à utiliser que quand il s'agit d'« un mouvement visible » (p. 185) ; la périphrase *être après* (+ *à*/*de* + infinitif) pour indiquer une action « presente & continuë » (p. 332-333) ne fait pas partie du « beau stile » ; et la construction *être pour* + infinitif (p. 342) est considérée comme « tres-Françoise, mais basse ».

En plus de ces remarques, deux observations traitent des constructions infinitives (p. 101-102, 140-141) et trois discutent du choix de l'auxiliaire aux temps composés (p. 435-436, 478-479, 468*). Si dans le cas de *réussir* Vaugelas laisse subsister la double auxiliation[332], il tolère uniquement l'usage d'*être* pour les verbes *entrer*, *sortir*, *monter*, *descendre*. Prenons le cas du verbe *monter*. Les études de l'usage contemporain suggèrent que les recommandations de Vaugelas reflètent l'usage majoritaire et la direction de l'évolution, même si la variation persiste au milieu du siècle[333]. Il suit alors le jugement de Maupas (1618 : f° 110 v°), qui lui aussi permettait seulement *être* avec l'emploi intransitif de *monter*. Ménage (1675 : 511) laisse au contraire subsister la variation avec ces verbes ; selon lui l'usage de l'auxiliaire *être* est plus commun, mais les deux constructions existent avec une différence de sens ; par exemple si l'on dit « Monsieur a sorti ce matin », cela implique qu'il est sorti et revenu, tandis que « Monsieur

331 Voir Gougenheim (1971).

332 Quand *succéder* est employé avec le sens de *réussir*, l'auxiliaire *avoir* est obligatoire.

333 Voir, par exemple, l'étude de Sandrine Tailleur (2007). Les chiffres de Tailleur ne sont qu'indicatifs parce qu'elle a seulement analysé une sélection des exemples contenus dans Frantext/ARTFUL, mais ils montrent bien l'évolution de l'usage ; le pourcentage de l'usage d'*avoir* avec *monter* est de 37 % dans les textes qui datent de la période 1600-1649, de 28 % pour la période 1650-1699, et de 21 % pour la période 1700-1749. Elle note toutefois un accroissement de l'usage d'*avoir* dans la deuxième moitié du XVIIIe siècle (32 %). Il nous semble qu'il faut donc nuancer l'affirmation de Nathalie Fournier (1998 : 260) selon laquelle les remarqueurs sont prescriptifs sur ce point.

est sorti » implique plutôt qu'il n'est pas revenu. Damourette et Pichon comme Benveniste maintiennent également que les deux auxiliaires construisent une vision différente de l'aspect accompli du procès[334].

Le bloc le plus important (22 remarques[335]) est donc celui qui traite des régimes verbaux (questions de transitivité – complément d'objet direct/indirect ; compléments infinitifs)[336]. Dans une proportion significative des cas, la remarque est incluse parce que Vaugelas identifie une évolution de l'usage dans ce domaine (ex. *servir*, *prier*, *ressembler*, *cesser*, *resoudre*, *souvenir*). Il note qu'il est surtout facile pour un verbe « neutre » (intransitif) de devenir « actif » (transitif). Le jugement qu'il porte sur ce développement varie selon le degré d'intégration du nouvel usage : par exemple, lorsqu'il se penche sur l'usage « actif » des verbes *cesser, résoudre* et *sortir*, il accepte celui-ci pour *cesser* puisque « nos bons Autheurs en sont pleins » (p. 298), mais il a du mal à le tolérer pour *résoudre*, tout en concédant que cet usage s'intégrera probablement dans le bon usage, et il censure l'emploi transitif de *sortir*, usage qui à son avis vient des Gascons (p. 38-39).

De fait, si Vaugelas manifeste une tendance à promouvoir une construction plutôt qu'une autre (*éviter* (p. 248-249) ; *servir*, *prier* (p. 479), etc.), ou du moins à exprimer une nette préférence pour l'un des usages par rapport aux autres (l'emploi transitif de *croistre* est censuré bien qu'il admette qu'on rencontre cet usage dans les textes poétiques, p. 320), comme dans beaucoup d'autres cas, il ne se montre pas toujours aussi normatif. On trouve à la fois des cas où deux ou trois constructions différentes sont admises (ex. *promener*, p. 20), même s'il exprime une légère préférence pour une ou deux de ces constructions soit dans des termes généraux (*fournir*, p. 320, *eschapper*, p. 337), soit selon le contexte[337] ou le sens (*approcher*, p. 155-156). La variation vient parfois du fait que l'usage est en transition ; il note par exemple que *se fier* a trois régimes : *se fier*

334 Voir N. Fournier (1998 : 255).

335 S'y ajoutent deux observations dans lesquelles Vaugelas s'intéresse à l'usage particulier d'un verbe, en l'occurrence, *tomber aux mains de quelqu'un* (p. 167) et *perdre le respect à quelqu'un* (p. 462*).

336 Nathalie Fournier (2002 : 52) observe que Maupas s'interroge avant Vaugelas sur « l'usage de nos actifs transitifs, Reciproquez, et neutres » et la concurrence pour un même verbe entre les trois constructions. Elle note qu'il dresse une première liste de 140 verbes ; parmi ses successeurs Oudin en élargit le paradigme, tandis que Vaugelas centre la discussion sur quelques verbes.

337 Par exemple, dans le cas de *survivre* (p. 162), c'est l'oreille qui juge lequel des compléments est le meilleur dans un contexte donné.

de (usage qui est en train de disparaitre), *se fier en* (« la vraye & ancienne, construction », p. 534) et *se fier à* (qui n'est en usage que depuis quelques années mais qui, à son avis, remplacera probablement la préposition *en*)[338].

Autre cas intéressant, celui de *commencer*. Vaugelas – à la différence de Ménage (1676 : 83-87), Bouhours (1692 : 365-371)[339], Alemand (1688 : 394-398) et l'Académie (1704 : 419) – admet seulement *commencer à* et rejette *commencer de*. Dans quelle mesure Vaugelas adoptait-il une position prescriptive ? Si l'on regarde l'usage dans Frantext (Tableau 3) on remarque que l'usage de *commencer de* semblait être « à la mode » dans la décennie 1610 à 1619. Dans les années 1630 on observe le déclin relatif de l'usage de cette construction par rapport à l'usage de *commencer à*. Du point de vue de Vaugelas, qui écrivait dans la deuxième moitié des années 1640, les signes suggérant que *commencer de* était voué à disparaître auraient probablement semblé évidents, comme la préférence manifeste pour l'emploi de *commencer à* dans l'usage contemporain (l'usage de cette construction est plus de onze fois plus fréquent que celui de *commencer de*). On pourrait argumenter que Vaugelas n'a fait qu'identifier une tendance diachronique :

	commencer à occurrences	*commencer de* occurrences	fréquence relative *commencer à* / *commencer de*
1600-1609	106	31	3,42
1610-1619	75	138	0,54
1620-1629	252	256	0,98
1630-1639	164	107	1,53
1640-1649	148	13	11,38
1650-1659	172	42	4,10
1660-1669	108	36	3,00
1670-1679	226	41	5,51
1680-1689	282	60	4,70
1690-1699	305	51	5,98

TABLEAU 3 – Fréquence de l'usage dans Frantext[340]
de *commencer à* / *commencer de*.

338 Voir aussi « *Inonder* » (p. 543).
339 Bouhours admet qu'il a changé d'avis sur cette question.
340 Consulté pour cette étude en octobre 2010.

6.4.4 *Formes invariables*

Nous retrouvons les mêmes thèmes dans les observations sur les prépositions, les adverbes et les conjonctions. Nous observons avant tout un désir d'établir un rapport de parfaite correspondance entre forme et sens (ou une symétrie forme-fonction).

Évoquons tout d'abord les prépositions. Premièrement, deux observations distinguent les usages prépositionnels et adverbiaux des formes simples, *sur, dans*, etc. et des formes composées, *dessus, dedans*, etc. (p. 124-126, 555-557). Comme le note Gougenheim (1974 : 140-141), au XVIe siècle l'emploi de *dedans, dessus*, etc. comme prépositions était tout à fait courant ; inversement on trouve *sur* et *sus* après la préposition *par*, alors que la syntaxe moderne exige dans ce cas l'emploi de *dessus*[341]. Deuxièmement, Vaugelas s'attache à établir la bonne construction de certaines prépositions ; par exemple, il soutient qu'il faut dire *à moins que de faire cela* et non pas *à moins de faire* ou *à moins que faire* (p. 360), et que *près du Palais royal* est meilleur que *près le Palais royal* (p. 368-369). Troisièmement, il compare les variantes de certaines constructions selon qu'elles comportent ou non une préposition (p. 172-173, 323, 521-525) ; il considère par exemple qu'*il n'y a rien de tel* et *il n'y a rien tel* sont toutes deux acceptables, mais que la première forme est meilleure à l'écrit même si l'on utilise plutôt la seconde à l'oral. Enfin, quelques observations traitent soit de la bonne forme, soit de l'usage de prépositions spécifiques : *lors* (p. 114-115), *sans* (p. 161-162), *le long, du long, au long* (p. 170), *au travers* et *à travers* (p. 250), *chez Plutarque, chez Platon* (p. 297-298), *faute, à faute, par faute* (p. 471-472), *pour afin* (p. 532). Nous reverrons le même désir de différencier des formes apparentées dans le chapitre sur le lexique.

Dans presque toutes les observations sur les adverbes, on retrouve le même souci de catégoriser l'usage d'une certaine forme comme adverbe et de le distinguer d'autres usages des formes homonymes ou apparentées ; par conséquent c'est la forme morphologique requise par le contexte qui est prescrite[342]. Dans trois remarques Vaugelas différencie l'usage adverbial de l'usage pronominal d'une telle forme : dans les deux observations sur *quelque* (p. 4, 359), deux usages adverbiaux sont

341 Sur cette question voir Ayres-Bennett et Caron (2016).

342 La seule exception est la remarque qui traite de l'usage de *comment*, *comme* et *comme quoi* comme adverbes interrogatifs (p. 333-335).

identifiés qui exigent donc la forme invariable. Le cas de *mesme/mesmes* est plus complexe (p. 23-24). Contre le principe général de l'invariabilité de l'adverbe, Vaugelas laisse subsister deux formes adverbiales, *mesme* et *mesmes* (relique de l'ancien usage de 's' comme signe de l'adverbe), mais il conseille d'utiliser la forme sans 's' près d'un substantif au pluriel et avec 's' près d'un substantif au singulier pour empêcher que la forme ne soit interprétée comme un pronom. Dans le cas de *deça / de deça* les considérations esthétiques priment sur le principe selon lequel la forme de la préposition se distingue de celle de l'adverbe. Bien que *de deça* soit considéré comme plus élégant que *deça* pour l'usage adverbial, il conseille l'usage de ce dernier dans les contextes où ce terme est précédé d'un autre *de* pour éviter une répétition désagréable. Cette recommandation est donc conforme à une autre prémisse selon laquelle l'usage doit être respecté, même s'il semble contredire les lois générales de la grammaire :

> Certainement ce seroit une grande dureté de dire *les nouvelles de de deçà*, et l'Usage à cause de cela a fort bien fait de retrancher un de ces *de*, comme pour la mesme raison il a fait dire *de là Loire*, au lieu de *delà la Loire*. (p. 246)

Dans deux autres remarques, Vaugelas distingue l'usage des différentes formes selon que l'on a affaire à un usage adverbial, prépositionnel ou conjonctionnel : *auparavant* (p. 475-476) et *cependant* (p. 223-234) ne peuvent être employés que comme adverbes et non pas comme prépositions (les bonnes formes prépositionnelles étant respectivement *devant* et *pendant*) ou conjonctions (pour *avant / devant que* et *pendant que*).

Si nous nous tournons maintenant vers les remarques sur les conjonctions, trois d'entre elles discutent de l'acceptabilité d'une certaine conjonction dans le bon usage : le doute peut venir du fait que la conjonction est nouvelle (*pour que*, p. 17-19), qu'elle est en train de disparaître (*consideré que*, p. 471*-472*), ou qu'elle risque d'être critiquée parce qu'elle consiste en une combinaison malheureuse de sons (*mais mesmes*, p. 22-23). Un deuxième groupe évalue des formes concurrentes et décide quelle est ou quelles sont la ou les bonne(s) forme(s) (*soit que, ou que*, p. 30-31, *peur, crainte*, p. 45) ou du moins la forme préférée par Vaugelas (*parce que, pource que*, p. 47-48). Encore une fois, les recherches dans Frantext semblent conforter les jugements de Vaugelas sur l'emploi de *de peur/peur* et *de crainte/crainte*[343]. Vaugelas critique l'usage sans *de*, mais il note que *crainte* pour *de crainte*

343 Voir Masseron et Laparra (2008).

est en usage depuis longtemps, tandis que l'usage de *peur* pour *de peur* est nouveau. Masseron et Laparra (2008) ne relèvent qu'une seule occurrence de *peur de* ou *peur que* au XVIe siècle (1502-1601) et deux occurrences au XVIIe siècle (1602-1701), contre 118 et 780 respectivement de *de peur de* ou *de peur que* dans Frantext ; par contraste on dénombre 6 occurrences de *crainte de / crainte que* au XVIe siècle et 25 occurrences au XVIIe siècle contre 8 et 94 occurrences respectivement de *de crainte de / de crainte que*. Viennent ensuite des observations qui indiquent quelle construction privilégier après certaines conjonctions (*si, conjonction conditionnelle*, p. 62, *si bien*, p. 471*). En ce qui concerne l'usage de *tandis* (p. 64-65) et de *lors* (p. 225-228), Vaugelas insiste sur le fait qu'ils sont toujours conjonctions et jamais adverbes ; pour indiquer le *tunc* des Latins il faut plutôt utiliser *alors*, *dès lors* ou *pour lors*[344].

Deux remarques intéressantes portent sur la question de l'éventuelle répétition de *que* dans les phrases complexes (p. 465-466, 489*-490*). Dans le premier cas une construction participiale est intercalée entre *croire que*, verbe de la proposition principale, et le sujet de la proposition subordonnée ; Vaugelas observe qu'il n'est pas nécessaire de répéter le *que*, même quand la construction intercalée est longue de trois lignes. Si les deux constructions sont vraiment trop éloignées, il faut plutôt répéter toute la proposition principale. Le deuxième exemple traite d'une exception à cette règle concernant l'emploi de *tant s'en faut*. Vaugelas note que dans l'exemple « la fin de ma misere ne peut venir d'ailleurs que de mon retour aupres de vous, qui est chose dont je vois le terme si esloigné, que tant s'en faut qu'en la tempeste où je suis, j'apprehende le naufrage, au contraire je pense auoir toutes les occasions du monde de les desirer » il manque un *que* devant *au contraire*. Il soutient que dans cet exemple le *que* devant *tant s'en faut* se rapporte à *si esloigné*, et que par conséquent « *tant s'en faut* demande un autre *que* [...] outre celuy qui se trouve dans ces paroles *qu'en la tempeste* ».

6.4.5 *Accord*

Bien que Vaugelas pense que l'accord grammatical se conforme d'habitude à la raison et aux règles (voir, par exemple, p. 463*), une trentaine d'observations traitent de l'usage douteux dans ce domaine. Le

344 Sur la façon dont Vaugelas se sert du latin pour gloser un sens ou un usage en français, voir Ayres-Bennett (2014).

doute peut être dû à une raison phonétique (surtout la non-prononciation du 's' final, ex. p. 148-149). Mais trois blocs d'exemples posent également des problèmes parce qu'on ne peut pas appliquer les principes généraux de façon automatique : l'accord quand le sujet est un syntagme complexe ; l'accord après un syntagme coordonné ; et l'accord du participe passé. Les autres remarques sur l'accord traitent d'autres cas irréguliers ou difficiles, par exemple l'accord de l'attribut du complément d'objet (p. 323-334, 563-566), l'accord de *tout* (p. 95-97), l'accord avec *quelque chose* (p. 220, 464*-468*), et le choix entre *c'est / ce sont* (p. 305-307). L'emploi fait par Vaugelas de la terminologie grammaticale de l'époque pour décrire les faits d'accord n'est pas très précis. S'il se sert de « se rapporte à » (ex. p. 153), il dit aussi que le verbe « est regi [...] par le nom substantif qui precede » (p. 307), usage que censure Dupleix (1651 : 186).

Vaugelas aborde plusieurs cas apparentés de problèmes relatifs à l'accord dans les syntagmes complexes : l'accord avec les noms collectifs, avec les expressions de quantité, et avec un déterminant complexe[345]. Les différents types comprennent des exemples de la construction adverbe + pseudo-complément (le cas de *peu* nominalisé), du pronom relatif précédé de *un* de(s) + nom ou pronom pluriels (*c'est une des plus belles actions qu'il ayt jamais faites*), et du nom + pseudo-complément (ex. *sorte*). Dans ce dernier groupe sont incluses des expressions nominales qui expriment la quantité (*six mois de*, *infinité*), ou des fractions (*partie*, *la plus-grand'part, la pluspart*), ainsi que des cas où le complément est exprimé ou absent (par exemple, *la pluspart font / la pluspart des hommes font / la pluspart du monde fait*). Selon Vaugelas, tous ces exemples posent problème parce qu'il y a hésitation entre l'accord avec la tête nominale ou avec le complément, ou, pour utiliser ses termes, parce qu'existe la possibilité que « le regime [...] ne sui[ve] pas le nominatif, mais le genitif, qui est une chose assez estrange, & contre la construction ordinaire de la Grammaire en toutes sortes de langues » (p. 483*).

Dans cinq remarques (dont trois qui traitent de l'accord verbal et deux de l'accord du participe passé), Vaugelas conseille l'accord avec le complément plutôt qu'avec la tête nominale ou pronominale (après *une infinité de*, *la pluspart / la plus-grand'part*, *ce peu de*, *sorte*, et dans la

345 L'exemple de l'accord avec *vingt et un* (p. 147-149) constitue un cas différent. C'est Antoine Oudin qui a formulé dans sa grammaire la règle selon laquelle *et* est uniquement employé pour joindre *un* aux dizaines (Grevisse et Goosse 2011 : 804).

construction où le pronom relatif est précédé de *un de(s)* + nom pluriel). Dans deux de ces remarques où il recommande l'accord syntaxique avec le complément (p. 41, 351), il rejette de façon explicite l'explication sémantique selon laquelle c'est la nature collective du nom (*infinité*, *peu*) qui rend obligatoire l'accord au pluriel. La preuve en est donnée, à son avis, par le fait que si le complément est au singulier l'accord se fait plutôt au singulier (*une infinité de personnes ont pris la peine*..., mais *une infinité du monde se jetta*...). Dans deux autres remarques qui traitent de l'accord de l'épithète Vaugelas recommande également l'accord avec le complément (*une partie du pain mangé*, p. 374-375 ; *apres six mois de temps escoulé*, p. 382-383) ; il établit une distinction entre l'accord grammatical avec la tête nominale (*mangée*, *escoulez*) et l'usage qui favorise l'accord avec le complément, considéré plus élégant (*mangé*, *escoulé*). Si dans tous ces exemples Vaugelas recommande l'accord avec le complément, dans le cas de *le peu d'affection qu'il m'a tesmoigné* (p. 384) il préfère l'accord avec *le peu* : ici la décision semble se fonder sur la remarque suivante, dans laquelle il note que le pronom relatif ne peut se rapporter à un nom qui est précédé d'un article indéfini (p. 385) : le *que* se rapporte donc nécessairement à *le peu* et non pas à *affection*.

Notre deuxième groupe concerne l'accord avec un syntagme coordonné. En ce qui concerne l'accord du verbe, les considérations sémantiques sont importantes, Vaugelas faisant appel à la règle des synonymes (p. 219, voir ci-dessus p. 145-147). Il examine quatre cas difficiles où les considérations sémantiques entrent en jeu. Prenons le cas de l'accord avec *ou*...*ou*... (p. 149-150) : dans l'exemple « ou la douceur, ou la force le fera » notre remarqueur recommande l'accord au singulier, « comme c'est une alternative, ou une disjonctive » ; en revanche, quand plus de deux sujets sont coordonnés comme dans l'exemple « peut-estre qu'un jour ou la honte, ou l'occasion, ou l'exemple, leur donneront un meilleur avis » il préfère plutôt le pluriel, « à cause de l'accumulation de choses, qui presentant tant de faces differentes à la fois, porte l'esprit au pluriel plustost qu'au singulier, quoy que dans la rigueur de la Grammaire, il faudroit dire *donnera* » (p. 150). On trouve le même type de raisonnement dans la remarque « *Deux ou plusieurs pluriels suivis d'un singulier avec la conjonction ET devant le verbe, comment ils regissent le verbe ?* » (p. 378-380) qui traite de l'exemple « Non seulement tous ses honneurs & toutes ses richesses, mais toute sa vertu s'évanouit / s'évanouirent ». Vaugelas privilégie l'accord au singulier, non pas à cause de la proximité du substantif singulier et du verbe, mais pour deux autres raisons : premièrement parce que *tout* est un mot collectif « qui reduit les choses à l'unité », et deuxièmement parce que *mais* « separe en quelque façon ce membre de celuy qui precede [...] servant comme d'une barriere entredeux, & d'un obstacle pour empescher la communication & l'influence des pluriels sur le verbe » (p. 380)[346]. Dans deux autres cas de figure, Vaugelas laisse subsister la variation : avec *l'un & l'autre* (p. 141) et avec *ni...ni...* (p. 150) ; dans cette dernière construction les deux accords sont possibles « parce que le verbe se peut rapporter à l'un des deux separé de l'autre, ou à tous les deux ensemble », mais il exprime néanmoins une préférence pour le pluriel.

Autre source d'incertitude : comment faire l'accord dans les cas de mélange de genres ? Le principe général est exposé dans la remarque intitulée « *Trois substantifs, dont le premier est masculin, & les autres deux, feminins, quel genre ils demandent* » (p. 381) : l'accord au masculin pluriel est conseillé parce que « le genre masculin est le plus noble ». Toutefois, dans le cas de « ce peuple a le cœur & la bouche ouverts/ouverte » (« *Un adjectif avec deux substantifs de different genre* », p. 82-85), il rejette l'accord au masculin pluriel et favorise plutôt l'accord au féminin singulier. Il reconnaît que cet usage ne respecte pas le principe général[347], mais il préfère l'accord au féminin singulier, qu'il considère comme plus « doux », parce que « cét adjectif se trouve joint au mesme genre avec le substantif qui le touche ». La contiguïté de l'adjectif et du substantif au féminin singulier empêche l'usage de l'adjectif au masculin pluriel parce que « l'oreille a de la peine à s'y accommoder ». Ici encore Vaugelas semble adopter une position intermédiaire entre l'accord de proximité qui est encore typique au XVIe siècle et les règles modernes de l'accord grammatical.

346 Corneille et l'Académie s'accordent pour dire que seule la présence de *mais* joue un rôle dans l'accord au singulier (Streicher 1936 : 655).

347 « Il faudroit dire, *ouverts*, selon la Grammaire Latine » (p. 83). Vaugelas semble utiliser l'expression « selon la Grammaire Latine » pour indiquer que cet accord aurait été plus régulier, mais, comme me l'a indiqué Bernard Colombat (communication personnelle), l'accord avec le substantif le plus proche est bien plus courant en latin qu'en français. Les deux accords sont jugés possibles par les grammairiens latins de la Renaissance qui traitent l'accord avec l'ensemble par la syllepse et l'accord avec le plus proche par le zeugma.

Vaugelas essaie d'aborder l'épineuse question de l'accord du participe passé de façon assez exhaustive dans une longue remarque (p. 175-181). Il reconnaît dès le début qu'« En toute la Grammaire Françoise, il n'y a rien de plus important ny de plus ignoré » (p. 175). La règle fondamentale selon laquelle l'auxiliaire *avoir* ne s'accorde pas quand le complément d'objet direct est postposé, mais s'accorde quand il est antéposé avait déjà été exposée par Marot dans les célèbres vers cités par Vaugelas, ainsi que par Maupas (1618 : f° 156v°-157v°) : Vaugelas la déclare « sans contredit », ainsi que tous ses successeurs[348]. Les remarqueurs ultérieurs entérinent également son jugement sur les exemples V (*nous nous sommes rendus maistres*) et VI (*nous nous sommes rendus puissans*). S'ils adoptent les mêmes jugements que lui sur ses trois derniers exemples (VIII : *je l'ay fait peindre, je les ay fait peindre* ; IX : *elle s'est fait peindre, ils se sont fait peindre* ; X : *C'est une fortification que j'ay appris à faire*), les explications qu'il propose sont parfois contestées (Streicher 1936 : 343-371). Les exemples III (*Les habitans nous ont rendu maistres de la ville*), IV (*Le commerce* (parlant d'une ville) *l'a rendu puissante*) et VII (*La desobeissance s'est trouvé montée au plus haut point*) sont, en revanche, plutôt disputés. Contrairement à ses décisions sur les exemples V et VI, dans le cas des exemples III, IV et VII, Vaugelas semble soutenir que si une autre marque d'accord est présente dans la phrase, il n'est pas nécessaire d'accorder le participe passé ; ses successeurs favorisent l'accord. Trois autres observations traitent des exceptions aux règles générales de l'accord du participe passé. Dans la remarque intitulée « *Belle & curieuse exception à la Reigle des preterits participes* » (p. 492*-493*) Vaugelas discute le cas où le participe est précédé du complément d'objet direct, mais suivi du sujet du verbe, par exemple *la peine que m'a donné cette affaire* ; si la plupart des remarqueurs valident son jugement (Streicher 1936 : 852-857), selon Port-Royal et la plupart des grammairiens ultérieurs, il convient ici encore de suivre la règle générale. Dans le cas de « *Allé*, au preterit, *comme il en faut user* » (p. 501-502), Vaugelas examine les exemples tels que *ma sœur est allé visiter ma mere* dans lesquels au lieu de faire l'accord avec le sujet, Vaugelas conseille de laisser le participe passé invariable ; selon Nathalie Fournier (1998 : 317), il s'agit à la fois de l'effet d'un facteur phonétique (le participe n'est pas en position finale) et d'un facteur syntactico-sémantique (la cohésion du groupe *aller* + infinitif). Si les remarqueurs adoptent en général l'opinion de Vaugelas sur ce point, les avis des grammairiens sont

348 Voir Brunot (1905-1953 : III, 601) et Smith (1993).

plutôt partagés, et l'usage dans les textes contemporains est également hésitant. Dernière exception étudiée : l'exemple de « de la façon que j'ai dit » (p. 376). Vaugelas explique l'absence d'accord du participe dans cette construction par référence au statut de l'expression *de la façon que* : « ces paroles *de la façon que*, sont comme *adverbiales*, & ont le mesme sens que si l'on disoit *comme j'ai dit* ».

Une longue remarque est également dédiée au problème de l'accord des participes présents (p. 426-433). Dans cette remarque, Vaugelas s'appuie sur la distinction entre ce qu'il appelle gérondif et participe, selon laquelle le premier « est indeclinable, & different du participe, qui a divers genres & divers nombres » (p. 186), distinction qui correspond grosso modo à la répartition moderne entre participe (invariable) et participe devenu adjectif (variable). En constatant que « l'usage des gerondifs est beaucoup plus frequent en François, que celuy des participes », il fait état de la progression au cours du siècle de l'invariabilité de ces formes. En fait, il distingue l'usage du masculin et du féminin : tandis qu'au masculin les formes en *-ant* et en *-an(t)s* coexistent (*les hommes ayant cette inclination / je les ay trouvez ayans le verre à la main*), il maintient qu'au féminin l'usage préfère toujours la forme invariable (*je les ay trouvées ayant le verre à la main / je les ay trouvées beuvant & mangeant*). Dans son commentaire sur cette remarque, l'Académie (1704 : 426) prend nettement position :

> *Estant* & *ayant* ne sont jamais participes, & par consequent ils n'ont point de pluriel, à l'exception d'*ayant*, dans une maniere de parler de pratique que l'usage a consacrée. *Ses hoirs & ayans cause.* Hors de là ces deux mots sont gerondifs, & ne reçoivent point d'*s*. Il faut dire, *je les ay trouvez ayant*, & non pas *ayans le verre à la main. Je les ay trouvez mangeant des confitures, beuvant de la limonade*, & non pas *mangeans des confitures, beuvans de la limonade.* Il faut parler de la mesme sorte si le relatif *les* se rapporte à des femmes.

Vaugelas consacre quelques autres remarques aux cas où l'accord est problématique. Nous nous bornons ici à évoquer quatre problèmes qui nous semblent caractéristiques des hésitations de notre remarqueur face à la variation diachronique ou aux exceptions aux règles générales. On remarque souvent une évolution entre la position prise par Vaugelas dans le manuscrit de l'Arsenal et celle qu'il adopte dans la version publiée[349].

349 Voir les notes de bas de page en lien avec ces observations.

Premier cas : celui de l'accord de *tout* (p. 95-97). Le commentaire dans le manuscrit est plus net, parce que Vaugelas note simplement que quand *tout* est adverbe il est invariable, même dans l'exemple *tout autre chose.* Les règles proposées dans la remarque publiée sont beaucoup plus complexes et arbitraires. Si Vaugelas continue de promouvoir *tout* indéclinable au masculin, il demande l'accord quand *tout* précède un adjectif féminin, que cet adjectif commence par une consonne ou une voyelle, *tout autres* au pluriel constituant la seule exception à cette règle. Pour justifier la différence entre le masculin et le féminin il se trouve obligé de maintenir que le statut de *tout* se modifie au féminin (« se convertissant en nom »), bien qu'il continue d'avoir la même signification adverbiale. Cette remarque a été débattue tout au long du siècle (Streicher 1936 : 186-193), l'Académie établissant la règle actuelle qui est, comme le note Grevisse (1980 : 505) : « un compromis entre la logique et les forces traditionnelles de la langue : à ne consulter que l'oreille, *tout* est toujours en accord avec l'adjectif qui le suit ».

Deuxième exemple, l'accord avec *quelque chose*, question abordée dans deux observations différentes (p. 220, 464*-468*). Dans la première courte remarque, qui apparaît sous une forme presque identique dans le manuscrit, Vaugelas semble décider que *quelque chose* est à traiter comme un indéfini (« comme un neutre selon [sa] signification ») et que par conséquent l'accord se fait au masculin singulier. Dans la deuxième remarque, qui est beaucoup plus longue et qui n'est pas incluse dans le manuscrit, il raconte le débat sur cette question chez les académiciens[350], parmi lesquels les avis étaient plutôt partagés. Même s'il continue à soutenir qu'« il est beaucoup plus frequent, plus François, & plus beau de donner un adjectif masculin à *quelque chose*, qu'un feminin », il semble néanmoins adopter une position plus souple et conclut qu'« il y a des endroits où il faut nécessairement mettre le masculin et d'autres où il faut mettre le féminin », finissant par conseiller de laisser décider l'oreille. Il distingue l'accord grammatical et l'accord sémantique, et considère que le dernier peut être un « ornement » : « c'est une belle figure en toutes les langues, & en prose aussi bien qu'en vers, de reigler quelquefois la construction, non pas selon les mots qui signifient, mais selon les choses qui sont signifiées » (p. 467*).

350 Dans son commentaire sur cette remarque, l'Académie (1704 : 497) défend l'accord au masculin.

La remarque « *Ce, avec le pluriel du verbe substantif* » (p. 305-307) comporte encore un exemple d'un usage établi « contre les reigles de la Grammaire », et qui constitue « un ornement de langage, qui se trouve en toutes les plus belles langues, mortes & vivantes ». L'accord au pluriel est conseillé dans les exemples « les plus grands Capitaines de l'antiquité, ce furent Alexandre, Cesar, Hannibal, etc. » et « l'affaire la plus fascheuse que j'aye, ce sont les contes d'un tel », bien que *ce* soit une forme de singulier. L'analyse de l'usage contemporain faite par Anne Carlier (2004-2005) montre que les recommandations de Vaugelas se conforment bien à celui-ci, car selon ses calculs le verbe n'est au singulier que dans 1,4 % des exemples de *ce* + *être* + *les* SN dans Frantext au XVIIe siècle.

Notre quatrième exemple soulève la question de savoir dans quelle mesure les formes sous-entendues doivent être récupérables et par conséquent identiques à celles qui sont exprimées. Comme nous l'avons déjà noté (p. 145), dans la remarque « *Si l'adjectif de l'un des deux genres se peut appliquer à l'autre dans la comparaison* » (p. 461-462) Vaugelas conseille d'éviter une phrase telle que *je suis plus beau que vous* quand un homme parle à une femme, et préfère plutôt utiliser la forme complète (*je suis plus beau que vous n'êtes belle*) ou reformuler la phrase (*j'ai plus de beauté que vous*). Corneille, Chapelain et l'Académie (Streicher 1936 : 772) jugent en revanche que cette suppression est élégante et que d'autre part une expression telle que « il est plus beau qu'elle n'est belle » est « languissante ».

6.4.6 *Types de phrases et constructions diverses*

Cette rubrique comprend quelque vingt-cinq remarques qui traitent de problèmes de construction assez disparates. Parmi les types de phrases, ce sont surtout les constructions négatives et impersonnelles qui sont abordées. Les remarques sur la négation sont réparties dans l'ouvrage selon un modèle dont Vaugelas se sert assez régulièrement : une remarque longue traite de la question en général (p. 405-409), puis quelques autres remarques discutent des contextes problématiques et des exceptions. La remarque principale porte sur l'usage des forclusifs, et surtout de *pas* et *point* ; notre auteur note que « ces particules oubliées aux endroits où il les faut mettre, ou mises là où elles ne doivent point estre, rendent une phrase fort vicieuse » (p. 405). Il déconseille surtout l'usage de *point* et de *pas* en combinaison avec d'autres particules négatives – *ni*, *jamais*, *plus*, *aucun*, *nul* qui « nient assez d'eux-mesmes » – ou devant *que* dans la construction *ne...que* ; la nature prescriptive de cette remarque est peut-être indiquée par le fait que Vaugelas est lui-même coupable de cette faute avec *aucun*[351], comme l'observe Thomas Corneille (Streicher 1936 : 705-706). Vaugelas note aussi quelques cas particuliers où il est également interdit de les employer, par exemple devant *sans* (*sans nuage* et non pas *sans point de nuage*), avec les expressions de temps (*je ne le verray de dix jours*), et avec les verbes *oser*, *pouvoir*, *savoir*. Il ajoute qu'il est assez difficile de donner des règles pour savoir comment choisir entre *pas* et *point*, notant qu'il faut l'apprendre de l'usage et se souvenir que « *point* nie bien plus fortement que *pas* » ; les grammaires postérieures ont souvent adopté ce commentaire et l'ont érigé en règle en invoquant l'autorité de Vaugelas et en omettant de mentionner les réserves dont il fait part immédiatement avant cette affirmation (*cf.* Price 1979). La remarque se termine par une réflexion sur la position de *pas* et *point* lorsqu'ils sont employés avec des infinitifs ; elle reflète l'évolution de l'usage en notant qu'ils « ont beaucoup meilleure grace » devant les infinitifs (*pour ne pas tomber* plutôt que *pour ne tomber pas*, etc.)[352]. Quant à l'usage de *ne*, si Vaugelas croit qu'il est facultatif dans les phrases interrogatives du type *n'ont-ils pas fait / ont-ils pas fait ?* (p. 210), il l'exige dans la construction de l'interrogation indirecte, *il veut sçavoir s'ils n'ont point esté mariez* (p. 513). Notons en passant que Vaugelas accepte l'interrogation partielle avec *est-ce que* (p. 457*-458*), mais qu'elle continue d'être jugée « du stile tres-familier » par l'Académie et associée plutôt à l'oral qu'à l'écrit (1704 : 488).

Les observations sur les constructions impersonnelles illustrent bien la tendance de Vaugelas à se concentrer sur des questions ponctuelles. Bien qu'il s'agisse dans deux cas d'un problème de morphophonologie – hésitation entre *qui* et *qu'il* –, Vaugelas se borne à discuter quelques exemples précis, à savoir *ce qu'il vous plaira* (p. 4-5) et *quoy qu'il arrive, quoy qu'il en soit* (p. 321-322). Un troisième exemple concerne un usage particulier du verbe *pouvoir* (p. 146-147), et un quatrième l'alternance

351 Par exemple, « L'*l* de cette particule quand elle est conditionnelle, et non autrement, ne se mange point devant aucune des cinq voyelles » (p. 372).

352 Voir Ayres-Bennett (2004c : 219-223).

entre *il me souvient* et *je me souviens* (p. 161). Dans une dernière observation, Vaugelas s'intéresse à la concurrence entre *il y a* et *il est* : la première forme est considérée comme la meilleure dans les contextes affirmatifs, la seconde dans les contextes négatifs où elle est suivie de *point*, de *que* ou de *rien de* (ex. « il n'est rien de tel que de, etc. » (p. 337-338).

Les autres remarques qui traitent des constructions et de la syntaxe de la phrase complexe sont assez hétérogènes et ici encore traitent de cas assez particuliers plutôt que de questions générales. Dans la remarque intitulée « *Certaines constructions, & façons de parler irregulieres* » (p. 397-399), Vaugelas discute par exemple de deux constructions qui semblent être contraires à la raison (« pour s'empecher d'estre suivi ») ou aux règles grammaticales (« laissant sa mere avec sa femme & ses enfans prisonniers »), mais qu'il considère cependant comme bonnes. Même si Vaugelas croit que la plupart des constructions grammaticales se font « par raison », il semble toutefois croire en l'indépendance de la syntaxe et de la sémantique, car le premier exemple est censé « choque[r] plustost le sens & la raison que la Grammaire », tandis que la deuxième « choque plustost la Grammaire que le sens ».

Lorsque sont évoquées les constructions participiales détachées sans sujet exprimé, la grande question de la coréférence avec le sujet grammatical de la phrase principale, question qui occupe beaucoup les Académiciens dans leur commentaire sur le *Quinte-Curce* de Vaugelas, n'est pas abordée[353]. Comme le remarquent ses successeurs (Streicher 1936 : 880), Vaugelas n'adopte pas une position très cohérente en critiquant *cela dit* mais en approuvant *cela fait*, deux constructions qui imitent l'ablatif absolu du latin. Le désir d'éviter toute confusion possible est manifeste dans la remarque qui conseille de ne pas utiliser le *en* relatif devant le gérondif parce qu'il pourrait être interprété par erreur comme le *en* signe du gérondif, qui est d'habitude omis (p. 186-187).

Il n'est pas difficile d'identifier des cas où la remarque de Vaugelas semble avoir joué un rôle dans l'établissement de l'usage moderne. Par exemple, l'usage de *comme* au lieu de *que* dans les constructions comparatives (p. 63, 242, 532-533) est censuré par Vaugelas tout comme par Malherbe avant lui, et Nathalie Fournier (1998 : 364) note que l'ancienne construction est en recul dès le milieu du siècle. L'influence de Vaugelas n'est pourtant pas toujours aussi directe ou immédiate.

353 Ayres-Bennett et Caron (1996).

L'usage de *tel* pour *quel* dans les constructions concessives, critiqué par Vaugelas dans l'exemple « Dieu est present en tous lieux, tels qu'ils soient » (p. 413), est d'après Grevisse et Goosse (2011 : 1569) resté en usage jusqu'à la fin du siècle suivant, et ils citent des exemples empruntés à Voltaire, Diderot et Bescherelle. Parmi les autres remarques qui traitent des constructions comparatives, signalons dans la remarque intitulée « *D'autant plus* » (p. 459) la même recherche d'un parallélisme qu'on verra apparaître dans les remarques sur la coordination.

6.4.7 *Syntagmes coordonnés*

La construction des syntagmes coordonnés, souvent négligée ou traitée de façon sommaire par les grammairiens des XVIe et XVIIe siècles, occupe une place importante dans l'ouvrage de Vaugelas, qui lui consacre plus de vingt remarques. On voit s'amorcer une évolution des théories de la coordination, qui s'accentuera par exemple dans le commentaire de l'Académie sur la traduction faite par Vaugelas de la vie d'Alexandre de Quinte-Curce dans les premières décennies du siècle suivant (Ayres-Bennett et Caron 1996).

La position adoptée par Vaugelas sur les syntagmes coordonnés est entièrement fondée sur le respect du principe de netteté : il faut surtout éviter toute équivoque. La remarque intitulée « *Netteté de construction* » (p. 112-114) est emblématique de son approche : chaque construction doit être claire et ne soulever aucune hésitation chez le lecteur ou l'auditeur (voir ci-dessus p. 143)[354]. En effet, comme on l'a déjà remarqué, on observe dans l'ouvrage même de Vaugelas l'évolution de l'usage et des attitudes sur cette question. Trois positions différentes se dégagent selon le contexte grammatical. Premièrement, dans certaines observations, tout comme dans le chapitre sur l'accord, il conseille de suivre la règle des synonymes pour décider quand il faut répéter les morphèmes communs aux deux noyaux coordonnés, qu'il s'agisse de l'usage des prépositions devant les noms ou les infinitifs coordonnés (p. 50-51, 214-218) ou de *tout* devant les noms coordonnés (p. 559-561)[355]. Deuxièmement, Vaugelas

354 Notons qu'il ne fait pas de distinction entre la coordination des éléments et la coordination des propositions.

355 Vaugelas fait également référence à la règle des synonymes pour justifier la répétition obligatoire de toute préposition devant les deux membres coordonnés de *l'un & l'autre* (p. 535-536).

juge dans une série de remarques que la règle peut s'appliquer, mais il décide toutefois que la répétition est préférable (p. 477*-480*, 519-520). Enfin, dans plusieurs observations, il exige la répétition de morphèmes communs et ne tolère plus l'effacement du marquage dans le second syntagme : la répétition est donc considérée comme obligatoire dans le cas du pronom objet devant des verbes coordonnés, des articles (et des possessifs) devant les noms, et de *si* devant les adjectifs coordonnés (p. 495-496, 474*-477*, 490*-491*).

Autre manifestation de cette nouvelle tendance à préférer les constructions symétriques et équilibrées : la recherche d'un parallélisme entre les syntagmes coordonnés. Dans deux remarques successives (p. 79-80, 81), Vaugelas affirme que les verbes ou les noms coordonnés doivent prendre le même régime. Il censure, par exemple, la construction *ayant embrassé & donné la benediction à son fils* parce que *son fils* est complément d'objet direct du premier verbe mais complément d'objet indirect du second, ou pour utiliser ses propres termes « *embrassé* regit l'accusatif, & *donné* regit le datif, tellement que ces deux verbes ne se peuvent s'accorder ensemble pour regir un mesme cas ». Il note que cette contrainte est nouvelle, et en effet dans le manuscrit il hésite entre l'usage ancien et moderne (f° 94v°). Vaugelas accompagne parfois sa décision d'une justification qui essaie de répondre à l'avance aux critiques qui pourraient l'accuser d'un « vain scrupule » ou d'un « trop grand raffinement ». Il fonde sa défense sur l'idée qu'il n'est pas plus difficile d'utiliser la forme la plus correcte, et conclut « pourquoy choisir la plus mauvaise, & celle qui sans doute blessera une oreille tant soit peu delicate, encore que bien souvent celuy qui est choqué de semblables choses, ne sçache pas pourquoy, ny d'où cela vient » (p. 528). La recherche d'un parallélisme dans les constructions coordonnées influe également sur le choix de l'ordre de mots. La remarque, « *Netteté de construction* » (p. 142-143) montre l'importance attribuée par Vaugelas au bon emploi de la coordination. Bien qu'il préfère en général l'ancienne place du pronom clitique dans une phrase telle que « elle se daignera porter » (voir la section suivante), une fois qu'un verbe pronominal est coordonné avec un verbe non-pronominal il est préférable de faire apparaître le clitique devant l'infinitif pour montrer nettement qu'il ne se construit qu'avec le premier verbe (« elle daignera se porter [...] & embrasser »). Notons cependant que même ici Vaugelas est moins absolu dans ses jugements que ses successeurs. Par exemple, il tolère toujours l'usage d'*afin* suivi de deux compléments différents (« afin de faire voir mon innocence à mes Juges, & que l'imposture ne triomphe pas de la verité », p. 394-395) ; Thomas Corneille et l'Académie, dans leurs commentaires sur cette remarque, hésitent à considérer cet usage comme fautif, mais ils observent que ceux « qui veulent escrire avec une exacte pureté » doivent l'éviter (Streicher 1936 : 694).

Vaugelas se préoccupe également du choix de la conjonction dans les syntagmes coordonnés. Il exprime par exemple sa préférence pour l'usage de *que* pour introduire la deuxième proposition conditionnelle coordonnée (p. 395-396), ainsi que pour introduire la deuxième proposition concessive lorsque la première commence par *bien que*, *quoy que* ou *encore que* (p. 468*-469*).

Les tournures elliptiques sont souvent censurées dans les *Remarques*. Comme nous l'avons déjà noté dans la discussion de la phrase « il sçait la langue Latine & la langue Grecque » (p. 493-495 ; *cf.* 209-210, 358), dans les cas d'ellipse, il importe avant tout que les mots sous-entendus puissent être récupérés sans hésitation, ce qui implique presque que leur forme et leur fonction soient identiques à celles des mots qui sont exprimés explicitement. En outre, il faut s'assurer que l'ellipse ne nuise pas à la bonne construction de la phrase dans son ensemble. Par exemple, Vaugelas critique l'expression « l'aventure du lion & de celui qui voulait le Tyran, sont semblables » (p. 193) parce que *l'aventure* ne peut pas s'accorder avec *sont semblables*.

Lorsqu'il se penche sur l'usage des pronoms personnels sujets devant les verbes dans les propositions coordonnées, Vaugelas fait état de l'évolution de l'usage au cours des vingt ou vingt-cinq années qui ont précédé ; selon lui le pronom personnel est obligatoire si « la construction change » (p. 421), c'est-à-dire si on utilise un pronom personnel différent dans la deuxième phrase, ou si la coordination s'opère par l'intermédiaire d'une conjonction séparative ou disjonctive comme *mais*, parce que ces conjonctions « romp[en]t le lien de la construction precedente ».

Pour résumer, les remarques sur la coordination font apparaître une tendance croissante vers un signalement univoque de la relation de jonction et un rappel maximal des morphèmes communs aux deux noyaux coordonnés, par une attention à la position respective des groupes coordonnés, et par la recherche d'une parfaite congruence distributionnelle et sémantique des régimes coordonnés avec l'élément recteur. Il convient cependant de noter que les *Remarques* de Vaugelas marquent seulement le début d'une période de transition et qu'il reste beaucoup moins rigide et dogmatique que certains de ses successeurs.

6.4.8 Ordre des mots

Même si les remarques sur l'ordre des mots sont moins nombreuses (16) que celles formulées dans certains autres domaines, elles jouent un rôle primordial dans la conception de la bonne syntaxe chez Vaugelas. Comme on l'a déjà noté, selon lui si on ne sait pas bien agencer les mots, on ne peut pas dire qu'on sait écrire, et il faut avant tout prêter attention à la place du verbe (« *Arrangement de mots* », p. 481-482). Il semble croire qu'il est toutefois difficile, ou même impossible, d'apprendre à agencer les phrases de façon nette, « soit que ce defaut de les mal arranger procede du vice de l'oreille, ou de celuy de l'imagination, ou de tous les deux ensemble, qui sont deux choses que l'art donne rarement, quand la nature les refuse » (p. 578-579). Il utilise à deux reprises l'expression « situation naturelle » (p. 482, 583) pour désigner un ordre des mots qui n'est ni « forcé » (p. 482) ni empreint de « quelque sorte d'affectation » (p. 184)[356].

Un bon ordre des mots doit à la fois plaire à l'entendement, en évitant toute équivoque, et à l'oreille, en évitant la juxtaposition désagréable des sons. Il est toutefois clair que *la netteté* reste la qualité essentielle et que le placement des éléments apparentés à proximité les uns des autres constitue la meilleure façon de l'assurer. L'accent mis sur la linéarité de la phrase et sur la proximité des éléments qui sont liés syntaxiquement est manifeste dans une série d'observations dans lesquelles Vaugelas conseille d'éviter la séparation fautive de deux constituants : *de*, « article du genitif », « veut tousjours estre joint immediatement à son nom » (p. 324-325) ; l'auxiliaire *avoir* et le participe passé *été* « n'aime[nt] pas

356 Sur la naissance et l'évolution du concept de « l'ordre naturel », voir Ricken (1978). On trouve déjà dans la tradition grammaticale médiévale la distinction entre un *ordo naturalis* et un *ordo artificialis*. Dans la tradition française, le vernaculaire est souvent perçu comme étant plus fidèle que le latin à l'ordre naturel qui confère les qualités de clarté, comme l'exprime Maupas : « nostre langue aime à suivre, en l'arrangement de nos mots, l'ordre naturel de l'entendement » (1618 : f° 126 r°). Dans trois autres remarques, l'ordre recommandé par Vaugelas est considéré comme « plus naturel » (p. 43, 184, 457*).

à rien recevoir entre-deux qui les separe » (p. 460) ; et la préposition *pour* « ne doit rien avoir entre elle & l'infinitif qui les separe, si ce n'est quelque particule d'une ou de deux syllabes » (p. 63). La recherche d'une syntaxe linéaire a des conséquences importantes pour la place des éléments coordonnés : l'exemple « en cette belle solitude, & si propre à la contemplation » est censuré parce qu'il faut que les deux adjectifs soient employés conjointement sans être séparés par un substantif (p. 156-157). Si la plupart des observations sur l'ordre des mots traitent surtout de la place des éléments à l'intérieur de la proposition, Vaugelas s'intéresse dans une remarque aux phrases imbriquées ; la construction « comme le Roy fut arrivé, il commanda » est préférée à « le Roy, comme il fut arrivé, commanda » parce qu'elle évite la séparation problématique du sujet et du verbe principal par une proposition subordonnée (p. 457*)[357].

Deux autres traits distinctifs de l'approche de Vaugelas caractérisent les observations sur l'ordre des mots : la conscience du changement linguistique et le désir de fixer le bon usage, tout en laissant toutefois une place à la variation. La remarque sur l'usage du « Bien, *au commencement de la periode* » (p. 525) représente parfaitement sa démarche : il commence par noter que l'ancienne façon d'écrire n'est plus guère en usage (*bien est-il mal aisé*, *bien crois-je*), mais qu'on en trouve des exemples chez un auteur qui pourrait ailleurs servir de modèle. Viennent ensuite quelques commentaires sur la variation sociolinguistique : la construction avec un *bien* initial est plus utilisée en poésie et aussi à l'oral, mais peut-être seulement « en raillerie ». Dans cinq autres observations Vaugelas établit un nouvel ordre[358], même si ses jugements ne semblent pas toujours très cohérents. Il conseille, par exemple, l'ordre *je vous le promets* (p. 33) dans lequel le pronom objet indirect précède le pronom objet direct, quoique l'ordre inverse soit utilisé quand le pronom objet indirect est de la troisième personne.

Dans deux autres observations, Vaugelas accepte deux ordres concurrents, tout en exprimant une préférence pour l'un d'eux[359]. Par

---

357 Vaugelas accepte aussi « Le Roy estant arrivé commanda », construction préférée par Thomas Corneille et l'Académie (Streicher 1936 : 821-822).

358 Voir p. 33-34, 94, 342, 488, 514-515.

359 Comme nous l'avons déjà noté, vu que Vaugelas insiste sur le fait qu'il faut toujours choisir la meilleure façon de parler, les conséquences pratiques de ces jugements peuvent être considérées comme identiques à celles des remarques où il n'accepte que l'une des variantes.

exemple, si notre auteur tolère les deux constructions, *quel aveuglement est le vostre ?* et *quel est vostre aveuglement ?*, il juge que celui-ci est « plus naturel que l'autre » (p. 43). La remarque sur la montée des clitiques est d'un grand intérêt (« *Il se vient justifier, il vient se justifier* », p. 376-377). Vaugelas admet les deux constructions, mais il note que l'ordre avec la montée du clitique, *il se vient justifier, je ne le veux pas faire*, etc. est meilleur parce qu'il est plus usité. Les recherches sur l'usage contemporain indiquent en effet que bien qu'il soit difficile de retracer l'évolution de cet usage de façon linéaire, c'est plutôt dans la deuxième moitié du XVIIe siècle que l'ordre moderne a vraiment commencé à s'imposer, et peut-être surtout dans les décennies 1660 et 1670[360]. Vaugelas décrit toutefois l'ancien ordre comme une « transposition », parce que son autorité Coeffeteau considérait la construction moderne comme « plus nette & plus reguliere » ; l'ancien ordre en revanche a « plus de grace ».

La tension entre l'ordre dit régulier et un autre qui a « meilleure grace » réapparaît dans deux remarques générales sur la place des adverbes (p. 461*-462*) et des adjectifs (p. 182-185). Suivant son principe général selon lequel il est souhaitable que les mots apparentés ne soient pas éloignés les uns des autres, l'adverbe « veut tousjours estre proche du verbe, comme le mot mesme le monstre ; soit devant ou apres, il n'importe, quoy que dans la construction il aille tousjours apres le verbe, comme l'accessoire apres le principal ou l'accident apres la substance ». Vaugelas note toutefois que certains adverbes, comme *jamais*, *souvent* et parfois *toujours* ont « meilleure grace » au commencement de la période. Il ne formule pas de règle, mais il ajoute simplement qu'il soupçonne qu'il s'agit principalement des adverbes de temps « & encore n'est-ce pas tousjours ». Il finit par donner des exemples où cette « transposition est estrange », si bien qu'il ne fournit pas de conseils très concrets au lecteur.

La remarque générale sur la place des adjectifs est aussi assez caractéristique de l'approche de Vaugelas (p. 182-185). Il ne s'occupe pas des adjectifs qui apparaissent toujours avant ou après le substantif et par conséquent la liste des adjectifs dont la place est fixe est assez incomplète par rapport à celle de certains de ses prédécesseurs[361]. Après avoir fait mention de *bon*, *beau*, *mauvais*, *grand* et *petit*, qui précèdent toujours le substantif, il ajoute : « il y en a encore sans doute quelques autres de la mesme nature, qui ne

360 Voir Ayres-Bennett (2004c : 208-219).

361 Voir, par exemple, Maupas (1618 : f° 57v°-58v°).

tombent pas maintenant sous la plume» (p. 182). Il donne lui-même la raison de ce traitement incomplet : les Français «naturels» ne font pas de fautes dans ce cas-ci : « Et nostre dessein n'est pas de redire ce que les Grammaires Françoises apprennent aux Estrangers, mais de remarquer ce que les François mesme les plus polis & les plus sçavans en nostre langue peuvent ignorer» (p. 183). Quant aux adjectifs qui peuvent se situer avant ou après les substantifs, Vaugelas se déclare incapable de formuler une règle permettant d'expliquer leur placement et conseille aux lecteurs de se fier à leur oreille. Il fait toutefois allusion aux évolutions dans ce domaine : si Coeffeteau était l'écrivain qui aimait le plus mettre l'adjectif devant le nom, « nos modernes Escrivains» préfèrent donner la préséance au substantif, «fondez [...] sur ce que cette façon de parler est plus naturelle & plus ordinaire» (p. 184). Il tolère également les deux positions dans les exemples où le substantif est modifié par un complément; s'il est d'ordinaire préférable d'écrire « elle estoit mortelle ennemie d'Agrippine », parce que la construction est plus nette, dans d'autres cas (ex. « une multitude infinie du monde») il considère que l'autre ordre est plus élégant (« avec grace »).

Pour conclure, Vaugelas prône en général un ordre des mots fixe et dans lequel les éléments qui sont grammaticalement liés sont à proximité les uns des autres. Si dans ces observations on voit une tendance à être plutôt normatif ou prescriptif et un désir de fixer l'usage considéré comme moderne, il concède toutefois qu'existent des exceptions aux règles générales et n'hésite pas à se déclarer incapable de trouver une règle fixe dans certains cas douteux.

6.4.9 *Anaphore*

La question de l'anaphore, qui devient de plus en plus importante dans les ouvrages des successeurs de Vaugelas et par exemple dans le commentaire de l'Académie Française sur le Quinte-Curce de Vaugelas[362], est peu débattue dans les *Remarques.* Elle figure, par exemple, dans les observations sur les antécédents possibles des pronoms relatifs (voir ci-dessus, p. 152), mais en dehors de cela le seul traitement un peu développé des problèmes liés à l'anaphore se trouve dans l'observation « *Des equivoques* ». Dans cette remarque, Vaugelas propose un catalogue d'exemples d'anaphores ambiguës, qu'il s'agisse de l'usage des pronoms

362 Voir Ayres-Bennett et Caron (1996 : 40-44).

relatifs, des possessifs ou des démonstratifs, à côté d'autres types de constructions équivoques telles que les constructions dites « lousches ». Parfois il propose une solution premettant de remédier au problème : dans l'exemple « c'est le fils de cette femme, qui a fait tant de mal » on peut utiliser le relatif *lequel* si l'on veut indiquer que le pronom se rapporte au *fils*. Dans d'autres cas les conseils sont moins concrets : il censure l'usage ambigu de *son* dans « il a tousjours aimé cette personne au milieu de son adversité », et conclut « Quel remede ? il faut donner un autre tour à la phrase, ou la changer ».

6.5 LEXIQUE

6.5.1 Introduction

Les questions lexicales, tout comme les questions syntaxiques et morpho-syntaxiques, représentent environ 35 % des remarques de Vaugelas. Comme l'a noté Simone Delesalle (2006 : 36), les *Remarques* de Vaugelas constituent une étape importante entre la lexicographie bi- ou multi-lingue (par exemple de Nicot, Monet ou Pajot) et la lexicographie monolingue de la fin du siècle car elles proposent une description de l'usage des mots et expressions français de plus en plus riche et détaillée.

La sous-catégorie de loin la plus importante (plus de la moitié des remarques sur le lexique) est celle qui traite de l'acceptabilité et de la propriété des mots et des expressions ; ces remarques indiquent quels mots et expressions font partie du bon usage et nuancent leur emploi selon les paramètres sociolinguistiques ou les marques d'usage. Dans cette rubrique, les remarques qui dominent sont celles qui discutent des néologismes et des archaïsmes. Le deuxième ensemble d'observations le plus important (près de soixante remarques) a trait à des problèmes sémantiques, qu'il s'agisse de la définition des termes et de l'acceptabilité des significations ou de la différenciation de mots et d'expressions apparentés. Vaugelas discute souvent conjointement de deux ou trois termes apparentés pour distinguer leurs usages ou pour décrire plus précisément les finesses sémantiques régissant leur emploi, travail qui préfigure celui des dictionnaires des synonymes du XVIIIe siècle. Un troisième groupe relativement mineur (moins de vingt remarques) s'intéresse à la morphologie lexicale, c'est-à-dire à la dérivation, à la composition et au choix entre les formes populaires et formes savantes.

Vaugelas se sert également de la comparaison des formes apparentées pour déterminer la forme correcte d'un mot ou d'une expression ; c'est ici qu'interviennent parfois des considérations étymologiques qui sont en général peu importantes chez Vaugelas, surtout quand on le compare, par exemple, à Gilles Ménage. Les commentaires sur les problèmes de congruence en contexte immédiat sont aussi relativement rares chez notre remarqueur.

6.5.2 Propriété des mots et des expressions

Pour commencer par le groupe le plus important, plus de cent observations traitent de la propriété des mots et des expressions (ou des « phrases » pour se servir de la terminologie de l'époque) et essaient de délimiter le bon usage du lexique. Pour Vaugelas, une communication efficace exige que l'on n'utilise aucun mot ni aucune expression que son interlocuteur ne comprendra pas ; il faut donc éviter les termes qui ne font pas partie du bon usage ou de ce que l'Académie appellera dans la préface de son dictionnaire à la fin du siècle « la langue commune », parce qu'ils sont trop techniques, trop nouveaux ou archaïques, parce qu'ils n'appartiennent pas au bon registre, etc.

Dans la discussion des façons dont on peut commettre un barbarisme, « premier vice contre la pureté » (p. 568-572), Vaugelas dresse un bilan des questions les plus importantes traitées dans les remarques sur la propriété. Cette observation donne des exemples de différents types possibles de barbarisme relatifs à l'usage des mots, des expressions et des particules. Le premier type de barbarisme concerne l'usage d'un mot ou d'une expression « qui n'est point François(e) » ; en effet, dans une vingtaine d'observations, Vaugelas se demande si l'usage d'un mot ou d'une expression devrait être admis ou censuré. Parmi les exemples de termes censurés, citons *ambitionner* (p. 346), *en cour* (p. 457), *à mesme* (p. 462) et *gracieux* (p. 526). Quant aux mots et expressions qui sont admis, il s'agit souvent d'expressions qui semblent être « contre la raison », mais qui font néanmoins partie du bon usage (par exemple *à peu près* (p. 228-230), *peril eminent* (p. 302-303), *peu s'en est fallu* (p. 310-311)). L'expression *jamais plus* est considérée « aussi bon[ne] en nostre langue qu'en Italienne » (p. 171). Dans d'autres cas, deux alternatives sont censées être également acceptables (par exemple *demain matin* et *demain au matin*, p. 426).

Un deuxième type de barbarisme consiste à employer un mot – ou une expression – qui était « en usage autrefois, mais qui ne l'est plus » ou qui est « encore si nouveau, & si peu estably par l'Usage, qu'il passe pour barbarisme ». Une bonne cinquantaine des remarques de Vaugelas traite des néologismes (14) et des archaïsmes (37). Concernant les néologismes, Vaugelas établit une distinction entre les mots nouveaux et les expressions nouvelles. En principe les premiers sont toujours à éviter, et il affirme qu'« il n'est permis à qui que ce soit de faire de nouveaux mots, non pas mesme au Souverain » (Préface XI). Cette défense absolue est pourtant atténuée pour trois raisons. En premier lieu, Vaugelas fait marche arrière immédiatement en notant que « un Souverain, ou un Favory » peut créer un mot « par accident, à cause que ces sortes de personnes ayant inventé un mot, les Courtisans le recueillent aussi-tost, et le disent si souvent, que les autres le disent aussi à leur imitation ». En deuxième lieu, il indique qu'il ne parle que des mots simples et que les dérivés sont plus acceptables. En troisième lieu, il note que dans l'usage oral il est possible de créer des mots « sur le champ, comme *brusqueté*, *inaction*, *impolitesse* pourvu que cela soit en raillerie ». Quant aux expressions nouvelles, il est parfois permis de les créer :

> mais il y faut bien des precautions, entre lesquelles celle-cy est la principale, que ce ne soit pas quand l'autre phrase qui est en usage approche fort de celle que vous inventez. Par exemple, on dit d'ordinaire *lever les yeux au ciel*, (je n'allegue que les exemples de ces Messieurs) c'est parler François que de parler ainsi ; neantmoins comme ils croyent qu'il est tousjours vray, que ce qui est bien dit d'une façon n'est pas mauvais de l'autre, ils trouvent bon de dire aussi *élever les yeux vers le ciel*, & pensent enrichir nostre langue d'une nouvelle phrase ; mais au lieu de l'enrichir, ils la corrompent ; car son genie veut que l'on die *levez*, & non pas *élevez les yeux*, *au ciel*, & non pas *vers le ciel*. (Préface IX.3)

Étant donné qu'il s'oppose en théorie à l'emploi de mots nouveaux, il est frappant que, dans la majorité des cas particuliers examinés, Vaugelas accueille les néologismes de façon positive[363]. L'argument qui revient le plus souvent pour défendre l'emploi d'un mot nouveau est l'idée qu'il a un sens qui n'est pas exprimé par un mot qui existe déjà en français (par exemple, *securité*, p. 43-44, *seriosité*, p. 254-256, *devouloir*, p. 490-492). Parmi les quatre mots ou expressions empruntés à l'italien, trois

363 *Cf.* Ayres-Bennett (1987a), Marzys (2008).

sont jugés acceptables (*intrigue*, p. 126, *conjoncture*, p. 212-213, *incognito*, p. 464-465) et seul *vers où* (p. 355) est censuré. La problématique de l'emprunt n'est pas abordée en tant que telle. Deux termes empruntés au latin sont également évoqués de manière élogieuse (*insidieux*, p. 39-41, *transfuge*, p. 448-449), même si Vaugelas conseille d'introduire le premier par une expression comme « s'il faut user de ce mot » ou « s'il faut ainsi dire » pour l'adoucir. D'autre part, le verbe *invectiver* (p. 119-120), dérivé du substantif *invective*, n'est pas toléré, probablement parce que l'expression « faire des invectives » existe déjà.

Les observations sur les mots archaïques ou vieillis sont nombreuses[364]. Vaugelas accepte toujours le jugement de l'usage, même s'il déplore assez souvent la perte des mots et expressions qu'il juge utiles :

> J'ay une certaine tendresse pour tous ces beaux mots que je vois ainsi mourir, opprimez par la tyrannie de l'Usage, qui ne nous en donne point d'autres en leur place, qui ayent la mesme signification & la mesme force. (p. 129)

Il semble surtout regretter la disparition de l'usage de ce qu'il appelle les « façons de parler pour les liaisons, & les commencemens des periodes » (p. 31), par exemple les locutions adverbiales telles que *en somme* (p. 31) ou *au demeurant* (p. 329), ou les conjonctions de coordination telles que *partant* (p. 225). Il évoque également avec nostalgie les verbes *magnifier* (p. 128-129), *taxer* (p. 221) et *souloit* (p. 241-242) qui lui semblent exprimer clairement le sens voulu et sans équivalents exacts en français. En revanche, il est assez rare qu'il exprime de façon explicite une préférence pour le terme qui remplace celui qui est en train de disparaître (p. 35, 357-358). Comme on pouvait s'y attendre, il note que les termes vieillis persistent dans les registres inférieurs au bon usage ou dans l'usage du peuple (*à qui mieux mieux*, p. 224-225, *banquet*, p. 466-447).

Dans le domaine de la variation diatopique, les régionalismes sont tous censurés par Vaugelas. Les commentaires sur les provincialismes sont relativement rares, peut-être parce qu'il pensait publier un ouvrage distinct sur cette question, si l'on croit le témoignage d'Alemand dans les *Nouvelles Remarques de Vaugelas*[365]. La désignation de la région concernée

364 Seule une observation évoque le regain de popularité d'un mot vieilli (*gestes*, p. 450-451).

365 Alemand parle à deux reprises de ce « Traitté particulier des Fautes de Langue qui se commettent dans les différentes Provinces du Royaume » (Vaugelas 1690 : Préface, d iiij ; 277).

reste parfois vague (p. 392-393, 434), mais dans d'autres cas il précise certains traits lexicaux associés aux provinces, surtout à la Gascogne et à la région autour de la Loire, mais aussi à la Bourgogne, à la Normandie, et au Midi. Dans le cas de l'usage parisien, un contraste est établi entre l'usage de la Cour et de la Ville, le dernier étant censuré de façon directe (p. 316-318) ou indirecte (p. 224).

Dans la plupart des cas examinés jusqu'ici, Vaugelas prend une décision relativement nette sur l'acceptabilité ou la non-acceptabilité d'un mot ou d'une expression dans le bon usage. Dans d'autres observations qui sont plutôt de type sociolinguistique (voir 4.2), il nuance son jugement en indiquant que le mot ou l'expression n'appartient qu'à l'oral, à un registre donné, à un certain type de texte (poésie/prose), à une pratique ou profession ou à l'usage des dames.

Nous avons déjà indiqué (4.2.2) que la position de Vaugelas concernant le rapport entre l'usage écrit et l'usage parlé est souvent difficile à interpréter. Dans certaines remarques il établit pourtant un contraste entre l'usage des mots et des expressions à l'oral et celui des « bons Autheurs ». Voici par exemple ce qu'il écrit au sujet de *nu-pieds* :

> Nu-pieds
> Ce mot se dit ordinairement en parlant, mais les bons Autheurs ne l'escrivent, ils disent, *les pieds nuds, se trouvant les pieds nuds*, dit M. Coeffeteau en la vie de Neron. (p. 66)[366]

Lorsqu'il mentionne des questions relatives aux différences de registre, Vaugelas critique surtout les termes qui appartiennent au style bas. Le contexte socioculturel de l'élaboration des *Remarques* dicte qu'en général les termes bas sont à éviter même à l'oral :

> car c'est une maxime […] que tous les mots, & toutes les façons de parler, qui sont basses, ne se doivent jamais dire en parlant, quoy qu'il y ayt beaucoup plus de liberté à parler qu'à escrire. Il y a une certaine dignité mesme dans le langage ordinaire & familier, que les honnestes gens sont obligez de garder, comme ils gardent une certaine bien-seance en tout ce qu'ils exposent aux yeux du monde. (p. 446)[367]

366 Rappelons que l'usage du verbe « dire » n'indique pas nécessairement qu'il s'agit d'un usage parlé.

367 Pour la même raison, aucune remarque sur le lexique ne différencie les usages selon la classe ou la catégorie sociale du locuteur.

Les expressions et mots bas peuvent être utilisés dans un seul cas : lorsqu'il est clair que l'on parle « par raillerie » ou qu'en tant qu'auteur on écrit dans les genres les plus bas, à savoir la satire, la comédie, ou les épigrammes (« *Des mieux* », p. 123, « *N'en pouvoir mais* », p. 142, etc.). De même, le respect du bon goût des femmes peut conduire à bannir l'usage de certains mots et expressions à la Cour (*vomir des injures*, p. 127-128 ; *expedition*, p. 369-370), même s'ils sont acceptés dans certains genres écrits. Les termes du palais sont fortement censurés (*au preallable*, *preallablement*, p. 484). Si Vaugelas établit parfois une distinction entre l'usage de la Cour et des bons auteurs d'un côté et celui des spécialistes dans un certain domaine de l'autre (« *Naviguer*, *naviger* », p. 66), tout comme l'Académie dans son dictionnaire de 1694, il promeut le premier et ne parle guère des termes techniques.

Dans certaines observations sur le lexique, une distinction est établie entre l'usage propre à la poésie et l'usage propre à la prose (*cf.* section 4.2.4) ; Vaugelas note qu'il existe relativement peu de mots et d'expressions français qui sont condamnables en prose, mais acceptables – ou même nobles – en poésie (p. 496). Il s'agit parfois de mots archaïques ou vieillis en prose qui peuvent encore trouver leur place dans les vers (*fors*, p. 254 ; *le vouloir*, p. 442). Parmi ses sources littéraires, Malherbe est surtout prisé pour son usage poétique (p. 464).

6.5.3 *Sémantique*

Le deuxième grand ensemble de remarques sur le lexique traite des questions sémantiques, dont un peu plus de la moitié concerne la différenciation des mots et des expressions apparentés. Un premier groupe de remarques sert à définir le sens des mots français. Quelques-unes de ces observations sont relativement brèves et ponctuelles (ex. « *Fortuné* », p. 449, « *Fatal* », p. 464, « *Faisable* » p. 490), mais d'autres abordent des questions plus générales (« *De certains noms que nous avons en nostre langue, qui ont tout ensemble une signification active, & une passive* » (p. 562-563)) ou sont l'occasion d'un développement beaucoup plus long que celui que permettrait une entrée lexicographique. Citons en particulier l'observation « *Galant*, *galamment* » (p. 476-478) qui comporte une analyse sémantique de l'usage mondain de ces termes dans des expressions telles qu'*une femme galante*, *un homme galant*, *un air galant* ou *une façon galante*. Vaugelas effectue un survol des définitions courantes, tout en soulignant combien il est difficile de proposer une définition exhaustive, « car cela presuppose beaucoup d'excellentes qualitez qu'on auroit bien de la peine à nommer toutes, & dont une seule venant à manquer suffiroit à faire qu'il ne seroit plus *galant* ». Vers la fin de la remarque Vaugelas passe du commentaire linguistique au commentaire culturel, et il fait l'éloge anonyme des lettres galantes de Voiture. Quelques observations traitent des cas où la forme d'un mot ou d'une expression pourrait induire en erreur sur sa signification : ainsi le mot *parricide* ne se limite pas à désigner quelqu'un qui a tué son père (p. 338-339) et l'expression *qu'ainsi ne soit* (p. 557-558) fait partie des façons de parler « qui semblent dire tout le contraire de ce qu'on leur fait signifier ».

Un deuxième groupe de remarques a pour but de déterminer si une signification particulière devrait être admise ou censurée. Par exemple, les adjectifs *horrible* et *effroyable* peuvent s'appliquer aux choses « bonnes & excellentes » (p. 362-363), tandis que le mot *onguent* ne peut avoir le sens du « parfum » en français (p. 458*). Une signification peut être rejetée parce qu'elle est basse (*aviser* pour « apercevoir » ou « découvrir » p. 404-405) ou parce qu'elle est vieillie (*rais* pour désigner les rayons du soleil, p. 192).

Une trentaine de remarques visent à différencier des mots ou des expressions apparentés, processus qui prend de plus en plus d'ampleur à mesure que le siècle progresse. Dans la grande majorité des cas il s'agit de distinguer le sens de termes apparentés à la fois de façon formelle et sémantique tels que *terroir*, *terrein*, *territoire* (p. 74-75), *consommer*, *consumer* (p. 300-302), *fond*, *fonds* (p. 347-348), ou *chaire*, *chaise* (p. 441)[368]. La distinction sémantique peut concerner le sens référentiel (*dueil/duel*, p. 493) ou connotatif (bien que *fureur* et *furie* « signifient une mesme chose », *fureur* « denote davantage, *l'agitation violente du dedans* & le mot de *furie*, *les actions violentes du dehors* », p. 446). Plus rarement, la différenciation se fait selon la place du terme dans la phrase (*de cette sorte / de la sorte*, p. 26) ou selon les marques d'usage : *à l'improviste* et *à l'impourveu* sont considérés tous deux comme acceptables, mais le premier est jugé plus élégant, malgré son origine italienne (p. 192). Beaucoup de ces observations font

368 Par contraste, les adjectifs *réciproque/mutuel* (p. 393) n'ont pas de ressemblance formelle, mais appartiennent au même champ sémantique. Sur la différenciation des synonymes chez les remarqueurs, voir Siouffi (2008, 2012), Ayres-Bennett et Seijido (2011a) et Vlassov (2012).

l'objet de commentaires par les successeurs de Vaugelas qui acceptent ou rejettent les distinctions qu'il essaie d'établir.

6.5.4 *Morphologie lexicale*

Le troisième ensemble – qui est toutefois d'une importance bien moindre que les deux premiers – est constitué de remarques portant sur des questions de morphologie lexicale. Nous avons remarqué qu'en principe Vaugelas rejette les mots nouveaux ; il tolère pourtant davantage la création des mots dérivés :

> Il n'est donc pas vray qu'il soit permis de faire des mots, si ce n'est qu'on veuille dire, que ce que les Sages ne doivent jamais faire, soit permis. Cela s'entend des mots entiers ; car pour les mots allongez ou derivez, c'est autre chose, on les souffre quelquefois, comme j'ay dit, suivant le sens d'Horace, & le bel exemple que j'en ay donné. (Préface XI)

En pratique, les observations traitent de concurrences entre deux ou plusieurs formes au cas par cas, qu'il s'agisse du choix entre deux préfixes (*soumission/submission*, p. 25), entre deux suffixes (*descouverte/descouverture*, p. 487-488), ou entre la forme populaire ou la forme savante de la base (*innumerable*, *innombrable*, p. 243-244, *detteur*, *debiteur*, p. 513-514). Dans quelques observations Vaugelas examine le rapport entre une forme simple et un dérivé, surtout quand ce rapport n'est pas régulier ; il note, par exemple, qu'on dit *orthographe* même si le verbe est *orthographier* (p. 112), ou que la forme correcte du substantif est *particularité*, bien que l'adjectif apparenté soit *particulier* (p. 46-47). D'autres observations critiquent l'usage de la forme simple quand la forme dérivée (« composée » selon Vaugelas), est établie dans le bon usage (*sieger*, *tasser*, p. 76-77). De la même façon, il n'y a de discussion générale ni sur la composition ni sur la dérivation impropre ; Vaugelas se contente plutôt d'indiquer la bonne forme dans quelques cas particuliers, par exemple *demi-heure*, *demi-douzaine* (p. 358-359), *apres souper / apres soupé* (p. 152).

6.5.5 *Autres remarques lexicales*

Si Vaugelas destine ses remarques à un public mondain qui n'est pas forcément versé dans la grammaire latine et qu'il souligne l'indépendance des deux langues et met en avant les différences d'usage entre elles

(p. 509-510), cela ne l'empêche pas d'invoquer l'étymologie dans quelques-unes de ses observations pour justifier la forme correcte d'un mot ou d'une expression[369]. Le cas de *pluriel* est particulièrement intéressant parce que Vaugelas promeut cette forme fondée sur l'étymologie, même s'il reconnaît que « tous les Grammairiens François ayent tousjours escrit *plurier*, avec une *r* » (p. 468). En revanche, dans l'observation sur *temple* (partie de la tête), il défend l'ancienne forme *temple* plutôt que celle de *tempe*, utilisée par certains, « trompez par le mot Latin, *tempus*, d'où il est pris » (p. 161)[370]. Il note également que *courte-pointe* a remplacé *contre-pointe* comme la forme correcte « par corruption et par abus » parce que la forme *courte-pointe* était motivée « à cause des pointe d'aiguilles dont ces sortes de couvertures sont piquées dessus & dessous, ou de dedans & dehors, comme qui diroit *point contre point*, ou *pointe contre pointe* » (p. 404)[371].

Vaugelas consacre peu de place aux problèmes de congruence des termes en contexte immédiat, dont la considération devient plus importante chez certains remarqueurs ultérieurs, et notamment chez Bouhours dans la section qui traite des « Doutes sur les phrases » de son volume de 1674[372]. En ce qui concerne Bouhours, pour citer Siouffi (2010 : 124), « l'étude des compatibilités sémantiques joue [...] un rôle de premier plan » et il discute ainsi toute une série de constructions verbales en examinant les restrictions lexicales sur la sélection du complément en lien avec la sémantique du verbe. Il nous semble que Vaugelas pour sa part favorise une approche plus syntaxique, et se concentre souvent sur la question de la transitivité de verbes particuliers (voir ci-dessus 6.4.3).

6.6 STYLE

Le bon usage du français intègre selon Vaugelas non seulement des considérations d'ordre grammatical, mais aussi des considérations

369 Pour une discussion plus longue sur cette question, voir Ayres-Bennett (2014).

370 En réalité la forme *temple* dérive du latin vulgaire **tempula*.

371 Selon le *TLFi*, la forme originale *coute* a été transformée en *courte* sous l'influence de l'adjectif *court, courte* puis en *contre* sous l'influence de la préposition, par référence à l'aspect d'étoffe cousue point contre point.

372 Citons à titre d'exemple de ce type de préoccupation chez Vaugelas l'observation qui note que le verbe *supplier* peut très bien prendre *le roi* ou *nos superieurs* comme complément d'objet direct, mais pas *Dieu* ni *les Dieux* (p. 221).

stylistiques ou rhétoriques[373]. Il note à plusieurs reprises qu'il ne suffit pas d'écrire correctement, mais qu'il faut également « tendre à la perfection » (p. 80)[374]. Il y a par conséquent peu de différence à son avis entre affirmer qu'un certain usage est rare et moins bon qu'un autre et affirmer qu'il « *n'est point du tout de la langue* » (p. 430-431). Le lien intime entre grammaire et style est également mis en évidence par son choix de l'expression « netteté *du stile*[375] ». On dénombre en effet une vingtaine d'occurrences de l'expression *netteté du stile* contre trois de *netteté du langage*, ainsi qu'un exemple où Vaugelas parle de « la netteté du langage ou du stile[376] », ce qui semble impliquer qu'il ne fait pas de différence entre les deux[377].

Dans notre texte, le terme *stile* semble être utilisé par Vaugelas avec une constellation de sens différents mais apparentés. Il se réfère d'abord à tout usage écrit par rapport à l'usage oral : « Certes en parlant on ne l'observe point, mais le stile veut estre plus exact » (p. 80). Il peut également être employé pour indiquer la façon d'écrire d'un auteur considéré comme un modèle, comme dans la description du style de Godeau : « Est-il rien de plus doux, de plus pompeux que son stile, rien de plus eloquent que sa bouche & que sa plume ? » (p. 483). Mais comme le note Richelet dans son dictionnaire, même si le style est personnel et que par conséquent « il y a autant de stiles que de personnes qui écrivent », il s'articule également à une norme que, pour citer Jean Starobinski, « les théoriciens ne cessent de préciser et dans laquelle chaque écrivain s'efforce de s'inscrire pour mieux l'illustrer[378] ». Vaugelas semble impliquer, par exemple, qu'existe un style français qui se distingue du style latin (p. 86-87). Le plus souvent il établit un contraste simple entre *le beau stile* et *le stile bas* ; par exemple

373 Les définitions très générales de ces trois concepts proposées par le dictionnaire de l'Académie Française (1694) sont intéressantes de ce point de vue : Grammaire « L'art qui enseigne à parler et à escrire correctement » ; Style « La maniere de composer, d'escrire » ; Rhétorique « Art de bien dire ».

374 Voir aussi p. 81, 528.

375 C'est nous qui soulignons. *Cf.* Anne Sancier-Château (*in* Caron 2004 : 100) : « On doit à Vaugelas d'avoir lié style et syntaxe et montré qu'une juste pratique grammaticale ne pouvait être étrangère à la grâce stylistique ».

376 Préface X.2.

377 Vaugelas utilise également une fois l'expression *netteté de construction* et une fois *netteté du stile et de la construction*. L'usage du mot *netteté* seul se fait en général après l'usage de l'expression plus longue. Vaugelas fait aussi une distinction entre *la netteté du stile* et *la netteté du raisonnement* (p. 577).

378 Cité par Declercq (1996 : 113).

il note en parlant de l'usage de *pouvoir* illustré dans l'expression *il y peut huit personnes* qu'« on ne l'escrit point dans le beau stile, mais seulement dans le stile bas » (p. 147). Plus rarement il fait référence à la triple distinction traditionnelle entre *stile bas*, *mediocre* et *sublime* (p. 242) ou aux styles propres à certains genres (*stile historique*, p. 187 ; *stile poëtique*, p. 142) ou contextes (*stile de Notaire*, p. 463).

Une vingtaine d'observations traitent principalement du domaine stylistique[379]. Un premier groupe est constitué de remarques générales sur le style. L'observation clef est celle intitulée « *Des negligences dans le stile* » (p. 414-419) dans laquelle Vaugelas propose une sorte de définition négative du domaine en énumérant les principales négligences de style qu'il a observées, tout comme il définit la pureté en donnant des exemples des barbarismes et solécismes qu'il est possible de commettre. Sans prétendre être exhaustif, Vaugelas identifie cinq principales négligences qui font également l'objet d'observations sur des fautes particulières. Les deux premiers types concernent les répétitions « vicieuses », pour nous servir du terme choisi par Andry de Boisregard (1692 : 580) : la répétition inutile sur une même page soit de la même phrase, soit d'un même « mot specieux » « sans qu'il en soit besoin ». Dans les deux cas l'accent est mis sur la répétition superflue d'un mot ou d'une expression ; la faute est jugée d'autant plus grave si on la remarque parce que l'expression répétée est noble, parce que le mot répété n'est pas simple ou commun mais « specieux » – c'est-à-dire parce qu'il a, pour citer Furetière (1690), « belle apparence » et par conséquent fait de l'effet – ou si le même mot est employé au début de deux phrases sur une même page. Comme exemples fautifs de ce type, il fait mention de l'usage de *dont* deux fois à trois lignes d'écart ou de l'emploi de *cependant* au début de deux périodes sur une même page. De la même façon, il censure l'usage de la conjonction *et* « au commencement des deux membres d'une periode » (p. 399).

Vaugelas retourne dans d'autres observations à la question de l'acceptabilité des répétitions. Dans la remarque intitulée « *Repetition de mots. Faire* » il établit une distinction entre les répétitions nécessaires, celles qui ne sont pas nécessaires « mais qui font grace & figure », et celles

379 Nous rappelons que le classement des remarques n'est pas toujours facile à faire. Par exemple, une remarque comme « Crainte, *dans le preterit* » (p. 561-562) nous semble à la fois être en lien avec les questions de netteté (à cause de l'équivoque), et avec celles de morphologie (conjugaison des participes) et de style (à cause de « la rudesse de ce mot »).

qui ne sont ni nécessaires ni belles, comme lorsqu'on répète le même verbe au lieu de le remplacer par *faire*, par exemple dans la phrase « je n'escris plus tant que j'escrivois autrefois » au lieu de dire « que je faisois autrefois » (p. 484*-488*). Quant à la répétition de *pour*, elle est surtout mauvaise si elle se fait devant deux infinitifs dans une même période, mais elle ne « sonne pas si mal » si la préposition est suivie d'abord par un infinitif et ensuite par un nom (p. 50). En critiquant les répétitions de mots ou d'expressions « sans necessité, sans beauté, sans figure » qui se font « par pure negligence », il insiste sur le fait que les Français les évitent plus scrupuleusement que les Romains (p. 486*-487*).

Les troisième et quatrième types de négligences de style décrits par Vaugelas touchent aux limites entre la prose et la poésie : l'usage excessif des vers communs ou alexandrins dans la prose, et l'introduction des rimes ou des consonances (la quasi-rime ou proximité sonore) dans la prose. Vaugelas consacre également une observation assez longue à chacune de ces questions (p. 102-106, 235-238).

Le dernier type de négligence cité par Vaugelas concerne l'emploi d'un mot dans deux sens différents dans un contexte proche, parce que cela « trompe le Lecteur ou l'Auditeur ». À titre d'exemple il cite l'usage de *sur* dans la phrase *il discourut long temps sur l'immortalité de l'ame, sur le mespris de la vue, sur la gloire des bonnes actions, & sur le point de point il tesmoigna, &c.* ; apparaît ici à nouveau le souci d'éviter toute équivoque qui caractérise les remarques syntaxiques[380].

Quelles sont les qualités qui définissent le beau style ? La douceur comme critère du beau style est évoquée dans plusieurs observations ; citons à titre d'exemple celle qui conseille de ne pas mettre *quoy que* après *que* (p. 91). Nous avons déjà noté que Vaugelas considère que la naïveté tient « la premiere place parmy toutes les perfections du stile » (p. 104). Dans la remarque intitulée « *De la plus grande erreur qu'il y ayt en matiere d'escrire* », Vaugelas expose un autre principe qui lui est cher et qui le distingue de certains de ses successeurs, à savoir « qu'il faut escrire comme l'on parle ». Il précise comment il faut interpréter cette maxime :

> comme il y a divers genres pour parler, il y a divers genres aussi pour escrire, & il faut que le genre d'escrire responde à celuy de parler, le genre bas au bas, le mediocre au mediocre, & le sublime au sublime, de sorte que si j'employois

380 Pour une discussion de l'histoire ultérieure de la négligence de style au XVIIe siècle, voir Tourrette (2016).

> une phrase fort basse dans un haut stile, ou une phrase fort noble dans un stile bas, je me rendrois egalement ridicule. (p. 510)

Ce principe a deux conséquences. En premier lieu il affaiblit l'argument selon lequel le langage est bas si l'on emploie des « phrases usitées », c'est-à-dire des expressions et des façons de parler établies. Vaugelas poursuit :

> Ce n'est pas [...] que comme nostre langue s'embellit & se perfectionne tous les jours, on ne puisse employer quelques nouveaux ornemens, qui jusqu'icy estoient inconnus à nos meilleurs Escrivains, mais le corps des phrases & de la diction doit estre tousjours conservé, & l'essence & la beauté des langues ne consiste qu'en cela.

En deuxième lieu il souligne que « chaque langue a ses termes & sa diction ». Notre remarqueur revient à la différence entre le style du français et celui du latin dans sa discussion sur l'usage des monosyllabes. Tandis que l'usage de plusieurs monosyllabes consécutifs est jugé mauvais en latin, en français une telle construction est considérée comme douce (p. 129-130).

À la différence de ses successeurs, qui la rejettent de façon quasi unanime[381], Vaugelas considère que « l'allusion de mots », c'est-à-dire le jeu de mots, est « tres-bonne, & tres-agreable » si l'on utilise la figure avec modération et d'une façon naïve. Il se montre également plus libéral que ses successeurs dans l'importante remarque sur l'usage des synonymes (p. 493*-499) dans laquelle il censure « l'opinion nouvelle qui condamne les synonimes & aux noms & aux verbes[382] ». Il juge que les synonymes contribuent à la clarté de l'expression et servent en même temps d'ornement, surtout quand ils sont placés à la fin d'une phrase[383] ; il établit une analogie avec la démarche des peintres « qui ne se contentent pas souvent d'un coup de pinceau pour faire la ressemblance

---

381 Voir, par exemple, la remarque « Des pointes ou jeux de mots » d'Andry de Boisregard ; elle commence ainsi : « Les Jeux de mots ne sont guéres du génie de nostre Langue, sur tout aujourd'huy qu'elle est plus sérieuse que jamais » (Andry de Boisregard 1692 : 434-439).

382 Sur l'attitude de Vaugelas envers la polysémie et l'homonymie, voir Ayres-Bennett (1987a : 125).

383 Vaugelas précise qu'il parle des synonymes de mots, parce que les synonymes de « phrases » ou d'expressions sont en général très mauvais. Il se peut que cette tolérance des synonymes soit liée à son métier de traducteur ; dans les traductions, surtout au XVIe siècle,

d'un trait de visage, mais en donnent encore un second coup qui fortifie le premier, & rend la ressemblance parfaite ». Ici encore il convient toutefois d'exercer de la modération et du jugement pour savoir discerner quand leur usage est approprié :

> Sans doute le stile veut estre esgayé, non pas estouffé ny accablé de mots superflus, & en toutes sortes d'ouvrages il y doit avoir une certaine grace, qui resulte de la proportion que le plein & le vuide ont ensemble : De sorte que comme c'est une erreur de bannir les synonimes, c'en est une autre d'en remplir les periodes. Il faut que le jugement, comme j'ay dit, en soit le dispensateur & l'œconome, sans que l'on puisse donner une reigle certaine pour sçavoir quand il en faut mettre, ou n'en mettre pas. (p. 496*)

Le concept de superfluité joue également un rôle important dans la remarque qui traite des pléonasmes (« *Unir ensemble* », p. 157-160), qui inclut encore une comparaison entre l'usage stylistique du latin et du français. Vaugelas accepte les expressions *je l'ay veu de mes yeux*, *je l'ay oüy de mes oreilles*, parce qu'à son avis l'ajout de *de mes yeux* et de *de mes oreilles* contribue à montrer combien on est certain de ce qu'on affirme. Bref :

> il suffit que l'une des phrases die plus que l'autre, pour eviter le vice du Pleonasme, qui consiste à ne dire qu'une mesme chose en paroles differentes & oysives, sans qu'elles ayent une signification ny plus estenduë, ny plus forte, que les premieres. (p. 159)

En analysant l'exemple *cruellement deschiré*, Vaugelas adopte la même perspective que dans son observation sur les synonymes, affirmant que, comme la parole est une image de la pensée, l'horreur de l'expression est beaucoup mieux exprimée si l'on ajoute l'adverbe. Encore une fois, il convient simplement de faire preuve de discernement et d'éviter la licence et la négligence affectée[384].

La remarque intitulée « *Que le changement des articles a bonne grace* » (p. 473*-474*) fait appel à plusieurs des qualités constitutives du beau style que nous avons déjà énumérées. Vaugelas juge qu'il vaut mieux, si possible, coordonner les substantifs de genre différent « parce que la

---

les synonymes sont employés pour capter toute la signification en français d'un seul mot dans le texte original.

384 De la même façon il juge que l'usage de *comme je suis* dans l'expression *quand je ne serois pas vostre serviteur comme je suis* n'est pas pléonastique, parce qu'on peut dire également *comme je ne le suis pas* (p. 354-355).

varieté donne beauté & grace à toutes les choses ». Il maintient ensuite que cette variation est « plus agreable à l'oreille » et note que, même si quelques-uns considèrent « que c'est un trop grand raffinement », à son avis cet usage constitue « une de ces choses dont se forme la douceur du stile, & qui charme le Lecteur, ou l'Auditeur sans qu'il sçache d'où cela vient ». Il termine la remarque en affirmant qu'il ne faut toutefois pas se contraindre et risquer de perdre « la grace de la naïfveté ».

D'autres remarques traitent de l'usage permis dans un genre ou dans un style particulier et notamment la narration historique et le style épistolaire[385]. Dans cette dernière catégorie on trouve à la fois des remarques qui décrivent des négligences (Vaugelas condamne, par exemple, l'usage de *parfaitement* ou *infiniment* avec *très-humble* qu'il considère comme un pléonasme, p. 488*-489*) et des observations qui adoptent une perspective plutôt syntaxique. Par exemple, dans la remarque intitulée « *De l'usage & de la situation de ces mots*, Monseigneur, Monsieur, Madame, Mademoiselle, *& autres semblables, dans une lettre ou dans un discours* » (p. 544-550), la position prise par Vaugelas ressemble à celle qu'il adopte dans la longue remarque sur la netteté : il censure entre autres la construction *je ne veux pas acheter Madame, si peu de chose à si haut pris* à cause de « l'equivoque ridicule » et du « mauvais effet que cela produit & devant & apres, en disant acheter Madame, & Madame si peu de chose » (p. 547).

6.7 VAUGELAS : PRESCRIPTEUR OU DESCRIPTEUR DE LA LANGUE FRANÇAISE ?

Il est incontestable que Vaugelas a joué un rôle important dans l'établissement du bon usage et de la norme linguistique en France, ainsi que dans l'élaboration du style classique. Beaucoup de règles grammaticales du français moderne ont leurs racines dans les remarques du XVIIe siècle, qu'on pense aux règles d'accord du participe passé ou à celles qui dictent la place des pronoms personnels. On ne peut certes pas nier que certains de ses jugements sont plutôt arbitraires : un exemple notable concerne la prononciation des mots en 'oi'. Mais devrait-on alors en conclure que Vaugelas était un prescripteur rigide, comme

---

385 La remarque sur la narration historique traite de l'usage du présent historique (p. 457-459). Pour l'usage dans le style épistolaire, voir p. 134-135, 165, 488*-489*, 544-550, 550-552.

on l'a souvent écrit ? Citons à titre d'exemple Anthony Lodge, qui le décrit comme le commentateur prescriptif le plus célèbre (1993 : 174) ou Christopher Coski (2011 : 77) qui le situe solidement dans le « camp du purisme prescriptif ».

La comparaison entre les jugements de Vaugelas et l'usage contemporain nous amène à proposer une description beaucoup plus nuancée. La décision de Vaugelas de prescrire les formes modernes *laisserai, prit* et *prirent*, par exemple, est confortée par l'usage textuel dans Frantext[386] où la forme ancienne est soit absente du corpus, soit très minoritaire à cette période. Lorsqu'il évoque l'alternance entre *vindrent* et *vinrent*, il est, en revanche, moins rigide et considère que « tous deux sont bons » – jugement confirmé par l'usage –, même s'il exprime une préférence pour la forme moderne qui fut ensuite établie par Ménage et l'Académie.

Il convient en effet de souligner que Vaugelas est souvent loin d'adopter une position prescriptive. En ce qui concerne l'accord grammatical, la variation est toujours admise avec *l'un & l'autre* ou avec *ni … ni*. Dans son traitement de la montée du clitique, Vaugelas tolère les deux constructions représentées par *il se vient justifier* et *il vient se justifier* pourvu qu'il n'y ait aucun risque d'ambiguïté. Comme nous le verrons dans la section suivante, ses successeurs, en abrégeant et en compilant ses observations, le rendent souvent plus dogmatique qu'il ne l'était vraiment.

7. RÉCEPTION DE L'OUVRAGE

Dans ce chapitre, nous examinerons quelques caractéristiques de la réputation et de l'influence des *Remarques* de Vaugelas. Nous commencerons par examiner la diffusion et le renom de l'ouvrage au XVIIe siècle et les raisons pour lesquelles il constitua un succès de librairie.

386 Il nous semble toutefois important de noter que la base de données Frantext, telle qu'elle est actuellement composée, ne constitue pas un corpus idéal pour vérifier les jugements de Vaugelas, car elle n'inclut pas les traductions qui servent d'autorité aux remarqueurs (et donc elle ne comprend aucun texte de Perrot d'Ablancourt, aucun texte en prose de Malherbe, etc.). La base contient également peu de textes non littéraires ou qui refléteraient mieux l'usage oral, tels les lettres écrites par des peu-lettrés. Pour d'autres réserves, voir ci-dessous, p. 210.

Nous passerons ensuite à l'étude de son influence sur les auteurs de l'époque et sur la tradition métalinguistique ultérieure en France et à l'étranger. En effet, l'ouvrage de Vaugelas a non seulement ouvert la voie à un nouveau genre d'observations sur la langue (voir Ayres-Bennett et Seijido 2011a), mais son contenu a été repris dans plusieurs autres types d'ouvrages métalinguistiques, y compris les grammaires pour étrangers, les grammaires dites « générales et raisonnées », les grammaires scolaires et les dictionnaires généraux ou de synonymes. À une période plus récente, nous observons le prolongement de la tradition de description du bon usage dans la célèbre grammaire de Grevisse ou dans les « chroniques de langage » qui font partie de la tradition prescriptive en France et dans d'autres aires francophones, notamment au Québec.

7.1 SUCCÈS DE L'OUVRAGE

En section 2.2, nous avons mentionné le grand nombre d'éditions du texte de Vaugelas jusqu'en 1738, date de l'édition accompagnée des notes de Thomas Corneille et d'Olivier Patru[387]. Selon Pellisson, l'auteur de l'histoire de l'Académie Française dont la première édition date de 1653, même « s'il n'y a presque personne qui n'y trouve quelque chose contre son sentiment », les *Remarques* de Vaugelas « s'établissent peu à peu dans les esprits et y acquièrent de jour en jour plus de crédit » (Pellisson et d'Olivet 1858 : I, 113-114). Dans *Les Femmes savantes* de 1672 Molière pouvait donc utiliser l'expression « parler Vaugelas » avec la certitude que son public comprendrait facilement la référence. Les recenseurs des *Observations de l'Académie* saisissent toujours les occasions qui se présentent à eux de louer les remarques de Vaugelas. Henri Basnage de Beauval, par exemple, dans l'*Histoire des ouvrages des savans. L'Année 1705*, note que « les Remarques ont passé pour un chef-d'œuvre » (p. 113) ; l'auteur du compte-rendu de cette édition dans le *Journal des savans* de 1705 commente également qu'« elles meritent la reputation qu'elles se sont acquises dans le monde » (p. 345).

L'ouvrage est vite devenu une référence incontournable pour l'honnête homme. Jean-Marc Châtelain, dans ses études sur la bibliothèque de

387 Selon Febvre et Martin (1971 : 311), si l'on publie à moins de 1000 exemplaires certains ouvrages très importants et illustrés, la plupart des tirages des grands répertoires et des livres de travail oscillent entre 1000 et 2000. La première édition du *Dictionnaire de l'Académie Française* est tirée par Coignard à 1500 exemplaires.

l'honnête homme, recueille quelques témoignages qui nous semblent symboliser le statut des remarques au XVIIe siècle. L'écrivain Urbain Chevreau, dans une lettre du 13 juillet 1687 à M. de Saint-Martin, établit une distinction entre un savant ridicule et « l'autre [qui] ne sçait ni philosophie, ni langues mortes, ni langues vivantes hors la nôtre qu'il parle fort bien : et son cabinet se trouve reduit au Plutarque d'Amyot ; à l'Histoire romaine de Coeffeteau ; à celle de France, par Mezeray ; à Montagne, aux Remarques, et au Quinte Curce de Vaugelas, et à sept ou huit de nos versions les plus estimées » (Châtelain 2003 : 33). Une dizaine d'années plus tard, l'auteur anonyme de *La Rhétorique de l'honnête homme* préconise de « choisir un petit nombre de livres approuvez, comme les œuvres de Malherbe, de Balzac, de Vaugelas, d'Ablancourt, de Pellisson, de Voiture, de Patru, de Costar, de Bouhours, de Fléchier, de Saint-Évremond, et de quelques autres » (Châtelain 2003 : 83-84). Au siècle suivant, la bibliothèque de Montesquieu contient toujours un exemplaire des observations de Vaugelas.

Autre indice de la popularité de l'ouvrage : les catalogues des librairies. Dans sa librairie à Grenoble, Nicolas en a reçu 12 exemplaires le 3 mars 1649 et 12 de plus le 3 novembre de la même année (Martin et Lecocq 1977). Parmi les divers acheteurs des exemplaires des *Remarques* dans cette boutique entre 1657 et 1668 (Ayres-Bennett 1987a : 192-194) figurent notamment des conseillers du Roi, titre qui, selon Mousnier (1969 : 64), désignait « de nombreux officiers, membres de Parlements, baillis, sénéchaux, leurs lieutenants, trésoriers généraux de France ». Il est probable que les *Remarques* attiraient surtout l'attention des officiers financiers et judicaires, dont certains venaient certes des souches nobles, mais dont plusieurs auraient acheté leur office et seraient devenus par conséquent membres de la noblesse de robe.

Comment expliquer le succès des *Remarques* ? Dans une période de mobilité sociale rapide, les nouveaux riches avaient besoin de savoir comment adopter les mœurs nécessaires pour s'intégrer dans la bonne société et être acceptés par la noblesse de race (voir Ayres-Bennett 1987a : 195-200). Les *Remarques*, en promouvant un langage prestigieux, pourvoyaient aux besoins, entre autres, des ambitieux qui voulaient gravir l'échelle sociale et qui avaient besoin d'un guide linguistique qui les aiderait à satisfaire leurs aspirations[388].

---

388 Les *Remarques* ressemblent ainsi à un livre de courtoisie linguistique. Les livres de courtoisie tels que *Le Parfait Courtisan* de Baldassare Castiglione (1528), traduit en français

Plusieurs études récentes ont examiné le rôle du prestige linguistique dans l'évolution des langues. Auer et Voeste (2012) soutiennent, par exemple, que l'usage réflexif du langage est une pré-condition de l'usage « moderne » des variantes comme expressions de variabilité. Autrement dit, la hiérarchisation des variantes dans un système d'acceptabilité dans les grammaires et dictionnaires contribue à mettre en avant leur valeur de prestige et leur statut social. Dans leur étude sur l'évolution de l'anglais, Nevalainen, Raumolin-Brunberg et Mannila (2011) ont retracé la diffusion de plusieurs changements linguistiques en Angleterre sous les règnes des monarques Tudor et Stuart, en identifiant notamment quels groupes de locuteurs étaient plutôt « progressistes » ou « conservateurs » dans leur usage en ce qui concerne ces changements. Selon leurs recherches, pour la période 1500-1619, le groupe le plus conservateur était celui constitué par les ambitieux de sexe masculin (2011 : 33). Ceux-ci étaient particulièrement conscients du risque de stigmatisation sociale et par conséquent ils accommodaient leur usage linguistique pour qu'il se rapproche de celui du groupe de prestige. Dans l'exemple anglais, les arrivistes des XVIe et XVIIe siècles hésitaient à employer les nouvelles formes linguistiques montantes ; ils étaient toutefois prompts à les adopter une fois qu'il apparaissait qu'elles n'étaient plus socialement stigmatisées.

Vaugelas décrit les interlocuteurs et les lecteurs comme étant fondamentalement peu coopératifs, et les locuteurs étaient donc obligés de faire des efforts importants pour obtenir ou conserver leur position dans le monde. Nous pourrions émettre l'hypothèse que son ouvrage fut un succès de librairie, non parce qu'il était prescriptif, mais parce qu'il offrait aux lecteurs des indices nets sur l'acceptabilité de différents usages et de différentes innovations[389].

7.2 RÉCEPTION PAR LES AUTEURS CONTEMPORAINS

L'ouvrage de Vaugelas a également eu une influence importante sur l'usage des auteurs classiques les plus renommés de nos jours. Il est

---

par Gabriel Chappuis en 1585, ou *Le Gentilhomme* de Nicolas Pasquier (1611), projet éducatif qui répond en quelque sorte à la crise d'identité de la noblesse de robe, menacée par l'ascension des robins, connurent un succès important dans les premières décennies du siècle.

389 *Cf.* Coski (2011 : 5) qui avance que les *Remarques* de Vaugelas donnent au lecteur un moyen de définir une forte identité communautaire.

bien connu, par exemple, que Jean Racine est censé avoir apporté avec lui son exemplaire des *Remarques* quand il est allé à Uzès, parce qu'il craignait que son français ne se corrompe dans le milieu provincial, et que Pierre Corneille a révisé ou « corrigé » son usage linguistique dans les années 1650 pour le faire se conformer aux jugements de Vaugelas. Françoise Berlan (2011) donne un échantillon des corrections du texte d'*Horace* (1640) par Corneille en 1660. Citons trois cas typiques : le remplacement de *des* par *de* devant l'épithète (*Tant qu'on ne s'est choqué qu'en des légers combats* → *de légers combats* : I, 1, v. 69) ; la substitution de *que* à *comme* dans les constructions comparatives (*on m'a vu constamment / Aussi bon citoyen comme fidèle amant* → *que véritable amant*), et le remplacement de *consommer* par *consumer* pour différencier le sens des deux verbes (II, 3 v. 476). L'attitude des écrivains envers Vaugelas semble bien illustrer l'affirmation de Jean Stéfanini (1959 : 169-170) selon laquelle « Bien comprendre comment l'on peut être créateur et original en utilisant la langue commune, c'est pénétrer un des secrets du siècle de Louis XIV, une des causes profondes de l'accord profond entre l'écrivain et son public ».

7.3 INFLUENCE SUR LA TRADITION MÉTALINGUISTIQUE ULTÉRIEURE EN FRANCE

L'influence de Vaugelas sur la tradition métalinguistique française a été longue et a pris des formes multiples, ce qui empêche ici un traitement exhaustif de la question. Nous examinerons successivement les volumes de remarques, les grammaires, les dictionnaires et les ouvrages divers sur la langue tels que les traités de rhétorique pour finir par nous intéresser aux chroniques de langage[390].

7.3.1 Volumes de remarques

Vaugelas est généralement reconnu comme le fondateur d'un genre métalinguistique de volumes d'observations et de remarques sur la langue française publiés tout au long du XVIIe siècle et même au-delà[391].

---

390 Sur la tradition des chroniques linguistiques au Canada, voir, par exemple, Remysen (2012).

391 Comme nous l'avons indiqué (section 2.1), la découverte des *Remarques* d'un certain Jean de Wapy nous oblige à nuancer quelque peu cette affirmation. Il est toutefois vrai que

Certains critiques, tels que Jean-Claude Chevalier ou Gilles Siouffi (1995 : 11-12), ont observé à juste titre qu'entre la publication de la grammaire de Maupas, dont la première édition date de 1607, et celle des Messieurs de Port-Royal, la grammaire traditionnelle n'a pas beaucoup innové, et que malgré la réputation de la *Grammaire générale et raisonnée* de 1660, elle n'a pas été beaucoup utilisée (Chevalier 1968 : 470). La production métalinguistique française de la dernière moitié du XVIIe siècle est donc surtout caractérisée par le travail des remarqueurs.

Comme nous avons traité l'histoire du genre en détail ailleurs (voir notamment Ayres-Bennett et Seijido 2011a) et que les textes les plus importants sont disponibles chez Streicher (1936) et dans le *Corpus des remarques sur la langue française (XVIIe siècle)* (Ayres-Bennett 2011a), nous nous bornons ici à identifier les évolutions les plus significatives[392]. Le degré d'adhésion au modèle de Vaugelas varie selon le remarqueur, et chaque auteur en développe un ou plusieurs aspects selon ses propres intérêts et le lectorat envisagé.

L'une des grandes tendances que l'on peut identifier est une attention croissante à l'usage écrit et à la critique de l'usage littéraire des bons auteurs. Cette tendance, qui s'accompagne d'un moindre intérêt pour l'usage parlé, est particulièrement manifeste chez Bouhours dans ses deux volumes de nouvelles remarques (1692 [11675]), 1693 [11692]), malgré son adoption générale du modèle et des principes de Vaugelas[393]. Elle continue au XVIIIe siècle, par exemple dans les *Remarques sur la langue française* de l'Abbé d'Olivet (1771 [11767]), qui réunit trois opuscules – une prosodie française (p. 13-124), des *Essais de grammaire* (p. 125-218), et cent remarques sur l'usage grammatical de Jean Racine (p. 219-343), publiées pour la première fois en 1750[394]. Dans cette dernière partie,

l'ouvrage de Wapy ne semble pas avoir eu d'influence après sa publication en Lorraine, tandis que celui de Vaugelas devint la référence incontournable pour tous les autres remarqueurs de la période.

392 Voir aussi Wüllenweber (1877).

393 Dès le début de l'avertissement du premier volume, Bouhours renvoie ses lecteurs à la Préface de Vaugelas pour « ce qui se peut dire sur l'usage » et pour « les principes généraux » des remarques.

394 Sonia Branca-Rosoff (2007) note qu'entre 1738 et 1818 paraissent au moins onze recueils d'observations sur Racine ; elle situe le commentaire de Fontanier à la fois dans la tradition des remarqueurs et dans celle des compilations de la fin du XVIIIe siècle et du début du XIXe siècle. Murăret (1963) examine un exemplaire annoté des *Remarques* à l'Académie de la République Populaire Roumaine et identifie l'auteur de ces annotations comme

d'Olivet s'inscrit dans la lignée de Vaugelas en commentant l'usage d'un des meilleurs écrivains qui en général peut servir de modèle « & pour bien penser, & pour bien écrire » (1771 : 220). Chaque observation faite par d'Olivet commence par une citation empruntée à Racine qui fournit un contexte linguistique pour l'usage problématique ; tout comme Vaugelas, il critique toute construction équivoque et prône la netteté. Au XIXe siècle, Francis Wey, qui dans la préface de ses deux volumes de *Remarques sur la langue française* se situe explicitement dans la tradition instaurée par Vaugelas, décrit toutefois son ouvrage comme « profondément littéraire » (Wey 1845 : I, 27).

Un deuxième développement concerne un intérêt croissant pour la variation régionale, paramètre relativement peu étudié par Vaugelas. Cette évolution est déjà évidente dans les deux volumes d'observations de Gilles Ménage (1675 [¹1672]-1676), qui fait mention d'un grand nombre de langues et de dialectes différents. La dimension régionale devient centrale dans l'*Essai de remarques particulières, Sur la Langue Françoise, pour la ville de Genève* du refugié François Poullain de La Barre (1691) et constitue la raison d'être d'une série de volumes consacrés aux régionalismes, dont les *Gasconismes corrigés* de Desgrouais (1766) représentent le patron[395]. La mission de Desgrouais est exposée de façon très claire dans sa Préface :

> Je veux seulement rendre les Gascons attentifs à des Gasconismes qui ne leur sont que trop familiers, & dont il leur est important qu'ils se corrigent, s'ils veulent éviter ces petites humiliations auxquelles les personnes qui parlent mal sont exposées, surtout à Paris, où ces expressions impropres ne manquent pas de donner lieu à des railleries dont il est toujours désagréable d'être l'objet. (1766 : v)

Dans un troisième groupe de textes, l'accent est plutôt mis sur la variation diaphasique ou diastratique. Andry de Boisregard, dans ses deux volumes de *Réflexions* (1692 [¹1689], 1693) s'intéresse au bon usage des termes selon le registre et le contexte, et en 1697 André Renaud publie un ouvrage intitulé *Maniere de parler la langue françoise selon ses*

Antoine de Rivarol, connu surtout pour son *Discours sur l'universalité de la langue française*, publié en 1784.

395 Parmi les nombreux exemples de ce type, citons les *Remarques sur les germanismes* d'Éléazar de Mauvillon (1747) et l'ouvrage d'Henri Dubois de Launay (1775) destiné à la jeunesse de Lorraine.

differens styles. Si la plupart des remarqueurs du XVIIe siècle s'intéressent à l'usage des honnêtes gens de la Cour, François de Callières (1693) fait également référence aux façons de parler bourgeoises et « en quoy elles sont differentes de celles de la Cour ».

Une quatrième tendance concerne l'adaptation du contenu à un nouveau public. L'exemple le plus intéressant en est peut-être le volume d'observations de Marguerite Buffet (1668), destiné en particulier à un lectorat féminin. Quatre ans plus tard, Alcide de Saint-Maurice oriente plutôt ses remarques vers les étrangers.

Il convient de souligner trois autres caractéristiques de ces textes. Premièrement, chaque remarqueur se situe par rapport à ses prédécesseurs, et notamment par rapport à Vaugelas, que ce soit de façon plutôt élogieuse (Bouhours, Andry de Boisregard) ou de façon plutôt négative (La Mothe Le Vayer (1669 [1 1647]), Dupleix (1651), Ménage (1675-1676)). À mesure que le siècle avance, le ton des auteurs devient souvent plus polémique, et Alemand, dans son ouvrage au titre significatif, *Nouvelles Observations, ou Guerre civile des François, sur la langue* (1688), cite de nombreux remarqueurs, acteurs dans cette guerre civile, dont les jugements sont opposés les uns aux autres, réfutés ou défendus. Deuxièmement, les remarqueurs qui ont succédé à Vaugelas s'intéressent – explicitement ou implicitement – à l'évolution linguistique et font état des changements qui se sont produits depuis la publication des *Remarques*. Cette caractéristique est avant tout présente dans les éditions de son texte publiées successivement avec les commentaires de Thomas Corneille (1687), de l'Académie Française (1704), et de Thomas Corneille et d'Olivier Patru (1738) (voir Annexe I). Troisièmement, non seulement les jugements de certains remarqueurs deviennent plus prescriptifs (signalons notamment l'usage du mot *décisions* dans le titre de l'ouvrage de Tallemant (1698)), mais les avis mêmes de Vaugelas sont rendus plus prescriptifs et dogmatiques, notamment par les auteurs des compilations raisonnées tels que Macé (1651), Aisy (1685) ou La Touche (1730 [1 1696]) qui les abrègent radicalement et en suppriment souvent les commentaires sociolinguistiques (voir Ayres-Bennett et Seijido 2011b)[396]. L'apogée de cette tradition est représenté par la *Grammaire des grammaires* (1811) de Charles-Pierre Girault-Duvivier, qui, comme l'indique le sous-titre *Analyse raisonnée des meilleurs traités sur*

396 *Cf.* l'article de Chen (2013) qui compare le recueil de Vaugelas avec les reformulations qu'en fait Haase dans la *Syntaxe française du XVIIe siècle*.

la langue françoise, essaie de résumer un siècle et demi de grammatisation du français. Parmi les ouvrages métalinguistiques souvent cités figurent « ces observations fines et délicates qui sont disséminées dans Vaugelas, Bouhours, Voltaire, La Harpe, Marmontel, etc. » (1819 : ii).

7.3.2 *Grammaires*

Les *Remarques* de Vaugelas sont également vite devenues une référence incontournable pour les auteurs de grammaires et de *Méthodes*. En 1657, l'éditeur lyonnais Michel Duhan publie une *Grammaire françoise avec quelques remarques sur cette langue, selon l'usage de ce temps*. Dans son épître « Au lecteur », l'auteur anonyme avoue qu'il a « sur tout proffité en ce Recueil [...], tant d'une Censure écritte de la main de M. de Malherbe, sur les Ouvrages de M. l'Abbé de Tyron ; comme encore des belles remarques de M. de Vaugelas sur la langue Françoise ». Dans son chapitre sur les articles, il reprend, par exemple, la règle des synonymes élaborée par Vaugelas pour expliquer quand il est nécessaire de répéter les articles et les adjectifs dans les constructions superlatives (1657 : 26-27).

La dépendance vis-à-vis de Vaugelas d'Irson et de Chiflet, qui intègrent à leurs ouvrages des observations empruntées aux *Remarques*, a été bien mise en évidence (voir, par exemple, Ayres-Bennett 1991, Delesalle 2006, Delesalle et Mazière 2007). Comme le note Simone Delesalle (2006 : 53), les deux auteurs innovent par la place qu'ils accordent au lexique dans les textes grammaticaux. On trouve chez Irson, par exemple, dans le quatrième chapitre du livre 2, une « liste de plusieurs mots & de quelques Phrases qui sont en usage » (1662 : 102-120), dans laquelle on observe de nouveau l'abrègement et la simplification des observations de Vaugelas :

> AFIN DE se doit dire et non pas *pour afin de*, ny *pour à celle fin de* : En quoy plusieurs personnes manquent.
> A L'IMPROVISTE et à *l'Impourveu* se disent indifferemment.
> A L'ENVY se dit et non pas *à l'envie* ny *à qui mieux mieux*. (Irson 1662 : 103)

De la même façon, Chiflet, qui rend hommage à Vaugelas dans sa préface, inclut à la fin de chaque partie de sa grammaire des observations sur cette catégorie ; par exemple la section IX du chapitre 2, qui traite de l'usage des noms et des articles, se termine par un dense résumé alphabétique de nombreuses observations, toujours radicalement abrégées.

Irson, lié au groupe de Port-Royal, n'hésitait pas à s'appuyer sur l'autorité de Vaugelas, et les auteurs de la *Grammaire générale et raisonnée* se sentirent également obligés de faire plusieurs références à son ouvrage. La discussion la mieux connue concerne leur reformulation de sa règle sur l'usage des pronoms relatifs (voir ci-dessus, p. 152), mais il est également mentionné deux fois dans le chapitre qui traite des pronoms (II, 8) pour ses observations, « *Y* avec les pronoms » et « *QUI, en certains cas, & comment il en faut user. Quoy* ». Les références à Vaugelas restent constantes dans divers types d'ouvrages grammaticaux du XVIIIe siècle, y compris dans ceux qui se situent plutôt dans la tradition des grammaires générales et raisonnées comme celles de Girard (1747) ou Beauzée (1767). Un cas intéressant mais relativement peu connu est celui de la *Grammaire raisonnée* de Mme de Châtelet (Douay-Soubin 2008) qui s'inspire à la fois de Vaugelas, de la *Grammaire générale et raisonnée* de Port-Royal et de Buffier. Dans son *Dictionnaire critique de la langue française* de 1787, Féraud dresse le bilan de l'usage contemporain ; selon Caron (Féraud 1994 : xxiv), « on retrouve là le programme des *Remarques* de Vaugelas, mais avec la systématicité et l'exhaustivité du dictionnaire ». Les autorités grammaticales les plus citées sont l'Abbé d'Olivet, La Touche et Vaugelas. Quant aux grammaires d'usage, cette tradition continue de nos jours, notamment dans le célèbre *Bon Usage* de Maurice Grevisse et d'André Goosse ([15]2011) : même si la définition du bon usage s'est nécessairement modifiée depuis Vaugelas, il est significatif que Grevisse soit décrit dans l'une des préfaces à cet ouvrage (1975) comme « le Vaugelas du XXe siècle ».

7.3.3 *Dictionnaires*

Les trois grands dictionnaires monolingues de la fin du XVIIe – ceux de Richelet (1680), de Furetière (1690) et de l'Académie Française (1694) – sont tous marqués par l'influence de Vaugelas. Une recherche rapide dans le corpus numérique des *Dictionnaires des XVIe et XVIIe siècles* (inclus dans Blum 2007) montre que Vaugelas ou les *Remarques* sont mentionnés explicitement une quinzaine de fois chez Furetière (1690) mais plus de 550 fois chez Richelet[397], la plupart du temps pour confirmer

397 Ce chiffre inclut les références à la traduction de Quinte-Curce ; selon Le Guern (2004) apparaissent toutefois plus de 400 allusions aux *Remarques* de Vaugelas. Rappelons que le dictionnaire de l'Académie ne contient pas de citations.

sa position. Si Gilles Petrequin (2009) nous met en garde contre un jugement superficiel selon lequel le *Dictionnaire françois* ne ferait que reproduire le bon usage de Vaugelas, il recense pourtant dans son excellente étude les cas où Richelet a « dépouillé » Vaugelas, et montre ainsi qu'il s'agit d'un procédé quasi systématique[398]. En étudiant les différences entre les éditions de 1691 et de 1694 du dictionnaire de Furetière, Claire Badiou-Monferran observe que les modifications qui concernent la lettre A sont probablement dues à Pierre Bayle, qu'elle décrit comme « plus remarqueur que les remarqueurs » (2006 : 15), car il emprunte à ces derniers à la fois la forme de l'observation détachée, leur système de marques, et leur référence majeure : Vaugelas.

Dans les années 1860-1870, Littré perpétue l'idée de norme linguistique (Collinot et Mazière 1997 : 40-41). Pour Littré, l'usage « contemporain » ne comprend pas seulement l'usage de son époque, mais il s'étend jusqu'aux premières années du XVIIe siècle. Lorsqu'il évoque des questions déjà traitées par Vaugelas, Littré fait mention de son avis, souvent en des termes élogieux ; par exemple, dans son commentaire sur l'emploi d'*auparavant*, il note : « C'est Vaugelas qui a établi que auparavant devenait adverbe et cessait d'être préposition ou conjonction ».

7.3.4 Autres types d'ouvrages

L'influence de Vaugelas ne se limite pas aux remarqueurs et grammairiens. Nous nous concentrons ici sur trois types d'ouvrages : les rhétoriques, les manuels épistolaires et la critique littéraire.

Parmi les rhétoriques publiées à l'âge classique, c'est chez René Bary (1665 [[1]1653] que l'influence de Vaugelas se fait peut-être le plus sentir, par exemple dans les chapitres « De l'usage des mots » (1665 : 253-265) ou « De l'usage des phrases » (1665 : 279-291). On trouve ici de nouveau une sorte de compilation des commentaires de notre remarqueur, sous une forme très abrégée et souvent sans mention de leur source. En voici un passage typique :

> On dit serge & sarge, le premier mot est impropre & en usage.
> On dit merry & marry, le premier mot est impropre & receu.

---

398 Pour une discussion de l'influence de Vaugelas sur les remarques phonologiques dans le dictionnaire de Richelet, voir Cuet (2013).

> On dit fors & hormis, le dernier mot est du bel usage.
> On dit courir & courre, mais leur application est diverse.
> On dit le manger & le mangé, le dernier mot est impropre, Monsieur Dupleix est en cela du sentiment de Monsieur de Vaugelas. (Bary 1665 : 254)

Il est intéressant de noter que dans sa liste de « phrases » Bary inclut non seulement la discussion de collocations telles que « lever les yeux au Ciel, & vers le Ciel » (1665 : 279), mais aussi des questions plutôt syntaxiques, telles que l'accord du sujet et du verbe ou la syntaxe verbale (construction de *(se) souvenir*, ou de *survivre*). Adoptant une perspective plus « lexicale », Bary interprète ces questions comme des problèmes de collocation ou de liaison des mots.

Autre exemple notable : la rhétorique de Le Gras (1671). Vaugelas fait allusion dans sa Préface (XV, 3) à la composition d'une rhétorique par Olivier Patru ; Le Gras prétend dans sa préface que le fait que cet ouvrage n'ait pas été publié l'a incité à composer le sien. Il affirme que le volume de Vaugelas « contient de tres-beaux preceptes pour apprendre la pureté de nostre Langue, & à parler correctement », mais il croit essentiel de suppléer aux *Remarques* qui, selon lui, n'épuisent même pas une seule des cinq parties de la rhétorique. La troisième partie de son ouvrage « De l'Elocution » traite tour à tour de la pureté et netteté de l'usage, de l'ornement du langage et des figures de l'éloquence. C'est surtout dans la discussion sur la netteté ou la clarté que l'influence de Vaugelas est manifeste : son traitement du *mauvais arrangement* ressemble par exemple beaucoup à celui de son prédécesseur.

Les manuels épistolaires qui constituaient des guides du bon usage dans les lettres s'apparentent naturellement à l'ouvrage de Vaugelas. François de Fenne intègre dans sa « Metode pour bien écrire et composer des lettres, qu'on apelle épitres », qui figure dans son *Institutio linguae gallicae* (1680)[399], plusieurs observations empruntées à Vaugelas concernant le style épistolaire, sans en citer la source. Citons comme exemple typique le passage suivant :

> On doit remarquer qu'il ne faut point d'Adverbe devant le Superlatif que l'on met à la fin des Lettres : car ce seroit tres-mal conclure que de dire, *Je*

399 En 1684 il publiera *Le Secrétaire à la mode réformé, ou le Mercure nouveau, contenant les lettres choisies des plus beaux esprits de ce temps, avec une nouvelle instruction à écrire des lettres, et VI entretiens de la civilité*, Leyde, J. Hackius. Sur les manuels épistolaires, voir Grosse 2017.

> *suis tres-parfaitement*, Monsieur, *Vôtre tres-humble* &c. parce que ce seroit faire un *Pleonasme* ennuieux & ridicule, puis que *tres-humble*, qui est le Superlatif, exprime sufisamment la Qualité dont il s'agit. (Fenne 1680 : 358)

Plus loin, sa dette envers Vaugelas concernant les principes qui règlent le bel usage devient explicite :

> Ces Paroles doivent étre *Nettes*, *Pures*, *Propres*, & du *bel Usage*.
> Or ces choses s'aprennent, ou dans la belle Conversation, ou par la Lecture des bons Livres : ce pourquoi il faut s'atacher à ces deux Moiens ; car la conversation seule ne suffit pas, puis que l'on ne parle pas ordinairement si bien que l'on écrit. Il faut donc consulter les Auteurs ; mais je ne suis pas d'avis qu'on les suive aveuglement, parce qu'il n'y en a presque point, pour exacts qu'ils soient, qui n'aient (comme dit tres-bien Monsieur de *Vaugelas*) leurs defauts. Ce pourquoi il faut imiter les Peintres, qui considerent les Beautez pour en recueïllir les plus beaux traits, & pour en former une Beauté parfaite. (Fenne 1680 : 372, 374)

On trouve également des échos clairs à l'ouvrage de Vaugelas dans *De la connoissance des bons livres* de Charles Sorel (1671), sorte de critique littéraire qui s'intéresse aux questions liées à la lecture. Il s'agit encore à la fois de l'adoption de principes généraux, tels que la distinction entre le bon et le mauvais usage (1671 : 349), et de la discussion des mêmes mots que ceux mentionnés par Vaugelas (*feliciter*, *insulter*, *ains*, etc.)[400].

7.3.5 *Chroniques de langage et guides d'usage*

Les chroniques de langage, ou les chroniques grammaticales, genre linguistique qui prit son essor au XXe siècle[401], partagent plusieurs caractéristiques avec les *Remarques* de Vaugelas[402]. Tout d'abord, il s'agit de courts

---

400 Voir les notes de bas de page concernant ces mots.

401 Urbain Domergue, dans le *Journal de la langue française soit exacte, soit ornée*, premier périodique linguistique français, qui parut de septembre 1784 à juillet 1795, inclut une rubrique « langue exacte » dont l'objet est notamment de « répondre aux différentes questions sur la langue écrite ou parlée ; [d']exercer une censure motivée, instructive » (1er septembre 1784). Cette rubrique traite à la fois de la grammaire générale et du bon usage (Busse et Dougnac 1992 : 46). Le titre de l'un des nombreux périodiques linguistiques du XIXe siècle – *Le Courrier de Vaugelas* (octobre 1868-juin 1881), dont le rédacteur était Éman Martin – est également significatif (voir Glatigny 2001).

402 Voir Ayres-Bennett (2015). Pour une description du genre, voir, par exemple, Georgin (1965), Schwarze (1977), Cellard (1983) et Osthus (2006). Les chroniqueurs font souvent explicitement référence à Vaugelas, voir par exemple Hermant (1936 : 20) ou la très intéressante introduction de Cerquiglini (2008).

articles, qui, quand ils sont regroupés dans un seul volume, sont souvent présentés sans ordre logique[403]. Pour citer Marcel Cohen dans le premier volume de sa série de *Regards sur la langue française*, « aucun ordre n'était suivi de manière voulue ; l'actualité et des questions de lecteurs ont influé sur le choix des matières » ; même si « quelques regroupements ont été faits », il refuse d'introduire un plan systématique (1950 : 11). Deuxièmement, le contenu et l'expression sont aménagés pour un public de non-spécialistes. Décrivant les chroniques d'Abel Hermant (ou Lancelot), Georgin (1965 : 4) observe que ses « variations vivantes et spirituelles [...] enrobaient d'une sauce agréable – une sauce piquante – les discussions techniques arides ». Troisièmement, les chroniques traitent de questions particulières concernant l'usage et la norme, c'est-à-dire, des « hésitations de l'usage » (Bladuche-Delage 2003) ou, pour utiliser l'expression de Vaugelas, de « l'usage douteux ». On identifie en outre les mêmes types récurrents de questions tels que l'accord du participe passé, l'accord du verbe avec les mots collectifs, la différenciation de termes apparentés, le genre des substantifs qui commencent par une voyelle, etc.[404]. Enfin, ils peuvent partager certains objectifs : Georgin (1965 : 6) soutient que les auteurs des chroniques de langage veulent avant tout « lutter contre les malfaçons diverses qui menacent le français, soit en prévenant le lecteur, soit en répondant à ses questions ». Il faut toutefois ici faire preuve de circonspection, car les auteurs des chroniques n'adoptent pas tous la même attitude. À un extrême on peut identifier une position très puriste et conservatrice qui caractérise, par exemple, les chroniques d'Abel Hermant pendant la période de l'entre-deux-guerres, idéologie qui n'est plus guère représentée, tandis qu'à l'autre extrême un linguiste tel que Marcel Cohen adopte une position beaucoup plus « laxiste » ou ouverte à la variation et s'intéresse plutôt à décrire simplement l'usage.

Si au XXe siècle les chroniques apparaissent dans la presse écrite – qu'il s'agisse des quotidiens nationaux ou régionaux, des magazines hebdomadaires ou mensuels, des publications destinées à un public large ou aux spécialistes[405] – plus récemment les chroniqueurs se sont aussi servis de nouveaux

403 Les chroniqueurs modernes, tout comme les remarqueurs après Vaugelas, adoptent parfois une présentation alphabétique (par exemple Cerquiglini 2008) ou regroupent leurs articles dans des sections qui traitent de questions apparentées (par exemple Duneton 2004).

404 Notons toutefois que les chroniques modernes se soucient beaucoup de l'usage des anglicismes.

405 Pour une analyse des chroniques publiées dans la période 1950-1970, voir Quemada (1970-1972).

médias : radio (par exemple, Alain Rey sur France Inter[406]), télévision (par exemple, Bernard Cerquiglini sur TV5[407]), et Internet[408]. Ce renouvellement sensibilise un nouveau public aux questions relatives au bon usage.

Les recueils de chroniques de langage s'apparentent aux guides d'usage destinés au grand public. Citons, à titre d'exemple, l'ouvrage d'Étienne Le Gal de 1924, qui porte le titre significatif *Ne dites pas… mais dites… Barbarismes, solécismes, locutions vicieuses*, ou l'ouvrage récent de Julien Lepers (2011), *Les Fautes de français ? Plus jamais !*, qui traite de problèmes linguistiques récurrents : difficultés de prononciation, emprunts à l'anglais, hésitations sur le genre grammatical, questions de syntaxe verbale, etc.

7.4 INFLUENCE SUR LES TRADITIONS MÉTALINGUISTIQUES HORS DE FRANCE

Il n'est aucunement possible de proposer une description exhaustive des influences de Vaugelas hors de France. Nous n'évoquerons ici que quelques éléments relatifs à la situation en Grande-Bretagne, Russie et Allemagne[409].

On observe déjà au XVIIe siècle l'influence de Vaugelas sur la tradition grammaticale anglaise. Le titre de la grammaire française de Francis Cheneau (1685), destinée aux Anglais, annonce qu'elle réunit les meilleures observations de Vaugelas, qu'il décrit comme « l'un des meilleurs réformateurs » de la langue. Cheneau (1685 : 140-143) inclut, par exemple, une liste alphabétique du bon usage de certains mots et expressions tel qu'il est décidé par Vaugelas. Notre remarqueur était également connu en Écosse à la fin du siècle. Bera (1950) note qu'il existe deux cahiers manuscrits de remarques sur la langue française rédigés par « John Trotter, Gentleman » qui témoignent d'une familiarité avec l'ouvrage de Vaugelas. Si l'on se tourne vers les dictionnaires, le titre du dictionnaire royal d'Abel Boyer (1699) annonce non seulement l'influence

406 Voir Rey (2006, 2008).

407 Voir Cerquiglini (2008).

408 Voir, par exemple, www.langue-fr.net ou http://www.parmotsetparvaux.fr/chron/index.html (consulté en avril 2013). Ces forums permettent aux usagers de développer l'aspect « interactif » de la discussion, mais les chroniqueurs de la presse écrite soulignent aussi souvent la nature « collective » de l'activité.

409 Concernant la tradition italienne, Albrecht (1987) établit des parallèles intéressants entre les idées d'Alessandro Manzoni (1785-1873) et celles de Vaugelas, tout en notant qu'ils adoptent des positions différentes, par exemple, sur la question de l'analogie ; voir aussi Vineis (1976).

des grands dictionnaires monolingues du français de la fin du siècle, mais également celle de Vaugelas, Ménage et Bouhours.

C'est au XVIIIe siècle, pourtant, que l'influence de Vaugelas sur la pensée linguistique en Grande-Bretagne s'est le plus fortement ressentie. Une recherche sur son nom dans la base de données ECCO (Eighteenth-Century Collections Online[410]) montre qu'il est cité dans des ouvrages très variés et que ses ouvrages sont très bien connus tout au long du siècle. On trouve des entrées consacrées à sa vie et son œuvre dans une série de recueils de biographies et de dictionnaires biographiques tels que ceux de Stephen Jones (1796) ou de John Aikin (1799-1815), et les *Remarques* figurent dans plus de cent catalogues d'ouvrages si l'on inclut les éditions qui comprennent les notes de Corneille, Patru et l'Académie. Citons à titre d'exemple parmi les catalogues des bibliothèques personnelles *A Catalogue of the books of the Right Honourable Charles Viscount Bruce of Ampthill […]* par Charles Bruce, Earl of Ailesbury (1733), qui contient une édition des *Remarques*, les *Observations* de l'Académie et un exemplaire de Quinte-Curce, et parmi les catalogues de vente, *A Catalogue of Upwards of Ten Thousand Volumes of the Best Books […] Which will be sold*, par Samuel Baker (1754). Son influence continue à être ressentie chez des lexicographes tels que Lewis Chambaud, auteur d'un *Dicionnaîre françoîs & angloîs* (1761) et s'étend aux auteurs des grammaires destinées aux apprenants anglais tels que celles de John Perrin ou M. Porny. C'est néanmoins surtout dans d'autres types de textes métalinguistiques qu'on observe son impact et notamment dans les guides d'usage. En 1770, Robert Baker publie des *Remarks on the English Language, in the Nature of Vaugelas's Remarks on the French*[411]. Cet ouvrage consiste en 127 règles qui sont présentées sans ordre logique. Baker classe les auteurs et, tout comme Vaugelas, critique même les meilleurs auteurs anglais quand ils violent les règles de la grammaire « sans nécessité[412] ». Pour terminer ce survol rapide, signalons l'influence de Vaugelas sur les ouvrages de philosophie et de rhétorique,

410 http://gale.cengage.co.uk/product-highlights/history/eighteenth-century-collections-online.aspx.

411 L'ouvrage porte également le titre *Reflections on the English Language*, etc. Sur la tradition des guides d'usage en Angleterre, voir Tieken-Boon van Ostade (2008, 2010) ; selon elle, le prescriptivisme y atteint son apogée dans la dernière décennie du XVIIIe siècle, mais on remarque déjà que la deuxième édition de l'ouvrage de Baker, publiée en 1779, est plus prescriptiviste que la première, publiée en 1770.

412 Voir Vorlat (2001).

dont l'exemple le plus connu est le *Philosophy of Rhetoric* de George Campbell (1776). Quand Campbell élabore sa définition du bon usage, il prend naturellement comme point de départ celle de Vaugelas, même s'il l'adapte à la situation britannique (1776 : I, 348-353). Son influence est également manifeste dans les sections qui traitent de la résolution de l'usage incertain : Campbell commence par parler de l'importance de l'analogie avant de passer à l'euphonie et la brièveté, et il traite ensuite de la pureté grammaticale et des barbarismes et solécismes.

Dans le contexte russe, il ne fait aucun doute que d'importants linguistes tels que Nikolaj Karamzin (1766-1826), Vasilij Trediakovskij (1703-1769) et Vasilij Adodurov (1709-1780) connaissaient bien les *Remarques* de Vaugelas. Dans un article de 1984, Boris Uspenskij établit des liens entre les théories de Karamzin et de ses partisans et les idées de Vaugelas et de ceux qu'il désigne comme les représentants de la préciosité et des salons, en soulignant l'importance de l'usage parlé du « monde » et du dialecte social de l'élite noble dans leur programme linguistique. Dans des articles ultérieurs, Jean Breuillard (2002) et Serge Vlassov (2011) ont nuancé cette analyse. Selon Breuillard (2002 : 760), Vaugelas « formait surtout le fonds de référence des grammairiens du temps », mais Breuillard remet en question le jugement selon lequel Vaugelas serait une source directe de la pensée linguistique de Karamzin. Vlassov arrive à la même conclusion concernant l'influence de Vaugelas sur Trediakovskij, qui utilise certains éléments des idées de Vaugelas en les refondant à sa façon. Autrement dit, l'héritage de Vaugelas en Russie est incontestable, mais il s'est considérablement modifié et enrichi.

Nous disposons de plusieurs indices similaires de la réputation de Vaugelas en Allemagne. Par exemple, en 1680 Jean Marin publie à Nuremberg une grammaire pédagogique intitulée *Nouvelle Grammaire françoise*, qui comporte trois chapitres d'observations portant respectivement sur les noms, les adverbes et les verbes. Au milieu du siècle suivant, André Pierre Le Guay de Prémontval publie à Berlin le *Préservatif contre la corruption de la langue française* (1759-1761), qui, pour citer Gerda Hassler, « veut surtout moderniser la méthode des remarqueurs, tout en perpétuant la forme des observations trouvées chez Vaugelas, Corneille et Bouhours qu'il consulte à tout moment et qui lui permettent de garder le sentiment d'un français pur et clair et d'échapper à la contagion des façons de parler vicieuses, courantes à Berlin » (Hassler 2004 : 174).

8. CONVENTIONS ÉDITORIALES

Dans cette édition nous avons respecté scrupuleusement l'orthographe et la ponctuation de l'édition originale. Les coquilles qui existent dans l'édition de 1647 sont corrigées dans le texte et la correction est toujours signalée dans les notes de bas de page. Les fautes d'impression qui sont répertoriées à la fin de la Préface sont traitées de la même façon ; la seule exception concerne les propositions de réécriture qui sont simplement indiquées dans les notes[413].

Nous avons toutefois effectué quelques modifications typographiques pour faciliter la lecture du texte : nous avons modernisé l'usage de 'u'/'v', de 'i'/'j', des 's' longs et des 'ß', et remplacé les tildes sur les voyelles par la voyelle et consonne correspondantes. Dans les citations latines, nous avons également modernisé l'usage de 'u'/'v' et de 'i'/'j' et supprimé les accents. La pagination de l'original est indiquée en gras entre parenthèses. Pour les pages des avant-textes qui ne sont pas numérotées, nous avons indiqué la foliotation de l'original pour permettre au lecteur de mieux s'orienter dans le texte ; quand la foliotation n'est pas indiquée, nous l'avons ajoutée entre crochets.

En ce qui concerne le manuscrit de l'Arsenal, nous l'avons transcrit aussi fidèlement que possible et nous n'avons aucunement modifié l'orthographe, la ponctuation ou l'usage de 'u'/'v' ou de 'i'/'j', etc. Là où Vaugelas utilise une plus grande graphie dans le manuscrit pour indiquer les mots ou les phrases dont il discute l'emploi ou pour signaler les exemples, nous utilisons des italiques. Pour pouvoir suivre l'évolution des idées de Vaugelas nous avons inclus les ratures et les ajouts, qui sont mis entre chevrons (< >). Quand Vaugelas fait un ajout dans la marge il indique souvent l'endroit où il faut ajouter le passage dans le texte par une croix ou un astérisque. Nous insérons les ajouts marginaux dans le texte entre accolades ({...}). Lorsque le texte raturé n'est pas lisible, nous avons indiqué la rature par le biais du signe [~~...~~]. Si un mot n'est plus lisible à cause de l'usure du manuscrit, mais qu'il est toutefois possible de reconstituer le texte, il est mis entre crochets. Les mots ou les passages

413 Le principe général mis en avant par Vaugelas est que s'il y a des endroits où il n'a pas lui-même suivi l'usage conseillé dans les remarques, il faut s'en tenir à la remarque.

illisibles sont notés par l'usage de points de suspension entre crochets. Les abréviations 'nre' et 'mt' sont remplacées par les formes n[ot]re et m[ent].

Dans les notes de bas de page, nous renvoyons le lecteur à la pagination de l'édition de 1647 en mettant un '*R*' avant la pagination ; par exemple 'Voir *R*p. 3' renvoie le lecteur à la page 3 de l'édition de 1647 (indiqué en gras entre parenthèses dans notre édition).

Nous nous sommes appuyée sur trois bases de données : pour la recherche dans les dictionnaires de Robert Estienne (1549) à l'Académie Française (1694), le *Corpus des dictionnaires des 16e et 17e siècles* (Paris, Classiques Garnier Numérique, 2007) ; pour la recherche dans les grammaires et volumes de remarques, le *Grand Corpus des grammaires françaises, des remarques et des traités sur la langue (XIVe-XVIIe s.)* (dir. B. Colombat, J.-M. Fournier, W. Ayres-Bennett, Paris, Classiques Garnier Numérique, 2011) ; et pour l'usage dans les textes contemporains, le corpus Frantext (www.frantext.fr). Le contenu des deux premiers corpus est répertorié dans la première section des références bibliographiques. La consultation de Frantext a été effectuée entre février et octobre 2016. À cette époque, la base comportait 217 textes pour la période 1600-1647, représentant 7.922.694 mots. Il faut interpréter notre analyse de l'usage comme il est représenté dans Frantext de façon circonspecte pour plusieurs raisons : la distribution des textes entre les différentes décennies n'est pas équilibrée ; le choix des éditions saisies pose des problèmes, par exemple parce qu'une édition posthume a été choisie ; et la base omet plusieurs types de textes importants, et notamment les traductions. Nous avons essayé de remédier à ce dernier défaut en citant les traductions contemporaines et surtout celles qui auraient pu avoir une influence sur Vaugelas. Rappelons aussi que la définition du bon usage proposée dans les *Remarques* s'appuie sur l'oral ainsi que sur l'écrit et que Frantext comprend pour la plus grande partie des textes littéraires.

Nous voudrions exprimer nos remerciements au Arts and Humanities Research Council (AHRC) du Royaume-Uni pour son soutien financier au projet « A study, with critical editions, of the genre of Observations on the French language ». Nous souhaiterions également remercier tous ceux qui nous ont aidé dans la préparation de cette édition, et en particulier Marc Bonhomme, Philippe Caron, Bernard Colombat, Douglas Kibbee et Magali Seijido ; leurs suggestions, avis et critiques nous ont été précieux.

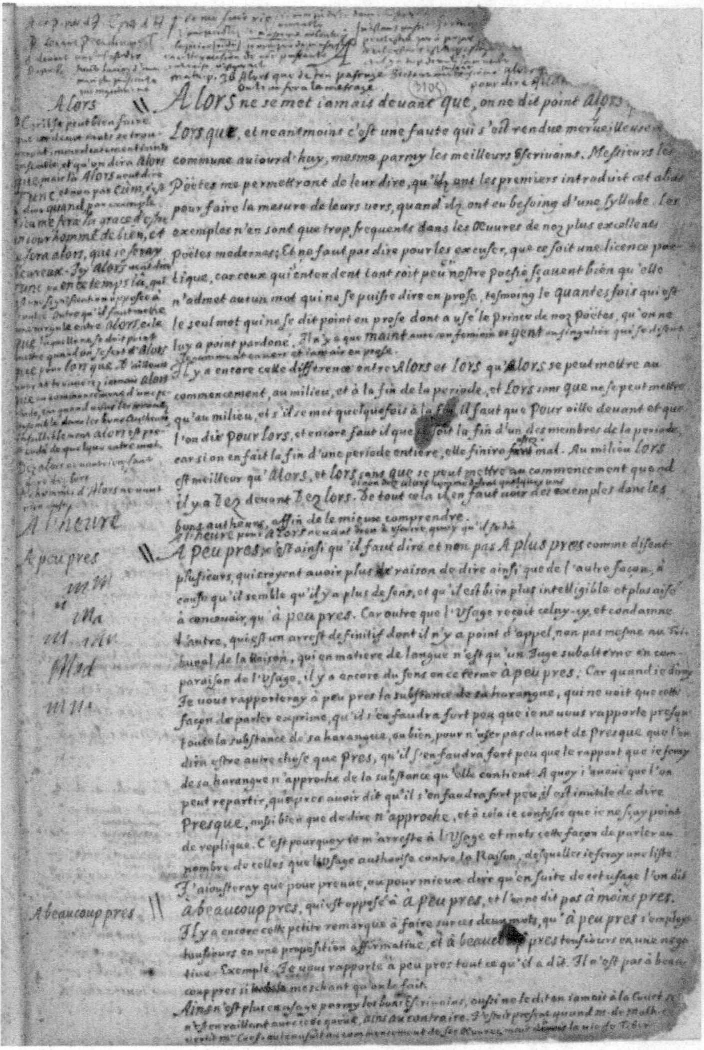
Alors ne se met iamais deuant que, on ne dit point alors que, lors que, et neantmoins c'est une faute qui s'est rendue merueilleusement commune auiourd'huy, mesme parmy les meilleurs Escriuains. Messieurs les Poëtes me permettront de leur dire, qu'ilz ont les premiers introduit cet abus pour faire la mesure de leurs vers, quand ilz ont eu besoing d'une syllabe. Les exemples n'en sont que trop frequents dans les Oeuures de noz plus excellents Poëtes modernes; Et ne faut pas dire pour les excuser, que ce soit une licence poëtique, car ceux qui entendent tant soit peu nostre poësie sçauent bien qu'elle n'admet aucun mot qui ne se puisse dire en prose, tesmoing le quantes fois qui est le seul mot qui ne se dit point en prose dont a usé le Prince de noz Poëtes, qu'on ne luy a point pardoné. Il n'y a que maint auec son feminin et gent au singulier qui se disent communement en vers et iamais en prose.

Il y a encore cette difference entre Alors et lors qu'Alors se peut mettre au commencement, au milieu, et à la fin de la periode, et lors sans que ne se peut mettre qu'au milieu, et s'il se met quelquefois à la fin il faut que pour aille deuant et que l'on die pour lors, et encore faut il que ce soit la fin d'un des membres de la periode, car si on en fait la fin d'une periode entiere, elle finira fort mal. Au milieu lors est meilleur qu'Alors, et lors sans que se peut mettre au commencement quand il y a dez deuant Dez lors. De tout cela il en faut voir des exemples dans les bons autheurs, affin de le mieux comprendre.

A peu pres, c'est ainsi qu'il faut dire et non pas A plus pres comme disent plusieurs, qui croyent auoir plus de raison de dire ainsi que de l'autre façon, à cause qu'il semble qu'il y a plus de sens, et qu'il est bien plus intelligible et plus aisé à conceuoir, qu'à peu pres. Car outre que l'Usage reçoit celuy-cy, et condamne l'autre, qui est un arrest definitif dont il n'y a point d'appel, non pas mesme au Tribunal de la Raison, qui en matiere de langue n'est qu'un Juge subalterne en comparaison de l'Usage, il y a encore du sens en ce terme à peu pres; Car quand ie dy, Je vous rapporteray à peu pres la substance de sa harangue, qui ne voit que cette façon de parler exprime, qu'il s'en faudra fort peu que ie ne vous rapporte presque toute la substance de sa harangue, ou bien, pour n'user pas du mot de presque qu'on dira estre autre chose que pres, qu'il s'en faudra fort peu que le rapport que ie feray de sa harangue n'approche de la substance qu'elle contient. A quoy i'auoüe que l'on peut repartir, qu'apres auoir dit qu'il s'en faudra fort peu, il est inutile de dire presque, aussi bien que de dire n'approche, et à cela ie confesse que ie ne sçay point de replique. C'est pourquoy ie m'arreste à l'Usage et mets cette façon de parler au nombre de celles que l'Usage authorise contre la Raison, desquelles ie feray une liste. J'adiousteray que pour preuue, ou pour mieux dire qu'en suite de cet usage l'on dit à beaucoup pres, qui est opposé à à peu pres, et l'on ne dit pas à moins pres. Il y a encore cette petite remarque à faire sur ces deux mots, qu'à peu pres s'employe tousiours en une proposition affirmatiue, et à beaucoup pres tousiours en une negatiue. Exemple. Je vous rapporte à peu pres tout ce qu'il a dit. Il n'est pas à beaucoup pres si meschant qu'on le fait.

Ainsi n'est plus en usage parmy les bons Escriuains, aussi ne le dit on iamais à la Court […]

FIG. 1 – Manuscrit de l'Arsenal, 3105, f° 4r°.

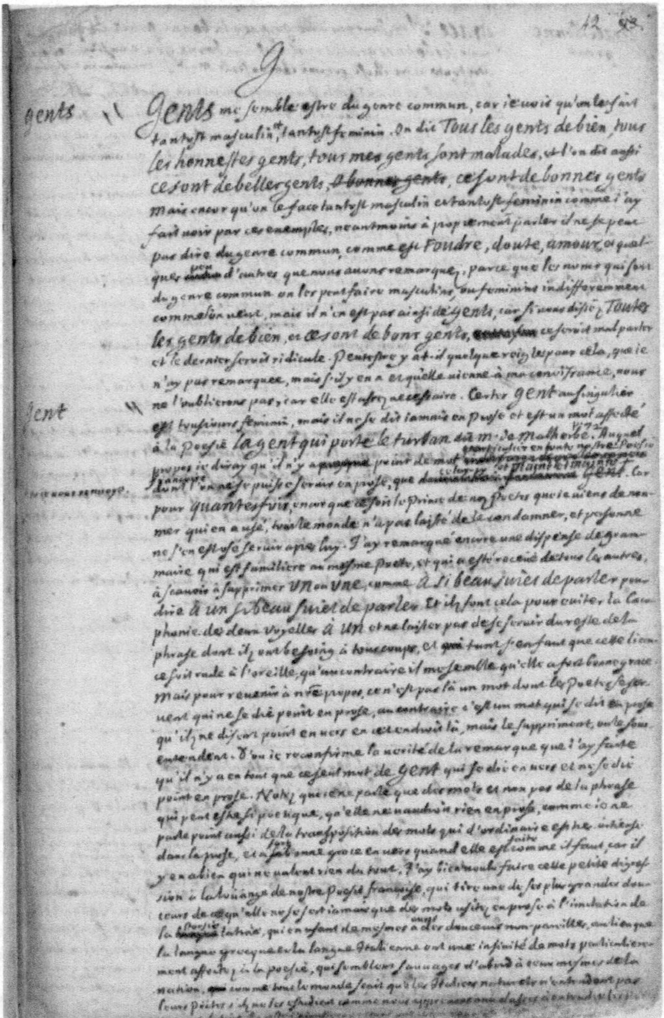

FIG. 2 – Manuscrit de l'Arsenal, 3015, f° 42r°.

REMARQUES
SUR LA
LANGUE FRANÇOISE

UTILES A CEUX QUI VEULENT BIEN PARLER ET BIEN ESCRIRE[1]

1 A PARIS, / Chez la Veuve JEAN CAMUSAT, / ET / PIERRE LE PETIT, Imprimeur & Libraire / ordinaire du Roy, ruë Sainct Jacques, / à la Toison d'Or. / M. DC. XLVII. / AVEC PRIVILEGE DU ROY.

(* ij ro) A MONSEIGNEUR SEGUIER
CHANCELIER DE FRANCE[1]

MONSEIGNEUR,

Ce petit Ouvrage a si peu de proportion avec la grandeur de vos lumieres & de vostre dignité, que je n'aurois jamais eu la pensée [* ij v°] de vous l'offrir, si vous ne m'aviez fait l'honneur de me tesmoigner que vous ne l'auriez pas desagreable. Aussi ay-je creu que ce n'estoit qu'un effet de vostre bonté, qui ne dédaigne pas les moindres choses, & qui m'est une source continuelle de graces & de faveurs[2]. C'est pourquoy MONSEIGNEUR, il me resteroit tousjours quelque scrupule, si en cherchant de quoy justifier ma hardiesse, je n'avois reconnu que ces Remarques n'ont rien de bas que l'apparence, & qu'il n'y a que le defaut de l'Ouvrier qui les puisse rendre indignes de vous estre presentées ; Car sans dire icy que la connoissance des mots fait une partie de la Jurisprudence Romaine, & que plusieurs Jurisconsultes en ont composé

---

1 Pierre Séguier (1588-1672), chancelier de France (1635), scella, le 4 décembre 1634, les lettres patentes de l'Académie et fut élu en janvier 1635 au fauteuil 1. Il fut nommé Protecteur, en 1643, à la mort de Richelieu. Sur sa vie privée, politique et littéraire, voir Kerviler (1874).

2 Il est intéressant de noter qu'une première version complète de l'Épître se trouve dans le manuscrit de l'Arsenal alors qu'il n'existe pas dans le manuscrit de version achevée de la préface. Si les grandes lignes de l'argument restent constantes, beaucoup de détails ont été modifiés dans la version publiée. La version manuscrite commence ainsi : « Ce petit ouurage est si disproportionné à la grandeur de uos lumieres, et de uostre dignité, que la seule pensee de uous l'offrir m'auroit semblé criminelle <fort estrange>, si l'un des plus sages hommes du monde ne m'y auoit engagé ; Car son amitié ayant preualu sur son iugement en cette occasion, il a creu ce trauail de quelque merite, et me iugeant trop retenu à uous l'oser presenter, il a uoulu luy-mesme en faire l'office et les auances ; Mais <Monseigneur> quoy que uous m'ayez fait l'honneur [Monseigneur] de me tesmoigner, <que uous ne l'auriez pas desagreable> qu'un si uil present ne uous seroit pas desagreable, i'ay deu croire neantmoins que ce n'estoit qu'un effet de uostre bonté, qui m'est une source continuelle de graces, ~~mais~~ <et> dont il est d'autant plus aisé d'abuser, que la bonté est de toutes les uertus la plus aisee à satisfaire <une uertu bien aisee à satisfaire>. » (f° 18r°).

des Volumes entiers, il est certain que la pureté & la netteté du langage, dont je traite, sont les premiers fondemens de l'Eloquence[3], & que les plus grands hommes de l'Antiquité se sont exercez sur ce sujet[4]. Outre cela, MONSEIGNEUR, j'ay consideré, qu'à tant de glorieux titres que vostre vertu & vostre ministere vous donnent, vous en avez encore (* iij r°) ajousté un, qui ne me laisse plus d'apprehension[5]. C'est le titre de Protecteur de cette illustre Compagnie, qui rend aujourd'huy nostre Langue aussi florissante que nostre Empire, & qui par les heureuses influences que vous respandez sur elle, est devenuë comme une pepiniere, d'où le Barreau, la Chaire, & l'Estat ne tirent pas moins d'hommes que le Parnasse. C'est par ce titre que le grand Cardinal de Richelieu a creu rehausser l'esclat de sa pourpre & de sa vie, & s'asseurer l'immortalité[6] ; J'entens celle que ses actions heroïques pouvoient bien luy faire meriter,

3 Voir l'Introduction, 6.1.

4 Voir l'Introduction, 3.1.1. La comparaison avec la version manuscrite, qui est plus longue et contient des ratures et des additions, indique bien l'attention portée par Vaugelas au remaniement de son texte avant la publication : « C'est pourquoy il me resteroit tousiours quelque scrupule de ma hardiesse <pour ne luy pas donner un autre nom>, si en cherchant de quoy la iustifier, ie ne m'estois resouuenu, que la Iurisprudence qui se ose bien se qualifier la science des choses diuines et humaines, ne consiste pas moins à interpreter les mots, qu'à discerner ce qui est iuste d'auec ce qui ne l'est pas ; De sorte que la connoissance des mots ou de leur signification ne doit pas estre de petite consequence, puis qu'elle fait une partie essentielle des deux qui composent cette science si uaste, et si necessaire aux hommes. Aussi les anciens Iurisconsultes qui ont esté les lumieres de leur siecle, n'ont pas creu pouuoir trauailler plus utilement pour leur profession, qu'en nous laissant quantité de liures sur ce suiet, que l'iniure du temps nous a rauis, pour nous donner en eschange ce qu'il y a de plus barbare dans les lettres <le droit + ~~ou dans le droit~~>. Il ne faut donc pas Monseigneur tant aprehender <Ie ne dois pas donc Monse[i]g[neu]r apprehender>, {+ I'ay donc commencé Monseigneur à esperer} que ces sortes de matieres qui <peutestre> ne sont basses qu'en apparence, desplaisent au <n'offenseroient point les yeux du> Chef de la Iustice, quoy que tout esclatant des rayons de cette eminente uertu, et de l'authorité royale, dont uous estes depositaire, ni <et> qu'on puisse <ne scauroit>, trouuer à redire, que s'agissant de l'interpretation des mots [~~…~~] <à quoy i'employe> une partie de ces Remarques, on s'adresse à celuy que l'on nomme par excellence l'Interprete des loix, et qui ne tient pas moins la balance pour peser les mots que pour peser les choses. » (f° 18r°-v°).

5 « Outre cela Monseigneur, i'ay consideré qu'aux titres <+> {qu'[…] <les> grands et glorieux + que uostre personne et uostre ministre se partagent} ~~glorieux que uostre ministre et uostre personne uous~~ <~~uous possedez~~> ~~acquierent à l'enuy~~, uous en auez encore aiousté un, qui ne me laisse aucun lieu de crainte <suiet d'apprehension>. » (f° 18v°).

6 Sur le rôle d'Armand Jean Du Plessis, cardinal de Richelieu (1585-1642), dans la fondation de l'Académie, voir Pellisson et d'Olivet (1858 : I, 7-54) et le site de l'Académie Française (http://www.academie-francaise.fr/).

mais qu'elles ne pouvoient pas luy donner sans l'assistance des Muses[7]. Cette Protection MONSEIGNEUR, en laquelle vous avez succedé à ce grand homme, est une marque publique de l'estime & de l'amour que vous avez pour nostre Langue, & pour tout ce qui contribuë à sa gloire, & à sa perfection ; Et certainement vous luy devez cette reconnoissance de tant d'avantages que vous en tirez, lors qu'elle vous fournit ses richesses & tout ce qu'elle a de plus exquis pour former [* iij vº] cette divine eloquence, dont vous ravissez le monde[8]. Il est vray que si vous devez beaucoup à nostre langue, elle vous doit beaucoup aussi ; Car en combien d'occasions avez vous fait voir de quoy elle est capable, & jusqu'où elle peut aller, quand on sçait dispenser ses thresors, & faire valoir ses graces & ses beautez ? Elle n'a point de charme, ny de secret qui ne vous soit connu, il n'y a point de genre d'expression, auquel vous ne l'ayez sceu accommoder, soit qu'il ait fallu comme en pleine mer desployer les voiles de l'eloquence, ou vous tenir serré dans le destroit & dans la gravité du souverain Magistrat, ou estre l'Oracle des volontez du Prince seant sur son throne, ou dans son lit de Justice[9]. Pour une fonction si

---

7 L'ordre de ces deux phrases est inversé dans le manuscrit : « C'est le titre par le moyen duquel ie ne feindray point de dire <i'oseray> que ce grand Cardinal de Richelieu a creu rehausser l'esclat de sa pourpre et de sa uie, et s'asseurer l'immortalité, que ses actions heroiques pouuoient bien luy faire meriter, mais ne pouuoient pas luy donner sans l'assistance des Muses. C'est le titre de Protecteur de cette illustre Compagnie, + {+ sur qui uous respandez <auiourd'huy> comme un astre fauorable et puissant une heureuse influence} qui fleurit auiourd'huy sous uos auspices, et ~~y~~ <qui> rend nostre langue aussi florissante que nostre Empire, et qui en un mot, est comme une pepiniere, d'où le barreau, la chaire, et la Politique <l'Estat> ne tirent pas moins d'hommes que le Parnasse. » (fº 18vº).

8 « Cette protection Monseigneur, en laquelle uous auez succedé si dignement à ce grand homme, est une marque publique de l'estime et de l'amour que uous auez pour nostre langue, et pour tout ce qui contribue à la rendre plus parfaite <sa perfection> ; Et certainement il est raisonnable que uous luy rendiez cette reconnoissance des grands et signalez auantages, que uous en auez tirez en tant de rencontres <tirez si souuent>, où elle uous à fourni <lors qu'elle uous fournit> ses richesses et tout ce qu'elle a de plus exquis pour en former cette diuine eloquence, dont uous rauissez tout le monde. » (fº 18vº).

9 Selon Kibbee (2011a : 53), « cette référence au double pouvoir du Prince, monarque et souverain magistrat, flatte le Chancelier en marquant son opposition au Parlement de Paris et reprend le thème de l'unité du pouvoir souverain […] observé chez Bodin ». On remarque beaucoup d'hésitations quant à la formulation de ce passage dans le manuscrit : « Il est uray Monseigneur que si uous deuez beaucoup à nostre langue, elle uous doit beaucoup aussi ; Car <en> combien <d'occasions> de fois auez uous fait uoir dequoy elle est capable, et iusqu'où elle peut aller, quand elle est maniee <employee> par une personne, qui sçait dispenser ses thresors et faire ualoir ses graces et ses beautez ? <+ et> {+ Elle n'a point de delices <charmes> ni de secrets ~~d~~ que uous ne sçachiez et qui

auguste, le ciel ne vous a rien refusé[10]. Les deux talens, de bien parler & de bien escrire, qui sont d'ordinaire incompatibles en une mesme personne, se rencontrent en vous également eminens ; Et ce qui nous comble d'admiration, c'est qu'on a peine à remarquer de la difference entre vos actions premeditées, & celles que vous [* iv r°] faites sur le champ, & en toutes rencontres ; tant il vous est naturel & ordinaire de bien parler, & d'estre tousjours ou disert ou eloquent selon que le sujet le merite[11]. Je sçay MONSEIGNEUR, que vous aurez plus de peine à souffrir ce que je dis, que vous n'en avez à le faire ; Ce sont pourtant des veritez reconnuës de tout le monde, quoy que ce ne soient que les moindres de vos perfections[12]. Mais je ne touche que celles qui regardent mon sujet, & je laisse à ces grands hommes qui vous consacrent leurs

---

ne uous soient connus} Il n'y a point de genre de parler <de s'exprimer d'expression>, auquel uous ne l'ayez sceu <accommoder> soit qu'il ayt fallut <comme en pleine mer> desployer les uoiles de<s> ~~l'~~Orateur<s>, ou <bien> se tenir ~~[...]~~ <serré> dans <le destroit des sentences><~~ou dans~~> la grauité de Magistrat, ou faire la plus noble et la plus auguste de toutes uos fonctions, qui est d'estre l'organe fa~~[...]~~ infaillible des uolontez du Prince seant sur son throne, ou dans son lit de iustice. » (f° 18v°-19r°).

10 Cette phrase n'apparaît pas dans le manuscrit.

11 « + {+ Mais Monseigneur ce n'est pas encore tout, les deux palmes, les deux talens de parler et d'escrire en perfection qui sont d'ordinaire incompatibles en une mesme personne se rencontrent en uous heureusement en mesme degré d'eminence} Et ce qui uous comble d'admiration <estonnement> c'est ~~de uous~~ qu'on a peine <on> a remarquer de la difference entre uos actions premeditees, et celles <~~qui ne le sont pas~~ *> que uous faites sur le champ, et que bien souuent uostre response à une harangue estudiée feroit douter, lequel des deux est preparé, si l'on ne scauoit bien que uous estes exposé à toute heure aux surprises des harangueurs, et qu'il n'y a point d'homme si temeraire ni si eloquent qui osast uous parler auec apparat, qu'apres une longue meditation, et <plustot> plus à cause de uostre intelligence que de uostre dignité * tant il uous est naturel et ordinaire de bien parler, et d'estre touiours ou disert ou eloquent selon que le suiet le requiert <merite>. » (f° 19r°). Le passage entre les astérisques est également rayé d'une ligne diagonale.

12 Ce passage est plus développé dans le manuscrit : « Ie scay Monseigneur que uous aurez plus de peine à souffrir tout~~es <ces> choses~~ <<tout> ce que ie uous dis>, que uous n'en auez à le~~s~~ faire <&>, mais il n'est pas iuste que uostre modestie desrobe à nostre langue la gloire que uous luy auez acquise, et qui l'affranchit des reproches qu'on luy fait à toute heure, qu'elle est <d'estre> pauure, sterile, et denuee des <d'> ornemens non seulement des <langues> anciennes mais de quelques unes mesmes des uulgaires. Vostre seul exemple destruit cette calomnie, et il n'y en scauroit auoir <un> de plus puissant pour arracher des esprits une creance si fausse, et qui neantmoins + {+ si commune, à force d'ignorer nostre langue maternelle et d'estre estrangere] dans n[ot]re pays} est enracinee, et semble croistre tous les iours <~~s'estendre~~ dauantage>. ~~O~~ et ce sont toutefois des ueritez, que ie n'ay pas l'art d'insinuer auec adresse, comme on fait les flatteries, mais que ie uous dis grossierement et sans artifice comme on dit les ueritez agreables et reconnues de tout le monde. ~~Il ne seroit pas iuste que u[ot]re modestie nous defendist de les publier ni qu'elle desrobast~~ » (f° 19r°).

Morales & leurs Politiques à parler de vos vertus[13], & à les porter aux nations estrangeres & aux siecles avenir, comme un parfait tableau & un modelle vivant de tout ce qu'ils enseignent de rare & de merveilleux[14]. Aussi[15] bien tant d'eminentes qualitez ne sont pas la matiere d'une lettre,

---

13 Pierre Séguier possédait l'une des plus importantes bibliothèques en France du XVIIe siècle, estimée à sa mort à plus de 34.000 volumes. Parmi les nombreux livres qui lui furent dédiés, citons la traduction nouvelle de *La Morale d'Aristote* par Charles Catel (1644) et les *Caractères des passions* de Marin Cureau de la Chambre (1640) ; cinq ans après la publication des *Remarques*, Daniel de Priezac lui dédia ses *Discours politiques*.

14 « Ie ne touche que celles de mon suiet, et ie laisse à ces grands hommes, qui uous consacrent leurs Morales et leurs Politiques, de parler de uos uertus et de les porter aux nations estrangeres, et aux siecles auenir, comme un parfait tableau et un modelle uiuant de tout ce qu'ilz enseignent de rare et de merueilleux. » (f° 19r°).

15 À partir de cette phrase, le texte de la version publiée se distingue nettement de la version manuscrite : « Il faut pourtant <que ie die> {Ie ne scaurois pourtant m'empescher de dire} qu'ilz auoüent que ces deux grandes sciences ne pouuoient pas d'elles mesmes uous esleuer au faiste de la uertu, où nous uous admirons, si uous ne les eussiez esclairees du soleil de la philosophie Chrestienne, qui ne regne pas moins sur u[ot]re ame que sur elles, leurs lumieres sont trop foibles pour auoir peu uous conduire sans naufrage et sans cheute parmy tant d'escueils et de precipices, où l'on uous a ueu engagé. Auroient elles peu toutes seules faire en uous une des grandes merueilles qui ayt ~~iamais~~ paru il y a longtemps sur le theatre de la Cour, et qui est peut estre sans exemple, que l'enuie a ueüe auec desespoir, la uertu auec ioye, et toute la France auec estonnem[ent] ? Ie la diray Monseigneur puis qu'elle est publique, puis qu'elle est encore auiourd'huy exposee à la ueue <aux yeux> et à l'admiration de tout le monde, et qu'elle tourne à la gloire des puissances souueraines, qui uous ont soustenu. Dans le changement des trois faces de la Cour uous estes tousiours demeuré le mesme, et les reuolutions publiques, qui renuersent ou escartent les plus affermis, ont tourné tout autour de uous sans uous esbranler, sans uous donner nulle <aucune> atteinte. Les spectateurs de ce prodige n'ont pas esté en peine de deuiner si une merueille continuee si constamment sur des mers si differentes sans que uous ayez iamais perdu uostre route, a esté un ouurage de la fortune, car cela ne peut estre, et l'enuie ne l'oseroit auoir dit, mais si c'a esté un effet de la plus haute sagesse, et de la plus exquise conduite qui fut iamais, ou si uous auez subsisté seulement par le pois de uostre propre uertu et de uos propres merites. Ceux qui en iugent le mieux l'attribuent à l'un et à l'autre, mais de telle sorte ~~[...]~~ neantmoins, que n'ayant rien negligé dans l'art de cette nauigat[ion] de la Cour où uous estes si expert, uous deuez principalem[ent] u[ot]re salut à la connoissance qu'on a eüe de ce que uous estes. Louis le iuste dans l'esprit de qui ~~il s'[...]~~ <durant> ses dernieres langueurs, il semble que Dieu eust uersé ~~[...]~~ des clartez extraordinaires, confessa tout haut lors qu'il eut penetré le fond de u[ot]re ame et de u[ot]re entendement, que iusques là il ne <n'auoit connu que la moindre partie de ce que uous ualez> uous auoit connu qu'à demi ; Et n[ot]re incomparable Reyne, qui parmy toutes sortes de graces, dont le ciel l'a comblee a celle de discerner les esprits auec une force de iugem[ent] qui n'est pas de son sexe, ni de la portee ordinaire des hommes, n'a-t-elle pas dit de uous <1> la mesme chose <2> ~~quand~~ <depuis que> la conduite de cet Estat l'ayant obligee d'estre attentiue à u[ot]re ministere et à uos conseils elle ~~uoit tous les iours en uous~~ <descouure en uous tous les iours> des perfections qui luy estoient inconnues[.] Le ciel ne brille point de tant de lumieres qu'il

mais d'un Panegyrique, qui auroit desja exercé les meilleures plumes de France, si vostre modestie ne s'y estoit tousjours opposée. Toutefois MONSEIGNEUR, vous n'empescherez pas qu'un jour, lors que le ciel vous possedera, la terre [* iv v°] ne vous comble de loüanges, & qu'apres qu'on vous aura perdu de veuë, on ne revere les traces & l'image de vos vertus. Pour moy, je n'ay qu'à me tenir dans le silence de l'admiration, apres vous avoir tres-humblement supplié de croire, que j'ay moins de veneration[16] pour vostre dignité, que pour vostre personne, & que si cela m'est commun avec tous ceux qui ont l'honneur de vous approcher, & de vous bien connoistre, il n'y en a point aussi, qui ait l'avantage de se dire avec plus de sincerité, de soumission, & de reconnoissance que moy,

MONSEIGNEUR,

Vostre tres-humble, tres-obeïssant,
& tres-obligé serviteur, C.F.D.V.

---

faut de qualitez excellentes […] pour bien remplir uostre charge. Elles se trouuent toutes assemblees en u[ot]re personne, et co[mme] la France est auiourd'huy fertile en hommes extraordinaires, si elles se trouuent encore assemblees en d'autres c'est <tousiours> auec cette difference qui ua bien loin, qu'ilz <ne peuuent aussi ~~[…]~~, plus que> n'ont que la theorie ~~ou~~ <et> la reputation <de […]>, au lieu qu'auec ces deux uous auez <…> la pratique et l'experience. ~~C'est pourquoy Monseigneur~~ <qui dans l'execution> ne sont pas si suiettes à se dementir que les deux autres. Mais où m'emporte non pas mon zele, mais la force de la uerité » (f° 19r°-20r°).

16 Voir la discussion de ce terme dans la Préface IX.3.

EXTRAICT DU PRIVILEGE DU ROY

Par Lettres Patentes du Roy données à Paris le 26. Juin 1646. Il est permis au sieur C. F. D. V. de faire imprimer, vendre & debiter en tous les lieux de l'obeïssance de sa Majesté un Livre intitulé, *Remarques sur la Langue Françoise, utiles à tous ceux qui veulent bien parler & bien escrire*, & ce par tel Imprimeur ou Libraire, en telles marges, en tels Caracteres, en un ou plusieurs volumes, & autant de fois qu'il voudra, durant vingt ans entiers, à compter du jour que chaque volume sera achevé d'imprimer pour la premiere fois, avec deffences à toutes personnes de quelque qualité & condition qu'elles soient, de l'Imprimer, vendre ni debiter, sous quelque pretexte que ce soit, pendant ledit temps, sans le consentement de l'Exposant, ou de ceux qui auront son droit ; à peine de trois mil livres d'amende, de confiscation des Exemplaires contrefaits, & de tous despens, dommages & interests ; à la charge qu'il sera mis deux Exemplaires de chaque volume dudit Livre en la Bibliotheque publique de sa Majesté ; & un en celle de Monseigneur Seguier, Chevalier Chancelier de France, avant que de les exposer en vente : Le tout comme il est porté plus amplement par lesdites Lettres Patentes, à l'Extrait, & aux copies desquelles collationnées par un des Conseillers Secretaires de sa Majesté, elle veut que foy soit adjoustée comme à l'Original. Signé, Par le Roy en son Conseil,

CONRART.

Et scellé du grand sceau de cire jaune sur simple queuë.

Achevé d'imprimer pour la premiere fois le huitiéme jour d'Octobre 1647.

EXTRAIT DU PRIVILÈGE

PREFACE[1]

I. Le dessein de l'Autheur dans cét Ouvrage, & pourquoy il l'intitule *Remarques*[2].

Ce ne sont pas icy des Loix que je fais pour nostre langue de mon authorité privée ; Je serois bien temeraire, pour ne pas dire insensé ; car à quel titre & de quel front pretendre un pouvoir qui n'appartient qu'à l'Usage, *que chacun reconnoist pour le Maistre & le Souverain des langues vivantes ? Il faut pourtant que je m'en justifie d'abord, de peur que ceux qui condamnent les personnes sans les ouïr, ne m'en accusent, comme ils ont fait cette illustre & celebre Compagnie, qui est aujourd'huy l'un des ornemens de Paris & de l'Eloquence Françoise*[3]*. Mon dessein n'est pas de reformer nostre langue*[4]*, ny d'abolir des mots, ny d'en faire, mais seulement de monstrer le bon usage de ceux qui sont faits, & s'il est douteux ou inconnu, de l'esclaircir, & de le faire connoistre. Et tant s'en faut que j'entreprenne de me constituer Juge des differens de la langue, que je ne pretens passer que pour un simple tesmoin, qui depose ce qu'il a veu & oüi, ou pour un homme qui auroit fait un Recueil d'Arrests qu'il donneroit au public*[5]*. C'est*

---

1 Nous éliminons le point à la fin des titres des parties de l'ouvrage (*Extraict du Privilege du Roy, Preface,* etc.) et des remarques elles-mêmes. Néanmoins la ponctuation a été gardée dans les titres des chapitres et des sous-chapitres de la Préface pour faciliter la lecture des listes.

2 Dans l'original les titres des chapitres et sous-chapitres de la préface sont mentionnés en tant que marginalia. Nous les reproduisons ici en gras.

3 Notons, par exemple, l'opposition du Parlement de Paris à la fondation de l'Académie Française. D'après le site web de l'Académie, l'enregistrement des lettres patentes « n'intervint que le 31 juillet 1637, après de longues discussions qui prouvent que cette cour souveraine de justice craignait de partager ses pouvoirs » (http://www.academie-francaise.fr/linstitution/apercu-historique, dernière consultation février 2016).

4 En 1625, Jean-Pierre Camus avait décrit les censeurs du français comme une « cabale de parleurs ou de reformateurs de paroles » (Camus 1625 : 585).

5 Dans le manuscrit (f° 97v°) : <Ie proteste qu'> En mes remarques ie n'agis pas comme <un> Iuge <Souuerain> qui <[…]> prononce sa <une> sentence ou une [*sic*] arrest definitif, mais comme un simple tesmoing qui despose de ce qu'il a ueu et oüy, oüy [*sic*] à la Court durant uint cinq ou trente ans que i'y ay esté, et dans la conferance des meilleurs esprits et ueu et obserué dans les liures de noz meilleurs Autheurs, ou comme un greffier

pourquoy ce petit Ouvrage a pris le nom de Remarques[6], *& ne s'est pas chargé du frontispice fastueux de* Decisions, *ou de* Loix, *ou de quelque autre semblable; Car encore que ce soient en effet des Loix d'un Souverain, qui est* l'Usage, *si est-ce qu'outre l'aversion que j'ay à ces titres ambitieux, j'ay deu esloigner de moy* [*ã* v°] *tout soupçon de vouloir establir ce que je ne fais que rapporter*[7].

II. I De l'Usage qu'on appelle le Maistre des langues. 2 qu'il y a un bon, & un mauvais Usage. 3 La definition du bon. 4 Si la Cour seule, ou les Autheurs seuls font l'Usage. 5 Lequel des deux contribuë le plus à l'Usage. 6 Si l'on peut apprendre à bien escrire par la seule lecture des bons Autheurs, sans hanter la Cour. 7 Trois moyens necessaires, & qui doivent estre joints ensemble pour acquerir la perfection de bien parler & de bien escrire. 8 Combien il est difficile d'acquerir la pureté du langage, & pourquoy.

I. Pour le mieux faire entendre, il est necessaire d'expliquer ce que c'est que cét Usage, *dont on parle tant, & que tout le monde appelle le Roy, ou le Tyran, l'arbitre, ou le maistre des langues; Car si ce n'est autre chose, comme quelques-uns se l'imaginent, que la façon ordinaire de parler d'une nation dans le siege de son Empire, ceux qui y sont nez & élevez, n'auront qu'à parler le langage de leurs nourrices & de leurs domestiques, pour bien parler la langue de leur pays, & les Provinciaux & les Estrangers pour la bien sçavoir, n'auront aussi qu'à les imiter. Mais cette opinion choque tellement l'experience generale, qu'elle se refute d'elle mesme, & je n'ay jamais peu comprendre, comme un des plus celebres Autheurs de nostre temps a esté infecté de cette erreur*[8]. *2. Il y a sans doute deux sortes* d'Usages, un bon & un mauvais. *Le mauvais se forme du plus grand nombre de personnes, qui presque en toutes choses n'est pas le meilleur, & le bon*

---

qui escrit les sentences des Iuges. » La graphie *Court* pour *Cour* est très fréquente dans le manuscrit.

6 Pour un premier usage de ce terme dans le domaine linguistique, voir Wapy (1634).

7 Sur l'usage dans les *Remarques* du lexique associé aux domaines du pouvoir, de l'autorité et de la monarchie, et du droit coutumier, voir l'Introduction, 5.4.

8 Vaugelas fait référence ici à ce que Ferdinand Brunot appelle « la fameuse boutade par laquelle Malherbe déclarait que ses maîtres pour le langage étaient les crocheteurs du Port-au-Foin » (Brunot 1905-1953 : III, 6). Il précise (Brunot 1891 : 223-224) qu'il ne s'agit que de la manière d'écrire en prose et que Vaugelas se trompait en prenant le mot à la lettre. Comme l'explique Brunot (1905-1953 : III, 6), tous les commentaires de Malherbe indiquent qu'il n'admettait pas « qu'on pût écrire un mot que les crocheteurs ne comprissent ou ne connussent pas » ; Brunot continue : « loin d'accepter en bloc dans sa crudité ce parler du Port-au-Foin, l'écrivain devait choisir, et se montrer très scrupuleux dans son choix ».

au contraire est composé non pas de la pluralité, mais de l'élite des voix, & c'est veritablement celuy que l'on nomme le Maistre des langues, celuy qu'il faut suivre pour bien parler, & pour bien escrire en toutes sortes de stiles, si vous en exceptez le satyrique[9]*, le comique, en sa propre & ancienne signification, & le burlesque*[10]*, qui sont d'aussi peu d'estenduë que peu de gens s'y adonnent. Voicy donc comme on definit le bon Usage*[11]*. 3.* C'est la façon de parler de la plus saine partie de la Cour, conformément à la façon d'escrire de la plus saine partie des Autheurs du temps. *Quand je dis* la Cour, *j'y comprens les femmes comme les hommes*[12]*, & plusieurs personnes de la ville où le Prince reside, qui par la communication qu'elles ont avec les gens de la Cour participent à sa politesse*[13]*. Il est certain que la Cour* (***ã ij*** **r°**) *est comme un magazin, d'où nostre langue tire quantité de beaux termes pour exprimer nos pensées, & que l'Eloquence de la chaire, ny du barreau n'auroit pas les graces qu'elle demande, si elle ne les empruntoit presque toutes de la Cour. Je dis* presque, *parce que nous avons encore un grand nombre d'autres phrases, qui ne viennent pas de la Cour, mais qui sont prises de tous les meilleurs Autheurs Grecs & Latins, dont les despoüilles font une partie des richesses de nostre langue, & peut-estre ce qu'elle a de plus magnifique & de plus pompeux*[14]. 4. *Toutefois quelque avantage que nous donnions à la Cour, elle n'est pas suffisante toute seule de servir de reigle, il faut que la Cour & les bons Autheurs y concourent, & ce n'est que de cette conformité qui se trouve entre les deux, que l'Usage s'establit. 5. Ce n'est*

---

9 Pour *satirique.* À cette époque la distinction entre les deux homonymes n'est pas constante puisque l'Académie de 1694 à 1740 écrit *Satyrique* dans son dictionnaire.

10 *Cf.* l'entrée « Burlesque » dans le dictionnaire de Furetière (1690) : « Plaisant, gaillard, tirant sur le ridicule. Ce mot est assez moderne, et nous est venu d'Italie où il y a quantité de Poëtes *burlesques*, dont le premier a été Bernica, et ensuitte Lalli, Caporali, etc. Les vers *burlesques* en François n'ont pas regné long-temps, à cause qu'on y a introduit trop de licence, tant dans le sujet que dans les vers, et trop de ridicules plaisanteries. On appelle aussi en prose le stile *burlesque*, celuy où on employe des mots qui se disent par pure plaisanterie, et qu'on ne souffre point dans le serieux. Le Pere Vavasseur a soustenu dans son livre *de ludicrâ dictione*, que le *burlesque* a esté absolument inconnu aux Anciens, quoy que quelques-uns disent que du temps de Ptolomée fils de Lagus un nommé Raintou avoit traitté en ridicule des sujets serieux de Tragedie. » Sur le burlesque et le bon usage, voir Marzys (1987).

11 Sur la définition du bon usage, voir l'Introduction, 4.1.1.

12 Sur le rôle des femmes dans l'élaboration du bon usage, voir l'Introduction, 4.2.5.

13 Sur les rapports entre la cour et la ville au XVIIe siècle, voir Auerbach (1951).

14 Sur l'attitude équivoque de Vaugelas envers la langue latine, voir Ayres-Bennett (2014). On retrouve la même hésitation vis-à-vis du grec : d'une part la substantivation de l'infinitif (*R*p. 152) ou l'usage des articles en français (*R*p. 170) imitent le grec, d'autre part les Grecs sont considérés comme moins « scrupuleux » dans leur usage de la coordination (*R*p. 80), et l'emploi du type *ayant fait* ou *étant contraint* (*R*p. 427) leur était inconnu.

pas pourtant que la Cour ne contribuë incomparablement plus à l'Usage que les Autheurs, ny qu'il y ayt aucune proportion de l'un à l'autre; Car enfin la parole qui se prononce, est la premiere en ordre & en dignité, puis que celle qui est escrite n'est que son image, comme l'autre est l'image de la pensée. Mais le consentement des bons Autheurs est comme le sceau, ou une verification, qui authorise le langage de la Cour, & qui marque le bon Usage, & decide celuy qui est douteux[15]*. On en voit tous les jours les effets en ceux qui s'estudient à bien parler & à bien escrire, lors que se rendant assidus à la lecture des bons Ouvrages, ils se corrigent de plusieurs fautes familieres à la Cour, & acquierent une pureté de langage & de stile, qu'on n'apprend que dans les bons Autheurs. Il suffira donc, dira quelqu'un, de lire les bons livres pour exceller en l'un & en l'autre, & les Provinciaux ny les Estrangers n'auront que faire de venir chercher à la Cour ce qu'ils peuvent trouver dans leur estude plus commodément & en plus grande perfection.* **[*ã ij* v°]** *Je respons que pour ce qui est de parler, on sçait bien que la lecture ne sçauroit suffire, tant parce que la bonne prononciation qui est une partie essentielle des langues vivantes, veut que l'on hante la Cour*[16]*, qu'à cause que la Cour est la seule escole d'une infinité de termes, qui entrent à toute heure dans la conversation & dans la pratique du monde, & rarement dans les livres; 6. Mais pour ce qui est d'escrire, je ne nie pas qu'une personne qui ne liroit que de bons Autheurs, se formant sur de si parfaits modelles, ne peust luy mesme devenir un bon Autheur; & depuis que la langue Latine est morte, tant d'illustres Escrivains qui l'ont fait revivre & refleurir, l'ont-ils peu faire autrement? Le Cardinal Bembo à qui la langue Italienne est si redevable, & qui n'a pas terni l'esclat de sa pourpre parmy la poussiere de la Grammaire, a observé, que presque tous les meilleurs Autheurs de sa langue, n'ont pas esté ceux qui estoient nez dans la pureté du langage, & cela par cette seule raison, qu'il n'y a jamais eu de lieu au monde, non pas mesme Athenes ny Rome, où le langage ait esté si pur, qu'il ne s'y soit meslé quelques defauts*[17]*, & qu'il est comme impossible, que ceux à qui ils sont naturels n'en laissent couler dans leurs escrits; Au lieu que les autres ont cet avantage, que se deffiant continuellement des vices de leur terroir, ils se sont attachez à des patrons excellens qu'ils se sont proposez d'imiter, & qu'ils ont souvent surpassez prenant de chacun ce qu'il*

---

15 Sur les rapports complexes entre la langue écrite et la langue parlée chez Vaugelas, voir l'Introduction, 4.2.2.

16 Voir ci-dessus, p. 124, note 265 sur le « mauvais accent » savoyard de Vaugelas.

17 La référence est aux *Prose di P. Bembo nelle quali si ragiona della volgar lingua [...]*, Venise, G. Tacuino, 1525, f° xvr°-v°. Il est à noter, pourtant, que Bembo ne fait mention ni d'Athènes ni de Rome dans ce passage.

avoit de meilleur. 7. Il est vray que d'adjouster à la lecture, la frequentation de la Cour & des gens sçavants en la langue, est encore toute autre chose, puis que tout le secret pour acquerir la perfection de bien escrire & de bien parler, ne consiste qu'à joindre ces trois moyens ensemble[18]*. Si nous l'avons fait voir pour la Cour & pour les Autheurs, l'autre n'y est gueres moins necessaire,* (***ã iij*** **r°**) *parce qu'il se presente beaucoup de doutes & de difficultez, que la Cour n'est pas capable de resoudre, & que les Autheurs ne peuvent esclaircir, soit que les exemples dont on peut tirer l'esclaircissement y soient rares, & qu'on ne les trouve pas à point nommé, ou qu'il n'y en ait point du tout. 8. Ce n'est donc pas une acquisition si aisée à faire que celle de la pureté du langage, puis qu'on n'y sçauroit parvenir que par les trois moyens que j'ay marquez, & qu'il y en a deux qui demandent plusieurs années pour produire leur effet ; Car il ne faut pas s'imaginer que de faire de temps en temps quelque voyage à la Cour, & quelque connoissance avec ceux qui sont consommez dans la langue, puisse suffire à ce dessein. Il faut estre assidu dans la Cour & dans la frequentation de ces sortes de personnes pour se prevaloir de l'un & de l'autre, & il ne faut pas insensiblement se laisser corrompre par la contagion des Provinces en y faisant un trop long sejour*[19]*.*

III. I La commodité, & l'utilité de ces Remarques. 2 Qu'il ne faut point s'attacher à son sentiment particulier contre l'Usage. 3 Que neantmoins les plus excellens Escrivains sont sujets à ce defaut.

I. De tout cela on peut inferer combien ces Remarques seroient utiles & commodes, si elles faisoient toutes seules autant que ces trois moyens ensemble, & si ce qu'ils ne font que dans le cours de plusieurs années, elles le faisoient en

---

18 Dans le manuscrit (f° 11r°), Vaugelas cite quatre conditions nécessaires pour garantir le bon usage : « Mais pour les barbarismes de [...] phrase <ou de la Diction> qui est composee de plusieurs mots, il est aisé d'y tomber, et ~~il~~ n'est[...] pas croyable combien ce uice est commun à plusieurs, quoy qu'ilz soient nez au cœur de la France, qu'ilz ayent longtemps hanté la Court, ~~et~~ qu'ilz ~~soient~~ ayent leu noz bons livres, et qu'ilz ayent souuent conferé auec ~~les Maistres~~ <ceux qui> sçauent le mieux nostre langue, qui sont les quatre [...] <auantages> par lesquels on y doit estre parfait ». La suppression de la quatrième condition, être « nez au cœur de la France », est-elle motivée par une autojustification ? Il est remarquable qu'un Savoyard, décrit comme modeste et timide (*cf.* Bouhours 1674 : 263-264, Pellisson et d'Olivet 1858 : I, 232), ait réussi à faire figure d'autorité sur la langue française.

19 Sur la discussion des régionalismes dans les *Remarques*, voir l'Introduction, p. 180-181. La même idée de « contamination » par l'usage linguistique des provinces se trouve chez Racine ; selon Louis Racine, lorsque son père Jean était à Uzès, il craignait d'oublier la langue française (Racine 1822 : 20).

aussi peu de temps qu'il en faut pour les lire deux ou trois fois attentivement[20]. *Je n'ay pas cette presomption de croire que je sois capable de rendre un service si signalé au public, & je ne voudrois pas dire non plus, que la lecture d'un seul livre peust égaler le proffit qui revient de ces trois moyens ; Mais j'oserois bien asseurer qu'il en approcheroit fort, si je m'estois aussi bien acquitté de cette entreprise, qu'eust peu faire un autre, qui auroit eu les mesmes avantages que moy, c'est à dire qui depuis trente-cinq ou quarante ans auroit vescu dans la Cour*[21], *qui dés sa tendre jeunesse auroit fait son apprentissage en nostre langue aupres du grand* **[*ã iij* v°]** *Cardinal du Perron & de M. Coëffeteau*[22], *qui sortant de leurs mains auroit eu un continuel commerce de conference & de conversation avec tout ce qu'il y a eu d'excellens hommes à Paris en ce genre*[23], *& qui auroit vieilli dans la lecture de tous les bons Autheurs. Mais quoy qu'il en soit, il est certain qu'il ne se peut gueres proposer de doute, de difficulté, ou de question soit pour les mots, ou pour les phrases, ou pour la syntaxe, dont la decision ne soit fidellement rapportée dans ces Remarques*[24]. *2. Je sçay bien qu'elle ne se trouvera pas tousjours conforme au sentiment de quelques particuliers, mais il est juste qu'ils subissent la loy generale, s'ils ne veulent subir la censure generale, & pecher contre le premier principe des langues, qui est de suivre l'Usage, & non pas son propre sens, qui doit tousjours estre suspect à chaque particulier en toutes choses, quand il est contraire au sentiment universel. 3. Surquoy il faut que je die que je ne puis assez m'estonner de tant d'excellens Escrivains, qui se sont opiniastrez à user, ou à s'abstenir de certaines locutions contre l'opinion de tout le monde ; Et le comble de mon estonnement est qu'un vice si desraisonnable*

20 Dans l'original : *attemeuement*.

21 Vaugelas entra au service du duc Henri de Nemours en 1607 et, en 1618, il est déjà « gentilhomme entretenu de la Maison du Roy de France » (voir l'Introduction, section 1).

22 Jacques Davy Du Perron (1556-1618) et Nicolas Coeffeteau (1574-1623). L'importance de Coeffeteau et de Du Perron dans l'élaboration du français à cette époque est indiquée par Bouhours dans ses *Entretiens d'Ariste et d'Eugène* : « Desportes, Du Perron, Malherbe, Coëffeteau reformerent le langage de Ronsard, & d'Amyot, comme Ronsard & Amyot avoient reformé le langage de ceux qui les avoient precedez » (1671 : 121). Coeffeteau publia en 1615 une célèbre traduction de l'*Histoire romaine de Lucius Annaeus Florus*, puis en 1621, une *Histoire romaine* qui fut considérée comme un modèle de prose française. Bouhours note d'ailleurs que « le stile de son *Histoire Romaine* sembloit si pur à Vaugelas, qu'il ne pouvoit presque recevoir de phrase qui n'y fût employée » (*ibid.*).

23 Vaugelas fréquentait notamment les salons de Mme de Rambouillet et de Madame des Loges.

24 Cette prétention est sans doute exagérée, car Vaugelas ne traite pas de certaines questions importantes telles que l'usage des temps et des modes verbaux ou la prononciation des consonnes finales.

s'est rendu si commun parmy eux, que je ne vois presque personne qui en soit exent[25]. *Les uns par exemple s'obstinent à faire* pourpre *masculin, quand il signifie* la pourpre des Roys, *ou* des Princes de l'Eglise, *quoy que toute la Cour, & tous les Autheurs le facent en ce sens-là de l'autre genre*[26]. *Les autres suppriment le relatif, comme quand ils escrivent*, J'ay dit au Roy que j'avois le plus beau cheval du monde, je le fais venir pour luy donner, *au lieu de dire* pour le luy donner, *quoy que ce pronom relatif y soit si absolument necessaire selon la Remarque que nous en avons faite, que si l'on ne le met, non seulement on ne dit point ce que l'on veut dire, mais il n'y* **[*ã iv* r°]** *a point de sens, & quoy qu'outre cela tous les bons Autheurs unanimement condamnent cette suppression*[27]. *Les autres ne se veulent point servir de* si bien que, *pour dire* de sorte que, tellement que, *quoy que toute la Cour le die, & que tous nos meilleurs Autheurs l'escrivent*[28]. *Les autres enfin ne voudroient pas escrire pour quoy que ce fust* remporter la victoire[29], *bien que cette façon de parler soit tres-excellente, & tres-ordinaire en parlant & en escrivant. Et ce qui est bien estrange, ce ne sont pas les mauvais, ni les mediocres Escrivains, qui tombent dans ces defauts sans y penser, & sans sçavoir ce qu'ils font*[30], *cela leur est ordinaire; Ce sont nos Maistres, ce sont ceux dont nous admirons les escrits, & que nous devons imiter en tout le reste comme les plus parfaits modelles de nostre langue & de nostre Eloquence; ce sont ceux qui sçavent bien que leur opinion est condamnée, & qui ne laissent pas de la suivre. Il est de cela, ce me semble, comme des gousts pour les viandes, les uns ont des appetits à des choses, que presque tout le monde rejette, & les autres ont de l'aversion pour d'autres, qui sont les delices de la plus part des hommes. Combien en voit-on qui ne sçauroient souffrir l'odeur du vin, & qui s'esvanoüissent à la seule senteur ou au seul aspect de certaines choses, que tous les autres cherchent avidement? Il y a neantmoins cette difference, que ces aversions naturelles sont tres-malaisées à vaincre, parce que les ressorts en sont si cachez qu'on ne peut les descouvrir, ny sçavoir par où les prendre, encore que bien souvent on en vienne à bout, quand on les entreprend de bonne heure, & que ceux qui ont soin de l'education des enfans les accoustument peu à peu à s'en deffaire. Mais y a-t-il rien de plus facile que d'accommoder son esprit à la*

25 Cette question est développée dans la section XIII de la Préface.

26 Voir *R*p. 58-59.

27 Voir *R*p. 33.

28 Voir *R*p. 435, *471.

29 Cette expression n'est pas traitée dans les remarques elles-mêmes; on la retrouve sans commentaire chez Bouhours (1674 : 473) et Ménage (1675 : 473).

30 Dans l'original : *sont*.

raison en des choses de cette nature, où il ne s'agit pas de combattre des passions, ny de mauvaises [*ã iv* v°] *habitudes, qu'il est si difficile de vaincre, mais qui veut seulement qu'on suive l'Usage, & qu'on parle & qu'on escrive comme la plus saine partie de la Cour & des Autheurs du temps, en quoy il n'y a nul combat à rendre, ny nul effort à faire à qui n'abonde pas en son sens. Je me suis un peu estendu sur ce sujet, pour ne pas toucher legerement un defaut si important, si general, & d'autant moins pardonnable à nos excellens Escrivains, que plus les visages sont beaux, plus les taches y paroissent*[31]. *Quelque reputation qu'on ayt acquise à escrire, on n'a pas acquis pour cela l'authorité d'establir ce que les autres condamnent, ny d'opposer son opinion particuliere au torrent de l'opinion commune. Tous ceux qui se sont flattez de cette creance, y ont mal reüssi, & n'en ont recueilli que du blasme, car comme l'esprit humain est naturellement plus porté au mal qu'au bien, il s'attachera plustost à reprendre deux ou trois fautes, comme on ne peut pas appeller autrement ces singularitez affectées, qu'à loüer mille choses dignes de loüange & d'admiration.*

IV. I Que le bon Usage se divise en l'Usage declaré, & en l'Usage douteux, & leur definition. 2 En combien de façons il peut arriver, que l'Usage est douteux. 3 Par quel moyen on peut s'esclaircir de l'Usage quand il est douteux, & inconnu. 4 De l'Analogie, le dernier recours dans les doutes de la langue.

I. Mais je ne veux rien laisser à dire de l'Usage, qui est le fondement & la reigle de toute nostre langue, esperant qu'à mesure que j'approfondiray cette matiere, on reconnoistra de quelle utilité peuvent estre ces Remarques. Nous avons dit qu'il y a un bon *&* un mauvais Usage ; *& j'adjouste que* le bon *se divise encore en* l'Usage declaré, *& en* l'Usage douteux[32]. *Ces Remarques servent à discerner également l'un & l'autre, & à s'asseurer de tous les deux.* L'Usage declaré *est celuy, dont on sçait asseurément, que la plus saine partie de la Cour, & des Autheurs du temps, sont d'accord, & par consequent* le douteux *ou* l'inconnu *est celuy, dont on ne le sçait pas. 2. Or il peut arriver en plusieurs façons qu'on l'ignore.* (*ẽ* r°) *Premierement lors que la prononciation d'un mot est douteuse, & qu'ainsi l'on ne sçait comment on le doit prononcer*[33] *; car le premier Usage comme nous*

---

31 Sur l'attitude de Vaugelas envers les auteurs considérés comme des modèles du bon usage, et en particulier envers Malherbe et Coeffeteau, voir l'Introduction, p. 59-67.

32 Pour une discussion de l'*usage douteux*, voir l'Introduction 4.1.3 et Ayres-Bennett (1987a : 18-20).

33 Erreur pour « comment on le doit escrire ». La conception de Vaugelas du rapport entre le français parlé et le français écrit est discutée dans l'Introduction, 4.2.2.

avons desja dit, se forme par la parole prononcée ; & rien ne s'escrit, que la bouche n'ayt proferé auparavant ; de sorte que si la prononciation d'un mot est ignorée, il faut de necessité que la façon dont il se doit escrire, le soit aussi. Par exemple on demande dans une de mes Remarques, s'il faut escrire Je vous prens tous à tesmoin, *ou* je vous prens tous à tesmoins[34], *& dans une autre on demande encore si l'on escrira* C'est une des plus belles actions qu'il ayt jamais faites, *ou* qu'il ayt jamais faite[35], *d'où naissent ces deux doutes ? de ce que soit que l'on die* tesmoin *ou* tesmoins, faite, *ou* faites, *au pluriel ou au singulier ; on ne prononce point l'*s, *& ainsi l'on ne sçait comment on le doit escrire. De mesme dans une autre Remarque on demande s'il faut dire* en Flandre, *ou* en Flandres, la Flandre, *ou* la Flandres[36]. *Pourquoy cette question ? parce que l'*s *ne s'y prononce point, soit qu'elle y soit ou qu'elle n'y soit pas. On ne peut dire autant de l'*r *en ces deux mots* apres souper, & apres soupé[37]. *En voicy un autre exemple d'une autre espece, on demande s'il faut escrire* Parallele *selon son origine Grecque, avec une* l *à la fin & deux au milieu, ou avec une* l *au milieu & deux à la fin ; & la raison d'en douter est, que la prononciation ne marque point où l'*l *se redouble, & qu'en quelque lieu que ce redoublement se face, le mot se prononce de mesme*[38]. *J'en ay donné divers exemples, outre plusieurs autres qui se trouveront dans mes Remarques, parce que de toutes les causes qui font douter de l'Usage, celle-cy est la principale, & de la plus grande estenduë, & en ces exemples-là, le doute y est tout entier, parce qu'il n'y a aucune difference dans la prononciation*[39] *; mais en voicy un autre où* **[ẽ v°]** *il y a de la difference, & neantmoins parce qu'elle n'est pas bien remarquable, & qu'on a quelque peine à discerner lequel des deux on prononce, comme j'en ay traitté en son lieu que l'on pourra voir, on n'a pas laissé de demander s'il falloit dire* hampe, *ou* hante[40], *& ce doute asseurement n'est provenu que de celuy de la prononciation, & ainsi de plusieurs autres.*

*La seconde cause du doute de l'Usage, c'est la rareté de l'*Usage, *par exemple, il y a de certains mots dont on use rarement, & à cause de cela on n'est pas bien esclaircy de leur genre, s'il est masculin ou*[41] *feminin, de sorte que comme on ne sçait pas bien de quelle façon on les dit, on ne sçait pas bien aussi de quelle*

34 Voir *R*p. 563-566.
35 Voir *R*p. 153-154.
36 Voir *R*p. 391-392.
37 Voir *R*p. 152.
38 Voir *R*p. 106-108.
39 Voir, par exemple, la discussion de *landy* et *landit* (*R*p. 516) ou celle de *quant & moy* (*R*p. 52).
40 Voir *R*p. 554-555.
41 Dans l'original : *on*.

façon il les faut escrire, comme tous ces noms, epigramme, epitaphe, epithete, epithalame, anagramme, *& quantité d'autres de cette nature*[42], *sur tout ceux qui commencent par une voyelle, comme ceux-cy, parce que la voyelle de l'article qui va devant se mange, & oste la connoissance du genre masculin ou feminin; car quand on prononce ou qu'on escrit* l'epigramme[43], *ou* une epigramme, *l'oreille ne sçauroit juger du genre.*

La troisiesme cause du doute de l'Usage est quand on oyt dire, & qu'on voit escrire une chose en deux façons, & qu'on ne sçait laquelle est la bonne, comme la conjugaison du preterit simple vesquit *&* vescut *en toutes les personnes & en tous les nombres, les uns mettant l'*i *par tout, & les autres l'*u[44].

En quatriesme lieu on doute de l'Usage, lors qu'il y a quelque exception aux reigles les plus generales, comme par exemple, quand on demande s'il faut dire en parlant d'un livre, J'y ay veu quelque chose qui merite d'estre leu, *ou* d'estre[45] leuë, J'y ay veu quelque chose qui n'est pas si excellent, *ou* si excellente, *parce que* chose *estant feminin, il* (**ẽ ij** r°) *faudroit selon la reigle generale que l'adjectif ou le participe qui s'y rapporte fust feminin aussi*[46].

En cinquiesme lieu on doute de l'Usage en beaucoup de constructions grammaticales, où l'on ne prend pas garde en parlant, & parce que le premier Usage, & qui donne d'ordinaire la loy, est comme nous avons dit, l'Usage de la parole prononcée, il s'ensuit que comme on ne sçait pas de quelle façon l'on prononce une chose, on ne peut pas sçavoir aussi de quelle façon il la faut escrire, ces Remarques en fournissent des exemples[47].

Enfin on doute de l'Usage en beaucoup d'autres façons qui se voyent dans ces Remarques, & qu'il seroit trop long de rapporter dans une Preface.

3. Mais par quel moyen est-ce donc que l'on peut s'esclaircir de cét Usage, quand il est douteux & inconnû? je respons que si ce doute procede de la prononciation, comme aux premiers exemples que nous avons donnez, il faut necessairement avoir recours aux bons Autheurs, & apprendre de l'orthographe ce que l'on ne peut apprendre de la prononciation; car par exemple on sçaura bien par l'orthographe s'ils croyent qu'il faille dire, Je vous prens tous à tesmoin, *ou* à tesmoins, *ce que l'on ne peut sçavoir par la prononciation; mais si dans*

---

42 Voir *R*p. 26-27, 32.

43 Dans l'original : *l'*epigramme.

44 Voir *R*p. 108-109.

45 Dans l'original : d estre.

46 Voir *R*p. 220, *464-*468.

47 Il s'agit notamment des problèmes d'accord grammatical. Voir Annexe III pour un inventaire de ces questions.

les Autheurs n'y l'un ny l'autre ne s'y trouve, parce que l'occasion ne s'est pas presentée de l'employer, ou quand il s'y trouveroit, on auroit bien de la peine à le rencontrer, ou peut-estre ne se trouveroit-il qu'en un ou deux Autheurs, qui à moins que d'estre de la premiere Classe n'auroient pas assez d'authorité pour servir de loy, ny pour decider le doute? Alors voicy ce qu'il y a à faire; Il faut consulter les bons Autheurs vivans, & tous ceux qui ont une particuliere connoissance de la langue, quoy qu'ils n'ayent rien donné au public, comme nous en avons un tres-bon nombre à Paris, [**ẽ ij** v°] *& ayant pris leur opinion s'en tenir à la pluralité des voix; Que si elles sont partagées, ou en balance, il sera libre d'user tantost de l'une des façons & tantost de l'autre, ou bien de s'attacher à celuy des deux partis, auquel on aura le plus d'inclination, & que l'on croira le meilleur*[48]. *Ce n'est pas encore tout, il faut sçavoir par quelle voye ceux que vous consulterez ainsi, s'esclairciront eux-mesmes du doute que vous leur demandez, puis qu'ils ne le pourront pas faire par la parole prononcée, ny par la parole escrite.* [4.] *Certainement ils ne s'en sçauroient esclaircir, que par le moyen de l'*Analogie, *que toutes les langues ont tousjours appellée à leur secours au defaut de l'Usage. Cette* Analogie *n'est autre chose en matiere de langues, qu'un Usage general & estably que l'on veut appliquer en cas pareil à certains mots, ou à certaines phrases, ou à certaines constructions, qui n'ont point encore leur usage declaré, & par ce moyen on juge quel doit estre ou quel est l'usage particulier, par la raison & par l'exemple de l'Usage general; ou bien l'*Analogie *n'est autre chose qu'un usage particulier, qu'en cas pareil on infere d'un Usage general qui est desja estably; ou bien encore, c'est une ressemblance ou une conformité qui se trouve aux choses desja establies, sur laquelle on se fonde comme sur un patron, & sur un modelle pour en faire d'autres toutes semblables*[49]. *Voyons en un exemple, afin qu'il face plus d'impression, & donne plus de lumiere, & nous servons du mesme que nous avons allegué. On est en doute s'il faut dire* Je vous prens tous à tesmoin, *ou* à tesmoins, *la prononciation comme j'ay fait voir, ne nous en peut esclaircir, les*

---

48 Si apparaît déjà la présence d'une certaine subjectivité dans le choix de « la plus saine partie » des auteurs, Vaugelas introduit ici un élément supplémentaire.

49 Si Quintilien commence par maintenir que l'analogie est la principale manifestation du raisonnement (*Institution oratoire*, I, 6, 1) et qu'il note que l'essence même de l'analogie est d'établir une relation entre un élément douteux et un élément comparable existant, c'est-à-dire de déterminer l'incertain par référence au certain (I, 6, 4), il finit par conclure que l'Analogie « ne s'appuie pas sur un principe rationnel [*non ratione*], mais sur des exemples [*sed exemplo*] ; elle n'est pas une loi du langage, mais plutôt l'observance d'une pratique, de sorte qu'elle n'est issue de nulle part ailleurs que de l'usage [*nec lex est loquendi, sed obseruatio, ut ipsam analogian nulla res alia fecerit quam consuetudo*] » (Cousin 1975 : 109). Sur le rôle de l'analogie dans les *Remarques*, voir aussi l'Introduction, 4.1.5.

meilleurs Autheurs peut-estre n'ont point eu occasion d'escrire ny l'un ny l'autre, & si quelqu'un l'a escrit, on ne sçauroit où l'aller chercher ; cependant on a besoin de ce terme, & il faut prendre party, quel remede ? il en faut consulter (**ẽ iij** r°) *les Maistres vivans, mais ces Maistres de qui l'apprendront-ils eux-mesmes ? de l'*Analogie, *car ils raisonnent ainsi ; Il n'y a point de doute que l'on dit & que l'on escrit,* Je vous prens tous à partie, *& non pas* à parties[50], *&* je vous prens tous à garent *& non pas* à garens[51] : *donc par Analogie & par ressemblance il faut dire* je vous prens tous à tesmoin, *& non pas* à tesmoins[52]. *Cela est encore confirmé par une autre sorte d'Analogie, qui est celle de certains mots ou de certaintes phrases, qui se disent adverbialement, & par consequent indeclinablement, comme* ils se font fort de faire cela, *& non pas* ils se font forts, ils demeurerent court, *& non pas* ils demeurerent courts ; fort, *&* court *s'employent là adverbialement*[53] ; à tesmoin *se peut dire de mesme. Donnons encore un exemple de l'*Analogie. *On est en doute si au preterit defini ou simple* Fuis *en toutes ses personnes & en tous ses nombres est d'une syllabe ou de deux. La prononciation, ny l'orthographe ne nous en apprennent rien ; à qui faut-il donc avoir recours ? à l'*Analogie. *J'en ay fait une Remarque bien ample que le Lecteur pourra voir*[54].

V. I. Que nostre langue n'est fondée que sur l'Usage, ou sur l'Analogie, qui est l'image ou la copie de l'Usage. 2. que la raison en matiere de langues, & particulierement en la nostre n'est point considerée. 3. que l'Usage fait beaucoup de choses par raison, beaucoup sans raison, & beaucoup contre raison.

*I. De tout ce discours il s'ensuit que nostre langue n'est fondée que sur l'Usage ou sur l'*Analogie, *laquelle encore n'est distinguée de l'Usage, que comme la copie ou l'image l'est de l'original, ou du patron sur lequel elle est formée, tellement qu'on peut trancher le mot, & dire que nostre langue n'est fondée que sur le seul Usage ou desja reconnû, ou que l'on peut reconnoistre par les choses qui sont connuës, ce qu'on appelle* Analogie. [2.] *D'où il s'ensuit encore que ceux-là se trompent lourdement, & pechent contre le premier principe des langues, qui veulent raisonner sur la nostre, & qui condamnent beaucoup de façons de parler generalement receuës, parce qu'elles sont contre la raison ;*

50 Dans l'original : *à* parties.
51 Dans l'original : *à* garens.
52 Dans l'original : *à* tesmoins.
53 Voir *R*p. 323-324.
54 Voir *R*p. 451-457.

car **[ẽ *iij* v°]** *la raison n'y est point du tout considerée, il n'y a que l'Usage & l'Analogie ; Ce n'est pas que l'Usage pour l'ordinaire n'agisse avec raison, & s'il est permis de mesler les choses saintes avec les prophanes, qu'on ne puisse dire ce que j'ay appris d'un grand homme*[55]*, qu'en cela il est de l'Usage comme de la Foy, qui nous oblige à croire simplement & aveuglément, sans que nostre raison y apporte sa lumiere naturelle ; mais que neantmoins nous ne laissons pas de raisonner sur cette mesme foy, & de trouver de la raison aux choses qui sont par dessus la raison. Ainsi l'Usage est celuy auquel il se faut entierement sousmettre en nostre langue, mais pourtant il n'en exclut pas la raison ny le raisonnement, quoy qu'ils n'ayent nulle authorité ; ce qui se voit clairement en ce que ce mesme Usage fait aussi beaucoup de choses contre la raison, qui non seulement ne laissent pas d'estre aussi bonnes que celles où la raison se rencontre, que mesmes bien souvent elles sont plus elegantes & meilleures que celles qui sont dans la raison, & dans la reigle ordinaire, jusques-là qu'elles font une partie de l'ornement & de la beauté du langage*[56]. *3. En un mot l'Usage fait beaucoup de choses* par raison, *beaucoup* sans raison, *& beaucoup* contre raison[57]. Par raison, *comme la plus part des constructions grammaticales, par exemple, de joindre l'adjectif au substantif en mesme genre & en mesme nombre ; de joindre le pluriel des verbes au pluriel des noms, & plusieurs autres semblables ;* sans raison, *comme la variation ou la ressemblance des temps & des personnes aux conjugaisons des verbes ; car quelle raison y a-t'il que* j'aimois *veuille plustost dire ce qu'il signifie que* j'aimeray, *ou que* j'aimeray *veüille plustost dire ce qu'il signifie que* j'aimois, *ny que* je fais, *&* tu fais *se ressemblent plustost que la seconde & la troisiesme personne* tu fais *&* il fait ? *Non pas que je veüille dire que cette* **[ẽ *iv* r°]** *variation se soit faite sans raison, puis qu'elle marque la diversité des temps & des personnes qui est necessaire à la clarté de l'expression, mais parce qu'elle se varie plustost d'une façon que d'autre par la seule fantaisie des*

55 *Cf.* dans le manuscrit (f° 3r°) : « [Monsieur Chappelain] dit encore tres excellement que l'Vsage estant le maistre Souuerain des langues uiuantes, il est vray qu'il ne s'agit plus d'examiner si une façon de parler est selon la raison ou non, pour en user, mais que l'on ne laisse pas de trouuer de la raison dans l'Vsage, et rapporte la comparaison de la Foy, qui nous oblige à croire, et qui neantmoins n'empesche pas, que nous ne raisonnions sur cette mesme foy ».

56 L'éloge des constructions qui sont « contre la raison » se répète dans plusieurs remarques, voir *R*p. 173-174, 305-307, 557-558.

57 Sur les rapports entre l'usage et la raison, voir l'Introduction, 4.1.4. Cette discussion fait écho à celle de Varron sur les positions analogistes et anomalistes (voir Ayres-Bennett 1987a : 59-60).

premiers hommes qui ont fondé la langue[58]*. Toutes les conjugaisons anomales sont sans raison aussi ; car par exemple, cette conjugaison* Je vais, tu vas, il va, nous allons, vous allez, ils vont *est sans raison*[59] *; Et* contre raison, *par exemple, quand on dit* peril eminent *pour* imminent[60], recouvert *pour* recouvré[61], *quand on fait regir le verbe non pas par le nominatif ; mais par le genitif, & qu'on dit* une infinité de gens croyent[62], *& plusieurs autres semblables qui se voyent dans ces Remarques ; car il ne faut pas dire que ce soit le mot collectif* infinité, *qui face cela, parce qu'estant mis avec un genitif singulier, ce seroit une faute de luy faire regir le pluriel, & de dire* une infinité de monde croyent. *Ces Remarques fourniront grand nombre d'exemples de tous les trois, de ce que l'Usage fait avec raison, sans raison, & contre raison, à quoy je renvoye le Lecteur.*

VI. D'un certain Usage, qui ne consiste qu'aux particules[63].

Il reste encore à parler d'un certain Usage, *qui n'est point different de celuy que nous avons defíny, puis qu'il n'est point contraire à la façon de parler de la plus saine partie de la Cour, & qu'il est selon le sentiment & la pratique des meilleurs Autheurs du temps. C'est l'Usage de certaines particules qu'on n'observe gueres en parlant, quoy que si on les observoit, on en parleroit encore mieux ; mais que le stile qui est beaucoup plus severe demande pour une plus grande perfection ; Et c'est ce que l'on ne sçauroit jamais, quand on auroit passé toute sa vie à la Cour, si l'on n'est consommé dans les bons Autheurs. Ce sont proprement les delicatesses & les mysteres du stile. Vous en trouverez divers exemples dans ces Remarques. Il suffira d'en* **[*ẽ iv* v°]** *donner icy un ou deux pour faire entendre ce que c'est, comme d'escrire tousjours* si l'on, *& non pas* si on, *si ce n'est en certains cas qui sont exceptez*[64]*, & de mettre aussi tousjours* l'on *apres la conjonction* &, *parce que le* t, *ne se prononce pas en cette conjonctive*[65]*.*

---

58 Vaugelas semble ici adopter une position « conventionnelle » dans l'ancien débat qui considérait la question de savoir si la langue est régie par la nature ou par la convention.

59 *Cf.* « *Je vais, je va* », *R*p. 27.

60 Voir *R*p. 302-303.

61 Voir *R*p. 15-17.

62 Voir *R*p. 41.

63 Sur l'usage de ce terme, voir l'Introduction, p. 102.

64 Voir *R*p. 9-10.

65 Voir *R*p. 12-14.

VII. I Que le bon & le bel Usage ne sont qu'une mesme chose. 2. que les honnestes gens ne doivent jamais parler que dans le bon Usage, ny les bons Escrivains escrire que dans le bon Usage. 3 que pour ceux qui veulent parler & escrire comme il faut, l'estenduë du bon Usage est tres grande, & celle du mauvais tres petite, & en quoy elle consiste.

I. Au reste quand je parle du bon Usage, *j'entens parler aussi du* bel Usage, *ne mettant point de difference en cecy entre le bon & le beau*[66]*; car ces Remarques ne sont pas comme un Dictionnaire qui reçoit toutes sortes de mots, pourveu qu'ils soient François, encore qu'ils ne soient pas du bel Usage, & qu'au contraire ils soient bas & de la lie du peuple. Mais mon dessein en cét œuvre est de condamner tout ce qui n'est pas du bon ou du bel Usage, ce qui se doit entendre sainement, & selon mon intention, dont je pense avoir fait une declaration assez ample au commencement de cette Preface. 2. Pour moy j'ay creu jusqu'icy que dans la vie civile, & dans le commerce ordinaire du monde, il n'estoit pas permis aux honnestes gens de parler jamais autrement dans*[67] *le bon Usage, n'y aux bons Escrivains d'escrire autrement aussi que dans le bon Usage; Je dis en quelque stile qu'ils escrivent, sans mesmes en excepter le bas; mais bien que ce sentiment que j'ay du langage & du stile m'ait tousjours semblé*[68] *veritable, neantmoins comme on se doit deffier de soy-mesme, j'ay voulu sçavoir l'opinion de nos Maistres, qui en demeurent tous d'accord. 3. Ainsi ce bon Usage se trouvera de grande estenduë, puis qu'il comprend tout le langage des honnestes gens, & tous les stiles des bons Escrivains, & que le mauvais Usage est renfermé dans le Burlesque, dans le Comique en sa propre signification, comme nous avons dit, & le Satyrique*[69]*, qui sont trois genres où si peu de gens s'occupent, qu'il n'y a nulle proportion entre l'estenduë de l'un & de l'autre*[70]. **(ĩ r°)** *Et il ne faut pas croire, comme font plusieurs, que dans la conversation, & dans les Compagnies il soit permis de dire en raillant un mauvais mot, & qui ne soit pas du bon usage; où si on le dit, il faut avoir un grand soin de faire connoistre par le ton de la voix & par l'action, qu'on le dit pour rire; car autrement cela feroit tort à celuy qui l'auroit dit, & de plus il ne faut pas en faire mestier, on se rendroit insupportable*

66 Pour une considération sur la question de savoir dans quelle mesure les collocations de *bon usage* et *bel usage* désignent des concepts différents chez les remarqueurs, voir Ayres-Bennett et Seijido (2011a : 68-72).

67 Erreur pour « autrement que dans ».

68 Dans l'original : *semble*.

69 Pour « Satirique ».

70 Voir l'Introduction, 4.2.3.

parmy les gens de la Cour & de condition, qui ne sont pas accoustumez à ces sortes de mots[71]. *Ce n'est pas de cette façon qu'il se faut imaginer que l'on passe pour homme de bonne compagnie ; entre les fausses galanteries, celle-cy est des premieres, & j'ay veu souvent des gens qui usant de ces termes & faisant rire le monde, ont creu avoir reussi & neantmoins on se rioit d'eux, & l'on ne rioit pas de ce qu'ils avoient dit, comme on rit des choses agreables & plaisantes. Par exemple ils disoient* boutez-vous là, *pour dire* mettez-vous là[72], ne demarez point, *pour dire* ne bougez de vostre place[73], *& le disoient en raillant, sçachant bien que c'estoit mal parler, & ceux mesme qui l'oyoient, ne doutoient point que ceux qui le disoient ne le sceussent, & avec tout cela, ils ne le pouvoient souffrir. Que s'ils repartent qu'il ne faut pas dans la conversation ordinaire parler un langage soustenu, je l'avouë ; cela seroit encore en quelque façon plus insupportable, & souvent ridicule ; mais il y a bien de la difference entre un langage soustenu, & un langage composé de mots & de phrases du bon Usage, qui comme nous avons dit, peut estre bas & familier, & du bon Usage tout ensemble ; Et pour escrire, j'en diray de mesme, que quand j'escrirois à mon fermier, ou à mon valet, je ne voudrois pas me servir d'aucun mot qui ne fust du bon Usage, & sans doute si je le faisois, je ferois une faute en ce genre.*

[ĩ v°] *De*[74] *ce grand Principe, que* le bon Usage *est le Maistre de nostre langue, il s'ensuit que ceux-là se trompent, qui en donnent toute la jurisdiction* au peuple[75], *abusez par l'exemple de la langue Latine mal entendu, laquelle,*

71 Voir, par exemple, la remarque « *Des mieux* » (*R*p. 123). L'horreur d'apparaître ridicule constitue un facteur important pour guider le comportement linguistique de l'honnête homme qui veut assurer sa position à la Cour et dans le monde.

72 Si les dictionnaires d'Estienne (1549), de Nicot (1606) et de Cotgrave (1611) contiennent des entrées pour ce verbe, il ne figure plus chez Richelet (1680), et Irson (1662 [[1]1656] : 226) et Bouhours (1692 [[1]1675] : 282) confirment que c'est un « vieux mot ».

73 Il est probable que Vaugelas rejette l'usage général de ce verbe en raison de son acception principale comme terme de marine, ainsi que l'indiquent les dictionnaires de Nicot (1606), Cotgrave (1611), Furetière (1690) et l'Académie (1694). Son usage secondaire pour indiquer le mouvement des personnes qui apparaît chez Furetière (1690) et l'Académie (1694) est considéré comme « bas » par l'Académie.

74 La section VIII de la préface commence ici. Le titre, « Que le peuple n'est point le maistre de la langue », n'apparaît pas dans l'édition qui nous sert de référence.

75 Avec cette critique, Vaugelas semble viser à la fois Malherbe et La Mothe Le Vayer. Sur le commentaire célèbre de Racan sur la doctrine de Malherbe (Brunot 1891 : 223), « Quand on lui demandoit son avis de quelque mot françois, il renvoyoit ordinairement aux crocheteurs du port au Foin, et disoit que c'étoient ses maîtres pour le langage », voir la note 8, p. 224. Dans ses *Considérations sur l'éloquence françoise de ce tems* (Paris, 1638, [2]1647), La Mothe Le Vayer soutient à plusieurs reprises l'autorité du peuple en matière de langage. Le passage suivant est représentatif de sa position : « Il faut aussi que ceus

à leur avis, reconnoist le peuple pour son Souverain[76] *; car ils ne considerent pas la difference qu'il y a entre* Populus *en Latin, &* Peuple *en François, & que ce mot de* Peuple *ne signifie aujourd'huy parmy nous que ce que les Latins appellent* Plebs, *qui est une chose bien differente & au dessous de* Populus *en leur langue*[77]*. Le Peuple composoit avec le Senat tout le corps de la Republique, & comprenoit les Patriciens, & l'Ordre des Chevaliers avec le reste du Peuple. Il est vray qu'encore qu'il faille avoüer que les Romains n'estoient pas faits comme tous les autres hommes, & qu'ils ont surpassé toutes les Nations de la terre en lumiere d'entendement, & en grandeur de courage, si est-ce qu'il ne faut point douter, qu'il n'y eust divers degrez, & comme diverses classes de suffisance & de politesse parmy ce peuple, & que ceux des plus bas estages n'usassent de*

---

qui pretendent à l'Eloquence, facent leur premiere estude de la valeur des mots, & de la pureté des dictions, pour sçavoir celles dont ils se peuvent servir, & celles qui doivent estre rejettées comme n'estant plus en usage. Car c'est une des premieres regles que donnent les maistres de ceste profession, d'eviter comme un escueil toutes les paroles inusitées, & de les considerer pour estre de la nature des pieces de monnoie, dont il ne se faut jamais charger si elles n'ont cours, & que le peuple ne les reçoive. Or il est besoin d'y prendre garde d'autant plus attentivement, que n'y aiant rien de variable à l'égal de ce peuple, à qui tous les sages ont donné la souveraine jurisdiction des langues, les mots changent si souvent, que les feüilles des arbres ne tombent point plus ordinairement, selon le dire du Poëte Latin » (1638 : 15-16). Marzys (2009 : 86) juge que La Mothe Le Vayer comprenait « peuple » dans son sens antique, comme « ensemble de la population, toutes les classes sociales » et que Vaugelas lui fait donc une mauvaise querelle. Voir aussi notre commentaire sur la définition du bon usage proposée par Ramus, p. 68, n. 155.

76 Comme nous l'avons noté dans l'Introduction, Ramus (1572 : 30) avait déjà observé que « selon le jugement de Platon, Aristote, Varron, Ciceron le peuple est souverain seigneur ». Marc Baratin (2008) remarque qu'on trouve chez Varron une classification d'usagers comme *populus/singuli/orator/poeta* qui ne se trouve nulle part ailleurs. D'après son analyse des trois passages du *De lingua latina* où Varron étudie l'usage en matière linguistique, il y apparaît une opposition entre *populus* (la communauté considérée comme un ensemble) et *singuli* (chacun de ses membres considéré individuellement). Il cite, par exemple, le passage suivant du début du livre IX (5-6) où Varron traite de la question de savoir comment chacun doit se comporter vis-à-vis de l'analogie linguistique : « Je ne puis m'ériger en matière de l'usage de la communauté [*populi consuetudinis*] ; c'est elle qui l'est du mien. Le capitaine doit obéir aux lois de la raison et tout le monde à bord doit obéir aux lois de la raison et chacun de nous doit obéir à la communauté. » Après avoir opposé le peuple (*populus*) et chacun de ses membres, il met en avant deux catégories spécifiques de ces derniers : les orateurs et les poètes. Le peuple doit appliquer l'analogie partout et, s'il ne l'a pas fait, se corriger, tandis que l'orateur n'est pas obligé de l'appliquer partout et le poète peut s'en affranchir complètement (Baratin 2008 : 186).

77 Si les trois grands dictionnaires monolingues de la fin du XVIIe siècle offrent les deux sens du *peuple*, Nicot en 1606 suit Estienne (1549) en faisant une distinction entre « *Un* Peuple *et nation*, Populus » et « *Le menu et commun peuple d'une ville*, Plebs, vel Plebes, Vulgus ».

beaucoup de mauvais mots & de mauvaises phrases, que les plus élevez d'entre eux condamnoient. Tellement que lors qu'on disoit que le Peuple estoit le Maistre de la langue, cela s'entendoit sans doute de la plus saine partie du peuple, comme quand nous parlons de la Cour & des Autheurs, nous entendons parler de la plus saine partie de l'un & de l'autre. Selon nous, le peuple n'est le maistre que du mauvais Usage, & le bon Usage est le maistre de nostre langue.

IX. I. Response à quelques Escrivains modernes qui ont tasché de descrier le soin de la pureté du langage, & ont estrangement declamé contre ses partisans. 2. Tout leur raisonnement est destruit par un seul mot, qui est l'Usage. 3. Que tous les Autheurs qu'ils alleguent contre la pureté du langage, ne disent rien moins que ce qu'ils leur font dire.

[*I.*] *De ce mesme principe il s'ensuit encore que ce sont des plaintes bien vaines & bien injustes, que celles de quelques Escrivains modernes, qui ont tant declamé contre le soin de la pureté du langage, & contre ses partisans*[78]. *Ils s'escrient sur ce sujet en des* (***ĩ ij*** **r°**) *termes estranges, & alleguent des Autheurs, qui en verité ne disent rien moins que ce qu'ils leur font dire. Trois raisons m'empeschent de nommer ceux qui les alleguent, & qui par avance semblent avoir pris à tasche d'attaquer ces Remarques, dont ils sçavoient le projet. L'une que ce sont des personnes que je fais profession d'honorer, l'autre qu'ils ont sagement protesté à l'entrée de leurs Ouvrages, qu'ils estoient prests de se departir de leur opinion, si elle n'estoit pas approuvée*[79] *; & pleust à Dieu que chacun en usast ainsi ; car à mon gré il n'y a rien de beau & d'héroïque, comme de se retracter genereusement, dés qu'il apparoist qu'on s'est trompé*[80]. *Et enfin parce que lors qu'ils ont escrit, ils n'estoient pas encore initiez aux mysteres de nostre langue, où depuis ils ont esté admis, & sont entrez si*

---

78 Comme l'indique déjà la Clef de Conrart, Vaugelas fait allusion ici aux *Considerations* de La Mothe Le Vayer (1638, ^{2}1647). Sur la polémique entre Vaugelas et La Mothe Le Vayer, voir Ayres-Bennett et Seijido (2011a : 34-35) et l'Introduction, p. 22, 48.

79 *Cf.* La Mothe Le Vayer (1638 : 11-12) : « En tout cela mon dessein n'est autre, que de profiter à ceus qui peuvent estre touchez de la mesme curiosité que j'ai euë en faisant les observations que je leur communiquerai ; & d'en tirer moi-mesme l'instruction que je cherche, me confirmant en l'opinion des choses qui seront approuvées, & me departant de celles qui auront une plus mauvaise fortune ».

80 Notons que Vaugelas n'hésite pas à reconnaître ses erreurs. On trouve, par exemple, au folio 82v° du manuscrit, l'ajout de « Ie pense que ie me trompe » à la fin de la remarque intitulée « Repetition de deux particules necessaire » et un peu plus bas dans l'observation sur « Ressembler », « I'ay changé d'opinion par le moyen d'un de mes amis ».

avant, qu'ils ont pris des sentimens tout contraires[81] *; mais en attendant qu'ils ayent le loisir ou l'occasion d'en rendre un tesmoignage public, je ne dois pas dissimuler qu'ils ont fait un mal qui demande un prompt remede, à cause que leurs Livres, qui ont le cours & l'estime qu'ils meritent, peuvent faire une mauvaise impression dans les esprits, & retarder en quelques-uns le fruit legitime de ce travail*[82]. 2. *Il ne faut qu'un mot pour destruire tout ce qu'ils disent, c'est* l'Usage ; *car toute cette pureté à qui ils en veulent tant, ne consiste qu'à user de mots & de phrases, qui soient du bon Usage ; Il s'ensuit donc que s'il n'importe pas de garder cette pureté, il n'importe pas non plus de parler ou d'escrire contre le bon Usage. Y a-t-il quelqu'un qui osast dire cela ? Il n'y a que ces Messieurs, qui donnent* au peuple, *comme j'ay dit, l'empire absolu du langage, & qui dans tous ces beaux raisonnmens qu'ils font sur la langue, ne parlent jamais de l'Usage, semblables à ceux qui traiteroient de l'Architecture sans parler du niveau ny de l'esquierre, ou de la Geometrie* **[ĩ ij v°]** *pratique sans dire un seul mot de la reigle ny du compas*[83]. *Puis donc que le bon Usage est le Maistre, faut-il prendre à partie*

---

81 La Mothe Le Vayer fut reçu à l'Académie Française le 14 février 1639, un an après la publication de ses *Considerations*, mais aucun indice n'atteste qu'il ait modifié ses opinions. Au contraire, en 1647, il publie *Les Lettres touchant les nouvelles remarques*, qui constituent une nouvelle critique des remarques de Vaugelas. Selon Streicher (1936 : XVIII), La Mothe Le Vayer devait avoir préparé les notes avant ou pendant la publication du texte de Vaugelas. Sur cette critique de La Mothe Le Vayer, libertin et sceptique, voir aussi Wionet (2013).

82 La Mothe Le Vayer répond à Vaugelas dans ses *Lettres* (1669 [[1]1647] : 482) : « Car vous sçavez bien qu'il y a dix ans que le livre dont il [Vaugelas] rapporte les textes fut imprimé ; et je m'étonne seulement que le mal qu'il pouvoit faire, et qui demandoit, dit-il, un fort prompt remede; luy ait permis de nous laisser durant ce terme dans le peril. Mais comme son zele pour le public est toûjours loüable, nonobstant ce retardement, il ne trouvera pas mauvais, que par un mesme motif je vous donne avis, qu'il ne faut pas prendre ses sentimens particuliers pour ceux d'une Compagnie, qui ne peut estre jamais trop estimée. »

83 *Cf.* La Mothe Le Vayer (1669 : 483-484) : « En premier lieu, elle [la Préface de Vaugelas] accuse ces Messieurs dont elle se plaint, les nommant toûjours de la sorte, d'avoir fort declamé contre la pureté du langage, et contre ses partisans ; à quoi je me doute qu'ils n'ont jamais pensé : pour le moins ne voit-on rien qui aille-là, ni dans le livre dont il cite les Textes en grosse lettre, ni dans tous ceux dont j'ai peû prendre quelque connoissance. Comme ils ne parlent que du merite de l'Eloquence, ils n'avoient garde d'estre pour l'impureté des mots, ni pour celle des phrases, puisque tout le monde sçait qu'il n'y a rien qui luy soit si contraire. Mais comment peut-on écrire, *que dans tous ces beaux raisonnemens qu'ils font de la Langue, ils ne parlent jamais de l'Usage ? semblables à ceux qui traitteroient de l'Architecture sans parler du Niveau ni de l'Esquierre, ou de la Geometrie practique, sans dire vn seul mot de la Regle ni du Compas.* Vraiment c'est une chose estrange qu'à l'ouverture du mesme livre dont je viens de parler, et qui semble estre l'objet principal de cette Preface,

ceux qui rendent ce service au public de remarquer les mots & les phrases qui ne sont pas de cét usage, sont-ce eux, qui font le bon ou le mauvais usage comme ils veulent ? Au contraire bien souvent quand un mot ou une façon de parler est condamnée par le bon Usage, ils y ont autant de regret que ceux qui s'en plaignent ; mais quoy ? il faut se sousmettre malgré qu'on en ait, à cette puissance souveraine[84]. *Que s'ils s'opiniastrent à ne le pas faire, ils en verront le succés, & quel rang on leur donnera parmy les Escrivains. Il ne faut qu'un mauvais mot pour faire mespriser une personne dans une Compagnie, pour descrier un Predicateur, un Advocat, un Escrivain. Enfin, un mauvais mot, parce qu'il est aisé à remarquer, est capable de faire plus de tort qu'un mauvais raisonnement, dont peu de gens s'apperçoivent, quoy qu'il n'y ait nulle comparaison de l'un à l'autre*[85]. *3. Quant à ce grand nombre d'allegations qu'ils ont ramassé contre le soin de la pureté, il n'y en a pas une seule qui prouve ce qu'ils pretendent, ny qui en approche ; car qui seroit l'Autheur celebre ou mediocrement sensé, qui se seroit avisé de dire, qu'il ne faut point se soucier de parler ny d'escrire purement*[86] *? Elles sont toutes, ou contre ceux*

---

l'on ne manque jamais à rencontrer dequoi prouver la fausseté de cette imputation ; et qu'on la puisse mesme convaincre de mauvaise foi, veu qu'un des articles dont on se plaint, commence par ces propres termes : *Il y a aussi la consideration du mauvais son, et du peu de satisfaction que reçoit l'oreille, quand elle est touchée de quelque mot que l'Usage n'a pas encore poli ni approuvé.* »

84 Voir l'Introduction, p. 180.

85 La Mothe Le Vayer réfute également ce point (1669 : 488-489) : « Pour moi je tiens ce discours pour un aussi grand blaspheme dans la matiere dont il est question, qu'on en puisse jamais prononcer. Car pour ce qui concerne ces trois professions differentes, il faudroit que la reputation d'un Predicateur, d'un Advocat, ou d'un Ecrivain fust bien mal fondée, pour estre si tost et si facilement renversée par un seul mot, que chacun d'eux croit sans doute tres-bon, puisqu'il l'écrit ou le profere, mais qui n'agrée peut-estre pas à une oreille trop delicate, ni à un Lecteur scrupuleux. A la fin l'on voudra qu'un Predicateur prenne garde de plus prés aux loix de la Rhetorique, qu'à celles du Decalogue ; et qu'un Advocat songe davantage aux regles du Despautere, qu'aux Constitutions de Tribonien. En tout cas, je maintiens que la plus mauvaise diction qui puisse apparemment estre emploiée, ne doit jamais causer un mauvais effet, et qu'elle ne le peut aussi qu'envers des personnes tres-injustes. Il y a mesme lieu de soûtenir que jamais homme n'a mis la main à la plume, ni parlé en public, dont la renommée n'eust esté bien-tost diffamée, si cette maxime avoit tant soit peu de verité. »

86 *Cf.* La Mothe Le Vayer (1669 : 489) : « La plus grande pureté de langage est insipide, et ressemble, si elle n'est accompagnée du bon sens, à un boüillon d'eau claire qui ne nourrit point. » Il est intéressant de noter que Bouhours dans ses *Entretiens d'Ariste et d'Eugène* reprend la métaphore de l'eau claire, mais l'utilise d'une manière méliorative pour caractériser le beau langage : « Le beau langage ressemble à une eau pure & nette qui n'a point de goust » (1671 : 55).

qui ont beaucoup plus de soin des paroles que des choses, ou qui pechent dans une trop grande affectation, soit de paroles, soit de figures, soit de periodes[87], *ou qui ne sont jamais satisfaits de leur expression, & qui ne croyent pas que la premiere qui se presente, puisse jamais estre bonne ; qui sont toutes choses que nous condamnons aussi bien qu'eux, & qui n'ont rien de commun avec le sujet que nous traitons. Il ne faut que voir dans leur source les passages qu'ils ont citez, pour justifier tout ce que je dis ; car pour le Grammairien* (***ĩ iij*** r°) *Pomponius Marcellus*[88], *ces Messieurs se font accroire, qu'il s'estoit rendu extremement ïmportun & mesme ridicule, à force d'estre exact observateur de la pureté de sa langue. Suetone de qui ils ont pris ce passage, ne dit nullement cela*[89] *; Je ne veux pas dire aussi, qu'on l'ait allegué non plus que les autres, de mauvaise foy, je croirois plustost que c'est par surprise, ou par negligence, & faute de le lire attentivement ; parce que tout le blasme que donne Suetone à ce Grammairien, ne consiste qu'en sa façon de proceder, & non pas au soin qu'il avoit de la pureté du langage ; car voicy l'histoire en deux mots. Il plaidoit une cause, & Cassius Severus*[90] *qui plaidoit contre luy, parlant à son tour, fit un solecisme. Ce Pedant qui se devoit contenter de l'en railler en passant, comme eust fait un honneste homme, s'emporta contre luy avec tant de violence, & luy reprocha si souvent cette faute, que ne cessant de crier & de redire tousjours la mesme chose avec exaggeration, il se rendit insupportable. Cassius Severus pour s'en mocquer, demanda du temps aux Juges, afin que sa partie peust se pourvoir d'un autre Grammairien, parce qu'il voyoit bien qu'il ne s'agissoit plus que d'un solecisme, qui estoit devenu le nœud de l'affaire, exposant ainsi à la risée de tout le monde l'impertinence du Pedant. Par ce seul passage, jugez, je vous prie, de tous les autres. Prouve-t-il qu'on se rende ridicule en observant la pureté du langage ? le Grammairien n'avoit-il pas eu raison de reprendre la faute que Cassius Severus avoit faite ? car on ne peut pas dire que ce ne fust une faute, & des plus grossieres, puis que Suetone la nomme un solecisme. En quoy donc ce Grammairien a-t-il manqué ? en*

---

87 Le revers de l'affectation est l'usage d'un style naturel ou naïf, que Vaugelas estime être de première importance (*R*p. 104).

88 Selon Vacher (1993 : 22), M. Pomponius Marcellus est seulement connu par ce passage de Suétone et par Dion Cassius, si ce n'est lui qui est identifié dans un passage corrompu de Sénèque le rhéteur.

89 Suétone l'appelle « sermonis Latini exactor molestissimus » (Vacher 1993 : 22), *molestus* ayant ici, selon Vacher (1993 : 165), le sens assez rare de « vétilleux, excessivement scrupuleux ». Sur ce passage, voir aussi l'Introduction, p. 48.

90 Cassius Sévérus, orateur et pamphlétaire de l'époque augustéenne, réputé pour son esprit brillant et mordant (Vacher 1993 : 166).

son procedé Pedantesque ; comme il arrive en la correction fraternelle, quand elle n'est pas faite avec la discretion qu'il faut ; le peché que l'on reprend ne laisse pas d'estre **[ĩ iij v°]** *peché, & d'estre bien repris ; mais on ne laisse pas aussi de reprendre d'indiscretion celuy qui a fait la correction mal à propos*[91]*. Il a fallu un peu s'estendre sur ce passage, parce que ces Messieurs en font leur espée & leur bouclier*[92]*.*

Pour nous, ce seroit se mettre en peine de prouver le jour en plein midy, que d'alleguer des Autheurs en faveur de la pureté du langage. Ils se presentent en foule de tous costez ; mais le seul Quintilien suffit, & de tous ses passages il n'en faut qu'un seul qui en vaut mille, pour defendre ce petit travail & la pureté de la langue. An ideo, *dit-il*, minor est M. Tullius Orator quod idem artis hujus (*scilicet Grammaticæ*) diligentissimus fuit, & in filio, ut in Epistolis apparet recte loquendi ac scribendi usquequaque (*remarquez ce mot*) asper quoque exactor ? aut vim Cæsaris fregerunt editi de Analogia libri ? Aut ideo minus Messalla nitidus, quia quosdam totos libellos non de verbis modo singulis, sed etiam literis dedit[93] ? *c'est à dire, Quoy ? Ciceron a-t-il esté moins estimé pour avoir eu un soin extraordinaire de la pureté du langage, & pour n'avoir cessé de crier apres son fils, qu'il s'estudiast sur tout à parler & à escrire purement ? & l'eloquence de Cesar a-t-elle eu moins de force, quoy qu'il ait esté si instruit & si curieux de la langue, qu'il a mesme fait des Livres de l'Analogie des mots*[94] *? Et enfin doit-on moins faire d'estat de Messalla, pour avoir donné au public des Livres entiers, non seulement de*

---

91 Voici la réponse de La Mothe Le Vayer (1669 : 486-487) : « Il [Vaugelas] s'écrie qu'on a grand tort d'avoir écrit que ce Grammairien s'estoit rendu extrémement importun, et mesme ridicule, à force d'estre exact observateur de la pureté de sa Langue ; ajoûtant que Suetone ne l'a pas dit ainsi, et qu'il faut que par surprise, ou par negligence l'on se soit mépris de la sorte. Déja pour ce qui est du ridicule, c'est lui mesme qui a le tort de s'en plaindre, puisqu'il a pris la peine d'étendre au long le procedé pedantesque de Marcellus, (car il le nomme de la façon) avoüant que Cassius Severus eut raison de s'en mocquer. Et quant à l'importunité qui accompagnoit la trop exacte observation des regles et de la pureté de sa Langue, voici le propre texte de Suetone lors qu'il commence à parler de lui : *Marcus Pomponius Marcellus sermonis Latini exactor molestissimus*. Il n'en faut pas davantage pour faire reconnoistre la valeur de cette instance, qui nie une chose si claire, et qui va toute à prouver que Marcellus n'estoit pas un ridicule observateur des loix Grammaticales, parce que c'estoit un vrai Pedant. Pour moi je vous confesse que je n'entens rien à de telles negatives, ni à cette sorte de raisonnement. »

92 Voir aussi, Préface, XI.

93 Quintilien, *Institution oratoire*, I, 7, 34-35.

94 Le traité de l'*Analogie* de Jules César, dédié à Cicéron, a été perdu, et il n'en existe que des fragments.

tous les mots, mais de tous les caracteres[95] ? *Apres cela, oseroit-on dire, comme ils disent, car je ne rapporteray que leurs propres termes*, que de s'occuper à ces matieres, soit un indice asseuré de grande bassesse d'esprit, & que ceux dont le Genie n'a rien de plus à cœur que cét examen scrupuleux de paroles, & j'ose [*ĩ iv* r°] dire de syllabes, ne sont pas pour reussir noblement aux choses serieuses, ny pour arriver jamais à la magnificence des pensées[96] ? *Appellera-t-on ces Observations, comme ils font*, de vaines subtilitez, des scrupules impertinens, des superstitions pueriles, des imaginations ridicules, des contraintes serviles, & en un mot des bagatelles[97] ? *dira-t-on avec eux, que* c'est une gesne que l'on s'impose, & que l'on veut donner aux autres[98] ? *dira-t-on que ces Remarques*, n'ont rien à quoy un esprit s'il n'est fort petit se puisse attacher, & qu'elles sont capables de nous faire perdre la meilleure partie de nostre langage[99], & que si l'on ne s'opposoit aux vaines imaginations de ces esprits, qui croyent meriter beaucoup par ces sortes de subtilitez, il ne faudroit plus parler du bon sens ? *Et encore apres tout cela ils ajoustent*, qu'ils n'oseroient

95 Marcus Valerius Messala Corvinus, orateur célèbre, écrivain et patron des *litterati* tels qu'Horace et Ovide. Bien qu'aucun de ses livres ne subsiste, ses mémoires des guerres civiles romaines sont devenus une source importante pour les historiens ultérieurs tels que Suétone et Plutarque. Vacher (1993 : 165) note que Sénèque le Rhéteur décrit Messalla Corvinus comme « Latini [...] sermonis observator diligentissimus ».

96 *Cf.* La Mothe Le Vayer (1638 : 39-40) : « Ceus qui ont examiné le merite des ames par celui des actions particulieres, & par de certaines marques que Theophraste appelle caracteres, disent que c'est un indice asseuré de grande bassesse d'esprit, quand une personne s'amuse à oster trop soigneusement quelque petit festu, ou le moindre poil estranger qui se trouve sur ses habits. Nous pouvons donner pour une maxime beaucoup moins sujette à méconte, que ceus dont le Genie n'a rien de plus à cœur que cét examen scrupuleus de paroles, & j'ose dire de syllabes, ne sont pas pour reüssir noblement aux choses serieuses, ni pour arriver jamais à la magnificence des pensées ».

97 *Cf.* La Mothe Le Vayer (1638 : 39) : « En verité nous en sommes venus à des superstitions qui ne sont pas moins pueriles, & si l'on ne s'opposoit aus vaines imaginations de certains esprits, qui croient meriter beaucoup par des subtilitez semblables à celles que nous venons de rapporter, il ne faudroit plus parler du bon sens ».

98 *Cf.* La Mothe Le Vayer (1638 : 30-31) : « Mais si faut-il confesser que ceus mesmes d'entre les Orateurs qui se sont le plus asujettis aus lois de la Rhetorique, n'ont pas esté d'avis qu'on vescust dans une si servile contrainte qu'est celle que beaucoup de personnes s'imposent sur ce sujet, et qu'ils voudroient encore donner au reste du monde. »

99 *Cf.* La Mothe Le Vayer (1638 : 32) : « En verité c'est bien se moquer du monde de vouloir faire passer pour bonnes ces observations, & assez d'autres semblables, qui n'ont rien à quoi un esprit autre que fort petit puisse s'arrester, et qui nous feroient perdre, par un scrupule ridicule, la meilleure partie de nostre langage. »

s'expliquer de ce qu'ils pensent de tant de belles maximes[100]. *Quoy? n'en ont-ils point assez dit? que peuvent-ils dire ny penser de pis sur ce sujet? Enfin dira-t-on avec eux*, que c'est une grande misere de s'asservir de telle sorte aux paroles, que ce soin prejudicie à l'expression de nos pensées, & que pour éviter une diction mauvaise ou douteuse, on soit contraint de renoncer aux meilleures conceptions du monde, & d'abandonner ce qu'on a de meilleur dans l'esprit[101], *& mille autres choses semblables qui sont importunes à rapporter. Il faut donc que ces Messieurs ayent perdu ou supprimé leurs plus belles conceptions dans ces Ouvrages qu'ils ont faits contre mes Remarques, puis qu'ils ont eu grand soin de n'y mettre point de mauvais mots, en quoy il se voit que leur pratique ne s'accorde pas avec leur* **[ĩ iv** v°**]** *theorie. Qui a jamais oüy dire, que la pureté du langage nous empesche d'exprimer nos pensées? les deux plus eloquens hommes qui furent jamais, & dont le langage estoit si pur, Demosthene & Ciceron, n'ont-ils donc laissé à la posterité que leurs plus mauvaises pensées, parce que cette scrupuleuse & ridicule pureté, à laquelle ils s'attachoient trop, les a empeschez de nous donner les bonnes*[102] *?*

*Ce qui a trompé ces Messieurs, c'est qu'ils ont confondu deux choses bien differentes, & qui toutefois sont bien aisees à distinguer, l'*Usage public, *&* le caprice des particuliers[103]. *A la verité, de ne vouloir pas dire que* quelque chose s'abbat, *(je ne rapporte icy que leurs exemples) à cause de l'allusion ou de l'equivoque qu'il fait avec* le Sabbat des Sorciers, *ny se servir du mot de* pendant, *à cause* d'un pendant d'espée, *& plusieurs autres semblables, j'avoüe*

---

100 *Cf.* La Mothe Le Vayer (1638 : 38-39) : « Je n'oserois m'expliquer en François de ce que je pense de tant de belles maximes, les termes de Ciceron serviront pour m'excuser de m'y estre tant arresté, ne l'aiant fait, sinon, *ut huius infantiæ garrulam disciplinam contemneremus* [Lib. 2. *Rhet. ad Herenn.*]. Il parle de la sorte en un endroit où il se moque de ceus qui craignoient tant de tomber dans le vice d'ambiguité, et d'amphibologie, qu'ils faisoient mesme difficulté de prononcer nettement leur nom. »

101 *Cf.* La Mothe Le Vayer (1638 : 20-21) : « Aussi faut-il avoüer, que comme c'est une chose fort à estimer, selon nostre discours precedent, de n'user point de termes reprehensibles, c'est d'un autre costé une grande misere de s'y asservir de telle sorte, que ce soin prejudicie à l'expression de nos pensées. Il y en a qui plustost que d'emploier une diction tant soit peu douteuse, renonceroient à la meilleure de leurs conceptions ; la crainte de dire une mauvaise parole leur fait abandonner volontairement ce qu'ils ont de meilleur dans l'esprit ; & il se trouve à la fin que pour ne commettre point de vice, ils se sont élongnez [*sic*] de toute vertu. »

102 La Mothe Le Vayer note que même Démosthène et Cicéron, qu'il cite comme modèles, ne furent pas exempts de « la rigueur de beaucoup de Censeurs » (1638 : 177).

103 Dans ses *Lettres* (1669 : 482), La Mothe Le Vayer fera lui-même une distinction entre les sentiments particuliers de Vaugelas, qu'il critique, et ceux de l'Académie « qui ne peut estre jamais trop estimée ».

que cela est ridicule, & digne des epithetes & de la bile de ces Messieurs[104]*. Mais il en faut demeurer là ; car de passer de la fantaisie d'un particulier à ce que l'Usage a estably, & de blasmer également l'un & l'autre, c'est ne sçavoir pas la difference qu'il y a entre ces deux choses. Par exemple, ils se plaignent de ce qu'on n'oseroit plus dire* face *pour* visage, *si ce n'est en certaines phrases consacrées*[105] *; Est-ce une chose digne de risée, comme ils la nomment en triomphant sur ce mot, de se soûmettre à l'Usage en cela, comme en tout le reste ? c'est veritablement une chose digne de risée, qu'on ait commencé à s'en abstenir par une raison si ridicule, & si impertinente, que celle que tout le monde sçait, & que ces Messieurs expriment, & l'on en peut dire autant de* Poitrine *& de quelques autres ; mais cette raison quoy qu'extravagante & insupportable a fait neantmoins qu'on s'est abstenu de le dire & de l'escrire, & que par cette discontinuation,* **(õ r°)** *qui dure depuis plusieurs années, l'Usage enfin l'a mis hors d'usage pour ce regard ; de sorte qu'en mesme temps que je condamne la raison pour laquelle on nous a osté ce mot dans cette signification, je ne laisse pas de m'en abstenir, & de dire hardiment qu'il le faut faire, sur peine de passer pour un homme qui ne sçait pas sa langue, & qui peche contre son premier principe qui est l'Usage.*

Il est vray qu'il y a de certains mots, qui ne sont pas encore absolument condamnez, ny generalement approuvez, comme au surplus, affectueusement, à present, aucunefois, *& plusieurs autres semblables*[106]*. Je ne voudrois pas blasmer ceux qui s'en servent ; mais il est tousjours plus seur de s'en abstenir, puis qu'aussi bien on s'en peut passer, & faire des volumes entiers tres-excellens sans cela. Ces Messieurs pour grossir leurs plaintes, & rendre leur party plus plausible, alleguent encore certains autres mots, dont je n'ay jamais oüy faire de scrupule, tant s'en faut que je les aye ouy condamner, comme ces adverbes,* aujourd'huy, soigneusement, generalement[107] ; *Cela m'a surpris. Il ne se faut jamais faire des chimeres pour les combattre.*

Pour ce qui est de ces deux mots, veneration *&* souveraineté, *où ils triomphent aussi, il est vray que M. Coëffeteau n'a jamais voulu user de l'un ny de l'autre ; mais a tousjours dit* souveraine puissance, *pour* souveraineté, *&*

104 *Cf.* La Mothe Le Vayer (1638 : 31). Pour le commentaire manuscrit de Vaugelas sur ce point, voir notre note 277 sur *Tandis*, *R*p. 64-65.

105 Voir « *Poitrine, Face* », *R*p. 60.

106 *Cf.* La Mothe Le Vayer (1638 : 36). *Au surplus* (*R*p. 388-389) et *à present* (*R*p. 224) sont traités dans les *Remarques*, mais les observations sur *affectueusement* et *aucunefois* ne furent publiées que dans les *Nouvelles Remarques* par Alemand. Dans ce texte Vaugelas censure les deux termes : *affectueusement* « ne vaut rien » (Vaugelas 1690 : 504) et *aucunesfois* [*sic*] « commence à sentir le vieux & le rance » (1690 : 436).

107 Il n'est pas donc surprenant que Vaugelas ne consacre pas de remarques à ces questions.

avoir en grande reverence, *pour* avoir en grande veneration[108]. *Neantmoins de son temps il n'y a eu que luy, qui ait eu ce scrupule, en quoy il n'a pas esté loüé, ny suivy. L'un & l'autre sont fort bons, & particulierement* veneration, *que j'aymerois mieux dire que* reverence, *quoy qu'excellent en la phrase que j'ay rapportée. Pour* souveraineté, *il y a des endroits dans le genre* (*õ* v°) *sublime, où* souveraine puissance, *seroit beaucoup plus elegant que* souveraineté[109].

Voilà quant aux mots. *Leurs plaintes ne sont pas plus justes pour* les phrases[110]. *Ils ne peuvent*[111] *souffrir qu'on s'assujettisse à celles qui sont de la langue, & nous accusent de la rendre pauvre sur ce mauvais fondement que nous posons,* disent-ils, *que ce qui est bien dit d'une sorte,* ce sont leurs termes, *est par consequent mauvais de l'autre*[112]. *Il est indubitable que chaque langue a ses phrases, & que l'essence, la richesse, & la beauté de toutes les langues, & de l'elocution, consistent principalement à se servir de ces phrases-là. Ce n'est pas qu'on n'en puisse faire quelquefois, comme j'ay*[113] *dit dans mes Remarques, au lieu qu'il n'est jamais permis de faire des mots*[114]*; mais il y faut bien des precautions, entre lesquelles celle-cy est la principale, que ce ne soit pas quand*

---

108 *Cf.* La Mothe Le Vayer (1638 : 37-38). *Veneration* est noté dans les dictionnaires du siècle de Cotgrave (1611) à l'Académie (1694), et il y a une trentaine d'occurrences de son usage dans Frantext pour la période 1600-1647 (consultation février-octobre 2016) ; si l'on n'en trouve aucun exemple dans l'*Histoire romaine* de Coeffeteau, il y en a quelques-uns dans ses *Œuvres* (*sans une veneration religieuse* (1622 : 634) ; *avec un respect extreme, & une veneration toute particuliere* (1622 : 951)). Quant à *souveraineté*, le mot est également attesté dans les dictionnaires du siècle et il y en a plus de soixante-dix exemples dans Frantext pour la période 1600-1647. Ce terme est également absent de l'*Histoire romaine*, où Coeffeteau se sert plutôt de *souveraine puissance* (par ex. 1621 : I, 2, 6, 150, etc.), mais il y en a un exemple unique dans ses *Œuvres* (1622 : 315) : *& comme un rayon de sa souveraineté.*

109 Il y des observations sur ces deux termes dans le manuscrit (f° 86v°, 2r°), mais elles n'apparaissent pas dans la version publiée. La remarque sur *souveraineté* est courte : « *Souueraineté* p.483 Mal. Iamais M. Coeff. ne s'en sert. Il escrit tousiours *souueraine puissance* » (f° 86v°). Celle sur *Veneration* se trouve au début du manuscrit (f° 2r°) avant le commencement de la lettre A au feuillet 4. Le coin de la page est déchiré et la remarque contient par conséquent des lacunes : « *Veneration* est un mot dont [...] tousiours escrit *reuerence* comme plus franç[...] latin. Ainsi il a dit *auoir les choses sacrees en vne* [...]*rence,* et non pas *veneration.* Je n'ay pas encore bien rem[...] Amyot en use, et i'ay quelque opinion que non, parce que M Coeff. [...] rendoit grand imitateur d'Amyot. Il me semble qu'auiourd'huy il est beau et bon ; et qu'il exprime mieux ce qu'il signifie que reuerence qui est equiuoque. »

110 Expressions.

111 Dans l'original : *peuvennt.*

112 *Cf.* La Mothe Le Vayer (1638 : 37).

113 Dans l'original : *j ay.*

114 Voir *R*p. 122-123, 501, 569.

l'autre phrase qui est en usage approche fort de celle que vous inventez. Par exemple, on dit d'ordinaire lever les yeux au ciel, *(je n'allegue que les exemples de ces Messieurs*[115]*) c'est parler François que de parler ainsi ; neantmoins comme ils croyent qu'il est tousjours vray, que ce qui est bien dit d'une façon n'est pas mauvais de l'autre, ils trouvent bon de dire aussi* élever les yeux vers le ciel, *& pensent enrichir nostre langue d'une nouvelle phrase ; mais au lieu de l'enrichir, ils la corrompent ; car son genie veut que l'on die* levez, *& non pas* élevez les yeux, au ciel, *& non pas* vers le ciel[116]. *Ils s'escrient encore, que si nous en sommes creus,* Dieu ne sera plus supplié, *mais* seulement prié. *Je soustiens avec tous ceux qui sçavent nostre langue, que* supplier Dieu *n'est point parler François, & qu'il faut dire absolument* prier Dieu, *sans s'amuser à raisonner contre l'Usage, qui le veut ainsi*[117]. (*õ ij* r°) Quitter l'envie *pour* perdre l'envie, *ne vaut rien non plus*[118].

Je ne me suis servy que de leurs exemples ; mais pour fortifier encore cette verité, qu'il n'est pas permis de faire ainsi des phrases, je n'en allegueray qu'une, qui est que l'on dit abonder en son sens, *& non pas* abonder en son sentiment, *quoy que* sens *&* sentiment *ne soient icy qu'une mesme chose, & ainsi d'une infinité d'autres, ou plustost de toute la langue, dont on sapperoit les fondemens, si cette façon de l'enrichir estoit recevable*[119].

Enfin ils finissent leurs plaintes par ces mots, qu'il n'en faut pas davantage pour vous convaincre, que vous n'estes pas dans la pureté du beau langage, que de vous servir d'une diction qui entre dans le stile d'un Notaire[120] : *Les termes de l'art sont tousjours fort bons & fort bien receus dans l'estenduë de leur jurisdiction, où les autres ne vaudroient rien ; & le plus habile Notaire de Paris se rendroit ridicule, & perdroit toute sa pratique, s'il se mettoit dans l'esprit de changer son stile, & ses phrases pour prendre celles de nos meilleurs Escrivains ; Mais aussi que diroit-on d'eux*

115 *Cf.* La Mothe Le Vayer (1638 : 36-37).

116 Voir *R*p. 486-487.

117 Voir *R*p. 221.

118 Vaugelas ne revient pas sur cette expression dans les observations. Cette expression, employée par Pierre Corneille dans le *Cid*, a été déjà critiquée par Georges Scudéry dans ses *Observations sur le Cid* : « Il falloit dire sans perdre l'envie, ce mot de quitter n'est pas en son lieu » (cité d'après Frantext).

119 Ces expressions ne sont pas traitées non plus dans les observations. *Abonder en son sentiment* n'est pas attesté dans Frantext pour la période 1600-1647, tandis qu'il y a des occurrences d'*abonder en son sens* chez Charron (1601), Bérulle (1623), Bailly (1634) et Rotrou (1639).

120 *Cf.* La Mothe Le Vayer (1638 : 38). Sur l'attitude de Vaugelas envers les termes techniques, voir l'Introduction, p. 70, 98-99.

s'ils escrivoient, Iceluy[121], jaçoit que[122], ores que[123], pour & à icelle fin[124], *& cent autres semblables que les Notaires employent ? Ce n'est pas pourtant une consequence, comme ces Messieurs nous la veulent faire faire, que toutes les dictions qui entrent dans le stile d'un*[125] *Notaire, soient mauvaises ; au contraire, la pluspart sont bonnes, mais on peut dire sans blesser une profession si necessaire dans le monde, que beaucoup de gens usent de certains termes, qui sentent le stile de Notaire, & qui dans les actes publics sont tres-bons, mais qui ne valent rien ailleurs.*

X. I. Response à l'objection qu'on peut faire contre ces Remarques, sur le changement de l'Usage. 2. que ces Remarques contiennent beaucoup de principes, ou de maximes de nostre langue, qui ne sont point sujettes au changement.

[*I.*] *On m'objectera, que puis que l'Usage est le maistre de* **[õ ij v°]** *nostre langue, & que de plus il est changeant, comme il se voit par plusieurs de mes Remarques, & par l'experience publique, ces Remarques ne pourront donc pas servir long temps, parce que ce qui est bon maintenant, sera mauvais dans quelques années, & ce qui est mauvais sera bon*[126]. *Je respons, & j'avouë, que c'est la destinée de toutes les langues vivantes, d'estre sujettes au changement ; mais ce changement n'arrive pas si à*[127] *coup, & n'est pas si notable, que les Autheurs qui excellent aujourd'huy en la langue, ne soient encore infiniment estimez d'icy à vingt-cinq ou trente ans, comme nous en avons un exemple illustre*

121 Le commentaire dans le manuscrit (f° 53r°, 54v°) sur *Iceluy, icelle* ne fut pas publié dans les *Remarques*, mais il est repris par Alemand dans les *Nouvelles Remarques* (Vaugelas 1690 : 244-246). La décision de ne pas publier la remarque reflète le changement de l'usage de ces pronoms pendant la première moitié du siècle ; si Maupas (1618 : f° 73r°) continue à les décrire sans commentaire, Oudin (1640 : 124) observe que « personne ne s'en sert plus gueres », si ce n'est en « matiere de Justice ». Le déclin sensible de l'usage est attesté par Frantext : pour la première décennie du siècle (1600-1609) on trouve 97 attestations (fréquence / mille mots : 0,05), tandis que pour la décennie 1630-1639 il n'y en a que 19 (fréquence / mille mots : 0,008).

122 *Cf.* Oudin (1640 : 304) : « *Jaçoit que*, ne se doit plus escrire ». Le déclin dans l'usage est encore plus net dans ce cas : tandis qu'on trouve 192 exemples pour la décennie 1600-1609, pour la décennie 1630-1639 il n'y en a que 9.

123 Oudin (1640 : 305) ne fait pas de commentaire sur son usage, mais note simplement qu'« il faut escrire *or que* ». L'usage de cette expression est déjà faible dans les textes de Frantext pour la première décennie du siècle (6 attestations), et en 1630-1639 il n'y a qu'un seul exemple chez d'Aubigné, mort en 1630.

124 Voir *R*p. 532.

125 Dans l'original : *d un*.

126 Sur l'attitude de Vaugelas envers le changement linguistique, voir l'Introduction, p. 36.

127 Dans l'original : *a*.

en M. Coëffeteau, qui conserve tousjours le rang glorieux qu'il s'est acquis par sa Traduction de Florus, & par son Histoire Romaine[128] *; quoy qu'il y ait quelques mots & quelques façons de parler, qui florissoient alors, & qui depuis sont tombées comme les feüilles des arbres*[129]. *Et quelle gloire n'a point encore Amyot*[130] *depuis tant d'années, quoy qu'il y ait un si grand changement dans le langage ? quelle obligation ne luy a point nostre langue, n'y ayant jamais eu personne, qui en ayt mieux sceu le genie*[131] *& le caractere que luy, ny qui ait usé de mots, ny de phrases si naturellement Françoises, sans aucun meslange des façons de parler des Provinces, qui corrompent tous les jours la pureté du vray langage François. Tous ses magazins & tous ses thresors sont dans les Œuvres de ce grand homme, & encore aujourd'huy nous n'avons gueres de façons de parler nobles & magnifiques, qu'il ne nous ait laissées ; & bien que nous ayons retranché la moitié de ses phrases & de ses mots, nous ne laissons pas de trouver dans l'autre moitié presque toutes les richesses dont nous nous vantons, & dont nous faisons parade. Aussi semble-t-il disputer le prix de l'eloquence Historique avec son* (**õ *iij* r°**) *Autheur, & faire douter à ceux qui sçavent parfaitement la langue Grecque & la Françoise, s'il a accreu ou diminué l'honneur de Plutarque en le traduisant*[132].

Que si l'on avoit esgard à ce changement, en vain on travailleroit aux Grammaires & aux Dictionnaires des langues vivantes, *& il n'y auroit point de Nation qui eust le courage d'escrire en sa langue, ny de la cultiver, ny nous n'aurions pas aujourd'huy ces Ouvrages merveilleux des Grecs & des Latins, puis que leur langue en ce temps là n'estoit pas moins changeante que la nostre, & que les autres vulgaires, tesmoin Horace,*

---

128 Coeffeteau (1615, 1621). Sur l'autorité de Coeffeteau dans les *Remarques*, voir l'Introduction, p. 61-62 et Ayres-Bennett (2007b). Voir aussi notre note 2012 sur la remarque « *Comme ainsi soit* » (*R*p. 469*).

129 Vaugelas fait allusion à Horace, *Art poétique*, v. 60-61 : *Ut silvae foliis pronos mutantur in annos, / prima cadunt, ita verborum vetus interit aetas* (« Les forêts changent de feuilles à mesure que l'année décline, et les premières tombent : ainsi meurent les vieilles générations de mots », traduction de Fr. Richard, Paris, Garnier, 1944). Ces deux vers sont également cités par Alemand dans un de ses commentaires dans les *Nouvelles Remarques* (Vaugelas 1690 : 364).

130 Amyot est surtout admiré comme traducteur de Plutarque, et notamment pour sa traduction des *Vies des hommes illustres grecs et romains* (1613 [[1]1559]) et des *Œuvres morales et meslees de Plutarque* (1587 [[1]1572]) ; voir l'Introduction, p. 61, et Ayres-Bennett (2007b).

131 Sur le concept du « génie de la langue », voir Siouffi (2010) et Ayres-Bennett et Seijido (2011a : 80-82).

132 Sur l'importance de la traduction dans l'œuvre de Vaugelas, voir l'Introduction 1.2. Les traductions sont très souvent citées par les remarqueurs pour illustrer l'usage, voir Ayres-Bennett et Seijido 2011a : 245-247.

Multa renascentur quæ jam cecidere, &c.[133]

Mais quand ces Remarques ne serviroient que vingt-cinq ou trente ans, ne seroient-elles pas bien employées ? & si elles estoient comme elles eussent peu estre, si un meilleur ouvrier que moy y eust mis la main ; combien de personnes en pourroient-elles profiter durant ce temps-là ? Et toutefois je ne demeure pas d'accord, que toute leur utilité soit bornée d'un si petit espace de temps, non seulement parce qu'il n'y a nulle proportion entre ce qui se change, & ce qui demeure dans le cours de vingt-cinq ou trente années, le changement n'arrivant pas à la milliesme partie de ce qui demeure ; 2. mais à cause que je pose des principes qui n'auront pas moins de durée que nostre langue & nostre Empire ; Car il sera tousjours vray qu'il y aura un bon & un mauvais Usage, que le mauvais sera composé de la pluralité des voix, & le bon de la plus saine partie de la Cour, & des Escrivains du temps ; qu'il faudra tousjours parler & escrire selon l'Usage qui se forme de la Cour & des Autheurs, & que lors qu'il sera douteux ou inconnu, il en faudra croire les maistres de la langue, & les meilleurs Escrivains[134]. **[*õ iij* v°]** *Ce sont des maximes à ne changer jamais, & qui pourront servir à la posterité de mesme qu'à ceux qui vivent aujourd'huy, & quand on changera quelque chose de l'Usage que j'ay remarqué, ce sera encore selon ces mesmes Remarques que l'on parlera & que l'on escrira autrement, pour ce regard, que ces Remarques ne portent. Il sera tousjours vray aussi, que les Reigles que je donne pour la netteté du langage ou du stile subsisteront, sans jamais recevoir de changement. Outre qu'en la construction Grammaticale les changemens y sont beaucoup moins frequens qu'aux mots & aux phrases.*

A tout ce qui je viens de dire en faveur de mes Remarques contre le changement de l'Usage, un de nos Maistres[135] *ajouste encore une raison, qui ne peut pas venir d'un esprit, ny d'une suffisance vulgaire. Il soustient que quand une langue a nombre & cadence en ses periodes, comme la Françoise l'a maintenant, elle est en sa perfection, & qu'estant venuë à ce point, on en peut donner des*

---

133 Horace, *Art poétique*, v. 70-72 : *Multa renascentur quae jam cecidere, cadentque / quae nunc sunt in honore vocabula, si volet usus, / quem penes arbitrium est et jus et norma loquendi.* (« Beaucoup [de mots] renaîtront, qui ont aujourd'hui disparu, beaucoup tomberont, qui sont actuellement en honneur, si l'exige l'usage, ce maître absolu, légitime, régulier de la langue », traduction de Fr. Richard, Paris, Garnier, 1944.)

134 Au début du XVIIIe siècle, Claude Buffier (1709 : 22) propose de substituer dans la définition de Vaugelas l'expression *le plus grand nombre* à celle de *la plus saine partie*. Sur l'histoire du concept du *bon usage* après Vaugelas, voir, par exemple, Ayres-Bennett et Seijido (2013).

135 Clef de Conrart : « Je croy q[ue] c'est M. Chapelain ».

reigles certaines, qui dureront tousjours[136]. *Il appuye son opinion sur l'exemple de la langue Latine, & dit que les reigles que Ciceron a observées, & toutes les dictions & toutes les phrases dont il s'est servy, estoient aussi bonnes & aussi estimées du temps de Seneque, que quatre-vingts ou cent ans auparavant, quoy que du temps de Seneque on ne parlast pas comme au siecle de Ciceron, & que la langue fust extremement descheuë. Mais comme il se rencontre en cela beaucoup de difficultez, qui demandent une longue discussion, il n'appartient qu'à l'Autheur d'une erudition si exquise de les desmesler, & d'en avoir toute la gloire. Pour moy, c'est assez qu'il m'ait permis d'en toucher un mot en passant, & d'attacher cette piece comme un ornement à ma Preface.*

XI. S'il est vray que l'on puisse quelquefois faire des mots.

Mais puis que j'ay resolu de traiter à fond toute la matiere [õ ***iv*** r°] *de l'Usage, il faut voir s'il est vray, comme quelques-uns le croyent*[137], *qu'il y ait de certains mots qui n'ont jamais esté dits, & qui neantmoins ont quelquefois bonne grace; mais que tout consiste à les bien placer. En voicy un exemple d'un des plus beaux & des plus ingenieux esprits de nostre siecle*[138], *à qui il devroit bien estre permis d'inventer au moins quelques mots, puis qu'il est si fertile & si heureux à inventer tant de belles choses en toutes sortes de sujets, entre lesquels il y en a un d'une invention admirable, où il a dit,*

Dedale n'avoit pas de ses rames plumeuses
Encore traversé les ondes escumeuses.

Il a fait ce mot Plumeuses, *qui n'a jamais esté dit en nostre langue*[139]; *il est vray que ce n'est pas un mot tout entier, mais seulement allongé, puis que*

136 Les théoriciens du XVIe siècle tels que Geoffroy Tory, Joachim Du Bellay et Pierre de la Ramée (Ramus) expriment la conviction que le français n'atteindra le prestige et la stabilité du latin et du grec que s'il est doté de règles fixes ou « certaines ». Pierre de la Ramée dans l'épître de sa grammaire de 1562 soutient par exemple que le français a besoin de « la loe [loi] dę bien parler ».

137 Vaugelas semble reprendre ici sa réponse à La Mothe Le Vayer dans ses *Considerations* où celui-ci écrit (1638 : 41) : « Or non seulement l'Eloquence est ennemie des grandes contraintes où nous portent ces vaines subtilitez, quand bien elles ne seroient pas ridicules, & injustes, comme elles le sont quasi tousjours ; mais elle fait mesmes profession d'user par fois d'un mot inusité, qui seroit ailleurs barbare, & qui ne laisse pas d'avoir tres-bonne grace, lors qu'elle l'emploie à propos, aus lieus où il possede ceste force extraordinaire d'expression, que les Grecs appellent tantost emphase, & tantost energie. »

138 Clef de Conrart : « M. Desmarests, ou M. Giry ». La citation est de Jean Desmarets de Saint-Sorlin et provient des *Amours du compas et de la règle, et ceux du soleil et de l'ombre* (Paris, Jean Camusat, 1637, p. 4).

139 Selon Marzys (2008 : 102), Vaugelas se trompe sur l'origine du mot *plumeux*. En réalité, il est attesté en ancien français et encore au XVIe siècle, mais semble être sorti de l'usage

d'un mot receu plume, *il a fait* plumeux, *suivant le conseil du Poëte, dont nous avons desja parlé,*

Licuit, semperque licebit, &c.[140]

Et certainement il l'a si bien placé, que s'il en faut recevoir quelqu'un, celuy-cy merite son passeport. Mais avec tout cela je me contente de ne point blasmer ceux, qui ont ces belles hardiesses, sans les vouloir imiter, ny les conseiller aux autres, nostre langue les souffrant moins que langue du monde, & estant certain qu'on ne les sçauroit si bien mettre en œuvre, que la plus part ne les condamnent. Il n'est permis à qui que ce soit de faire de nouveaux mots, non pas mesme au Souverain ; de sorte que M. Pomponius Marcellus eut raison de reprendre Tibere d'en avoir fait un, & de dire qu'il pouvoit bien donner le droit de Bourgeoisie Romaine aux hommes, mais non pas aux mots, son authorité ne s'estendant pas jusques là[141]*. Ce n'est pas qu'il ne soit vray, que si quelqu'un en* [õ *iv* v°] *peut faire qui ait cours, il faut que ce soit un Souverain, ou un Favory, ou un principal Ministre, non pas que de soy pas un des trois ayt ce pouvoir, comme nous venons de dire avec ce Grammairien Romain ; mais cela se fait par accident, à cause que ces sortes de personnes ayant inventé un mot, les Courtisans le recueillent aussi-tost, & le disent si souvent, que les autres le disent aussi à leur imitation ; tellement qu'enfin il s'establit dans l'Usage, & est entendu de tout le monde ; Car puis qu'on ne parle que pour estre entendu, & qu'un mot nouveau, quoy que fait par un Souverain, n'en est pas d'abord mieux entendu pour cela, il s'ensuit qu'il est aussi peu de mise & de service en son commencement, que si le dernier homme*

à l'époque de Vaugelas ; sa dernière occurrence relevée au XVIIe siècle par Frantext date de 1608. Marzys juge qu'il n'est donc pas étonnant que Vaugelas, l'ayant trouvé dans une œuvre de 1637, le considère comme une création de l'auteur (2008 : 108). Notons que le terme est attesté en 1611 dans le dictionnaire de Cotgrave.

140 Horace, *Art poétique*, v. 58-59 : *Licuit semperque licebit / signatum praesente nota producere nomen.* (« On a toujours eu, on aura toujours la liberté de mettre en circulation un mot marqué au coin de l'année », traduction de Fr. Richard, Paris, Garnier, 1944). À la page *R*569, où Vaugelas cite les mêmes vers, sa position est plus rigide et il maintient « qu'il n'est jamais permis de faire de nouveaux mots, nonobstant cet oracle Latin ».

141 « Tu peux donner le droit de cité à des hommes, mais pas à un mot » (Vacher 1993 : 22). Ce deuxième exemple de l'attitude puriste de Pomponius Marcellus suit l'anecdote concernant Cassius Sévérus (voir ci-dessus, Préface IX.3 (p. 243). Comme le note Hélène Merlin (1994 : 384-385), cette anecdote sur Tibère se trouve chez Amyot, et se retrouve sous toutes les plumes, puristes ou non-puristes, y compris celles de La Mothe Le Vayer dans ses *Considerations* (1638 : 20) et de Bouhours dans ses *Doutes* (1674 : 51). Voir aussi Merlin-Kajman (2011a) et Kibbee (2014).

de ses Estats l'avoit fait[142]. *Enfin j'ay oüy dire à un grand homme*[143], *qu'il est justement des mots, comme des modes. Les Sages ne se hazardent jamais à faire ny l'un ny l'autre ; mais si quelque temeraire, ou quelque bizarre, pour ne luy pas donner un autre nom, en veut bien prendre le hazard, & qu'il soit si heureux qu'un mot, ou qu'une mode qu'il aura inventée, luy reüssisse ; alors les Sages qui sçavent qu'il faut parler & s'habiller comme les autres*[144], *suivent non pas, à le bien prendre, ce que le temeraire a inventé ; mais ce que l'Usage a receu, & la bizarrerie est égale de vouloir faire des mots & des modes, ou de ne les vouloir pas recevoir apres l'approbation publique. Il n'est donc pas vray qu'il soit permis de faire des mots, si ce n'est qu'on veuïlle dire, que ce que les Sages ne doivent jamais faire, soit permis. Cela s'entend des mots entiers ; car pour les mots allongez ou derivez, c'est autre chose, on les souffre quelquefois, comme j'ay dit, suivant le sens d'Horace, & le bel exemple que j'en ay donné.*

XII. I. Pourquoy l'Autheur n'a point voulu observer d'ordre en ces Remarques. 2. qu'il y a grande difference entre un meslange de diverses choses & une confusion[145].

[*I.*] *Peut-estre qu'on*[146] *trouvera estrange, que je n'aye observé* (**ũ r°**) *aucun ordre en ces Remarques, n'y ayant rien de si beau ny de si necessaire que l'ordre en toutes choses ; mais n'est-il pas vray que si j'eusse observé celuy qu'on appelle Alphabetique, on eust esté content ? Et la Table ne le fait-elle pas ? & encore avec plus d'avantage, puis que non seulement elle reduit à l'ordre de l'Alphabet tout le texte des Remarques, qui est tout ce qu'on eust demandé ; mais aussi toutes les choses principales qu'elles contiennent, qui est ce qu'on n'auroit pas eu sans la table. Outre que cét ordre Alphabetique ne produit de soy autre chose, que de faire trouver les matieres plus promptement ; c'est pourquoy il a tousjours esté estimé le dernier de tous les ordres, qui ne contribuë rien à l'intelligence des matieres que l'on traite ; Et de fait pour en donner un exemple tout visible, entendroit-on mieux la remarque que je fais sur ce mot*

142 Vaugelas fait ici un commentaire intéressant sur la façon dont les néologismes se diffusent dans l'usage. L'influence linguistique de Madame de Rambouillet dans le milieu des salons explique peut-être en partie l'attitude indulgente de Vaugelas envers le mot *debrutaliser* (voir *R*p. 492).

143 La Clef de Conrart n'offre pas d'informations sur l'identité de ce « grand homme ».

144 Le parallélisme établi entre la mode vestimentaire et le langage est un topos de notre période et confirme la dimension « livre de courtoisie » de l'ouvrage de Vaugelas. Notre remarqueur prêche ici en faveur d'une sorte de conformisme linguistique.

145 Pour une discussion de la présentation adoptée par Vaugelas, voir l'Introduction, 5.1.

146 Dans l'original : *qu on*.

amour[147], *& celle que je fais sur la preposition* avec[148], *s'ils estoient tous deux rangez sous une mesme lettre ? ont-ils quelque chose de commun ensemble, si ce n'est de commencer par une mesme lettre, qui n'est rien ?*

Mais on me dira, qu'il y avoit une autre espece d'ordre à garder plus raisonnable & plus utile, qui estoit de ranger toutes ces Remarques sous les neuf parties de l'Oraison, & de mettre ensemble premierement les articles, puis les noms, puis les pronoms, les verbes, les participes, les adverbes, les prepositions, les conjonctions, & les interjections[149]. *Je respons que je ne nie pas que cét ordre ne soit bon, & si l'on juge qu'il soit plus commode ou plus profitable au Lecteur, il ne sera pas mal aisé par une seconde table, & par une seconde impression d'y reduire ces Remarques, quoy que pour en parler sainement, il ne serviroit qu'à ceux qui sçavent la langue latine, & par consequent toutes les parties de la Grammaire*[150] *; car pour les autres* **[ũ v°]** *qui n'ayant point estudié ne sçauront ce que c'est que de toutes les parties de l'Oraison, tant s'en faut que cét ordre leur agreast ny leur donnast aucun avantage, qu'il pourroit les effaroucher, & leur faire croire qu'ils n'y comprendroient rien, quoy qu'en effet elles soient, ce me semble, conceuës d'une sorte, que les femmes & tous ceux qui n'ont nulle teinture de la langue Latine en peuvent tirer du profit. C'est pourquoy j'y ay meslé beaucoup moins d'erudition que la matiere n'en eust pû souffrir, & encore a-ce*[151] *esté par l'avis de mes amis, & d'une façon que le Latin, ny le Grec ne troublent point le François. Et certainement si j'avois eu à faire une Grammaire, je confesse que je ne l'aurois deu ny peu faire autrement, que dans l'ordre des parties de l'Oraison, à cause de la dependance qu'elles ont l'une de l'autre par un certain ordre fondé dans la nature, & non point arrivé par hazard, comme Scaliger le Pere l'a admirablement demonstré*[152].

Mais comme je n'ay eu dessein que de faire des Remarques, qui sont toutes destachées l'une de l'autre, & dont l'intelligence ne depend nullement, ny de celles

147 Voir *R*p. 389-390.

148 Voir *R*p. 311-315.

149 Cet ordre est celui adopté par Maupas dans sa grammaire (1618). Oudin (1640), d'autre part, inclut la discussion des participes dans la section sur les verbes, et traite des conjonctions avant les prépositions. Les grammaires de l'époque commencent d'habitude avec une section sur la prononciation.

150 Sur l'assimilation du contenu des *Remarques* dans d'autres types d'ouvrages métalinguistiques, voir Ayres-Bennett et Seijido (2011b).

151 Dans l'original : *à-ce*.

152 Jules César Scaliger, auteur d'une grammaire latine spéculative, *De causis linguae latinae libri tredecim* (Lyon, S. Gryphius, 1540) ; *cf.* ci-dessus p. 49-50.

qui precedent, ny de celles qui suivent, la liaison n'y eust servy que d'embarras, & j'eusse bien pris de la peine pour rendre mon travail moins agreable, & moins utile ; car il est certain que cette continuelle diversité de matieres recrée l'esprit, & le rend plus capable de ce qu'on luy propose, sur tout quand la briefveté y est jointe, comme icy, & qu'on est asseuré que chaque Remarque fait son effet.

[2.] *Apres tout, il y a une certaine confusion qui a ses charmes, aussi bien que l'ordre ; toutefois je ne tiens pas que ce soit une confusion qu'un meslange de diverses choses, dont chacune subsiste separement.* **(*ũ ij* r°)**

J'ay eu encore une autre raison qui m'a obligé de n'observer point d'ordre, je ne la veux point dissimuler. C'est que n'ayant pas achevé ces Remarques, quand ceux qui ont tout pouvoir sur moy[153]*, m'ont fait commencer à les mettre sous la presse, j'ay eu moyen d'en ajouster tousjours de nouvelles, ce que je n'eusse pû faire si j'eusse suivy l'un des deux ordres, dont je viens de parler ; Mais certainement quand tout auroit esté achevé, je n'aurois pas laissé de les donner avec cét agreable meslange, pour les raisons que j'ay dites.*

XIII. I D'où vient qu'il n'y a point de faute corrigée dans ces Remarques, qui ne soit attribuée à quelque bon Autheur. 2. En combien de façons differentes il peut arriver aux meilleurs Autheurs de faire des fautes. 3. le moyen absolument necessaire dont les Autheurs se doivent servir pour ne faire point de faute, ou[154] plutost pour n'en gueres faire. 4. Comment il faut user des avis de ceux que l'on consulte.

[*I.*] *On m'objectera encore que toutes les fautes que je remarque, je les attribuë à nos bons Autheurs, & qu'ainsi il n'y en a donc point selon moy qui en soit exent*[155] *! Je l'avouë avec tout le respect qui leur est deu, & je ne crois pas, que comme ce sont tous d'excellens hommes, il y en ait un seul qui pretende, s'il est encore vivant, ou qui ait pretendu s'il ne l'est plus, d'estre impeccable en cette matiere, non plus qu'aux autres, ce seroit leur faire grand tort de penser qu'ils eussent ce sentiment d'eux mesmes :*

---

153 L'allusion n'est pas claire. S'agit-il de Pierre Séguier auquel le livre est dédié ou d'autres membres de l'Académie pour qui la publication des *Remarques* représenterait une preuve tangible de l'engagement de l'Académie ?

154 Dans l'original : où.

155 *Cf.* La Mothe Le Vayer (1638 : 48) : « Mais comme personne sans folie ne trouvera le Soleil moins beau à cause de ces nouvelles remarques, je ne croy pas non plus qu'un homme de bon sens voulust condamner un œuvre de grande recommandation, pour ce qu'on y auroit trouvé quelque diction à redire. »

Magni homines sunt, homines tamen[156]

[2.] *Les uns pechent en se servant d'une locution* du mauvais Usage, *croyant qu'elle soit* du bon, *& c'est la faute la plus ordinaire qui se commette ; les autres, comme j'ay dit, par une certaine inclination qu'ils ont à user de certains mots, & de certaines phrases, que tous les autres desapprouvent ; ou bien par une aversion qu'ils ont pour d'autres mots, ou d'autres termes qui sont bons, & que tout le monde approuve ; les autres par negligence ; les autres pour ne sçavoir pas tous les secrets de la langue ; car qui se peut vanter de les sçavoir ? Et les autres par une authorité qu'ils croyent que leur reputation leur a acquise, s'attachent, comme j'ay dit, à leur propre sentiment* **[*ũ ij* v°]** *contre l'opinion commune*[157]. *3 C'est pourquoy j'ay*[158] *tousjours creu, qu'il n'y avoit point de meilleur remede pour ne point faire de faute, ou plustost pour n'en gueres faire, que de communiquer ce que l'on escrit, avant que de le mettre au jour*[159]. *Mais quand je dis* communiquer, *je l'entends de la bonne sorte, que ce soit pour chercher la censure & non pas la loüange, quoy qu'il soit également juste de donner & de recevoir l'un & l'autre quand ils sont bien fondez. Il est vray que pour cela il faut s'adresser à des personnes intelligentes & fidelles, & les prier avec autant de sincerité, qu'ils en doivent avoir à dire franchement leur avis ; car que sert de dissimuler ? il y a encore plus de gens qui donnent leur avis avec franchise, qu'il n'y en a qui le demandent de cette sorte. Je ne voudrois pas que le Censeur oüyst lire ; mais qu'il leust luy mesme ; la censure des yeux comme chacun sçait, estant bien plus exacte & plus asseurée que celle de l'oreille, à qui il est tres-aisé d'imposer, ny qu'on leust en compagnie ; mais chacun à part. 4. Et quand ceux que j'aurois*

156 Vaugelas fait référence ici à l'*Institution oratoire* de Quintilien (X, 1, 24-25) : *Neque id statim legenti persuasum sit, omnia quae summi auctores dixerint utique esse perfecta. Nam et labuntur aliquando et oneri cedunt et indulgent ingeniorum suorum voluptati, nec semper intendunt animum, nonnumquam fatigantur, cum Ciceroni dormitare interim Demosthenes, Horatio vero etiam Homerus ipse videatur. Summi enim sunt, homines tamen* [...] (« Il ne faut pas d'ailleurs que le lecteur soit persuadé que tout ce qu'ont dit les meilleurs auteurs soit toujours parfait. Ils bronchent parfois, et ils cèdent sous le poids, et ils ont de la complaisance pour ce qui charme leur inclination, et ils relâchent par moments leur effort, et donnent quelquefois des signes de fatigue, puisque, d'après Cicéron, Démosthène sommeille parfois, ainsi qu'Homère lui-même, d'après Horace. Pour grands qu'ils soient en effet, ce sont des hommes » (traduction de Jean Cousin, 1979, p. 77). Comme c'est souvent le cas à l'époque, la citation, faite probablement de mémoire, est approximative.

157 Nous voyons ici l'émergence de l'idée de « langue commune » qui est surtout représentée dans le dictionnaire de l'Académie de 1694. Voir Branca-Rosoff, Fournier, Grinshpun et Régent-Susini (2011).

158 Dans l'original : *j ay*.

159 Sur la circulation des remarques avant leur publication, voir l'Introduction, p. 21-22.

consultez me diroient leur avis, si je voyois qu'ils eussent raison de me reprendre, je passerois franchement condamnation ; car un homme du mestier, s'il n'est bien preoccupé & aveuglé de l'amour propre, connoist aussitost s'il a tort ; que si l'on croit avoir la raison de son costé, il ne la faut pas abandonner par une lasche complaisance, mais s'enquerir d'autres personnes capables, & si plusieurs nous condamnent, quelque bonne opinion que nous ayons de nostre sentiment, il y faut renoncer & se sousmettre à celuy d'autruy. C'est comme j'en ay usé dans ces Remarques ; car encore que j'aye esté tres-fidelle & tres-religieux à rapporter la verité, c'est à dire à ne decider jamais aucun doute, qu'apres avoir verifié avec des soins & des perquisitions (***ũ iij*** r°) *extraordinaires, que c'estoit le sentiment & l'Usage de la Cour, des bons Autheurs, & des gens sçavans en la langue, & que d'ailleurs je serois coupable d'une lasche imposture envers le public, de vouloir faire passer mes opinions particulieres, si j'en avois, au lieu des opinions generales & receuës aux trois tribunaux qui je viens de nommer ; si est-ce que je n'ay pas laissé de communiquer ces observations à diverses personnes, qui possedent en un haut degré les deux qualitez que j'ay dites. Les uns en ont veu une partie, les autres une autre ; mais il y en a trois qui ont pris la peine de les voir toutes, & qui au milieu de leur doctes occupations, ou de leurs plus grandes affaires, n'ayant point d'heure qui ne leur soit precieuse, ont bien voulu en donner plusieurs à l'examen de ce Livre*[160].

XIV. I. Que ce n'est pas de son chef, que celuy qui a fait ces Remarques reprend les Autheurs, qu'il ne fait que rapporter la censure generale. 2. qu'aucun de ceux qui est repris, mort ou vivant n'est nommé dans ces Remarques. 3. que neantmoins l'Autheur des Remarques ne reprend aucune faute, qui ne se trouve dans de bons ouvrages. 4. Que c'est une verité & non pas une vanité de dire, qu'il n'y a personne qui ne puisse profiter de ces Remarques.

Mais pour revenir aux Autheurs que ces Remarques reprennent, le Lecteur se souviendra s'il luy plaist, de ce que je suis contraint de repeter plusieurs fois I. que ce n'est point de mon chef que je prens la liberté de reprendre ces excellens hommes ; mais que je rapporte simplement le bon Usage, *où je ne contribuë rien, si ce n'est de faire voir qu'un bon Autheur y a manqué, & qu'il ne le faut pas suivre. 2. Au reste dans ces reprehensions, je ne nomme ny ne designe jamais*

160 Clef de Conrart : « M. Chapelain, M. Patru, advocat, & celuy qui écrit cecy ». Ménage (1675 : 117) note également dans ses observations que « M. de Vaugelas me fesoit l'honneur de me communiquer ses Remarques devant que de les envoyer à son Imprimeur : mais il ne me fesoit pas tousjours celui de déférer à mes sentimens ».

aucun Autheur, ny mort, ny vivant[161] *; En servant le public je ne voudrois pas nuire aux particuliers que j'honore. 3. Mais aussi il ne faut pas croire que je me forge des fantosmes pour les combattre, je ne reprens pas une seule faute qui ne se trouve dans un bon Escrivain, & quelquefois en laissant la faute je change les mots, pour empescher qu'on ne connoisse l'Autheur.* [4.] *Aussi ces Remarques ne sont pas faites contre les fautes grossieres, qui se commettent dans les Provinces,* **[ũ iij v°]** *ou dans la lie du peuple de Paris ; elles sont presque toutes choisies & telles, que je puis dire sans vanité, puis que ce n'est pas moy qui prononce ces Arrests, mais qui les rapporte seulement, qu'il n'y a personne à la Cour, ny aucun bon Escrivain, qui n'y puisse apprendre quelque chose, & que comme j'ay dit, qu'il n'y en avoit point qui ne fist quelque faute, il n'y en a point aussi qui n'y trouve à profiter. Moy-mesme qui les ay faites, ay plus de besoin que personne, comme plus sujet à faillir, de les relire souvent, & mon Livre est sans doute beaucoup plus sçavant que moy*[162] *; car il faut que je redise encore une fois, que ce n'est pas de mon fonds, que je fais ce present au public ; mais que c'est le fonds* de l'Usage, *s'il faut ainsi dire, que je distribue dans ces Remarques.*

XV. I Qu'il n'y a que les morts qu'on loüe, qui sont nommez dans ces Remarques, & qu'on ne fait que designer les vivans. 2 qu'on n'y a point affecté la loüange de certaines personnes, si le sujet ne les a presentées. 3. Pourquoy les Autheurs anciens & modernes sont traitez differemment dans ces Remarques.

I Je nomme les morts quand je les loue, mais non pas les personnes vivantes, de peur de leur attirer de l'envie, ou de passer pour flateur ; je me contente de les designer, & quoy que ce soit d'une façon qu'on ne laisse pas de les reconnoistre à travers ce voile, il sert tousjours à soulager leur pudeur, & à rendre la loüange moins suspecte & de meilleure grace.

---

161 Sur la politique de citation employée par les remarqueurs, voir Ayres-Bennett et Seijido (2011a : 233-235).

162 Pour une analyse des différences entre l'usage de Vaugelas dans ses traductions et l'usage conseillé dans les remarques, voir Ayres-Bennett (1987a). Les successeurs de Vaugelas n'hésitent pas à signaler les contradictions entre ce qu'il recommande et ce qu'il écrit lui-même. Dupleix (1651 : 187), par exemple, critique ce passage : *selon l'ordre de la Grammaire et du sens commun, sur qui la Grammaire est fondée* (*R*p. 307). Il observe « Car il faloit dire, *sur lequel*, et non pas *sur qui* : parce que le relatif qui ne doit estre jamais employé en aucun cas qu'au seul nominatif, quand on parle de quelque chose que ce soit animée ou inanimée, autre que des personnes : ainsi que l'Auteur mesme le prescrit en termes exprez en deux de ses Remarques : l'une sous ce titré *Qui en certains cas*, *etc.* pag. 55. l'autre, sous ce titre *lequel*, *laquelle*, page II8. ».

2 Il m'importe aussi que l'on sçache, que je n'ay[163] *point affecté la loüange de certaines personnes particulieres ; mais parlé seulement de celles, qui se sont comme presentées devant moy, ou qui sont comme nées dans mon sujet, & que je ne pouvois non plus refuser, qu'appeller les autres, qui n'y avoient que faire. Ceux qui y prendront garde, verront que je n'ay point mendié ces occasions, & que je n'ay fait que les recevoir.*

3 J'ay traité differemment les Autheurs anciens, & ceux de nostre temps, pour observer moy-mesme ce que je recommende tant aux autres, qui est de suivre l'Usage. Par exemple, [*ũ iv* r°] *je dis tousjours* Amyot, *& tousjours* M. Coëffeteau, *&* M. de Malherbe, *quoy qu'Amyot ait esté Evesque aussi bien que M. Coëffeteau : Car puis que tout le monde dit & escrit* Amyot, *& que l'on parle ainsi de tous ceux qui n'ont pas esté de nostre temps, ce seroit parler contre l'Usage, de mettre* Monsieur *devant ; mais pour ceux que nous avons veus, & dont la memoire est encore toute fraische parmy nous, comme M. Coeffeteau, & M. de Malherbe, nous ne les sçaurions nommer autrement, ny en parlant ny en escrivant, que comme nous avions accoustumé de les nommer durant leur vie, & ainsi je me suis conformé en l'un & en l'autre à nostre Usage.*

Au reste il y avoit beaucoup d'autres choses, dont je pouvois enrichir cette Preface, qui eust esté un champ bien ample à un homme eloquent pour acquerir de l'honneur ; Car premierement que n'eust-il point dit de l'excellence de la parole, ou prononcée, ou escrite, & des merveilles de l'eloquence, dont la pureté & la netteté du langage sont les fondemens ? N'eust-il pas fait voir que les plus belles pensées & les plus grandes actions des hommes mourroient avec eux, si les Escrivains ne les rendoient immortelles ; mais que ce divin pouvoir n'est donné qu'à ceux qui escrivent excellemment, puis qu'il se faut sçavoir immortaliser soy mesme pour immortaliser les autres, & qu'il n'est point de plus courte vie, que celle d'un mauvais livre ? Apres, descendant du general au particulier de nostre langue, ne l'eust-il pas considerée en tous les estats differens où elle a esté ? N'eust-il pas dit depuis quel temps elle a commencé à sortir comme d'un Caos, & à se deffaire de la barbarie, qui l'a tenuë durant tant de siecles dans les tenebres, sans qu'elle nous ait laissé aucun monument des memorables [*ũ iv* v°] *actions de nos Gaulois, que nous n'avons sçeües que par nos ennemis*[164] *? Il est vray que nous pou-*

163 Dans l'original : *n ay.*

164 À la différence de Ménage qui se focalise sur une chronologie plus vaste dans ses observations (voir Bonhomme et Horak 2013), Vaugelas se limite dans ses *Remarques* à l'étude de l'histoire récente du français.

vons dire, que ces glorieux tesmoignages sortis d'une bouche ennemie, sont plus certains, & que ces grands hommes avoient tant de soin de bien faire, qu'ils ne se soucioient gueres de bien parler, ny de bien escrire. N'eust-il pas representé nostre langue comme en son berceau, ne faisant encore que begayer, & en suite son progrés, & comme ses divers âges, jusqu'à ce qu'en fin elle est parvenue à ce comble de perfection, où nous la voyons aujourd'huy ? Il eust bien osé la faire entrer en comparaison avec les plus parfaites langues du monde, & luy faire pretendre plusieurs avantages sur les vulgaires les plus estimées. Il luy eust osté l'ignominie de la pauvreté, qu'on luy reproche, & parmy tant de moyens qu'il eust eu de faire paroistre ses richesses, il eust employé les Traductions des plus belles pieces de l'Antiquité, où nos François égalent souvent leurs Autheurs, & quelquefois les surpassent. Les Florus, les Tacites, les Cicerons mesme, & tant d'autres sont contraints de l'avoüer[165]*, & le grand Tertullien s'estonne*[166]*, que par les charmes de nostre eloquence on ayt sceu transformer ses rochers & ses espines en des jardins delicieux*[167]*. Il ne faut donc plus accuser nostre langue, mais nostre genie ou plustost nostre paresse, & nostre peu de courage, si nous ne faisons rien de semblable à ces chef-d'œuvres, qui ont survescu tant de siecles, & donné tant d'admiration à la posterité. Apres cela il eust encore fait voir, qu'il n'y a jamais eu de langue, où l'on ait escrit plus purement & plus nettement qu'en la nostre, qui soit plus ennemie des equivoques & de toute sorte d'obscurité, plus grave & plus douce tout ensemble, plus propre pour toutes sortes de stiles, plus chaste en ses locutions, plus judicieuse en ses figures, qui aime plus l'elegance* **(*ã ã* r°)** *& l'ornement, mais qui craigne plus l'affectation. Il eust fait voir,*

---

165 Vaugelas fait de nouveau référence au rôle de la traduction dans l'élaboration du français et cite les traductions qui lui ont servi de modèles telles que l'*Histoire romaine de Lucius Annaeus Florus* traduite par Coeffeteau (1615), les *Annales* de Tacite traduites par Perrot d'Ablancourt (1640) et les *Huit Oraisons de Cicéron* traduites par Du Ryer, Giry, Patru et Perrot d'Ablancourt (1638).

166 La traduction de l'*Apologétique, ou Défense des chrestiens, contre les accusations des gentils* de Tertullien faite par Louis Giry fut publiée en 1636.

167 Coski (2011 : 99) observe que l'expression « rochers et épines » rappelle l'expression « ronces et épines » utilisée par Du Bellay dans sa *Deffense et illustration de la langue françoyse*, qui emploie également la métaphore du jardinage. Coski note toutefois que la transformation décrite par les deux auteurs est différente : tandis que chez Du Bellay les « ronces et épines » représentent le point de départ pour une transformation de la langue française, chez Vaugelas les « rochers et épines » représentent l'impact du français sur d'autres cultures. De plus, pour Du Bellay l'idée d'Eden est encore un horizon à atteindre dans le futur, tandis que pour Vaugelas la langue française a déjà atteint un état de perfection. De fait, tout ce passage contient de nombreuses allusions à Du Bellay.

comme elle sçait temperer ses hardiesses avec la pudeur & la retenuë qu'il faut avoir, pour ne pas donner dans ces figures monstrueuses, où donnent aujourd'huy nos voisins degenerans de l'eloquence de leurs Peres[168]. *En fin il eust fait voir, qu'il n'y en a point qui observe plus le nombre & la cadence dans ses periodes, que la nostre ; en quoy consiste la veritable marque de la perfection des langues. Il n'eust pas oublié l'Eloge de cette illustre Compagnie qui doit estre comme le Palladium de nostre langue, pour la conserver dans tous ses avantages & dans ce florissant estat où elle est, & qui doit servir comme de digue contre le torrent du mauvais Usage, qui gaigne tousjours si l'on ne s'y oppose*[169]. *Mais comme toutes ces belles matieres veulent estre traitées à plein fond, & avec apparat, il y auroit eu de quoy faire un juste volume, plustost qu'une Preface. La gloire en est reservée toute entiere à une personne qui medite depuis quelque temps nostre Rhetorique, & à qui rien ne manque pour executer un si grand dessein ; Car on peut dire qu'il a esté nourry & elevé dans Athenes, & dans Rome, comme dans Paris, & que tout ce qu'il y a eu d'excellens hommes dans ces trois fameuses villes a formé son eloquence. C'est celuy que j'ay voulu designer ailleurs, quand je l'ay nommé l'un des grands ornemens du Barreau, aussi-bien que de l'Academie, & que j'ay dit, que sa langue & sa plume sont également eloquentes. C'est celuy qui doit estre ce Quintilien François*[170], *que j'ay souhaité à la fin de mes Remarques*[171]. *Le sçachant j'aurois esté bien temeraire de m'engager dans cette entreprise, qui d'ailleurs surpasse mes forces, & demande plus de loisir que je n'en ay. Outre que ces choses, quoy qu'excellentes & rares,* **[*ã ã* v°]** *ne sont pas neantmons si peu connuës, ny si necessaires à mon sujet, que celles que j'ay dites de l'Usage, sans lesquelles mes Remarques ne sçauroient estre bien entendues, ny par consequent faire l'effet que je me suis proposé pour l'utilité publique, & pour l'honneur de nostre langue.*

---

168 Notons que Vaugelas met l'accent sur la modération et l'importance d'éviter l'artifice. Au reste, à la différence de ses successeurs, il s'intéresse relativement peu au bon usage des figures de rhétorique dans ses observations.

169 *Cf.* Statut 24 de l'Académie Française qui décrit sa mission en des termes similaires : « La principale fonction de l'Académie sera de travailler avec tout le soin et toute la diligence possibles à donner des règles certaines à notre langue et à la rendre pure, éloquente et capable de traiter les arts et les sciences » (http://www.academie-francaise.fr/sites/academie-francaise.fr/files/statuts_af.pdf).

170 Clef de Conrart : « M. Patru, Advocat ». Comme le note Chassang (1880 : I, 49), cet ouvrage sur la rhétorique n'a été publié ni séparément ni dans le recueil des *Œuvres diverses* de Patru.

171 *Rp.* 593.

Fautes d'Impression

On a marqué seulement les fautes, qui peuvent gaster le sens, ou estre attribuées à l'Autheur, soit par la negligence de l'Imprimeur, soit par le defaut de l'Autheur mesme, qui apres avoir releu son Ouvrage, depuis qu'il a esté imprimé, y a corrigé de certains endroits.

Par tout où il y a *les autres deux*, ou *les autres trois*, lisez *les deux autres*, *les trois autres*. Par tout où il y a *Ethymologie*, *ethymologiste*, lisez *etymologie*, *etymologiste*. Par tout où il y a *dyphthongue*, lisez *diphtongue*. Par tout où il y a *de mesmes*, lisez *de mesme*. p. 4 l. 18. parlé, *lisez* parler. p. 8. l. 11. parlé, *lisez* parler. p. 43. l. derniere, *par exemple*, *ostez* ces deux mots. p. 47. l. 4. *ostez* neantmoins. En la mesme ligne, ne laisse pas de, *lisez* ne laisse pas neantmoins de. p. 76. l. 21. soldat, *lisez* vaisseau. Ibid. l. 22. *ostez* mal. p. 81. l. 15. *ostez* pas. p. 104. l. 22. rabouteuse, *lisez* raboteuse. p. 107. l. 21. ἀλλήλον, *lisez* ἄλληλον. p. 108. l. 4. ἀλλήλον, *lisez* ἄλληλον. p. 112. l. 11. *ostez* le. p. 152. l. 15. ποίειν, *lisez* ποιείν. p. 183 l. 7. & 8. mangé, *lisez* manger. p. 195. l. 19. si il, *lisez* s'il. p. 204. l. 4. pas un seul mot venant, *lisez* presque point de mots venans. p. 212. l. 20[172]. prise, *lisez* pris. p. 237. l. 8. ὁμοιοτέλευτα, *lisez* ὁμοιωτέλευτα. p. 303. l. 20. est, *lisez* c'est. p. 313. l[173]. 2. parce, *lisez* parce que. p. 319. l. 5. de, *lisez* du. p. 343. l. 18. on le peut estre encore par, *lisez* on peut encore estre trompé par. p. 385. l. 21. equipollent, *lisez* equipolant. p. 386. l. 9. d'articles, *lisez* d'article. p. 397. l. 17. c'est, *lisez* ce sont. p. 417. l. 18. operæ prætium, *lisez* operæ-pretium. p. 429. qui n'est pas marquée du chiffre, l. 5. l'un, *lisez* l'on. p. 445. l. 4. *ostez* bien. p. 449. l. 3. & falloit, *lisez* & qu'il falloit[174]. p. 461. l. 5. recevoir, *lisez* prendre. p. 483. *bis*. l. 14. cueillir, *lisez* cueiller. p. 484. l. 19. & quoy, *lisez* quoy. p. 489. l. 21 has, *lisez* hanc. p. 490. l. 25. il ne le soit, *lisez* on ne l'imite. p. 493. l. 4. qui est, *lisez* qu'est. p. 513. l. 21. ont esté, *lisez* ont point esté. p. 527. l. 14. *ostez* le. Ibid. fait, *lisez* fait absynthe. p. 537. l. penult, temps, *lisez* temps aussi bien qu'insulte, comme. p. 553. l. 1 *ostez* y. p. 555. l. 2. qu'un, *lisez* que. Ibid. de ceux qui y, *lisez* lors qu'il. Ibid. l. 3 estoient, *lisez* opinoit. p. 573. l. 3. faisons, *lisez* faisions. p. 585. l. 14. donner, *lisez* donné.

---

172 Dans cette liste nous avons systématiquement fait usage du point après les chiffres.

173 Nous avons également eu recours au même procédé graphique quant à l'usage des points après l servant d'abréviation pour ligne.

174 Un point final a été ajouté aux items de la liste où il en manquait pour harmoniser les entrées.

On n'a pas marqué les autres fautes qui s'y peuvent rencontrer, comme un *c* pour un *e*, ou un *e* pour un *c*, une *f*, pour une *s*, ou une *s* pour une f, une *n* pour un *u*, ou un *u* pour une *n*, une *r* pour un *t*, ou un *t* pour une *r*. Il sera aisé au Lecteur de suppléer à ce defaut qui sera corrigé avec les autres dans une seconde impression plus exacte[175].

[*ã ã ij* r°]*S'il se trouve qu'en cét Ouvrage l'Autheur n'observe pas tousjours ses propres Remarques, il declare que c'est sa faute ou celle de l'Imprimeur, & qu'il s'en faut tenir à la Remarque, & non pas à la façon dont l'Autheur en aura usé contre sa Remarque, ou dont l'Imprimeur aura corrompu la copie.*

On sçaura aussi que les noms que l'Autheur allegue comme Latins, quoy que de personnes d'autres Nations, comme Cyrus, Crœsus, Pyrrhus, Porus, &c. *ne laissent pas de passer pour des mots Latins, puis que les Latins les ont naturalisez, & leur ont donné cette terminaison. Les François en ont fait de mesme*[176].

En la page 175. *l.* 13. *traitant des preterits qui se composent des participes passifs, il y a ces mots :* Notez que participes & preterits ne sont icy qu'une mesme chose. *L'Autheur a appris que plusieurs ne comprenoient pas comme il se peut faire, qu'en aucun lieu les participes & les preterits ne soient qu'une mesme chose ; mais il l'esclaircit par un seul exemple, qui fait voir qu'il est indifferent d'appeller participe ou preterit, ce qu'il veut faire passer icy pour une mesme chose. Quand il dit* icy, *il entend parler des preterits composez des participes passifs seulement, & jamais des autres ; car qui ne sçait que le verbe à qui le preterit appartient, & le participe sont deux parties de l'Oraison toutes distinctes ? Voicy l'exemple ;* Quant aux preterits composez, lors que le nom auquel ils se rapportent, les precede, ils, *c'est à dire,* les preterits, doivent estre du mesme genre & du mesme nombre que le nom. *Le voicy de l'autre façon ;* Quant aux preterits composez, lors que le nom les precede, les participes doivent estre du mesme genre & du mesme nombre que le nom. *Qui ne voit qu'il est indifferent en cét exemple de mettre* preterits *ou* participes, *& que de-là il s'ensuit, que participes & preterits ne sont donc* icy *qu'une mesme chose ? Et comme dans la Remarque tres-ample que l'Autheur en a faite, il se pouvoit faire qu'il nommeroit tantost preterit & tantost participe, ce qui en effet n'est icy qu'une mesme chose, il avoit creu bien faire d'en avertir le Lecteur au commencement, de peur que cela ne l'embarrassast. Mais puis que l'Autheur s'est apperceu que sa trop grande precaution a fait un effet*

175 Nous avons corrigé les coquilles de ce type dans le texte tout en ajoutant une note qui en donne la version originale.

176 *Cf. R*p. 67.

tout contraire, il ostera cette pierre d'achoppement à la premiere impression, & cependant [*ã ã ij* v°] *il a esté obligé de faire voir que ce qu'il a dit est vray, & qu'il a eu raison de le dire ainsi.*

En la page 39. *l.* 17. *il y a ces mots,* Il est mal-aisé de juger d'où vient cette façon de parler, *sortir son effet. L'Autheur a appris depuis qu'elle venoit de* sortiri effectum ; *ce qu'il n'avoit peu s'imaginer, parce qu'il n'y a pas un bon Autheur Latin, qui l'ait jamais dit. Et de fait Robert Estienne dans son thresor de la langue Latine, qui est si copieux, met huit usages differens de ce verbe* sortiri, *sans faire aucune mention de* sortiri effectum[177]. *Il ne se trouve que dans le Code en la loy unique* Si de momentanea possessione fuerit appellatum, *où il y a,* lata sententia sortitur effectum[178] ; *mais c'est du Latin barbare de Tribonien*[179]*, ou du siecle d'Arcadius*[180]. *On ne le verra jamais dans le Digeste*[181]*, ny dans les endroits du Code, qui n'ont point esté corrompus, apres avoir esté tirez des anciens Jurisconsultes. Au lieu de* sortiri effectum, *ils disent tousjours avec tous ceux qui ont bien parlé Latin,* habere effectum, obtinere effectum, perduci ad effectum. *Ce n'est pas que l'Autheur veüille dire que* sortir son effet, *ne vienne de* sortiri effectum, *pour barbare que soit la phrase.*

En la page 333. *il y a une Remarque intitulée* Se condouloir ; *l'Autheur dit que cette façon de parler est bonne. Elle l'est encore dans plusieurs excellens Autheurs modernes ; mais à la Cour, elle n'est plus en usage ; on dit* s'affliger avec quelqu'un, *ou* faire compliment à quelqu'un sur, &c.[182]

177 *Dictionarium, seu Latinae linguae thesaurus*, Paris, R. Estienne, 1531.

178 Cette citation se trouve au livre VII, titre LXIX des *Douze Livres du code de l'Empereur Justinien*.

179 Juriste byzantin, mort en 542, qui a joué un rôle fondamental dans la constitution du *Code Justinien*.

180 Flavius Arcadius fut le premier empereur romain d'Orient (395-408).

181 Le *Digeste*, ou les *Pandectes*, est un recueil de passages repris aux œuvres des jurisconsultes romains de l'époque classique, compilé sur l'ordre de l'empereur Justinien (527-565).

182 Cet ajout semble confirmer l'affirmation de Vaugelas selon laquelle il a continué à travailler sur les remarques jusqu'à la dernière minute avant la publication. Cette attitude explique peut-être pourquoi sa traduction de Quinte-Curce n'a jamais été publiée de son vivant.

REMARQUES SUR LA LANGUE FRANÇOISE

Heros, heroïne, heroïque[1]

En ce mot *Heros*, la lettre *h*, est aspirée, & non pas müette, c'est à dire que l'on dit *le heros*, & non pas *l'heros*, contre la reigle generale, qui veut que tous les mots François qui commencent par *h*, & qui viennent du Latin, où il y a aussi une *h*, au commencement, n'aspirent point leur *h*[2]. Par exemple *honneur* vient d'*honor* ; on dit donc *l'honneur*, & non pas *le honneur* : *heure* vient d'*hora* ; on dit donc *l'heure*, & non pas *la heure*, & ainsi des autres. Par cette reigle il faudroit dire *l'heros*, & non pas *le heros*, parce (2) qu'il vient du Latin qui l'escrit avec une *h*, & il n'importe pas que les Latins l'ayent pris des Grecs, il suffit que les Latins le disent ainsi, aussi bien qu'*hora*, qui est Grec & Latin tout ensemble. Neantmoins cette reigle infaillible presque en tous les autres mots souffre exception en celuy-cy, & il faut dire *le heros*. La curiosité ne sera pas peut-estre desagreable, de sçavoir d'où peut proceder cela ; car bien qu'il soit vray qu'il n'y a rien de si bizarre que l'Usage qui est le maistre des langues vivantes ; si est-ce qu'il ne laisse pas de faire beaucoup de choses avec raison, & où il n'y a point de raison comme icy, il y a quelque plaisir d'en chercher la conjecture. C'est à mon avis, que ce mot *heros*, quand on a commencé à le dire[3], n'estoit guere entendu que

---

1 Le manuscrit contient une discussion générale sur ce sujet, comprenant également la question de savoir comment différencier l'*h aspiré* de l'*h muet* (voir *R*p. 198-201), mais le cas particulier de la prononciation de *heros, heroïne, heroïque*, donné ici comme exception à la règle générale, n'y est pas traité. Dans notre corpus de grammaires pour la période 1530-1650 (Colombat, Fournier et Ayres-Bennett 2011), on trouve également des passages sur la prononciation du 'h', mais aucun ne portant sur la prononciation de ces trois mots. Le *Dictionnaire* de l'Académie de 1694 confirme que le *h* de *heros* s'aspire, tandis que celui de *heroïne* et de *heroïque* ne s'aspire pas.

2 Pour la période 1600-1647, on ne trouve dans Frantext qu'un seul exemple de *l'heros* (Schélandre 1608) et quatre exemples de *cet heros*, tandis qu'il y a 26 occurrences de *le* / *ce heros*.

3 Le premier exemple attesté date du XIVe siècle (*TLFi*).

des sçavans, & parce qu'il a une grande ressemblance avec *heraut*, qui est un mot de tout temps fort usité, on a pris aisément l'un pour l'autre : Ainsi tout le monde ayant accoustumé de prononcer *le heraut*, & non pas *l'heraut*, il y a grande apparence que ceux qui ne sçavoient pas ce que c'estoit que *heros*, & qui faisoient sans doute le plus grand nombre, ont pris le change, & ont prononcé *heros*[4] comme *heraut*, croyant que ce n'estoit qu'une mesme chose, ou qu'il luy ressembloit si fort, qu'il n'y falloit point mettre de difference pour (3) la prononciation. Et de fait il se trouve des gens, qui parlant du *Heros* d'un Roman, ou d'un Poëme heroïque, l'appellent *le heraut*. Ce qui confirme fort cette conjecture, c'est qu'*heroïne* & *heroïque*, se prononcent d'une façon toute contraire, & comme l'on dit *le heros*, on dit *l'heroïne*, & *l'heroïque*, la mesme lettre *h*, estant aspirée en *heros*, & müette en *heroïne* & *heroïque*. Cette contrarieté si estrange procede apparemment de ce que la ressemblance que *heraut* a avec *heros*, ne s'est pas rencontrée avec *heroïne*, & *heroïque*, qui d'ailleurs n'ont point d'autres mots qui leur ressemblent, ausquels l'*h*, soit aspirée, comme le mot de *heraut* ressemble à celuy de *heros*.

Il s'est rencontré encore une chose assez plaisante pour authoriser la prononciation irreguliere de *heros* ; c'est qu'au pluriel, si on le prononçoit selon la reigle, & que l'on ne fist pas l'*h*, aspirante, on feroit une fascheuse & ridicule equivoque, & il n'y auroit point de difference entre ces deux prononciations, *les heros* de l'Antiquité & *les zeros* de chiffre[5].

Periode[6]

Ce mot est masculin quand il signifie le plus haut point, ou la fin de quelque chose, comme *Monté au periode de la gloire* ; *jusqu'au* (4) *dernier periode de sa vie*, Mais il est feminin quand il veut dire une partie de l'oraison qui a son sens tout complet *Une belle periode, des periodes nombreuses*[7].

---

4 Dans l'original : *heres.*

5 La même justification pour l'aspiration non étymologique est fournie par le *TLFi*.

6 La remarque manuscrite (f° 72r°) est presque identique au texte publié à l'exception que les deux dernières phrases du texte manuscrit sont retirées de la version publiée : « Neantmoins tous deux sont mots grecs, qui en leur langue ont mesme origine, mesme sens et mesme genre. Mais l'Vsage les distingue en nostre langue. »

7 Cette distinction est déjà notée par Maupas (1618 : f° 48v°) et Oudin (1640 : 87) et confirmée, à la fin du siècle, par Richelet (1680), Furetière (1690) et l'Académie (1694). En ce qui concerne l'usage dans Frantext pour la période 1620-1647, quand ce mot a le

Quelque[8]

Ce mot est quelquefois adverbe, & par consequent indeclinable. Il signifie alors *environ.* Il ne faut donc point y ajouster d'*s*, quand il est joint avec des pluriels, comme il faut dire, *Ils estoient quelque cinq cens hommes*, & non pas *quelques cinq cens* : car là il n'est point pronom, mais adverbe.

Ce qu'il vous plaira[9]

Il faut dire ainsi, & non pas, *ce qui vous plaira*, & pour preuve, mettons un pluriel devant & disons, *Je vous rendray tous les honneurs qu'il vous plaira*, personne ne doute que ce ne soit bien parler[10], & toutefois si au lieu de *qu'il*, nous mettions *qui*, comme font plusieurs, & de nos meilleurs Escrivains, il est certain qu'il faudroit dire, *Je vous rendray tous les honneurs qui vous plairont*, ce qui seroit ridicule[11]. On dit, *ce qu'il vous plaira*, parce qu'on y sous-entend des paroles, que l'on supprime par

---

sens grammatical, le genre féminin est universel. Si l'usage du genre masculin domine pour les autres significations de ce terme (par ex. *Quand nous possedions ce genereux Monarque, nous disions que la bonne fortune de la France estoit en son periode* (Racan 1632), *ceux qui sont au dernier periode de leur vie* (Sorel 1623)), on trouve cependant des exemples de l'usage au féminin quand le mot a le sens de « espace de temps, durée» (par ex. *jugeant que j'estois à la derniere periode de ma patience* (Camus 1625)), emploi déjà attesté dans le *Dictionnaire du Moyen Français (1330-1500)*, voir www.atilf.fr/dmf/).

8 La version manuscrite (f° 75v°) est légèrement remaniée dans la version publiée, mais le contenu demeure identique. Cette question n'est traitée dans aucune des grammaires de notre corpus (1530-1650). On trouve quelques exemples de l'usage critiqué par Vaugelas dans Frantext, par ex. *quelques trois mois aprés* (Aubigné 1630), *il y peut avoir quelques huit jours* (Corneille 1632) ; voir aussi Haase (1935 : 103-105).

9 Un ajout marginal dans le manuscrit n'est pas inclus dans le texte publié : « Car ce *qu'il* est composé comme chacun sçait, de *que* et de *Il*, et ce *que* là est un Accusatif regi par le uerbe qui est sous-entendu, et le secõd *que* qui est au commencement de ces trois mots *que ie* ~~*nous rende*~~ <*face*> n'est pas un Pronom qui se decline, ni qui soit regi d'aucun uerbe, mais une conionction appellee *quòd* en Latin auec l'accent pour le distinguer du pronom relatif. Et quand on dit *qu'il die ce qu'il luy plaira*, s'entend *de dire.* » (f° 75r°). Vaugelas choisit probablement de supprimer l'explication qui s'appuyait sur les termes de la grammaire formelle et la référence au latin pour alléger la lecture de la remarque pour son lectorat.

10 Dans l'original : parlé (*Fautes d'impression*).

11 L'hésitation sur l'orthographe correcte vient dans ce cas du fait que la prononciation de *qui* et de *qu'il* est identique au XVIIe siècle jusque dans la prononciation soutenue. Le raisonnement de Vaugelas est tout de même fallacieux, car *je ferai tout ce qui vous plaira* est tout à fait grammatical puisqu'on peut dire *quelque chose me plaît.* Dans Frantext (1620-1647), les exemples de *ce qu'il vous plaira* dominent (par ex. *Vous ferez, Monsieur, ce qu'il vous plaira* (Balzac 1627), *commandez tout ce qu'il vous plaira*), mais on y trouve quelques

élegance, comme quand je dis, *Je vous rendray* (5) *tous les honneurs qu'il vous plaira*, il y faut sous-entendre ces mots, *que je vous rende*. Et ainsi en tous les autres endroits où l'on se sert de cette façon de parler, *Je fais tout ce qu'il vous plaist*, on sous-entend, *que je face* ; car outre qu'il est plus elegant de le supprimer, il seroit importun d'y ajouster tousjours cette queuë dans un usage si frequent, qu'est celuy de ce terme de courtoisie & de civilité.

Propreté, & non pas *Proprieté*[12]

Proprieté est bon pour signifier le *proprietas* des Latins ; mais il ne vaut rien pour dire, *le soin que l'on a de la netteté, de la bien-seance, ou de l'ornement en ce qui regarde les habits, les meubles, ou quelque autre chose que ce soit*. Il faut appeller cela *propreté*, & non pas *proprieté*[13]. Et ce n'est pas seulement pour mettre de la difference entre *proprieté* & *propreté*, qui signifient deux choses si esloignées, car il est assez ordinaire en toutes

---

rares exemples de la construction critiquée par Vaugelas (*Mon contentement, et puis ce qui vous plaira* (Garasse 1623), *j'endureray que vous faciez tout ce qui vous plaira* (Sorel 1623)).

12 Dans le manuscrit Vaugelas fait mention des discussions portant sur ce sujet à la Cour, en indiquant qu'il s'agit d'une question actuelle : « C'est une question que i'ay oüy faire toute ma uie à la Court, si pour exprimer cela il falloit dire *propreté* ou *proprieté*, et tousiours il a esté resolu par ceux qui pouuoient prononcer là dessus, qu'il falloit dire *propreté* [...] » (f° 71v°). L'avant-dernière phrase du texte publié est rayée dans le manuscrit. La question est reprise dans les marges du folio 73r°, où Vaugelas rejette une autre raison alléguée par ceux qui se servent de *proprieté* pour *propreté* : « Quelques uns qui s'opiniastrent encore de dire *proprieté* pour *propreté* alleguent pour leur raison que ce mot uient du latin aussi bien que l'autre, parce, disent-ilz, qu'une chose s'appelle *propre* quand elle se trouue situee et placee dans le lieu qui lui est propre et conuenable, et par consequent qu'elle a de la proprieté quand elle est au lieu qui luy est approprié. Mais outre que cela est bien tiré par les cheueux [~~...~~] cette raison ne conuient point à l'usage ordinaire du mot, car quand ie dis un homme propre, une femme propre, comment <luy> aiousterez-uous cet epithete auec l'explication qu'ilz en font ? Certes ce seroit une synecdoche estrange et inouÿe d'appeller une femme propre, parce que tout ce qu'elle <a> ~~porte~~ de uestements sur sa personne est situé et placé au lieu qui luy est propre et conuenable. Mais il y a bien plus, c'est que ~~cette~~ <la> definition qu'ilz donnent de *propre* n'est qu'un membre seul d'entre plusieurs dont ~~la definition~~ <elle> doit <~~du propre~~> estre composee, car ilz ne font point de mention de la netteté qui neantmoins est une des parties et la principale de la Propreté, à laquelle *Netteté* la raison qu'ilz apportent ne peut conuenir en aucune façon. »

13 On trouve, par exemple, dans Frantext, *Pour ce qui est de la proprieté du mouchoir, je ne vous respon autre chose que ce que dit Montagne d'un gentil-homme qui trouvoit extremement mauvais que l'on portast sur soy les ordures de son nez empacquetees dans du linge, et qui trouvoit bien plus à propos de les jetter vistement à terre* (Sorel 1627).

langues, qu'un mesme mot signifie deux ou plusieurs choses, mais c'est parce que *proprieté* est un mot qui vient du Latin *proprietas*, au lieu que *propreté*, n'en vient point, (car *proprietas* ne signifie jamais cela) mais vient de son adjectif *propre*, qui dans la signification de *net*, d'*ajusté*, est un mot purement François, duquel adjectif se forme *propreté*, comme (6) *saleté* se forme de *sale*, & *pauvreté* de *pauvre*. Je sçay bien que quelques-uns croyent que *propre* d'où vient *propreté*, est pris du Latin *proprius* figurément, comme si l'on vouloit dire, que d'apporter à chaque chose la bien-seance qui luy est propre & convenable, a donné lieu d'appeller *propres* toutes les choses, où cette bien-seance se rencontre ; mais cela est trop subtil, & trop recherché. Quoy qu'il en soit, il est constant qu'il faut dire *propreté* en ce sens là, & non pas *proprieté*[14].

Chypre

Il faut dire *l'Isle de Chypre, la poudre de Chypre*, & non pas *l'Isle de Cypre, la poudre de Cypre*. L'Usage le veut ainsi, nonobstant son origine[15]. Je pensois que M. de Malherbe eust esté le premier qui l'eust escrit de cette sorte[16], mais j'ay trouvé que M. de Montagne dans ses Essais, ne le dit jamais autrement[17].

---

14 Cette distinction est reprise par les trois dictionnaires monolingues à la fin du siècle.

15 Une première version manuscrite de cette remarque (f° 12v°) est reprise et élaborée au folio 40r°. Dans cette dernière version Vaugelas développe quelque peu la question du rôle de l'étymologie dans le choix des formes du français actuel : « A quoy il ne sert de rien d'opposer l'ethymologie du mot, selon laquelle soit qu'on la prene du Latin ou du Grec sa premiere origine, il faudroit dire *Cypre*, car l'Vsage se mocque des Ethymologies, et il suffit qu'en parlant françois tout le monde dit *Chypre* et non pas *Cypre*. » Le terme a été emprunté au mot latin impérial *cyprios*. Sur l'attitude de Vaugelas à l'égard de l'étymologie, voir l'Introduction, p. 81, 134, 185. La remarque manuscrite se termine en établissant un parallèle avec *fronde* (voir *R*p. 25).

16 On trouve dans sa traduction du 33e livre de Tite-Live l'expression *la route de Chypre* (Malherbe 1631 : I, 453). Pour la période 1550-1647 les exemples de *Chypre/Chipre* sont beaucoup moins nombreux dans Frantext que *Cypre/Cipre*, mais il y en a des attestations chez Balzac (*poudre de Chypre* (1624), *en Chypre* (1627)), ainsi que des exemples qui datent du XVIe siècle (Vigenère 1577, Montaigne 1592).

17 Selon Frantext, on trouve dans les *Essais* de Montaigne (éd. de 1592), non seulement un exemple de *Chipre*, mais aussi *Nicocreon, tyran de Cypre* et *estoit apres à conquerir Cypre*. En ce qui concerne les lexicographes du XVIe siècle, Estienne (1549) et Nicot (1606) n'incluent que *Cypre*. Quant aux trois grands dictionnaires monolingues, Richelet (1680) cite sous « Poudres » : « *Poudre de Cipre; poudre de Chipre*. L'un et l'autre se dit, mais le prémier est le meilleur ». La variation est encore attestée chez Furetière (1690) tandis qu'on ne trouve qu'un seul exemple de *Chypre* dans le dictionnaire de l'Académie (1694, *Coton de Chypre*).

Personne[18]

Ce mot a deux significations, & deux genres differens ; & cette difference, pour estre ignorée de quelques-uns, fait qu'ils n'osent s'en servir, & qu'ils l'évitent comme un écueil, ne sçachant s'il le faut faire masculin (7) ou feminin[19]. Il signifie donc, *l'homme & la femme tout ensemble*, comme fait *homo* en Latin, & en ce sens il est tousjours feminin, & a *personnes* au pluriel, se gouvernant en tout & par tout comme les autres substantifs reguliers[20]. Par exemple, *J'ay veu la personne que vous sçavez. Il faut porter du respect aux personnes constituees en dignité, c'est une belle personne, de mauvaises personnes*[21] : Il signifie aussi le *nemo* des Latins, le *nadie* des Espagnols, & le *nissuno* des Italiens, & ce que les vieux Gaulois disoient, *nully*, c'est à dire, *nulle personne, ny homme ny femme*[22]. En ce sens il est indeclinable, &

---

18 Le dernier tiers de l'observation manuscrite (fº 48rº) est extrait mot pour mot et publié par Alemand dans une observation également intitulée *Personne* dans les *Nouvelles Remarques* (Vaugelas 1690 : 492-493). D'autre part, on note des ajouts, des omissions et un remaniement du contenu dans la version publiée du reste du texte (voir les notes ci-dessous).

19 La question de l'accord avec *personne* n'est examinée ni par Maupas ni par Oudin. Voici le commentaire de Maupas (1618 : fº 89vº-90rº) sur l'usage de *personne* : « Nulli, est comme un substantif, et rejette un autre substantif ; il signifie *Nemo*, est de commun genre avec les articles indefinis susdits. *Ce que ne voulez estre sceu ne le dites à nulli.* Les anciens en usoient plus que ne faisons à cette heure. Et en son lieu, nous disons *Personne.* Mot qui signifie bien autant que *Persona* Latin ; et lors est nom substantif feminin : mais nous l'usurpons pour *Nemo*, en fil d'oraison avec la negation *Ne* devant le verbe, ou absolu en response negative. Et en ce sens je le remets entre les pronoms, qui n'admet que les susdits articles indefinis, et seulement du nombre singulier. *Je ne connoy personne icy. Ce que je sçay je ne l'ay appris de personne. Ne fiez à personne vostre secret.* Item en interrogants propos conditionnels, et dubitatifs, qui tous-jours se reiglent à la nature des negations. Connoissez-vous personne icy ? Et en response absoluë. *Qui est au logis ? Personne.* De qui tenez-vous ce secret ? *De personne. A qui l'avez-vous ouï dire ? à personne.* »

20 Vaugelas remanie l'ordre du texte. La version manuscrite du début de la remarque est plus brève : « *Personne* se considere en deux façons, comme un substantif feminin dont on se sert […] <ainsi que> de tous les autres substantifs reguliers, et qui se dit au plurier *Personnes* […] auec l'application de l'Article defini <en tous les deux nombres>. » Le commencement du texte publié apparaît plus tard dans le manuscrit, après que Vaugelas a donné des exemples des deux usages : « Cette difference donc de *personne* qui a un double sens, pour ~~auoir esté~~ <estre> ignoree de quelques uns ~~[…]~~ <est> cause qu'ilz ~~[…]~~ <n'osent pas> s'en seruir, et qu'ilz euitent ce mot comme un escueil ne sçachants s'il le faut faire masculin ou feminin. » Il ajoute « Et ie conois un des meilleurs Escriuains de ce temps qui est de ce nombre. »

21 Les exemples cités ne sont pas identiques dans le manuscrit : « Par exemple *I'ay ueu la personne qui est uenue, Il faut porter du respect aux personnes de merite.* »

22 Dans le manuscrit, Vaugelas ne donne que la traduction du terme en ce qu'il appelle « vieux Gallois », ou ancien français. Il y fait un parallèle avec *nul* et *rien* qui ne figure

n'a point proprement de genre, ny de pluriel ; mais il se sert tousjours du genre masculin, à cause de la reigle qui veut que les mots indeclinables n'ayant point de genre de leur nature, s'associent tousjours d'un adjectif masculin, comme de celuy qui est le plus noble[23]. Par exemple on dit *Personne n'est venu*, & non pas *Personne n'est venuë.* De mesme[24] on dira parlant à un homme *Je ne vois personne si heureux que vous* & non pas *Je ne vois personne si heureuse.* Neantmoins si l'on parle à une femme, ou d'une femme on dira, *Je ne vois personne si heureuse que vous*, ou *si heureuse qu'elle*, & cela se dit ainsi eu esgard *à la femme*, & non pas eu esgard à *personne*, qui en ce lieu là n'est point feminin, comme nous avons dit, & comme (8) il se voit clairement en l'autre exemple, lors qu'en parlant à un homme on dit *Je ne vois personne si heureux que vous.* Que si l'on parle à une femme, ou d'une femme, sur quelque qualité qui soit en elle, & qui ne puisse pas estre en un homme, comme par exemple, d'une femme grosse, on est encore plus obligé d'user du feminin & de dire *Je n'ay jamais veu personne si grosse*

---

pas dans la version définitive : « Et il se considere encore comme uoulant dire le *nemo* des Latins, qui signifie ce que les uieux gaulois disoie[n]t *nully*, et que l'on dit encore *nul* (excepté que *nul* ~~[…]~~ est Adiectif et se decline comme les autres Adiectifs) ~~[…]~~ ~~que~~ <et> *personne* en ce sens là est indeclinable, et n'a point de genre ni de pluriel[+] {+ ~~qui est une marque infallible que ce n'est point un nom, n'y […] qui ne se puisse decliner auec l'Article defini. Notez que ie parle purement des noms~~.[+] comme *Rien*, qui est aussi indeclinable, et n'a ni genre ni pluriel} ».

23 Dans le manuscrit : « Par exemple on dit *Ie ne uois personne si heureux que uous* soit que l'on parle à un homme ou à une femme, et ne faut pas dire *si heureuse* parce que *personne* est feminin. Car comme nous auons dit, il n'est feminin qu'au premier sens, et non pas au second, auquel il n'a point de genre, et la Reigle est que les mots indeclinables, et qui n'ont point de genre s'associent tousiours à un Adiectif masculin comme à celuy qui est le plus noble. Les Latins se seruent tout de mesme de *nemo* encore qu'ilz parlent à une femme. On ne luy applique aussi que l'Article indefini, ~~et iamais le defini~~. Car on dit *Il ne cede a personne, il ne se soucie de personne*, et iamais l'Article defini ne luy sert. » Sur la question du genre masculin comme « le plus noble », voir l'Introduction, p. 136. Après ce passage, on passe dans le manuscrit à la phrase qui est introduite au commencement de l'observation publiée (voir note 20, p. 272). Le reste de la remarque manuscrite est différent de la version publiée où la discussion des exemples est plus élaborée. Dans le manuscrit Vaugelas offre d'abord des exemples de chaque usage : « Mais quiconque sçaura que c'est un mot equiuoque qui a deux sens differents il ne sera point en peine de la façon dont il en deura user. Il dira *I'aime cette personne parce qu'elle m'aime*, et *Ie* ~~[…]~~ *<ne loue> personne <s'il ne le merite>* ~~[…]~~ parce qu'au premier exemple le mot de *personne* y est employé au premier sens, et au second exemple au second sens. Il dira ainsi pour la mesme raison *Il ne se soucie des personnes qu'en tant qu'elle luy sont utiles*[+], et *Il ne se soucie de personne, s'il ne luy est utile*, ou *si on ne luy est utile*, ou *s'il n'en tire de l'utilité*, et non pas *si elle ne luy est utile.* » Le « + » se lie au commentaire marginal sur l'usage de Malherbe (voir note 27 ci-dessous). L'observation manuscrite se termine avec le texte qui est repris par Alemand dans les *Nouvelles Remarques.*

24 Dans l'original : De mesmes (*Fautes d'impression*).

qu'elle, & si l'on disoit *si gros qu'elle*, cela seroit estrange & ridicule. Mais apres tout, ce n'est pas encore fort bien parler[25] de dire *si grosse*, parce qu'en ces sortes d'expressions, nostre langue ne se sert pas de *personne*, mais on le dit d'une autre façon, comme *Je n'ay jamais veu de femme si grosse qu'elle.* De mesme[26] vous ne direz pas à une fille, *je ne vois personne si beau*, ny *si belle que vous*, ce n'est pas là son usage, parce que vous tirez *personne* du general, pour en faire un rapport particulier à une fille ; On dira, *Je ne vois rien de si beau que vous*, ou *je ne vois point de si belle fille que vous.* L'usage de *personne* pour *nemo*, n'est proprement que pour les choses qui regardent l'un & l'autre sexe conjointement, comme *personne n'a esté fasché de sa mort.* Icy *personne*, comprend l'homme & la femme sans les separer, & ainsi il a le genre masculin. Mais quand vous sortez du general, qui comprend les deux sexes conjointement, pour faire que *personne* se rapporte (9) particulierement à un sexe, ou à une personne seule, alors ce n'est pas le lieu d'employer *personne*, pour *nemo*.

Il y a encore une remarque à faire pour *personne*, de la premiere signification. J'ay dit qu'il est tousjours feminin, & que l'on dit *une personne*, *les personnes devotes*, *les personnes qualifiées*, & ainsi des autres ; mais aprés qu'on l'a fait feminin, on ne laisse pas de luy donner quelquefois le genre masculin, & mesmes plus elegamment que le feminin. Par exemple M. de Malherbe dit, *J'ay eu cette consolation en mes ennuis, qu'une infinité de personnes qualifiées ont pris la peine de me tesmoigner le desplaisir* QU'ILS *en ont eu. Qu'ils*, est plus élegant que ne seroit *qu'elles*, parce que l'on a esgard à la chose signifiee, qui sont *les hommes* en cet exemple, & non pas à la parole qui signifie la chose, ce qui est ordinaire en toutes les langues[27].

---

25 Dans l'original : parlé (*Fautes d'impression*).

26 Dans l'original : De mesmes (*Fautes d'impression*).

27 L'avis de Vaugelas a complètement changé sur ce dernier point entre le manuscrit et la version publiée. Voici le texte qui se trouve dans les marges du manuscrit (f° 48r°) : « + Cependant Malh p507 escrit I'ay eu cette consolation en mes ennuis qu'une infinité de personnes ont pris la peine de me tesmoigner le desplaisir qu'ilz en ont eu. Ie croy pour moy qu'il faut dire qu'*elles* en ont eu, car *personne* ~~qui se~~ <quand> il se decline et qu'il a un ~~singulier~~ <pluriel> est tousiours feminin, et ne pense pas qu'il soit du genre commun, quoy qu'il signifie autant les femmes[2] que les hommes[1]. Et p. 224 *Il n'y a personne ingrat.* Ie doute fort que cela soit bien dit. » Les chiffres au-dessus des mots *femmes* et *hommes* indiquent probablement qu'il faut échanger leur position dans la phrase. Le premier exemple est pris d'une lettre de Malherbe (1631 : I, 507) et le deuxième de sa traduction des *Bienfaits* (1631 : I, 224). L'usage de *ils* dans cet exemple est déjà critiqué par Dupleix (1651 : 439) qui le considère comme « un sale soloecisme », et l'Académie (1704 : 11) confirme sa préférence pour le pronom féminin pluriel dans ce cas.

Si on, & *si l'on*[28]

A cause de la rencontre des deux voyelles en ces deux petits mots, *si on*, plusieurs escrivent tousjours, *si l'on*, excepté en un seul cas, qui est, quand aprés l'*n*, il suit immediatement une *l*. Par exemple ils diront, *si on le veut*, & non pas *si l'on le veut*, parce qu'il y a une *l*, immediatement aprés l'*n*, & que des (10) deux cacophonies, il faut choisir la moindre ; Car si, *si on*, blesse l'oreille, *si l'on le*, à leur avis, la blesse encore davantage[29] : De mesme[30] ils disent, *si on laisse*, & non pas, *si l'on laisse*. J'ay dit qu'ils vouloient que l'*l*, fust immediatement aprés l'*n*, parce que lors qu'il y a une syllabe, ou seulement une lettre entre deux, ils disent *si l'on*, & non pas *si on*, comme *si l'on ne le fait*, & *si l'on a laissé*, & non pas *si on ne le fait*, & *si on a laissé*. Au reste, quand on n'y sera pas du tout si exact, il n'y aura pas grand mal ; mais pour une plus grande perfection, j'en voudrois user ainsi.

On, *l'on*, & *t-on*[31]

On, & *l'on*, se mettent devant le verbe. *On*, se met devant & aprés le verbe ; *l'on* ne se met jamais aprés le verbe que par les Bretons, & quelques autres Provinciaux[32], & *t-on* se met tousjours aprés le verbe. *On dit*, & *l'on dit* sont bons, mais *on dit* est meilleur au commencement de la periode. Si le verbe finit par une voyelle devant *on*, comme *prie-on*, *alla-on*, il faut prononcer & escrire un, *t*, entre-deux *prie-t-on*, *alla-t-on*, pour oster la cacophonie, & quand il ne seroit pas marqué[33], il ne faut pas laisser de

28 Ici commence une série de quatre remarques qui traitent de questions apparentées. Dans le manuscrit il n'y a que deux observations sur l'usage de *on* etc. (f° 68r°, 74r°). Cette première remarque ne figure pas dans le manuscrit où la seule référence à la question se trouve dans les marges de la remarque « *On* et *l'on* » (f° 68r° ; voir les deux observations suivantes). Après avoir considéré le choix de *on* ou *l'on* après *ou*, Vaugelas ajoute : « De mesmes de *si*, *si* ~~*l*~~*on m'eust dit* est mieux que *si l'on m'eust dit* ».

29 On trouve pourtant quelques exemples de *si l'on le* dans Frantext, par exemple chez Urfé (*pour voir si l'on le suivoit*, 1631) ou Georges de Scudéry (*S'il est digne d'envie, ou si l'on le doit plaindre*, 1636), et même une occurrence de *Si l'on le laisse* chez Discret (1637).

30 Dans l'original : De mesmes (*Fautes d'impression*).

31 Le contenu de la remarque manuscrite intitulée « *On* et *l'on* » (f° 68r°) est partagé entre cette observation et la suivante.

32 Dans le manuscrit : « *Que dit l'on ?* apres le uerbe ne uaut rien, quoy qu'Amyot en use souuent, mais il n'est plus en usage qu'en Bretagne parmy ceux qui parlent mal. *Que dit on ?* ~~[…]~~ c'est comme l'on parle. » En faisant un sondage dans Frantext sur l'usage de *l'on* pour la période 1638-1642, nous n'en avons trouvé aucune occurrence dans une position postverbale.

33 Dans le manuscrit : « et quand l'Imprimeur l'auroit oublié ».

le prononcer, ny lire comme lisent une infinité de gens, *alla on*, *alla il*, pour *alla-t-on*, *alla-t-il*. Il est vray qu'en cette orthographe (11) du, *t*, on a accoustumé de faire une faute, qu'il faut corriger desormais, pour ne rien obmettre qui puisse contribuer à la perfection de nostre langue. C'est que tous impriment & escrivent *alla-t'on*, ainsi, mettant une apostrophe aprés le *t'*, qui est tres-mal employée, parce que l'apostrophe ne se met jamais qu'en la place d'une voyelle qu'elle supprime, & chacun sçait qu'il n'y en a point icy à supprimer aprés le *t*[34]. Il faut donc mettre un tiret[35] aprés le *t*, comme on l'a mis devant, & escrire, *alla-t-on*, *prie-t-on*. Car de dire que le tiret ne joint jamais la lettre qui le precede avec la syllabe suivante, comme par exemple, en *tres-haut*, l'*s*, ne se joint point avec l'*h*, qui suit ; & qu'en *prie-t-on*, *alla-t-on*, le *t*, se joint avec *on* qui suit, on respond que cela est vray, lors qu'il n'y a qu'un tiret, mais non pas quand il y en a deux comme icy, qui rendent le, *t*, commun à toutes les deux syllabes.

Je crois que ce ne sera pas une curiosité impertinente de sçavoir l'etymologie[36] de ces deux mots, *on*, & *l'on* ; Ils viennent sans doute d'*homme*, ou de *l'homme*, comme si, *on dit*, vouloit dire *homme dit*, & que *l'on dit* voulust dire *l'homme dit*[37]. Mais par succession de temps[38], parce qu'on en a besoin à tout propos, on l'a abbregé, & on l'a escrit comme on l'a prononcé. Ce qui confirme cela, ce sont les Poëtes (12) Italiens, qui se servent ordinairement d'*huom* pour *huomo*, avec le verbe qui commence par une consone, *huom brama*, pour dire *on desire*, *huom teme*, pour dire *on craint*[39]. Mais si l'on en

---

34 Dans sa grammaire (1618 : f° 6r°), Maupas utilise l'apostrophe plutôt que le tiret et note que l'orthographe ne représente pas toujours la prononciation : « Si l'une de ces particules, *il*, *elle*, *on*, suit l'e feminin d'un verbe, nous interposons vulgairement un t, en parlant, aucuns aussi l'escrivent. *Desire-il*, ou, *desire-t'il que je l'enseigne ? Aime-t'elle son mari ? Parle-on :* ou *parle-t'on bon françois en cette Ville ?* ». Cet usage est également conseillé par Oudin (1640 : 7) et attesté dans les *Œuvres* de Malherbe (*& jugea-t'on* (1631 : I, 460) ; *pour le moins sera-t'il malaisé que* (1631 : I, 589).

35 Dans le manuscrit Vaugelas n'utilise pas le terme métalinguistique, mais dit simplement « une petite ligne ». La phrase suivante du texte publié qui traite dans des termes plus généraux de la prononciation des mots et des constructions avec un tiret est ajoutée à la version publiée.

36 Dans l'original : ethymologie (*Fautes d'impression*).

37 Furetière (1690) reprendra l'étymologie proposée par Vaugelas dans son dictionnaire.

38 Dans le manuscrit : « et pour une plus grande facilité ».

39 Dans le manuscrit Vaugelas associe cet usage surtout à Pétrarque : « Il me semble d'auoir ueu ie ne sçay ou cette remarque, qui d'abord ne me sembla pas ~~[...]~~ <sans quelque> apparence, mais depuis ayant leu dans les Poetes Italiens, et particulierement dans le Petrarque force passages ou ilz mettent par exemple *Huom brama*, pour dire *on desire*, et ~~de~~ <qui> plus <est> ayant appris que les Allemans expriment nostre *on* par le mesme mot qui signifie homme qui est *man*, ie n'ay plus douté que cette ethymologie ne fust

veut une preuve convaincante, & non pas une simple conjecture, c'est que les Allemans, & presque toutes les nations Septentrionales, expriment nostre *on* par le mesme mot, qui dans leur langue signifie *homme*, qui est *man*. D'autres disent avec beaucoup moins d'apparence, qu'il vient d'*omnis*[40].

En quels endroits il faut dire on, *& en quels endroits* l'on[41]

Au commencement d'un discours, il faut dire *on* plustost que *l'on*, quoy que *l'on* ne soit pas mauvais. Que si ce n'est qu'au commencement d'une periode, devant laquelle il y en ait desja d'autres, *on* est encore meilleur que *l'on* ; quelques-uns neantmoins tiennent que lors que le mot qui finit la periode precedente, a un *é*, masculin à la fin, comme par exemple, si, *extremité*, est le dernier mot de la periode, on doit commencer l'autre par *l'on*, pour éviter la cacophonie ; mais c'est estre trop scrupuleux, & cela ne

---

ueritable, car ce n'est pas une simple coniecture, mais une preuue <toute> entiere que cette façon de parler des Allemans ; Outre que cela est conforme au sens et à la raison. »

40 L'étymologie alternative n'est pas considérée dans le manuscrit où Vaugelas défend toutefois le recours à l'étymologie : « Les fausses ethymologies sont ridicules, mais les bonnes satisfont l'esprit et ne sont point à reietter ».

41 Cette remarque a été beaucoup remaniée et modifiée entre la version manuscrite et la version publiée. Dans les marges du manuscrit (f° 68r°) à côté de la remarque précédente, Vaugelas semble simplement dresser la liste des cas particuliers qu'il a observés, et les hésitations sont suggérées par les ratures : « {+ quand on le repete <fort> proche l'un de l'autre, il faut se seruir du mesme toutes les deux fois. Exemple *On fait et l'on dit d'estranges choses* n'est pas bien, il faut dire ou *l'on fait et l'on dit*, ou *on fait et on dit*. Et cela s'entend quand ilz sont liez par la conionction *Et* comme icy ou bien quand elle y est sousentendue comme quand l'on dit *on lit, on escrit, on chante*. La conionction *Et* y est sous-entendue aux deux derniers. Car quand ie diray *On croit que l'on fait*, il n'est point necessaire de repeter *on* au contraire, *l'on* y est meilleur. ~~Item apres toutes les uoyelles <et les *E* masculins>, ou <apres> les consonantes qui ne se prononçant pas laissent sonner la uoyelle comme *Et* ou le *T* ne se prononce point, il faut dire *l'on* et non pas *on*, à cause de la cacophonie~~*} {[texte ajouté au-dessus] * Apres *ou* il faut mettre *l'on* et non *on* Exemple C'est un lieu ou l'on uit à bon marché et non, *ou on uit &c.* <Il n'est pas> De mesmes de *si*, *si ~~l'~~on m'eust dit* est mieux que *si l'on m'eust dit.* Ainsi de la conionction *Et* ~~parce~~ <quoy> qu'on ne prononce pas le *T*. Exemple *Il fait bien et ~~l'~~on s'en moque* est mieux que *& l'on s'en moque.* ~~Si ce n'est qu'il y a~~ <Surtout s'il y a> une *L* apres, comme si l'on disoit, *Il fait bien et l'on le blasme*, car à cause des deux *L* la cacophonie seroit plus grande que de la rencontre des deux uoyelles. Quand il y a [~~…~~] un *on* deuant, il faut aussi dire *on* apres. On rit et on pleure.≠ {[texte ajouté au-dessus] ≠ apres l'*E* masculin comme *costé*, il faut dire *l'on*, et non pas *on*. Exemple, *D'un costé l'on uoyoit*, et non *on uoyoit* mais apres l'*E* feminin comme *Prince*, il faut dire *on* et non pas *l'on*, parce que l'*E* feminin s'elide qu'ilz appellent c'est à dire se supprime par la Voyelle suiuante, mais non fait pour l'*E* masculin, comme sçauent bien noz Poetes. *Apres le Prince on uoyoit marcher*, et non *l'on uoyoit marcher.*}{[texte ajouté plus bas] ~~*L'on* est plus doux apres *Dont*, que n'est *on*. Exemple l'affaire dont l'on parle plus doux que, dont on parle.~~} »

se doit pratiquer que dans le cours de la periode, & non pas quand ce sont deux periodes separées par un point, qui (13) arrestant le Lecteur, oste la cacophonie de l'*é* masculin avec l'*o.* Quand on repete plusieurs fois l'un ou l'autre, il faut tousjours repeter le mesme sans changer, comme *on loüe, on blasme, on menace*, & non pas[42] *on loüe, l'on blasme, on menace, on fait, & on dit tant de choses*, quoy qu'aprés *&*, comme nous dirons tout à cette heure, il faille tousjours dire *l'on*, à cause que le *t*, ne se prononçant point, cette particule a la terminaison d'un *é*, masculin. Mais cét inconvenient de dire *on*, aprés *&*, n'est pas si grand, & ne sonne pas si mal à l'oreille en cét endroit, que de dire, *on dit & l'on fait tant de choses* ; & il seroit encore mieux de dire, *l'on dit & l'on fait. On*, generalement se met aprés les consones, ou l'*e*, feminin, comme *quand je le dirois, on ne le feroit pas, quoy que tu puisses dire, on ne le fera pas.* Il se met aussi aprés *dont*, comme *celuy dont on ne cesse de parler*, plustost que *dont l'on ne cesse. L'on* se met aprés l'*é* masculin, comme *en cette extremité l'on ne sçauroit faire autre chose.* Aprés la conjonction *&*, pour la raison que nous venons de dire, si ce n'est au cas que nous avons excepté. Aprés la particule *ou*, comme *ou l'on rit, ou l'on pleure, c'est un lieu où l'on vit à bon marché.* Et aprés tous les mots qui finissant par *ol*, se prononcent en *ou*, comme *fol, mol, col*, & autres semblables, qu'on prononce *fou, mou, cou, c'est un* (14) *fou, l'on se mocque de luy*[43], & generalement aprés toutes les voyelles, excepté l'*e* feminin.

Que, devant *on*, & devant *l'on*[44]

Il faut qu'on sçache, & *il faut que l'on sçache*, sont tous deux bons, mais avec cette diference neantmoins, qu'en certains endroits il est beaucoup mieux de mettre l'un que l'autre[45].

---

42 Dans l'original : *& non pas.*

43 Ce cas n'est pas mentionné dans le manuscrit. La prononciation de *fol, col, sol* etc. est traitée par plusieurs grammairiens avant Vaugelas. Maupas (1618 : f° 9v°) conseille l'usage de *col, fol* etc. et associe l'autre prononciation au « grossier populaire ». Cauchie (1586 : f° 6v°), Bosquet (1586 : 26) et Oudin (1640 : 23), d'autre part, préfèrent la prononciation en *ou*, tout en notant quelques exceptions, telles que *fol* suivi d'un mot commençant par une voyelle.

44 Dans l'original : devant *que l'on.* Oudin (1640 : 144) ne fait qu'un commentaire bref sur le choix entre *on* et *l'on* ; ses exemples se concentrent sur le cas du choix après *que* et avant un mot commençant par *l* : « On sert au passif : *on fait, on dit, on croit*, etc. *l'on* se met aussi au lieu d'*on* : mais je voudrois qu'on en usast discrettement, car il sonne fort mal auec les relatifs et pronoms personnels joints ensemble qui commencent par *l* : v. g. *que l'on la luy donne, que l'on le luy monstre* : il est mieux de dire, *qu'on le luy donne* ou *qu'on luy donne, qu'on luy monstre*, afin d'eviter ce mauvais son et cette repetition de liquide. »

45 Dans la remarque manuscrite intitulée « *Que l'on*, et *qu'on* » (f° 74r°), Vaugelas commence par une distinction entre l'usage parlé et l'usage écrit : « *Que l'on* et *qu'on* <Il faut qu'on

Plusieurs mettent *qu'on*, & non pas *que l'on*, quand il y a une *l*, immediatement aprés l'*n*, comme *je ne crois pas qu'on luy veüille dire*, & non pas *que l'on luy veüille dire*, à cause du mauvais son des deux *l*, *je ne crois pas qu'on laisse*, & non pas *que l'on laisse*[46].

Il faut mettre *qu'on* aussi, & non pas *que l'on* quand il y a plusieurs *que*, dans une periode, comme cela arrive souvent en nostre langue, qui s'en sert avec beaucoup de grace en diferentes façons, par exemple, *il n'est que trop vray que depuis le temps que l'on a commencé, &c.*[47] Il est bien mieux de dire *qu'on a commencé*, pour diminuer le nombre des *que*, qui n'offensent pas seulement l'oreille de celuy qui escoute, mais aussi les yeux de celuy qui lit, voyant tant de *que*, de suite. Il faut encore mettre *qu'on*, & non pas *que l'on*, quand le mot qui le precede immediatement, se termine par *que*, (15) comme, *on remarque qu'on ne fait jamais ainsi, &c.* & non pas, *on remarque que l'on ne fait jamais ainsi*[48].

Il faut mettre *que l'on* & non pas *qu'on*, devant les verbes qui commencent par *com*, ou *con*, comme je ne dirois pas *qu'on commence, qu'on conduise*, mais *que l'on commence, que l'on conduise*[49] : Mais comme

scache et il faut que l'on sache> sont tous deux bons. Il est uray qu'auiourd'huy à la Court on dit plus souuent *que l'on*, qu'on ne dit l'autre, mais en escriuant on se sert esgalement des deux. Il y a pourtant quelques petites reigles à obseruer en l'usage de ~~l'un et de l'autre~~ <ces mots>, lesquelles à la uerité ne sont pas de grande consequence, ni telles que ce soit une faute de ~~[...]~~ <ne s'y attacher pas>, mais pour une plus grande perfection, ~~et pour une grande [...]~~ et pour rendre son stile tousiours plus doux et plus poli, elles ne sont point à negliger. »

46 Dans le manuscrit Vaugelas insiste sur ce point en donnant des exemples de *qu'on* devant un, deux et trois mots qui commencent par *l* : « Ie ne uoudrois iamais mettre *que l'on* deuant un mot qui commence par *L*. Ie dirois, ie ueux *qu'on luy donne*, et non pas *que l'on luy donne*, et quand il y a deux *L* qui le suiuent, ie le mettrois bien encor moins. Par exemple <ie ne dirois pas> *Ie ueux que l'on le luy donne*, mais *Ie ueux qu'on le luy donne.* Que s'il y auoit trois *L*, ie ne dirois iamais *Ie ueux que l'on le luy laissse*, mais *qu'on le luy laisse*, et ne pense pas qu'il y ayt d'oreille tant soit peu delicate qui n'approuue cette reigle, si ce n'est en tout et deuant un *L*, au moins deuant les deux, et sans difficulté deuant les trois. »

47 Dans le manuscrit Vaugelas cite plutôt l'exemple « *Il n'est que trop uray, que ce que i'ay creu que l'on uous diroit &c.* ».

48 Ce cas ne figure pas dans le manuscrit. En revanche, une critique de l'usage de Malherbe ajoutée dans les marges a été supprimée de la version publiée : « Malh p.378 Cela fut manié si dextrement que ceux de la uille que tout expres on faisoit marcher deuant le heraut, ne s'en apperceurent que l'on ne fust au logis du general. Il eust esté mieux que ceux de la uille qu'on faisoit marcher tout expres, outre que *Tout expres* seroit mieux placé. » Il est intéressant de noter que les deux occurrences de *que l'on le lui* dans Frantext pour la période 1600-1647 se trouvent dans le Journal d'Héroard (1605-1610) (*me dict que l'on le luy a envoie*) et dans la correspondance du père Mersenne (1633). D'autre part, les exemples de *que l'on le* et de *que l'on luy* sont fréquents.

49 La remarque manuscrite se termine avec la discussion de ce contexte.

j'ay desja dit, tout cela n'est que pour une plus grande perfection, & ce n'est pas une faute que d'y manquer.

L'usage de ces deux termes diferens, *qu'on* & *que l'on*, est encore tres-commode en prose & en vers, mais sur tout en vers pour prendre ou quitter une syllabe, selon qu'on a besoin de l'un ou de l'autre dans la versification. Il est superflu d'en donner des exemples, les Poëtes en sont pleins. Mais pour la prose, peu de gens comprendront l'avantage qu'elle tire d'allonger ou d'accourcir d'une syllabe une periode, s'ils n'entendent l'art de l'arrondir, & s'ils n'ont l'oreille delicate.

Recouvert, & recouvré[50]

---

50 Dans le manuscrit il y a deux observations sur cette question, « *Recouuert* pour *Recouuré* » (f° 78r°-78v°) et « *Recouurir* » (f° 78v°-79r°). La première remarque manuscrite est assez proche de la version publiée (nous notons quelques variantes dans les notes ci-dessous). Vaugelas élimine pourtant quelques passages dans la version définitive. Par exemple, dans les marges du manuscrit, il note que certains considèrent que *recouvrir* est un verbe anomal (avec participe passé *recouvert*) « comme *vescu* qui a *vivre* a l'infinitif ». Il continue : « Mais ie ne sçaurois estre de cet aduis, parce que les Anomales qui degenerent ainsi de leur formation ordinaire, ont bien accoustumé de prendre une autre terminaison, que celle qui est naturelle à tous les autres uerbes de la mesme espece, mais iamais que ie sçache, en quittant ce qui leur appartient ~~[…]~~ dans la reigle commune, ilz ne prenent ce qui appartient à autruy, c'est à dire ilz ne se rendent semblables à d'autres mots qui ueulent dire d'autres choses, comme icy *Recouuert* ueut dire ainsi que chacun sçait, ce qui ayant esté descouuert est *Recouuert.* » En revanche, la deuxième observation manuscrite est beaucoup plus longue et Vaugelas semble plus tolérant de l'usage de *recouvrir* pour *recouvrer* : « En suite de cela <il ne faut point que i'en mente>, ie ne sçay ~~point~~<as> mauuais gré à ceux qui commencent à dire *Recouurir* pour *Recouurer*, et il n'est pas croyable à combien de gents ie l'ay desia oüy dire à la Court ». L'observation finit par une longue justification du rôle de l'usage qui ressemble aux réflexions sur l'usage dans la Préface et dans la remarque sur les barbarismes (*R*p. 568-572) : « Car encore que l'Vsage soit <un> torrent qui entraine tout et à quoy l'on ne se peut opposer, si est ce qu'à sa source lors qu'il est encor foible, on peut et on doit y donner ordre. Au lieu qu'estant une fois establi, il n'y a plus de remede, et quand un homme seroit declaré par les Estats generaux de ce Royaume le Pere de l'Eloquence françoise, il ne pourroit ni ne deuroit se seruir d'un mot ni d'aucune façon de parler contraire à l'Vsage, quelque reigle ou quelque raison qu'il eust de le faire, ni par consequent faire aucun mot nouueau, en quoy ie m'estonne que plusieurs grands personnages se soient laissez tromper, se persuadants que la creance qu'ilz s'estoient acquise en nostre langue et en nostre eloquence leur donnoit droit et authorité de faire des mots, comme uous uoyez qu'a fait ce grand genie de la Poesie Ronsard en ses uers, et ce rare homme M. le garde des seaux du Vair en sa prose, et tous deux auec un pareil succes, c'est à dire tres-malheureux, et qui ne leur a nullement reussi. La raison de cela est si claire que ie ne sçay comme il se peut faire qu'on ne la uoye pas ; Car puis qu'il est certain qu'on ne parle et que l'on n'escrit que pour se faire entendre, il est tout uisible que uous ne faites point ce que uous pretendez quand uous usez d'un mot qui n'est pas entendu, tels que sont les mots nouueaux et inconnus à tout le monde, qu'un

Recouvert pour *recouvré* est un mot que l'Usage a introduit depuis quelques années contre la reigle, & contre la raison ; Je dis depuis quelques années, parce qu'il ne se trouve point qu'Amyot en ayt jamais usé[51] ; & (16) que Des-Portes[52] semble avoir esté le premier Autheur qui s'en est servy à la fin de quelques-uns de ses vers, y estant invité par la rime[53]. Je dis qu'il est contre la reigle, parce que ce participe se formant de l'infinitif *recouvrer*, il ne faut qu'oster l'*r*, d'où se fait *recouvré*, comme de *manger*, *mangé*, de *prier*, *prié*, & ainsi des autres. J'ajouste qu'il est contre la raison, parce que *recouvert* veut dire une autre chose, & que la raison ne veut pas que l'on face des mots equivoques, quand on s'en peut passer[54].

L'Usage neantmoins a estably *recouvert* pour *recouvré*, c'est pourquoy il n'y a point de difficulté qu'il est bon : car l'Usage est le Roy des

---

particulier inuente. » Il continue avec une discussion des termes « de quelque art que ce soit » qui ne sont pas bien reçus dans l'usage général parce qu'ils ne sont pas compris. Il cite comme modèle l'usage de Coeffeteau dans sa traduction de Florus et dans son *Histoire Romaine* « ou il y a de si belles descriptions des batailles nauales », qui montre que « nostre langue nous fournit assez de termes conus et excellents pour exprimer ces choses là auec toutes les graces et tous les ornements que l'on scauroit desirer. Au contraire i'ay ueu des descriptions d'autres batailles nauales arriuees de nostre temps, ou l'on a tellement affecté tous les termes de la marine qu'on n'y entend presque rien ».

51 Dans sa note sur cette remarque, Patru (Vaugelas 1738 : I, 122) cite un exemple de la Vie de Démosthène par Amyot (*ayant recouvert des armes*), tout en notant qu'Amyot dit plus souvent *recouvré* que *recouvert*. Selon Sturel (1908 : 384), entre le manuscrit et l'édition de 1559, Amyot a remplacé la forme incorrecte *recouverte* par *recouvrée* ou par un autre terme.

52 Dans l'original : Des - Portes. On trouve pourtant des exemples de cet usage qui datent de la première moitié du XVIe siècle, par exemple, *Le bruict et renommée volla par tous les royaulmes que ceste dame ja avoit son pays recouvert, parquoy trois nobles roys la vindrent visiter pour l'avoir à femme* (*Le Violier des histoires rommaines moralisées*, 1521) ; *Dont avez vous tant recouvert d'argent en si peu de temps ?* (Rabelais, *Pantagruel*, 1542). Patru, pour sa part, cite des exemples pris de Seyssel et de *l'Amadis de Gaule* (Vaugelas 1738 : I, 122). L'Académie Française (1704 : 19) exprime également des doutes sur la chronologie proposée par Vaugelas pour l'introduction de cet usage, et cite le Proverbe, « Pour un perdu, deux recouverts », ajoutant « qu'on sçait que la pluspart des Proverbes sont fort anciens ».

53 Dans les marges du manuscrit Vaugelas ajoute : « Malh. p.258 Recouuert leur santé et p.631 ». Le premier exemple provient de la traduction du *Traité des Bienfaits* et le deuxième (*Depuis ma derniere lettre nous auons recouuert deux rooles d'Angleterre*) d'une lettre à Monsieur de Bovillon.

54 Dans le manuscrit (f° 78r°), Vaugelas explique pourquoi les langues n'aiment pas les mots équivoques : « Et si l'on demande pourquoy la Raison ne ueut pas que l'on face sans necessité des mots equiuoques, c'est parce que les equiuoques n'engendrent ~~que l'~~<que de l'> obscurité, et les hommes ne parlants ni n'escriuants que pour se faire entendre, la raison ueut qu'ilz le facent le plus clairement et les plus intelligiblem[ent] qu'il leur sera possible ».

langues, pour ne pas dire le Tyran : Mais parce que ce mot n'est pas encore si generalement receu, que la pluspart de ceux qui ont estudié ne le condamnent, & ne le trouvent insupportable[55], voicy comme je voudrois faire[56] ; Je voudrois tantost dire *recouvré*, & tantost *recouvert* ; j'entens dans un œuvre de longue haleine, où il y auroit lieu d'employer l'un & l'autre ; car dans une lettre, ou quelque autre petite piece, je mettrois plutost *recouvert* comme plus usité. Je dirois donc *recouvré*, avec les gens de Lettres, pour satisfaire à la reigle & à la raison, & ne passer pas parmy eux[57] pour un homme qui ignorast ce que les enfans sçavent, & *recouvert*, avec toute la Cour, pour satisfaire à (17) l'Usage, qui en matiere de langues, l'emporte tousjours par dessus la raison.

A cause de *recouvert*, force gens disent, *recouvrir*, pour *recouvrer*, & pensent avoir raison, mais il n'est pas encore establi comme *recoûvert*, & il ne le faut pas souffrir[58] ; Car si au commencement, deux ou trois personnes d'authorité se fussent opposées à *recouvert*, quand il vint à s'introduire à la Cour, on en eust empesché l'usage[59], aussi bien que M. de Malherbe l'a empesché de quelques autres mots tres-mauvais, qui commençoient à avoir cours[60].

---

55 Par exemple, Meigret (1980 [1550] : 85) : « Parquoi ceux faillent qui disent *j'ey recouvert ma robe* pour *recouvré* » ; *cf.* Maupas (1618 : f° 114r°) et Wapy (1634 : 36). L'avis d'Oudin (1640 : 163) est pourtant proche de celui de Vaugelas : « *Descouvrir* et *recouvrir* sont ses composez ; et pour le regard du dernier, je vous advise que par abus on l'usurpe pour le verbe *recouvrer* : mais parce que de bons Autheurs modernes s'en sont servis, et que l'usage le veut, je le laisse à la discretion ; encore que d'habiles gens avec lesquels j'ay conferé, ne soient pas d'opinion qu'il soit fort bon de dire *recouvert* pour *recouvré*, et ainsi du reste. »

56 Dans le manuscrit (f° 78r°) : « Mais parce que cet usage n'est pas encore si generalement establi que plusieurs ne s'opposent à sa reception, et particulierement ceux qui ayants estudié voyent la uiolence qu'il fait à la grammaire, ie uous diray comme ie me uoudrois comporter dans ce different ». Dans sa traduction des sermons de Fonsèque (1615), Vaugelas distingue les deux usages.

57 Dans le manuscrit (f° 78r°) : « et ne passer pas parmy les grammeriens [*sic*] pour un homme qui ignorast ce que les enfans sçauent ».

58 Selon Patru (Vaugelas 1738 : I, 122), on trouve les premiers exemples de cet usage dans le *Roman de la Rose*, et il cite également un exemple pris de la Vie de Pyrrhus par Amyot. Les exemples de cet usage sont pourtant peu nombreux dans Frantext : *Et qui veult recouvrir sa liberté ravie* (L'Estoile 1575), *vous m'apprendrez s'ils sont imprimez, et où l'on (les) peut recouvrir* (Mersenne 1640).

59 Vaugelas souligne ici la possibilité d'influencer l'usage de mots nouveaux et d'empêcher qu'ils ne s'établissent. Richelet (1680) suit Vaugelas en notant que *recouvert* peut avoir le sens de *recouvré*, tandis que Furetière (1690) associe cet usage au Palais.

60 Sur l'attitude de Malherbe envers les néologismes, voir Brunot (1891 : 227*ss.*).

Pour que[61]

Ce terme est fort usité, particulierement le long de la riviere de Loire, & mesme à la Cour, où une personne de tres-eminente condition a bien aydé à le mettre en vogue[62]. On s'en sert en plusieurs façons, qui ne valent toutes rien.

Premierement, ils en usent pour dire *affin que*, comme, *je luy ay escrit pour qu'il luy pleust avoir esgard*, au lieu de dire *affin qu'il luy pleust*[63].

Secondement, en un autre sens, par exemple, *il est trop honneste homme pour qu'il me refuse cela*, au lieu de dire *pour me refuser cela*[64].

En troisiesme lieu, ils s'en servent d'une façon si commode & si courte, que si l'on avoit (18) à le dire, il faudroit que ce ne fust que de cette sorte ; comme, *Ils sont trop de gens pour qu'un homme seul les attaque*. On ne sçauroit bien exprimer cela que l'on ne change le verbe actif en passif, & que l'on ne die avec moins de grace, ce semble, *ils sont trop de gens pour estre attaquez par un homme seul*. Mais on ne le peut pas tousjours resoudre par le passif, comme si je dis, *je parlois assez haut pour qu'il m'entendist*, pour dire, *je parlois*

61 Cette observation est très similaire à celle du manuscrit. Dans le manuscrit (f° 71v°), Vaugelas apporte plus de précision sur l'usage régional mais il n'indique pas que la conjonction est usitée à la Cour : « *Pour que* est un mot dont on se sert en Touraine et ~~[…]~~ le long de la riuiere de Loire iusques en Bretagne, ~~qui~~ <~~[…]~~ lequel> ne uaut rien du tout ». Quelques-uns des exemples sont remplacés ou modifiés entre le manuscrit et la version définitive (voir les notes ci-dessous).

62 Selon Patru (Vaugelas 1738 : I, 126), il s'agit du Cardinal de Richelieu. Cette attribution est également proposée par Sorel (1671 : 358-359) : « Le grand Cardinal de Richelieu auroit eu peu de credit, s'il n'avoit point donné cours à quelques façons de parler, comme celles que nous venons de dire, soit qu'elles fussent de Poitou & d'Anjou, ou qu'il les inventast de nouveau. On luy attribuë encore le *pour qu'il voulust*, & le *pour qu'il fasse*, & d'autres termes semblables ; Aussi l'Historien Du Pleix pretend bien montrer qu'il rapportoit les paroles propres de ce Cardinal, touchant l'opinion qu'il avoit de ceux qui avoient fomenté l'animosité de la Reyne-Mere contre luy ; Il asseure dans son Histoire, qu'il luy a oüy dire, 'Qu'en ce qui estoit du Cardinal de Berulle, il l'avoit toûjours connu trop homme de bien *pour qu'il pûst croire* qu'il eust voulu avoir part à une telle méchanceté'. Depuis ce temps-là beaucoup de Gens ont parlé de la mesme manière. Voila comment la Syntaxe & l'ordre des mots cedent quelquefois à un nouvel usage. » Parmi les quelques exemples de cette construction dans Frantext pour le XVIe siècle, on trouve des occurrences dans les *Essais* de Montaigne.

63 Dans le manuscrit : « Exemple *I'ay presenté une requeste à M. le President pour qu'il luy plaise me donner audience.* Au lieu de dire *affin qu'il luy plaise.* »

64 Dans le manuscrit : « par exemple *Il est trop honneste homme pour qu'il uous refuse cette courtoisie* au lieu de dire *Pour uous refuser* qui est plus court et plus doux, tellement qu'outre qu'ilz disent mal, ilz prenent le plus long et le plus rude ».

si haut qu'il me pouvoit bien entendre, je ne le dirois pas si bien par le passif en disant, *je parlois assez haut pour estre entendu de luy*[65]. Et quand on dit, *je ne suis pas assez heureux pour que cela soit*, il faut prendre un grand tour de paroles pour l'exprimer autrement[66]. Enfin toutes les fois que l'on parle de deux personnes, comme, *Je suis assez malheureux pour qu'il passe icy*, il est malaisé de dire cela en si peu de mots, sans changer la phrase. Du moins il faut ajouster *faire*, aprés *pour*, & dire, *je suis assez malheureux pour faire qu'il passe icy* ; mais il n'a gueres de grace. On s'en sert encore d'une autre façon bien estrange, comme, *un pere sera-t-il deshonoré pour que ses enfans soient vicieux ?* au lieu de dire, *un pere sera-il deshonoré si ses enfans sont vicieux ?* ou de l'exprimer de quelque autre sorte. Et en l'autre exemple, *je ne suis pas assez heureux pour que cela soit* ; on pourroit (19) exprimer la mesme chose en ajoustant un seul verbe, *esperer*, ou *croire*, & dire, *je ne suis pas assez heureux pour esperer*, ou *pour croire que cela soit* ; Mais c'est tousjours allonger l'expression. C'est pourquoy il y a grande apparence que, *pour que*, estant court & commode, s'establira tout à fait, & alors nous nous servirons de cette commodité comme les autres, mais en attendant je m'en voudrois abstenir, selon le sentiment general de nos meilleurs Escrivains[67].

Rencontre[68]

65 Dans le manuscrit : « Ce seroit fort mal parlé. »

66 Dans le manuscrit : « Il faut prendre un grand tour de paroles pour exprimer cela autrement quand il y a deux personnes differentes, cela n'est pas aisé à resoudre, exemple, nous sommes assez malheureux, pour qu'il passe icy, cet Il se referant à quelqu'un dont on a parlé auparauant. » La remarque manuscrite se termine par ce commentaire.

67 Il y a moins de dix exemples de *pour que* dans Frantext pour la période 1600-1647, ce qui semble confirmer le jugement de Vaugelas. Parmi les grammairiens de notre corpus, Oudin (1640 : 298) note également que : « *Pour que* se trouve maintenant fort peu en usage parmy nous ». Quant aux dictionnaires, seul celui de l'Académie (1694) inclut un commentaire sur son usage.

68 Bien que la décision offerte soit similaire, Vaugelas argumente amplement sur les circonstances de l'usage de ce mot au genre masculin dans le manuscrit (f° 79r°-v°) : « Messieurs les Gascons qui le font tousiours masculin, ont infecté la plus grande partie de la Court de cette erreur, et ie l'ay oüy dire ainsi à M. le Cardinal du Perron et à M. Coef. si bien qu'auiourd'huy des six parts de la Court les quatre font *Rencontre* masculin. Mais tous les bons ~~Autheurs~~ <Escriuains> le font tousiours feminin, de sorte qu'estant ioints auec ces deux autres parts de la Court qui restent extentes de cette corruption, il n'y a point de doute qu'ilz l'emportent par dessus les autres quatre, et qu'ainsi ilz maintiennent l'usage de le faire feminin. Car c'est une maxime que ~~toutes les fois que [...]~~ lors que la plus saine partie de la Court pour petite qu'elle soit, a les bons Escriuains de son costé, elle preuaut tousiours sur le plus grand nombre. Amyot le fait tousiours feminin, et encor qu'on ayt changé une infinité de choses en n[ot]re langue depuis luy, neantmoins

En quelque sens qu'on l'employe, il est tousjours feminin, & les bons Autheurs n'en usent jamais autrement : car quand il signifie *hazard*, *occasion*, ou *conjoncture*, on dira, *par une heureuse rencontre*, *par une mauvaise rencontre*, *une facheuse rencontre*, quoy que plusieurs dient & escrivent aujourd'huy, *en ce rencontre*. Quand on s'en sert en terme de guerre, on dit aussi, *ce n'est pas une bataille, ce n'est qu'une rencontre*. Et lors qu'il signifie *un bon mot*, il est aussi feminin ; on dit, *voilà une bonne rencontre*[69]. Neantmoins en matiere de querelle, plusieurs le font masculin, & disent, *ce n'est pas un duel, ce n'est qu'un rencontre* ; mais le meilleur est de le faire feminin[70].

(20)

Haïr[71]

Ce verbe se conjugue ainsi au present de l'indicatif, *je hais, tu hais, il hait, nous haïssons, vous haïssez, ils haïssent*, en faisant toutes les trois personnes du singulier d'une syllabe, & les trois du pluriel de trois syllabes. Ce que

---

toutes les choses en quoy l'usage present s'accorde encore auec luy, sont merueilleusement fortifiees par son authorité ». Il se peut que Vaugelas ait voulu retirer la critique explicite du Cardinal Du Perron et de Coeffeteau dans la version publiée. Dans l'usage écrit de Coeffeteau, tel qu'il est attesté dans Frantext, *rencontre* est toujours féminin. Le mot est également féminin dans *Les Diverses Œuvres de l'illustrissime Cardinal du Perron* (1622), par exemple, *la rencontre fortuite de ces figures*, *la rencontre des elements* (p. 553).

69 Dans le manuscrit (f° 79r°), Vaugelas ajoute dans les marges : « + Car quand il signifie un bon mot, c'est tousiours une rencontre, en ce que l'on rencontre sur le suiet dont est question quelque chose d'aigu et de gentil, et à ce propos ie diray contre ceux qui cherchent les bons mots que les François ont bien nommé ces bons mots là *Rencontre*, parce qu'il les faut *Rencontrer* et non pas *chercher* ».

70 Selon le témoignage des textes de Frantext durant la période de 1600 à 1647, l'usage de *rencontre* au masculin est minoritaire (*circa* 11 % pour les attestations au singulier). Après la publication des *Remarques* jusqu'à la fin du siècle, la proportion des usages au masculin reste semblable (*circa* 15 %) mais parmi les 67 occurrences au masculin singulier, 52 sont de l'expression *en ce rencontre*, ce qui suggère que cette expression était plus ou moins figée, et que dans les autres contextes l'usage du masculin devenait de plus en plus rare. Les dictionnaires s'accordent à considérer ce mot comme féminin, genre déjà recommandé par Chabanel (1612 : 156). Il n'y a qu'un exemple d'un usage masculin chez Richelet (« en termes de blason ») mais il ne fait pas de commentaire sur cet exemple.

71 Le contenu de la remarque manuscrite (f° 46r°) est très similaire à la remarque publiée. Il y a une variation dans les formes conseillées par nos grammairiens. Au singulier, presque tous les grammairiens s'accordent à donner une forme monosyllabique, et il est rare que les formes bi-syllabes soient offertes comme alternatives (par exemple par Cauchie 1586 : f° 51v°). Au pluriel, Robert Estienne (1557 : 69) et Ramus (1572 : 111), ainsi que Chabanel (1612 : 199), ne donnent que les formes *hayons, hayez*, etc., mais la majorité des grammairiens incluent les deux possibilités (Meigret 1550, Cauchie 1586, Masset 1606, Maupas 1618, Serreius 1623). Seul Oudin (1640 : 164) note « *Nous haissons*, et non *haïons*, etc. ».

je dis, parce que plusieurs conjuguent, *je haïs, tu haïs, il haït* : faisant *haïs* & *haït*, de deux syllabes, & qu'il y en a d'autres, qui font bien encore pis en conjuguant & prononçant *j'haïs*, comme si, l'*h*, en ce verbe n'estoit pas aspirée, & que, l'*e*, qui est devant se peust manger ; Au pluriel il faut conjuguer comme nous avons dit, & non pas, *nous hayons, vous hayez, ils hayent*, comme font plusieurs, mesme à la Cour, & tres-mal.

Promener[72]

Il faut dire & escrire, *promener*, & non pas *pourmener*[73]. Tantost il est neutre, comme quand on dit, *allons promener, il est allé promener, je vous envoyeray bien promener*. Tantost neutre-passif, comme, *il s'est allé promener, je me promeneray*. Et tantost actif, lorsqu'on ne parle pas des personnes qui se promenent, comme quand on dit, *promenez cét enfant*, *promenez ce cheval*.

(21)

Jusque, sans *s* à la fin[74]

Jamais on n'escrit *jusque*, sans, *s*, à la fin ; car, où il est suivy d'une consone, ou d'une voyelle ; si d'une consone il faut dire *jusques*, comme *jusques là* ; si d'une voyelle, il faut manger l'*e*, & dire *jusqu'à*, *jusqu'à*

72 Dans les deux observations manuscrites (f° 48r°, 88r°) qui traitent de ce verbe, Vaugelas adopte une position différente sur les deux questions adressées dans la version publiée. En premier lieu, il juge que les deux formes du verbe sont bonnes, même s'il préfère *promener* à *pourmener*, parce que « ces transpositions ne sont gueres frequentes en n[ot]re langue » (f° 88r°). En second lieu, il maintient que les deux formes n'ont pas d'usage intransitif (« neutre ») « comme on les fait ordinairement à Paris et à la Court » (f° 48r°), mais qu'ils sont plutôt ou « Reciproquez ou Reflechis » ou actifs. Dans la tradition latine il y avait cinq genres pour les verbes : actif, neutre, passif, commun, déponent. La tradition grammaticale française du XVIe siècle n'en retenait d'habitude que les trois premiers (par exemple Pillot, Sylvius, Robert Estienne), tandis que Meigret n'inclut que l'actif et le passif (N. Fournier 2002). La terminologie utilisée par Vaugelas semble suggérer une conception plutôt similaire de celle de Chiflet (1659 : 63) qui liste cinq « sortes de verbes » : les verbes actifs, passifs, neutres, réciproques et impersonnels.

73 Cet usage est toujours attesté chez Malherbe (Régnier 1869 : 486). Si les occurrences dans Frantext de *pourmener* sont assez fréquentes au XVIe siècle, leur proportion par rapport à celles de *promener* diminue radicalement au XVIIe siècle, et il n'y a presque plus d'exemples après 1630. Coeffeteau utilise les deux formes dans son *Histoire Romaine*. On peut suivre la même évolution dans le corpus de dictionnaires : tandis qu'Estienne (1549), Nicot (1606) et Cotgrave (1611) définissent *pourmener* et renvoient le lecteur de l'entrée *promener* à ce verbe, Richelet (1680) maintient que le bel usage est pour *promener*, et Furetière (1690) et l'Académie (1694) n'incluent que ce dernier.

74 Cette première observation sur l'usage de *jusques* ne se trouve pas dans le manuscrit de l'Arsenal.

la mort, *jusqu'aux enfers*, *jusqu'à Pasques*, ou *jusques à*. Ainsi l'on n'escrit jamais *jusque*, sans, *s*, à la fin[75].

Jusques à, & *jusqu'à*[76]

Tous deux sont bons, seulement il faut prendre garde, que si l'oreille desire une syllabe de plus ou de moins pour arrondir une periode, on

---

75 Pour la période 1630-1647 il y a 1253 occurrences de *jusques/iusques* contre 60 occurrences de *jusque/iusque* dans Frantext, ce qui représente moins de 5 % des usages ; notons toutefois qu'on retrouve des exemples chez Pierre Corneille et Coeffeteau. Parmi nos grammairiens, Sylvius (Jacques Dubois, 1531) au début du XVIe siècle n'offre que *jusque*, mais il fait exception et la plupart des grammairiens du siècle incluent seulement *jusques* (par ex. Garnier 1558, Ramus 1572) ou les deux formes (Robert Estienne 1557, Pillot 1561). Henri Estienne dans ses *Hypomneses* (1999 [1582] : 445) observe que *jusque* est utilisé devant une consonne, tandis que devant une voyelle on se sert de *jusques*, et il remarque que le 's' a été ajouté pour l'euphonie. Au XVIIe siècle, Maupas (1618) et Oudin (1640) continuent à donner les deux variantes dans leurs grammaires, ainsi que Richelet (1680), Furetière (1690) et l'Académie (1694) dans leurs dictionnaires.

76 La première partie de l'observation jusqu'à « dans la prose » est extraite avec quelques modifications du manuscrit f° 53r° et le dernier paragraphe provient du f° 54r°. L'avant-dernier paragraphe de la version publiée ne figure pas dans le manuscrit. L'observation manuscrite au folio 53 contient également une discussion plus générale que Vaugelas indique dans les marges comme destinée à la Préface : « Au reste ces petites remarques ne sont que pour ceux qui aspirent à la perfection, et combien que ie ne doute pas que plusieurs ne s'en rient et ne les negligent, si est ce que les Maistres de l'eloquence demeureront d'accord que ce sont choses quoy que tres-legeres qui doiuent estre obseruees auec quelque soing si l'on ueut exceller par dessus les autres. C'est pourquoy il arriuera souuent que tel se mocquera d'une petite remarque comme celly-cy qui neantmoins admirera ~~la rondeur et la iustesse d'une periode sans prendre garde que cette grande satisfaction que l'oreille en reçoit ne prouient peutestre que d'auoir observé~~ <une periode a cause de sa grande iustesse, qui ne> prouiendra <peutestre> que de là. Ou bien il arriuera encore, qu'il prendra plaisir à lire une piece, ou toutes ces petites choses seront obseruees, et s'ennuyera d'en lire une autre qui sera escrite sans tous ces soings, et neantmoins ne sçauroit dire pourquoy l'un et l'autre luy arriue, et alors on luy fera uoir que c'est en partie à cause que ces mesmes choses dont il s'estoit mocqué sont obseruees en l'une et non pas en l'autre. Au moins auons nous cet auantage auiourd'huy que l'on a pris goust à l'harmonie des periodes, et que ceux qui scauent l'art de les arrondir ne perdent pas la peine qu'ilz y prenent, puis qu'elle est reconue, non seulement des oreilles les plus delicates, et ~~qui [...]~~ <les plus scauantes en ce mestier, mais de> celles mesmes qui n'en ont aucune conoissance. Il faut uoir là dessus ce qu'en dit l'apologie de M. de Balzac ». Vaugelas fait référence ici à l'*Apologie pour Monsieur de Balzac* de François Ogier (1627) où on lit par exemple : « Je dis seulement que si M. de B. faisoit luy-mesme une langue, & mesloit à son choix les consonantes & les voyelles en la composition de ses mots, afin qu'il n'y eust aucune sorte de discordance, ni de rudesse, il ne contenteroit pas les bonnes oreilles plus qu'il les contente : car il est vray qu'elles demeurent tousjours satisfaites à la derniere syllabe de ses periodes, & ne trouvent jamais ni trop, ni trop peu d'une seule lettre » (Balzac 1665 : II, 150).

choisisse celuy des deux qui fera cét effet. Les Maistres de l'art demeurent d'accord de cette justesse, & ceux qui ont l'oreille bonne le reconnoissent sans art[77].

Il faut aussi eviter de dire, *jusqu'à*, lors qu'il y a une repetition de la derniere syllabe *qu'à*, tout proche de la premiere. Par exemple, je[78] ne dirois pas, *jusqu'à quatre*[79], mais *jusques à quatre*, ny *jusqu'à ce qu'aprés*[80], ou *jusqu'à ce qu'ayant*, pour fuïr la cacophonie. Que si le soin que l'on aura de l'eviter d'un costé[81], fait que de l'autre on desajuste sa periode, il vaut mieux tomber dans l'inconvenient du mauvais son, pourveu qu'il ne choque pas trop rudement l'oreille, (22) que de rompre la juste cadence d'une periode. Mais avec un peu de soin, on se peut exemter de l'un & de l'autre.

Je dirois aussi *jusques à quand*, & non pas *jusqu'à quand*[82].

Cette diference de *jusques à*, & *jusqu'à*, sert aussi à rompre la mesure d'un vers, quand il se rencontre dans la prose.

En cette preposition *jusques à*, ou *jusqu'à*, ou *jusqu'aux*, au pluriel, il y a encore une chose à remarquer, qui est assez curieuse ; c'est qu'elle[83] tient lieu de certains cas. Par exemple, *ils ont tué jusqu'aux animaux* ; Icy, *jusqu'aux animaux*, tient lieu d'accusatif. *Jusqu'aux plus vils & aux plus abjets des hommes, se donnoient la licence de &c* ; Icy, *jusqu'aux plus vils*, tient lieu de nominatif. *Il a donné à tout le monde, il a donné jusqu'aux valets* ; Icy il tient lieu de datif.

Quelques-uns disent *jusques à là*, pour dire *jusques là*, & *jusques à icy*, pour dire *jusques icy* ; mais l'un & l'autre est barbare[84].

---

77 Dans les marges du manuscrit (f° 53r°) Vaugelas ajoute : « Cette difference peut seruir aussi à rompre la mesure d'un uers, qui est une chose fort uitieuse en prose, qu'il faut soigneusement euiter, soit que ce soit un uers commun, ou un uers Alexandrin, car pour des autres petits uers il n'importe. »

78 Dans l'original : Je.

79 Dans l'original : *jusqu'a quatre.* Il y a pourtant des exemples de cet usage chez Urfé et Coeffeteau dans Frantext.

80 Dans l'original : *jusqu'a ce qu'après.*

81 Dans l'original : coste.

82 Il y a pourtant une dizaine d'exemples de ce dernier usage dans Frantext pour la période 1600-1647, par exemple *Jusqu'à quand as-tu ordonné que je sois dédaignée pour une chose qui n'est plus ?* (Urfé 1612).

83 Il y a une virgule superflue après *qu'elle* dans l'original.

84 Pour la période 1600-1647 on ne trouve qu'un seul exemple de *jusques à là*, chez Mersenne (1624).

Mais mesmes

Il se dit & s'escrit communement, & tous les bons Autheurs s'en servent[85] ; Mais parce que plusieurs font difficulté d'en user à cause de la rudesse de ces trois syllabes, ou pour mieux dire, à cause du son d'une mesme syllabe (23) repetée trois fois, j'ay creu qu'il le falloit defendre, & que c'estoit un scrupule, qu'on ne doit ny faire, ny souffrir. Premierement nous avons l'authorité de tous les bons Escrivains, anciens[86], & modernes, qui aprés *non seulement*, ont accoustumé de le mettre, comme *non seulement il luy a pardonné, mais mesmes il luy a fait du bien.* En second lieu, il y a une maxime generale en matiere de cacophonie, ou de mauvais son, que les choses qui se disent ordinairement ; n'offensent jamais l'oreille, parce qu'elle y est toute accoustumée[87]. Outre que la troisiesme syllabe de *mais mesmes*, a un son fort different des deux autres, comme on le juge aisément à la prononciation, les deux premieres ayant la terminaison masculine, & la derniere, la terminaison feminine.

Ceux qui font ce scrupule, veulent que l'on mette tousjours en sa place *mais aussi.* Il y a pourtant bien de la diference entre *mais mesmes*, & *mais aussi.* Celuy-là emporte un sens bien plus fort, & a bien plus d'emphase que l'autre.

Mesme, & *mesmes* adverbe[88]

Tous deux sont bons & avec *s* & sans *s*, mais voicy comme je voudrois user tantost de l'un & tantost de l'autre. Quand il est (24) proche d'un

85 Dans le manuscrit (f° 61v°), Vaugelas nomme ses figures d'autorité explicitement : « M le Cardinal du Perron M. Coeff et tous les autres Autheurs approuuez s'en seruent ». En effet, la majorité des exemples de cette construction dans les textes de Frantext (1600-1647) sont pris de l'*Histoire Romaine* de Coeffeteau ; par ex., *non seulement dans l'enceinte des murailles de la ville, mais mesmes jusques à un mille au dehors.* Dans les *Diverses Œuvres* de Jacques Du Perron, on lit également, *non seulement elles les forcent à vouloir, mais mesmes les precipitent à executer ce qu'elles pretendent* (1622 : 764).

86 Les premiers exemples dans Frantext datent des années 1550.

87 Dans le manuscrit Vaugelas ajoute ici l'exemple *Il commenca à auoüer* (voir *R*p. 424-426).

88 La dernière moitié de la remarque qui explique comment distinguer l'usage pronominal de l'usage adverbial est ajoutée dans la version publiée. Il est à noter que dans le manuscrit (f° 62r°), Vaugelas critique explicitement un exemple de Malherbe : « Malh. B. p.8. Tant les choses mesmes qui ne scauent que c'est d'obligation, ne sont pas inexpugnables à la continuation de les obliger. Ie uoudrois mettre *Tant les choses mesme.* En passant ie remarque qu'il faut dire, *ce que c'est* non *que c'est* ». La citation vient des *Bienfaits* de Malherbe. Selon nos recherches, il n'y a aucune discussion sur cette question dans le corpus des grammaires antérieures à la publication des *Remarques.*

substantif singulier, je voudrois mettre *mesmes* avec *s*, & quand il est proche d'un substantif pluriel, je voudrois mettre *mesme* sans *s*, & l'un & l'autre pour éviter l'equivoque, & pour empescher que *mesme*, adverbe ne soit pris pour *mesme*, pronom[89]. Un exemple de chacun le va faire entendre, *Les choses mesme que je vous ay dites me justifient assez*, & *la chose mesmes que je vous ay dite*, &c. Car encore que pour l'ordinaire le sens face assez connoistre quand *mesme* est adverbe, ou quand il est pronom ; si est-ce qu'il se rencontre assez souvent des endroits, où l'esprit d'abord est surpris & hesite pour en juger. Le moyen de le discerner, c'est de la transposer, & de le mettre devant le nom, car s'il fait le mesme effet devant le nom qu'apres le nom, c'est une marque infaillible qu'il est adverbe, comme aux deux exemples que nous avons donnez. Ceux qui n'observeront pas cette remarque ne feront point de faute, mais ceux qui l'observeront, seront plus reguliers, soulageront l'esprit du Lecteur, & contribueront quelque chose à la netteté du stile.

Quasi[90]

Ce mot est bas, & nos meilleurs Escrivains n'en usent que rarement[91]. Ils disent (25) d'ordinaire *presque*. Ce n'est pas que *quasi* en certains

---

89 *Cf.* dans le manuscrit : « affin de faire uoir qu'il est aduerbe et non pas adiectif ».

90 La remarque manuscrite (f° 74r°) est intéressante à plusieurs égards. Vaugelas y semble suggérer que le mot commence à vieillir ou « à se fener [*sic*] », et il cite Coeffeteau comme modèle : « Ie ne pense pas que M. Coef. en ayt usé <une fois> dans sa traduction de Florus ni dans toute son histoire Romaine ». Il continue : « Et ce n'est pas tellement un scrupule, ou une superstition de noz Puristes, desquels on se plaint entre autres choses, qu'ilz retranchent tous les iours quelque mot de nostre langue, que ce ne soit encore le sentiment de beaucoup de personnes <de la Court>, qui [...] n'ont pas le goust corrompu ». Il note une différence entre l'usage parlé et l'usage écrit : « I'auoüe qu'on le dit en parlant, mais tout ce qui se dit ne s'escrit pas, quoy que l'on ne puisse rien escrire qui ne se die. Nous auons pourtant un excellent Escriuain tout moderne, qui s'en sert tousiours, mais plusieurs l'en reprenent aussi ». Il peut s'agir de Guez de Balzac qui a souvent recours à ce terme. Enfin, après avoir conseillé l'usage de *presque*, il remarque : « combien que mon dessein ne soit point de toucher à la prononciation si ce n'est par rencontre, et quand il me semblera à propos, ie diray neantmoins qu'il faut prononcer le *S* en ce mot ». Cette observation appuie notre hypothèse selon laquelle de nombreuses observations sur la prononciation ne se trouvent pas dans le manuscrit mais ont été ajoutées à la version publiée. Enfin, il y a un ajout marginal, peut-être d'une main différente, qui note « tout le monde l'escrit auiourd'huy ».

91 Il y a 338 occurrences de *quasi* dans les textes de Frantext pour la période 1630-1647. Bien qu'il y ait des exemples chez Balzac, Godeau et Descartes, plus de la moitié des exemples sont tirés de la correspondance de Peiresc et de Mersenne, les textes satiriques étant également bien représentés, ce qui suggère que le terme est associé notamment aux genres moins élevés. *Quasi* est cité sans commentaire par Maupas (1618) et Oudin (1640), et le mot se retrouve

endroits ne se puisse dire, mesme avec quelque grace, comme quand on dit, *il n'arrive quasi jamais que, &c.* Quelques uns qui ont le goust tres-delicat, trouvent qu'en cét exemple *presque*, n'y vient pas si bien que *quasi*.

Fronde[92]

Sans considerer l'etymologie[93] de ce mot, qui vient du Latin *Funda*, où il n'y a point d'*r*, il faut dire *fronde*, & non pas *fonde*, l'Usage le voulant ainsi, & personne ne le prononçant autrement. C'est comme M. de Malherbe l'a tousjours escrit, quoy que M. Coeffeteau, & aprés luy un de nos meilleurs Autheurs dient tousjours *fonde*[94].

Soumission, & *submission*[95]

Il y a vingt ans qu'on disoit *submission*, & non pas *soumission*, quoy que l'on dist *soumettre*, & *soumis*, & non pas *submettre*, ny *submis* ; maintenant on

---

dans les trois grands dictionnaires monolingues de la fin du siècle ; seul Richelet (1680) fait un commentaire sur son usage : « Tous Messieurs les faiseurs de Remarques & d'observations sur nostre langue ont décidé que le mot de *quasi* étoit fort peu en usage, & qu'en la place on disoit *presque*. Il est vrai que de bons Auteurs en usent ordinairement de la sorte ; neanmoins il semble que d'excellens esprits aient eu depuis peu pitié du destin du pauvre *quasi* & qu'ils le veuillent faire revivre malgré sa destinée. Car ils l'ont emploié assez fréquenment [*sic*] dans un livre de reputation qui a pour titre la Princesse de Cleves, & l'on trouve qu'ils ont raison & que *quasi* vient mieux en de certaines façons de parler que *presque* ». Il cite des exemples de l'usage de *quasi* par Voiture et Pascal et l'exemple ci-dessus de Vaugelas.

92 *Fronde* n'est considéré qu'en passant dans deux remarques manuscrites consacrées à d'autres questions, « *Chypre* » (f° 40r°) et « *Temple* » (f° 91r°).

93 Dans l'original : ethymologie (*Fautes d'impression*).

94 Les dictionnaires de la période témoignent d'un changement d'usage. Tandis que Robert Estienne (1549) et Nicot (1606) ne contiennent que *fonde*, Cotgrave (1611) inclut les deux formes. À la fin du XVIIe siècle, Richelet (1680) et l'Académie (1694) ne citent que *fronde* et Furetière (1690) renvoie ses lecteurs de l'entrée *fonde* à *fronde*. Si dans Frantext *fonde* est plus de six fois plus fréquent que *fronde* dans les textes du XVIe siècle, pour la période 1600-1647, la distribution est plus équilibrée (dix exemples de *fonde* contre sept de *fronde*). Il est intéressant de noter qu'Honoré d'Urfé utilise la forme *fonde* en 1610, mais préfère *fronde* en 1612 et 1627. Nous n'avons trouvé aucune occurrence de *fonde* dans l'édition de 1631 des *Œuvres* de Malherbe, mais Urbain (1893 : 309) cite quelques exemples de Coeffeteau. Les commentateurs contemporains n'indiquent pas l'identité du troisième auteur (« un de nos meilleurs Autheurs ») auquel Vaugelas fait allusion dans la remarque.

95 Voici une remarque intéressante où l'on peut voir comment l'avis de Vaugelas se modifie dans le manuscrit (f° 87r°) : « Il faut dire *submission* et non pas *sousmission*, quoy que l'on die *sousmettre*, et *sousmis*, et non pas *submettre*, ni *submis*. C'est l'Vsage qui le ueut ainsi, il n'y faut pas chercher de raison. <Cela a changé depuis, ~~il faut~~ on dit maintenant *sousmission*> ». Le commentaire sur l'usage du Palais ne figure pas dans le manuscrit.

dit & on escrit, *soumission*, & non pas *submission*[96]. Je sçay bien qu'on dit au Palais, *il a fait les submissions au greffe*, mais c'est un terme de Palais, qui ne tire point à consequence pour le langage ordinaire.

(26)

De cette sorte, & *de la sorte*

Plusieurs en usent indifferemment ; Toutefois *de la sorte* ne se doit mettre, qu'aprés qu'une chose vient d'estre dite ou faite, & *de cette sorte* se met devant & aprés[97]. Par exemple, un Historien venant de rapporter une harengue d'un General d'armée, dira *ayant parlé de la sorte*, & s'il le va faire parler, il dira *il commença à parler de cette sorte*, & non pas *de la sorte*, comme le met tousjours un de nos meilleurs Escrivains[98]. *De cette sorte* se peut aussi mettre aprés, comme nous avons dit, mais pour l'ordinaire il n'a pas si bonne grace que *de la sorte*. Du temps du Cardinal du Perron, & de Monsieur Coeffeteau[99], cette remarque s'observoit exactement ; mais je viens d'apprendre des Maistres, qu'aujourd'huy on ne l'observe plus, & que tous deux sont bons devant & aprés, quoy que neantmoins ils avoüent qu'il est bien plus élegant d'en user selon la remarque, que de l'autre façon[100].

---

96 Les dictionnaires monolingues confirment l'évolution de l'usage. Tandis que Cotgrave (1611) reconnaît les deux formes, Richelet (1680), Furetière (1690) et l'Académie (1694) favorisent *sousmission* ; selon Richelet, *submission* ne se dit qu'au Palais, Furetière renvoie ses lecteurs de *submission* à *sousmission*, et l'Académie n'inclut que *sousmission*. Quant à l'usage dans Frantext, mis à part un seul exemple de *sou(s)mission* chez Poissenot (1583), les premières occurrences de cette forme dans la base proviennent d'Urfé (1610). On trouve toujours des exemples de *submission* chez Malherbe (Régnier 1869 : 614) et Coeffeteau l'utilise également, par ex. *nous faisons de si grandes submissions au Pape* (1622 : 391).

97 Voir, par exemple, ces extraits pris de l'*Astrée* d'Urfé (1627), cités dans Frantext, où il observe cette différence : *Et lors elle parla* **de cette sorte** *: ce berger, ô sage Cloridamante, qui vous est presenté, est le plus digne de mort qui jamais ayt attendu vostre juste jugement* ; *Mais quelques jours apres que la fievre le quitta, et qu'il ne laissa de continuer à parler* **de la sorte**, *on s'apperceut qu'il avoit perdu l'entendement.*

98 Il est probable que Vaugelas fait allusion ici à Perrot d'Ablancourt qui semble utiliser *de la sorte* dans les deux contextes, par exemple : *Alors il s'écria, Je vous fais tous mes parens, & vous appelleray desormais* **de la sorte** (1664 [[1]1646] : 21) ; *Mais ce pauvre Prince [...] parla* **de la sorte** *à ses amis qui l'environnoient. « Si je mourois de mort naturelle, j'aurois juste sujet de me plaindre [...] »* (1658 : 96).

99 Il semble pourtant que Coeffeteau n'utilise que *de cette sorte*, par exemple, *Et là dessus pour achever la farce, il introduisit Tibere parlant à luy* **de cette sorte** *: tu fais bien, Cajus, de traiter ainsi severement ton senat ?* (*Histoire romaine*, cité d'après Frantext).

100 La position de Vaugelas est différente dans le manuscrit où il soutient (f° 23r°) : « Cette reigle de l'usage de ces deux façons de parler n'est pas seulement pour les delicats, elle

Epithete, equivoque, anagramme[101]

Epithete est feminin, *une belle epithete, les epithetes Françoises*, qui est le titre d'un livre nouvellement imprimé[102] ; quelques-uns pourtant le font masculin ; tous deux sont bons[103]. (27) *Equivoque* est feminin aussi, *une dangereuse equivoque* ; *on demande si les equivoques sont defenduës, toutes les equivoques ne sont pas vicieuses, une fascheuse equivoque*. Quelques-uns encore le font masculin[104]. *Anagramme* est tousjours feminin, *une belle anagramme, une heureuse anagramme*[105].

---

est essentielle pour parler correctement ». Parmi les lexicographes, seul Richelet (1680) fait une distinction entre l'usage de ces deux expressions, se fondant sur Vaugelas ; les grammairiens de notre corpus (1530-1647) n'en parlent pas.

101 Le genre d'*équivoque* n'est pas traité dans le manuscrit. L'observation manuscrite sur le genre d'*épithète* (f° 26r°) est plus développée : « *Epithete* est feminin et masculin aussi. I'ay dit feminin le premier contre l'ordre de nature, parce qu'il semble qu'on le face plus souuent feminin qu'autrement selon l'inclination ordinaire de nostre langue, qui lors qu'un mot est du genre commun, c'est à dire qu'il est masculin et feminin, aime mieux le faire de ce dernier genre que de l'autre. Mais ce qui fait douter de quel genre il est, c'est que les Courtisans et les Dames qui sont les principaux Autheurs de l'Vsage, ne se seruent gueres de ce mot, qu'ilz n'entendent point pour la plus part, si bien qu'il depend presque des seuls grammeriens [*sic*] et de ceux qui ont estudié de le faire du genre qu'ilz ueulent ». La remarque se prolonge en une discussion portant sur le genre du mot *épigramme* (voir *R*p. 32). Quant au genre du mot *anagramme*, Vaugelas est plus dogmatique dans la version publiée que dans la remarque manuscrite : « *Anagramme* et autres semblables, que les uns font masculins et les autres feminins. Pour moy, ~~ie l~~ <ie les> aimerois mieux faire feminins » ; *cf.* la discussion du genre du mot *épigramme*, *R*p. 32).

102 Vaugelas fait référence au livre d'Antoine de Montméran, *Synonimes et épithètes françoises*, Paris, J. Le Bouc, 1645.

103 Cette attitude tolérante se reflète également dans son propre usage dans le texte. Par exemple, à la page 37, il utilise le genre masculin dans le titre de la remarque, mais le féminin dans l'observation même. En ce qui concerne les dictionnaires, le mot *epithete* n'apparaît que chez Furetière (1690) et l'Académie (1694). Tous deux lui attribuent le genre féminin, mais l'Académie ajoute que quelques-uns le caractérisent comme masculin. Pour la période 1600-1647, en tenant compte des cas où l'on peut déterminer le genre du contexte, on retrouve dans Frantext des exemples des deux genres, mais le masculin (14 occurrences) est plus fréquent que le féminin (3 occurrences). Régnier (1869 : 229) note également des exemples d'*épithète* au masculin chez Malherbe.

104 L'usage majoritaire dans les *Remarques* est le féminin, mais on trouve quelques rares cas du masculin (*R*p. 239, 428). *Équivoque* est considéré comme féminin par tous les dictionnaires à partir de Cotgrave (1611). Quant à l'usage dans Frantext, les usages féminins y dominent également ; pour la période 1600-1647 il y a dix exemples du féminin contre quatre du masculin.

105 *Anagramme* est considéré comme masculin par Cotgrave (1611), mais comme féminin par Richelet (1680), Furetière (1690) et l'Académie (1694) ; il n'y a que huit exemples d'*anagramme* dans Frantext pour la période 1600-1647 où l'on peut identifier le genre du mot, et ils sont divisés de façon égale entre les deux genres.

Je vais, *je va*[106]

Tous ceux qui sçavent escrire, & qui ont estudié, disent, *je vais*, & disent fort bien selon la Grammaire, qui conjugue ainsi ce verbe, *je vais, tu vas, il va* ; car lors que chaque personne est differente de l'autre, en matiere de conjugaison, c'est la richesse & la beauté de la langue, parce qu'il y a moins d'equivoques, dont les langues pauvres abondent. Mais toute la Cour dit, *je va*, & ne peut souffrir, *je vais*, qui passe pour un mot Provincial, ou du peuple de Paris[107].

La, pour *le*[108]

C'est une faute que font presque toutes les femmes, & de Paris, & de la Cour. Par exemple, je dis à une femme, *quand je suis malade, j'ayme*

106 La majorité de la remarque manuscrite intitulée « *Vois* » (f° 95v°), qui critique l'usage de *vois* pour *vais*, est publiée dans les *Nouvelles Remarques* par Alemand (Vaugelas 1690 : 235). C'est un bon exemple d'une remarque qui a été probablement supprimée de la version publiée parce que la question n'était plus pertinente en 1647. La remarque se termine par la discussion de *j'y va*, considéré à cette époque par Vaugelas comme une mauvaise forme : « Plusieurs <de noz> Courtisans font encore une plus grand' faute, car ilz disent *I'y ua* pour dire *I'y uais*. Quelques uns disent encore *tu uais* pour *tu uas*, mais cette faute n'est pas si commune que l'autre ».

107 La plupart des grammairiens de notre corpus, y compris Oudin (1640 : 160), préconisent l'usage de la forme *vay* pour la première personne de l'indicatif. Meigret (1550 : 65, 80) donne *voę* ou *voęs* (glosé par Hausmann comme *vais*), tandis que Maupas (1618 : f° 108r°) semble accepter *vay*, *vais* et *vois*. Cette dernière forme est sévèrement critiquée par Henri Estienne dans ses *Hypomneses* (1999 [1582] : 450), ainsi que les formes populaires parisiennes *je voa* et *je voas*. Chabanel (1612 : 163-164), d'autre part, semble tolérer cinq formes différentes, *voy*, *vois*, *voy*, *vais* et *va*, la lettre *s* étant ajoutée « pour esviter le mauvais son & rencontre de la voyelle suivante, ou pour la rime du vers ». Dans Frantext pour la période 1500-1647, il y a 131 attestations de *je vais*, contre 18 de *je va* ; parmi ces exemples, douze datent du XVIe siècle, cinq proviennent du *Journal d'Héroard* et un apparaît dans une lettre de Peiresc de 1602. Sur cette question, voir l'Introduction, p. 140. Pour les jugements des remarqueurs ultérieurs, voir Ayres-Bennett et Seijido (2011a : 135-138).

108 Vaugelas modifie son attitude dans le manuscrit (f° 57r°). Le texte original est contre l'usage de *la* pour *le* : « Car les enfans sçauent aux plus basses classes que tout adiectif ou article qui tient lieu d'adiectif, suit non seulement le genre mais aussi le nombre et le cas (ce dernier s'entend des langues ou les cas se distinguent) du substantif auquel il se rapporte. Si bien que si la femme a raison de dire *quand ie la suis*, les hommes doiuent dire aussi *quand nous les sommes*, ce qui ne s'est iamais dit. Mais puis que les hommes disent *quand nous le sommes*, il faut aussi que la femme die *quand ie le suis*. » Mais dans un ajout au texte Vaugelas indique que cet usage commence à être accepté : « Qui ne uoit que si la femme parloit bien en disant *quand ie la suis*, qu'il faudroit que ces deux hommes disent aussi *Et nous quand nous les sommes* ce que tout le monde sçait bien qu'on ne dit pas. <Il commence toutefois à se dire et ie l'ay ouy à la Court> ».

à voir compagnie, Elle me respond, *& moy quand je la suis, je suis bien aise de ne voir personne*[109]. Je dis, que c'est une faute de dire, *quand* (28) *je la suis*, & qu'il faut dire, *quand je le suis.* La raison de cela est, que ce, *le*, qu'il faut dire, ne se rapporte pas à la personne, car en ce cas là il est certain qu'une femme auroit raison de parler ainsi, mais il se rapporte à la chose ; & pour le faire mieux entendre, c'est que ce *le*, vaut autant à dire que *cela*, lequel *cela*, n'est autre chose que ce dont il s'agit, qui est, *malade* en l'exemple que j'ay proposé ; Et pour faire voir clairement que ce que je dis est vray, & que ce *le*, ne signifie autre chose que *cela*, ou *ce dont il s'agit* : proposons un autre exemple, où ce soient plusieurs qui parlent, & non pas une femme. Je dis à deux de mes amis, *quand je suis malade, je fais telle chose*, & ils me respondent, *& nous quand nous le sommes, nous ne faisons pas ainsi.* Qui ne voit que si la femme parloit bien en disant, *quand je la suis*, il faudroit aussi que ces deux hommes dissent, *& nous quand nous les sommes* ? ce qui ne se dit point. Ainsi M. de Malherbe dit, *les choses ne nous succedent pas comme nous le desirons*, & non pas *les desirons*[110]. Cét exemple n'est pas tout à fait comme l'autre, mais il y a beaucoup de rapport, & est dans la mesme reigle. Neantmoins puis que toutes les femmes aux lieux où l'on parle bien, disent, *la*, & non pas, *le*, peut-estre que l'Usage l'emportera sur la raison, & (29) ce ne sera plus une faute. Pour *les*, au pluriel, il ne se dit point, ny par la raison, ny par l'Usage[111].

---

109 Sur l'histoire de cette question, voir Ayres-Bennett (2004c : 160). L'attitude de Vaugelas envers l'usage des femmes est examinée dans notre Introduction, 4.2.5.

110 Dans le manuscrit (f° 57r°) : « Malh dit B. p.5 ».

111 Dans les marges du manuscrit, Vaugelas fait référence à une question similaire : « Sur ce mesme suiet on peut encor faire une iolie question, à sçauoir si en cet exemple *Excusez la bestise, ou la folie comme que ce soit que uous la uouliez nommer, de ces pauures miserables* il faut dire ~~comme que ce soit~~ *que uous la uouliez nommer*, ou *que uous le uouliez nommer.* Pour moy il me semble encore qu'il faut dire *le* et non pas *la*, et que *Le* ueut dire *cela* aussi bien qu'aux autres exemples que i'ay ~~rapportez~~ <~~alleguez~~> donnez. Car à quoy se peut rapporter *la* ? si uous y prenez bien garde uous trouuerez qu'il n'a point de substantif auquel il se refere, quoy que d'abord il uous semble qu'il en ayt deux. D'ailleurs seruons nous de la mesme preuue que nous auons employee aux autres exemples. Mettons ces substantifs au pluriel et disons *Excusez les bestises ou les folies, comme que ce soit que uous le uouliez nommer &c.* Il est certain tousiours que *Le* se peut dire là sans qu'on le puisse reprendre, qui est une preuue pour le singulier. De sçauoir si c'est à l'entiere exclusion de *les* c'est dequoy il est question. Car il faut auoüer qu'il n'est pas de cet exemple comme de cet ~~example~~ <autre> *quand ie suis triste, et quand uous l'estes tous deux.* Parce qu'en celuy-cy il n'y a nulle doute qu'il ne faille dire *le* et non pas *les* mais il y a lieu de douter s'il faut condamner cette façon de parler *comme que ce soit que uous les uouliez*

Ingredient, *expedient*, *inconvenient*, *escient*, & autres semblables[112]

Il faut prononcer la derniere syllabe de ces mots là, comme si elle s'escrivoit avec un *a*, & non pas avec un *e*, *un ingrediant*, *un expediant*, *&c.* quoy que l'on prononce *moyen*, *citoyen*, *Chrestien*, *&c.* avec l'*e*, comme on les escrit. Pour connoistre donc quand il faut prononcer *a*, ou *e*, voicy la reigle. C'est que toutes les fois qu'au singulier des noms qui ont *en* à la derniere syllabe il y a un *t*, aprés l'*en*, l'*e* se prononce en *a*, comme à *expedient*, *inconvenient*, & ainsi des autres. Mais quand il n'y a point de *t*, comme à *moyen*, *citoyen*, *&c.* alors on prononce l'*e*, & au singulier, & au pluriel, comme il est escrit[113].

Si l'on objecte qu'en ce mot *Chrestienté*, il y a un *t*, aprés l'*n*, & que neantmoins il faut prononcer, l'*e* qui est devant l'*n* comme un *e*, & non pas comme un *a* ; car il ne faut jamais dire *Chrestianté*, quoy que plusieurs le dient ; On respond, que cela n'est point contre la reigle qu'on vient de donner, qui ne parle que de la derniere syllabe du mot terminé en *ent*, (30) & non pas de celle qui n'est pas la derniere comme *en*, devant le *t*, ne l'est pas en *Chrestienté*. Outre que le *t*, n'entre pas dans la syllabe *en*, mais dans la derniere qui est *té*.

---

nommer. Ie m'en rapporte à noz Maistres. Car en ces petites particules là et en ces uetilles on s'arreste plus a ~~ce que~~ <la façon dont> les bons Autheurs en usent, qu'à ce que le commun usage mesmes des Courtisans nous en uoudroit imposer. » Notons qu'ici la priorité est donnée aux sources écrites. Cette question a été déjà traitée au XVIe siècle par Ramus (1572 : 133-134) : « Le, est quelquefois relatif, nominatif de tout nombre & genre : comme, Tu es liberal, je le seray. Il le sera, elle le sera. Nous le serons, vous lestes et le seres, ils le seront : et non pas vous les estes, ne ils les seront : combien que quelques Grammairiens enseignent le contraire. » Maupas (1618 : f° 63v°-64r°) offre le même jugement dans sa grammaire.

112 Dans le manuscrit (f° 55r°), Vaugelas répète l'affirmation que ce n'est pas son intention de traiter de la prononciation dans ses remarques : « Encore que n[ot]re dessein ne soit pas de faire des Remarques touchant la Prononciation, si est ce que ie n'ay pas iugé <hors de propos> inutile de resoudre une difficulté que i'ay oüy faire souuent s'il falloit prononcer *Ingredients*, *Expedients* <*escient*>, comme si l'on escriuoit *Ingrediants*, *Expediants*, et *Esciant* auec un *a* ou bien s'il les faut prononcer auec un *e* comme on les escrit ». Le deuxième paragraphe de l'observation est nouveau dans la version publiée.

113 Dans le manuscrit : « Il n'y a que le menu peuple qui prononce *moyan*, *chrestian*, et *chrestianté* ».

Soit que, ou soit[114]

On dit, *soit que vous ayez fait cela, soit que vous ne l'ayez pas fait.* On dit aussi, *soit que vous ayez fait cela, ou que vous ne l'ayez pas fait*, & c'est la plus ordinaire & la plus douce façon de parler ; Mais l'autre ne laisse pas d'estre fort bonne, & mesmes il y a de certains endroits, dont les exemples ne se presentent pas maintenant, où la repetition des deux *soit*, a beaucoup meilleure grace, que de dire, *ou*[115]. Il y en a une troisiesme, dont plusieurs se servent, mais qui est condamnée dans la prose par les meilleurs Escrivains[116]. C'est, *ou soit*, par exemple ils disent, *ou soit qu'il n'eust pas donné assez bon ordre à ses affaires, ou que ses commandemens fussent mal executez.* Ou bien, *soit qu'il n'eust pas donné bon ordre*, &c. *ou soit que ses commandemens, &c.* Il ne faut point mettre *ou*, devant *soit*, ny en l'un, ny en l'autre exemple, il est redondant. Il faut dire simplement, *soit qu'il n'eust pas donné*, &c. *ou que ses commandemens, &c.* J'ay dit *dans la prose* ; parce que les Poëtes ne font point de difficulté d'en user, (31) leur estant commode d'avoir une syllabe de plus, ou de moins, pour le vers[117].

---

114 La condamnation de *ou soit* est plus marquée dans le manuscrit (f° 68v°) et Vaugelas ne fait pas de distinction entre l'usage en prose et en vers : « *Ou soit* pour dire *soit que*, ou bien *ou que*, ne uaut rien, quoy que beaucoup de gents en usent. Il faut dire l'un ou l'autre, mais tous deux ensemble ne ualent rien, c'est un Barbarisme ». Il maintient que Coeffeteau et tous les bons écrivains ont toujours suivi cet usage. Les exemples du manuscrit sont remplacés par d'autres dans la version publiée. Pour le reste Vaugelas conseille d'ajouter un accent à *où* (*ubi*) pour le distinguer de *ou* (*aut, sive*), et « pour rendre tousiours nostre langue plus parfaite et plus exacte ».

115 Wapy (1634 : 157) l'inclut dans sa liste de « liaisons » qui contribuent « à l'embelissement du discours, & donnent au parler des agréemens à la mode » (1634 : 143).

116 Il y a pourtant une soixantaine d'occurrences de *ou soit* dans Frantext pour la période 1600-1647, y compris des exemples pris d'Urfé, de Chapelain et même de l'*Histoire romaine* de Coeffeteau (*soit que ce fust comme un signe consacré à Adonis tué par le sanglier, duquel il avoit fait dresser le simulacre en Bethleem où cette porte alloit ; ou soit enfin que ce fust par l'erreur commune des gentils qui reprochoient aux juifs qu'ils adoroient cette beste, dautant qu'ils n'en osoient manger*). De plus il n'y aucun commentaire sur l'usage de *ou soit* dans notre corpus de grammaires (1530-1650). Les dictionnaires d'Estienne (1549) et de Nicot (1606) contiennent des exemples de *soit que … ou soit que*, qui ne sont pas commentés. Parmi les lexicographes de la fin du siècle, seul Richelet (1680) suit Vaugelas et critique l'usage d'*ou soit*. Nous apercevons pourtant un déclin dans la fréquence de l'usage d'*ou soit* après la publication des *Remarques* (0,0078 per 1000 mots pour la période 1600-1647, 0,0037 per 1000 mots pour la période 1648-1699).

117 Il y a plusieurs exemples cités dans Frantext pris des *Œuvres poétiques* de Bertaut (1620) parmi lesquels : *Vivez tant seulement, ou soit pour la vengeance, / Ou soit pour étouffer la maudite esperance.*

Superbe[118]

Ce mot est tousjours adjectif, & jamais substantif, quoy qu'une infinité de gens, & particulierement les Predicateurs disent, *la superbe*, pour dire *l'orgueil*. Ce n'est pas qu'il n'y ayt plusieurs mots qui sont substantifs & adjectifs tout ensemble, comme *colere*, *adultere*, *chagrin*, *sacrilege*, *&c.* mais *superbe*, n'est pas de ce nombre.

En somme[119]

Ce terme est vieux, & ceux qui escrivent purement ne s'en servent plus. Nous avons pourtant grand besoin de ces façons de parler pour les liaisons, & les commencemens des periodes qu'il faut souvent diversifier[120]. Puis que l'on ne veut plus recevoir *en somme*, on recevra encore moins *somme*, pour *en somme*, dont nos meilleurs Escrivains se servoient il n'y a pas long temps, & beaucoup moins encore *somme toute*[121]. Nous

118 La référence à l'usage fréquent de *la superbe* surtout par les prédicateurs est ajoutée dans la version publiée. Dans le manuscrit (f° 85r°), Vaugelas note qu'il existe également des mots qui sont à la fois participes (passés) et substantifs, citant comme exemples, *enceinte*, *retenue*, *uenue*, *allée*. Il n'y a que quelques rares exemples de *superbe* substantif dans Frantext pour la période 1600-1647, et surtout dans les deux premières décennies du siècle, par exemple chez Charron (1601) et Montchrestien (1615). Ni Estienne (1549), ni Nicot (1606), ni Cotgrave (1611) ne font mention de l'usage substantif de ce mot. Furetière (1690) l'inclut sans commentaire. L'Académie (1694) note qu'il n'a guère d'usage que « dans les matieres de devotion », tandis que Richelet (1680) suit Vaugelas et observe que plusieurs ne peuvent le tolérer que dans le cas des prédicateurs. Il continue : « Et en éfet, pour une personne qui se servira du mot de superbe, il y en aura deux cens qui l'éviteront & qui emploîront en sa place le mot *d'orgueil*. »

119 On a ici l'exemple d'un remaniement net entre le manuscrit et la version publiée. Dans la remarque manuscrite (f° 85v°) qui traite de l'usage de *somme* pour *en somme*, Vaugelas considère que les deux formes sont valides : « *Somme* pour dire *en somme* au commencement d'une periode et à la fin d'un Discours est fort bon, et usité par M. Coeff. et par tous les Autheurs approuuez ». Il se sert également de l'expression *en somme* cinq fois dans le manuscrit.

120 Pour une discussion de l'attitude de Vaugelas envers les mots qui disparaissent de l'usage, voir l'Introduction, p. 180.

121 Pour la période 1600-1647 dans Frantext il n'y aucun exemple de *somme toute*, une douzaine d'exemples de *somme*, et plus de deux cents exemples d'*en somme*. D'autre part, pour la période 1648-1699, il n'y plus que treize exemples de ce dernier. Aucun des dictionnaires du corpus ne fait mention de cet usage de *somme*. En revanche, *somme toute* est inclus dans tous les dictionnaires, sauf Richelet (1680), sans commentaire. Quant à l'expression *en somme*, elle est incluse par Estienne (1549), Nicot (1606) et Furetière (1690) sans commentaire, mais exclue par Cotgrave (1611) et l'Académie (1694). Comme c'est souvent le cas, Richelet (1680) cite l'opinion de Vaugelas selon laquelle le terme est vieux « si ce n'est pas dans le burlesque ».

n'avons qu'*enfin*[122], *en un mot*, *aprés tout*, car ny *finalement*, ny *bref*[123], ne s'employent plus gueres dans le beau stile, quoy que l'on s'en serve dans le stile ordinaire.

(32)

Epigramme[124]

Il est tousjours feminin, & l'on dit, *une belle epigramme*, & non pas, *un bel epigramme*, & *une epigramme bien aiguë*, & non pas *bien aigu* ; Car il y en a quelques-uns qui veulent qu'il soit masculin & feminin, selon la diverse situation de l'adjectif qui l'accompagne, par exemple, ils veulent que l'on die, *une belle epigramme*, & *un epigramme bien aigu*, c'est à dire, que quand l'adjectif est devant, *epigramme* soit feminin, & quand l'adjectif est aprés, qu'il soit masculin. Mais cette distinction qui a lieu en quelques autres mots[125], est condamnée en celuy-cy[126].

Epitaphe, *Horoscope*, *Epithalame*[127]

---

122 Dans l'original : *qu'enfin*.

123 Les derniers exemples de *finablement* dans Frantext datent de 1620. Il y a 328 occurrences de *finalement* pour la période 1600-1647 contre 77 pour la période 1648-1699. Quant à *bref* dans cette fonction, il continue à être employé tout le long du siècle, mais il est notable que beaucoup d'exemples de la deuxième moitié du siècle proviennent des textes satiriques ou burlesques (par Assoucy, Brébeuf, Colletet, etc.) ou des lettres (Patin, Mme de Sévigné, etc.), ce qui semble confirmer le jugement de Vaugelas sur le genre auquel il est surtout associé à cette époque.

124 Le mot *epigramme* est abordé au folio 26r° après la discussion d'*epithete* : « Pour la mesme raison il en est de mesmes d'*Epigramme*, *Anagramme* et autres semblables, que les uns font masculins et les autres feminins. Pour moy, ~~ie l'~~<ie les> aimerois mieux faire feminins ». La position de Vaugelas sur la question devient plus rigide dans le texte publié.

125 *Cf. R*p. 367, 462-463.

126 L'analyse de l'usage dans Frantext indique une nette évolution. Pour la période 1600-1647, parmi les exemples pour lesquels on peut identifier le genre, il y a 32 exemples de l'usage masculin contre cinq du féminin ; pour la période 1648-1699, d'autre part, il y a 80 exemples du féminin contre trois du masculin. Dans ses observations, Ménage (1675 : 144-146) cite également des exemples qui attestent d'un changement d'usage. De façon similaire, Cotgrave (1611) considère ce mot comme masculin, mais Richelet (1680), Furetière (1690) et l'Académie (1694) s'accordent à le caractériser comme féminin.

127 Aucun de ces mots n'est discuté dans le manuscrit. L'usage tel qu'il est attesté dans Frantext suggère que le changement de genre d'*épitaphe* est assez récent : pour la période 1600-1647 il y a 18 exemples du masculin contre quatre du féminin qui s'échelonnent de 1623 à 1646 ; en revanche, pour la période 1648-1699, il y a neuf exemples du féminin contre seulement trois du féminin. Dans ce cas-ci Vaugelas semble alors refléter l'usage contemporain. Dans le cas d'*horoscope* et d'*épithalame* il y a

Les uns font *Epitaphe* masculin, les autres feminin ; mais la plus commune opinion est, qu'il est feminin, *une belle epitaphe.* Au contraire, *Horoscope* qu'on fait aussi des deux genres, passe neantmoins plus communement pour masculin, l'*horoscope qu'il a fait, qu'il a dressé,* plustost que, *qu'il a faite* ou *dressée. Epithalame* est des deux genres aussi, mais plustost masculin que feminin.

(33)

LE, pronom relatif oublié[128]

Plusieurs obmettent le pronom relatif, *le,* aux deux genres & aux deux nombres. Par exemple, *un tel veut acheter mon cheval, il faut que je luy face voir,* au lieu de dire, *il faut que je le luy face voir, veut acheter ma haquenée, il faut que je la luy face voir*[129]. Ainsi au pluriel. Amyot fait tousjours cette faute[130], mais ce n'est qu'avec *luy,* & *leur,* pour eviter sans doute la cacophonie de *le luy,* & *le leur,* & ne dire pas, *il faut que je*

trop peu d'exemples où l'on peut identifier le genre pour faire un commentaire fiable sur leur usage, ce qui contribuait sans doute à l'incertitude sur le genre correct. Les dictionnaires témoignent également de l'incertitude continuelle au XVIIe siècle sur le genre de ces mots. *Épitaphe* est masculin selon Cotgrave (1611), masculin et féminin, mais plus souvent féminin, selon Richelet (1680), et féminin selon Furetière (1690). L'Académie (1687) attribue le mot au genre masculin en notant que quelques-uns le considèrent comme féminin, alors qu'en 1694 la situation est innversée. Quant à *horoscope,* Cotgrave (1611) et Furetière (1690) le considèrent comme masculin, tandis que Richelet (1680) autorise les deux genres tout en notant que le masculin est plus fréquent. Ici encore on remarque un changement dans l'opinion de l'Académie entre 1687 et 1694 : en 1687 l'Académie indique que le mot est masculin, mais que quelques-uns le rangent dans la catégorie du féminin, tandis qu'en 1694 seul le genre féminin lui est attribué. En ce qui concerne *épithalame,* le mot n'est inclus que par Furetière (1690) et l'Académie (1694) qui le considèrent comme masculin ; l'Académie ajoute toutefois que « Quelques-uns le font feminin ».

128 La remarque manuscrite (f° 57r°) est très similaire à la version publiée. Il n'y a aucun commentaire sur cette question dans les grammaires du XVIe siècle. Maupas (1618 : f° 65v°) note les deux possibilités et Oudin (1640 : 107) préfère l'omission de *le, la, les* : « Pour l'arrengement des relatifs, *le, la* & *les* avec les pronoms personnels, on doit remarquer, que les construisant avec les datifs *luy* & *leur,* les phrases en sont presque vicieuses, comme de dire, *je les luy donneray* : *je les leur envoye* : il est bien mieux de n'y mettre que lesdits datifs : *je luy donneray* : *je leur envoye* : encore que l'un & l'autre se puisse dire ». Il semble donc que Vaugelas soit le premier à élaborer cette règle.

129 Pour l'histoire de cette construction et plusieurs exemples pris de Balzac, Molière, Mme de Sévigné, etc., voir N. Fournier (1998 : 76-77).

130 L'usage chez Amyot est plutôt variable ; selon Guerlin de Guer (1937 : 6), on trouve même un exemple où Amyot s'est corrigé sur ce point entre les éditions de 1559 et de 1567.

le luy face voir, ou, *que je le leur face voir*, qui n'est pas une raison suffisante pour laisser un mot si necessaire ; car il vaut bien mieux satisfaire l'entendement que l'oreille, & il ne faut jamais avoir esgard à celle-cy ; qu'on n'ayt premierement satisfait l'autre. Amyot donc, ny ceux qui font encore aujourd'huy cette faute, ne diront pas *vous voulez acheter mon cheval, il faut que je vous monstre*, mais *que je vous le monstre* ; parce que ce n'est qu'avec *luy* & *leur* qu'ils parlent ainsi, comme j'ay dit, à cause de la cacophonie des deux *l, l*.

Les pronoms, LE, LA, LES, transposés[131]

Il y a encore une autre petite remarque à faire sur la transposition de ce pronom relatif. Par exemple, il faut dire, *je vous le promets*, (34) & non pas, *je le vous promets*, comme le disent tous les anciens Escrivains, & plusieurs modernes encore[132]. Il faut tousjours mettre le pronom relatif auprés du verbe, mesme lors qu'il y a repetition du pronom personnel, comme, *il n'est pas si meschant que vous vous le figurez*, & non pas, *que vous le vous figurez*, nonobstant la cacophonie des deux *vous*. Pour les vers, quelques-uns se servent de l'un & de l'autre, & disent aussi, *vous le vous figurez* ; mais non pas, *je le vous asseure*, pour, *je vous l'asseure*.

---

131 Dans l'original : *transposes.*

132 Dans la remarque manuscrite qui suit la précédente (f° 57v°), Vaugelas critique explicitement les auteurs qui ont fait « la faute » de ne pas mettre le pronom objet direct près du verbe. Parmi les anciens il cite Amyot et parmi les modernes, Malherbe. L'exemple qui devient anonyme dans la version publiée est explicitement attribué à Malherbe : « Malh. p 491 *que uous le uous figurez* ». Cette question n'est pas considérée dans les grammaires du XVIe siècle et Maupas continue à tolérer les deux ordres (1618 : f° 65r°). Oudin (1640 : 107), d'autre part, propose la règle moderne : « Au contraire *me, te, se,* & *vous*, veulent ces relatifs tousjours apres eux : *Monsieur me l'acheptera* : *Madame te le dira* : *Jean se le fera payer* : *le valet nous le monstrera* : *la servante vous les apportera*. Et gardez-vous bien de dire, *la m'acheptera* : *les me donnera*, *la te payera*, &c. car c'est fort mal parlé, & la reigle en est grandement fausse : encore moins, *il le m'a donné*, pour *il me l'a donné* : *il le t'a promis*, pour, *il te l'a promis*, & autres semblables ». Si l'ancien ordre est toujours attesté dans Frantext dans la première moitié du siècle, les exemples sont de plus en plus axés sur l'usage de certains auteurs. Par exemple, l'ordre *le vous* est attesté 155 fois pour la période 1630-1639, mais plus des trois quarts des exemples proviennent de l'*Astrée* d'Urfé ou de la correspondance de Peiresc. Pendant la période 1640-1647 il n'en reste que deux exemples dans les *Satires* de Jacques Du Lorens. Vaugelas lui-même employait l'ancien ordre dans sa première traduction de 1615 (Ayres-Bennett 1987a : 173).

Mensonge, *poison*, *relasche*, *reproche*[133]

Ces mots sont tousjours masculins, quoy que quelques-uns de nos meilleurs Autheurs les ayent fait feminins ; il est vray que ce ne sont pas des plus modernes[134]. On dit toutesfois au pluriel, *à belles reproches*, *de sanglantes reproches*, & en ce nombre il est certain qu'on le fait plus souvent feminin que masculin ; Mais quand on le fera par tout masculin, on ne sçauroit faillir.

---

133 *Mensonge* (f° 61r°), *poison* (71v°, 72r° (texte rayé)) et *reproche* (79v°) sont traités séparément dans le manuscrit, mais il n'y a pas de remarque sur *relasche*. Dans le cas de *mensonge* et de *poison*, le commentaire manuscrit est semblable à la version définitive, et Malherbe est critiqué pour les avoir utilisés au genre féminin : « *Mensonge* est tousiours Masculin, quoy que M. de Malherbe l'ayt fait feminin » ; « *Poison* est tousiours masculin, quoy que les Parisiens <et M. de Mal qui aussi en est repris> le facent d'ordinaire feminin. <Mal p222 > ». Dans la remarque sur *reproche* Vaugelas soutient que ce mot n'est que masculin à la cour, et qu'il ne le trouve au féminin que chez Coeffeteau, Malherbe (p. 328) et « une excellente plume ». Il maintient que « ni deux, ni plusieurs excellents Autheurs n'ont pas la puissance d'establir aucune chose contre l'Vsage uniuersel de la Court ». La discussion de l'usage du mot au pluriel est nouvelle dans la version publiée.

134 Les exemples de *mensonge* au féminin sont rares dans Frantext pour la période 1600-1647 (par ex. *qu'ils ne font que chercher la mensonge* (Camus, 1625), *parce que je ne dis point une mensonge* (Balzac 1627)), et l'usage du masculin domine largement. La situation est semblable pour *poison* (151 exemples de *le poison* contre 11 de *la poison*) et pour *relasche* (une douzaine d'exemples du masculin y compris un chez Coeffeteau contre 2 du féminin). Au singulier, l'usage de *reproche* au masculin est plus de quatre fois plus fréquent que le féminin, et il est intéressant de noter que si Camus, Urfé et Coeffeteau l'utilisent au féminin, on trouve également des exemples de l'autre genre dans leurs ouvrages. Enfin, le jugement de Vaugelas selon lequel *reproche* au pluriel est plus fréquemment utilisé au genre féminin est également confirmé par Frantext (23 exemples du féminin contre 16 du masculin). La variation est également représentée dans les grammaires de l'époque. Maupas considère que *mensonge* est « de commun genre » (1618 : f° 48r°), tandis qu'Oudin le juge masculin (1640 : 72). Dans le cas de *poison*, Maupas (1618 : f° 46r°) observe également qu'il « peut estre de commun genre » ; Oudin (1640 : 76), d'autre part, juge qu'il appartient au genre « douteux », mais qu'il a meilleure grâce au masculin. Chabanel (1612 : 148-149, 154-155) inclut des exemples des deux genres pour *mensonge* et *poison*, tout en soutenant que *mensonge* est plus usité au masculin. Tous les lexicographes de Cotgrave (1611) à l'Académie (1694) s'accordent à considérer *mensonge* et *poison* comme masculins. Quant à *relasche*, seul Cotgrave (1611) lui attribue le genre féminin. *Reproche* est considéré comme féminin par Cotgrave (1611), mais comme masculin par Richelet (1680), Furetière (1690) et l'Académie (1694). Richelet (1680) ajoute que ce mot était masculin au singulier et féminin au pluriel au temps où Vaugelas écrivait ses remarques, mais que *reproche* est maintenant masculin au singulier et au pluriel.

Œuvre, œuvres[135]

Au singulier, quand il signifie *livre*, ou *volume*, ou *quelque composition*, il est masculin, *un bel œuvre*. Pour *action*, il est feminin, *faire une bonne œuvre*, quelques-uns disent, & tres-mal, faire *un bon œuvre*[136]. Au pluriel il est (35) tousjours feminin, soit qu'il signifie l'un ou l'autre ; car on dit, *faire de bonnes œuvres*, &, *j'ay*[137] *toutes ses œuvres*, & non pas *tous ses œuvres*[138]. On dit, *le grand œuvre*, pour dire la pierre philosophale en un sens different des deux autres.

Tant plus[139]

Ce terme n'est plus gueres en usage parmy ceux qui font profession de bien parler, & de bien escrire[140]. On ne dit que *plus*. Par exemple,

135 La remarque manuscrite (f° 68r°) est similaire à la version publiée excepté que la dernière phrase sur l'usage de *grand œuvre* pour désigner « la pierre philosophale » n'y figure pas.

136 Chabanel (1612 : 151) fait une distinction similaire selon l'acception du mot.

137 Dans l'original : j'*ay*.

138 Les dictionnaires reflètent la variation de l'usage selon le sens et le nombre. Cotgrave (1611) le considère comme féminin, mais cite deux proverbes dans lesquels la forme est masculine. Richelet (1680) fait un commentaire assez détaillé sur la question : « Vaugelas dans ses remarques a décidé que le mot *d'œuvre* signifiant livre, volume, ou quelque composition étoit *masculin* au singulier & toujours *féminin* au pluriel. Cette remarque s'observoit de la sorte du tems de Vaugelas. Aujourdhui le mot d'œuvre dans la signification de livre ou de composition est *masculin & féminin* au singulier, mais au pluriel il est toujours *féminin*, ainsi que l'a fort bien remarqué Vaugelas [...]. Vaugelas a décidé dans ses remarques que le mot *d'œuvre* signifiant *action* étoit toujours féminin, cela est ordinairement vrai, mais il y a des rencontres où le mot d'œuvre au singulier & dans la signification d'action est beaucoup plus élégant au masculin qu'au féminin sur tout lorsqu'il est pris dans un sens figuré, ou dans un sens où le figuré est un peu mêlé avec le propre [...]. *Œuvre.* Ce mot en *terme de Chimie* signifie *la pierre philosophale*, & alors il est toujours masculin [...] **Œuvre.* Ce mot est féminin aussi signifiant tout ce qui sert à l'entretien & aux réparations de l'Eglise [...] ». Furetière (1690) note simplement que le mot est tantôt masculin, tantôt féminin, sans indiquer la répartition de ces usages, et l'Académie (1694) le juge féminin sauf quand il a le sens de pierre philosophale ou quand on parle d'estampes.

139 Cette question n'est pas traitée dans le manuscrit.

140 On observe effectivement un déclin de l'usage de *tant plus* pendant le siècle dans Frantext : 374 occurrences pour la période 1600-1629, 79 pour la période 1630-1647, et 31 pour la période 1648-1699. Quant aux dictionnaires, Richelet (1680) cite l'opinion de Vaugelas selon laquelle cette expression n'est plus guère en usage ; mais l'Académie (1694) accepte toujours son usage, même si elle favorise l'emploi de *plus* seul : « Tant plus. Façon de parler adverbiale dont on se sert pour establir & pour resoudre une proposition, dont les deux membres ont quelque relation ensemble. *Tant plus on est eslevé en dignité, tant plus*

tant plus il boit, tant plus il a soif, c'est à la vieille mode, il faut dire, *plus il boit, plus il a soif.* Qui ne voit combien ce dernier est plus beau ?

Valant, pour *vaillant*[141]

Il est vray que selon la raison, il faudroit dire, *cent mille escus valant*, & non pas *cent mille escus vaillant*, parce qu'outre l'equivoque de *vaillant*, & la reigle qui veut qu'on ne face point d'equivoque sans necessité, *valoir* fait *valant*, comme *vouloir* fait *voulant*, & non pas *vaillant*[142]. Aussi l'on dit, *equivalant*, & non pas *equivaillant.* Mais l'Usage plus fort que la raison dans les langues, fait dire à la Cour, & escrire à tous les bons Autheurs, *cent mille escus vaillant*, & non pas *valant.* C'est en Poictou principalement, où l'on dit *valant*[143].

(36)

Ne plus ne moins

Pour signifier *comme*, ou, *tout ainsi que*, il faut dire *ne plus ne moins*, & non pas, *ny plus, ny moins*, qui est bon pour exprimer exactement la quantité d'une chose ; comme, *il y a cent escus, ny plus, ny moins. Je ne vous dis que ce qu'il m'a dit, ny plus, ny moins.* Mais quand c'est un terme de comparaison, il faut dire & escrire, *ne plus ne moins*, comme le Cardinal du Perron, M. Coeffeteau, & M. de Malherbe l'ont tousjours escrit[144].

---

on doit prendre garde à toutes ses actions. tant plus on aura receu de Dieu, tant plus on aura de compte à rendre. [...] On employe aussi, *D'autant plus*, en ces sortes de phrases [...]. Mais l'usage le plus ordinaire dans ces façons de parler, est de se servir du mot de *Plus* tout seul. »

141 Voir aussi *R*p. 359-360.

142 Maupas (1618 : f° 119r°) fait un commentaire bref sur cette distinction : « Valant est pur participe, *une piéce d'or valant dix livres. Vaillant*, est pur adjectif, *un vaillant homme, une vaillante veuve* ».

143 Cette dernière phrase ne figure pas dans la version manuscrite (f° 96r°), qui est, pour le reste, similaire à la version publiée. Il n'y a que trois exemples de *valant* dans Frantext pour la période 1600-1647, deux par Olivier de Serres (1603) et un troisième par Honoré d'Urfé (1627), *cette marchandise ne valant gueres, et vous, l'estimant fort peu.* Richelet (1680) et Furetière (1690) n'offrent que la forme *vaillant* dans ce contexte, le premier s'appuyant sur l'autorité de Vaugelas. L'Académie (1694) cite des exemples de *valant cent mille livres* et *il a deux mille escus vaillant*, tout en notant que ce dernier représente l'usage ordinaire.

144 Dans le manuscrit (f° 64r°) : « M. de Malh l'escrit tousiours ainsi p.454 On leur attribua le droit de porter la robe en broderie ne plus ne moins que le Pontise » (traduction de Tite-Live). Cette construction est également attestée chez Coeffeteau (par ex. *il luy fit la reverence ne plus ne moins qu'il avoit fait à Naples*, cité d'après Frantext), mais dans les *Diverses Œuvres* de Du Perron, nous trouvons plutôt *ny plus*

Et bien que par tout ailleurs cette negative se nomme, *ny*, & non pas *ne*, qui est un vieux mot qui n'est plus en usage que le long de la riviere de Loire, où l'on dit encore, *ne vous, ne moy*, pour, *ny vous, ny moy*[145], si est-ce que l'ancien *ne*, s'est conservé entier en *ne plus ne moins* ; car l'on ne dit point *ny plus, ne moins*, ny, *ne plus, ny moins*. L'Usage le veut ainsi ; quoy qu'à le bien prendre, & selon que les mots sonnent, ce terme de comparaison ne signifie autre chose, sinon que les deux choses que l'on compare ont un rapport si parfait, qu'il semble qu'il n'y a ny plus ny moins en l'une qu'en l'autre.

J'ay dit comme il falloit user de ce terme, quand on s'en sert, parce que plusieurs y manquent. Mais il est bon que l'on sache, qu'il n'est presque plus en usage parmy ceux qui parlent & escrivent bien[146].

---

ny moins (par ex. *tenants ce peu de conduitte qu'ils ont de leur cognoissance propre, & les autres le devant, à la Nature : Ny plus ny moins qu'un homme qui a la veuë foible [...]*, Du Perron 1622 : 827). Dans le manuscrit Vaugelas remarque qu'il a appris que cela constitue l'usage : « tant par la lecture des bons autheurs, que pour l'auoir oüy tousiours prononcer de cette façon dans la Court ». De plus, il observe qu'il y a une différence de ponctuation entre les deux expressions : « Il y a encore cette petite difference entre *ne plus ne moins*, et *ni plus, ni moins*, qu'en celuy-là il ne faut point de uirgule, parce que ce sont quatre mots qui semblent n'en faire qu'un, comme nous en auons plusieurs en nostre langue de cette nature, dont nous parlerons ailleurs, et en celuy-cy il faut une uirgule apres *plus* ».

145 Dans l'original la virgule est suivie d'un point-virgule. Les grammaires semblent confirmer qu'il s'agit d'un changement récent. Maupas (1618 : f° 169r°) maintient que les deux constructions sont possibles, mais Oudin (1640 : 285) recommande l'usage moderne : « *Ne*, ceste particule ne se devroit jamais construire au lieu de *ny*, *ne l'un ne l'autre* estant un peu antique ».

146 Vaugelas semble beaucoup hésiter sur cette question dans le manuscrit. Il y raye le passage suivant : « Mais tout ce qui a esté dit de *ne plus ne moins* ne seruira qu'à iustifier ceux qui en ont usé par le passé, car pour l'auenir on sera aduerti que l'on n'en use presque plus à la Court <surtout en escriuant>, et que ce mot est du nombre de ceux qui commencent à sentir le rance et le uieux, comme font ceux-cy *loisible*, *soulois*, <*mes-huy*> et les autres dont ie feray une liste. On se sert donc au lieu de *ne plus ne moins* de *comme*, *tout ainsi que*, *de mesme que*, *tout de mesme que*, et <de> quelque peu d'autres semblables ». À la fin de l'observation, il ajoute, « <Neantmoins M^rs^. Coeff et de Malh. en usent fort souuent.> ». Si pour la première moitié du siècle (1600-1647), l'usage de *ne plus ne moins* est assez fréquent (64 exemples dans Frantext), après Vaugelas, la quantité d'occurrences baisse nettement (20 exemples pour la période 1648-1699). Les dictionnaires d'Estienne (1549) et de Nicot (1606) contiennent des exemples de son usage, mais seul Furetière (1690) fait un commentaire sur son emploi en notant qu'on s'en servait autrefois pour faire une comparaison. Il y a une occurrence de l'expression dans le dictionnaire de l'Académie (1694), dans l'entrée où elle explique le sens de *justement* : « Il sign. aussi, Dans la juste proportion, ne plus ne moins qu'il faut ».

(37)

Ny devant le second epithete d'une proposition negative[147]

Cette remarque est assez curieuse, & peu de gens y prennent garde. Je parle des meilleurs Escrivains, mais M. Coeffeteau n'y manque jamais. Je dis donc que, *ny*, ne se doit pas mettre devant la seconde epithete, ou le second adjectif d'une proposition negative, quand cette seconde epithete n'est que le synonime de la premiere. Exemple, *il n'est point de memoire d'un plus rude & plus furieux combat*, dit M. Coeffeteau, je dis qu'il n'a pas mis *d'un plus rude ny plus furieux combat*, parce qu'icy *rude & furieux* sont synonimes[148] ; quoy que ce ne seroit pas une faute de mettre le, *ny*, comme font quelques-uns, mais il seroit moins bon que, *&*. *Ny* se doit mettre seulement quand les deux epithetes sont tout à fait differentes, comme *il n'y eut jamais de Capitaine plus vaillant, ny plus sage que luy*, car *vaillant* & *sage* sont deux choses bien differentes, & il ne seroit pas si bien dit, *il n'y eut jamais de Capitaine plus vaillant & plus sage que luy*. A plus forte raison on doit mettre *ny*, si ce sont deux choses contraires.

Nier[149]

---

147 Le principe est déjà établi dans la courte remarque manuscrite (f° 65r°) : « *Ni* ne se doit pas mettre au second epithete d'une proposition negatiue, quand ce second epithete ou adiectif n'est que le synonime du premier. Exemple *Il n'est point de memoire d'un plus aspre et plus furieux combat*. M. Coef. en use tousiours ainsi, et plusieurs y manquent considerants la [...] negatiue, et non pas le synonime. » Sur la « règle des synonymes », voir l'Introduction, p. 145-147. Oudin (1640 : 285) juge plutôt qu'on ne peut jamais utiliser *et* dans cette construction : « Il est indifferent de repeter la particule *ny* apres une negative : v.g. *Je ne puis manger ny boire* ; ou bien, *je ne puis ny manger ny boire*. Remarquez aussi que necessairement elle sert de copulative à soy-mesme, & que jamais on ne met la diction *&* apres, car l'on ne dira pas *je ne puis ny dormir & veiller*, mais *ny veiller*. »

148 On trouve dans Frantext l'exemple suivant pris de l'*Histoire romaine* de Coeffeteau qui est conforme au jugement de Vaugelas : *il ne se fit jamais un si signalé et remarquable combat*. Dans un autre exemple, Coeffeteau se sert de *ni* (*jamais le soleil ne vid un plus sanglant ny un plus horrible spectacle que celuy de cette inhumaine boucherie*) ; les adjectifs *sanglant* et *horrible* sont-ils considérés ici comme « différents » plutôt que comme « approchants » ?

149 La remarque manuscrite (f° 65v°) est très proche de celle du texte publié excepté que Vaugelas n'y observe pas que la version sans *ne* est « François ; mais peu élégant » et son jugement est donc moins nuancé qu'en 1647. Au XVIe siècle, Ramus (1572 : 187) cite cet usage de *ne* comme un exemple de « redondance ». Pour la période 1600-1647 dans Frantext il y a dix exemples de *nie(nt) pas / point* suivi par *ne* contre deux sans *ne* (par ex. *Je ne nie pas certes, qu'ainsi que des tragedies, celles-là paroissent plus et sont les meilleures qui sont plus meslées dans le tumulte de la guerre*, Chapelain, 1623).

Quand la negative *ne*, est devant *nier*, il la faut encore repeter aprés le mesme (38) verbe, par exemple, *je ne nie pas que je ne l'aye dit*, & non pas, *je ne nie pas que je l'aye dit*. Ce dernier neantmoins ne laisse pas d'estre François ; mais peu élegant : l'autre est beaucoup meilleur ; nostre langue ayme deux negations ensemble, qui n'affirment pas comme en Latin, où *nec-non*, veut dire, *&*.

Subvenir[150]

Il faut dire, *subvenir à la necessité de quelqu'un*, & non pas *survenir*, comme dit la plus part du monde[151] ; Car *survenir* veut dire toute autre chose, comme chacun sçait[152].

Sortir[153]

Ce verbe est neutre, & non pas actif. C'est pourquoy, *sortez ce cheval*, pour dire, *faites sortir ce cheval*, ou, *tirez ce cheval*, est tres-mal dit, encore que cette façon de parler se soit renduë fort commune à la Cour, & par toutes les Provinces[154]. On accuse les Gascons d'en estre les autheurs[155], à cause qu'ils ont accoustumé de convertir plusieurs verbes neutres en actifs, comme *tomber*[156], *exceller*[157], *&c.* jusques là, qu'ils disent mesmes *entrez ce*

---

150 Voici un cas assez rare où la remarque manuscrite (f° 87r°) est identique à la version publiée.

151 Il y a pourtant trois exemples de *subvenir aux necessitez* / *à vos necessitez* dans Frantext pour la période 1600-1647, contre une seule occurrence de *survenir à* (*pour survenir à ses necessitez domestiques*, Garasse, 1623).

152 Cotgrave (1611) note deux sens principaux pour ce verbe, « *To happen, chaunce, fall out, light, befall, step in unlooked for, occurre or come on a suddaine* » et « *to relieve, helpe, succour* » ; mais Richelet (1680), Furetière (1690) et l'Académie (1694) ne citent plus que le premier.

153 La remarque manuscrite (f° 87r°) est similaire à la version publiée à quelques différences près (voir les notes ci-dessous).

154 Aucune des grammaires du XVIe siècle ne traite de ce problème. Tandis que Maupas (1618 : f° 110v°) semble encore tolérer l'usage transitif de ce verbe, tout en notant qu'il est « besoin que chacun y exerce son jugement », Oudin (1640 : 223-224) conseille aux lecteurs de donner « garde d'user de ce verbe en sens actif, pour *tirer dehors* ou *aveindre*, comme on fait en quelques Provinces de France, où j'ay oüy dire, *sortez mon cheval de l'escurie*, *sortez cela de vostre coffre*, &c. ». Pour un exemple de l'usage transitif chez Mme de Sévigné, voir Haase (1935 : 138, *cf.* N. Fournier 1998 : 58).

155 Desgrouais (1766 : 221-223) note que quelques bons auteurs utilisent cette construction, mais que « les Gascons font leur regle de l'exception, surtout dans les conversations ».

156 *Cf.* Desgrouais (1766 : 238-239). En 1586, Cauchie (f° 35v°) conseillait déjà de ne pas utiliser ce verbe transitivement.

157 La remarque manuscrite qui traite du verbe *exceller* est publiée dans les *Nouvelles Remarques* de Vaugelas (1690 : 276). Ce cas n'est ni discuté dans les grammaires publiées avant les *Remarques* ni considéré par Desgrouais.

cheval ; pour dire, *faites entrer ce cheval*[158], ce que j'ay oüy dire aussi à des Courtisans nez au cœur de la France. Surquoy (39) il faut remarquer, que de toutes les erreurs qui se peuvent introduire dans la langue, il n'y en a point de si aisée à establir, que de faire un verbe actif, d'un verbe neutre ; parce que cét usage est commode, en ce qu'il abrege l'expression, & ainsi il est incontinent suivy & embrassé de ceux qui se contentent d'estre entendus sans se soucier d'autre chose ; on a bien plustost dit, *Sortez ce cheval*, ou *entrez ce cheval*, que, *faites sortir ce cheval*, ou *faites entrer ce cheval*[159].

On dit pourtant, *sortir le Royaume*, pour *du Royaume*[160], qui me semble bien meilleur, & *sortez-moy de cette affaire* ; *j'espere qu'il me sortira d'affaire.* Il est vray qu'en terme de Palais[161] on dit, *la sentence sortira son plein & entier effect* ; mais c'est en une signification si differente de l'autre, qu'il est malaisé de juger d'où vient cette façon de parler[162], qui d'ailleurs n'est usitée qu'au barreau, quoy qu'une de nos meilleures plumes ayt escrit, *sortir son effet*, en une matiere qui n'est pas de la jurisdiction du Palais ; Je ne voudrois pas l'imiter en cela comme en tout le reste, au moins dans le beau langage.

Insidieux

C'est[163] un mot purement Latin, que M. de Malherbe a tasché[164] de faire François : car il est le premier, que je sçache, qui en ayt usé[165]. (40) Je voudrois bien qu'il fust suivy, parce que nous n'avons point de

---

158 *Cf.* Desgrouais (1766 : 105-106). Maupas (1618 : f° 110v°) offre le même conseil sur l'usage transitif du verbe *entrer* que sur celui de *sortir.*

159 Cette phrase est ajoutée à la version publiée.

160 Dans le manuscrit (f° 87r°) : « comme ie l'ay ueu mesme escrit <n'a gueres> par un habile homme Parisien nourri dans la Court, et dans les bonnes lettres ».

161 Dans le manuscrit : « en terme de chicane ». Il n'y a que deux exemples de *sortir son effe(c)t* dans Frantext pour la période 1600-1647, dont l'un dans un contexte juridique (*Qu'elle empesche l'Edit de sortir son effet* (Montchrestien, 1604)). Selon Richelet (1680), « ce verbe est neutre, neutre passif & actif » ; il cite l'exemple « sortir le Roiaume », puis ajoute « ou plutôt sortir du Roiaume ». Furetière (1690) note que le verbe est neutre « & quelquefois actif » ; tout comme Richelet, il cite l'exemple de *sortir son effet* comme un usage du Palais. L'Académie (1694) en fait deux entrées distinctes, l'une pour le verbe neutre et l'autre pour le verbe actif, où elle cite encore l'exemple de *sortir son effet*, « terme de pratique ».

162 Voir le commentaire sur ce passage dans les *Fautes d'impression.*

163 Dans l'original : Cest.

164 Dans le manuscrit (f° 55v°) Vaugelas utilise le présent.

165 Marzys (2008 : 105-106) note que le mot *insidieux* date du XVe siècle. Il observe que déjà Ménage avait remarqué qu'à l'inverse de ce que pensait Vaugelas, Malherbe n'avait pas

mot qui signifie celuy-là, outre qu'il est beau & doux à l'oreille, ce qui me fait augurer qu'il se pourra establir[166]. Il n'auroit pas grand' peine à s'introduire parmy ceux qui entendent la signification & la force du mot, & qui sçavent le Latin ; mais pour les autres qui n'en ont aucune connoissance, ils ne luy seront pas si favorables, à cause que ny *insidieux*, ny *insidiæ*[167] d'où il vient, n'ont rien qui approche d'aucun mot de nostre langue, qui signifie cela & qui luy fraye le chemin, tellement qu'il faudroit du temps pour le faire connoistre[168]. Les exemples tirez de M. de Malherbe en feront voir & la signification & l'usage. Il dit en un lieu, *ces subtilitez qui semblent insidieuses*. Et en un autre[169], *c'est une insidieuse façon de nuire, que de nuire en sorte qu'on en soit remercié*. J'ajousteray un troisiesme exemple qui le fera entendre encore plus clairement, *il ne faut pas se fier aux caresses du monde, elles sont trompeuses, & s'il faut user de ce mot, insidieuses* ; c'est à dire, que ce sont autant de pieges & d'embusches que le monde nous dresse ; Car pour l'introduire au commencement, je voudrois l'adoucir avec ce correctif, *s'il faut user de ce mot*, ou *s'il faut ainsi dire*, ou quelque autre semblable, ou bien l'expliquer devant ou aprés, par quelque mot synonime qui l'appuye, & (41) luy serve d'introducteur. Un vers qui commenceroit ainsi, *Insidieux Amour, qui &c.* n'auroit pas mauvaise grace. Ce mot y seroit bien placé[170].

Une infinité

Une infinité de personnes, regit le pluriel. M. de Malherbe[171], *j'ay eu cette consolation en mes ennuis, qu'une infinité de personnes ont pris la peine de me tesmoigner le desplaisir qu'ils en ont eu*. Cela ne se fait pas à cause que le mot d'*infinité* est collectif, & signifie beaucoup plus encore que la pluralité des

---

été le premier à l'employer. Il n'y a pourtant aucune occurrence du mot dans Frantext pour toute la période 1500-1699 ; voir aussi Štichauer (2014 : 186-187).

166 Sur l'attitude de Vaugelas envers les néologismes, voir l'Introduction, p. 179-180.

167 Dans le manuscrit il donne l'étymon *insidiosus* ainsi que « son substantif *Insidiae* d'ou il uient ».

168 *Insidieux* ne se trouve pas chez Estienne (1549), mais il est inclus par Nicot (1606) et Cotgrave (1611) sans commentaire. Les trois dictionnaires monolingues font des réserves sur son usage : Richelet (1680) maintient qu'« il n'est pas reçu », Furetière (1690) juge le terme « vieux mot escorché du Latin » et l'Académie (1694) note qu'il n'a d'usage « que dans le style soustenu, & dans la poësie ».

169 Le manuscrit offre des références précises : p. 218 et p. 236.

170 Les deux dernières phrases sont nouvelles dans la remarque publiée.

171 Dans le manuscrit (f° 55v°) : « p 507 ».

personnes, mais parce que le genitif est pluriel, qui en cét endroit donne la loy au verbe contre la reigle ordinaire de la Grammaire, qui veut que ce soit le nominatif qui regisse le verbe[172] ; Car si vous dites *une infinité de monde* ; parce que ce genitif est au singulier, vous direz, *une infinité de monde se jetta là dedans*, & non pas, *une infinité de monde se jetterent*, ce qui est une preuve manifeste que c'est le genitif pluriel, qui fait dire, *une infinité de personnes ont pris la peine*, & non pas la force collective du mot *infinité*[173].

La pluspart, la plus-grand'part[174]

172 Pour une discussion de cette explication pour l'accord avec les noms collectifs et une analyse de l'usage en français contemporain, voir Tristram (2014).

173 L'exemple avec le complément au singulier est ajouté à la version publiée. Ce problème n'est discuté par aucun des grammairiens de notre corpus (1530-1650) avant Vaugelas. Parmi les dictionnaires, seul Richelet (1680) fait mention de la question de l'accord avec *une infinité*, citant, comme il le fait souvent, l'autorité de Vaugelas. On trouve dans Frantext de la variation quant à l'accord même dans les écrits d'un seul auteur (par ex. Arnauld, 1643 : *une infinité de personnes vous pourront dire [...] ; qu'une infinité de personnes fait aujourdhuy des sacremens*), mais l'accord au pluriel est dominant quand le complément est au pluriel. Pour l'accord avec un complément au singulier, *cf.* Coeffeteau : *il abordoit une infinité de monde qui venoit se réjouïr avec elle*, cité d'après Frantext.

174 Cette question est traitée dans quatre remarques différentes dans le manuscrit : « *Construction* » (f° 43v°) ; « *la plus part* » (59r°) ; « *Part* » (69r°) et « *Singulier construit auec le pluriel* » (85v°). Dans la première observation (f° 43v°), Vaugelas semble hésiter sur l'explication pour l'accord du verbe : « *Construction* d'un <nom> singulier auec un verbe pluriel, quand le genitif est pluriel par exemple *la plus part des hommes croyent*, comme escrit tousiours M. Coeff et ne faut pas dire que ce soit à cause de *la plus part* qui a un sens pluriel et qui signifie une multitude, car Malh. dit aussi p 291 *Tout ce qu'il y auoit de mains en son armee tireroient*, et *Tout* regit tousiours le singulier sans exception, si bien qu'il le faut rapporter necesairement au genitif pluriel *mains*, quoy que ie ne nie pas que *Tout ce* ne signifie une multitude, et ainsi la construction se rapporte au sens et non pas aux paroles. » La deuxième observation (f° 59r°) est très courte et note simplement que Malherbe écrit *la plus part des hommes s'imagine* tandis que Coeffeteau dit toujours *s'imaginent* au pluriel. Dans la troisième observation manuscrite (f° 69r°), qui est plus proche de la version publiée, Vaugelas affirme que le « genitif donne la loy au verbe ». Il est intéressant de noter que Vaugelas change d'avis dans le cas de l'accord avec *la plus grand'part* : « que si uous adioustez *grande* à *part* ie crois qu'on <ne> peut mettre <que> le singulier ~~et le pluriel~~ ». Dans la quatrième remarque manuscrite (f° 85v°), Vaugelas devient plus rigide dans son jugement sur l'usage correct ainsi que sur son explication et son rejet de celle offerte par Voiture : « *Singulier* regit quelquefois le pluriel. C'est une construction bien estrange que celle-cy, qu'un nominatif singulier auec le genitif pluriel regisse le verbe au pluriel, la reigle generale estant que le verbe est regi par le nominatif, et iamais par le genitif. Exemple. *La plus part de ses gents ont esté deffaits*, car c'est ainsi qu'il faut dire, et non pas *a esté deffaite.* Et faut noter qu'il ne suffit pas de dire que le premier *ont esté deffaits* est meilleur et plus elegant que l'autre, mais que c'est une faute en grammaire et un solecisme de dire *a esté deffaite.* Que si le genitif est singulier, alors il regit le singulier

La pluspart regit tousjours le pluriel, comme, *la pluspart se laissent emporter à la coustume*, (42) & *la plus grand' part*, regit tousjours le singulier, comme, *la plus grand' part se laisse emporter*. Mais pour monstrer ce qui a esté dit en la remarque precedente, que le genitif donne la loy au verbe, & non pas le nominatif (ce qui est bien extraordinaire & à remarquer) on dit, *la pluspart du monde fait*, quoy que l'on die tousjours, *la pluspart font*, parce que ce genitif singulier *du monde*, donne le regime au nombre singulier du verbe ; Et si vous dites, *la pluspart des hommes*, vous direz aussi, *font*, & non pas *fait*[175].

Voire mesme[176]

J'avoüe que ce terme est comme necessaire en plusieurs rencontres, & qu'il a tant de force pour imprimer ce en quoy on l'employe ordinairement, que nous n'en avons point d'autre à mettre en sa place, qui face le mesme effet. Neantmoins il est certain qu'on ne le dit plus à la Cour, & que tous ceux qui veulent escrire purement, n'en oseroient user[177]. Pour moy, je ne le condamne point aux autres, mais je ne m'en voudrois pas servir, à cause qu'il y a deux sortes d'Usages, le commun, & l'excellent, & que je ne voudrois pas user d'une façon de parler, que

---

seulem[ent]. Exemple *la plus part de l'armee a esté defaite.* Il faut dire ainsi + {+ la plus part du monde croit, et non pas croyent, ce qui fait bien uoir clairem[ent] que le genitif en est cause et que c'est luy qui donne la loy à la construction du uerbe, car si c'estoit ce que dit M de Voit. qu'il le faut attribuer à ces mots *la plus part*, qui ont un sens pluriel comme collectifs [...] au genitif, on pourroit dire la, [...] la plus part du monde croyent ce qui est faux ».

175 Sur l'histoire de l'accord avec *la plupart*, voir Tristram et Ayres-Bennett (2012). Dans sa grammaire, Cauchie (1586 : f° 95v°) offre l'exemple de *la plus part* comme un cas rare où l'accord en nombre ne se fait pas « *Discrepant et alia quædam numero : nam collectiùs singularia verbis pluralibus apponi possunt, ut* La plus part de voz gens sont tuez, ou pour le moins navrez *pro* la plus grand' part de voz gens est tuée ou navrée ». Parmi les dictionnaires, seul celui de l'Académie (1694) aborde explicitement la question de l'accord avec *la plupart* et adopte la même explication que Vaugelas, c'est-à-dire que le verbe s'accorde en nombre avec le génitif (complément).

176 Cette question n'est pas traitée dans le manuscrit de l'Arsenal. Le fait que Vaugelas se serve lui-même de l'expression dans sa traduction des sermons de Fonsèque (1615 : 85) semble confirmer qu'il s'agit d'une remarque tardive.

177 L'usage dans Frantext ne semble pas valider ce jugement. *Voire mesme(s)* apparaît dans toutes les décennies avant la publication des *Remarques* (1600-1609 : 16 ex. ; 1610-1619 : 13 ex. ; 1620-1629 : 30 ex. ; 1630-1639 : 45 ex. ; 1640-1647 : 28 ; total : 132 ex.), y compris chez Urfé, Balzac et Coeffeteau. En revanche, son usage devient moins fréquent après Vaugelas (1648-1699 : 36 ex.)

l'excellent Usage eust condamnée[178]. Et l'on a beau se plaindre (43) de l'injustice de cét Usage, il ne faut pas laisser de s'y soumettre, encore qu'on le croye injuste. J'adjousteray, que ceux qui ont accoustumé de s'en servir, ne pensent pas s'en pouvoir passer, & que ceux qui ne s'en servent jamais, ne s'apperçoivent pas qu'ils en ayent besoin. *Et mesmes*, tout seul fait à peu prés le mesme effet, comme si l'on dit, *ce remede est inutile, voire mesmes pernicieux* ; on peut dire aussi, *ce remede est inutile, & mesmes pernicieux*. Il est vray qu'il est un peu plus foible.

Le pronom possessif aprés le substantif[179]

Par exemple, *quel aveuglement est le vostre*[180] *?* M. de Malherbe soustenoit qu'il falloit dire, *quel est vostre aveuglement ?* & que ce sont les Italiens qui parlent ainsi, *che sciocchezza è la vostra ?* Neantmoins j'ay appris depuis des Maistres[181], que l'un & l'autre est François, mais qu'à la vérité celuy-cy, *quel est vostre aveuglement ?* est plus naturel que l'autre.

---

178 Ni Estienne (1549), ni Cotgrave (1611) ne l'incluent dans leurs dictionnaires, et Nicot (1606) ne l'utilise qu'une fois dans l'entrée sur « autre ». Richelet (1680) note que « Ces mots de *Voire-même* vieillissent & n'entrent aujourd'hui que dans le stile Comique, & Satirique, ou dans le plus bas stile » ; selon lui, dans le beau style on se sert plutôt de *et même*. Furetière (1690) considère que cette expression est « populaire & ironique ». Quant à l'Académie (1694), elle critique l'usage de *voire* tout court : « Oüy, vrayment. Il est vieux en ce sens & ne se dit plus que par ironie, & pour se moquer d'une chose qu'un autre dit. Il est bas ».

179 On remarque des différences significatives entre la version manuscrite (f° 94r° « *Vostre* ou il ne uaut rien ») et le texte publié où Vaugelas devient plus tolérant envers cet usage, même s'il le considère comme moins « naturel » que l'autre. Il est intéressant de noter que Malherbe a apparemment critiqué l'usage de Vaugelas lui-même : « *Vostre* auec l'article deuant et la note d'interrogation apres, est une façon de parler Italienne, qui n'est pas receüe en nostre langue, ainsi que ie l'ay appris de la propre bouche de M. de Malherbe, et en mon propre fait, ou il me reprit de cela, comme d'une façon de parler qui n'estoit point françoise mais purement Italienne comme il est uray. Et depuis i'ay remarqué dans les Escrits de M. Coeff. qu'il ne s'en sert iamais. I'en uais donner l'exemple affin de faire entendre ce que ie ueux dire, *quel aueuglement est le uostre ?* ce n'est pas parler françois, il faut dire *quel est uostre aueuglement ?* ». Les grammairiens du XVIe siècle n'abordent pas cette question.

180 *Cf. quelle offense est la mienne, ou quel changement est le vostre ?* (Urfé 1612, cité d'après Frantext) ; *Quel aveuglement, dis-je, est le vostre, de vouloir reprendre les chaisnes qu'on vous auoit ostées […] ?* (*Paraphrase sur l'Epistre de sainct Paul aux Galates*, Paris, Veuve J. Camusat, 1641, p. 42).

181 Selon une note de Thomas Corneille (Vaugelas 1738 : I, 185), c'était l'opinion de Jean Chapelain.

Securité

M Coeffeteau n'a jamais usé de ce mot ; mais M. de Malherbe & ses imitateurs[182], s'en servent souvent. *N'avez-vous point de honte, de vous plonger,* (44) dit-il[183], *en une securité aussi profonde, que le dormir mesme ?* Et en un autre endroit, *jamais la fin d'une crainte n'est si douce, qu'une securité solide ne soit beaucoup plus agreable.* C'est quelque chose de different de *seureté*, d'*asseurance*, & de *confiance*, mais il me semble qu'il approche plus de *confiance*, & que *securité*, veut dire, comme *une confiance seure*, ou *asseurée*, ou bien *une confiance que l'on croit estre seure, encore qu'elle ne le soit pas.* Il faut voir comme les bons Autheurs Latins s'en servent, car nous nous en servirons au mesme sens[184]. Je prevois que ce mot sera un jour fort en usage, à cause qu'il exprime bien cette confiance asseurée, que nous ne sçaurions exprimer en un mot, que par celuy-là. Je l'ay desja oüy dire, mesme à des femmes de la Cour. Je ne voudrois pourtant pas en user encore sans y apporter quelque adoucissement, comme *pour user de ce mot*, ou quelque autre semblable, à l'imitation de Ciceron, qui ne se sert jamais d'un mot fort significatif, lors qu'il n'est pas encore bien receu, qu'il n'y apporte cette precaution[185].

182 Dans le manuscrit (f° 86r°) : « mais dont Malh. et de Colomby se seruent souuent ». Vaugelas donne des références pour les deux exemples de Malherbe (« l[ivre] 4 » (*Traité des Bienfaits*) ; « p.288 »). Le premier exemple n'est pas cité de façon exacte ; le texte de Malherbe se lit : « C'est vostre plaisir de vous acoustumer à ne rien faire, de vous plonger en une securité aussi profonde que le dormir mesme [...] » (Malherbe 1631 : I, 152). Le deuxième exemple est cité dans le manuscrit sans être abrégé, comme il l'est dans la version publié : « p.288 Iamais la fin d'une crainte n'est si douce, qu'une securité solide et inesbranlee ne soit beaucoup plus agreable ». Selon Bruneau (1955 : 145), Malherbe nous a rendu ce mot, créé au XIIe siècle mais tombé en désuétude. Cependant, on trouve dans Frantext 13 exemples qui datent du XVIe siècle, dont huit de Montaigne et quatre de Calvin. Le mot reste pourtant rare pendant la première moitié du XVIIe siècle (3 ex. pris de Combles), pour devenir un peu plus fréquent dans la deuxième moitié (14 ex.). Quant aux dictionnaires, ni Estienne (1549) ni Nicot (1606) ne le citent, mais Cotgrave (1611) l'inclut sans commentaire sur son usage. Richelet (1680) note que Monsieur de la Chambre s'en est servi, mais qu'il n'est pas encore établi. Furetière (1690) et l'Académie (1694), d'autre part, l'incluent sans réserve.

183 Dans l'original : *N'avez-vous point de honte, de vous plonger,* Par exemple, dit-il (*Fautes d'impression*).

184 Pour la représentation du latin chez les remarqueurs, et en particulier chez Vaugelas, voir Ayres-Bennett (2014).

185 Cette dernière allusion à Cicéron est ajoutée à la version publiée. Cicéron se sert par exemple de l'expression *ut ita dicam* dans ces contextes.

Sans dessus dessous

C'est comme je crois qu'il le faut escrire, comme qui diroit, que la confusion est telle en la chose dont on parle, & l'ordre tellement renversé, qu'on n'y reconnoit plus ce qui devroit estre dessus ou (45) dessous. D'autres escrivent, *c'en dessus dessous*, comme qui diroit, *ce qui estoit ou devoit estre en dessus*, ou *au dessus, est au dessous*[186]. D'autres encore escrivent, *sens dessus dessous*, comme qui diroit, que ce qui estoit ou devoit estre en un *sens*, c'est à dire, en une situation, à sçavoir, *dessus*, est en un *sens* tout contraire, à sçavoir *dessous*. D'autres en rapportent une autre raison tirée de l'histoire, & escrivent *cens*, ainsi. Il seroit trop long de la deduire, veu d'ailleurs le peu d'asseurance que je trouve en cette raison. La prononciation est la mesme en tous les quatre, il n'y a que l'orthographe differente[187].

Peur, crainte[188]

---

186 Dans le manuscrit (fº 85vº) : « Mais cela est bien tiré par les cheueux, et il n'importe d'ou il uienne, pourueu qu'il soit en usage comme il est. » L'orthographe *cens* n'est pas traitée dans le manuscrit.

187 Dans le manuscrit Vaugelas finit par comparer l'expression française avec l'usage en italien et par souligner la différence entre les mots simples et les dérivés ou composés : « Les Italiens disent simplement *sottosopia* <ou *sossopra*> et au contraire des François mettent *dessous* deuant l'autre ~~[...]~~ <et ne> le ~~faire~~ <font> preceder d'aucune particule ~~[...]~~ <qui les mette en peine comme nous d'> en sçauoir la uraye origine. Car apres tout ce n'est point un de ces mots que l'on appelle primae intentionis c'est à dire qui n'ont nulle ethymologie, ni deriuaison, mais qui ~~sont~~ <esté> establis ~~[...]~~ <d'abord> par la seule uolonté des hommes ». Les trois orthographes sont attestées dans Frantext pour la période 1600-1647, mais *sans dessus dessous* est la forme la plus fréquente (huit ex.) et elle est utilisée par Régnier, François de Sales et Coeffeteau entre autres ; chacune des variantes *c'en dessus dessous* et *sens dessus dessous* est employée deux fois. Maupas (1618 : fº 170rº) et Oudin (1640 : 275) préfèrent l'orthographe *sens dessus dessous* au *c'en dessus dessous*. Chiflet (1659 : 203) note déjà que le *-s* final de *sens* se prononce pour éviter l'homonymie avec *sang*. Parmi les lexicographes, Cotgrave (1611) donne *sen dessus dessous*, et Richelet (1680) inclut *sens dessus dessous* et *sans dessus dessous*, tout en admettant que le premier semble meilleur et plus naturel. Furetière (1690) et l'Académie (1694) n'offrent que la variante *sans dessus dessous*, que l'Académie considère comme une façon de parler populaire. Ce commentaire n'est toutefois pas répété dans son observation sur la remarque de Vaugelas (1704 : 54) où elle approuve simplement son jugement.

188 Cette question est traitée à trois reprises dans le manuscrit (fº 12vº, 24rº, 40rº). Dans la remarque manuscrite la plus développée (fº 12vº), Vaugelas ne fait pas mention de l'usage de *peur* pour *de peur*, mais se concentre plutôt sur la question de savoir si l'usage de l'expression *de crainte* est permis, et si elle est aussi bonne que *de peur* : « *Crainte* pour *De crainte* ne uaut rien, quoy que plusieurs le disent en parlant, et qu'une des meilleures

Peur, pour dire *de peur*, est insupportable, & neantmoins je vois une infinité de gens qui le disent, & quelques-uns desja qui l'escrivent[189]. Il y a long-temps que l'on a dit & escrit, *crainte*, pour *de crainte*, qui est une faute condamnée de tous ceux qui sçavent parler & escrire, mais *peur*, pour *de peur*, est plus nouveau[190].

Là où

Là où, pour *au lieu que*, n'est pas du beau langage, quoy qu'on le die communement[191], & qu'Amyot s'en serve tousjours[192] ; Mais (44 [46])

---

plumes de nostre temps l'escriue tousiours ainsi, dont il est repris de tout le monde auecque raison. Il y a des gents qui tiennent que *De crainte* mesmes ne uaut rien et qu'il faut tousiours dire *De peur*, mais c'est une erreur condamnee de tous ceux qui ont des oreilles et des yeux pour oüyr et pour uoir que chacun le dit et l'escrit. Il est uray que si i'auois à employer les deux, à sçauoir *De peur*, et *De crainte* fort proches l'un de l'autre, ie dirois *De peur* le premier comme celuy que ie confesse estre plus usité et plus doux que l'autre, et cela par cette belle Reigle que i'ay deduite au long en quelque endroit de ce liure, qui est que quand il est question d'user de deux façons de parler differentes fort proches l'une de l'autre pour exprimer une mesme chose, il faut tousiours commencer par la meilleure des deux, et puis employer l'autre ; Et s'il estoit necessaire de dire encore la mesme chose en une mesme page d'une troisiesme façon, il faudroit que comme la premiere doit estre meilleure que la seconde, ~~que~~ la seconde aussi fust meilleure que la troisiesme et ainsi de suite s'il y auoit lieu de diuersifier une mesme chose en tant de façons. La raison de cette Reigle est fort belle. Il la faut uoir en son lieu. » Au folio 24 Vaugelas parle de l'usage de *de peur que* (voir Annexe II) et note « *De crainte*. Voyez *crainte* ». La troisième remarque (f° 40r°) est incomplète et la présentation choisie – sous forme de liste – est peu commune dans le manuscrit : « 1. *Crainte* pour *de crainte* de uaut rien. 2. Si i'auois à me seruir de ces deux *De peur*, et *de crainte* fort proche l'un de l'autre, ie dirois *De peur* premierement, et *de crainte* apres. Voyez en la raison dans le texte. »

189 Les grammaires de notre corpus (1530-1650) ne traitent pas de ce problème. Aucun des dictionnaires ne fait mention de l'usage de *peur* pour *de peur*, et seul l'Académie (1694) cite *crainte de* pour *de crainte de* sans commentaire sur son usage.

190 L'emploi de *peur de* dans les textes de Frantext semble très rare au XVIe siècle : il est attesté, cependant, chez Grévin (1562). Au XVIIe siècle, il reste peu fréquent : nous avons identifié un exemple dans les lettres de Peiresc (1634) et un autre dans l'*Alizon* de Discret (1637), ce qui aurait pu suggérer à Vaugelas que cet usage est récent. *Crainte de* est attesté dès le premier quart du XVIe siècle et cette expression est relativement plus fréquente : on en trouve des exemples à la fois dans les lettres de Peiresc (1625) et dans *Les Tragiques* d'Aubigné (1630).

191 Dans le manuscrit (f° 58v°), la distinction entre l'usage écrit et l'usage parlé est plus nette : « *La où* pour *au lieu que* ne uaut rien à escrire, quoy qu'on le die communement ».

192 Voir, par exemple, sa traduction des *Œuvres morales* de Plutarque (1587 [¹1572] : f° 2r°) : « là où les nourrisses & gouvernantes n'ont qu'une amour supposee, & non naturelle ». Notons que Wapy (1634 : 98) traite déjà de l'usage de *là où* : « *Là où, Au lieu* : Ces adverbes de changement ont presque pareille force : neanmoins il y a des rencontres ou

M. Coeffeteau ne s'en sert jamais, ny aprés luy aucun de nos excellens Escrivains. Il est vray neantmoins, qu'un d'entre eux & des plus celebres, en a usé en son dernier ouvrage[193], ce qu'il n'avoit point fait en tous les autres ; il semble mesmes qu'il ayt eu dessein de le mettre en vogue, ayant affecté de le dire je ne sçay combien de fois en peu de pages, sans se servir une seule fois d'*au lieu que*, qui est le vray terme dont il faut user, & qu'il avoit accoustumé d'employer en ses autres œuvres[194]. Ce qui a empesché les bons Autheurs de s'en servir, est l'equivoque qui se rencontre souvent en cette façon de parler. Il ne s'en presente pas maintenant des exemples, mais il s'en trouve assez dans les escrits de ceux qui en usent[195].

---

l'un êt plus elegant & mieux receu que l'autre, exemple, *un tel le doit à son argent, là où cétuy-cy le doit à sa vertu.* A quoy le iugement de l'oreille nous conduira, car soit pour ôter les ambiguités de cet *où*, soit pour eviter la desagreable rencontre des voyelles, ils semblent avoir êté introduis avecque cette diversité. »

193 Dans la clef de Conrart : « Je ne say si ce n'est point M. D'Ablancourt ». On trouve pourtant dans la traduction des *Guerres d'Alexandre* par cet auteur des exemples de *au lieu que* : *mais parce qu'il estoit leur Prince, au lieu que les autres estoient estrangers* (Perrot d'Ablancourt 1664 [1646] : 132). Régnier (1869 : 348) cite un exemple de *là où* chez Malherbe : *Celui qui vit a plus de besoin de la vie, là où celui qui n'est pas né se passe et de la vie et de toute autre chose.* À la fin du siècle, le dictionnaire de l'Académie Française (1694) semble accepter cet usage de *là où* : « *La où* adv. d'opposition & signifie Au contraire. *Il a perdu cela pour m'avoir fasché, là où s'il eust fait son devoir il fust parvenu à de hautes dignitez. les gens de bien meurent dans une douce esperance, là où les meschans sont tourmentez de remords, &c.* ». Pourtant, dans son observation sur cette remarque, elle adopte plutôt la position de Vaugelas : « L'Autorité d'Amiot n'a pû conserver *là où* pour *au lieu que*, et ce terme est aujourd'huy entierement hors d'usage. Il seroit barbare de dire, *il dépense cent pistoles à faire telle, ou telle chose, là où un autre n'y en employeroit pas vingt*, il faut dire, *au lieu qu'un autre n'y en employeroit pas vingt.* » (Académie 1704 : 56).

194 Dans le manuscrit (f° 58v°) : « Mais tant s'en faut qu'en cela il m'ayt incité à suiure son exemple lequel <toutefois> en plusieurs autres choses ie uoudrois me proposer pour <un> modelle de perfection, qu'au contraire il m'a confirmé en ma premiere creance qu'il ne s'en falloit point seruir en ce sens là, parce qu'il fait souuent des Equiuoques, qui engendrent de l'obscurité, ou pour le moins qui font hesiter le lecteur et l'em[...] peschent d'entendre d'abord ce que l'on ueut dire, qui est le plus grand de tous les defauts que puisse auoir un stile, puisque l'on n'escrit que pour se faire entendre ».

195 La remarque manuscrite se termine par une discussion sur un autre emploi de cette expression : « *Là ou* encore en un autre sens ne uaut rien, et faut dire *ou* simplement par exemple *le uais en un lieu ou il ne hante que des gents de bien*, et non pas *là ou il ne hante &c.* comme disent et escriuent une infinité de gents ». Cet usage est fréquent dans la traduction d'Arrian par Perrot d'Ablancourt : *Au partir de là il entra en la Province Parthienne, là où se trouvant de loisir, il commença à se vestir à la mode des Barbares [...]* (Perrot d'Ablancourt 1664 [1646] : 84).

Particuliarité[196]

Il faut dire, *particularité*, & non pas *particuliarité*, comme le disent plusieurs, mesme à la Cour. Ce qui les trompe, c'est qu'on dit, *particulier*, & qu'ils croyent que *particularité* se forme de cet adjectif, & que par consequent il faut retenir, l'*i*, aprés l'*l*; Mais il n'en va pas ainsi, parce que ces sortes de noms viennent des substantifs Latins, tels qu'ils sont en effet, ou qu'ils seroient, si par l'analogie des autres de la mesme nature, on les formoit de (47) leurs adjectifs, comme par exemple de l'adjectif *particularis*, en latin, se fait le substantif *particularitas*, lequel, encore qu'il ne soit pas Latin, ne laisse pas neantmoins de donner lieu[197] de former en nostre langue le mot de *particularité*; Comme nous disons aussi, *singularité*, & non pas *singuliarité*, quoy que l'on die *singulier*, & *pluralité*, non pas *plurialité*, quoy que l'on die *pluriel*.

Parce que, & pource que

Tous deux sont bons, mais *parce que*, est plus doux, & plus usité à la Cour, & presque par tous les meilleurs Escrivains[198]. *Pource que*, est plus du Palais, quoy qu'à la Cour quelques-uns le dient aussi, particulierement ceux de la Province de Normandie[199]. M. Coeffeteau escrit ordinairement *parce que*, & se sert tres-rarement de l'autre[200]. M. de Malherbe au

196 La remarque manuscrite (f° 71r°) est assez proche de la version publiée, sauf que le cas de *pluralité* n'y est pas traité. Il n'y a qu'un seul exemple de *particuliarité* dans Frantext pour la période 1600-1647, pris à Aubigné (1629), contre 69 de *particularité*. La forme *particuliarité* ne se trouve dans aucun des dictionnaires qui, à partir de Nicot (1606), citent tous *particularité*.

197 Dans l'original : pas neantmoins Latin, ne laisse pas de donner lieu (*Fautes d'impression*).

198 Les grammairiens de notre corpus (1530-1650) ne traitent pas de la différence entre l'usage de *pource que* et *parce que*. *Pource que* est inclus dans les dictionnaires d'Estienne (1549) et de Nicot (1606), mais il ne se trouve ni chez Cotgrave (1611) ni chez Richelet (1680). Furetière (1690) le cite deux fois (dans les entrées sur *car* et *que*) et l'Académie (1694) le mentionne sous l'entrée *pour*, tout en notant qu'il vieillit. Le déclin de l'usage de *pource que* ressort également d'une analyse de l'usage dans Frantext. Si durant la première décennie du siècle les attestations des deux conjonctions sont équilibrées (453 de *parce que vs* 441 de *pource que*), pour la décennie 1630-1639 *parce que* (945 occurrences) domine sur *pource que* (86) et cette distribution est répétée pour la période 1640-1647 (554 *vs* 49 ex.).

199 Cette référence à la Normandie est ajoutée à la version publiée. Vaugelas fait probablement allusion ici à l'origine normande de Malherbe. Sur l'usage de Malherbe voir note 202 ci-dessous.

200 Ce jugement est confirmé par une analyse des textes de Coeffeteau dans Frantext où l'on trouve 116 exemples de *parce que* contre seulement deux de *pource que*.

contraire, met presque tousjours *pource que*, jusques à avoir esté sur le point de condamner *parce que*, qui est dans la bouche & dans les escrits de la pluspart du monde ; Car j'oserois asseurer que pour une personne qui dira ou escrira *pource que*, il y en a mille qui diront & escriront l'autre. Sa raison estoit, que *pource que*, a un rapport exprés ou tacite à l'interrogation *pourquoy*, selon lequel, disoit-il, il est (48) plus convenable de respondre *pource*, que *parce*, affin que celuy qui interroge, & celuy qui respond s'accordent. Mais cette raison est plus ingenieuse que puissante contre l'Usage de *parce que*, qui l'emporte presque de toutes les voix[201].

Par une consideration approchante de celle-là, il semble que mesme M. de Malherbe observe de mettre *parce*, ou *pource*, selon qu'il s'accommode avec ce qui precede, ou qui suit. Exemples. Il dit, *non que je dispute de leur preseance par vanité simplement de marcher devant, mais parce qu'en cét avantage consiste la decision de tout le fait*. Vous voyez clairement que *par vanité*, & *parce que*, se rapportent. Et en un autre endroit, *il a fallu*, dit-il, *faire ce discours, pource que faire plaisir est l'office de la vertu*[202]. *Pour*, se

201 Dans le manuscrit (f° 72v°), Vaugelas recommande l'usage de *parce que* sauf dans un contexte où il y a déjà un *par* : « Pour moy ie uoudrois user de ces deux mots de la façon que ie uais dire. D'ordinaire ie me seruirois de *Parce que*, excepté quand il y auroit un *Par* fort proche deuant ou apres, par exemple *Ie ne sçaurois partir, parce que &c.* ou *parce qu'il partoit*, car en ces cas là ie dirois *Ie ne sçaurois partir pource que*, et *pource qu'il partoit*. De mesmes de *Pource* ie ne uoudrois pas m'en seruir quand il y auroit un *Pour* proche deuant ou apres, par exemple *Ie ne le dis pas pour moy, pource que*, ou *pource que pour faire &c.* I'aimerois mieux dire *parce* en ces endroits là, à cause de la cacophonie qui blesse sans doute une oreille tant soit peu delicate. Ce n'est pas que ie uoulusse faire passer cela en reigle ni que ce puisse estre une faute de ne l'obseruer pas, mais i'en userois ainsi et conseillerois aux autres d'en user <de mesmes> pour une plus grande perfection à laquelle il faut tousiours aspirer en toutes choses. I'en fais iuge l'oreille, si tous les deux mots estant bons, et ne coustant rien de mettre plustost l'un que l'autre, il n'est pas mieux fait d'euiter une si proche repetition d'un mesme mot. » Il conseille également de varier l'usage quand il y a deux ou trois raisons l'une après l'autre : « Il y a encore un autre moyen d'employer ces deux mots, c'est quand uous rendez deux ou trois raisons l'une apres l'autre. En uoicy un bel exemple dans M. Coef. sur la fin du douziesme chapitre du second liure de sa traduction de Florus *le monde creut que c'estoient les iumeaux Castor et Pollux, parce qu'ilz estoient deux, et qu'ilz auoient assisté à la bataille, dautant qu'ilz estoient tous trempez de sang, et qu'ilz uenoient fraischement de la Macedoine, pource qu'ilz estoient encore tous las et comme hors d'haleine* ».

202 Dans le manuscrit : « B. l. 4 » et « en la p. suiuante ». Le premier exemple se lit plutôt *de leurs preseances* (Malherbe 1631 : I, 135). Le deuxième exemple est légèrement abrégé : *Il a fallu faire ce discours, pource que faire plaisir, qui est la matiere que nous avons à traitter, est l'office de la vertu […]* (*ibid.* : 136). Il y a un troisième exemple pris de Malherbe dans le manuscrit : « M. de Malh. p.341 Rendez à cettuy-là parce qu'il redemande, et à cettuy-cy parce qu'il ne redemande point, à cettuy là pource qu'il ne uaut rien, à cettuy-cy pource qu'il est homme d'honneur. »

rapporte à ce qui precede, & il croyoit que *par*, ne s'y rapportoit pas, à cause que naturellement aprés avoir dit, *il a fallu faire ce discours*, on ajouste *pour*, comme *pour faire*, ou *pour tel & tel sujet.*

QUI, repeté deux fois dans une periode[203]

Ce n'est pas une faute, de repeter *qui*, deux fois dans une mesme periode, comme le croyent quelques-uns, qui à cause de cela (49) mettent *lequel*, ou *lesquels*, *laquelle*, ou *lesquelles* ; car *qui* veut dire tous les quatre[204]. Il est bien plus rude de dire *lequel*, ou l'un des quatre, que de repeter deux fois, *qui* ; Car l'usage en est si frequent, qu'il en oste la rudesse, & l'oreille n'en est point offensée. Les plus excellens Autheurs n'en font point de scrupule[205]. Il ne seroit par besoin d'en donner des exemples, parce que nos meilleurs Livres en sont pleins[206] ; mais en voicy un qui suffira, *il y a des gens qui n'aiment que ce qui leur nuit*, ou *qui n'aiment que les choses qui leur sont contraires*. Ces deux *qui*, ne sont point rudes, & *lesquels*, mis au lieu du premier, ou *lesquelles*, au lieu du second, seroit extremement dur, sur tout *lesquelles*, au lieu du second *qui*.

Il y a une exception ; c'est quand les deux *qui*, ont rapport à un mesme substantif, sans que la copulative, *et*, soit entre deux, comme, *c'est un homme qui vient des Indes, qui apporte quantité de pierreries* ; car en ce cas, il est mieux de dire, *lequel apporte* : mais il seroit encore mieux de mettre, *& qui apporte*, au moins en escrivant ; car en parlant, les deux *qui*, ne

203 La remarque manuscrite (f° 75r°) ne contient ni d'exemples ni la discussion portant sur l'exception qui figure dans le deuxième paragraphe de la remarque publiée.

204 Il ne semble pas que cette question ait été considérée par les grammairiens de notre corpus avant Vaugelas.

205 Dans le manuscrit (f° 75r°) : « Ce n'est pas que ie condamne l'usage de *lequel*, et des autres trois, comme uous uerrez en son lieu ou ie uous renuoye, et ou ie pense n'auoir rien oublié de ce qui s'en peut dire, mais pour l'ordinaire il est beaucoup mieux de repeter *qui* que de se seruir des autres, et l'oreille n'est point blessee de cette repetition, parce que uenant à tous coups en usage, la grande accoustumance en oste la rudesse et tous les bons Autheurs ne font point de scrupule d'en user ainsi. » On trouve, par exemple, cet usage chez Coeffeteau (cité d'après Frantext) : *au contraire il avoit souffert, que le senat donnast l'abolition d'un si enorme crime à ses meurtriers,* ***qui*** *s'estoient retirez dans le Capitole pour éviter la fureur du peuple,* ***qui*** *sans doute les eust exterminez, si on ne l'eust arresté* ; *mais ceux* ***qui*** *avoient interest en l'affaire, et* ***qui*** *se flattoient de l'esperance d'avoir quelque part à cette gloire, donnerent ordre qu'un si cruel arrest ne fust point executé.*

206 La remarque manuscrite se termine ainsi : « Ie ne crois pas qu'il soit besoing d'en donner aucun exemple. On n'a qu'à ouurir un liure françois pour en trouuer d'abord, tant cette repetition est frequente. »

sonnent point mal, mesme sans, *et*. Que s'il y a plusieurs *qui* relatifs à un mesme sujet, ils ont fort bonne grace, sans, *et*, comme *c'est une fille, qui danse, qui chante, qui jouë du luth, qui peint* ; Mais si (50) l'on change le genre de la loüange, il faut mettre, *et*, en suite, & dire, par exemple, aprés tout le reste, *& qui est fort sage.*

POUR, repeté deux fois dans une mesme periode

Il n'en est pas de, *pour*, comme de, *qui*, car estant repeté deux fois dans une mesme periode, & sur tout devant deux infinitifs, il sonne tres-mal, & est contre la netteté du stile. Cependant je m'estonne que plusieurs de nos meilleurs Escrivains y manquent. Par exemple[207], *il cherche des raisons pour s'excuser de ce qu'il s'en alla pour donner ordre, &c.* Il me semble que ce n'est point nettement escrire ; j'en fais juge toute oreille delicate[208]. Que si dans la repetition du *pour*, l'un sert à l'infinitif, & l'autre à un nom, il ne sonne pas si mal, à cause qu'il est employé diversement, comme, *il cherche des raisons pour s'excuser de ce qu'il a sollicité pour ma partie* : Aussi ce dernier est fort en usage, & plusieurs le trouvent bon[209].

Repetition des Prepositions aux noms[210]

---

207 Dans la remarque manuscrite (f° 69v°), Vaugelas cite un autre exemple : « Exemple *Il cherche des paroles ceremonieuses pour nous dire qu'il s'escarta de la compagnie pour faire &c.* ». *Cf.* Malherbe dans sa traduction des *Bienfaits* de Sénèque, *Vous vous mocqueriez de moy, si je m'amusois à vous chercher des parolles ceremonieuses pour vous dire qu'il print le pot de chambre pour faire de l'eau* (Malherbe 1631 : I, 111). Voir aussi Urbain (1893 : 313) qui donne un exemple de cette construction chez Coeffeteau.

208 Cette phrase ne figure pas dans le manuscrit.

209 *Cf.* dans le manuscrit : « Quand le *pour* est repeté deux fois, si l'un sert à l'Infinitif, et l'autre à un nom il ne sonne pas si mal, parce que ce qui fait que l'autre est plus mauuais, c'est non seulement de repeter le meme mot, mais de se seruir de la mesme façon de parler deux fois en ioignant deux fois le *pour* à deux infinitifs. » Les grammairiens du XVIe siècle ne considèrent pas cette question.

210 La remarque manuscrite (f° 71r°) commence d'une façon similaire à celle de la version publiée, mais elle se termine par une discussion sur la validité de la règle dans laquelle Vaugelas considère l'usage de ses deux modèles principaux, Malherbe et Coeffeteau : « Nonobstant cette distinction que i'ay apportee M. Coeff. a presque tousiours accoustumé de repeter indifferemment les Prepositions, et certes il semble que nostre langue le requiert, mais il y a si peu de gents qui le practiquent, que le meilleur est à mon aduis d'y garder le temperament et la distinction que ie uiens de dire. Car il est certain que c'est une faute dans la pureté de nostre langue de ne pas repeter les Prepositions quand les Substantifs aux exemples que nous auons proposez, ne sont ni synonimes ni equipollents, mais entierement diuers, ou [~~tout à fait~~] contraires. + // {+ Et cela a lieu aussi bien aux uerbes qu'aux

La repetition des Prepositions n'est necessaire aux noms, que quand les deux substantifs ne sont pas synonimes, ou equipollens[211]. Exemple ; *par les ruses & les artifices* (51) *de mes ennemis. Ruses, & artifices*, sont synonimes, c'est pourquoy il ne faut point repeter la preposition *par* ; Mais si au lieu d'*artifices*, il y avoit *armes*, alors il faudroit dire, *par les ruses & par les armes de mes ennemis* ; parce que *ruses*, & *armes*, ne sont ny synonimes, ny equipollens, ou approchans. Voicy un exemple des equipollens, *pour le bien & l'honneur de son Maistre. Bien* & *honneur*, ne sont par synonimes, mais ils sont equipollens, à cause que *bien*, est le genre qui comprend sous soy *honneur*, comme son espece. Que si au lieu d'*honneur*, il y avoit, *mal*, alors il faudroit repeter la preposition, *pour*, & dire, *pour le bien & pour le mal de son Maistre*. Il en est ainsi de plusieurs autres prepositions, comme *par*, *contre*, *avec*, *sur*, *sous*, & leurs semblables[212].

---

noms, par exemple *Il a une grande uigueur à entreprendre et à executer les grandes choses*. Parce que les deux Verbes signifient deux choses fort differentes, il faut repeter l'*A*. Que s'ilz ne signifient qu'une mesme chose comme *Ie me porte à aimer et cherir les personnes*, alors il ne faut point repeter la Preposition. M de Malh dit p 445 Ce fut alors aux Insubriens à pouruoir à leurs affaires et s'enfuyr sans regarder derriere soy, il faut dire *et à s'enfuyr* pour deux raisons, ce me semble, l'une sans doute, parce que *pouruoir à leurs affaires*, et *s'enfuyr* sont deux choses bien differentes, bien que là elles semblent n'en estre qu'une. Et l'autre à mon aduis, parce qu'il y a des paroles entre les deux Verbes. Il faudra un peu examiner cela} ». Vaugelas revient à cette question au folio 81v° : « *Repetition de la Preposition* M Coeff. y est extrem[ement] religieux *auec l'ayde et auec l'appuy duquel*, dit il en la uie d'Auguste, bien qu'ilz soient synonimes, certes n[ot]re langue aime fort cette repetition ». Sur l'usage de Coeffeteau, voir Urbain (1893 : 331, note 1) qui confirme que Coeffeteau sous-entend plus rarement que nous les déterminatifs et les prépositions dans ce type de construction.

211 La question de la répétition des prépositions devant les noms coordonnés n'est pas traitée par les grammairiens de notre corpus avant Vaugelas. Wapy (1634 : 108-110) aborde toutefois la question de la répétition des prépositions dans ses *Remarques* où l'on voit en germe l'idée du rôle de la synonymie : « l'une des gentillesses du langage françois consiste en la frequente redite de tous les menus mots qui portent ce nom : bien qu'en certain cas, nommément quand il y a d'autres repetitions conjointes, il ne soit pas necessaire de les reiterer. Exemple quand il ny a rien de conjoint. *C'êt un personnage de condition de courage & de merite*, non pas *de condition & merite*, autre exemple, *tant du plus que du moins*, on ne dira pas, *tant du plus que moins*. Exemple quant il y a d'autres petits mots conjoints qui demandent aussi d'être rebattus, *Le Soleil ne commença lors à poindre, que pour vous voir, & pour vous honorer de ses rayons*, on eut pû dire fort elegamment *pour vous veoir & vous honorer, &c.* La grace de ces redites se remarque quant les noms qui suivent ces prepositinos, font une contrarieté : ou quand la contrepointe êt au sens, quoy qu'elle ne soit point aux paroles à part. Exemple, *sa jeunesse sans reproche fut exposée à la mercy d'un médisant sans pitié.* » Aucun des grammairiens de notre corpus avant Vaugelas ne fait mention de la règle des synonymes (sur cette règle, voir l'Introduction, p. 145-147).

212 Dans son commentaire sur la traduction de Quinte-Curce, l'Académie censure pourtant l'usage de Vaugelas dans l'exemple, *Il laissa Cratere avec les troupes qu'il commandoit, & celles d'Amyntas*, et juge qu'« il faut *Et avec celles d'Amyntas* » (Ayres-Bennett et Caron 1996 : 207).

QUI, repeté plusieurs fois, pour dire les uns, les autres[213]

C'est une façon de parler, qui est fort en usage, mais non pas parmy les excellens Escrivains[214]. En voicy l'exemple, *qui crioit d'un costé, qui crioit de l'autre, qui s'enfuyoit sur les toits, qui dans les caves, qui dans les Eglises* : Mais les bons Autheurs expriment cela de cette façon, *les uns crioient d'un costé, les autres de l'autre, les uns s'enfuyoient sur les toits, les autres dans les caves, & les autres dans les* (52) *Eglises*. Et tant s'en faut que, *les autres*, repetez si souvent soient importuns, qu'au contraire ils ont tres-bonne grace, parce que d'ordinaire on parle ainsi ; C'est cette grande Reigle, qui regne par toutes les langues, & que je suis obligé d'alleguer souvent, Qu'*il n'y a ny cacophonie, ny repetition, ny quoy que ce puisse estre, qui offense l'oreille, quand elle y est accoustumée.*

Quant & moy, pour *avec moy*

On le dit ordinairement, mais les bons Autheurs ne l'escrivent point[215], quoy que M. de Malherbe s'en soit servy d'une façon encore moins approuvée. *La volonté*, dit-il, *doit aller quant & la chose, & la chose quant & la volonté*[216]. Que si l'on avoit à en user, il faudroit escrire *quand*

---

213 La remarque manuscrite, qui est ajoutée en haut du folio 74v°, possède deux traits assez caractéristiques de cette première version du texte. En premier lieu, il y a des références précises aux passages où Malherbe utilise la construction censurée (« Malh p. 595, 625. ») : « Qui croit qu'elle repassera par icy, qui croit que non » (1631 : I, 595), « Qui croit qu'elle ira par terre ; qui ne le croit pas » (*ibid.* : I, 625). En second lieu, l'accent est mis dans le manuscrit sur le bon usage écrit : « *Qui* repeté plusieurs fois pour dire *les uns et les autres* ne uaut rien à escrire, quoy qu'on le die ». D'autre part, le principe général élaboré à la fin de la remarque publiée ne figure pas dans la version manuscrite.

214 Cette construction est pourtant utilisée par Vaugelas lui-même dans sa traduction des sermons de Fonsèque (Vaugelas 1615 : 349). Pour d'autres exemples de son usage chez les auteurs du XVIIe siècle, voir Haase (1935 : 92). Elle n'est pas traitée, cependant, par les grammairiens du XVIe siècle. Quant aux dictionnaires, Richelet (1680) remarque que cette construction est hors d'usage citant l'autorité de Vaugelas. L'Académie (1694), d'autre part, note sans commentaire que *qui* est quelquefois distributif et qu'il signifie *ceux-ci, ceux-là* ou *les uns, les autres*, et dans son observation sur cette remarque (1704 : 62) elle maintient qu'« on est persuadé [...] que cette expression estant plus courte que celle qu'on luy peut substituer, fait aussi une peinture plus vive dans le stile soustenu », tout en notant qu'« il faut prendre garde de ne pas abuser de cette façon de parler, sur tout devant les verbes ».

215 Dans le manuscrit (f° 74v°) : « Iamais M. Coeff. n'en a usé ».

216 Malherbe (1631 : I, 263). Les usages de *quant* (/*quand*) *et moy* dans Frantext pour la période 1600-1647 sont illustrés chez trois auteurs, et surtout dans les lettres de Peiresc

avec un *d*, & non pas avec un *t* ; Car qui ne voit que cette façon de parler, *il est venu quant & moy*, ne signifie autre chose sinon, *il est venu quand je suis venu* ? Il est vray que le *d*, devant une voyelle, lors que le *d*, finit un mot, & que la voyelle commence celuy qui suit, se prononce en *t*, par exemple, *grand homme*, *grand esprit*, se prononce, comme si l'on escrivoit, *grant homme*, *grant esprit* ; Et c'est ce qui est cause, sans doute, que l'on a escrit *quant & moy*, avec un *t*[217].

(53)

Quand à moy[218]

Les autres font une faute toute contraire, escrivant *quand à moy*, avec un *d*, au lieu d'escrire *quant à moy*, avec un *t*, & cette erreur, quoy que grossiere, a tellement gaigné le dessus parmy les copistes, & mesmes parmy les Imprimeurs, que depuis quelque temps je ne le vois presque plus escrit ny imprimé autrement[219]. Mais ce qui me semble plus estrange, est que ceux mesme qui ont estudié, & qui ne peuvent ignorer, que ce *quant*, ne vienne du Latin *quantum*, y manquent comme les autres, & le souffrent dans l'impression de leurs ouvrages.

---

où l'on retrouve 12 des 17 occurrences. Seul Schélandre se sert de la graphie *quand et moy*. La construction (*quant et eux*, *quant et nous*, etc.) est encore fréquente chez Amyot (1587 [¹1572] : f° 66v°, 104r°, 108r°, etc.) et nous trouvons également un exemple de *quant & soy* dans la traduction des sermons de Fonsèque (Vaugelas 1615 : 15). Parmi les lexicographes, Richelet (1680), s'appuyant sur l'autorité de Vaugelas, note que *quand & moy* est hors d'usage. L'Académie (1694), sous l'entrée pour *quand & quand*, juge quant à elle que l'usage de *quand & moy* est bas.

217 Cette dernière phrase qui traite de la question de la prononciation de 'd' devant une voyelle est ajoutée à la version publiée.

218 Cette remarque suit également la précédente dans le manuscrit (f° 74v°). Entre le manuscrit et la version publiée cet usage semble avoir gagné du terrain, car la partie qui traite du déploiement de cet usage est ajoutée au texte final. Dans le manuscrit, Vaugelas cite un exemple de Malherbe : « Malh. p. 545 quand à l'aduis. Ie ueux croire que c'est la faute de l'Imprimeur ». Il est à noter que l'édition de 1630 des *Œuvres* de Malherbe utilise « quant à aduis », tandis que celle de 1631 emploie la forme critiquée par Vaugelas, « quand à l'aduis », ce qui semble confirmer de nouveau que notre remarqueur avait cette version sous les yeux.

219 Les exemples de *quant à moy* (/ *moi*) sont pourtant beaucoup plus nombreux dans Frantext pour la période 1600-1647 que *quand à moy* (339 *vs* 23 occurrences), et les six exemples de cette graphie pour la période 1630-1647 proviennent tous de textes comiques ou satiriques. Selon Richelet (1680), *quant à moi* etc. vieillit, mais l'Académie (1694) l'inclut dans son dictionnaire sans commentaire. Ni l'un ni l'autre ne font de commentaire sur l'orthographe.

Quant & quant moy, quant & quant

Quant & quant moy, pour dire, *avecque moy*, ou *aussi-tost que moy*, ne vaut rien ny à dire, ny à escrire. Et s'il estoit bon, il faudroit escrire les deux *quant* avec des *d*, & non pas des *t*, pour la mesme raison que j'ay dite à *quant & moy*[220].

Quant & quant, pour dire, *en mesme temps*, &, *tout quant & quant*, pour, *incontinent*, se disent, mais les bons Autheurs ne l'escrivent point[221].

(54)

QUOY, pronom[222]

Ce mot a un usage fort elegant, & fort commode, pour suppléer au pronom *lequel*, en tout genre & en tout nombre, comme fait *dont*, d'une autre sorte[223]. Car *lequel*, *laquelle*, *lesquels*, & son feminin, avec leurs cas, sont des mots assez rudes ; s'ils ne sont bien placez selon les reigles que

---

220 Dans le manuscrit (f° 74v°) : « Cette façon de parler *quant et quant moy* est purement Parisienne ». Guerlin de Guer (1937 : 5, 9) cite comme exemple de correction faite par Amyot dans les éditions successives des *Vies parallèles* le cas de *quand et quand* avec le sens d'« avec, en même temps que » ; cette expression est abandonnée par Amyot par étapes successives entre 1559 et 1567 et entre 1567 et 1619. Il n'y aucun exemple de *quant et quant* suivi d'un pronom personnel dans Frantext pour la période 1600-1647. Cotgrave (1611) inclut *quant & quant* et *quant & quant vous* dans son dictionnaire sans apporter de critique, mais Furetière (1690) considère que *quant et quant* relève d'un usage populaire. Richelet (1680) et l'Académie (1694) se servent plutôt de l'orthographe *quand & quand* : Richelet (1680) considère que *quand & quand* ne se dit ni ne s'écrit plus et cite l'autorité de Vaugelas, tandis que l'Académie juge cette expression basse (elle cite les exemples *il est parti quand & quand nous*, *venez quand & quand moy*). La critique de *quand & quand* se trouve déjà chez Oudin (1640 : 272) qui remarque que « Le commun peuple dit, *quand & quand luy*, pour *avec luy*, au lieu de *quand & luy* : qui sont toutes façons de parler fort mauvaises ».

221 Dans le manuscrit (f° 74v°) : « <quoy que Malh. l'escriue <Malh p. 252>> ». La citation se trouve en réalité à la page 253 : « Le juge ne vous dira pas quant & quant, Vous luy avez presté de l'argent, il faut qu'il le vous rende ». *Quant et quant* (et la variante *quand et quand* qui reste importante même si elle est minoritaire) dans son usage adverbial est pourtant courant durant la première moitié du siècle avec plus de 90 exemples au total dans Frantext pour la période 1600-1647.

222 Cette observation suit les trois précédentes dans le manuscrit (f° 74v°). La remarque manuscrite fait mention de l'usage de *quoi* en combinaison avec d'autres prépositions : « On se sert de mesme d'*En quoy*, <de *pour quoy*> et de *sur quoy*. <*De quoy*>. » Vaugelas note qu'on ne peut pas utiliser *quoy* en parlant des personnes, sans associer cet usage en particulier aux étrangers, et ajoute : « Ie marqueray les autres exceptions à mesure que ie les iray remarquant » (notez l'usage de la périphrase verbale).

223 *Cf. R*p. 343-345.

nous en donnerons en son lieu[224]. On dit donc fort bien, *le plus grand vice à quoy il est sujet*, au lieu de dire, *auquel il est sujet* : & il y a bien à dire, que ce dernier ne soit si bon ; *& la chose du monde à quoy je suis le plus sujet*, plustost qu'*à laquelle*[225]. Voilà deux exemples pour les deux genres au singulier. En voicy deux autres pour les deux genres au pluriel. *Les tremblemens de terre à quoy ce pays est sujet* ; *Ce sont des choses à quoy il faut penser. Ausquels*, & *ausquelles*, n'y seroient pas si bons de beaucoup ; Ainsi ce mot est indeclinable.

Il n'est pas necessaire d'ajouster que l'on ne se sert jamais de ce mot en parlant des personnes, comme, on ne dira point, *ce sont les hommes du monde à quoy nous devons le plus de respect* ; mais *à qui* ; Il n'y a que les Estrangers, qui puissent avoir besoin de cét advis[226].

(55) *QUI, en certains cas, & comment il en faut user. Quoy*

Q*ui*, au genitif, datif, & ablatif, en l'un & en l'autre nombre, ne s'attribuë jamais qu'aux personnes. Par exemple, *c'est un cheval de qui j'ay reconnu les defauts*[227], *un cheval à qui j'ay fait faire de grandes traites, pour qui j'ay pensé avoir querelle.* Je dis qu'en tous ces trois cas au singulier &

224 *Cf. R*p. 115-118.

225 *Cf. R*p. 117 où Vaugelas exprime un jugement contraire sur cette question.

226 Au XVIe siècle, Cauchie (1586 : f° 32v°) observe dans sa grammaire que *quoi* est neutre, qu'il n'est employé qu'au singulier et qu'il peut se combiner avec les prépositions *de*, *en*, *sur*, *pour*, *par*, etc. comme dans l'exemple *Je ne sai de quoi vous parlez.* Selon Nathalie Fournier (1998 : 196), la remarque de Vaugelas prend acte d'un usage déjà bien établi, parce qu'à cette époque on ne trouve plus guère d'exemples comme ceux que propose encore Maupas (1618 : f° 77r°), *Voila l'homme dequoy je vous ay parlé* ; *La femme dequoy l'on fait des contes par la Ville.* Pour cette raison Oudin (1640 : 135) exprime déjà la même opinion que Vaugelas.

227 Dans le manuscrit (f° 76r°) : « c'est un cheual de qui l'on admire la beauté ». Vaugelas prend en compte la variation de l'usage et témoigne de son hésitation sur ce point (« *Qui* », f° 76v°) : « *Qui.* Donnons des choses par *qui* celuy qui les aura receües ne puisse iamais auoir d'ennuy. Malh. B. Ie doute que *par qui* soit bon, et ne sçay s'il ne faut point dire *par lesquelles.* Ie le marque pour m'en instruire. » Comme le note Nathalie Fournier (1998 : 196), *qui* prépositionnel peut référer tout au long du siècle à un antécédent non humain, malgré les efforts des grammairiens et remarqueurs pour différencier les usages +/- humain ; elle cite plusieurs exemples pris, entre autres, de Corneille, de Molière et de Pascal (*cf.* Haase 1935 : 63). Oudin (1640 : 126) tolère toujours les exemples du type *un cheval a qui il donne à boire, de qui il a receu un coup de pied.* Si Arnauld et Lancelot (1676 : 65) confirment le jugement de Vaugelas dans la *Grammaire générale et raisonnée*, l'Académie (1704 : 67-68) note quelques exceptions à la règle : « Ainsi l'on a conclu que l'usage permettoit souvent *à qui* hors des personnes, sur tout en parlant des animaux domestiques, comme, *c'est un chien à qui elle fait mille caresses.* »

au pluriel, c'est une faute de dire *qui*, parce qu'on ne parle pas d'une personne, & qu'il faut dire, *un cheval dont j'ay reconnu les defauts, auquel j'ay fait faire de grandes traites*, & *pour lequel j'ay pensé avoir querelle*. Ce n'est pas que quelques-uns n'approuvent *qui*, en ces exemples, mais c'est contre l'opinion commune[228].

Il en est de mesme, si l'on parle d'*une chose inanimée*, comme *table*, *lit*, *chaise*, & autres semblables, car on ne dira pas, *c'est la table, de qui je vous ay donné la mesure*, ny *à qui je me suis blessé*, ny *pour qui on a tant fait de bruit* ; mais *la table, dont je vous ay donné la mesure, à laquelle*[229], ou bien, *où je me suis blessé*, & *pour laquelle on a tant fait de bruit*. Tout de mesme au pluriel.

Cette remarque est encore vraye aux choses morales[230], comme *magnificence*, *courtoisie*, *bonté*, & ainsi des autres ; car on ne dira point, *c'est cette courtoisie*, ou *magnificence*, ou *bonté de qui je* (56) *vous ay tant parlé*, ny *à qui vous estes obligé*, ny *pour qui vous avez tant d'estime*, mais *dont je vous ay tant parlé*[231], *à*[232] *laquelle vous estes obligé*, & *pour laquelle vous avez tant d'estime*. De mesme au pluriel. Si neantmoins on parle de *Gloire*, de *Victoire*, de *Vertu*, de *Renommée*, & d'autres choses de cette nature, par prosopopée, comme on les represente souvent, sur tout dans la Poësie, qui en fait des Divinitez, ou des personnes celestes, le *qui* n'y sera pas mal, puis qu'il est propre aux personnes, soit veritables ou feintes, comme, *la Gloire à qui je me suis devoüé* (ce qu'Alexandre avoit accoustumé de dire[233]) & ainsi des autres[234].

---

228 Cette phrase est ajoutée à la version publiée.

229 Dans le manuscrit (f° 76r°) : « mais *la table de laquelle*, ou *dont ie uous ay donné la mesure* ».

230 Dans le manuscrit : « des choses intellectuelles qui n'ont ni corps ni ame, ni esprit ». Voir toutefois *R*p. 104, *& ruïneroit la naifveté, à qui j'oserois donner la premiere place parmy toutes les perfections du stile*.

231 Dans le manuscrit : « mais *de laquelle*, ou *dont ie uous ay tant parlé* ».

232 Dans l'original : à.

233 Dans la traduction de Quinte-Curce, on trouve l'exemple *& cesser de travailler pour la gloire à qui je me suis entierement dévoüé* (Ayres-Bennett et Caron 1996 : 357) ; il ne fait pas l'objet d'un commentaire de l'Académie.

234 Ce cas ainsi que celui traité dans le paragraphe suivant sont ajoutés à la version publiée. Dans le manuscrit au contraire, Vaugelas explique comment et pourquoi il a élaboré cette remarque : « Ie me suis un peu estendu sur cette remarque, en donant des exemples de toutes les façons, parce qu'elle est extremement importante, et que plusieurs des meilleurs Escriuains <d'auiourd'huy>, et quelque uns mesmes de noz Maistres ~~[...]~~ sont suiets à faire cette faute, ce qui semble ~~bien~~ <d'autant plus> estrange, que les Courtisans qui n'ont point estudié, ni les femmes ne la font iamais. Ie uiens d'ouïr lire ~~un~~ <quelque chose d'un> des plus celebres Autheurs que nous auons en n[ot]re langue. C'estoit une femme

Il en est de mesme[235] des choses ausquelles on donne des phrases personnelles, comme je diray fort bien, *voilà un cheval à qui je dois la vie*, *voilà une porte à qui je dois mon salut*, *voilà une fleur à qui j'ay donné mon cœur*, & autres semblables, où l'on se sert des phrases qui ne conviennent proprement qu'aux personnes. Au reste, je dois ces deux observations, comme plusieurs autres choses qui sont dans ces Remarques, à l'un des plus grands Genies de nostre langue, & de nostre Poësie Heroïque[236].

On se sert bien souvent de *quoy*, pour, *lequel*, aux deux genres, & aux deux nombres. Par exemple, *c'est le cheval avec quoy j'ay couru la bague*, *c'est le cheval surquoy j'ay esté blessé*, pour (57) dire *avec lequel*, & *sur lequel*, ainsi des autres.

Au reste, j'ay dit que ce n'estoit qu'au genitif, datif, & ablatif des deux nombres que cette remaque avoit lieu, parce qu'au nominatif & à l'accusatif il n'en est pas ainsi, *qui*, au nominatif singulier & pluriel, s'attribuant aux personnes & aux choses indifferemment, comme fait *que*, aussi en l'accusatif des deux nombres : les exemples en sont si frequens, qu'il n'est pas besoin d'en donner.

Solliciter

Solliciter pour *servir, secourir, & assister un malade*, comme on le dit ordinairement à Paris, est du plus bas usage[237] ; au lieu qu'aux autres significations il est fort bon, & fort noble. Je n'eusse pas creu que les Autheurs Latins les plus élegans s'en fussent servis au mesme sens, que

---

qui lisoit, et un Courtisan, qui à la uerité scait bien ~~nostre langue~~ <parler françois>, mais qui n'a iamais estudié, lequel escoutait, ~~[...]~~ et moy ie faisois le troisiesme en cette compagnie. Comme dans le cours de la lecture elle ~~[...] à dire~~ <a dit> *la magnificence à qui i'attribue*, ou quelque autre chose semblable dont il ne me souuient pas, car ce ne sont pas là les propres mots, le Courtisan s'est escrié que c'estoit fort mal parlé de dire ~~à qui~~ *la magnificence à qui*, mais qu'il falloit dire *à laquelle*, ou *à quoy* et la femme sans hesiter a esté aussi du mesme aduis. En quoy i'ay ueu ~~et~~ que les plus scauants en nostre langue faisoient quelquefois cette faute, et qu'elle estoit si ~~[...]~~ <grande> que les Courtisans sans lettres, et les femmes s'en apperceuoient et la condamnoient sur le champ. » Notons qu'il y a une deuxième remarque manuscrite intitulée (f° 25v°) « [*De qui*] pour *Duquel* », dans laquelle Vaugelas critique l'usage de *de qui* pour *duquel* « aux choses et non aux personnes ».

235 Dans l'original : de mesmes (*Fautes d'impression*).

236 Dans la clef de Conrart : « M. Chapelain ». On trouve pourtant quelques exemples chez Chapelain qui semblent contrevenir aux jugements de Vaugelas, par ex. *De cet autre grand Mont, de qui la plate cime, / Est le lit d'un grand Lac, qui n'a fond que l'abysme* (Chapelain 1656 : 239).

237 Dans le manuscrit (f° 87r°) : « C'est proprement un mot du uulgaire en ce sens là ».

nos bons Autheurs condamnent. Neantmoins Quintilien entre autres, l'a fait en cette admirable Preface de son sixiesme livre, *ut ille*, dit-il, *mihi blandissimus me suis nutricibus, me aviæ educanti, me omnibus qui sollicitare solent illas ætates, anteferret*[238].

Longuement[239]

Ce mot n'est plus en usage à la Cour, où il estoit si usité il n'y a que vingt (58) ans ; c'est pourquoy l'on n'oseroit plus s'en servir dans le beau langage[240]. On dit *long-temps*, au lieu de *longuement*.

---

238 *Institution oratoire*, VI, Préface, 8 : « [Et de plus, pour accroître mon tourment, tel fut le jeu insidieux de la fortune,] que cet enfant se montrât très caressant pour moi, me préférât à ses nourrices, à la grand' mère qui l'élevait, à toutes les personnes qui attirent ordinairement à elles les enfants de cet âge » (traduction de Jean Cousin, 1977, p. 4). Vaugelas ajoute dans les marges : « *Sollicitare* la ueut dire auoir soing d'ou uient *soigner*, qui est un mauuais mot ». Parmi les lexicographes de notre corpus, seul Furetière (1690) cite cette acception du verbe, sans commentaire, mais elle est toujours incluse dans le *Dictionnaire de Trévoux* en 1771.

239 La remarque manuscrite (f° 57v°-58r°), « *Longuement* et *long temps* », est beaucoup plus longue que la version publiée. Vaugelas se ravise entre les deux versions quant à la question de savoir si l'usage de *longuement* est courant. Dans le corps du texte du manuscrit dont la plus grande partie est rayée, Vaugelas maintient que les deux expressions ont le même sens, mais il justifie les différences d'usage selon le contexte. Dans les marges où le texte n'est pas rayé, il reprend le même thème : « On peut tousiours dire *longtemps* par tout ou l'on dit *longuement*, mais on ne peut pas tousiours dire *longuement* là ou l'on dit *long temps*. *Longuement* ne se dit iamais auec *si* par exemple on ne dit point *I'ay esté si longuement malade* mais *si longtemps*. Et plusieurs François manquent en cela aussi bien que les Estrangers. Il ne se dit point non plus auec *Fort* ni auec *Tres* car on ne dira pas *I'ay esté fort longuement*, ni *tres-longuement malade*. mais *Fort longtemps*, et *tres-longtemps*. Il ne se dit point aussi apres *Il y a*, on dit *Il y a long temps que ie ne uous ay ueu*, *Il y a longtemps qu'il pleut* et non *Il y a longuement*. Ni deuant les Infinitifs auec la Preposition *a*, on dit *Il est long temps à uenir*, *Il est long temps à se remettre de sa maladie*, et non pas *longuement* Ie ne sçay s'il y a encore quelques autres mots deuant ou apres lesquels il ne le faille pas mettre. Ie les remarqueray si ie les [desc]ouure. Hors de ces exceptions on peut dire *longuement* en tout le reste et au passé et au present, et à l'auenir, car l'on dira fort bien *Il a esté longuement malade, il est longuement sain, il sera longuement malade*. Or encor qu'il soit uray sans exception si ie ne trompe que l'on peut dire *longtemps* partout ou l'on dit *longuement** ». Vaugelas reprend le texte dans le corps du manuscrit : « * Il faut neantmoins auoüer qu'il y a certains endroits ou *longuement* a meilleure grace que *long temps*. Nous en remarquerons les exemples à mesure qu'ilz se presenteront, car ilz ne uiennent pas tousiours à point nommé au bout de la plume. Mesmes nous regarderons si on en pourroit establir quelque Reigle, affin que chacun peust estre asseuré quand il s'en faudroit seruir ». Le reste de l'observation est rayé. De cet usage plus restreint de *longuement* on est passé au jugement de la version publiée selon laquelle l'adverbe ne fait plus partie du bon usage.

240 L'usage de *longuement*, tel qu'il est attesté dans Frantext, diminue nettement à mesure que le siècle progresse. Pour citer la fréquence de son usage par 1000 mots par décennie :

Pourpre[241]

Pourpre, maladie, est masculin, comme *il est mort du pourpre*[242]. Quand il signifie *l'estoffe de pourpre*, il est feminin, *la pourpre des Roys*, *la pourpre des Cardinaux*, *une pourpre esclatante, & vive*[243]. En ce sens un de nos meilleurs Escrivains l'a tousjours fait masculin, mais il en est repris de tout le monde avecque raison[244]. Lors qu'il signifie *le poisson qui nous donne la pourpre*, quelques-uns le font masculin, & les autres feminin ; Car comme ce poisson ne se trouve plus, nostre langue ne luy a point donné de genre certain. La plus-part des Autheurs, qui en ont escrit en François, l'ont fait feminin, mais ce ne sont pas à la verité des Autheurs classiques[245]. Un des plus eloquens hommes du barreau[246], est d'avis de le faire masculin, pour le distinguer de *la couleur de pourpre*, quoy que par là on ne le distingue pas de *pourpre, maladie* ; mais se faisant luy-mesme cette objection, il respond fort bien, que l'equivoque s'esclaircira mieux en l'un qu'en l'autre, parce que *la maladie du pourpre* n'a rien de

---

1600-1609 : 0,18 ; 1610-1619 : 0,19 ; 1620-1629 : 0,12 ; 1630-1639 : 0,07. Pour la période qui précède la publication des *Remarques* (1640-1647) cette fréquence baisse encore très nettement (0,008). *Longuement* est pourtant inclus sans commentaire dans tous les dictionnaires sauf Richelet (1680).

241 Il y a dans le manuscrit sur cette question deux remarques dont la première est beaucoup plus courte (f° 69r°, 88r°).

242 Ce jugement semble effectivement représenter l'usage ; on trouve, par exemple, dans Frantext : *A-t-on jamais pendu le pourpre, le bubon, / L'abcez, l'apoplexie, et le mal du pulmon* (Guérin de Bouscal, 1642). Il est également enregistré par les dictionnaires : l'Académie (1694), par exemple, offre la définition suivante de cet usage : « POURPRE. s.m. Sorte de maladie maligne qui paroist au dehors par de petites taches rouges quí viennent sur la peau. »

243 Dans ce sens, le féminin domine dans l'usage, mais on trouve également de rares exemples du masculin dans Frantext, par ex. *sur un manteau de fin pourpre de Tyr* (Tristan l'Hermite, 1641).

244 Dans le manuscrit (f° 69r°) : « *Pourpre* maladie est masculin, *pourpre* couleur est feminin, quoy que M. Coeff. le face tousiours masculin, mais il a tort. » On trouve, par exemple, dans son *Histoire romaine* : *le pourpre imperial m'a servy de langes* (1621 : III, 80) ; *les soldats luy presenterent le pourpre Imperial* (1621 : III, 225).

245 Il n'y a pas d'occurrences de cet usage dans Frantext pour la période 1600-1647. Richelet (1680) réfute la position de Vaugelas sur cette question, préférant suivre l'avis des spécialistes : « Espece de poisson [...]. La prétieuse liqueur de la pourpre est quelquefois noirâtre & quelquefois rouge & est au milieu du cou. *Vaugelas* croit ce mot de *pourpre masculin*, en ce sens, mais je suis son serviteur, *Rondelet*, *Belon* & autres savans hommes qui en ont parlé le font tous *féminin* & doivent plutot être creus que *Vaugelas*. »

246 Il est probable que Vaugelas fait référence ici à Patru (*cf.* Préface XV.3, p. 263), mais cette hypothèse n'est pas reproduite dans l'édition des *Remarques* avec les notes de Corneille et Patru (Vaugelas 1738).

commun avec *le poisson*, au lieu que *le poisson* qui (59) produit la pourpre peut estre aisément confondu avec *la couleur*[247].

D'autres croyent avec beaucoup d'apparence, & je serois volontiers de leur advis[248], que *pourpre*, quand il signifie *la couleur*, est adjectif, & du genre commun, comme *jaune*, *rouge*, *&c.* parce que je vois que tous les mots des couleurs sont adjectifs, *blanc*, *noir*, *gris*, *jaune*, *rouge*, *&c.* & que selon les estoffes on leur donne le genre masculin, ou feminin, comme par exemple, si l'on demande *de quel satin voulez-vous ?* ou *de quelle couleur de satin voulez-vous ?* on respondra, *du blanc*, *du noir*, parce que *satin*, est masculin ; mais si l'on demande *de quelle gaze voulez-vous ?* on respondra, *de la blanche*, ou *de la noire*, parce que *gaze*, est feminin. Ainsi en est-il de *pourpre* ; Car si cette riche & royale couleur ne nous eust point esté ravie par l'injure du temps, ou des mers, & qu'elle fust commune comme les autres, quand je voudrois acheter du satin, si l'on me demandoit *duquel ?* je dirois, *donnez-moy du pourpre*, comme je dirois, *donnez-moy du noir*, si je voulois du noir. Mais pour de *la gaze*, je dirois, *donnez-moy de la pourpre*, comme je dirois, *donnez-moy de la noire*. Je soumets neantmoins ce sentiment à un meilleur ; outre qu'il importe peu de sçavoir comme on le diroit, puis qu'il n'y a pas lieu de le dire.

(60)

Poitrine. Face[249]

247 Dans le manuscrit (f° 88r°) : « *Pourpre* ueut dire trois choses, une maladie, l'huistre ~~que~~ ou le poisson qui porte la teinture de la pourpre, et la teinture mesme, ou l'estoffe teinte de cette couleur. Quand il signifie la maladie, il est masculin, on dit *le pourpre*. Pour la couleur ou la teinture ou l'estoffe teinte de cette couleur, il est feminin, et l'on dit *la pourpre*. Il est uray que ce n'est que depuis dix ou douze ans en ça, car M. Coeff. met tousiours *le poupre* à l'imitation de M le Cal du Perron qui le fait aussi masculin *le pourpre Tyrien* dit il en quelque lieu. I'ay esté present quand quelqu'un dit à M. Coeff. qu'on le faisoit maintenant feminin, mais il ne le uoulut pas changer pour cela, aimant à mon aduis, <beaucoup> mieux suiure M. le Cal du Perron que les autres. Neantmoins l'Vsage l'a emporté, et la raison semble le uouloir pour euiter l'equiuoque. Pour le poisson, ie ne sçay de quel genre on le fait, parce qu'on ne l'entend gueres nommer ». On trouve, par exemple, dans les *Diverses Œuvres* du Cardinal du Perron, *Une autre aggraffe d'or dedans le pourpre entée / Donte les plis volants de sa juppe éventée* (Du Perron 1622 : 101).

248 Cette explication est rejetée par Patru (Vaugelas 1738 : I, 213-214), qui s'appuie plutôt sur l'autorité de Ménage : « L'adjectif de *pourpre*, c'est *pourprin* et *pourpré* ; comme *purpureus* celui de *purpura*. Vous trouverez souvent *lévres pourprines* dans nos vieux Poëtes. Il n'y a que les Gascons qui fassent *pourpre* adjectif » (Ménage 1675 : 161).

249 Ces deux mots sont traités dans trois remarques manuscrites, « *Poitrine* » (f° 72r°), « *Face* » (f° 34r°-v°, sans titre dans le manuscrit) et « *Face* pour *Visage* » (f° 39r°). La première est

Poitrine, est condamné dans la prose, comme dans les vers, pour une

---

très proche de la version publiée jusqu'à « vient à s'abolir peu à peu » ; elle se termine par l'aveu que le mot a toujours gêné Vaugelas et qu'il n'a « point de regret à sa perte ». La deuxième longue observation commence par une discussion de l'usage de *Face* : « *Face* pour *Visage* est un mot que noz Puristes ont condamné aussi bien dans les uers que dans la prose. Et la raison qu'ilz en rendent outre qu'elle est tout à fait <iniuste,> est si ridicule que i'ay honte de l'alleguer. Ilz disent que les Rieurs ont accoustumé d'appeler *le Derriere, la face du grand Turc*, et qu'ainsi on ne sçauroit dire *Face* pour dire *le uisage d'une personne*, qu'à mesme temps ce mot ne nous resueille l'imagination de cette autre uilaine *Face* et ne represente un si sale obiet à la pensee. Mais s'il falloit bannir tous les mots, dont l'usage conuient aussi bien aux bestes, et aux choses les plus infames, qu'à l'homme, que deuiendroient les langues⁺ ? {+ ne faudroit il pas faire procès à tous les mots [eq]uiuoques ?} Voyez à *Poitrine* comme ilz l'ont aussi condamné pour une raison aussi ridicule, ~~mais non pas si honteuse~~ que l'autre, parce, disent ilz, que l'on dit *poitrine de ueau*. L'on dit bien aussi *Teste de ueau*, et à cause de cela laisse-t-on de dire *la teste d'un homme* ou *d'une femme* ? Neantmoins, quelque impertinente que soit cette raison, elle ne laisse pas de ~~faire son effet~~ <porter coup>, dautant que ceux mesmes qui la publient iniuste et ridicule n'oseroient se seruir de ces mots là sans s'exposer à la risee et au blasme <non seulement> de ceux qui les condamnent, ~~[...]~~ <ce qui importeroit peu mais> de toute la Court, ou ilz ont principalement establi cette erreur. Ainsi l'usage de ces mots uenant à cesser, il uient aussi à s'abolir peu à peu, et alors on ne s'en peut plus seruir, non à cause de la raison qu'on en rend qui ne uaut rien, mais à cause qu'ilz ne sont plus en usage. Et en cecy se uerifie ce que disent les Iurisconsultes <que> *communis error facit ius* [~~c'est à dire~~]. *qu'une erreur establie passe pour ~~droit~~ <loy>*. Mais ce qu'il y a encore de bizarre en cela, c'est qu'ilz <ne> trouuent pas mauuais qu'on s'en serue en d'autres occasions, et que l'on die *à la face de la Court, la face des affaires* qui est pourtant ~~un mot~~ <une façon de parler> qu'ilz auroient bien encore plus de suiet de condamner, à cause de cette ~~consonante~~ <grande ~~[...]~~ affinité> qu'a le mot d'*affaires* auec celuy de cette *Face* qu'ilz condamnent, *la face de la terre*, et mesmes *Regarder en face* ~~ce qui est estrange~~. » La remarque continue avec une discussion de *chose*, qui est publiée dans les *Nouvelles Remarques* par Alemand (Vaugelas 1690 : 191-193). Par la suite, on trouve un passage plus général sur les aversions qu'on éprouve contre certains mots : « Il est donc uray qu'il y a peu de gents qui n'ayent quelque antipathie à un, ou <à> deux ou <à> plusieurs mots, tout de mesme qu'il se uoit peu de personnes qui mangent de tout et qui n'~~ayt~~ <ayent> auersion à quelque sorte de uiandes uoire des plus exquises, et de celles qui sont dans l'approbation generale ~~[...]~~ <des gouts les plus delicats>. Mais comme ceux qui ont soing de bien nourrir et eleuer leurs enfants ne leur souffrent pas ces auersions naturelles qui se rendent incommodes et importunes <dans le monde tant> ~~et~~ à ceux qui les ont, ~~et~~ <qu'>aux compagnies ou ils se rencontrent, si bien que de bonne heure on leur fait combattre ces desgousts, et ces ennemis de la societé ciuile, iusques à ce qu'apres auoir bien donné des batailles, ilz en remportent ~~presque tousiours~~ <à la fin> une <pleine> uictoire ~~[...]~~. Ainsi faut il que ceux qui ont ~~[...]~~ comme en horreur certains mots quoy qu'excellents et receus de tout le monde, surmontent ces repugnances là ~~et en secoüent le ioug qui est tyrannique~~, ce qui leur est d'autant plus facile à faire ~~qu'à ceux qui en ont pour les uiandes~~, qu'ilz n'ont pas à combattre la nature comme les autres, qui est le plus puissant et le plus opiniastre ennemy ~~que~~ <à qui> l'on sçauroit ~~iamais attaquer~~ <auoir à faire>, tesmoing la uiolence auec laquelle elle repousse tout ce qui luy est ~~ou qui luy semble~~ contraire, et tesmoing le rauage qu'elle fait dans un estomach qui a receu [...] s'il luy auoit esté traistre, quelqu'un

raison aussi injuste, que ridicule, parce, disent-ils, que l'on dit *poitrine de veau* ; Car par cette mesme raison il s'ensuivroit qu'il faudroit condamner tous les mots des choses, qui sont communes aux hommes, & aux bestes, & que l'on ne pourroit pas dire, *la teste d'un homme*, à cause que l'on dit, *une teste de veau*[250]. Comme aussi on a condamné *face*, quand il signifie *visage*, pour une raison encore plus ridicule & plus extravagante que l'autre[251]. Neantmoins ces raisons là tres-impertinentes, pour supprimer un mot, ne laissent pas d'en empescher l'usage, & l'usage

---

de ses ennemis dans la place. Mais ces Degoustez des mots n'ont à combattre que leur simple fantaisie, qui n'est qu'un fantosme uain sur lequel la Raison a bien plus de prise et ~~plus de force~~ pour le dissiper, qu'elle n'en a incomparablement ~~sur~~ <~~contre~~> <sur> la nature, contre qui toutes les armes de la Raison sont foibles, et ont accoustumé de reboucher. » Vaugelas passe ensuite aux exemples et prend d'abord le cas de *Doué* et puis celui de *Car* ; ici encore Alemand extrait ces passages de la remarque manuscrite pour les faire publier comme deux remarques séparées des *Nouvelles Remarques* (Vaugelas 1690 : 160-161 ; 446-452). Dans la troisième remarque manuscrite (f° 39r°), Vaugelas considère l'usage fait par Malherbe de *face* pour *visage* : « Malh qui l'a condamné n'a pas laissé d'en user en <l'>une des plus belles <et des plus celebres> Odes qu'il ayt faites, qui commence Peuples qu'on mette sur la teste Tout ce que la terre a de fleurs. p.69 le sceptre que porte sa race Ou l'heur aux merites est ioint luy met le respect en la face, mais il ne l'enorgueillit point. + {+ et p 222 et si tous ses appas sont encore en sa face} Il est uray qu'il la fit en l'annee 1600 pour la Reyne mere du Roy sur sa bienuenue en France, et en ce temps là on ne ~~[…]~~ parloit point encore + {+ ou pour mieux dire on n'auoit point encore fait uoir en France} de la face du grand Turc, qui a donné lieu à l'extrauagance ~~que~~ <dont> nous auons ~~dite~~ <parlé> cy dessus. »

250 Régnier (1869 : 476) cite la critique de Malherbe d'un vers de Desportes « Je serois bien aise que l'on n'usât point de ce mot de *poitrine* que rarement ». Le terme apparaît toutefois fréquemment dans Frantext pendant la période 1600-1647 (99 occurrences), y compris chez Urfé, François de Sales et Scudéry. Il ne figure comme entrée ni chez Estienne (1549), ni chez Nicot (1606), ni chez Cotgrave (1611). Richelet (1680), Furetière (1690) et l'Académie (1694) notent tous son usage en parlant des animaux, surtout des bœufs, des moutons et des veaux. Richelet ajoute son emploi pour parler des hommes « entant que cette partie de son corps est blessée, ou malade ».

251 De la même façon, l'usage, comme il est représenté dans Frantext, ne semble pas indiquer que le mot *face* dans le sens de « visage » est évité à l'époque : on en trouve des occurrences chez Coeffeteau, Balzac, Camus, et François de Sales, entre autres. Estienne (1549), Nicot (1606) et Cotgrave (1611) le citent sans faire de commentaire sur son usage. Wapy (1634 : 20) prétend que « *Face* ne se dit auiourd'huy que des choses sans ame, comme la face d'un bastiment &c. » Richelet (1680), d'autre part, note que dans le sens de « visage », il ne se dit plus en prose qu'en certaines phrases consacrées et qu'en parlant de Dieu ou du Christ, et il cite Vaugelas. Furetière (1690) observe que *face* pour « visage » ne se dit plus guère « qu'en raillerie d'un visage qui est trop gros ou trop large ». L'Académie (1694) cite cette acception sans commentaire, et dans son observation sur cette remarque, elle défend cet usage et observe que le mot : « trouve sa place au propre en plusieurs endroits, et [qu']on peut dire, *détourner sa face, se couvrir la face.* »

du mot cessant, le mot vient à s'abolir peu à peu, parce que *l'Usage est comme l'ame & la vie des mots*. On ne laisse pas pourtant de dire encore *poitrine* aux maladies, comme *la fluxion luy est tombée sur la poitrine, il est blessé à la poitrine*, & en d'autres rencontres. On dit aussi, *la face toute defigurée, la face de nostre Seigneur, voir Dieu face à face*; mais il semble que ce n'est qu'en ces phrases consacrées[252]. Pour les personnes, on dit encore, *regarder en face, reprocher en face, soustenir en face, resister en face*, mais tousjours sans l'article *la*.

(61)

RESOUDRE conjugué

Ce verbe ne garde le *d*, qu'au futur de l'indicatif, où l'on dit aux trois personnes, & aux deux nombres *resoudray, resoudras, resoudra, resoudrons, &c.* Mais au present, à l'imparfait, & aux preterits, il prend l'*l*, & l'on dit *nous resolvons, vous resolvez, ils resolvent*, & non *resoudons, resoudez, resoudent*, comme disent quelques-uns[253]. De mesme l'on dit, *je resolvois, je resolus, j'ay resolu*[254]. L'on dit aussi, *resolvant* au participe, & non pas *resoudant*[255], parce que ces participes se forment de la premiere personne pluriele du present de l'indicatif *resolvons, resolvant, voulons, voulant, allons, allant*[256].

---

252 On trouve, par exemple, dans Frantext, *ceux qui goustent le bien de voir Dieu face à face* (Bertaut, 1620); *il est dit que Jacob se vante d'avoir veu Dieu face à face* (Garasse, 1623).

253 Dans le manuscrit (f° 81r°) : « comme disent plusieurs des meilleurs parleurs de la Court ». Robert Estienne (1557 : 64) dans sa grammaire autorise toujours les deux formes au pluriel : « *nous Soudons, vous Soudez, ils Souldent.* ou *Solvons, Solvez, Solvent* », mais Oudin (1640 : 180) ne donne que les formes avec 'v'. En 1680, Richelet fait encore un commentaire sur la conjugaison de ce verbe. Il rappelle que les formes avec 'l' sont conseillées par Vaugelas « & c'est comme parlent ceux qui écrivent », et puis il cite les formes avec 'd'. Selon lui, « cette derniere manière de conjuguer n'est pas encore généralement reçuë, mais il est certain que le peuple parle de la sorte ». Le jugement de Vaugelas sur ces formes est confirmé par l'usage dans Frantext pour la période 1600-1647 : il n'y a qu'un seul exemple de *resoudez* (Sorel, 1623) et deux de *resoudent* (Marinello, 1609; Bailly, 1634).

254 Chabanel (1612 : 188) accepte les deux formes *resolu* et *resous* pour le participe passé.

255 *Cf.* Frantext (1600-1647) où l'on trouve un seul exemple de *resoudant* (Bailly, 1634) contre une quinzaine de *resolvant*.

256 Dans la remarque manuscrite, Vaugelas finit par souligner que d'autres verbes se conjuguent de la même façon : « Il y a d'autres Verbes encore, qui ont le *D* à l'Infinitif, comme *Peindre, teindre, feindre, ceindre, atteindre* et quelques autres qui laissent le *D* aux mesmes temps que nous auons dit que *Resoudre* le laissoit pour prendre le *g* deuant l'*N* par exemple on dit *peignons* en parlant de peinture, et non pas *peindons*, comme disent quelques uns, non obstant l'equiuoque de *peignons*, qui uient de *peigner* et ainsi des autres. »

RESOUDRE neutre & actif

Resoudre pour *prendre resolution*, est un verbe qui a tousjours esté neutre, & qui n'a jamais esté employé autrement en ce sens là par le Cardinal du Perron, par M. Coeffeteau, ny par M. de Malherbe[257]. Par exemple, ils n'ont jamais escrit, *taschez à resoudre vostre amy à faire ce voyage*, mais *taschez à faire resoudre vostre amy*[258]. Neantmoins depuis quelque temps je vois que plusieurs le font actif[259], & disent hardiment, *je l'ay resolu à cela*, pour *je l'ay fait resoudre à cela*. Pour moy, j'ay un peu de peine à (62) me donner cette licence : la phrase ne me semble pas encore assez bien establie, mais il y a apparence qu'elle le sera bien tost, suivant ce que j'ay dit au verbe *sortir*[260], de la nature des Neutres, qu'il n'y a rien si aise[261], que de les faire passer en Actifs, pour la brieveté de l'expression[262].

SI, conjonction conditionnelle[263]

Cette particule estant employée au premier membre d'une periode, peut bien estre employée au second joint au premier, par la conjonction

---

Au verso du même folio se trouve une brève remarque supplémentaire : « *Resoude* pour resolue ne uaut rien ».

257 En ce sens il semble en effet que l'usage transitif est rare chez ces trois autorités et qu'elles préfèrent soit *faire resoudre* soit *se resoudre*, par exemple, *il se faut resoudre de perdre* (Malherbe 1631 : 1, 150) ; *Je dis qu'il le semble pource qu'ayant fait resoudre mes volontez à s'humilier eternellement sous les vostres, je ne sçaurois plus tourner les yeux sur vous [...]* (*ibid.* : 1, 677). Urbain (1893 : 314) cite un exemple transitif chez Coeffeteau, mais il semble qu'en général lui aussi préfère l'usage de *faire resoudre* ou de *se resoudre*.

258 Dans le manuscrit (f° 81r°) : « par exemple il ne faut pas dire comme plusieurs disent *Taschez à resoudre nostre amy de faire ce uoyage*, mais *Taschez à faire resoudre* ». Les références à Du Perron, Coeffeteau et Malherbe sont ajoutées à la version publiée. Dans le manuscrit Vaugelas maintient que l'usage transitif a un sens différent : « quand il est Actif et qu'il regit un Accusatif, il ueut dire autre chose, et est un mot de chimie, ou de chirurgie ».

259 Ce commentaire sur l'essor de l'usage transitif ne se trouve pas dans le manuscrit, et Vaugelas le caractérise ainsi comme un changement récent. Les grammairiens de notre corpus (1530-1650) ne traitent pas de la construction de ce verbe. Parmi les lexicographes, Estienne (1549), Nicot (1606) et Cotgrave (1611) n'en font pas mention. Richelet (1680) et l'Académie (1694) distinguent les usages actifs et neutres, mais Furetière (1690) le range parmi les verbes actifs, et cite, entre autres, l'exemple *On donne des Docteurs à des patients pour les resoudre à la mort [...]*.

260 *Cf.* *R*p. 39.

261 Vaugelas contrevient ici à sa propre règle, voir *R*p. 323.

262 Dans le manuscrit un parallèle est établi entre l'usage de *résoudre* et de *(re)souvenir* : « Il faut dire *le uous prie de l'en faire souuenir*, ou *de l'en faire resouuenir*, et non pas *de l'en souuenir*, ni *de l'en resouuenir* ».

263 La remarque manuscrite (f° 83v°) est très proche de la version publiée.

et, mais il est beaucoup plus François & plus elegant, au lieu de le repeter au second membre, de mettre *que*[264]. Par exemple, *si nous sommes jamais heureux, & si la fortune se lasse de nous persecuter, nous ferons, &c.* Je dis qu'il est beaucoup meilleur de dire, *& que la fortune se lasse*. Il est vray qu'il faut changer de *Mode*, qu'ils appellent en matiere de conjugaison[265], & si le verbe du premier membre est à l'indicatif, il faut mettre le second au subjonctif, comme, *si jamais je suis auprés de vous, & que je jouisse de la douceur de vostre conversation.*

SI, pour *si est-ce que*

C'est une façon de parler fort bonne, & fort elegante. M. de Malherbe[266], *mais si diray-je* (63) *en passant*, pour dire, *si est-ce que je diray en passant*[267].

Si pour *adeo* en Latin

Estant mis devant un adjectif, & un substantif, il veut *que*, aprés luy, & non pas *comme*. Exemple, je *ne le croyois pas en de si bonnes mains que les vostres*, & non *comme les vostres*, en quoy plusieurs manquent. Les Poëtes neantmoins en usent quand ils en ont besoin[268].

---

264 Cette question n'est pas traitée par les grammairiens de notre corpus avant Vaugelas.

265 Sur l'usage des termes métalinguistiques dans les *Remarques*, voir l'Introduction, 5.2.

266 Dans le manuscrit (f° 83r°) : « Malh. p.50 ».

267 La remarque manuscrite contient en outre un commentaire sur l'ordre des mots : « Il faut neantmoins remarquer, que *si* tout seul ne se met iamais que le pronom personnel ne suiue le uerbe on dit *si diray-ie*, et non pas *si ie diray*, au lieu qu'à *si est ce*, c'est tout au contraire car il faut que le pronom precede le uerbe et qu'on die *si est ce que ie diray.* » Avant Vaugelas, cet usage est traité, par exemple, par Maupas (1618 : f° 179r°) dans la section sur les conjonctions adversatives : « La difference est pourtant notable, que *Si*, *Si est-ce que*, se doivent employer pour contredire à un propos precedant en amenant une raison contraire. Exem. *Vous me voulez mal, si ne vous fis-je jamais tort. Si est-ce que je ne vous fis*, &c. *Et-si je ne vous fis*, &c. *On se fie en un tel. Si n'est-il. Si est-ce qu'il n'est gueres homme de bien.* » Après Vaugelas, Richelet (1680) cite toujours l'exemple issu des *Remarques*, mais l'Académie (1694 ; 1704 : 76) juge que cet usage vieillit. Pour d'autres exemples, voir Haase (1935 : 387-388).

268 Dans le manuscrit (f° 83r°), Vaugelas critique un autre usage attesté chez Malherbe où le *pas* est omis : « Malh. p. 645. Mais ilz ne seront si malaiusez d'attendre le coup, au lieu [...] Mais ilz ne seront *pas* si malaisez *que* d'attendre le coup. » Avant Vaugelas, Maupas (1618 : f° 163r°) note que *si* comparatif est suivi de *que* sans faire mention de *comme*, qui est pourtant encore fréquent dans les textes. Pour des exemples de *comme* dans les contextes où on se sert actuellement de *que*, voir Haase (1935 : 380-381) et N. Fournier (1998 : 364).

POUR, avec l'infinitif

Cette preposition ne doit rien avoir entre elle & l'infinitif qui les separe, si ce n'est quelque particule d'une ou de deux syllabes[269]. Par exemple, on dira fort bien, *pour y aller*, *pour en avoir*, *pour luy dire*, *&c.* & encore *pour de là passer en Italie*; Mais d'y mettre plusieurs syllabes, comme ont fait quelques-uns de nos meilleurs Escrivains[270], il n'y a rien de si rude, ny de si esloigné de la politesse du langage. Exemple, *pour avec Quintius aviser, pour aprés avoir fait beaucoup de façons, ne dire rien qui vaille*; cela est du stile de Notaire. N'est-il pas plus doux de dire, *pour aviser avec Quintius, pour ne dire rien qui vaille aprés, &c.* Et ce qui augmente encore la rudesse, est que d'ordinaire aprés le *pour*, ils mettent immediatement une (64) autre preposition, comme aux deux exemples que je viens de donner, il y a *pour avec*, & *pour aprés*[271].

Preface, Maxime[272]

Preface est tousjours feminin, *la preface*, & jamais *le preface*. Je l'ay oüy faire masculin à tant de gens qui font profession de bien parler[273], que j'ay creu estre obligé d'en faire une remarque, pour les desabuser, & pour empescher les autres de commettre cette faute; Car on ne met pas en dispute parmy ceux qui s'y entendent, qu'il ne soit tousjours feminin, non plus que *maxime*, que quelques-uns

269 Dans le manuscrit (f° 88r°), Vaugelas explique pourquoi l'usage doit être ainsi : « Il y a une si estroite union entre la Preposition *pour* et le uerbe infinitif, qu'ilz ne doiuent iamais estre separez ».

270 Dans le manuscrit : « Car M. Coeff. n'en fait point de difficulté ni M. de Malh. aussi *Pour auec Quintius auiser* p. 423 I'eusse bien mieux aimé dire *Pour auiser auec Quintius*, et i'en fais iuge toute oreille delicate. » Il y a dans Frantext des exemples de l'usage critiqué chez Coeffeteau, par exemple, *pour de cét argent faire un canal qui apportast l'eau de deux cens stades dans la ville*; *pour à quelque prix que ce fust emporter cette place.*

271 Les grammaires de notre corpus (1530-1650) ne traitent pas de cette question. L'intérêt porté par Vaugelas à l'ordre des mots est l'une des innovations de son ouvrage, voir l'Introduction, 6.4.8. Des exemples de *pour avec* + infinitif et de *pour après* + infinitif sont attestés dans les textes de Frantext de la première moitié du siècle : *pour apres vous faire advouer que vous estes le plus ingrat et le plus perfide qui soit en l'univers* (Urfé, 1631) ; *et nous ouvre le cœur pour avec confiance nous bien declarer aux confessions suivantes* (François de Sales, 1619) ; *pour avec soixante mille hommes assieger Paris* (Aubigné, 1629).

272 Le genre de *préface* est indiqué deux fois dans le manuscrit dans des observations brèves (f° 48r°, 88r°). À l'inverse, le mot *maxime* n'y est pas discuté.

273 Dans le manuscrit (f° 88r°) : « quoy que plusieurs Courtisans disent *le Preface de ce liure* ».

font masculin aussi, disant, *c'est un maxime, il a ce maxime*, qui est tout à fait barbare[274].

Tandis

Il ne se doit jamais dire ny escrire, qu'il ne soit suivy de *que*, comme *tandis que vous ferez cela, je feray quelque autre chose*. Mais ce seroit tres-mal dit *faites cela, & tandis je me reposeray*[275]. Cette faute neantmoins se trouve dans un ouvrage de l'un de nos meilleurs Escrivains, qui soustenoit alors qu'on en pouvoit user ainsi ; Mais depuis il s'est rendu à l'opinion generale, & ne s'est plus servy de cette façon (65) de parler dans ses Ouvrages suivans, que toute la France estime comme un des grands ornemens de nostre langue[276].

Il y a encore une petite remarque à faire, qui n'est pas à negliger. C'est qu'on voit aujourd'huy une grande affectation de ce mot parmy la pluspart de ceux qui parlent en public, ou qui font profession de bien escrire[277]. En tout un livre, en tout un discours, ils ont bien de la

274 Tous les dictionnaires notent que le genre de *préface* est féminin ; quant à *maxime*, Cotgrave (1611) se distingue de tous les autres lexicographes en catégorisant ce mot comme masculin. On trouve des dizaines d'occurrences de *préface* et des centaines d'occurrences de *maxime* dans Frantext pour la période 1600-1647. Nous n'avons identifié qu'un seul exemple de *préface* au masculin (Du Lorens, 1624, *il fait un long preface*) mais aucun exemple de *maxime* au masculin.

275 Cet usage n'est commenté dans aucune des grammaires de notre corpus avant Vaugelas. Estienne (1549), Nicot (1606) et Cotgrave (1611) n'ont pas d'entrée pour *tandis* ; Richelet (1680) et Furetière (1690) le classifient comme conjonction (+ *que*) ; l'Académie (1694) le considère comme adverbe, mais ajoute qu'il est toujours suivi de *que* et qu'il signifie *pendant*.

276 Dans le manuscrit (f° 89r°) : « Mais il seroit fort mal dit en toutes façons *Faites de bonnes œuures, et tandis ie passeray le temps*, au lieu de dire *et cependant ie passeray le temps*. Cette faute est familiere comme encore quelques autres, à une certaine personne qui n'a pas laissé d'auoir de la uogue en une Traduction qu'il a faite à cause que ces defauts là sont suppleez par une certaine grace qui reluit en tout le corps de son Ouurage ». L'auteur de la Clef de Conrart observe : « Je croy q[ue] c'est encore M. dablancourt », mais selon Thomas Corneille (Vaugelas 1738 : I, 229), la référence est plutôt à Desmarets. On trouve des exemples de *tandis* avec et sans *que* dans les *Visionnaires* de Desmarets de Saint-Sorlin (Frantext), mais il est plus probable que la référence est à Perrot d'Ablancourt. Nous trouvons, par exemple, une occurrence de *tandis* sans *que* dans sa traduction des *Huit oraisons de Ciceron* (Paris, Jean Camusat, 1638, p. 11) : *Tandis Alphenus estoit tous les jours aux mains avec nostre Gladiateur*, mais dans sa traduction des *Guerres d'Alexandre*, dont la première édition date de 1646, cet usage n'est plus attesté. Comme le note Régnier (1869 : 623), *tandis* sans *que* pour *cependant* est également employé par Malherbe : *Tandis la nuit s'en va, ses lumières s'éteignent*.

277 Vaugelas fait mention d'une autre réaction à ce mot dans l'observation manuscrite (f° 89r°) : « Au reste ie conois une des plus excellentes et des plus nettes plumes de n[ot]re siecle, qui a de l'auersion à ce mot de *Tandis* que ie trouue si beau et si doux et qui est tant en usage parmy ceux qui parlent et escriuent bien ». D'autre part, dans celle intitulée « Pendant que » (f° 71r°), il parle de l'aversion pour cette conjonction ressentie par

peine à dire quelquefois, *pendant que*[278]. Je ne suis pas le seul qui l'ay remarqué ; Des gens de la Cour, & hommes & femmes, ont fait cette observation, ajoustant que c'est à la Cour où l'on en use le moins, & où l'on dit d'ordinaire, *pendant que*.

Peux pour *possum*

Plusieurs disent & escrivent, *je peux*, & M. Coeffeteau le met tousjours ainsi[279]. Je ne pense pas qu'il le faille tout à fait condamner ; mais je sçay bien que *je puis*, est beaucoup mieux dit, & plus en usage[280]. On le conjugue ainsi, *Je puis, tu peux, il peut*. Il est de la beauté & de la richesse des langues, d'avoir ces diversitez, quoy que nous ayons beaucoup de verbes, où la premiere & la seconde personne du present de l'indicatif sont semblables, comme, *je veux, tu veux, je fais, tu fais, &c.*[281]

(66)

Preigne pour *prenne*, *vieigne* pour *vienne*[282]

C'est[283] une faute familiere aux Courtisans, hommes, & femmes, de dire, *preigne*, pour *prenne*, comme, *il faut qu'il preigne patience*, au lieu

---

un écrivain célèbre à cause de l'allusion qu'elle fait avec d'autres mots : « Une des plus renommez Escriuains de nostre langue a une telle auersion à ce mot de *Pendant que*, que ie l'ay ueu une fois resolu de ne s'en seruir iamais [...] [...]mple fust suiui de tous ceux qui se proposeroient de les imiter [...] <Il dit que [...] ce mot fait un uilain> Equiuoque [...] <et une importune allusion> auec *pendre*, [...], *pendart*, <et> *pendant d'Espee*, [...] et crois qu'il pourroit auoir quelque raison s'il dependoit de nostre choix de faire ou de destruire des mots, mais l'Vsage seul qui a ce pouuoir, a celuy encore d'adoucir toutes ces rudesses ». Il ajoute que quelques-uns citent le même argument pour éviter *dépendre* ; à son avis, *dépenser* est beaucoup mieux, mais pas pour cette raison (*cf.* *R*p. 247-248).

278 Pour la période 1600-1647, *tandis que* est plus de deux fois plus fréquent que *pendant que* (614 *vs* 270 ex.) ; dans la période 1648-1699, au contraire, *pendant que* devient l'usage majoritaire (575 *vs* 1073 ex.).

279 Urbain (1893 : 315) observe que Coeffeteau écrit *je puis* et *je peux* et non seulement *je peux* comme le rapporte Vaugelas. Tous les grammairiens de notre corpus jusqu'à Maupas (1618 : f° 118v°) offrent les deux variantes, mais Oudin (1640 : 170) ne tolère que *je puis*.

280 L'usage de *je puis* domine sur celui de *je peux* dans Frantext pendant toute la période 1600-1647 (618 *vs* 33 occurrences), même dans les premières décennies du siècle. Selon Braun (1933 : 42), il y a quelques exemples de *je peux* dans les premières pièces de Pierre Corneille, mais on ne trouve plus cette forme après 1644, trois ans avant la publication des *Remarques*.

281 Dans le manuscrit (f° 73r°) : « Il y en a assez qui disent *puit* en la troisiesme personne, mais il est tout à fait barbare ».

282 Les deux verbes sont traités dans deux observations distinctes dans le manuscrit (f° 72r°, 94v°).

283 Dans l'original : Cest.

de dire, *qu'il prenne*; Et *vieigne*, pour *vienne*, comme, *il faut qu'il vieigne luy-mesme*, au lieu de dire, *qu'il vienne*[284].

Naviger, naviguer[285]

Tous les gens de mer, disent, *naviguer*, mais à la Cour on dit, *naviger*, & tous les bons Autheurs l'escrivent ainsi[286].

Nu-pieds

Ce mot se dit ordinairement en parlant[287], mais jamais les bons Autheurs ne l'escrivent, ils disent, *les pieds nuds*, *se trouvant les pieds nuds*, dit M. Coeffeteau en la vie de Neron[288]. Il faut dire, *nu-pieds*, au pluriel, & non pas *nu-pied*, au singulier, comme, *il est venu nu-pieds*.

---

284 La forme *vieigne* n'est pas discutée dans notre corpus de grammaires (1530-1650). Palsgrave (1530 : 746) donne la forme *preigne*, mais Pillot (1561 : 130) et Cauchie (1586 : f° 53r°) citent plutôt la forme moderne, *prenne*. Ni *vieigne* ni *preigne* ne sont attestés dans Frantext pour la période 1600-1647.

285 Dans le manuscrit (f° 64v°), Vaugelas donne l'opinion contraire : « *Nauiguer* on disoit autrefois *nauiger*, mais auiourd'huy tout le monde dit *nauiguer* à la Court Malh. p.249. » L'exemple de Malherbe est pris de sa traduction des *Bienfaits* de Sénèque (1631 : I, 249) : « & qu'il y a mesme difference qu'entre le don & la donation, la navigation & la personne qui navigue. » Ce commentaire reflète l'ancien usage de Vaugelas dans sa traduction des sermons de Fonsèque, où l'on trouve la forme *navigent* (Vaugelas 1615 : 372).

286 Aucun des dictionnaires ne cite *naviguer* comme entrée. Quant à *naviger*, il n'apparaît comme entrée ni dans Estienne (1549) ni dans Nicot (1606), et Cotgrave (1611) l'inclut sans commentaire sur son usage. L'information fournie par Richelet (1680) et Furetière (1690) est en quelque sorte contradictoire. D'une part, Richelet note : « *Naviger, naviguer, v.n.* Ces mots signifient *faire route sur l'eau*, & se disent tous deux. *Naviguer* se dit par tous les gens de mer, & même il commence à être dans la bouche de ceux qui ne fréquentent pas la mer, & il pourra avec le tems l'emporter sur *naviger* qui se dit & s'écrit par la plu-part des personnes qui n'entendent pas les termes de marine, mais ceux qui parlent dans les termes de l'art disent & écrivent *naviguer au Nord*, & jamais *naviger au Nord*. » Furetière (1690), d'autre part, note qu'« On disoit autrefois *naviguer*, & on le dit encore sur mer ». L'Académie (1694) offre *naviguer* comme forme variante de *naviger*, mais sans commentaire (« Quelques-uns disent NAVIGUER »). Les attestations de ces deux formes sont assez équilibrées dans Frantext (1600-1647) avec 13 occurrences de *naviger* contre 10 de *naviguer*. Notons, par exemple, que Balzac écrit *naviger* dans une lettre de 1624, mais *naviguer* dans *Le Prince* (1631).

287 Dans le manuscrit (« Nu-pied », f° 64v°) : « *Nu-pied* est un mot qui se dit communement, et qui n'est point mauuais en parlant ». La dernière phrase est ajoutée à la version publiée. *Nu-pieds* ne figure ni dans les dictionnaires de notre corpus, ni dans Frantext pour la période 1600-1647.

288 Coeffeteau (1621 : II, 70).

Noms propres[289]

Soit que les noms propres soient Grecs, ou Latins, il les faut nommer & prononcer (67) selon l'Usage, tellement qu'il n'y a point de reigle certaine pour cela[290]. On dit Socrate, & Diogene, quoy que M. de Malherbe dans les Bien-faits, ayt escrit Socrates & Diogenes[291], sans doute parce que de son temps plusieurs parloient encore ainsi, mais il faut enfin ceder à la mode. On dit, *Antoine*, & non pas *Antonius*, & neantmoins on dit *Brutus*, & non pas *Brute*. On dit, *Cleopatre*, & non pas, *Cleopatra*, comme l'on disoit du temps d'Amyot[292] & toutefois on dit, *Livia*, & non pas, *Livie*. Pour l'ordinaire, les noms Latins terminez en *us*, s'ils ne sont que de deux syllabes, on ne les change point, comme, *Cyrus*, *Cresus*, *Pyrrhus*, *Porus*, & une infinité d'autres semblables[293], si ce ne sont *des noms de Saints*, comme, *Petrus*, *Paulus*, & autres qu'on nomme, *Pierre*, *Paul*, *&c.* mais ceux qui sont de trois, on leur donne d'ordinaire la terminaison Françoise en *e*, comme, *Tacitus*, *Tacite*, *Plutarchus*, *Plutarque*, *Homerus*, *Homere*, *&c.* Et cela se fait aux noms qui sont fort connus & usitez, comme ceux que j'ay donnez pour exemple ; car quand ils se disent rarement, j'ay remarqué qu'on leur laisse la terminaison Latine ; Ainsi l'on dit, *Proculus*, *Fulvius*, *Quintius*, & une infinité d'autres semblables, mais dés

---

289 Il n'y a qu'une remarque brève sur cette question dans le manuscrit (f° 65r°) : « *Noms propres* <anciens soit> grecs ou latins se doiuent nommer selon l'usage. M. de Malh. met *Socrates* presque tousiours dans les B. et *Diogenes* pour *Socrate* et *Diogene*, c'est une faute.* Ainsi faut il dire *Antoine* et non *Antonius Cleopatre*, et non pas *Cleopatra*. On dit *Appelles* et *Apelle*, mais ce dernier se dit plus en uers qu'en prose. * Mais M. de Malh. en cela et en certaines autres façons de parler a fait comme les uieilles gents, qui bien que propres et s'habillants à la mode ne se sçauroient empescher de retenir tousious quelque chose du uieux temps. » Delphine Denis (2005 : 33) remarque qu'il y a très peu de discussions théoriques sur les noms propres au XVIIe siècle. En revanche, pour les traducteurs, la naturalisation des noms antiques posait problème, difficulté rencontrée par Vaugelas lui-même avec sa traduction de Quinte-Curce. Comme le note Bury (1993 : 205-206), il y a « au sein des Remarques, des échos directs du travail et des préoccupations des traducteurs ».

290 On trouve un commentaire similaire dans la préface de la traduction des *Œuvres de Tacite* (1658) par Perrot d'Ablancourt : « Il me reste à parler des noms propres, où je n'ay suivy aucune regle certaine, parce qu'il n'y en a point en effet ».

291 Voir, par exemple, Malherbe (1631 : I, 18, 122, 202).

292 Voir, par exemple, Amyot (1613 [[1]1559] : 1004).

293 *Fautes d'impression* : « *On sçaura aussi que les noms que l'Autheur allegue comme Latins, quoy que de personnes d'autres Nations, comme* Cyrus, Crœsus, Pyrrhus, Porus, &c. *ne laissent pas de passer pour des mots Latins, puis que les Latins les ont naturalisez, & leur ont donné cette terminaison. Les François en ont fait de mesme.* »

que l'on commence à rendre ces noms-là familiers en nostre langue, & à les mettre souvent en usage, on les habille à (68) la Françoise, & un mesme nom, comme, *Statius*, se dit ainsi avec la terminaison Latine, quand c'est le nom d'un des Officiers des Gardes de Neron, parce qu'on ne le nomme gueres, & se dit encore *Stace*, avec la terminaison Françoise, quand c'est le nom de ce grand Poëte, qui a emporté le second pris du Poëme heroïque, parce qu'il est souvent dans la bouche de ceux qui parlent des Poëtes Latins ; il faut dire aussi, *Darius*, *Marius*, & non pas *Daire*, ny *Darie*, ny *Maire*, ny *Marie*. Aux noms de quatre, ou cinq syllabes terminez en *us*, en Latin, c'est encore la mesme chose, car de *Virgilius*, *Ovidius*, *Horatius*, on a fait, *Virgile*, *Ovide*, *Horace*, parce que ce sont des Autheurs celebres, de qui l'on parle à toute heure, mais l'on dit, *Virginius*, *Musonius*, *Turpilianus*, *Cossutianus*, & un nombre infiny d'autres semblables, parce qu'on les nomme rarement. Cette observation se trouvera presque tousjours veritable.

Elle a lieu aussi aux noms doubles, comme sont la pluspart des noms appellatifs des Latins : car s'ils ne sont gueres usitez, comme *Petronius Priscus*, *Julius Altinus*, on ne les changera point en François, mais si on les nomme souvent comme, *Quinte Curce*, *Jules Cesar*, on ne dira pas, *Quintus Curtius*, ny *Julius Cesar*. Et bien que le premier nom ayt la terminaison (69) Françoise en nommant une autre personne, comme l'on dit, *Petrone*, & *Jules*, parlant de Cesar, & de cét Autheur celebre en la langue Latine, si est-ce que l'on ne dira pas, *Petrone Priscus*, ny *Jules Altinus*. Voilà quant aux noms Latins terminez en *us*.

Pour les autres terminaisons Latines, il me semble que, l'*a*, aux hommes ne se change gueres. On dit en Latin, & en François, *Agrippa*, *Dolabella*, *Nerva*, *Sylla*, *Galba*, *&c.* Il est vray que *Seneca*, se dit *Seneque*. Mais aux femmes, on y observe la reigle que j'ay dite, & qui regne en toute cette matiere, que les noms frequentez prennent la terminaison Françoise, comme l'on dit, *Agrippine*, & non pas, *Agrippina*, *Cleopatre*, & non pas, *Cleopatra*, mais quand on les dit rarement, on leur laisse la terminaison Latine, comme, *Julia*, *Cadicia*, *Poppea*, *Livia*, *Octavia*. Neantmoins, *Julie*, & *Octavie*, commencent à se dire, parce qu'on les nomme plus souvent que de coustume ; à cause que le theatre a rendu *Octavie* familier[294], & que plusieurs femmes parmy nous s'appellent Julie ;

294 La forme *Octavie* est utilisée, par exemple, par Tristan l'Hermite dans sa tragédie *La Mort de Sénèque* qui fut publiée en 1645.

& particulierement une, que toutes sortes de vertus & de perfections rendent aujourd'huy celebre par tout le monde, quand elle ne le seroit pas desja par la renommée de l'incomparable Artenice, & du Heros, ausquels elle doit sa naissance[295]. (70)

Ceux qui se terminent en, *as*, sont en petit nombre. Nous disons en François, *Mecenas*, mais nos Poëtes, tant pour l'accommoder à la rime, que pour rendre le mot plus doux, disent d'ordinaire, *Mecene*[296]. On n'oseroit pourtant l'avoir dit en prose. Ce mot est Latin, mais presque tous les autres terminez en, *as*, sont pris du Grec, & d'ordinaire on change l'*as*, en, *e*, *Pythagoras*, *Pythagore*, *Athenagoras*, *Athenagore*, *Pnythagoras*, *Pnythagore*, *Eneas*, *Enée*, *Anaxagoras*, *Anaxagore*. On dit, *Phidias*, & non pas, *Phidie*, *Epaminondas*, & non pas, *Epaminonde*. Les mots Hebreux comme, *Josias*, *Ananias*, *&c.* ne se changent point. Les noms des femmes terminez en *as*, quoy qu'ils viennent du Grec, ne se changent point non plus, comme il faut dire *Olympias* mere d'Alexandre, & non pas, *Olympie*.

Il n'y a gueres, ce me semble, de nom appellatif en Latin qui finisse par *e* ; On dit pourtant *Penelopé*, qui se dit *Penelope*, en changeant l'*é*, *fermé* en l'*e ouvert*. *Daphné*, *Phryné*, Grecs aussi, gardent l'*é*, *fermé* : Mais il y en a en *er*, & en *es*. Ceux qui terminent en *er*, comme, *Alexander*, *Leander*, sont pris du Grec, & en François nous disons, *Alexandre*, *Leandre*. Nostre Remarque a encore lieu icy, car quand il est parlé d'un autre *Alexander*, que du Grand Alexandre, il faut dire, *Alexander*, & non pas (71) *Alexandre*. Un de nos plus nouveaux & plus excellens Escrivains, nomme ainsi un certain *Alexander*[297]. Les noms qui terminent en *es*, sont pris & des Grecs, & des Barbares : des Grecs, comme *Demosthenes*, des Barbares comme *Tyridates*. Mais aux uns & aux autres pour l'ordinaire, on oste l'*s*, en François, & l'on dit, *Demosthene*, & *Tyridate*. Il y a pourtant beaucoup de noms Persiens, qui gardent l'*s*, à la fin, comme, *Arsaces*, *Menes*, *Atizies*, & un nombre infiny d'autres, qu'il faut tous prononcer

---

295 Dans la clef de Conrart : « Mad[am]e la Marquise de Montausier », c'est-à-dire Julie d'Angennes, dite l'incomparable Julie. Fille de Catherine de Vivonne et de Charles d'Angennes, marquis de Rambouillet, elle grandit à l'hôtel de Rambouillet où sa mère tenait son célèbre salon. Le personnage de Julie figurait également dans l'*Horace* de Pierre Corneille (1640).

296 Pour la période 1600-1647 nous trouvons 24 exemples de *Mecenas* (nom propre) dans Frantext, y compris chez Coeffeteau, et seulement trois de *Mecene*, tous dans la poésie de Bertaut et de Maynard.

297 Il n'y a que deux occurrences d'*Alexander* dans Frantext (1600-1647), chez Guibelet (1603) et Garasse (1623), mais il est peu probable que Vaugelas pense à ces auteurs.

avec l'accent à la derniere syllabe, comme est l'accent grave des Grecs, & jamais à la penultiesme. Que si c'estoient des personnes peu connuës qui s'appellassent ainsi, il faudroit dire sans doute *Demosthenes*, & *Tyridates*, selon nostre observation, qui se verifie presque par tout. Ainsi l'on dit, *Isocrate*, & *Calisthene*, & l'on dit, *Epimenes*, & *Eumenes*. On dit tousjours *Xerxes*, & le plus souvent *Artaxerxes*, au moins en prose, car en vers à cause de la rime, on dit, *Artaxerxe*, dont on a fait de nouveau une belle piece de theatre ainsi intitulée[298]. On dit *Apelles* en prose, & *Apelle* en vers[299].

Il y en a peu terminez en *is*, si l'Usage ne les a changez, il les faut dire en François comme en Latin, par exemple, *Martialis*, est le nom de deux personnes, l'une fort celebre, qui est le Poëte que nous appellons *Martial*, & l'autre (72) dont parle Tacite, que peu de gens connoissent, se doit nommer *Martialis* en François[300]. On dit *Omphis*, Roy des Indes[301], et *Adonis* : On dit aussi pour des femmes, *Sisygambis* mere de Darius[302], *Thalestris*, Reyne des Amazones, & se faut bien garder de dire, *Sisygambe*, ny *Thalestre*.

Ceux qui se terminent en *o*, dont le nombre est petit, comme *Cicero*, *Corbulo*, *Varro*, *Strabo*, prennent une *n*, en François aprés l'*o*, & nous disons, *Ciceron*, *Corbulon*, *Varron*, *Strabon*. Neantmoins il faut prendre garde que si l'on met un autre nom devant, comme par exemple, *Strabo*, dont parle Tacite, au quatorziesme livre de ses Annales, s'appelloit *Acilius Strabo*, alors il ne faut pas dire, *Acilius Strabon*, mais *Acilius Strabo*[303], quoy qu'estant seul on die, *Strabon*. On ne dira point aussi, *Marcus Varron*, mais, *Marcus Varro*[304], quoy que l'on die *Varron* tout seul. On dit tousjours, *Labeo*, ce me semble, & non pas *Labeon*, & pour les femmes tantost l'un, tantost l'autre. On dit *Didon*, du Latin *Dido*, et *Clio*, l'une des Muses, se dit de mesme[305] en Latin & en François.

---

298 Allusion à la tragédie d'*Artaxerxe* par Jean Magnon, publiée à Paris chez Cardin Besongne en 1645.

299 Pour la période 1600-1647 les sept exemples d'*Appelles* figurent tous dans les textes en prose. Quant à *Appelle*, cette forme est un peu plus fréquente en poésie (6 contre 4 ex.), notamment chez Malherbe.

300 C'est la forme employée par Nicolas Perrot d'Ablancourt dans sa traduction de Tacite ; voir, par exemple, Perrot d'Ablancourt (1658 : 626).

301 C'est la forme utilisée par Vaugelas dans sa traduction de Quinte-Curce (par ex. 1653 : 631).

302 Voir la traduction de Quinte-Curce de Vaugelas (par ex. 1653 : 329).

303 C'est encore la forme employée par Nicolas Perrot d'Ablancourt dans sa traduction de Tacite ; voir Perrot d'Ablancourt (1658 : 368).

304 Dans l'original : *Varrro.*

305 Dans l'original : de mesmes (*Fautes d'impression*).

Il y a encore une terminaison en *os*, dont je ne sçay point d'autre exemple que *Nepos*, nommé dans les Annales de Tacite[306]. Il faut le mettre en François comme en Latin.

En *u*, il n'y en a point, mais en *us*, le nombre (73) en est comme infini, c'est pourquoy j'ay commencé par là, encore que selon l'ordre des voyelles que j'ay suivi apres, la terminaison *us*, deust estre la derniere.

J'ay encore un petit avis à donner, qu'il ne faut pas se fier à une certaine reigle, que quelques uns establissent, qu'on doit consulter son oreille pour donner une terminaison aux noms qui n'en ont point de reiglée ; Car cette reigle est fautive, ayant pris garde souvent, que les oreilles en cela ne s'accordent pas, & que ce qui paroist doux à l'une, semble rude à l'autre[307].

En un mot, *l'Usage*, & *mon observation* decideront la plus part des difficultez qui se presenteront sur ce sujet.

Huit, huitiesme, huitain[308]

Ces mots ont cela de tout particulier, que l'*h*, en estant consone, & non pas muette ; car on dit *le huitiesme*, & non pas *l'huitiesme*, *le huitain*, & non pas *l'huitain*, & *de huit*, non pas *d'huit* ; neantmoins cette *h*, ne s'aspire point, comme font toutes les autres *h*, consones, sans exception ; Ce qui est cause que beaucoup de gens ont sujet de douter, si elle est consone : mais il est tres-certain qu'elle l'est, puisque la voyelle qui la precede, ne se mange jamais[309].

(74)

Temperature, temperament

Ces deux mots ont deux usages bien differens, il ne les faut pas confondre. *Temperature* se dit de l'air, & *temperament* des personnes. *Il faut*

---

306 *Cf.* Perrot d'Ablancourt (1658 : 85).

307 Sur la notion de *douceur* ou d'euphonie chez Vaugelas, voir l'Introduction, p. 122.

308 Il y a une discussion générale de la prononciation du 'h' dans le manuscrit (voir *R*p. 194-198), mais il n'y a pas de remarque manuscrite sur ces mots (*cf.* *R*p. 1).

309 Sur la prononciation de *h*, voir l'Introduction, p. 131-132. Si Maupas (1618 : f° 8v°) cite *huit* comme un mot où 'h' : « se tait », Oudin (1640 : 22) observe déjà que « Pour le regard de *huict*, encore que l'*h* ne s'aspire pas, elle tient pourtant lieu de consonne, et ne reçoit point d'elision » (*cf.* Thurot 1881-1883 : II, 409). Dans son dictionnaire, l'Académie (1694) note que l'*h* de *huit* « s'aspire », mais elle explique dans son observation sur cette remarque de Vaugelas qu'« on a trouvé en general qu'il y a quelque sorte d'aspiration dans l'*h* de ces trois mots, quoy qu'elle ne soit pas si sensible que dans *honte* et dans *hardi* ».

que le Medecin sçache le temperament du malade, c'est à dire *la complexion du malade* ; Car je ne parle pas de *temperament* en un autre sens pour *adoucissement*. Toutefois M. de Malherbe[310] use de *temperature* pour *temperament*. *M. le Cardinal de Lorraine*, dit-il, *fut d'une temperature, où il n'y avoit rien à desirer*. Je l'ay veu aussi employé tout de mesme dans Amyot[311]. Mais c'est, qu'il se disoit autrefois, & il ne se dit plus[312].

Terroir, terrein, territoire

Ces trois mots si approchans l'un de l'autre, & qui viennent d'une mesme origine, ont neantmoins un usage si different, qu'on ne peut dire l'un pour l'autre sans faillir. Et je m'estonne qu'un de nos plus celebres Escrivains[313] mette tousjours, *terroir* pour *territoire*.

Terroir se dit de la terre, en tant qu'elle produit les fruits ; *territoire*, en tant qu'il s'agit de Jurisdiction, & *terrein*, en tant qu'il s'agit de fortification. Le laboureur parle du *terroir*, le Jurisconsulte du *territoire*, & le soldat, ou (75) l'Ingenieur du *terrein*. Que si parlant d'une garenne je dis, *je voulois faire là une garenne, mais je n'ay pas trouvé que le terrein y fust propre* ce sera bien dit ; & selon la remarque,

---

310 Dans le manuscrit (f° 91r°) : « p. 488 ». Le texte de Malherbe (1631 : I, 487-488) se lit : « Feu Mons. Le Cardinal de Lorraine du titre de S. Agathe, frere de Mons. de Lorraine qui est aujourd'huy, fut d'une temperature où il n'y avoit rien à desirer. Sa façon de vivre ne pouvoit estre ny meilleure ny plus réglée qu'elle estoit. »

311 Par exemple, Amyot (1613 [[1]1559] : 368) parle de *la parfaitement belle & bonne temperature* d'Alcibiades.

312 *Cf.* Bailly (1634, cité d'après Frantext) : « Et la haine au contraire fondée sur la disconvenance, que si les mœurs viennent du *temperament*, & qu'entre les hommes il y en a si peu qui se ressemblent en *temperature*, il ne se faut pas esbahir s'il y a si peu d'amitié & sympathie entr'eux, qui toutefois viennent à s'entr'aymer tant plus que les uns approchent plus de ceste sympathie que les autres » (nous soulignons). Bruneau (1955 : 162) observe que Bossuet utilise toujours l'expression *température du corps* au sens de « tempérament » dans son sermon *Sur la Bonté*, mais cet emploi devient rare. Les dictionnaires reflètent également l'évolution : Estienne (1549), Nicot (1606) et Cotgrave n'incluent pas *temperament*, tandis que Richelet (1680), Furetière (1690) et l'Académie (1694) s'accordent à enregistrer la différence élaborée dans la remarque de Vaugelas, Richelet s'appuyant de façon explicite sur son autorité.

313 Dans le manuscrit (f° 90v°), Vaugelas donne des références précises, ce qui indique qu'il s'agit de Malherbe : « qui est une grand' faute <p.445. 465> ». Les exemples sont : *Marcellus tout aussitost passa le Pau, & s'en alla droit sur le terroir de Come* ; *& seulement acccompagné de deux hommes ausquels il n'avoit rien communiqué, sortit de la ville, s'en alla où ses chevaux l'attendoient, & prenant son chemin par le terroir de Volcan […] fit telle diligence, que le lendemain au matin il se trouva à une maison qu'il avoit entre Thapse & Adrumete […].*

Gaudet in effossis habitare cuniculus antris :
Monstravit tacitas hostibus ille vias[314].

Adjectif, quand il veut un article à part, outre celuy du substantif

Cette reigle est importante & necessaire, tant à cause de son frequent usage, que parce que ce n'est pas parler François que d'y manquer ; ce qui fait que les Poëtes s'y assujettissent aussi bien que ceux qui escrivent en prose. *Tout Adjectif mis aprés le substantif avec ce mot* PLUS, *entre deux, veut tousjours avoir son article, & cét article se met immediatement devant*[315] PLUS, & *tousjours au nominatif, quoy que l'article du substantif qui va devant, soit en un autre cas, quelque cas que ce soit*[316]. Voicy un exemple de cette Reigle[317]. *C'est la coustume des peuples les plus barbares.* Je dis que c'est ainsi qu'il faut dire, & non pas *des peuples plus barbares.* Or en disant *des peuples les plus barbares*, il se voit que l'article du substantif est au genitif, & celuy de l'adjectif est au nominatif. Il en est de mesme des autres cas. *J'ay*

314 Martial, *Épigrammes*, livre XIII, 60 : « Le lapin se plaît dans les souterrains qu'il a su se creuser ; c'est lui qui nous apprit l'usage des mines dans la guerre » (traduction citée d'après http://remacle.org/bloodwolf/satire/Martial/livre13.htm). Cette dernière phrase est ajoutée à la version publiée. Ni Estienne (1549) ni Nicot (1606) n'ont une entrée pour *terrein* dans leur dictionnaire, et il n'est pas facile de déduire la différence de signification entre *terroir* et *territoire* à partir de quelques-uns de leurs exemples (« le terroir ou territoire d'une ville, *Ager* »). Cotgrave (1611) définit assez clairement *territoire*, mais il ne fait pas de distinction nette entre *terroir* et *territoire*, qui sont tous deux traduits par « soyle, land ». Richelet (1680) suit Vaugelas, le citant dans chacune des entrées. Furetière (1690) et l'Académie (1694) s'accordent avec Vaugelas sur l'usage de *territoire*, mais la différence entre *terroir* et *terrain* est moins nette. Pour Furetière *terroir* se réfère à la terre « considerée selon ses qualitez », tandis que *terrain* est défini de la façon suivante : « Nature ou qualité d'une terre [...] se dit aussi d'une place, d'un espace de terre [...] se dit figurément en Morale dans les affaires, dans les procés, dans les disputes [...] ». L'Académie (1694) suit Vaugelas dans sa définition de *terroir* (« terre considerée par rapport à l'agriculture »), mais offre une définition plus large de *terrein* : « Espace de terre considéré par rapport à quelque ouvrage qu'on y fait, ou qu'on y pourroit faire, par rapport à quelque action qui s'y passe. [...] *Terrein*, Se dit aussi de la Terre par rapport à certaines qualitez, comme d'estre molle, d'estre dure, &c. ».

315 Dans l'original : *devaut.*

316 Haase (1935 : 56-57) donne des exemples sans l'article, mais note qu'ils deviennent plus rares à la fin du XVIIe siècle. Dans son commentaire sur la traduction de Quinte-Curce faite par Vaugelas, l'Académie (Ayres-Bennett et Caron 1996 : 324) critique son emploi de l'expression *de quoy il avoit plus de besoin* et observe : « C'est un superlatif. Ainsi M. D. V. devoit mettre *De quoy il avoit le plus de besoin* ».

317 Dans le manuscrit (f° 5r°) : « Un exemple ua faire uoir clairement la uerité de cette Reigle en toutes ses parties. »

obey au commandement le plus juste qui ayt jamais esté fait. Le voilà (76) au datif, *je l'ay arraché des mains les plus avares de la terre*, le voilà à l'ablatif, & cela tant au singulier qu'au pluriel. Pour l'accusatif, on sçait que son article est semblable à celuy du nominatif.

Que si l'on veut sçavoir la raison pourquoy l'article de l'adjectif se met tousjours icy au nominatif, encore que celuy du substantif soit en un autre cas, ce qui semble bien estrange, la response est aisée : C'est parce qu'on y sous-entend ces deux mots, *qui sont*, ou *qui furent*, ou *qui sera*, ou quelque autre temps du verbe substantif avec *qui*[318].

Au reste, quand il est parlé de *plus* icy, c'est de celuy qui n'est pas proprement comparatif, mais qui signifie *tres*, comme aux exemples que j'ay proposez[319]. Ce que j'ay dit de *plus*, s'entend aussi de ces autres mots, *moins*, *mieux*, *plus mal*, *moins mal*. Exemples, *je parle de l'homme le moins heureux, de l'enfant le mieux nourri, de l'enfant le plus mal nourri, & du vaisseau le moins equippé*[320]. Et en tous les autres cas il en est de mesme que de *plus*.

Sieger, Tasser[321]

Sieger, pour *assieger*, & *tasser* pour *entasser*, ne valent rien ; C'est une faute familiere à de certaines Provinces, & particulierement (77) à la

318 Dans le manuscrit : « Que si on uouloit ~~rendre~~ <sçauoir> la raison pourquoy l'Article de l'Adiectif se met tousiours icy au Nominatif, encor que celuy du Substantif soit en un autre cas, <ce qui semble estre bien estrange> on pourroit dire auec quelque apparence que c'est parce qu'on y sousentend ces deux mots *qui sont*, ou *qui furent*, ou *qui sera*, ou quelque autre temps du Verbe substantif auec *qui*. [Et de fait à mesure que i'escris cette raison, ie me uais persuadant qu'elle est bonne. Car comme i'ay desia dit ailleurs, il y a plusieurs Reigles qui n'ont point de raison et d'autres qui en ont, et l'on seroit esgalement blasmable d'en chercher ou il n'y en a point et de ne les pas trouuer ou il y en a. » *Cf.* Maupas (1618 : f° 30v°-31r°).

319 Dans le manuscrit (f° 5r°) : « Quand il est comparatif, il n'en ua pas ainsi. ~~I'ay obei~~ *I'obeis à des loix plus iustes que celles de uostre pays*, et non *les plus iustes*. Or le moyen de conoistre quand il est comparatif ou non est tres-aisé, en ce qu'il n'est iamais comparatif qu'il ne soit suiui d'un *que* qui s'exprime en latin <par> *quàm*, et non pas <par> *quod*, ou <par> *qua*, ou par quelque autre cas de ce Pronom relatif. Cela est bon <me direz uous> pour ceux qui entendent le latin, mais ceux qui ne l'entendent pas, comment pourront ilz discerner ce comparatif d'auec l'autre ? quand le *que* ne sera point suiui d'aucun substantif qui donne lieu à la comparaison, laquelle ne peut subsister sans deux termes tellement qu'en cet exemple *I'ay obei au commandement le plus iuste que l'on pourroit faire*, ce ~~*que*~~ *plus* n'est point comparatif, parce que le *que* n'est suiui d'aucun substantif auec lequel l'autre substantif qui precede <à sçauoir commandement> puisse estre comparé.] »

320 Dans l'original : *du soldat le moins mal equippé* (*Fautes d'impression*).

321 Ces mots sont traités dans deux remarques distinctes dans le manuscrit, *Sieger* (f° 87r°) et *Tasser* (f° 90r°).

Normandie, où l'on use du simple, au lieu du composé, comme *sieger une ville*, & *tasser du bled*, pour dire, *assieger une ville, & entasser du bled*[322].

Le onziesme[323]

Plusieurs parlent & escrivent ainsi, mais tres-mal. Il faut dire, l'*onziesme*; car surquoy fondé, que deux voyelles de cette nature, & en cette situation, ne facent pas ce qu'elles font par tout, qui est que la premiere se mange[324] ? Voicy une conjecture fort vray-semblable de ce qui a donné lieu à cette erreur, & je crois que tout le monde en demeurera d'accord. C'est que l'on a accoustumé de dire en contant, *le premier*, *le second*, *le troisiesme*, & ainsi generalement de tous les autres, jusques à dire, *le centiesme*, *le milliesme*, tous les nombres commençant par une consone, qui fait que l'on dit *le*, devant, n'y ayant pas lieu de faire l'elision de la voyelle *e*. Et comme il n'y a qu'un seul nombre en tout, qui commence par une voyelle, qui est *onze*, *onziesme*, on a pris une telle habitude de dire *le*, & devant & aprés le nombre *onziesme*, parce que tous les autres nombres commencent par des consones, que quand ce vient à *onziesme*, on le traitte comme les autres, sans songer qu'il commence par une voyelle, & que l'*e* de l'article, **(78)** *le*, se mange, & qu'il faut dire, *l'onziesme*, & non pas, *le onziesme*. Du reste, il faut escrire *onze*, & *onziesme*, avec un *o*, & non pas avec un *u*[325].

---

322 Tous les dictionnaires s'accordent à observer qu'*assiéger* est le bon verbe pour ce sens. Quant à l'usage de *tasser* pour *entasser*, Cotgrave (1611) et Furetière (1690) le citent sans commentaire, tandis que Richelet (1680) juge qu'il « ne vaut rien », et l'Académie (1694) remarque qu'il n'est guère employé. Il n'y a aucune attestation de ces usages de *siéger* ou de *tasser* dans Frantext pour la période 1600-1647.

323 Cette question n'est pas traitée dans le manuscrit.

324 Pour la période 1600-1647, on trouve dans Frantext 17 exemples de *l'onziesme/l'unziesme* contre un seul de *le unziesme* (Fauchet, 1601). Aucun des grammairiens avant Vaugelas (1530-1650) ne parle de ce problème. Dans les dictionnaires monolingues de la fin du siècle il y a hésitation : Furetière (1690) et l'Académie (1694) fournissent des exemples avec et sans élision, et l'entrée de Richelet (1680) témoigne de la même incertitude : « *adj.* Sorte de nombre ordinal [Il est l'onziéme. Elle est l'onziéme. En parlant de la sorte on parle régulierement, mais l'usage est contraire à la régle en plusieurs rencontres. On dit la *onziéme année* de son régne [...]. *Onziéme, s.m.* C'est le onziéme jour. [...] » La même hésitation est évidente dans les commentaires des remarqueurs ultérieurs. Bouhours (1692 : 547), par exemple, observe : « M. de Vaugelas condamne *le onziéme*, et prétend qu'il faut dire et écrire *l'onziéme*. Je croi qu'il a raison; mais comme depuis ses Remarques plusieurs disent et écrivent *le onziéme*, je ne voudrois pas le condamner. » *Cf.* Thurot (1881-1883 : II, 410-411).

325 Pour la période 1600-1647 il y a 23 occurrences de *unziesme*, mais la dernière date de 1624. En revanche il y en a 13 de *onziesme*, qui est la forme privilégiée entre autres par Balzac, Mersenne et Arnauld.

Sur le minuit

C'est ainsi que depuis neuf ou dix ans toute la Cour parle, & que tous les bons Autheurs escrivent[326]. C'est pourquoy il n'y a plus à deliberer, il faut dire & escrire, *sur le minuit*, & non pas *sur la minuit*, bien qu'une infinité de gens trouvent cette façon de parler insupportable. Il est vray que depuis peu j'ay esté surpris de trouver *sur le minuit*, dans la traduction d'Arrian faite en nostre langue, par un des meilleurs Escrivains de ce temps-là, & imprimée à Paris fort correctement par Federic Morel, excellent Imprimeur, l'année 1581[327]. Il est certain que *sur la minuit*, est comme l'on a tousjours dit, & comme la raison veut que l'on die ; parce que *nuit*, estant feminin, l'article qui va devant doit estre feminin aussi, sans que l'addition de *mi*, puisse changer le genre, (On dit neantmoins *minuit sonné*, & jamais *minuit sonnée*,) Ainsi on dit, *sur le midy*, parce que *dy*, signifiant *jour*, est masculin, comme si l'on disoit, *my-jour*. Que si l'on repart que ce n'est pas le mot qui suit *mi-*, comme fait *nuit*, en ce mot de *minuit*, (79) qui doit reigler le genre du mot entier & composé, & que pour preuve on allegue qu'on dit, *à la mi-Aoust*, quoy qu'*Aoust* soit masculin, on respond, qu'en ce lieu là on sous-entend un mot feminin,

---

326 Vaugelas se ravise entre la version manuscrite et le texte publié, et dans le manuscrit (f° 61r°) il soutient l'ancien usage : « *Minuit* est tousiours feminin et iamais masculin. C'est pourquoy il faut dire *sur la minuit*, et non pas *sur le minuit*, comme disent auiourd'huy une infinité de gents et mesmes à la Court, mais iamais les bons Autheurs n'ont dit autrement que *sur la minuit*, aussi dit on *A la minuit*, et non pas *au minuit*, ce qui fait uoir clairement qu'il est feminin. » Il faut noter qu'en 1640 Oudin cite toujours *sur la minuict* (1640 : 272). Quant aux dictionnaires, Estienne (1549), Nicot (1606) et Cotgrave (1611) considèrent que *minuit* relève du genre féminin, tandis que Richelet (1680), Furetière (1690) et l'Académie (1694) s'accordent à lui attribuer le genre masculin. Parmi les grammairiens, Oudin (1640 : 77) reconnaît la variation concernant le genre du mot : « *minuict* sans article passe aussi pour masculin : *minuict est sonné*; autrement on dit *la minuict* ». Le changement est bien représenté dans Frantext : pour la période 1600-1647 les dix occurrences de cette expression emploient toutes le genre féminin, y compris celles de Coeffeteau. Pour la période 1648-1699, d'autre part, il n'y a qu'un seul exemple du genre féminin (chez l'Abbé de Pure, 1656) contre 13 du genre masculin. Notons que Vaugelas emploie lui-même *sur la minuit* dans sa traduction de Quinte-Curce, « faute » corrigée par l'Académie dans son commentaire (Ayres-Bennett et Caron 1996 : 276).

327 Cette référence à la traduction de Claude Witart est ajoutée à la version publiée : *Les Faicts & conquestes d'Alexandre le grand, Roy des Macedoniens, descripts en Grec, en huict livres, par Arrian de Nicomedie surnommé le nouveau Xenophon*, Paris, Federic Morel, 1581. On trouve, par exemple *sur le minuict* à la page 182, mais dans la liste des « fautes trouvées en l'impression de quelques exemplaires », il est noté « Pag. 182. Lig. 7 & ailleurs, le minuit, lisez, la mi-nuit ». La forme *sur la minuict* est attestée à la page 64 du texte.

qui est *feste*, comme qui diroit *à la feste de mi-Aoust*[328]. Et pour moy, je croirois que *sur le midy*, a esté cause que l'on a dit *sur le minuit*, comme *à la mi-Aoust*, a esté cause que l'on a dit ainsi de tous les autres mois, *à la mi-May, à la mi-Juin*[329], *&c.* Malherbe, *On croit*, dit-il, *que l'on partira à la mi-Juin*[330]. Mais toutes ces conjectures importent peu.

Verbes regissans deux cas, mis avec un seul

Exemple, *ayant embrassé, & donné la benediction à son fils*[331]. Nos excellents Escrivains modernes condamnent cette façon de parler, parce, disent-ils, qu'*embrassé* regit l'accusatif, & *donné* regit le datif, tellement que ces deux verbes ne peuvent s'accorder ensemble pour regir un mesme cas, & ainsi l'on n'en sçauroit faire la construction avec le nom qui suit ; car *embrassé*, veut que l'on die *embrassé son fils*, & neantmoins en l'exemple proposé il y a, *à son fils* ; De mesme, si l'on changeoit l'ordre des verbes en ce mesme exemple, & que l'on dist, *ayant donné la benediction, & embrassé* **(80)** *son fils*, on feroit encore la mesme faute, parce que *donné*, regit le datif, & neantmoins il y a *son fils*, qui est accusatif. Cette reigle est fort belle, & tres-conforme à la pureté & à la netteté du langage, qui demande pour la perfection que les deux verbes ayent mesme regime, comme *ayant embrassé & baisé son fils*, *ayant fait des caresses, & donné la benediction à son fils*, car en ces deux exemples les deux verbes n'ont qu'une mesme construction[332].

Il y a fort peu que l'on commence à practiquer cette reigle, car ny Amyot, ny mesmes le Cardinal du Perron, ny M. Coeffeteau[333], ne l'ont jamais observée. Certes en parlant on ne l'observe point, mais le stile veut estre plus exact[334]. Les Grecs ny les Latins ne faisoient point ce scrupule, fondez sans doute sur ce que le cas regi par le premier verbe

---

328 Oudin (1640 : 65) note simplement que « les noms des mois en composition sont feminins » sans offrir d'explication.

329 Dans l'original : *mi Juin.*

330 Dans le manuscrit (f° 61r°) : « p ~~266~~ 626 ».

331 Dans le manuscrit (f° 94v°) : « Ayant embrassé et donné le baiser à son filz ». La citation vient de l'*Histoire romaine de L. Florus* de Coeffeteau (1621 : I, 108) : « Apres avoir embrassé & donné le baiser à son fils ».

332 Voir l'Introduction, p. 171.

333 Dans l'original : Coiffeteau. Pour des exemples qui contreviennent à cette règle, voir Haase (1935 : 402-403) ou N. Fournier (1998 : 94-95).

334 Sur le rapport entre l'usage parlé et l'usage écrit dans les *Remarques*, voir l'Introduction 4.2.2.

est sous-entendu, comme en l'exemple proposé, *ayant embrassé & donné la benediction à son fils*, on sous-entend *son fils*, aprés *ayant embrassé*. C'est pourquoy je ne condamne pas absolument cette façon de parler, mais parce qu'en toutes choses il faut tendre à la perfection, je ne voudrois plus escrire ainsi, & j'exhorte à en faire de mesme ceux, qui ont quelque soin de la netteté du stile[335].

(81)

Un NOM & un VERBE regissans deux cas differens, mis avec un seul cas

Exemple, *afin de le conjurer par la memoire, & par l'amitié qu'il avoit portée à son pere*, dit un celebre Escrivain[336]. Je dis que la mesme reigle qui s'observe aux verbes, se doit aussi observer aux noms, & qu'il n'y a pas moyen de construire l'exemple proposé, qu'en sous-entendant *de son pere*, immediatement aprés *la memoire*. Il est certain que ce n'est point escrire nettement, que d'escrire ainsi, & que mesmes il y a une double faute en cét exemple, l'une que ces mots, *par la memoire*, ne se sçauroient construire[337] avec ce datif, *à son père*; & l'autre, qu'*il avoit portée* ne s'accommode pas à ce mot, *la memoire*, mais seulement à celuy-cy, *l'amitié*. Voicy un autre exemple selon la reigle, *affin de le conjurer par l'estime & par l'affection qu'il avoit pour son pere*, car *estime*, & *affection*, sont deux mots qui s'accordent ensemble, & ne demandent qu'une

---

335 Dans le manuscrit (f° 94v°), Vaugelas hésite, car les auteurs qui lui servent de référence emploient cette construction : « Cette raison est forte et conforme à la pureté du langage, qui <certes> semble desirer pour la perfection que ces deux verbes regissent un mesme cas. Mais l'on oppose à cela une grande puissance qui est l'Vsage et ancien et moderne, <comme on uoit en> Amyot et <en> Coeff. qui ne font point de difficulté d'en user ~~en toutes les occasions, qui~~ <toutes les fois que l'occasion s'en present~~ent~~, et comme ~~l'~~on remarquera aussi que tout le monde le dit <auiourd'huy> en parlant, si l'on y ueut prendre garde. Il me semble que les latins et les grecs n'en font point de scrupule. Il le faut scauoir, et si cela est, en donner des exemples. Et quant à ce qui est de la construction, on peut respondre que le cas regi par le premier verbe est sous-entendu <comme aussi parmy les noms, *Affin de le coniurer par la memoire*, + {+ *et par l'amitié qu'il auoit portee à son pere* dit M Coeff. p.237 ie pense en la uie d'Auguste, là ou il faut necessairement sous-entendre le genitif *de son pere* apres *memoire*.} » Dans l'édition de 1621 de l'*Histoire romaine* de Coeffeteau, cette citation se trouve à la page 5 du premier livre. Ni cette question ni la suivante ne sont traitées par les grammairiens du XVIe siècle.

336 Il n'y a pas de remarque sur cette question dans le manuscrit, mais l'exemple pris de Coeffeteau est cité dans les marges de la remarque manuscrite précédente.

337 Dans l'original : ne se sçauroient pas construire (*Fautes d'impression*).

mesme construction, qu'ils ont icy doublement, & au verbe *avoit*, & en la preposition, *pour*. Ceux qui ne se soucieront pas de perfectionner leur langue, ny leur stile, se pourront encore dispenser de cette reigle ; mais ces Remarques ne sont pas pour eux.

(82)

Tomber, *Tumber*

Il faut dire, *tomber*, avec un *o*, quoy que j'entende dire souvent à des personnes qui parlent tres-bien, *tumber* avec un *u*, mais je ne le tiens pas supportable[338].

POUR CE, pour *à cause de cela*, ou *partant*. *Par ainsi*

Un de nos plus celebres Autheurs a escrit, *le vice gaigne tousjours, & pour ce, il le faut chasser avant qu'il soit tourné en habitude*[339]. Je dis, que ce *pour ce*, pour dire *partant*, ou *à cause de cela*, n'est pas bon, & qu'il ne doit jamais estre employé à cét usage. Il se disoit autrefois, mais il ne se dit plus[340].

---

338 La critique de Vaugelas n'est peut-être pas aussi sévère dans le manuscrit (f° 91v°) : « *Tomber*, et *Tumber*. Ie ne uoudrois pas absolument condamner ce dernier, mais *Tomber* auec un *O* est beaucoup meilleur et plus usité, et ie ne uoudrois iamais me seruir de l'autre. » Parmi les lexicographes, Estienne (1549) et Nicot (1606) notent que « plusieurs escrivent Tumber » et Cotgrave (1611) renvoie ses lecteurs de l'entrée « Tumbe, Tumber » à « Tombe, & Tomber ». Richelet (1680) observe que « Le petit peuple & ceux qui ne parlent pas bien disent *tumber*, mais le bel usage & tous les bons Auteurs disent & écrivent *tomber* ». Ni Furetière (1690) ni l'Académie (1694) ne font mention de *tumber*. La forme *tumber* est très minoritaire dans les textes de Frantext (1600-1647 : 57 ex. contre 677 de *tomber*) et plus de 75 % des exemples datent des deux premières décennies du siècle. Sur cette question, voir Thurot (1881-1883 : II, 546).

339 Dans le manuscrit (f° 88r°) : « *Pource* pour *partant* ne uaut rien. M de Malh. B. p. 4 le uice gaigne tousiours et *pource* il le faut chasser auant qu'il soit tourné en habitude. » On trouve en réalité un autre exemple de l'usage de *pource* à la page 4 des *Œuvres* de Malherbe (1631 : I, 4) : *Le plaisir est deu, comme il est fait : & pource il ne faut pas faire le nonchallant quand on donne quelque chose.*

340 L'évolution de l'usage de *pour ce* est également consignée par les dictionnaires ; tandis que Robert Estienne (1549) et Nicot (1606) l'incluent avec le sens de *propter hoc*, les autres dictionnaires l'évacuent. On le trouve, cependant, toujours dans la liste des conjonctions « causelles » chez Maupas (1618 : f° 176r°) et Oudin (1640 : 304), mais dans sa discussion de l'usage de *ce* (1640 : 114), celui-ci remarque qu'il trouve les expressions *non content de ce*, *sur ce il luy dit*, *et pour ce*, et *a cause de ce* – dans lesquelles la particule *ce* est mise pour *cela* – « un peu antiques ». Les derniers exemples au XVIIe siècle de *pour ce* dans Frantext datent des années 1630. Urfé l'emploie encore dans l'*Astrée*, par exemple, *Et pour ce,*

De mesme, *par ainsi*, dont M. Coeffeteau, & M. de Malherbe se servent si souvent en ce mesme sens, n'est presque plus en usage[341] ; On dit simplement *ainsi*, sans *par*.

Un adjectif avec deux substantifs de different genre

Exemple, *Ce peuple a le cœur & la bouche ouverte à vos loüanges*[342]. On demande s'il faut dire *ouverte*, ou *ouverts*[343]. M. de Malherbe (83) disoit, qu'il falloit eviter cela comme un escueil, & ce conseil est si sage, qu'il semble qu'on ne s'en sçauroit mal trouver ; Mais il n'est pas question pourtant de gauchir tousjours aux difficultez, il les faut vaincre, & establir une reigle certaine[344] pour la perfection de nostre langue[345]. Outre que bien souvent voulant éviter cette mauvaise ren-

---

adjousta-t'il s'adressant à Damon, je vous supplie, seigneur, de me tenir la promesse que vous en avez faite [...].

341 Nous observons sur cette question un remaniement entre la version manuscrite (f° 73r°) et la version publiée ; dans le manuscrit, Vaugelas maintient que l'usage de *par ainsi* est correct et que « M. Coeff. et M. de Malh. s'en seruent souuent ». Le déclin de l'usage de *par ainsi* émerge nettement de l'analyse de l'usage dans Frantext : pour la période 1600-1699, il y a 300 occurrences dont 297 datent d'avant 1640. Ainsi, Estienne (1549), Nicot (1606), Cotgrave (1611) et Furetière (1690) citent *par ainsi* sans commentaire, mais Richelet (1680) et l'Académie (1694) le considèrent comme hors d'usage ou presque, Richelet s'appuyant sur l'autorité de Vaugelas. De la même façon, Maupas (1618 : f° 179r°) l'inclut dans sa liste des « conclusives », tandis qu'il ne figure plus chez Oudin (1640 : 304).

342 On trouve dans l'Épître au Roi des *Satyres* de Mathurin Régnier (1609) : « & qui aura eternellement le cœur & la bouche ouverte à vos louanges » (cité d'après Frantext).

343 Sur le traitement de l'accord grammatical dans les *Remarques*, voir l'Introduction, 6.4.5. L'usage variait entre l'ancien accord de proximité et la règle moderne ; voir, par exemple, N. Fournier (1998 : 48). Dans sa propre traduction des sermons de Fonsèque, Vaugelas tend à faire l'accord avec le deuxième des deux substantifs coordonnés, même s'ils ne sont pas du même genre, par exemple, *les fers & les chaisnes y sont desia preparees pour moy* (Vaugelas 1615 : 800).

344 L'expression « règle certaine » fait écho au Statut 24 de l'Académie Française. Il semble effectivement que cette question n'est pas traitée par les grammairiens avant Vaugelas. Notons la position du pronom clitique *les* qui va contre sa propre remarque (*R*p. 142-143).

345 Dans le manuscrit (f° 9v°), Vaugelas considère que cette question n'est pas encore résolue, mais il insiste sur le fait que la plupart des hésitations linguistiques ont été éclaircies et que la langue a déjà atteint un haut degré de perfection : « Voicy une difficulté qui semble n'estre pas encore uuidee ~~en nostre langue~~. Mais neantmoins qu'on se garde bien de dire pour cela, ce dont i'ay oüy plaindre tant de gens iniustem[ent] qu'il y auoit une infinité de choses en nostre langue qui n'estoient point encore reiglees ; Car ~~certes~~ ilz calomnient leur propre langue, qui est auiourd'huy si belle et qui a atteint un si

contre, on perd la grace de l'expression, & l'on prend un destour qui n'est pas naturel. Les Maistres du mestier reconnoissent aisément cela. Comment dirons-nous donc ? Il faudroit dire, *ouverts*, selon la Grammaire Latine[346], qui en use ainsi, pour une raison qui semble estre commune à toutes les langues, que le genre masculin estant le plus noble, doit predominer toutes les fois que le masculin & le feminin se trouvent ensemble ; mais l'oreille a de la peine à s'y accommoder, parce qu'elle n'a point accoustumé de l'ouir dire de cette façon, & rien ne plaist à l'oreille, pour ce qui est de la phrase & de la diction, que ce qu'elle a accoustumé d'oüir. Je voudrois donc dire, *ouverte*, qui est beaucoup plus doux, tant à cause que cét adjectif se trouve joint au mesme genre avec le substantif qui le touche, que parce qu'ordinairement on parle ainsi, *qui est la raison decisive*, & que par consequent l'oreille y est toute accoustumée. Or qu'il soit vray que l'on parle ainsi (84) d'ordinaire dans la Cour, je l'asseure comme y ayant pris garde souvent, & comme l'ayant fait dire de cette sorte à tous ceux à qui je l'ay demandé, par une certaine voye qu'il faut tousjours tenir, quand on veut sçavoir asseurément si une chose se dit, ou si elle ne se dit pas[347]. Mais qu'on ne s'en fie point à moy, & que chacun se donne la peine de l'observer en son particulier.

---

haut degré de perfection, que ses reigles sont ~~presque~~ aussi bien establies que celles de la latine, et ne crois pas qu'il y ayt <plus> une demie douzaine de doutes <à uuider>, tout le reste estant decidé et passé en Reigle de grammaire. » La remarque manuscrite suit ensuite d'assez près la version publiée jusqu'à « l'oreille y est toute accoustumée », puis se termine avec les deux phrases suivantes : « De cette sorte on sous-entendra *ouuert* à *cœur*, tout de mesme qu'en deux Verbes, dont l'un regit le Datif, et l'autre l'Accusatif, le dernier regit le cas, comme icy le dernier Substantif regit l'Adiectif. Cette comparaison me semble fort iuste et tres-à propos pour l'establissement de cette Reigle, mais affin que uous l'entendiez bien, ie uous renuoye à ce que i'en dit aux *Verbes* en leur lettre *V* ». Dans une deuxième brève remarque manuscrite (« *Adiectif* a la fin de plusieurs substantifs », f° 47r°), Vaugelas fait encore preuve de son incertitude sur ce point ; contrairement à la position adoptée en général dans la version publiée, il indique qu'il a l'intention de consulter l'usage latin : « *Adiectif* de quel genre il se doit mettre apres plusieurs substantifs de diuers genre [~~…~~], le genre masculin estant le plus noble <a> qui le feminin ~~quoy~~ mesme en plus grand nombre doit ceder. [~~…~~]. faut prendre garde comme les Latin en usent. »

346 Le problème avec cette analyse qui se base sur une distinction entre la grammaire latine et l'usage en français est que dans les cas de ce type, l'accord ne se faisait pas au pluriel en latin. Vaugelas ne le savait-il pas ? Ou employait-il l'expression « la grammaire latine » ici avec un sens étendu pour faire référence à la règle générale de l'accord en nombre ? Voir aussi Ayres-Bennett (2014).

347 Voir *R*p. 505-509.

Neantmoins M. de Malherbe a escrit, *il le faut estre en lieu, où le temps, & la peine soient bien employez*[348]. On respond que cét exemple n'est pas semblable à l'autre, & qu'en celuy-cy il faut escrire, comme a fait M. de Malherbe, parce que deux substantifs qui ne sont point synonimes, ny approchans[349], comme *le temps*, & *la peine*, regissent necessairement un pluriel, lors que le verbe passif vient aprés avec le verbe substantif, ou que le verbe substantif est tout seul, comme *le mari & la femme sont importuns*, car on ne dira jamais, *le mari & la femme est importune*, parce que deux substantifs differens demandent le pluriel au verbe qui les suit, & dés que l'on employe le pluriel au verbe, il le faut employer aussi à l'adjectif, qui prend le genre masculin, comme le plus noble, quoy qu'il soit plus proche du feminin.

La question n'est donc pas pour l'exemple de M. de Malherbe; car la chose est sans **(85)** difficulté, & sans exception, mais pour l'exemple qui est le sujet de cette Remarque, où le dernier substantif *bouche*, est joint immediatement à son adjectif *ouverte* sans qu'il y ayt aucun verbe ny substantif, ny autre entre deux; comme on dit, *les pieds & la teste nuë*, & non pas, *les pieds & la teste nuds*.

Songer pour *penser*[350]

Il y en a qui ne le peuvent souffrir, mais ils n'ont pas raison; car qu'ont-ils à dire contre l'Usage, qui le fait dire & escrire ainsi à tout le monde? Ils alleguent, que *songer*, signifie toute autre chose, comme si premierement il falloit disputer avec l'Usage par raison, & que d'ailleurs ce fust une chose bien extraordinaire en toutes sortes de langues, que les mots equivoques; car il en faudroit donc bannir tous les autres aussi bien que celuy-cy, si cette raison avoit lieu. Non seulement ce n'est pas une faute de dire, *songer*, pour, *penser*, comme, *vous ne songez pas à ce que vous faites*, mais il a beaucoup plus de grace, & est bien plus François, que de dire, *vous ne pensez pas à ce que vous faites*.

---

348 Dans le manuscrit (f° 9v°), «p.551».

349 Sur la «règle des synonymes», voir l'Introduction, p. 99, 145-147.

350 Cette observation ne figure pas dans le manuscrit. Tous les dictionnaires de l'époque font mention de cet usage de *songer*, et les exemples sont nombreux dans Frantext (par ex. *que mes mains ne soient ni tremblantes, ni engourdies, et que la paix ne m'empesche pas de songer à mes ennemis* (Godeau, 1633); *Pense bien, ma Chimene, à ce que tu veux faire, / Adieu, tu pourras seule y songer à loisir* (Corneille, 1637)).

(86)

QUI, au commencement d'une periode[351]

Nous avons quelques Escrivains, qui aprés avoir fait une longue periode sans avoir achevé ce qu'ils veulent dire, se sont avisez d'un mauvais expedient, pour faire d'un costé que la periode ne passe pas les bornes, & que d'autre-part ils y puissent ajouster ce qui luy manque[352]. Voicy comme ils font. Quand le sens est complet, ils mettent *un point*, & puis commencent une autre periode par le relatif, *qui*. Or ce *qui*, relatif, est incapable de commencer une periode, ny d'avoir jamais *un point* devant luy, mais tousjours *une virgule*, tellement qu'il le faut joindre à la periode precedente, & alors elle se trouve d'une longueur demesurée & monstrueuse. Au lieu d'exemple, figurez-vous une periode, qui ayt toute l'estenduë qu'on luy peut souffrir, & qu'au lieu de la fermer, on voulust encore y ajouster un membre commençant par *qui*, certainement elle seroit insupportable. Je dis donc, que de faire *un point* devant ce *qui*, & de commencer une autre periode par ce mot, est un fort mauvais remede, dont nous n'usons jamais en nostre langue. Il est vray que les Latins se donnent ordinairement cette licence, & c'est à leur imitation que les Escrivains dont je parle, le font : mais nous sommes (87) plus exacts en nostre langue, & en nostre stile, que les Latins, ny que toutes les Nations, dont nous lisons les escrits[353].

Comme je faisois cette Remarque, j'ay heureusement rencontré un passage d'un des meilleurs Autheurs de l'Antiquité, qui me fournit un bel exemple de ce que je viens de dire. Il m'a semblé qu'il ne seroit pas mal à propos de le mettre icy pour un plus grand éclaircissement. *Anxium Regem tantis malis circumfusi amici, ut meminisset orabant, animi sui magnitudinem unicum remedium deficientis exercitus esse, cum ex iis qui præcesserant ad capiendum locum castris, duo*

351 Dans le manuscrit, cette question n'est traitée qu'en passant dans l'observation intitulée « *Et* au commencement de la periode » (f° 26v°, *cf. R*p. 399-400), où on lit : « *Et* commence fort bien une periode, mais non pas *qui* ni *lequel* en aucun genre ni en aucun nombre, comme font les latins, et un de noz Escriuains François, quoy qu'assez renommé ([...]) qui pense estre sorti de l'embaras d'une longue periode en mettant un point, et faisant suiure *qui* auec une *q* maiuscule pour commencer une autre periode ».

352 Comme l'observe Bury (1993 : 206), exactement comme la question des noms propres, cette remarque semble être directement liée au travail de traduction. C'est bien l'imitation d'une tournure typiquement latine qui pose problème en français : seul un traducteur peut se poser une telle question. Il ne semble pas qu'elle ait été considérée dans les grammaires du XVIe siècle.

353 Voir Ayres-Bennett (2014). Sur les relatifs dits « de liaison », fréquents au XVIe siècle, voir Gougenheim (1974 : 97) et N. Fournier (1998 : 184-185).

occurrunt utribus aquam gestantes, ut filiis suis quos in eodem agmine esse, & ægre pati sitim non ignorabant, occurrerent[354]. Il seroit temps que la periode finist là, & je sçay bien qu'en nostre langue, à peine la pourroit-on souffrir plus longue. Neantmoins ce grand homme, qu'on admire particulierement pour l'excellence du stile, passe outre, & ajouste, *Qui cum in Regem incidissent, alter ex iis utre resoluto, vas quod simul ferebat implet, porrigens regi.* Quelques-uns donc de nos Autheurs qui traduiroient ce passage en François, finiroient la periode à *occurrerent*, sçachant bien qu'on ne la leur souffriroit pas plus longue ; mais voicy ce qu'ils feroient en suite, & qu'il ne faut pas faire : ils mettroient là *un point*, & puis commenceroient **(88)** une autre periode par *qui*, escrivant le *Q*, d'une lettre majuscule[355]. Au reste, tous les Latins en usent ainsi, & Ciceron le premier. Voyez si j'ai raison de dire, que nous sommes plus reguliers qu'eux. Ce n'est pas seulement en cela, c'est en beaucoup d'autres choses, que je remarqueray selon les occasions.

S'il faut dire, Si c'estoit moy qui eusse fait cela, ou *si c'estoit moy qui eust fait cela*[356]

La pluspart asseurent, qu'il faut dire, *si c'estoit moy qui eusse fait cela*, & non pas, *qui eust fait cela*[357]. Car pourquoy faut-il que *moy*

---

354 Quinte-Curce, *Historiae Alexandri Magni Macedonis*, Livre 7, section V. Voici la traduction de Vaugelas (citée d'après l'édition de 1709, Ayres-Bennett et Caron 1996 : 258-259) : « Comme le Roi s'affligeoit fort, & qu'on le prioit de se resouvenir que la force de son courage étoit le seul remede qui pouvoit sauver l'armée parmi tant de maux, deux de ceux qui étoient allez marquer le camp, revenoient avec des peaux pleines d'eaux au devant de leurs enfans qui étoient dans les troupes, ne doutant pas qu'ils ne fussent pressez de la soif. Ces gens ayant rencontré le Roi, l'un des deux ouvrit aussitôt une de ces peaux, & remplissant une tasse, la lui presenta. »

355 Cette solution n'est pourtant pas adoptée par les trois traducteurs qui précèdent Vaugelas, Séguier (1598), Soulfour (1629) et Lesfargues (1639).

356 Cette question est discutée deux fois dans le manuscrit. Dans la première observation (« Pronom personnel », f° 35v°) Vaugelas pose tout simplement la question (« On demande s'il regit la personne du uerbe conforme à la personne du pronom, ou s'il regit ~~la troisiesme~~ <une autre> personne <comme la troisieme> par exemple s'il faut dire *comme si c'estoit moy qui eust fait cela*, ou *qui eusse fait cela* ») et il fait preuve de son incertitude : « Il faut bien examiner cecy ». Dans la deuxième remarque (« Regime de *qui* apres *moy* », f° 82r°), Vaugelas conclut : « <par> exemple <s'il faut dire> *si c'eust esté moy qui eust fait cela*, ou bien *si c'eust esté moy qui eusse fait cela*. Il me semble que ce dernier est meilleur. Pour *vous* on ~~dit~~ <luy donne> tousiours la seconde personne qui luy appartient *a ce esté uous qui auez fait cela ?* et non *qui a fait cela*. Ie m'estonne qu'en *vous* il n'y ayt point de doute, et qu'en *moy* il y en ayt. »

357 La variation sur cette question continua pourtant pendant la deuxième moitié du siècle. À côté des cas où l'accord est respecté, Spillebout (2007 : 394-395) donne des exemples

regisse une autre personne que la premiere ? Cette raison semble convaincante ; mais outre la raison, voyons l'Usage de la langue en la premiere personne du pluriel, a-t-on jamais dit, *si c'estoient nous qui eussent fait cela.* Or si l'on parloit ainsi au pluriel, il faudroit parler de mesme au singulier ; Mais sans doute tout le monde dit[358], *si c'estoient nous qui eussions fait cela*[359]. En un mot, les personnes du verbe doivent respondre par tout à celles des pronoms personnels, & il faut dire, *si c'estoit moy, qui eusse fait cela, si c'estoit toy qui eusses fait, luy qui eust fait, nous qui eussions fait, &c.* Neantmoins je viens d'apprendre d'une personne **(89)** tres-sçavante en nostre langue, qu'encore que la Reigle veüille que l'on die *eusse*, avec *moy*, le plus grand Usage dit, *eust*[360]. Il ajouste, ce qui est tres-vray, que l'Usage favorise souvent des solecismes, & qu'en cét endroit il ne condamneroit pas *eust*, quoy qu'il condamne ce mesme abus en beaucoup d'autres rencontres, comme si l'on dit, *ce n'est pas moy qui l'a fait*, il faut sans doute dire, *qui l'ay fait*. Pour moy j'ay quelque opinion que ceux qui prononcent *qui eust*, pour, *qui eusse*, ou, *qui eusses*, en la premiere & en la seconde personne, ne le font pas pour se servir de la troisiesme, *qui eust*, mais qu'ils mangent cette derniere syllabe par abreviation, comme quand on dit communement en parlant, *avous dit*, *avous fait*, pour, *avez vous dit*, *avez vous fait*[361]. Mais comme *avous* ne s'escrit jamais[362] ; quoy qu'il se die, aussi il se pourroit faire que l'on diroit *eust*, en parlant, mais qu'il faudroit tousjours escrire *eusse*, & *eusses*, aux deux personnes. Et c'est le plus seur d'en user ainsi, puis que mesmes ceux qui approuvent *eust*, ne desapprouvent pas l'autre. Outre qu'*eus*, estant la premiere personne du preterit de l'indicatif, peut-estre que ceux qui disent, *si*

---

pris de Racine et de Pierre Corneille dans lesquels l'accord avec le pronom personnel est négligé (*cf.* N. Fournier 1998 : 23-24 ; Haase 1935 : 149).

358 Il y a deux virgules dans l'original.

359 La Mothe Le Vayer (1669 : 499) maintient qu'on dit plutôt *si c'estoit nous qui eussions fait cela*, et ce jugement est répété par l'Académie (1704 : 103).

360 Patru fait le commentaire suivant sur ce point (Vaugelas 1738 : I, 272) ; « Cela est vrai, & à mon avis, il le faut dire ainsi. Feu M. Chapelain étoit de ce sentiment, & je pense que c'est de lui que l'Auteur parle. Autrefois j'ai crû que c'étoit un solécisme, mais ayant pris garde à l'usage, j'ai changé d'opinion. Je dis la même chose de *ce n'est pas moi qui l'a fait* ; car tel est l'usage. Il en est de même de la seconde personne singuliere, *Si c'étoit toi qui eût fait cela.* »

361 Cette prononciation est notée par plusieurs grammairiens du XVIe siècle, y compris par Ramus (1562 : 38) et Cauchie (1586 : f° 11v°) ; *cf.* Thurot (1881-1883 : I, 118-119).

362 Cette forme n'est effectivement pas attestée dans Frantext (1600-1647).

c'estoit moy qui eust fait cela, pensent dire, *qui eus fait cela*, le disant à l'indicatif, au lieu de le dire au subjonctif[363].

(90)

Aye, ou *ayt*

Le verbe *avoir*, en l'optatif[364] & au subjonctif, ne dit jamais, *aye*, en la troisiesme personne, mais tousjours *ayt*, soit en vers, ou en prose. Ce n'est pas qu'autrefois on n'ayt escrit, *aye*[365], mais on ne l'escrit plus qu'en la premiere personne : comme, *je prie Dieu que j'aye bon succés de, &c.* & *qu'il ayt bon succés*, *afin que j'aye, & afin qu'il ayt.*

PAR CE QUE, *separé en trois mots*[366]

Il ne le faut jamais dire. En voicy un exemple pour me faire entendre. Un de nos grands Autheurs escrit, *Il m'a adouci cette mauvaise nouvelle* PAR CE *qu'il me mande de la bonne volonté qu'en cette occasion le Roy a tesmoignée pour vous*[367]. On voit clairement que, *parce que*, ne doit point estre employé de cette sorte, à cause que l'on a tellement accoustumé de ne le voir qu'en deux mots signifier, *quia*, & rendre raison des choses, que lors qu'on l'employe à un autre usage, il surprend le lecteur, & plus

---

363 Il y a très peu de commentaires sur l'usage des modes dans les *Remarques* (*cf. R*p. 381-382).

364 Sur l'usage de ce terme, voir par exemple, Colombat (2007).

365 La forme *ayt* est déjà conseillée par Vaugelas dans le manuscrit (f° 10r°) et employée par lui dans sa première traduction de Fonsèque (1615 : 192). Les grammairiens du XVIe siècle ne donnent que la forme *ayt* (*ait*). Maupas (1618 : f° 92v°) cite les deux variantes (*ait* et *aye*) sans commentaire, mais Oudin (1640 : 145-146) indique sa préférence pour *ait* tout en acceptant *aye*. Chabanel (1612 : 167), quant à lui, observe que la forme *aye* est rare. Pour la période 1600-1647 dans Frantext, il y a 471 occurrences de *il/elle/on ait* contre 80 exemples de *il/elle/on aye*, et les exemples de cette dernière forme se retrouvent souvent dans les textes de certains auteurs (par ex. 31 figurent dans les lettres de Peiresc).

366 Bien que le jugement sur l'usage de ce terme soit le même, la formulation de la remarque manuscrite (f° 35v°) est très différente de celle de la version publiée ; dans le manuscrit l'exemple de Malherbe est ajouté à la fin tandis que dans la version publiée il prend une place plus importante.

367 Dans le manuscrit : « Malh. p.567 Il m'a adouci cette mauuaise nouuelle, par ce qu'il m'escrit de la bonne uolonté qu'en cette occasion le Roy a tesmoignee pour uous ». L'exemple est légèrement remanié : en effet le texte de Malherbe se lit : *Monsieur de Peyresque, de qui je tiens cette pitoyable nouvelle, me l'a en mesme temps aucunement adoucie par ce qu'il m'écrit de la bonne volonté qu'en cette occasion le Roy a témoignée pour vous & pour Monsieur Ribier.* Notez que l'auteur de la Clef de Conrart se trompe en suggérant qu'il s'agit plutôt de Balzac (« M. De Balzac »).

encore l'auditeur, qui ne peut pas remarquer dans la prononciation de celuy qui parle, cette distinction, comme le lecteur la peut remarquer en lisant, tellement que cela empesche qu'on ne soit bien entendu, (91) ou pour le moins, qu'on ne le soit si prontement, qui est un grand defaut à celuy qui parle, ou qui escrit. Car en cét exemple, *par ce qu'il me mande de la bonne volonté*, n'a point de sens, si ce, *par ce que*, est pris pour *quia*, ou, *à cause que*, comme d'abord tout le monde le prendra pour cela[368].

OU, adverbe pour le pronom relatif

L'usage en est elegant, & commode, par exemple, *le mauvais estat où je vous ay laissé*, est incomparablement mieux dit, que *le mauvais estat auquel je vous ay laissé*[369]. Le pronom, *lequel*, est d'ordinaire si rude en tous ses cas[370], que nostre langue semble y avoir pourveu, en nous donnant de certains mots plus doux & plus courts, pour substituer en sa place, comme, *où*, en cét exemple, & *dont*, &, *quoy* en une infinité de rencontres, ainsi qu'il se voit dans les Remarques de ces mots là[371].

Quoy que

Il faut prendre garde de ne le mettre jamais aprés *que*, comme, *je vous asseure que quoy que je vous aime, &c.*[372] à cause de la cacophonie, il faut

368 *Par ce que* en trois mots est attesté dans Frantext (1600-1647) y compris chez des auteurs tels que Balzac et Urfé. Estienne (1549), Nicot (1606), Furetière (1690) et l'Académie (1694) utilisent tous cette forme dans certains exemples de leurs dictionnaires, mais Richelet (1680) suit Vaugelas en jugeant que cet usage « ne vaut rien du tout ».

369 La position de Vaugelas se modifie entre le manuscrit (f° 36r°) et la version publiée. Dans la version manuscrite Vaugelas commence par critiquer l'exemple de Malherbe (qui est légèrement modifié dans la version publiée) : « Malh. p. 477 le mauuais estat *ou* ie uous ay ueu partir. Ie ne crois pas que ce soit bien dit, et pense qu'il faut *auquel* ». L'ajout du commentaire suivant témoigne de son incertitude sur cette question : « <toutefois i'en doute> » ; elle n'est pas considérée avant 1647 par les grammairiens de notre corpus. Pour des exemples de cet usage, voir Haase (1935 : 77-78), Spillebout (2007 : 162) et N. Fournier (1998 : 211-212).

370 Voir la remarque « *Lequel, laquelle* », *R*p. 115-118.

371 Voir *R*p. 54, 343-345.

372 Dans le manuscrit (f° 75v°) : « Ie uous asseure que quoy que ie uous aime extremement, ie ne le feray pas ». Dans les marges du manuscrit Vaugelas fait mention d'une deuxième question qui n'est pas traitée dans la version publiée « *quoy* die ie *que*, diuisé que dit M. Coeff. est bon. C'est une figure qui s'appelle Tmesis v. A[…] p 152 ». Malheureusement le nom est illisible. On trouve des occurrences de *que quoy que* chez Urfé et Arnauld (Frantext), par exemple (*depuis quand estes-vous devenu si ferme en vos opinions que quoy que*

dire, *que bien*, ou *qu'encore que*, qui est peut-estre plus doux, n'y ayant qu'un *que* entier.

(92)

Liberal arbitre

C'est une façon de parler, dont Amyot, & tous les anciens Escrivains ont usé, & dont plusieurs modernes usent encore[373]. Rien ne la defend que le long usage, qui continuë tousjours[374] ; car *liberal*, ne veut pas dire *libre*, qui est ce que l'on pretend dire, quand on dit, *liberal arbitre*. Quelques-uns ont voulu rendre raison d'une phrase si estrange, disant que *liberal*, se prend là comme les Latins le prennent[375], quand ils appellent *ingenium liberale, indolem liberalem*, une ame bien née, comme si, *liberal*, en ce sens, estoit opposé à *servile*, & que l'on voulust dire, que le franc arbitre est convenable à une ame bien née, au lieu que les ames serviles, qui n'agissent que par contrainte, semblent estre privées de l'usage de leur liberté. D'où est venu, ajoustent-ils, qu'encore en François nous appellons, *les arts liberaux*, ceux qui appartiennent aux personnes d'honneur, comme si ces arts estoient opposez aux arts mecaniques, qui ne sont exercez que par des gens du commun. Je ne voudrois pas absolument rejetter cette pensée, mais elle me semble bien subtile, & tirée de loin. Il vaut mieux avoüer franchement, que l'Usage l'a ainsi voulu, comme en plusieurs autres façons de parler, contre toute (93) sorte de raison. D'autres disent, qu'au lieu de *libre arbitre*, qui neantmoins est tres-François, on a dit, *liberal arbitre*, pour eviter la

---

je vous commande, vous n'en vueilliez rien faire ? (Urfé 1612) ; *je dis, selon le sentiment des peres, que quoy que Dieu fasse dans le fonds de l'ame d'un pecheur [...]* (Arnauld, 1643).

373 Pour le XVIe siècle il y a 8 occurrences de cette expression dans Frantext, contre 16 pour la période 1600-1647.

374 Pour la période 1648-1699, en revanche, on ne trouve plus d'exemples de cet usage dans Frantext.

375 Dans le manuscrit (f° 59v°) : « <Quelques uns> ~~[...]~~ <le ueulent> sauuer en disant que *liberal* se prend là non pas en ~~un~~ <son> sens propre, mais <en un sens> metaphorique et selon les Latins ». Parmi les lexicographes, Estienne (1549) et Nicot (1606) incluent *liberal arbitre* et *franc arbitre*. Richelet (1680) et Furetière (1690) jugent que *liberal arbitre* vieillit. En effet c'est un des rares cas où Richelet n'est d'accord ni avec Vaugelas ni avec Ménage qu'il cite : « [*Libre-arbitre, franc-arbitre, liberal-arbitre.*] Ces mots signifient la liberté de faire, ou de ne pas faire, mais le mot de *libre-arbitre* est le plus usité, *franc-arbitre* après, & pour *liberal-arbitre*, il ne se dit presque plus, quoi qu'en dise l'auteur des Observations sur la langue Françoise ». Si dans son dictionnaire (1694), l'Académie cite toujours les trois expressions, elle juge dans son observation sur cette remarque (1704 : 107) que *liberal arbitre* ne se dit plus.

dureté des deux *b*, & des deux *r*, qui se rencontrent & s'entre-choquent en ces deux mots *libre arbitre*, mais c'est une mauvaise raison. Tant y a qu'on le dit, & qu'on l'escrit encore aujourd'huy, mais le plus seur, & le meilleur est de dire & d'escrire, *le franc arbitre*[376].

Prochain, *voisin*

Ces deux mots ne reçoivent jamais de comparatif, ny de superlatif[377]. On ne dit point, *plus prochain*, *tres-prochain*, *plus voisin*, *tres-voisin*. On n'use de l'un & de l'autre que dans le simple positif, *prochain*, *voisin*. Cette Remarque est curieuse, & d'autant plus necessaire, que je vois commettre cette faute à quelques-uns de nos meilleurs Escrivains[378]. Il faut dire, *plus proche*, *tres-proche*, au lieu de, *plus prochain*, *plus voisin*, *tres-prochain*, *tres-voisin*. Par exemple on dit, *à la maison la plus proche*, & non pas, *à la maison la plus prochaine*, ny[379] *la plus voisine*. Et, *je suis tres-proche*, ou, *fort proche de là*, & non pas, *tres-prochain*, ny, *tres-voisin*. Où il faut remarquer que *fort*, qui est une marque de superlatif, ne se joint non plus à *prochain*, (94) & *voisin*, que, *plus*, &, *tres* ; car on ne dira pas, *je suis fort prochain*, ny, *fort voisin*. Le peuple dit abusivement, *c'est mon plus prochain voisin*, mais il faut dire, *c'est mon plus proche voisin*.

Proches, pour *parens*

Presque tout le monde le dit, comme, *je suis abandonné de mes proches*, *tous mes proches y consentent*[380], mais quelques uns font difficulté d'en user. Je me

---

376 Cette expression est déjà employée par Vaugelas dans sa traduction de Fonsèque (1615 : 320).

377 Cette remarque n'apparaît pas dans le manuscrit. Parmi les grammairiens du XVIe siècle, seul Sylvius (1531 : 92) note que *prochain* est dérivé d'un superlatif latin : « In nullo enim, quod sciam, Latinorum superlativum exprimimus, præterquam in proximus proxim, corrupte prochain : intimus intimè, unde verbum vulgi intimer : primus primè. » Quant aux lexicographes, Estienne (1549) et Nicot (1606) incluent des exemples de *le plus prochain* dans leur entrée sur *prochain* (*le plus prochain jour, le plus prochain du Roy*). Furetière (1690) cite quelques exemples de *plus prochain*, surtout dans l'expression *son plus prochain heritier*. D'autre part, *plus voisin* ne figure ni chez Estienne (1549), ni chez Nicot (1606), ni chez Cotgrave (1611), et Richelet (1680) n'en fait mention que pour citer la critique de Vaugelas. Furetière (1690) et l'Académie (1694) incluent, en revanche, tous deux des exemples de *plus voisin* : *Mars dans son opposition au Soleil est plus voisin que luy de la terre* (Furetière) ; *l'Evesque le plus voisin* (Académie).

378 Il y a 22 exemples de *plus prochain(e)* et 10 exemples de *plus voisin(e)* dans Frantext (1600-1647), y compris chez Balzac, Urfé et Malherbe.

379 Dans l'original : *ny*.

380 Un autre exemple est fourni dans le manuscrit (f° 71v°) : « Ie me uois esloigné de mes proches ».

souviens que M. Coeffeteau ne le pouvoit souffrir[381], en quoy il est suivy encore aujourd'huy par des gens de la Cour, de l'un & de l'autre sexe[382].

Y, pour *luy*

Exemple, *j'ay remis les hardes de mon frere à un tel, afin qu'il les y donne*[383], pour dire, *afin qu'il les luy donne.* C'est une faute toute commune parmy nos Courtisans[384]. D'autres disent, *afin qu'il luy donne*, sans dire, *les*, comme nous l'avons desja remarqué[385].

Y devant EN, & non pas aprés[386]

---

381 Le commentaire est exprimé d'une façon plus personnelle dans le manuscrit : « Ie l'ay oüy condamner souuent à M. Coeff. qui aussi n'en a iamais usé ».

382 Le premier lexicologue qui fait mention de cet usage est Richelet (1680) : « Le mot de *proche* dans le sens de *parent* est condamné par *Vaugelas*, néanmoins comme plusieurs Auteurs s'en servent dans ce sens on peut apeller de la décision de *Vaugelas*, & se servir quelquefois du mot de proche en la signification de parent ». Furetière (1690) n'a pas d'exemple de cet usage, mais l'Académie (1694) l'inclut en notant que *proches* dans le sens de *parents* n'a d'usage qu'au pluriel. Nous trouvons dans une lettre de Balzac un exemple de cet usage : *mais ayant perdu un de mes proches dans le combat, je ne puis m'empescher d'estre mauvais François jusques à demain* (Balzac 1627, cité d'après Frantext).

383 Dans le manuscrit (fº 97vº) : « I'ay remis les lettres que i'ay pour ma femme au messager affin qu'il les *y* donne ».

384 Dans le manuscrit : « Ilz la font et en parlant et en escriuant ».

385 *Cf. R*p. 33. Dans les marges du manuscrit Vaugelas ajoute : « *Y* particule relatiue a beaucoup de grace en n[ot]re langue, et a un usage fort commode, en quoy nous surpassons les grecs et les latins, et les Espagnols aussi. Les Italiens ont leur *ci* ou *vi.* V. la gram. 155 ». La référence renvoie à l'édition de 1625 de la grammaire de Maupas : « Et à la chose elle signifie application & entente à icelle. *Prenez garde à vous* : *Bien, j'y prendray garde aussi : personne n'y prendra garde pour moy.* Vous sçaurez bien tost la langue françoise, vous y prenez bonne peine : vous y estudiez sans cesse. Elle semble signifier *ibi*, latin. » Avant Maupas, Bosquet (1586 : 65) avait noté : « Il [*y*] refere encor le mesme lieu, ou la mesme chose dequoy on parle, & duquel on interrogue, de quelz nombres, ou articles qu'ilz soyent, exemple *Pense à toy, j'y pense, il y pense* : autrement, il faudroit resumer, *Je pense à moy, il pense à soy* ». Oudin (1640 : 131) observe, en revanche, que *y* « ne s'applique qu'au lieu de prepositions, rapportant l'endroit ou la chose, selon les constructions où elle se rencontre ». Pour des exemples du XVIIe siècle où *y* fait référence aux personnes, voir Haase (1935 : 25), Spillebout (2007 : 154) ou N. Fournier (1998 : 198-199).

386 En examinant la remarque manuscrite, qui suit directement la précédente (« *Y* auec *En* », fº 97vº), on voit que Vaugelas se ravise avant la publication du texte : « *Y* se met encore ~~apres~~ <deuant> *En* et non pas ~~deuant~~ <apres> par exemple on dit *Il y en a* et non *Il en y a* qui n'est point françois ». La question de l'ordre de ces pronoms n'est pas traitée par les grammairiens du XVIe siècle, mais on trouve des exemples de l'ancien ordre dans leurs textes ; par exemple, Robert Estienne (1557 : 73) écrit : « Il en y a esquels l'*e* long du primitif ». Maupas (1618 : fº 79vº) et Oudin (1640 : 202) prônent déjà l'usage moderne.

Il faut dire, *il y en a*, & jamais, *il en y a*, comme l'on disoit anciennement.

(95)

Y, avec les pronoms

Il faut dire, *menez y moy*, & non pas, *menez m'y*, & au singulier aussi, *menes-y-moy*, & non pas, *mene-m'y*[387]. Et cela à cause du mauvais & ridicule son que fait, *menez-m'y*, & *mene-m'y*, car on dit bien, *menez-nous y*, qui est la mesme construction & le mesme ordre des paroles, & *menez-les y* aussi ; parce que la cacophonie ne s'y rencontre pas si grande, qu'aux deux autres. On dit encore, *mene-l'y*, & *menez-l'y*, à cause que la lettre, *l*, ne sonne pas si mal en cét endroit que l'*m*. Outre que *mi*, de soy a un mauvais son[388]. De mesme on dit, *envoyez-y moy*, & non pas, *envoyez-m'y*, *portez-y moy*, & non, *portez-m'y*, mais oüy bien, *envoyez-nous y*, *envoyez-l'y*, *portez-nous-y*, *portez l'y*. Cela se dit en parlant, mais je ne voudrois pas l'escrire, que dans un stile fort bas. Je l'eviterois en prenant quelque destour[389]. Je ferois venir à propos de dire *là* pour *y*, comme *portez-moy là*, *envoyez-moy là*[390].

TOUT, adverbe[391]

C'est une faute que presque tout le monde fait, de dire, *tous*, au lieu de *tout*. Par exemple, il faut dire, *ils sont tout estonnez*, & non pas, *tous estonnez*,

---

Pour la période 1600-1647 il y a une quinzaine d'exemples de *en y*, par exemple chez Dupleix, Urfé et François de Sales.

387 Dans la remarque manuscrite, qui suit de nouveau la remarque précédente (f° 97v°), Vaugelas utilise plutôt la graphie *meine*. Il ne semble pas que cette question ait été considérée par les grammairiens de notre corpus avant Vaugelas.

388 Dans le manuscrit : « Ou plustost ie crois que c'est que *mi* de soy a un mauuais son, uenant de m'auiser qu'on le condamne mesmes aux mots ou il n'entre point de *M* ». Les auteurs de la *Grammaire générale et raisonnée* (Arnauld et Lancelot 1676 : 62) critiquent Vaugelas pour cette explication qu'ils ne jugent pas satisfaisante.

389 *Cf.* *R*p. 93, où Vaugelas note plutôt « il n'est pas question pourtant de gauchir tousjours aux difficultez ».

390 Les trois dernières phrases sont ajoutées à la version publiée.

391 La remarque manuscrite est beaucoup plus brève et la décision est plus simple, car Vaugelas y maintient que chaque fois que *tout* est adverbe, il est indéclinable (f° 89r°) : « *Tout* est quelquefois aduerbe et alors par consequent il est indeclinable, Exemple *Ilz en sont tout estonnez*, et non *tous estonnez*.+ {+ Comme il les uit tout esplorez dit M. Coeff. en la mort de Seneque.} Beaucoup de gents manquent en cela. En uoicy encore un exemple plus clair. *ces ieunes gents ne sont plus desbauchez, ils sont tout autres que uous ne les auez ueus*, et non *tous autres*. *Tout* ueut dire là *Tout à fait*, *omnino* en Latin. <*C'est tout autre chose*, non *toute*> ».

parce que *tout* en cét endroit (96) n'est pas un nom, mais un adverbe, & par consequent indeclinable, qui veut dire, *tout à fait*, *omnino* en Latin. *Ils sont tout autres que vous ne les avez veus*, & non pas *tous autres*. *Ils crient tout d'une voix*, c'est comme il faut parler, & escrire grammaticalement, mais on ne laisse pas de dire oratoirement *tous d'une voix*, & il est plus elegant à cause de la figure que fait l'antithese de *tous*, & d'*une voix*. Ce n'est pas encore qu'on ne puisse dire, *tous estonnez*, quand on veut dire que, *tous* le sont, mais nous ne parlons pas du nom, nous parlons de l'adverbe, qui se joint aux adjectifs, ou pour l'ordinaire aux participes passifs, comme, *ils sont tout sales*, *ils sont tout rompus*.

Mais cela n'a lieu qu'au genre masculin, car au feminin il faut dire, *toutes*, *elles sont toutes estonnées*, *toutes esplorées*, l'adverbe, *tout*, se convertissant en nom, pour signifier neantmoins ce que signifie l'adverbe, & non pas ce que signifie le nom[392]. Car quand on dit, *elles sont toutes sales*, *elles sont toutes rompuës*, *TOUTES*, veux dire, *tout à fait*, *entierement*, comme qui diroit, *elles sont tout à fait sales*, *tout à fait rompuës*. La bizarrerie de l'Usage a fait cette difference, sans raison, entre le masculin, & le feminin.

Il y a pourtant une exception en cette reigle du genre feminin. C'est qu'avec *autres*, feminin, il faut dire, *tout*, & non pas *toutes*. Exemple, (97) *les dernieres figues que vous m'envoyastes, estoient tout autres que les premieres*, & non pas, *estoient toutes autres*. Mais ce n'est qu'au pluriel, car au singulier il faut dire, *toute*, comme, *j'ay veu l'estoffe que vous dites, elle est toute autre que celle-cy*. Je n'ay remarqué que ce seul mot qui soit excepté de la Reigle, car par tout ailleurs & au singulier & au pluriel, il faut que *tout*, adverbe, se change en l'adjectif *toute*, & *toutes*, quand il est avec un adjectif feminin, *elle est toute telle qu'elle estoit*, *elles sont toutes telles que vous les avez veuës*[393].

Vinrent, & vindrent

Tous deux sont bons, mais *vinrent*, est beaucoup meilleur & plus usité. M. Coeffeteau dit tousjours *vinrent*, & M. de Malherbe, *vindrent*[394].

---

392 Voir l'Introduction, p. 166, sur cette règle élaborée par Vaugelas. Pour l'histoire de l'accord et des exemples de l'usage contemporain, voir Brunot (1905-1953 : III, 469-471), Haase (1935 : 99-100) ou Spillebout (2007 : 134-136).

393 Brunot (1905-1953 : III, 53) critique Vaugelas parce qu'« il ne songe qu'à classer ces différents cas, sans même se demander si l'*e* du féminin de *toute* n'est pas élidé devant *au* de *autre* ».

394 Dans le manuscrit (f° 95v°) : « M de Malh. dit tousiours *uindrent* auec un *D*. p.381 ». La phrase suivante est ajoutée dans la version publiée. Si Maupas (1618 : f° 121v°) ne donne

Toute la Cour & tous les Autheurs modernes disent, *vinrent*, comme plus doux. De mesme en ses composez, & aux autres verbes de cette nature, *revinrent, devinrent, souvinrent*, & leurs semblables, plus elegamment que *revindrent, devindrent, souvindrent, &c.* l'on dit aussi, *tinrent* plustost que *tindrent*, qui neantmoins est bon, *soustinrent*, *maintinrent*, plustost que, *soustindrent*, & *maintindrent*.

(98)

Print, prindrent, prinrent

Tous trois ne valent rien, ils ont esté[395] bons autrefois, & M. de Malherbe en use tousjours, *Et d'elle prindrent le flambeau, dont ils desolerent leur terre, &c.*[396] Mais aujourd'huy l'on dit seulement, *prit*, & *prirent*, qui sont bien plus doux[397].

Quand la diphtongue OI, doit estre prononcée comme elle est escrite, ou bien en AI[398]

que la forme *vindrent*, Oudin (1640 : 17) remarque « *Vindrent*, se lit, *vinrent* ». Sur cette question voir Ayres-Bennett et Caron (2016), Ayres-Bennett et Caron (à paraître). Notons qu'on trouve les formes archaïques encore dans la traduction de Fonsèque (1615 : 131, 671).

395 Dans l'original : estê.

396 Dans le manuscrit (f° 88r°) : « p.81 » ; il y a une deuxième observation très brève sur cette question (f° 81v°) : « *Reprindrent courage* faut *reprirent* ».

397 Le changement se reflète dans les commentaires des grammairiens de la première moitié du siècle : Maupas (1618 : f° 121v°) continue à noter les deux formes, tandis que chez Oudin (1640 : 178) on lit, « *prirent* et non *prindrent* ». Chabanel (1612 : 181) avait déjà rejeté la forme *prindrent* en 1612. Sur cette question, voir Ayres-Bennett et Caron (2016), Ayres-Bennett et Caron (à paraître).

398 Cette question est abordée dans la remarque manuscrite intitulée « *Veage* pour *voyage* » (f° 94r°) : « *Veage* pour *voyage* ne uaut rien ni à dire ni à escrire. C'est en Normandie que l'on parle ainsi. I'auoüe qu'il y a une infinité de mots ou *l'oy* se prononce en *E* à la Court pour une plus grande delicatesse, mais il y en a plusieurs aussi ou cela ne se fait pas, et ausquels la prononciation est conforme à l'Orthographe, comme à *moins*, <*soings*> *doit*, *uoit*, *toit* et ~~presque~~ <generalem[ent à]> tous les monosyllabes tant noms que uerbes ou entrent ces deux Voyelles. Comme aussi à [~~…~~] tous les mots tant noms que uerbes qui se teminent en *oir* comme *mouchoir*, *parloir*, *receuoir*, *mouuoir*, et autres semblables sans exception, ou *l'oi* se prononce distinctement. Item aux trois personnes du singulier du present de l'Indicatif des uerbes qui terminent en *çois*, comme *conçois*, *reçois*, *apperçois*, car au preterit imparfait il n'en est pas ainsi. On prononce *conceuois*, *receuois*, *apperceuois*, comme si au lieu d'*oi* il y auoit *ai*. Item on prononce *l'oi* entier partout ou il n'est pas en la derniere syllabe, et cela sans exception, comme on dit *boire*, *memoire*, *gloire* et ainsi des autres, et non *Baire*, *memaire*, *glaire*. Ce qui soit dit en faueur des Estrangers, et mesmes des Francois des Prouinces esloignees, qui s'y pourroient bien tromper, puis que mesmes

A la Cour on prononce beaucoup de mots escrits avec la diphtongue *oi*, comme s'ils estoient escrits avec la diphtongue *ai*, parce que cette derniere est incomparablement plus douce & plus delicate. A mon gré c'est une des beautez de nostre langue à l'oüir parler, que la prononciation d'*ai*, pour *oi* ; *Je faisais*, prononcé comme il vient d'estre escrit, combien a-t-il plus de grace que, *je faisois*, en prononçant à pleine bouche la diphtongue *oi*, comme l'on fait d'ordinaire au Palais[399] ? Mais parce que plusieurs en abusent, & prononcent *ai*, quand il faut prononcer *oi*, il ne sera pas inutile d'en faire une remarque. Une infinité de gens disent, *mains*, pour dire *moins*, & par consequent (99) *neantmains*, pour *neantmoins*, *je dais, tu dais, il dait*, pour dire, *je dois, tu dois, il doit*, ce qui est insupportable. Voicy quelques reigles pour cela.

Premierement, dans tous les monosyllabes on doit prononcer *oi*, & non pas *ai*, comme *moins*, avec son composé *neantmoins*, *loy*, *bois*, *dois*, *quoy*, *moy*, *toy*, *soy*, *mois*, *foy*, & tous les autres, dont le nombre est grand. Il y en a fort peu d'exceptez, comme *froid*, *crois*, *droit*, *soient*, *soit*, que l'on prononce en *ai*, *fraid*, *crais*, *drait*, *saient*, *sait* ; si ce n'est quand on dit *soit*, pour approuver quelque chose, car alors il faut dire, *soit*, & non pas *sait*, & quand il signifie *sive*, par exemple on dira, *soit que cela sait ou non*, en prononçant ces deux *soit*, de la façon qu'ils viennent d'estre escrits. Dans tous les mots terminez en *oir*, comme *mouchoir*, *parloir*, *recevoir*, *mouvoir*, *&c.* sans exception, on prononce tousjours, *oi*, & jamais *ai*.

---

plusieurs de ceux qui sont à la Court font bien ces fautes de prononcer *meins* pour *moins* et *det* pour *Doit*. Quelques uns ~~disent~~ <prononcent> aussi *Reaume* pour *Royaume*, ce que ie ne puis approuuer que l'Vsage ne l'ayt pleinement establi. » Sur la prononciation de 'oi', voir l'Introduction, p. 125-126 ; *cf.* Thurot (1881-1883 : 374-411). Dans cette remarque *dyphtongue* est systématiquement remplacé par *diphtongue* (*Fautes d'impression*).

399 *Cf.* Maupas (1618 : f° 16r°-v°) : « oi, ou oy, la naïve et vraye prolation de cette diphthongue devroit estre quasi comme *æ*, *e*, ouvert ainsi *foy*, *loy*, *Roy*, *voir*, *trois nois*, etc. Mais la dépravation qui s'est rampee depuis quelques annees en ça, l'a grandement brouillee et renduë incertaine. Car on s'est pris à la proferer comme *e* ouvert, ou plustost comme la diphthongue *ai* en ces mots, *Mais*, *jamais faire plaisir.* Ce qui est survenu à la Cour du Roy, à mon opinion, par une folle imitation des erreurs des estrangers qui ne sçachans bien prononcer nostre langue, la corrompent ; Et les courtisans, singes des nouveautez, ont quitté la vraye et anciéne, pour contrefaire le baragoin estrangier. Mais les Doctes et bien-disans, és Cours de Parlement et ailleurs, retiénnent tous-jours l'antique et naïve. » Après avoir examiné plusieurs cas, Maupas conclut (f° 17r°) : « Ils diront peut estre, *Craire*, pour *Croire*, mais non pas *la craix* pour *la croix* : ni *baire*, *naire* : pour boire noire : ni *une fais*, *deux fais*, *quelquefais*, pour *une fois*, *deux fois*, *quelquefois*, en quoy se void qu'il n'y a que volage incertitude. Et qui la voudra ensuyvre, je ne m'y oppose pas, ains il en a icy l'advertissement. »

On prononce tousjours aussi *oi*, & non pas *ai* aux trois personnes du singulier present de l'indicatif des verbes qui terminent en *çois*, comme *conçois*, *reçois*, *apperçois*, car on ne dit jamais, *je conçais*, *je reçais*, *j'apperçais*.

Tantost on prononce *oi*, & tantost *ai*, aux syllabes qui ne sont pas à la fin des mots, comme on dit, *boire*, *memoire*, *gloire*, *foire*, *&c.* & non pas, *baire*, *memaire*, *glaire*, *faire*, qui seroit une prononciation bien ridicule ; Et l'on prononce, (100) *craire*, *accraire*, *creance*[400], *craistre*, *accraistre*, *connaistre*, *paraistre*, *&c.* pour *croire*, *accroire*, *croyance*, *&c.* Quelques-uns disent *veage*, pour *voyage*, mais il ne se peut souffrir, non plus que *Reaume*, pour *Royaume*. On peut neantmoins asseurer, que presque par tout *oi*, ne finissant pas le mot, se prononce en *oi*, & non pas en *ai*. Ainsi il faut dire, *avoine*, avec toute la Cour, & non pas *aveine* avec tout Paris.

Le grand usage donc de la diphtongue *ai*, pour *oi*, c'est au singulier du preterit imparfait de l'indicatif, *je faisais, tu faisais, il faisait*, pour, *je faisois, tu faisois, il faisoit. J'estais*, *j'avais*, *j'allais*, en toutes[401] les trois personnes de mesme, & en la troisiesme personne du pluriel, *ils faisaient*. Cette Reigle est sans exception.

L'*ai*, se prononce encore pour *oi*, aux trois personnes du singulier present de l'indicatif, comme, *je connais, tu connais, il connaist*, pour, *je connois, tu connois, il connoist*. Mais ce n'est qu'en certains mots, qui sont en fort petit nombre ; Car les verbes qui sont composez d'un verbe monosyllabe, comme, *je prevois*, *je revois*, *j'entre-vois*, *j'entr-ois*, & autres semblables, n'y sont pas compris, à cause qu'ils sont composez d'un verbe simple monosyllabe *vois*, & *ois*, dont la diphtongue se prononce en *oi*, & non pas en *ai*. (101)

Ai, se prononce encore pour *oi*, à la fin des noms Nationaux, & Provinciaux, ou des habitans des villes, comme *Français*, *Anglais*, *Hollandais*, *Milanais*, *Polonnais*, *&c.* pour *François*, *Anglois*, *Hollandois*, *Milanois*, *&c.* On dit pourtant *Genois*, *Suedois*, & *Liegeois*, & non pas *Genais*, *Suedais*, ny *Liegeais*. Il se prononce aussi à l'optatif & au subjonctif en toutes les trois personnes du singulier, comme *je voudrais, tu voudrais, il voudrait*, pour *je voudrois, tu voudrois, il voudroit* & en la troisiesme du pluriel, *ils voudraient*. Et ainsi des autres dont le nombre est infini.

---

400 *Cf. R*p. 541-542. La prononciation *player* pour *ployer* est également mentionnée, *R*p. 411.

401 Dans l'original : toute.

Le verbe sçavoir, suivi d'un infinitif[402]

Exemple, *Il marcha contre les ennemis, qu'il sçavoit avoir passé la riviere, Il fit du bien à tous ceux qu'il sçavoit avoir aimé son fils.* Cette façon de parler, & plusieurs autres semblables, sont fort en usage, parce qu'elles sont fort commodes, & qu'elles abregent l'expression; Outre qu'elles ostent la rudesse qu'il y auroit à dire, *il marcha contre les ennemis, qu'il sçavoit qui avoient passé la riviere, qu'il sçavoit qui avoient aimé son fils.* Car ce sont les deux façons ordinaires, dont on exprime cela. Mais pour en dire la verité, je ne voudrois jamais me servir de la derniere, & rarement de l'autre, (102) non pas que je la croye mauvaise, puis que tous nos meilleurs Autheurs s'en servent, qui me doivent oster tout scrupule, & me donner la loy; mais parce que je sçay qu'elle choque beaucoup d'oreilles delicates, & de fait, je sens bien qu'il y a quelque chose de rude en cette construction. Je tascherois de l'eviter le plus adroitement que je pourrois[403].

Des vers dans la prose[404]

J'entens que la prose mesme face un vers, & non pas que dans la prose on mesle des vers. Exemple, *qui se peut asseurer d'une perseverance ?* Je dis qu'une periode en prose, qui commence ou finit ainsi, ou avec cette mesme mesure, est vitieuse. Il faut eviter les vers dans la prose autant qu'il se peut, sur tout, les vers Alexandrins, & les vers communs, mais particulierement les Alexandrins, comme est celuy dont j'ay donné un exemple, parce que leur mesure sent plus le vers, que celle des vers communs, & que marchant, s'il faut ainsi dire, avec plus de train, &

402 Cette question n'est pas traitée dans le manuscrit, mais elle est peut-être associée à son travail de traducteur (voir la note suivante).

403 Cette construction est utilisée par Nicolas Séguier (1598 : 104) dans sa traduction de la *Vie d'Alexandre* de Quinte-Curce (*Qu'il ne pense pas estonner de ces fleuves celui lequel il scait avoir passé les mers*) et ensuite par Nicolas Soulfour (1629 : 145) dans sa version du même texte (*qu'il sçavoit bien n'avoir pas encore passé l'Eufrate*), mais Vaugelas (1659 : 208) dans sa propre traduction préfère employer une construction différente (*et ayant avis qu'il n'avoit pas encore passé l'Euphrate*). *Cf.* N. Fournier (1998 : 110-111) et Spillebout (2007 : 197).

404 Le contenu de la remarque manuscrite (f° 96v°-97r°) est remanié dans la version publiée. Les trois premières phrases de la version publiée ne figurent pas dans la version manuscrite qui commence ainsi : « Il faut euiter les uers ~~en~~ <dans la> prose <tant que faire se peut> ». Vaugelas revient à ce problème dans la remarque « *Des negligences dans le stile* » (*R*p. 414-419) ; voir aussi Cornulier (1984).

plus de pompe que les autres, ils se font plus remarquer[405]. Mais il les faut principalement éviter quand ils commencent, ou achevent la periode, & qu'ils font un sens complet. Que s'il y a deux vers de suite, dont le sens soit parfait en chaque vers, c'est bien (103) encore pis, & si ces deux vers finissent, l'un par une rime masculine, & l'autre par une feminine, le defaut en est encore plus grand, parce que cela sent davantage sa poësie, & est plus remarquable, ces deux vers estant comme les deux premiers, ou les deux derniers d'un quatrain. Il y en a un bel exemple dans M. de Malherbe : *ce ne fut pas à faute*, dit-il, *ny de le desirer avecque passion, ny de le rechercher avecque diligence*[406]. S'il eust fait *avec*, de deux syllabes aux deux vers, au lieu qu'il l'a fait de trois, ayant tousjours accoustumé d'escrire *avecque* de trois syllabes en prose[407], il eust rompu la mesure, qui rend ces deux membres de periode vicieux. Que si le sens ne commence, ny ne finit avec le vers, il n'y a rien à dire, parce qu'on ne s'apperçoit pas que ce soit un vers. Exemple, *Ayant evité les malheurs, où tombe d'ordinaire la jeunesse.* Ostez-en le commencement & la fin, ce sera un vers, *évité les malheurs, où tombe d'ordinaire*, mais avec ce qui va devant & aprés, il ne paroist point que c'en soit un. Aussi quand on dit qu'il faut eviter les vers, on veut dire ceux qui ont la cadence des vers, ce que celuy-cy n'a pas. Car pour les autres, ce seroit un scrupule sans raison, de n'en oser faire en prose, puisqu'aussi bien on ne s'en apperçoit point.

Amyot, M. Coeffeteau, & tous nos meilleurs (104) Escrivains, anciens, & modernes, en font plusieurs, mesmes avec la cadence, & pourveu que cela n'arrive pas souvent, je ne crois pas qu'il y ayt grand mal ; parce qu'à le vouloir tousjours eviter, cette contrainte empescheroit de dire beaucoup de choses de la façon qu'elles doivent estre dites, & ruïneroit la naifveté, à qui j'oserois donner la premiere place parmy toutes les perfections du stile[408].

Il y en a qui tiennent, que ce n'est point un vice, qu'un vers dans la prose, encore qu'il face un sens complet, & qu'il finisse en cadence,

---

405 Vaugelas ajoute dans les marges du manuscrit : « + ~~ce que~~ dont ilz ont acquis ce nom glorieux et magnifique d'Alexandrins, ~~soit~~ pour signifier qu'il n'y a qu'eux qui soient ~~propres au poeme~~ <conuenables et proportionnez> à la maiesté du poeme heroique, quand il est question de celebrer les louanges d'un Alexandre, ou d'un Heros ».

406 Dans le manuscrit : « p.475 » ; la citation se trouve à la page 476 de l'édition de 1631.

407 *Cf. R*p. 315.

408 Sur la naïveté, voir l'Introduction, p. 90, 117, 123.

pourveu qu'il ne soit point composé de mots specieux[409] & magnifiques, & qui sentent la poësie[410]. Mais je ne suis pas de leur avis, quoy que je leur accorde qu'un vers composé de paroles simples & communes est beaucoup moins vicieux. Tacite a esté repris d'avoir commencé son Ouvrage par un vers, *Urbem Romam a principio Reges habuere*[411], quoy qu'il n'ayt rien du vers que la mesure, & encore bien raboteuse[412]. Et l'on n'a pas mesme pardonné à Tite Live l'Hemistiche, par où il commence aussi *Facturus ne operæ pretium sim*[413] ?

J'ay dit que les vers communs sont moins vicieux en prose, que les Alexandrins, & il est vray, parce qu'ils ressentent moins le vers. Et je m'estonne de l'opinion contraire de Ronsard, qui dit, qu'il a voulu composer sa Franciade **(105)** en vers communs, parce qu'ils sentent moins la prose que les Alexandrins[414] ; car outre que l'oreille, qui est en cela le souverain Juge, le condamne, la raison fait aussi contre luy, en ce que les quatre premieres syllabes du vers commun, à la fin desquelles se fait la cesure, se rencontrent sans comparaison plus souvent parmy la prose, que les six premieres syllabes du vers Alexandrin, comme l'experience le fait voir, estant plus aisé de trouver quatre syllabes ajustées, que d'en trouver six.

Quant aux petits vers, ils ne paroissent presque pas parmy la prose, si ce n'est qu'il y en ayt deux de suite de mesme mesure[415], comme, *on ne pouvoit s'imaginer, qu'aprés un si rude combat* ; que si vous en ajoustez encore un, ou deux, *ils fissent encore dessein d'attaquer nos retranchemens*, cela est tres-vicieux, & il peut souvent arriver, qu'au moins il y en aura deux de mesme mesure.

Il faut prendre garde aussi, qu'il n'y ayt plusieurs membres d'une periode de suite, tous d'une mesure, car encore qu'ils n'ayent pas la mesure

---

409 *Mots specieux* (*vs simples*) semble indiquer ici des mots qui font de l'effet ; autrement dit, si le mot se distingue dans le contexte, il ne faut pas le répéter.

410 Dans le manuscrit : « comme par exemple *Et moy ie ne uois rien quand ie ne la uois pas* ».

411 *Annales*, Livre I : « Rome fut d'abord soumise à des rois », traduction de J. L. Burnouf (Paris, Hachette, 1859).

412 Dans l'original : rabouteuse (*Fautes d'impression*).

413 Tite-Live, *Histoire romaine*, Préface : « Vaut-il la peine de raconter [...] », traduction de G. Baillet (Paris, Les Belles Lettres, 1985). Dans le manuscrit Vaugelas ajoute : « Faut uoir ce que Corrador et Quintilien disent sur ce suiet ».

414 Ronsard, « Preface sur la Franciade, touchant le Poëme Heroïque » (Ronsard 1914-1975 : XVI, 331).

415 La remarque manuscrite se termine ici.

d'aucune sorte de vers, ils ne laissent pas d'offenser l'oreille, quand elle est tendre. Par exemple, *on ne pouvoit pas s'imaginer, qu'aprés un si furieux combat, ils eussent encore fait dessein d'attaquer tous nos retranchemens.* **(106)** Cette periode est composée de quatre pieces, qui sont toutes de neuf syllabes, & qui ayant une mesme cheute, peuvent desplaire à l'oreille, sans qu'elle sçache pourquoy. Neantmoins c'est une merveille quand cela se rencontre, & encore en ce cas là il ne s'en faut guere mettre en peine, à cause qu'il n'y a presque personne qui s'en apperçoive, & que ce seroit se donner une cruelle gesne pour rien. Mais lors que ce sont des vers de mesme mesure, ce seroit un grand defaut de ne la pas rompre, sur tout s'il y a plus de deux vers de suite, comme il se voit dans l'exemple que nous avons rapporté.

Parallele[416]

Ce mot est masculin dans le figuré. Il est vray que dans le propre, selon que les Geometres le definissent, on ne le met gueres tous seul, que l'on ne die *ligne*, en mesme temps, *une ligne parallele*, *deux lignes paralleles*, & alors il est adjectif, comme il se voit clairement. Mais dans le figuré, il arrive à ce mot deux choses assez extraordinaires, &, si je ne me trompe, sans exemple. L'une, que d'adjectif qu'il estoit au propre, il devient substantif au figuré, ne voulant dire autre chose que *comparaison* : l'autre, qu'au propre on l'escrit *parallele*, selon son origine Grecque, suivie des Latins, & **(107)** au figuré il change d'orthographe, & s'escrit, *paralelle*, par l'ignorance ou par la bizarrerie de l'Usage[417]. *Le*

416 La remarque manuscrite (f° 88r°) est très courte et ne traite que de la question du genre du mot d'une façon simple : « Ie crois qu'il est masculin et feminin aussi, mais ie l'aimerois mieux faire feminin ». Toute la discussion sur l'orthographe de ce mot apparaît pour la première fois dans la version publiée.

417 Estienne (1549), Nicot (1606) et Cotgrave (1611) n'incluent que la forme *parallele* ; le dictionnaire de Furetière (1690) ne cite également que cette forme, mais le mot ne fait pas l'objet d'une entrée. Richelet (1680) observe que le mot a un sens différent selon le genre, mais utilise la forme *parallele* pour les deux sens (il y a toutefois deux occurrences de l'autre graphie dans son texte). Dans l'entrée « *Parallele*, substantif masculin », l'Académie (1694) donne le sens de « Comparaison par laquelle on examine, on explique les rapports et les differences que deux choses ou deux personnes ont entr'elles ». En revanche, dans l'entrée pour *parallele*, adjectif, elle note que le mot peut aussi être employé comme substantif pour signifier « Ligne parallele à une autre » ; l'exemple proposé, *tirer une paralelle*, emploie le mot au féminin et avec la graphie alternative. À regarder l'usage tel qu'il est représenté dans Frantext, la distribution de formes entre sens propre / sens

paralelle d'Alexandre, & de Cesar, faire le paralelle, ou un paralelle de deux Capitaines, ou de deux Orateurs.

Il y a grande apparence que cét abus d'escrire *paralelle* avec les *l*, ainsi transposées, est venu de ce que tous nos noms substantifs, ou adjectifs terminez en *ele*, ont tous l'*l*, redoublée, & jamais simple, comme *pucelle, belle, modelle, fidelle, &c.* Car pour ceux qui ont une *s*, entre l'*e*, & *l*, ils ne sont pas de ce nombre, ny de cette nature, comme *gresle*, adjectif & substantif, *fresle*, ou *fraile*. Je ne parle que des noms ou l'*l*, est entre deux *e*, à la fin du mot. Et je ne parle point des verbes non plus ; car il y en a qui finissent avec une *l*, seule, comme *cele, decele, revele*. Cependant les Doctes accuseront d'ignorance ceux qui escriront *paralelle* ainsi, comme si l'on ne sçavoit pas qu'en Grec ἄλληλον[418], d'où il vient, dispose les *l*, ou les *lambda* tout au contraire. Mais il faut prier ces Messieurs de se resouvenir, que l'Usage ne s'attache point aux etymologies[419], & qu'il n'en depend qu'autant qu'il luy plaist. D'aller au contraire, ce seroit vouloir monstrer que l'on ne sçait pas sa langue maternelle, mais que l'on sçait la Grecque ; & il est sans comparaison plus honteux d'ignorer (108) l'une que l'autre. Ajoustez que nous avons mille exemples de mots Latins pris du Grec, où l'on s'escarte bien davantage de leur origine. Mesmes ce mot ἄλληλον[420], n'a qu'une *l*, ou un *lambda* à la derniere syllabe, quoy que les Etymologistes[421] Grecs ne doutent point qu'il ne vienne d'ἄλλον ἄλλου[422], *aliud alii*, comme qui diroit, une chose qui a du rapport à une autre, changeant l'α, en η, dans la composition, & ostant un λ, pour rendre le mot plus doux.

Vesquit, vescut

Ce preterit se conjugue par la pluspart de cette sorte, *je vesquis, tu vesquis, il vesquit*, & *il vescut, nous vesquimes, vous vesquites, ils vesquirent*,

---

figuré n'est pas aussi nette pour la période 1600-1647 que Vaugelas semble l'indiquer. La graphie *parallele* est employée à la fois pour le sens propre (*Nous courions la campagne, où la cavalerie / Gardoit son parallele avec l'infanterie*, Schélandre 1628) et le sens figuré (*comme nous dirons icy bas au parallele que nous ferons d'eux et de leur doctrine*, Garasse 1623).

418 Dans l'original : ἀλλήλον (*Fautes d'impression*).

419 Dans l'original : ethymologies (*Fautes d'impression*). Sur l'attitude de Vaugelas envers l'étymologie, voir l'Introduction, p. 81, 134, 185.

420 Dans l'original : ἀλλήλον (*Fautes d'impression*).

421 Dans l'original : Ethymologistes (*Fautes d'impression*).

422 Dans l'original : ἄλλον ἀλλου.

& *ils vescurent*. J'ay dit *par la pluspart*, à cause qu'il y en a d'autres dont le nombre à la verité est beaucoup moindre, qui tiennent, qu'il le faut conjuguer ainsi, *je vesquis*, & *je vescus*, *tu vesquis*, & non pas, *tu vescus*, *il vesquit*, & *il vescut*, *nous vesquimes* & *vescumes*, *vous vescustes*, non pas *vesquistes*, *ils vesquirent*, & *vescurent*.

Il y en a encore qui le conjuguent autrement, & qui tiennent qu'en toutes les trois personnes, & du singulier, & du pluriel, les deux sont bons, & que l'on peut dire, *je vesquis*, & *je vescus*, *tu vesquis*, & *tu vescus*, & ainsi au (109) pluriel. Tant y a que la diversité des opinions est si grande sur ce sujet, que quelques uns n'ont point pris d'autre party, que d'eviter tant qu'il se peut, ce preterit, & de se servir de l'autre, que les Grammairiens appellent indefini ou composé, *j'ay vescu*[423]. Il est vray que pour la tierce personne du singulier & du pluriel, presque tous conviennent que l'on peut dire *vesquit*, & *vescut*, *vesquirent*, & *vescurent*. M. de Malherbe dit, *survesquit*[424].

Seulement on peut advertir ceux qui escrivent exactement, & qui aspirent à la perfection, de prendre garde à employer *vesquit*, ou *vescut*, selon qu'il sonnera mieux à l'endroit où il sera mis. Par exemple, j'aimerois mieux dire, *il vesquit, & mourut Chrestiennement*, que non pas, *il vescut & mourut*, à cause de la rudesse de ces deux mesmes terminaisons, comme au contraire, je voudrois dire, *il vescut & sortit de ce monde*, plustost qu'*il*[425] *vesquit & sortit* : Mais ces petites observations ne sont que pour les delicats. Neantmoins puis qu'il ne couste pas plus de mettre l'un que l'autre, il faut ce me semble, choisir le meilleur, & celuy qui contente plus l'oreille.

Verbes dont l'infinitif se termine en IER

Ces verbes, comme *signifier*, *reconcilier*, *humilier*, *&c.* ont d'ordinaire le futur de (110) l'optatif, & du subjonctif, ou conjonctif tout semblable au present de l'indicatif. Quant au singulier, il n'y a point d'inconvenient, ny l'oreille n'est point offensée, que l'on die, *afin que je signifie, tu signifies,*

423 Dans l'original, il manque le point final après *vescu*.

424 Dans le manuscrit (f° 95v°) : « p.418 ». Maupas (1618 : f° 122r°) et Oudin (1640 : 182) tolèrent toujours les deux formes, *je vesqui(s)* et *je vescu(s)* ; Chabanel (1612 : 191-192) juge que *vesqui* est « plus usité ». Sur l'usage de ces formes, voir Ayres-Bennett et Caron (2016), Ayres-Bennett et Caron (à paraître).

425 Dans l'original : *qu'il*.

il signifie : car en tous les autres verbes de cette conjugaison on dit de mesme, *afin que j'aime, tu aimes, il aime, j'enseigne, tu enseignes, &c.* mais à la premiere & à la seconde personne du pluriel, il y a un inconvenient ; c'est que l'on y ajouste un *i*, & l'on dit, *afin que nous aimions, que vous aimiez*, & par consequent il faut dire aussi, *afin que nous signifiions, vous signifiiez*, avec deux *ii*. Il est vray que personne ne l'escrit ainsi[426] ; mais on ne laisse pas de sentir le defaut d'un second *i*, qui y seroit necessaire. Je sçay bien que la rencontre des deux *ii*, est cause de cela, & qu'outre le mauvais son, il seroit difficile, & comme impossible de prononcer, *signifiions*, *signifiiez* ; mais voicy quelque sorte de remede dont je me suis avisé. C'est de faire un seul *i*, des deux, à la façon des Grecs, par une figure qu'ils appellent *crase*, lequel *i*, soit marqué d'un accent circonflexe de cette sorte, *afin que nous nous humilîons*. Cét expedient est bon pour l'orthographe, & c'est tousjours reparer en quelque façon un defaut dans nostre langue, à quoy chacun doit contribuer, mais pour la prononciation, il n'y fait rien du tout, (111) parce qu'encore que la *crase* faisant de deux syllabes une seule, rende cette syllabe seule aussi longue que les deux, neantmoins cela ne se remarque point quand on la prononce[427]. Il faut mettre aussi cét accent circonflexe au pluriel du preterit imparfait, *nous signifîons, vous signifîez*, *significabamus, significabatis*, pour le distinguer du present, *nous signifions, vous signifiez*, *significamus, significatis*.

Premier que, pour *avant que*[428]

---

426 Notons, toutefois, le jugement de Maupas (1618 : f° 104v°-105r°) sur ces formes dans « tous verbes ayans le theme en voyelle pure ». Il observe : « Ces personnes là ont *un i voyelle* avant la terminaison, ainsi. *Envoyïons*, Envoyïez, Joüyons, Joüyez, Loüyons, Loüyez. Tel est l'usage et prononciation ordinaire de tout le peuple François. Et quand deux *i*, s'y rencontrent, nous alongeons et trainons la syllabe, comme se fait es autres voyelles doublees. *Roole*, *aage*, *Guéér*, de mesme *Priyons*, *criyons*, *niyons*, *riyons*, etc. » Il est vrai que les formes *signifiions/signifiiez*, *humiliions/humiliiez*, *reconciliions/reconciliiez* ne sont pas attestées dans Frantext pendant la période 1600-1647, mais Brunot (1905-1953 : III, 322) note qu'on trouve *remercyiez*, *attribuyiez*, *l'ayiez* chez Costar.

427 La remarque manuscrite (f° 96r°) est très similaire à la version publiée sauf que cette phrase n'y figure pas. Il est intéressant de noter que Vaugelas maintient ici que la voyelle avec accent se prononce de la même façon que la voyelle sans accent, tandis qu'à la page 443 il remarque que dans *polîment* ou *absolûment*, la voyelle est longue « comme contenant le temps de deux syllabes reduites à une seule ».

428 Il y a deux remarques manuscrites sur « *Premier que* » (f° 48r°, 88r°) ainsi qu'une troisième intitulée « *Devant que* » (f° 24v°) qui consiste en un simple renvoi à *Avant que*. Dans la première observation, Vaugelas note que *premier que* « n'est plus bon à escrire, quoy que plusieurs le disent, et qu'Amyot s'en serue souuent ». Dans la deuxième, Vaugelas

C'est une façon de parler ancienne, dont plusieurs se servent encore aujourd'huy en parlant, & en escrivant, mais ceux qui ont quelque soin de la pureté du langage, n'en usent jamais[429]. On ne le trouvera pas une seule fois dans toutes les Œuvres de M. Coeffeteau[430] : Il dit tousjours *devant que*. Nos meilleurs Escrivains[431] modernes l'evitent aussi, & au lieu de dire, *premier que je face cela*, disent *devant*, ou *avant que je face cela*.

Se resouvenir

Ce verbe a un certain usage assez extraordinaire, qui neantmoins est extremement François & elegant[432], par exemple, *ses soldats*, dit M. Coeffeteau, *voyant ce triste spectacle*[433], c'est à dire, voyant mourir Brutus devant leurs yeux, *& se resouvenant qu'ils n'avoient plus* (112) *de chef.* On se resouvient des choses passées & esloignées, & celle-cy estoit toute presente, comment est-ce donc qu'il dit, *& se resouvenant qu'ils n'avoient plus de chef*? C'est que *se resouvenant* se prend là tres-elegamment pour *considerant*, ou *songeant*[434].

---

examine un exemple mais ne semble pas être encore certain de sa décision : « *Premier que* n'a iamais esté escrit par M. Coeff. *Il l'a nommé premier que moy*, comme si c'estoit la coustume de nommer les filles premier que les meres. Ie dirois *Il l'a nommé auparauant moy*, et non *deuant moy* à cause de l'Equiuoque de *Deuant*, qui signifie en presence, moins *deuant que moy*, qui seroit barbare. *Nommer les filles auparauant que les meres.* Là il faut *que*, ou *auant les meres.* Faut uoir ».

429 Les grammaires et les dictionnaires contemporains confirment la chronologie proposée par Vaugelas. Si Maupas (1618 : f° 177v°) l'admet sans commentaire, Oudin (1640 : 270) le considère comme « un peu rude ». Quant aux dictionnaires, Estienne (1549), Nicot (1606) et Cotgrave (1611) incluent *premier que* sans commentaire, mais Furetière (1690) note que dans cette acception il vieillit, et le terme ne figure plus dans les dictionnaires de Richelet (1680) et de l'Académie (1694).

430 *Premier que* pour *avant que* est attesté chez Malherbe (Régnier 1869 : 491). Dans Frantext, il y a une trentaine d'exemples pour les deux premières décennies du siècle. Il est à noter que 17 des 23 exemples pour les années 1620 viennent d'un seul auteur (Hardy) et qu'ensuite les exemples se raréfient (3 pour la période 1640-1647).

431 Dans l'original : Esvains.

432 Dans le manuscrit (f° 81v°) : « <et inconu aux Prouinces esloignees de la Court> ».

433 Dans le manuscrit : « ce piteux spectacle ». La citation se lit ainsi : *Ses soldats voyans ce piteux spectacle, & se ressouvenans qu'ils n'avoient plus de Chef* (Coeffeteau 1621 : I, 36).

434 Parmi les lexicographes, Cotgrave (1611) propose cette acception comme traduction de l'expression anglaise « to be mindfull of ». L'Académie (1694) souligne que ce verbe est utilisé d'habitude pour indiquer quelque chose qui s'est passé il y a longtemps : « Avoir memoire, souvenir [...] Il signifie plus particulierement, Rappeller dans sa mémoire une chose passée depuis long-temps [...] ». Le *TLFi* cite un exemple de ce verbe avec le sens ancien de « Considérer, faire attention à, garder en pensée » encore chez Chateaubriand.

Orthographe, Orthographier

Quoy qu'en Grec & en Latin on die *orthographia*, nous disons pourtant *orthographe*, & quoy que nous disions *orthographe*, nous ne laissons pas de dire[435], *orthographier*, & non pas *orthographer*. Au reste, *orthographe* est feminin, *une bonne orthographe*[436]. Quelques uns escrivent la derniere syllabe des deux façons *phe*, & *fe*, comme *Philosophe*, & *Philosofe* ; mais je voudrois tousjours escrire *orthographe*, & *Philosophe*, avec *ph*[437].

Netteté de construction[438]

Lors qu'en deux membres d'une periode qui sont joints par la conjonction *et*, le premier membre finit par un nom, qui est à l'accusatif, & l'autre membre commence par un autre nom, qui est au nominatif, on croit d'abord que le nom qui suit la conjonction, est au mesme cas que celuy qui le (113) precede, parce que le nominatif & l'accusatif sont tousjours semblables, & ainsi l'on est trompé, & on l'entend tout autrement que ne le veut dire celuy qui l'escrit. Un exemple le va faire voir clairement. *Germanicus* (en parlant d'Alexandre) *a egalé sa vertu, & son bonheur n'a jamais eu de pareil*. Je dis que ce n'est pas escrire nettement,

---

435 Dans l'original : nous ne le laissons pas de dire (*Fautes d'impression*).

436 Richelet (1680), Furetière (1690) et l'Académie (1694) s'accordent à considérer ce mot comme féminin ; Brunot (1905-1953 : III, 449) cite quelques rares exemples du masculin.

437 Dans la remarque manuscrite (f° 36r°), Vaugelas se sert lui-même des deux graphies ('f' et 'ph') sans vraiment trancher sur la bonne forme : « On dit *Ort<h>ografe*, et *Orthografier*, non pas *Orthografie* <quoy qu'on die *Orthographia* en grec et en latin>, ni *Orthografer* : *Orthographe* est feminin, on dit *un<e> bonne orthographe*, ce me semble, et non pas *un bon Orthographe*. » Tandis que tous les lexicographes préfèrent la forme avec 'ph', il y a variation entre 'th' et 't' : Cotgrave (1611) et Richelet (1680) favorisent *ortographier*, et Furetière (1690) et l'Académie (1694) préfèrent *orthographier*. Furetière se sert lui-même une fois de la forme *orthographer* dans son entrée sur « Grammaire ». Il n'y aucune attestation de la graphie avec 'f' dans Frantext (1600-1647).

438 Les grandes lignes de la remarque manuscrite (f° 65v°-66r°) sont identiques à la version publiée, mais Vaugelas se sert d'un exemple différent, « *les plus excellents Poetes de l'antiquité ont eu des riuaux qui n'ont peu supporter leur lumiere, et leur parti qui estoit le plus iuste n'a pas tousiours esté le plus fort*. Ie dis que ce n'est pas escrire <bien> nettement que de dire *supporter leur lumiere, et leur parti, &c.* parce que *lumiere* est accusatif regi par le uerbe *supporter*, et *leur parti* est nominatif et le commencement d'une autre construction ». Cet exemple, pris du *Discours sur les Œuvres de M. de Malherbe* d'Antoine Godeau, a été probablement supprimé pour ne pas critiquer un auteur vivant, selon la politique de citation exprimée dans la Préface des *Remarques*. À la fin de la remarque Vaugelas ajoute : « Au reste ce pronom possessif *leur* repeté deux fois, [...] *leur lumiere*, et *leur parti* ayde bien encore à tromper le lecteur ou l'auditeur ».

que d'escrire comme cela, *a egalé sa vertu, & son bonheur, &c.* parce que *sa vertu*[439] est accusatif, regi par le verbe *a egalé*, & *son bonheur* est nominatif, & le commencement d'une autre construction, & de l'autre membre de la periode. Neantmoins il semble qu'estant joints par la conjonctive, *et*, ils aillent ensemble, ce qui n'est pas, comme il se voit en achevant de lire la periode entiere. On appelle cela *une construction lousche*[440], parce qu'elle semble regarder d'un costé, & elle regarde de l'autre. Plusieurs excellens Escrivains ne sont pas exents de cette faute[441]. Il ne me souvient point de l'avoir jamais remarquee en M. Coeffeteau ; je sçay bien qu'il y aura assez de gens, qui nommeront cecy un scrupule[442], & non pas une faute, parce que la lecture de toute la periode fait entendre le sens, & ne permet pas d'en douter. Mais tousjours ils ne peuvent pas nier, que le lecteur & l'auditeur n'y soient trompez d'abord, & quoy qu'ils ne le soient pas long temps, il est (114) certain qu'ils ne sont pas bien aises de l'avoir esté, & que naturellement on n'aime pas à se mesprendre. Enfin c'est une imperfection qu'il faut eviter, pour petite qu'elle soit, s'il est vray qu'il faille tousjours faire les choses de la façon la plus parfaite qu'il se peut, sur tout lors qu'en matiere de langage il s'agit de la clarté de l'expression.

Persecuter[443]

Ce mot est mal prononcé par une infinité de gens, qui disent *perzecuter*, comme si au lieu de l'*s*, il y avoit un *z*. Il faut prononcer *persecuter*, comme s'il estoit escrit avec un *c*, *percecuter*, tout de mesme que *perseverer*. Ce qui

---

439 Dans l'original : sa *vertu*.

440 Dans le manuscrit : « ~~I'appelle~~ <I'ay accoustumé d'apeller> cela *une construction lousche* ». L'usage de cette expression dans un contexte grammatical semble avoir été inventé par Vaugelas, mais dans le texte publié, il ne revendique plus la paternité de l'expression (*cf.* Tourrette 2014 : 710).

441 Sur cette question, associée à l'élaboration d'une syntaxe « classique », voir l'Introduction, p. 149-150. Selon Hagenberg (1994 : 157), il y a un seul exemple d'une telle construction chez Malherbe.

442 Dans le manuscrit : « ou une superstition, ~~[...]~~ qui n'est propre qu'à gesner les esprits, et ~~à oster aux Esriuains la <cette [...]> liberté~~ à rendre la prose aussi difficile que les uers. Mais ie ueux leur auoüer que ce ne soit point une faute ou un peché, ilz ne me scauroient nier que ce ne soit pour le moins une imperfection, car il y a grande difference, comme sçauent les Casuistes, s'il est à propos de les alleguer icy, entre un peché quel qu'il soit, et une imperfection. »

443 Cette remarque ne figure pas dans le manuscrit. Thurot (1881-1883 : II, 220) cite Vaugelas comme le premier à traiter de cette prononciation.

m'a fait remarquer que tous les mots generalement sans exception, qui commencent par *per*, & ont une *s*, aprés suivie d'une voyelle, se prononcent ainsi, c'est à dire comme si au lieu de l'*s* il y avoit un *c*, & non pas un z, *Persan, Perse, perseverer, persil, persister, personne, personnage, persuader*.

Lors

Lors, avec un genitif, par exemple, *lors de son election*, pour dire *quand il fut eleu* n'est gueres bon, ou du moins, gueres elegant[444] ; (115) plusieurs neantmoins le disent & l'escrivent, parce qu'il abrege souvent un grand tour qu'il faudroit prendre sans cela[445].

Lequel, laquelle

Ces pronoms au nominatif, tant singulier, que pluriel, sont rudes pour l'ordinaire, & l'on doit plustost se servir de *qui*[446], quand on le devroit repeter deux fois dans une mesme periode, comme il a esté dit en la remarque de *qui*[447], où l'on a fait voir qu'il n'en falloit faire nul scrupule[448]. Il y a pourtant

444 Dans le manuscrit (fº 58rº) : « *Lors* auec un genitif, par exemple *lors de son election* pour dire *quand il fut esleu* ne uaut rien [...] » ; il est impossible de lire le reste de l'observation parce que le bas de la page est abîmé.

445 Ici « élégance » s'oppose aux considérations de « brièveté ». Parmi les grammairiens, seul Oudin (1640 : 271) parle de *lors de* en notant que les expressions du type *lors de ma maladie* « ne sont pas fort excellentes ». Quant aux lexicographes, Estienne (1549), Nicot (1606) et Richelet (1680) ne traitent pas de l'usage de *lors de.* Cotgrave (1611) donne un exemple de *lors de* sous « *Lors* », sans commentaire, et Furetière (1690) l'utilise assez fréquemment lui-même dans ses exemples, toujours sans faire de commentaire sur son usage. À la fin du siècle, l'Académie (1694) observe que *lors* « ne se dit guere que suivi d'un genitif », mais elle ajoute, « Il n'est pas elegant, et ne se dit que pour abreger ». Parmi la centaine d'exemples de cet usage dans Frantext (1600-1647), une quarantaine provient des lettres de Peiresc. Vaugelas revient à l'usage de *lors*, *R*p. 225-228.

446 *Cf.* Oudin (1640 : 129) : « Les doctes modernes bannissent le nominatif de ce pronom mis apres l'antecedent, car pour bien parler on ne dit point, *voila un homme lequel veut*, etc. *j'ay une maison laquelle me couste deux mille escus*, mais il se faut servir de *qui veut* : *qui me couste*, etc. » Pour des exemples de *lequel* pour *qui*, voir Haase (1935 : 64). Vaugelas est lui-même critiqué par l'Académie pour son usage de *lequel* dans la traduction de Quinte-Curce ; les Académiciens remarquent que l'usage de *lequel* dans l'exemple *car il se leva ce même jour un vent impetueux, lequel poussa les vagues contre la digue [...]* « est contre les propres regles de M. D. V. Comme il n'y a icy aucune équivoque à éviter, *Qui* auroit esté beaucoup mieux » (Ayres-Bennett et Caron 1996 : 103).

447 *Cf. R*p. 48-50.

448 Dans le manuscrit (fº 58vº) : « M. Coeff. ne se sert que le plus rarement qu'il peut de ces Pronoms là au Nominatif ». La lecture de l'*Histoire romaine* de Coeffeteau confirme ce

certaines exceptions & certains endroits où il faut dire *lequel*, (quand je dis *lequel*, j'entens *laquelle*, *lesquels*, & *lesquelles*, en leurs deux genres, & en leurs deux nombres) comme quand il y a deux noms substantifs, dont l'un est d'un genre, & l'autre d'un autre, alors si le pronom relatif ne se rapporte pas au plus proche substantif, mais au plus esloigné, il ne faut pas à cause de l'equivoque, se servir de *qui*, parce qu'il est du genre commun, & que l'on ne sçauroit auquel il se rapporteroit, mais il faut user de l'autre relatif *lequel*[449]. Exemple[450], *C'est un effet de la divine Providence, qui est conforme à ce qui nous a esté predit.* Je dis que ce premier *qui*, se rapporte à *effet*, & non pas à *Providence*, & neantmoins comme de sa nature (116) il se rapporte au plus proche, on auroit sujet de croire, qu'il s'y rapporteroit en cét exemple, ce que toutefois il ne fait pas ; C'est pourquoy au lieu de *qui*, il faut tousjours mettre *lequel*, & dire, *c'est un effet de la divine Providence, lequel, &c.*[451]

On se sert aussi de ce pronom au nominatif, quand on commence quelque narration considerable[452], par exemple, *Il y avoit à Rome un grand Capitaine, lequel par le commandement du Senat, &c.* Je dis qu'en cet endroit, *lequel*, est beaucoup plus fort, que ne seroit *qui*, & j'ay remarqué que

---

jugement, et on note peu d'exemples de cet usage (par ex. *Il avoit donné le gouvernement de Syrie à un sien parent nommé Maximin, lequel traitant cruellement les premiers hommes de cette grande Province, s'acquit la hayne du peuple [...]* (1621 : III, 258)).

449 Parmi les situations où *lequel* peut être employé dans ce contexte, Wapy (1634 : 76-77) cite : « Quant il y a deux antecedans afin d'ôter l'incertitude qui pourroit provenir de ne sçavoir auquel des deux le relatif se doit rapporter, on met le relatif *lequel*, quand il se rapporte au plus élongné, exemples, *Il y demeura une ouverture aussi large qu'une porte, laquelle il n'êtoit pas possible de boucher qu'avec beaucoup de loisir*, le relatif *laquelle* ne se rapporte pas à ce mot *porte*, autrement on eut dit *qui*, mais à cet autre, *Ouverture* ».

450 Dans le manuscrit, Vaugelas écrit simplement le mot « Exemple » pour se rappeler qu'il faut en ajouter un.

451 Ce conseil n'est évidemment utile que si les deux substantifs sont de genre différent.

452 Dans le manuscrit : « Ces Pronoms se disent aussi au Nominatif quand il est question de parler de quelque chose auec emphase, ou *qui* seroit trop foible, et n'auroit pas assez de force. On ne sçauroit bien comprendre [~~...~~] cela sans exemple. Ie uois neantmoins plusieurs qui bons Escriuains qui ne font pas tant de scrupule de s'en seruir que M. Coeff. mais ~~qui~~ au contraire semblent l'affecter, en quoy sans doute ilz se trompent, comme l'oreille le iugera aisement si l'on met *qui* aux lieux ou ilz se seruent de l'autre Relatif. » Notons l'exemple suivant pris de l'*Histoire romaine* de Coeffeteau : *Il y avoit un Marcus Celsus qui estoit designé Consul, lequel s'estoit montré fidele à Galba jusques à sa mort* (1621 : II, 93). Dans ses remarques, Wapy (1634 : 76) fournit plutôt une explication liée à l'oral : « on met quelquefois *lequel*, & *laquelle* immediatement apres leur antecedant [...] [q]uand il faut faire quelque pose entre les deux, comme s'il y avoit une virgule, ou autre arrêt, tel que seroit la conjonction (*&*) ce qui ne sert alors presque de rien que pour faire cette pause : exemple, *il n'avoit que deux mille hommes, & léquels encor n'avoient garde d'être si bon* [*sic*] *soldats que ceux des ennemis* ».

mesme à la Cour, où il semble que *lequel*, ne devroit pas estre si bien receu, on en use d'ordinaire en de semblables rencontres. Je ne vois ny homme, ny femme, qui racontant quelque chose, ne die par exemple, *c'estoit un homme, lequel, &c. c'estoit une femme, laquelle, &c.* plustost que *qui*, & de mesme au pluriel[453].

Je n'ay parlé que du nominatif, parce qu'aux autres cas il n'y a nulle rudesse à en user, si ce n'est lorsque l'on peut se servir de *qui*, de *quoy*, de *que*, & de *dont*, au lieu de *duquel*, d'*auquel*, de *lequel*, à l'accusatif, & ainsi du feminin, & du pluriel ; Car alors ce seroit une faute de manquer à employer ces autres mots plus doux, que nostre langue nous fournit, pour mettre à la place du pronom *lequel*, en tous ses (117) cas, & en tous ses nombres[454]. Il faut donner des exemples de toutes ces choses pour les esclaircir[455]. Et afin d'y proceder par ordre, commençons par le genitif, *j'ay envoyé un Courrier exprés, au retour duquel je verray, &c.* Il faut necessairement dire *duquel* en ce lieu là, & non pas *de qui*, Et de mesme au feminin, *j'honore infiniment sa vertu, en consideration de laquelle*, & non pas, *de qui*, *il n'y a rien que je ne voulusse faire.* Au pluriel, c'est tout de mesme en l'un & en l'autre genre. Suivons au datif, *c'est un heureux succés, auquel je n'ay contribué que de mes vœux*, & non pas *à qui je n'ay contribué*, ny *à quoy je n'ay contribué*; quoy que quelques-uns disent ce dernier, mais il s'en faut bien, qu'il ne soit si bon qu'*auquel*[456]. Ainsi du feminin, & du pluriel. A l'accusatif, *c'est un sujet sur lequel on peut dire beaucoup de*

453 Dans la traduction de Fonsèque, Vaugelas utilise beaucoup plus souvent la série *lequel*, etc. plutôt que *qui*, dans des contextes où il n'y a pas d'équivoque possible et où il n'est pas question de commencement d'une narration, par exemple, *mais elle frappa celuy d'une femme appellee Marcelle, laquelle esprise d'admiration, & haussant la voix au milieu des docteurs, se prit à loüer nostre Seigneur* (Vaugelas 1615 : 459).

454 La remarque manuscrite se termine ici avec un commentaire général et sans entrer dans les détails comme c'est le cas dans le texte publié : « Or ie n'ay parlé que du Nominatif, parce qu'aux autres cas il n'en ua pas ainsi, et qu'il n'y a nulle rudesse à en user, particulierement à l'Accusatif. Exemple. Encor que bien souuent il soit meilleur de [...] mettre *que*, que *lequel* ou quelqu'un des autres trois, c'est à dire *laquelle*, *lesquels*, et *lesquelles*, *que* pouuant seruir à tous quatre. Exemple <Voyez *qui* pour sçauoir encore ou il faut mettre *lequel* en tout nombre et genre et non *qui*> ».

455 *Cf.* le court commentaire d'Oudin (1640 : 130) : « Pour les cas obliques, il est necessaire de les garder en plusieurs phrases, où le relatif *qui* n'a pas bonne grace : par exemple ; *j'ay receu vos lettres, par lesquelles j'ay appris* : et non pas, *par qui*, ou *par où j'ay appris*, et ainsi des autres. »

456 *Cf. R*p. 54 où il exprime l'opinion contraire. Thomas Corneille observe également que Vaugelas ne suit pas toujours ce conseil dans sa propre pratique ; par exemple, à la page 104, Vaugelas écrit : « cette contrainte empescheroit de dire beaucoup de choses

choses, & jamais *sur qui*. Quelques-uns disent, *surquoy*, mais *sur lequel* est beaucoup meilleur. De mesme au feminin, & au pluriel. A l'ablatif, on en use rarement, parce que l'on se sert en tout nombre & en tout genre, de la commode particule *Dont*[457], comme par exemple, on dira, *C'est un importun, dont*, & non pas, *duquel j'ay bien eu de la peine à me deffaire, c'est une mauvaise*[458] *affaire, dont il aura bien de la peine à se demesler, ce sont des malheurs dont il n'est pas exent, ce sont des affaires, dont il se tirera.* Il y a exception, quand aprés un genitif (118) regi par un nominatif, on ne sçauroit auquel des deux rapporter *dont*, comme *c'est la cause de cét effet, dont je vous entretiendray à loisir* ; On ne sçait si *dont* se rapporte à *la cause*, ou à *l'effet* ; C'est pourquoy, si vous voulez qu'il se rapporte à la cause, il faut dire, *c'est la cause de cét effet, de laquelle je vous entretiendray*, & si vous voulez qu'il se rapporte à l'effet, il faut dire, *c'est la cause de cét effet, duquel je vous entretiendray.* Il faut donc en semblables occasions, se servir du pronom *duquel*, & non pas de *dont*, à cause de l'equivoque.

On se sert encore du pronom *lequel*, aux ablatifs absolus, comme *j'y ay esté un an, pendant lequel*[459].

Au reste, *qui*, pour *lequel*, se met en tous les cas, en tous les genres, & en tous les nombres : mais hors du nominatif, il ne se met jamais que pour les personnes, à l'exclusion des animaux, & des choses inanimées[460]. *Quoy*, au contraire, ne se met jamais pour *lequel*, quand on parle des

---

de la façon qu'elles doivent estre dites, & ruïneroit la naifveté, à qui j'oserois donner la premiere place parmy toutes les perfections du stile » (Vaugelas 1738 : I, 339).

457 *Cf. R*p. 343-345. Haase (1935 : 64-65) cite des exemples de *duquel* dans des cas où nous utilisons aujourd'hui *dont*, y compris dans la traduction de Quinte-Curce de Vaugelas.

458 Dans l'original : *mauvause.*

459 Le terme *ablatif absolu* a été pris de la grammaire latine, en transposant la notion aux compléments circonstanciels indépendants, notamment de temps, sans préposition. Maupas (1618 : f° 158v°) explique son usage ainsi : « Nous rendons le mesme sens avec les participes plusqueparf. composez des auxiliaires, *Ayant*, *Estant*. *Les letres de Cesar ayant esté renduës*, ou *estans* renduës. Ayant parachevé ces choses. Ayant ouï ces nouvelles. Ces phrases nous sont de grand service, et expriment les Latines d'ablatif absolu. Car sçachez qu'en nostre langue le nominatif est le cas absolu, comme l'ablatif, chez les Latins. *Nisi Perfecta re de me non conquiesti.* Tu n'as eu cesse sinon ayant parachevé mon affaire, ou, sinon mon affaire estant parachevee. » (*cf.* Bouhours 1693 : 259-263). Dans l'exemple cité ici par Vaugelas, il semble que *pendant* soit considéré comme un participe présent, malgré le fait que la grammaticalisation de *pendant* comme préposition a déjà été accomplie (voir *R*p. 223). Autrement dit, Vaugelas emploie des catégories de description grammaticale ancienne, sans doute par connaissance de l'origine de *pendant*, mais en se conformant aux habitudes des grammairiens de l'époque.

460 *Cf. R*p. 55-57.

personnes, mais seulement quand il s'agit des animaux, & des choses inanimées, & s'accommode à tous les genres, & à tous les nombres. Et *que*, à l'accusatif, se met pour *lequel*, *laquelle*, *lesquels*, & *lesquelles*, dequoy que ce soit que l'on parle sans exception, & est indeclinable.

(119)

Lairrois, lairray

Cette abreviation de *lairrois*, *lairray*, en toutes les personnes, & en tous les nombres, pour *laisserois*, & *laisseray*, ne vaut rien, quoy qu'une infinité de gens le disent & l'escrivent[461]. Quelques Poëtes ont creu que les vers leur permettoient d'en user, mais ceux qui aiment la pureté du langage, le souffrent aussi peu dans la poësie, que dans la prose[462]. Mais ils souffrent bien encore moins, *vous me pardonrez*, pour *pardonnerez*, *donray*, ou *dorray*, pour *donneray*, qui sont des monstres dans la langue[463].

Invectiver

Invectiver, pour *faire des invectives*, n'est pas du bel usage, & il n'est pas permis de faire des verbes à sa fantaisie, tirez & formez des substantifs[464]. Beaucoup de gens neantmoins se donnent cette authorité ; mais il n'y

461 Après avoir observé que cet usage « ne uaut rien », Vaugelas ajoute dans le manuscrit (f° 58v°), « Au moins s'il n'est pas mauuais, *laisserois*, et *laisseray* est incomparablement meilleur ». On note deux autres remarques qui critiquent l'usage de *donray*, *dorray* (f° 24v°, 25r°). Maupas (1618 : f° 108r°) et Oudin (1640 : 159) acceptent encore les formes *lairray et lairrois*.

462 Dans sa traduction de Fonsèque, Vaugelas se sert plus fréquemment des formes contractées (*lairront, lairoit, lairrois*, etc.) que des formes modernes. Le changement d'usage est également indiqué par le fait que Pierre Corneille a remplacé les formes *lairrai, lairrois*, etc. par les formes modernes dans son édition de 1660 (Braun 1933 : 39-40). Pour d'autres exemples des formes contractées, voir Brunot (1905-1953 : III, 334).

463 Si Maupas tolère toujours les formes *donray, donrois* (1618 : f° 107v°), selon Oudin (1640 : 159), elles sont « antiques & hors d'usage ». Ce jugement est confirmé par Frantext : il n'y a que deux exemples de *donray* (dans un texte anonyme de 1637) et aucun de *dorray* pour la période 1600-1647.

464 Sur l'attitude de Vaugelas envers les néologismes, voir l'Introduction, p. 179-180. Ce verbe est rarement attesté au XVIIe siècle dans les textes de Frantext : il y a sept exemples pour la période 1600-1647, tandis que dans la deuxième moitié du siècle seul Pascal et Bayle en font usage. Il figure pourtant dans tous les dictionnaires à partir de Cotgrave (1611), et l'Académie l'accepte dans son dictionnaire ainsi que dans son observation sur cette remarque (1704 : 135). Seul Richelet (1680) indique que son usage est restreint, en annotant son entrée d'une croix (ce qui indique qu'il ne se trouve que « dans le stile simple, dans le comique, le burlesque, ou le satirique »).

a que les verbes, que l'Usage a receus, dont on se puisse servir, sans qu'il y ayt en cela ny reigle, ny raison. Par exemple on dit, *affectionner*, *se passionner*, d'*affection*[465] & de *passion*, & plusieurs autres semblables[466], & neantmoins si l'on veut bien parler, on ne dira pas *ambitionner*[467], *occasionner*, d'*ambition*, & d'*occasion*[468], non plus que *pretexter*[469], pour *prendre pretexte*, & *se medeciner*[470] pour (120) *prendre medecine*. Je sçay bien qu'ils sont en la bouche de la pluspart du monde ; mais non pas dans les escrits des bons Autheurs[471].

S'immoler à la risee publique

Plusieurs ont repris M. Coeffeteau de ce qu'il se servoit de cette façon de parler[472], & ne l'ont pas seulement condamnée comme mauvaise, mais comme monstrueuse, & fort approchante de ce qu'on appelle *Galimathias*[473].

---

465 Dans l'original : *d'affection*.

466 Dans le manuscrit (f° 53v°), Vaugelas ajoute le verbe *conditionner*.

467 *Cf.* *R*p. 346.

468 Dans l'original : *d'occasion*. Il y a des exemples de l'usage du verbe *occasionner* dans Frantext (1600-1647) chez Deimier, Pasquier, Hardy et Bailly entre autres, et il est cité dans les dictionnaires de Cotgrave (1611) et de Furetière (1690).

469 Le substantif *pretexte* est très fréquent dans Frantext (1600-1647) et Coeffeteau, par exemple, l'utilise régulièrement, mais on trouve seulement 2 attestations du verbe *pretexter* (Camus 1615, Peiresc 1634). Sorel (1671 : 361) observe que ce verbe se trouve dans le *Cyrus* (1649-1653) et la *Clelie* (1654-1660) de Madeleine de Scudéry « avec plusieurs autres mots qui en dépendent, dont l'on peut attribuer l'invention ou l'arrangement à la personne qui y a mis la main, & si on luy en dispute l'honneur, qu'on nous montre quelque Livre fait auparavant les siens, où ces mots se rencontrent ». Au début du siècle suivant, dans son commentaire sur cette remarque, l'Académie (1704 : 136) observe que ce verbe est « fort en usage ».

470 Dans son dictionnaire, Furetière (1690) cite l'exemple « Cet homme s'use le corps à force de se *medeciner* », mais l'Académie (1704 : 136) limite l'étendue de l'usage de ce verbe : « On ne diroit pas *je me suis aujourd'huy medeciné*, pour dire *j'ay pris aujourd'huy medecine*, mais dans le stile familier, *se medeciner*, se dit en parlant de l'habitude qu'on a de prendre des medecines, *pour se porter bien, il ne faut point tant se medeciner.* »

471 Dans le manuscrit Vaugelas ne fait pas appel à l'autorité des auteurs ; il cite plutôt l'usage tout court : « Mais en leur respondant que l'Vsage ne le ueut pas, on leur fermera la bouche ».

472 Dans le manuscrit (f° 53v°), Vaugelas parle plutôt de l'expression *s'immoler à la risee de tout le monde*. Parmi les exemples de cet usage chez Coeffeteau citons : *Parmy ce miserable estat de Rome, la vanité de Neron fut cause qu'il s'immola à la risée de tout le monde* ; *à cause dequoy il s'immola à la risée et à la mocquerie de tout le monde qui sçavoit l'estat de ses affaires* (cités d'après Frantext). L'expression est également employée par Balzac (1624) : *Si je m'immolois à la risée publique, et que je navigeasse sur l'Ocean és bourrasqueuses saisons de l'année [...].*

473 *Cf.* Goulu, Lettre XXV : « Sottes et ridicules façons de parler de Narcisse [c'est-à-dire Balzac] » (1627-1628, I : 331-332) : « Narcisse tient de ceste humeur, quand il dit, 'Qu'il

Toute la France neantmoins sçait bien, que ce grand personnage exprimoit les choses si nettement, que le galimathias n'estoit pas moins incompatible avec son esprit, que les tenebres avec la lumiere[474]. Mais considerons cette phrase, & voyons ce qu'elle a de si estrange, qui ayt obligé tant de gens à s'escrier, comme à la veüe d'un monstre : *Immoler* n'est-ce pas un bon mot ? *immoler*, & *sacrifier*, *s'immoler*, & *se sacrifier*, ne veulent-ils pas dire la mesme chose ? Peut-on pas dire *se sacrifier à la cruauté des ennemis* ? Et pourquoy donc ne dira-t-on pas, *se sacrifier à la risee publique, à la risee du monde*, ou *de tout le monde* ? Car comme la cruauté des ennemis fait perdre la vie avec douleur, la risée du monde fait perdre l'honneur avecque honte, & l'on ne peut nier, que comme on sacrifie sa vie, on ne puisse aussi sacrifier son honneur : (121) Mesmes il faut confesser, que comme l'honneur est une chose beaucoup plus precieuse que la vie, aussi le mot de *sacrifier*, ou d'*immoler*, est plus dignement employé au sacrifice de l'honneur, qu'au sacrifice de la vie. D'où il me semble qu'il s'ensuit, que cette façon de parler, *se sacrifier*, ou *s'immoler à la risée de tout le monde*, ou *à la risée publique*, est tres-bonne, tres-judicieuse, & ne contient rien

---

n'y a rien de si beau sous le Ciel, dont il ne trouve les tâches.' Et croit s'estre acquitté de sa promesse, lors qu'en la letre écrite au sieur de B. qui est la trente-cinquiéme des premieres éditions, il remarque certains termes un peu hardis : mais toutesfois pardonnables, qui sont échappez à des premiers hommes de nostre temps, dont les ouvrages sont veritablement dignes de l'immortalité. 'Si', dit-il, 'pour entendre ma langue il en faloit apprendre deus, et que l'anxieté, la decrepitude, & les irritamens du desespoir me fussent des paroles familieres : si je prenois les fleurs de lis pour la France, & le mauvais sort pour la mauvaise fortune, afin d'estre Poëte en prose : si je m'immolais à la risée publique, & que je navigeasse sur l'Ocean és bourasqueuses [*sic*] saisons de l'année [...] ». À la fin du siècle, Richelet (1680) met un astérisque à côté de l'exemple *s'immoler à la risée publique* (sens figuré) et cite Vaugelas, mais Furetière (1690) l'inclut sans commentaire.

474 Dans le manuscrit, Vaugelas continue : « I'auoüe <que pour> ~~[...]~~ ce qui est <de l'usage> de cette phrase, ~~[...]~~ <qu'on> pourroit ~~[...]~~ <y> manquer en deux ~~choses~~ <façons>, l'une, d'en ~~[...]~~ user un peu trop souuent, parce que la ~~façon~~ <maniere> de parler estant nouuelle ~~[...]~~ ~~magnifique~~ et pompeuse ~~[...]~~ <on est doublement obligé de s'en seruir auec plus de modestie> ~~de peur qu'il ne semble qu'en [...] ueuille faire trop~~ et de retenue ~~[...] estoit d'autant ou plus obligé d'en faire [...] de parade et de le faire [...] pour affin de fuir mesmes le soupcon de l'~~<outre qu'il faut fuyr toute> affectation, qui gaste et ~~qui~~ corrompt les plus belles choses. L'autre faute ~~qu'il pourroit auoir faite est de s'estre serui de~~ <seroit d'employer> cette phrase quand ~~[...]~~ <on peut> se seruir plus proprement de celle qui est ordinaire ~~[...]~~ ~~usage pour exprimer cela, qui est~~ <à sçauoir> *s'exposer à la risee de tout le monde.* Mais <de dire> qu'en soy la phrase soit mauuaise et monstrueuse ~~[...]~~ ~~pour telle~~ ilz m'excuseront s'il leur plaist. <Au contraire> ~~[...]~~ il me semble qu'elle ne contient rien qui ne soit tres-conforme à la raison, qui est ~~le soleil de l'entendement qui respand~~ <une lumiere incompatible auec> les tenebres du galimathias. »

qui ne soit tres-conforme à la raison. Mais on vient de me faire voir[475] ce que je n'avois pas observé, que c'est le Cardinal du Perron, & non pas M. Coeffeteau, qui est l'inventeur de cette phrase[476], tellement qu'ayant esté inventée par un si grand homme, & puis authorisée par un autre si celebre en nostre langue, je ne sçay comme elle a pû estre si mal receuë de quelques-uns[477].

Ils disent, qu'*immoler*, & *sacrifier*, sont des mots trop tragiques, pour les joindre avec *risée*. On respond, qu'à la verité, *risée* est comique à l'égard de ceux qui la font, mais qu'elle se peut dire tragique à l'égard de ceux qui la souffrent, puis que leur honneur plus precieux que la vie, en demeure blessé, & qu'il peut mesmes en estre ruiné & perdu pour jamais. Ainsi l'on ne joindra point ensemble deux choses fort discordantes, que de joindre *immoler*, & *sacrifier* avec *risée*. (122)

Il est vray qu'il y a des endroits, où la phrase ordinaire *s'exposer à la risée de tout le monde*[478], seroit beaucoup mieux, que *s'immoler* ; car lors que l'action que l'on fait, est simplement, ou mediocrement ridicule, & qu'elle ne va pas jusqu'à l'excés, il n'y a point de doute que *s'exposer*, seroit plus judicieusement dit, que *s'immoler*. Mais si l'action est ridicule & impertinente au dernier degré, alors *s'exposer* seroit foible ; & *s'immoler* estant incomparablement plus fort, seroit aussi beaucoup meilleur, & plus proprement employé que l'autre.

Qu'on ne m'allegue pas, qu'aux langues vivantes non plus qu'aux mortes, il n'est pas permis d'inventer de nouvelles façons de parler, & qu'il faut suivre celles que l'Usage a establies ; Car cela ne s'entend que des mots, estant certain qu'il n'est pas permis à qui que ce soit, d'en inventer, non pas mesme à celuy qui d'un commun consentement de toute la France, seroit declaré le Pere de l'Eloquence Françoise, parce que l'on ne parle que pour se faire entendre, & personne n'entendroit un mot, qui ne seroit pas en usage ; Mais il n'en est pas ainsi d'une

---

475 Ce passage (à partir de « mais on vient de me faire voir » jusqu'à la fin du paragraphe suivant) apparaît pour la première fois dans la version publiée. Tout le reste de la remarque est assez proche de la version manuscrite.

476 On lit effectivement chez Du Perron (1622 : 357) : *Et partant que c'est s'immoler à la risee publique, de mettre en doute lequel a fuy la lice [...]* ; la découverte de cet exemple explique le choix du titre de la remarque publiée.

477 On voit l'importance attribuée ici à ses autorités littéraires ; voir Ayres-Bennett (2007b).

478 Garasse utilise les deux expressions dans sa *Doctrine curieuse des beaux-esprits de ce temps* : *il est permis à un chacun de s'immoler à la risée publique* ; *pour vous faire exposer à la risée de tout le monde* (1623, cité d'après Frantext).

phrase entiere, qui estant toute composée de mots connus & entendus, peut estre toute nouvelle, & neantmoins fort intelligible, de sorte qu'un excellent & judicieux Escrivain peut inventer de nouvelles façons (123) de parler qui seront receües d'abord, pourveu qu'il y apporte toutes les circonstances requises, c'est à dire un grand jugement à composer la phrase claire & elegante, la douceur que demande l'oreille, & qu'on en use sobrement, & avec discretion[479].

Des mieux[480]

Il n'y a rien de si commun, que cette façon de parler, *il danse des mieux*, *il chante des mieux*, pour dire *il danse fort bien*, *il chante parfaitement bien* ; mais elle est tres-basse, & nullement du langage de la Cour, où l'on ne la peut souffrir[481] ; Car il ne faut pas oublier cette maxime, que jamais les honnestes gens ne doivent en parlant user d'un mot bas, ou d'une phrase basse, si ce n'est par raillerie ; Et encore il faut prendre garde qu'on ne croye pas, comme il arrive souvent, que ce mauvais mot a esté dit tout de bon, & par ignorance plustost que par raillerie. Il ne faut laisser aucun doute, que l'on ne l'ayt dit en raillant.

Quatre pour *quatriesme, & autres semblables*

Quand on cite un livre, ou un chapitre, ou que l'on nomme un Pape, ou un Roy, ou quelque autre chose semblable, il faut se servir du nombre adjectif ou ordinant, & non (124) pas du substantif ou primitif[482], qu'ils appellent comme on fait d'ordinaire dans les chaires, & dans le barreau. Ils disent par exemple, *au chapitre neuf*, pour *neufviesme*, *Henry quatre*, pour *Henry quatriesme*. Quelle grammaire, & quel mesnage de syllabes est cela ? Le grand usage semble en quelque façon l'authoriser, mais puis

479 Sur la création des expressions nouvelles, voir l'Introduction, p. 179.

480 La remarque manuscrite (« *Mieux, des mieux* », f° 61r°) est très courte : « *Mieux. Dez mieux* que l'on dit si communement ne uaut rien, et se faut bien garder de l'escrire. par exemple *Il danse des mieux*, pour *Fort bien* ».

481 Cette expression n'est discutée par aucun de nos lexicographes. Elle est attestée dans Frantext (1600-1647) chez Sorel et Scarron ainsi que dans les comédies de Corneille (par ex. *Je m'acquitte des mieux de la charge commise*, *La Place royale*), ce qui confirme peut-être son association avec les registres et les genres moins élevés.

482 Les termes *ordinant* et *primitif* ne sont pas employés dans le manuscrit (« *Nombre* adiectif », f° 64r°).

que tous demeurent d'accord que l'adjectif est meilleur, pourquoy ne le dire pas plustost que l'autre[483] ?

Sur, sous[484]

Ces prepositions se doivent tousjours mettre simples, si ce n'est en certains cas que nous remarquerons[485]. Je les appelle simples en

---

483 La critique est encore plus sévère dans la version manuscrite de cette remarque : « Cette façon de parler [*au chapitre neuf*] est monstrueuse. Que leur cousteroit il de dire *neufuiesme* ? Deux syllabes de plus ne sont que deux moments de temps dauantage, qu'il ne faut pas mesnager ni espargner pour faire une faute, puis que le temps ne doit estre employé qu'à apprendre à n'en faire point, ou à se corriger de celles qu'on a faites. » Oudin (1640 : 93) tolère toujours les deux formes : *Charles neuf / Charles neufiesme, page trente-cinq / trente-cinquiesme*, etc. Si Dupleix (1651 : 495) considère que cette remarque est « forte bonne », tout en notant l'exception de *Charles Quint*, l'Académie (1704 : 140) conclut : « *Henry quatre, Charles sept, Louis onze, Louis douze* au lieu de *Henry quatriesme, Charles septiesme, Louis onziesme, Louis douziesme* sont des façons de parler generalement receuës, et l'Usage les a trop authorisées pour faire scrupule de s'en servir. »

484 L'organisation de la remarque manuscrite (« *Dessus*, et *sur, Dessus*, et *sous, Dedans*, et *Dans, Dehors*, et *Hors* », fº 24vº) est assez différente de celle de la version finale. Notons que Vaugelas y fait mention de l'usage de Malherbe et de Coeffeteau, ce qui est éliminé de la version publiée : « *Dessus* et *sur*, <*Dessous* et *sous*>, *Dedans*, et *Dans, Dehors* et *Hors* sont confondus par une infinité de gents qui les font tous seruir de Preposition, et disent aussi bien *Dessus la table* que *sur la table* <et ainsi de *Dessous*>, *Dedans la maison* que *Dans la maison*, *Dehors la uille*, que *Hors la uille*, ou *Hors de la uille*, car tous deux sont bons. Les Poetes se donnent cette licence quand ilz ont besoing d'une syllable pour la mesure de leurs uers, et M. de Malh. nous a laissé plusieurs exemples de tous les trois. Mais ceux qui ueulent escrire exactement en prose, ne se seruent iamais de *Dessus*, ni de *Dedans*, ni de *Dehors* que pour Aduerbe, et non point pour Preposition ~~comme au contraire on ne se peut seruir de Sur de Dans, et de Hors que pour Preposition~~ par exemple *Amenez ce cheual que ie monte dessus. Ouurez cette chambre que i'entre dedans, laissez le dehors.* Il est uray que M. Coeff. a escrit quelquefois *Dehors la uille*, mais sans doute il eust mieux dit *Hors la uille* ou *Hors de la uille*, comme il dit presque tousiours. Que si l'on dit *Ie suis au dessus* ou *au dessous de tout ce qu'on peut dire de moy*, ce n'est pas que *Dessus* ni *Dessous* ~~qui~~ soient Prepositions, ce sont *au dessus*, et *au dessous* <y ayant> bien de la difference de l'un à l'autre. » La plus grande partie de la remarque manuscrite intitulée « Sus pied » (fº 85rº) est publiée par Alemand dans les *Nouvelles Remarques* (« *Sus suspied* », Vaugelas 1690 : 408-410), mais un commentaire dans les marges du manuscrit est intégré dans la remarque ci-dessus : « Il y a une exception qui est belle, à sçauoir quand on use des deux prepositions deuant le substantif, par exemple Il n'y a pas assez d'or ni dessous, ni dessus la terre pour le corrompre, là il ne seroit pas bon de dire ni sous, ni sur la terre, il en faut autant dire de dedans, et dehors ». Il y a une troisième courte observation qui traite de l'expression « *Au dessous du ciel* » (fº 47rº) : « *Au dessous du ciel* ne uaut rien, faut dire *sous le ciel.* » Vaugelas revient à cette question dans deux autres remarques, *R*p. 526-527 et *R*p. 555-557.

485 Dans sa liste de prépositions, Maupas (1618 : fº 172rº) inclut non seulement *Dans, Hors, Sous, Sursus*, mais aussi *Dedans, Dehors, Dessus, Dessous* ainsi que *Par-dedans, Par-dehors*,

comparaison des composées *dessus*, & *dessous*, que tout le monde presque employe indifferemment, & en prose, & en vers, pour *sur*, & *sous*[486]. On en fait autant de quelques autres prepositions, comme *dedans*, *dehors*. Par exemple on dira, *Il est dessus la table*, *dessous la table*, *dedans la maison*, *dehors la ville*. Je dis que ce n'est pas escrire purement, que d'en user ainsi, & qu'il faut tousjours dire, *sur la table*, *sous la table*, *dans la maison*, & *hors la ville*, ou *hors de la ville*; car tous deux sont bons[487], & non pas *dessus la table*, *dessous la table*, *&c.* On le permet pourtant aux Poëtes, pour la commodité des vers, où une syllabe de plus ou de (125) moins est de grand service; Mais en prose, tous ceux qui ont quelque soin de la pureté du langage, ne diront jamais, *dessus une table*, ny *dessous une table*; non plus que *dedans la maison*, ou *dehors la maison*. Il semble que ces composez soient plustost adverbes que prepositions[488] ; car leur grand usage est à la fin des periodes, sans rien regir aprés eux, puis qu'ils terminent la periode & le sens : comme, si je suis assis sur quelque chose, & qu'on la cherche, je diray, *Je suis assis dessus*, ou *je suis dessus*, *je suis demeuré dessous*, *il est dedans*, *il est dehors*. Au lieu que les prepositions sont perpetuellement suivies d'un nom, ou d'un verbe, ou de quelque autre partie de l'Oraison, comme le porte le nom mesme de preposition.

Il est vray qu'il y a trois exceptions que j'ay remarquées, l'une, quand on met les deux contraires ensemble, & tout de suite, comme *Il n'y a pas assez d'or ni dessus, ni dessous la terre, pour me faire commettre une telle*

Par-dessus, et *Par-dessous*. Oudin (1640 : 262), d'autre part, note déjà que *dans le logis*, *hors du logis* « sont beaucoup plus propres que *dedans le logis*, et *dehors du logis* ». Si Richelet (1680) suit Vaugelas, Furetière (1690) cite toujours des exemples de *dessus* comme préposition (*il faut mettre la lumiere dessus le chandelier, & non pas sous le boisseau*; *il faut estre plusieurs années dessus les bancs, avant que d'estre Bachelier en Medecine, en Theologie*).

486 Vaugelas utilise souvent les formes « composées » dans sa traduction de Fonsèque, par exemple *de l'avantage qu'il a dessus nous* (1615 : 27), *& si Dieu veille dessus eux* (1615 : 133). L'usage des termes composés (*dedans*, *dehors*, *dessous*, *dessus*) comme prépositions est également fréquent chez Malherbe (Régnier 1869 : 158, 160-161, 172-173). Pour d'autres exemples, voir Brunot (1905-1953 : III, 626-627), Haase (1935 : 351), Spillebout (2007 : 240-241) et Ayres-Bennett et Caron (2016).

487 Maupas (1618 : f° 172v°) accepte également les deux constructions, tandis que Oudin (1640 : 306) est de l'opinion que « necessairement la preposition *hors* regit le genitif ». Pour des exemples de *hors* pour *hors de*, y compris dans la traduction de Quinte-Curce de Vaugelas (*en un jardin hors la ville*), voir Haase (1935 : 361).

488 *Cf.* le commentaire de Wapy (1634 : 142) concernant *sur* : « Se change en adverbe comme font, *sous, dessous, hors, dehors,* & dit on *dessus, là sus :* Et souffre une preposition devant soy, comme font ces autres, *dehors, dedans, &c.* Exemple, *Placé au dessus de luy : habiles hommes s'ils eussent peu retirer la main de dessus l'ouvrage. Au pardessus &c.* »

meschanceté; Alors il faut dire ainsi, & non pas, *ni sur, ni sous la terre*, parce que *sur* & *sous*, non plus que *dans* & *hors*, ne se mettent jamais tout seuls, qu'ils n'ayent incontinent leur nom aprés eux. L'autre, quand il y a deux prepositions de suite, encore qu'elles ne soient pas contraires, comme *elle n'est ni dedans, ni dessus le coffre*[489]. Et la troisiesme, lors qu'il y a une autre preposition (126) devant, comme *il luy a passé par dessus la teste*, *par dessous le bras*, *par dedans la ville*, *par dehors la ville*, car on ne dira pas, *par sur la teste*, *par sous le bras*, ny *par dans la ville*, *par hors la ville*. Ces cas exceptez, il ne faut jamais employer ces composez, que comme adverbes, & se faut servir des autres, comme de prepositions.

Intrigue

La pluspart font ce mot feminin, je dis *la pluspart*, parce qu'il y en a qui le font de l'autre genre ; il faut dire *intrigue*, avec un *g*, & non pas *intrique*, avec un *q*, comme force gens le disent & l'escrivent[490]. C'est un nouveau mot pris de l'Italien, qui neantmoins est fort bon, & fort en usage[491].

Incendie

Du temps du Cardinal du Perron, & de M. Coeffeteau, ceux qui faisoient profession de bien escrire, n'eussent pas voulu user de ce mot, on disoit tousjours *embrasement* ; mais aujourd'huy *incendie* s'est rendu familier, & les bons Escrivains se servent indifferemment de l'un & de l'autre[492]. Il est vray que les plus exacts observent encore, de dire plus-

489 Dans l'original il manque le point final après *coffre*.

490 Cotgrave (1611) définit le mot *intrique* comme : « An intricacie, Laborinth, Maze, pesterment, incombrance, perplexitie, difficultie ». Presque toutes les occurrences de cette forme dans Frantext sont attestées chez Pierre Corneille. Richelet (1680), Furetière (1690) et l'Académie (1694) donnent plutôt la forme *intrigue* et la considèrent comme féminine, bien que Furetière observe que quelques-uns la jugent encore masculine. Le premier exemple du mot *intrigue* dans Frantext est de Chapelain (1625). On remarque une variation dans son genre à cette période, même au sein d'un même auteur (*Aisément d'une intrigue une autre pourroit naistre* ; *Et que j'esprouve bien qu'un intrigue est fort mal* (Mairet 1636)).

491 Dans le manuscrit (f° 53r°) : « Noz bons autheurs s'en seruent ». Pour l'attitude de Vaugelas envers les emprunts italiens, voir l'Introduction, p. 179-180.

492 Voici un exemple net où Vaugelas se ravise entre le manuscrit et la version publiée, changement qui correspond, semble-t-il, à un changement d'usage (f° 53v°) : « *Incendie* pour dire *embrasement* ne uaut rien, quoy qu'une infinité de gents le disent. Neantmoins

tost *embrasement*, qu'*incendie*, mais si le sujet qu'ils traittent, les oblige à exprimer la mesme (127) chose deux fois, ils ne font point de difficulté de mettre à la seconde, *incendie*, je dis *à la seconde*, parce qu'il faut observer cela, de mettre tousjours le meilleur mot & le plus ancien le premier. Il est vray que j'ay appris d'un des Oracles de nostre langue[493], qu'il y a cette difference entre *incendie*, & *embrasement*, qu'*incendie* se dit proprement d'un feu qui a esté mis à dessein, & *embrasement* convient mieux au feu qui a esté mis par cas fortuit, que l'on ne nommeroit pas si proprement *incendie*. Cette difference est tres-delicate & tres-vraye[494]. *Incendiaire*, a tousjours esté receu, lors mesmes qu'*Incendie* ne l'estoit pas[495].

Vomir des injures[496]

Cette phrase ne passe pas seulement pour bonne parmy tous les bons Escrivains, mais aussi pour elegante, à l'imitation des Latins, qui se servent figurement du mot de *vomir* comme nous[497]. Car tous nos meilleurs livres sont pleins de ces façons de parler, *vomir des injures*, *vomir des blasphemes*, & autres semblables[498]. Neantmoins je suis obligé

Incendiaire est fort bon. C'est l'Vsage qui le ueut ainsi. » Vaugelas distingue ici l'usage de l'époque représentée par Coeffeteau et Du Perron de l'usage contemporain (voir Ayres-Bennett (2007b)). Les exemples du mot *incendie* sont plutôt rares dans la première moitié du siècle (7 occurrences *vs* 78 d'*embrasement*), et il continue à être moins fréquent que *embrasement* tout le long du siècle.

493 Clef de Conrart : « M. Chapelain ». Cette attribution est confirmée par Thomas Corneille dans son commentaire sur cette remarque (Vaugelas 1738 : I, 358).

494 Cette remarque constitue un bon exemple de la préférence qu'a Vaugelas de différencier les mots qui étaient jusqu'alors traités comme synonymes. Cotgrave (1611) est le premier de nos lexicographes à inclure ce mot dans son dictionnaire. Richelet (1680), qui l'annote d'un astérisque, est le seul à faire mention de la connotation proposée par Vaugelas, « feu qui a esté mis à dessein ».

495 Vaugelas semble avoir raison sur ce point. Selon le *TLFi*, le mot *incendiaire* est déjà attesté au XIIIe siècle.

496 Cette observation ne figure pas dans le manuscrit.

497 Il est à noter que Vaugelas s'appuie sur l'usage en latin pour soutenir sa position, contre sa politique générale. Parmi les lexicographes, seul Richelet (1680) et l'Académie (1694) incluent cette expression dans leur dictionnaire. L'Académie la cite sans commentaire, tandis que Richelet la marque d'un astérisque et ajoute le commentaire de Vaugelas sur son usage.

498 Mersenne utilise, par exemple, les deux expressions : *ils vomirent des injures contre nous* (1624) ; *Ce monstre, enfant du chaos et de la nuit, a depuis quelques années sous le nom de l'atheisme […] vomy des blasphemes contre Dieu* (1627, cité d'après Frantext). Nous trouvons également chez Godeau, auteur auquel Vaugelas fait référence ailleurs dans les *Remarques*, *Ils vomirent des blasphemes contre le Ciel* (Godeau, *Paraphrase sur les Epistres de Sainct Paul*, Paris, Veuve J. Camusat, 1641, p. 152).

de dire, qu'à la Cour ce mot est fort mal receu, particulierement des Dames, à qui un si sale objet est insupportable ; Et certainement il semble qu'elles ont d'autant plus de raison, que leur (128) sentiment est conforme à celuy de Quintilien, & de tous les grands Orateurs, qui veulent que les metaphores se tirent des images les plus nobles, & des objets les plus agreables[499]. Je sçay qu'on repliquera, que cela est vray aux choses agreables & indifferentes, mais que dans les choses odieuses, ou qu'on veut rendre odieuses, on se peut servir de metaphores de choses odieuses, & desagreables, & qu'ainsi les meilleurs Orateurs Latins ont employé le mot *lenocinia*[500], & plusieurs autres mots de cette nature en beaucoup d'endroits hors de leur signification naturelle.

Mais je respons que tout cela n'empesche pas, que nos Dames n'ayent une grande aversion à ces façons de parler, incompatibles avec la delicatesse & la propreté de leur sexe, ni que ceux qui parleront devant elles, s'ils ont quelque soin de leur plaire, ne s'en doivent abstenir ; Au moins en le faisant, ils sont asseurez de ne desplaire à personne[501]. Mais soit qu'elles ayent raison ou non, de haïr ces phrases, je rapporte simplement la chose, comme une verité dont je suis bien informé.

Magnifier

Ce mot est excellent, & a une grande emphase pour exprimer une loüange extraordinaire. (129) M. Coeffeteau en use souvent[502] aprés Amyot, & tous les anciens[503]. Encore tout de nouveau un de nos plus celebres Escrivains ne fait point de difficulté de s'en servir[504]. Mais avec tout cela, il faut avoüer qu'il vieillit, & qu'à moins que d'estre employé

499 *Institution oratoire*, VIII, 6, 15-16 : « Et Cicéron montre remarquablement qu'il faut veiller à se garder d'une métaphore grossière [...] ni d'une métaphore trop forcée, ou, ce qui est assez fréquent, trop faible, ou disparate » (Cousin 1978 : 107-108).

500 Selon Gaffiot (http://www.lexilogos.com/latin/gaffiot.php), *lenocinium*, « métier d'entremetteur », est utilisé en parlant du style dans le sens de « moyen de séduction, faux brillant, afféterie, recherche ».

501 Sur l'attitude de Vaugelas envers les femmes, voir l'Introduction, 4.2.5.

502 On trouve dans Frantext un exemple unique de ce verbe chez Coeffeteau : *Neron la loüa sur la tribune, et magnifia entr'autres choses sa beauté, et ce qu'elle avoit esté mere d'une divine infante.*

503 Il y a 124 occurrences de ce verbe dans Frantext pour le XVIe siècle, notamment chez Calvin.

504 Clef de Conrart : « C'est, à mon avis, M. D'Ablancourt ». Régnier (1869 : 368) cite également des exemples de *magnifier* chez Malherbe.

dans un grand Ouvrage, il auroit de la peine à passer. J'ay une certaine tendresse pour tous ces beaux mots que je vois ainsi mourir, opprimez par la tyrannie de l'Usage, qui ne nous en donne point d'autres en leur place, qui ayent la mesme signification & la mesme force[505].

Monosyllabes

Ce n'est point une chose vicieuse en nostre langue, qui abonde en monosyllabes, d'en mettre plusieurs de suite[506]. Cela est bon en la langue Latine, qui n'en a que fort peu ; car à cause de ce petit nombre, on remarque aussi-tost ceux, qui sont ainsi mis de rang, & l'oreille qui n'y est pas accoustumée, ne les peut souffrir. Mais par une raison contraire, elle n'est point offensée de nos monosyllabes François, parce qu'elle y est accoustumée, & que non seulement il n'y a point de rudesse à en joindre plusieurs ensemble : mais il y a mesmes de la douceur, puis que l'on en fait des vers tout entiers, & que celuy (130) de M. de Malherbe, qu'on allegue pour cela, est un des plus doux & des plus coulans, qu'il ayt jamais faits. Voicy le vers[507],

Et moy, je ne vois rien quand je ne la vois pas[508].

---

505 Dans les deux remarques manuscrites (f° 61r°, 62r°) qui traitent de ce verbe, Vaugelas en fait l'éloge, sans remarquer qu'il vieillit. Par exemple (f° 61r°) : « *Magnifier* est un excellent mot et qui a une grande emphase pour exprimer une loüange extraordinaire. M. Coeff en use souuent ». Selon Vaugelas, le mot a donc vieilli dans l'intervalle ; il n'est pas surprenant qu'il l'utilise dans sa propre traduction de Fonsèque (1615 : 436). L'usage tel qu'il est attesté dans Frantext semble confirmer le jugement de Vaugelas : les exemples au XVIIe siècle sont beaucoup moins nombreux (19) qu'au XVIe siècle (160), et les derniers datent des années 1650. Parmi les dictionnaires du siècle, Nicot (1606), Cotgrave (1611) et l'Académie (1694) l'incluent sans commentaire ; Furetière (1690) le considère comme vieux tandis que Richelet (1680) est encore plus sévère que Vaugelas : « il est fort vieux & je ne vois point qu'on l'emploie dans aucun discours. Vaugelas dit pourtant qu'il peut passer dans quelque ouvrage d'haleine, mais il n'appartient qu'aux Auteurs du prémier ordre à hazarder ce mot ». Sur l'attitude de Vaugelas envers les archaïsmes, voir l'Introduction, p. 180.

506 Dans le manuscrit (f° 61v°) : « Et ceux qui le reprenent, ne sçauroient s'empescher eux-mesmes de tomber dans ce uice pretendu, estant comme impossible d'escrire en nostre langue, que cela n'arriue souuent. »

507 Malherbe (1631 : II, 140).

508 Dans le manuscrit : « Cela est fort bien traité dans l'Apologie de M. de B. ou l'on allegue pour exemple un uers tout entier de Malherbe qui n'est composé que de monosyllabes, à sçauoir *et moy ie ne uois rien quand ie ne la uois pas.*+ {+ Et au 4 l. des B. C'est de la main de Dieu que tout ce bien me uient.} Que si on ne l'euite pas dans le uers et particulierement dans des uers d'amour <comme est celuy-cy>, ou l'on est doublement obligé de rechercher

Il ne faut donc faire aucun scrupule de laisser plusieurs monosyllabes ensemble, quand ils se rencontrent. Chaque langue a ses proprietez & ses graces. Il y a des preceptes communs à toutes les langues, & d'autres qui sont particuliers à chacune[509].

Navire. Erreur[510]

Navire, estoit feminin du temps d'Amyot, & l'on voit encore aux enseignes de Paris cette inscription, *A la Navire*, & non pas *au Navire*. Neantmoins aujourd'huy il est absolument masculin, & ce seroit une faute de le faire des deux genres[511]. C'est la metamorphose d'Iphis ;

Vota puer solvit quæ fœmina voverat Iphis[512].

Au contraire, Amyot a tousjours fait *erreur*, masculin, & aujourd'huy il n'est que feminin[513].

---

la douceur, pourquoy uoudroit on le defendre dans la prose, qui ne doit pas estre si douce que la poesie ? Certes il n'y a rien de rude en ce uers, au contraire il est fort doux, ce qui monstre bien que ~~les~~ <plusieurs> monosyllabes [~~…~~] de rang ne blessent nullement l'oreille, et ne causent point cette rudesse, pour laquelle seulement, ces gents là croyent les deuoir condamner. » La deuxième citation de Malherbe se trouve à la page 142 de l'édition de 1631.

509 *Cf.* le sous-titre de la *Grammaire générale et raisonnée* de Port-Royal : « *Les raisons de ce qui est commun à toutes les langues, & des principales differences qui s'y recontrent. Et plusieurs remarques nouvelles sur la Langue Françoise.* » (Arnauld et Lancelot 1676).

510 Ces mots sont traités dans deux observations distinctes dans le manuscrit, « *Erreur* » (f° 28v°) et *Nauire* (f° 64r°) ; Vaugelas y offre le même jugement sur leur genre.

511 Selon Chabanel (1612 : 150), *navire* est « le plus souvent feminin ». Maupas (1618 : f° 47v°) le juge « de commun genre », et Oudin (1640 : 72) continue de le classer comme « douteux », même s'il ajoute qu'il est « plus propre au masculin ». Les dictionnaires semblent confirmer la chronologie suggérée par Vaugelas. Les exemples proposés par Estienne (1549) sont de genre féminin, tandis que Nicot (1606) juge que le genre du mot varie selon son acception (masculin quand il signifie « vaisseau de mer », féminin quand il signifie « une armée de mer »), et Cotgrave (1611) le considère comme de genre commun. Les trois grands dictionnaires monolingues de la fin du siècle, d'autre part, le considèrent comme masculin (sauf, selon l'Académie lorsqu'on parle du vaisseau des Argonautes). Régnier (1869 : 407) cite des occurrences de *navire* au féminin chez Malherbe. Pour la période 1600-1647, *navire* au féminin est minoritaire mais attesté chez Coeffeteau (*grandes navires*), Camus, Sorel et Théophile entre autres.

512 Ovide, *Métamorphoses*, livre IX, v. 794 : *Dona puer solvit quae femina voverat Iphis* (« Iphis, devenu garçon, s'est acquitté du vœu que, femme, il avait fait »). Il s'agit de la métamorphose d'Iphis qui de fille devient garçon.

513 Le genre d'*erreur* n'est pas indiqué par Estienne (1549) ou Nicot (1606), mais Cotgrave (1611), Richelet (1680), Furetière (1690) et l'Académie (1694) le considèrent comme féminin. On trouve plusieurs exemples d'*erreur* au masculin chez Amyot (1587 [[1]1572] : f° 72r°, 79r°, 117r°, etc.), comme l'observe Chabanel (1612 : 140), qui préfère toutefois

Toute sorte, & toutes sortes[514]

Toute sorte, se met d'ordinaire avec le singulier, comme, *je vous souhaite toute sorte de bonheur* ; & *toutes sortes*, avec le pluriel, (131) comme *Dieu vous preserve de toutes sortes de maux.* On peut y prendre garde, quoy que je ne croye pas que ce soit une faute de confondre en cela le singulier avec le pluriel, ou le pluriel avec le singulier ; Mais j'ay remarqué que M. Coeffeteau[515], & plusieurs autres, mettent tousjours le singulier avec le singulier, & le pluriel avec le pluriel. Un de nos plus celebres Escrivains a dit, *toutes autres sortes d'avantages*[516], mais il est bien rude, & *toute autre sorte d'avantage*, eust esté, ce me semble, bien meilleur.

Premiere personne du present de l'Indicatif[517]

Exemple, *je crois, je fais, je dis, je crains*, & ainsi des autres[518]. Quelques-uns ont creu qu'il falloit oster l'*s*, finale de la premiere personne[519], & escrire, *je croy, je fay, je dy, je crain, &c.* changeant l'*i*, en *y*, selon le genie de nostre langue, qui aime fort l'usage des *y* grecs à la fin de la pluspart

l'usage au féminin. Régnier (1869 : 230-231) cite plusieurs exemples d'*erreur* au féminin chez Malherbe, tout en notant un exemple unique au masculin : *Cet erreur n'a pas seulement saisi le menu peuple.* On continue à trouver quelques rares exemples du masculin dans les années 1630 et 1640 dans Frantext, par exemple chez Aubigné (1630) et Arnauld (1643), mais le genre féminin domine.

514 Dans le manuscrit (f° 89v°) : « *Toute sorte* se met <d'ordinaire> auec le Singulier, et *Toutes sortes* auec le Pluriel. Exemple des deux. *Ie uous souhaite toute sorte de bonheur*, et *Dieu uous preserue de toutes sortes de maux*. Cette façon de parler est fort usitee en n[ot]re langue et a beaucoup plus de grace que de dire seulement *Tout*[.] Car qui ne uoit qu'il n'est pas si elegant de dire. *Ie uous souhaite tout bonheur*, et *Dieu uous preserue de tous maux* ? ».

515 À regarder l'usage de Coeffeteau dans son *Histoire romaine*, le jugement de Vaugelas est dans les grandes lignes correct, et on ne trouve que rarement des exemples contraires (par ex. *toute sorte d'animaux*, 1621 : III, 266 ; *toutes sortes de magnificence*, 1621 : I, 143).

516 Dans le manuscrit : « que dit M de Malh. est fort rude p.528 ». Aucun des grammairiens de notre corpus (1530-1650) ne fait mention de cette question. Parmi les lexicographes, seul Richelet (1680) parle de l'usage de *toute(s) sorte(s)* en citant la remarque de Vaugelas.

517 Le contenu de la remarque manuscrite (« *Verbes* aux premieres personnes des temps », f° 96v°) est un peu réorganisé et développé dans la version publiée, mais les deux versions sont assez proches l'une de l'autre.

518 Les grammairiens du XVIe siècle de notre corpus sont presque unanimes à promouvoir les formes sans -*s* final. Maupas conseille également les formes *croy*, *fay*, *di* et *crain* (1618 : f° 117v°, 120r°, 114v°, 121r°), et Oudin le suit sauf dans le cas de *je crains* (1640 : 174, 176, 175, 155).

519 Si Vaugelas parle ici de la suppression de l'*s* final – ce qui n'est pas correct du point de vue historique – plus bas il semble se contredire en considérant « ce qui a fait prendre l'*s* ».

des mots terminez en *i*, & qu'il falloit escrire ainsi la premiere personne, pour la distinguer d'avec la seconde, *tu crois, tu fais, tu dis, tu crains*, *&c.* Il est certain que la raison le voudroit, pour oster toute equivoque, & pour la richesse & la beauté de la langue ; mais on pratique le contraire, & l'on ne met point de difference ordinairement (132) entre ces deux personnes[520]. Aussi est-il mal-aisé qu'il en arrive aucun inconvenient, le sens estant incontinent entendu par le moyen de ce qui precede, & de ce qui suit ; Ce n'est pas que ce fust une faute, quand on osteroit l'*s*, mais il est beaucoup mieux de la mettre tousjours dans la prose[521]. Quelques Italiens, comme les Romains, & les Sienois, disent en parlant, *io credevo*, à la premiere personne du preterit imparfait, pour la distinguer de la troisiesme, *egli credeva*, mais les bons Autheurs, soit en prose, ou en vers, n'observent point cela.

Nos Poëtes se servent de l'un & de l'autre à la fin du vers, pour la commodité de la rime. M. de Malherbe[522] a fait rimer au preterit parfait defini, *couvry*, avec *Ivry*,

N'ay-je[523] *pas le cœur assez haut,*
Et pour oser tout ce qu'il faut,
Un aussi grand desir de gloire,
Que j'avois lors que je couvry
D'exploits d'eternelle memoire,
Les plaines d'Arques, & d'Yvry ?

C'est contre l'Usage de nostre langue, qui ne le permet qu'à la premiere personne du present de l'indicatif, & non pas aux autres temps. Aussi ne faut-il pas en cela suivre son exemple.

A mon avis, ce qui a fait prendre l'*s*, c'est que l'on a voulu eviter la frequente cacophonie, (133) que cette premiere personne faisoit avec tous les mots, qui commencent par une voyelle, car pour ceux qui commencent par une consone, l'*s*, qui precede ne se prononce point. Mais il ne s'agit pas d'examiner s'il y a raison ou non, il suffit d'alleguer l'Usage, qui ne souffre point de replique. On peut pourtant ajouster pour la defense de

---

520 *Cf.* la remarque ci-dessus sur *je vais* et *je va* (*R*p. 27).

521 Vaugelas se sert lui-même de la forme *je croy que* dans sa traduction des sermons de Fonsèque (par ex. 1615 : 435). L'usage dans Frantext pour la période atteste de la variation et des différences de préférence selon le verbe. Si les formes *je crains* (408 ex.), *je dis* (664) et *je fais* (326) sont préférées aux formes *je crain* (31), *je dy* (111) et *je fay* (127), *je croy* (1381) domine massivement sur *je crois* (265).

522 Dans le manuscrit : « p. 147 ». En réalité le texte de la première ligne se lit plutôt : *N'ay-je pas le cœur aussi haut* (Malherbe 1631 : II, 147).

523 Dans l'original : *N ay-je.*

cét usage, que c'est l'ordinaire de toutes les langues, & que les Grecs avec toute l'opulence, ou la licence de la leur, au pris de laquelle toutes les autres sont pauvres, ou retenuës, ne laissent pas d'avoir ce mesme defaut, & plus souvent que nous, puis que les duels du present de l'indicatif sont semblables τύπτετον τύπτετον, & que la premiere personne singuliere de l'imparfait est semblable aussi à la troisiesme pluriele, ἔτυπτον, ἔτυπτον, outre beaucoup d'autres temps qui se ressemblent encore. Il est vray qu'ils ont un accent different, mais l'accent n'y fait rien : car du temps de Demosthene[524], on ne les marquoit point, & je doute fort qu'à parler, cela fust si sensible, que par la prononciation seule, on evitast l'equivoque[525].

Trouver, treuver, prouver, esprouver, pleuvoir[526]

Trouver, & *treuver*, sont tous deux bons, mais *trouver* avec, *o*, est sans comparaison (134) meilleur, que *treuver* avec *e*[527]. Nos Poëtes neantmoins se servent de l'un & de l'autre à la fin des vers pour la commodité de la rime ; Car ils font rimer *treuve*, avec *neuve*, comme *trouve*, avec *louve*[528].

---

524 Orateur et homme politique athénien du IVᵉ siècle avant J.-C. (384-322).

525 Dupleix (1651 : 474) conteste l'analyse de Vaugelas et conclut : « Il nous allegue rarement la langue Greque sans y errer ».

526 Les deux rubriques « *Prouuer, preuuer* » et « *Plorer, pleurer* » (fº 48vº) ne consistent qu'en un renvoi à la discussion de « Trouuer ». Dans la remarque manuscrite intitulée « *Trouuer, Treuuer* » (fº 90rº) Vaugelas s'appuie sur l'autorité de Coeffeteau : « M. Coeff. met tousiours *Trouuer*, et *prouuer*. Il dit aussi auec plusieurs autres *plorer*, *florir*, mais *pleurer*, et *Fleurir* sont plus doux, et plus de la Court. *Florissant* neantmoins est meilleur que *Fleurissant*. M. Coeff. et plusieurs autres disent aussi *esploree*, mais à la Court on dit *Espleuree*, *toute espleuree*. ~~Toutefois i'aimerois mieux dire Esploree, mais cela n'importe gueres~~. » Quant à la remarque manuscrite sur « Plorer » et « Prouuer » (fº 49rº), son début est publié par Alemand dans les *Nouvelles Remarques* (1690 : 532), mais il omet la deuxième moitié qui traite des questions déjà discutées dans les *Remarques* de Vaugelas : « ~~Fleurissant est plus de la Court que Florissant, qui neantmoins n'est pas mauuais~~, au contraire pour mon goust il me plaist plus que l'autre, quoy que i'auoüe qu'il faut tousiours dire *Fleuri* et iamais *Flori*. On dit *Trouuer* et *Treuuer*, *Prouuer* et *Preuuer*, mais *Trouuer* et *Prouuer* auec l'*O* sont plus en usage et à la Court et parmy les bons Escriuains que les deux autres. »

527 Dans l'original, *treuver* est en romain. Parmi les dictionnaires, seul celui de Richelet (1680) inclut les formes *treuver* et *preuver*, en renvoyant le lecteur à *trouver* et *prouver*. La variation entre *trouver* et *treuver* est attestée dans les grammaires avant Vaugelas (Thurot 1881-1883 : I, 454-456). Dans sa traduction des sermons de Fonsèque (1615), Vaugelas utilise la forme *treuver* plus fréquemment que *trouver*, et Malherbe emploie également les deux variantes (Régnier 1869 : 651-652). La forme *treuve* est attestée comme variante importante mais mineure dans Frantext (1600-1647 ; 758 occurrences *vs* 2016 de *trouve*), mais les exemples deviennent beaucoup moins nombreux pour la période 1640-1647.

528 Dans son dictionnaire, Richelet (1680) fournit deux exemples de la rime de *treuve* avec *preuve* pris dans les textes de Voiture et Malherbe, et un exemple de la rime de *treuve*

Mais en prose tous nos bons Autheurs escrivent, *trouver* avec *o*, & l'on ne le dit point autrement à la Cour. Il en est de mesme de *prouver* & d'*esprouver*[529]. Mais il faut dire, *pleuvoir* avec *e*, & non pas *plouvoir*, avec *o*[530].

Le titre de, la qualité de[531]

C'est[532] une faute tres-commune de finir une lettre, par exemple, avec ces mots, *me donnent la hardiesse de prendre le titre de*, & puis *Monsieur*, ou *Monseigneur*, ou *Madame*, en bas à l'endroit où l'on a accoustumé de le mettre, & en suite *vostre tres-humble serviteur*. De mesme quand on finit, *pour meriter la qualité de*, & puis le reste, comme je viens de dire[533]. Il m'a

---

avec *épreuve* dans la poésie de Habert.

529 Tous les dictionnaires promeuvent *prouver* et *esprouver*. On trouve pourtant dans Frantext des exemples de *preuver* chez Urfé, Scudéry et Mersenne et d'*espreuver* chez Urfé, Camus et Malherbe. Vaugelas se sert lui-même de *preuve* dans sa traduction de 1615 (1615 : 89).

530 Quant à *plouvoir*/*pleuvoir*, les dictionnaires consignent l'évolution de l'usage. Estienne (1549) ne donne que *plouvoir*, et Cotgrave (1611) le considère comme la forme ordinaire, renvoyant ses lecteurs de *pleuvoir* à *plouvoir*. Au contraire, Nicot (1606) renvoie ses lecteurs de *plouvoir* à *pleuvoir*, et les trois dictionnaires monolingues n'incluent que *pleuvoir*. Pour le traitement de cette question dans les grammaires avant Vaugelas, voir Thurot (1881-1883 : I, 451). Vaugelas utilise également la forme *plouvoir* dans sa traduction des sermons de Fonsèque (1615 : 125), mais cet infinitif n'est attesté que dans la poésie de Bertaut (1620) parmi les textes de Frantext (1600-1647).

531 L'axe principal de la remarque se modifie quelque peu entre la version manuscrite et la version publiée. Dans le manuscrit (« [*De*] transposé [à] la fin d'une lettre », f° 23v°), Vaugelas écrit : « *De* à la fin d'une lettre, apres lequel il y a *Monsieur* et plus en bas *uostre tres-humble seruiteur* est une faute insupportable, qui neantmoins s'est rendue merueilleusement commune auiourd'huy. Il faudroit, ce me semble euiter tant que l'on pourroit de finir par un *De*, mais si sans y penser on s'y trouue engagé, ou que quelquefois il y ayt lieu de le faire de bonne grace, il faut mettre *Monsieur* deuant et *De* apres de cette façon *et acceptez la bonne uolonté* / *Monsieur* / *de Vostre tres-humble seruiteur* / ou bien l'on mettra le *De* à costé de *Monsieur*, ou dessous selon le plus ou moins de respect que meritera la personne à qui uous escriuez. Il en faut autant dire d'*A* au datif. Exemple *et n'attribuez pas cette faute* / *Monsieur* / *à Vostre &c.* / Il n'~~y a~~ <est> rien si aisé que d'euiter cela, mais si uous auez desia escrit *De*, ou *a* uous n'auez qu'à aiouster *celuy*, ou *la personne du monde, qui est auec plus de passion, Vostre &c.* L'accusatif reussit mieux en cela que le genitif, ni que le datif, parce qu'il marche seul sans article, si bien qu'on n'en est pas embarassé. Exemple. Ie finis une lettre ainsi *Ie uous supplie de me croire Monsieur Vostre &c.* mais le Nominatif est le meilleur de tous, et l'on y peut tousiours tomber par le moyen que i'ay dit. »

532 Dans l'original : Cest.

533 Nous lisons, par exemple, à la fin d'une lettre de « Monsieur le Mareschal à Monsieur le Nonce Scapi du 31 de Janvier 1626 » : *Cependant je prie Dieu qu'il conserve longuement & heureusement ceux de vostre Seigneurie Illustrissime, & a moy vos bonnes graces avec la qualité de* / Monsieur / *Vostre tres-humble &c.* (*Ambassade de Mareschal de Bassompierre en Suisse l'an 1625. Volume I*, Cologne, Pierre du Marteau, 1668).

semblé tres-necessaire d'en faire une remarque, à cause qu'une infinité de gens y manquent, ne considerant pas qu'il n'y a aucune construction raisonnable en cét agencement de mots[534]. Car encore qu'on puisse dire que la preposition se rapporte droit à *serviteur*, & que les mots de *Monseigneur*, ou de *Madame*, ne sont là que par honneur, & par civilité, si est-ce que cét arrangement, *le titre*, ou *la qualité de* (135) *Monseigneur, vostre, &c.* rompt toute la syntaxe & la construction des paroles.

Il y en a d'autres, qui manquent encore en cela, mais d'une façon moins mauvaise, parce que la construction s'y trouve. Ils mettent *de*, en bas aprés *Monsieur*, ou *Madame*, comme *la qualité, Monsieur, de*, & plus bas, *vostre tres-humble, &c.* C'est encore une autre faute toute semblable à la premiere, de finir par le datif *à*, comme, *Je m'asseure que vous ne refuserez pas cette faveur à*, & en bas, *Monsieur*, & plus bas, *vostre tres-humble, &c.*

Il en est de mesme, quand on finit avec une preposition, comme *sçachant bien qu'il n'y a rien que vous ne voulussiez faire pour*, & en bas, *Monsieur, &c. faites moy l'honneur de me tenir pour Monsieur, &c.* Avec *par*, de mesme, comme, *il n'y a point de service, qui ne nous doive estre rendu par Monsieur, &c.* C'est pourquoy il n'y a que le nominatif & l'accusatif dont on se puisse servir à la fin d'une lettre. Le nominatif, est celuy qui est le plus naturel, & le plus usité, comme *je suis*, ou *je demeure, Monsieur, vostre, &c.* L'accusatif, n'est pas si ordinaire, mais il ne laisse pas d'avoir fort bonne grace, comme *faites moy l'honneur, de me croire, Monsieur, vostre, &c. N'accusez point de paresse, Monsieur, vostre, &c.*

(136)
Quel, & quelle, pour *quelque*, *languir*, *plustost*, *sortir*, *rester*[535]

C'est une faute familiere à toutes les Provinces, qui sont de là Loire, de dire, par exemple, *quel merite que l'on ayt, il faut estre heureux*, au lieu

534 Ces expressions ne sont traitées ni dans les grammaires ni dans les dictionnaires contemporains. Paul Jacob dans son manuel épistolographique, *Le Parfait Secrétaire, ou La Manière d'escrire et de respondre à toute sorte de lettres, par préceptes et par exemples* (Paris, A. de Sommaville, 1646), consacre une partie de son ouvrage à l'exorde des lettres, mais ne traite pas des expressions appropriées quant à leur conclusion. Sur les remarques qui traitent du style épistolaire, voir l'Introduction, p. 191.

535 La courte remarque manuscrite (f° 75r°) ne traite que de l'usage de *quel*(*le*) pour *quelque* : « *Quel et quelle* pour dire *quelque* est une faute que l'on fait en plusieurs Prouinces de France, ou l'on dit <par exemple> *quel merite que l'on ayt, on ne fait rien à la Court si l'on n'est heureux*, au lieu de dire *quelque merite que l'on ayt*. Mais cette faute est grossiere, et ne se fait point à la Court ni à Paris. »

de dire, *quelque merite que l'on ayt*[536]. Et c'est une merveille, quand ceux qui parlent ainsi, s'en corrigent, quelque sejour qu'ils facent à Paris, ou à la Cour. Ce qui est cause qu'ils ne s'en corrigent point, c'est que le mot en soy est bon, & qu'ils ne pensent pas faillir d'en user, ne considerant pas qu'il ne vaut rien en cét endroit là. Pour la mesme raison ceux du Languedoc aprés avoir esté plusieurs années à Paris, ne sçauroient s'empescher de dire, *vous languissez*, pour dire, *vous vous ennuyez*, parce que *languir*, est un mot François, qui est fort bon, pour signifier une autre chose ; mais qui ne vaut rien pour signifier cela[537]. Ils ne sçauroient s'empescher non plus de dire, *plustost*, pour *auparavant*, comme, *je vous conteray l'affaire, mais plustost je me veux asseoir*, au lieu de dire, *mais auparavant je me veux asseoir* ; Et cela leur arrive, parce que *plustost*, est François, & ainsi ils croyent bien parler, ne songeant pas que *plustost*, n'est point François au sens auquel ils l'employent[538]. De mesme un Bourguignon qui aura esté toute sa vie à la (137) Cour, aura bien de la peine à ne dire pas *sortir*, pour *partir*[539], comme *je sortis de Paris un tel jour pour aller à Dijon*, au lieu de dire, *je partis de Paris*, *il est sorty*, pour, *il est party*. Et cela, parce que *sortir*, est un bon mot François, mais non pas en cette signification[540]. Ainsi les Normands ne se peuvent deffaire de leur *rester*, pour *demeurer* : comme, *je resteray icy tout l'esté*, pour dire, *je demeureray* ; à cause que *rester* est un bon mot pour dire *estre de reste*, mais non pas en ce sens-là[541]. J'en dirois autant de toutes les autres Provinces, & rapporterois de chacune plusieurs mots François, dont ceux qui en sont, destournent le vray usage. Mais il suffira des exemples que je viens de donner, pour les advertir de ne se pas tromper en de certains mots, dont ils ne se deffient point, parce que ces mots là sont François.

---

536 Il y a quelques exemples de cette construction dans la traduction de Vaugelas de 1615, par exemple *Quelle place que l'on donne au Père* (1615 : 163), *pour le trouver en quel lieu qu'il aille* (1615 : 416). Pour d'autres exemples, voir Brunot (1905-1953 : III, 517), Haase (1935 : 93-94) et N. Fournier (1998 : 362).

537 Richelet (1680) suit Vaugelas en concluant que *languir* « pour dire s'ennuier ne vaut rien ». Cet usage semble avoir été « à la mode » au milieu du XVIIe siècle. Le *TLFi* note que l'emploi pronominal, *se languir*, attesté d'abord au XIXe siècle, est dû à l'influence du provençal *se langui*, « s'ennuyer, avoir le mal du pays ».

538 Cet usage n'est pas noté dans les dictionnaires de l'époque.

539 Il y a deux virgules dans l'original.

540 Richelet (1680) adopte le commentaire de Vaugelas.

541 L'Académie (1704 : 155) observe toutefois que l'usage oral se distingue de l'usage écrit : « *rester* pour dire *sejourner, demeurer quelque temps en un endroit* est usité dans la conversation. *Ils resterent là plus de huit jours.* »

Car quand ils en disent un qui ne l'est pas, en quelque sens que ce soit, on les reprend aussi tost, & ils s'en corrigent, mais on leur laisse passer les autres, sans que la pluspart mesmes des François y prennent garde.

Or il est encore plus aisé de se tromper à mettre *quel*, ou *quelle*, pour *quelque*, qu'en tous les autres, parce que ce *quel*, ou *quelle*, semble respondre au *qualis* Latin, que l'on croiroit beaucoup plus propre pour signifier ce que l'on veut dire en l'exemple que j'ay rapporté, & en ses (138) semblables, que non pas *quelque*, qui paroist d'abord l'*aliquis* des Latins, lequel *aliquis* ne convient nullement à exprimer ce que l'on entend, quand on dit, *quelque merite que l'on ayt, il faut estre heureux*.

Mais outre que l'Usage le veut ainsi, & qu'il n'y a point à raisonner, ny à repliquer sur cela, il y a encore une raison à quoy l'on ne songe point, qui authorise cét usage. C'est que le *quelque*, dont nous parlons, n'est pas simplement le *qualis*, ou l'*aliquis* des Latins, mais le *qualiscumque*, d'où nostre *quelque*, a esté tiré sans doute en ce sens là[542].

Il y a une exception digne de remarque ; C'est qu'il faut mettre *quel*, ou *quelle*, & non pas *quelque*, quand il y a un *que*, immediatement aprés *quelque*, comme il faut dire *quelle que puisse estre la cause de sa disgrace*, & non pas *quelque que puisse estre la cause*. Neantmoins un de nos meilleurs Escrivains, & des plus eloquens du barreau[543], soustient que *quelque que puisse estre la cause*, est aussi bien dit que *quelle que puisse, &c.* & trouve mesmes que le *quelque*, est plus fort que *quelle* ; mais bien que je defere beaucoup à ses sentimens, & que j'aye appris force choses de luy, dont j'ay enrichi ces Remarques, si est-ce qu'en cecy je vois peu de gens de son opinion. D'ailleurs il demeure d'accord, que *quelle*, est bon, qui est tousjours une exception considerable à la reigle. Que (139) si entre *quelle*, & *que*, il y a quelques syllabes qui les separent, alors il faut dire, *quelque*, & non pas, *quelle*, comme, *quelque en fin que puisse estre la cause*, & non pas, *quelle en fin que puisse estre la cause*. De mesme, *quelque*, dit-il, *que puisse estre la cause*, & non pas *quelle*.

---

542 Voici un cas où Vaugelas s'appuie sur l'étymologie pour expliquer l'usage, même s'il note que l'usage seul suffit à justifier cette construction.

543 Clef de Conrart : « M. Giry Advocat ». Thomas Corneille, s'appuyant probablement sur l'avis de Chapelain, pense qu'il s'agit plutôt de Patru. La note de Patru indique : « Je suis encore de cet avis, parce que l'oreille, qui en ces phrases est accoustumée à *quelque*, se sent choquer de *quelle*, qui ne signifie point ce *qualiscunque*, comme fait *quelque* ; et en ces manieres de parler c'est *qualiscunque* qu'on veut dire ; et neantmoins je ne condamne pas *quelle*, parce que notre Auteur l'approuve, et que quelques-uns de nos bons Escrivains en usent » (Vaugelas 1738 : I, 379).

Arrivé qu'il fut, arrivé qu'il estoit, marri qu'il estoit[544]

Toutes ces façons de parler ne valent rien, quoy qu'une infinité de gens s'en servent, & en parlant, & en escrivant[545]. Au lieu de dire, *arrivé qu'il fut*, *arrivé qu'il estoit*, il faut dire, *estant arrivé*, il exprime tous les deux, ou bien, *comme il fut arrivé*, *comme il estoit arrivé*[546]. Et au lieu de *marri qu'il estoit*, il faut dire, *estant marri*, ou *marri*, tout seul. Ce qui apparemment est cause d'une phrase si mauvaise, c'est que nous en avons d'autres en nostre langue, fort approchantes de celle-là, qui sont tres-bonnes & tres-elegantes. Par exemple, *tout malade, tout affligé qu'il estoit, il ne laissa pas d'aller*, & au feminin, *toute affligée qu'elle estoit, &c.* de mesme au pluriel. Tellement qu'avec ce mot, *tout*, en tout genre, & en tout nombre, & son adjectif qui le suit immediatement, cette façon de parler est extremement pure, & Françoise[547]. On s'en sert encore d'une autre façon avec *ainsi*, comme, *il receut quantité de coups, & ainsi* (140) *blessé qu'il estoit, se vint presenter au Senat*[548]. Il est vray qu'il y a de certains endroits, où il a fort bonne grace, & où mesme il est necessaire, comme en l'exemple que je viens de donner, mais il y en a d'autres où l'on s'en peut passer, quoy que rarement ; ce que l'on ne peut pas dire de *tout*, avec l'adjectif, car il faut necessairement en ce sens là ajouster *qu'il estoit*, ou *qu'il fut*, ou d'autres temps, selon ce qui precede, ou ce qui suit.

Il se dit aussi quelquefois avec *comme*, par exemple, *Il s'informoit si Alexandre, & comme vainqueur, & comme jeune Prince qu'il estoit, n'avoit rien attenté contre les Princesses*. Quelques-uns neantmoins croyent qu'il

---

544 La remarque manuscrite (« Estant arriué », f° 31r°) est plus courte et se termine par la discussion de *tout … qu'il estoit*. Dans une autre remarque manuscrite (« Participes passifs », f° 69r°), Vaugelas traite d'un usage apparenté avec un substantif comme sujet : « *Participes passifs* mal employez. *Ces femmes, transportees qu'elles estoient de leur dieu*, <[…]> faut dire *Estant transportees de leur dieu.* »

545 Pour des exemples, voir Brunot (1905-1953 : III, 599). Selon Guerlin de Guer (1937 : 7), Amyot modifie son usage entre l'édition de 1559 et celle de 1567, remplaçant *arrivé qu'il fust* par *quand il fust arrivé.*

546 Oudin (1640 : 190) exprime déjà quelques réserves sur cet usage qu'il considère comme emprunté de l'italien ; en français les tournures de ce type ne sont « pas si propres à nostre langue, ny si fort elegantes ».

547 Cette construction est attestée dans Frantext chez Garasse (*tout malade qu'il estoit, il ne s'abstenoit non plus de boire à longs traicts*) et chez Urfé (*il se fit traisner, tout malade qu'il estoit*).

548 Cette construction est employée par Coeffeteau ; par exemple, *& se trouva ainsi desarmé qu'il estoit* (Coeffeteau 1621 : I, 31).

est encore plus elegant de supprimer *qu'il estoit*, & de dire, *si Alexandre, & comme vainqueur, & comme jeune Prince, n'avoit rien attenté.*

On dit encore fort elegamment, *le malheureux qu'il est, la malheureuse qu'elle est, n'a pas seulement, &c.* Mais il faut que ce soit tousjours avec le present du verbe substantif; car on ne dira gueres, *le malheureux qu'il estoit*, & jamais *le malheureux qu'il fut*[549].

Trois infinitifs de suite

Ils ne sont pas tousjours vicieux, ny n'ont pas tousjours mauvaise grace[550], par exemple, (141) *le Roy veut aller faire sentir aux rebelles la puissance de ses armes*, je ne trouve rien qui me choque en cette façon de parler; mais quatre infinitifs de suite, veritablement auroient bien de la peine à passer. Neantmoins un de nos meilleurs Autheurs a escrit, *encore qu'il se fust vanté de vouloir aller faire sentir à ces peuples la puissance des armes Romaines*[551]. Ce qui peut sauver cela, c'est la naïfveté du langage, laquelle selon mon sens, est capable de couvrir beaucoup de defauts, & peut-estre mesmes d'empescher que ce ne soient des defauts[552].

L'un & l'autre

On les met & avec le singulier, & avec le pluriel[553]. Tous nos bons Autheurs sont pleins d'exemples pour cela[554], & il est également bien dit, *l'un & l'autre vous a obligé*, &, *l'un & l'autre vous ont obligé.* Avec *ny*,

549 Dans Frantext on trouve pourtant l'exemple suivant pris de Garasse (1623) : *il pouvoit, le malheureux qu'il estoit, achever de profaner toute la sentence […]*.

550 Dans cette remarque Vaugelas n'offre pas de jugement définitif sur ce point et semble plutôt laisser le choix au jugement personnel.

551 Dans le manuscrit (f° 54v°) : « dans M. Coeff en la uie de Neron » ; *cf.* Coeffeteau (1621 : II, 60). Pour le reste, la remarque manuscrite est très proche de la version publiée. Il semble que Vaugelas soit le premier grammairien de notre corpus à traiter de cette question.

552 Voir l'Introduction, 6.1.

553 Cette question n'est pas traitée dans les grammaires de notre corpus qui précèdent Vaugelas.

554 Dans le manuscrit (f° 59r°) : « *l'un et l'autre ont un mesme nom* dit Mal. B. p.71 et p.~~48~~ 45 <l'un et l'autre apporte et p.49, l'un et l'autre ont donné la uie, et ni l'un ni l'autre n'a fait plaisir, il se met aussi au pluriel auec *ni*.>. » Il y a variation non seulement entre les auteurs mais aussi au sein d'un seul auteur; par exemple, on trouve chez Scudéry (dans Frantext) : *en cet endroit, l'un et l'autre se picquent de beaux mots* (1637); *Et l'un et l'autre enfin ne m'est plus volontaire* (1641).

c'est encore de mesme, comme *ny l'un ny l'autre ne vaut rien*, &, *ny l'un ny l'autre ne valent rien*[555].

Damoiselle, Madamoiselle[556]

L'on ne parle plus, ni l'on n'escrit plus ainsi[557] ; Il faut dire, *Demoiselle*, & *Mademoiselle*, avec un *e*, aprés le *d*. C'est que l'*e*, est beaucoup plus doux que l'*a*, & comme nostre (142) langue se perfectionne tous les jours, elle cherche une de ses plus grandes perfections dans la douceur. Il y en a qui escrivent, *Madmoiselle*, sans aucune voyelle entre le *d*, & l'*m*, mais cela est tres-mal[558].

N'en pouvoir mais[559]

---

555 Les deux constructions sont attestées dans Frantext (1600-1647) : *Je croy que ni l'un ni l'autre ne la trouveront condamnable* (Montchrestien 1615) ; *Mais cependant, ni l'un ni l'autre n'arrive* (Scudéry 1637).

556 Dans ce cas, il est possible de retracer nettement l'évolution du jugement de Vaugelas : il change d'abord dans un ajout marginal du manuscrit (f° 61v°) et c'est ce nouveau jugement qui est repris dans la version publiée. Vaugelas nous indique même le moment où le nouvel usage est apparu : « *Madamoiselle* ne se dit plus ni ne s'escrit plus ainsi, mais *Mademoiselle* auec un *e* apres le *D*. Et ne sert de rien de dire qu'on dit *Damoiselle* et non pas *Demoiselle*,[+] {[+] Au contraire on commence à dire et à escrire *Demoiselle* et *queualle* ~~non~~ ~~C~~ et non plus *Caualle*, c'est depuis six ou sept ans.} et *Madame* d'ou uient *Madamoiselle*, et non pas *Mademe*. Car outre que l'Vsage qui est le maistre des langues, ueut que l'on die maintenant *mademoiselle* non obstant toutes les raisons que l'on scauroit alleguer, il n'est pas nouueau qu'aux mots qui deriuent des autres, il se face quelque changement de lettres, ou mesmes qu'on en aiouste ou qu'on en retranche quelqu'une, cela estant ordinaire en toutes les langues, aussi bien qu'en la nostre, dont ie pourrois rapporter plusieurs exemples s'il estoit necessaire. » Le changement est également illustré dans les textes de Frantext : tandis que *damoiselle et madamoiselle* représentent 89 % des usages pour la période 1600-1647, pour la période 1648-1699, ce sont les formes *demoiselle* et *mademoiselle* qui dominent (95 %).

557 *Cf.* Oudin (1640 : 1) : « *Damoiselle*, et *Madamoiselle*, s'escrivent maintenant *Demoiselle*, et *Mademoiselle*, et se prononcent de mesme ». L'évolution est nettement retracée par les dictionnaires : tandis qu'Estienne (1549), Nicot (1606) et Cotgrave (1611) n'incluent que *damoiselle*, Richelet (1680), Furetière (1690) et l'Académie (1694) prônent *demoiselle* comme l'usage courant. De même *madamoiselle* est encore conseillé par Cotgrave (1611), tandis que les trois dictionnaires monolingues préconisent l'usage de *mademoiselle*. Voir aussi l'Introduction, p. 126.

558 L'Académie (1704 : 158) remarque que cette graphie reflète la prononciation du mot dans la conversation, mais elle n'est pas attestée dans Frantext (1600-1647).

559 Dans le manuscrit (f° 62r°) : « *Mais. Il n'en peut mais*, pour dire *Il n'en est pas coupable* est une phrase dont on se sert à toute heure en parlant, et est fort ~~bonne~~ <commode> et fort usitee à la Court, mais elle ne uaut rien à escrire, comme une infinité d'autres que

Cette façon de parler est ordinaire à la Cour, mais elle est bien basse pour s'en servir en escrivant, si ce n'est en Satyre, en Comedie, ou en Epigramme, qui sont les trois genres d'escrire les plus bas, & encore faut-il que ce soit dans le Burlesque[560]. Neantmoins M. de Malherbe en a souvent usé, parce qu'il affectoit en sa prose toutes ces phrases populaires, pour faire esclater davantage, comme je crois, la magnificence de son stile poëtique, par la comparaison de deux genres si differens. *Ceux qui n'en pouvoient mais*, dit-il, *furent mis à la question*. Jamais M. Coeffeteau ne s'en est servi. Ce *mais* vient de *magis*.

Netteté de construction[561]

Exemple, *sçachant avec combien d'affection elle se daignera porter pour mes interests, & embrasser le soin de mes affaires*. Je dis que cette construction n'est pas nette, & qu'il faut dire, (143) *elle daignera se porter*, & non pas, *elle se daignera porter*, afin que *daignera* se rapporte nettement à la construction des deux verbes suivans, *porter*, & *embrasser* ; Car *se daignera* avec *embrasser*, ne se peut construire[562]. Peut-estre que quelques-uns negligeront cét avis, comme un vain scrupule, auquel il ne se faut pas arrester : mais ils ne peuvent nier avecque raison, que la construction ne soit incomparablement meilleure de la façon que je dis, & il faut tousjours faire en toutes choses, ce qui est le mieux[563]. On ne sçauroit, ce me semble, avoir assez de soin de la netteté du stile, car elle contribuë

---

nous remarquons en leur lieu, qui se disent et ne s'escriuent point. Iamais M. Coeff n'en a usé, neantmoins M. de Malh. qui affectoit d'escrire <mesmes dans le stile historique> tout ce que se ~~disoit~~ dit communement, en a usé p.430 *ceux qui n'en pouuoient mais furent mis à la question*. Ie ne puis m'imaginer d'ou uient une si estrange façon de parler. »

560 Voir aussi Oudin (1640 : 132) qui inclut cette expression dans la liste des usages de *en* jugés vulgaires. À partir de Cotgrave (1611), les dictionnaires incluent cette expression ; Richelet (1680) l'annote d'une croix et l'Académie (1704 : 159) l'associe également au style familier. Nous trouvons pourtant dans Frantext (1600-1647) des exemples chez François de Sales et Aubigné.

561 Dans l'original : *Netetté de construction*.

562 La remarque manuscrite (f° 65r°) ne contient pas les deux dernières phrases de la remarque publiée. Dans le manuscrit Vaugelas utilise plutôt la graphie *ambrasser* dans l'exemple cité. Sur la question de la montée du clitique, voir l'Introduction, p. 171, 175. Cette question n'est pas traitée dans les grammaires publiées avant les *Remarques*.

563 La construction est pourtant commune dans la première moitié du siècle. Notons que dans la traduction de Quinte-Curce faite par Séguier, on trouve : *Mazeus qui avoit esté envoyé avec six mille chevaux pour empescher le passage,* ***ne l'osa attendre,*** *ni s'hazarder au combat* (1598 : 125).

infiniment à la clarté, qui est la principale partie de l'oraison[564], & a outre cela, beaucoup d'autres avantages, dont il est parlé en son lieu, où nous traittons de la difference qu'il y a entre la pureté & la netteté du stile.

Les noms propres, & autres terminez en EN

Depuis peu d'années seulement[565], nous faisons terminer en *en*, la pluspart des noms propres, & plusieurs autres tirez du Latin, où il y a un *a*, & qui en Latin finissent en *anus*, comme l'on disoit autrefois *Tertullian*, *Quintilian*, *saint Cyprian*, parce qu'ils viennent du Latin *Tertullianus*, *Quintilianus*, *Cyprianus* ; (144) mais aujourd'huy l'on prononce & l'on escrit *Tertullien*, *Quintilien*, *saint Cyprien*, *&c.* ou bien, il faut ainsi faire la Remarque[566] ; Tous les noms propres, & plusieurs autres d'une autre nature, venans du Latin, ou de quelque autre langue, qui mettent un *a*, en la penultiesme syllabe de ce nom là, changent cét *a*, en *e*, quand on les fait François, pourveu qu'il y ayt une voyelle immediatement devant l'*e*, comme de *Tertullianus*, nous disons *Tertullien*, parce qu'il y a un *i*, devant l'*e*, de *Cyprianus*, *Cyprien*, & de *Titiano*, ce fameux Peintre Italien, nous disons *Titien*, comme d'*Italiano*, nous avons fait *Italien*. Du temps de M. Coeffeteau on disoit *les Pretorians*, & il l'a tousjours escrit ainsi, au lieu de dire *Pretoriens*[567].

Nous disons aussi *Caldeen*, & non pas *Caldean*, parce qu'il y a une voyelle devant le dernier *e*, à sçavoir une autre *e*. De mesme *Lerneen*, *Nemeen*, & non pas *Lernean*, *Nemean*, comme nos anciens Poëtes ont

---

564 En général Vaugelas utilise l'expression *partie de l'oraison* dans le sens de *classe de mots*, et son emploi ici est peu commun.

565 C'est peut-être pour cette raison que la remarque ne figure pas dans le manuscrit. Toutefois cette question ne pouvait qu'intéresser Vaugelas en tant que traducteur. La chronologie de l'évolution proposée est appuyée par son propre usage, car dans sa traduction des sermons de Fonsèque il utilise encore les formes *Tertullian* et *Cyprian* (1615 : 342, 622). Nous n'avons trouvé aucune discussion sur ce sujet dans les grammaires de notre corpus (1530-1650), mais il est à noter que Bosquet (1586 : 141) et Matthieu (1560 : f° 8v°) utilisent la forme *Quintilian* plutôt que *Quintilien* (*cf.* Thurot 1881-1883 : II, 462-465).

566 La variation est bien attestée dans Frantext pour la période 1600-1647 (*Tertullian* – 81 ex., *Tertullien* – 33 ex. ; *Quintilian* – 7 ex., *Quintilien* – 7 ex. ; *Cyprian* – 9 ex., *Cyprien* – 46 ex.). Après Vaugelas, les formes en *-an* deviennent de plus en plus rares (1648-1699 : *Tertullian* – 10 ex., *Tertullien* – 103 ex. ; *Quintilian* – 6 ex., *Quintilien* – 68 ex. ; *Cyprian* – 1 ex, *Cyprien* – 37 ex.).

567 Dans l'édition de 1621 de l'*Histoire romaine*, la forme *Pretorians* est majoritaire (1621 : II, 111 ; III, 109 ; III, 210, etc.), mais on trouve également des occurrences de *Pretoriens* (1621 : I, 137 ; II, 113, etc.).

accoustumé de les nommer[568], & plusieurs autres de cette espece. Je ne donne des exemples que de l'*e*, & de l'*i*, qui precedent l'*e*, joint à l'*n*, parce qu'il n'y a gueres de mots, qui ayent un *a*, un *o*, ou un *u*, devant la syllabe finale *en* ; Et ceux qui ont un *a*, comme *Caën*, ville de Normandie, n'ont pas l'*a*, comme voyelle, mais comme faisant une diphtongue[569] impropre avec l'*e*, (145) qui suit, tellement que les deux voyelles ne font qu'une syllabe, & l'on ne prononce pas *Ca en* en deux syllabes, mais *Caën* en une seule, qui de plus, prend le son de l'*a*, & non pas de l'*e*, & se prononce *Can*, comme s'il n'y avoit point d'*e*.

Il faut donc pour prononcer *en*, en la derniere syllabe des mots, que la voyelle qui la precede soit d'une syllabe distincte & separee de la derniere *en*. Et ce que j'ay dit des voyelles, s'entend aussi des diphthongues, comme en ces deux mots, *payen*, *moyen*, &c. mais aux mots qui n'ont ny voyelle, ny diphthongue devant les deux lettres finales, il faut prononcer & escrire, *an*, & non pas *en*, comme nous disons *Trajan*, *Sejan*, & non pas *Trajen*, *Sejen*, parce que l'*i* qui va devant l'*a*, est consone, & non pas voyelle. De mesme nous disons *Titan*, *Tristan*, & non pas *Titen* ny *Tristen*, & ainsi de tous les autres.

Je ne pense pas que cette Reigle des voyelles, ou des diphthongues devant *en*, final, souffre gueres d'exceptions. Il est vray, qu'on nomme *Arrian*, l'Autheur[570] Grec qui a escrit les guerres d'Alexandre, & qui est aujourd'huy plus celebre en France par son Traducteur, que par luy mesme, le François ayant surpassé le Grec, & s'estant acquis la gloire dont l'autre s'est vainement vanté[571]. On nomme encore (146) *Arrian*, un des principaux disciples d'Epictete, qui selon l'opinion de plusieurs n'est pas celuy dont nous venons de parler[572], & l'on nomme l'un & l'autre *Arrian* & non pas *Arrien*, pour faire difference entre cét Autheur & *un Arrien* c'est à dire, *de la secte d'Arrius*[573], quoy

568 Les formes *Lernean* et *Nemean* sont attestées dans Frantext chez Robert Garnier (1585).

569 Dans l'original : *dyphthongue* (*Fautes d'impression*).

570 Dans l'original : l'Autheut.

571 Vaugelas fait allusion ici à la traduction d'Arrien par Perrot d'Ablancourt dont la publication en 1646 a engendré un remaniement important de sa version de la *Vie d'Alexandre* de Quinte-Curce (Ayres-Bennett et Caron 1996 : 412-419).

572 Aujourd'hui, l'historien et philosophe Arrien, disciple d'Épictète, est, en fait, considéré comme l'auteur de l'*Anabase*, ouvrage qui décrit les campagnes militaires d'Alexandre le Grand.

573 Vaugelas fait référence ici à Arius, prêtre, théologien et ascète chrétien libyen, et inspirateur de la doctrine de l'arianisme.

que quelques-uns seroient d'avis, que nonobstant l'equivoque, on dit tousjours *Arrien*, & jamais *Arrian*, tant il est veritable que cette terminaison *ian*, semble estrangere, & s'accommode peu à nostre langue. C'est sans doute, comme je l'ay remarqué en divers lieux[574], que l'*e* est une voyelle beaucoup plus douce que l'*a*, & que nous changeons volontiers cette derniere en l'autre.

Pouvoir

On se sert de ce verbe d'une façon bien estrange, mais qui neantmoins est si ordinaire à la Cour[575], qu'il est certain qu'elle est tres-Françoise. On dit en parlant d'une table, ou d'un carrosse, *il y peut huit personnes*, pour dire, *il y a place pour huit personnes*, ou *il y peut tenir huit personnes* ; Car asseurément[576] quand on dit, *il y peut huit personnes*, on sous-entend le verbe *tenir*. Ainsi l'on dit, *autant qu'il en pourroit dans mon œil*, pour dire, *autant qu'il en pourroit tenir dans mon œil* ; c'est à dire *rien*. Il est vray que cette phrase est bien extraordinaire, (147) & que dans les Provinces de delà Loire, on a de la peine à la comprendre, mais elle est prise des Grecs, qui se servent de leur δύναται[577] au mesme sens, & j'en ay veu des exemples dans l'un de leurs meilleurs Autheurs, qui est Lucien[578]. Neantmoins, encore qu'on le die en parlant, on ne l'escrit point dans le beau stile, mais seulement dans le stile bas[579].

---

574 *Cf. R*p. 141, 250.

575 Dans le manuscrit (fº 49rº) : « est si ordinaire dans le cœur de la France et à la Court, qu'on n'y parle point autrement ».

576 Dans l'original : esseurément.

577 Il semble que δυύαται soit une coquille pour δύναται. Ce verbe en grec a bien le sens de « pouvoir, avoir le pouvoir de », et il peut être employé sans l'infinitif indiquant ce que la personne peut faire, le sens de l'infinitif étant fourni par le contexte.

578 Lucien de Samosate, rhéteur et auteur satirique écrivant en grec, né en Syrie au IIe siècle avant J.-C. Comme il arrive assez souvent, Vaugelas adopte un ton plus personnel et plus anecdotique dans le manuscrit : « <Toutefois> il me souuient d'auoir oüy dire à une personne bien uersee en la langue grecque, que les Grecs usoient de cette mesme façon de parler, et employ<oi>ent leur δύναται au mesme ~~temps~~ <sens>, et ~~[…]~~ <si ie ne me trompe> ie crois en auoir ueu quelques exemples dans Lucian. Mais auec tout cela ie n'ay point encore ueu de bon Autheur qui l'ayt escrit, et ne uoudrois pas me donner la licence de l'escrire, ni conseiller à un autre de la prendre. »

579 La distinction entre l'usage parlé et l'usage écrit est encore plus nette dans le manuscrit : « C'est icy une de ces façons de parler qui sont ~~receues~~ <bonnes> en parlant, mais non pas en escriuant ». À la fin du siècle le dictionnaire de l'Académie (1694) note que cette expression est employée dans le style familier.

Si apres VINT & UN, il faut mettre un pluriel, ou un singulier[580]

Par exemple, on demande, si *vint & un siecles* est bien dit, ou s'il faut dire, *vint & un siecle*[581]. J'ay veu agiter cette question dans une grande compagnie, tres-capable d'en juger[582]. Les uns au commencement estoient pour le singulier, les autres pour le pluriel. Ceux qui tenoient qu'il falloit dire *siecle*, alleguoient un exemple qui fermoit la bouche au parti contraire, à sçavoir que l'on dit, & que l'on escrit asseurement, *vint & un an*, & non pas *vint & un ans*, ny *vint & une années*. Les autres opposoient un autre exemple à celuy-cy, & qui n'est pas moins fort ; que l'on dit, & que l'on escrit, *il y a vint & un chevaux*, & non pas *il y a vint & un cheval*. Ces deux exemples forment un tiers parti, auquel à la fin les deux autres[583] se rangerent, qui est, que tantost on met **(148)** le singulier, & tantost le pluriel, selon que l'oreille qu'il faut consulter en cela, le juge à propos[584]. Neantmoins ny les uns ny les autres ne revinrent pas si absolument à ce partage, que ceux qui croyoient d'abord qu'il falloit tousjours mettre le singulier, ne creussent encore qu'il le falloit mettre beaucoup plus souvent que le pluriel, & que les autres qui estoient pour le pluriel, ne creussent le contraire[585]. Ceux-cy se vantoient d'avoir la raison de leur costé, parce que *vint* demandant sans doute le pluriel, il n'y a point d'apparence, que pour ajoûter encore *un* à *vint*, & augmenter le nombre, il prenne une nature singuliere ; que cela repugne au sens

---

580 Cette remarque ne figure pas dans le manuscrit. Sur les questions de l'accord grammatical, voir l'Introduction, 6.4.5.

581 Vaugelas est le premier de notre corpus de grammairiens (1530-1647) à traiter de cette question. On trouve des exemples de l'accord au singulier dans Frantext, par exemple, chez Urfé (*il ne peut pas avoir plus de vingt ou vingt et un an*) ; voir aussi Brunot (1905-1953 : III, 475).

582 Il s'agit sans doute de l'Académie Française.

583 Dans l'original : les autres deux (*Fautes d'impression*).

584 Il manque le point final dans l'original. L'Académie (1704 : 165-166) semble adopter cette position dans son commentaire sur cette remarque : « Quand on dit *vingt et un siecle*, *vingt et une pistole*, l'oreille ne peut distinguer, si *siecle* et *pistole* sont au singulier ou au pluriel. La question ne devient sensible que quand on demande s'il faut dire, *il a vingt et un cheval* ou *vingt et un chevaux dans son Escurie*, *vingt et un cheval* blesse tellement que presque tout d'une voix on a préferé *vingt et un chevaux*. Il est certain qu'on dit *vingt et un an* et l'Usage l'authorise, mais ce mesme Usage veut que s'il suit un adjectif aprés *an* on mette cet adjectif au pluriel. *Il a vingt et un an accomplis*, et *vingt et un an passez* et non pas *vingt et un an accompli* ou *passé*. On dit de mesme *ce mois a trente et un jour* et non pas *trente et un jours*. Si on y joint un adjectif il faut dire au pluriel, *il y a trente et un jour passez qu'on n'a receu de ses lettres.* »

585 Dans l'original : conttaire.

commun. Les autres alleguant l'Usage, le Souverain des langues, ne laissoient plus rien à dire à la Raison, si ce n'est qu'elle ne demeuroit pas d'accord de cét Usage. Et voicy comme ceux qui estoient pour le singulier prouvoient que l'Usage estoit pour eux. On ne dit point en parlant *vint & un hommes*, *vint & une femmes*, *cent & une perles*. Les autres repliquoient, que ce n'estoit pas, qu'*hommes*, *femmes*, *& perles*, ne fussent là au pluriel, mais que l'*s*, finale ne se prononce point en nostre langue, & que c'estoit ce qui les trompoit. C'est veritablement la source & la cause du doute, qui a donné lieu à la dispute, car si l'on[586] estoit bien asseuré de l'Usage, il n'y (149) auroit point à douter, ses arrests estant decisifs, mais tout consiste en la question de fait, de sçavoir si c'est l'Usage ou non. Or est-il que ce qui empesche certainement de le sçavoir, c'est que les *s*, finales qui font nos pluriels, ne se prononçant point, les deux nombres se prononcent d'une mesme façon, & par ce moyen l'oreille ne peut discerner l'un d'avec l'autre, ny reconnoistre l'Usage. Il y a plaisir quelquefois d'examiner & de descouvrir, pourquoy on est en doute de l'Usage en de certaines façons de parler[587].

Possible, pour *Peut-estre*[588]

Les uns l'accusent d'estre bas, les autres d'estre vieux[589]. Tant y a que pour une raison, ou pour l'autre, ceux qui veulent escrire poliment, ne feront pas mal de s'en abstenir[590].

Ou la douceur, ou la force le fera

On demande s'il faut dire, *le fera*, ou *le feront*[591]. Sans doute il faut dire, *le fera* au singulier ; Car comme c'est une alternative, ou une disjonctive,

586 Dans l'original : l on.

587 *Cf.* l'Introduction, 4.1.3.

588 Cette remarque est également nouvelle dans le texte publié.

589 Richelet (1680) suit Vaugelas en considérant que cet usage est « un peu suranné », mais il est toujours consigné par Furetière (1690) et l'Académie (1694) sans commentaire.

590 Il manque le point final dans l'original. Braun (1933 : 36) observe que Pierre Corneille n'utilise plus cette forme comme adverbe après 1634 et qu'il corrige plus tard cet usage dans ses premières pièces. On trouve des exemples de *possible* pour *peut-être* chez Malherbe (Régnier 1869 : 479-480) ; voir aussi Haase (1935 : 235).

591 Dans la remarque manuscrite intitulée « *Ou* repeté » (f° 68v°), Vaugelas hésite encore quant à la manière de résoudre ce problème : « Ie ne sçay si *ou repeté* deux ou trois fois regit le pluriel du Verbe ou le singulier. Exemple Malh. B. p.8 Peut estre qu'un iour ou

il n'y a que l'une des deux qui regisse le verbe, & ainsi il ne peut estre mis qu'au singulier. Neantmoins un de nos plus celebres Autheurs a escrit[592], *peut-estre qu'un jour* (150) *ou la honte, ou l'occasion, ou l'exemple, leur donneront un meilleur avis.* Sur quoy ayant consulté diverses personnes tres-sçavantes en la langue, quelques-uns ont creu qu'il falloit dire, *donnera*, au singulier, à cause de la disjonctive ; les autres, que l'on pouvoit dire egalement bien *donnera*, & *donneront*, au singulier & au pluriel, qui est la plus commune opinion, & les autres, que *donneront* au pluriel estoit plus elegant, que *donnera*, à cause de cette accumulation de choses, qui presentant tant de faces differentes à la fois, porte l'esprit au pluriel plustost qu'au singulier[593], quoy que dans la rigueur de la Grammaire, il faudroit dire *donnera.* Mais quand il n'y a que deux disjonctives, comme au premier exemple, *ou la douceur ou la force*, il faut tousjours mettre le singulier sans exception, & jamais le pluriel, soit que les deux soient opposez comme icy, ou qu'ils ne le soient pas[594].

Ni la douceur, ni la force n'y peut rien[595]

Tous deux sont bons, *n'y peut rien*, & *n'y peuvent rien*, parce que le verbe se peut rapporter à l'un des deux separé de l'autre, ou à tous les deux ensemble. J'aimerois mieux neantmoins le mettre au pluriel qu'au singulier[596].

(151)

Maint, & *maintefois*[597]

---

la honte, ou l'occasion, ou l'exemple leur donneront un meilleur aduis. Ie ne sçay s'il ne faut point *Donnera* absolum[ent], ou s'il n'est seulem[ent] que meilleur. Faut sçauoir comme les latins en usent. *Donneront* est bon, et se doit dire aussi. <Toutefois i'en doute fort>. »

592 Comme l'indique la note précédente, le manuscrit indique qu'il s'agit de Malherbe (1631 : I, 8).

593 Dans l'original : singuluier.

594 Comme nous l'avons indiqué dans notre Introduction, 6.4.5, Vaugelas s'intéresse beaucoup aux questions d'accord grammatical. Pour des exemples contemporains des deux accords, voir, par exemple, N. Fournier (1998 : 29).

595 Cette remarque ne figure pas dans le manuscrit.

596 Vaugelas préfère donc l'accord au pluriel dans ce cas, tandis que dans la remarque précédente il ne tolère que l'accord au singulier. L'usage variait également sur ce point au XVIIe siècle avec une tendance croissante pour l'accord au pluriel (*cf.* N. Fournier 1998 : 29-30).

597 La position de Vaugelas se modifie entre le manuscrit (« *Maint*, *Mainte* au singulier », f° 61r°) et la remarque publiée. En premier lieu, dans le manuscrit Vaugelas

Pour *maint*, & *mainte*, on ne le dit plus en parlant, mais on dit *maintefois* à la Cour en raillant[598], & de la mesme façon qu'on dit *ains au contraire*[599]. Neantmoins on ne l'escrit plus en prose, non plus que *maint* adjectif. L'un & l'autre n'est que pour les vers, & encore y en a-t-il plusieurs, qui n'en voudroient pas user[600]. Je crois qu'à moins que d'estre employé dans un Poëme heroïque & encore bien rarement, il ne seroit pas bien receu. Du temps de M. Coeffeteau on l'escrivoit & en vers & en prose. Il dit en un certain endroit, qu'un Legislateur *avoit fait maintes belles loix*[601].

---

fait une distinction entre l'usage de *maint* au singulier et au pluriel (qu'il considère comme valable même en prose), et entre le masculin pluriel *maints* et le féminin pluriel *maintes*. En deuxième lieu, il maintient qu'il n'y a que deux mots dans toute la langue française qui sont utilisés en vers et non pas en prose (voir l'Introduction, 4.2.4). En troisième lieu, il préfère que cet adjectif soit accompagné d'une autre épithète : « *Maint*, <et *mainte*> au singulier ~~n'est~~ <ne sont> usitez que par les Poetes [...] et ne se di~~ts~~<ent> iamais en prose. Sur quoy il faut remarquer qu'il n'y a en toute nostre langue que ce mot et *gent* au singulier, dont noz bons Poetes s'en seruent auiourd'huy, [...] en uers, [...] qui ne se puissẽt pas dire en prose, car on ne se sert point d'autres mots en l'un qu'en l'autre, comme i'ay dit plus amplement à *gent* ou ie uous renuoye. Mais au pluriel on dit fort bien [...] <en prose> *maints* et *maintes*, et *maintes* se dit encore de meilleure grace que *maints*. *Lycurgue fit maintes belles loix*. M. Coeff. en use souuent, mais il semble qu'il le faut tousiours mettre auec un autre Epithete, comme en l'exemple que ie uiens de donner. » La remarque sur *gent* est publiée dans les *Nouvelles Remarques* par Alemand (Vaugelas 1690 : 197-199). Dans le manuscrit, il y a une remarque séparée sur *maintesfois* qui suit directement celle sur *maint*. Dans ce cas-ci Vaugelas semble indiquer une évolution dans l'usage entre la version publiée et le manuscrit où il approuve toujours l'usage de l'adverbe : « On dit aussi *maintesfois* qui est fort bon et fort commun à la Court pour dire *souuent*. » *Maint* figure sans commentaire dans les dictionnaires d'Estienne (1549), de Nicot (1606) et de Cotgrave (1611), alors que Maupas (1618) et Oudin (1640) l'incluent également dans leurs grammaires. À la fin du siècle Richelet (1680), Furetière (1690) et l'Académie (1694) notent qu'il ne s'emploie plus que dans la poésie, et notamment dans la poésie burlesque.

598 *Mainte(s)fois* est encore inclus dans la liste des adverbes par Maupas (1618 : f° 161v°) et Oudin (1640 : 271). Les trois grands dictionnaires monolingues de la fin du siècle suivent le jugement de Vaugelas.

599 Sur *ains*, voir *R*p. 568.

600 Le jugement de Vaugelas sur l'usage de *maint* semble confirmé par les textes dans Frantext. Dans la décennie 1630-1639 la grande majorité des exemples sont attestés en vers (22) plutôt qu'en prose (5), et la quantité d'occurrences diminue nettement dans la période 1640-1647 (10). *Quantefois* est encore moins attesté pour la période 1600-1647, les derniers exemples se trouvant chez Marie Le Jars de Gournay (1626, 1635), ce qui n'a rien d'étonnant vu son âge (elle est née en 1565) et son attachement à la langue de la Pléiade.

601 L'expression *maintes belles loix* paraît deux fois dans son *Histoire romaine* (1615 : 100, 253).

Matineux, *matinal*, *matinier*[602]

De ces trois, *matineux* est le meilleur : c'est celuy qui est le plus en usage, & en parlant, & en escrivant, soit en prose, ou en vers[603]. *Matinal* n'est pas si bon, il s'en faut beaucoup; les uns le trouvent trop vieux, & les autres trop nouveau, & l'un & l'autre ne procede que de ce qu'on ne l'entend pas dire souvent. *Matineux*, & *matinal*, se disent seulement des personnes[604]. Il seroit ridicule de dire, l'*Estoile matineuse*, ou *matinale*. Pour *matinier*, il ne se dit plus, ny en prose, ny en vers, ny pour (152) les personnes, ny pour autre chose, sur tout au masculin[605] ; car il seroit insupportable de dire, *un astre matinier*, mais au feminin, *l'Estoile matiniere*, pourroit trouver sa place quelque part.

Apres souper, ou *apres soupé*[606]

---

602 La remarque manuscrite (f° 62v°) est plus courte et beaucoup moins nuancée que la version publiée, et Vaugelas y offre un jugement différent sur la question de savoir laquelle des trois formes est la meilleure : « *Matinier*, *matinal*, *matineux*. On les dit tous trois, mais *matinal* est le meilleur et en parlant et en escriuant. » Un commentaire sur l'origine de *matinal* (< *matutinalis*) est rayé dans le manuscrit.

603 Richelet (1680) et Furetière (1690) confirment le jugement de Vaugelas sur la fréquence relative de l'usage de *matineux* et *matinal*. Dans son dictionnaire, l'Académie (1694) donne les trois adjectifs sans commentaire sur leur usage, mais dans ses observations sur cette remarque (1704 : 170), elle adopte, avec quelques réserves, le jugement de Vaugelas : « L'Académie a esté du sentiment de M. de Vaugelas en faveur de *matineux*, quoy que plusieurs ayent tesmoigné qu'ils diroient à une femme, *vous estes bien matinale*, plustost que, *vous estes bien matineuse*. Il y a un petit Ouvrage fort connu sous le titre de, *la belle matineuse* : *Matinier* signifie qui appartient au matin. Il n'est en usage que joint à Estoile, *l'Estoile matiniere*. » Les exemples de ces adjectifs sont trop peu fréquents dans Frantext (1600-1647) pour parvenir à une conclusion définitive (*matineux* (4), *matinal* (4), *matinier* (1)). Pour une étude de l'usage de ces termes, voir Štichauer (2014 : 145-149).

604 On trouve pourtant dans les poésies de Maynard (1646) : *Tu veux, ô beauté que j'adore ! / Monstrer qu'aujourd'huy le soleil / est plus matineux que l'aurore* ; et chez Scudéry (1631) : *Le sort en est jetté, l'aurore matinale / N'aura plustost ouvert la porte Orientale* (exemples cités d'après Frantext).

605 La seule occurrence de cet adjectif dans Frantext (1600-1647), qui provient d'une lettre de Peiresc (1627), n'est pas conforme à ce jugement : *la venüe de Mr l'archevesque nous ayant jusqu'icy desrobbé une bonne partie du temps que nous pouvions espargner, au moings moy, qui par mes incommoditez ne puis pas estre matinier ne travailler le soir.*

606 La question est posée d'une façon plus générale dans la remarque manuscrite qui s'intitule simplement « Infinitif » (f° 55r°) : « *Infinitif.* On demande si aux Infinitifs dont nous nous seruons auec l'article en guise de noms il faut [~~—~~] <laisser> la lettre *R* ou l'oster, par exemple s'il faut dire *au soupé du Roy*, ou bien *au souper*. Malh. p 560 escrit au souper, et les grecs de qui il semble que nous auons pris cette façon de parler comme une infinité d'autres, qui ont esté remarquees par Henry Estienne, et par ~~diuers~~ <plusieurs> autres

Tous deux sont bons, & nos meilleurs Autheurs anciens & modernes disent l'un & l'autre[607]. Ils en font de mesme à l'infinitif, *le manger*, car quelques-uns escrivent *le mangé*, & les autres *le manger*, *un desmeslé*, & *un desmesler*, mais j'aime mieux ce dernier avec l'*r*, parce que c'est un infinitif, dont nous faisons un nom substantif avec l'article *le*, à l'imitation des Grecs[608], τὸ ποιεῖν[609], & que d'ailleurs nous n'ostons pas la lettre *r*, des autres noms tirez de l'infinitif, qui ne se terminent pas en *er*, ny nous ne changeons rien de ce qu'ils ont aux autres conjugaisons, comme par exemple nous disons, *le dormir*, & non pas *le dormi*, *le boire*, & non pas *le beu*. Il est vray qu'il faut tousjours dire *le procedé*, & non pas *le proceder*[610].

Remplir, & *emplir*

L'un & l'autre est bon, mais avec cette difference[611], que *remplir* se dit d'ordinaire des choses immaterielles, ou figurées, comme **(153)** *il*

Autheurs, conseruent leur infinitif tout pur apres l'article. Neantmoins M. Coeffet. escrit tousiours l*e procedé* non *proceder*. » Notons que les références à Malherbe, Henri Estienne et Coeffeteau sont éliminées de la version publiée. À partir de Robert Estienne (1557 : 20), plusieurs grammairiens, y compris Maupas et Oudin, observent que quand l'infinitif est « substantifié », il s'accompagne de l'article *le*, tout en citant des exemples comme *le boire* et *le manger*. Sur le déclin de l'usage des infinitifs substantivés en français classique, voir ci-dessous « *Vouloir*, pour *volonté* » (*R*p. 442). Selon Buridant (2008 : 269-270), la concurrence entre les formes nominales des verbes en *-er* se poursuit, enregistrée par les lexicographes et les remarqueurs. Il cite la concurrence entre *plaidoyer* et *plaidoyé* : dans l'Académie (1694), seul *plaidoyer* se voit attribuer une entrée à part, mais *plaidoyé* substantivé se retrouve à l'intérieur de quelques articles. Buridant note également que Ménage condamne l'usage populaire de *disné*, *soupé* au lieu de *disner*, *souper*, tout en acceptant les formes *aprês disné*, *aprês soupé*. Richelet (1680) inclut les deux formes *dîné*/*dîner*, mais, selon lui, le premier est plus en usage. La concurrence entre les deux formes continue jusqu'au XIXe siècle.

607 Dans Frantext (1600-1647), les exemples de *apres soupé* paraissent dans les textes burlesques et satiriques de Sorel et Esternod, tandis que ceux de *apres souper* sont plutôt attestés chez Hardy, Urfé et Desmarets de Saint-Sorlin.

608 Comme Vaugelas l'observe dans le manuscrit, Henri Estienne (1853 : 113) avait déjà fait un commentaire sur cet usage dans son traité de la *Conformité du langage françois avec le grec* de 1565.

609 Dans l'original : poivein (*Fautes d'impression*).

610 Il y a pourtant deux occurrences de cette forme dans Frantext pendant la période 1600-1646, chez Deimier et Peiresc.

611 Dans le manuscrit (f° 79v°) : « à quoy il me semble que peu de gents ont pris garde iusqu'icy ». Dans les dictionnaires d'Estienne (1549) et de Nicot (1606), l'entrée sur *remplir* renvoie le lecteur à l'entrée sur *emplir*. Comme c'est souvent le cas, Richelet (1680) cite Vaugelas dans son dictionnaire.

a remply tout l'univers de la terreur de son nom[612], *il a dignement remply la place du premier Magistrat.* Et *emplir* se dit communement des choses materielles, & liquides, comme *emplir un tonneau*, *emplir un vaisseau*[613]. Et quand on dit *remplir un tonneau*, c'est quand on en a desja tiré, & que l'on remplit ce qui est vuide, d'où vient le mot de *remplage.* J'ay ajousté *liquides*, parce que l'on ne dira pas si ordinairement, qu'un[614] *avaricieux emplit ses coffres d'or & d'argent*, comme *remplit ses coffres*, ny *emplit ses greniers*, comme *remplit ses greniers.* Mais aprés tout, j'ay appris que l'on ne sçauroit faillir à dire tousjours *remplir*, de quoy que ce soit que l'on parle[615], où l'on croira que le mot d'*emplir*, soit bon, au lieu que l'on peut souvent manquer en mettant *emplir* pour *remplir*[616].

C'est une des plus belles actions, qu'il ayt jamais faites

J'ay appris[617] que c'estoit ainsi qu'il falloit escrire, & non pas au singulier *qu'il ayt jamais faite*, parce que ce participe se rapporte à *plus belles actions*, & non pas à *une*[618]. La preuve en est claire, en ce que le participe *faite*, ou *faites*, se rapporte de necessité absoluë au pronom *que*, qui est aprés *actions*, & il n'y a point de Grammairien, qui n'en

612 Dans le manuscrit : « et non pas *Empli* comme dit ordinairement un des meilleurs Escriuains de nostre siecle, qui en a esté repris auecque raison ». Les autres exemples de l'usage de *remplir* sont ajoutés à la version publiée.

613 Dans le manuscrit : « *Remplir* se dit <proprement> des choses spirituelles, c'est à dire immaterielles, et *Emplir* des choses corporelles, ou materielles ». Dans le manuscrit Vaugelas cite un seul exemple de l'usage d'*emplir* : « *Et prenez un seau, et l'emplissez de uin* ».

614 Dans l'original : qu *un.*

615 Dans Frantext (1600-1647), l'usage de *remplir* est beaucoup plus fréquent (1187 ex.) que celui d'*emplir* (162 ex.) ; de plus, une bonne soixantaine d'occurrences de ce dernier verbe apparaissent chez Coeffeteau.

616 Dans le manuscrit : « Car il y a encore cette autre difference entre eux, que *Remplir* se peut dire en toutes choses, et *Emplir* seulement aux materielles, ausquelles neantmoins il est meilleur que *Remplir.* Mais aux immaterielles, il n'en faut iamais user. <M. Coeff. y a manqué.> ». Nous trouvons, par exemple, dans l'*Histoire romaine* de Coeffeteau : *il envoya devers elle un de ses affranchis nommé Thyrsus, auquel il commanda de luy faire la Cour en son nom, de l'emplir de bonnes esperances […]* (1621 : I, 85).

617 Il semble qu'il s'agisse d'une remarque tardive ; elle ne figure pas dans le manuscrit, et Vaugelas utilise lui-même l'accord au singulier dans sa traduction des sermons de Fonsèque, par exemple : *Certes je m'apperçois, qu'un des plus signalez tesmoignages, qu'il nous ayt laissé de son amour extreme, est (ce me semble) cestuy-cy […]* (1615 : 341). Sur ces questions d'accord grammatical, voir l'Introduction, p. 161.

618 Voir, par exemple, Haase (1935 : 154) pour des exemples de l'accord au singulier.

demeure d'accord[619]. (154) Il reste donc à sçavoir, auquel des deux ce *que*, se rapporte, à *actions*, ou à *une*. Deux choses font voir que c'est à *actions*, & non pas à *une*, la premiere est que ces mots *des plus belles actions*, demandent necessairement le pronom *qui*, ou *que*, aprés eux, autrement on ne les sçauroit construire. Car *plus*, est un terme de comparaison, qui presuppose une relation ou à ce qui precede, ou à ce qui suit, comme en cét exemple, *des plus belles actions*, a sa relation aux paroles suivantes *qu'il ayt jamais faites*. L'autre raison est, que *jamais* comprend toutes les actions precedentes, & ne se peut pas dire d'une seule action, tellement qu'estant placé dans cét exemple entre *que*, & *faites*, *il* fait voir clairement que le pronom & le participe ne peuvent estre entendus ny pris d'une autre façon que *jamais*, c'est à dire, qu'ils ne se peuvent rapporter qu'à *actions*, & non pas à *une*. Outre que *jamais* estant adverbe joint à *faites*, ou *ayt faites*, il est impossible & contre la nature de l'adverbe, que *jamais* se rapporte à *actions*, & *ayt faite* à *une*. L'adverbe & le verbe vont tousjours d'une mesme sorte, & ont tousjours mesme visée, comme inseparables dans le sens, aussi bien que dans la construction, ainsi que le mot d'*adverbe*, c'est à dire, *attaché au verbe*, le tesmoigne.

(155)

Approcher

Ce verbe regit elegamment l'accusatif pour les personnes, mais non pas pour les choses[620]. Exemple, M. de Malherbe[621], *Vous avez*

---

619 Il ne semble pas que cette question soit traitée par les grammairiens avant Vaugelas. Après lui, elle continue à être discutée. Au début du siècle suivant, l'Académie (1704 : 173) observe toujours une variation quant à l'accord. Elle approuve l'exemple *c'est un des plus grands parleurs qui fut jamais*, mais ajoute : « Ce qu'il y a de bizarre, c'est que tout le monde est convenu qu'il faudroit dire au preterit composé de l'auxiliaire, *c'est un des plus grands parleurs qui ayent jamais esté*, & qu'on dit, *qui fut jamais*, au preterit simple. »

620 Dans le manuscrit (f° 35r°) : « mais auec les choses non seulement il n'y auroit point d'elegance à luy donner ce regime, mais ce seroit une grosse faute ». Comme le note l'Académie (1704 : 174) dans son commentaire sur cette remarque, la généralisation faite par Vaugelas n'est pas correcte : « Quand M. de Vaugelas a dit qu'*approcher* regit également l'accusatif pour les personnes, mais non pas pour les choses il n'a pas songé à faire remarquer que quand il signifie mettre proche, mettre prés, il se construit parfaitement bien à l'accusatif avec les choses, comme *approcher un siege du feu*, *approcher la table*, *approcher une batterie de la place*. » La construction de ce verbe n'est pas traitée par les grammairiens de notre corpus (1530-1647) avant Vaugelas.

621 Dans le manuscrit : « p. 479 ».

l'honneur d'approcher la Reyne de si prés. Toute la Cour, & tous les Autheurs parlent ainsi, *Approcher la personne du Roy, approcher la personne du Prince.* Mais ce seroit tres-mal dit, *approcher la ville, approcher le feu.* Il faut dire, *s'approcher de la ville, s'approcher du feu*[622]. Neantmoins on dit, *approchez-vous de moy, il s'est approché du Roy pour luy faire la reverence*, & ce seroit fort mal dit *approchez moy, il a approché le Roy pour luy faire la reverence*[623]. D'ou vient donc qu'*approcher*[624] pour ce qui est des personnes, a tantost un regime, & tantost un autre, & le moyen de connoistre quand il en faut user d'une façon, & non pas de l'autre ? C'est qu'il a pour les personnes deux significations ; l'une qui designe le mouvement corporel, par lequel je m'approche actuellement de quelqu'un, & c'est sa propre & veritable signification : l'autre, qui ne signifie pas cét acte particulier, ny ce mouvement local, mais bien l'habitude qui resulte de plusieurs actes reïterez, en s'approchant de quelqu'un, par le moyen desquels il s'est acquis un grand accés, & une grande privauté avecque (156) luy, qui est un sens plus esloigné du mot & une façon de parler comme figurée. Au premier sens il faut dire, *s'approcher du Roy*, & au second, *approcher le Roy*, de sorte qu'*approcher* en cette derniere façon, signifie *estre en faveur, & en consideration auprés du Roy.* Il se dit aussi des Officiers qui ont l'honneur d'approcher le Roy à cause de leurs charges, quoy qu'ils ne soient point en faveur[625]. Au reste il faut remarquer, qu'*approcher* en cette signification, ne se dit que des Grands.

---

622 Dans le manuscrit : « En quoy l'on uoit que lors qu'on l'applique aux choses et non pas aux personnes on en use tout autrement, car on luy donne ~~un~~ <le> pronom ~~personnel~~ de la personne qui s'approche, lequel Pronom est Accusatif et puis ~~apres~~ on se sert de l'article defini que l'on ioint à la chose dont on s'approche. »

623 Dans le manuscrit : « Outre cela il y a encore cette difference, ~~entre~~ <notable> que iamais on ne peut user de ce uerbe auec les choses qu'auec le pronom personnel et l'article defini, qui ~~le~~ <en cet endroit comme en plusieurs autres> y tient lieu de preposition, mais on en peut user auec les personnes tout de mesmes qu'auec les choses, car on dira fort bien *approchez uous de moy, il s'est approché du Roy pour luy dire &c.* et qui plus est, ce seroit tres-mal dit *approchez moy*, et *Il a approché le Roy pour luy dire.* » Pour des exemples contemporains de l'usage du verbe *approcher* avec un complément d'objet direct, voir Haase (1935 : 127) et N. Fournier (1998 : 61). Ernst (1977 : 91) note que la construction *approcher quelque chose* est employée par Amyot (par exemple, *la ville de Rome, laquelle estoit difficile à approcher*), ainsi que par Chapelain, Molière et La Fontaine. Il conclut toutefois que, pour la plupart, les textes suivent les recommandations de Vaugelas.

624 Dans l'original : *qu'approcher.*

625 Cette phrase ne figure pas dans la version manuscrite.

Epithete mal placé[626]

Exemple[627], *en cette belle solitude, & si propre à la contemplation.* Je dis que le second epithete, *& si propre*, n'est pas bien situé, & qu'il le faut mettre ainsi, *en cette solitude si belle, & si propre à la contemplation*[628], parce que les deux adjectifs doivent tousjours estre ensemble, & jamais il ne faut mettre le substantif entre les deux adjectifs ; comme en cet exemple, *solitude*, est entre *belle*, & *si propre*. Cette reigle est importante pour la netteté du stile & de la construction. J'en ay fait une remarque, à cause que beaucoup de gens y manquent[629]. M. Coeffeteau n'y a jamais manqué, il escrivoit trop nettement[630] ; Ce n'est pas que quelquefois ce renversement n'ayt beaucoup de grace & (157) de force, mais cela est tres-rare, & il ne me vient point d'exemple pour le faire voir, c'est pourquoy il ne le faut faire que le moins que l'on pourra, & avec jugement.

Satifaire, satifaction

C'est depuis peu, que plusieurs personnes prononcent ainsi[631], au lieu de prononcer *satisfaire*, *satisfaction* avec l'*s* devant l'*f*, comme on doit aussi l'orthographier. Jusqu'icy sans doute c'est une faute de dire,

---

626 Il y a deux remarques manuscrites qui traitent de cette question, « *Epithete* mal placee » (f° 26r°) et « Adiectif » (f° 47r°). Dans la première, Vaugelas commence par noter qu'il s'agit d'une règle importante et passe ensuite à la considération de l'exemple *En cette belle solitude et si fauorable à la contemplation*. La deuxième observation est plus courte : « Iamais on ne doit mettre le substantif entre deux Adiectifs qui luy conuiennent si l'on ueut escrire nettement. ⁺ {⁺ Exemple. En cette belle saison et si propre à uoyager} ~~[…]~~. Ces deux Epithetes sont mal situez. » Notons que dans le titre de la remarque *épithète* est au masculin, tandis que dans le manuscrit il est au féminin, ce qui est conforme à la chronologie de l'usage proposée dans la remarque sur cette question (*R*p. 26).

627 Vaugelas pensait sans doute à cet exemple pris dans *Le Prince* de Balzac : *en cette paisible échole, et si favorable à la contemplation* (cité d'après Frantext).

628 Dans les marges du manuscrit (f° 26r°) Vaugelas ajoute : « ⁺ ou *qui est si belle et si fauorable &c.* ».

629 Il est donc probable que cette observation est plutôt prescriptive. Notons que, dans sa traduction des sermons de Fonsèque, Vaugelas écrit *une mauvaise fin & lamentable* (1615 : 173) ; pour d'autres exemples, voir Brunot (1905-1953 : III, 678).

630 La remarque manuscrite (f° 26r°) se termine ici. Urbain (1893 : 330) observe que Vaugelas se trompe dans son jugement et qu'on lit dans l'*Histoire romaine* de Coeffeteau, par exemple, *Ce nouveau nom et si salutaire à la république*, ou *ce fut un étrange arrêt et conçu d'une nouvelle façon*.

631 C'est à cause de cette chronologie que cette remarque ne figure pas dans le manuscrit. La question n'est traitée par aucun de nos grammairiens avant Vaugelas, mais la syncope de 's' est prise en compte par les réformateurs de l'orthographe (voir Thurot 1881-1883 : II,

satifaire, & *satifaction*, & la plus saine partie de la Cour, & des Autheurs, s'y oppose, & ne le peut souffrir ; mais je crains bien que dans peu de temps cette mauvaise prononciation ne l'emporte, parce qu'il est plus doux de dire, *satifaire*, & *satifaction* sans *s*, qu'avec une *s*, & la prononciation en est beaucoup plus aisée. Que si maintenant elle nous semble rude, c'est que l'oreille n'y est pas encore accoustumée. La mesme chose est arrivée à plusieurs mots, que nous avions en nostre langue escrits avec l'*s*, qui se prononçoit au commencement, & qu'on a supprimé depuis pour les rendre plus doux[632].

Unir ensemble[633]

C'est fort bien dit, on parle ainsi, & tous les bons Autheurs l'escrivent. M. Coeffeteau (158) en la vie d'Auguste, *Antoine*, dit-il, *& Lepidus s'estoient unis ensemble, d'une façon assez estrange*[634]. Plusieurs neantmoins le condamnent comme un Pleonasme, & une superfluité de mots, & soustiennent qu'il suffit de dire *unir*, sans ajouster *ensemble*, parce que deux choses ne peuvent pas estre unies, qu'elles ne soient ensemble. Par cette mesme raison ils ne peuvent souffrir que l'on die, *je l'ay veu de mes yeux*[635], *je l'ay oüy de mes oreilles*, *voler en l'air*, qu'Amyot dit si souvent aprés les anciens Autheurs Grecs & Latins, aussi bien qu'aprés son Plutarque[636]. *Orphée fut cruellement deschiré*, & autres semblables[637] ; Car dequoy voit-on, disent-ils, que des yeux, & de ses yeux ? voit-on sans yeux, ou des yeux d'autruy ? Et ainsi, oit-on si ce n'est des oreilles ? peut-on voler si ce n'est en l'air, ny une personne estre deschirée que cruellement ? Mais ce ne sont que ceux qui n'ont point estudié, & qui

---

320-321). Trente ans après Vaugelas, Richelet (1680) juge qu'« Il n'y a que les rafineurs ridicules qui disent *satifaction* ».

632 Vaugelas invoque la douceur pour expliquer ce processus typique du changement phonétique du français.

633 La rubrique « Pleonasme » existe dans le manuscrit (f° 48v°) mais avec un simple renvoi à la très longue remarque intitulée « Vnir ensemble » (f° 94v°-95r°). Dans les grandes lignes, le texte de cette observation manuscrite est assez proche de la version publiée, mais elle se termine par quelques passages qui n'y apparaissent pas (voir ci-dessous).

634 Coeffeteau, dans l'*Histoire romaine* (1621 : I, 18).

635 Dans l'original : *yenx*.

636 Par exemple, dans son *Plutarque*, Amyot écrit : *c'est que les prestres nous ont rapporté, que lon a veu voler en l'air une allouette avec un armet doré* (1587 [¹1572] : f° 92v°).

637 *Cf.* Amyot (1587 [¹1572] : f° 240°) : *Mais quant à Toredorix, aiant esté cruellement massacré de plusieurs coups, il fut jetté aux chiens sans sepulture.*

n'ont nulle connoissance des anciens Autheurs, dont l'exemple sert de loy à toute la posterité, qui blasment ces façons de parler[638]. Il ne faut qu'avoir une legere teinture des bonnes lettres, pour n'ignorer pas combien ces locutions sont familieres à tous ces grands hommes, que l'on revere depuis tant de siecles. Terence qui passe sans contredit pour le plus exact & le plus pur de tous les Latins, ne feint point de (159) dire, *Hisce oculis egomet vidi*[639], où[640] cét *egomet* qu'il ajouste, semble encore un nouveau surcroist de Pleonasme. Et l'incomparable Virgile ne dit-il pas si souvent, *Sic ore locutus, il parla ainsi de la bouche*; *Vocemque his auribus hausi, je l'ay oüy de mes oreilles*[641] ? Ciceron, & tous les Orateurs, en sont pleins aussi bien que les Poëtes[642]. Et cela est fondé en raison, parce que lors que nous voulons bien asseurer & affirmer une chose, il ne suffit pas de dire simplement, *je l'ay veu, je l'ay oüy*, puis que bien souvent il nous semble d'avoir veu & oüy des choses que si l'on nous pressoit d'en dire la verité, nous n'oserions l'asseurer[643]. Il faut donc dire, *je l'ay veu de mes yeux, je l'ay oüy de mes oreilles*, pour ne laisser aucun sujet de douter, que cela ne soit ainsi : tellement qu'à le bien prendre, il n'y a point là de mots superflus, puis qu'au contraire ils sont necessaires pour donner une pleine asseurance de ce que l'on affirme. En un mot, il suffit que l'une des phrases die plus que l'autre, pour eviter[644] le vice du Pleonasme, qui consiste à ne dire qu'une mesme chose en paroles differentes & oysives, sans qu'elles ayent une signification ny plus estenduë, ny plus forte, que les premieres.

Mais ces Messieurs pourront repartir, que si cela est vray aux deux phrases que nous venons d'examiner, il ne l'est pas en ces deux (160)

---

638 Rappelons toutefois que c'est précisément le public visé par Vaugelas dans ses *Remarques*.

639 Térence, *Les Adelphes*, Acte III, scène 2, v. 329 (« moi-même je l'ai vu de ces yeux-ci »).

640 Dans l'original : ou.

641 Virgile, *Énéide*, livre 9, v. 319 ; livre 4, v. 359.

642 Dans le manuscrit (f° 95r°) : « Et affin qu'on n'obiecte pas que ce sont des licences poetiques, ie soustiens que les Orateurs en usent aussi bien souuent, mais il ne me souuient pas maintenant des ~~passages~~ <exemples> qui s'en pourroient alleguer. Outre que Terence a la diction urayement latine, et non pas poetique ni licentieuse. A ces authoritez des bons Autheurs il faut aiouster la raison par laquelle ilz ont creu pouuoir parler ainsi, et par laquelle aussi nous le pouuons aussi bien qu'eux. »

643 Dans le manuscrit : « Car puis que les paroles ne sont en usage que pour bien exprimer les intentions de l'ame, il est certain qu<e>~~'il~~ ie n'asseureray pas si bien une chose en disant simplement *Ie l'ay ueu, ie l'ay oüy* qu'en aioustant *Ie l'ay ueu de mes yeux*, *Ie l'ay oüy de mes oreilles* [...]. »

644 Dans l'original : evirer.

autres, *voler en l'air*, & *cruellement deschiré* ; Car que peut, disent-ils, signifier davantage *voler en l'air*, que *voler* tout seul, & *cruellement deschiré*, que *deschiré* simplement ? Je respons, que la parole n'est pas seulement une image de la pensée, mais de la chose mesme que nous voulons representer[645], laquelle je representeray beaucoup mieux en disant, *les oyseaux qui volent en l'air*, que si je ne faisois que dire, *les oyseaux qui volent*. Il est vray, qu'il faut que cela se face avec jugement, y ayant des endroits où il feroit une agreable peinture, & d'autres, où l'on ne le pourroit souffrir. Et quand je diray *cruellement deschiré*, j'exposeray bien mieux aux yeux de l'esprit, l'horreur de cette action, & rendray l'objet bien plus sensible & plus vif, que si je ne disois que *deschiré* ; Car comme le son de la voix lors qu'il est plus fort, se fait mieux entendre à l'oreille du corps, aussi l'expression, quand elle est plus forte, se fait mieux entendre à l'oreille de l'esprit[646]. En fin toutes les langues ont de ces façons de parler, tous

645 Vaugelas exprime ici son attitude concernant le rapport entre les mots, la pensée et la réalité extralinguistique.

646 Il y a quelques passages dans le corps du texte du manuscrit, ainsi que dans les marges (dont quelques-uns sont écrits de façon oblique), qui ne sont pas repris dans la version finale : « ϴ Et pour cette mesme raison ne dit on pas, et n'escrit on pas à toute heure *Perir miserablement* quoy qu'au milieu de la gloire mesme on ne puisse iamais perir autrement que miserablement ? Il y a beaucoup d'autres Aduerbes dont on peut dire la mesme chose.+ {+ on dit aussi *Signer de son propre sang*[,] *de son propre mouuem*[*ent*], *en son fait propre* qui est sans doute plus emphatique et plus fort que de dire simplement *signer de son sang* <*&c.*>, mais c'est à faire au iugement de discerner quand il faut plustost user de l'un que de l'autre. Certes comme un excellent iouëur d'instrument [~~…~~] <encor qu'il ne pince qu'une mesme corde> et qu'il ne forme qu'un mesme son touche neantmoins la corde tantost plus fort et tantost plus doucement selon que l'art luy enseigne les endroits ou il faut qu'il face l'un et l'autre, ainsi encore qu'en disant *signer de son sang* ou *de son propre sang* on ne *} * signifie qu'une mesme chose, si est ce qu'il y a des endroits que les Maistres de l'Eloquence scauent bien discerner, ou il est beaucoup mieux d'user de l'un que de l'autre, selon qu'ilz iugent à propos d'exprimer la chose <auec> plus ~~forte~~ ou moins de force. ϴ {ϴ On peut encor mieux faire entendre cela par la comparaison des lunettes, sans lesquelles plusieurs ne laissent pas de ~~uoir~~ <lire> et ~~de lire les mesmes choses et~~ <uoir> les mesmes obiets, mais ilz les uoyent mieux encore auec les lunettes, n'y ayant point de doute que comme la ueüe et l'oüye du corps reçoiuent diuers degrez de faculté, auec lesquels on uoit ou l'on oyt plus ou moins parfaitem[ent], aussi la conoisance et l'intelligence de l'esprit uoit et entend les choses auec plus ou moins de perfection. [~~…~~] Au reste il faut bien prendre garde à ne confondre point la *Macrologie* qu'ilz appellent auec le *Pleonasme*, car celle là est tousiours un uice, et celuy-cy ne l'est ~~pas tousiours~~ <que> quelquefois. La *Macrologie* est comme de dire *les ambassadeurs n'ayants peu faire la paix s'en retournerent en leurs maisons, d'ou ilz estoient uenus*. Il suffit de dire ou l'un ou l'autre seulem[ent], ou *en leurs maisons* ou *d'ou ilz estoient uenus*. La *Tautologie* qu'ilz appellent luy ressemble fort encore. Le Pleonasme est uicieux, quand on s'en sert en des façons de parler, qui ne sont pas en usage ≠ // ≠ comme si ie disois *Ie dois bien auoir soif, car il y a long temps que ie parle de ma bouche*. Encor que Virgile

les bons Autheurs Grecs & Latins, anciens & modernes s'en servent, non par une licence, ou par une negligence affectée, mais comme d'une plus forte maniere de s'exprimer, & tout ensemble comme d'un ornement[647]. Qu'y a-t-il à repliquer aprés cela ?

(161)

Souvenir

Je me souviens, & *il me souvient*, sont tous deux bons, mais *je me souviens*, me semble un peu plus usité à la Cour. Nos bons Autheurs en usent indifferemment[648].

Temple feminin

La temple, cette partie de la teste, qui est entre l'oreille & le front[649], s'appelle *temple*, & non pas *tempe*, sans *l*, comme le prononcent & l'escrivent quelques-uns, trompez par le mot Latin, *tempus*, d'où il est pris, qui signifie la mesme chose.

---

et les autres poetes latins ayent dit *ore locutus*, si est ce que cela n'estant pas en usage en nostre langue ni en prose ni en uers, il seroit tres-mauuais. Mais aux exemples que nous auons alleguez <qui sont tous en usage> ausquels nous pouuons encore aiouster [ceux] cy ~~aimer~~ *<ie> l'aime d'amour, à ses pro[pres] cousts et despens. Il n'a pas pardoné [à son pro]pre filz &c.* il est tres-bon et tres-elegant.} Mais c'est assez sur ce suiet, qu'il falloit esclaircir une fois pour toutes <à plein fond> à cause du grand nombre de gents qui ont accoustumé de reprendre mesmes auec ~~[...]~~ <risee> ceux qui parlent ainsi, comme s'ilz disoient la plus grande sottise ~~[...]~~ <du monde>. »

647 Pour une liste de remarques dédiées aux questions stylistiques, voir Annexe III.

648 Cette dernière phrase ne figure pas dans la version manuscrite (f° 87r°). Avant Vaugelas, Oudin (1640 : 142-143) suggère qu'il y a une différence sémantique entre les deux constructions (« *je me fasche*, est un sens actif, et *il me fasche*, est passif, *on me fasche*, de mesme. Quelques personnes toutefois confondent improprement cette construction en plusieurs endroits, comme lorsqu'on dit, *il me souvient*, et *je me souviens* ; *il m'ennuye*, et *je m'ennuye*, et autres semblables ») ; mais, à la fin du siècle, Richelet (1680) et l'Académie (1694) notent simplement la variation. Les deux constructions sont attestées dans Frantext pour la période 1600-1647 avec une préférence pour la construction impersonnelle (*je me souviens* : 69 ex. ; *il me souvient* : 126 ex.).

649 La courte remarque manuscrite (f° 91r°) ne contient pas la définition du mot. À la fin du siècle, Richelet (1680) et Furetière (1690) n'admettent plus que la forme *temple*, et seule l'Académie (1694) note *tempe*, tout en renvoyant le lecteur à l'entrée *temple*. *Cf.* Thurot (1881-1883 : II, 266). Les exemples de *tempe* sont rares dans Frantext (1600-1647) ; Urfé l'utilise dans son *Astrée* : *Alexis la druide, continua-t'elle, fille du sage Adamas, qui se trouva en ce lieu, luy donna un si grand coup de poing sur une tempe, qu'elle l'estourdit si fort, qu'il fut contraint de me quitter* (1627).

En suite de quoy

Cette façon de parler est Françoise, & ordinaire, mais elle ne doit pas estre employée dans le beau stile, d'où nos bons Autheurs du temps, la bannissent[650].

Sans

Cette preposition ne veut jamais avoir aprés elle, ny immediatement, ny mediatement, la particule *point*[651] ; Car encore qu'on ayt accoustumé de dire, *sans point de faute*, (162) c'est une façon de parler de la lie du peuple, dont les honnestes gens n'ont garde de se servir, & beaucoup moins encore, les bons Escrivains ; C'est pourquoy un des plus celebres que nous ayons, a esté justement repris d'avoir escrit, *sans point de nuages, sans point de Soleil*[652].

Survivre[653]

Ce verbe regit le datif, & l'accusatif tout ensemble, comme, *il a survescu tous ses enfans*, & *il a survescu à tous ses enfans*. Il depend aprés

650 Cette observation ne figure pas dans le manuscrit. L'expression n'est incluse dans aucun des dictionnaires de notre corpus, mais on trouve deux exemples dans Frantext pour la période 1600-1647. Le premier provient du *Discours de la méthode* de Descartes (*En suite de quoy faisant reflexion sur ce que je doutois, et que par consequent mon estre n'estoit pas tout parfait [...]*, 1637), le second de l'*Apologie du théâtre* de Scudéry (*en suite de quoy, Lucius et Cinna, la firent tournoiante sur des pivots, pour changer selon le subjet toute la face du theatre*, 1639).

651 *Cf. R*p. 407.

652 La remarque manuscrite (f° 86v°), qui est plus courte et ne contient pas la discussion de *sans point de faute*, indique que ce célèbre écrivain est Malherbe (p. 489). Si les dictionnaires de Robert Estienne (1549) et de Nicot (1606) maintiennent toujours l'expression, Richelet, en 1680, réitère la critique de Vaugelas. Il n'y a que 13 exemples de *sans point de* dans Frantext pour la période 1600-1647 (dont près de la moitié proviennent d'Urfé) ; dans la deuxième moitié du siècle il n'en reste que deux (Daillé 1651, La Bruyère 1696).

653 La remarque manuscrite (f° 87v°) est très brève : « *Suruiure* regit le datif et l'accusatif. » Les grammairiens de notre corpus avant Vaugelas ne traitent pas de la construction du verbe. Par ailleurs, tous les dictionnaires monolingues de la fin du siècle notent les deux constructions, mais l'Académie, dans son dictionnaire ainsi que dans son commentaire sur cette remarque, juge que « ce verbe a plus souvent le regime du datif » (1704 : 182). Il est à noter que l'Académie critique aussi l'usage transitif du verbe dans la traduction faite par Vaugelas de la vie d'Alexandre de Quinte-Curce (Ayres-Bennett et Caron 1996 : 150). Pour des exemples transitifs de ce verbe, voir Haase (1935 : 138) et N. Fournier (1998 : 61).

cela de l'oreille, de mettre tantost l'un, tantost l'autre, selon qu'elle le juge plus à propos.

Mais que

Mais que, pour *quand*, est un mot, dont on use fort en parlant, mais qui est bas, & qui ne s'escrit point dans le beau stile[654]. Par exemple, on dit à toute heure, & mesme à la Cour, *venez-moy querir mais qu'il soit venu*, pour dire, *quand il sera venu*. Un de nos plus fameux Escrivains[655] a dit, *l'affection avec laquelle j'embrasseray vostre affaire, mais que je sçache ce que c'est, vous fera voir, &c.*[656] Il affectoit toutes ces façons de parler populaires, en quelque stile que ce fust, lesquelles neantmoins (163) ne se peuvent souffrir qu'au plus bas & au dernier de tous les stiles.

Allusion de mots[657]

Il n'en faut pas faire profession, comme a fait un des plus grands hommes de lettres de nostre siecle, qui en a parsemé toutes ses œuvres[658]. Toute affectation est vicieuse, & particulierement celle-cy. Mais quand l'allusion se presente d'elle mesme, sans qu'on la recherche, ou qu'il

654 Dans le manuscrit (f° 62r°), la distinction entre l'usage parlé et l'usage écrit est faite d'une façon beaucoup plus nette et Vaugelas critique explicitement Malherbe pour avoir utilisé à l'écrit des expressions qui ne conviennent qu'à l'usage parlé : « *Mais que* pour *quand* est un mot dont on use extremement en parlant mais qui ne s'escrit iamais, par exemple on dit *Venez moy querir mais qu'il soit uenu*, et quiconque parlera ainsi ne parlera point mal, au contraire il semble qu'il parlera mieux et plus à la mode de la Court que s'il disoit, *venez moy querir quand il sera uenu.* Et cependant ce dernier s'escrit, et se doit escrire, et l'autre ne s'escrit iamais. C'est encore icy un exemple de ces façons de parler, qui sont bonnes à dire, et ne ualent rien à escrire, en quoy M de Malh. s'est bien souuent trompé, et mesmes en ce mot p. 548 <+ mais que ie scache ce que c'est.> {+ l'affection auec laquelle i'embrasseray u[ot]re affaire mais que ie scache ce que c'est, uous tesmoignera que uous deuiez aller auec plus de liberté} ». Oudin (1640 : 271) avait déjà jugé *mais que* « vulgaire » dans sa grammaire. Comme c'est souvent le cas, Richelet (1680) suit le jugement de Vaugelas, tandis que Furetière (1690) note que *mais* « estoit autrefois un adv[erbe] de temps ».

655 La Clef de Conrart identifie correctement Malherbe. Pour d'autres exemples, voir Brunot (1905-1953 : III, 391) et Haase (1935 : 376).

656 Il est toutefois possible que *mais que* ait ici le sens de *pourvu que*, courant en ancien et en moyen français.

657 Il s'agit des jeux de mots. La remarque manuscrite (f° 47r°) contient les mêmes conclusions et les mêmes exemples, mais la discussion est plus brève.

658 Comme le note Chassang (1880 : I, 269), il semble qu'ici Vaugelas désigne Guez de Balzac.

semble qu'on ne l'a pas recherchée, elle est tres-bonne, & tres-agreable. Il est vray, que mesmes de cette façon, il en faut user rarement, mais si l'on n'en use que lors qu'elle se rencontre à propos, il ne faut pas craindre d'en user souvent ; car ces rencontres sont rares. Ciceron ne l'a pas evitée. Il dit en l'Oraison *de Provinc. Consul. Bellum affectum videmus, & vere ut dicam, pene confectum*, & s'y opiniastrant encore, il ajouste immediatement aprés, *sed ita, ut si idem extrema exequitur qui inchoavit, jam omnia perfecta videamus*[659]. Infailliblement disant *perfecta*, il a voulu continuer la figure, parce qu'il fait encore cette mesme allusion un peu plus bas, *nam ipse Cæsar*, dit-il, *quid est cur in Provincia commorari velit, nisi ut ea quæ per eum affecta sunt, perfecta Reipublicæ tradantur*[660] *?* M. Coeffeteau qui la fuyoit avec autant (164) de soin, que les autres en apportent à la chercher, n'a pas laissé de s'en servir quelquefois de fort bonne grace, comme par exemple en la vie d'Auguste, où il dit *mais depuis on fit courir le bruit qu'il avoit fait mourir les deux Consuls, afin qu'ayant deffait Antoine, & s'estant deffait d'eux, il eust seul les armes victorieuses en sa puissance*[661]. L'allusion de ces mots, *ayant deffait Antoine, & s'estant deffait d'eux*, est d'autant plus belle, qu'elle consiste au mesme mot *deffait*, dans deux significations differentes, selon leurs differens regimes. Certainement quand cette figure se presente, & que les paroles qu'il faut necessairement employer pour expliquer ce que l'on veut dire, font l'allusion, alors il la faut recevoir à bras ouverts, & ce seroit estre ingrat à la fortune, & ne sçavoir pas prendre ses avantages, que de la rejetter.

Precipitément, ou *precipitamment*.
Armez à la legere, legerement armez[662]

659 *De Provinciis Consularibus*, VIII, 19 (« Nous voyons la guerre avancée et, pour dire la vérité, presque achevée, mais c'est seulement à condition que celui qui la commença la poursuive à la fin, que nous verrons bientôt que le résultat est final »).

660 *Ibid.*, XII, 29 (« Car pour quelle raison César voudrait-il s'attarder dans son province, si ce n'est pour rendre à l'État dans une condition parfaite un ouvrage sur lequel il travaille ? »).

661 *Histoire romaine* (1621 : I, 14).

662 Ces questions sont abordées dans deux observations distinctes du manuscrit, « *Precipitément, precipitamment* » (f° 48v°) et « *Legerement armé*, et *armé à la legere* » (f° 59v°). Dans la première remarque, Vaugelas tolère moins bien la forme *precipitément* : « Ie doute qu'il soit bon, quoy que plusieurs le disent, <mais> quand il seroit bon *Precipitamment* est sans doute meilleur ». Dans la deuxième observation, Vaugelas s'appuie sur l'usage de ses autorités : « *Legerement armé*, et *armé à la legere* sont tous deux bons, mais il me semble que M. Coeff. dit ordinairem[ent], *legerem[ent] armé*. M. de Malh. dit l'un et l'autre ».

Precipitément, est bon, mais *precipitamment* est beaucoup meilleur, & j'en voudrois tousjours user[663]. On dit aussi, *armez à la legere*, & *legerement armez*. Neantmoins le premier est un peu plus en usage, mais pour diversifier il se faut servir de tous les deux[664].

(165)

Monsieur, Madame

Il n'y a rien qui blesse davantage l'œil & l'oreille, que de voir une Lettre qui aprés *Monsieur*, ou *Madame*, commence encore par l'un ou par l'autre, & quand il y a deux *Monsieur*, ou deux *Madame*, de suite, c'est encore pis. Cela est si clair, qu'il n'en faut point donner d'exemple. J'en fais une remarque, parce que je vois plusieurs personnes qui y manquent, quoy que d'ailleurs ils escrivent bien[665].

Asseoir

Ce verbe se conjugue ainsi au present de l'indicatif, *je m'assieds*[666], *tu t'assieds, il s'assied, nous nous asseions, vous vous asseiez, ils s'assient*, &

---

663 *Cf. R*p. 442-444. Si Chiflet (1659 : 111) préfère toujours *precipitément*, l'Académie en 1704 n'accepte plus que *precipitamment*. Il n'y a aucune attestation de *precipitément* dans Frantext (1600-1647).

664 Vaugelas n'adopte donc pas une position prescriptive dans ce cas. Dans sa traduction de Quinte-Curce, Séguier emploie l'expression *legerement armés* (Séguier 1598 : 39), mais dans sa propre version Vaugelas utilise plutôt *armez à la legere* (par ex. Vaugelas 1653 : 349 ; 1659 : 345).

665 Cette dernière phrase ne figure pas dans la version manuscrite (fº 62vº). Ménage (1675 : 394-396) condamne cette observation en faisant un parallèle entre l'usage dans la conversation et dans les lettres : « Je ne suis pas de l'avis de M. de Vaugelas : et selon moi, c'est estre dégouté plustost que délicat, de ne pouvoir souffrir ces petites négligences. Les Lettres sont l'image de la conversation : et dans la conversation on ne fait point de difficulté d'employer ces mots de suite. Un Gentilhomme envoyé de la part d'un Prince ou d'une Princesse vers un autre Prince ou une autre Princesse, ne commence-t'il pas ordinairement son compliment en ces termes : *Monsieur, Monsieur le Prince tel vous baise tres humblement les mains : Madame, Madame la Princesse telle m'a commandé de venir apprendre de vos nouvelles* ? Et qui doute que ce ne soit bien parler ? Ou plustost, qui doute que ce ne fust mal parler que de ne parler pas de la sorte ? [...] Nos yeux ne sont point blessez, ny nos oreilles offensées de la suscription ordinaire de nos Lettres, *A Monsieur, Monsieur tel : A Madame, Madame telle*. On peut donc fort bien, aprês le mot de *Monsieur*, ou celui de *Madame*, commencer une lettre par ces mesmes mots : et d'autant plus, que ce *Monsieur* et ce *Madame*, n'estant mis à la teste de la lettre que par honneur et pour satisfaire à la coutume, ils ne se lisent et ne se prononcent presque jamais. » L'Académie (1704 : 185) toutefois suit l'opinion de Vaugelas.

666 Dans la remarque manuscrite « *Asseoir* pour *sedere* » (fº 47vº), Vaugelas recommande aux lecteurs d'éviter la forme *je m'asseois*, « comme disent quelques uns se fondants sur

non pas, *ils s'asseient*[667]. Au preterit imparfait, *je m'asseiois, tu t'asseiois, il s'asseioit, nous nous asseions, vous vous asseiez* ; (Ces deux personnes du pluriel sont semblables aux deux plurieles du present) *ils s'asseioient*[668]. Mais ce temps n'est gueres en usage[669]. On se sert d'ordinaire en sa place du mot de *mettoit*, comme *il se mettoit tousjours là, nous nous mettions tousjours là*, quand *s'asseoir* veut dire, *se placer* ; & lors qu'il veut dire, *se reposer*, on se sert de ce verbe mesme pour l'exprimer, comme *aprés quatre tours d'allée il se reposoit tousjours* ; Ce (166) n'est pas pourtant que l'on ne puisse dire aussi, *s'asseioit*, mais il est moins usité. A l'imperatif pluriel, il faut dire, *asseiez-vous*, & non pas *assisez-vous*, comme disent une infinité de gens, ny *assiez-vous*, qui est neantmoins moins mauvais,

---

une tres-mauuaise raison qui est que l'on dit *asseoir* à l'infinitif, car il n'y a point de consequence <ni de rapport> necessaire entre l'Infinitif et le theme de l'Indicatif, c'est à dire la premiere personne du present de l'Indicatif, tesmoing *venir*, *appartenir*, qui ont *viens*, *appartiens*, ou il se fait une transposition de<s> Voyelles *I* et *E* ». En 1606, Masset propose encore les formes *je m'assié* et *je m'assoy* (1606 : 24) et Mauger (1684 : 128) offre toujours la forme *je m'assié*, mais à partir de Vaugelas les formes modernes du singulier du présent sont en général établies.

667 Si dans le manuscrit Vaugelas préconise les mêmes formes pour le singulier du présent de l'indicatif, il y offre des alternatives pour les formes du pluriel : « *nous nous asseons*, ou *assions* qui est meilleur ~~Ilz s'assie~~ *uous uous asseez* ou *assiez*, qui est meilleur <*Ils s'assent* [*sic*] ou> *Ils s'assient*, ~~non s'asse~~ <qui uaut mieux> et moins *s'assisent* comme disent les Parisiens, car d'ou se pourroit former *Assisent* et d'ou luy uiendroit cet *S* qu'il n'a en aucun autre temps de sa coniugaison ». Pour la troisième personne du pluriel, Vaugelas préfère toujours *ils s'assient* à la forme analogique *ils s'asseient*, et cette forme est encore proposée par Chiflet (1659 : 80) et Irson (1662 : 64), mais l'Académie (1704 : 187) s'aligne sur l'avis de la plupart des remarqueurs en ne tolérant plus que la forme *ils s'asseient*.

668 Dans le manuscrit : « Preterit imparfait *Ie m'asseois*, ou *Ie m'assiois*, *tu t'asseois*, ou *assiois*, *Il s'asseoit*, ou *assioit*, *nous nous asseions*, non *assions* pour le distinguer du Present, *uous uous asseiez*, non *assiez* pour la mesme raison, et *s'asseoient* et *s'assioient.* » Il n'y a pas de commentaire dans le manuscrit sur la fréquence de l'usage de ce temps verbal. Vaugelas y dresse la liste des formes du passé simple, du passé composé et du futur ; ce passage est peut-être éliminé de la version publiée, parce que, comme le dit Vaugelas lui-même, les deux premiers temps au moins ne posent pas de problème : « Le Preterit defini *Ie m'assis, tu t'assis, il s'assit, nous nous assismes, uous uous assistes, ilz s'assirent.* Il n'y a point de difficulté en celuy là, et moins encore <à l'Indefini> ~~en~~ *Ie me suis assis, tu t'es assis &c.* Au Futur *Ie m'assiray*, ~~ou asseeray~~ <non *asseeray*, ni *Assoirray*> (comme il y en a qui disent *Voirray* pour *Verray*, parce qu'il y a *Voir* à l'Infinitif) *tu t'assiras, il s'assira, nous nous assirons*, non *asseerons*, ni *assoirrons*, ni *assierons*, quoy qu'*assierons* se pourroit dire, mais il est plus elegant d'oster l'*E*, comme l'on fait à *Remerciment*, pour *Remercieme*[*nt*,] *uous uous assirez, ilz s'assiront.* »

669 La rareté de l'usage de cette forme explique-t-elle l'incertitude ? Il est à noter que Vaugelas ne maintient pas la distinction entre le présent et l'imparfait dans son choix des formes pour les deux premières personnes du pluriel. Ménage (1675 : 249) et l'Académie (1704 : 187) la rétablissent en proposant *nous nous asseiions*, *vous vous asseiiez*.

qu'*assisez-vous*[670]. Au subjonctif, il faut dire, *asseie*, & *asseient* au pluriel, & non pas *assient*, & bien moins encore *assisent*, comme *asseions-nous*, *afin qu'il s'asseie*, ou *qu'ils s'asseient*[671]. Au gerondif, ou au participe *s'asseiant*, & non pas *s'asseant*, quoy que le simple soit *seant*, & non pas *seiant*, parce que le simple & le composé ne se rapportent pas tousjours[672] ; comme l'on dit, *maudissoit* avec deux *s*, & *disoit* avec une *s*, bien qu'il n'y ayt point de doute que *maudire* est le composé de *dire*. Ainsi l'on dit *decidé*, & *indecis*, sans dire, ny *decis*, ny *indecidé*. On dit *s'asseiant*, & non pas *s'asseant*, parce que ce temps se forme de la premiere personne pluriele du present de l'indicatif, qui est *asseions*, & non *asseons*.

Soy, de soy[673]

Beaucoup de gens, & de nos meilleurs Escrivains disent, par exemple, *ces choses sont indifferentes de soy*. On croit que c'est mal parler, & qu'il faut dire *sont indifferentes d'elles mesmes*. Et là dessus j'ay oüy faire cette observation, qui est comme je crois, veritable, (167) que lors que *de soy* est aprés l'adjectif pluriel, comme en l'exemple que nous venons de

---

670 Dans le manuscrit : « A l'Imperatif *Assiez uous*, <ou *asseez uous*> non *Assisez uous*, et au singulier *Assis toy*, ou *assieds toy*, mais *assis toy* est meilleur, *qu'il s'assie*, et *qu'ilz s'assient*, non *qu'ilz s'asseent*, ni *qu'ilz s'assisent* ».

671 Dans le manuscrit : « Opt. et Subi. *Pleust à Dieu que ie m'assisse, tu t'assisses, il s'assist, nous nous assissions, uous uous assissiez, ilz s'assissent*, il est uray que <tout> ce pluriel et la premiere et seconde personne du singulier est un peu rude à cause du redoublement des *S*, et seroit bon de les euiter par circonlocution en disant *que nous peussions*, ou *uoulussions nous asseoir*, et ainsi des autres personnes. Et au subiunctif. *affin que ie m'assie, tu t'assies, il s'assie* non *assee*, ni *assise*, *nous nous assiions* auec deux *Il* à difference d'*Assions* du present de l'Indic. *uous uous assiiez, ils s'assîent*. Pour le redoublement de l'*I* en certains temps icy Voyez Verbe sur l'Optatif et le Conionctif <ou Subiunctif>). »

672 Dans le manuscrit : « gerondif *s'asseant*, ou *s'assiant* : Voyez le uerbe simple *seoir*, dont *asseoir* est composé ». La question du rapport entre les formes simples et composées est traitée dans une autre observation du manuscrit (« Simple et composé », f° 85r°) : « *Simple et composé* ne se rapportent pas tousiours, par exemple on dit *Decidé* et *Indecis*, et l'on ne dit ni *Decis*, ni *Indecidé*. On dit *maudissoit* auec deux *SS* et *Disoit* qui est le simple auec une *S* seule, car qui peut douter que *Maudire* ne soit composé de *Dire* ? »

673 Comme l'indique son titre (« *Soy-mesme* », f° 86r°), la remarque manuscrite se focalise sur un usage différent : « *Soy-mesme* Voicy une façon de parler, ou M de Malh. a accoustumé de faillir, par exemple il dit aux B. *Il faut rechercher les choses qui sont honestes de soy-mesme.* Qui ne uoit qu'il faut dire *d'elles mesmes*, <Et> quoy [que] l'on die *ces choses là de soy sont indifferentes*, neantmoins quand on y aiouste *mesmes* il faut dire *d'elles mesmes*. Il faut chercher la raison de cela, et uoir s'il y en a une ou si ce n'est que l'usage. » Vaugelas revient sur cette question dans la remarque « *Soy*, pronom » (*R*p. *491), où il note que *soi* ne se rapporte pas d'habitude à un nom pluriel.

donner, il est vicieux, mais quand il est devant, il est tres-bien dit ; car nous disons tous les jours, *de soy ces choses sont indifferentes*, & *ces choses de soy sont indifferentes*, mais *ces choses sont indifferentes de soy*, la pluspart condamnent cette locution ; En quoy il faut avoüer que c'est une bizarre chose que l'Usage, & qu'en voicy un bel exemple[674]. J'ay dit *la plus-part*, à cause qu'il y en a qui ne condamnent pas *indifferentes de soy*, mais ils confessent que *d'elles mesmes*, est mieux dit, c'est pourquoy il faut tousjours choisir le meilleur.

Tomber aux mains de quelqu'un[675]

Cette phrase est si familiere à plusieurs de nos meilleurs Escrivains, qu'il est necessaire de faire cette remarque, afin que l'on ne se trompe pas en les imitant[676]. Avant que la particule *és*, pour *aux*, fust bannie

---

674 Si dans le manuscrit Vaugelas cherchait encore une explication pour cet usage, dans le texte imprimé il conclut qu'il n'y en a pas. Sur la concurrence entre *soi* et *lui*, voir, par exemple, N. Fournier (1998 : 193-194).

675 Il y a deux remarques manuscrites qui traitent de cette construction. La première (« *Tomber aux mains* », f° 91r°), critique explicitement un exemple de Malherbe : « *Tomber aux mains des Turcs* dit Malh. p.486, il a mis ailleurs *Tomber és mains*. Ie doute que la phrase soit françoise. Il me semble qu'il faut dire *tomber entre les mains*. » L'objectif de la deuxième remarque manuscrite (« *Es* », f° 26v°), où un exemple de *tomber ès mains* est cité, est différent de celui de la version publiée : « *És* est banni de n[ot]re langue par les bons Escriuains et M. de Malh. mesme l'a condamné auec M. Coeff. en ma presence. Neantmoins Malh. dit B. p. 15 *Si apres cela il tombe és mains des ennemis*. Ie ne luy en ay ueu user que là. » [La citation se lit en réalité, *si aprés cela il tombe és mains d'un autre ennemy* (Malherbe 1631 : I, 15)]. Il y a une troisième observation plus longue et plus générale sur la perte de *ès* (« *És* pour *aux* », f° 28r°) : « *És* est encore un mot que ceux qui font une estroite profession d'escrire purement, ont banni <de n[ot]re langue> ne se seruants plus que d'[*aux*. V]ous ne trouuerez iamais *És* ni dans M. Coef. ni dans M. de M[...] I'auoüe que i'ay regret à sa perte, car outre qu'il me sembloit bien doux, ie l'aimois encore parce qu'il seruoit à distinguer l'ablatif d'auec le datif, et par consequent à empescher beaucoup d'equiuoques et d'obscuritez qui en peuuent naistre, au lieu que maintenant il faut employer *aux* pour l'un et pour l'autre. Il me plaisoit encor dauantage à en user comme faisoient quelques uns, à sçauoir auec les noms feminins seulement, ausquels il sembloit deuoir estre affecté, et *aux* n'eust serui qu'aux masculins. Cela ne s'obseruoit neantmoins que de peu de gents et des plus exacts. Ce qui a meu ces Messieurs à ne [...] <le> plus [...] escrire, c'est qu'en effet on ne le dit plus à la Court, suiuants en cela cette reigle generale qui n'a point d'exception, que l'on ne peut plus escrire ce qui ne se dit plus. Tout ce qui se dit, ne se doit pas escrire, mais rien ne se peut escrire, qui ne se die. Ainsi ces deux propositions ne sont pas reciproques. »

676 Il y a un seul exemple de *tomber aux mains de* dans Frantext pour la période 1600-1647 chez Scudéry (1640). Les dictionnaires de Robert Estienne (1549) et de Nicot (1606) ne donnent que l'expression *tomber entre les mains*, et en 1680 Richelet réitère le jugement de Vaugelas.

du beau langage[677], on disoit, *tomber és mains*, depuis on a dit, *tomber aux mains*, mais ny l'un ny l'autre ne valent rien, & il faut tousjours dire, *tomber entre les mains de quelqu'un*[678]. L'usage moderne le veut ainsi. *Tomber és mains*, est particulierement de Normandie[679].

(168)

Quand il faut dire, grande *devant le substantif, ou* grand' *en mangeant l'*e[680]

Par exemple on dit, *à grand' peine*; *Il nous a fait grand' chere*, & non pas *à grande peine*[681], ny *grande chere*. Et neantmoins on dit, *c'est une grande meschanceté, une grande calomnie*, & non pas *une grand' meschanceté, une grand' calomnie*. Comment est-ce donc que l'on connoistra quand il faudra mettre l'*e*, ou ne le mettre pas ? Il n'y a point d'autre reigle que celle-cy, *Qu'il y a certains mots comme consacrez à cette elision, où l'on dit grand' avec l'apostrophe*, comme *à grand' peine, grand' chere, grand' mere, grand' pitié, grand' Messe, la grand' Chambre*, & plusieurs autres de cette nature, qui ne se presentent pas maintenant à ma mémoire[682] ; mais en ceux où l'Usage n'a pas estably cette elision, il ne la faut pas faire, comme aux exemples que j'ay donnez, *une grande meschanceté, une grande calomnie, une grande sagesse, une grande marque*. A quoy il est necessaire d'ajouster, que le nombre des substantifs feminins, devant lesquels il faut dire *grande*, sans elision, est incomparablement plus grand, que celuy des autres, où l'on mange l'*e*, tellement qu'on n'aura pas grand' peine à n'y manquer pas, pour peu que l'on ayt de connoissance de l'Usage.

---

677 C'est pour cette raison que la remarque manuscrite sur *ès* n'est pas publiée en 1647. Si en 1618, Maupas semble toujours accepter l'usage de *ès*, Oudin (1640 : 52) observe « Pour *es* les bons Autheurs et les modernes le bannissent entierement, tant en parlant qu'en l'escriture ». Le déclin rapide de *ès* est bien attesté dans Frantext (1610-1609 : 668 ex. ; 1610-1619 : 99 ex. ; 1620-1629 : 1 ex.).

678 On trouve par exemple chez Coeffeteau (1621 : I, 209), *de peur de tomber és mains de leurs ennemis.*

679 Référence peut-être implicite à l'usage de Malherbe, né à Caen.

680 Cette remarque est absente du manuscrit.

681 Dans l'original : *a grande peine.*

682 Vaugelas utilise lui-même l'expression *la plus grand' part* (*R*p. 41). D'autres termes (par exemple *grand' peur, grand' chose*) sont ajoutés par Ménage (1675 : 502-503) et l'Académie (1704 : 190). Cet usage est déjà commenté par les grammairiens du XVIe siècle ; par exemple Ramus (1572 : 46) observe : « Ȩ final est quelquefois apostrophe devant la consonne, comme *Grand' joye, Grand' peur, La plus grand' part.* »

(169)

Monde

Ce mot est souvent employé par les bons Autheurs, pour dire *une infinité, une grande quantité de quoy que ce soit*. M. Coeffeteau à qui l'usage en est familier, dit en la vie d'Auguste, *sur le point de cette sanglante journée, à Rome & ailleurs on vit un monde d'horribles prodiges*[683]. Je voudrois pourtant en user sobrement, & non pas encore en toutes sortes de choses, mais seulement en celles où il s'agiroit des personnes, comme M. de Malherbe s'en est servy, quand il a dit, *qu'ay-je à faire de vous en nommer un monde d'autres*, c'est à dire, d'autres hommes[684]. Il semble bien appliqué là. Ce n'est pas que je le voulusse condamner dans un autre usage.

Monde *avec le pronom possessif*[685]

On dit ordinairement en parlant, *tout mon monde est venu*, *son monde n'est pas venu*, pour dire, *tous mes gens*, ou *tous mes domestiques sont venus*, *ses gens ne sont pas venus*; Mais il le faut eviter comme un terme bas, & si je l'ose dire, de la lie du peuple[686]. C'est pourquoy il me semble insupportable dans un beau stile, mais beaucoup plus encore, quand

683 Dans le manuscrit (f° 62r°), la critique de l'exemple de Coeffeteau est plus explicite : « Ie ne feins point de dire que ie defere plus en nostre langue à M. Coeff. qu'à tous les autres ensemble, mais ~~[...]~~ neantmoins ie ne uoudrois ~~point~~ <pas> l'imiter en cette façon de parler. Ie ne sçay si c'est par auersion ou autrement qu'elle me desplaist ». Le passage suivant est rayé dans le manuscrit : « I'aimerois presque autant dire auec le gascon *une poignee d'incommoditez* [...] <parlant d'> un soufflet, <ou de coups de poings> *qu'un monde d'incommoditez* ». L'exemple provient de l'*Histoire romaine* (Coeffeteau 1621 : I, 30).

684 L'exemple provient du troisième livre des *Bienfaits* (Malherbe 1631 : I, 123). À la fin du siècle Richelet (1680) limite cet usage au style comique et burlesque, tandis que l'Académie (1704 : 191) ne le tolère que dans un seul contexte (*une infinité se voyant environné d'un monde d'ennemis*). Nous trouvons comme complément de l'expression *un monde de* dans Frantext (1600-1647) à la fois des noms qui se réfèrent aux groupes de personnes (*guerriers, gensdarmes, ennemis*, etc.) et aux noms des choses ou des concepts (*richesses, conseils, desordres*, etc.).

685 Cette question n'est pas abordée dans le manuscrit.

686 Richelet (1680) répète le commentaire de Vaugelas sur cet usage, tout en indiquant qu'il appartient au style comique, tandis que Furetière (1690) l'inclut sans commentaire. Quant à l'Académie (1704 : 191), elle modifie le jugement sociolinguistique fait par Vaugelas et soutient qu'il relève plutôt de la conversation et du style familier. Parmi les exemples attestés dans Frantext pour la période 1600-1647, nous trouvons effectivement des exemples dans les lettres de Peiresc (*Tellement que j'ay fait mettre à table nostre monde pour vous venir escripre ce mot en courant*) et dans les satires de Régnier (*Desja monsieur le maistre et son monde se lave*).

on s'en sert en un sens plus relevé ; par exemple, quand (170) on dit, comme je le trouve souvent dans un fort bon Autheur moderne, *il fit avancer tout son monde*, pour dire *toutes ses troupes*, *il r'allia son monde*, pour dire *ses troupes, ses gens*[687]. Dans le stile noble on ne le souffriroit pas pour dire *ses domestiques*, on le souffriroit moins encore pour dire *ses troupes*.

Le long, *du long*, *au long*

Par exemple, les uns disent, *le long de la riviere*, les autres, *du long de la riviere*, & les autres *au long*. Tous les trois estoient bons autrefois[688], mais aujourd'huy il n'y en a plus qu'un qui soit en usage, à sçavoir, *le long de la riviere*[689].

Il a esprit, *il a esprit & cœur*

C'est[690] depuis peu que cette nouvelle façon de parler est en vogue[691]. Elle regne par toute la ville, & s'est mesmes insinuée dans la Cour, mais

687 On trouve cet usage dans la traduction de Quinte-Curce faite par Soulfour, par exemple : *Sa bataille ainsi disposee, il advertit son monde, que quand les chariots des ennemis viendroient, s'ils s'eslançoient avec grand bruit [...]* (1629 : 296).

688 On ne s'étonne donc pas de trouver un jugement un peu différent dans le manuscrit (f° 59r°) : « *Long*. On dit *le long*, *du long*, et *au long de la riuiere*. Il semble neantmoins qu'on dit plus souuent *le long* que les autres deux qui neantmoins sont fort bons. <Malh. escrit tousiours *le long* de la coste.> ». Malherbe se sert de l'expression *le long de la coste d'Asie* dans sa traduction de Tite-Live (1631 : I, 453), mais on y trouve également l'expression *tout du long du jour* (1631 : I, 465). Cet usage correspond au jugement fait par Dupleix (1651 : 56-57) sur cette remarque : « Je suis du sentiment de l'Auteur qu'en l'exemple par luy proposé il est plus elegant de dire *le long de la riviere*, qu'*au long* ny *du long de la riviere*. Mais je luy soustiens qu'il y a d'autres locutions, dans lesquelles *du long* et *au long*, sont aussi bons ou meilleurs que *le long*, comme en celles-cy : *il s'y est estendu au long et au large*, *il luy en a donné du long et du large*, *il en a receu tout du long de l'aune* ».

689 L'usage tel qu'il est attesté dans Frantext (1600-1647) confirme le jugement de Vaugelas : *le long* est de loin le plus fréquent (257 ex.), suivi par *au long* (42 ex.) et *du long* (17 ex.).

690 Dans l'original : Cest.

691 La nouveauté de cet usage explique peut-être l'absence de cette remarque dans le manuscrit. En faisant ce commentaire, Vaugelas semble indiquer qu'il ne parle pas de la question de l'omission générale des articles, ce qui était plutôt caractéristique de l'ancien français et déjà censuré au XVIe siècle, par exemple par Du Bellay : « Garde toy aussi de tumber en un vice commun mesmes aux excellents de nostre Langue, c'est l'omission des articles » (1549 : sans pagination, livre II, chapitre 9). Vaugelas désigne plutôt le nouveau langage galant dont parle Sorel en 1671. Selon *Les Loix de la galanterie* de 1644 cité par Sorel, « en loüant un Homme, il ne faut pas estre si mal-avisé que de dire, *Il a de l'esprit*, ce qui sent son vieil Gaulois : Il faut dire, *Il a esprit*, sans se soucier de ce que l'on vous objecte que vous oubliez l'article, & que l'on pourroit dire de mesme, *Il a folie*, ou, *Il a prudence* ; car il

elle n'y a pas esté bien receüe, comme ayant fort mauvaise grace, & trop d'affectation. Nos bons Escrivains l'ont condamnée d'abord, & s'opposent tous les jours à son establissement, qu'il ne faut pourtant plus apprehender dans le decry où elle est[692]. Nostre langue à l'imitation de la Grecque, aime extremement les articles ; il faut (171) dire, *il a de l'esprit*, *il a de l'esprit & du cœur*, je ne sçay si l'on ne dira point encore, *il a sang aux ongles*. Ce n'est pas qu'en certains endroits on ne se dispense des articles avec une grace merveilleuse, mais c'est rarement, & il faut bien les sçavoir choisir. M. Coeffeteau, *il fit main basse, & tua femmes & enfans*[693]. Mais *il a esprit*, ne se peut dire ny selon le bon usage, ny selon la Grammaire.

Jamais plus

Quelques-uns doutent, si ce terme est François, & s'il n'est point plustost Italien, *mai più*. Mais il est aussi bon en nostre langue, qu'en l'Italienne, d'où[694] nous l'avons pris[695]. Nous le disons, & l'escrivons tous les jours[696]. M. de Malherbe[697], *jamais plus je ne me rembarque avecque luy*. Et en un autre endroit[698], *à condition, que je n'en oye jamais plus parler*.

---

y a des endroits où cela peut avoir meilleure grace qu'en d'autres. Toutefois on peut dire encore maintenant, *Cét homme a de l'esprit*, pourveu qu'on y ajouste *infiniment*, & mesmes cela se repete ainsi avec affectation, *Il a de l'esprit infiniment, & de l'esprit du beau Monde, & du Monde civilisé*, ou bien l'on dira, *Il a de l'esprit furieusement*, car il faut sçavoir que ce mot de *furieusement*, s'employe aujourd'huy à tout [...] » (Sorel 1671 : 366).

692 Cet usage n'est pas attesté dans Frantext pendant tout le XVIIe siècle.

693 Il a été impossible de trouver cette citation chez Coeffeteau, mais il y a des exemples habituels de l'omission de l'article dans les énumérations (par ex. *on ne voyoit à Rome que pauvres Citoyens des villes voisines, hommes, femmes, enfans, jeunes & vieux qui alloient par les Temples & par les places publiques*, 1621 : I, 37). Vaugelas donne l'exemple d'un autre contexte où l'omission de l'article est bonne dans un commentaire marginal qui fait partie d'une longue remarque sur l'usage des articles (fo 7ro) : « L'Article indefini tout seul y a quelquefois une merueilleuse grace comme quand on dit *on fit tout passer au fil de l'espee sans pardonner à hommes ni à cheuaux*, il est incomparablem[ent] mieux dit que de se seruir de l'article defini, et dire *aux hõmes et aux cheuaux*. Et il y a bien plus, c'est que ie crois qu'en ce lieu là se [*sic*] seroit une faute de dire *aux*. Ainsi l'on dit *nous sommes en terre d'Ennemis, et non des ennemis*. // Quelquefois on laisse tout à fait l'article tant indefini que defini, et cela a une grace non-pareille *là dessus on mit seruiteurs et seruantes à la question* dit M. Coeff. » La citation est tirée de l'*Histoire romaine* (1621 : II, 31).

694 Dans l'original : d'ou.

695 Sur les emprunts italiens, voir l'Introduction, p. 179-180.

696 Les exemples sont nombreux dans Frantext pour la période 1600-1647 (125 ex.). L'expression est toutefois censurée par Ménage (1675 : 274) et par l'Académie (1704 : 194).

697 Dans le manuscrit (fo 55vo) : « p. 346 ».

698 Dans le manuscrit : « p. 535 ». La citation se lit plutôt : *à la charge que j'en recevray une autre de vous, qui sera que j'en oye jamais plus parler*. Il est à noter que dans l'édition de

Meshuy, dés meshuy

Ce mot n'est plus en usage parmy les bons Escrivains[699], ny mesmes parmy ceux qui parlent bien[700]. Il faut neantmoins avoüer, qu'il est tres-doux & tres-agreable à l'oreille[701]. Au lieu de *meshuy*, ou *dés-meshuy*, on dit *desormais*, *tantost*, comme *il est tantost temps*, pour *il est meshuy temps*.

(172)

Devers

Cette preposition a tousjours esté en usage dans les bons Autheurs, par exemple, *il se tourna devers luy*, *cette ville est tournée devers l'Orient*, *devers le Midy*. Et ainsi des autres. Mais depuis quelque temps ce mot a vieilli, & nos modernes Escrivains ne s'en servent plus dans le beau langage[702]. Ils disent tousjours *vers*, comme *se tournant vers luy*, *vers l'Orient*, *vers le Midy*.

1631, cette page est notée 535, coquille pour 533, ce qui semble confirmer de nouveau que Vaugelas avait cette édition sous les yeux.

699 Dans l'original : Escrivasns. Le jugement de Vaugelas est confirmé par l'usage tel qu'il est attesté dans Frantext. Il y a 18 exemples de *meshuy* pour les deux premières décennies du siècle ; tous les autres exemples avant 1647 (35) proviennent des lettres de Peiresc. De façon parallèle, *meshuy* est cité par les grammairiens du XVIe siècle tels que Palsgrave (1530) et Robert Estienne (1557) et figure toujours dans les dictionnaires de Nicot (1606) et de Cotgrave (1611), mais il n'est inclus dans aucun des dictionnaires monolingues de la fin du siècle.

700 Dans le manuscrit (f° 61v°) : « *Meshuy*, ou *mais-huy*, ou *dez mes-huy* ne sont plus en usage parmy les modernes Escriuains approuuez, encor que beaucoup de gents le dient en parlant. C'est un de ces mots qui sentent le uieux et le rance, comme *Iaçoit que*, *souuentesfois*, *loisible* et autres semblables ». Notez que Vaugelas utilise ici l'expression « les modernes Escriuains approuuez » et qu'il semble tolérer encore l'usage de ces termes à l'oral.

701 Dans le manuscrit : « et qu'il a une certaine force d'exprimer ce qu'il signifie. mais l'Vsage est un Tyran, ~~qui~~ <qui> en matiere de mots,⁺ {⁺ aussi bien qu'en toutes les autres choses qui sont suiettes à son empire} ~~qui~~ condamne souuent les innocents, et sauue les coupables comme il luy plaist. I'appelle coupables les mots et les façons de parler, qui offensants l'oreille et n'exprimants pas si fortement les choses, ni auec tant de raison, que <font> beaucoup d'autres qu'on reiette, et qu'on bannit, ne laissent pas d'estre en uogue par la tyrannie de l'Vsage.⁺ {⁺ Nous nous seruons de la loy de l'Vsage comme les Atheniens de l'ostracisme par lequel ilz bannissoit [*sic*] bien souuent les meilleurs citoyens} ».

702 Dans le manuscrit, Vaugelas défend encore l'usage de *devers* (« *Deuers*, et *vers* » (f° 24v°) : « *Deuers*, et *vers* ne sont pas comme ceux que nous uenons de dire [c'est-à-dire *dessus*/*sur*, etc.], car ilz sont tous deux Prepositions et iamais aduerbes. *Deuers* est plus graue et comme tel plus souuent usité par M. Coeff. dans son histoire, ou il conserue en tout

S'il faut dire, Il y en eut cent tuez, *ou* il y en eut cent de tuez[703]

Nous avons de bons Autheurs, qui disent l'un & l'autre[704]. M. Coeffeteau y met ordinairement l'article *de*[705]. M. de Malherbe la pluspart du temps ne l'y met pas, comme quand il dit, *il y en eut trois condamnez*[706], *il n'y avoit pieu si ferme, qu'avec peu de peine ils n'arrachassent, & depuis qu'il y en avoit un arraché*[707]. Neantmoins en un autre lieu il dit, *il y en avoit desja trente d'achevez*, parlant de vaisseaux[708]. Aujourd'huy le sentiment le plus commun de nos Escrivains, est qu'il faut tousjours mettre le *de*; car en parlant, jamais on ne l'obmet, & par consequent c'est l'Usage, qu'on est obligé de suivre aussi bien en escrivant, qu'en parlant (173) sans s'amuser à esplucher pourquoy cét article devant le participe passif, & aprés le nombre. C'est la beauté des langues, que ces façons de parler, qui semblent estre sans raison, pourveu que l'Usage les authorise. La bizarrerie n'est bonne nulle part que là.

---

et par tout la grauité du style historique. » Avant Vaugelas, *devers* est cité par plusieurs grammairiens de notre corpus (1530-1650), y compris sans commentaire par Maupas (1618 : f° 172r°) et Oudin (1640 : 311). Richelet (1680) suit le jugement de Vaugelas, mais Furetière (1690) et l'Académie (1694) citent *devers* sans ajouter de commentaire normatif. Dans ses observations, l'Académie (1704 : 195) est plus explicite : « La préposition *devers* ne laisse pas d'avoir encore quelque usage, mais c'est quand elle veut dire *aux environs de* comme *il vient de devers Lyon* [...] ». Vaugelas l'utilise encore dans sa traduction des sermons de Fonsèque (1615 : 21, 68) et cette préposition est bien attestée dans Frantext pour la période 1600-1647 (362 occurrences) et favorisée par Coeffeteau (1621 : I, 19, 59, 84, etc.). On remarque pourtant un déclin important dans son usage pour la deuxième moitié du siècle (1648-1699 : 47 ex.).

703 Dans le manuscrit (« *De* auec le participe passif », f° 67r°), Vaugelas hésite encore sur cette question et finit par décider de consulter l'usage dans les textes de Coeffeteau et de l'imiter : « *De* quelquefois se met auec le participe passif comme *Il y en eut cent de tuez*, qui est meilleur ce me semble que *Il y en eut cent tuez*, quoy que M. de Malh. die *Il y en eut trois condamnez*, non *de condamnez* et p. 384 Il n'y auoit pieu si ferme qu'auec peu de peine ilz n'arrachassent, et depuis qu'il y en auoit *un arraché*, ie crois que *d'arraché* est bon aussi.+ {Malh. p.654 Il y en auoit desia trente d'acheuez S. uaisseaux.} Il faut uoir comme en use M. Coeff. et s'en tenir là. » Cette construction n'est guère considérée par les grammairiens avant Vaugelas : nous n'avons trouvé que chez Oudin (1640 : 61-62) les exemples « *trente de payez* : *vingt de chassez* : pour *qui ont esté payez*, &c. », mais ils sont cités sans autre commentaire.

704 Haase (1935 : 302) cite des exemples sans *de*. Au début du XVIIIe siècle, l'Académie (1704 : 196) note que les deux constructions sont possibles, tout en préférant celle avec *de*.

705 *Cf.* Coeffeteau (1621 : II, 126) : *il y en eut un grand nombre de tués*.

706 Malherbe (1631 : I, 456).

707 Malherbe (1631 : I, 384).

708 Malherbe (1631 : I, 654).

Que c'est[709]

On ne dit plus gueres maintenant *que c'est*, comme l'on disoit autrefois[710]. On dit, *ce que c'est*, Par exemple, M. de Malherbe dit, *Il n'y a point de loy qui nous apprenne que c'est, que l'ingratitude.* Aujourd'huy l'on dit, *qui nous apprenne ce que c'est que, &c.*[711]

Du depuis[712]

Je connois un homme fort âgé, & fort sçavant en nostre langue[713], qui dit, que lors qu'il vint à la Cour jeune garçon, il y avoit beaucoup de gens qui disoient & escrivoient *du depuis*, & que desja dés ce temps là ceux qui entendoient la pureté du langage, condamnoient cette façon de parler,

---

709 Cette question est traitée à deux reprises dans le manuscrit sous les rubriques « Ce que c'est » (f° 43v°) et « Que c'est » (f° 76v°). Vaugelas observe que Coeffeteau, Malherbe et « tous les anciens » utilisaient *que c'est* et il cite plusieurs exemples pris de Malherbe, y compris celui qui est retenu dans la version publiée : « *Ce que c'est.* M. Coeff et M. de Malh.+ {+ p.576 [en réalité p. 577] affin qu'à u[ot]re retour nous uoyons que c'est et p.169 ie sçay que c'est.} auec tous les anciens escriuent *Ie sçay que c'est* Malh. p.169 mais auiourd'huy tout le monde dit *Je sçay ce que c'est* » (f° 43v°) ; « Malh. p.85 Il n'y a point de loy qui nous aprenne *que c'est* que l'ingratitude » (f° 76v°) ; « Ibid. Tout le monde n'est pas bien d'accord que c'est que bienfait » (f° 76v°). Vaugelas cite un autre exemple pris de Coeffeteau en tête du folio 23r° : « *Ce* pour sçauoir au vray que c'estoit dit M. Coeff. Il me semble que l'on dit maintenant p[our sçuauoir ce] que c'estoit. Malh. laisse ordinairem[ent] le *ce* en pareil lieu comme M. Coeff. »

710 Cet emploi est déjà critiqué par Oudin (1640 : 128) comme « defectueux ». Pour des exemples de l'ancienne construction, y compris chez Corneille et Racine, voir Haase (1935 : 87-88) ou Brunot (1905-1953 : III, 499-500).

711 En présentant cette question, l'approche de Vaugelas semble être plutôt lexicale que grammaticale.

712 La remarque manuscrite (f° 24r°) ne consiste qu'en deux phrases et Vaugelas juge tout simplement que « *Du depuis* que beaucoup de gents disent et escriuent, ne uaut rien du tout, non plus pour Aduerbe que pour Preposition. »

713 Pour citer l'auteur de la clef de Conrart : « Je ne say si c'est M. De Porchéres, ou, M. D. L. M. le Vayer ». Chassang (1880 : I, 287-288) maintient qu'« Il est fort douteux que le compliment que fait ici Vaugelas soit à l'adresse de La Mothe Le Vayer, son adversaire et le partisan systématique du vieux langage. D'ailleurs ce dernier, né en 1588, n'avait que cinquante-neuf ans l'année où parurent les *Remarques* de Vaugelas. Mais cet homme fort âgé et fort savant en la langue est bien plutôt *Arbaud de Porchères*, qui était né en Provence dans la seconde moitié du XVIe siècle, et qui mourut en 1640. Il avait été, avec Racan, un des amis et des disciples de Malherbe, qui lui légua la moitié de sa bibliothèque. Il fut un des premiers membres de l'Académie Française. On a de lui des *Poésies* (1633) ». Comme ce personnage n'est pas mentionné dans le manuscrit et est décrit comme « fort âgé » dans le texte publié, il nous semble peu probable qu'il s'agisse d'Arbaud de Porchères, mort sept ans avant la publication des *Remarques*.

comme vicieuse & barbare, ne permettant pas seulement aux Poëtes d'en user comme d'une licence poëtique, pour s'accommoder d'une syllabe, dont ils ont souvent besoin[714]. Mais (174) que nonobstant cela on n'a pas laissé depuis cinquante ans de continuer tousjours la mesme faute, quoy que l'on ayt aussi continué de la reprendre, jusqu'à ce qu'encore aujourd'huy une infinité de gens disent & escrivent, *du depuis*, contre le sentiment de tous ceux qui sçavent parler & escrire[715]. Il remarque donc qu'il n'y a point de terme en toute nostre langue, qui se soit tant opiniastré pour s'establir, ny qui ayt tant esté rebuté, que celuy là. Il faut tousjours dire *depuis*, & jamais *du depuis*, soit qu'on le face preposition, ou adverbe ; car il est l'un & l'autre, & c'est la raison qu'alleguent les plus sçavans de ceux qui disent *du depuis*, que c'est pour marquer la difference des deux, parce que par exemple, quand on dit *depuis un an*, là *depuis* est preposition, & lors qu'on dit *depuis, je n'y suis pas retourné*, ou *je n'y ay pas esté depuis*, il est adverbe[716]. Mais on respond en un mot, que le bon usage a banny cette locution, à quoy il n'y a point de replique. Outre qu'à le prendre mesme par la raison, il est tres-rare que *depuis* adverbe se trouve situé en un lieu, où il puisse faire equivoque, ny estre pris pour la preposition, non plus qu'aux exemples que je viens de donner. Et si par hazard il engendre quelque equivoque, on n'a qu'à mettre une virgule aprés, pour le separer du mot qui suit, bien que la (175) construction entiere face assez connoistre s'il est preposition ou adverbe[717].

De l'usage des participes passifs, dans les preterits[718]

714 Malherbe reproche à Desportes de l'avoir employé (Brunot 1891 : 461), mais *du depuis* est pourtant toujours inclus dans la liste des adverbes de temps par Maupas (1618 : f° 161v°) et Oudin (1640 : 267). Braun (1933 : 35-36) observe que *du depuis* est supprimé par Pierre Corneille dans le remaniement de ses textes et qu'il n'est plus utilisé après 1660.

715 Richelet (1680) juge qu'il est « hors d'usage » et l'Académie (1694) ne l'inclut pas dans son dictionnaire, mais Furetière (1690) en fait mention sans ajouter de commentaire normatif. On trouve 32 exemples dans Frantext pour la période 1600-1647, y compris chez Malherbe, Coeffeteau, Mersenne et Scudéry. La quantité d'occurrences diminue notamment après Vaugelas (1648-1699 : 19 ex.), sans que *du depuis* disparaisse complètement (*cf.* Brunot 1905-1953 : III, 357).

716 Nicot (1606) le cite pourtant sous *depuis* préposition : « *Depuis ce lieu là*, Ab eo loco ad, *Aucuns dient aussi du depuis* ».

717 Par contre, dans la remarque sur les constructions « lousches » (*R*p. 112-114), Vaugelas semble ne pas prendre en considération la présence de la virgule.

718 La remarque manuscrite (f° 73v°) se divise en deux parties : une première est intitulée « *Preterits* et actif et passif quelle construction ilz ont » dont une grande partie est biffée, et une deuxième, avec le sous-titre « Preterits », correspond dans les grandes lignes à la version publiée. Nous avons donc accès en quelque sorte à trois étapes différentes dans l'élaboration

En toute la Grammaire Françoise, il n'y a rien de plus important,

---

de la remarque : la première version biffée, la deuxième version manuscrite, et la version publiée. Chaque fois l'organisation du contenu est systématiquement retravaillée. Ce n'est que dans la version publiée que les usages sont nettement distingués dans des paragraphes différents et que nous avons une liste finale qui résume les jugements de Vaugelas sur chaque cas. Le poème de Marot est également ajouté à la version publiée. Voici le texte de la première partie, qui est rayé de plusieurs grands traits ; Vaugelas s'appuie sur la distinction entre ce qu'il appelle l'usage actif et l'usage passif (c'est-à-dire le choix du verbe auxiliaire) : « ~~Preterit parfait et plus que parfait soit actif, soit passif ont la construction differente. Les Exemples à leur accoustumee donneront à entendre la Reigle, et comme il la faut practiquer. Car uoicy un des points de nostre langue, qui est autant ignoré, et ou l'on fait autant de fautes. D'abord il faut bailler un exemple pour faire sçauoir ce que ie ueux dire *les ennemis se sont rendus maistres de la uille.* Ie dis qu'il faut dire *se sont rendus maistres*, et non pas *se sont rendu* sans *s.* Et que neantmoins il ne seroit pas bien dit *les habitants nous ont rendus maistres* mais <qu'>il faut dire *rendu.* La reigle en cela est de distinguer l'Actif d'auec le passif, et qu'en l'Actif, tel qu'est *nous ont rendu* au dernier exemple, iamais ce Participe *rendu*, ni tout autre semblable dont se forment <composent> le preterit parfait et le preterit plus que parfait auec le uerbe auxiliare *auoir* ne suit le ni le genre, ni le nombre du substantif qui ua deuant, et en un mot qu'il est indeclinable. En uoicy d'autres exemples, et pour le genre et pour le nombre. *Dieu nous a fait belle,* diray-ie à une fille, et non *nous a faite. Dieu nous a fait riches*, et non *nous a faits*, parce qu'au Preterit parfait du Verbe Actif, ce Participe dont i'ay dit qu'il estoit composé auec le Verbe auxiliare *auoir* est indeclinable, et ne suit ni genre ni nombre. Il en est de mesme du preterit plus que parfait *si Dieu nous auoit fait belle, si Dieu nous auoit fait riches*, et de tous les modes qu'ilz appellent du uerbe Actif.* {* mais tout cela s'entend lors que ce Participe est suiui d'un nom, car s'il n'estoit point du tout suiet de quoy que ce fust, alors il tombe dans la Reigle ordinaire, qui ueut que ces Participes là tant en l'Actif qu'au Passif se construisent selon le genre et le nombre du substantif qui les precede, par exemple il faut dire à une femme *Dieu nous a faite* et non *nous a fait*, et *Dieu nous a faits*, et non *nous a fait*.} Au Passif c'est tout au contraire. Car ce mesme participe se decline, et suit le genre et le nombre du Substantif qui le precede, *Elle s'est faite belle* dira-t-on, et non pas *elle s'est fait belle, Ilz se sont faits riches* et non *Ilz se sont fait riches.*~~ Or il est bien aisé à ceux qui ont estudié et qui sçauent la grammaire latine de discerner l'Actif d'auec le Passif, les enfans des plus basses classes ne l'ignorent pas, mais pour ceux à qui les noms mesmes d'Actif et de Passif sont inconus, ie leur donneray une marque aisee et infallible pour les reconoistre. C'est que le Verbe Actif en ces Preterits est tousiours accompagné du Verbe *auoir*, et le Passif du Verbe *Estre* qui à cette occasion sont appellez Verbes Auxiliaires, parce qu'ilz aydent à coniuguer les Verbes. Voyla quant aux Preterits qui ~~sont suiuis d'un nom quel qu'il soit~~ <regissent deux noms quel que soit le dernier> car ~~cela~~ <il> n'importe qu'il soit substantif ou adiectif. Mais si au lieu d'un nom ilz ont un Verbe ensuite, ~~par exemple, parlant d'une femme ie dis <est touisours indeclinable> *Ie l'ay faite peindre*~~ alors ~~[…]~~ ilz sont touiours indeclinables aussi bien passifs qu'actifs, par exemple ie diray *Elle s'est fait peindre*, et non *elle s'est faite peindre*, tout ainsi que ie diray aussi parlant de cette fille *Ie l'ay fait peindre*, et non *Ie l'ay faite peindre.* Aussi au pluiel *Ilz se sont fait peindre, Ie les ay fait peindre* et iamais *Faits.* <Malh. p.477. à M[e] la P. de Conty le mauuais estat ou ie uous ay ueu partir, non ueüe et peu de lignes apres si iusques icy ce que ie uous ay ueu faire non ueue et p.612 la deobeissance s'est trouué montee au plus haut point de l'insolence, non ~~[…]~~ trouuee.> » Vaugelas ajoute dans les marges un autre passage qui n'est pas rayé : « Malh. en sa lettre à M de Luyn. [de]uant sa trad. de T. L. la

ny de plus ignoré[719]. Je dis, *de plus important*, à cause du frequent usage des participes dans les preterits, & *de plus ignoré*, parce qu'une infinité de gens y manquent[720]. Ne laissons rien à dire en ce sujet, & voyons

---

Reyne [la] plus accomplie que nous eussions iamais *ueu* seoir dans le throne des fleurs de lis, non *veüe* seoir / [L]a Reigle est infallible et sans cõtredit que deux uerbes de suite si le premier est actif, il ne faut point qu'il suiue le genre ni le nombre du substantif precedent, ou pour le dire en un mot, il est indeclinable, si bien qu'on dit *Il l'a fait* [~~…~~] *peindre*[,] *on les a fait armer, on les a fait assommer.* »

719 Comme il nous semble intéressant de comparer les différentes étapes de l'évolution de cette remarque, nous donnons le texte complet de la deuxième partie : « *Preterits.* Leur Construction. Voicy un des endroits de la grammaire des plus importants, à cause de l'usage frequent des Preterits, et <~~neantmoins~~> des plus ignorez <car une infinité de gents y manque>. Les Reigles neantmoins en sont claires et infallibles, et qui ne souffrent point d'exception. La premiere est que quand le Preterit <soit actif ou passif> ua deuant le nom qu'il regit, alors il est indeclinable, c'est à dire qu'il ne suit ni le genre ni le nombre du nom, par exemple, on dit *I'ay receu uoz lettres*, et non *I'ay receües uoz lettres* c'est une faute que personne ne fait. Mais si le nom qui est regi du ~~uerbe~~ Preterit ua deuant, alors le Preterit suit le genre et le nombre du nom, par exemple on dit *les lettres que i'ay receües*, et non pas *que i'ay receu* qui seroit une grosse faute, et ce qu'ilz appellent un solecisme. Car cela est passé en Reigle de grammaire non seulem[ent] auiourd'huy, mais desia du temps d'Amyot qui l'obserue inuiolablement. Neantmoins ie m'estonne que de certains autheurs qui font profession de bien escrire, et mesmes d'aspirer à la perfection de l'eloquence ne laissent pas de commettre tousiours cette faute. Voyla desia une Reigle pour les Preterits, qui uont deuant ou derriere le nom qu'ilz regissent. En uoicy une autre pour ceux qui sont entre deux noms <qui en sont regis>, par exemple *les habitants nous ont rendu maistres de la uille.* Icy *<ont> Rendu* est un Preterit qui est entre deux noms, à sçauoir *nous* (que i'appelle nom encor qu'il soit Pronom parce que cela n'importe) et *maistres*, qu'il regit tous deux à l'Accusatif. La Reigle est que si ce Preterit qui est entre deux noms est [~~…~~] Actif, il est indeclinable, mais s'il est passif, il se decline et suit le nombre et le genre des noms, par exemple *les habitans nous ont rendu maistres de la uille.* Icy *ont rendu* est Actif, et partant on dit *ont rendu*, et non pas *rendus.* Mais si ie le mets au Passif et que ie die *nous nous sommes rendus maistres*, alors le Preterit se decline et suit le genre et le nombre des noms, et dit on *Rendus*, et non pas *rendu.* * {* Cette Reigle est fort belle et ie la tiens d'un de mes amis qui dit l'auoir apprise de M. de Malh. à qui il en faut donner l'honneur. Neantmoins M de Malh. a escrit aux B. Mais quand le refroidissem[ent] ~~est passé~~ nous a rendus capables de conseil, ce pourroit estre la faute de l'imprimeur. Il faut uoir s'il y auroit quelque difference quand c'est un adiectif, ou un substantif qui suit le uerbe. Quand le uerbe n'est pas suiui d'un nom quel qu'il soit, mais d'un autre uerbe, il me semble que le premier uerbe est indeclinable en son preterit, soit que le uerbe soit actif ou passif, par exemple il faut dire, ~~et~~ si on parle d'une mere qui a fait peindre sa fille *Elle l'a fait peindre*, non *faite peindre* <Voyez en haut> Voylà pour l'actif, et pour le passif *Elle s'est fait peindre*, non *faite peindre*, parce que *Fait* se rapporte plus à *pein*[*dre*] qu'à *elle*.} »

720 Maupas (1618 : f° 156r°-158r°), après avoir élaboré la règle de l'accord avec un objet direct antéposé, fait deux observations sur l'usage des participes passés : il note que l'accord ne se fait pas avec un objet indirect antéposé (*Connoissez vous les Damoiselles de la Roine ? Je les ay long temps servies. Et leur ay obeï de bon cœur*), et juge que l'accord est facultatif quand l'infinitif est suivi d'un infinitif (*Avez-vous veu la Roine ? Je l'ay veu parler* ou *je l'ay veuë parler à Monsieur l'Ambassadeur*). À force d'essayer d'enregistrer l'usage, les règles établies par Vaugelas se

toutes les façons dont ces participes peuvent estre employez, mais par ordre. Notez que *participes* & *preterits* ne sont icy qu'une mesme chose[721].

Premierement, le preterit va devant le nom qu'il regit, comme quand je dis, *j'ay receu vos lettres.* Alors *receu*, qui est le participe, est indeclinable, & voilà son premier usage, où personne ne manque[722]. Qui a jamais dit, *j'ay receües vos lettres*, comme disent les Italiens depuis peu, *ho ricevute le vostre lettere*[723] ?

Son second usage est, quand le nom va devant le preterit, comme quand je dis, *les lettres que j'ay receües* ; car alors il faut dire, *que j'ay receües*, & non pas *que j'ay receu*, à peine de faire un solecisme. Cela est passé en reigle de Grammaire, non seulement aujourd'huy, mais du (176) temps mesmes d'Amyot, qui l'observe inviolablement ; comme on faisoit desja du temps, & avant le temps de Marot, qui en a fait cette Epigramme à ses Disciples[724],

Enfans oyez une leçon :
Nostre langue a cette façon,
Que le terme qui va devant,
Volontiers regit le suivant.
Les vieux exemples *je suivray*
Pour le mieux, car à dire vray
La chanson fut bien ordonnée,
Qui dit, m'amour vous ay donnée ;
Voilà la force que possede
Le feminin quand il precede.
Or prouveray par bons tesmoins,
Que tous pluriels n'en font pas moins,
Il faut dire en termes parfaits,

---

complexifient, et elles ont été beaucoup discutées par les remarqueurs et grammairiens ultérieurs (voir Ayres-Bennett 1987a : 102-105). Pour des exemples de l'usage contemporain, voir Haase (1935 : 213-224), Brunot (1905-1953 : III, 601-607) ou N. Fournier (1998 : 315-322).

721 Voir le commentaire sur cette phrase dans les *Fautes d'impression*.

722 Si Brunot (1905-1953 : III, 601-602) fournit quelques rares contre-exemples à cette règle, il semble toutefois qu'elle était généralement établie à l'époque (voir aussi N. Fournier 1998 : 318).

723 Cette comparaison avec l'usage italien pour expliquer l'accord ne figure pas dans le manuscrit. Ce type d'accord en italien est attesté dès les textes les plus anciens et la chronologie proposée par Vaugelas (« depuis peu ») n'est donc pas correcte. Si l'usage de cet accord commence déjà à diminuer à l'époque médiévale, il continue à être employé par les auteurs italiens jusqu'au XIXe siècle, par exemple par Manzoni, et il reste toujours valable dans les registres littéraires très élevés ainsi que dans plusieurs dialectes de l'Italie du sud.

724 *Les Epigrammes divisez en quatre livres*, livre 1, n° 78.

Dieu en ce monde nous a faits,
Faut dire en paroles parfaites,
Dieu en ce monde les a faites,
Ne nous a fait pareillement,
Mais nous a faits tout rondement.
L'Italien, dont la faconde
Passe le vulgaire du monde,
Son langage a ainsi basti,
En disant, Dio noi a fatti, *&c.*

Neantmoins je m'estonne de plusieurs Autheurs modernes, qui faisant profession de bien escrire, ne laissent pas de commettre cette faute[725]. (177)

En troisiesme lieu, le preterit peut estre placé entre deux noms, comme *les habitans nous ont rendu maistres de la ville*; Car *ont rendu* est un preterit situé entre deux noms, à sçavoir *nous*, (que j'appelle nom, quoy qu'il soit pronom, parce que cela n'importe[726]) & *maistres*, qu'il regit tous deux à l'accusatif. Alors le participe est indeclinable, & il faut dire, *nous ont rendu maistres*, & non pas *rendus*, comme on devroit dire selon le second usage, que nous venons d'expliquer. Mais il faut prendre garde que nous ne sommes pas icy dans les termes de ce second usage, où nous n'avons consideré le preterit aprés le nom, que lors que le sens finissoit avec le preterit, au lieu qu'icy le preterit *ont rendu*, ne finit pas la periode, ny le sens, car il y a encore aprés *maistres de la ville.* C'est pourquoy l'usage du preterit estant different, il se gouverne d'une autre façon, & *maistres* qui le suit, marque assez le pluriel, sans qu'il soit besoin que le participe le marque encore[727].

En quatriesme lieu, le preterit estant placé entre deux noms, le dernier est, ou substantif, comme *maistres*, dont nous venons de parler, ou adjectif, qui fait le quatriesme usage, par exemple, *le commerce nous a rendu puissans*, & si nous parlons d'une ville, *le commerce l'a rendu puissante*; Car en ces exemples il est (178) indeclinable, & ne suit ny le nombre, ny le genre des noms[728].

---

725 Brunot (1905-1953 : III, 602-603) cite quelques contre-exemples, tout en notant que la règle est à peu près observée ; voir aussi N. Fournier (1998 : 318-319).

726 Sur l'usage fait par Vaugelas du métalangage, voir l'Introduction, 5.2.1.

727 *Cf.* Godeau (1633, cité d'après Frantext) : *Si je vous suis suspect, consultez vos ancestres, / que de tant d'ennemis son bras a rendus maistres, / de vostre ingratitude ils vous feront rougir.*

728 Comme le remarquait déjà Conrart (Samfiresco 1904 : 308), Vaugelas ne suit pas toujours ses propres recommandations. On trouve, par exemple, à la page 427, *Je les ay **trouvez** ayans le verre à la main.* Pour des exemples de l'accord et du non-accord (très usuel) à cette époque, voir N. Fournier (1998 : 320).

Son cinquiesme usage, est quand le preterit est passif; (car jusqu'icy aux quatre premiers usages nous l'avons tousjours consideré comme actif,) par exemple, *nous nous sommes rendus maistres*, ou *rendus puissans*. Alors, il faut dire *rendus*, & non pas *rendu*, ce participe dans le preterit passif n'estant plus indeclinable, mais prenant le nombre & le genre des noms qui le precedent & le suivent.

Cette reigle qui distingue les actifs & les passifs, est fort belle, & je la tiens d'un de mes amis, qui l'a apprise de M. de Malherbe, à qui il en faut donner l'honneur. Que si l'on objecte que M. de Malherbe luy-mesme ne l'a pas tousjours observée, c'est ou la faute de l'Imprimeur, ou que luy-mesme n'y prenoit pas tousjours garde, ou plustost qu'il n'a fait cette remarque, comme dit encore cét amy, qu'à la fin de ses jours, & aprés l'impression de ses œuvres.

Il y a pourtant une exception, quand aprés le preterit passif il y a un participe passif, comme en cét exemple de M. de Malherbe[729], *la desobeissance s'est trouvé montée au plus haut point de l'insolence*, car il faut dire, *s'est trouvé montée*, & non pas *s'est trouvée montée*. Et que l'on ne croye pas que ce soit à cause de (179) la cacophonie, que feroient ces deux mots, *trouvée montée*; car quand au lieu de *montée* il y auroit une autre terminaison, comme *guerie*, il le faudroit dire de mesme, par exemple, *elle s'est trouvé guerie tout à coup*, & non pas *trouvée guerie*[730].

Son sixiesme usage est, quand les preterits actifs, ou passifs, au lieu d'un nom, ont un verbe en suite; car alors ils sont tousjours indeclinables sans exception[731], comme si je parle d'une fille je diray, *je l'ay fait peindre*, & non pas, *je l'ay faite peindre*, &, *elle s'est fait peindre*, & non pas *elle s'est faite peindre*. De mesme au pluriel, *je les ay fait peindre*, *ils se sont fait peindre*, & jamais *faite*, ny[732] *faits peindre*. M. de Malherbe dit[733], parlant à une femme, *le mauvais estat où je vous ay veu partir*, non *veüe*

729 Malherbe (1631 : I, 612).

730 Comme le note Nathalie Fournier (1998 : 317-318), si persistait à cette époque l'usage de l'ancien français qui accordait toujours le participe avec le sujet, quelle que fût la fonction du réflexif, on trouve également le participe non accordé dans des constructions à objet réflexif et attribut de l'objet, parallèles aux constructions avec le verbe *avoir*, comme dans ces deux exemples de Molière : *je me suis trouvé ici toute seule*; *et cependant il y a eu des temps où elle* [la médecine] *s'est rendu odieuse*.

731 Voir N. Fournier (1998 : 321) pour d'autres exemples de cette construction.

732 Dans l'original : *ny*.

733 Malherbe (1631 : I, 477).

partir, & peu de lignes aprés[734], *jusques icy vous eussiez moins fait, que ce que je vous ay veu faire*. Et en un autre endroit[735], *la Reyne la plus accomplie que nous eussions jamais veu seoir dans le Throsne des fleurs de Lys*, non *veüe seoir*.

Ce mesme usage s'estend encore aux phrases, où entre le preterit & le verbe infinitif qui suit, il y a quelque mot, comme *c'est une espece de fortification que j'ay appris à faire en toutes sortes de places*, & non pas, *que j'ay apprise à faire*[736]. La raison de cela, que nous avons desja touchée est, qu'il faut aller en ces sortes (180) de phrases jusqu'au dernier mot qui termine le sens, & que par consequent c'est tousjours le dernier mot des phrases entieres, qui a rapport au substantif precedent, & non pas le participe, qui est entre-deux, si ce n'est au preterit passif, où nous avons donné l'exemple, *nous nous sommes rendus maistres*, ou *nous nous sommes rendus capables* ; car selon la raison que je viens de rendre, il faudroit dire aussi, *nous nous sommes rendu maistres, nous nous sommes rendu capables*, & non pas *rendus*. C'est pourquoy force gens n'admettent point la difference de M. de Malherbe, pour cette seule raison, qu'ils croyent avoir lieu par tout.

Voila tout ce que j'ay creu pouvoir dire sur ce sujet, mais pour rendre la chose plus claire & plus intelligible, il me semble à propos de mettre de suite tous les exemples des divers usages, & de marquer ceux où tout le monde est d'accord, & ceux où les uns sont d'une opinion, les autres d'une autre.

I. *J'ay receu vos lettres.*
II. *Les lettres que j'ay receües.*
III. *Les habitans nous ont rendu maistres de la ville.*
IV. *Le commerce*, parlant d'une ville, *l'a rendu puissante.*
V. *Nous nous sommes rendus maistres.*
VI. *Nous nous sommes rendus puissans.* (181)
VII. *La desobeissance s'est trouvé montée au plus haut point.*
VIII. *Je l'ay fait peindre, je les ay fait peindre.*
IX. *Elle s'est fait peindre, ils se sont fait peindre.*
X. *C'est une fortification que j'ay appris à faire.*

Le premier & le second exemple sont sans contredit. Le troisiesme, quatriesme, cinquiesme, sixiesme, & septiesme, sont contestez, mais

734 Malherbe (1631 : I, 478).
735 Malherbe (1631 : I, 372).
736 Nathalie Fournier (1998 : 321-322) observe qu'il y a également des exemples au XVIIe siècle de l'accord, par exemple, *les bons sentiments que l'on a tâchés de vous inspirer* (Racine).

la plus commune & la plus saine opinion est pour eux. Le huitiesme, neufviesme, & dixiesme, ne reçoivent point de difficulté, toute la Cour & tous nos bons Autheurs en usent ainsi[737].

Estude[738]

Ce mot en toutes ses significations est feminin, tant au pluriel qu'au singulier[739] ; Car s'il veut dire *l'application de l'esprit aux lettres*, on dira par exemple, *aprés avoir long temps estudié aux belles lettres, il s'est adonné à une estude plus serieuse.* S'il signifie *soin*, on le fait feminin aussi, comme *sa principale estude estoit de semer des querelles.* Enfin si on le prend pour *le lieu où les Procureurs & les Notaires travaillent & reçoivent les parties*, il est encore feminin, comme *il a fait faire encore une fenestre pour rendre son* (182) *estude plus claire.* Au pluriel de mesme, comme *il avoit grand regret à ses estudes, qu'il n'avoit pas achevées* ; *les estudes des Notaires ne sçauroient estre trop claires.* Pour *soin*, je ne donne point d'exemple au pluriel, parce qu'il ne se dit jamais en ce sens là qu'au singulier.

De l'Adjectif devant ou aprés le substantif[740]

Il y a des adjectifs que l'on met tousjours devant les substantifs, & d'autres que l'on met tousjours apres[741], comme les adjectifs numeraux se

---

737 Pour une discussion sur cette question, voir l'Introduction, p. 164-165.

738 Ce mot n'est pas traité dans le manuscrit.

739 Si Chabanel (1612 : 141-142) fait une distinction selon l'acception du mot (féminin quand il signifie « le lieu où l'on estudie », du genre commun lorsqu'il signifie « le soing que l'on employe à estudier & apprendre, ou à faire quelque chose »), tous les dictionnaires, à partir de celui de Robert Estienne (1549) jusqu'à celui de l'Académie (1694), le caractérisent comme féminin. Vaugelas semble avoir bien identifié l'usage dominant : pour la période 1600-1629 il y a 31 exemples d'*estude* au masculin contre 15 au féminin, tandis que pour la période 1630-1647 il n'y en a que 3 au masculin contre 14 au féminin. Notons aussi qu'il peut y avoir de la variation dans l'usage d'un seul auteur : Urfé et Peiresc, par exemple, emploient le mot au féminin et au masculin.

740 La remarque manuscrite (f° 5v°) est plus courte. Vaugelas y avoue qu'il n'a pas pu trouver de règle pour la position des adjectifs sauf dans le cas des adjectifs de couleur. La deuxième partie de la remarque publiée (à partir de « Nos modernes Escrivains ») est nouvelle dans la version publiée.

741 Maupas (1618 : f° 57v°-58v°) et Oudin (1640 : 97-98) avaient déjà noté que certaines classes d'adjectifs se placent après le substantif (par exemple, « Les adjectifs de couleurs, de qualitez elementaires, et de nations ») et que d'autres le précèdent (voir la note 743, ci-dessous), mais ils observent que « Les autres se doivent apprendre par usage » (Oudin 1640 : 97). Les *Hypomneses* d'Henri Estienne contiennent déjà une section intitulée « De

mettent tousjours devant, par exemple *la premiere place*, *la seconde fois*, *la troisiesme fois*, *&c.* Car encore que l'on die *Henry quatriesme*, *Loüis treziesme* & ainsi des autres, ce n'est pas proprement une exception à la reigle, parce que l'on sous-entend *Roy*, comme qui diroit *Henry quatriesme Roy de ce nom*. Il y a aussi certains mots, qui marchent tousjours devant le substantif, comme *bon*, *beau*, *mauvais*[742], *grand*, *petit*. On ne dit jamais *un homme bon*, *une femme belle*, *un cheval beau*, mais *un bon homme*, *une belle femme*, *un beau cheval*. Il y en a encore sans doute quelques autres de la mesme nature, qui ne tombent pas maintenant sous la plume[743]. Et pour les adjectifs, qui ne se mettent jamais qu'apres le substantif, (183) je n'en ay remarqué qu'en une seule chose, dont l'usage n'est pas de grande estenduë, qui sont les adjectifs des couleurs, comme *un chapeau noir*, *une robe blanche*, *une escharpe rouge*, & ainsi des autres ; car l'on ne dit jamais *un noir chapeau*, *une blanche robe*, *&c.* quoy que l'on die *les Blancs-manteaux*, & *du blanc-manger*[744], par où il paroist qu'anciennement on n'observoit pas cela[745]. Mais ce n'est pas de quoy il est question en cette remarque, puis qu'il n'y a point de François naturel, mesme de la lie du peuple, ny des Provinces, qui manque à cela, ny qui die *la chose premiere qu'il faut faire*, pour dire *la premiere chose*, *un noir chapeau*, *une blanche robe*,

---

la différence que produit parfois un adjectif selon qu'il est placé avant ou après le substantif » (Estienne 1999 : 195-199, 408-412). Wapy (1634 : 45-57), quant à lui, consacre sa treizième remarque à la position de l'adjectif, dans laquelle il classifie les adjectifs selon les cinq sens du corps humain.

742 *Cf.* la remarque intitulée « *Mauvais* » publiée dans les *Nouvelles Remarques* (Vaugelas 1690 : 316).

743 *Cf.* Maupas (1618 : f° 58r°-v°) : « Au contraire ceux-cy passent devant pour le mieux. *Bon bonne*, *Beau belle brave*. Bon Cheval, bonne espee. *Beau manteau*, *Belle maison*, *Bonne renommee*. Et de vray, les adjectifs de loüange ou blasme semblent avoir meilleure grace devant leurs substantifs. Car on dira plus naïvement, *un sçavant homme*, un brave Soldat, un vaillant Capitaine, *un honneste Gentil-homme*, *un mauvais ouvrier*, *une sotte opinion* qu'au rebours, ja-soit que ce ne soit necessaire. / Mais tous nombres cardinaux precedent necessairement, *un*, *deux*, *trois*, etc. Vous me devez cent escus. Aagé de vingt, de trente ans. Cent mille hommes de front, etc. / Plus ces mots. Plusieurs, Maint, Tout, Quelque chaque, *Tout le monde*, *Toute puissance.* Plusieurs richesses, Maints honneurs. »

744 Dans l'original : *du blanc-mangé* (*Fautes d'impression*).

745 Il reste quelques rares occurrences de cet usage notamment dans la poésie, par exemple (cité d'après Frantext), *Ores qu'on voit le ciel en cent mille bouchons / cracheter sur la terre une blanche dragée* (Aubigné 1630) ; *Jette au lieu de lumière une noire fumée, / Dont l'épaisseur corrompt la pureté de l'air* (Rotrou 1639). Vaugelas ne fait pas mention des cas où l'adjectif de couleur a un sens métaphorique, par ex. *Cependant mon esprit qui suit la loy du corps, voit succomber sa force aux funestes efforts, d'une noire melancolie* (Godeau 1633).

comme parlent les Allemans & les peuples Septentrionnaux[746] ; Et nostre dessein n'est pas de redire ce que les Grammaires Françoises aprennent aux Estrangers[747], mais de remarquer ce que les François mesme les plus polis & les plus sçavans en nostre langue peuvent ignorer.

Il s'agit donc seulement des adjectifs qui peuvent se mettre devant & apres les substantifs, & de sçavoir quand il est à propos de les mettre devant ou derriere. Certainement apres avoir bien cherché, je n'ay point trouvé que l'on en puisse establir aucune reigle, ny qu'il y ayt en cela un plus grand secret que de consulter l'oreille. M. Coeffeteau est celuy **(184)** de tous nos Autheurs, qui aime le plus à mettre d'adjectif devant[748], fondé comme je crois, sur cette raison que la periode en est plus ferme, & se soustient mieux ; au lieu qu'elle devient languissante quand l'adjectif est apres. Nos modernes Escrivains, tout au contraire donnent beaucoup plus souvent la preseance au substantif[749], qu'à l'adjectif, fondez aussi comme j'estime, sur ce que cette façon de parler est plus naturelle & plus ordinaire, au lieu que l'autre semble avoir quelque sorte d'affectation. De ces deux contraires sentimens, le jugement & l'oreille peuvent faire comme un tiers parti, qui à mon avis sera le meilleur : Et ce sera de n'affecter ny l'un ny l'autre, mais de reigler leur situation, selon qu'elle sonnera le mieux, non seulement à nostre oreille, mais aux oreilles les plus delicates, qui en seront meilleurs juges que nous mesmes, si nous les consultons. Il faut aussi prendre garde de quelle façon les plus celebres Escrivains du temps ont accoustumé d'en user, affin qu'en imitant ceux qui ont l'approbation & la loüange publique, nous ne craignions pas

---

746 Dans le manuscrit : « ce sont les Allemans et leurs uoisins comme les Flamans et les Lorrains qui disent à la façon de la langue allemande <qui met tousiours l'adiectif deuant le substantif> *un noir chapeau*, et *une blanche robe* ».

747 Référence probable à la grammaire de Maupas, qui est citée explicitement dans le manuscrit. Vaugelas souligne ici la visée différente de son ouvrage.

748 Urbain (1893 : 324-325) fait une distinction entre les ouvrages que Coeffeteau a composés à loisir et « ceux que, pressé par les circonstances, il a pour ainsi dire improvisés dans le feu des polémiques et sans aucun souci de plaire au lecteur ». Il soutient que le langage des premiers est plus orné et que les adjectifs y précèdent plus souvent leurs substantifs. Les exemples de l'adjectif antéposé au nom sont nombreux dans l'*Histoire romaine* (*tout cela luy acquit une merveilleuse reputation* (1621 : I, 257) ; *se monstrast digne fils d'un si loüable pere* (1621 : III, 79).

749 Vaugelas fait ici état de l'évolution de l'usage. Dans sa propre traduction de Fonsèque nous trouvons plusieurs exemples de l'adjectif antéposé au substantif à la différence de l'usage en français moderne (Ayres-Bennett 1987a : 174) ; voir aussi Haase (1935 : 421-424), et Brunot (1905-1953 : III, 674-678).

de manquer, ny de desplaire, si nous faisons comme eux. Voila toute l'addresse que je puis donner aux autres & que je prens pour moy-mesme en une matiere, où l'on ne sçauroit trouver de reigle[750].

Il y en a qui tiennent que lors qu'il y a un (185) genitif aprés un substantif & un adjectif, il faut tousjours mettre le substantif auprés du genitif, comme, *elle estoit mortelle ennemie d'Agrippine.* Mais ils se trompent ; car encore qu'il soit vray que pour l'ordinaire il soit mieux d'en user ainsi, à cause que la construction en est plus nette, neantmoins on peut fort bien, & avec grace, y mettre l'adjectif, comme, *une multitude infinie de monde, les peuples les plus farouches, & les plus indomtables de la terre* ; Et il n'y a pas un bon Autheur qui ne le practique[751].

Va croissant, va faisant, &c.

Cette façon de parler avec le verbe *aller*, & le gerondif, est vieille, & n'est plus en usage aujourd'huy[752], ny en prose, ny en vers, si ce n'est

750 Voici donc un cas où Vaugelas refuse d'adopter une position prescriptive.

751 Nous trouvons dans Frantext les deux constructions : *il cognut bien quelle mortelle ennemie d'amour est l'absence* (Urfé 1627) ; *cette absence, qui est l'ennemie mortelle des amans* (Camus 1625).

752 En comparant le manuscrit et la version publiée, nous pouvons retracer l'évolution de l'opinion de Vaugelas sur cette question qui reflète le changement d'usage de la périphrase verbale. Comme le note Schøsler (2004 : 549), elle est sujette à une modification abrupte d'évaluation dans la première moitié du siècle. Si Maupas (1618 : f° 155v°) la recommande toujours, Oudin (1640 : 256) observe une évolution : « On faisoit estat autresfois de la construction du participe en *ant*, avec le verbe *aller*, comme d'une chose fort elegante : par exemple, *Je me vay nourrissant, je me vay plaignant, il va racontant ses mal-heurs* : maintenant beaucoup de personnes ne l'approuvent pas, je la remets toutefois à la discretion de qui s'en voudra servir ». L'usage de la périphrase verbale – attestée plusieurs fois dans la traduction des sermons de Fonsèque – n'est pas discuté en tant que tel dans le manuscrit, probablement parce qu'à l'époque où Vaugelas commença à noter ses observations elle n'était pas considérée comme assez archaïque. On trouve dans le manuscrit un exemple de la périphrase dans les marges, mais sans commentaire : « *Alloit ramassant de nouuelles troupes, il ua serpentant* » (f° 70v°). Dans l'observation intitulée « Gerondif » (f° 43r°), qui traite de la différence entre ce qu'il appelle gérondifs et participes, Vaugelas semble plutôt accepter la construction : « Il faut bien prendre garde à ne confondre pas les gerondifs auecque les participes, ~~ce~~ qui est <une faute,> fort aisée <à faire> à cause <de la ressemblance> de la terminaison qui ~~leur~~ est la mesme entre le participe singulier et le gerondif. Il y a de certains endroits ou tous deux sont bons, ~~et n'importe que uous le preniez pour l'un ou pour l'autre~~ <et n'importe lequel on mette ~~mettiez ou~~>, mais il y en a d'autres ou il faut necessairement mettre le gerondif, comme apres le uerbe *aller* auquel cas si on uient à y adiouster une *S* comme si c'estoit un participe pluriel, on fait un solecisme, c'est à dire une grosse faute ; par exemple *ces arbres uont croissants à ueüe*

qu'il y ayt un mouvement visible, auquel le mot d'*aller* puisse proprement convenir[753], par exemple, si en marchant une personne chante, on peut dire, *elle va chantant*, si elle dit ses prieres, *elle va disant ses prieres*; De mesme d'une riviere, on dira fort bien, *elle va serpentant*, parce qu'en effet elle va, & ainsi des autres. Mais pour les choses où il n'y a point de mouvement local, il ne se dit plus, en quoy les vers ont plus perdu que la prose, à cause de plusieurs petits avantages (186) qu'ils en recevoient. Un grand Poëte[754] a escrit,

Ainsi tes honneurs florissans
De jour en jour aillent croissans.

On ne l'oseroit dire aujourd'huy, parce qu'on ne se sert plus du verbe *aller* de cette façon, & si l'on s'en servoit, il faudroit dire, *aillent croissant*, & non pas, *croissans*, à cause qu'il faut necessairement que ce soit un gerondif, qui en François est indeclinable, & different du participe, qui a divers genres & divers nombres[755]. On ne dira donc point, *ces arbres*

---

d'œil, il faut dire *uont croissant* parce que c'est un gerondif qui est indeclinable et n'a ni genre ni nombre. La <necessité de la> rime […] < […] iointe à> l'affinité qu'a le Participe auec le gerondif ont fait faire cette faute <prendre le change > à M. de Malh p 109 ainsi tes honneurs fleurissants de iour en iour *aillent croissants.* C'est sans doute qu'il faut dire *aillent croissant.* » Pour une analyse de l'évolution de l'usage, voir Gougenheim (1971 : 2-36) et Ayres-Bennett (2012).

753 L'examen de cet usage par les successeurs de Vaugelas tourne en effet autour de deux points : la différence d'usage en poésie et en prose, et les classes sémantiques des verbes pour lesquelles la construction est permise. Ménage (1675 : 117-120), par exemple, fait une distinction entre la poésie et la prose. En poésie la construction est encore reçue, « lors mesme qu'il n'y a qu'un mouvement successif, ou progressif » ; il cite une série d'exemples pris de Desportes, de Voiture et de Malherbe. En prose la construction était beaucoup plus fréquente auparavant ; il observe « Nos Moines, en preschant, disoient sans cesse, *Tertullien va disant dans son Manteau; Clement Alexandrin va disant dans ses Tapisseries; Saint Augustin va disant dans ses Sermons; Saint Chrysostome va racontant dans ses Homélies; Saint Gerôme va explicant* ». D'après lui, la poésie ayant abusé de ces tournures, la prose les a abandonnées « à la reserve des endroits où il y a un mouvement visible et local ». Bref, la dégrammaticalisation est selon lui plus avancée dans la prose. Alemand (1688 : 95-100) note également que la construction a toujours été plus ordinaire en vers qu'en prose ; néanmoins si les poètes de la génération de Malherbe, Desportes ou Maynard l'utilisent fréquemment, plus on avance dans le temps plus elle se fait rare, au point qu'il ne trouve aucun exemple chez Boileau, « un de nos premiers Poëtes Modernes ».

754 Comme l'indique le manuscrit cité ci-dessus, il s'agit de Malherbe. Notons, toutefois, que Malherbe critique lui-même l'usage de cette périphrase verbale chez Desportes (Brunot 1891 : 416-418).

755 Voir la remarque sur cette question, *R*p. 426-433. Wapy (1634 : 90) commente ainsi la question de l'accord du participe : « Quant au participe, encor qu'on ait le choix de s'en servir en cette façon, *ces hommes se disans capables*, ou d'user de cette autre maniere,

vont croissant, sa vigueur alloit diminuant, & autres semblables phrases, comme on disoit autrefois.

En, *devant le gerondif*[756]

Parce que les gerondifs ont une marque, qu'ils prennent devant eux quand ils veulent, qui est *en*, comme *en faisant cela, vous ne sçauriez faillir*[757], & que le plus souvent ils ne la prennent point, il faut eviter de mettre *en* relatif aupres du gerondif, comme, *je vous ay mis mon fils entre les mains, en voulant faire quelque chose de bon*. Icy *en*, n'est pas la particule qui appartient au gerondif, mais c'est un relatif à *fils*, comme le sens le donne assez à entendre. (187) Pour escrire nettement, je crois qu'il faut tousjours fuïr cette equivoque.

Si dans une mesme periode on peut mettre deux participes, ou deux gerondifs, sans la conjonction et[758]

Par exemple, *l'ayant trouvé fort malade, j'ay*[759] *plustost appellé le Confesseur que le Medecin, aimant plus son ame que son corps*. Je dis que dans les termes de la question, on ne peut pas mettre, ny deux participes, ny deux gerondifs[760], mais que l'un est gerondif, & l'autre participe ; Ce qui se peut fort bien faire, & dont on ne se sçauroit passer dans le stile

---

ces hommes *se disant* capables, toutefois devant une voyelle, il êt plus convenable de le mettre au plurier. Exemple *Alors tous ses meilleurs soldats se trouvans éperdus commencerent à tourner visage* : ce que quelques-uns pratiquent par tout indifferemment. »

756 Vaugelas traite de l'usage du gérondif dans le manuscrit (voir la remarque suivante), mais il n'y a pas de commentaire sur cette question.

757 Cette fonction est déjà traitée au XVIe siècle, par exemple, par Ramus (1572 : 197), mais la préoccupation d'éviter une ambiguïté potentielle est plutôt caractéristique de Vaugelas et des remarqueurs ultérieurs.

758 La remarque manuscrite intitulée « Gerondif » (f° 42v°), commence par faire mention de l'utilisation de *en* devant le gérondif, qui le distingue du participe, mais Vaugelas observe que « Ce n'est pas ou ie me ueux arrester, car tout le monde sçait cela ». Il passe ensuite au but principal de l'observation : « C'est que ie ueux dire, que ~~[…]~~ <l'on peut mettre> dans une mesme periode tous les deux sans la Conionction *Et*, ce qui ne se pourroit faire toutefois, si l'un ~~ne […]~~ n'estoit consideré comme gerondif et l'autre comme participe ». Il continue en faisant l'analyse du deuxième exemple de Coeffeteau cité dans la version publiée et passe ensuite au premier. Le commentaire sur l'usage de cette construction dans le style historique apparaît pour la première fois en 1647.

759 Dans l'original : *j ay*.

760 Il est à noter que Vaugelas utilise *pas* avec *ni…ni* dans cette phrase, contre sa propre remarque ; *cf. R*p. 405.

historique, où il faut narrer[761]. En l'exemple que nous avons donné, *ayant trouvé* est le gerondif, car jamais *ayant* n'est employé avec le participe passif, qu'il ne soit gerondif, & *aimant*, est le participe, tellement que si j'avois mis l'exemple au pluriel, & que j'eusse dit, *l'ayant trouvé fort malade, nous avons plustost appellé le Confesseur, que le Medecin*, il eust fallu mettre *aimans* avec une *s*, *plus son ame que son corps* ; car les participes ont singulier & pluriel, ce que n'ont pas les gerondifs[762]. C'est ainsi qu'en a usé M. Coeffeteau, *la chose*, dit-il, *passa si avant que les vainqueurs ayant rencontré la litiere d'Auguste, croyans qu'il fust dedans, la* (188) *fausserent*[763]. Il dit encore en un autre lieu[764], *dont Auguste ayant esté adverty, se resolut ainsi malade qu'il estoit, de se faire porter à l'armée, craignant que durant son absence Antoine ne hazardast la bataille.* Tous les Historiens en sont pleins, & l'on ne sçauroit, comme j'ay dit, faire de narration sans cela. En faisant l'un gerondif, & l'autre participe, la periode n'est point vicieuse, & la construction n'a pas besoin d'estre liée par la conjonctive *et* ; mais sans cela elle ne pourroit subsister.

Eux-mesme, elles-mesme

C'est fort mal parler[765], il faut dire, *eux-mesmes*, *elles-mesmes* avec une *s*, parce que *mesmes*, là est nom ou pronom, & non pas adverbe. Quand il est adverbe, il est libre d'y mettre l'*s*, ou de ne l'y mettre pas[766], mais quand il ne l'est pas, comme en ces mots, *eux-mesmes*, *elles-mesmes*, c'est un solecisme d'obmettre l'*s*. C'est pourquoy un de nos meilleurs Poëtes[767] a failly, quand il a dit,

---

761 Il se peut que Vaugelas se souvienne ici de sa propre expérience comme traducteur de Quinte-Curce.

762 Voir *R*p. 426-433.

763 Coeffeteau (1621 : I, 31).

764 Coeffeteau (1621 : I, 29).

765 En 1561, Pillot donne la forme *eux mesme*, qu'il glose par *ipsimet* (1561 : 60). Les formes sont toutefois très minoritaires dans Frantext (1600-1647) : tandis qu'il y a 470 exemples d'*eux(-)mesmes* et 141 d'*elles(-)mesmes*, il n'y a que 24 d'*eux(-)mesme* et 8 d'*elles(-)mesme.*

766 *Cf.* Rp. 23-24.

767 Le manuscrit (f° 62v°) indique qu'il s'agit de Malherbe : « *Mesme* estant nom ou Pronom ueut un *s* au pluriel, autrement c'est un solecisme C'est pourquoy Malh. a failli de dire p.60 lez Immortels *eux mesme* en sont persecutez Il faut *eux mesmes* necessairement, et <n'y a point de> ~~la~~ licence poetique qui l'en puisse dispenser. Quand il est aduerbe, il n'importe d'y mettre un *S* ou de n'y en mettre point toutefois i'en uoudrois user comme i'ay remarqué cy dessus. »

Les immortels eux-mesme en sont persecutez.

Il n'y a point de licence poëtique, qui puisse dispenser de mettre des *s*, aux pluriels. Ce seroit un privilege fort commode à nostre Poësie, où il y auroit lieu d'en user fort souvent.

(189)

S'il faut mettre une s, *en la seconde personne du singulier de l'imperatif*[768]

Il y a des imperatifs de trois sortes, les uns, où d'un consentement general on ne met jamais d'*s*, d'autres, où l'on en met tousjours, & certains autres où les opinions sont partagées, les uns y mettant l'*s*, les autres, non[769]. J'ay conté jusqu'à dixneuf ou vint terminaisons differentes de ces imperatifs, les voicy, *a, e, i, ais, ains, aus, eins, eus, oy, ous, ans, ats, ens, en, ers, ets, eurs, ors, ours, ïiy*[770].

Tout le monde est d'accord que l'on ne met jamais l'*s* en ceux qui terminent en *a*, & en *e*.

Que l'on en met tousjours en ceux qui[771] terminent en *aus, eus, ous, ans, ens, ats, ers, eurs, ets, ors*, & *ours*, où l'*s*, neantmoins bien souvent ne se prononce pas, tellement qu'à les oüyr prononcer, on ne peut pas discerner s'ils ont une *s*, ou non[772].

Et les uns croyent qu'il ne faut point d'*s*, à ceux qui terminent en *i, ai, ain, ein, oy, en*, & *ïiy*, & les autres, qu'il en faut.

Donnons des exemples de tous, & par ordre. En *a*, il n'y a que *va*, ce me semble, qui s'escrit & se prononce *va*, devant toutes les voyelles, excepté en deux particules, à sçavoir *en*, adverbe relatif, & *y*; car

768 Il n'y a pas de version de cette remarque dans le manuscrit.

769 Vaugelas semble être lui-même incertain du bon usage de ces formes dans sa traduction de Fonsèque, où l'on voit des formes contradictoires côte-à-côte (Ayres-Bennett 1987a : 163).

770 En se concentrant sur des cas particuliers, Vaugelas néglige de proposer des règles générales selon la conjugaison du verbe, approche adoptée dans les grammaires formelles. En adoptant cette démarche, Vaugelas réagit peut-être contre Oudin (1640 : 153) qui minimise la variation dans l'usage contemporain : « La seconde personne du singulier de l'imperatif, pour les trois premieres conjugaisons, se forme de la seconde du present de l'indicatif, en rejettant *s* finale, et changeant *i* en *y* : *aime*, *finy*, *doy*. / Pour la quatriesme on en oste *ds, ren*, ou bien elle est semblable selon aucuns, *rends.* »

771 Dans l'original : qui qui.

772 Rappelons que cela constitue l'une des causes principales de l'usage douteux selon Vaugelas, voir l'Introduction, Préface IV.2.

devant *en*, adverbe, (190) il prend un *t*, comme *va-t-en*, & c'est le seul imperatif de quelque terminaison qu'il soit, qui prenne un *t*, aprés luy. Remarquez que je dis devant la particule *en*, adverbe relatif, parce que lors qu'*en* est preposition[773], on n'y ajouste rien ; Par exemple on dit, *va en Italie*, *va en Hierusalem*, & non pas *va-t-en Italie*, *&c.* Et devant *y*, il prend une *s*, comme *va-s-y*[774]. Mais il faut noter que cette *s*, n'est pas de sa nature, & qu'elle n'est qu'adjointe seulement pour oster la cacophonie, comme nous avons accoustumé de nous servir du *t*, en orthographiant & prononçant *a-t-il*, pour *a il*, & comme nous nous en servons encore à *va-t-en*[775].

En *e*, comme *aime*, *ouvre*, & ainsi de tous les autres de la mesme terminaison, qui de leur nature n'ont jamais d'*s*, mais en empruntent seulement pour mettre devant les deux particules adverbes *en*, & *y*, comme font tous les imperatifs qui finissent par une *voyelle.*

En *aus*, comme *vaus*, *prevaus*, *&c. vaus autant que ton pere*, car icy l'*s*, est de sa nature, & non pas adjointe, *prevaus toy*, non *prevau toy.*

En *eus*, comme *meus*, *esmeus*, *veus*, où l'*s*, est encore essentielle, & non pas estrangere, tout de mesme qu'aux autres qui suivent, où il y a une *s*, *esmeus à pitié*, *veus ce que tu* (191) *peus*, & non pas, *esmeu à pitié*, ny *veu ce que tu peux.*

En *ous*, comme *resous*, *resous un peu la question*, *resous toy*, & non pas *resou un peu*, ny *resou toy.*

En *ans*, comme *respans*, & non pas, *respan*, *respans de l'eau*, *respans y de l'eau.*

En *ens*, comme *prens*, *rends*, *vends*, & non pas *pren*, *rend*, *vend.*

En *ats*, comme *bats*, *abbats*, & non pas *ba*, *& abba.*

En *ers*, comme *sers*, *perds*, & non *ser*, *per.*

En *eurs*, comme *meurs*, & non pas *meur.*

En *ets*, comme *mets*, *permets*, & comment le pourroit-on dire autrement ?

---

773 Dans l'original : prepositition.

774 *Cf.* Chiflet (1659 : 199) : « Les imperatifs de la premiere conjugaison, terminez de *l'a* et de *l'e* feminin, prenent un *z*, ou une *s*, avec l'apostrophe, devant les particules relatives *en*, et *y* : comme, *va-z'y voir*, ou *va-s'y voir*, ou *va-z-y voir.* »

775 Il est intéressant de noter que Vaugelas ne fait pas de commentaire plus élaboré sur cet usage puisque Maupas (1618) écrit toujours *a-il*, etc. tandis que dans la grammaire d'Oudin (1640) on ne trouve que la variante *a-t'il.* Il y a deux occurrences de *a-il* dans les *Remarques* (*R*p. 536, 572), mais Vaugelas utilise *a-t-il* partout ailleurs. Sur le *t* euphonique, voir Thurot (1881-1883 : II, 240-243).

En *ors*, comme *dors*, *sors*, & non pas *dor*, *sor*.

En *ours*, comme *cours*, *secours*, *recours*, non *cour*, *secour*, *&c.*

En *i*, comme *beni*, *fini*, *di*, *li*, *ri*, les uns disent ainsi, les autres *benis*, *finis*, *dis*, *lis*, *ris*[776].

En *ai*, ou *ay*, comme *fay*, *tay*. Les uns disent ainsi, & les autres, *fais*, *tais*, cette derniere façon est la plus suivie[777].

En *ain*, comme *crain*, ou *crains*, qui est le meilleur[778].

En *ein*, comme *fein*, *pein*, ou *feins*, *peins*, ce dernier est le plus suivy[779].

En *oy*, comme *voy*, *connoy*, ou *vois*, *connois*, le premier est le plus suivy[780]. (192)

En *en*, comme *tien*, *vien*, ou *tiens*, *viens*, le premier est le plus suivy[781].

En *uy*, comme *fuy*, ou *fuys*, le premier est le plus suivy[782].

Pour l'heure[783]

Cette façon de parler pour dire *pour lors*, est bonne, mais basse, & ne doit pas estre employée dans le beau stile, où il faut dire *pour lors*[784].

---

776 Nous trouvons par exemple chez Corneille (1637, cité d'après Frantext) : *Il estoit grand besoin de cette repartie; / Ne* **ry** *plus, et regarde aprés tant de discours / Par où tu me pourras donner quelque secours, /* **Dy** *moy par quelle ruse il faut.*

777 Les formes *fay* et *tay* sont pourtant attestées dans Frantext, par exemple chez Urfé (1631), Mareschal (1637), Rotrou (1637), Corneille (1639) et Maynard (1646).

778 La forme *crain* est utilisée, par exemple, par Corneille dans les pièces publiées dans les années 1630 (Frantext).

779 Sorel (1627), par exemple, emploie la forme sans *s* : *garde toy bien de cela ; fein plustost que tu ne sçais qui est ton pere ny ta mere.*

780 Par exemple, Rotrou (1636) : *Voy comme sans parler cette agreable bouche / Appelle mes baisers, et dit que je la touche* ; Boisrobert (1646) : *Contemple donc, connoy, cherche, resve, estudie [...].*

781 Parmi les exemples des formes sans *s* dans Frantext, citons : *Vien, donne moy la main* (Gombauld 1631) et *Tien donc, voila ta mort d'un coup de vieux soldat* (Discret 1637).

782 Par exemple, *Ne cours point à ta honte, et fuy l'occasion / D'accroistre sa victoire, et ta confusion* (Corneille 1639).

783 Cette question n'est pas traitée dans le manuscrit.

784 L'expression est notée par Estienne (1549), Nicot (1606) et Cotgrave (1611) sans commentaire, mais en 1680 Richelet la juge « hors d'usage ». L'Académie l'inclut parmi les exemples sous l'entrée *Heure* de son dictionnaire (1694), mais explique dans son observation sur cette remarque que « *pour lors* ne se dit qu'avec un temps passé ou avec un temps futur » tandis que « *pour l'heure* ne peut s'employer qu'avec le present » (1704 : 215). Dans Frantext (1600-1647), cette expression est souvent attestée dans les lettres ou les comédies, mais on trouve également des occurrences, par exemple, dans le roman de Mareschal, *La Chrysolite ou le Secret des romans* (1634).

A l'improviste, à l'impourveu

Tous deux sont bons, & signifient la mesme chose, mais *à l'improviste*, quoy que pris de l'Italien[785], est tellement naturalisé François, qu'il est plus elegant qu'*à l'impourveu*[786].

Rais

Rais pour *rayons* ne se dit plus de ceux du Soleil, ny en prose, ny en vers[787], mais il se dit de ceux de la Lune & en vers & en prose. Un de nos excellens Autheurs[788] en ce dernier genre en a ainsi usé. Hors de là estant ainsi escrit, il ne signifie que *les rais d'une roüe*, qui neantmoins ne s'appellent ainsi que figurément, pour la ressemblance qu'ils ont avec les rayons.

(193)

Exemple d'une construction estrange[789]

785 Selon le *TLFi* l'expression est empruntée à l'italien, *all' improvvista*.

786 Dans le manuscrit (f° 4v°), Vaugelas note que Coeffeteau se sert souvent de l'expression *à l'improviste* ; à cette époque il la considère comme « incomparablement meilleur[e], qu'*au despourueu*, ou *à l'impourueüe* » et il hésite sur la question de savoir s'il faudrait se servir de ces deux dernières expressions. Il conclut : « Il s'en faut rapporter à noz Maistres ». Sur l'attitude de Vaugelas envers les néologismes, voir l'Introduction, p. 179-180. Nicot (1606) et Cotgrave (1611) ne citent que la forme *à l'impourveu*, tandis que Richelet (1680) suit le jugement de Vaugelas. Il est à noter que dans les textes de Frantext (1600-1647) *à l'impourvue* (36) reste plus fréquent que la forme *à l'improviste*, et que Coeffeteau se sert des deux expressions dans son *Histoire romaine*.

787 Ce problème n'est pas considéré dans le manuscrit. En 1611, Cotgrave définit le terme comme « the sunne-beames », mais Richelet (1680), Furetière (1690) et l'Académie (1694) s'accordent avec le jugement de Vaugelas que le mot ne se dit que de la lune. Dans Frantext (1600-1647) les usages sont concentrés dans la période 1600-1632 et il n'y a aucune attestation entre 1633 et 1647. Si dans les premières décennies du siècle le mot est surtout associé au soleil, Balzac (1631) s'en sert pour la lune. Notons aussi les emplois métaphoriques, comme chez Camus (1625) : *Il se sentit accablé de la force des raisons, et de la douceur des paroles, et son entendement fut tellement convaincu par la verité qui y paroissoit sans fard, comme sans art, qu'il rendit les armes de son obstination à ces rais si doux, qui le despoüilloient de ses vieilles plumes sans aucune violence.*

788 Clef de Conrart : « Je pense q[ue] c'est M. Chapelain ». Il est vrai qu'on trouve un exemple dans la *Pucelle* de Chapelain (1656 : 73) où ce dernier établit un contraste entre *les rais* de la lune et *les rayons* du soleil, mais cet ouvrage ne fut publié qu'en 1656, et Chapelain y utilise également l'expression [*les*] *premiers rais du jour* (1656 : 54). Il est possible que Vaugelas se réfère plutôt à Balzac (voir la note précédente).

789 Cette question est annoncée au folio 16r° sous le titre « Construction » avec un renvoi à la remarque intitulée « *Substantifs* » (f° 83r°) qui est plus longue que la version publiée. Notons que l'exemple pris de Malherbe est légèrement remanié dans la version publiée et que Vaugelas se réfère dans le manuscrit à l'autorité de Coeffeteau : « Deux substantifs dont

Un de nos plus celebres Autheurs a escrit[790], *l'aventure du lion & de celuy qui vouloit tüer le Tyran, sont semblables*. Comment se construit cela *l'aventure sont* ? c'est qu'il y a deux nominatifs, l'un expres, & l'autre tacite, ou sous-entendu, qui regissent le pluriel, comme s'il y avoit, *l'aventure du lion & l'aventure de celuy qui vouloit,* &c. *sont semblables*. La question est, si cette expression est vicieuse, ou elegante. Les opinions sont partagées. Pour moy, je ne m'en[791] voudrois pas servir[792].

De moy, pour moy, quant à moy[793]

Ce dernier ne se dit, ny ne s'escrit presque plus[794], sans doute à cause de cette façon de parler proverbiale ; *Il se met sur son quant à moy* ; Et

l'un est exprimé et l'autre supprimé, ou pour mieux dire un substantif qui est une fois exprimé auec un genitif et une autre fois supprimé auec une [*sic*] autre genitif regit le pluriel. L'exemple le fera comprendre Malh. p.49 Le fait du lion et de celuy qui uouloit tuer le Tyran sont semblables, c'est comme s'il y auoit le fait du lion et le fait de celuy qui uouloit tuer le Tyran sont semblables. Ie doute que cette construction soit bonne et que ce soit bien escrit. M. Coeff. à mon aduis ne l'auroit pas uoulu dire et ne crois pas qu'en toutes ses œuures il s'en trouue un seul exemple. Les suppressions ne sont gueres propres à n[ot]re langue, quoy qu'elles soient souuent si elegantes en la langue grecque et en la langue latine comme au contraire <n[ot]re langue aime> les repetitions. » Il continue en suggérant la répétition de *le fait de* (*cf.* la remarque sur *en vostre absence, & de Madame vostre mere* (*R*p. 209-210) : « En l'exemple de Malh. que nous auons allegué, si on me demandoit comme i'eusse donc uoulu dire, ie respondrois que i'eusse uoulu mettre ainsi, le fait du lion, et le fait de celuy &c. ou bien si l'on croit que cette repetition choque l'oreille ce [que] ie ne crois pas, dautant que c'est une maxime, que toute repetition qui est necessaire pour la clarté de l'intelligence ne choque iamais l'oreille, ie diray le fait du lion et celuy de l'homme qui uouloit tuer le Tyran sont semblables. Car tous ces mesnages de mots que l'on ueut faire [en] n[ot]re langue <pour l'ordinaire> ne ualent rien, parce qu'ilz produisent un effet tout contraitre à l'intention de ces mesnagers, qui en abregant la phrase pensent faire entendre plus prontement ce qu'ilz ueulent dire, et il arriue tout au rebours qu'en affectant la briefueté, ilz se rendent obscurs, et ar[res]tent le lecteur un long espace de temps pour ~~entendre~~ <conceuoir> le sens d'une chose qu'il auroit ente[ndue] tout à l'heure s'il eussent [*sic*] encore adiousté un mot, qui estoit necessaire à la clarté de l'expre[ssion.] Ilz ressemblent ces mauuais <faux> Oeconomes qui pour espargner peu de chose, <en> laissent ruiner [...] de grand pris ». Pour d'autres exemples de ce type de construction, voir Brunot (1905-1953 : III, 529) et N. Fournier (1998 : 27).

790 La Clef de Conrart se trompe en identifiant cet auteur célèbre comme « M. De Balzac ».

791 Dans l'original : m en.

792 Sur le traitement de la coordination dans les *Remarques*, voir l'Introduction, 6.4.7.

793 Cette remarque ne se trouve pas dans le manuscrit. Notons toutefois que Vaugelas se sert lui-même de *quant à moy* de temps à autre dans le manuscrit, mais il ne l'utilise plus dans la version publiée si ce n'est dans l'observation qui traite de l'orthographe de l'expression elle-même (*R*p. 53).

794 L'expression se trouve sans commentaire dans les grammaires du XVIe siècle telles que celles de Palsgrave (1852 [1530] : 873) ou Du Vivier (1566 : f° 15v°), mais après Vaugelas les

qu'ainsi ne soit, on dit fort bien, *quant à luy*, *quant à vous*, *quant à nous*, pourquoy donc ne diroit-on pas aussi *quant à moy* ? *De moy* est fort bon, & fort elegant, mais j'eviterois de le mettre souvent en prose, & me contenterois de l'avoir employé une fois ou deux dans un juste volume. Mon usage[795] ordinaire seroit *Pour moy*, comme c'est celuy de tout le monde, soit en parlant, ou en escrivant[796]. *De moy*, semble estre consacré à la Poësie, (194) & *pour moy* à la prose[797]. Aussi ne l'ay-je jamais veu en vers[798], mais *de moy*, se met en prose dans le beau stile, quoy qu'il en faille user tres-rarement.

H, *aspirée, ou consone, & H, muëtte*

Les lieux où l'on parle bien François, n'ont pas besoin de cette remarque ; car on ne manque jamais d'y prononcer l'une & l'autre *h*, comme il faut[799]. Mais elle est extremement necessaire aux autres Provinces[800], qui font la plus grande partie de la France, & aux Estrangers[801]. La faute qui se commet en cela, n'est pas d'aspirer une *h*, muëtte, comme de dire, *le honneur*, pour dire *l'honneur* : *la heure*, pour dire *l'heure*, personne ne parle ny n'escrit ainsi ; C'est de faire l'*h*, muëtte quand elle est aspirée,

---

avis sont partagés. Par exemple, Chiflet (1659 : 58), Irson (1662 : 115) et Richelet (1680) suivent l'opinion du remarqueur, mais l'expression est acceptée par Furetière (1690) et l'Académie (1694, 1704 : 217). Vaugelas semble avoir bien identifié le déclin de l'usage de l'expression *quant à moy*, lequel est attesté dans Frantext. Il y a 108 occurrences pour la décennie 1620-1629, 65 occurrences pour la décennie 1630-1639, mais une seule pour la période 1640-1647.

795 Dans l'original : usase.

796 Pour des exemples de cet usage, voir Haase (1935 : 363).

797 Sur l'attitude de Vaugelas envers l'usage en poésie et en prose, voir l'Introduction, 4.2.4.

798 Nous trouvons pourtant des exemples de *pour moy* en vers, y compris dans la poésie de Malherbe : *Pour moy, en ce que j'en ay veu, / j'asseure qu'elle aura l'adveu / de tout excellant personnage* (Malherbe 1627, cité d'après Frantext).

799 Dans le manuscrit (f° 46r°) : « Ceux qui sont des Prouinces de France, ou l'on parle bien françois ne sont pas en peine de sçauoir, quand il faut prononcer, ou pour mieux dire aspirer l'*H*, et la faire consonante, ou quand il ne la faut pas aspirer, mais la faire Voyelle, parce qu'ilz succent cela auec le laict de leurs nourrices, et n'y manquent iamais. »

800 Dans le manuscrit : « ou le langage françois est extreme[me]nt corrompu et particulierem[ent] de là la riuiere de Loire » ; *cf.* *R*p. 136.

801 Cette référence aux étrangers, qui est contraire à ce qui est dit ailleurs sur le public visé par ces observations, est ajoutée à la version publiée. La remarque manuscrite se prolonge avec la discussion portant sur la façon de différencier le *h aspiré* du *h muet* (ce qui fait partie de la remarque suivante dans le texte publié) ; elle ne traite donc pas des fautes discutées dans le texte ci-dessus. Sur la prononciation de *h*, voir l'Introduction, p. 131-132.

ou consone, selon Ramus[802], & plusieurs grands Grammairiens, qui l'appellent *aspirée*, *aspirante*, ou *consone*, indifferemment[803] ; par exemple de dire, *l'hazard*, au lieu de dire, *le hazard* : *l'hardy*, au lieu de dire, *le hardy* : *l'halebarde*, au lieu de *la halebarde*. Voilà pour le singulier, où l'on ne sçauroit manquer ny en parlant ny en escrivant qu'il ne paroisse, mais pour le pluriel, quand on y manque, ce ne peut estre qu'en la prononciation, & non pas en l'escriture. L'exemple (195) le va expliquer. Ceux qui parlent bien, & ceux qui parlent mal, escriront egalement bien *les hazards*, *les hardis*, *les halebardes*, mais en la prononciation, il n'en sera pas de mesme ; car ceux qui parlent bien, prononceront *les hazards*, & tous les autres de cette nature, comme ils prononcent les mots qui commencent par une consone aprés l'article du pluriel, par exemple, *les combats*, *les difficultez*, où l'*s*, de l'article qui precede, ne se prononce point ; car puis que l'*h*, aspirante est consone, tous les mots qui commencent par cette sorte d'*h*, doivent produire le mesme effet que produisent toutes les autres consones. Or devant les autres consonantes on ne prononce ny l'*s*, ny certaines autres consones, qui se rencontrent immediatement devant, par exemple, on prononce *les combats*, comme s'il[804] n'y avoit point d'*s* devant le *c*, *sont plusieurs*, comme s'il n'y avoit point de *t*, devant le *p*. Il faut donc prononcer *les hazards*, comme s'il n'y avoit point d'*s*, devant l'*h*, & *sont hardis*, comme si devant l'*h*, il n'y avoit point de *t*. Mais ceux qui parlent mal, prononcent *les hazards*, comme ils prononcent *les honneurs*, & *sont hardis*, comme ils prononcent *sont asseurez*.

On a grand besoin dans les pays où l'on parle mal, de bien sçavoir la nature de cette (196) lettre ; c'est pourquoy je me trouve obligé de dire icy le peu que j'en sçay. Une des fautes principales, outre celles que j'ay remarquées, se commet en la prononciation de la lettre *n*. Par exemple, ceux qui parlent mal, prononceront *en haut*, comme ils prononcent *en affaire* ; & cependant il y faut mettre une grande difference, car l'*n* qui finit un mot, & en precede un autre qui commence par une voyelle, se

802 Ramus (1572 : 27) le décrit de la façon suivante : « Ceste letre nest point aspiration en Francoys comme en Latin, et pourtant nest jamais apostrophee, ou elle est vrayment escripte, mais elle est tousjours demivoyelle ferme, et est seulement devant les voyelles, comme la *Hallebarde*, la *Here*, le *Hideux*, le *Honteux*, la *Hure* ». Voir aussi Thurot (1881-1883 : II, 391*s.*) sur les avis des grammairiens sur cette question.

803 L'expression « h aspirée » se trouve chez Meigret (1980 [1550] : 213) et chez Oudin (1640 : 19), mais le terme *aspirante* ne figure pas dans les grammaires de notre corpus (1530-1647).

804 Dans l'original : si il (*Fautes d'impression*).

prononce comme s'il y avoit deux *n*[805]. On prononce *en affaire*, tout de mesme que si l'on escrivoit *en naffaire*, comme beaucoup de femmes ont accoustumé d'orthografier[806]. *En honneur*, comme si l'on escrivoit *en nonneur* ; mais *en haut*, *en hazard*, se doit prononcer comme n'y ayant qu'une *n*, & aprés l'*n*, il faut aspirer l'*h*, à quoy ceux des Provinces qui parlent mal, sur tout de là Loire, ne songent point.

D'ailleurs, il y a plusieurs consones, qui finissant un mot ne se mangent point devant l'*h*, consone, mais cela estant commun à toutes les autres consonantes aussi bien qu'à cette sorte d'*h*, on n'a qu'à suivre la reigle des autres. Que si l'on en desire encore quelque esclaircissement, le voicy par ordre[807]. Premierement le *b*, finissant le mot, se prononce devant un autre mot qui commence par une consone, comme *Achab ce meschant*, (197) on prononce le *b*. Nostre langue n'a point de mot qui finisse par cette lettre, il faut emprunter des mots estrangers, où cette reigle se pratique, & l'on prononcera *Achab hardi*, comme on prononce *Achab ce meschant*. Le *c*, ne se mange point non plus, on le prononce en disant *un sac de bled*, & *un sac haut & grand*[808]. Le *d*, ne se prononce point, on dit *un fond creux*, comme si l'on escrivoit *un fon creux* sans *d*. De mesme on dira *un fond hideux*, comme si l'on escrivoit *un fon hideux*. La lettre *f*, se mange, on dit *un œuf de pigeon*, & *un œuf hasté*, sans prononcer l'*f*, en tous les deux. Le *g*, se mange aussi, on dit, *un sang bruslé*, & *un sang hardy*, comme si l'on escrivoit, *un san bruslé*, *un san hardy*. L'*l*, ne se mange point, on dit, *un cruel traitement*, & *un cruel hazard*. Ny l'*m*, non plus (car comment diroit-on *Abraham*, *Hierusalem*, ou *Bethleem*, sans prononcer l'*m* ?) ny devant les consones, ny devant l'*h*, aspirée, seulement il faut prendre garde de ne pas doubler l'*m* devant l'*h*, aspirée, comme on la double devant les autres voyelles, par exemple, on prononce *Bethleem heureuse*, comme si l'on escrivoit *Bethleem meureuse*, & il ne faut pas prononcer *Bethleem honteuse*, de mesme comme s'il y avoit *Bethleem monteuse*. Pour l'*n*, il en a esté parlé. Le *p*, ne se prononce point ; on prononce *un*

805 *Cf. R*p. 436-437.

806 *Cf. R*p. 112 où Vaugelas recommande plutôt l'orthographe avec 'ph'. Sur l'orthographe des femmes à l'époque, voir Ayres-Bennett (2004c : 141-143, 165).

807 Chiflet (1659 : 212-215) offre une critique de ce passage. On remarque que Vaugelas se fie parfois trop à l'orthographe ou aux exemples particuliers ; par conséquent il peut se tromper sur la bonne généralisation ou oublier les exceptions.

808 La critique de Chiflet (1659 : 212) concernant ce cas est typique de son approche : « Il en faloit excepter neuf ou dix mots, *blanc*, *banc*, *flanc* etc. ».

coup (198) *d'espée*, & *un coup hardy*, comme si l'on escrivoit *un cou d'espee*, & *un cou hardy*. Le *q*, se prononce, & l'on dit, *un coq de parroisse*, & *un coq hardy*, en prononçant le *q*, en tous les deux. *R*, se prononce aussi, *pour faire*, *pour hazarder*, *pur sang*, *pur hazard*, excepté aux infinitifs, car on prononce *aller*, *courir*, comme si l'on escrivoit, *allé*, *couri*[809]. L'*s*, & le *t*, ne se prononcent point, comme il a esté dit. L'*x*, & le *z*, à la fin des mots se prononçant comme l'*s*, ils sont traitez tous trois de mesme façon, & ne passent que pour un. On prononce *les Cieux voutez*, & *les Cieux hauts*, tout de mesme, comme s'il n'y avoit point d'*x*, & *loüez generalement*, & *loüez hautement*, comme s'il n'y avoit point de *z*.

Pour bien expliquer la chose, il falloit dire tout cela au long. En voicy l'abregé en peu de mots. L'*h*, est ou *consone*, ou *muëtte* ; Si elle est *muëtte*, il la faut considerer aux mots comme si elle n'y estoit point ; Si elle est *consone*, il faut faire deux choses, l'une, l'*aspirer*, & l'autre, *y observer tout ce qui s'observe avec les autres consones.*

*Reigle pour discerner l'*h, *consone d'avec la muëtte*

Cette reigle est fort connuë, mais on y ajoustera quelques nouvelles remarques[810]. (199) Il est vray qu'il faut sçavoir le Latin, pour se prevaloir de cette reigle, & ceux qui ne le sçavent pas, ne peuvent avoir recours qu'à l'Usage, & à la lecture des bons livres[811].

Tous les mots François commençans par *h*, qui viennent du Latin, où il y a aussi une *h*, au commencement, ont l'*h*, muette, & ne s'aspirent point,

809 Sur la prononciation du *r* final, voir l'Introduction, p. 129-130, et *R*p. 437-438.

810 La discussion de cette règle (*cf.* Ayres-Bennett 1987a : 78-79) figure dans la remarque manuscrite, « *H* consonante, ou uoyelle » (f° 46r°). Comme nous l'avons remarqué dans nos commentaires sur « *Heros, heroïne, heroïque* » (*R*p. 1-3) et « *Huit, huitiesme, huitain* » (*R*p. 73), il y a une certaine réorganisation du contenu des remarques manuscrites sur cette question. La remarque manuscrite commence donc autrement (*cf.* note 799) : « *H* Consonante ou Voyelle <ou bien Aspirante, ou Muette>. Ceux qui sont des Prouinces de France, ou l'on parle bien françois ne sont pas en peine de sçauoir, quand il faut prononcer, ou pour mieux dire aspirer l'*H*, et la faire consonante, ou quand il ne la faut pas aspirer, mais la faire Voyelle, parce qu'ilz succent cela auec le laict de leurs nourrices, et n'y manquent iamais. Mais pour les autres Prouinces, ou le langage françois est extreme[me]nt corrompu et particulierem[ent] de là la riuiere de Loire, il y a peu de gents qui n'y commette[n]t des fautes. Que s'ilz me demandent comment ilz pourront discerner <ces *H*> les uns d'auec les autres, Ie leur repondray que s'ilz sçauent le latin, on leur pourra donner une reigle qui a esté remarquee il y a long temps, par le moyen de laquelle ilz paruiendront à cette conoissance. »

811 Comme le note Pellat (1976-1977 : 38-39), il y a une sorte de contradiction entre le recours que fait ici Vaugelas aux connaissances du latin et le lectorat envisagé pour l'ouvrage.

comme *honneur* vient d'*honor*, il faut dire *l'honneur*, & non pas *le honneur*. Peu en sont exceptez, comme *heros*[812], *hennir*, *hennissement*, *harpie*, *hargne*, *haleter*, *hareng*, selon ceux qui tiennent qu'il vient de *halec*, mais il n'en vient pas. Car tous ces mots & peut-estre[813] quelques autres[814], ont l'*h*, au Latin, & neantmoins ils s'aspirent en François. J'ay ajousté cette remarque, qu'il faut qu'il y ayt une *h*, au commencement du mot Latin ; car il y a des mots François commençans par *h*, qui viennent du Latin, lesquels neantmoins aspirent l'*h*, comme *haut*, & il n'y a point de doute qu'il vient d'*altus*, mais parce qu'au Latin il n'y a point d'*h*, elle s'aspire en François. De mesme *hache* pour *coignee*, s'aspire en François, & neantmoins vient du Latin *ascia*. On dit aussi *une hupe* oiseau, qui vient du Latin *upupa*, où il n'y a point d'*h*, *hurler*, d'*ululare*, où il n'y a point d'*h*, aussi, & *hors* vient asseurement de *foras*, l'*f*, se changeant souvent en *h*, comme en la langue Espagnole, mais **(200)** parce que le mot Latin ne commence pas par *h*, on prononce *hors* avec une *h*, consone & aspirée, comme s'il n'en venoit pas[815]. *Huit*, vient aussi d'*octo*, mais *h*, ne s'aspire pas en ce mot, quoy qu'elle y soit consone. Voyez la remarque de *huit*[816]. Ces mots en sont exceptez, *huit*, *huistre*, *huile*, *hieble*, qui viennent tous quatre du Latin, où il n'y a point d'*h*, & neantmoins ne s'aspirent point en François[817].

Mais tous les mots commençans par *h*, qui ne viennent pas du Latin, ont l'*h*, consone & l'aspirent, comme *hardy*, *Philippe le Hardy*, *le hazard*, *la halebarde*, *la haquenée*, *la harangue*, & plusieurs autres semblables[818].

---

812 Voir *R*p. 1-3.

813 Dans l'original : peut estre.

814 Voir aussi Thurot (1881-1883 : II, 398-408) qui inclut d'autres exceptions aux règles élaborées par Vaugelas dans cette observation, dont quelques-unes avaient été déjà citées par les grammairiens antérieurs. Chabanel (1612 : 204-226) consacre l'une des parties de son ouvrage aux « Mots françois, qui sont aspirez, & prononcez asprement en teste ».

815 Notons que plusieurs des étymologies proposées sont justes (par ex. *hup(p)e*, *hurler*), mais que Vaugelas se trompe sur celle de *hache* (qui vient plutôt du germanique) et qu'il ne voit pas que, dans le cas de *haut*, l'étymon latin *altus* a été croisé avec une forme germanique, ce qui explique la présence du *h*.

816 *Cf.* *R*p. 73.

817 Toute la discussion des exceptions dans le cas des mots qui viennent du latin ne figure pas dans la remarque manuscrite, où Vaugelas ne fait mention que du cas de *haut* (voir ci-dessous).

818 Dans le manuscrit (f° 46r°) : « on dit *Philippe le hardy*, et non *l'hardy*, *la hauteur* et non *l'hauteur*. Car *Hardy* ne uient nullement du latin, et pour *Hauteur* encor qu'il en uienne, parce qu'on dit *Haut*, *altum*, et *hauteur*, *altitudo*, si est-ce qu'à cause qu'il n'y a point d'*H* au latin, on demeure dans les termes de la Reigle que nous auons donnee et on prononce l'*H*. Que si l'on obiecte encore qu'*Heur*, ne uient point du latin et que neantmoins l'*H* ne s'aspire pas, mais

On objecte qu'*hermine*, & *heur*, ne viennent point du Latin, & que neantmoins l'*h*, de ces mots est muette, & qu'on dit l'*hermine*, & non pas *la hermine*, & l'*heur*, & non pas *le heur*.

On respond premierement, que ce sont les seuls mots que j'ay remarquez jusqu'icy, qui facent exception à la reigle.

En second lieu, il y a grande apparence qu'*heur*, vient d'*heure*, d'où est venu le mot *à la bonne heure*, qui pourroit bien estre aussi la vraye etymologie[819] de *bon-heur*, comme *malheur* vient de *mal-heure*, c'est à dire mauvaise heure, selon l'opinion des Astrologues.

Quelques-uns opposent encore à cette reigle le mot d'*helas*, qui ne vient point du (201) Latin, & qui neantmoins n'aspire point l'*h*, comme il se voit dans nos vers François, où la voyelle qui precede *helas*, se mange tousjours, par exemple, *je souffre helas ! un si cruel martyre*.

Je respons, qu'ils se trompent de dire, qu'il ne vienne point du Latin, car il vient d'*heu*, & la syllabe *las*, que l'on a ajoustée aprés, n'y fait rien. Peut-estre l'avons-nous prise des Italiens, qui disent, *ahi lasso*, mais la vraye interjection consiste en la premiere syllabe *he*, qui respond à l'*heu* Latin[820].

*De l'*h[821]*, dans les mots composez*[822]

Nous n'avons consideré l'*h*, qu'au commencement du mot, mais quand elle se trouve ailleurs dans les mots composez, elle se prononce

---

est uoyelle, et se mange, parce qu'on dit *l'Heur*, et non pas *le heur*. Ie respons premierement que ie pense qu'il n'y a que ce seul mot à qui cela arriue, et puis qu'il y a apparence qu'*Heur* uient d'*Heure*, d'ou est uenu le mot *a la bonne heure*, qui pourroit bien estre <aussi> la uraye ethimologie de *Bonheur*, et ie le crois ainsi[+] {[+] comme *malheur* uient de *male heure* <et [...] cela> suiuant l'opinion des astrologues.} Outre que cela n'empesche pas que l'autre face de la Reigle ne soit absolument uraye, que tous les mots françois uenants du latin[+] {[+] ou il y a une *H*} <qui commencent par *H*> n'aspirent point leur *H*. Voyla donc [...] <pour> ceux qui sçauent le latin, mais pour ceux qui ne le scauent pas, ie ne leur puis faire autre chose que les renuoyer à l'usage et à la lecture des bons liures. »

819 Dans l'original : ethymologie (*Fautes d'impression*). *Cf.* l'étymologie offerte par le *TLFi* pour *heur* : « Du lat. *augurium* 'augure, interprétation des présages, présage (dans la religion romaine)' par l'intermédiaire de la forme *agurium* du b. lat. (*TLL s.v.* 1731, 11) et glissement au sens de 'sort, condition, destinée' (*cf. TLL s.v.* 1375, 83) ; la collision homon. avec *heure*, notamment dans des expr. avec *bon* ou *mal eur*, est à l'orig. de l'ajout de l'initiale *h* au Moyen Âge. »

820 *Hélas*, qui n'est pas considéré dans le manuscrit, est sujet à de nombreuses discussions, voir Thurot (1881-1883 : II, 404).

821 Dans l'original : *l*h.

822 Comme nous l'avons déjà noté, le manuscrit traite de la règle générale, mais il n'y a ni discussion au sujet des mots composés ni traitement d'autres mots particuliers.

tout de mesme que si elle estoit au commencement, chacune selon sa nature, par exemple, *deshonoré* se prononce comme *honoré* en *h*, muette, & *enhardir*, *eshonté*, *dehors*, comme *hardi*, *honte*, *hors*, en *h*, consone & aspirante, & il se faut bien garder de prononcer, *ennardir*, *esonté*, & *deors*, comme l'on fait de là Loire.

Il y a une seule exception, c'est que l'on dit, *haut-exhaussé*, sans prononcer l'*h*, qui est en *exhaussé*, comme si l'on escrivoit *exaussé*, sans (202) *h*, & l'on ne met point de difference pour la prononciation entre *exhaussé*, pour les bastimens, & *exaucé*, pour les prieres[823].

Cela vient sans doute de la difficulté & de la grande rudesse qu'il y auroit à aspirer l'*h*, immediatement aprés l'*x*, qui se prononçant tousjours tout entier en nostre langue quand il n'est pas à la fin, ne peut pas souffrir comme l'*s*, qui se mange aisément, une aspiration en suite ; Ou bien, qu'*exaucé* ayant esté plustost connu qu'*exhaussé*, le premier a fait la prononciation du second, comme nous avons dit, que *heraut* a fait celle de *heros*[824].

Comment il faut prononcer, & orthographier les mots François venans des mots grecs, dans lesquels mots grecs il y a une ou plusieurs aspirations, en effet, ou en puissance[825]

Pour bien respondre à la question, il faut sçavoir que tous les mots François venans du Grec, ausquels il y a une ou plusieurs *h*, n'en peuvent venir que par cinq voyes. La premiere, quand le mot Grec, d'où est pris le François, commence par une voyelle, ou par une diphthongue aspirée, comme ἁρμονία[826], αἷρεσις, que les Latins disent, *harmonia*, (203) *hæresis*, avec une *h*, & nous de mesme, *harmonie*, & *heresie*. La seconde, quand le mot François vient d'un mot Grec, où il y a un θ, *thita*[827], que les Latins & nous faisons valoir *th*, comme θέσις, *thesis*, *these*. La troisiesme, quand il vient d'un mot Grec, qui commence par un ῥ, *rho*, que les

---

823 Cette question n'est pas traitée dans notre corpus de grammaires (1530-1650).

824 *Cf.* *R*p. 2.

825 Voici encore une remarque sur la prononciation qui ne se trouve pas dans le manuscrit. Cette question est presque complètement absente des grammaires avant Vaugelas (*cf.* Thurot (1881-1883 : II, 403) qui note un seul commentaire dans *Le Menteur* de Meigret sur *harmonie*).

826 Dans l'original : αρμονία. Scipion Dupleix (1651 : 474) est sévère dans sa critique du peu de connaissances du grec chez Vaugelas : « Il nous allegue rarement la langue Greque sans y errer ». Selon lui, les fautes sont nombreuses et comprennent, comme c'est le cas ici, les fautes d'orthographe et l'emploi des accents.

827 Notons que Vaugelas utilise la forme ordinaire *theta* plus bas.

Latins & nous faisons valoir *rh*, comme Ῥόδος[828], *Rhodes*, ou que ce ῥ *rho* est redoublé au milieu du mot, car le second ῥ *rho*, vaut *rh*, quoy que le premier ne vaille qu'une simple *r*, comme Πύῤῥος, *Pyrrhus* en Latin & en François. La quatriesme, quand il vient d'un mot Grec, où il y a un φ *ph*, que les Latins & nous faisons valoir *ph*, comme φιλόσοφος, *Philosophus*, Philosophe. Et la cinquiesme quand il vient d'un mot Grec, où il y a un χ, *chi*, qui vaut *chi* parmy les Latins, & parmy nous, comme χειρουργία, *Chirugia*, *Chirurgie*.

Ce fondement posé, examinons maintenant ces cinq voyes l'une aprés l'autre, & voyons comme nostre langue se gouverne en chacune des cinq. Premierement pour les voyelles, ou les diphthongues aspirées, lors qu'il y en a au commencement des mots Grecs, d'où les nostres sont pris, nostre langue y met aussi l'*h*, comme ἁρμονία[829], *harmonie*, αἷρεσις, *heresie*, & ainsi des autres. Il est vray que cette *h*, ne s'aspire point selon la reigle que nous en avons donnée, mais elle s'escrit, & ce seroit (204) une faute insupportable en nostre orthographe de ne la mettre pas, & d'escrire par exemple *armonie*, & *eresie*, sans *h*[830]. Surquoy il faut noter, que nous n'avons presque point de mots venans[831] du Grec, qui commence par *h*, ou l'*h*, s'aspire, quand mesme nous n'aurions pas receu ce mot là par les mains des Latins, mais qu'il seroit venu droit à nous, ce qui est bien rare ; quoy que nous ayons quantité de mots Grecs en nostre langue, que nous ne tenons point des Latins, mais immediatement des Grecs. Il y en a quelques-uns, comme *Hierosme*, *Hierusalem*, *Hierarchie*, où l'*h* ne s'aspire pas, mais la premiere syllabe se prononce, comme si elle estoit escrite avec un *g*, *mol* (qu'ils appellent) & que l'on dist, *Gerosme*, *Gerusalem*, *Gerarchie*. Pour eviter cela, il y en a qui escrivent *Jerosme*, *Jerusalem*, *Jerarchie*, avec un *j*, consone, mais j'aimerois mieux garder l'*h*, puis qu'ils s'aspirent en Grec ; quoy qu'il soit vray que la premiere syllabe de ces trois mots se prononce absolument comme si elle estoit escrite avec un *j*, consone[832].

Pour la seconde voye, qui est des mots pris des Grecs, où il y a un θ, *theta*, comme *these*, il ne faut jamais manquer de mettre l'*h* aprés

828 Dans l'original : Ρόδος.

829 Dans l'original : αῤμονία.

830 La forme *harmonie* est majoritaire dans Frantext (1600-1647 : 130 exemples), mais on y trouve une douzaine d'occurrences de *armonie*, y compris chez Tristan l'Hermite (1641, 1645) et Mersenne (1641).

831 Dans l'original : pas un seul mot venant (*Fautes d'impression*).

832 *Cf.* Thurot (1881-1883 : II, 412-414). Les formes avec un 'g' initial ne sont pas attestées dans Frantext (1600-1647).

le *t*, mais cela ne sert qu'à l'orthographe, & ne sert de rien pour la prononciation.

La troisiesme, où il y a un, ῥ *rho*, comme (205) *Rhodes*, *Pyrrhus*, tout de mesme ; il ne faut jamais oublier l'*h*, pour la bonne orthographe, quoy qu'il ne serve de rien pour la prononciation[833].

La quatriesme, où il y a un φ, *phi*, comme *Philosophe*, il faut l'escrire avec *ph*, & non pas avec un *f*, ny à la premiere, ny à la derniere syllabe, quoy qu'il y en ayt plusieurs aujourd'huy qui bannissent le *ph*, & qui mettent tousjours l'*f*, mais mal[834].

Et la cinquiesme enfin, où il y a un χ, *ch*, sur lequel il y a beaucoup plus à dire que sur les quatre autres ensemble, dont nous venons de parler, & qui est le principal sujet de cette Remarque ; Car lors que nos mots pris du Grec, où il y a un χ, au commencement, sont suivis d'un *a*, comme par exemple, *charactere*, les uns soustiennent qu'il le faut escrire ainsi, pour garder l'orthographe de son origine, & les autres au contraire, alleguent une raison si forte pour n'y mettre point d'*h*, qu'il semble qu'ils n'y a pas de replique[835]. Ils disent qu'en François *cha* ne fait point, *ca*, mais *cha*, ainsi qu'on le prononce en ce mot *charité* : comme *che*, ne fait pas *que*, mais *che*, ainsi qu'on le prononce en ce mot *cherir* : tellement que nostre *cha* se prononce comme le *scia* des Italiens, ou le *scha* des Allemands. D'où ils concluent fort bien, que tous les François, (206) ou les Estrangers qui sçauront nostre langue, mais qui ignoreront la Grecque, & la Latine, ne manqueront jamais de prononcer *charactere* escrit de cette sorte, comme s'il estoit escrit en Italien, *sciaractere*. Et de fait, j'en ay veu plusieurs fois l'experience, & en ce mot, & en plusieurs autres, qui estant moins connus que *charactere*, sont aussi sujets à en estre[836] plus mal prononcez par les personnes qui n'en sçavent pas l'origine, comme sont toutes les femmes, & tous ceux qui n'ont pas estudié[837].

Je sçay bien qu'on voit *caractere* escrit avec une *h*, au frontispice de ce grand Ouvrage, qui fera desormais nommer son Autheur, *le Genie des passions*,

---

833 Il y a quelques occurrences de *Rodes* dans Frantext (1600-1647) par exemple chez Peiresc et Tristan l'Hermite ; le seul exemple de *Pyrrus* provient de Marie le Jars de Gournay.

834 Nous ne trouvons aucune attestation de *filosofe*, de *philosofe*, ou de *filosophe* dans Frantext (1600-1647).

835 Voir Thurot (1881-1883 : II, 230-234).

836 Dans l'original : estte.

837 Nous avons donc ici affaire à une question où Vaugelas reconnaît les avantages associés à une éducation classique et à une connaissance de l'étymologie, contraire à sa politique générale qui consiste plutôt à s'appuyer sur l'opinion des femmes et de ceux qui ne connaissent pas les langues classiques.

où la doctrine & l'eloquence regnent egalement, & où la Philosophie n'a point d'espines qui ne soient fleuries[838] ; Mais je sçay aussi, & de luy mesme, qu'escrivant principalement pour les sçavans, il a voulu suivre l'orthographe des sçavans, & qu'outre cela il a quelque veneration pour l'ancienne orthographe, non pas pour cette barbare qui escrit *un* avec un *g*, *ung*, & *escrire* avec un *p*, *escripre* ; & beaucoup d'autres encore plus estranges, mais pour celle que les gens de lettres les plus polis, & les meilleurs Autheurs du siecle passé, ont suivie[839]. Pour moy, je revere la venerable Antiquité, & les sentimens des Doctes ; mais d'autre part, je ne puis **(207)** que je ne me rende à cette raison invincible, qui veut que chaque langue soit maistresse chez soy, sur tout dans un Empire florissant, & une Monarchie predominante & auguste, comme est celle de France. Je veux bien que nostre langue rende hommage à la Grecque, & à la Latine, d'une infinité de mots qui en relevent, comme par exemple, pour ne parler que de la Grecque, nous devons escrire *harmonie*, *heresie*, *histoire*, *horloge*, *hyperbole*, avec une *h*, & de mesme tous les mots pris du Grec, où il y a un θ, *theta*, un φ, *phi*, un ῥ, *rho*, comme *these*, *Philosophe*, & *Rhodes*, dont la prononciation, ny l'orthographe, ne choquent en rien nostre langue : Mais que pour faire voir qu'on n'ignore pas la langue Grecque, ny l'origine des mots, & que pour honorer l'Antiquité, il faille aller contre les principes, & les elemens de nostre langue maternelle, qui veut que *cha*, se prononce comme *scia*[840] en Italien, ou *scha*, en Allemand, & non pas *ca*, & qu'il faille donner cette incommodité, & tendre ce piege à toutes les femmes, & à tous ceux qui ne sçavent pas le Grec en leur faisant prononcer *charactere*, *sciaractere*, pour *caractere*, *cholere*, *sciolere*, pour *colere*, & *Bacchus Baccius* pour *Baccus*, comme nous disons *bacchique*, *fureur bacchique*, & non pas *baquique*[841] ; certainement il n'y a nulle apparence, & je n'y puis **(208)** consentir. Aprés

838 Comme l'indique Thomas Corneille, il s'agit des *Charactères des Passions* de Marin Cureau de La Chambre en 5 volumes, 1640-1662, dont les deux premiers tomes étaient parus en 1640 et 1645. Cureau de La Chambre (1594-1669) fut élu à l'Académie Française le 4 décembre 1634. Les lexicographes de Robert Estienne (1549) à l'Académie (1694) s'accordent à donner la forme *caractere*. Les formes sans 'h' sont plus de deux fois plus fréquentes que celles avec 'h' dans Frantext (1600-1647 : 170 *vs* 68), mais ces dernières sont attestées, par exemple, chez Urfé, Mersenne et Senault.

839 Sur l'attitude de Vaugelas concernant l'orthographe, voir l'Introduction, 6.2.2. Il est à remarquer que Vaugelas utilise lui-même des graphies de ce type dans sa traduction des sermons de Fonsèque telles que *nopces*, *lict*, *nepueu*, *assubiecty* (Ayres-Bennett 1987a : 161).

840 Dans l'original : scia.

841 Estienne (1549) et Cotgrave (1611) semblent favoriser la forme *cholere*, tandis que Furetière (1690) et l'Académie (1694) n'incluent que *colere*. En revanche, Richelet (1680) et Furetière (1690) optent pour la forme *Bacchus* et non pour *Baccus*. Dans Frantext (1600-1647),

tout, on doit plus considerer en ce sujet les vivans que les morts, qui aussi bien ne nous en sçavent point de gré, & n'y profitent de rien, & l'on doit plus considerer ceux de son pays, que les Estrangers ; Outre que les Grecs, ny le sçavans, n'ont pas dequoy se plaindre du partage qu'on leur fait en cette rencontre, puis qu'on leur laisse les voyelles & les diphtongues aspirées avec le θ *thita*, le φ *phi*, & le ῥ, *rho*, & que nostre langue ne se reserve que le seul χ, *chi*, pour le prononcer à sa mode.

Il ne reste plus rien à dire, sinon que les dernieres syllabes des mots François pris des Grecs, s'escrivent tantost avec l'*h*, comme *Antioche*, & se prononcent selon la prononciation Françoise, & tantost avec le *qu*, comme *Monarque*. Mais il faut noter que le χ, ne se change jamais en *que*, dans nostre langue, qu'aux dernieres syllabes, car par exemple, en ce mot *Monarque*, les deux dernieres syllabes viennent du mesme mot Grec ἀρχὸς[842], que nous traduisons en François avec *che*, au commencement de cét autre mot *Archevesque*, tellement que nous tournons ce mot Grec en trois façons, à sçavoir aux deux que je viens de dire, & en cette troisiesme qui se trouve en la prononciation d'Archange, où je ne suis pas d'avis de mettre une *h*, non plus qu'à *caractere*. (209) Ce n'est pas pourtant que tous nos mots pris du Grec, qui finissent par *que*, expriment tousjours le χ, Grec, car ils expriment aussi le κ, *cappa*, comme en ces mots, *Logique*, *Physique*, *ethique*, *melancolique*, & une infinité d'autres.

Si cette construction est bonne, en vostre absence, & de Madame vostre mere[843]

La plus part tiennent qu'oüy, & que tant s'en faut que la suppression de ces paroles *en celle*, qui sont sous-entenduës, soit vicieuse, qu'elle a bonne grace ; Car disent-ils, quelle oreille delicate ne sera pas plus satisfaite d'ouïr dire, *en vostre absence, & de Madame vostre mere* qu'*en vostre absence,*

---

l'usage de *colere* est près de deux fois plus fréquent que *cholere*, mais la forme *Baccus* est très minoritaire (2 occurrences *vs* 83 de *Bacchus*).

842 Nous trouvons dans le texte ἀρχὺς pour ἀρχὸς.

843 La remarque manuscrite (« Netteté de construction », f° 65r°) est beaucoup plus brève et Vaugelas y censure la construction elliptique sans préciser les différents points de vue sur cette question : « *Netteté de construction. En u[ot]re absence et de Mad^e u[ot]re mere*, n'est pas escrit nettement, il faut dire *en uostre absence, et en celle de M^e uo[tre] mere.* » Sur les constructions elliptiques, voir l'Introduction, p. 144-145. Haase (1935 : 49-50) dresse la liste de plusieurs exemples où le pronom démonstratif est omis, y compris chez Malherbe. Nous en trouvons un exemple dans les *Nouvelles Remarques* : « ils se sont imaginez qu'il en falloit aussi-bien fuïr l'usage que de *face* et de *poitrine* » (Vaugelas 1690 : 451).

& en celle de Madame vostre mere. Quelques-uns neantmoins condamnent cette construction, non seulement[844] comme contraire à la netteté du stile, mais comme barbare ; Ils trouvent aussi l'autre trop languissante ; C'est pourquoy ils croyent qu'il est bon de les eviter toutes deux, & de prendre un autre tour. Pour moy, je suis de cette opinion, quoy que je n'approuve gueres cét expedient en des endroits où l'on ne peut gauchir sans perdre la grace de la naïfveté, & des expressions naturelles, (210) qui font une grande partie de la beauté du langage.

N'ont ils pas fait, & ont-ils pas fait[845]

Tous deux sont bons pour exprimer la mesme chose ; Car comme nostre langue aime les negatives, il y en a qui croyent que l'on ne peut pas dire, *ont-ils pas fait*, & qu'il faut tousjours mettre la negative *ne* devant, & dire, *n'ont-ils pas fait*[846]. Mais ils se trompent, & il est d'ordinaire plus elegant de ne la pas mettre[847]. Depuis, m'en estant plus particulierement informé de diverses personnes tres-sçavantes en nostre langue, je les ay trouvé partagées : Tous conviennent que l'un & l'autre est bon, mais le partage est en ce que les uns le tiennent plus elegant sans la negative, & les autres avec la negative.

De la premiere personne du present de l'indicatif, devant le pronom personnel je[848]

Exemple, *aimé-je sans estre aimé ?* Je dis qu'*aime* premiere personne du present de l'indicatif en cette rencontre, ne s'escrit ny ne se prononce comme de coustume ; car (211) l'*e*, qui est feminin *aime*, se change en *é*,

844 Dans l'original : seu*l*ement.

845 Vaugelas ne consacre pas de remarque sur cet usage dans le manuscrit, et il traite plutôt de l'interrogation directe et indirecte dans une seule observation (« *Ne* negatiue » (f° 65r°), voir *R*p. 513). Dans cette observation Vaugelas maintient que dans le cas de l'interrogation directe la version sans *ne* est plus élégante.

846 Sur l'histoire de la négation sans *ne*, voir Ayres-Bennett (1994).

847 Oudin (1640 : 285) avait déjà fait un commentaire sur cette variation : « Premierement en quelques interrogations negatives, on peut laisser la premiere : v.g. *changera-il point de volonté* ». Les commentateurs préfèrent tous la version avec le *ne*, et en 1704 l'Académie considère l'omission de *ne* non plus comme une négligence, mais comme une faute (1704 : 232). Braun (1933 : 45-46) note que Pierre Corneille élimine de ses pièces toutes les occurrences de cette construction sans *ne*. Voir aussi Haase (1935 : 254) et Spillebout (2007 : 368-369).

848 Cette observation ne figure pas dans le manuscrit.

masculin, *aimé*, & se doit escrire & prononcer *aimé-je*. Cette remarque est tres-necessaire pour les Provinces de delà Loire, où l'on escrit & où l'on prononce *aime-je*, tellement que ceux qui en sont, ont bien de la peine, quelque sejour qu'ils facent à la Cour, de s'en corriger. Mais elle ne laissera pas de servir encore aux autres, en ce que d'ordinaire on orthographie ce mot de cette sorte, *aimay-je*, au lieu d'*aimé-je* ; Car qui ne voit qu'*aimay-je* fait une equivoque avec la premiere personne du preterit simple ou defini, & qu'en escrivant *aimé-je*, il fait le mesme effet pour la prononciation, en allongeant l'*e*, & de feminin & ouvert qu'il estoit, le faisant masculin, & fermé, sans qu'on le puisse prendre pour un autre[849] ?

Il y a encore une remarque à faire mesme pour ceux qui sont de Paris, & de la Cour, dont plusieurs disent, *menté-je*, pour dire, *ments-je* : *perdé-je*, pour dire, *perds-je* : *rompé-je*, pour *romps-je*[850]. Nous n'avons pas un seul Autheur ny en prose, ny en vers, je dis des plus mediocres, qui ayt jamais escrit, *menté-je*, ny *perdé-je*, ny rien de semblable,

> *Que de tragiques soins, comme oyseaux de Phinee,*
> *Sens-je me devorer,*

(212) dit M. de Malherbe[851], & non pas *senté-je*. Ce qui donne lieu à une si grande erreur, c'est que d'ordinaire devant le *je*, il y a un *é*, masculin & long, de sorte qu'ils ne croyent pas pouvoir jamais joindre le *je*, immediatement au verbe, qu'en y mettant un *é*, masculin entre-deux. Mais il faut sçavoir que jamais cét *é*, long ne se met que pour changer l'*e*, feminin, qui n'est qu'aux verbes, où la premiere personne du present de l'indicatif se termine en *e*, comme *aime*, *couvre*, & non pas aux autres, comme *perds*, *romps*, &c.

A quoy il ne sert de rien d'opposer que *ments-je*, *perds-je*, *romps-je*, font un fort mauvais son[852], car ceux qui disent qu'il faut parler ainsi, n'en demeurent pas d'accord, & trouvent au contraire, que c'est, *menté-je*, *perdé-je*, *rompé-je*, qui sont insupportables à l'oreille, aussi bien qu'à la raison. Mais la coustume qu'en ont pris[853] ceux qui parlent ainsi, est

---

849 Brunot (1905-1953 : III, 306) donne quelques exemples de cet usage.

850 Oudin (1640 : 203), qui préconise plutôt l'orthographe *perdez-je*, *attendez-je*, interprète cet usage comme le remplacement du singulier par le pluriel et l'associe au « vulgaire, et beaucoup de personnes d'esprit ».

851 Malherbe (1631 : II, 153).

852 Oudin (1640 : 203) note également l'ambiguïté potentielle des formes *cours-je* et *vends-je* avec *courge* et *venge*.

853 Dans l'original : prise (*Fautes d'impression*).

cause qu'ils trouvent cette locution douce, & qu'ils trouvent dure & rude celle qu'ils n'ont pas accoustumée[854].

Conjoncture

Ce mot pour dire *une certaine rencontre bonne ou mauvaise dans les affaires*, est tres-excellent, quoy que tres-nouveau, & pris des Italiens, (213) qui l'appellent *congiuntura*[855]. Il exprime merveilleusement bien ce qu'on luy fait signifier, de sorte qu'on n'a pas eu grand' peine à le naturaliser. Je me souviens que du temps du Cardinal du Perron, & de M. de Malherbe, on le trouvoit desja beau, mais on n'osoit pas encore s'en servir librement[856]. Au reste, il se faut bien garder de dire *conjointure*, comme disent quelques-uns, car encore que l'on die *jointure*, & non pas *joncture*, si est-ce qu'en beaucoup de mots il n'y a point de consequence à tirer du simple au composé, comme on pourra voir en quelques endroits de ces Remarques[857].

Se conjoüyr, *feliciter*[858]

854 Vaugelas commente ici la nature subjective de la notion d'euphonie ou de « douceur ».

855 Dans le manuscrit (fº 14vº), Vaugelas commence par traiter de la forme *conjointure* qui « ne uaut rien » et passe ensuite au commentaire sur *conjuncture* [*sic*].

856 Dans un ajout marginal du manuscrit, Vaugelas offre une chronologie pour l'intégration du mot : « et me souuient qu'il n'y a pas dix ou douze ans, que les purs Escriuains ne s'en osoient <pas encore> seruir bien librem[ent] ». Le terme n'apparaît pas dans Estienne (1549) ou Nicot (1606), mais Cotgrave (1611) note la forme *conjuncture*, et *conjoncture* est incluse sans commentaire dans les trois dictionnaires monolingues de la fin du siècle. Selon le *TLFi*, *conjoncture* dans le sens de « situation résultant d'un concours de circonstances » est attesté pour la première fois chez Georges Chastellain (avant 1475) et constitue une réfection, d'après le latin *conjunctus (conjoint*)*, de l'ancien français *conjointure*. L'italien *congiuntura* avec le sens de « liaison d'événements concomitants dans une situation donnée » n'est pas attesté avant 1600. *Conjoncture* est relativement peu employé dans la première moitié du siècle (25 exemples dont 18 dans les lettres de Peiresc ; fréquence per mille mots 0,0027), mais il devient beaucoup plus fréquent dans la deuxième moitié (183 exemples ; fréquence per mille mots 0,0192). Voir aussi Marazza (1989 : 33).

857 Voir *R*p. 46-47, 112, 331, 467-468.

858 Ces deux verbes sont traités dans deux observations du manuscrit (« *Conioüir* », fº 15rº ; « *Feliciter* », fº 38rº). Dans la première, Vaugelas semble plus tolérant à l'égard de l'usage de *se conjoüyr*, qu'il prétend être employé à la cour, même s'il considère *se resjoüir* comme sonnant plus « doux » : « *Se conioüir* auec quelqu'un du bonheur qui luy est arriué, est un mot qui se dit à la Court, et dont les Autheurs approuuez se seruent, et qui par consequent est bon ». Quant à *feliciter*, Vaugelas se ravise sur son acceptabilité entre le manuscrit et la version publiée : « Surtout il se faut bien garder de dire *Feliciter* quelqu'un dont plusieurs ont accoustumé de se seruir en cette occasion, car c'est un mot barbare. <Et beaucoup moins encore faut-il dire *congratuler* quelqu'un, car il est encore plus barbare.>. » La

J'ay veu ce premier mot en plusieurs Autheurs approuvez[859], mais il ne me souvient point de l'avoir jamais oüy dire à la Cour. On dit plustost *se resjoüir*, quoy que l'autre soit plus propre, parce qu'il ne signifie que *se resjoüir avec quelqu'un du bon-heur qui luy est arrivé*, au lieu que *se resjoüir* est un mot extremement general. M. de Malherbe, *Il a envoyé icy vers leurs Majestez un Ambassadeur extraordinaire pour se resjoüir avec elles*[860]. Depuis peu on se sert d'un mot, qui auparavant estoit tenu à la Cour pour barbare, quoy que tres-commun (214) en plusieurs Provinces de France, qui est *feliciter*[861]. Mais aujourd'huy nos meilleurs Escrivains en usent, & tout le monde le dit[862], comme *feliciter quelqu'un de, &c. je vous viens feliciter de &c.* ou simplement, *je vous viens feliciter.* C'est à peu prés le μακαρίζειν des Grecs. *Si ce mot n'est François cette année, il le sera l'année qui vient*, dit de bonne grace dans l'une de ses lettres, celuy à qui nostre langue doit ses nouvelles richesses, & ses plus beaux ornemens, & par qui l'eloquence Françoise est aujourd'huy rivale de la Greque & de la Latine[863].

---

deuxième remarque manuscrite est très brève : « *Feliciter* ne uaut rien. Voyez *conioüir.* » Il y a également une entrée pour le verbe *congratuler* (f° 15v°) à partir de laquelle Vaugelas fait référence à l'observation sur *conjoüir* (« *Congratuler* ne uaut rien du tout, ~~mais~~ <et> est barbare Voyez *conioüir.* »)

859 Il est intéressant de noter que l'Académie inclut le verbe sans commentaire dans son dictionnaire de 1694, mais note qu'il a vieilli dans son observation sur cette remarque (1704 : 235). Ces incohérences apparentes entre 1694 et 1704 pouvaient provenir du fait que les premières lettres de l'alphabet dans le dictionnaire ont été préparées assez tôt dans le siècle. Onze des quatorze occurrences dans Frantext (1600-1647) proviennent des lettres de Peiresc, mais il y en a également une qui provient de l'*Histoire romaine* de Coeffeteau : *Car il luy vint des ambassadeurs des plus éloignées contrées du monde pour se conjouïr avec luy de ses victoires.*

860 Dans le manuscrit (f° 15r°) : « Malh. p.658 *Il a enuoyé icy uers leurs Ma*[tez] *un Ambassadeur extraordinaire pour s'en resioüir auec elles.* »

861 Ce verbe est inclus dans tous les dictionnaires de notre corpus à partir de Cotgrave (1611) qui enregistre le sens étymologique attesté dès le XVIe siècle selon le *TLFi*, « *To make prosperous, happie, luckie* », ainsi que « Feliciter avec un de. *To rejoyce, or congratulate with one for* ». Dans sa discussion des mots nouveaux, Sorel (1671 : 399) observe que « *Feliciter* est un beau mot, & bien inventé pour signifier qu'on se réjoüit avec quelqu'un du bon-heur qui luy est arrivé. Ce mot n'est ny des plus nouveaux, ny des plus vieux ».

862 Le verbe est employé par Nicolas Soulfour (1629 : 245) dans sa traduction de la *Vie d'Alexandre* de Quinte-Curce (« douze Ambassadeurs qui lui portoient une couronne d'or pour marque de victoire, et le devoient feliciter des belles choses qu'il avoit accomplies pour le salut et pour la liberté des Grecs »), et ensuite par Vaugelas (1653 : 318) dans sa propre traduction du texte (« Les Atheniens l'envoyerent feliciter de sa victoire »). Dans la troisième édition de la traduction, toutefois, qui date de 1659, le verbe est remplacé par *se réjouir* (« Les Atheniens se resjoüissoient avecque luy de sa victoire », 1659 : 308).

863 Thomas Corneille fait le commentaire suivant sur cette remarque : « Pour *féliciter*, c'est un fort bon mot. M. de Balzac paroist l'avoir introduit dans notre Langue, et l'endroit

Reigle nouvelle & infaillible pour sçavoir quand il faut repeter les articles, *ou* les prepositions, *tant devant les noms, que devant les verbes*

Pour ce qui est des Articles devant les noms, on observoit autrefois la reigle que je vais dire, mais aujourd'huy je m'apperçois qu'on ne l'observe plus[864]. Par exemple, on disoit, *J'ay conceu une grande opinion de la vertu &*

---

d'une de ses lettres qui est rapporté dans cette Remarque, fait voir qu'il n'estoit pas encore entierement establi de son temps. Cette lettre est adressée à M. l'Huillier ; voici comment il lui parle. *Je vous félicite d'avoir M. de Roncieres pour Gouverneur, M. Rigaut pour confrere, et Mademoiselle Caliste pour maistresse, ou pour écoliere. Si le mot de* féliciter *n'est pas encore François, il le sera l'année qui vient, et M. de Vaugelas m'a promis de ne lui estre pas contraire quand nous solliciterons sa réception.* » (Vaugelas 1738 : II, 92-93). Au début du XVIIIe siècle l'Académie (1704 : 235) conclut : « *Feliciter* est fort usité, M. de Balzac en avoit auguré juste ».

864 Sur la règle dite « des synonymes », voir l'Introduction, p. 145-147. Il semble qu'au moment où Vaugelas écrivait la remarque manuscrite intitulée « *Articles* ~~[...]~~ quand il est necessaire de les repeter ou non, ~~[...]~~ auec les Substantifs simples », f° 6r°-v°), il croyait que la règle était strictement observée. Notons toutefois que l'usage de Vaugelas dans sa traduction des sermons de Fonsèque ne suit pas toujours la règle des synonymes (Ayres-Bennett 1987a : 169-170). Dans la remarque manuscrite, Vaugelas élabore dans les détails l'usage selon les cas différents, mais il ne traite pas de la répétition de la préposition devant les verbes (voir ci-dessous) : « *Articles.* Voicy une des principales et des plus necessaires ~~remarques~~ <Reigles> de nostre langue, que la repetition des Articles, en quoy une infinité de gents ont accoustumé de faillir. Elle est tousiours necessaire au Nominatif et à l'Accusatif, <(Ces deux sont tousiours semblables)> quand il y a deux substantifs ioints ensemble par la Conionction *Et*, exemple <du Nominatif> *Les faueurs et les graces sont si grandes*, non *les faueurs et graces* et de l'Accusatif *l'ay receu les faueurs et les graces*[+] *&c.* {[+]et non *les faueurs et graces* * Tournez feuillet / Ilz se repetent tousiours au Nominatif et à l'Accusatif qui sont tousiours semblables / Au genitif, et à l'Ablatif qui sont tousiours semblables} ~~Il est uray que d'ordinaire en tout genre et en tout nombre le Nominatif et l'Accusatif sont semblables~~. Au genitif il y a quelquefois exception, surtout quand les mots sont synonimes ou approchants, comme par exemple *l'ay conceu une grande opinion de la uertu et generosité de ce Prince*, M. Coeff qui est le plus ~~[...]~~ religieux du monde à obseruer tout ce qui est de la pureté de nostre langue parle souuent comme cela sans repeter *Et de la generosité.* Ce [...] [...]lieu particulierement au genitif singulier du genre feminin, à cause que son Article estant double à sçauoir *De la*, la repetition en est <~~aussi~~> ~~une fois~~ plus rude, ce qui n'arriue pas au genitif <singulier> du genre masculin dont l'Article est *Du* tout seul, quand il precede une consonante, ni mesmes quand <il est double> deuant une uoyelle ~~il est double~~ <~~De l'~~> comme en ce mot *De l'honneur*, parce que quand il y auroit deux genitifs masculins de suite qui commenceroient par une uoyelle, le dernier Article *L'* se trouueroit auoir un son different du premier, de sorte que la repetition n'en seroit pas fascheuse, par exemple *la source de l'honneur et de l'interest.* Vous voyez qu'encor que le second Article *L'* y soit repeté, neantmoins il n'est point rude, parce que se ioignant à la syllable suiuante il fait deux sons differents, à sçauoir *l'hon*, en ce mot *L'honneur*, et *l'In* en cet autre mot *Interest.* Au genitif pluriel il n'y a qu'un Article tant pour les Masculins que pour les feminins, tant pour les noms qui commencent par une Consonante que pour ceux qui commencent par une uoyelle, ~~[...]~~ qui est *Des*, ~~[...]~~ de sorte que la repetition n'<en> est pas importune, dautant qu'elle n'est que d'une syllabe, et ainsi il est necessaire de la repeter

generosité de ce Prince. M. Coeffeteau mesme si exact à mettre les articles, escrivoit d'ordinaire ainsi, & non pas *j'ay conceu une grande opinion de la vertu & de la generosité de ce Prince.* Mais il n'avoit garde de dire, *j'attens cela de la force & dexterité d'un tel*, mais bien *de* (215) *la force & de la dexterité*[865]. C'estoit par cette reigle *que quand deux substantifs joints par la conjonction* et, *sont synonymes, ou approchans*, comme *vertu* & *generosité, il ne faut pas repeter l'article, mais quand ils sont contraires, ou tout à fait differens*, comme *force & dexterité, alors il le faut repeter, & dire, de la force & de la dexterité.*

Mais cette Reigle, que j'appelle nouvelle[866], à cause qu'en cette matiere on n'a point encore fait de distinction des synonimes, ou approchans d'avec les contraires, ou les differens tout à fait, est infaillible aux articles

---

pour l'ordinaire~~excepté en certains lieux que je diray apres~~. I'ay dit ~~[…]~~ que la repetition de l'article du genitif feminin au singulier n'estoit pas necessaire, quand les deux Substantifs estaient synonimes ou approchants comme sont *vertu et generosité* en l'exẽple que nous auons allegué, parce que lors qu'ilz ne sont ni l'un ni l'autre, il faut repeter les deux Articles. Exemple *c'est un trait de la dexterité et de la force de cet homme*, à cause que *Dexterité*, et *Force* sont deux choses tout a fait differentes, la repetition de l'articles y est absolument necessaire, et seroit une grand' faute de l'obmettre. Ce que ie dis des genitifs se doit aussi entendre des Ablatifs qui s'accordent <tousiours> ~~ordinairement~~ ensemble, comme i'ay dit que faisoient les Nominatifs et les Accusatifs Exemple *Ie puis esperer cela de la bonté et generosité de ce Prince.* Ce n'est pas que ie ueüille dire que quand on diroit *de la bonté et de la generosité* ce fust une faute, mais sans doute il est meilleur et plus doux de dire *De la bonté et generosité* <mais je ferois une faute si ie ne disois pas> *l'attens cela de la dexterité et de la force d'un tel* ~~c'est cõme il faut necessairement parler, et seroit une faute d'obmettre~~ <et qu'en obmettant> l'article et <ie disse> ~~de dire~~ *l'attens cela de la dexterité et force d'un tel* Au reste tout ce que i'ay dit du genitif singulier du genre feminin a lieu au Datif singulier du mesme genre feminin sans aucune difference par exemple. *Ie dois cela à la bonté et generosité de ce Prince*, et *Ie dois cela à la dexterité et à la force d'un tel* ». Vaugelas continue ainsi : « Voyla quant aux Articles, quand il n'y a que les ~~Articles~~ <Substantifs> tous seuls, mais il les faut maintenant considerer, quand ils sont accompagnez » (voir *R*p. *477-*480). Dans les marges du manuscrit il y a un passage dont il manque le début parce le coin du folio est déchiré et il est par conséquent difficile à lire : « […] les deux […] il les faut repeter […] bien encore une plus […]nd' faute de ne repeter [p]as l'article, quand les deux substantifs sont de deux genres differents, comme de dire *le mal-heur et misere dont on est accablé*, car il faut necessairement repeter l'article, et dire *le malheur et la misere*, aussi n'y a-t-il que les insupportables Escriuains qui facent une faute si grossiere} ». Vient ensuite un passage qui est publié par Alemand dans les *Nouvelles Remarques* (« *Articles du génitif* », Vaugelas 1690 : 464-465). Un dernier ajout marginal se lit : « Au Datif singulier du genre feminin quand il faut repeter les articles ou non. Car à tous les autres Datifs de quelque nombre et de quelque genre qu'ils soient il les faut tousiours repeter. »

865 Dans les exemples suivants, Coeffeteau préfère répéter les mots fonctionnels : *qui avoit cognoissance de la vertu, & de la valeur de Trajan* (1621 : III, 4) ; *en loüange de sa vertu & de sa modestie* (1621 : III, 98). On peut se demander quels éléments sont conçus comme « approchans » par Vaugelas ; le caractère flou du concept n'est pas élucidé par l'auteur ailleurs dans l'ouvrage.

866 Il semble en effet que Vaugelas soit le premier à formuler cette règle.

devant les verbes, & aux prepositions tant devant les verbes, que devant les noms[867]. Les exemples vont esclaircir & verifier tout cecy, Premierement, voyons les articles devant les verbes. Ce que nous appellons icy *articles*, d'autres l'appellent prepositions, mais la dispute du nom ne fait rien à la chose. *Il n'y a rien qui porte tant les hommes à aimer & cherir la vertu.* Je dis qu'à cause qu'*aimer & cherir*, sont synonimes, c'est à dire, ne signifient qu'une mesme chose, il ne faut point repeter l'article, *à aimer & à cherir la vertu*, mais *à aimer & cherir la vertu.* Voilà un exemple pour les synonimes, donnons-en un autre pour *les approchans. Il n'y a rien qui porte tant les hommes à aimer & reverer la vertu.* Ces mots *aimer* & *reverer*, ne sont pas synonimes, mais (216) ils sont approchans, c'est à dire, qu'ils tendent à mesme fin, qui est de faire estat de la vertu, & ainsi par nostre Reigle, il ne faut pas repeter l'article, *à* & dire *à aimer, &*[868] *à reverer.* Donnons maintenant un exemple des contraires, *il n'y a rien qui porte tant les hommes à aimer & à haïr leurs semblables, &c.* Parce qu'*aimer*, & *haïr*, sont contraires, il faut necessairement repeter l'article, & ce ne seroit pas sçavoir escrire purement que de dire, *il n'y a rien qui porte tant les hommes à aimer & haïr leurs semblables.* Il reste à donner un exemple des verbes qui ne sont pas contraires, mais qui sont tout à fait differens, *il n'y a rien qui porte tant les hommes à loüer, & à imiter les Saints.* Parce que *loüer*, & *imiter*, sont tout à fait differens, ce n'est point entendre la pureté de nostre langue, de dire *à loüer, &*[869] *imiter les Saints*, il faut de necessité repeter *à*, & dire *à loüer & à imiter.* Il en est de mesme de l'article *de*, si en tous les exemples donnez vous mettez *de*, au lieu d'*à*[870], & *oblige* au lieu de *porte*, afin qu'*oblige* regisse le *de*, avec qui[871] le verbe *porte*, ne s'accommoderoit pas[872].

867 Dans le manuscrit (f° 81v°), Vaugelas note que Coeffeteau avait tendance à répéter la préposition devant les infinitifs coordonnés quel que soit le contexte (*cf.* *R*p. 50-51) : « *Repetition d'Article* aux Verbes mesmes synonimes M. Coeff. en la uie d'Aug. *Il ne desiroit que de luy rauir et de luy enleuer ce beau gouuernem[ent].* Peutestre que c'est ce qui ~~fait prend~~ <leur fait dire que> son stile [est] un peu mol et languissant. Neantmoins n[ot]re langue se plaist fort à ces repetitions. »

868 Dans l'original : &.

869 Dans l'original : &.

870 Dans l'original : *a*.

871 Vaugelas contrevient ici à la règle formulée dans la remarque intitulée « *QUI, en certains cas, & comment il en faut user. Quoy* » (*R*p. 55-57).

872 Si Coeffeteau avait tendance à répéter la préposition devant les infinitifs coordonnés, Malherbe n'est pas aussi strict dans ce contexte, par exemple, *Et puis il y a difference de payer un plaisir, ou rendre de l'argent presté* (1631 : I, 70) ; *Puis que la negociation consiste à vendre & acheter* (1631 : I, 305).

Pour les prepositions devant les verbes, en voicy des exemples, *le Roy m'a envoyé pour bastir & construire, &c. bastir & construire*, sont synonimes, ce seroit mal parler de repeter la (217) preposition, & dire *pour bastir, & pour construire.*

Des approchans. *Le Roy m'a envoyé pour bastir & aggrandir la maison*, ou *pour bastir, & elever la maison.* Parce que *bastir, & aggrandir* ou *bastir & elever* sont de mesme nature, & approchans ou alliez, il ne faut point repeter la preposition, & dire *pour bastir, & pour elever la maison.*

Au lieu qu'aux contraires il la faut repeter, & dire. *Le Roy m'a envoyé pour bastir & pour demolir*, & non pas *pour bastir & demolir.*

Aux differens tout à fait, de mesme, comme *le Roy m'a envoyé pour bastir & pour fortifier*, ou *le Roy m'a envoyé pour bastir & pour planter*, & non pas *pour bastir & fortifier*, ni *pour bastir & planter.*

Pour les prepositions devant les noms, c'est encore la mesme chose[873]. En voicy les exemples. *Par un orgueil & une vanité insupportable.* Icy *orgueil* & *vanité* sont synonimes, c'est pourquoy il ne faut pas repeter la preposition & dire, *Par un orgueil, & par une vanité &c.*

Des approchans, *Par une ambition, & une vanité insupportable.* Parce qu'*ambition* & *vanité*, sont de la mesme nature, il ne faut point repeter *par.*

Au lieu qu'aux contraires il faut repeter la preposition & dire *par l'amour & par la haine* (218) *dont il estoit agité*, & non pas *par l'amour & la haine.*

Aux differens tout à fait, de mesme, *par l'orgueil & par l'avarice des Gouverneurs*, & non pas *par l'orgueil & l'avarice.*

Je sçay bien que quelques uns de nos meilleurs Escrivains ne prennent point garde à cette Reigle, & ostent ou repetent l'article & la preposition tantost d'une façon, tantost d'une autre, selon leur fantaisie sans se prescrire aucune loy, & mesmes sans y faire aucune reflexion ; Mais je sçay bien aussi qu'ils en sont justement blasmez par tous ceux qui font profession d'escrire purement, & que si chacun s'emancipoit de son costé, les uns à n'estre pas si exacts en certaines choses, les autres en d'autres, nous ferions bien tost retomber nostre langue dans son ancienne barbarie, *Qui minima spernit, paulatim decidit*[874].

---

873 *Cf. R*p. 50-51.

874 *Ecclésiastique – Siracide*, chapitre 19, v. 1. Nous lisons dans les marges du manuscrit (f° 97v°) : « Qui minima spernit paulatim decidit, auiourd'huy un Escriuain laissera couler une faute, demain un autre en laissera couler une autre ainsi petit à petit la barbarie du langage s'introduira / Il faut tousiours faire toutes choses le plus parfaitement que l'on

Au reste cette Reigle n'est pas un simple caprice de l'Usage, elle est toute fondee en raison ; Car la raison veut que des choses qui sont de mesme nature, ou fort semblables, ne soient point trop separees, & qu'on les laisse demeurer ensemble ; Comme au contraire elle veut que l'on separe celles qui sont opposees, & tout à fait differentes, & que l'article, ou la preposition soit comme une barriere entre-deux[875].

(219)

Autre usage de cette mesme Reigle, au regime des deux substantifs & du verbe[876]

Par exemple, *Sa clemence & sa douceur estoit incomparable*. Parce que *clemence & douceur* sont synonimes, ces deux substantifs regissent le singulier ; Mais *sa clemence & sa douceur sont incomparables*, ne seroit pas si bien dit, il s'en faudroit beaucoup, quoy que ce ne fust pas une faute.

Aux approchans, *Son ambition & sa vanité fut insupportable*, est aussi incomparablement meilleur, que *furent insupportables*.

Au lieu qu'aux contraires, il faut dire absolument *l'amour & la haine l'ont perdu*, & non pas *l'a perdu*, ce seroit un solecisme.

Et aux differens tout à fait, de mesme, *l'orgueil & l'avarice l'ont perdu*, & non pas *l'a perdu*.

En fin cette Reigle est belle & de grand usage[877]. Elle a lieu encore en quelques autres endroits, qui me sont eschappez de la memoire[878].

Arroser

C'est ainsi qu'il faut dire, & non pas *arrouser*, quoy que la plus part le disent & l'escrivent, cette erreur estant nee lors que l'on (220) prononçoit

---

peut. / On peut comparer le langage de la Court aux fleurs du printemps et [...] les bons Autheurs aux abeilles qui uont suçant [...] ce qu'il y a de meilleur aux fleurs pour en composer leur miel. »

875 Sur les rapports entre l'usage et la raison, voir l'Introduction, 4.1.4.

876 Dans le manuscrit (f° 86v°), sous le titre « *Substantifs* », Vaugelas donne simplement un exemple de l'usage avec deux substantifs synonymes ou « approchants » : « Deux substantifs synonymes ou approchants ioints par la conionction *et* ne regissent pas le pluriel. la sagesse et la patience du creancier a donné moyen d'acquiter leurs debtes Malh. p.360. »

877 En réalité, les auteurs contreviennent assez souvent à cette règle, voir Spillebout (2007 : 392) et N. Fournier (1998 : 28).

878 Pour des références à d'autres remarques où Vaugelas aborde cette règle, voir l'Introduction, p. 145-147.

chouse pour *chose*, *cousté*, pour *costé*, & *foussé* pour *fossé*[879]. Il est tellement vray qu'il ne faut pas dire *arrouser*, qu'on ne permettroit pas mesmes à nos Poëtes de rimer *arrouse* avec *jalouse*[880].

C'est chose glorieuse

L'on parloit, & l'on escrivoit encore ainsi du temps du Card. du Perron, de M. Coëffeteau & de M. de Malherbe[881] ; mais tout à coup cette locution a vieilli, & l'on dit maintenant *C'est une chose glorieuse*, & point du tout, *c'est* ou *ce seroit chose glorieuse.*

Quelque chose[882]

Ces deux mots font comme un neutre selon leur signification, quoy que *chose* selon son genre soit feminin. C'est pourquoy il faut dire par exemple, *Ay-je fait quelque chose que vous n'ayez fait ?* Et non pas *que vous*

---

879 Sur la querelle dite « de l'ouïsme », voir l'Introduction, p. 126-127.

880 Vaugelas se ravise entre le manuscrit et la version publiée. Dans un ajout marginal en tête du folio du manuscrit (f° 12r°), il note : « *Arrouser* Malh. p.362 Ie crois qu'arroser est bon aussi. » La citation se trouve plutôt à la page 362 de l'édition de 1631 : *Ils envoyent les pluyes en leur saison pour arrouser la terre.* Les dictionnaires retracent nettement cette évolution : si Estienne (1549) et Nicot (1606) ne donnent que la forme *arrouser*, Cotgrave (1611) offre les deux formes. À la fin du siècle les trois dictionnaires monolingues n'incluent que la forme *arroser.* Parmi nos grammairiens, Vaugelas est le premier à traiter de cette question, mais Oudin dans son *Trésor* donne encore *arrouser* et *arroser* (Thurot 1881-1883 : I, 245). Quant à l'usage dans Frantext pour la période 1600-1647, l'infinitif *arrouser*, attesté par exemple chez Malherbe, Coeffeteau et Arnauld (91 ex.), est plus fréquent qu'*arroser* (12 ex.), et on remarque une variation dans l'usage au sein d'un seul auteur (par ex. chez Rotrou et Senault). Après la publication des *Remarques* (1648-1699), l'infinitif *arrouser* est peu attesté (5 ex.), et la dernière occurrence date de 1660.

881 L'évolution est nette si l'on compare la position adoptée par Vaugelas dans le manuscrit (f° 15r°) : « *Chose*, et *choses* entre un Verbe et le Pronom relatif se met elegamment sans Article, ou sans *vne*, par exemple *Il uenoit pour luy dire choses qui importoient à sa uie*, et non *des choses*. C'est *chose* qui ne se peut dire et non *c'est une chose.* » L'exemple provient de l'*Histoire romaine* de Coeffeteau (1621 : II, 46). Il n'est pas étonnant qu'on observe dans la traduction des sermons de Fonsèque des exemples du type : *de façon que si Dieu nous delivre des maux qui nous arrivent, c'est misericorde, & quand il les nous laisse, ce n'est nullement injustice* (Vaugelas 1615 : 704). On trouve encore dans la grammaire de Maupas (1618 : f° 67r°) : « Ja n'est besoin d'advertir que l'adjectif doit convenir avec son substantif en genre nombre et cas, car c'est chose commune à toute langue ». Sur l'omission de l'article indéfini, voir aussi Spillebout (2007 : 52-55) et N. Fournier (1998 : 154-155).

882 Vaugelas revient à cette question, *R*p. *464-*468.

n'ayez faite ? Et c'est pour cette mesme raison que le Tasse a dit en son Poëme heroïque[883],

Ogni cosa di strage era ripieno ;

où la rime fait voir qu'il y a *ripieno*, & non pas *ripiena*. Et c'est comme le Poëte Latin a dit[884] ; *Triste lupus stabulis*[885].

(221)

Taxer

Ce mot employé par tant d'excellens Autheurs anciens & modernes, pour dire *blasmer, noter, reprendre*, n'est plus receu aujourd'huy dans le beau langage[886]. Il me sembloit fort significatif pour exprimer ce que *blasmer* & *reprendre*, ne semblent dire qu'à demy. L'equivoque de ce mot usité dans le Palais[887] & dans les finances[888], est à mon avis, ce qui nous l'a fait perdre[889],

---

883 Le Tasse, *La Jérusalem délivrée* : « Ogni cosa di strage era già pieno » (Canto XIX, 30).

884 Virgile, *Bucoliques*, III, 80. Scipion Dupleix (1651 : 519) commente ainsi cet exemple : « La langue Françoise ne recognoissant point de genre neutre c'est à dire, un tiers genre, qui n'est ny masculin ny feminin, comme font la Greque et la Latine, l'exemple rapporté de Virgile *triste lupus stabulis*, ne fait rien à propos pour confirmer le sentiment de nostre Auteur, en ce qu'il tient qu'il faut construire ces deux mots *quelque chose* avec un masculin, et non pas avec un feminin, quoy que *chose* soit feminin ».

885 La remarque manuscrite (f° 44v°) est très proche de la version publiée sauf que la dernière phrase n'y apparaît pas. Estienne (1549), Nicot (1606) et Cotgrave (1611) ne traitent pas de la question du genre de *quelque chose*, mais Richelet (1680) indique que *quelque chose* est pour lui un substantif masculin. Pour des exemples de l'accord au féminin, surtout dans les premières années du siècle, voir Haase (1935 : 104).

886 Ce mot, dont Vaugelas semble regretter la disparition, n'est pas discuté dans le manuscrit ; au contraire, Vaugelas l'utilise lui-même dans sa discussion sur *culte* (f° 45v°) : « *Culte* en matiere de Religion est un mot dont auiourd'huy tous noz bons Escriuains et Poetes et Orateurs ne font nulle difficulté de se seruir, mais M. Coeff. n'en a iamais usé le reiettant à cause de sa rudesse et de sa mauuaise rencontre <equiuoque>, en quoy l'on ne doit pas le taxer d'auoir esté trop superstitieux ». Nicot (1606), Cotgrave (1611), Furetière (1690) et l'Académie (1694) acceptent tous l'acception de « reprendre » (ainsi que tous les commentateurs sur les remarques de Vaugelas). En revanche, il n'y a que Richelet (1680) qui juge qu'il « est rarement reçu aujourdhui dans le beau langage ». *Taxer de* dans le sens d''accuser de' est attesté chez Malherbe (Régnier 1869 : 625), et Coeffeteau s'en sert également (par ex. *& quand elle vouloit taxer quelqu'un de bestise, elle disoit [...]*, 1621 : I, 273).

887 Richelet : « *Terme de Palais.* Faire la taxe des frais de justice, les régler. »

888 Richelet : « *Terme de Finance*, fort en usage pour dire imposer quelque taxe. [On parle de taxer les partisans.] »

889 L'attitude de Vaugelas envers les termes « ambigus » ou polysémiques semble varier selon le cas ; il accepte, par exemple, la polysémie de *galant* (*cf.* Ayres-Bennett 1987a : 125). Il est probable que la critique du terme provient du fait qu'il est utilisé dans les domaines techniques.

quoy que tres-injustement, puis qu'à ce conte il faudroit donc bannir tous les mots equivoques.

Supplier

Bien que ce terme soit beaucoup plus respectueux & plus soumis, que celuy de *prier*, & que nous n'oserions dire *prier le Roy*, ni aucune autre personne fort elevee au dessus de nous, mais *supplier le Roy*, *supplier nos Superieurs* ; si est-ce qu'il ne faut jamais dire *supplier Dieu*, ni *supplier les Dieux*, comme disent quelques-uns de nos bons Escrivains en la traduction des livres anciens[890], pensant honorer davantage la Divinité, & en parler avec plus de reverence. Il faut dire *prier Dieu*, *prier les Dieux*, ce mot estant particulierement consacré à Dieu en cette façon de parler[891].

(222)

A la reservation[892]

Par exemple, *Ils sont presque tous morts de maladie, à la reservation de ceux qui se sont noyez*. Je dis que cette phrase est barbare, quoy qu'usitee par certains Autheurs[893], qui estant d'ailleurs estimez ne le sont pas en cecy, mais qui pourroient faire faillir par leur exemple ceux qui sont

---

890 Il y a pourtant quelques exemples de cet usage dans les textes de Frantext : *ô dieux tutelaires de la ville de Marcilly ! S'escria-t'il à haute voix, et vous tous, dieux et déesses qui y estes adorez, je vous supplie de la vouloir laisser à l'abandon des armes du roy mon seigneur* (Urfé 1627) ; *je supplie les dieux que ce papier me survive* (Baro 1628) ; *Les dieux ne sont en vain si long-temps supliez* (Benserade 1636).

891 L'observation manuscrite (f° 87v°) se concentre sur le choix entre *prier Dieu* et *supplier Dieu*. Vaugelas note qu'on dit *prier Dieu* « quoy qu'il soit uray que *Supplier* soit un mot plus humble que *Prier*, et qu'à cause de cela on s'en deu<r>oit plustost seruir enuers Dieu, que de l'autre ; mais il s'en faut prendre à l'Vsage, qui <en> est le garent, ~~et laisser [...]~~ <sans auoir esgard à> la Raison qui luy doit tousiours ceder en matiere de langues, ~~[...]~~ comme nous sommes contraints de redire plusieurs fois. C'est pourquoy un de noz plus excellents Escriuains s'estant uoulu fonder sur la raison et non pas sur l'Vsage a commis cette faute, dont i'ay fait expres une remarque affin que personne ne l'imite en ce defaut. »

892 Cette expression n'est pas considérée dans le manuscrit.

893 Furetière (1690) soutient que *réservation* est un « terme du Palais », tandis que l'Académie (1694) maintient qu'« [i]l ne se dit guere qu'en parlant du droit qu'a le Pape dans les païs d'obedience, de reserver la provision, la collation de certains Benefices ». Le terme est exclu du dictionnaire de Richelet (1680). Nous n'avons trouvé qu'une seule occurrence de l'expression *à la reservation de* dans Frantext (1600-1647) chez Bailly (1634) : *il decretta de destruire & l'homme & ce qui servoit à sa vie, à la reservation de peu de choses pour le renouveler & le rendre meilleur.*

encore novices en la langue. Il y a peu de gens, qui ne sçachent, qu'il faut dire *à la reserve de &c.*[894] Je me doute, que cette mauvaise façon de parler ne soit particuliere à une certaine Province de France, car j'ay veu deux Escrivains d'un mesme pays qui en usent[895].

Aller à la rencontre[896]

Cette phrase pour dire *Aller au devant*, comme *aller à la rencontre de quelqu'un*, *luy aller à la rencontre*, quoy que tres-commune, n'est pas approuvee de ceux qui font profession de bien escrire[897]. Je dis de la plus grand' part, car je sçay qu'il y en a qui la soustiennent, & qui disent qu'*aller à la rencontre* se dit sans deference, au lieu qu'*aller au devant* veut marquer quelque deference, qu'on ne diroit pas *aller à la rencontre du Roy*, & qu'on le dit seulement d'*egal, à egal* : Mais en fin il faut avoüer, qu'*aller à la rencontre* n'est pas fort (223) bon, de quelque façon qu'on l'employe.

Par apres, en apres

Ces façons de parler ont vieilli, & l'on dit *apres* tout seul[898]. Neantmoins ces particules *par*, & *en* n'y estoient pas inutiles, parce qu'elles servoient à distinguer l'adverbe *apres* d'avec *apres* preposition ; car il est l'un &

---

894 L'expression *à la réserve* est attestée par Richelet (1680) et l'Académie (1694).

895 L'Académie (1704 : 243) toutefois observe : « On ne connoist aucune Province en France où *à la reservation* soit usité ».

896 Cette remarque, ainsi que celle sur l'expression apparentée *avoir à la rencontre* (*R*p. 392-393), est nouvelle dans la version publiée. L'expression ne figure dans aucun des dictionnaires de notre corpus.

897 Nous trouvons quelques rares exemples de cette construction dans Frantext (1600-1647) : *Apres cela ayant fait appeler sa niepce pour leur tenir compagnie, il leur alla à la rencontre environ cinq ou six pas* (Baro 1628) ; *Et à peine estoit-il sorty de la chambre pour aller à la rencontre* (Urfé 1631).

898 La remarque manuscrite (f° 73r°), qui ne traite que de *par après*, est entièrement rayée par deux lignes en diagonale. La raison en est évidente puisque Vaugelas s'est nettement ravisé au sujet de l'acceptabilité de *par après* : « ~~*Par apres* est bon, et l'on peut en auoir souuent besoing dans une narration historique, tant pour diuersifier et ne dire pas tousious *apres*, que pour euiter l'Equiuoque qui se fait quand *Apres* est suiui d'un nom qu'il semble regir, comme si c'estoit une Preposition et neantmoins c'est un Aduerbe, auquel cas il faut mettre une uirgule entre *apres*, et le nom qui suit. Il est uray que pour l'ordinaire on uoit clairement en lisant cinq ou six mots que cet *apres* là n'est pas une Preposition.~~ » Aucun de nos dictionnaires ne cite *en après*, et seul Corneille en 1694 utilise l'expression *par après* dans quelques entrées, mais sans commentaire. En revanche, *par après* et *en après* sont toujours cités par Oudin (1640 : 275) dans sa liste d'adverbes « de nombre, ou de

l'autre : Au lieu qu'aujourd'huy ne disant qu'*apres* simplement, le Lecteur se trouve souvent en peine de discerner d'abord s'il est preposition ou adverbe, & il faut avoir soin de mettre tousjours une virgule entre ce mot & le nom qui suit, s'il n'est pas preposition, comme *D'abord parurent cinq cens chevaux, apres, deux mille hommes de pied suivoient.*

Cependant, pendant

Il y a cette difference entre *cependant*, & *pendant*, que *cependant* est tousjours adverbe, & qu'il ne faut jamais dire *cependant que*, & que *pendant* n'est jamais adverbe, mais tantost conjonction, comme *pendant que vous ferez cela*, & tantost preposition, comme *pendant les vacations*[899]. Il y en a pourtant quelques-uns, qui n'estiment pas que *pendant que* soit conjonction, mais preposition, comme si l'on (224) disoit, *pendant le temps que vous ferez cela*. Le principal but de cette remarque est de faire entendre, qu'il ne faut jamais dire *cependant que*, mais *pendant que*. Ceux qui sçavent la pureté de la langue, n'y manquent jamais[900], & si quelques Autheurs modernes, quoy que d'ailleurs excellens, ne l'observent pas, ils s'en doivent corriger, parce que c'est du consentement general de tous nos Maistres, que l'on en use ainsi[901].

A present

Je sçay bien que tout Paris le dit, & que la plus part de nos meilleurs Escrivains en usent[902] ; mais je sçay aussi que cette façon de parler n'est

---

compte ». Pour l'usage de ce terme dans les traductions de Quinte-Curce, voir Ayres-Bennett et Caron (2016 : 17, 24-25).

899 Vaugelas débute la remarque manuscrite (« *Cependant* », f° 13v°) en comparant l'usage de *cependant* et *pendant* avec celui d'*alors* et de *lors* (voir *R*p. 225-228). Les termes désignant les parties de l'oraison (*adverbe, conjonction, préposition*) n'y sont pas employés. De plus, Vaugelas nie que *pendant* ne puisse être utilisé sans *que* : « *Alors* se met au commencement, au milieu et à la fin de la periode, et *cependant* aussi. Mais il y a cette difference entre *lors* et *pendant*, que *Lors* se met souuent sans *que* et *Pendant* ne se dit iamais sans *que*. Voyez *Tandis*, et *Pendant*[.] Il est uray pourtant que quelques bons Autheurs et anciens et modernes ont dit *cependant que*, mais iamais ni les uns ni les autres n'ont dit *Alors que*, ni l'on ne le dit que depuis peu d'annees. »

900 Maupas (1618 : f° 178r°) et Cotgrave (1611) autorisent toujours l'usage de *cependant que* comme conjonction.

901 L'usage de *cependant que* est très fréquent à cette période avec plus de 500 occurrences dans Frantext (1600-1647). Après Vaugelas, la quantité d'exemples diminue, mais il en reste 150 pour la période 1648-1699. Voir aussi Haase (1935 : 373)

902 Cette expression est extrêmement fréquente et employée par des écrivains tels que Pierre Corneille, Desmarets de Saint-Sorlin et Boisrobert (Frantext).

point de la Cour, & j'ay veu quelquefois de nos Courtisans, & hommes, & femmes, qui l'ayant rencontré dans un livre, d'ailleurs tres-elegant, en ont soudain quitté la lecture, comme faisans par là un mauvais jugement du langage de l'Autheur[903]. On dit *à cette heure*, *maintenant*, *aujourd'huy*, *en ce temps*, *presentement*.

A qui mieux mieux

Cette locution est vieille, & basse, & n'est plus en usage parmy les bons Autheurs[904], & encore moins *à qui mieux*, comme l'escrivent quelques-uns, ne disant (225) *mieux* qu'une fois[905]. Il faut dire[906] *A l'envy*.

Partant

Ce mot, qui semble si necessaire dans le raisonnement, & qui est si commode en tant de rencontres, commence neantmoins à vieillir, & à n'estre plus gueres bien receu dans le beau stile[907]. Je suis obligé de rendre

903 Cette observation n'est pas incluse dans le manuscrit. En 1690, Furetière observe dans son dictionnaire que « Vaugelas a tâché de bannir ce mot avec une grande injustice ». Au début du XVIIIe siècle, l'Académie (1704 : 246) conclut : « On a peine à s'imaginer que la Cour ait autrefois condamné *à present* qui est un tres bon mot et souvent meilleur que ceux qu'on luy substituë. Il falloit estre bien delicat pour ne vouloir pas lire un livre, où l'on avoit trouvé *à present* ».

904 Cette locution ne fait pas l'objet d'une remarque manuscrite. Elle est toujours acceptée par Maupas (1618 : fo 170vo) et Oudin (1640 : 299) et, parmi les lexicographes, par Nicot (1606), Cotgrave (1611), Furetière (1690) et l'Académie (1694). Seul Richelet (1680) ne la cite pas. Si nous examinons l'usage tel qu'il est attesté dans Frantext, nous observons pourtant que le jugement de Vaugelas n'est pas sans fondement. Parmi les 16 occurrences pour la période 1600-1647, 15 datent de 1600 à 1625, et le dernier provient de la comédie *Le Gouvernement de Sanche Pansa* par Guérin de Bouscal (1642). L'expression reste peu fréquente dans la deuxième moitié du siècle (8 ex.) et elle est, selon l'Académie (1704 : 247), associée au style familier.

905 Il y a quelques rares exemples de cet usage dans Frantext (1600-1647) chez Deimier (1610), Camus (1615), Du Lorens (1624) et Aubigné (1630).

906 Dans l'original il y a un point superflu après « dire ». *À l'envy* est beaucoup plus fréquent dans Frantext (1600-1647) avec plus de cent occurrences.

907 Voici une troisième observation successive qui ne se trouve pas dans le manuscrit. L'expression « commence à vieillir » donne à penser que c'est un changement récent et Vaugelas semble regretter la disparition du mot qu'il utilise lui-même dans le manuscrit et dans sa traduction des sermons de Fonsèque. Cette chronologie est peut-être confortée par les textes métalinguistiques, car *partant* est cité par Nicot (1606), Cotgrave (1611), Maupas (1618 : fo 179ro) et Oudin (1640 : 384) sans commentaire. Les lexicographes de la fin du siècle témoignent de beaucoup d'hésitation. Richelet (1680) observe que quelques-uns trouvent que cette conjonction est un peu archaïque, mais qu'elle est attestée dans de « fort bons

ce tesmoignage à la verité, apres avoir remarqué plusieurs fois que c'est le sentiment de nos plus purs & plus delicats Escrivains. C'est pourquoy je m'en voudrois abstenir, sans neantmoins condamner ceux qui en usent.

Lors, & alors[908]

Lors ne se dit jamais qu'il ne soit suivi de *que*, s'il n'est precedé de l'une de ces deux particules *dez*, ou *pour*, *dez lors*, *pour lors*[909] ; car en ces

---

Auteurs », tandis que Furetière (1690) fait une distinction entre son usage dans le sens de *par conséquent, donc* qu'il accepte et celui de *pourvu que* qui, selon lui, vieillit. L'Académie (1694) considère que le terme n'est guère employé que s'il est précédé de *Et*. Il y a toutefois des centaines d'exemples de *partant* dans Frantext (1600-1647), mais aucune indication que son usage puisse être soit en déclin soit associé à la collocation *et partant*.

908 La remarque manuscrite est plus brève que celle de la version publiée (f° 4r°). Les deux premiers paragraphes du texte final sont presque entièrement nouveaux ; on ne trouve qu'un ajout dans les marges du manuscrit dans lequel Vaugelas explique que si *alors* se trouve à côté de *que*, son sens est différent : « + Car il se peut bien faire que ces deux mots se trouueront immediatement ioincts ensemble et qu'on dira *Alors que*, mais là *Alors* ueut dire *Tunc*, et non pas *Cùm*, c'est à dire *quand*, par exemple. *Dieu me fera la grace d'estre un iour homme de bien, et ce sera alors, que ie seray heureux.* Icy *alors* ueut dire *Tunc*, ou *en ce temps là*, qui est une signification opposee à l'autre. Outre qu'il faut mettre une uirgule entre *alors*, et le *que*, laquelle ne se doit point mettre quand on se sert d'*alors que* pour *lors que*. D'ailleurs uous ne trouuerez iamais *alors que* au commencement d'une periode, car quand uous les trouuez ensemble dans les bons Autheurs, infailliblement *alors* est precedé de quelque autre mot. » Le début de la remarque manuscrite correspond donc à la discussion d'*alors que* qui commence à la page 227 de la version publiée. Dans le manuscrit, Vaugelas répète son argument selon lequel il y a très peu de mots qui s'utilisent dans la poésie et non dans la prose (voir l'Introduction, 4.2.4) : « Les exemples n'en sont que trop frequens dans les Œuures de noz plus excellents Poëtes modernes ; Et ne faut pas dire pour les excuser, que ce soit une licence poetique, car ceux qui <s'>entendent tant soit peu <en> nostre Poesie sçauent bien qu'elle n'admet aucun mot qui ne se puisse dire en prose, tesmoing le *quantesfois* qui est le seul mot qui ne se dit point en prose dont a usé le Prince de nos Poëtes, qu'on ne luy a point pardoné. <Il n'y a que *Maint* auec son feminin et *gent* au singulier qui se disent elegamment en uers et iamais en prose.>. » Il s'ensuit un passage sur les positions possibles dans une phrase d'*alors* et de *lors* : Alemand en fait publier la majorité dans les *Nouvelles Remarques* (Vaugelas 1690 : 187), mais il omet les deux dernières phrases : « Au milieu *lors* est meilleur qu'*alors*, et *lors* sans *que* se peut mettre au commencement quand il y a *Dez* deuant *Dez lors* <et non *dez alors* comme disent quelques uns>. De tout cela il en faut uoir des exemples dans les bons autheurs, affin de le mieux comprendre ». La partie du texte publié qui va de « Pour moy, j'ay pris garde [...] » jusqu'à la fin du paragraphe suivant ne se trouve pas dans le manuscrit. Quant au contenu du dernier paragraphe, il apparaît dans des ajouts marginaux (« *Dez alors* ne uaut rien, faut dire *dez lors*. / Les hommes d'*Alors* ne uaut rien aussi. ») et dans une remarque distincte intitulée « A l'heure » qui suit immédiatement la remarque sur « Alors » et qui met l'accent plutôt sur une différence entre l'usage parlé et l'usage écrit : « A *l'heure* pour *alors* ne uaut rien à escrire, quoy qu'il se die ».

909 Selon Brunot (1905-1953 : III, 361), ce jugement « était une imagination toute nouvelle », et il observe que les textes fournissent des exemples à foison de l'usage censuré. Maupas

deux cas, il n'a point de *que*, apres luy. Aussi sont-ce des significations bien differentes, parce que *lors que*, est une conjonction qui signifie *cum*, en Latin, & *dez-lors*, & *pour lors*, sont des adverbes qui veulent dire *tunc*[910]. C'est donc mal parler de dire, comme font quelques-uns de nos meilleurs Escrivains, *voyant lors le peril dont il estoit menacé*[911]. J'ay appris de nos Maistres, & (226) du Maistre des Maistres, qui est l'Usage, qu'il faut dire *voyant alors le peril &c.* Outre qu'il en peut encore arriver un inconvenient, qui est une equivoque, & une obscurité. Par exemple un de nos bons Autheurs a escrit, *voyant lors qu'il ne pourra pas eviter &c.*[912] On ne sçait si ce *lors*, se joint avec *que*, & en ce cas là veut dire *quand*, ou le *cum* des Latins, ou s'il ne s'y joint point, & qu'ainsi il signifie *tunc*, qui sont deux choses bien differentes. A quoy il faut ajouster que l'equivoque est d'autant plus vicieuse, que le vray & naturel usage de *lors*, estant d'avoir le *que*, apres luy pour exprimer le *cum* des Latins, on prend d'abord ces paroles, *voyant lors qu'il ne pourra pas eviter*, pour signifier celuy des deux sens, que l'Autheur n'a point entendu ; car l'Autheur en cet exemple a mis *lors*, pour *alors*, & il devoit mettre au moins une virgule apres *lors*, pour monstrer qu'il vouloit dire *tunc*, & non pas *cum*[913].

Lors donc, s'il n'est precedé de *dez*, ou de *pour*, ne se dit jamais qu'il ne soit suivi de la conjonction *que* ; Il y en a pourtant qui croyent que *dez-lors que je le vis*, pour dire *dez que je le vis*, est bien dit ; Mais ceux-là mesmes croyent aussi que ce dernier est incomparablement meilleur ; c'est pourquoy je ne dirois jamais l'autre, je le laisserois aux Poëtes[914]. (227)

(1618 : f° 161v°) inclut *lors*, *déslors* et *àlors* parmi les adverbes de temps, mais dans la section correspondante, Oudin (1640 : 271) juge que « *Lors, lors de mon partement, lors de ma maladie*, et autres phrases semblables, ne sont pas fort excellentes ».

910 Estienne (1549) et Nicot (1606) offrent la traduction de *tunc* pour *lors*, mais en 1680 Richelet rapporte le jugement de Vaugelas selon lequel cet usage n'est plus courant.

911 Nous trouvons cet usage chez Coeffeteau (par ex. *Sentius Saturininus administroit lors la Syrie*, 1621 : I, 152), et également chez plusieurs auteurs dans Frantext (par ex. *La mere d'Agerice luy monstrant lors le tort qu'elle s'estoit faict par son imprudence* (Camus 1625), *Et lors le berger reprit ainsi la parole* (Urfé 1627)).

912 Nous n'avons pas pu identifier la source de cet exemple.

913 Il est intéressant de noter que Vaugelas semble penser ici que l'addition d'une virgule peut lever l'ambiguïté, car dans l'observation intitulée « Netteté de construction » (*R*p. 112-114), la présence de la virgule n'empêche pas à son avis que la construction soit considérée comme « lousche ».

914 L'expression *dès lors que* n'est pas considérée par les grammairiens de notre corpus (1530-1650). Si, dans Frantext (1600-1647), il y en a des exemples dans le théâtre en vers (Hardy 1624, Corneille 1637), nous trouvons également des occurrences dans la correspondance plus familière (*Vous ne m'escrivez rien que je n'aye preveu dès lors que partistes de ceste ville*

Alors ne reçoit jamais la conjonction *que*, apres luy[915], il ne veut dire qu'*en ce temps-là*, *en ce cas là*, qui est le *tunc* des Latins, comme *quand vous aurez accompli vostre promesse, alors je verray ce que j'auray à faire.*

Il est bien necessaire d'en faire une remarque, à cause de l'abus qui commence à se glisser, mesmes parmy quelques-uns de nos meilleurs Escrivains en prose, par l'exemple des Poëtes ; Car il est certain qu'ils ont les premiers introduit cette erreur, pour faire la mesure de leurs vers, quand ils ont eu besoin d'une syllabe[916], comme quand ils disent *croistre*, neutre pour *accroistre*, actif.

Alors que de ton passage
On leur fera le message.

dit M. de Malherbe[917], & apres luy tous les autres. Mais quand ils ont une syllabe de trop, ils sont bien aises de dire *lors que*, se servant presque aussi souvent de l'un que de l'autre selon les occasions. Pour moy, j'ay pris garde qu'à la ville, à la Cour, hommes, femmes, enfans, jusqu'à la lie du peuple, disent tousjours *lors que*, & il est extremement rare d'oüir dire, *alors que*. J'avoüe pourtant que je l'ay oüi dire quelquefois, mais j'ay remarqué, que ce n'estoit qu'à ceux qui ont accoustumé de faire des vers. Jamais nos bons Escrivains en prose n'ont fait cette faute[918]. Si (228) donc on le veut escrire, que ce ne soit jamais en prose, & qu'en vers il passe tousjours pour une licence Poëtique.

Que l'on ne m'objecte pas, qu'on trouve souvent *alors que*, dans la bonne prose, par exemple, *si cette affaire me reussit, ce sera alors que je vous tesmoigneray mon affection* ; Car qui ne voit que cette objection est captieuse, & que

---

de Tours (Pasquier 1613) ; *j'eusse trez volontiers envoyez dez lors que vous allastes embarquer* (Lettres de Peiresc 1637)).

915 Maupas (1618 : f° 178r°) inclut *alorsque* parmi les conjonctions « *discretives* et *adversatives* », mais les successeurs de Vaugelas (Ménage, Corneille, Andry, Académie) ne font plus mention d'un usage conjonctif. Dans les dictionnaires du siècle *alors* est également restreint à l'usage adverbial.

916 Selon une étude faite par Claire Badiou-Monferran (2011) de l'usage dans Frantext, *alors que* paraît 334 fois en vers (c. 85 % du total) et 59 fois en prose dans la période 1617-1649 ; entre 1650-1684, le pourcentage reste stable (139 vers, 27 prose) ; et entre 1716 et 1767, il n'y a plus aucune occurrence en prose. Elle identifie la reprise d'*alors que* après 1768, mais dans la quasi-totalité des cas le sens d'*alors que* n'est plus temporel mais plutôt adversatif.

917 Dans le manuscrit, cet exemple est ajouté dans les marges : « Malh. p.36 ». Vaugelas y note que le poète Jean Bertaut emploie également *alors que* pour *quand*.

918 Les exemples d'*alors que* sont en effet beaucoup plus fréquents en vers dans les textes de Frantext (1600-1647). Pierre Corneille l'utilise dans son théâtre en vers, mais on trouve également chez lui un exemple en prose : *Il est vrai que comme alors que je me hasardai à le quitter, je n'osai me fier à mes seules forces* (l'Épître du *Menteur*, 1644).

alors, en cet exemple ne se joint point avec *que*, mais qu'il faut mettre une virgule entre les deux, & qu'il ne signifie point *cum*, mais *tunc*?

Au reste *dez alors*[919], *les hommes d'alors*[920], sont des façons de parler qui ne valent rien, non plus que *à l'heure* pour *alors*, au moins cette derniere est bien basse[921].

A peu pres[922]

Cette façon de parler, disent quelques-uns, est une de celles, que l'Usage a authorisées contre la raison ; Car si l'on vouloit examiner l'un apres l'autre les mots dont elle est composee, ou les considerer joints ensemble, on ne sçauroit concevoir pourquoy ni comment ils signifient ce qu'on leur fait signifier. Par exemple *Je vous ay rapporté à peu pres la substance de sa harangue*. Ils soustiennent qu'il faudroit dire *à fort pres*, & non pas (229) *à peu pres*, qui est tout le contraire du sens que l'on pretend exprimer ; Et plusieurs en sont si bien persuadez, qu'ils disent & escrivent tousjours *à plus pres*, comme plus conforme à la raison, & plus aisé à comprendre.

Mais je ne suis pas de cet avis ; car outre qu'il n'y a rien à repliquer à l'Usage, qui dit *à peu pres*, & qui a bien establi d'autres manieres de parler contre la raison, je trouve qu'*à peu pres* ne doit pas estre mis au nombre de celles-là, & qu'il y a de la raison & du sens en cette phrase comme si l'on disoit, *Il y a peu à dire que je ne vous aye rapporté toute la substance de sa harangue* : Or il est aisé de monstrer qu'*à peu pres*, signifie, *il y a peu à dire*, par les autres phrases où ce mot de *pres*, est employé, comme quand on dit *à cela pres, il a raison*, *à cent escus pres nous sommes d'accord*, qui ne voit que le sens de ces paroles est, *Il n'y a que cela à dire qu'il n'ayt raison*, *il n'y a que cent escus à dire*, ou *il ne s'en faut que cent escus, que nous ne soyons d'accord*. Ainsi quand je dis, *je vous ay rapporté à peu pres toute la substance de sa harangue*, j'exprime tout aussi bien *qu'il s'en faut fort peu*, ou *qu'il ne s'en faut que fort peu*, ou *qu'il y a peu à dire que je ne vous aye rapporté toute la substance de sa harangue*, que je me suis exprimé aux autres exemples que j'ay alleguez, dont l'expression est si

---

919 Cette expression n'est pas attestée dans Frantext pour la période 1600-1647.

920 Il y a quelques rares exemples de *d'alors* dans les textes de Frantext (1600-1647), le dernier datant de 1627 (Sorel, *Le Berger extravagant*).

921 *A l'heure* ne figure pas dans les textes de Frantext de la période (1600-1647).

922 La remarque manuscrite suit immédiatement la discussion de « Alors » et de « A l'heure » (f° 4r°).

intelligible, que ceux qui accusent (230) *à peu pres*, de n'avoir point de sens, n'oseroient le dire des autres. Je dis d'*à cela pres*, & *à cent escus pres*[923].

J'ajouste ce mot pour faire voir que ceux-là se trompent, qui croyent qu'il faut dire *à plus pres*[924], & non pas *à peu pres*, ce dernier, disent-ils, s'estant introduit par la corruption de l'autre, & cela estant d'autant plus vray-semblable que durant soixante ou quatre-vingts ans, on a prononcé *plus*, à la Cour sans *l*, comme si l'on eust escrit *pu* : on disoit, *il n'y en a pu*, pour dire *il n'y en a plus*[925]. Depuis neuf ou dix ans cela est changé, & l'on dit *plus* en prononçant *l*. Pour monstrer donc qu'il faut dire, & qu'on a tousjours dit *à peu pres*, son contraire *à beaucoup pres*, le fait voir, où *beaucoup*, est opposé à *peu*, & l'on ne dit pas *à moins pres*, comme il faudroit dire si l'on disoit *à plus pres*[926].

D'abondant

Ce terme adverbial, ou pour mieux dire, cet adverbe, qui signifie *de plus*, a vieilli, & l'on ne s'en sert plus dans le beau stile[927].

---

923 Dans le manuscrit, Vaugelas semble hésiter à décider si l'expression est contre la raison : « *A peu pres*, c'est ainsi qu'il faut dire et non pas *A plus pres* comme disent plusieurs, qui croyent auoir plus de raison de dire ainsi que de l'autre façon, à cause qu'il semble qu'il y a plus de sens, et qu'il est bien plus intelligible et plus aisé à conceuoir, qu'*à peu pres*. Car outre que l'Vsage reçoit celuy-cy, et condamne l'autre, qui est un arrest definitif dont il n'y a point d'appel, non pas mesme au Tribunal de la Raison, qui en matiere de langue n'est qu'un Iuge subalterne en comparaison de l'Vsage, il y a encore du sens en ce terme *à peu pres* ; Car quand ie diray Ie uous rapporteray à peu pres la substance de sa harangue, qui ne uoit que cette façon de parler exprime, qu'il s'en faudra fort peu que ie ne uous rapporte presque toute la substance de sa harangue, ou bien, pour n'user pas du mot de *presque* que l'on dira estre autre chose que *pres*, qu'il s'en faudra fort peu que le rapport que ie feray de sa harangue n'approche de la substance qu'elle contient. A quoy i'auoüe que l'on peut repartir, qu'apres auoir dit qu'il s'en faudra fort peu, il est inutile de dire *Presque*, aussi bien que de dire *n'approche*, et à cela ie confesse que ie ne sçay point de replique. C'est pourquoy ie m'arreste à l'Vsage et mets cette façon de parler au nombre de celles que l'Vsage authorise contre la Raison, desquelles ie feray une liste. » Malheureusement il ne reste aucune trace de cette liste des expressions « contre la raison ».

924 Il n'y a que deux occurrences de cette expression dans Frantext pour la période 1600-1647, chez Dupleix (1607) et Viau (1621).

925 Cette prononciation est bien attestée par exemple dans l'usage du jeune Dauphin enregistré par Héroard (Ernst 1985 : 54-55); voir aussi Thurot (1881-1883 : II, 266).

926 Dans le manuscrit, Vaugelas ne considère pas l'expression *à plus près*. Il termine l'observation manuscrite en notant, comme justification de son choix de la forme *à peu près*, qu'on dit *à beaucoup pres*, et non pas *à moins pres*. Alemand reprend ce texte pour le faire publier dans les *Nouvelles Remarques* (Vaugelas 1690 : 270).

927 Cette observation ne se trouve pas dans le manuscrit, probablement parce qu'il s'agit d'un changement récent. L'adverbe est encore accepté par Cauchie (1586) et Maupas (1618 :

Il en est des hommes, comme de ces animaux[928]

Cette maniere de comparaison, est tres-françoise & tres-belle, mais il faut (231) prendre garde à une chose, où plusieurs de nos meilleurs Escrivains, ont accoustumé de manquer. C'est qu'ils disent *il en est*[929], comme en l'exemple que j'ay donné, & il faut oster *en*, & dire, *il est des hommes comme de ces animaux*. Un excellent Autheur a escrit[930], *il en sera de sa felicité, comme de ces songes*. Il faut dire[931] *il sera de sa felicité comme &c.* Ce qui peut les avoir trompez, c'est que l'on dit souvent & fort bien[932], *Il en est comme de ces animaux*, *il en est comme de ces songes*, mais c'est parce que l'on a parlé devant *des hommes*, ou *de la felicité*, afin de nous tenir dans nos exemples, & cet *en*, est relatif à ce qui a esté dit devant, mais quand le substantif auquel cet *en*, se rapporte, va apres le verbe *estre*, comme aux exemples que nous avons donnez, il ne faut point d'*en*[933].

S'il faut dire revestant, ou revestissant[934]

Il faut dire *revestant* & non pas *revestissant*, parce que le participe actif, ou le gerondif se forme de la premiere personne pluriele du present de

---

f° 171r°) et il est utilisé par Amyot (Ernst 1977 : 46). Ernst considère que La Fontaine l'emploie en 1674 comme un archaïsme conscient. À la fin du siècle, Furetière (1690) et l'Académie (1694) observent qu'il n'est en usage que « dans la Pratique ».

928 Cette construction n'est considérée ni dans le manuscrit ni dans aucune grammaire de notre corpus avant Vaugelas.

929 Par exemple, nous lisons dans la *Paraphrase sur Job* de Senault dont la première édition date de 1637 : *il en sera de sa fortune comme de ces arbres* (*Paraphrase sur Job*, par le P. J.-F. Senault, 2de édition, Paris, J. Camusat, 1639, p. 147). Pour d'autres exemples, voir Haase (1935 : 19).

930 Clef de Conrart : « Idem, que je croy », c'est-à-dire, Guez de Balzac. Il n'a pas été possible de trouver cet exemple, mais il est peu probable qu'il provienne de Balzac qui, selon les exemples cités par Haase (1935 : 19), avait plutôt tendance à omettre *en* dans des constructions qui l'exigent aujourd'hui.

931 Il y a un point superflu après *dire* dans l'original.

932 Dans l'original « fort bien » est suivi d'un point.

933 Les commentateurs n'adoptent pas la position de Vaugelas. Bouhours (1692 : 550-551), par exemple, observe : « Comme depuis la mort de M. de Vaugelas nôtre Langue s'est fort perfectionnée, particuliérement en ce qui regarde la clarté et la netteté du stile, ceux qui ont le plus travaillé à retrancher les ambigüitez et les équivoques, en ont trouvé une visible dans l'exemple de M. de Vaugelas. [...] Ainsi, pour ôter toute équivoque, nos Maîtres sont d'avis qu'on dise, *il en est des hommes comme des animaux* ».

934 Cette observation ne se trouve pas dans le manuscrit. Avant Vaugelas, Maupas (1618 : f° 117r°), dans sa grammaire, cite *vestant* et *vestissant*, mais Oudin (1640 : 169) n'accepte plus que la première forme. Dans Frantext (1600-1647), il n'y a aucune attestation de *(re)vestissant*, mais six de *(re)vestant*.

l'indicatif, en changeant *ons* en *ant*, comme *aimons, aimant*, *sortons, sortant &c.* Que si ceux qui tiennent qu'il faut dire *revestissant*, repartent, que la premiere personne pluriele du present de l'indicatif est *revestissons*, & non pas *revestons*, & que par consequent selon nostre (232) propre reigle il faut dire *revestissant*, il est aisé de les convaincre qu'il faut dire *revestons*, & non pas *revestissons*, quand l'Usage ne se seroit pas entierement declaré pour nous. C'est par l'analogie des conjugaisons, qui est dans la Grammaire un principe comme infaillible[935]. Or est-il que tous les verbes de la quatriesme conjugaison, dont l'infinitif se termine en *ir*, ont cela sans exception, au moins je n'en ay point remarqué jusqu'icy, que si la premiere personne singuliere du present de l'indicatif garde l'*i* en sa terminaison, & a autant de syllabes que l'infinitif, alors la premiere personne pluriele du mesme temps est en *issons*, comme *joüir a joüis*, qui se termine en *i*, & a deux syllabes comme son infinitif, c'est pourquoy l'on dit au pluriel *joüissons*. De mesme *adoucir, adoucis, adoucissons, assoupir, assoupis, assoupissons, demolir, &c.* Et ainsi generalement de tous les autres, dont les exemples sont en grand nombre. Mais au contraire, quand cette premiere personne singuliere du present de l'indicatif ne garde pas l'*i*, dans sa terminaison, ni n'a pas tant de syllabes que son infinitif, alors sans exception aussi, la premiere personne pluriele du mesme temps ne se termine point en *issons*, ni par consequent son participe, qui en est formé, en *issant*[936], comme par exemple *sortir* a *sors*, en la premiere (233) personne singuliere du present de l'indicatif, & ne garde pas l'*i* de l'infinitif, ni n'a pas autant de syllabes que ce mesme infinitif ; c'est pourquoy en la premiere personne pluriele du mesme temps, on dit *sortons*, non pas *sortissons*. On dit au contraire *ressortissons*, & *ressortissant* en matiere de jurisdiction, & non pas *ressortons*, ni *ressortant*, parce que l'infinitif *ressortir*, & le present de l'indicatif *je ressortis*, quoy que peu usité, ont autant de syllabes l'un que l'autre ; Et bien que *je ressortis, tu ressortis*, ne se disent quasi jamais, parce, comme je pense, qu'il n'y a presque jamais occasion d'en user, si est-ce que *ressortit*, se dit tous les jours en la troisiesme personne, & qui diroit au Palais, *il ressort*, feroit rire tout le barreau. Or est-il, que puis qu'on dit *ressortit*, en la troisiesme

---

935 Sur le rôle de l'analogie dans les *Remarques*, voir l'Introduction, p. 80-81, et sur la morphologie verbale, voir l'Introduction, 6.3.2.

936 Notons toutefois que Vaugelas contrevient à sa propre règle dans son observation sur la conjugaison de *haïr* (*R*p. 20 ; *cf.* Ayres-Bennett 1987a : 88).

personne, c'est une preuve convaincante que l'on dit aussi *je ressortis, tu ressortis* ; car ces trois personnes sont tousjours egales en syllabes. Mais pour revenir à *sortir*, d'où *ressortis*, nous a obligez de faire une digression, *dormir* se gouverne encore tout de mesme que *sortir*. On dit *dors*, à la premiere personne du singulier de l'indicatif, & *dormons*, à la premiere pluriele, *oüir*, en deux syllabes, *ois*, en une, *oyons* ; En ce verbe *oüir*, il garde bien l'*i*, mais non pas le nombre des syllabes, & il suffit pour nostre reigle qu'il manque en l'un des (234) deux. Car *couvrir*, a bien autant de syllabes en ce temps de l'indicatif *couvre*, que *couvrir*, à l'infinitif, mais parce qu'il manque à garder l'*i*, on dit *couvrons*, au pluriel. Ainsi pour revenir à nos premiers exemples de *sortir*, *dormir*, l'on dit *repentir*, *repens*, *repentons*, *mentir*, *ments*, *mentons*, *partir*, *pars*, *partons*, & tous les autres de mesme, generalement sans nulle exception. Il s'ensuit donc, que puis que *revestir* a *revests*, en la premiere personne singuliere du present de l'indicatif, il doit avoir *revestons*, en la premiere pluriele du mesme temps, & par consequent *revestant*, en son participe, ou en son gerondif, & non pas *revestissant*. Il n'y a plus rien à repliquer là dessus, si ce n'est qu'un opiniastre adversaire, plustost que de se rendre, voulust encore se sauver comme dans un dernier retranchement, & dire, que tout ce que nous avons deduit conclud fort bien, pourveu que l'on nous accorde qu'il faut dire *je me revests, tu te revests, il se revest*, & non pas *je me revestis, tu te revestis, il se revestit*, mais qu'au contraire il soustient qu'il faut dire *je me revestis, &c.* Icy l'Usage tout commun le condamnera, & la voix publique ne souffrira pas qu'il le dispute.

Humilité[937]

L'Usage[938] de ce mot en nostre langue est purement Chrestien, & ne signifie point (235) du tout ce qu'*humilitas*, veut dire en bon Latin, les anciens Payens ayant si peu connu cette vertu Chrestienne, que

937 La version manuscrite (f° 46v°) est plus courte, mais le jugement proposé par Vaugelas est identique : « *Humilité* est un mot qui ne doit iamais <estre> employé ~~parmy les~~ <en parlant des> Payens, par ce qu'il signifie une *vertu*, qui n'a iamais esté practiquee ni mesmes conue de ces gents là. <C'est une uertu toute particuliere aux fidelles> I'en fais une Remarque ~~parce~~ <dautant> que plusieurs de noz meilleurs Escriuains commettent cette faute ~~[...]~~ Il faut dire *modestie* Ie sçay bien qu'il y a grande difference de l'un à l'autre, mais il y auoit grande difference aussi entre la plus loüable modestie des Payens, et ~~[...]~~ la plus simple humilité des Chrestiens. »

938 Il manque l'apostrophe dans le texte publié.

ceux mesme qui possedoient eminemment toutes les vertus morales, n'avoient autre but, lors qu'ils travailloient pour les acquerir, ni ne pretendoient autre fruit apres les avoir acquises, que de satisfaire à leur vanité durant leur vie, & d'eterniser leur gloire apres leur mort. Or je fais cette Remarque, à cause que plusieurs de nos Autheurs, & des bons, se servent de ce mot aux traductions des Anciens, & en d'autres ouvrages prophanes, l'employant tantost pour *modestie*, ou *un sentiment moderé de soy-mesme*, & tantost pour *une sousmission & une deference entiere que l'on rend à ses Superieurs*[939]. Et il est tres-certain qu'il ne vaut rien ni pour l'un, ni pour l'autre, & que jamais, sans exception, nous ne disons *humilité*, en François, que pour exprimer cette sainte vertu, qui est le fondement de toutes les autres[940].

Rimes dans la prose

Il faut avoir un grand soin d'eviter les rimes en prose, où elles ne sont pas un moindre defaut, qu'elles sont un des principaux ornemens de nostre Poësie[941]. Et ce n'est pas assez de les eviter dans la cadence des periodes, (236) ou des membres d'une periode, elles sont mesmes à

939 Coeffeteau (1621 : II, 84) l'utilise de cette façon dans son *Histoire romaine* : *Le remerciment qu'il fit à son père & à son Prince fut plein de respect & de reverence, & quant à ce qu'il dit de soy-mesme, ce furent toutes choses pleines de moderation & d'humilité, sans faire paroistre aucune alteration […].* L'usage de ce mot est également fréquent dans les lettres de l'époque ; Malherbe (1631 : I, 720) termine une de ses lettres de la façon suivante : *Croyez-le, Madame, & trouvez bon que j'ose baiser vos tres-belles mains, avecque une humilité que veritablement je puis dire n'avoir jamais esté en personne à qui vous ayez donné cette permission.*

940 L'Académie dans son dictionnaire (1694), ainsi que dans son observation sur cette remarque, ne s'accorde pas avec ce jugement et note que le mot « peut estre aussi fort bien employé dans le sens de déference, de soumission et d'abaissement » (Académie 1704 : 257).

941 Le sujet est traité dans trois remarques du manuscrit (« Rime », f° 69r° ; « Rimes proches uitieuses », f° 81v° ; « Rime », f° 82v°), mais le texte est complètement remanié dans la version publiée, où Vaugelas ajoute des commentaires généraux, fournit des exemples différents, et ajoute des références à Cicéron et à Ronsard. Dans la première observation manuscrite, notre remarqueur traite à la suite des « periode[s] uitieuse[s] en la rime », « en la cadence », et « en la mesure ». En ce qui concerne la rime, il censure un exemple de Malherbe (1631 : I, 1-2) : *parce qu'il y en a beaucoup d'occasions, la premiere que nous faisons plaisir sans election. C'est un cas estrange, que s'il est question de prester de l'argent.* La deuxième remarque manuscrite ne consiste qu'en un seul exemple sans commentaire (« *Dieu entend pourtant auant toutes choses* [...] »). Dans la troisième remarque, Vaugelas critique un exemple issu de l'épître de Malherbe au Duc de Luynes qui précède sa traduction du 33e livre de Tite-Live et auquel il ne fait qu'allusion dans le texte publié (« *Et pour en cette consideration obtenir de uous la reception fauorable d'un petit ouurage que ma tres-humble affection me donne la*

fuir fort proches l'une de l'autre, comme *il entend pourtant avant toutes choses.* Et si dans une mesme periode de deux ou trois lignes il y a trois mots, comme *consideration, reception, affection*[942], ou comme *delivrance, souffrance, abondance*, encore que pas un des trois ne se rencontre ni à la fin de la periode, ni à aucune cadence des membres qui la composent, si est-ce qu'ils ne laissent pas de faire un tres-mauvais effet, & de rendre la periode vicieuse. Cependant je m'estonne que si peu de gens y prennent garde, & que plusieurs de nos meilleurs Escrivains, qui par la douceur de leur stile charment tout le monde, ne s'apperçoivent pas de la rudesse de ces rimes. Il y en a qui ne font point de difficulté de dire, par exemple, *davantage le courage &c.* & de faire d'autres rimes semblables[943], comme s'ils n'avoient ni yeux ni oreilles, pour voir en lisant, ou pour oüir en escoutant la difformité & le mauvais son qui procede de cette negligence.

Mais ce n'est pas encore assez d'eviter les rimes, il faut mesmes se garder des consonances[944], comme *amertume, & fortune, soleil, immortel*, & une infinité d'autres de cette nature. Il ne faut gueres moins fuir les unes que les autres. (237)

Au reste, il y a apparence que si nostre Poësie se fust faite sans rime, comme celle des Grecs & des Latins, nous n'aurions non plus qu'eux evité la rime dans la prose, où tant s'en faut que ce soit un vice parmy eux, comme parmy nous, qu'au contraire ils l'affectent souvent comme une espece de grace & de beauté, appellant ces consonances, ὁμοιοτέλευτα[945], & *similiter desinentia*[946]. Il y en un bel exemple dans Ciceron, *In magna sum sollicitudine de tua valetudine*[947]. Mais celuy que je viens de voir fraischement dans un Autheur estimé l'un des plus polis de toute l'Antiquité, en doit valoir mille, pour servir de preuve convaincante, qu'ils en faisoient sans doute un des ornemens de leur prose. Le voicy ; *Brancidæ ejus incolæ*

---

hardiesse de uous apporter » (Malherbe 1631 : I, 374)). La question des rimes dans la prose est reprise dans la remarque intitulée « *Des negligences dans le stile* » (*R*p. 414-419).

942 Voir la note précédente pour l'identification de la source de ce commentaire.

943 *La froideur dont cette responce fut faite offença encore davantage le courage de Filinte [...]* (Urfé 1627, cité d'après Frantext).

944 Voir l'Introduction, p. 188.

945 Dans les *Fautes d'impression*, Vaugelas propose plutôt la forme ὁμοιωτέλευτα, mais cette correction n'est pas nécessaire.

946 Vaugelas s'appuie ici probablement sur Quintilien, *Institution oratoire*, IX, 4, 42.

947 Il semble que Vaugelas cite de mémoire, parce que la citation se lit plutôt : *incredibili sum sollicitudine de tua valetudine* (« je suis dans une inquiétude incroyable au sujet de ta santé », *Epistulae ad Familiares*, Cicéron à Tiron, 12 avril 53 ; Cicéron 2001 : I, 224).

erant. Mileto quondam jussu Xerxis, cum e Græcia rediret, transierant, & in ea sede constiterant, quia templum, quod didymæon appellatur, in gratiam Xerxis violaverant. Mores patrii nondum exoleverant, sed jam bilingues erant[948]. Voyla six rimes de suite, nous n'avons aucune sorte de poësie en François, qui reçoive ou en souffre tant. C'est pourquoy je ne doute point, que si la rime n'eust pas esté un des partages de nostre Poësie, lequel il n'est pas permis à nostre prose d'usurper, y ayant de grandes barrieres qui les separent l'une de l'autre, comme deux mortelles ennemies, ainsi que (238) Ronsard les appelle dans son Art Poëtique, nous aurions souvent cherché la rime, au lieu que nous l'evitons[949] ; car pour en parler sainement, comment se peut-il faire, que la rime dans nos vers contente si fort l'oreille, & que dans nostre prose elle la choque, jusqu'à luy estre insupportable ? Il faut necessairement avoüer que de sa nature la rime n'est point une chose vicieuse, ni dont le son offense l'oreille, & qu'au contraire elle est delicieuse & charmante, mais que le Genie de nostre langue l'ayant une fois donnée en appannage, s'il faut ainsi parler, à la Poësie, il ne peut plus souffrir que la prose, comme j'ay dit, l'usurpe, & passe les bornes qu'il leur a prescrites comme à ses deux filles, qui neantmoins sont si contraires l'une à l'autre, qu'il les a separees, & ne veut pas qu'elles ayent rien à desmesler ensemble. Et cela se voit clairement encore en la mesure des vers, laquelle faisant leur principale beauté pour ce qui est du son, est neantmoins un grand defaut dans la prose, comme nous l'avons remarqué[950]. Ce ne peut pas estre, sans doute, parce que

948 La citation provient de la *Vie d'Alexandre* de Quinte-Curce, livre 7, v, que Vaugelas traduit de la façon suivante dans la version de 1659 : « où habitoient les Brachides. C'étoit une famille de Milet, que Xerxes avoit autrefois fait passer en Asie, comme il revenoit de Grece, parce qu'ils avoient pillé le Temple Dydimée en sa faveur, & ils s'étoient habituez là. Ils retenoient encore beaucoup des mœurs de leur païs, mais [...] ils parloient déja un langage corrompu » (Ayres-Bennett et Caron 1996 : 261).

949 Il ne semble pas que Ronsard ait utilisé l'expression « mortelles ennemies ». Mon ancien collègue, le défunt M. Philip Ford, m'a indiqué le passage suivant dans l'*Abbregé de l'art poëtique François* où Ronsard parle des Alexandrins : « La composition des Alexandrins doibt estre grave, hautaine, & (si fault ainsi parler) altiloque, d'autant qu'ilz sont plus longs que les autres, & sentiroyent la prose, si n'estoyent composez de motz esleus, graves, & resonnans, & d'une ryme assez riche, afin que telle richesse empesche le stille de la prose, & qu'elle se garde tousjours dans les oreilles, jusques à la fin de l'autre vers ». Ronsard continue par critiquer les mauvais poëtes « qui pensent, comme j'ay dict, avoir accomply je ne sçay quoy de grand, quand ilz ont rymé de la prose en vers » (Ronsard 1914-1975 : XIV, 25).

950 *Cf. R*p. 102-106.

cette mesure choque l'oreille, puis qu'au contraire elle luy plaist, & la flatte en la Poësie. C'est donc seulement à cause des partages faits entre ces deux sœurs, qui ne peuvent souffrir que l'une usurpe & s'approprie ce qui appartient à l'autre.

(239)

Exact, *exactitude*[951]

Plusieurs disent *exacte*, au masculin pour *exact*, & tres-mal[952]. *Exacte*, ne se dit qu'au feminin. *Un homme exact*, *une exacte recherche*. Pour *exactitude*, c'est un mot que j'ay veu naistre comme un monstre, contre qui tout le monde s'escrioit, mais en fin on s'y est apprivoisé, & dez-lors j'en fis ce jugement, qui se peut faire de mesme de beaucoup d'autres mots, qu'à cause qu'on en avoit besoin, & qu'il estoit commode, il ne manqueroit pas de s'establir[953]. Il y en a qui disent *exaction*, mais il est insupportable pour son equivoque[954] ; car encore que les equivoques soient frequens en nostre langue, comme en toutes les langues du monde, si est-ce que lors qu'il est question de faire un mot nouveau, dont il semble que l'on ne se peut passer, comme est celuy d'*exactitude*, la premiere chose à quoy il faut prendre garde, est qu'il ne soit point equivoque,

---

951 La remarque manuscrite (f° 26v°) ne traite que de la question de la forme correcte de l'adjectif : « *Exact* il faut dire ainsi et non *exacte* au masculin, comme *suspect*, *circonspect*. Nous auons des mots de cette terminaison au substantif aussi *Pact respect*, et au pluriel il faut dire *exacts* aussi au masculin et non pas *exactes*, qui n'appartient qu'au feminin. Cette terminaison n'est pas nouuelle en n[ot]re langue, qui dit *Respects*, *suspects*. » Toute la discussion d'*exactitude* est nouvelle dans la version publiée, ce qui est conforme à la datation du néologisme (voir ci-dessous).

952 Il manque le point final dans la version originale. Cette forme est bien attestée dans Frantext au masculin, surtout dans les premières décennies du siècle, par exemple chez Deimier, François de Sales et Viau. Elle est favorisée par Peiresc dans ses lettres, comme dans cet exemple : *et ne fault pas oublier de faire un mémoire à part le plus exacte que vous pourrez […]* (1637).

953 Si Richelet (1680) l'utilise dans le texte de son dictionnaire, le mot ne figure pas comme entrée avant Furetière (1690). La seule attestation dans Frantext (1600-1647) provient d'une lettre de Peiresc à M. Thomas d'Arcos datée de 1636 (publiée en 1637). Pour le demi-siècle suivant (1648-1699), la forme reste rare avec seulement trois attestations dans Frantext, dont une au singulier et deux au pluriel.

954 Les deux occurrences de ce mot dans Frantext (1600-1647) n'ont pas le sens d'*exactitude* (par ex. *Nous voulons nos droitz exactement, et que les autres soyent courtois en l'exaction des leurs*, François de Sales 1619). Dans le dictionnaire de l'Académie (1694) le mot *exaction* est défini ainsi : « Action par laquelle on exige plus qu'il n'est dû ». Pour l'attitude de Vaugelas envers l'ambiguïté lexicale, voir Ayres-Bennett (1987a : 125).

car dez là faites estat qu'il ne sera jamais bien receu. Quelques-uns ont escrit depuis peu *exacteté*, qui est sans doute beaucoup moins mauvais qu'*exaction*, mais comme il n'est point connu, & qu'il vient un peu tard, apres qu'*exactitude* a desja le droit d'une longue possession tout acquis, je ne vois pas, quelque (240) authorité que luy donne la reputation de son Autheur, qui est assez connu, parce qu'il est aujourd'huy celebre[955], & qu'il n'y a que luy encore qui en ayt usé, je ne crois pas, dis-je, qu'il puisse jamais prendre la place de l'autre[956]. S'il fust venu le premier, peut-estre qu'on l'auroit mieux receu d'abord qu'*exactitude*, quoy que tous deux ayent des terminaisons, qui ne sont pas nouvelles en nostre langue, puis que nous disons *solitude, habitude, incertitude, ingratitude, &c.* & *netteté, sainteté, honnesteté*. Je marque ces trois derniers en faveur d'*exacteté*, afin que l'on ne trouve pas estranges ces deux dernieres syllabes *teté*, puis qu'il y a desja d'autres mots de cette nature, qui se terminent ainsi. Quelques-uns ajoustent qu'il a encore un autre avantage sur *exactitude*, qui est, que celuy-cy a une syllabe de plus qu'*exacteté*, & qu'en cela la reigle vulgaire des Philosophes a lieu, de n'allonger point ce qui se peut racourcir. Mais cela est frivole, & l'Usage, qui est pour *exactitude*, l'emporte. Aussi ay-je oüy dire, que l'Autheur qui avoit dit *exacteté* en ses premiers livres, a dit *exactitude* dans les derniers, & s'est corrigé[957].

Manes[958]

---

955 Clef de Conrart : « M. de Balzac, que je croy ». Il semble plutôt que ce mot soit créé par Antoine Arnauld, lui-même cité par Balzac dans une lettre à Chapelain datée du 12 février 1646 : « J'attens [...] les papiers lesquels je vous renvoyeray très fidellement et avec l'*exacteté* de Mr Arnauld, ou l'*exactitude* d'un autre Monsieur qui m'escrivit il y a quelques jours » (Balzac 1873 : 354). En 1687, Thomas Corneille semble confirmer cette attribution : « Monsieur Chapelain a marqué que M. Arnaud s'est servi d'*exacteté* dans son Livre de la frequente Communion » (Vaugelas 1738 : II, 145).

956 Cette forme ne figure pas dans les textes de Frantext pour la période 1600-1647.

957 S'il s'agit d'Antoine Arnauld ; nous observons que dans la *Logique ou l'art de penser* de 1662, composée avec Pierre Nicole, les auteurs utilisent *exactitude*.

958 La critique de ce mot est beaucoup plus sévère dans le manuscrit (« *Manes* », f° 62v°), et dans la version publiée Vaugelas supprime également les références à l'usage de Jean Bertaut dans son poème « Discours funèbre sur la mort de Lysis » et à celui d'Antoine Godeau (*Discours sur les Œuvres de M. de Malherbe*) : « *Manes* est un mot, qui ce me semble n'est ni François ni chrestien soit qu'on s'en serue pour signifier plusieurs ames des trespassez, ou une seule, car on l'employe tousiours au pluriel autant pour une que pour plusieurs. Les Poetes en usent Bert. <sur sa mort de Lysis> *ses manes appaisez*. Ie ne crois pas pourtant l'auoir ueu une seule fois dans M. de Malh. M God. s'en sert en prose dans ~~la Preface~~ <le Discours> qu'il a fait sur les œuures de M. de Malh + {*Ses manes m'accuseroient de l'auoir*

On se sert de ce mot en vers, & en prose, tousjours masculin[959], & tousjours au (241) pluriel ; Mais il faut prendre garde à ne l'employer jamais comme les Latins pour *les Dieux infernaux* ; Car *Diis manibus, & Diis inferis*, n'est qu'une mesme chose, quoy que les Latins le disent aussi de l'ame d'une seule personne ; Les François ne s'en servent jamais ni en prose, ni en poësie, qu'en cette derniere signification, c'est à dire pour *l'ame d'une personne*[960].

Souloit[961]

Ce mot est vieux[962], mais il seroit fort à souhaitter qu'il fust encore en usage, parce que l'on a souvent besoin d'exprimer ce qu'il signifie, & quoy qu'on le puisse dire en ces trois façons, *il avoit accoustumé*, *il avoit de coustume*, *il avoit coustume*[963], lesquels il faut placer differemment selon le conseil de l'oreille, si est-ce qu'ils ressemblent si fort l'un à l'autre, que c'est presque la mesme chose ; Car de dire *il avoit appris*, pour dire *il avoit accoustumé*, c'est une façon de parler qu'il faut laisser à la lie du peuple,

---

trahi, dit il} ~~mais [...]~~ » La citation se lit : *Et tes membres en proye aux corbeaux exposez / Ne rendent au tombeau ses manes appaisez.*

959 Richelet (1680) et l'Académie (1694) suivent Vaugelas sur ce point, mais Furetière (1690) considère que le mot est plutôt du genre féminin.

960 Les trois grands dictionnaires monolingues de la fin du siècle confirment ce jugement. La majorité des exemples dans Frantext pour la période 1600-1647 ont ce sens (par ex. *Iray-je sur le Phase où j'ay traby mon père / Appaiser de mon sang les Manes de mon frere ?* (Corneille 1639)), et on ne trouve que rarement des occurrences du sens critiqué par Vaugelas (par ex. *Circéne voulant faire quelque sacrifice aux dieux manes pour son mary, y convia Palinice, comme l'une de ses meilleures amies* (Urfé 1610)).

961 Cette remarque ne figure pas dans le manuscrit. Les grammairiens de notre corpus tels que Robert Estienne (1557), Garnier (1558), Maupas (1618) et Oudin (1640), ainsi que Chabanel (1612 : 173) dans *Les Sources de l'elegance*, notent tous qu'il s'agit d'un verbe défectif, mais ils ne font pas de commentaire sur la fréquence de son usage. Les dictionnaires jusqu'à Cotgrave (1611) semblent indiquer également que *souloir* est toujours en usage, tandis que les trois grands dictionnaires monolingues de la fin du siècle le considèrent comme vieilli et hors d'usage.

962 Il est à noter que Vaugelas l'utilise dans sa traduction des sermons de Fonsèque de 1615 (*soulois*, 1615 : 39). Les statistiques de l'usage d'*il souloit* dans Frantext sont parlantes. Si dans les quatre premières décennies du siècle le taux d'usage reste assez constant (1600-1609 : 53 ; 1610-1619 : 40 ; 1620-1629 : 52 ; 1630-1639 : 43), il n'y a aucune occurrence pour les années 1640-1647 et après la publication des *Remarques* il n'y a que cinq attestations pour tout le reste du siècle.

963 De ces trois expressions, *avoit accoustumé* est la plus attestée dans Frantext pour la période 1600-1647 (133 ex.), suivi par *avoit coustume* (24 ex.) et *avoit de coustume* (16 ex. dont 15 de Coeffeteau).

bien que deux ou trois de nos plus celebres Escrivains, mais non pas des plus modernes, en ayent usé aussi souvent que de l'autre. Il est vray que ces grands hommes s'estoient laissé infecter de cette erreur, que pour enrichir la langue il ne falloit rejetter aucune des locutions populaires, en quoy ils n'eussent (242) pas eu grand tort, s'ils ne les eussent voulu recevoir que dans le stile bas, & non pas dans le mediocre, & mesme dans le sublime, comme ils ont fait en leurs propres œuvres[964].

Nonchalamment, loisible[965]

Le premier est encore un vieux mot[966], pour lequel on dit *negligemment*, *peu soigneusement* ; Car pour *nonchalance*, & *nonchalant*, ils sont bons. *Loisible*, n'est pas meilleur, que les deux autres[967], & mesmes il sent encore davantage le vieux[968].

Autant[969]

Ce mot, quand il est comparatif, demande *que*, apres luy, & non pas *comme*, par exemple une infinité de gens disent, *ne me devez vous pas autant d'amitié comme eux*, au lieu de dire, *autant d'amitié qu'eux*[970].

---

964 Selon Chassang (1880 : I, 380), « Ceci fait, sans doute, allusion à Malherbe ». Les deux ou trois auteurs auxquels Vaugelas fait référence ne sont pas identifiés dans la Clef de Conrart.

965 Aucun de ces termes n'est discuté dans le manuscrit.

966 Tous les dictionnaires de notre corpus acceptent ce terme sans difficulté, et l'Académie résume l'opinion commune exprimée par les textes métalinguistiques quand elle observe en 1704 que « *Nonchalamment* est un fort bon mot que la langue conserve et qui s'employe avec grace en beaucoup d'endroits » (1704 : 263). Il y a une vingtaine d'occurrences de ce mot dans Frantext pour la période 1600-1647, y compris chez Urfé, Pierre Corneille et Coeffeteau, et une dizaine pour le reste du siècle.

967 Dans l'original : les autres deux (*Fautes d'impression*).

968 Richelet (1680), Furetière (1690) et l'Académie jugent tous que ce mot vieillit, même si, selon l'Académie (1704 : 263-264) il n'est pas aussi archaïque que le juge Vaugelas. Selon Furetière, son usage se limite au domaine juridique. En revanche, Andry de Boisregard (1692 : 287) considère que « ou M. de Vaugelas s'est trompé, ou le mot a rajeuny, car on s'en sert aujourd'huy sans scrupule : *Est-ce qu'il sera loisible à tout le monde de, etc. Croyez-vous qu'il vous soit loisible d'insulter, ainsi impunément toutes sortes de personnes, etc.* ». Cet adjectif est bien attesté pour la période 1600-1647 (86 occurrences dont 38 dans les *Lettres* de Peiresc) ; il est moins fréquent pour la période 1648-1699 (21 ex.), et reste rare au XVIIIe siècle (5 ex.).

969 L'usage d'*autant* n'est pas discuté dans le manuscrit.

970 Oudin (1640 : 278) inclut toujours *autant comme* dans sa grammaire, mais déjà en 1651 Dupleix (1651 : 644) confirme le jugement de Vaugelas. Les exemples de *aussi … comme*, *aussi bien …comme*, *aussitôt … comme*, *si … comme*, *tant… comme*, *autant …comme*, etc. sont

Oüy, pour Ita[971]

Je ne sçaurois deviner pourquoy ce mot, veut que l'on prononce celuy qui le precede, tout de mesme que s'il y avoit une *h* consonante devant *oüy*, & que l'on escrivist *hoüy*, excepté que l'*h* ne s'aspireroit point, (243) comme nous avons remarqué au mot de *huit*, qui se gouverne tout ainsi que les mots qui commencent par une *h* consonante, si ce n'est qu'il ne s'aspire pas[972]. On prononce donc *un oüy*, & non pas *un noüy*, comme l'on prononce *un nomme*, *un nobstacle*, quoy que l'on escrive *un homme*, & *un obstacle*. Ainsi, quoy que l'on escrive *cet oüy*, on prononce neantmoins *ce oüy*[973], comme s'il n'y avoit point de *t*, & *ces oüy*, comme s'il n'y avoit point de *s* à *ces* ; Que si l'on dit qu'il ne se presente jamais ou fort peu d'occasions de dire *un oüy*, ni *cet oüy*, ni *ces oüy*, ni de mettre rien devant ; je respons que l'on se trompe, & que non seulement on peut dire par exemple, *il ne faut qu'un oüy d'un Roy pour rendre un homme heureux*, ou *il y a long temps que je travaille pour obtenir cet oüy*, mais qu'il n'y a rien, qui puisse venir plus souvent en usage, que de dire par exemple, *il disoit oüy de tout*, *ils diront oüy*, *je prie Dieu qu'ils disent oüy* ; Et en ces trois exemples, comme en tous les autres semblables, il ne faut point prononcer le *t*, qui est devant *oüy*, quoy qu'on ayt accoustumé de le prononcer devant toutes les autres voyelles[974].

Innumerable, innombrable

Du temps du Cardinal du Perron & de M. Coeffeteau, on disoit tousjours (244) *innumerable*, & jamais *innombrable* ; maintenant tout au contraire on dit *innombrable*, & non pas *innumerable*[975]. Il est vray qu'une

---

fréquents chez Malherbe, même s'il blâme lui-même l'emploi de *comme* pour *que* après *tant* et après *ainsi* chez Desportes (Régnier 1869 : 104). *Cf.* *R*p. 63, 532-533.

971 Cette question portant sur la liaison n'est pas traitée dans le manuscrit.

972 *Cf.* *R*p. 73.

973 Vaugelas propose donc ici une divergence entre l'orthographe et la prononciation, mais Corneille (Vaugelas 1738 : II, 153) et l'Académie (1704 : 265) jugent qu'il faudrait également l'orthographier *ce oüy*.

974 Vaugelas est le premier de nos grammairiens à traiter de cette question (*cf.* Thurot 1881-1883 : II, 411-412).

975 Voici un exemple net d'un remaniement entre le manuscrit et la version publiée qui semble refléter un changement dans l'usage contemporain : « *Innumerable* est <beaucoup> meilleur qu'*Innombrable* quoy qu'il approche plus du latin, mais il y a plusieurs mots en nostre langue qui approchants du latin ne laissent pas d'estre meilleurs que d'autres qui signifiants la mesme chose s'en esloignent. M. Coeff. dit tousiours *Innumerable* » (f° 54v°). *Innumerable* apparaît dans

des meilleures plumes, & des plus eloquentes bouches dont le Palais se puisse vanter, m'a appris que dans le genre sublime, ce mot comme plus majestueux peut encore trouver sa place[976].

Mesmement

Cet adverbe passoit desja pour vieux il y a plus de vingt-cinq ans[977], & jamais les bons Escrivains ne s'en servoient, ils disoient tousjours *mesmes*. Je ne vois pas que depuis ce temps là il se soit renouvellé, ny que ceux qui escrivent purement, en usent[978].

De deçà[979], *de delà*[980]

Plusieurs manquent en se servant de ces termes ; par exemple ils disent, *les Espagnols chez qui toutes les nouvelles de de deçà sont suspectes*, au lieu de

les dictionnaires d'Estienne (1549), de Nicot (1606) et de Cotgrave (1611), mais ne figure dans aucun des trois dictionnaires monolingues de la fin du siècle. Nicot est le premier à inclure *innombrable*, mais son entrée indique que ce terme est encore secondaire : « *Innombrable* id est, *Innumerable.* » L'usage, tel qu'il est attesté dans Frantext (1600-1647), semble confirmer le jugement de Vaugelas : *innumerable* est deux fois moins fréquent qu'*innombrable* et neuf des dix exemples de la première forme datent de la période 1600-1619.

976 Clef de Conrart : « M. Patru ». Cette attribution est confirmée par Thomas Corneille : « C'est M. Patru qui vouloit conserver *innumerable.* On ne le dit plus dans aucun stile. *Innombrable* a pris sa place » (Vaugelas 1738 : II, 154).

977 Malgré cette chronologie proposée par Vaugelas, le mot n'est pas discuté dans le manuscrit.

978 Si Furetière (1690) et l'Académie (1694) l'incluent toujours dans leur dictionnaire, ils notent que le terme vieillit. Le jugement de Vaugelas sur le déclin de l'usage de cet adverbe semble être confirmé par l'usage dans les textes de Frantext si l'on en fait analyse selon les décennies suivantes : 1600-1609 : 55 ex. ; 1610-1619 : 19 ex. ; 1620-1629 : 5 ex. ; 1630-1639 : 4 ex. ; 1600-1647 : 1 ex.

979 Dans l'original : *déçà*.

980 Dans la version publiée, Vaugelas exprime un jugement nettement différent de celui du manuscrit (« *De deça* et *De dela* », f° 25r°) : « *De deça.* Plusieurs font une faute en se seruant de ce terme. Par exemple ilz disent *les Espagnols chez qui toutes les nouuelles de deça sont suspectes.* Ie maintiens qu'il faut dire *toutes les nouuelles de de deça* en adioustant un *De*, qui est l'article du genitif qui suit le substantif precedent, et pour le faire uoir clairement c'est que l'on n'oseroit nier que *De deça* ne ueüille dire *Icy*, *La guerre a tout ruiné de deça*, c'est à dire *la guerre a tout ruiné icy*. *Les uandanges sont belles de deça*, c'est à dire *sont belles icy*, et tousiours ainsi de tous les autres. Cela presupposé qui ne uoit qu'il faut mettre l'Article du genitif deuant, à sçauoir *De*, tout de mesme qu'on le mettroit à *Icy* en disant *les Espagnols chez qui toutes les nouuelles d'icy sont suspectes.* Il est uray qu'il est fort rude de dire *De de deça*, à cause de la repetition des trois *De*, mais que faire à cela si ce n'est de le dire autrement, et de ne iamais user de ce terme au genitif <ni à l'ablatif>, ou le *De* est absolumment necessaire. [...] <Il ne s'en faut donc> seruir, <que> là ou l'on ne repete pas le *De*, comme *nous auons d'excellents fruits de deça.* Il en est de mesmes en tout et partout de *De delà.* »

dire *toutes les nouvelles de deçà*[981]. Ils alleguent que *de deçà*, est un adverbe local, qui veut dire *icy*, & quand on dit *deçà*, ou *delà*, avec un nom, alors il n'est plus adverbe, mais preposition, comme *deçà la riviere*, *delà la riviere*, mais quand il est adverbe, on ne (245) dit jamais *deçà*, qu'on ne mette *de*, devant, & qu'on ne die *de deçà*, si ce n'est en un seul cas, qui est quand on dit *deçà & delà*, pour dire *çà & là*, mais il faut que *deçà & delà*, soient tous deux ensemble, l'un ne se disant point, & n'estant point adverbe, separé de l'autre ; Tellement que lors qu'il tient lieu de genitif, comme en l'exemple que nous avons donné, ou *les nouvelles de de deçà*, vaut autant à dire que *les nouvelles de ce pays*, il faut necessairement, disent-ils, que l'article du genitif, qui est *de*, le precede, & par consequent que l'on die *les nouvelles de de deçà* ; Autrement sans l'article *de*, ce seroit comme qui diroit *les nouvelles ce pays*, au lieu de dire *les nouvelles de ce pays*. On respond qu'il est vray qu'apres *nouvelles*, il faut necessairement dire *de*, qui est l'article du genitif qui suit le substantif precedent ; Mais aussi l'on soustient qu'on l'y met, quand on dit *les nouvelles de deçà*, parce qu'on ne demeure pas d'accord, que l'adverbe *deçà*, doive tousjours avoir un *de* devant ; Car il est certain que *deçà*, tout seul signifie *icy*, & quand on y ajouste un *de*, c'est par une elegance de nostre langue, qui n'est plus elegance dans la rencontre de tant de *de* ; Et de fait on trouvera dans nos anciens Autheurs, *nous avons deçà d'excellens fruicts*, & encore aujourd'huy on ne croira point mal parler (246) en parlant ainsi, quoy que *de deçà*, en cet endroit soit plus elegant[982]. Certainement ce seroit une grande dureté de dire *les nouvelles de de deçà*, & l'Usage à cause de cela a fort bien fait de retrancher un de ces *de*, comme pour la mesme raison il a fait dire *de là Loire*[983], au lieu de *delà la Loire*.

Affaire

Ce mot est tousjours feminin à la Cour, & dans les bons Autheurs, je ne dis pas seulement modernes, mais anciens, Amyot mesme ne l'ayant

---

981 Nous n'avons trouvé aucun exemple ni de *de de deçà* ni de *de de delà* dans Frantext pour la période 1600-1647.

982 Nous trouvons effectivement dans Frantext des exemples avec et sans *de* : *il n'y a nul de vos amis qui ne se porte bien de deçà, selon la portee du temps* (Pasquier 1613) ; *Veulent-ils civiliser les italiens, qui tiennent école de gentillesse et de galanterie, et chez lesquels il y a long-temps que toutes les nouveautez de deçà sont vieilles ?* (Balzac 1631) ; *Si vous tournez l'oeil deçà, vous verrez le pourtraict d'Isdigerde* (Urfé 1610) ; *Voyez deçà, Messieurs, vous plaît-il rien du nôtre ?* (Corneille 1637).

983 Expression qu'utilise Vaugelas lui-même à plusieurs reprises dans ses remarques (*R*p. 136, 196, 201, etc.).

jamais fait que feminin[984]. Il est vray que sur les despesches du Roy on a accoustumé de mettre *pour les expres affaires du Roy*, & non pas *pour les expresses affaires*, mais ou c'est un abus, ou une façon de parler affectee particulierement aux paquets & aux despesches du Roy, qu'il ne faut point tirer en consequence, puisque pour cela on n'a pas laissé de dire tousjours à la Cour, *une bonne affaire, une grande affaire*, & jamais *un bon & un grand affaire*[985]. Il y en a qui disent que lors qu'*affaire* est apres l'adjectif, il est masculin, & par exemple qu'il faut dire, *un bon affaire*, & quand il est devant, qu'il est feminin, & qu'il faut dire *une affaire fascheuse*, mais cette distinction est entierement fausse & imaginaire. Il est certain qu'au Palais on l'a tousjours fait (247) masculin jusqu'icy ; mais les jeunes Advocats commencent maintenant à le faire feminin[986].

Benit, beni[987]

Tous deux sont bons, mais non pas dans le mesme usage. *Benit*, semble estre consacré aux choses saintes, on dit à la Vierge, *Tu es benite entre toutes les femmes*, on dit *de l'eau benite*, *une Chapelle benite*, *du pain benit*, *un cierge benit*, *un grain benit*, & ce *t* là, a esté pris vray-semblablement du Latin *benedictus*[988]. Mais hors des choses saintes & sacrees, on dit tousjours *beni* &

984 Dans le manuscrit (f° 4v°) : « Amyot mesme le fait tousiours feminin, et bien que le langage ayt fort changé depuis luy, et que mesmes il y ayt plusieurs mots qui ont changé de genre, si est ce que lors que l'usage present se sert d'un mot ou d'une façon de parler, dont Amyot s'est serui, ~~c'est la derniere preuue de leur [bonté ?], et il y a double titre~~ <l'un et l'autre se peuuent dire de la bonne marque> ». Chabanel (1612 : 129) cite pourtant trois exemples de ce mot au masculin chez Amyot (*cf.* Guerlin de Guer 1937 : 126). Vaugelas hésite lui-même dans son propre usage dans le manuscrit et on trouve à la fois *à un bon affaire* (f° 20v°) et *grande affaire* (f° 40v°). Parmi les lexicographes, Estienne (1549), Nicot (1606) et Cotgrave (1611) le considèrent comme masculin, tandis que Richelet (1680), Furetière (1690) et l'Académie (1694) lui attribuent le genre féminin. Quant à l'usage tel qu'il est attesté dans Frantext, les exemples du féminin dominent largement entre 1630 et 1647, et les auteurs tels que Gougenot et Urfé qui s'en servent au masculin, l'utilisent également au féminin.

985 Cette phrase apparaît pour la première fois dans le texte publié.

986 Dans le manuscrit : « mais au Palais on le fait tousiours masculin, qui est un usage neantmoins qu'il ne faut pas suiure, comme nous auons fait uoir au commencement à la definition de l'Vsage, quoy que le Palais ayt porté et porte encore auiourd'huy des hommes extrémement eloquents ».

987 La remarque manuscrite « *Benisse Beni* » (f° 30v°) traite aussi de la forme du subjonctif du verbe *bénir* : « *Benisse*, et non *Benie*. Il faut dire *le ciel te benisse*, et non pas *Benie*, et au pluriel aussi *Benissent*, non *Benient*. »

988 Dans le manuscrit : « On dit aussi *Beni* non *Benit*. *Vn homme beni de dieu*, non *Benit*. Et quoy qu'à *l'Aue Marie* on die *Tu es benite entre toutes les femmes*, et qu'on die aussi *eau benite*

benie, comme *une œuvre benie de Dieu, une*[989] *famille benie de Dieu, Dieu vous a beni d'une heureuse lignee, a beni vos armes, a beni vostre travail*; car le participe du preterit indefini ou composé, est le mesme en tout & par tout que le participe passif tout seul.

Dependre, depenser

Il y a long-temps, que j'ay oüy disputer de ces deux mots, non pas pour sçavoir lequel est le meilleur, mais lequel est le bon ; car il y en a qui condamnent l'un, & d'autres qui condamnent l'autre[990].

<pain benit>, c'est une façon de parler ancienne, ou pour le moins dont on ne se sert qu'aux choses saintes et sacrees, comme il me semble que l'on dit encore *une chapelle benite*, non *benie*, mais on ne diroit pas *cette famille est benite de Dieu*, mais *Benie.* » Selon Chabanel (1612 : 195), on se sert de *beni* et *benit* « indifferemment », mais la distinction proposée par Vaugelas est reprise par Richelet (1680). L'usage dans Frantext (1600-1647) suit dans les grandes lignes les conseils de Vaugelas, la forme *benit* étant beaucoup plus fréquente dans le contexte religieux, même si on trouve quelques rares exemples de *beni* dans ce domaine, par ex. *Le Seigneur m'a donné des consolations, le Seigneur me les a ostees, son saint Nom soit beni* (François de Sales 1619).

989 Dans l'original : *vue.*

990 Cette remarque représente un cas intéressant de suppression dans le texte publié d'un commentaire basé sur l'usage et l'opinion de Malherbe dont la présence est centrale dans le manuscrit (f° 67r°) : « *Despendre, et despenser.* C'est une uieille dispute à la Court, lequel des deux est mieux dit. Durant plusieurs annees i'ay ueu condamner *Despendre* et dire *Despenser*, et <pour preuue de cela> il n'y a gueres de uieux Courtisans qui n'ayt oüy faire ce conte à la Court que <'un iour> M. de Malh ayant esté consulté la dessus par des gents qui auoient gagé l'un pour ~~*Despendre*~~ *<I'ay dependu>*, et l'autre pour *<I'ay> Despensér* il respondit en presence de beaucoup de gents de condition qui en rirent que *pendu* et *dependu* estoit bon en gascogne, faisant allusion à un uice qui est<ant> assez commun en ce pays là <y fait souuent user de ce mot et de ce qu'il signifie>, mais qu'en France on disoit *Despensé.* Et cependant M. de Malh. dans ses Escrits dit presque tousiours *Despendre* et iamais *Despenser. Ie m'en uois*, dit il aux B l.2 *uous monstrer qu'il n'est rien de si peu de frais, si uous craignez de despendre, ni de si peu de peine si uous fuyez de trauailler*, et un peu plus bas il dit encore *l'espargne est une science de ne rien despendre mal à propos.*⁺ {Malh. p.197 ne luy pouuoit il pas suruenir une maladie, ou il les auroit despendus.} Auiourd'huy on ~~ne~~ dit ~~presque plus *Despenser*, mais *dependre*~~ <plus souuent *Despendre* que *despenser*>, ainsi chacun a son tour. Mesmes il y en a qui condamnent absolument *Despenser*, mais ie ne suis pas de cet aduis, car il y a des endroits ou i'aimerois mieux en user que de l'autre par exemple ie ne dirois point *Il depend tant tous les ans*, mais *Il despense tant tous les ans*, à cause de la Cacophonie. Au reste il y a cette difference que *Despenser* ne se dit iamais qu'il ne soit suiui d'un nom qu'il regit, mais *Despendre* se met sans cela comme en l'exemple que nous auons apporté *si uous craignez de despendre*, car *si uous craignez de despenser* ne uaudroit rien. Il faut tousiours ~~aiouster~~ <qu'il soit accompagné d'> un nom ou deuant ou apres, *I'ay despensé beaucoup d'argent*, ou *ce que i'ay despensé.* » La dernière citation de Malherbe se trouve plutôt à la page 193 de l'édition de 1631 de ses *Œuvres.*

Neantmoins tous deux sont bons, & se disent & s'escrivent tous les jours, avec cette difference pourtant, que *despenser*, (248) autrefois estoit plus en usage à la Cour, que *dependre*, & qu'aujourd'huy tout au contraire on y dit plustost *dependre*, que *despenser*, qui est maintenant plus usité dans la ville[991]. L'un & l'autre est donc fort bien dit, *j'ay dependu*, ou *j'ay despensé cent pistoles en mon voyage*, *je depens*, ou *je despense mille escus par an*[992]. Quelques-uns disent qu'il y a des endroits, où l'on se sert plustost de l'un que de l'autre, & cela pourroit bien estre, puisque la mesme chose arrive à certains autres mots ; mais pour moy, j'avoüe que je ne l'ay pas remarqué[993]. Au reste ceux qui condamnent *dependre*, parce qu'il est equivoque, & que l'autre ne l'est pas, ont grand tort, ne regardant pas la consequence, & où cela iroit, s'il estoit question de bannir des langues, les mots equivoques, & de les restreindre tous à une seule signification[994]. Pour ce qu'ils ajoustent, qu'en se servant de *dependre*, & de *dependu*, les deux dernieres syllabes representent un fascheux object, c'est une trop grande delicatesse, qui ne mérite point de response[995]. Si cette consideration avoit lieu, il y auroit bien des mots à rejetter en nostre langue & en toutes les autres[996].

---

991 Ici Vaugelas accepte à la fois l'usage de la ville et de la cour. *Cf.* Préface II, 3 : « *Quand je dis* la Cour, *j'y comprens les femmes comme les hommes, et plusieurs personnes de la ville où le Prince reside, qui par la communication qu'elles ont avec les gens de la Cour participent à sa politesse.* » Pour une étude sur le rapport entre la cour et la ville dans les *Remarques*, voir Wolf (1984).

992 Nous trouvons en réalité les deux verbes dans ce contexte, *dependre* apparaissant notamment dans les premières décennies du siècle, comme dans les exemples suivants (Frantext) : *qui peut despendre / le revenu d'un Alexandre, / et tous les escus possedez / du roy Croesus, avec trois dez* (Esternod 1619) ; *je me delibere poursuivre mon entreprise avec un vœu public et solemnel de despendre desormais ma vie au plaisir de si honorable exercice* (Pasquier 1613).

993 Cotgrave (1611) définit les deux verbes de la même façon : « *To dispend, spend, expend* ». Vaugelas ne reprend pas la distinction de valence établie dans le manuscrit.

994 *Cf.* le commentaire de Vaugelas sur *exaction*, *R*p. 239.

995 Cette question est traitée dans une deuxième observation manuscrite (« *Despendre* et *Despenser* », f° 24r°) : « *Despendre* et *Despenser* Voyez *pendant.* I'aiousteray seulement icy que si la raison qui est alleguee là ou ie uous renuoye, auoit lieu, il faudroit aussi condamner *Dependre*, et *Dependu* quand il ueut dire *Releuer d'un autre*, ou *estre en la puissance de quelqu'un.* » *Cf.* le commentaire de Vaugelas sur *poitrine* et *face*, *R*p. 60.

996 L'usage semble pourtant avoir changé après Vaugelas, et l'opinion des commentateurs sur cette remarque est bien résumée dans l'observation de l'Académie (1704 : 270) : « Le goust a changé entierement à l'égard de *depenser* et de *dependre* qui sembloient se disputer la preference du temps de M. de Vaugelas. On ne dit plus aujourd'huy *dépendre* ni à la Cour ni à la ville dans le sens de faire de la dépense, il faut dire *dépenser.* »

Eviter[997]

Plusieurs luy font regir le datif, & disent *eviter aux inconveniens*, mais tres-mal[998], (249) & ce qui a donné lieu à cette faute, c'est que l'on dit ordinairement, *pour obvier aux inconveniens*[999] ; mais *eviter*, regit l'accusatif, & *obvier* le datif[1000].

Gaigner la bonne grace

Un de nos plus celebres Autheurs a escrit *gaigner la bonne grace du peuple*, mais il en est repris avec raison[1001]. Il faut tousjours dire au pluriel *gaigner les bonnes graces*[1002] ; Car *bonne grace*, au singulier veut dire toute autre chose, comme chacun sçait[1003]. Il est vray qu'anciennement on disoit

---

997 La remarque manuscrite (f° 31r°) est très proche de la version publiée.

998 Furetière (1690) et l'Académie (1694) indiquent que c'est un « verbe actif », mais Corneille en 1694 note un usage technique de ce verbe avec *à* : « Terme de Marine. *Eviter au vent*, se dit d'un Vaisseau, lors qu'il presente l'avant au lieu d'où souffle le vent ; et *Eviter à marée*, lors qu'il le presente au courant de la mer à la longueur de ses amarres. »

999 Si l'analogie peut souvent aider le locuteur à trouver la bonne forme, dans ce cas elle est plutôt trompeuse ; sur l'analogie, voir l'Introduction, p. 80-81.

1000 Nous trouvons quelques rares occurrences d'*éviter + à* dans Frantext (1600-1647) : *quand pour eviter à plus grand danger, on luy fit son procés sur autres articles* (Fauchet 1602) ; *pour eviter à tous ces maux* (Chapelain 1623).

1001 Il se peut qu'il s'agisse de Coeffeteau qui se sert de cette expression dans son *Histoire romaine* : *il s'efforçoit de regangner* [*sic*] *la bonne grace du peuple* (1621 : II, 35). Il utilise la même expression avec le complément d'objet direct au pluriel : *Apres cela pour regangner les bonnes graces de la commune […]* (1621 : III, 30). On trouve encore chez Maupas (1618 : f° 141v°) un exemple de *gagner la bonne grace* au singulier : *J'avois bien gangné la bonne grace de mon Maistre, sans la flaterie des envieux.* Dans le manuscrit (f° 42v°), Vaugelas fait référence à un exemple de Malherbe : « *Grace.* Il ne faut pas dire *gaigner la bonne grace de quelqu'un* mais *les bonnes graces* au pluriel. Car *bonne grace* au singulier ueut dire toute autre chose, comme chacun sçait. <Malh. fait neantmoins cette faute p. 697> ». Le texte de Malherbe se lit : *Par la mesme voye qu'il leur fit perdre les felicitez du ciel, il se figura qu'il me priveroit de celles de vostre bonne grace* (1631 : I, 697).

1002 Il y a plusieurs exemples dans Frantext de *(re)gagner les bonnes graces*, y compris chez Camus (1625), Boisrobert (1629), et Aubigné (1630).

1003 *Cf.* Richelet (1680) : « *Bonne grace.* C'est à dire bon air, bonne mine. [Fille qui a bonne grace.] » Avant Vaugelas, Oudin (1640 : 122-123) est le seul grammairien à parler de cet usage : « L'usage veut aussi qu'avec le mot de *grace*, parlant generalement, on se serve du plurier : par exemple, *je boy à vos bonnes graces* : *il tasche d'acquerir vos bonnes graces* : et non pas, *je boy à vostre bonne grace* ; *il tasche d'acquerir vostre bonne grace* : mais si on specifie une seule grace, on dit, *je considere vostre bonne grace, en parlant, en dansant*, etc. où il faut apprendre qu'au plurier nous entendons par bonnes graces les faveurs, et au singulier quelque gentillesse ou bien-seance. »

je me recommende à vostre bonne grace, & on le trouvera ainsi en toutes les Lettres, qui sont au dessus de cinquante ans[1004], mais il ne se dit plus[1005].

Delice

Beaucoup de gens disent, *c'est un delice*, qui est une façon de parler tres-basse[1006] ; *Delice*, ne se dit point au singulier dans le beau langage, ni dans le beau stile, mais seulement au pluriel, & est feminin, comme *deliciæ*, en Latin, nostre langue suivant en cela la Latine, & pour le nombre & pour le genre, *de grandes delices*[1007].

(250)

Guarir, guerir, sarge[1008]

Autrefois on disoit l'un & l'autre, & plustost *guarir*, que *guerir*, mais aujourd'huy ceux qui parlent & escrivent bien, disent tousjours *guerir*, & jamais *guarir*[1009]. Aussi l'*e* est plus doux que l'*a*, mais il n'en faut pas

---

1004 Cette expression est attestée par exemple dans les lettres de Théodore de Bèze (*Correspondance de Théodore de Bèze*, vol. 14 (1573), Genève, Droz, p. 31) : *[...] et le feray d'aussi bon cœur comme je prie Dieu, Monsieur Liner, apres estre humblement recommendé à vostre bonne grace, vous maintenir en sa garde.*

1005 Ce commentaire sur le changement d'usage n'apparaît pas dans le manuscrit.

1006 Dans le manuscrit (f° 23r°), Vaugelas observe que cet usage s'entend à la cour : « *Delices* ne se dit qu'en pluriel, et est feminin. Plusieurs disent à la Court *c'est un grand delice.* Mais ~~cela ne uaut rien~~ c'est une grand'faute. »

1007 À la fin du siècle, Furetière (1690) et l'Académie (1694) continuent à noter que, si ce terme est le plus souvent utilisé au féminin pluriel, il est masculin au singulier (par ex. *C'est un delice, c'est un grand delice, quel delice !*). Toutefois, à en juger d'après l'usage dans Frantext pour la période 1600-1647, les quelques rares exemples au singulier sont le plus souvent au féminin et il n'y a qu'un seul exemple où le genre est clairement masculin : *J'estois son Alizon, son amour, son delice* (*Alizon*, Discret 1637). De plus, il n'y a aucune attestation de l'expression *c'est un delice.*

1008 Cette question est traitée dans deux remarques manuscrites, « *Guarir, guerir* » (f° 43r°) et « *Merry* » (f° 62v°). La prononciation de *sarge* n'y est pas considérée. Sur l'alternance entre *a* et *e*, voir l'Introduction, p. 126.

1009 Dans le manuscrit (f° 43r°) : « *Guarir, guerir* tous deux sont bons, mais *guerir* est beaucoup plus usité soit en parlant ~~et~~ <ou> en escriuant, et plus doux à cause que l'*E* est plus doux que l'*A*, et par consequent il est meilleur, et ie ne uoudrois iamais user de l'autre. Il n'en est pas ainsi à *merry* que l'on dit à Paris qui ne uaut rien il faut dire *marry.* » Chez Estienne (1549), Nicot (1606) et Cotgrave (1611), *guarir* est considéré comme la forme usuelle de ce verbe et *guerir* comme la forme secondaire, tandis que les dictionnaires de la fin du siècle ne donnent que *guerir.* En 1640, Oudin propose toujours les deux formes (1640 : 215), mais en 1615 Vaugelas préfère déjà la forme *guérir* dans sa traduction des

abuser comme font plusieurs qui disent *merque*, pour *marque*[1010], *serge*, pour *sarge*[1011] (toute la ville de Paris dit *serge*, & toute la Cour, *sarge*) & *merry*, que tout Paris dit aussi pour *marry*[1012].

Au travers, & à travers

Tous deux sont bons, mais *au travers*, est beaucoup meilleur, & plus usité[1013]. Ils ont differens regimes, il faut dire par exemple, *il luy donna de l'espee au travers du corps*, & *à travers le corps*. On ne le dit que de ces deux façons, car *au travers le corps*, & *à travers du corps*, ne valent rien. C'est l'opinion commune & ancienne[1014], mais depuis peu il y en a & des Maistres, qui commencent à dire *à travers de*, aussi bien qu'*au travers*[1015] *de*[1016]. Pour moy je ne le voudrois pas faire[1017].

---

sermons de Fonsèque (1615 : 441). Quant à l'usage dans Frantext pour la période 1600-1647, l'infinitif *guerir* est près de sept fois plus fréquent que *guarir*.

1010 *Merque* est mentionné par Estienne (1549), Nicot (1606) et Cotgrave (1611) comme forme alternative de *marque*, mais il ne figure plus dans les trois grands dictionnaires monolingues de la fin du siècle. De plus, on n'en trouve aucune attestation dans Frantext pour la période 1600-1647.

1011 En ce qui concerne la variation entre *serge* et *sarge*, Malherbe utilise ce dernier (Régnier 1869 : 584) et cette prononciation est également attestée dans l'usage du jeune Louis XIII, comme il est attesté dans le journal de Jean Héroard (1605-1610 ; Ernst 1985). Malgré la remarque de Vaugelas, c'est *serge* qui s'est établi dans la deuxième moitié du siècle, comme le note Richelet (1680) : « Vaugelas a décidé qu'on disoit *sarge*. On parloit de son tems de la sorte, mais aujourdhui l'usage est contraire à sa remarque. Tout le monde dit et écrit *serge*. »

1012 Dans le manuscrit (f° 62v°) : « Toutefois M de Malh. a escrit p 547 *Ie suis tres-merry*. Il faut croire que c'est la faute de l'Imprimeur. <Il est uray qu'il affectoit extremement de parler comme le peuple, et plus encore comme la lie du peuple.> ». Cette citation nous semble confirmer que Vaugelas avait l'édition de 1631 devant les yeux, parce qu'on trouve *tres-marry* dans l'édition de 1630, mais *tres merry* dans celle de 1631. Les exemples de *merry* sont très rares dans Frantext pendant la première moitié du XVIIe siècle (par ex. *Le principal fut Athanaze evesque de Naples, lequel faict duc au lieu de Serge son frere, merry d'avoir esté envoyé prisonnier à Rome pour suspition d'infidelité* (Fauchet 1602)).

1013 Pendant la période 1600-1647, *à travers* est plus fréquent dans les textes de Frantext qu'*au travers* (238 ex. *vs* 172 ex.), mais *au travers* domine pendant le reste du siècle (1648-1699 : 135 *vs* 373 ex.).

1014 Toutefois Oudin (1640 : 309-310) permet toujours *à travers le corps*, & *à trauers du corps*.

1015 Dans l'original : *autravers*.

1016 Dans sa note sur cette observation, Patru (Vaugelas 1738 : II, 169) observe : « La fin de la Remarque est sur ce que dans mon Plaidoyer des Captifs j'ai dit, *En vain un Ange sera venu à travers des étoiles*, parce qu'il est plus soutenu, & sonne mieux qu'*au travers des étoiles* ». Haase (1935 : 367) cite également des exemples de cet usage chez Balzac, Racine et Bossuet.

1017 Ce dernier commentaire sur le changement d'usage ne se trouve pas dans la remarque manuscrite (f° 5v°).

A l'encontre[1018]

Ce terme est purement du Palais en l'un de ses usages ; car il en a deux, en l'un (251) desquels il est preposition, & en l'autre, comme adverbe. Il est preposition par exemple quand on dit au Palais, *il a son recours à l'encontre d'un tel*, c'est à dire *contre un tel*, & adverbe en cette phrase, *je ne vais pas à l'encontre*, pour dire *je ne dis pas*, ou *je ne fais pas le contraire*. Il est vray qu'on y pourroit sous-entendre *de cela*, comme qui diroit *je ne vais pas à l'encontre de cela*, c'est pourquoy j'ay dit *comme adverbe*. Mais quoy qu'il en soit, ni l'un ni l'autre ne se dit jamais à la Cour, ni ne se trouve point dans les bons Autheurs, quoy qu'il soit eschappé à l'un de nos plus modernes & plus excellens Escrivains de l'employer en toutes les deux façons[1019]. Jamais M. Coeffeteau ne s'en est voulu servir[1020].

Fut fait mourir[1021]

Cette façon de parler est toute commune le long de la riviere de Loire, & dans les Provinces voisines, pour dire *fut executé à mort*. La Noblesse du

1018 Dans la remarque manuscrite, « *A l'encontre* » (f° 7v°), Vaugelas ni ne distingue les différents usages de ce terme ni n'associe l'usage prépositionnel au Palais. Il note qu'autrefois les bons auteurs se servaient de *à l'encontre de*, mais ajoute que « auiourd'huy il n'y a pas un bon Escriuain qui en uoulust user ». Une référence à Coeffeteau est barrée, et il conclut : « ~~M. Coeff [...]~~ De quelque façon qu'on s'en serue, il ne uaut rien du tout ». *À l'encontre de* est cité par Estienne (1549) et Nicot (1606), ainsi que par le grammairien Cauchie (1568 : fo 74v°) et par Chabanel (1612 : 49-50), mais Bouhours (1692 : 552), Corneille (Vaugelas 1738 : II, 171) et l'Académie (1704 : 171) s'accordent à juger que dans la deuxième moitié du siècle le terme n'est plus utilisé même au Palais.

1019 Clef de Conrart : « Ce peut estre M. D'Ablancourt ». Ernst (1977 : 212) cite deux exemples de *à l'encontre de* chez Amyot, mais il note que Tallemant et Dacier préfèrent *contre*. Il y a une quarantaine d'exemples de cette expression dans Frantext pour la période 1600-1647, y compris chez Bailly (1634) et Mestrezat (1645).

1020 Nous n'avons pas trouvé d'exemple dans l'*Histoire romaine*, mais il y a une occurrence de cette expression dans son *Examen, ou Refutation d'un livre de la Toute-puissance et de la volonté de Dieu, publié par P. D. M. Ministre de Charenton* (Coeffeteau 1622 : 743) : *Au contraire les raisons que nos adversaires alleguent à l'encontre, renversent la parole de Dieu.*

1021 Il y a trois remarques manuscrites consacrées à cette question (f° 27v°, 38r°, 39r°). Dans la première, Vaugelas ne donne qu'un exemple de la construction (*il fut fait mourir*) sans faire de commentaire sur cet usage. Dans la deuxième, il observe qu'elle est en usage « le long de la riuiere de loire et aux enuirons » ; il continue « laquelle neantmoins n'est point approuuee d'une infinité de gents, et que ie ne sçaurois gouster aussi ». Dans la troisième, d'autre part, il remarque que « Tout le monde presque le dit à la Court, et dans le cœur de la France, et M. Coeff. l'escrit » et il cite les exemples pris de Bentivoglio ; il conclut toutefois, comme dans la version publiée, qu'« auec tout cela il me semble qu'il uaut mieux l'euiter, et pour moy ie ne le uoudrois ni dire ni escrire ».

pays l'a apportee à la Cour, où plusieurs le disent aussi, & M. Coeffeteau qui estoit de la Province du Maine, en a usé toutes les fois que l'occasion s'en est presentee[1022]. Les Italiens ont cette mesme phrase, & le Cardinal Bentivoglio l'un des plus exacts & des plus elegans Escrivains de toute l'Italie, s'en est servi en son Histoire (252) de la guerre de Flandre au quatriesme livre, *Lo Strale*, dit-il, *già Borgomastro d'Anversa, e che tanto haveva fomentate le seditioni di quella città, fu fatto morire in Vilvorde*[1023]. Il en dit encore une autre de cette mesme nature, & qui nous doit sembler plus estrange, sur la fin du sommaire du cinquiesme livre. *Valenciana*, dit-il, *cade in potere degli Ugonotti, i quali ne sono fatti uscir poco dopo*[1024], *lesquels en sont faits sortir peu apres*, pour dire *lesquels on en fait sortir*. Nous n'avons point encore estendu cette locution *fut fait mourir*, comme font les Italiens, à d'autres phrases semblables. Mais nonobstant tout ce que je viens de dire, qui sembleroit suffisant pour l'authoriser, il est certain qu'elle est condamnee de tous ceux, qui font profession de bien parler & de bien escrire[1025].

Encore[1026]

1022 En cherchant *fut fait mourir* dans Frantext pour la période 1600-1647, le seul exemple qu'on obtient provient de l'*Histoire romaine* de Coeffeteau : *il n'offensa jamais aucun senateur, mais porta un si grand respect à ceste illustre compagnie, que durant prés de vingt ans qu'il regna, il ne fut fait mourir qu'un seul homme de son corps.* Il utilise la construction dans d'autres temps verbaux, par exemple, *ceux qui avoient esté faits mourir* (Coeffeteau 1621 : I, 246) ; *ou des Chevaliers ne soient ny faits mourir, ny bannis ny notez d'infamie [...]* (1621 : III, 70).

1023 Dans le manuscrit (f° 39r°) : « au quatriesme liure p. 208 ». La citation est légèrement abrégée : *Lo Strale già Borgomaestro d'Anversa, e che tanto haveva fomentate le seditioni di quella Città, come già accennammo in suo luogo, fù fatto morire in Vilvorde* (« Strale, jadis bourgmestre d'Anvers, qui avait tant fait pour fomenter la rébellion, comme nous l'avons déjà expliqué dans l'endroit approprié, fut fait mourir à Vilvorde »), *Della guerra di Fiandra, Parte Prima*, In Colonia [Leyde ?], s. n., 1635, p. 187).

1024 Dans le manuscrit (f° 39r°) : « sur la fin du sommaire du 5e liure ». *Ibid.*, p. 202 (« Valenciana, dit-il, tombe sous le pouvoir des Huguenots, qui sont eux-mêmes obligés de quitter la cité peu de temps après »).

1025 L'Académie (1704 : 275) dans sa remarque sur cette question atteste que ses membres hésitaient encore sur l'acceptabilité de la construction, mais que la plupart ne la toléraient pas, tandis que Furetière (1690) l'inclut sans commentaire dans son dictionnaire.

1026 Voici un cas où Vaugelas s'est ravisé au cours de la genèse de ses observations. Dans une première remarque manuscrite (f° 26v°) qui est complètement rayée, Vaugelas observe que « *Encore*, *encores* et *encor* sont bons, mais il faut consulter l'oreille pour sçauoir quand il faut plustost user de l'un que de l'autre. Ie ne dirois point *i'ay encore receu* à cause de la cacophonie de *Re* repeté, mais *I'ay encor receu.* » Dans une deuxième observation manuscrite qui est également rayée (f° 27r°), il considère que « *Encor* et *Encore* sont bons. Deuant les voyelles ie uoudrais tousiours escrire *encore*, et deuant les Consonantes ie uoudrais mettre tantost *encor* et tantost *encore* pour rompre la mesure d'un uers, ou rendre la periode nombreuse selon

Il faut tousjours dire *encore*, & jamais *encor*, ni *encores* ; neantmoins en poësie[1027], la plus part disent *encor*, à la fin du vers, & le font rimer avec *or*, mais je connois d'excellens Poëtes, qui n'en veulent jamais user, quoy qu'ils le souffrent aux autres[1028]. Ceux qui en usent à la fin, ne s'en servent point ailleurs, comme ils ne commenceroient pas un vers ainsi, *encor que des mortels &c.* Donc *encore*, est celuy qui se (253) dit en prose & en vers, *encores* avec une *s*, ne se dit ni en vers, ni en prose, & *encor*, se dit par la plus part des Poëtes à la fin du vers, & par quelques-uns au commencement aussi. D'autres plus scrupuleux ne le disent nulle part[1029].

L'article devant les noms propres[1030]

Plusieurs disent *l'Aristote*, *le Plutarque*, *l'Hyppocrate*, *le Petrone*, *le Tite-Live*, *&c.*[1031] C'est tres-mal parler, & contre le genie de nostre langue, qui

---

que l'oreille iuge à propos de la faire [~~…~~] <ou> plus longue ou plus courte d'une syllabe. Il semble que cette remarque ~~soit~~ <n'est> de nulle consideration, mais les maistres [~~…~~]<reconoissent bien> ce qui en est, et l'oreille des ignorants s'en apperçoit sans qu'ils en sçachent la cause. Ie ne uoudrois pas escrire *encore* deuant un mot qui commenceroit par *Re*, comme ie ne dirois pas ~~*I'ay en*~~ *Ie n'ay pas encore respondu*, mais *encor respondu* à cause de la cacophonie. *encores* auec un *S* ne uaut rien <ou pour le moins est inutile>, et n'a point d'usage non pas mesmes en uers, n'ayant point ueu dans M de Malh. qu'il en face trois syllabes deuant une uoyelle, <non plus que d'*auecques*> ni qu'il le face rimer auec *ores* comme par exemple auec *Mores.* » Dans le texte publié il introduit la différence entre l'usage en poésie et l'usage en prose, n'acceptant plus qu'*encore* dans la prose.

1027 Dans l'original « poësie » est suivi par un point-virgule.

1028 Selon la note de Thomas Corneille, Vaugelas fait référence ici à « M. de Gombaut » (Vaugelas 1738 : II, 174). Si, dans Frantext pendant la période 1600-1647, *encore* est déjà la forme préférée (7906 ex.), les deux autres formes sont extrêmement fréquentes (*encor* : 3502 ex. ; *encores* : 3090). *Encor* est commun dans les vers, mais il ne figure pas particulièrement à la fin des vers pour des raisons prosodiques. Après Vaugelas (Frantext 1648-1699), l'usage d'*encores* diminue radicalement (86 ex.), *encor* reste une variante importante (3527), et l'essor d'*encore* continue (15450 ex.).

1029 Les lexicographes font très peu de remarques sur cette variation. Estienne (1549) et Nicot (1606) donnent sous l'entrée *encore* des exemples avec la forme *encores*, mais sans commentaire. À la fin du siècle, Richelet (1680) et l'Académie (1694) continuent à noter que la forme *encor* peut être employée en poésie. Quant aux grammairiens, Maupas (1618) utilise lui-même les trois formes dans son texte, et Oudin (1640 : 298) les inclut comme alternatives dans sa liste des adverbes « itératifs ».

1030 Cette observation ne figure pas dans le manuscrit. Toutefois, sous le titre « *Articles* qui ont un usage excellent » (f° 7v°) il y a cet ajout marginal : « *Article* deuant les noms ne ualent [*sic*] rien, comme l'Aristote que disent plusieurs particuliere[ment] au Palais. » Le texte de cette observation manuscrite est reproduit mot à mot dans les *Nouvelles Remarques* (Vaugelas 1690 : 536-537).

1031 Parmi ces exemples, seul *l'Aristote* est relativement fréquent dans Frantext (1600-1647) avec une vingtaine d'occurrences.

ne souffre point d'article aux noms propres[1032]. Il faut dire simplement *Aristote*, *Plutarque*, *Petrone*, *Tite Live*, & ne sert de rien d'opposer, qu'ils mettent l'article pour faire voir qu'ils entendent parler de leurs œuvres, & non pas de leurs personnes, où ils ne mettroient pas l'article, & ne diroient point par exemple *l'Aristote*[1033] *fut precepteur d'Alexandre*, *le Tite-Live estoit de Padoüe*, & ainsi des autres ; Car dez que l'on nomme le nom propre, il n'est plus question de sçavoir si l'on entend son livre, ou sa personne, en toutes façons il n'y faut point d'article, l'un se confond avec l'autre. Il y a une exception en certains Autheurs Italiens, parce qu'on les nomme à la façon d'Italie, où l'on dit *il Petrarca*, *l'Ariosto*, *il Tasso*, & ainsi nous disons *le Petrarque*, *l'Arioste*, *le Tasse*, *le Boccace*, *le Bembe*, *&c.* & c'est **(254)** sans doute ce qui a donné lieu à l'erreur de mettre l'article à tous les autres Autheurs, sans faire la difference des Italiens, & de ceux qui ne le sont pas.

Fors, hors, hors-mis[1034]

Fors, se disoit autrefois en prose & en vers, pour dire *hors-mis*, mais aujourd'huy il est tout à fait banni de la prose, & il n'y a plus que les Poëtes qui en usent[1035], parmy lesquels non seulement il n'est pas mauvais, mais il passe pour noble, & est beaucoup meilleur que *hors*, dont la prose se sert. Les exemples en sont frequens dans M. de Malherbe, & dans tous les autres Poëtes[1036].

1032 Comme l'observe Siouffi (1995 : 209), tous les commentateurs remarquent qu'il s'agit d'italianismes. Ménage (1675 : 526-527), Patru et Corneille (Vaugelas 1738 : 177-178), et l'Académie (1704 : 276) jugent qu'il est difficile de formuler des règles pour cette question à cause des exceptions, y compris dans le cas des noms italiens.

1033 Dans l'original : l'*Aristote.*

1034 Dans le manuscrit, Vaugelas se focalise plutôt sur l'usage de *hormis* (f° 46v°) : « *Horsmis* <pour *excepté*> se dit tous les iours, et M de Malh. escrit *Horsmis Thebes et Pharsales* <p 441>, mais il ne me souuient pas de l'auoir leu dans M. Coeff. » *Cf.* la remarque sur « *Oté* », reproduite dans les *Nouvelles Remarques* (Vaugelas 1690 : 227).

1035 Tandis que Maupas (1618 : f° 175v°) et Wapy (1634 : 94) admettent toujours *fors*, Oudin (1640 : 312) juge que *fors* et *fors que* sont « antiques & vulgaires ». Parmi les lexicographes, Estienne (1549), Nicot (1606) et Cotgrave (1611) l'acceptent, mais il y a plutôt hésitation à la fin du siècle : Furetière (1690) l'inclut sans commentaire, Richelet (1680) suit Vaugelas en le jugeant hors d'usage, tandis que, selon l'Académie (1694), il vieillit.

1036 Ce jugement est confirmé par l'usage tel qu'il est attesté dans Frantext : parmi les 141 exemples attestés pour la période 1600-1647, la grande majorité (117) date des années 1600-1629. Quant à la période 1630-1647, 19 des 24 exemples proviennent de vers. Sur l'attitude de Malherbe envers *fors*, voir Brunot (1891 : 480) et Hagenberg (1994 : 248).

Seriosité

Ce mot jusqu'icy ne s'est dit qu'en raillerie, & je l'ay veu bien souvent condamner tout d'une voix à plusieurs personnes tres-sçavantes en nostre langue, qui s'estoient rencontrees ensemble[1037]. Ils ne croyoient pas qu'on le peust escrire dans le beau stile, & ne le souffroient que dans la Comedie, dans la Satyre, & dans l'Epigramme burlesque[1038]. Neantmoins si l'on faisoit l'horoscope des mots, on pourroit, ce me semble, predire de celuy-cy, qu'un (255) jour il s'establira, puis que nous n'en avons point d'autre qui exprime ce que nous luy faisons signifier[1039] ; Car puis qu'il a desja tant fait que de naistre, & que d'avoir cours dans la bouche de plusieurs, & d'estre connu de tout le monde, il ne luy faut plus qu'un peu de temps joint à la commodité ou à la necessité qu'il y aura d'en user, pour l'establir tout à fait, *datur venia novitati verborum*, dit Apulee, *rerum obscuritatibus servienti*[1040]. Desja un de nos plus fameux Escrivains s'en est servi dans son nouveau recueil de Lettres[1041]. J'ay veu *exactitude*, aussi reculé que *seriosité*, & depuis il est parvenu au point où nous le voyons[1042], par la constellation & le grand ascendant qu'ont tous les mots, qui expriment ce que nous ne sçaurions exprimer autrement, tant c'est un puissant secret en toutes choses, de se rendre necessaire. Mais en attendant cela, ne nous hastons pas de le dire, & moins encore de l'escrire, laissons faire les plus hardis, qui nous frayeront le chemin, *usitatis tutius utimur*, dit Quintilien, *nova non sine quodam periculo fingimus*[1043] ; Mais,

1037 Ce mot nouveau n'est pas discuté par Vaugelas dans le manuscrit.

1038 Dans Frantext il n'y en a que trois exemples, toutes périodes confondues, deux qui sont de Guez de Balzac (*Dissertations politiques* et *Dissertations chrestiennes et morales*, l'édition de 1654) et un troisième qui apparaît dans un poème de Tzara publié en 1924.

1039 À la fin du siècle, Furetière (1690) l'inclut dans son dictionnaire, mais Richelet (1680) observe : « Ce mot signifie air grave et sérieux, mine pleine de gravité, mais il n'est pas établi et en sa place on dit *sérieux.* »

1040 Apulée, *De Platone et eius dogmate*, livre 1, IX : « qu'on me pardonne des innovations de vocabulaire, commandées par l'obscurité du sujet » (Apulée 1973 : 69).

1041 Clef de Conrart : « Je croy q[ue] c'est M. De Balzac ». Balzac s'en sert dans deux lettres qui datent de 1645 (Balzac 1873 : 228, 315), et même promeut son usage : « Pour *seriosité*, je l'ay déjà imprimée, je ne sçay où, et ne la trouve pas laide, et vous prie de vous en servir pour l'amour de moi ». Comme le note Corneille (Vaugelas 1738 : II, 182), « l'autorité de Balzac, qui a employé *sériosité* dans ses lettres, n'a point été suffisante pour le faire recevoir ».

1042 *Cf. R*p. 239-240.

1043 *Institution oratoire*, I, 5, 71, traduction de Jean Cousin (1975 : 104) : « Les mots courants offrent plus de sécurité dans leur usage ; au contraire, les mots nouveaux ne sont pas forgés sans un risque certain ».

comme il ajouste de Ciceron, *quæ primo dura visa sunt, usu molliuntur*[1044]. Au reste *seriosité* a de l'analogie avec *curiosité*, car comme *curiosité* se forme de l'adjectif *curieux*, aussi *seriosité*, se forme de l'adjectif *serieux*.

Il y en a qui au lieu de *seriosité*, font *serieux*, (256) substantif, & disent par exemple, *il est dans un serieux*, *je l'ay trouvé dans un serieux*, mais quoy que cette façon de parler soit tres-frequente à Paris, elle ne laisse pas de desplaire à beaucoup d'oreilles delicates.

Courir, courre

Tous deux sont bons, mais on ne s'en sert pas tousjours indifferemment[1045] ; en certains endroits on dit *courre*, & ce seroit tres-mal parler de dire *courir*, comme *courre le cerf*, *courre le lievre*, *courre la poste*. Si quelqu'un disoit *courir le cerf*, on se mocqueroit de luy[1046]. En d'autres endroits il faut dire *courir*, comme *faire courir le bruit*, *il ne fait que courir*, parlant d'un homme, qui ne fait que voyager, &c.[1047] Et en d'autres on peut dire *courir*, & *courre*, comme *courre fortune*, & *courir fortune*. M. Coeffeteau, ce me semble, dit tousjours le premier[1048], & M. de Malherbe le dernier, mais sans doute *courre fortune*, est le plus en usage[1049].

1044 *Institution oratoire*, I, 5, 72 : « ce qui a semblé dur au premier abord, s'assouplit à l'usage » (Cousin 1975 : 105).

1045 Dans le manuscrit (f° 15r°), Vaugelas conclut l'observation en notant, « On ne sçauroit donner de reigle de cela, non plus que de raison, car il n'y en a point. Il ne faut que scauoir l'Vsage ». Plus de trente ans après la publication des *Remarques* de Vaugelas, Alemand (1688 : 454) fait un commentaire similaire : « L'on ne dispute pas si l'un de ces mots est bon ou non, on convient qu'ils sont tous deux et François et en usage, mais on ne peut pas demeurer d'accord des endroits où il faut précisément placer l'un et l'autre. »

1046 En cherchant simplement l'infinitif des deux verbes dans Frantext (1600-1647), on observe que l'usage de *courir* est environ trois fois plus fréquent que *courre* (488 ex. *vs* 166). D'autre part, comme le prédit Vaugelas, on y trouve *courre le cerf*, *courre la poste* mais non pas *courir le cerf*, *courir la poste*.

1047 Dans le manuscrit (f° 15r°) : « On dit *Faire courir le bruit*, et *courre le bruit*. M. Coeff. dit ordinairement *courir le bruit.* » Nous trouvons des exemples de *faire courre le bruit* dans Frantext chez Urfé et Boisrobert.

1048 Les deux expressions sont attestées dans l'*Histoire romaine* de Coeffeteau, par exemple *sans courir fortune* (1621 : I, 63), *ils vouloient laisser courre cette fortune* (1621 : I, 53).

1049 Malherbe emploie également les deux formes : *courre fortune* (1631 : I, 41, 150), *sans courir fortune* (1631 : I, 399). Dans Frantext, pour la période 1600-1647, il y a cinq exemples de *courre fortune* contre neuf de *courir fortune*.

Accroire

C'est un excellent mot, tant s'en faut qu'il soit mauvais comme se l'imaginent plusieurs, qui ne s'en servent jamais, mais disent tousjours *faire croire*; car il y a cette (297 [257][1050]) difference entre *faire croire*, & *faire accroire*, que *faire croire*, se dit tousjours pour des choses vrayes, & *faire accroire*, pour des choses fausses[1051]. Par exemple si je dis, *il m'a fait accroire qu'il ne joüoit point*, je fais comprendre, qu'il ne m'a pas dit la verité : mais si je dis, *il m'a*[1052] *fait croire une telle chose*, je donne à entendre qu'il m'a fait croire une chose veritable[1053]. D'autres disent que la difference qu'il y a entre *faire croire*, & *faire accroire*, n'est pas tant que l'un soit pour le vray, & l'autre pour le faux, qu'en ce que *faire accroire* emporte tousjours, que celuy de qui on le dit, a eu dessein en cela de tromper. Un de nos plus celebres Autheurs estoit dans l'erreur que nous venons de condamner. Il croyoit qu'*accroire* estoit un barbarisme, & qu'il falloit tousjours dire *croire*. Il dit par exemple en un certain lieu, *qui est content de sa suffisance, & se veut faire croire qu'il est habile homme*[1054]. Qui doute qu'il ne faille dire en cét endroit, *se veut faire accroire*? On l'escrit ainsi avec deux *c*, & en un seul mot, & non pas *à croire*, ni *acroire*[1055].

Chez Plutarque, chez Platon

Cette façon de parler, qui est familiere à beaucoup de gens, pour dire *dans Plutarque*, ou *dans les œuvres de Plutarque, & de* (298 [258]) *Platon*,

---

1050 La numérotation saute ici de 256 à 297. Nous indiquons entre crochets la numérotation correcte.

1051 Cette distinction est reprise dans les trois grands dictionnaires monolingues de la fin du siècle.

1052 Dans l'original : m'a (sans italique).

1053 Jusqu'ici la version manuscrite (f° 9v°) est proche de la version publiée. Le passage suivant (jusqu'à « *se veut faire accroire?* ») apparaît pour la première fois dans la version définitive. La remarque manuscrite se termine également par une discussion portant sur la graphie du verbe : « Au reste *Acroire* ne fait qu'un mot et n'en faut pas faire deux [...] *à croire* comme font quelques uns. Il n'importe de l'escrire auec un *C* ou deux, mais + {+ il me semble mieux auec deux *C accroire*} ».

1054 Cette référence n'est pas attribuée dans la Clef de Conrart. La citation vient de la traduction des *Bienfaits* (Malherbe 1631 : I, 209). On trouve toutefois un exemple de *faire accroire* chez Malherbe (1631 : I, 341) : *Au demeurant, s'il estoit homme de bien quand il vous fit plaisir, & que depuis il soit devenu méchant, ne vous faites pas accroire que ce changement vous ait rendu quitte.*

1055 Les deux autres graphies sont pourtant bien attestées dans Frantext (1600-1647) ; par exemple Desmarets de Saint-Sorlin utilise *acroire*, tandis que Balzac et Mersenne emploient *à croire* dans ce contexte.

est insupportable[1056]. Un excellent esprit[1057] avoit bonne grace de dire, que l'on avoit grand tort, de nous renvoyer ainsi *chez Plutarque, chez Platon, & chez tous ces autres Autheurs anciens, qui n'avoient point de logis. Chez*, ne vaut rien pour citer les Autheurs, il n'est propre qu'à denoter la demeure de quelqu'un, *chez vous, chez moy*. Quelques-uns disent, *chez les Estrangers*, pour dire, *en un pays estranger*, mais plusieurs le condamnent, & je crois qu'ils ont raison[1058].

Cesser[1059]

Ce verbe de sa nature est neutre, comme *l'hyver fait cesser les maladies, faire cesser le travail*, mais depuis quelques années on le fait souvent actif[1060],

1056 Dans le manuscrit (f° 13v°), Vaugelas associe cet usage particulièrement à l'usage juridique : « *Chez* appliqué à un Autheur que l'on cite, comme de dire *chez Platon*, *chez les grecs*, *chez les latins*, qui est l'*Apud* latin ne uaut rien du tout, quoy que cette façon de parler soit fort commune, particulierement au Palais. » Cet usage n'est discuté ni par Maupas (1618) ni par Oudin (1640). Après Vaugelas, le débat continuait, comme l'explique Alemand (1688 : 350-351) : « Mais à propos de *chez* par raport aux Auteurs, cela cause encore une guerre parmi nous, car M. de Vaugelas condamnant *chez Ciceron*, *chez Platon* : M. Chapelain se contente de dire que *chez Plutarque* n'est gueres bon, & qu'il commance à vieillir, il dit pourtant au même sens *chez les Grecs*, *chez les Romains* & *chez les Anciens*, & le J. Corneille qui approuve ces derniers, comme nous venons de voir, se deffend pourtant de dire *chez Plutarque*, preferant *dans Plutarque*, parce qu'on sousentend, dit-il, dans le livre de Plutarque. [...] Pour moy, je pense qu'il faut un peu etre reservé à employer la proposition de *chez* dans le sens d'Auteurs & de Livres, mais qu'on peut fort bien s'en servir en parlant en general d'une Nation, & ainsi *chez les Grecs & chez les Romains*, qui ne vaudra gueres, ou qui vaudra moins, pour signifier dans les livres des Auteurs Grecs ou Latins, sera bon sans doute, quand on voudra dire parmi ces Peuples, & parmi ces Nations. » Richelet (1680) reprend le commentaire de Vaugelas, mais Furetière (1690) accepte cet usage. Les exemples de cette construction sont plutôt rares dans Frantext pendant la période 1600-1647 : on retrouve pourtant *chez Plutarque* et *chez Aristote* dans Camus (1615) et *chez Aristote* dans les *Observations sur le Cid* de Georges de Scudéry (1637).

1057 Cet « excellent esprit » n'est identifié ni par les commentateurs ni dans la Clef de Conrart.

1058 Dans le manuscrit, Vaugelas accepte toujours ce dernier usage : « *Chez* n'est bon que pour denoter le domicile de quelqu'un *chez uous, chez moy*, et *chez les Estrangers* pour dire *en un pays estranger.* » Guez de Balzac se sert de cette expression dans *Le Prince* (1631) : *Ils ne sont pas en meilleure odeur chez les estrangers* (cité d'après Frantext).

1059 Au folio 15r° du manuscrit, dont le coin est déchiré, Vaugelas ne fait pas de commentaire sur le changement d'usage mais plutôt sur la variation régionale : « Ceux qui ne sont pas du cœur de [...] peine à s'en seruir ainsi, mais il faut qu'ilz se conforment et [...] reçoiuent la loy des urays françois, qui possedent la pureté de la [lan]gue. »

1060 Vaugelas semble être le premier grammairien de notre corpus à avoir remarqué cet usage. Le *TLFi* cite la *Conception Nostre Dame* de Wace (1130-1140) comme le premier texte où l'usage transitif de ce verbe est attesté.

& en prose, & en vers, comme *cessez vos plaintes*, *cessez vos poursuites*, *cessez vos murmures*. Nos bons Autheurs en sont pleins[1061].

De gueres

Pour dire *gueres* simplement, il ne faut jamais dire *de gueres*, comme par exemple, *il ne s'en est de gueres fallu*, ne vaut rien, on dit, *il ne s'en est gueres fallu*, mais quand il denote une quantité comparée avec une autre, alors le *de*, y est bon, comme si l'on mesure deux choses ; & que l'une ne soit qu'un **(299 [259])** peu plus grande que l'autre, on dira fort bien, *qu'elle ne la passe de gueres*[1062].

Foudre

Ce mot est l'un de ces noms substantifs, que l'on fait masculins, ou feminins, comme on veut. On dit donc également bien, *le foudre*, & *la foudre*, quoy que la langue Françoise ayt une particuliere inclination au genre feminin[1063]. Ce choix des deux genres est commode, non seulement

---

1061 La construction *faire cesser* est effectivent la plus attestée dans Frantext pendant cette période, et il est intéressant de constater que l'usage transitif est souvent associé à l'imperatif, comme dans les exemples de Vaugelas : *cessez vos doux concers pour ouyr mes discours* (Godeau 1633), *Cessez vos differens, je ne les puis entendre* (Mareschal 1637).

1062 Dans le manuscrit (« *De gueres* », fº 25vº), Vaugelas n'établit pas une distinction entre l'usage de *gueres* et de *de gueres* et ne fait que critiquer ce dernier : « *De gueres Il ne s'en faut de gueres que telle chose ne soit*, ne uaut rien faut dire *Il ne s'en faut gueres*. Ie l'ay remarqué parce qu'un excellent Escriuain a fait cette faute ». Il semble que Vaugelas soit le premier dans notre corpus de grammaires (1530-1650) à traiter de cette question. Il y a peu d'occurrences de *de guere(s)* dans Frantext (1600-1647), mais on trouve un exemple de l'usage critiqué par Vaugelas chez Faret (*Il semble donc que comme la bonne naissance ne suffit pas, si elle n'est heureuse, ny l'une, ny l'autre ne profiteront de gueres, si elles ne sont soigneusement cultivées*, 1636).

1063 Une grande partie de la remarque manuscrite est rayée (fº 33vº) : « *Foudre* est un de ces noms substantifs qui sont du genre commun, c'est à dire masculin et feminin. Car on dit et on escrit *le foudre* et *la foudre*. Il est uray que tous les noms de cette nature [~~…~~] <que nous auons en fort petit nombre> (I'entens parler des Substantifs car pour des Adiectifs il y en a un nombre infini du genre commun) ~~ilz~~ se disent tousiours plus elegamment au feminin qu'au masculin, n[ot]re langue <comme extremement douce> ayant une merueilleuse inclination à ce genre là, ~~Outre que particulierement en ce mot ie uoudrois plustot employer le feminin que l'autre, affin de m'esloigner dauantage du plus sale de tous les equiuoques +(+ ou de toutes les allusions>) <[…] toutes les allusions> pour la crainte duquel un des plus celebres et des plus saints predicateurs de n[ot]re age et de noz Roys s'est abstenu toute sa uie d'en user, quoy que l'usage de cette parole soit extremement necessaire aux personnes de cette profession <[…]> Et […] Il s'en deuoit seruir au feminin, et par le moyen de l'article il eust euité la plus grande partie du danger qu'il~~

aux Poëtes, qui peuvent par ce moyen allonger ou accourcir le vers d'une syllabe, & se faciliter les rimes, mais encore aux Orateurs qui ont aussi leurs mesures, & leurs nombres dans leurs periodes, & qui s'en peuvent prevaloir d'ailleurs à eviter les rimes & les cacophonies[1064].

Aigle, *fourmy*, *doute*

Les deux premiers sont encore de ces substantifs hermaphrodites, car on dit, *un grand aigle*, & *une grande aigle*, *à l'aigle noir*, & *à l'aigle noire*[1065]. De mesme on dit, *un fourmy*, & *une fourmy*[1066]. Il est vray qu'on le fait plus souvent feminin, que masculin. Mais *doute* qui estoit il y a quinze ou vint ans de ce (300 [260]) nombre, jusques-là, que M. Coeffeteau[1067], & M. de Malherbe, l'ont presque tousjours fait feminin

Nos doutes seront esclaircies,
Et mentiront les Propheties,

dit M. de Malherbe, n'est plus aujourd'huy que masculin[1068], & il faut tousjours dire *le doute*, *je ne fais nul doute*, & non pas, *je ne fais nulle doute*, comme l'ont escrit ces Messieurs que j'ay alleguez[1069]. Un de nos anciens Poëtes dans un rondeau l'a fait feminin,

---

~~apprehendoit Et tout cela soit dit sans offenser les chastes pensees, mais pour empescher qu'on ne les offense~~, qui a ie ne sçay quoy de plus doux quand ce ne seroit qu'à cause du nom qu'il porte. Mais en ce mot particulierement ie uoudrais employer le feminin et pour la raison que i'ay dite, et pour une autre que ie dis assez en ne la uoulant pas dire <disant pas>. » Vaugelas préfère peut-être la forme féminine du mot pour éviter l'allusion au *foutre*, substantif masculin (« sperme »). Maupas (1618 : f° 47v°) l'inclut dans sa liste de mots « de commun genre » et Oudin (1640 : 72) juge que son genre est « indifferent ». Chabanel (1612 : 142-143), pour sa part, soutient qu'il est « communement feminin », tout en citant des exemples du masculin chez Ronsard et Baïf. Richelet (1680), Furetière (1690) et l'Académie (1694) notent toujours les deux genres. Quant à l'usage, Malherbe l'emploie aux deux genres (Régnier 1869 : 279-280). Dans Frantext pour la période 1600-1647, *la foudre* avec 116 exemples apparaît plus fréquemment que *le foudre* (66 ex.).

1064 Sur les rapports entre l'usage en poésie et l'usage en prose, voir l'Introduction, 4.2.4.

1065 Dans les textes de Frantext pour la période 1600-1647, il y a 22 exemples de *un/cet aigle* contre 12 de *une/cette aigle*.

1066 La variation de genre pour ce mot est également bien attestée dans les textes de Frantext (1600-1647) ; par exemple, Montchrestien et Du Lorens favorisent le masculin, tandis que Camus, Sorel et Bailly préfèrent le féminin.

1067 Coeffeteau l'emploie au féminin dans son *Histoire romaine*, par exemple, *sans nulle doute* (1621 : II, 180), *je ne fais nulle doute* (1621 : III, 80).

1068 *Nulle doute* est encore employé par Chapelain (1623) et Faret (1636).

1069 Seul *doute* fait l'objet d'une observation dans le manuscrit (f° 24v°). Dans cette remarque, Vaugelas soutient encore que *doute* peut être masculin et féminin, et il donne des références

Mais espoir vient ma doute reformer[1070].

Consommer, & consumer

Ces deux verbes ont deux significations bien differentes[1071], que plusieurs de nos meilleurs Escrivains ne laissent pas de confondre, & tres-mal. Ils diront indifferemment *consommer*, & *consumer ses forces*, *consommer* & *consumer son bien*[1072]. Et neantmoins *consommer* ne veut point dire cela, mais *accomplir*, comme quand on dit, *consommer le mariage*, pour *accomplir le mariage*, & *une vertu consommée*, pour *une vertu accomplie & parfaite.* Ceux qui sçavent le Latin, voyent clairement cette difference par ces deux mots *consummare*, & *consumere*, qui respondent justement aux deux François, & en l'orthographe, & en la signification (301 [261]) *consommer*, & *consumer.* Ce qui a donné lieu à cette erreur, si je ne me trompe, est que l'un & l'autre emporte avec soy le sens, & la signification d'*achever*, & ainsi ils ont creu que ce n'estoit qu'une mesme chose. Il y a pourtant une estrange difference entre ces deux sortes d'*achever*, car *consumer*, acheve en destruisant & aneantissant le sujet, & *consommer*, acheve en le mettant dans sa derniere perfection, & son accomplissement entier. Et selon cela

précises aux exemples de ce mot chez Malherbe : « *Doute* est ~~du nombre~~ de ces noms <dont le nombre est fort petit> qui sont communs, c'est à dire masculins et feminins, car on dit *le doute*, et *la doute*, quoy qu'il soit uray qu'à la Court, contre la coustume de n[ot]re langue qui en ces noms communs a tousiours plus d'inclination au feminin qu'au masculin, on fait cettuy-cy plus ordinairement masculin que feminin, et dit on plustost *le doute que ie fais*, que *la doute.* Neantmoins les bons Autheurs escriuent *Ie ne fais nulle doute*, qui est bien plus doux que *nul doute.* [+] {M. de Malh le fait tousiours feminin p 577. 465. 68 Nos doutes seront esclaircies et mentiront les propheties} ».

1070 Jean Marot (1450 ?-1526), « Le XI. Rondeau » (Marot 1999 : 67). Aucun de ces mots n'est traité par Maupas (1618). Selon Oudin (1640 : 71, 76), *doubte* est « du genre commun, ou douteux », *aigle* « du douteux », mais *fourmis* (avec un *s* final) appartient au genre féminin. Chabanel (1612 : 130, 138-139, 142,) offre le même jugement que Vaugelas concernant le genre d'*aigle* et de *formi* [*sic*] mais, à son avis, *doubte* est féminin. À la fin du siècle, Richelet, Furetière et l'Académie s'accordent sur le genre de *fourmi* (féminin) et de *doute* (masculin), mais attestent de la variation continue dans le cas d'*aigle* (Richelet note les deux genres, Furetière le considère comme féminin, et l'Académie comme masculin).

1071 La distinction est déjà faite par Cotgrave (1611) qui glose *consommer* : « To consummate, accomplish, perfect, finish, fulfill [...] », et *consumer* : « To wast, consume, spend out, weare away, destroy, bring unto nothing ».

1072 Vaugelas confond lui-même l'usage de ces deux verbes dans sa traduction des sermons de Fonsèque (1615 : 662). Braun (1933 : 37-39) observe que Pierre Corneille fut convaincu par cette distinction, et il énumère plusieurs exemples où l'auteur a modifié son texte dans l'édition de 1660 de ses œuvres pour la respecter (*cf.* Marazza 1989 : 39).

saint Augustin a dit qu'il y a *finis consumens*, & *finis consummans*[1073]. Il se pourroit faire aussi que nos Poëtes auroient contribué à ce desordre, employant *consomme*, pour *consume*, lors que la rime les y a contraints ou invitez, de mesme qu'on les soupçonne d'estre en partie cause du cours qu'a eu, & a encore cette monstrueuse façon de parler, *recouvert*, pour *recouvré*, dont il y a une remarque à part[1074].

Neantmoins il est à noter que la faute ordinaire n'est pas de dire *consumer*, pour *consommer*, car personne n'a jamais dit ni escrit que je sçache, *consumer le mariage*, ni *une vertu consumée*[1075] : mais c'est de dire *consommer*, pour *consumer*, ne disant jamais *consumer*, pour quoy que ce soit, & disant tousjours l'autre. Certainement M. de Malherbe ne les a jamais confondus, quelque besoin qu'il en ayt peu avoir dans la rime, tant il estoit persuadé de la distinction qu'il (302 [262]) faut faire entre les deux. Il dit en un lieu[1076],

Et qu'aux roses de sa beauté,
L'âge par qui tout se consume,
Redonne contre sa coustume,
La grace de la nouveauté.

Je n'ay point remarqué qu'en vers ni en prose il ayt jamais mis l'un pour l'autre[1077], & aujourd'huy la plus saine partie de nos meilleurs Escrivains n'a garde de les confondre[1078].

1073 Nous n'avons pas pu trouver ces citations précises chez Saint Augustin. Un passage similaire se trouve dans le *Summa theologiae* de l'Augustinien, Henri de Gand (Quaestio 1, articulo XVIV), *non solum a fine consummante / rem in esse, sed et a fine consumente et consummationem limitante* (Henrici de Gandavo *« Summa ». Quaestiones ordinariae, Art. XLI-XLVI*, éd. L. Hödl, Louvain, Leuven University Press, 1998).

1074 Voir *R*p. 15-17. Les commentaires sur l'usage de saint Augustin et celui des poètes sont ajoutés à la version publiée.

1075 Il y a pourtant quelques rares exemples de ce type dans Frantext (1600-1647, par ex. *Nous n'en scaurions chevir qu'il n'ayt consumé son mariage* (*Lettres* de Peiresc 1627) ; *Rufus Capitaine des Gardes de ce Monstre, et qui a conjuré contre luy, veut sonder sur ce poinct l'esprit de Seneque ; qui comme un sage consumé, ne se laisse point tater en cet endroit, craignant les artifices de la Cour* (Tristan l'Hermite 1645).

1076 Dans le manuscrit (f° 45v°) : « p.47 ». Vaugelas cite probablement de mémoire parce que la première ligne de cette citation est plutôt : *Et qu'aux roses de sa bonté.*

1077 Régnier (1869 : 117) cite un exemple de *consommer* chez Malherbe avec le sens de « consumer », tout en notant que le même mot, avec le même sens, est blâmé plusieurs fois chez Desportes. *Consumer* pour « consommer » est également blâmé par Malherbe (*ibid.* : 118).

1078 Ernst (1977 : 208) allègue des exemples chez Amyot où les deux verbes sont utilisés avec le sens de « verzehren, vernichten ».

Avoisiner

Ce mot n'est gueres bon en prose[1079], mais la pluspart des Poëtes s'en servent, comme quand ils descrivent quelque montagne, ou quelque tour extremement haute, ils disent qu'elle *avoisine les cieux*. J'ay dit *la pluspart*, parce qu'il y en a qui ne s'en voudroient pas servir[1080].

Peril eminent

Voicy un exemple de ce que l'Usage fait souvent contre la Raison ; car personne ne doute, j'entens de ceux qui sçavent la langue Latine, que *peril eminent*, ne soit pris du Latin qui dit, *periculum imminens*, pour signifier la mesme chose, & toutefois nous ne disons pas *peril imminent*, pour eviter, comme je crois, le mauvais son des trois *i*[1081], mais *eminent*, **(303 [263])** qui ne veut nullement dire cela, ni mesmes il n'est pas possible de concevoir comme on peut donner cette epithete au *peril*. Au lieu qu'*imminent*, voulant dire *une chose preste à tomber sur une autre*, l'epithete convient fort bien au peril qui est sur le point d'accabler une personne[1082]. Pour cette raison, j'ay veu un grand personnage, qui n'a jamais voulu dire autrement que *peril imminent*, mais avec le respect qui est deu à sa memoire, il en est repris non seulement comme d'un mot, qui n'est pas François, mais comme d'une erreur, qui n'est pardonnable à qui que ce soit, de vouloir en matiere de langues vivantes, s'opiniastrer pour la Raison contre l'Usage[1083].

1079 La critique est plus nette dans le manuscrit (f° 10r°) : « *Auoisiner* ne uaut rien, quoy que l'on lise en plusieurs Poetes [...] ». Dans la version publiée on ne distingue pas clairement si Vaugelas tolère l'usage du terme en poésie.

1080 Dans le manuscrit, Vaugelas ajoute un commentaire général sur les rapports entre l'usage en poésie et l'usage en prose : « Mais ie diray auec leur permission que nostre Poesie ne se donne point cette licence poetique de se seruir d'aucun mot en uers, qui ne soit bon en prose. Sur ce suiet voyez *maint*, et *gent* qui sont <au singulier> les deux mots que i'ay remarqué<z> seuls, dont on peut user en poesie, et qu'on n'oseroit dire en prose. » Cotgrave (1611) donne la forme pronominale du verbe et six des neuf exemples de ce verbe dans les textes de Frantext (1600-1647) sont de ce type ; par ex. *De gauche le troupeau jà s'estoit arresté / Admirant le spectacle, et comme il s'avoisine, / L'un recognoist sa sœur, et l'autre sa cousine* (Aubigné 1630). À la fin du siècle, Richelet (1680) suit la remarque de Vaugelas, mais Furetière (1690) et l'Académie (1694) acceptent l'usage d'*avoisiner* sans faire de commentaire.

1081 Cette explication ne se trouve pas dans la version manuscrite (f° 28r°).

1082 Furetière (1690) note également qu'on dit *peril éminent* « par corruption ».

1083 Cette référence au mauvais usage d'un grand personnage apparaît pour la première fois dans la version publiée ; selon Moncourt (1851 : 24), il s'agit de Richelieu. Les trois

Ce, *devant le verbe substantif*

Quelques-uns repetent *ce*, devant le verbe substantif, & d'autres ne le repetent pas, par exemple, *ce qu'il y a de plus deplorable, c'est, &c.*[1084] M. Coeffeteau en use tousjours ainsi[1085]. D'autres disent, *ce qui est de plus deplorable, est, &c.* & aujourd'huy tout au contraire de ce qui se pratiquoit du temps de M. Coeffeteau, ce dernier est plus usité, avec cette difference neantmoins, que lors que le premier *ce*, est fort esloigné du verbe substantif, il est meilleur de le repeter, que de ne le repeter pas, comme *ce* (304 [264]) *qui est de plus deplorable & de plus estrange en tout le cours de la vie humaine sujette à tant de miseres, c'est &c.*[1086] *Est*, y seroit bon aussi, mais *c'est*, y est beaucoup meilleur, parce qu'il recueille tout ce qui a esté dit entre deux, & rejoignant le nominatif au verbe, fait l'expression plus nette, & plus forte.

Que si l'on n'a pas mis *ce* auparavant, mais quelque autre mot, alors non seulement il n'est pas necessaire de mettre le *ce*, mais pour l'ordinaire il est mieux de ne le mettre pas, par exemple *la difficulté que l'on y pourroit apporter, est*, & non pas *c'est*, qui neantmoins ne seroit pas une faute, mais *est*, est beaucoup meilleur. Mais si le nominatif, quand c'est un autre mot que *ce*, est fort esloigné du verbe substantif, alors il est bien mieux de dire *ce*, que de ne le dire pas, comme *en fin la cause de tant de malheurs & de miseres qui nous arrivent en ce monde les unes sur les autres, c'est &c.* plustost qu'*est*. Que s'il n'est ni trop pres, ni trop loin, on peut mettre, ou laisser le *ce*, comme l'on veut, on dira, *la meilleure voye que l'on sçauroit prendre desormais, est*, & *c'est*, tous deux sont bons[1087], mais aujourd'huy *est*, semble estre un peu plus en usage, quoy que la plus saine partie des Escrivains trouve *c'est* meilleur. Il n'est pas

occurrences de l'expression dans Frantext pour la période 1600-1647 ont toutes la forme *peril eminent*.

1084 Dans l'original : *ce qu'il y a de plus deplorable, est, &c.* (*Fautes d'impression*).

1085 Dans le manuscrit (f° 12r°) : « M. Coef. et tous ceux qui escriuent purement ». Coeffeteau (1621 : I, 274) écrit, par exemple, dans son *Histoire romaine* : *Ce qu'il y avoit de plus à plaindre, c'estoit qu'ils faisoient mourir ceux qu'il leur faisoit plaisir sous ombre de vanger l'injure du Prince [...]*.

1086 Vaugelas exprime un jugement plus rigide dans le manuscrit (f° 12r°) : « D'autres le laissent et disent *Est* seulement, mais ie crois quant à moy que c'est une faute. Il est tousiours plus seur et mieux fait de le mettre ». Pour des exemples sans *ce*, voir Haase (1935 : 39-40).

1087 La remarque manuscrite se termine ici.

de cette particule *ce*, comme de la conjonction *que*, dont nous avons fait une Remarque[1088].

(305 [265])

Ce, avec le pluriel du verbe substantif[1089]

Ce a encore un usage en nostre langue, qui est fort beau, & tout à fait François. C'est de le mettre avec le pluriel du verbe substantif[1090], par exemple *les plus grands Capitaines de l'antiquité, ce furent Alexandre, Cesar, Hannibal, &c.* & non pas *les plus grands Capitaines de l'antiquité furent*, ni *ce fut*. Je crois neantmoins que *furent*, sans *ce*, ne seroit pas mauvais, mais avec *ce*, il est incomparablement meilleur. Pour *ce fut*, je doute fort qu'il soit bon, ou s'il l'est, c'est sans doute le moins bon de tous. Cette petite particule a une merveilleuse grace en cet endroit, quoy qu'elle semble choquer la Grammaire en l'un de ses premiers preceptes[1091], qui est que le nominatif singulier regit le singulier du verbe, & non pas le pluriel, & neantmoins icy on luy fait regir le pluriel en disant *ce furent Alexandre, Cesar, &c.*[1092] Sur quoy il est à remarquer, que toutes les façons de parler, que l'Usage a establies contre les reigles de la Grammaire,

---

1088 *Cf. R*p. 465-466.

1089 Cette remarque et la précédente se suivent aussi dans le manuscrit (f° 12r°). Elle se termine par un commentaire sur l'usage de *ce* pour *il*, qui est publié par Alemand dans les *Nouvelles Remarques* comme une observation séparée (Vaugelas 1690 : 439).

1090 Dans le manuscrit : « ce qui semble estrange et grandement irregulier à ceux qui ne sçauent pas la force de ce mot ». Cette question n'est traitée ni par Maupas (1618) ni par Oudin (1640).

1091 Dans le manuscrit : « mais cela n'est pas neantmoins, parce qu'en effet *Furent* se rapporte à ces mots *les plus grands Capitaines* et non pas à *ce* qui n'est qu'un ornement de langage, comme sont plusieurs autres particules de nostre langue, et comme il y en a en toutes les langues. Que si l'on ueut approfondir le sens et l'emphase que peut auoir ce mot, c'est sans doute qu'il signifie *cela*, comme si l'on disoit *ce qu'on l'on appelle estre grand Capitaine c'est cela mesme qu'a esté Alexandre, Cesar &c.* si bien qu'outre l'ornem[ent], il y a encore une uertu d'exprimer plus puissamment la chose. Il a ie ne sçay quoy de semblable à l'usage de l'article *le* auquel ie uous renuoye à la 1ᵉ Remarque. » La référence à « la 1ᵉ Remarque » ne correspond ni à l'ordre des remarques dans le manuscrit, ni à celui de la version publiée (*R*p. 28). L'analyse de cette construction se modifie donc entre le manuscrit (où *ce* est considéré comme un « ornement de langage ») et la version publiée (*cf.* Ayres-Bennett 1987a : 97-98). Tout le reste de ce paragraphe ne figure pas dans le manuscrit.

1092 Pour des exemples de l'accord au singulier, voir N. Fournier (1998 : 31-33) et Haase (1935 : 151-152), qui inclut un exemple pris de la traduction de Quinte-Curce. Braun (1933 : 41) observe que Pierre Corneille remplace des exemples du singulier avec le pluriel du verbe : *Mais ce fut des brigands, dont les bras [...]* (1643), *Mais ce furent des brigands, dont les bras [...]* (1660).

tant s'en faut qu'elles soient vicieuses, ni qu'il les faille eviter, qu'au contraire on en doit estre curieux comme d'un ornement de langage, qui se trouve en toutes les plus belles langues, mortes & vivantes. Quelle grace pensez-vous qu'eust parmy les Grecs cette locution & cet usage, de faire regir (306 [266]) le singulier des verbes aux neutres pluriels, & de dire ζώα τρέχει, *animalia currit*, *les animaux court*, & une quantité d'autres semblables ? Et croiroit-on que dans Virgile ce fust une licence poëtique d'avoir dit, *Urbem quam statuo vestra est*, plustost qu'une noble & elegante maniere de s'exprimer, dont la noblesse & la grace consiste en cela seulement d'estre affranchie de la servitude Grammaticale, & de la phrase du vulgaire[1093] ? Il n'y a point de langue eloquente, qui ne soit enrichie de ces sortes d'ornemens. Mais revenons à nostre *ce*.

Ce, au commencement de la periode se dit encore au mesme sens, & avec plus de grace qu'en l'exemple que j'ay proposé, comme *ce furent les Romains qui domterent, &c. ce furent de grands hommes, qui les premiers inventerent, &c.*[1094]

Ce mot se met encore avec le verbe substantif, quoy que le nom substantif qui precede *ce*, soit au singulier[1095]. Exemple, *l'affaire la plus fascheuse que j'aye, ce sont les contes d'un tel*, & non pas, *c'est les contes*. En quoy il faut encore remarquer une plus grande irregularité que la premiere, parce que lors qu'on dit *les plus grands Capitaines de l'antiquité, ce furent*, au moins y a-t-il un pluriel devant, quoy que *ce*, soit au singulier : mais icy *affaire*, *ce*, sont tous deux au singulier, & neantmoins ils regissent le pluriel *sont*, ce qui est bien estrange ; car (307 [267]) de dire qu'en cet exemple *sont*, se rapporte au pluriel qui suit, à sçavoir *les contes*, & non pas à aucun des deux singuliers, qui precedent, j'en demeure d'accord, mais que peut-on inferer de là, si ce n'est qu'au lieu d'une irregularité que j'y remarquois, il y en faut remarquer deux ; j'ay desja dit la

1093 Virgile, *Énéide*, vol. 1, texte établi et traduit par J. Perret (Paris, Les Belles Lettres, 1992), livre I, v. 573 (« La ville que je fonde est la vôtre »). Vaugelas cite dans ce paragraphe des exemples célèbres de figures de construction : l'exemple grec fut déjà traité par Apollonius Dyscole, et l'exemple de Virigile est l'un des plus cités dans la tradition grammaticale latine (voir Colombat 1993).

1094 Par exemple, nous trouvons dans Frantext : *Ce furent les dernieres paroles qu'elle me dit pour lors, parce que, par malheur, l'horloge sonna my-nuict, qui estoit l'heure que je devois partir […]* (Urfé 1631) ; *Ce furent de beaux lis, qui mieux que la nature, / meslans à leur blancheur l'incarnate peinture / que tira de leur sein le cousteau criminel, / devant que d'un hyver la tempeste et l'orage / à leur teint delicat peussent faire dommage, / s'en allerent fleurir au printemps eternel* (Malherbe 1627)

1095 Ce dernier paragraphe ne figure pas non plus dans le manuscrit.

premiere, & voicy la seconde, que le verbe substantif qui selon l'ordre de la Grammaire & du sens commun sur qui[1096] la Grammaire est fondee, doit estre regi, comme il l'est ordinairement, par le nom substantif qui precede, neantmoins en cet exemple est regi par le nom substantif qui suit[1097]. Ces façons de parler des Latins ; *domus antra fuerunt*, *omnia pontus erat*[1098], reviennent à peu pres à celles que nous venons de dire.

Ce que, pour *si*

Il est bien François, & a une grace non-pareille en nostre langue. M. Coeffeteau en use souvent. Il l'employe par deux fois en la response de Neron à Seneque, *Ce que je respons*, dit-il, *sur le champ, à une harangue que tu as premeditee, c'est premierement un fruit de ce que j'ay appris de toy*, & un peu plus bas, *Ce que tu tiens de moy des jardins, des rentes, & des maisons, ce sont toutes choses sujettes à mille accidens*[1099]. Et M. de Malherbe[1100], *Aussi ne faut-il pas penser, que ce que Mercure est peint en la compagnie des Graces, ce* (308 [268]) *soit pour signifier, &c.*[1101] On voit en ces trois exemples, que *ce que*, se resout par *si*, & qu'en mettant *si*, au lieu de *ce que*, ce seroit tousjours le mesmes sens, mais avec combien moins de grace & de beauté[1102] ? Il y en a pourtant, qui croyent que *ce que*, est vieux[1103], & bien moins elegant que *si*, neantmoins un de nos plus excellens Escrivains modernes s'en sert souvent[1104].

1096 Cet usage contrevient à sa propre règle, *R*p. 55.

1097 Ce passage indique donc que Vaugelas pensait que l'ordre Sujet-Verbe-Complément est fondamental en français.

1098 Ovide, *Métamorphoses*, v. 121 (« Leurs maisons furent des grottes ») et v. 292 (« tout était mer ») ; ce dernier exemple a été aussi largement utilisé pour illustrer l'accord du verbe (*erat* au singulier) avec l'attribut (*pontus* au singulier) plutôt qu'avec le sujet (*omnia* au pluriel).

1099 Coeffeteau (1621 : II, 29 ; II, 30) ; *cf.* Urbain (1893 : 319).

1100 Dans l'original, « Malherbe » est suivi d'un point.

1101 Dans le manuscrit (f° 14v°) : « aux Bienfaits » (Malherbe 1631 : I, 11).

1102 *Cf.* la glose proposée par Oudin (1640 : 113) : « [Ce] a quelquefois une force particuliere bien plus estenduë, comme en cet endroit, *ce que je viens icy n'est que pour vous dire.* I. *la raison pourquoy je viens, &c.* ». Voir aussi Brunot (1905-1953 : III, 500).

1103 Pour des exemples de cette construction au XVIIe siècle, voir Haase (1935 : 370-371). Il semble qu'elle n'existait pas en ancien français (Magali Rouquier, communication personnelle), mais qu'elle était employée au XVIe siècle (*cf.* Gougenheim 1974 : 79).

1104 Cette dernière phrase est ajoutée dans la version publiée. L'identité de cet écrivain n'est pas certaine, mais il s'agit peut-être de Jean Chapelain qui utilisait cette construction (Hunter 1967 : 42).

Ce dit-il, ce dit-on[1105]

On dit tous les jours l'un & l'autre en parlant, mais on ne le doit point dire en escrivant, que dans le stile bas[1106]. Il suffit de *dit-il, dit-on*, sans *ce*, & c'est ainsi qu'il s'en faut servir par parenthese, quand on introduit quelqu'un qui parle.

Outre ce, à ce que[1107]

Cette premiere façon de parler ne vaut rien[1108], il faut dire *outre cela* ; & *à ce que*, pour *afin que*, est vieux[1109]. Exemple, *il faut faire prier Dieu de tous costez, à ce qu'il luy plaise appaiser son ire.*

1105 Dans le manuscrit (f° 13v°) : « Il faut seulement dire *Dit il* sans *ce* <ainsi en est il de *ce dit on* quoy que Malh. le die p. 651> ». La citation de Malherbe se lit : *Il ne vient pas, ce dit-on, de la part du Roy d'Angleterre, mais seulement pour passer son temps en cette Cour.*

1106 Vaugelas utilise lui-même cette construction dans sa traduction des sermons de Fonsèque (1615 : 63). Dans le cas de *ce dit-il*, plus de la moitié des 18 exemples dans Frantext (1600-1647) sont attestés dans la correspondance (Peiresc) ou dans des textes satiriques ou comiques (Sorel, Du Lorens), mais l'association au style bas est moins évidente pour *ce dit-on*. D'une part, Oudin (1640 : 104) le note toujours comme exemple d'une exception à la position préverbale habituelle du pronom sujet : « Item ces autres qui sont comme petites parentheses : *ce dit-il* : *ce pensent-ils*, &c. ». D'autre part, il reconnait que (1640 : 111) : « Ces pronoms [*ce, ceci, cela*] ont une mesme signification, mais ils sont fort differents en leur arrengement, autresfois on mettoit *ce* pour *cecy & cela*, comme en ces vieilles phrases, *ce ne croy je pas* : *estant de ce fort content* : à present *cecy* & *cela* sont plus en usage, & nous disons, *je ne croy pas cela* : *estant fort content de cela*, &c. ». Braun (1933 : 34-35) note des exemples où *ce dis-tu*, *c'ai-je dit* sont corrigés en *dis-tu*, *ai-je dit* par Pierre Corneille.

1107 Ces deux expressions sont discutées dans deux remarques différentes dans le manuscrit. Le jugement sur *outre ce* reste identique : « *Ce. Outre ce* ne uaut rien Il faut dire *outre cela*, ou *auec cela* » (f° 45r°), tandis que Vaugelas semble toujours accepter l'usage de *à ce que* dans le manuscrit : « *Pour et à icelle fin* que plusieurs disent aussi, est tout à fait barbare et [...] <insupportable>. Il faut dire *Affin que*, et quelquefois *A ce que*, mais il le faut sçauoir bien placer, et alors il a tres-bonne grace et est fort elegant » (f° 4v°).

1108 *Outre ce* est inclus dans la liste des adverbes dans les grammaires de Du Vivier (1568 : 100), Cauchie (1586 : f° 83r°) et Oudin (1640 : 298). Richelet (1680) adopte, comme c'est souvent le cas, le jugement de Vaugelas. *Outre ce* (63 ex.) est bien moins attesté que *outre cela* (352 ex.) dans les textes de Frantext (1600-1647), et on observe un déclin constant de l'usage de la première tournure pendant les décennies de la première moitié du siècle.

1109 Palsgrave (1852 [1530] : 885) note dans sa liste de conjonctions françaises : « To the intent that, A CE QUE. A CELLE FIN QUE. AFFIN QUE », et *à ce que* est toujours inclus par Maupas (1618 : f° 177r°) sans commentaire. Oudin (1640 : 303) juge pourtant qu'il est « peu commun parmy ceux qui escrivent nettement ». Haase (1935 : 325), qui cite un exemple pris de l'*Abrégé de l'histoire de Port-Royal* de Jean Racine, observe que cette construction est exceptionnelle au XVIIe siècle.

Ce fut pourquoy

Au lieu de *c'est pourquoy*, qu'on a accoustumé de dire, nous avons quelques-uns (309 [269]) de nos meilleurs Escrivains qui disent presque tousjours *ce fut pourquoy*, devant le preterit defini[1110]. Par exemple, *ce fut pourquoy les Romains immolerent des victimes &c.* estimant qu'il y doit avoir du rapport entre le temps qui suit, & celuy qui va devant ; mais ils se trompent, parce qu'en cette façon de parler *c'est pourquoy*, le temps present *c'est*, convient à tous les temps qui suivent, dautant qu'il se rapporte à la cause & à la raison qui fait dire *c'est pourquoy*, qui subsiste & qui est aussi bien presente maintenant qu'elle l'estoit au temps passé ; Et qu'ainsi ne soit, ne disons nous pas *pourquoy est-ce que les Romains firent telle chose ?* beaucoup mieux que si nous disions, *pourquoy fut-ce que les Romains*[1111] ; Cette locution *ce fut pourquoy*, vient de Normandie, au moins les Autheurs qui ont accoustumé de s'en servir en sont. On en use aussi en Anjou & au Mayne[1112].

Ce, *à ce faire, en ce faisant*[1113]

1110 Dans le manuscrit (f° 44r°) : « *Ce fut pourquoy* pour *c'est pourquoy* n'est pas trop bon, et ne pense pas l'auoir ueu deux fois dans M. Coeff. M. de Col. en use presque tousiours. » La référence est à François de Cauvigny, sieur de Colomby, né à Caen en 1588 ; il fut élu à l'Académie Française en 1634. Il semble effectivement que Coeffeteau préfère *c'est pourquoy* dans son *Histoire romaine*, et le déclin rapide de cet usage est confirmé par Frantext : parmi les 37 exemples pour la période 1600-1647, 34 proviennent de Fauchet (1601-1602) et le dernier date de 1629. Avant Vaugelas, les grammairiens de notre corpus ne traitent pourtant pas de cette question.

1111 Vaugelas donne un exemple différent dans le manuscrit : « Ceux qui s'en seruent ~~croyent qu'il parleroient~~ <croiroient parler> improprement, s'ilz disoient *C'est pourquoy* deuant un preterit defini, par exemple, *c'est pourquoy Alexandre ~~fut digne de louange~~ fit un* [*sic*] *action digne de louange*, estimants qu'il y doit auoir du rapport entre le temps qui suit et celuy qui ua deuant <~~[…]~~> ; mais ilz se trompent parce que le temps present *c'est* conuient <en ce mot> à tous les temps qui suiuent ~~[…]~~ <dautant> qu'il se rapporte à la cause <et à la raison qui fait dire *C'est pourquoy*>, qui est aussi bien presente et subsistente maintenant qu'elle l'estoit au temps passé. ~~[…]~~ <Et qu'ainsi ne soit +> {+ ne dirons nous pas *pourquoy est ce qu'Alexandre fit telle chose*, bien mieux que *pourquoy fut ce* ?} » Le reste de la remarque, qui traite de l'origine régionale de cet usage, est ajouté dans la version publiée.

1112 Comme nous l'avons noté, Colomby est né en Normandie ; Coeffeteau, né dans le Maine, semble plutôt éviter cet usage.

1113 Dans le manuscrit (f° 16r°), la discussion de *Ce faire* est très courte : « *Ce faire* Malh. Vn iour qu'il faisoit la despense de quelques […] estoit secouru par la contribution de ses amis ». La citation provient des *Bienfaits* de Malherbe (1631 : I, 52-53) : *Un jour qu'il faisoit la dépense de quelques jeux, & qu'à ce faire il estoit secouru par la contribution de ses amis, il ne voulut pas prendre une bonne somme de deniers que Fabius Persicus luy envoyoit.* « *Ce*

Plusieurs n'approuvent pas qu'on en use à la place de l'article, par exemple, *il m'a fait ce bien de me dire*, ils veulent que l'on die, *il m'a fait le bien de me dire*, neantmoins M. de Malherbe a escrit, *elle m'a fait cet honneur de me dire*. J'apprens que *ce bien*, *cet honneur*, s'est dit autrefois, mais aujourd'huy l'on ne le dit plus gueres, quoy qu'il ne le faille pas condamner absolument[1114] ; **(310 [270])** il est certain qu'*il m'a fait le bien, il m'a fait l'honneur de me dire*, est bien plus doux & plus regulier.

On ne peut pas nier, que ces deux façons de parler *à ce faire*, & *en ce faisant*, ne soient fort commodes & fort ordinaires dans plusieurs de nos meilleurs Autheurs[1115] : mais elles ne sont plus aujourd'huy du beau stile, elles sentent celuy des Notaires[1116].

Peu s'en est fallu

C'est[1117] ainsi que l'Usage veut que l'on parle, mais la raison ne le voudroit pas[1118], elle voudroit que l'on dist *peu s'en est failli* ; car il est certain qu'en ce terme *peu s'en est fallu*, *fallu* ne veut dire autre chose que *manqué*, tout de mesme que si l'on disoit *peu s'en est manqué*, comme *faillir*, à l'infinitif veut dire *manquer*. Or est-il que *faillir* ne fait point au preterit parfait, *il a fallu*, mais *il a failli*, comme *il a failli à me blesser*, & *fallu* est le preterit de l'infinitif *falloir*, qui n'est pas en usage, & qui signifie en Latin *oportere*, *il a fallu*, dit-on, *ceder à la force*, *il a fallu faire cela*, mais il est arrivé en ce mot toute la mesme chose qu'à *recouvert*, pour *recouvré*, & je ne doute point que lors que l'on commença à dire *peu s'en est fallu*, pour *peu s'en est failli*, les Grammairiens de ce temps-là

---

pour l'article » (f° 43v°) est l'objet d'une deuxième remarque : « *Ce* pour l'article ne semble pas bon à plusieurs. Exemple Il m'a fait ce bien de me dire, au lieu de Il m'a fait le bien de me dire. Malh p. 475 a escrit elle m'a fait cet honneur de me dire, il me semble qu'il seroit mieux dit elle m'a fait l'honneur de me dire. En parlant il peut passer, mais en escriuant, i'en doute. »

1114 Voir Haase (1935 : 50) pour des exemples de cet usage ; il est jugé archaïque par Chapelain et Thomas Corneille (Vaugelas 1738 : II, 216) et par l'Académie (1704 : 294).

1115 Pour la période 1600-1647 dans Frantext, il y a 28 occurrences de *à ce faire*, dont les 12 dernières proviennent de Bailly (1634). *En ce faisant* (35 ex.) est attesté chez Urfé et Pierre Corneille entre autres.

1116 Oudin (1640 : 113) toutefois préfère toujours *ce faisant* à *cela faisant*.

1117 Il manque l'apostrophe dans l'original. Cette observation ne figure pas dans le manuscrit.

1118 *Peu s'en est fallu* apparaît déjà dans le dictionnaire de Nicot (1606). Il n'y a qu'un seul exemple dans Frantext pour la période 1600-1647 qui provient de *La Conclusion et dernière partie d'Astrée* par Baro (1628).

ne fissent les mesmes exclamations & le mesme (311 [271]) bruit qu'ont fait ceux de nostre temps quand on a dit *recouvert*, pour *recouvré*[1119], mais on a eu beau invoquer Priscien, & toutes les puissances Grammaticales, la Raison a succombé, & l'Usage est demeuré le maistre, *communis error facit jus*, disent les Jurisconsultes. Quand deux verbes se ressemblent, il est aisé de confondre les conjugaisons, si l'on n'a appris à les demesler ; & pour en donner un exemple dans le mesme verbe de *faillir*, on dit en Normandie, *il faillira, il failliroit*, pour dire *il faudra, il faudroit*, qui est une faute toute contraire à celle-cy, *peu s'en est fallu*.

Avec, avecque, avecques[1120]

Pour commencer par le dernier[1121], *avecques*, ne vaut rien, ni en prose, ni en vers, & pas un de nos bons Poëtes ne s'est donné la licence d'en user[1122]. Mais parce que je vois de bons Autheurs qui souffrent cette orthographe dans leurs œuvres, & qu'insensiblement elle pourroit bien se glisser jusques dans les vers, j'ay jugé à propos de la comprendre en cette remarque, pour empescher qu'on ne s'y trompe.

Avec, & *avecque*, sont tous deux bons[1123], & ne sont pas seulement commodes aux Poëtes pour allonger ou accourcir leurs vers d'une (312

1119 Dans l'original : *recouvre*. Il n'y a pourtant aucun commentaire sur cet usage dans notre corpus de grammaires avant Vaugelas.

1120 *Cf. R*p. 21-22, 252-253, 391-392.

1121 Le premier paragraphe de cette observation qui traite de la forme *auecques* ne se trouve pas dans la remarque manuscrite (f° 9r°), qui commence ainsi : « *Auec*, et *Auecque* sont deux mots signifiants une mesme chose qui ne sont pas seulement commodes aux Poetes pour allonger ou accourcir leurs uers d'une syllabe selon la necessité qu'ilz en ont, mais aussi à ceux qui escriuent en prose auec quelque soing de satisfaire l'oreille, soit <pour regard> ~~du coste~~ de la iuste mesure d'une periode, ~~soit~~ comme nous auons dit amplement à *Iusques à*, ou ie uous renuoye, soit pour les ioindre aux mots auec lesquels ilz forment un son plus doux et une prononciation plus aisee.+ {+soit enfin pour empescher la mesure des uers dans la prose V. vers.} ». Plus bas, notre remarqueur ajoute : « Car il faut noter que l'on ne dit iamais *auecques* auec un *S* pour en faire trois syllabes deuant un mot qui commenceroit par une uoyelle. Il n'a que deux syllabes deuant les Voyelles, et trois deuant les Consonantes. » Dans sa grammaire, Oudin (1640) donne toujours *avec* et *avecques* sans commentaire.

1122 La forme *avecques* est utilisée par Vaugelas dans sa traduction des sermons de Fonsèque (1615 : 61).

1123 La fréquence relative des trois formes est bien indiquée par l'usage tel qu'il est attesté dans Frantext (1600-1647) : *avecques* (530 ex.) ; *avecque* (1510 ex.) ; *avec* (23473 ex.). Bruneau (1955 : 188) note que l'ancienne forme *avecque* se meurt à cette époque : si Molière en use encore, Racine la corrige en cinq passages de *La Thébaïde*, et Boileau fait de même dans ses *Satires*.

[272]) syllabe selon la necessité qu'ils en ont, mais encore à ceux qui escrivent en prose avec quelque soin de satisfaire l'oreille, soit pour former la juste mesure d'une periode, soit pour les joindre aux mots avec lesquels ils rendent le son plus doux, & la prononciation plus aisée, soit en fin pour empescher dans la prose la mesure des vers[1124]. Je ne voudrois jamais escrire *avec vous*, mais toujours *avecque vous*, à cause de la rencontre de ces deux rudes consones *c*, & *v*, ce qui a donné lieu sans doute à ajouster *que*, apres *avec*, puis qu'aussi bien on ne sçauroit prononcer *avec vous*, que de la mesme façon que l'on prononce *avecque vous* ; mais ceux qui lisent avoüeront que rencontrant escrit *avec vous*, cela leur fait peine, & qu'au contraire ils sont bien aises de trouver *avecque vous*, de quoy je me rapporte à l'experience d'un chacun[1125]. Il y a donc des consones devant lesquelles il faut dire *avec*, & d'autres, devant lesquelles il faut dire *avecque*, pour la douceur de la prononciation[1126]. Il ne seroit pas besoin de les distinguer icy, puis qu'il suffit de consulter sa langue & son oreille pour cela, neantmoins il n'y aura point de mal de le faire par l'ordre alphabetique des consones[1127].

Devant le *b*, il est mieux de dire & d'escrire *avec*, qu'*avecque*, comme *avec bon passeport*, *avec beaucoup de peine*. (313 [273])

Devant le *c*, *avec*, est mieux qu'*avecque*, comme *avec cet homme*, *avec cette femme*, parce que[1128] les deux *c*, se rencontrant, viennent à se joindre, & adoucissent & facilitent la prononciation[1129].

Devant le *d*, *avec*, comme *avec deux ou trois de mes amis*.

Devant l'*f*, *avecque*, est mieux qu'*avec*, comme *avecque frayeur*, & cette queüe de *que*, y est si necessaire, que vous ne le sçauriez presque prononcer sans cela, & quand vous ne le voudriez pas prononcer, il semble à ceux qui vous escoutent que vous le prononciez[1130].

1124 *Cf.* *R*p. 102-106.

1125 *Avec vous* (251 ex.) est pourtant beaucoup plus courant dans Frantext (1600-1647) qu'*avecque vous* (65 ex.).

1126 Cela semble indiquer que pour Vaugelas le schwa final est encore audible, au moins dans certains contextes phonétiques (*cf.* *encor*/*encore*, *R*p. 252-253, *pact*/*pacte*, *R*p. 372). Dans sa grammaire, Oudin (1640 : 299) note encore « *Avec* et avecques » ; sur cette question voir aussi Thurot (1881-1883 : I, 184-185).

1127 La discussion est beaucoup moins systématique et exhaustive dans le manuscrit où Vaugelas ne fait mention que de l'usage de ces termes devant les mots commençant par 'c' et 'd'.

1128 Dans l'original : parce (*Fautes d'impression*).

1129 Il est à noter que Vaugelas ne considère que les graphèmes et non pas leurs différentes prononciations.

1130 Nous trouvons pourtant trois exemples d'*avec franchise* dans Frantext (1600-1647) mais aucun d'*avecque franchise*.

Devant le *g*, *avec*, parce que le *c*, & le *g*, s'accommodent fort bien ensemble, & s'unissent comme freres *avec grace*, *avec gloire*, *avec grandeur*.

Devant l'*h*, consone *avecque*, pour faciliter l'aspiration de l'*h*, comme *avecque honte*, *avecque hardiesse*, & vous ne sçauriez vous empescher de prononcer le *que*, ni faire quand vous ne le prononceriez pas qu'on ne croye que vous le prononciez[1131].

Devant *j*, consone *avecque*, comme *avecque joye*, *avecque jalousie*.

Devant *l*, *avecque*, comme *avecque luy*, *avecque loüange*.

Devant *m*, *avecque*, comme *avecque moy*, *avecque mes amis*. (314 [274])

Devant *n*, *avecque*, comme *avecque nous*.

Devant *p*, *avecque*, comme *avecque peu de gens*, *avecque peu de soin*.

Devant *q*, *avec*, parce que le *c*, s'accorde fort bien avecque le *q*, comme *avec quelqu'un de mes amis*.

Devant *r*, *avecque*, comme *avecque raison*.

Devant *s*, *avec*, comme *avec soin*, car l'*s* se prononce comme le *c*, avec la virgule en bas, & ces deux lettres se joignent fort bien.

Devant *t*, *avecque*, comme *avecque trouble*, *avecque tranquillité*.

Devant *v*, consone, *avecque*, comme nous avons desja dit, *avecque vous*[1132], *avecque vistesse*.

Devant *x*, *avec*, comme *avec Xerxes*, parce que le *c*, & l'*x*, tiennent quelque chose de la nature l'un de l'autre qui les unit aisément.

Devant *z*, *avec*, comme *avec zele*, parce que le *c*, & le *z*, se joignent aisément aussi.

Ce n'est pas que ce soit une faute, quand on n'observera pas tout cela, mais il y aura sans doute moins de perfection, & que couste-t-il de l'observer ? Ni je n'approuve ceux qui ne se servent jamais que d'*avec*, ni ceux qui ne se servent jamais que d'*avecque*, car nous avons de grands Escrivains, qui se partagent ainsi. Et sans parler de la difference des consones, à quel propos cette adjonction de *que*, devant les voyelles, elle y est absolument inutile à cause (315 [275]) de l'elision, *avec amour*, *avec envie*, *avec interest*, *avec ombre*, *avec utilité* ? Pourquoy *avecque*, devant tous ces mots ? C'est pourquoy je m'estonne que M. de Malherbe ayt entierement renoncé à *avec*, pour ne dire jamais qu'*avecque*, ne pouvant

---

1131 Comme dans le cas de 'f', la forme *avec* est préférée pour ces expressions dans les textes de Frantext (1600-1647) : *avec honte* (11 ex.) / *avecque honte* (1 ex.) ; *avec hardiesse* (1 ex.), *avecque hardiesse* (0 ex.). Autrement dit, la tendance à utiliser *avec* quel que soit le contexte phonétique semble déjà établie.

1132 Dans l'original : *nous*.

eviter par ce moyen de rudes cacophonies[1133], comme quand il s'en sert devant *qui*, *quoy*, *quelque*, & autres semblables, *avecque quelque trouble*, dit-il en un certain endroit[1134], quelle oreille peut souffir *avecque qui*, *avecque quoy*? ni qu'on le mette devant ces syllabes *ca*, *co*, & *cu*, comme *avecque carrosse*, *avecque copie*, ou *avecque compagnie*, *avecque curiosité*. J'ay oüi dire à une Dame de la Cour *avecque qui*, M. de Malherbe l'a dit[1135]. Au reste, il faut tousjours prononcer le *c*, d'*avec*, devant quelque lettre qu'il se rencontre, & se garder bien de dire *aué moy*, *aué un de mes amis*, *&c.* comme prononcent plusieurs[1136].

Exemple[1137]

Ce mot est masculin sans difficulté[1138], mais j'en fais une remarque, parce qu'à[1139] Paris dans la ville on le fait ordinairement feminin[1140], & l'erreur vient apparemment de ce que *exemple*, est de ce dernier genre, quand il signifie *le patron*, ou *le modelle d'escriture*, que les Maistres Escrivains donnent aux enfans pour leur apprendre à escrire. *De belles*

1133 Nous trouvons pourtant dans ses œuvres *avec obstination* (1631 : I, 4), *avec le mesme soin* (1631 : I, 4), *avec beaucoup d'affection* (1631 : I, 17), etc. Notons que Vaugelas n'efface pas ici la critique de Malherbe.

1134 Dans le manuscrit (f° 9r°) : « p. 412 ». Nous trouvons également chez lui *avecque quelques autres* (1631 : I, 303), *avecque quelques gens de pié* (1631 : I, 393), etc.

1135 Dans le manuscrit : « En somme ie n'approuue ni ceux qui ne se seruent iamais que d'*auec* comme i'en conois quelquesuns <et des plus excellents Autheurs>, ni ceux non plus qui ueulent que l'on die tousiours *auecque*, comme font <quelques> ~~d~~autres, + {+ entre lesquels est M. de Malh. qui dans tous ses escrits ne se sert iamais que d'*auecque* en quoy il est suiet à faire de rudes cacophonies, quand *auecque* precede un mot commencant par *qu*, comme *qui*, *quoy*, *quelque* &c. *auecque quelque trouble* dit il p. 412. Il en est de mesme de quand il est suivi de *ca*, *co* et *cu*, *auecque caresse*, *auecque copie*, *auecque curiosité*.} ~~[....]~~ Car à quel propos cette adionction de *que* absolument inutile deuant la Voyelle ? Ie parle pour l'escriture, car pour la pronontiation [*sic*], elle les confond tous deux. <I'ay oüy dire à une dame de la Court *auecque qui*. Malh. l'escrit.> »

1136 Comme c'est souvent le cas, ce commentaire sur la prononciation ne figure pas dans le manuscrit ; *cf.* Thurot (1881-1883 : II, 127-128).

1137 La remarque manuscrite (f° 28r°) est très courte : « *Exemple* est tousiours masculin, quoy que les Parisiens naturellement le facent tousiours feminin ».

1138 Maupas l'inclut dans sa liste de mots « de commun genre » (1618 : f° 47r°), mais Oudin (1640 : 71) observe qu'il convient « mieux au masculin ». Déjà en 1611 Cotgrave ne lui attribuait que le genre masculin.

1139 Dans l'original : a.

1140 Il y a deux exemples de *ceste / une exemple* dans Frantext pour la période 1600-1647 (chez Régnier 1609 et Garasse 1623) contre 111 de *cet / un exemple*. Pour le rapport entre la Cour et la Ville, voir l'Introduction, p. 69, 181, et ci-dessus note 991.

exemples. J'ay dit (316 [276]) dans la ville, parce qu'à la Cour on ne l'a jamais fait que masculin, *donner bon exemple, de bons exemples.*

Faire piece[1141]

Cette façon de parler, qui est si fort en vogue depuis quelques années à Paris, d'où elle s'est respanduë par toutes les Provinces de la France, bien loin d'estre si excellente que la croyent ceux, qui en pensent orner leur langage, & affectent d'en user à tous propos comme d'un terme de la Cour, qu'au contraire je leur declare de la part de tous ceux qui sçavent bien parler & bien escrire, qu'il n'y en a point de plus mauvaise en toute nostre langue, ni qui leur soit plus desagreable[1142]. Je dis mesmes que la Cour en sa plus saine partie ne la peut souffrir, & qu'entre tous les mots & toutes les phrases qu'elle condamne, celle-cy se peut dire l'objet principal de son aversion. Mais voyons si cette aversion est de la nature de celles, qui sont bien souvent sans fondement, & examinons la chose avec equité, bien qu'en matiere de langage il suffit que plusieurs des meilleurs juges de la langue rejettent une façon de parler pour nous obliger à ne nous en servir plus, sans qu'il soit besoin d'en rechercher les raisons. *Piece*, en cette phrase veut dire deux (317 [277]) choses, si je ne me trompe, l'une, c'est *une malice inventee contre quelqu'un pour luy nuire*, & l'autre, *un tour que l'on fait ingenieusement à quelqu'un, non pas pour luy nuire, mais pour se joüer*[1143]. En tous les deux usages, c'est une signification figurée, qu'on a tiree, comme je crois, d'*une piece de theatre*, comme si l'on vouloit dire, que tout de mesme qu'on invente des sujets de Tragedie, ou de Tragicomedie, de Comedie, & mesmes de *farce*, pour divertir le monde, & que ces inventions là s'appellent *des pieces de theatre*, aussi ce que l'on invente contre une personne, soit pour luy faire du mal, ou pour s'en joüer, & s'en divertir, s'appelle *une piece*, & inventer ces choses là, s'appelle *faire une piece.* Dez-là je laisse à juger à ceux qui

---

1141 Cette remarque n'apparaît pas dans le manuscrit.

1142 L'expression est rare dans les textes de Frantext (1600-1647) ; elle ne se trouve que dans les *Observations sur le Cid* de Scudéry (1637) et dans la comédie *Dom Quixote de la Manche* par Guérin de Bouscal (1639). Richelet (1680) considère que l'expression se limite au style simple, tandis que Furetière (1690) et l'Académie (1694) ne font aucun commentaire sur son usage. En 1704, l'Académie déclare « On a esté surpris de ce que M. de Vaugelas trouve *faire piece* une mauvaise façon de parler » (1704 : 302).

1143 *Cf.* Furetière (1690) : « On dit aussi, Joüer *piece* à quelqu'un, luy faire *piece*, pour dire, luy faire quelque supercherie, quelque affront, luy causer quelque dommage, ou raillerie. »

se conoissent aux bonnes figures, & aux belles manieres de parler, si celle-cy est du nombre, & si elle n'est pas tirée de bien loin. *Une piece de theatre*, s'appelle *piece*, parce que *piece*, veut dire *ouvrage*, comme qui diroit *un ouvrage de theatre*[1144] ; Car tous les ouvrages soit des mains, soit de l'esprit, s'appellent *pieces*, & pour dire *voylà un bel ouvrage*, on dit *voylà une belle piece*, *voylà une riche piece*, de sorte que *piece*, mesmes en matiere de theatre, ne veut dire qu'*ouvrage*. Il a donc une grande violence à transferer ce mot là au sens qu'on luy donne lors que l'on dit *faire piece*, & je m'asseure que Quintilien n'auroit (318 [278]) pas trouvé en cette metaphore toutes les conditions qu'il demande, & que nos Maistres ont observées[1145]. Mais ce qui acheve de la rendre insupportable, c'est la phrase *faire piece*, car encore si l'on disoit *faire une piece*, au lieu de deux maux, il n'y en auroit qu'un[1146], parce que l'on se tiendroit au moins dans les termes d'une construction reguliere, mais une personne de grande condition, & qui parle parfaitement bien, a accoustumé de dire que cette phrase *faire piece*, est le plus cruel supplice qui ayt encore esté inventé en ce genre là contre les oreilles delicates. Il n'appartient qu'à celuy qui a dit le premier *il a esprit*, *il a cœur*, *il a esprit & cœur*[1147], d'avoir enrichi nostre langue de cette belle locution *faire piece*, sur tout dans la construction qu'on luy donne, en disant *il m'a fait piece*, qui est comme le comble & le couronnement d'un si bel ouvrage. Mais c'est trop s'arrester à une chose, qui n'en vaut pas la peine.

Acheter

Je ne ferois pas cette remarque[1148], si je n'avois oüi plusieurs hommes dans la chaire, & dans le barreau prononcer mal ce mot, & dire *ajetter*, pour *acheter*[1149], mais ce qui m'estonne davantage, c'est que je ne vois personne qui les reprenne d'une faute si evidente. Ce defaut (319 [279])

1144 Selon le *TLFi*, ce sens date des *Essais* de Montaigne (1580).

1145 Quintilien traite des métaphores dans le chapitre 6 du livre 8 de son *Institution oratoire*, 1-18.

1146 Le seul exemple de cet usage dans Frantext (1600-1647) se trouve également dans une comédie (Scarron, *Le Jodelet ou le Maistre valet*, 1645).

1147 *Cf.* *R*p. 170-171.

1148 Elle ne figure pas dans le manuscrit.

1149 *Cf.* la Clef de Conrart : « Ce sont divers parisiens, qui prononcent ainsi ». Cette prononciation n'est pas traitée par les grammairiens avant Vaugelas et, parmi les lexicographes, seul Richelet (1680) en fait mention.

est particulier à Paris, c'est pourquoy ce sera leur rendre un bon office que de les en advertir.

Eu[1150]

Ce mot du[1151] preterit parfait d'*avoir*, *j'ay eu, tu as eu, &c.* n'est que d'une syllabe, qui est une des diphtongues[1152] de nostre langue, neantmoins plusieurs font cette faute de prononcer *eu*, en faisant de chaque lettre une syllabe, comme si l'on escrivoit *eü*, avec deux points[1153], pour en faire deux syllabes[1154].

En mon endroit, à l'endroit d'un tel

Ces façons de parler, par exemple, *je ne seray jamais ingrat en vostre endroit, en son endroit, &c. il faut estre charitable à l'endroit des pauvres*, ne sont plus du beau langage, comme elles l'estoient du temps de M. Coeffeteau[1155]. On dit tousjours *envers*.

1150 Il s'agit encore d'une observation sur la prononciation qui ne se trouve pas dans le manuscrit.

1151 Dans l'original : de (*Fautes d'impression*).

1152 Dans l'original : *dyphthongues* (*Fautes d'impression*). Rappelons que dans le métalangage du temps on peut appeler *diphtongue* ce que nous appellerions plus justement *diagramme vocalique* pour mieux distinguer l'écrit de l'oral.

1153 Dans l'original : point.

1154 Voir Thurot (1881-1883 : I, 519) qui cite le passage suivant de Racan, *Vie de Malherbe* : « [Malherbe] reprenoit [...] Racan quand il rimoit *qu'ils ont eu* avec *vertu* ou *battu*, parce qu'il disoit que l'on prononçoit à Paris *ont eu* en trois syllabes, en faisant une de l'*e* et l'autre de l'*u* du mot *eu* ».

1155 Dans la version manuscrite de cette remarque (f° 31r°), Vaugelas défend toujours cet usage : « *En mon endroit.* Ce mot d'*Endroit* auec la Preposition *en* et un ~~pos~~ pronom possessif apres, comme *en mon endroit, en son endroit, en leur endroit*, et autres semblables pronoms, est un terme purement françois qui signifie *enuers*, et sert à diuersifier le langage, lors qu'en une mesme periode il y a lieu de se seruir de l'un et de l'autre[.] Exemple. Ie conois un tres-bon Escriuain qui a une si grande auersion à cette façon de parler qu'il ne s'en sert iamais. Mais Voyez à *Face* ce que ie dis sur le suiet de ces antipathies là. Certes ce terme est françois autant qu'aucun que nous ayons en nostre langue, et un chacun le dit, et l'escrit. On use aussi de ce mot sans le pronom possessif auec la preposition *à A l'endroit*, comme *Il faut estre charitable à l'endroit des paures.* » Toutes les expressions discutées par Vaugelas dans cette remarque sont fréquentes dans Frantext pour la période 1600-1647, avec environ deux cents occurrences. Régnier (1869 : 218-219) cite des exemples de *à mon endroit, à son endroit*, etc. chez Malherbe, et Coeffeteau n'hésite pas à se servir de l'expression *à l'endroit de* ; par ex. *Il avoit témoigné une loüable pieté à l'endroit de son ayeule Antonia* (Coeffeteau 1621 : I, 218). Si, dans son dictionnaire publié en 1694 (mais dont

Avant que, devant que

Tous deux sont bons, M. Coeffeteau a tousjours escrit *devant que*, mais *avant que*, est plus de la Cour, & plus en usage[1156] : L'un & l'autre devant l'infinitif demande l'article *de*[1157], par exemple il faut dire *avant que de mourir*, **(320 [280])** & *devant que de mourir*, & non pas *avant que mourir*, ny *devant que mourir*, & beaucoup moins encore *avant mourir*, comme disent quelques-uns en langage barbare.

Croistre[1158]

Ce verbe est neutre, & non pas actif, & jamais M. Coeffeteau ny aucun de nos Autheurs en prose ne l'a fait que neutre : mais nos Poëtes

---

la gestation fut longue), l'Académie tolère toujours *en mon endroit, en vostre endroit*, etc., dix ans plus tard elle se ravise : « Si *en mon endroit*, *à l'endroit des personnes*, estoient des manieres de parler receuës du temps de M. de Vaugelas, qui s'en est servi, elles ne le sont plus presentement. Il faut dire, *envers moy*, *envers les personnes* » (1704 : 304). Après Vaugelas, ces expressions sont obsolètes, et il n'en reste qu'une douzaine d'occurrences dans Frantext pour toute la période 1648-1699.

1156 Dans le manuscrit (f° 10r°) : « car il est certain que pour une fois que uous ourrez dire à la Court *Deuant que*, uous ourrez dire dix fois *auant que* ». Si cette proportion peut être un peu exagérée, *avant que* (1693 ex.) est bien plus fréquent dans Frantext (1600-1647) que *devant que* (494 ex.). *Devant que* est courant chez Coeffeteau (par ex. 1621 : I, 12, 161, 212, etc.), et Ernst (1977 : 123-124) confirme qu'il est toujours employé par Tallemant, mais non plus par Dacier. Sur cet usage voir aussi Ayres-Bennett et Caron (2016).

1157 Dans le manuscrit : « *Auant que sortir de la uille* dit mal M de Malh. p.458 » ; l'exemple se lit : *Les provinces estans distribuées, les Consuls avant que sortir de la ville, suivant le commandement que leur en firent les Pontifes, mirent en execution le printemps sacré [...]* (Malherbe 1631 : I, 458). Wapy (1634 : 114) considère que l'omission de *de* dans l'exemple *avant que rappeller ses fuyards* est élégante. Maupas ne fait pas de commentaire sur cette construction, mais Oudin (1640 : 269-270) enregistre le même jugement que Vaugelas : « *Avant que, auparavant que, devant que* [...] se construisent [...] avec l'infinitif par le moyen de la particule *de*, *Il faut cognoistre avant que d'aimer* ». Pour des exemples sans *de*, voir Haase (1935 : 203-204).

1158 Il y a trois remarques manuscrites sur ce verbe (f° 16r°, 44v°, 45r°). La première est très proche de la version publiée, mais elle se termine par une critique des poètes anciens qui est supprimée avant la publication du volume : « En quoy il faut noter que noz Poetes anciens augmentoient aussi ou diminuoient les mots d'une syllabe comme font les modernes <mais les Anciens le faisoient ~~en usant~~ d'une+ [...] {façon que le mot ne demeuroit [...] françois, comme quand ilz disoient *c[rir]a* pour *criera*, *publira*, pour *publiera*, *encontre* pour *contre*, ou *cil* pour *celuy* *ainçois* pour *ains*. Au lieu que noz modernes adioustent ou diminuent d'une sorte que nonobstant cette addition <ou> ce retranchem[en]t le mot demeure françois, mais non pas au sens auquel il employe. Ainsi les autres ne font qu'un barbarisme et ceux cy font souuent un solecisme comme de faire regir un accusatif à un uerbe neutre *Tarder, croistre*} ». Les deux autres remarques manuscrites sont plus brèves, mais parviennent au même jugement.

pour la commodité des vers s'emancipent, & ne feignent point de le faire actif, quand ils en ont besoin[1159].

Qu'à des cœurs bien touchez tardez la joüissance,
C'est infailliblement leur croistre le desir.

dit M. de Malherbe[1160]. Et en cet exemple il faut noter qu'il s'est encore donné la mesme licence au verbe *tarder*, qui est aussi neutre, & non pas actif, comme est son composé *retarder*[1161]. Il faut donc dire *accroistre* en prose, quand on a besoin de l'actif, & non pas *croistre.*

Fournir

Il a trois constructions differentes, car on dit *la riviere leur fournit le sel*, *leur fournit du sel*, & *les fournit de sel*, qui est le meilleur & le plus elegant des trois[1162].

(321 [281])

Rien autre chose

Plusieurs croyent que cette façon de parler, quoy que familiere à quelques excellens Autheurs[1163], ne vaut rien[1164]. Par exemple, si l'on dit, *les paroles*

1159 Oudin (1640 : 210) accepte toujours les deux constructions : « *Croistre* pour augmenter, actif : *j'ay creu. Croistre* pour devenir grand, &c. neutre : *je suis creu.* » Pour des exemples de l'usage transitif, voir N. Fournier (1998 : 57).

1160 Dans le manuscrit (f° 16r°) : « p.56 ».

1161 Voir N. Fournier (1998 : 57). L'Académie (1704 : 305) adopte le jugement de Vaugelas : « *Croistre* & *tarder* sont deux verbes neutres, & M. de Vaugelas a eu raison d'appeller licence, la liberté que M. de Malherbe s'est donnée de les faire actifs. Ainsi on ne doit les employer qu'au neutre dans la Poësie mesme. »

1162 La remarque manuscrite (f° 38r°) est presque identique, à l'exception de l'insertion de « et le plus elegant » dans la version publiée. Avant Vaugelas, seul Cauchie (1586 : f° 99v°) parmi nos grammairiens traite de la construction de ce verbe, mais il ne note que celle représentée par l'exemple *les fournit de sel.* Pour des exemples de la construction *fournir à quelqu'un* (*à quelque chose*) *de quelque chose*, archaïque aujourd'hui, voir Haase (1935 : 298).

1163 Il y a vingt exemples de cet usage dans Frantext pour la période, dont six de Sorel et sept de Mersenne. Il n'est pas attesté dans l'*Histoire romaine* de Coeffeteau, comme l'observe Vaugelas dans le manuscrit (voir la note suivante).

1164 C'est la position adoptée par Vaugelas dans le manuscrit (f° 79v°) où il censure cette expression et ne fait pas mention des contextes où elle sert à renforcer le sens : « *Rien autre chose* est un pur Barbarisme et ne se peut dire <en bon François>. C'est une façon de parler particuliere des Parisiens, d'entre lesquels ie uois plusieurs excellents Autheurs qui commettent cette faute. Ilz disent par exemple. *Les paroles ne sont rien autre chose que les images et les signes des pensees*, au lieu de dire *ne sont autre chose que*, ou bien *ne sont autre chose sinon*, ou *ne sont rien que les images &c.* Iamais M. Coeff. ni aucun Autheur [...] <qui

ne sont rien autre chose que les images des pensées, ils soustiennent que c'est mal parler, & qu'il faut dire, *les paroles ne sont autre chose que les images des pensées*, ou *les paroles ne sont rien que, &c.* qu'il suffit de l'un ou de l'autre, & que si on les met tous deux, l'un est redondant. Mais il y a beaucoup d'endroits, où pour exaggerer, il est necessaire de dire, *rien autre chose*, par exemple nous dirions, *mais quand il parle ainsi, que veut-il dire ? rien autre chose Messieurs, sinon, &c.*[1165] Il est donc emphatique en certains endroits, mais pour l'ordinaire il est bas, & l'autre façon de parler sans dire, *rien*, est elegante.

Quoy qu'il arrive, quoy qu'il en soit[1166]

C'est[1167] ainsi qu'il faut dire, & non pas *quoy qui arrive*, comme disent plusieurs[1168] ; Car ce *quoy que*, est le *quidquid* des Latins. Et c'est pourquoy l'on dit *quoy que c'en soit*, & *quoy qu'il en soit*, & qu'apres *quoy*, il faut dire *que*, & non pas *qui*[1169]. M. Coeffeteau dit tousjours, *quoy que c'en soit*, & M. de Malherbe dit tantost, *quoy* (322 [282]) *que c'en soit*, & tantost, *quoy qu'il en soit*[1170], ils sont tous deux bons, mais le dernier, *quoy qu'il en soit*, est beaucoup plus en usage aujourd'huy, & plus doux[1171].

---

ayt sceu la pureté de> nostre langue [...] <s'il n'a esté [...] Parisien> ne l'a escrit. Aussi est ce une uraye redondance de mots que de dire *Rien autre chose*, puis que *Rien* tout seul uaut autant dire là que *Rien autre chose*, et qu'en disant *autre chose*, il est superflu d'aiouster *Rien*. » Avant Vaugelas, les grammairiens de notre corpus ne font pas de commentaire sur cet usage, mais il est déjà inclus dans le dictionnaire de Robert Estienne (1549).

1165 Selon Thomas Corneille (Vaugelas 1738 : II, 245), « Monsieur Chapelain dit que cet exemple, *rien autre chose, Messieurs* [...] est de M. Patru ».

1166 Cette question est traitée dans deux remarques distinctes qui se suivent dans le manuscrit : « *Quoy qu'il arriue* » et « *Quoy qu'il en soit* et *quoy que c'en soit* » (f° 75r°).

1167 Il manque l'apostrophe dans l'original.

1168 Dans l'observation manuscrite sur « *Quoy qu'il arriue* », Vaugelas écrit plutôt : « comme disent quelques uns ». Cette construction est attestée dans Frantext pour la période 1600-1647, par exemple : *avec une ferme resolution que la nuict il avoit prise, que, quoy qui luy en pust arriver, il ne m'abandonneroit point* (Urfé 1627) ; *et parla cathégoriquement qu'il iroit quoy qui peust arriver* (Peiresc 1631).

1169 Sur cet usage, voir l'Introduction, p. 168.

1170 Dans le manuscrit (sous « *Quoy qu'il en soit* et *quoy que c'en soit* ») : « *Quoy qu'il en soit* et *quoy que c'en soit* sont tous deux bons. M. Coeff. se sert presque tousiours du dernier.⁺ {+ M. de Malh. de tous deux p. 508 quoy que c'en soit.} » En réalité, les deux constructions se trouvent chez Coeffeteau (*quoy que c'en soit*, 1621 : III, 134 ; *quoy qu'il en soit*, 1621 : II, 12) et chez Malherbe (*quoy que c'en soit*, 1631 : I, 195 ; *quoy qu'il en soit*, 1631 : I, 273).

1171 Ce jugement semble confirmé par l'usage dans Frantext (1600-1647) où *quoy qu'il en soit* (69 ex.) est plus fréquent que *quoy que c'en soit* (25 ex.). Wapy (1634 : 156) inclut également la forme *quoy qu'il en soit* dans sa liste de « Transitions ou liaisons du discours qui servent

Il m'a dit de faire[1172]

Cette façon de parler est venuë de Gascogne, & s'est introduite à Paris ; mais elle ne vaut rien[1173]. Il faut dire *il m'a dit que je fisse*. Ce qui a donné lieu à cette erreur vray-semblablement, c'est que l'on a accoustumé de dire, *il m'a commandé de faire, il m'a prié de faire, il m'a conjuré de faire, il m'a chargé de faire*, car ce seroit mal dit, *il m'a commandé que je fisse, il m'a prié que je fisse*, & ainsi des autres[1174].

Aoust

Ce mot ne fait qu'une syllabe, qui est triphthongue, qu'ils appellent, c'est à dire, composée de trois voyelles[1175]. Elle se prononce donc, comme si l'on escrivoit *oust*, & qu'il n'y eust point d'*a*[1176] ; Car ceux qui prononcent *a-oust*, comme fait le peuple de Paris, en deux syllabes, font la mesme faute, que ceux qui prononcent *ayder*, en trois syllabes *a-y der*, quoy qu'il ne soit que de deux[1177].

---

de passage ». Dans le manuscrit, Vaugelas est plus ouvert à la variation et ne fait pas de distinction entre les deux constructions : « Il est bon de les employer tous deux sans se rendre partial de l'un plustost que de l'autre, comme font plusieurs qui s'attachants tousiours à une façon de parler semblent [...]ment condamner celle dont ilz ne se seruent iamais, quoy qu'elle soit tres-bonne. Et puis cela sert à monstrer la richesse et la diuersité du langage. »

1172 Cette remarque apparaît pour la première fois dans la version publiée du volume. La construction ne figure pas dans les grammaires de notre corpus avant Vaugelas.

1173 Sur cette construction, voir Rickard (1980). Elle est très peu attestée dans Frantext pour la période 1600-1647 (*On lui dit de faire son exercice d'écriture* (Héroard 1605-1610) ; *Je vous prie derechef de ce que je vous ay tant dit de faire* (Mersenne 1640-1641).

1174 Pour l'attitude de Vaugelas envers l'analogie, voir l'Introduction, p. 80-81.

1175 Cette observation montre nettement l'absence de distinction claire entre lettres et sons chez Vaugelas.

1176 Maupas (1618 : f° 18v°) recommande la même prononciation : « aou, *Aoust*, proprement prononcé, & d'une syllabe » (*cf.* Oudin 1640 : 1 ; Thurot 1881-1883 : I, 505-506).

1177 La prononciation de *aoust* n'est pas examinée dans le manuscrit, mais il y a une observation sur « *Ayder* » (f° 10r°) qui est très abrégée dans le texte publié : « *Ayder* n'a que deux syllabes, ce que ie dis affin qu'on ne soit pas trompé par la prononciation ordinaire des Parisiens, qui disent ~~ordinairement~~ <distinctement> *a, y, der*, et en font trois syllabes en le prononçant. Noz Poetes sçauent bien qu'il n'y en a que deux, et on ne le dispute pas. C'est pourquoy il faut prononcer *ay*, comme une diphtongue qui ne fait qu'une syllabe, et non pas la separer en deux. Et encore y faut il mettre un *I* en bonne orthographe, et non pas un *y* grec, qui ne se ioint <point> ~~pas~~ en nostre langue auec *a* pour former une diphtongue. » Déjà en 1557, Robert Estienne observe : « *Faire, Aider.* Il ne fault pas prononcer F*a-i-re* en trois syllabes, mais en deux, F*ai-re* » (Estienne 1557 : 11) ; sur cette question, voir aussi Thurot (1881-1883 : I, 314-316).

(323 [283])

Appareiller[1178]

Bien que ce mot soit un terme de marine, & de l'art de la navigation, il est neantmoins passé en usage commun, & est entendu presque de toute la Cour. Il signifie *se preparer à faire voile, & à se mettre en mer*[1179]. Ce verbe est tousjours neutre, & jamais on ne dit *s'appareiller*, comme l'on dit se preparer, ny *appareiller un vaisseau*, mais on dit simplement *appareiller*, comme *on appareilloit lors qu'il vint une tempeste, &c.*

Il n'y a rien de tel, il n'y a rien tel[1180]

Tous deux sont bons[1181], & il semble qu'en parlant on dit plustost *il n'y a rien tel*, que l'autre, mais qu'en escrivant, on dit plustost *il n'y a rien de tel*[1182]. Pour moy je voudrois tousjours escrire ainsi.

Fort, court[1183]

Ces deux adjectifs ont un usage assez estrange, mais qui est bien François. C'est qu'une femme parlant dira tout de mesme qu'un homme, *je me fais fort de cela*, & non pas *je me fais forte*. Elle dira aussi, *en parlant*

1178 Cette observation n'est pas incluse dans le manuscrit.

1179 Selon le *TLFi*, la première attestation de ce verbe date de 1544 avec le sens de « faire les manœuvres pour partir, quitter le port ». Le verbe figure déjà dans le dictionnaire de Robert Estienne (1549), qui le définit sans faire mention de l'usage nautique (« Ornare, Adornare, Parare, Apparare, Comparare, Præparare ») et qui offre des exemples de l'usage transitif (*Appareiller le banquet, Appareiller ung souper*, etc.). Les dictionnaires monolingues de la fin du XVIIe siècle font donc une distinction entre *appareiller*, verbe transitif, et *appareiller*, verbe intransitif, « terme de marine ».

1180 Il n'y a pas de remarque consacrée à cette construction dans le manuscrit, mais elle est considérée dans une observation sur l'usage de *de* (f° 25v°) : « *De* ueut estre mis icy *Il y a bien de l'apparence*, et non comme a dit un de nos plus celebres Escriuains *Il y a certes bien apparence*. On dit *Il n'est rien si difficile*, et *Il n'est rien de si difficile*, tous deux sont bons » ; cette observation est reproduite par Alemand dans les *Nouvelles Remarques* (Vaugelas 1690 : 92). Il est à noter que le commentaire sur la différence entre l'usage parlé et l'usage écrit apparaît pour la première fois dans la version publiée (voir l'Introduction, 4.2.2).

1181 Avant Vaugelas, cette variation n'est pas discutée par les grammairiens de notre corpus (1530-1650).

1182 Selon Nathalie Fournier (1998 : 223), la construction avec *de* est plus commune. Le seul exemple de l'expression *il n'y a rien tel* dans Frantext pour la période 1600-1647 provient de Béroalde de Verville (*Il n'y a rien tel que faire bonne chere*, 1610), tandis que les deux occurrences de *il n'y a rien de tel* se trouvent chez Urfé (1627).

1183 Cette question n'est pas traitée dans le manuscrit.

je suis demeurée court, & non pas *courte*[1184]. Il est du nombre **(324 [284])** pluriel, comme du genre feminin ; car il faut dire aussi, *ils se font fort de cela*, & non pas *ils se font fort*, *ils sont demeurez court*, & non pas *courts*[1185]. En ces phrases ces deux mots sont indeclinables, & mis comme adverbialement[1186]. Voyez *incognito*[1187].

De, article du genitif[1188]

Cet article veut tousjours estre joint immediatement à son nom, sans qu'il y ayt rien d'estranger entre-deux, qui les separe, par exemple, *j'ay suivi en cela l'avis de tous les Jurisconsultes, & de presque tous les Casuistes*[1189]. Je dis que, *& de presque tous les Casuistes*, n'est pas bon, & qu'il faut que *de*, soit attaché à son nom *tous*, & que l'on escrive *& de tous les Casuistes*[1190]. Mais que deviendra *presque* ? où le mettra-t-on ? car il le faut dire necessairement. Je respons que ce sont deux choses, de condamner une façon de parler comme mauvaise, & d'en substituer une autre en sa place, qui soit bonne. Les Maistres m'ont appris que cette façon d'escrire *& de presque tous les Casuistes*, est vicieuse ; je m'acquitte de mon devoir, en le declarant au public, sans que je sois obligé de reparer la faute[1191]. Neantmoins il me semble qu'on la peut eviter en disant, *j'ay suivi le sentiment de tous les Jurisconsultes, & presque de tous* **(325 [285])** *les Casuistes*, ou bien, *& de la plus part des Casuistes*, ou *& de la plus grand' part des Casuistes.*

1184 Marguerite Buffet (1668 : 195) préfère toutefois l'accord dans les deux cas.

1185 Déjà en 1530 Palsgrave note : « I am suer, as I am suer that this or that thyng is done, or is so, or nat. *Je me fais fort, tu te fais fort, il se fait fort, nous nous faisons fort, vous vous faictez fort, ilz se font fort*, usyng, *je me fais* lyke a meane verbe, and addyng *fort* to his nombres and persons » (Palsgrave 1852 [1530] : 428).

1186 Dans le cas de *fort* il s'agit de l'ancienne forme invariable conservée dans cette expression figée.

1187 *Cf. R*p. 464-465.

1188 Cette observation apparaît également pour la première fois dans le texte publié.

1189 Cette remarque illustre bien la conception linéaire de l'ordre de mots de Vaugelas et par conséquent sa préférence pour la proximité des éléments qui ont un rapport syntaxique ; voir l'Introduction, p. 147.

1190 *Cf.* cet exemple dans Frantext (1600-1647) : *que nous faisions une estime nompareille d'Amatus, Thrivier, Capivacce, Montanus, Valescus, et de presque tous les medecins modernes* (Naudé 1644).

1191 Il est intéressant de noter que, malgré cette assertion, Vaugelas essaie toutefois de proposer des formulations alternatives.

Le pronom demonstratif avec la particule, là[1192]

Jamais on ne doit user du pronom demonstratif avec la particule *là*, quand il est immediatement suivi du pronom relatif *qui*, ou *lequel*, aux deux genres & aux deux nombres. Exemple, *ceux-là qui aiment Dieu, gardent ses commandemens.* C'est tres-mal parler[1193], il faut dire *ceux qui aiment Dieu*, & ainsi des autres[1194]. Mais quand le pronom relatif est separé du demonstratif par un verbe qui est entre deux, alors il faut mettre la particule *là*, comme *ceux-là se trompent, qui croyent, &c.* Il n'est pas croyable combien de gens manquent à cela. Je ne sçay s'il est permis aux Poëtes de s'en dispenser à l'imitation de celuy qui a dit[1195],

Mais qu'il soit une amour si forte,
Que celle-là que je vous porte,

Mais je sçay bien qu'en prose la reigle est inviolable, & qu'en vers l'oreille est d'autant plus choquee de cette façon de parler, que la poësie doit estre plus douce que la prose. Qui oseroit nier qu'il ne soit mieux dit en prose & en vers, *qu'il soit une amour plus forte, que celle que je vous porte*, que non pas, *que celle là que je vous porte*[1196] ?

(326 [286])

Dautant que, pour *parce que*

Je ne croyois pas faire cette remarque, comme la jugeant inutile, & m'imaginant qu'il n'y avoit que les Imprimeurs qui missent une apostrophe à *d'autant que*, quand il signifie *parce que* : mais voyant que cette erreur

---

1192 La remarque manuscrite (f° 14r°) s'intitule « *Ceux là* quand il se doit dire ou non ». Une deuxième observation sur *Celuy* (f° 44r°) est publiée par Alemand dans les *Nouvelles Remarques* (Vaugelas 1690 : 129).

1193 Dans le manuscrit : « n'est pas parler françois ».

1194 Dans le manuscrit : « Il en est de mesmes du feminin *celle là* soit au singulier, soit au pluriel ». Haase (1935 : 47) observe que Henri Estienne veut qu'on dise *celui qui aime* et non pas *celui-là qui aime* ; c'est Vaugelas qui établit la règle admise aujourd'hui. À prendre l'exemple de *ceux(-)là qui*, parmi les 61 occurrences de cette expression dans Frantext (1600-1647), 59 datent de 1600-1631.

1195 Dans le manuscrit : « Malh. p.171 *Mais qu'il soit une amour si forte, que celle là que ie uous porte* cela ne se peut nullement dire, il faut que *que celle que ie uous porte* ». Vaugelas corrige la coquille *un amour* qui paraît dans l'édition de la poésie de Malherbe (1631 : I, 170-171).

1196 Ce dernier paragraphe ne figure pas dans le manuscrit. La remarque manuscrite se termine de la façon suivante : « Ie uois d'excellents Escriuains qui font ordinairement cette faute, qui n'est pas neantmoins des moindres que l'on puisse faire. »

se rend commune, & comme universelle, il est necessaire d'en donner avis pour empescher qu'elle ne s'establisse tout à fait[1197] ; Car encore qu'il semble que cela importe peu d'y mettre une apostrophe, ou de ne l'y mettre pas, si est-ce que si l'on se relasche tantost en une chose, tantost en une autre, pour petite qu'elle soit, à la fin, comme je l'ay desja dit ailleurs, tout sera corrompu. Outre que je ne demeure pas bien d'accord, que ce soit si peu de chose que d'empescher une equivoque, *d'autant que*, avec une apostrophe voulant dire toute autre chose, comme chacun sçait, que *dautant que*, ainsi orthographié[1198]. Quand je diray donc, *d'autant que je suis heureux d'un costé, je suis malheureux de l'autre*, en l'escrivant ainsi, ce *d'autant que*, est un terme de comparaison entre le bonheur que j'ay d'un costé & le malheur que j'ay de l'autre ; C'est pourquoy si je veux dire *d'autant que*, pour *parce que*, & que j'y mette une apostrophe, ceux qui liront *d'autant que je suis heureux d'un costé*, ne sçauront **(327 [287])** en quel sens le prendre, sans estudier ce qui va devant & ce qui va apres pour s'en esclaircir. Sur quoy il faut alleguer l'Oracle de Quintilien fulminant contre les equivoques, quels qu'ils soient sans exception, & prier le Lecteur de s'en vouloir ressouvenir en tous les endroits de ces Remarques, où ce vice est condamné. *Vitanda*, dit-il, *in primis ambiguitas, non hæc solum de cujus genere supra dictum est, quæ incertum intellectum facit, ut Chremetem audivi percussisse Demeam ; sed illa quoque, quæ etiamsi turbare non potest sensum, in idem tamen verborum vitium incidit, ut si quis dicat visum a se hominem librum scribentem ; nam etiamsi librum ab homine scribi pateat, male tamen composuerat, feceratque ambiguum quantum in ipso fuit*[1199].

1197 La remarque manuscrite (« *Dautant*, et *D'autant* », f° 23r°) est beaucoup plus courte : « *Dautant que*, quand il ueut dire *parce que* s'escrit sans apostrophe apres le *D*. en quoy ie ne uois presque personne qui ne faille, [~~...~~]. Et quand *D'autant* est un terme de co[m]paraison, par example *D'autant que le pere est sage,* ~~*d'autant*~~ *le filz est fol*, *Il est d'autant plus heureux, qu'il est moins sage <il est d'autant plus blasmable que &c>*, alors il faut mettre une apostrophe apres le *D'* [~~...~~] *Dautant* pour *parce que* est tres-bon et M. Coef. en use souuent comme estant plus fort ~~et plus graue~~ que *parce que*, ni *pource que*. » En particulier la référence à Quintilien est ajoutée à la version publiée. Notons que Vaugelas essaie ici d'empêcher qu'un nouvel usage ne s'établisse. C'est une « erreur » qui se trouve pourtant dans sa traduction des sermons de Fonsèque (Vaugelas 1615 : 43). Haase (1935 : 383) cite d'autres exemples de *d'autant que* avec un sens causal, y compris l'un issu de la traduction de Quinte-Curce faite par Vaugelas.

1198 Dans son dictionnaire, l'Académie (1694) l'écrit pourtant avec l'apostrophe. Elle note que *d'autant que* n'est plus employé qu'« en stile de pratique, et de Chancellerie », tandis que Richelet (1680) le juge « presque tout à fait hors d'usage ».

1199 Quintilien, *Institution oratoire*, VIII, 2, 16 : « Par-dessus tout, il faut éviter l'ambiguïté, non seulement celle du genre cité plus haut, et qui fait hésiter sur le sens, comme

Un certain usage du pronom demonstratif, & qui est necessaire

Peu de gens y prennent garde s'ils ne sont versez en la lecture des bons Autheurs. Exemple, *il recompensa ceux de ses serviteurs qui l'avoient bien servi.* Je dis que quand on ne veut pas parler generalement de tous, mais de quelques-uns seulement qui font partie du tout, comme en cet exemple, il faut necessairement user de ce pronom ; Autrement on ne s'expliqueroit pas ; Car si pour exprimer cela, **(328 [288])** on dit simplement, *il recompensa ses serviteurs qui l'avoient bien servi*, qui ne voit que cette expression est defectueuse, & que l'on ne dit pas ce que l'on veut dire, puis que l'on pretend faire une restriction du general, c'est à dire, restreindre la recompense à ceux des serviteurs seulement qui ont bien servi, & que neantmoins en disant *il recompensa ses serviteurs, qui l'avoient bien servi*, on entendra qu'il recompensa tous ses serviteurs qui tous l'avoient bien servi ? Il n'est pas besoin de donner des exemples de cet usage, ils sont frequens dans Amyot, & dans tous nos bons Autheurs anciens, & modernes[1200]. Mais outre que cette façon de parler est necessaire pour exprimer de semblables choses, elle a encore fort bonne grace, & est bien Françoise.

Quinconque[1201]

Quand on a dit, *quinconque*, il ne faut pas dire *il*, apres, quelque distance qu'il y ayt entre-deux, par exemple *quinconque veut vivre en homme de bien & se rendre heureux en ce monde & en l'autre, doit, &c.* & non pas *il doit*[1202].

Chremetem audiui precusisse Demean, mais celle aussi qui, même sans troubler le sens, finit néanmoins par provoquer la même erreur verbale, comme si un homme disait *uisum a se hominem librum scribentem*. Car même s'il est patent que c'est l'homme qui écrivait le livre, le rédacteur a mal organisé sa phrase, et, autant qu'il dépendait de lui, créé une ambiguïté » (Cousin 1978 : 58). *Cf. R*p. 590.

1200 La remarque manuscrite intitulée « *Ceux* et *celles* » (f° 15r°) est très proche de la version publiée à l'exception que Vaugelas y note que les exemples de cette construction sont très fréquents non seulement chez Amyot mais aussi chez Coeffeteau, et il cite avec approbation un exemple issu de ce dernier : « On doit dire tout de mesme *Il enuoya à* * {* *Rome quatre cents de ses soldats*, comme dit M. Coeff. d'Auguste en sa uie, et non pas *quatre cents soldats* quand on ueut parler d'un petit nombre tiré d'un plus grand} ». La citation provient de *l'Histoire romaine* : *& ayant arrousé ceux de ses serviteurs qui estoient les plus proches de l'estuve* (Coeffeteau 1621 : II, 50).

1201 Cette observation ne figure pas dans le manuscrit.

1202 Aucun grammairien de notre corpus (1530-1650) ne fait de commentaire sur cet usage avant Vaugelas. Pour des exemples de *quiconque* repris par un pronom de rappel, voir Spillebout (2007 : 115-116).

Bel, & beau

Tous ces adjectifs qui ont deux terminaisons en *el*, & en *eau*, selon qu'ils sont (329 [289]) suivis d'une voyelle ou d'une consone, comme *bel*, & *beau*, *nouvel* & *nouveau*, ne prennent pas leur terminaison *el*, indifferemment devant toutes sortes de mots qui commencent par une voyelle, mais seulement devant les substantifs, ausquels ils sont joints, par exemple *un bel homme*, est bien dit, mais si l'on disoit, *il est bel en tout temps*, il ne vaudroit rien, il faut dire *beau en tout temps*. Ainsi l'on dit *nouvel an*, & l'on ne dit pas *nouvel à la Cour*, pour dire *un homme nouveau à la Cour*. Cette reigle n'a point d'exception que je sçache[1203]. Devant l'*h* consone, on le met comme devant les autres consones, *beau harnois*, & non pas *bel harnois*[1204].

Au demeurant

Ce terme, du temps de M. Coeffeteau, & plusieurs années apres sa mort, a esté en grand usage parmy les bons Autheurs, pour dire *au reste*[1205], mais il a vieilli depuis peu, & ceux qui escrivent purement, ne s'en servent plus[1206]. J'ay tousjours regret aux mots & aux termes retrenchez de nostre langue, que l'on appauvrit d'autant, mais sur tout je regrette ceux qui servent aux liaisons des periodes,

---

1203 Les grammairiens avant Vaugelas notent dès le XVIe siècle l'usage de *bel*, *nouvel* devant un substantif qui commencent par une voyelle (*cf.* Thurot 1881-1883 : II, 185), mais ils ne parlent pas explicitement d'autres contextes grammaticaux tels que *bel en tout temps*.

1204 Cette dernière phrase ne se trouve pas dans la remarque manuscrite (« *Bel* pour *Beau* », fo 30ro), qui est pour le reste très similaire à la version publiée.

1205 *Au demeurant* est bien attesté chez Coeffeteau (1621 : I, 56 ; II, 122, etc.). Régnier (1869 : 163) en cite un exemple chez Malherbe et il est également bien attesté dans Frantext pendant la période 1600-1647 (78 ex.). Estienne (1549), Nicot (1606) et Cotgrave (1611) le consignent sans commentaire. À la fin du siècle, il y a hésitation : il ne figure plus chez Richelet (1680), Furetière l'accepte (1690), tandis que l'Académie (1694) note qu'il est archaïque. Il a pourtant survécu.

1206 Dans la remarque manuscrite (fo 9ro), Vaugelas accepte encore l'usage de *au demeurant* : « *Au demeurant* pour dire *Au reste* est fort bon <M de Mal [...]>, et nous auo[ns] en nostre langue de ces termes là, qui ont bonne <grace> au commencement [...] periode, et plus encore quand on entame une matiere nouuelle, ou bie[n] encore apres le *que* dont les Historiens se seruent si souuent en leurs Harangues obliques, car apres auoir rapporté autant de raisons differentes qu'il y a de *que* en ces harangues là, uous aioustez auec grace *qu'au demeurant &c.* Neantmoins *au reste* est meilleur, et ne faut user de l'autre que pour diuersifier quand on a usé trop souuent du premier. » L'observation semble être au moins partiellement rayée d'un seul trait.

comme celuy-cy, parce que nous en avons grand besoin, & qu'il les faut varier[1207].

(330 [290])

Bigearre, bizarre[1208]

Tous deux sont bons, mais *bizarre* est tout à fait de la Cour, en quelque sens qu'on le prenne[1209]. Aussi la prononciation de *bizarre*, avec un *z*, est beaucoup plus douce & plus agreable, que celle de *bigearre*, avec le *gea*[1210] ; M. Coeffeteau a tousjours escrit *bizarre*[1211]. Les Espagnols disent aussi *bizarro*, mais ce mot signifie parmy eux *leste & brave*, ou *galant*. En François selon la raison, il faudroit dire *bigearre*, parce que *bigearre* vient de *bigarrer*, & *bigarrer*, selon quelques-uns, vient de *bis variare*[1212].

De, & des articles

Je doutois si j'en ferois une Remarque, mon dessein n'estant que d'en faire sur les choses, qui sont tous les jours en question & en dispute, mesme parmy les gens de la Cour, & nos meilleurs Escrivains. Il ne me sembloit pas que celle-cy deust estre mise en ce rang, comme en effet, il n'y a gueres de personnes qui ayent tant soit peu de soin d'apprendre à bien parler & à bien escrire, qui ne sçachent ce que je vais remarquer[1213].

1207 Voir l'Introduction, p. 180.

1208 La remarque manuscrite (f° 30r°) est plus courte et ne traite ni de l'usage en espagnol ni de l'étymologie du mot : « *Bigearre* et *Bizarre* sont tous deux bons. M. Coef. met *Bizarre* en son histoire Romaine, et il est plus de la Court que *Bigearre.* »

1209 Les deux formes sont attestées dans Frantext (1600-1647) avec une préférence pour *bizarre* (59 ex. *vs* 30 ex. de *bigearre*). Aubigné et Desmarets de Saint-Sorlin favorisent la première, Pierre Corneille et Rotrou la seconde, tandis qu'Urfé se sert des deux variantes.

1210 Sur cette question voir Thurot (1881-1883 : II, 221-222). *Bigearre* est proposé comme variante dans les dictionnaires de Cotgrave (1611), Richelet (1680), Furetière (1690) et l'Académie (1694).

1211 On trouve dans l'*Histoire romaine de L. Florus* (Coeffeteau 1621 : I, 111) : *esprit bizarre & inconstant*.

1212 Selon le *TLFi*, le substantif *bigearre* est la première forme attestée ; le mot est emprunté à l'italien *bizzarro* d'origine discutée.

1213 Cette règle est donnée par Maupas (1618 : f° 25r°) et par Oudin (1640 : 53) : « La seconde consyderation est que si en ces phrases, les adjectifs sont mis & construits devant leurs substantifs, au lieu des articles Du, de l', De la, Des, il vaudra mieux mettre De. *De bon vin, de fine soye, de belle estoffe. De magnifiques Rois, de braves Gentils-hommes, De sçavans Docteurs.* » (Maupas 1618 : f° 25r°). Elle figure également dans les *Remarques* de Wapy (1634 : 111-113).

Neantmoins ayant consideré, que dans la plus part des Provinces, on y manque, & que parmy ce nombre infini d'Escrivains qui sont en France, il y en (331 [291]) a une bonne partie, qui n'y prennent pas garde, j'ay jugé cette Remarque necessaire[1214]. Au nominatif, & à l'accusatif *de*, se met devant l'adjectif, & *des* devant le substantif, par exemple on dit, *il y a d'excellens hommes*, & *il y a des hommes excellens*, *ce pays porte d'excellens hommes, & porte des hommes excellens*, & non pas *il y a des excellens hommes*, ny *il y a d'hommes excellens*, & ainsi de l'autre. C'est une reigle essentielle dans la langue[1215]. J'ay dit que c'estoit au nominatif & à l'accusatif, qu'elle avoit lieu, parce qu'au genitif & à l'ablatif, il n'en va pas ainsi; Car on dit *la gloire des excellens hommes*, & *on l'a despoüillé des belles charges qu'il possedoit*[1216].

Encliner

Quelques-uns, & mesmes à la Cour, disent *encliner*, au lieu d'*incliner*, fondez sur ce que l'on dit *enclin*[1217]. Mais il ne s'ensuit pas que l'on

1214 Dans sa traduction des sermons de Fonsèque, Vaugelas utilise plus fréquemment *des* que *de* dans ce contexte, par exemple, *qu'ils doivent enfanter des bonnes œuvres, la perte des biens du corps, apporte bien souvent des grands gains* (Vaugelas 1615 : 41, 457). Pour d'autres exemples de *des* + adjectif + N, voir Haase (1935 : 310-311) et N. Fournier (1998 : 162).

1215 Si le contenu de cette remarque ne s'est pas beaucoup modifié avant sa publication, l'organisation est assez différente dans le manuscrit (f° 23r°) ; en particulier, Vaugelas commence dans la version publiée par exprimer les raisons pour lesquelles il a inclus la remarque dans son volume, tandis que dans le manuscrit il aborde directement son sujet : « *De* et *Des* articles. Au nominatif et à l'accusatif *De* se met deuant l'Adiectif, et *Des* deuant le Substantif, par exemple, on dit *Il y a d'excellents hommes*, et *Il y a des hommes excellents. Ce pays porte d'excellents hommes*, et *porte des hommes excellents.* Cette reigle encore est essentielle pour ceux qui ueulent parler françois, et est d'autant plus necessaire de la remarquer, qu'il n'y a presque point de faute qui se commette si generalement en nostre langue, que celle là, ie ne dis pas dans <seulement> dans toutes les Prouinces de France, mais mesmes parmy la plus-part de noz Escriuains. »

1216 Cette dernière phrase représente une version très abrégée de ce qui apparaît dans le manuscrit : « Or i'ay dit que c'estoit au nominatif et à l'accusatif que la reigle auoit lieu, parce qu'au genitif et à l'ablatif il n'en ua pas ainsi. On dit l*a gloire des excellents hommes*, et non *d'excellents hommes* parce que le genitif pluriel <de l'article> ne se dit iamais que d'une façon qui est *Des*, au lieu que le nominatif et l'accusatif se disent en deux façons à sçauoir *De*, et *Des*, dont on se sert diuersement comme i'ay dit. A l'ablatif on dit, *on l'a priué des grandes charges que son pere possedoit*, et non *de grandes charges. Il s'est ueu frustré des belles esperances qu'il auoit conceües, Il s'est esloigné des grands Princes*, et non *de belles*, ni *de grands*. [...] // Plusieurs mettent aussi *Des* pour *De*, et c'est une faute que l'on commet aisement si l'on n'y prend garde, par exemple *I'ay fourni d'armes et de cheuaux*, et non *des armes et des cheuaux*. Ce *De* est genitif, et *Des* accusatif. »

1217 Dans le manuscrit (f° 32r°) : « *Encliner* pour *Incliner* ne me semble point bon, encor que M. Coeff. en use tousiours et ne die iamais *Incliner*, qui neantmoins se dit et s'escrit de tout le monde. I'ay pourtant oüy dire *encliner* à beaucoup de gents de la Court. ».

doive dire *encliner.* En matiere de langues, il n'y a point de consequence entre le mot formé & celuy dont il se forme[1218], comme par exemple on dit *ennemy*, avec un *e*, & *inimitié*, avec un *i*, *entier*, & *integrité*, *parfait*, & *imperfection*, & ainsi de plusieurs autres. M. Coeffeteau a tousjours escrit *encliner*[1219], & M. de Malherbe aussi[1220], en quoy ils n'ont pas esté suivis, par ce que presque tout le monde dit & escrit, *incliner*[1221].

(332 [292])

Accueillir

M Coeffeteau & plusieurs autres bons Autheurs encore apres Amyot, se servent ordinairement de ce mot en mauvaise part, & disent, *accueilly de la tempeste*, *accueilly d'une fiévre*, *accueilly de la famine*, *accueilly de toutes sortes de malheurs*[1222]. Il y a quelques endroits en France, particulierement le long de la riviere de Loire, où l'on use de cette façon de parler. Mais elle n'est pas si ordinaire à la Cour[1223]. On s'en sert plustost en bonne

---

1218 La remarque manuscrite se termine ici sans ajouter d'autres exemples ou commentaires sur l'usage de Malherbe : « En matiere de langues il n'y a point de consequence entre le mot formé et celuy dont il se forme, non plus qu'entre le simple et le composé, comme uous en uerrez diuers exemples dans ces remarques. »

1219 Coeffeteau (1621 : I, 18, 261, 268, etc.).

1220 Malherbe (1631 : I, 681) : *Je vous donne le bon soir, Madame, & m'encline à vos piés […].*

1221 Pour la période 1600-1647 dans Frantext, les formes d'*incliner* sont à peu près deux fois plus fréquentes (79 ex.) que celles d'*encliner* (40 ex.). La variante *encliner* est incluse dans les dictionnaires de Robert Estienne (1549), Nicot (1606) et Cotgrave (1611) et, à la fin du siècle, dans celui de Furetière (1690). Richelet (1680), d'autre part, juge qu'elle n'est pas usitée et elle ne figure plus dans l'Académie (1694).

1222 Dans le manuscrit (f° 10v°) : « Amyot s'en sert aussi en ce mesme sens, et en ces mesmes phrases ». Nous lisons par exemple chez Amyot : *ils furent tous esbahis qu'ils se trouverent derechef acueillis d'infinis coups de trait, & accablez de pierres* (1613 [^{1}1559] : 595).

1223 Dans le manuscrit : « Mais i'ay veu peu de gents de la Court, qui l'approuuent, ni qui en ueuillent user. Ilz disent qu'*accueil* ne se prend iamais qu'en bonne part, comme quand on dit *le Roy luy a fait grand accueil*, et qu'il n'y a point d'apparence qu'on se serue du uerbe *accueiller* qui en uient, en mauuaise part, ~~et qui plus est~~ A quoy i'aiousteray que ie ne me souuiens pas de l'auoir iamais ueu employer en bonne part par M. Coeff. ~~ni mesmes par aucun de ceux~~ <et $^{+}$ {$^{+}$ qu'il l'est} fort rarement par ceux mesmes> qui ne ueulent pas que l'on s'en serue comme luy, car ie n'ay point encor leu ni oüy dire *le Roy l'a accueilli*, pour dire *luy a fait accueil*. M. de Malh. neantmoins l'a escrit p.467 *Cependent Annibal qui eut bon uent ne tarda gueres d'arriuer a Tyr, ou pour la reputation des grandes choses qu'il auoit faites, et pour la gloire que les Tyriens* {[…] *comme en un* […] *sa naissance*} ». Cette dernière phrase est illisible parce que le folio est déchiré, mais dans l'édition de Malherbe, la citation se lit : *où pour la reputation des grandes choses qu'il avoit faites, & pour la gloire que les Tyriens se donnent d'avoir esté fondateurs de Cathage, il fut accueilly comme en un autre lieu de sa naissance* (Malherbe 1631 : I, 467).

part, & l'on dit par exemple, *il a esté accueilly favorablement. Accueil*, ne se dit jamais aussi qu'en bonne part, si l'on n'y adjouste, *mauvais*[1224].

Apres

Ce mot devant un infinitif pour denoter une action presente & continuë, est François, mais bas, il n'en faut jamais user dans le beau stile[1225]. Exemple, M. de Malherbe parlant de certains vers dit[1226], *Je suis apres de les achever*, & en un autre endroit[1227], *la nature est tousjours apres à produire de nouveaux hommes*, & encore[1228], *il estoit apres de faire que dans peu de temps il seroit son allié.* Il en a usé fort souvent, tantost avec la particule *de*, tantost avec la preposition *à*[1229], & tantost aussi sans verbe en **(333 [293])** suite, comme quand il dit, *les livres n'en apprennent rien, je m'asseure que les Q, que vous me dites estre apres, en sçavent aussi peu*[1230].

Se condouloir

Se condouloir avec quelqu'un de la mort d'une personne, ou de quelque autre malheur, est fort bien dit, & nous n'avons point d'autre terme en nostre langue pour exprimer cet office de charité, ou de civilité, que la misere humaine rend si frequent dans le monde[1231]. M. de Malherbe a

---

1224 Si, comme c'est souvent le cas, Richelet (1680) suit Vaugelas, et Furetière (1690) n'offre de commentaire sur l'usage ni du verbe ni du substantif, l'Académie hésite. En 1694 elle donne deux définitions pour le verbe « Recevoir quelqu'un qui vient vers nous [...] Il se dit fig. De tous les accidents fascheux qui arrivent à quelqu'un », mais en 1704 elle juge plutôt que « Ce verbe n'a plus d'usage que dans le stile soustenu en parlant d'un orage violent » (Académie 1704 : 319).

1225 Sur l'histoire et l'usage de cette périphrase verbale, voir Gougenheim (1971). Chabanel (1612 : 45) cite l'exemple *estre apres à chercher* « pour s'estudier & travailler à chercher » sans faire de commentaire sur son usage.

1226 Dans le manuscrit (f° 10v°) : « et p. 701 *Ie suis apres de les acheuer* ».

1227 Dans le manuscrit : « B. p.6 ».

1228 Dans le manuscrit : « p.467 ». Vaugelas se trompe ici de référence ; en fait la citation à la page 467 du texte de Malherbe est la suivante : *Qu'encore à cette heure il estoit aprés, & par lettres & par messages, à en faire faire de mesme à Antiochus* (Malherbe 1631 : I, 467). L'exemple cité se trouve plutôt à la page 452.

1229 Dans l'original : *a*.

1230 Dans le manuscrit : « p.576 Les liures n'en apprenent rien et [...] ie m'asseure que les I que uous me dites estre *apres* en scauent aussi peu que les C » (c'est-à-dire « Jesuites » et « Cordeliers »). Vaugelas adapte légèrement l'exemple dans la version publiée.

1231 Dans les *Fautes d'impression*, Vaugelas note que ce verbe n'est plus d'usage à la Cour, même s'il continue d'être utilisé par « plusieurs excellens Autheurs modernes », et il propose comme

dit, *rendre des devoirs de condoleance*, mais cette façon de parler n'est plus du bel usage, & *condoleance*, semble aujourd'huy un estrange mot[1232].

Comme, comment, comme quoy[1233]

Commençons par le dernier ; *comme quoy*, est un terme nouveau, qui n'a cours que depuis peu d'années, mais qui est tellement usité, qu'on l'a à tous propos dans la bouche[1234]. Apres cela, on ne peut pas blasmer ceux qui l'escrivent, mesme à l'exemple d'un des plus excellens & des plus celebres Escrivains de France, qui s'en sert d'ordinaire pour *comment*, *comme quoy*, dit-il, *n'estes-vous point persuadé*, pour dire, *comment n'estes-vous* (334 [294]) *point persuadé*[1235] ? Mais pour moy, j'aimerois mieux dire, *comment*, selon cette reigle generale, qu'un *mot ancien, qui est encore dans la vigueur de l'Usage est incomparablement meilleur à escrire, qu'un tout nouveau, qui signifie la mesme chose.* Ces mots qui sont de l'usage ancien & moderne tout ensemble, sont beaucoup plus nobles & plus graves, que ceux de la nouvelle marque[1236]. Quand je parle des mots, j'entens aussi

---

alternatives *s'affliger avec quelqu'un* ou *faire compliment à quelqu'un sur*. Il y en a huit exemples dans Frantext pour la période 1600-1647, tous à l'infinitif. Notons cet exemple pris de Malherbe (Régnier 1869 : 111) : *L'ambassadeur d'Espagne [...] ne vient [...] pas seulement pour se condouloir avec nous.* À la fin du siècle, Richelet (1680) juge que le verbe est hors d'usage, tandis que Furetière (1690) et l'Académie (1694) observent que le verbe ne s'emploie qu'à l'infinitif.

1232 Cette dernière phrase ne se trouve pas dans la version manuscrite (f° 15r°). Nous n'avons pas pu trouver cet exemple chez Malherbe. Dans Frantext (1600-1647), il y a six exemples de *condoleance* dont cinq dans les lettres de Peiresc, et trois figurant dans l'expression *compliment de condoleance.* En 1694, l'Académie commente que le verbe « a peu d'usage » ; dix ans plus tard elle observe : « La langue a beaucoup changé depuis que M. de Vaugelas a escrit cette remarque, *se condouloir*, qu'il approuve, n'est plus en usage, & *condoleance*, qu'il a condamné est receu dans cette phrase, *Faire des complimens de condoleance* » (1704 : 321). Dans ce cas, Richelet se différencie également de Vaugelas, en remarquant que *condoléance* « se dit encore quelquefois, et n'est pas si étrange que Vaugelas le croit ».

1233 Il a deux remarques distinctes dans le manuscrit au même feuillet (f° 14v°), « *Comme quoy*, pour *comment* » et « *Comment* et *comme* » qui sont séparées par deux autres observations. Elles sont dans les grandes lignes très proches de la remarque publiée.

1234 Il y a quelques rares occurrences de *comme quoy* au XVIe siècle (5 dans Frantext), mais il semble que l'expression est devenue plus commune à partir de 1620, avant de perdre sa fréquence dans la deuxième moitié du siècle (1600-1647 : 58 ex. *vs* 1648-1699 : 23 ex.). Pour d'autres exemples, voir Haase (1935 : 89-90).

1235 Dans le manuscrit : « Iamais M. Coeff. n'en a usé ». La Clef de Conrart ne donne pas l'identité de cet auteur. Il se peut qu'il s'agisse de Guez de Balzac qui utilise *comme quoy* dans ses lettres, par ex. *Voilà, Monsieur, comme quoy je regne tousjours en ma pauvreté, et avec quelle insolence je mesprise ce que les hommes adorent* (Balzac 1624, cité d'après Frantext).

1236 Pour sa position sur les néologismes et les archaïsmes, voir l'Introduction 6.5.2.

parler des phrases. Ce n'est pas que je ne me voulusse servir de *comme quoy*, qui a souvent bonne grace, mais ce ne seroit gueres que dans un stile familier[1237].

Comment, & *comme*, sont deux, & il y a bien peu d'endroits, où l'on se puisse servir indifferemment de l'un & de l'autre[1238]. Il est certain que par tout où l'on a accoustumé de dire, *comme quoy*, on ne peut faillir de dire, *comment*, au lieu que si l'on disoit, *comme*, ce pourroit bien estre une faute. On peut pourtant dire quelquefois, *comme*, & *comment*, par exemple, *vous sçavez comme il faut faire*, & *comment il faut faire*. M. de Malherbe disoit tousjours, *comme*, en quoy il n'est pas suivi[1239] ; car il n'y a point de doute que lors que l'on interroge, ou que l'on se sert du verbe, *demander*, il faut dire, *comment*, & non pas *comme*. Ce seroit fort mal dit, *demandez luy comme cela se peut faire*, mais *demandez-luy comment*, & *comme estes-vous venu*, au lieu de **(335 [295])** dire, *comment estes-vous venu ?* & ainsi des autres.

Guere, *gueres*, *de naguere*, *de nagueres*

On dit *guere*, & *gueres*, avec *s*, & sans *s*[1240]. *De*[1241] *naguere*, ou *de nagueres*, commence à vieillir[1242], & l'on dit plustost, *depuis peu*, comme *qui estoit*

1237 Vaugelas est plus précis dans le manuscrit : « Aussi seroit ce en une lettre familiere ou i'userois plustost de *comme quoy* que dans un stile historique, parce que le stile des lettres familieres doit estre le plus approchant de la façon ordinaire de parler ». Dans son observation sur cette remarque, l'Académie (1704 : 322) conclut : « Il est aisé de juger que *comme quoy*, qui estoit un mot nouveau que M. de Vaugelas a veu naistre, n'avoit pas esté generalement receu, puisqu'il a si-tost vieilli. On ne s'en sert plus presentement ».

1238 Dans le manuscrit : « Ie uerray si l'on pourra establir quelque reigle pour cela ». Selon Oudin (1640 : 296) : « La difference est grande entre *comme* & *comment*, dautant que le premier est pur [*sic*] de similitude, & *comment* est tousjours interrogatif : & jamais on ne se doit servir de *comme* pour interrogatif, si ce n'est en cette phrase adverbiale, *comme quoy* ».

1239 Par exemple, *Voicy donc comme il faut parler à eux* (Malherbe 1631 : I, 129). Dans ce cas, la référence à l'usage de Malherbe est ajoutée dans la version publiée. Voir aussi Spillebout (2007 : 388-389) et N. Fournier (1998 : 125).

1240 Les deux formes sont fréquentes dans Frantext pour la période 1600-1647 (*guere* : 511 ex. ; *gueres* : 409 ex.). Richelet (1680), Furetière (1690) et l'Académie (1694) donnent également les deux graphies dans leurs dictionnaires.

1241 Dans l'original : *de.*

1242 La remarque manuscrite (f° 67r°), qui n'est pas complète à cause de l'usure du folio, promeut plutôt l'ancien usage : « *De n'a gueres* est fort bon et fort usité par M. Coeff. par exemple *ou ilz estoient de n'a gueres arriuez,* Il me semble meilleur en cet exemple que de dire *ou ils estoient n'a gueres arriuez*, sans *De.* Il y a quelque <petite> difference entre les deux, ~~il faut que~~ [...] pas bien encore quelle elle est. Il faut tascher [...] ». Il n'y a que

arrivé depuis peu, au lieu de dire, *qui estoit de nagueres arrivé*, ainsi que M. Coeffeteau & plusieurs autres ont accoustumé d'escrire, mais on peut fort bien dire, *qui estoit nagueres arrivé*, sans dire, *de nagueres*. *Nagueres* se doit orthographier de cette façon en un seul mot, & non pas *n'a-gueres*, avec les marques de son origine & de sa composition[1243].

Compagnée pour *compagnie*[1244]

Ce mot est barbare, s'il en fut jamais, & neantmoins il est tous les jours dans la bouche & dans les escrits d'une quantité de gens qui font profession de bien parler & de bien escrire[1245]. Ce seroit estre peu officieux de n'en faire pas une remarque, & de ne pas declarer que *compagnée* en quelque sens qu'on le prenne, ne vaut rien, & qu'il faut tousjours dire, *compagnie*. Je n'ay peu m'imaginer ce qui a donné lieu à une faute si grossiere, si ce n'est **(336 [296])** le verbe, *accompagner*, qui dans le commerce ordinaire de la société civile, a son plus grand usage à l'infinitif, & au preterit, où il fait sonner l'*e*, comme quand on dit, *il le faut accompagner*, *il l'est allé accompagner*, *je l'ay accompagné*[1246], *il m'a accompagné*. En effet, si l'on y prend garde, on trouvera qu'on se sert cent fois de ces deux mots, & encore d'un troisiesme, qui est le participe passif *accompagné*, pour une fois ou deux, que l'on dira *accompagnoit*, ou *accompagna*, ou quelque autre temps qui ne termine pas en *e*. Car *accompagne*, encore que l'*e* en

---

trois exemples de *de n'agueres* / *de n'a gueres* pour la période 1600-1647 dans Frantext, dont deux de Coeffeteau.

1243 Chez Maupas (1618 : f° 161v°) on trouve *nagueres*, tandis que dans la grammaire d'Oudin (1640 : 267) il y a *n'aguere(s)* ; ces deux auteurs ne font pas de commentaire sur *de naguere(s)*, qui est toutefois utilisé une fois par Maupas dans son texte (1618 : f° 40v°). La graphie *n'aguere(s)* est pourtant plus fréquente dans Frantext (1600-1647) que *naguere(s)*, *n'a guere(s)* ou *n'a-guere(s)*.

1244 La remarque manuscrite (f° 15v°) est beaucoup plus courte et la discussion sur l'origine de l'erreur n'y figure pas : « *Compagnee* pour dire *compagnie* est un des plus mauuais mots que l'on sçauroit dire, et neantmoins ie m'estonne comme une infinité de gents, mesmes de ceux qui en tout le reste parlent fort bien, soit à la Court, soit ailleurs, ne laissent pas de faire une faute si grossiere et qui choque si fort l'oreille. Il faut tousiours dire et escrire *compagnie* ~~soit que l'on parle~~ quoy que l'on ueüille signifier et en quelque sens qu'on parle ; Et *compagnee* ne uaut rien ni ne signifie chose du monde. »

1245 Il y a 17 exemples de ce mot dans Frantext pour la période 1600-1647 mais la grande majorité (13) provient d'un seul texte, *De l'usage des passions* de Senault (1641). Richelet (1680) est le seul lexicographe à inclure ce mot, tout en citant le commentaire de Vaugelas selon lequel ce mot « ne se dit pas ».

1246 Dans l'original : *accompagne*.

soit feminin, ne laisse pas de contribuer aussi bien que le masculin à la corruption du mot, & d'estre cause avec quelque vray-semblance que l'on a dit, *compagnée*, pour *compagnie*. Je ne sçay si le nom feminin *compagne*, n'y a point encore aydé ; Il y a quelque plaisir meslé d'utilité, de considerer les voyes & la naissance d'une erreur, & quand on a relevé une personne, encore est-on bien aise de voir ce qui l'a fait tomber[1247].

Bienfaiteur, bienfaicteur, bienfacteur

Bienfaiteur, est le meilleur[1248], c'est comme il faut escrire, & comme il faut prononcer. *Bienfaicteur*, avec le[1249] *c*, passe encore, pourveu qu'on ne prononce pas le *c*, mais *bienfacteur*, (337 [297]) selon l'opinion des plus delicats, ne vaut rien, quoy que plusieurs disent ainsi[1250] ; l'on dit *malfaiteur*, & *malfaicteur*, sans prononcer le *c*, & non pas *malfacteur*[1251].

Bestail, & bestial

Tous deux sont bons, mais *bestail*, est beaucoup meilleur[1252]. Il semble que *bestial* est plus dans l'usage de la campagne, & que l'autre est plus de la ville & de la Cour.

Eschapper

Ce verbe a trois regimes differens pour une mesme signification, on dit *eschapper d'un grand danger*, & *eschapper un grand danger*, qui est plus

1247 Voir l'Introduction, p. 79.

1248 Dans la remarque manuscrite (« *Bienfaiteur* », f° 30r°), Vaugelas n'exprime pas de préférence entre *bienfaiteur* et *bienfaicteur* : « *Bienfaiteur* ou *Bienfaicteur* c'est ainsi qu'il le faut dire et escrire et non *Bienfacteur* comme plusieurs le disent et l'escriuent. Et encore qu'on escriue si l'on ueut *Bienfaicteur* auec un *C*, si est ce qu'il ne le faut pas prononcer. Ainsi dit on *Malfaiteur*, et non pas *Malfacteur*. »

1249 Dans l'original : *le*.

1250 Tous les exemples (11) de *bienfacteur* dans Frantext (1600-1647), à une exception près, datent de la première décennie du siècle ; la forme est attestée chez Malherbe (Régnier 1869 : 68). Les dictionnaires témoignent de la persistance de la variation jusqu'à la fin du siècle, *bienfacteur* étant toujours admis par Richelet (1680), Furetière (1690) et l'Académie (1694).

1251 *Malfacteur* n'est ni attesté dans Frantext (1600-1647) ni accepté par aucun des lexicographes.

1252 La remarque manuscrite (f° 30r°) ne fait pas de distinction entre l'usage des deux formes : « *Bestial* et *Bestail* tous deux sont bons Malh. dit tousiours *Bestail* ». Il y a plus de 500 exemples de *bestail* dans Frantext pour la période 1600-1647 contre une dizaine de *bestial*. La plupart des lexicographes aussi ne citent que la forme *bestail* pour le substantif, mais Richelet (1680) accepte l'usage de *bestial* au pluriel (*leurs bestiaux sont morts*).

elegant que l'autre, & l'on dit aussi, *eschapper aux ennemis*, *eschapper aux embusches*, qui est encore une fort belle façon de parler[1253].

Il est, *il n'est*, pour *il y a*, *il n'y a*

C'est une phrase qui est fort familiere à M. de Malherbe, il est vray qu'*il n'est*, pour *il n'y a*, est beaucoup meilleur & plus en usage, que *il est*, pour *il y a*, en l'affirmative[1254]. Par exemple, *il n'est point d'homme si stupide, qui ne reconnoisse une divinité*, est bien meilleur, que de **(338 [298])** dire, *il n'y a point d'homme si stupide.* Mais si je disois, *il est des herbes si venimeuses, qu'elles font mourir subitement*, à mon avis je ne dirois pas si bien que si je disois, *il y a des herbes, &c.* Il faut remarquer, que l'on ne dit pas tousjours, *il n'est*, pour *il n'y a* ; car l'on ne dira pas, *il n'est qu'un an*, pour dire, *il n'y a qu'un an*, ny *il n'est que deux personnes*, pour dire, *il n'y a que deux personnes.* On le dit seulement, ou quand il est suivi de *point*, comme en l'exemple que nous avons donné, *il n'est point d'homme si stupide*, ou quand il est suivi de la conjonction *que*, jointe à la preposition

---

1253 Il y a deux remarques manuscrites sur la construction de ce verbe (f° 26v°, 31r°) qui suggèrent la préférence de Vaugelas pour *eschapper un grand danger* à *eschapper d'un grand danger.* Dans la première, Vaugelas censure l'usage de *échapper à* qu'il considère comme trop nouveau : « *Eschapper à un g. d.* que dit M le Ch. de B ne me semble pas bon. <Malh neantmoins le dit p.258 Combien d'hommes sont eschappez aux perils. Cette construction ~~est trop~~ me semble trop nouuelle et trop hardie, elle est meilleure pour les uers que pour la prose.> ». Nous n'avons pas pu identifier cette citation de « M le Ch. de B ». Sur la construction de ce verbe, voir Haase (1935 : 131-132) et N. Fournier (1998 : 62). Avant Vaugelas, elle n'est pas examinée par les grammairiens de notre corpus (1530-1650).

1254 Le jugement de Vaugelas est plus sévère dans le manuscrit (f° 32r°) : « Et pour en parler franchement ie ne uoudrois iamais dire affirmatiuement *Il est* pour *Il y a*, n'ayant point encor ueu d'exemple parmy tous ceux que l'on peut remarquer dans la prose de M. le Malh. qui en use souuent comme i'ay dit, ou *Il y a* ne fust incomparablement mieux qu<'>~~e non pas~~ *Il est.* » Malherbe s'en sert à l'affirmatif et au négatif : *Il est des hommes qu'il faut instruire, & se contenter quand avec quelque effort, ou par quelque trait de hardiesse ils font demonstration de leur volonté* (1631 : I, 44) : *Il n'est point d'homme si sensible, & si ouvert à toute sorte de traits, que ce qu'on luy donne fortuitement le touche au cœur* (1631 : I, 33) ; *cf.* Régnier (1869 : 320). Dans sa grammaire, Oudin (1640 : 251) admet l'usage de *il est* dans quelques contextes bien définis : « On le met au lieu d'*il y a* : v. g. *il est bien du vin cette année* : *il est quantité de sots* : *il est assez de badins* : mais il faut que ce soit en parlant generalement, & de quantité materielle indeterminée : car on ne s'en peut servir en choses qui n'ont point de matiere substantielle ; comme, *il est du danger*, il faut dire, *il y a du danger.* De mesme traitant de la distance du lieu, ou du temps : v. g. on ne peut dire, *il est quinze lieües d'icy a Fontainebleau* : mais, *il y a quinze lieües*, &c. *il est trois mois que je suis arriué*, mais, *il y a trois mois.* » Il n'y a pas cependant de commentaire sur la variation entre *il n'est* et *il n'y a.*

de, avec un infinitif, comme, *il n'est que de servir Dieu*, ou avec *rien de*, comme *il n'est rien de tel que de, &c.* quoy qu'il semble qu'à l'esgard de la phrase, ce ne soit qu'une mesme chose de dire, *il n'est que de servir*, & *il n'est rien de tel que de servir.* Voyla ses trois principaux usages. Je ne sçay s'il y en a encore quelque autre. Il y a grande apparence, que ç'ont esté nos Poëtes, qui pour eviter la rencontre des voyelles, ont introduit, ou du moins confirmé l'usage de ces façons de parler, si necessaires en une infinité de rencontres[1255].

Parricide, fratricide[1256]

On ne se sert pas seulement de ce mot pour signifier celuy qui a tué son pere, (339 [299]) comme la composition du mot le porte, mais pour tous ceux qui commettent des crimes enormes & desnaturez de cette espece, tellement qu'on le dira aussi bien de celuy qui aura tué sa mere, son Prince, ou trahi sa patrie, que d'un autre qui auroit tué son père ; car tout cela tient lieu de pere[1257]. Il y en a mesmes qui s'en servent pour un frere, ou pour une sœur ; car ceux qui disent *fratricide* parlent mal, & composent un mot qui n'est pas François[1258]. Ainsi l'on dit *patrimoine*, du bien mesme, qui vient du costé de la mere. Il n'est pas question de s'attacher à l'origine de *parricide*, pour ne s'en servir qu'au pere, l'usage l'a estendu à tout ce que je viens de dire.

1255 Dans le manuscrit : « Et parce que M. de Malh. les employoit ordinairement en uers, il ~~l'~~a gardé ~~la coustume et~~ l'habitude qu'il auoit prise ~~de s'en seruir~~ <d'en user [~~...~~]>, ~~encore dans la prose~~ en s'en seruant encore dans la prose [...] » La fin de ce passage n'est pas lisible.

1256 La définition de *parricide* et la critique de *fratricide* se trouvent au folio 34r° du manuscrit : « *Fratricide* n'est pas un mot françois. On se sert du mot de *parricide* pour exprimer tous ces crimes enormes et desnaturez que l'on commet en tuant soit pere, soit mere, soit frere, soit sœur, soit quelque autre personne <à> qui nous sommes obligez de rendre autant ou plus d'honneur et d'obeissance qu'à un pere, ou à une mere. Il se dit mesme de la patrie. » Dans un ajout marginal au folio 71r°, Vaugelas observe que « *Parricide* est un de ces noms qui sont substantifs et adiectifs tout ensemble ».

1257 *Parricide*, dans le sens de « criminel envers le Roi, l'État » et « meurtre, crime d'État » est attesté chez Malherbe (Régnier 1869 : 444). Cette définition se trouve déjà chez Cotgrave (1611) : « *A Parricide; a murtherer of his owne father; also, any hainous murtherer.* »

1258 Cotgrave (1611) et Furetière (1690) incluent ce mot sans commentaire, mais Richelet (1680) observe qu'il « ne se dit pas ». *Fratricide*, substantif ou adjectif, est rare dans Frantext à cette période (1600-1647 : 7 ex.).

Cupidité[1259]

M Coeffeteau a tousjours dit *cupidité*[1260], & jamais *convoitise.* M. de Malherbe en usoit aussi[1261], mais aujourd'huy je ne vois plus aucun de nos bons Escrivains qui en use, ils disent tous *convoitise*, *une trop grande convoitise de regner*[1262].

Conquere

Il ne tient qu'à luy, dit quelqu'un de nos meilleurs Escrivains[1263], *qu'il ne conquere toute la* (340 [300]) *terre.* Je ne crois pas que ce mot soit bon en ce temps-là. Le verbe *conquerir*, est anomal[1264], & quand il se conjugueroit au temps dont est *conquere*, il me semble qu'il faudroit dire *conquiere*[1265], parce que ce verbe prend l'*i*, en quelques endroits de sa conjugaison[1266], comme nous disons *conquerons, conquerez, conquierent*, & non pas *conquerent*.

1259 Il y a sur cette question trois remarques manuscrites qui sont toutes très courtes (f° 15r°, 44v°, 45v°). Dans ces observations Vaugelas accepte encore l'usage de *cupidité* qu'il considère comme « fort bon » (f° 45v°). Quant à *convoitise*, il note qu'il n'a aucune difficulté à s'en servir, mais que les bons auteurs n'utilisent pas le verbe *convoiter*, « qui sans doute ne uaut rien » (f° 15r°).

1260 Par exemple, Coeffeteau (1621 : II, 52 ; III, 74).

1261 Dans le manuscrit (f° 15r°) : « Malh. p. 190 » ; la citation se lit : *La justice d'un homme ne peut pas resister à tant de cupiditez qui ont les armes en la main.* Ernst (1977 : 216-217, 236-237), dans son étude des traductions de Plutarque, observe que *convoitise* et *cupidité* sont tous deux attestés chez Amyot.

1262 *Cf.* Perrot d'Ablancourt (1658 : 9), dans sa traduction des *Annales* de Tacite : *poussé d'une detestable convoitise de regner. Convoitise* (51 ex.) est bien plus fréquent dans les textes de Frantext (1600-1647) que *cupidité* (9 ex.). À la fin du siècle, Furetière (1690) et l'Académie (1694) acceptent les deux termes, mais Richelet (1680) considère qu'ils s'emploient surtout dans « les matieres de pieté ».

1263 Clef de Conrart : « M. De Balzac ». La citation qui provient du *Prince* de Balzac est légèrement modifiée : *Je le dis encore une fois : il ne tient qu'à luy qu'il ne conquere, et qu'il ne dispute de l'empire et de la domination avecque les ambitieux* (cité d'après Frantext).

1264 Cette première partie de la phrase ne figure pas dans la remarque manuscrite (f° 44v°) qui est pour le reste très proche de la version publiée. La conjugaison de *conquerir* et de ses composés *conquerir*, *acquerir*, etc. est incluse par plusieurs grammairiens avant Vaugelas, y compris Cauchie (1586 : f° 53r°), Maupas (1618 : f° 116r°) et Oudin (1640 : 166).

1265 L'exemple de Vaugelas cité dans la note précédente est le seul usage de cette forme attestée dans Frantext pour la période 1600-1647.

1266 La formulation de la règle est probablement trop vague pour être utile aux lecteurs.

Portrait, pourtraict[1267]

Il faut dire *portrait*, & non pas *pourtrait* avec un *u*, comme la plus part ont accoustumé de le prononcer, & de l'escrire[1268]. Il est vray qu'on a fort long-temps prononcé en France[1269] l'*o* simple comme s'il y eust eu un *u* apres, & que c'eust esté la diphthongue *ou*, comme *chouse*, pour *chose*, *foussé*, pour *fossé*, *arrouser*, pour *arroser*[1270], & ainsi plusieurs autres[1271]. Mais depuis dix ou douze ans, ceux qui parlent bien disent *arroser*, *fossé*, *chose*, sans *u*, & ces deux particulierement, *foussé*, & *chouse*, sont devenus insupportables aux oreilles delicates. Les Poëtes sont bien aises que l'on ne prononce plus *chouse*, parce qu'encore que la rime consiste principalement en la prononciation, si est-ce qu'ils n'ont jamais fait rimer *chouse*, par exemple avec *jalouse*[1272], mais tousjours avec les mots terminez en *ose*, comme *rose*, tellement (341 [301]) que toutes les fois que *chose* finissoit le vers & faisoit la rime, s'il estoit employé le premier, & que *rose*, ou quelque autre mot de cette terminaison s'ensuivist, le Lecteur ne manquoit jamais de prononcer *chouse*, qui ne rimoit pas apres avec *rose*, & cela estoit egalement importun au Lecteur & au Poëte.

Filleul, fillol[1273]

Toute la Cour dit *filleul*, & *filleule*, & toute la ville *fillol*, & *fillole*[1274]. Il n'y a pas à deliberer si l'on parlera plustost comme l'on parle à la Cour,

---

1267 Cette observation n'apparaît pas dans le manuscrit. Sur la querelle de l'ouïsme, voir l'Introduction, p. 126-127.

1268 Malherbe utilise à la fois *portrait* et *pourtrait* (Régnier 1869 : 479, 487). Dans Frantext (1600-1647) la forme *portrai(c)t(s)* est plus de deux fois plus fréquente (400 ex.) que *pourtrai(c)t(s)* (179 ex.). Cotgrave (1611) est le dernier de nos lexicographes à consigner *pourtraict*, et Chiflet (1659 : 29) est le dernier grammairien de notre corpus à accepter les deux formes.

1269 Dans l'original : Franee.

1270 *Cf. R*p. 219-220.

1271 Dans la traduction des sermons de Fonsèque on trouve également *prouffit* et *profit*/*proffit* (Vaugelas 1615 : 33, 102, 300).

1272 Vaugelas se souvenait-il de ce passage de l'*Art poétique* de Ronsard : « Tu pourras aussi à la mode des Grecs [...] adjouster un *u*, apres un *o*, pour faire ta ryme plus riche & plus sonante » (Ronsard 1914-1975 : XIV, 23) ? Parmi ses exemples, Ronsard donne *chouse* pour *chose* et *espouse* pour *espose*.

1273 Voici encore une remarque sur une question de prononciation qui ne figure pas dans le manuscrit.

1274 Le seul exemple de *fillol* dans Frantext pour la période 1600-1647 se trouve chez Fauchet (1602). Estienne (1549), Nicot (1606) et Cotgrave (1611) donnent les deux formes sans faire de distinction, mais les lexicographes de la fin du siècle préfèrent *filleul*/*filleule*.

que comme l'on parle à la ville. Mais outre que l'usage de la Cour doit prevaloir sur celuy de l'autre sans y chercher de raison, il est certain que la diphtongue *eu*, est incomparablement plus douce que la voyelle *o*[1275] ; c'est pourquoy les Courtisans qui vont tousjours à la douceur & à la beauté de la prononciation, en quoy consiste un des principaux avantages d'une langue, disent bien plustost *filleul*, que *fillol*. Et je m'asseure que si l'on proposoit à qui que ce fust qui ne le sceust pas, & qui eust l'oreille bonne, de deviner lequel des deux est de la Cour, ou de la ville, il n'hesiteroit point à dire, qu'indubitablement *filliol* doit estre de la ville, & *filleul*, de la Cour.

(342 [302])

Estre avec *pour*

Par exemple, *ils estoient pour avoir encore pis*, dit un de nos plus fameux Escrivains[1276], c'est à dire, *ils couroient fortune*[1277] *d'avoir encore pis*. Il est certain que cette façon de parler est tres-Françoise, mais basse[1278]. On s'en sert encore en un autre sens, qui n'est pas si usité, ny si bon, comme *je suis pour soustenir cette proposition*, ainsi que l'a escrit un de nos Autheurs modernes[1279], c'est à dire, *j'ose soustenir*, ou *j'oseray soustenir cette proposition*.

Verbe substantif mal placé

Le verbe substantif *estre*, ne se doit jamais mettre en aucun de ses temps devant le nom qui le regit[1280]. Par exemple, *& fut son avis d'autant mieux receu*[1281], il faut dire, *& son avis fut d'autant mieux receu*. Il ne faut pas dire non plus, *estant les broüillarts si espais*[1282], mais *les broüillarts estant*

1275 Sur la notion de *douceur*, voir l'Introduction, p. 122.

1276 Dans le manuscrit (f° 27r°) : « M. de Malh. p. 388 ».

1277 Dans l'original : *forune*.

1278 Dans le manuscrit : « se dit ordinairem[ent], mais il ne s'escrit pas dans le stile graue ». La dernière phrase de la remarque publiée ne se trouve pas dans le manuscrit. Sur l'usage et l'histoire des périphrases verbales, voir Gougenheim (1971).

1279 Selon Thomas Corneille (Vaugelas 1738 : II, 301), il s'agit de François de La Mothe Le Vayer. Pour d'autres exemples, voir Haase (1935 : 168-169) et N. Fournier (1998 : 254).

1280 Comme nous l'avons remarqué dans l'Introduction (p. 141, 173-176), Vaugelas s'intéresse beaucoup à l'ordre des mots. La formulation trop générale de cette règle dépend peut-être de sa préférence fondamentale pour l'ordre Sujet-Verbe-Complément.

1281 *Cf.* Malherbe (1631 : I, 379) : *& fut son avis d'autant mieux receu, que c'estoit le mesme qu'il avoit baillé aux Achaïens*.

1282 *Cf.* Malherbe (1631 : I, 386) : *Mais estant les broüillars si épais […]*.

si espais. J'ay fait cette remarque à cause que l'un de nos plus celebres Escrivains parle ordinairement ainsi, & il ne le faut pas imiter en cela, c'est escrire à la vieille mode[1283].

Date[1284]

Beaucoup de gens disent, *le date d'une lettre*, *voyons le date*, il faut dire *la date* ; car il (343 [303]) est tousjours feminin, & les epithetes ordinaires de ce mot le font voir clairement ; car on dit *de fraische date*, *de nouvelle date*, *de vieille date* & jamais *de frais date*, *de nouveau date*, *de vieux date*, qui seroient insupportables[1285]. Il faut escrire *date*, avec un seul *t*[1286], venant du Latin, *datum*, ou *data, supple, epistola*, & pour le distinguer encore du fruit du palmier qu'on appelle *datte*, & qui est aussi feminin.

Seureté, seurté[1287]

Quoy qu'en parlant il semble que l'on ne fait jamais ce mot que de deux syllabes, si est-ce qu'il est tousjours de trois, & qu'il n'est pas mesme permis en vers de ne le faire que de deux. Tousjours *seureté*, & jamais *seurté*[1288]. Mais outre que la prononciation[1289], qui ne le fait paroistre que de deux syllabes, est capable de tromper, on peut encore estre trompé par[1290] l'analogie de plusieurs autres noms, qui ne sont que

1283 Dans le manuscrit (f° 27r°) : « comme escrit ordinairement un de noz plus celebres Escriuains suiuant en cela comme en plusieurs autres choses la uieille mode ». Le contenu de cette remarque manuscrite, qui suit immédiatement la précédente, est très similaire à la version publiée.

1284 Cette question n'est pas considérée dans le manuscrit.

1285 Les exemples de cette graphie dans Frantext (1600-1647) sont tous du genre féminin (par ex. *derniere date*, Esternod 1619 ; *vieille date*, Peiresc 1634). Les lexicographes s'accordent à attribuer ce mot au genre féminin.

1286 La graphie *datte* est beaucoup plus fréquente dans Frantext (1600-1647) que *date*, et est favorisée par Peiresc dans ses lettres. Il n'y a que trois exemples de ce mot au masculin, qui figurent tous chez Fauchet (1601, 1602).

1287 La prononciation de ce mot n'est pas examinée dans le manuscrit.

1288 La forme *seurté* (37 ex.) est moins attestée dans Frantext (1600-1647) que *seureté* (252 ex.), mais elle est encore utilisée par Sorel (1627), Aubigné (1630) et Mairet (1630) entre autres. Vaugelas est le premier de nos grammairiens à parler de la prononciation de ce mot, voir Thurot (1881-1883 : I, 155-156). En 1611, Cotgrave accepte toujours *seurté* comme forme secondaire : « Seurté *Looke* Seureté ».

1289 Dans l'original : prononciaiion.

1290 Dans l'original : on le peut estre encore par (*Fautes d'impression*).

de deux, comme *clarté*, *cherté*[1291], *fierté*, *&c.* Neantmoins *seureté*, n'est pas tout à fait sans exemple ; car nous disons *pureté*, non pas *purté*.

Dont[1292]

Cette particule est tres-commode & de tres-grand usage en nostre langue. (344 [304]) C'est un mot indeclinable, qui convient à tout genre, & à tout nombre, & qui s'accommode avec toutes sortes de choses sans exception, ce que ne fait pas *quoy*, comme vous verrez en son lieu[1293]. Il se met au lieu du genitif & de l'ablatif pour *duquel*, & *de laquelle*, ou *desquels*, & *desquelles*, comme *l'homme*, ou *la femme dont j'ay espousé la fille*, *les hommes & les femmes dont je vous ay parlé*[1294]. On s'en sert encore pour *dequoy*, comme *ce dont je vous ay parlé.* Mais il faut prendre garde de n'en pas abuser, à cause qu'on en a souvent besoin ; J'appelle abuser, en user trop frequemment ; Car il n'est pas croyable comme ce mot tout monosyllabe qu'il est, ne laisse pas de blesser la veuë, ou l'oüye, quand il est repeté trop souvent en une mesme page[1295].

Quelques-uns disent encore *dont*, pour *d'où*[1296], comme *le lieu dont je viens*, mais c'est tres-mal parler, il faut dire *d'où je viens*, quoy que ce

---

1291 Il y a deux virgules dans l'original.

1292 La remarque manuscrite (« *Dont* », f° 23v°-24r°), qui est divisée en deux sous-parties (« *Dont* pour *D'où* » et « *Dont* quand il est mauuais »), est plus longue que la version publiée (voir les notes ci-dessous).

1293 Voir *R*p. 54.

1294 *Cf.* Oudin (1640 : 130-131) : « Ce relatif, qui sert au genitif & à l'ablatif singulier & plurier, & se couche indifferemment pour *de qui*, *duquel*, *de laquelle*, *desquels* & *desquelles*, a meilleure grace que les precedents, & beaucoup plus d'estenduë, parce qu'il exprime les choses & les personnes, sans admettre aucune preposition : comme, *l'espée dont vous m'avez blessé* : *la femme dont vous m'auevz parlé* : *les bottes dont vous avez payé* : *le cheval dont vous avez donné ou baillé* : *les Messieurs dont vous esperez*, &c. & qui desire eviter ce qu'il y a de superflu aux autres relatifs, peut usurper celuy-cy sans scrupule, mais tousjours au genitif & à l'ablatif. Et notez qu'il ne se doit point confondre avec l'adverbe *d'où*, encore que le vulgaire dise quelquefois, *dont venez-vous*, pour *d'où venez-vous.* » Wapy (1634 : 71-73) traite également du choix entre les différents pronoms relatifs.

1295 Dans le manuscrit : « Il faut seulement prendre garde qu'à cause que l'on en a besoing souuent et qu'il est commode, on n'en abuse point. Et [~~…~~] ~~qu'il n'y a point~~ [~~…~~] <[~~…~~] l'on en abuse quand> on ~~n~~ en use [~~…~~] trop souuent proches les uns des autres, car il n'est pas croyable comme ce petit <monosyllabe> [~~…~~] ~~une seule syllable~~, qui n'a rien de specieux en soy pour se faire remarquer, ne laisse pas de choquer la ueüe ou l'ouÿe quand il est repeté trop souuent en une mesme page, ~~tant de mesme~~ <presque autant> que feroit quelqu'un de ces mots illustres et magnifiques, qu'il se faut bien garder de repeter que de loing à loing, si ce n'est en certains cas que nous dirons en son lieu sous le titre de *Repetition de mots.* »

1296 Dans l'original : d'*où*.

fust sa vraye & sa premiere signification[1297] ; car *dont*, vient de *unde*. On dit neantmoins *la race*, ou *la maison dont il est sorti*, mieux que *d'où il est sorti*, qui toutefois est bon. En cet exemple *dont il est sorti*, veut dire, *de laquelle il est sorti*[1298].

Il y en a qui font scrupule de se servir de ce mot dans la situation où vous l'allez voir en cet exemple[1299]. *C'est un homme dont l'ambition excessive a ruiné la fortune*, quoy qu'icy il se rapporte (345 [305]) à *homme*, comme signifiant *duquel*, neantmoins il a encore un autre rapport à ce qui suit aussi bien qu'à ce qui precede, & ils disent que ce n'est pas parler nettement[1300], parce que *dont*, estant proche d'*ambition*, il semble qu'il s'y rapporte, & toutefois cela n'est pas, car il se rapporte à *fortune*, & qu'ainsi ne soit, rapportez-le à *ambition*, vous trouverez que le sens sera imparfait, & que *fortune*, demeurera un mot indefini, sans que l'on ayt fait entendre de la fortune de qui l'on parle[1301]. Cependant la plus part de nos meilleurs Escrivains & en prose & en vers n'en font nulle difficulté, tous leurs escrits en sont pleins, je n'en donneray qu'un exemple de M. de Malherbe[1302],

Que peut la fortune publique
Te voüer d'assez magnifique,
Si mise au rang des immortels,
Dont la vertu suit les exemples,
Tu n'as avec eux dans nos temples
Des images & des Autels ?

1297 Vaugelas utilise pourtant *dont* pour *d'où* dans sa traduction des sermons de Fonsèque (1615 : 597). Pour des exemples de cet usage, voir Haase (1935 : 74) et N. Fournier (1998 : 213).

1298 Cette glose est ajoutée dans la version publiée.

1299 Dans le manuscrit : « Il y a encore un autre endroit ou il ne faut pas user de *Dont*, ni d'aucun des pronoms qu'il signifie, et cecy est une fort belle reigle que peu de gents obseruent faute d'y prendre garde, et qui pourtant est essentielle et tres-importante, puis qu'elle regarde la clarté et la netteté de l'expression, qui est la premiere chose à quoy il faut satisfaire soit que l'on parle ou que l'on escriue, à cause qu'on ne fait l'un et l'autre que pour se faire entendre. » *Cf.* Haase (1935 : 74-75) et N. Fournier (1998 : 212).

1300 Dans le manuscrit : « Ie dis que c'est tres-mal parlé, parce qu'on ne s'explique pas nettement. ».

1301 Dans le manuscrit : « Ie ne sçay pas si ie m'explique bien, mais ie sçay bien que i'ay raison. Quand au lieu de *Dont* uous mettriez *Duquel*, ou *De qui*, ce seroit tousiours la mesme faute. C'est pourquoy i'ay dit qu'il n'y falloit mettre ni *Dont* ni aucun des Pronoms qu'il signifie. Il faut exprimer cela d'une autre façon et dire *c'est un homme qui a ruiné sa fortune par son excessiue ambition.* »

1302 Dans le manuscrit (f° 23v°) : « p. 79 ».

Ce *dont*, ne se rapporte pas à *vertu*, qui est proche, mais à *exemples*[1303]. C'est pourquoy je l'ay appellé scrupule, & neantmoins j'ay trouvé à propos de le proposer icy, afin qu'on y prenne garde, & que chacun en use selon son jugement. Pour moy je voudrois autant qu'il se pourroit eviter cette equivoque, sans que pourtant je la voulusse condamner.

(346 [306])

Ambitionner[1304]

Il y a long-temps que l'on use de ce mot, mais ce n'est pas dans le bel usage ; Ceux qui font profession de parler & d'escrire purement, l'ont tousjours condamné, & quoy que l'on ayt fait pour l'introduire, ç'a esté avec si peu de succez, qu'il y a peu d'apparence qu'il s'establisse à l'avenir[1305]. On dit *affectionner*, *cautionner*, *proportionner*, & quelques autres semblables, mais ce n'est pas à dire que l'on puisse par analogie former

---

1303 Après avoir critiqué cet exemple dans le manuscrit, Vaugelas continue (f° 24r°) : « Encore en cet exemple que i'ay proposé il y a cela de bon, qu'encore qu'on ne die pas la chose comme il la faut dire, si est-ce qu'on ne laisse pas de l'entendre, mais i'ay ueu plusieurs fois faire cette faute en d'autres endroits ou l'equiuoque apporte de l'obscurité, et ou l'on ne fait point entendre ce que l'on ueut dire. Ie n'en trouueray que trop d'exemples quand ie uoudray lire un <de ces> autheurs dont le nombre est infini, qui n'ont aucun soin de la netteté du langage. Ie les aiousteray icy, parce que ie ~~ne les~~ <n>'ay pas maintenant ces liures en main, et la memoire ne fournit pas tousiours ces exemples à point nommé ; quand on en a besoing. Tant y a que uoicy la Reigle qui n'a point d'exception, et qui par consequent tesmoigne en cela combien elle est bonne et necessaire. *Toutes les fois que Dont se trouue parmy plusieurs substantifs, on le doit tousiours faire rapporter ~~à celuy qui le touche et~~ <au premier> qui le suit ~~immediatement~~* comme en l'exemple proposé il faudroit que *Dont* se rapportast à *ambition* qui est le plus proche substantif suiuant, et non pas à *Fortune*, comme il fait. Il seroit bon si l'on disoit ainsi *C'est un homme dont l'excessiue ambition a ruiné la fortune de son pere*, car *Dont* est là en sa place et se rapporte au plus proche substantif suiuant. Ce n'est pas que ce mesme mot ne se rapporte aussi au substantif qui ua deuant, comme en cet exemple *Dont* se rapporte à *homme* d'un costé et à *ambition* de l'autre. Mais parce que cela ne reçoit point de difficulté, ie n'en parlois point, estant chose toute ordinaire dans la grammaire de toutes les langues qu'un mesme mot dans une oraison parfaite qu'ilz appellent reçoit plusieurs constructions deuant et derriere. Il sera neantmoins beaucoup <mieux> de conceuoir la Reigle en ces termes, affin ~~qu'il n'y manque rien~~ <qu'elle comprene tout>. *Toutes les fois que Dont se trouue parmy plusieurs substantifs, on le doit tousiours construire et faire rapporter aux deux plus proches entre lesquels il est situé.* Ie me suis un peu estendu sur ce suiet, parce qu'il merite d'estre bien entendu, affin de se faire bien entendre. »

1304 Cette remarque et les deux qui la suivent ne se trouvent pas dans le manuscrit.

1305 Le mot est toutefois inclus dans les trois grands dictionnaires monolingues de la fin du siècle ; Furetière (1690) note explicitement : « Vaugelas n'approuve point ce mot, quoy qu'il soit bon et necessaire dans la Langue ». Il y a trois exemples de ce verbe dans Frantext (1600-1647), chez Aubigné (1630), Naudé (1644) et Barthol (1646), ainsi qu'un exemple

des verbes de tous les noms terminez en *ion*, comme d'*affection*, on a fait *affectionner*, & de *caution*, *cautionner*, *&c.*[1306] Il y en a qui se disent au participe passif, dont le verbe n'est point usité que[1307] parmy ceux qui n'ont aucun soin de la pureté du langage. Par exemple on dit, *passionné*, qui est un tres-bon mot, mais *passionner*, actif est tres-mauvais comme quand on dit *passionner quelque chose*, pour dire *aimer ou desirer quelque chose avec passion*[1308]. En neutre passif *se passionner*, est excellent. On dit aussi *intentionné*, & jamais *intentionner*[1309], comme *mentionné*, *conditionné*, & jamais *mentionner*[1310], *conditionner*[1311], si ce n'est au Palais. Mais pour *ambitionner*, il est si mauvais, que mesme il ne vaut rien au participe, & que ceux qui rejettent le verbe, rejettent aussi *ambitionné*.

(347 [307])

Fond, & *fonds*

Ce sont deux choses differentes, que l'on a accoustumé de confondre[1312], & que les Latins appellent diversement, car *fond* sans *s*, se dit en Latin *hoc fundum*, & *fonds* avec un *s*, *hic fundus*, *fond* sans *s*, est la partie la plus basse

du participe passé utilisé comme adjectif chez Urfé (1631) : *y a-t'il quelque meilleur remede pour en guerir, que de posseder la chose qui est ambitionnée ?*

1306 Sur l'attitude de Vaugelas envers les néologismes, voir l'Introduction, p. 179-180.

1307 Notons l'usage de *point* avec *que* contre sa propre observation, *R*p. 405-406.

1308 La grande majorité des exemples dans Frantext (1600-1647) sont tantôt de la forme *passionné* tantôt de l'usage pronominal *se passionner*, comme le prédit Vaugelas. Nous trouvons pourtant quelques exemples de l'usage transitif chez Charron (1601) ou Peiresc (1631). En 1694, l'Académie maintient que « dans le regime actif il n'a guere d'usage qu'en parlant de musique. *Ce Musicien chante bien, il passionne extrémement tout ce qu'il chante. il passionne bien un air.* »

1309 Furetière (1690) l'inclut dans son dictionnaire, tout en notant que ce verbe est « de peu d'usage ». Nous n'avons trouvé aucun exemple de l'usage transitif dans Frantext (1600-1647), où il n'y a que trois exemples d'*intentionné* et un autre de *s'intentionner*.

1310 Les exemples de *mentionné* sont fréquents dans Frantext (1600-1647) mais on y trouve quelques exemples de l'usage transitif du verbe chez Schélandre (1608) et Peiresc (1625). Le verbe est déjà inclus par Cotgrave en 1611.

1311 Les 71 exemples dans Frantext (1600-1647) sont tous de *conditionné*. Furetière (1690) et l'Académie (1694) n'hésitent pas à inclure le verbe transitif dans leurs dictionnaires.

1312 *Cf.* Nicot (1606) : « Fond, Fonds, m. *C'est le bas et interieur d'une chose*, Fundum, vel fundus. » Il est intéressant de noter que Dupleix (1651 : 666) accepte la distinction faite par Vaugelas, tandis que Ménage (1675 : 172) en fait une critique sévère : « Cette observation qu'on a tant vantée, est absolument fausse ». Des exemples qui contreviennent aux définitions de Vaugelas se trouvent, par exemple, chez Malherbe : *L'obligation est alors vrayement agreable, & descend au fonds de l'ame pour y demeurer eternellement* (1631 : I, 34) ; *les Dieux mesmes tombés au fonds d'une abysme* (1631 : I, 278).

de ce qui contient, ou qui peut contenir quelque chose, comme *le fond du tonneau*, *le fond du verre*, *le fond de la mer*, *le fond d'un puis*. Les Latins selon l'opinion de Valla ne disent *fundum*, proprement que de la plus basse partie de ce qui contient ou qui peut contenir quelque chose de liquide[1313] ; mais en François *fond*, a une plus grande estenduë, & se dit aussi bien des autres choses[1314], qui ne sont pas liquides ; car nous disons *le fond d'une tour*, *le fond d'un sac*, *le fond d'une poche*, *le fond d'un chapeau*, *&c. Fonds* avec *s*, est proprement *la terre qui produit les fruits propres à la nourriture de l'homme ou des animaux* ; mais cette signification s'estend figurement à *tout ce qui rapporte du profit*, & à beaucoup d'autres[1315] choses encore, qu'il n'est pas à propos de dire icy : Il suffit d'avoir fait remarquer la difference des deux, afin que desormais on sçache quand il faut mettre l'*s*, ou quand il ne la faut pas mettre, par exemple il faut dire, *de fond en comble*, & non pas *de fonds en comble*, parce que *fond*, en cet endroit est la **(348 [308])** plus basse partie de l'edifice opposée à *comble*, qui est la plus haute[1316]. On dit aussi *au fond*, & *venir au fond*, & non pas *au fonds*, parce qu'on entend parler, de la derniere partie que l'on atteint apres avoir penetré tout le reste. Mais on dira, *il a vint mille livres de rente en fonds de terre*, avec une *s*, & non pas *en fond de terre*, sans *s*. Et de mesme dans le figuré *il n'y a point de fonds*, *il faut faire un fonds*, *&c.* il faut dire *fonds*, & non pas *fond*, parce que ce *fonds* là vient de *fundus*, & non pas de *fundum*, le François ayant conservé l'*s*, au propre & au figuré du mot qui vient de *fundus*, & ne l'ayant pas receuë en celuy qui vient de *fundum*, comme il n'y en a point au Latin.

Tant & de si belles actions

Par exemple, *il a fait tant & de si belles actions*. Cette façon de parler a esté fort usitée autrefois par les meilleurs Escrivains, mais aujourd'huy elle a je ne sçay quoy de vieux & de rude, & ceux qui escrivent bien purement ne s'en servent plus[1317]. Ils se contentent de dire *il a fait tant de belles actions*, qui est incomparablement plus doux, & qui comprend

1313 Valla (1566 : 200).

1314 Il y a deux virgules ici dans l'original.

1315 Dans l'original : d'autre.

1316 La version sans *s* est plus attestée dans Frantext pour la période 1600-1647 (9 ex.), mais l'autre y figure également (5 ex.).

1317 *Cf.* Théophile de Viau, *Œuvres poétiques* (1623) : *L'esclat, la force, et la peinture / de tant et de si belles fleurs* (cité d'après Frantext).

& la quantité & la qualité des actions, aussi bien que si l'on disoit, *il a fait tant & de si belles actions*; car encore que l'on ne mette pas (349 [309]) *si*, avec *belles*, on ne laisse pas d'exprimer suffisamment ce que l'on veut dire. Quelques-uns neantmoins croyent que dans le genre sublime cela fait tout un autre effet, de dire *tant & de si belles actions*, que si l'on disoit simplement *tant de belles actions*; mais plusieurs ne sont pas de cet avis, sur tout en escrivant; car en parlant, c'est une autre chose, & je sens bien que la prononciation luy peut donner quelque emphase[1318].

Quoy que l'on die, quoy qu'ils dient[1319]

Au singulier, *quoy que l'on die*, est fort en usage, & en parlant, & en escrivant, bien que *quoy que l'on dise*, ne soit pas mal dit[1320]; Mais *quoy qu'ils dient*, au pluriel ne semble pas si bon à plusieurs que *quoy qu'ils disent*, je voudrois user indifferemment de l'un & de l'autre[1321]. Il y en

1318 Haase (1935 : 397) cite des exemples de cet usage qui apparaissent dans une tragédie de Pierre Corneille, une lettre de Guez de Balzac, et une oraison funèbre de Fléchier.

1319 Dans la remarque manuscrite (f° 24v°-25r°), pleine de ratures et d'ajouts, on observe que Vaugelas hésitait beaucoup sur la conjugaison de ce verbe : « *Disent* et *Die*, et *Disent*. ~~*Disent*~~ <*Dient*> en la troisiesme pluriele du present de l'Indicatif ne uaut rien, il faut dire *disent*. *Ilz disent*, et non pas *Ils dient* comme disent plusieurs. *Die* à l'Imperatif, Optatif, et Subiunctif [*sic*] en la premiere et troisiesme personne est tres-bon mais il est encore meilleur en la troisiesme, comme quand on dit *quoy qu'il uous die* ~~et~~ On dit aussi *quoy que ie uous die* mais *quoy que ie uous dise* seroit encor meilleur, tout ainsi que l'on [...] bien *quoy qu'il uous dise* mais *die* est meilleur. Maintenant en la t[roisies]me personne du pluriel, on dit *Disent* et *Dient* <~~des Modes que i'ay nommez~~>, mais plusieurs croyent qu[e] *Disent* est meilleur que *Dient*+ {Malh. escrit tousiours *Disent* p.592 et 639 Neantmoins p.645 il a dit quoy que *dient* les crocheteurs de Guerin.} Au reste *Die* ne se dit ni ne s'escrit que depuis peu d'annees, et ie ne sçay si les Poetes ne l'ont point introduit à cause de la rime. <mais il a bonne grace> En quelques endroits de France, particulierem[ent] en Bretagne, et en Aniou ilz disent *Disse* pour *Die* ou *Dise*, *Voulez uous que ie uous disse*, au lieu de dire *que ie uous die*. {Au pluriel *Disons* et *Disez* en la premiere seconde [*sic*] personne ne ualent rien quoy [que] quelques uns le disent} ». Vaugelas se trompe sur l'une des références à Malherbe ; l'exemple *quoy que vous disent les lettres* se trouve plutôt à la page 593.

1320 Il est à noter que Vaugelas tolère ici la variation morphologique, tout en exprimant une préférence à la première et à la troisième personne pour *die* qui est plus fréquente dans les textes contemporains de Frantext 1660-1647 : *die* (384 ex.), *dise* (76 ex.). Pour les commentaires sur cette remarque, voir Ayres-Bennett et Seijido (2011a : 136). Cette variation est soulevée par les grammairiens avant Vaugelas, par exemple, par Cauchie (1586 : f° 59v°), Maupas (1618 : f° 114v°) et Oudin (1640 : 175), ainsi que par Chabanel (1612 : 177-178) qui préfère toutefois *il die*.

1321 Cette variation est également notée par Cauchie (1586 : f° 59v°) et Maupas (1618 : f° 114v°). Toutefois *dient* est une forme très minoritaire dans Frantext (1600-1647), tant à l'indicatif qu'au subjonctif (*dient* : 18 ex. *vs disent* : 951 ex.).

qui disent *quoy que vous diiez*, pour dire, *quoy que vous disiez*, mais il est insupportable[1322].

Bailler, donner

Ce verbe *bailler*, a vieilli, & l'on ne s'en sert plus en escrivant que fort rarement[1323]. On dit tousjours *donner*, au lieu de[1324] *bailler*, si ce n'est en certains endroits, comme quand on dit *bailler à ferme*, ou bien lors que l'on a **(350 [310])** esté contraint de se servir souvent de *donner*, & que l'on est encore obligé de le repeter ; M. de Malherbe l'a preferé une fois à *donner*[1325].

Telle que nostre siecle aujourd'huy vous regarde
Merveille incomparable en toute qualité,
Telle je me promets de vous bailler en garde
Aux fastes eternels de la posterité.

J'ay oüy dire à l'un des plus beaux esprits de ce temps une assez plaisante chose, que ce qui luy a fait hair premierement ce mot de *bailler*, c'est un de ses amis, qui ayant heurté à une porte d'un logis, où il y avoit assemblée, demanda à celuy qui luy vint ouvrir, *baille-t-on le bal ceans ?* Je dis cecy pour faire voir le mauvais effet de ce mot employé au lieu de *donner*. Outre que je suis bien aise de fortifier cette Remarque du sentiment d'une personne qu'on peut nommer un des Oracles de nostre langue, aussi bien que de la Grecque & de la Latine ; & chez qui les Muses & les Graces, qui ne s'accordent pas tousjours, sont parfaitement unies[1326].

1322 En revanche, aucun grammairien avant Vaugelas ne fait mention de la forme *diiez*, et il n'y en a aucun exemple dans Frantext pour la période 1600-1647.

1323 Ce verbe n'est pas examiné dans le manuscrit ; au contraire, Vaugelas s'en sert lui-même sans commentaire. Il est attesté chez Amyot (Ernst 1977 : 129-132) et Malherbe (1631 : I, 267, 311), et il y en a plus de mille exemples dans Frantext pour la période (1600-1647), y compris plus de cent pour les années 1640-1647. Nicot (1606) et Cotgrave (1611) ne mettent pas de restrictions sur l'usage de ce verbe, mais Richelet (1680) juge qu'il n'appartient plus au « bel usage », et l'Académie (1694) confirme qu'il se limite à certaines expressions surtout « en terme de pratique ». Pour la période 1648-1699 dans Frantext, il ne reste que 121 occurrences.

1324 Dans l'original : *de*.

1325 « À Madame la princesse de Conti, Sonnet » (« Race de mille rois [...] »), publié en 1620 dans les tomes I et II des *Délices de la poésie françoise*. Ce verbe est fréquent chez Malherbe (Régnier 1869 : 59).

1326 Clef de Conrart : « Je croy q[ue] c'est M. l'Ev. de Vence ». Selon Chassang (1880 : II, 40), « Conrard devait bien le savoir ; car l'évêque de Vence, Antoine Godeau, était son parent, et logeait chez lui, toutes les fois qu'il venait à Paris. Godeau a pu paraître à Vaugelas 'unir

Ce peu de mots ne sont que pour, &c.[1327]

Voicy un exemple d'une construction estrange, où le genitif regit le verbe ; On dira que *ce peu*, est un terme collectif, qui par consequent a le sens du pluriel (351 [311]) & qu'ainsi il ne faut pas s'estonner s'il regit le pluriel ; mais nous avons remarqué ailleurs, qu'encore que le nominatif singulier soit un mot collectif, neantmoins il ne regira pas le pluriel si le genitif n'est pluriel, comme *la plus part font, la plus part des hommes font, & la plus part du monde fait*, *une infinité de gens sont entrez, & une infinité de monde est entré.* D'ordinaire apres *ce peu*, si le genitif est pluriel, il faut que le verbe soit pluriel aussi, mais si le genitif est singulier, il faut que le verbe soit singulier aussi, comme *ce peu de sel suffira.* Quelquefois avec le genitif pluriel, on met le verbe au singulier, comme *ce peu d'exemples suffira*, mais cela se fait rarement, & il est bon de l'eviter[1328].

Mon, *ton*, *son*

Plusieurs ne peuvent comprendre, comment ces pronoms possessifs, qui sont masculins, ne laissent pas de se joindre avec les noms feminins, qui commencent par une voyelle[1329] ; car on dit *mon ame*, *mon envie*, *mon inclination*, *&c.* & ainsi des autres deux[1330] *ton*, & *son.* Quelques-uns croyent qu'ils sont du genre commun, servant tousjours au masculin, & quelquefois au feminin, c'est à dire à tous les mots feminins qui commencent par une voyelle, (352 [312]) afin d'eviter la cacophonie que feroient deux voyelles, comme *ma ame*, *ma envie*, *ma inclination*, *&c.* venant à se rencontrer[1331]. On dit pourtant, *m'amie*, & *m'amour*, en

---

les Muses et les Graces' ; car il a écrit de nombreux ouvrages, parmi lesquels plusieurs poèmes ; à l'hôtel de Rambouillet, il avait été *le nain de la princesse Julie*, et ses succès d'homme du monde avaient inspiré de la jalousie même à Voiture ». Ménage (1676 : 71), d'autre part, prétend que Vaugelas fait référence à lui : « M. de Vaugelas aureste me fesoit bien l'honneur de m'aimer : & c'est à son amitié que je dois cet éloge qu'il m'a donné à l'endroit où il parle du mot de *bailler* ».

1327 Cette question n'est pas traitée dans le manuscrit. Pour les questions portant sur l'accord grammatical, voir l'Introduction, 6.4.5.

1328 Nous trouvons quelques exemples de l'accord au singulier dans Frantext (1600-1647), par exemple, chez Urfé (1627 : *ce peu de mots ne fit point d'autre effect*) et Baro (1628 : *ce peu de mots fut cause que*).

1329 Cette observation ne figure pourtant pas dans le manuscrit.

1330 *Fautes d'Impression* : des deux autres.

1331 C'est la position, par exemple, de Meigret dans sa grammaire (1980 [1550] : 61) : « Venons maintenant aux possessifs : et premièrement à *mon, ton, son* dérivés de *moę, toę, soę* : lesquels

termes de caresses, mais ce n'est qu'en ces deux mots, que je sçache, & en certaines occasions qu'on parle ainsi ; car on ne dira point *une telle estoit fort m'amie*, mais *estoit fort mon amie*, ny *m'amour est constante*, pour dire *mon amour est constante*[1332]. D'autres soustiennent que ces pronoms sont tousjours masculins, mais qu'à cause de la cacophonie on ne laisse pas de les joindre avec les feminins[1333], qui commencent par une voyelle, tout de mesme, disent-ils, que les Espagnols se servent de l'article masculin *el*, pour mettre devant les feminins commençans par une voyelle, disant *el alma*, & non pas *la alma*[1334]. De quelque façon qu'il se face, il suffit de sçavoir qu'il se fait ainsi, & il n'importe gueres, ou point du tout, que ce soit plustost d'une maniere que de l'autre : Il faut ajouster ce mot pour l'*h* consone, quoy que nous en ayons parlé à plein fond dans la remarque de l'*h*[1335], que comme lors qu'elle s'aspire, elle tient lieu d'une veritable consone en tout & par tout sans exception, aussi devant les noms feminins qui commencent par cette sorte d'*h*, il faut dire *ma*, & non pas *mon*, *ma haquenee*, *ma harangue*, & non pas *mon haquenée*, & *mon harangue*, (353 [313]) tout de mesme que l'on dit *ma femme*, & non pas *mon femme*, comme parlent les Estrangers, qui apprennent nostre langue. Que si l'*h* est muette, alors on dit *mon*, comme on a accoustumé de dire tousjours devant les voyelles, cette *h* n'estant contée pour rien, *mon heure*, & non pas *ma heure*, *son histoire*, & non pas *sa histoire*.

---

ont en leurs féminins *ma, ta, sa* : combien que *mon, ton, son* sont aussi féminins avant les noms commençant par voyelle : comme *mon âme*, *ton avangarde* : tous noms, toutefois, ne les reçoivent pas fort bien et mêmement quand la voyelle est aspirée, sinon en tous, à tout le moins en aucuns, au plaisir de l'usage : car nous disons plutôt *sa hardięsse*, *sa hallebarde*, *ma haqenée* que *son hardięsse*, *son hallebarde*, *mon haqenée*. Bref, *ma, ta, sa* sont sujets à l'apostrophe : parquoi la langue française les semble avoir rebutés avant les féminins commençant par voyelle : comme causant un mécontentement à l'oreille : de sorte que nous ne dirons pas *m'avanture* pour *mon avanture* : combien que nous disons *m'amour*, *m'amíe* aussi tôt que *mon amour*, *mon amíe* : et toutefois nous ne disons pas *m'âme* pour *mon âme* ».

1332 L'usage, tel qu'il est attesté dans Frantext (1600-1647), confirme que les formes *m'amie* et *m'amour* sont employées seulement comme formes d'adresse.

1333 *Cf.* Estienne (1557 : 30) : « M*on*, T*on*, S*on* masculins, aucunesfois se mettent au lieu de M*a*, T*a*, S*a* femenins, auant les noms commenceans par voyelles, comme M*on ame*, T*on auantgarde*, T*on oreille*, S*on ignorance*. Quelque fois nous disons, M'*amie*, M'*amour* : mais c'est en ostant *a* de *ma*, ou plustost *on* de *mon*, a cause que la pronontiation seroit trop rude : et au lieu des lettres defaillantes on met ung apostrophe, qui denote l'absense desdictes lettres [...] ». Maupas (1618 : f° 81v°) considère également qu'ils appartiennent toujours au genre masculin.

1334 Ce parallèle avec l'usage en espagnol ne se trouve pourtant pas dans notre corpus de grammaires (1530-1650).

1335 Voir *Rp.* 194-198.

Mes obeissances[1336]

Une infinité de gens disent & escrivent, *je vous iray asseurer de mes obeïssances*. Cette façon de parler n'est pas Françoise, elle vient de Gascogne[1337], il faut dire *obeïssance*, au singulier, & jamais au pluriel, *je vous iray asseurer de mon obeïssance*[1338] ; car ce mot au singulier signifie *& l'habitude, & tous les actes reïterez de l'obeïssance.*

Le voyla qui vient

C'est ainsi qu'il faut dire, & non pas *le voyla qu'il vient*, car ce *qui* est relatif a *le*, qui est devant[1339]. Mais parce que dans le masculin, l'oreille ne discerne pas aisément si l'on dit *le voyla qui vient*, ou *le voyla qu'il vient*, il faut donner un exemple au feminin, qui ne permettra pas d'en douter. On dit donc aussi *la* (354 [314]) *voyla qui vient*, & non pas *la voyla qu'elle vient*. Ce dernier n'est point François. On dit tout de mesme *le voyez-vous qui vient*, *la voyez-vous qui vient*, & non pas *qu'il vient*, ny *qu'elle vient* ; mais il est à remarquer que pour *qui*, on ne dit jamais *lequel*, ny *laquelle*, en cet endroit, ny au singulier, ny au pluriel.

Comme je suis

On a repris[1340], comme plusieurs sçavent, cette façon de parler, *quand je ne serois pas vostre serviteur comme je suis*, disant que ces dernieres paroles

1336 Cette observation apparaît pour la première fois dans le texte publié.

1337 Cette expression n'est pourtant pas attestée dans Frantext pour la période 1600-1647. Dupleix (1651 : 367) confirme que son usage est récent, mais juge qu'il ne s'agit pas d'un gasconisme : « Je n'ay ouy cete locution *je vous iray asseurer de mes obeïssances*, que depuis peu d'années, que ceux qui viennent de la Cour ou des armées ont apportée en Gascogne : et je puis bien asseurer que ce n'est pas un Gasconisme. Mais de quelque Province ou de quelque part qu'elle vienne, elle ne vaut rien. »

1338 *Cf.* Richelet (1680) : « Le mot *d'obéïssance* dans le langage ordinaire et qui est dans le commerce du monde n'a point de pluriel. »

1339 La remarque manuscrite (f° 75r°) est plus courte et n'offre pas d'explication de cet usage, mais le jugement est identique. Vaugelas semble être le premier grammairien de notre corpus à traiter de cette question. La confusion entre *qui* et *qu'il* est attestée, par exemple, chez François de Sales (*Le voyla qu'il est derriere la paroy, voyant par les fenestres, regardant par les treillis*, 1627, cité d'après Frantext) et chez Nicolas Soulfour (1629 : 270) dans sa traduction de Quinte-Curce (*il lui porta un coup de javeline dedans la gorge, et le voyant qu'il s'enfuyoit, il le suivit jusques dedans son gros*).

1340 *Cf.* Jean Goulu (1628 : II, 161-163), « Observations de quelques fautes de Narcisse [Guez de Balzac], contre les reigles de la Rhetorique & de la Grammaire » : « Comme quand

comme je suis, sont inutiles, & qu'il suffit de dire *quand je ne serois pas vostre serviteur.* Mais outre que l'Usage authorise cette façon de parler[1341], & que cette repetition a bonne grace, comme les repetitions l'ont souvent en nostre langue, il n'est pas vray que ces paroles là soient inutiles ; car pour estre inutiles, il faudroit qu'on ne peust jamais dire *quand je ne serois pas vostre serviteur*, que necessairement, & tacitement on n'entendist les paroles suivantes *comme je suis.* Or est-il que cela est faux, parce qu'apres ces paroles, *quand je ne serois pas vostre serviteur*, tant s'en faut qu'il faille necessairement sous-entendre les autres, qu'au contraire on peut dire, *comme je ne le suis pas.* Par exemple, un homme dit à un autre, *je* (355 [315]) *suis asseuré que vous n'estes point mon serviteur*, ou *mon amy*, & l'autre respond, *& quand je ne serois pas vostre serviteur*, ou *vostre amy, comme en effet je ne le suis pas, me seroit-il imputé à crime*[1342] *?*

Vers où

Exemple, *il se rendit à un tel lieu, vers où l'armée s'avançoit.* Cette façon de parler, qui s'est introduite depuis peu[1343], & qui commence à avoir cours, parce qu'elle est commode, n'est pas bonne ; tant à cause de la

---

il dit, Quand je ne serois pas né, comme je suis vostre serviteur. Ce, comme je suis, est une excrescence qui n'est bonne à rien qu'à faire connoistre qu'un auteur n'est pas exact écrivain. Ceci est ordinaire à l'auteur des letres, comme, Quand la paix ne cultiveroit pas les deserts comme elle fait. Et un autre lieu. Faisant profession comme tu fais. Je ne recevrois pas de vous une nourriture si precieuse que je la reçoi. Estant sorti, comme vous estes, de la plus belle source. Si pouvant beaucoup sur l'esprit du Roi, comme vous pouvez. Voi-tu, Ariste, ces excrescences qui ne sont pas seulement inutiles, mais aussi de mauvaise grace en un discours. [...] n'estoit-ce pas assez de dire. Monsieur, quand je ne serois pas né vostre serviteur, sans y ajouster ce, comme je suis ? Ceci est un des vices que Narcisse a pris pour une vertu, qu'un bon auteur évitera toujours, quand il pourra s'en appercevoir. »

1341 L'exemple cité provient des lettres de Guez de Balzac (*Quand je ne serois pas nay, comme je suis, vostre tres-humble serviteur, il faudroit que je fusse mauvais François, pour ne me resjoüir pas des contentemens de vostre maison*, 1624, cité d'après Frantext). On trouve d'autres exemples de ce type chez Balzac (*et estant esloigné d'elle comme je suis, que sçay-je si j'aymerois une morte, ou une infidelle ?*, 1624) et chez Boisrobert (*quand je ne serois pas né Prince comme je suis, le droit des gens devoit rendre ma personne inviolable*, 1629).

1342 Cette remarque représente un cas où la version manuscrite (f° 15v°) est très proche de la version publiée. Après ce dernier exemple, Vaugelas termine la remarque manuscrite ainsi : « Vous uoyez là clairement la preuue de ce que ie uiens de dire, ~~à sçauoir~~ ».

1343 Il n'est donc pas surprenant qu'elle ne figure pas dans le manuscrit. Oudin (1640 : 263) inclut *vers où* dans sa liste d'adverbes de lieu sans commentaire, mais l'Académie (1704 : 347) conclut : « On a esté du sentiment de M. de Vaugelas qui condamne cette façon de parler *vers où* ». Il n'est pas attesté dans Frantext pour la période 1600-1647.

transposition de ces deux mots, que pour la nature de la preposition *vers*, qui ne regit jamais un adverbe, comme est *où*, mais tousjours un nom, soit avec article, soit sans article, comme *vers Paris*, *vers l'Orient*, *vers la ville.* Nous avons pris ce *vers où*, des Italiens, qui disent *verso dove.*

Plaire[1344]

Ce verbe se met quelquefois avec *de*, & quelquefois sans *de*[1345] ; & en certains lieux il est comme indifferent de le mettre ou de le laisser. Je dis *comme indifferent*, parce qu'aux endroits où l'on a le choix de l'un ou de l'autre, il semble qu'il est tousjours mieux de le laisser. Par exemple on dit fort bien *la faveur qu'il vous a pleu me faire*, & *qu'il vous a pleu de me* **(356 [316])** *faire*, mais l'opinion la plus commune est que, *il vous a pleu me faire*, est beaucoup mieux dit[1346]. Ce seroit une faute de ne mettre pas le *de*, aux phrases suivantes, *il me plaist de faire cela*, *il me plaist d'y aller*, *il ne luy plaist pas d'y aller*, car on ne dira jamais *il me plaist faire cela*, ny *il me plaist y aller*, ny *il ne luy plaist pas y aller.* Et cependant il faut dire par exemple, *afin qu'il luy plaise me faire l'honneur de m'aimer*, & non pas *afin qu'il luy plaise de me faire l'honneur de m'aimer*, non seulement à cause de la repetition de deux *de*, mais par la nature mesme du verbe, qui en cet endroit & en une infinité d'autres semblables aime à se passer de cette particule ; car nous disons tout de mesme, *afin qu'il luy plaise me faire cette grace*, quoy qu'il n'y ayt pas lieu de repeter deux fois *de*, il est vray que pour l'ordinaire on est

---

1344 La remarque manuscrite (« Plaire », f° 72r°) est plus courte et notamment tout le dernier paragraphe n'y figure pas. La construction de *plaire* est également mentionnée dans la longue observation sur l'usage des articles (f° 7r°).

1345 Dans le manuscrit (f° 72r°) : « {+ M. de Malh. [...] ne met iamais le *De*, mais il n'en fait pas mieux} ». Voir Haase (1935 : 202) pour des exemples sans *de*, y compris dans la traduction de la *Vie d'Alexandre* de Vaugelas.

1346 Dans le manuscrit (f° 72r°), Vaugelas n'exprime pas de préférence entre les deux variantes, et note encore que l'usage peut être difficile à expliquer : « Or d'en faire une reigle certaine pour sçauoir comme il en faut user, c'est ce qui est difficile, ou peut estre impossible, parce que de toutes les façons de parler que l'Vsage authorise, il est certain qu'il y en a plusieurs qui peuuent estre reduites sous des reigles, et qui ~~se disent~~ sont fondees sur la raison, mais il y en a plusieurs aussi ou il n'y a ni reigle ni raison, ainsi que nous ferons uoir en son lieu ». Aucun des grammairiens de notre corpus avant Vaugelas (1530-1650) ne traite de cette variation. Dans son observation sur cette remarque, l'Académie (1704 : 349) juge : « On ne demeure point d'accord que *la faveur qu'il vous a pleu me faire*, doive estre preferé à *la faveur qu'il vous a pleu de me faire.* Au contraire cette derniere phrase paroist meilleure que l'autre. »

obligé de se servir de la particule *de*, soit avec le nom, ou avec le verbe, comme *s'il luy plaisoit m'honorer de ses commandemens*, *s'il luy plaisoit me faire l'honneur de me commander*, tellement que si l'on mettoit encore un *de*, apres le verbe *plaire*, cela seroit bien rude, & c'est peut-estre la cause, pour laquelle le plus souvent on n'y met point le *de*, parce que son plus grand usage est en ces sortes de phrases. Et de fait lors qu'il n'y a pas lieu de mettre un autre *de*, je remarque qu'on le met apres *plaire*, comme *s'il vous plaist de m'oüir*, est fort bien dit, & je doute un **(357 [317])** peu que *s'il vous plaist m'oüir*, soit fort bon.

Quant à ce qui est de ces phrases, *il me plaist de le faire*, *il me plaist d'y aller*, & autres de cette nature, où le *de*, ne peut estre obmis, peut-estre que c'est pour la mesme raison, qui est qu'il n'y a point d'autre *de*, qui suive. Mais je crois qu'on le peut encore attribuer à une autre cause, à sçavoir à la difference qu'il faut faire entre *plaire*, quand il signifie une volonté absolue, comme quand on dit, *il me plaist de le faire*, *il me plaisoit d'y aller*, & *plaire*, quand on s'en sert en termes de civilité, de respect, & de courtoisie, comme quand on dit, *s'il luy plaisoit me faire l'honneur*, *il luy a pleu me faire une grace*; Car quand il exprime une volonté absoluë, il faut tousjours mettre *de*, & quand on l'employe par honneur, souvent on ne le met pas. Il est vray aussi que cette difference peut-estre ne procede que de ce qu'on ne repete point le *de*, apres l'un, & qu'on le repete presque tousjours apres l'autre.

Corrival, *complaintes*[1347]

Corrival, qui signifie proprement, comme chacun sçait, un concurrent en amour, & figurément un competiteur en toute sorte de poursuite, est devenu vieux, & n'est plus gueres en usage[1348]. On ne dit plus que *rival*, **(358 [318])** qui aussi est bien plus doux & plus court. Ainsi nos Poëtes

---

1347 Cette remarque et la suivante ne se trouvent pas dans le manuscrit. Dans le cas de cette première remarque il se peut que Vaugelas tolère encore l'usage de *corrival* au moment où il rédigeait le manuscrit, le changement étant récent.

1348 Régnier (1869 : 109) cite des exemples de *complaintes* chez Malherbe, tout en observant que celui-ci fustige le même mot, ayant le même sens, chez Desportes. L'usage tel qu'il est attesté dans Frantext pour la période 1600-1647 ratifie le jugement de Vaugelas : il n'y a que onze exemples de *corrival* (dont deux de l'usage adjectival) et le dernier date de 1630, tandis qu'il y en a plus de 350 de *rival*. Les trois grands dictionnaires monolingues de la fin du siècle confirment que le mot est archaïque.

jusques au temps de M. Bertaut inclusivement, ont dit *complaintes*, pour *plaintes*, & ont intitulé leurs *plaintes*, *Complaintes*[1349].

Il s'est bruslé, & tous ceux qui estoient aupres de luy

Cette façon de parler, quoy que familiere à un de nos meilleurs Escrivains[1350], n'est pas bonne, parce que la construction en est tres-mauvaise ; Car il faudroit dire, *il s'est bruslé & a bruslé tous ceux qui estoient aupres de luy*, & il n'est pas question d'affecter la brieveté, ny de craindre la repetition d'un mot en de semblables occasions. Rien n'en peut dispenser en celle-cy, & il est impossible que la construction du verbe passif puisse compatir avec celle du verbe actif, ny le verbe auxiliaire *estre*, tenir la place de l'autre verbe auxiliaire *avoir*, tant leurs fonctions & leurs regimes sont differens, ou pour mieux dire, opposez[1351]. Et neantmoins ceux qui escrivent selon l'exemple qui sert de titre à cette remarque, pechent contre tout cela.

Demi-heure, demi-douzaine[1352]

C'est ainsi qu'il faut dire & escrire, & non pas *demie heure*, ny *demie douzaine*, mais **(359 [319])** il faut bien dire *une heure & demie*, *une douzaine & demie*, *une lieuë & demie*, *&c.*[1353]

1349 Par exemple, *Complainte sur la mort du feu Roy*, *Complainte sur une absence*. Comme dans le cas de *corrival*, l'usage de *complainte* est beaucoup moins fréquent que celui de *plainte* (52 *vs* 959 ex.) et le dernier exemple de *complainte* pour la période 1600-1647 date de 1630. Inclus sans commentaire par les lexicographes jusqu'à Cotgrave (1611), Richelet (1680) et Furetière (1690) confirment que le mot est archaïque, tandis que l'Académie (1694) le désigne comme « terme de Pratique ».

1350 Selon la Clef de Conrart, il s'agit de « M. D'Ablancourt ». Brunot (1905-1953 : III, 550) cite un exemple de cet usage chez Du Vair : *l'impiété et l'ignorance se sont assises au throsne de la saincteté et verité, et rendu l'ordre odieux par le vice de ceux qui y estoient preposez.*

1351 Sur les nouvelles exigences syntaxiques promues par Vaugelas, voir l'Introduction, 6.4.1.

1352 Cette forme n'est traitée qu'en passant dans le manuscrit dans l'observation intitulée « *Vray-semblance* » (f° 95v°). La remarque est publiée par Alemand dans les *Nouvelles Remarques* avec quelques petites modifications (Vaugelas 1690 : 311-312).

1353 Sur cette question, voir Haase (1935 : 119) et Spillebout (2007 : 83). Il est intéressant de remarquer que Furetière (1690) donne la forme *demi-heure* sous l'entrée *demi* dans son dictionnaire, mais qu'on trouve pourtant *demie-heure* dans plusieurs exemples sous d'autres entrées.

Quelque riches qu'ils soient[1354]

Il faut escrire ainsi, & non pas *quelques*, avec une *s*, parce que *quelque*, est là adverbe & non pas pronom, & signifie *encore que*, ou proprement le *quantumlibet* des Latins[1355] ; neantmoins il faut remarquer qu'il n'est adverbe qu'avec les adjectifs, comme en l'exemple proposé, & non pas avec les substantifs ; car on ne dira pas *quelque perfections qu'il ayt*, mais *quelques perfections*, parce que là *quelques*, n'est pas adverbe, mais pronom, & ainsi il prend l'*s* au pluriel. Nous avons fait une autre Remarque de *quelque* adverbe aussi en une autre signification, qui est *environ*[1356].

Valant, & *vaillant*

Nous avons desja fait une Remarque[1357], pour asseurer qu'il faut dire par exemple, *il a cent mille escus vaillant*, & non pas *valant*, comme disent plusieurs, encore que l'on die *equivalent*, & non pas *equivaillant*. Mais j'ajouste icy, que l'on ne laisse pas de dire *valant*, en certain endroit, qui est quand on ne le met pas apres l'argent, mais devant ; comme *je luy ay* (360 [320]) *donné vingt tableaux, valans cent pistoles la piece*, & non pas *vaillans cent pistoles la piece*, en quoy il faut admirer la bizarrerie de l'Usage.

A moins de faire cela[1358]

Plusieurs manquent en cette phrase, les uns disant *à moins de faire cela*, & les autres *à moins que faire cela*[1359], car ny l'un ny l'autre n'est

---

1354 Cette remarque apparaît pour la première fois dans le texte publié.

1355 Malgré le jugement de Vaugelas, le pluriel reste fréquent tout le long du siècle (voir Haase 1935 : 103, N. Fournier 1998 : 362). *Cf.* Maupas (1618 : fº 87rº-vº) : « Nous rendons aussi aisément ces phrases par l'indefini Quelque, mais il faut qu'il soit suivi d'un substantif, ou d'un adjectif si le substantif precede, et prenez garde à l'arrangement. *Je ne vous crain point quelque grand que vous soyez. J'obeïray à vos commandemens quel-ques difficiles qu'ils soient. Je vous obeïray, quelques commandemens que vous me faciez.* »

1356 Voir *R*p. 4.

1357 Voir *R*p. 35. Cette observation supplémentaire sur l'usage de *valant* et de *vaillant* n'apparaît pas dans le manuscrit.

1358 Cette construction n'est ni examinée dans le manuscrit ni traitée par les grammairiens de notre corpus (1530-1650).

1359 Sorel (1671 : 360), parlant de l'usage de Guez de Balzac, observe que « son *A moins que* fut trouvé si beau, qu'on s'en servit par tout ». On trouve dans Frantext un exemple tiré d'une lettre de Balzac de 1624 : *Tout l'esprit et toute la science du monde ne luy servant de*

bon, quoy que le premier soit moins mauvais, il faut dire *à moins que de faire cela*[1360].

Loin, bien loin[1361]

Par exemple, *bien loin de m'avoir recompensé, il m'a fait mille maux*, est tres-bien dit, mais il y en a plusieurs, qui au lieu de parler ainsi, disent *loin de m'avoir recompensé, &c.* sans mettre *bien*, devant *loin*[1362]. C'est une faute en prose, où il faut tousjours dire *bien loin*, & jamais *loin*, tout seul, mais en vers non seulement *loin*, tout seul se peut dire, mais il a bien meilleure grace que *bien loin*, qui seroit trop languissant & sentiroit trop la prose[1363].

Jours Caniculaires

On demande s'il faut dire *les jours caniculiers*, ou *les jours caniculaires*. On dit (361 [321]) l'un & l'autre[1364], mais *Caniculaires*, est beaucoup meilleur, & tellement de la Cour, qu'on n'y peut souffrir *caniculiers*[1365].

---

rien en cét estat-là, et à moins que changer de sexe, elle ne sçaurait empescher qu'on ne la haïsse. Pour d'autres exemples de *à moins que* + infinitif, voir Haase (1935 : 204).

1360 L'usage de *à moins que de* + infinitif domine largement dans Frantext (1600-1647) et cette construction est attestée, par exemple, chez Descartes, Arnauld et Senault.

1361 Cette observation qui note une différence entre l'usage en poésie et en prose apparaît pour la première fois dans la version publiée ; voir l'Introduction, 4.2.4.

1362 Les exemples de cet usage en prose sont relativement peu fréquents dans Frantext (1600-1647), mais nous lisons dans l'Épître à *La Suivante* de Corneille de 1637 : *j'ayme à suivre les regles, mais loin de me rendre leur esclave, je les élargis et resserre selon le besoin qu'en a mon sujet [...].*

1363 Cet usage est pourtant attesté en poésie : *Et bien loin de punir nostre injuste fureur, / de nous laisser mourir dans nostre aveugle erreur, / vous soufrez nos refus, nos mépris, nos injures* (Godeau 1633) ; *Bien loin de revoquer ce que je t'ay promis, / Je t'offre avec mon bras celuy de cent amis* (Corneille 1634, cité d'après Frantext).

1364 Nicot (1606) admet toujours les deux formes, et elles sont toutes deux attestées chez Olivier de Serres (1603) mais, après lui, Garasse (1623), Urfé (1627) et Discret (1637) choisissent *jours caniculaires.*

1365 Dans le manuscrit (f° 16r°) : « et on ne l'oseroit auoir dit autrement à la Court, ou l'on a condamné absolument *Caniculiers* à cause des deux dernieres syllabes qui font un uilain <echo et> equiuoque auec un des intestins <ou des boyaux> du corps humain, qui est <sans mentir> une raison fort desraisonnable et <fort> ridicule, et <toute> pareille à celle qui a fait aussi condamner *Face* et *Poitrine* ou ie uous renuoye, et plusieurs autres semblables. Ceux là certes sont bien malheureux en imagination, qui l'ont ainsi pronte et encline à se porter aux choses sales parce qu'en toutes sortes de langues elle est suiette à y estre souuent prouoquee par les equiuoques et par les allusions des mots, mais surtout en

Ceux qui croyent qu'il faut dire *caniculiers*, se fondent sur l'analogie de plusieurs mots François qui ont la mesme terminaison, comme *singulier, regulier, seculier, particulier, escolier, &c.* qui viennent d'un mot Latin terminé en *aris, singularis, secularis, &c.* comme *caniculier*, vient de *canicularis*, mais ils ne prennent pas garde, que ceux qui disent *caniculaires*, alleguent aussi l'analogie de plusieurs autres mots venans du Latin terminez en *aris*, qui prennent neantmoins leur terminaison en *aire*, comme *salutaris salutaire, militaris militaire, circularis circulaire, auricularis auriculaire, &c.* Mais quand le mot de *caniculier*, auroit toute l'analogie pour luy, *caniculaire*, ayant l'Usage pour soy doit prevaloir, parce que l'analogie n'a lieu que là où l'Usage l'authorise, ou bien où il ne paroist pas.

Gangreine[1366]

Il faut escrire *gangreine*, avec un *g* au commencement, & non pas *Cangreine*, avec un *c*[1367], mais on prononce *cangreine*, avec un *c*, & il est plus doux à cause qu'on evite la repetition des deux *g*[1368]. Nous avons

n[ot]re langue par la frequente repetition des syllabes, qui entrants dans la composition d'une infinité de noz mots luy presentent à tous coups des obiets deshonnestes. Ces sortes d'imaginations ressemblent <à> ces uilaines mouches qui ne se plaisent, que sur les playes et <sur> les ~~ulceres~~ <ordures> ~~qu'on ne sçauroit si peu faire paroistre qu'elles ne les decouurent incontinent et qu'elle <qu'elles n'y [...]> ne s'y aillent attacher~~ <qu'elles ne descouurent pas si tost qu'elles y uolent et s'y uont attacher>. Si on se uouloit amuser à faire l'anatomie des mots, en les decoupant par syllabes, il faudroit abolir <retrancher> une ~~grande~~ <bonne> partie de n[ot]re langue, y ayant une grande quantité de paroles composees de syllables [~~…~~] <capables d'offenser les chast[~~…~~] oreilles> Mai[s] ou est le beau uisage et la belle main qui ne deuinst horrible si on en uouloit faire la dissection. » Vaugelas continue par examiner ce qu'il appelle « la raison et la reigle de l'analogie » qui est pour *caniculier*, mais il conclut « Mais il semble que de temps en temps l'Vsage prend plaisir[+] ~~de uioler toute sorte de loy et de raison <…>, pour faire esclater son pouuoir, et de se maintenir en la possession de sa tryannie~~ de renouueler les marques de sa puissance, ~~et de se maintenir en la possession de la tyrannie~~ <en passant par dessus les reigles les plus anciennes> <et> uiolant les loix les mieux establi[es]. » Il est à remarquer que Vaugelas utilise déjà *jours caniculaires* dans les sermons de Fonsèque (1615 : 442).

1366 *Gangreine* n'est pas l'objet d'une remarque manuscrite. On n'y trouve qu'une observation très courte sur *Segret* (f° 87r°) qui n'est publiée ni dans les *Remarques* ni dans les *Nouvelles Remarques* : « *Segret* ne uaut rien, il faut dire *secret* ».

1367 À l'époque où Vaugelas écrivait, la forme *grangrene* sans 'i' est usuelle, et il n'y a qu'une seule attestation de *cangrene* dans Frantext pour la période 1600-1647 chez Tristan l'Hermite (1637). À la fin du siècle, Richelet (1680) et Furetière (1690) notent toujours *cangreine* et *gangreine* ; il semble même que Richelet préfère *cangreine* car le lecteur est renvoyé à partir de *gangreine* à l'entrée sur cette dernière forme.

1368 Sur cette question, voir Thurot (1881-1883 : II, 201-202).

beaucoup de mots en nostre langue, où le vulgaire confond (362 [322]) ces deux lettres *c*, & *g*, par exemple il dit *segret*, pour *secret*[1369], & *vacabond*, pour *vagabond*[1370].

Exemple

Plusieurs à la Cour prononcent *exemple*, comme si l'on escrivoit *excemple*, avec un *c*, apres l'*x*, mais ils font une faute[1371] ; Car nous avons des mots, où apres l'*x*, la voyelle suit immediatement, comme en ceux-cy *examiner*, *exent*, *exemple*, *exil*, *&c.* & d'autres où apres l'*x* on met un *c*, comme à *excepter*, *exciter*, *&c.* Quand il y a un *c*, il le faut prononcer, mais quand il n'y en a point comme à *exemple*, on ne le prononce jamais[1372], & outre que la raison le veut ainsi, c'est l'usage le plus general, y ayant incomparablement plus de gens qui disent *exemple*, sans *c*, que de ceux qui disent *excemple*, avec un *c*.

Horrible, *effroyable*[1373]

Ces epithetes & quelques autres semblables s'appliquent souvent en nostre langue aux choses bonnes & excellentes, quoy qu'elles ne semblent convenir qu'à celles qui sont tres-mauvaises & tres-pernicieuses. Par exemple on dit tous les jours, *Il a une memoire effroyable*, *il fait une despense horrible*, *il a une horrible* (363 [323]) *grandeur*, quand on parlera d'une chose où *la grandeur* est loüange, comme d'un palais, d'un parc, d'un jardin, d'une Eglise, &c. Et tant s'en faut que cette façon de parler soit mauvaise, ny qu'il la faille condamner, qu'au contraire elle

---

1369 La prononciation de *secret* est considérée par plusieurs grammairiens avant Vaugelas (*cf.* Thurot 1881-1883 : II, 204-205). Il n'y a qu'une dizaine d'exemples de cette forme dans Frantext (1600-1647) et plus de la moitié sont dus à Aubigné.

1370 Régnier (1869 : 588-589) cite des occurrences de *second/segond* et de *secret/segret* chez Malherbe, mais celui-ci semble favoriser *vagabond* (*ibid.* : 658 ; *cf.* Thurot 1881-1883 : II, 206), et *vacabond* n'est pas attesté dans Frantext (1600-1647). Dans les deux cas, Richelet (1680) suit le jugement de Vaugelas.

1371 Voici encore une observation sur une question de prononciation qui n'apparaît pas dans le manuscrit. Sur le genre d'*exemple*, voir *R*p. 315. Thurot (1881-1883 : II, 337-338) observe que, dans les mots latins et venant du latin, on prononçait *ex* devant une voyelle comme *ecs* au XVIe siècle, mais que dès le début du XVIIe siècle on prononçait dans ces conditions *ex* comme *egz* ; cette prononciation s'est étendue au français.

1372 Dans ce cas, Vaugelas juge que la prononciation doit suivre l'orthographe ; sur le rapport entre la prononciation et la graphie, voir l'Introduction 6.2.2.

1373 Cette observation ne figure pas dans le manuscrit.

est elegante[1374], & a Ciceron mesme pour garent, qui dit en une de ses lettres *ad Atticum*, en parlant de Cesar[1375], *horribili vigilantia, celeritate, diligentia.* Il veut loüer Cesar, & il dit que *sa vigilance, sa vistesse*, ou *sa promptitude, sa diligence est horrible.*

Souvenir

Les uns disent, par exemple, *il faut faire cela pour eux, afin de les faire souvenir de, &c.* Et les autres disent, *il faut faire cela pour eux, afin de leur faire souvenir de, &c.*[1376] Mais il y a cette difference entre ces deux façons de parler, que *leur faire souvenir*, est l'ancienne, qui n'est plus dans le bel usage, & *les faire souvenir*, est la nouvelle, usitée aujourd'huy par tous ceux qui font profession de bien parler & de bien escrire[1377].

Mien, tien, sien

Ces trois pronoms ne se mettent plus dans le beau stile de la façon qu'on avoit accoustumé d'en user[1378] ; par exemple, on disoit (364 [324])

1374 À la fin du siècle, Richelet (1680), Furetière (1690) et l'Académie (1694) confirment les usages mélioratifs d'*horrible* et d'*effroyable.* Pour citer l'entrée de Furetière sur *effroyable* : « EFFROYABLE, se dit aussi de ce qui est prodigieux, qui surprend, qui cause de l'admiration. L'étenduë des cieux est *effroyable.* Cela est *effroyable*, que rien ne puisse corriger ce jeune homme. Les grains de sable de la mer sont en un nombre *effroyable.* Cet homme a une memoire *effroyable.* » Cet usage est peut-être associé à l'usage des adverbes *furieusement*, *épouvantablement* et *terriblement* chez les Précieuses dans la seconde moitié du siècle comme équivalents hyperboliques de « tout-à-fait » (Ayres-Bennett 2004c : 169).

1375 *Lettres à Atticus*, livre 8, lettre 9 (Formies, 25 février 705 [A. C. 49]). Urbain Chevreau dans ses remarques sur les poésies de Malherbe critique l'interprétation de Vaugelas : « je ne veux [...] point condamner HORRIBLE en cet endroit [...] Mais comme Ciceron loüe Cesar [...] [j']aimerois mieux sa digilence surprenante, extraordinaire, terrible, merveilleuse, inouye, incroiable, etc. » (Chevreau 1909 : 161).

1376 Avant Vaugelas, la construction du verbe *souvenir* n'est pas traitée par les grammairiens de notre corpus (1530-1650). Les exemples de cet usage sont très rares dans Frantext (1600-1647) : Sorel (1627) se sert de *les faire souvenir* (par ex. *ils sont si gourmands que pour les faire souvenir de leur devoir, il faut que leurs capitaines leur remonstrent que les meilleurs morceaux leur sont tousjours donnez aux banquets*), tandis que Garasse (1623) utilise plutôt *leur faire souvenir* (par ex. *on ne leur sçauroit faire plus griefve injure que de leur faire souvenir de leur village*).

1377 C'est peut-être à cause du changement d'usage que Vaugelas ajoute cette remarque dans la version publiée. Dans le manuscrit (f° 59r°), on trouve plutôt un commentaire général sous la rubrique « *le* pour *luy* » où Vaugelas ne fait pas mention du verbe *souvenir* : « *le*, pour *luy*, ou *les* pour *leurs* ~~[...]~~ <*l'ambition les fait uioler tous droits*> ~~[...]~~ faut *leur* il en faut faire une reigle, cela importe ».

1378 La remarque manuscrite (f° 69r°) défend encore l'ancien usage : « *Pronoms possessifs.* L'usage en est bon ainsi contre l'opinion de MF. *un sien frere un mien amy*, mieux qu'*un*

autrefois, comme le disent & l'escrivent encore aujourd'huy ceux qui n'ont pas soin de la pureté du langage, *un mien frere*, *une tienne sœur*, *un sien amy*. Mais on ne s'en sert plus ainsi[1379], & si l'on demande comme il faut donc dire, on respond que s'il y a plusieurs freres, il faut dire, *un de mes freres*, & s'il n'y en a qu'un, *mon frere*, de mesme *une de tes sœurs*, ou *ta sœur*, *un de tes amis*, ou *ton amy*.

Notamment

Cet adverbe n'est pas du bel usage[1380], il faut plustost dire *nommément*, les meilleurs sont, *particulierement*, *principalement*, *sur tout*, *&c.*

Pseaumes Penitentiaux[1381]

Selon la reigle il faudroit dire *Penitentiels* car tous les noms dont les pluriels terminent en *aux*, se terminent en *al*, ou en *ail*, au singulier, comme *mal, maux, animal, animaux, brutal, brutaux, esmail, esmaux, ail, aux*. Or il est certain qu'on ne dit point *Penitential*, au singulier, mais *penitentiel*, & par consequent il faudroit dire *penitentiels*, au pluriel, & non pas *penitentiaux*. Cependant l'Usage veut que l'on die *penitentiaux*,

---

de ses freres, un de ses amis. » L'identité de « MF » n'est pas évidente : s'agit-il de Nicolas Faret ? Ces usages sont également toujours acceptés par Maupas (1618 : f° 83r°) et Oudin (1640 : 120) qui écrit : « Je remarque, contre les reigles de nos vieux Grammairiens, que ces possessifs absolus ne se peuvent pas tous accommoder avec le nom d'unité, mais seulement, *mien*, *tien* & *sien* : *un mien amy*, *un tien parent*, *un sien frere* : pour les autres on ne dit point maintenant : *un nostre garçon*, *un vostre serviteur*, *un leur amy* : la phrase n'en vaut rien, il est plus à propos de dire, *un garçon qui est à nous*, *un de vos seruiteurs*, *un de leurs amis* : & ainsi des autres. » Oudin (1640 : 121) est pourtant plus réticent quant aux formes féminines : « On dit, *ces miens labeurs : ce mien frere : cette sienne parente : cette tienne maistresse*; encore que les derniers soient un peu rudes ».

1379 Haase (1935 : 35-36) observe que l'usage du possessif tonique (*mien, tien, sien*) avec l'article indéfini dans des expressions familières est fréquent chez la plupart des auteurs du XVIIe siècle, et qu'il survit dans la langue parlée actuelle; pour d'autres exemples, voir N. Fournier (1998 : 141).

1380 Dans le manuscrit (f° 64v°), Vaugelas l'associe plutôt au jargon juridique : « *Notamment* ne uaut rien pour dire *nommément*, ou *particulierement.* C'est un mot de Notaire et de chicane. » Richelet (1680) suit le jugement de Vaugelas, mais Furetière (1690) et l'Académie (1694) acceptent *notamment* sans commentaire, et en 1704 celle-ci observe : « Il y a certains endroits ou *notamment* peut estre employé pour marquer une chose plus particulierement. » (1704 : 358). Dans les textes de Frantext (1600-1647), *notamment* est attesté (40 ex.), mais il est beaucoup moins fréquent que *nommément* (138 ex.), *particulièrement* (641 ex.) et *principalement* (1003 ex.).

1381 Cette remarque et la suivante ne figurent pas dans le manuscrit.

les pseaumes penitentiaux, & non (365 [325]) pas *les pseaumes penitentiels*[1382]. C'est une exception à la Reigle ; je pense qu'elle est unique. Il y a quelque plaisir à deviner, ou à rechercher d'où cela peut estre venu. C'est à mon avis de ce que l'on ne se sert point de ce mot, qu'en le joignant avec *pseaumes*, & tousjours au pluriel *pseaumes penitentiaux*, car quand on veut parler d'un seul pseaume de ce genre là, on dit *un des pseaumes penitentiaux*, & non pas *un pseaume penitentiel*, & asseurément si l'on disoit quelquefois *un pseaume penitentiel*, au singulier, on diroit aussi au pluriel *les pseaumes penitentiels*, mais parce qu'on ne le dit jamais qu'au pluriel, & qu'on l'a pris du Latin *psalmi penitentiales*, on a traduit *penitentiales*, *penitentiaux*, à cause que le Latin porte à cette terminaison *aux*, par le moyen de l'*a*, qui[1383] y conduit à l'exemple d'une infinité d'autres, qui finissant en Latin par *ales*, se terminent en *aux*, en François, comme, *æquales egaux*, *animales animaux*, *rivales rivaux*. Ce n'est pas qu'il n'y ayt plusieurs mots aussi, qui venant du Latin terminez en *ales*, se traduisent en *els*, en François, comme *mortales mortels*, *tales tels*, *&c.* mais il suffit qu'il y en ayt d'autres, qui ayant *ales* en Latin, ont *aux* en François. Mais il n'y en a point qui ayt *aux*, au pluriel qui n'ayt *al*, ou *ail*, au singulier. Il est à remarquer, qu'on prononce *seaumes*, & non pas *pseaumes*[1384].

(366 [326])

Oratoire, Episode

Oratoire, est tousjours masculin. Et cela est si certain, qu'il ne seroit pas besoin d'en faire une remarque, si certains Autheurs approuvez n'y avoient manqué, en quoy tous les autres les condamnent[1385]. Mais *episode*, est masculin & feminin, quoy que plus souvent masculin[1386].

1382 Dans Frantext (1600-1647) il y a huit exemples de *pseaumes/canons penitentiaux*, tous dans l'œuvre d'Arnauld (1643). C'est également la forme conseillée par Furetière (1690) et l'Académie (1694).

1383 Dans l'original : qni.

1384 Sur cette question, voir Thurot (1881-1883 : II, 360-361).

1385 Maupas (1618 : f° 46v°) et Oudin (1640 : 69) l'incluent dans leur liste de mots masculins. Nous n'avons trouvé aucun exemple d'un usage féminin dans Frantext pour la période 1600-1647.

1386 Le genre d'*episode* n'est pas examiné par les grammairiens avant Vaugelas, mais à la fin du siècle Richelet (1680), Furetière (1690) et l'Académie (1694) ne lui attribuent que le genre masculin. Les exemples où il est possible d'identifier avec certitude le genre de ce mot sont plutôt rares dans Frantext (1600-1647), mais Chapelain (1623) l'utilise au masculin dans sa *Lettre ou Discours […] à M. Faverau*.

Cy, joint aux substantifs[1387]

Tout Paris dit, par exemple, *cet homme-cy, ce temps-cy, cette annee-cy*, mais la plus grand' part de la Cour dit, *cet homme icy, ce temps icy, cette année icy*, & trouve l'autre insupportable, comme reciproquement les Parisiens ne peuvent souffrir *icy*, au lieu de *cy*[1388]. Ce qu'il y a à faire en cela, est ce me semble, de laisser le choix de l'un ou de l'autre à celuy qui parle ; bien que pour moy, je voudrois tousjours dire *cet homme icy*, & non pas *cet homme-cy*, & ainsi des autres[1389] ; Mais pour escrire, si ce n'est dans le stile le plus bas, comme dans la Comedie, l'epigramme burlesque, ou la satyre, je ne voudrois jamais me servir ny de l'un, ny de l'autre[1390] ; Et ce n'est pas une reigle que je face moy-mesme, je ne

1387 Cette question est traitée dans trois remarques manuscrites. Celle intitulée « *Cy* » (f° 44v°) est très courte et résume en trois lignes le jugement de Vaugelas. Les deux autres observations se suivent au folio 13v°, « *Cy* » (où Vaugelas note « Voyez *Cy* plus bas ») et « *Celuy-cy, cettuy-là* ».

1388 Sur l'usage de la cour et la ville, voir l'Introduction, p. 69, 181, et ci-dessus note 991.

1389 *Cf.* le commencement de la remarque manuscrite (f° 13v°) : « *Cy* est une particule qui ne subsiste point de soy-mesme, mais qui est tousiours attachee aux noms, ou à quelques Pronoms, comme *celuy-cy, ceux-cy, en ce temps-cy, ces hommes-cy* et ainsi des autres. C'est comme un diminutif d'*Icy*, et mesmes plusieurs disent et escriuent *en ce temps icy* et *ces hommes icy* pour dire *cy*+ {Et se doit dire ainsi [...] et quoy que plusieurs autres le condamnent, comme n'estant point françois et sentant sa prouince esloignee de la Court, ou du cœur de la France, si est ce que i'ay opinion qu'ilz se trompent, tant parce que i'ay ouy dire souuent à des Parisiens courtisans *en ce temps icy*, et autres semblables, que pource que ie l'ay leu ainsi mesmes dans des grammaires françoises, et dans diuers Autheurs, et qui plus est, ie pense auoir oüy dire à M. Coeff. qu'il ne falloit mettre *cy* qu'apres les Pronoms, dont il est icy bas parlé, et non apres les noms, ou faut dire *Icy*.} » On trouve, par exemple, dans la traduction des sermons de Fonsèque *ces gens icy* (Vaugelas 1615 : 195). En revanche, Oudin (1640 : 109) critique l'usage d'*icy* dans ce contexte : « on peut aussi mettre *icy* pour *cy*, toutesfois il n'est gueres bon d'en user ». Quant à Wapy (1634 : 97), il fait une distinction entre l'usage avec un substantif et avec un pronom : « Cet adverbe [*icy*] se joint souvent aux noms substantifs, & aux appellatifs, comme *ces gens icy, ce jour icy*, ce qui se dit pour plus grande douceur, car on a le choix de dire *ces gens icy*, ou *ces gens-cy :* Toutefois *icy* ne se joint jamais aux pronoms, car on ne dit pas *celuy-icy, cettuy-icy, ceux icy, cet autre icy*, mais on dira *celuy-cy, celle cy, cet autre-cy.* »

1390 Dans le manuscrit (f° 13v°) : « <Car> pour l'escrire c'est une autre chose. Ie ne crois pas qu'on en doiue user, et [---] il ne me souuient point de l'auoir iamais ueu dans M. Coeff. ni dans aucun Autheur, qui ayt sceu escrire purement <ni dans M de Malh.>. C'est une de ces façons de parler, dont nous donnerons souuent des exemples, qui ne s'escriuent point. Car il se faut tousiours souuenir de cette maxime qui est tres-importante *qu'il ne faut rien escrire qui ne se die, mais que tout ce qui se dit ne se doit pas escrire.* les bons Autheurs donc se contentent d'escrire *en ce temps*, et *ces hommes*, sans y aiouster *cy*, parce que le

pretens pas avoir cette authorité, mais c'est une remarque tirée (367 [327]) des escrits de tous nos meilleurs Autheurs, qui ont tousjours euité une locution si basse, & si populaire. En effet, *cet homme, ce temps, cette année*, ne disent-ils pas toute la mesme chose sans y ajouster ny *cy*, ny *icy*? Une des plus eloquentes pieces de nostre temps a esté[1391] comme soüillée de cette tache[1392], s'y rencontrant par trois fois *en ce royaume-cy*, au lieu de dire simplement, *en ce royaume*. Cette particule n'est bonne qu'aux pronoms *celuy*, & *cettuy* en tous leurs genres & en tous leurs nombres, comme *celuy-cy, celle-cy, ceux-cy, celles-cy, cettuy-cy, cette-cy*, qui ont les mesmes pluriels que *celuy-cy*, & *celle-cy. Cettuy-cy*, commence à n'estre plus gueres en usage[1393].

---

pronom demonstratif *ce*, et *ces* suffit pour exprimer l'un et l'autre sans y aiouster *cy*. <A la court hommes et femmes disent *en ce temps icy*, et non *cy*, qui est purement parisien.> » Cet usage est pourtant attesté chez Malherbe, par exemple, *ce pays ici*, *ce jour ici* (Régnier 1869 : 314). En examinant l'usage dans Frantext (1600-1647), l'emploi de *ce temps icy*, *ce pays icy* semble être favorisé par Peiresc dans ses lettres, et Mestrezat utilise le premier dans un sermon. Ces occurrences suggèrent que cet usage est lié à l'oral et aux genres plus informels.

1391 Dans l'original : este.

1392 Cette pièce n'est pas identifiée par la Clef de Conrart.

1393 La discussion de *celuy-cy* etc. est beaucoup plus longue dans le manuscrit (il y a quelques passages où il manque des mots indiqués ici par les points de suspension) (f° 13v°-14r°) : « Au reste i'auois creu durant quelque temps qu'il falloit dire *cettuy-cy* <et>, *cette-cy* et *celuy là*, et *celle là*, et iamais *celuy-cy* ni *celle-cy* Et ma raison estoit que *celuy*, et *celle* demonstrent une chose esloignee, et *cy* en demonstre une proche de sorte qu'ils me sembloient incompatibles ensemble, […] une particule d'esloignement il <le> falloit tousiours ioindre […] qui sont de la mesme nature, comme ~~[…]~~ sont *cettuy* et *cette* au […] expriment une chose proche, tout de mesmes que sont en Latin *Ille*, […] *Iste* ~~celuy la~~ *Ille* respond à *celuy*, d'ou quelques uns mesmes croyent qu'il est deriué en retenant encore *L* qui est la principale consonante, et *Iste* à *cettuy*, qu'ilz tirent aussi d'*Iste* duquel il retient encore le *T*, qui sont certes des ethymologies tirees de loing, sur lesquelles ie ne me uoudrois pas fonder. Mais depuis l'Vsage m'a appris que l'on pouuoit aussi bien dire d'une chose proche *celuy-cy*, que *cettuy-cy*, et d'une chose esloignee *cettuy-là*, que *celuy là*, tellement que la difference du pres, ou du loing n'est pas en *cettuy*, ni en *celuy*, mais en *cy*, et en *là* : *Cy* ne se ioint iamais à aucun uerbe qu'à *voir* en ce seul lieu *voicy*, qui est comme qui diroit *vois icy*, et encore est il passé en Aduerbe faisant un seul mot, comme plusieurs de noz Aduerbes composez de de [*sic*] deux, de trois, et quelquefois de quatre mots, parmy lesquels il y a souuent ~~[…]~~ quelque verbe, ne font plus qu'un seul mot. » Vaugelas offre l'exemple de *n'agueres*, *dorenavant* et *peutestre*. Oudin (1640 : 115-116) accepte toujours *cettuy-ci* et *cettuy-là*. *Cettuy-cy* (et les variantes graphiques de ce mot) reste assez fréquent dans la première moitié du siècle (139 ex. dans Frantext pour la période 1600-1647), surtout pendant les trois premières décennies, mais il se raréfie après Vaugelas (33 ex. pour la période 1648-1699).

Ordres pour *un Sacrement*[1394]

On demande s'il le faut faire masculin ou feminin. On respond qu'il est l'un & l'autre, non pas indifferemment, mais selon la situation où il est. Par exemple, M. Coeffeteau & tous les bons Autheurs escrivent *les sainctes Ordres*, & cependant tout le monde dit, & escrit *les Ordres sacrez*, & non pas *sacrées*[1395]. Cette bizarrerie n'est pas nouvelle en nostre langue, car nous disons tout de mesme, *ce sont de fines gens*, & *ces gens-là sont bien fins*, & non pas *bien fines*[1396].

(368 [328])

Evesché, Duché, Comté

Evesché, estoit autrefois un mot feminin[1397], & Ronsard a dit[1398],

& le dos empesché
Sous le pesant fardeau d'une bonne Evesché.

Mais aujourd'hui on le fait tousjours masculin. Il en est de mesme d'*Archevesché*, *un bon Evesché*, *un grand Archevesché*[1399]. Pour *Duché*, on le fait tantost masculin, tantost feminin, mais il me semble beaucoup plus usité au masculin[1400], & *Comté* de mesme, quoy que l'on die *la Franche-Comté*.

1394 Cette remarque et la suivante qui traitent toutes deux des questions de genre n'apparaissent pas dans le manuscrit.

1395 Camus, dans ses *Homélies des États généraux* (1615), écrit *les plus sainctes ordres* et *des saincts ordres*, mais on trouve seulement *ordres sacrez* au masculin dans Frantext (1600-1647). Maupas (1618 : f° 47v°) inclut *ordre* dans sa liste de mots « de commun genre » sans faire mention de cet usage particulier. Richelet (1680) rappelle la remarque de Vaugelas, mais il conclut : « Cette décision n'est pas reçuë aujourdhui. Le mot *d'ordre* est toujours *masculin*, soit-qu'il soit précédé, ou suivi d'un adjectif. »

1396 Voir *R*p. 462-463.

1397 C'est probablement parce que cette remarque suggère un changement d'usage qu'elle est nouvelle dans la version publiée.

1398 « Responce de P. de Ronsard [...] aux injures et calomnies, de je ne sçay quels Predicans, & Ministres de Geneve. Sur son Discours & Continuation des Miseres de ce Temps » (Paris, 1565), v. 73-74 (Ronsard 1914-1975 : XI, 120).

1399 Régnier (1869 : 37) cite un exemple d'*archevêché* au féminin chez Malherbe. On trouve quelques rares occurrences *d'evesché* au féminin dans Frantext (1600-1647) chez Régnier (1609) et Aubigné (1630), mais la grande majorité des exemples sont au masculin. Tous les lexicographes d'Estienne (1549) à l'Académie (1694) considèrent *evêché* comme masculin, à l'exception de Cotgrave (1611).

1400 Ce jugement semble être confirmé par l'usage tel qu'il est attesté dans Frantext (1600-1647) : le genre masculin domine, même si quelques auteurs comme Garasse et Peiresc dans ses lettres l'utilisent au féminin. Quant aux lexicographes, alors que

Ceux du pays où elle est, ne sçachant gueres bien nostre langue, peuvent l'avoir nommée ainsi. Ce n'est pas que quelques-uns à la Cour & à Paris ne facent *Comté*, feminin, mais il est plus usité au masculin, comme j'ay dit[1401].

Pres, aupres[1402]

La preposition *pres*, a deux regimes, le genitif & l'accusatif, car on dit *pres du fleuve*, & *pres le Palais royal*, mais celuy du genitif est beaucoup meilleur, & plus en usage[1403]. Neantmoins il y en a qui croyent, que *pres du Palais royal*, non seulement ne seroit pas si bien dit, mais seroit mal dit. Je ne suis point de cette opinion, aussi n'est-ce pas la plus commune. (369 [329]) Il est bien vray, qu'enseignant un logis à Paris, il est assez ordinaire d'oüir dire *pres la porte S. Germain*, *pres la porte S. Jaques*, & c'est peut-estre pour abreger ce qui seroit plus long en disant *pres de la porte sainct Jaques*. Au moins il est tres-certain qu'*avec les personnes*, on le met tousjours au genitif, & que l'on ne dit jamais que *pres de moy*, *pres de luy*, *pres de cette Dame*[1404] : mais *aupres*, y seroit encore meilleur, & quoy qu'ils s'employe fort bien aux choses, comme *il loge aupres de l'Eglise*, si est-ce qu'à mon avis il convient beaucoup mieux aux personnes, & l'on dira, *il a des gens aupres de luy, qui ne valent rien*, & l'on ne diroit pas, *il a des gens pres de luy*[1405].

Nicot (1606) le considère comme du genre féminin, Cotgrave (1611) plutôt comme du masculin, les trois grands dictionnaires monolingues de la fin du siècle offrent les deux options.

1401 La variation de genre est bien attestée dans Frantext (1600-1647), même dans l'usage d'un seul auteur (par ex. chez Fauchet ou Peiresc). À la fin du siècle, Richelet (1680) note que le mot est masculin et féminin, mais plus souvent féminin, tandis que Furetière (1690) juge qu'il est masculin et quelquefois féminin.

1402 La remarque manuscrite intitulée « *Pres* » (f° 72r°) est beaucoup plus courte que celle de la version publiée. Vaugelas y fait référence à l'autorité de Coeffeteau, ce qui l'empêche de condamner la forme qu'il juge moins bonne : « *Pres*. Il me semble qu'il est mieux dit *Pres du fleuue*, que *Pres le fleuue*, mais ie n'oserois condamner celuy-cy, parce que M. Coef. le dit plus souuent que l'autre. Pour *aupres* il est certain qu'il faut dire *aupres de la uille*, et non *aupres la uille*. » Pour des exemples de *pres le fleuve* chez Coeffeteau, voir son *Histoire romaine de L. Florus* (1621 : I, 47, 96).

1403 Pour d'autres exemples de *près* sans *de*, voir Spillebout (2007 : 241).

1404 Avant Vaugelas, Maupas (1618 : f° 172v°) observe qu'en général *pres* peut être suivi du nominatif ou du génitif, mais qu'il n'aime pas « s'allier aux nominatifs des pronoms personnels. Car ne sonne bien de dire. *Pres moy. Pres elle* […] ».

1405 Oudin (1640 : 305) remarque que la préposition *aupres* « ne regit proprement que le genitif ». Pour des exemples de *près de* comme équivalent d'*auprès de*, voir Haase (1935 : 358).

Expedition

Je sçay bien que depuis quelques années nos meilleurs Autheurs non seulement ne font point de difficulté d'user de ce mot pour dire *un voyage de guerre en pays esloigné*, comme *l'expedition d'Alexandre*, ou *de Cesar* ; mais le preferent mesme à toute autre expression qui puisse signifier cela[1406]. Tant d'excellens hommes l'employent dans leurs plus belles pieces d'eloquence, que je ne suis pas si temeraire que de le condamner[1407] ; Mais avec le respect qui leur est deu, je diray qu'aux ouvrages qui (370 [330]) doivent voir la Cour, & passer par les mains des Dames, je ne le voudrois pas mettre, parce que ny elles, ny les Courtisans qui n'auront point estudié, n'auront garde de l'entendre, ny de prendre jamais *expedition*, qu'au sens ordinaire, & auquel tout le monde a accoustumé de s'en servir. Je n'ay pas remarqué que M. Coeffeteau l'ayt mis en aucun de ses escrits[1408], mais j'ay bien pris garde, que des Dames d'excellent esprit lisant un livre, où ce mot estoit employé au sens dont nous parlons, s'estoient arrestées tout court au milieu d'un des plus beaux endroits du livre, perdant ou du moins interrompant par l'obscurité d'un seul mot le plaisir qu'elles prenoient en cette lecture[1409]. Si je m'en servois, j'y voudrois tousjours ajouster *militaire*, & dire *une expedition militaire*, *des expeditions militaires*[1410] ; car cette epithete l'explique en quelque façon, quoy que la plus part des Dames entendent aussi peu *militaire* qu'*expedition*[1411].

1406 Cotgrave en 1611 offre déjà cette définition du terme : « *Expedition, riddance, dispatch of; also, an expedition, voyage. Action, warlike enterprise.* » Dans Frantext, cet usage est attesté chez Sorel (*S'ils sont maintenant si coys, c'est qu'ils songent à une grande expedition de guerre qu'ils veulent entreprendre*, 1627) et chez Senault (*Elle luy represente que toute la Grece a les yeux ouverts pour le regarder, & qu'elle ne porte point de Capitaine qui dans cette expedition, ne veuïlle combatre soubs ses enseignes*, 1641).

1407 La critique de ce substantif est plus sévère dans la courte observation manuscrite (f° 26r°) : « *Expedition* pour *Voyage de guerre* est un fort bon mot latin, et un fort mauuais [...] françois, dont plusieurs ne laissent pas d'user mesmes auec quelque affectation [...] est fort bon au sens ordinaire ~~pour dire~~ ~~[...]~~ auquel tout le monde a accoustumé [...] seruir. »

1408 Le mot n'est pas attesté dans l'édition de 1622 des *Œuvres* de Coeffeteau.

1409 Sur le rôle des femmes dans l'élaboration des *Remarques*, voir l'Introduction, 4.2.5.

1410 Les expressions *art militaire, discipline militaire* sont bien attestées dans Frantext (1600-1647), mais on n'y trouve qu'un seul exemple d'*expedition militaire* dans une lettre de Peiresc de 1629.

1411 Le remède que propose Vaugelas ne résout donc pas le problème pour les femmes.

Previt, preveut[1412]

On demande s'il faut dire, *il previt*, ou *il preveut*. Il faut dire, *previt*, quoy qu'il y en ayt quelques-uns qui disent *preveut*[1413]. La raison de douter est, que *pourvoir*, est un composé de *voir*, & neantmoins on dit, *il pourveut*, (371 [331]) & non pas *il pourvit*. Outre qu'il y a des verbes simples qui se conjuguent d'une façon, &[1414] leurs composez se conjuguent d'une autre, par exemple on conjugue *nous disons, vous dites, &c.* & au composé l'on dit, *nous mesdisons, vous mesdisez*, & non pas *vous mesdites*, & de mesme *nous predisons, vous predisez*, & non pas *vous predites*. Ainsi nous disons au simple, *quoy qu'il die*, & nous ne dirons pas au composé, *quoy qu'il mesdie*, ny *quoy qu'il predie*, mais *quoy qu'il mesdise*, & *quoy qu'il predise*. Ainsi au participe simple on dit *decidé*, & au composé on dit *indecis*, & non pas *indecidé*[1415]. Il y en a encore d'autres, qui ne se presentent pas tousjours à la plume. Ainsi encore pour la prononciation on dit *respondre*, sans prononcer l'*s*, & au composé on dit, *correspondre*, en prononçant l'*s*.

Aller au devant

Voicy comme il se faut servir de cette phrase, par exemple il faut dire, *il est allé au devant de luy, il faut aller au devant de luy*, & non pas *il luy est allé au devant, il luy faut aller au devant*, comme parlent les Gascons, & mesme quelques Parisiens, qui ont corrompu leur langage naturel par la contagion des Provinciaux[1416].

1412 Cette observation ainsi que les deux suivantes ne se trouvent pas dans le manuscrit.

1413 Avant Vaugelas, Oudin (1640 : 172), commentant la conjugaison du verbe *voir*, note : « Entre ses composez, *pourvoir* et *despourvoir* ont au parfaict definy *pourveus* et *despourveus*, et au futur, *pourvoiray* et *despourvoiray*, de mesme *prevoir*, *prevoirray*. Le reste suit la reigle du simple. *Prevoir*, *previs* ; *revoir*, *revis*, etc. » Il n'y a aucun exemple de *preveut* dans Frantext (1600-1647).

1414 Dans l'original l'esperluette n'est pas lisible.

1415 *Cf.* Rp. 166.

1416 *Aller au devant de luy* est déjà attesté chez Palsgrave (1852 [1530] : 570) et dans le dictionnaire de Robert Estienne (1549). Nous trouvons quelques exemples de la construction critiquée par Vaugelas dans Frantext, par exemple chez Urfé (*Avant qu'il commençast de parler, elle, le voyant approcher, luy alla au devant, avec les paroles de la mesme affetterie*, 1612) ou chez François de Sales (*vous semble-il point que vostre cœur se tourne de son costé et en certaine façon luy va au devant ?*, 1619).

(372 [332])

Si, *particule conditionnelle*

L'*i* de cette particule quand elle est conditionnelle, & non autrement, ne se mange point devant aucune des cinq voyelles, si ce n'est devant *i*, encore n'est-ce qu'en ces deux mots, *il*, & *ils*[1417], par exemple on dit, *si apres cela*, & non pas *s'apres cela* ; *si entre-nous*, & non pas *s'entre-nous* ; *si implorant*, & non pas *s'implorant* ; *si on le dit*, & non pas *s'on le dit* ; & en fin *si un homme*, & non pas *s'un homme* ; mais devant *il*, & *ils*, cet *i*, se mange, & l'on dit *s'il faut*, *s'il vient*, *s'ils viennent*, & non pas *si il faut*, *si il vient*, *si ils viennent*, comme escrivent quelques-uns, mesme de ceux qui ont la reputation de bien escrire[1418] ; Et c'est ce qui a donné lieu à cette Remarque, dont je ne me serois pas avisé, comme la croyant superfluë, si je n'eusse trouvé cette faute continuelle en leurs escrits, qui estant dignes d'estre imitez en tout le reste, pourroient surprendre en cela leurs imitateurs.

Pact, pacte, paction

Pact[1419], ne vaut rien du tout, *pacte*, est bon[1420]. On dit *un pacte tacite*, & que *les sorciers font un pacte avec le diable*, mais *paction*, est le meilleur, & le plus usité, *faire une paction*[1421]. Il y a de certaines

---

1417 Oudin (1640 : 50) fait une distinction entre ce qui est permis en poésie et en prose ; il observe que l'élision de la voyelle « se rencontre aussi en la conjonction *si* devant *il* et *ils* : *s'il*, *s'ils* : et quelquesfois en poësie devant *elle*, *elles* et *on* : *s'elle*, *s'elles*, *s'on* ».

1418 Selon Frantext, les exemples de *si il* (20 *vs* 8766 de *s'il*) et de *si ils* (8 *vs* 1510 de *s'ils*) sont extrêmement rares à cette période (1600-1647), et ils figurent surtout dans la correspondance ou le journal d'Héroard.

1419 Cette forme est toujours acceptée dans le manuscrit (voir la note 1422 ci-dessous), et Vaugelas l'emploie dans sa traduction des sermons de Fonsèque (Vaugelas 1615 : 459). Estienne (1549) et Nicot (1606) proposent *pact* et *paction*, et Furetière (1690) inclut toujours *pact* dans son dictionnaire, mais Richelet (1680) et l'Académie (1704 : 367) suivent le jugement de Vaugelas. Il y a un exemple unique de *pact* dans Frantext (1600-1647) par Aubigné (1630), qui fut né en 1552.

1420 Les trois dictionnaires monolingues de la fin du siècle incluent cette forme sans commentaire. Il y en a onze exemples dans Frantext (1600-1647).

1421 Richelet (1680) observe que : « Ce mot aujourdhui ne se dit ordinairement qu'en parlant d'afaires, et il signifie *acord et convention* qui se fait entre quelques personnes. » La forme *paction* est en réalité un peu moins fréquente que *pacte* à cette période dans Frantext (1600-1647 : 6 ex.), mais Régnier (1869 : 436) remarque que Malherbe l'utilise dans l'exemple suivant : *Plût à Dieu qu'il ne fallût ni sceaux ni signes pour l'assurance de ces pactions, et que la conscience et la foi en fussent les seules dépositaires !*

Provinces en France, où l'on dit (373 [333]) *pache*, pour *paction*, mais ce mot est barbare[1422].

Ebene, yvoire[1423]

Ces deux mots sont feminins[1424], il faut dire par exemple, *voyla de l'ebene bien noire, & de l'yvoire bien blanche.* Toute la Cour parle ainsi. Ceux qui travaillent en ebene, font ce mot des deux genres, mais il s'en faut tenir à la Cour[1425]. Pour ceux qui travaillent en yvoire, ils le font tousjours feminin.

Courroucé

Ce mot, dans le propre est vieux, & n'est plus gueres en usage[1426], car on dira rarement, *il est courroucé contre moy*, pour dire, *il est en colere contre moy* ; mais dans le figuré il est fort bon, comme quand on dit que *la mer est courroucée*, pour dire, qu'elle est fort agitée, & qu'il y a une grande tourmente[1427]. Il y a ainsi plusieurs autres mots, qu'on rejette dans le propre, & qu'on reçoit dans le figuré, mais ils ne se presentent pas maintenant à ma memoire[1428].

1422 La remarque manuscrite se concentre sur la critique de *pache* (f° 88v°) : « *Pache* pour *Pact.* ne uaut rien, il faut dire *Pact* ou *Paction.* Quelques uns disent *le pache*, les autres *la pache*, mais il ~~ne uaut rien~~ <n'est bon> ni au masculin, ni au feminin. » Cotgrave (1611) est le seul lexicographe à inclure ce terme sans le critiquer. Les deux exemples dans Frantext (1600-1647) datent de la décennie 1610-1619.

1423 Le genre de ces mots n'est pas examiné dans le manuscrit.

1424 Cotgrave assigne le genre masculin à *ebene*, mais Richelet (1680), Furetière (1690) et l'Académie (1694) le jugent féminin. En revanche, Cotgrave (1611), Oudin (1640 : 70) et l'Académie (1694) attribuent le genre masculin à *ivoire* et seul Furetière (1690) offre les deux possibilités. Quant à l'usage dans Frantext (1600-1647), la préférence pour l'usage au féminin d'*ebene* est confirmée, le seul exemple au masculin se trouvant chez Tristan l'Hermite (1641). Dans le cas d'*yvoire*, il y a beaucoup plus de variation : Gombauld (1624), Hardy (1625) et Tristan l'Hermite (1641) entre autres s'en servent au masculin.

1425 Sur l'attitude de Vaugelas envers les termes techniques, voir l'Introduction, p. 70, 98-99.

1426 Dans le manuscrit, Vaugelas ne considère pas le sens de cet adjectif. La construction du verbe *courroucer* est discutée dans une remarque qui est reproduite par Alemand dans les *Nouvelles Remarques* (f° 43v°, Vaugelas 1690 : 58).

1427 Nicot (1606) commence par le sens propre : « Iratus, Insensus. *Ainsi il se dit, Il est tout courroucé contre vous* [...] », et Cotgrave (1611) le consigne également. Malgré le jugement de Vaugelas, le sens propre a persisté et il est attesté dans Frantext (1600-1647), par exemple, *Dieu est courroucé contre nous* (Godeau 1633), *& quand il voit la face de Dieu courroucée à cause des pechez* (Mestrezat 1645).

1428 Les remarqueurs ultérieurs comme Andry de Boisregard et Bouhours observent souvent une distinction entre l'acceptabilité du sens propre et du sens figuré d'un mot (voir, par

Vers, envers[1429]

Ces deux prepositions ne veulent pas estre confonduës[1430] ; *vers*, signifie le *versus*, (374 [344]) des Latins, comme *vers l'Orient*, *vers l'Occident* ; & *envers*, signifie l'*erga*, comme *la pieté envers Dieu, envers son pere, envers sa mere, &c. Vers* est, pour *le lieu*, & *envers*, pour *la personne*. Ce seroit mal parler, de dire *la pieté des enfans vers le pere*, comme escrit tousjours un grand homme[1431]. Que si l'on dit, *il s'est tourné vers moy*, & que de là on veuille inferer, que *vers*, se dit aussi bien pour *la personne*, que pour *le lieu*, on respond qu'en cet exemple *vers*, ne laisse[1432] pas de regarder *le lieu*, plustost que *la personne*, comme le mot de *tourner*, le fait assez voir.

Ulcere

Ce mot est masculin[1433], *un ulcere amoureux*, dit un grand personnage, en traduisant *vulnus alit venis*[1434]. On dit *un ulcere malin*, & non pas *maligne*, neantmoins à la Cour plusieurs le font feminin[1435].

Une partie du pain mangé

On demande s'il faut dire, par exemple, *je n'ay fait que sortir de la chambre, j'ay trouvé une partie du pain mangé*, ou *j'ay trouvé une partie du pain mangée*[1436]. Cette question ayant esté agitée en fort bonne compagnie,

---

ex., *chargeant/pesant* (Andry 1692 : 117) ; *combustion* (*ibid.* : 127) ; *décadence* (*ibid.* : 156-157)).

1429 Les quatre remarques suivantes ne figurent pas dans le manuscrit.

1430 Avant Vaugelas, cette distinction n'est pas traitée par les grammairiens de notre corpus (1530-1650).

1431 Haase (1935 : 350) cite des exemples de cet usage, y compris chez La Fontaine et La Rochefoucauld.

1432 Dans l'original : laisle.

1433 C'est le genre noté par tous les lexicographes de notre corpus.

1434 *Enéide*, IV, 1-2. Comme le note Thomas Corneille (Vaugelas 1738 : II, 387), il s'agit de la traduction du Cardinal Du Perron : *La Reyne cependant griévement offensée / Par un soucy cruel qui blesse sa pensée, / Maint ulcere amoureux dans ses vaines cachant, / D'une secrette flamme à part se va seichant* (Du Perron 1622 : 95).

1435 Ici Vaugelas rejette la forme utilisée par plusieurs personnes à la Cour. Quant à l'usage dans les textes de Frantext (1600-1647), si la grande majorité des exemples sont au masculin, le féminin est attesté, entre autres, chez Bertaut (1620) et Senault (1641).

1436 Sur les questions d'accord, voir l'Introduction, 6.4.5. Les remarques qui traitent de ces questions ne figurent pas dans le manuscrit (*cf.* la remarque suivante et *Rp.* 382-383). Ni Maupas (1618) ni Oudin (1640) ne traitent de l'accord avec *une partie de*.

& de personnes tres-sçavantes en la langue[1437], tous (375 [335]) sont demeurez d'accord que selon la Grammaire ordinaire, il faut dire *une partie du pain mangée*, & non pas *mangé*; mais la plus-part ont soustenu que l'Usage disoit *une partie du pain mangé*, & non pas *mangée*, & que l'Usage le voulant ainsi, il n'estoit plus question de Grammaire ny de Reigle[1438]. Mesme on a ajousté ce que je pense avoir remarqué en divers endroits, qu'il n'y a point de locution, qui ayt si bonne grace en toutes sortes de langues, que celle que l'Usage a establie contre la Reigle, & qui a comme secoüé le joug de la Grammaire : En effet les Poëtes Grecs & Latins en ont fait de belles figures, dont ils ornent leurs escrits, comme est la synecdoche (qu'ils appellent) & plusieurs autres semblables, sur quoy ce mot de Quintilien est excellent, *aliud est Latine, aliud Grammatice loqui*[1439]. Mais pour revenir à nostre exemple, on dit tout de mesme, *il a une partie du bras cassé, il a une partie de l'os rompu, il a une partie du bras emporté*, & non pas *cassée, rompuë*, ny *emportée*. On pourroit en rendre quelque raison, mais il seroit superflu, puis qu'il est constant que l'Usage fait parler ainsi, & qu'il fait plusieurs choses sans raison, & mesme contre la raison, ausquelles neantmoins il faut obeir en matiere de langage.

(376 [336])

De la façon que j'ay dit

C'est ainsi qu'il faut dire, & non pas *de la façon que j'ay dite*, quoy que selon la Reigle il le faudroit faire feminin[1440]. Il y en a toutefois qui croyent, que l'un & l'autre est bon, mais j'apprens qu'ils se trompent. En cet exemple, ces paroles *de la façon que*, sont comme *adverbiales*, & ont le mesme sens que si l'on disoit *comme j'ay dit*. Il s'en rencontre quelquefois d'autres de cette nature, dont je ne me souviens pas maintenant, où il en faut user de mesme.

1437 Référence probable à l'Académie Française.

1438 Les textes de Frantext (1600-1647) attestent cette variation. Nous trouvons, par exemple, *une partie du jour estant passée* (Urfé 1627), *une partie du visage voilée* (Coeffeteau 1646), mais, avec une proposition relative, *une partie du mal-heur qui estoit arrivé* (Boisrobert 1629).

1439 *Institution oratoire*, I, 6, 27.

1440 Avant Vaugelas, cette construction n'est pas traitée par les grammairiens de notre corpus (1530-1650). *Cf.* dans Frantext, *de la façon que j'ay fait* (Pasquier 1613), *de la façon que le berger avoit recité* (Sorel 1627).

Il se vient justifier, il vient se justifier[1441]

Cette remarque est de grande estenduë ; car à tous propos il s'offre occasion de dire l'un ou l'autre en d'autres exemples, que celuy que je viens de proposer, comme *je ne le veux pas faire*, ou *je ne veux pas le faire*, *ils me vont blasmer*, ou *ils vont me blasmer*, & ainsi d'une infinité d'autres, où l'on employe les pronoms personnels. Il s'agit donc de sçavoir si tous deux sont bons, & cela estant, lequel est le meilleur. On respond que tous deux sont bons, mais que si celuy-là doit estre appellé[1442] le meilleur, qui est le plus en usage, *je ne le veux* (377 [337]) *pas faire*, sera meilleur que *je ne veux pas le faire*, parce qu'il est incomparablement plus usité. M. Coeffeteau observoit ordinairement le contraire, & mettoit le pronom aupres de l'infinitif, parce que faisant profession d'une grande netteté de stile, il trouvoit que la construction en estoit plus nette & plus reguliere ; Mais il y a plus de grace, ce me semble, en cette transposition[1443], puis

1441 Il est intéressant d'observer la genèse de cette remarque dans le manuscrit. Vaugelas commence par un court commentaire sur la question en marge d'une très longue observation intitulée « Articles » (f° 7r°) : « <quelques uns mettent tousiours> L'Article ~~se met quelquefois~~ proche du uerbe qui le regit comme <fait> M. Coeff. [~~en use~~] presqu[e] ordinairement, parce qu'il semble que la construction en est plus nette, par exemple M. Coeff. dira *A peine peurent ilz se tenir de pleurer*, et non *a peine se peurent ilz tenir*, quoy qu'à mon aduis ce dernier me semble plus doux à cause qu'il est beaucoup plus en usage que l'autre. Car le plus ou le moins de la douceur d'un mot ou d'une façon de parler se prend du plus ou du moins qu'ilz sont en usage. Et quoy que l'exemple que i'ay donné soit d'un possessif, il n'importe parce que les Articles et les Pronoms possessifs comme [~~...~~] <i'ay> desia dit se gouuerne[n]t d'une mesme sorte. *A peine le peurent ilz arrester* dit on ordinairem[ent], et M. Coeff. dit *A peine peurent ilz l'arrester* Il faut uoir s'il y en a une reigle ». La question est reprise au folio 9v° dans l'observation intitulée « Article, et sa situation auec le Verbe qui le regit », où Vaugelas examine de nouveau l'usage de Coeffeteau : « *Article.* M. Coeff. tant qu'il peut, met l'article aupres du uerbe, qui le regit, mais il semble que l'Vsage pour l'ordinaire est contraire à cela, et de fait en peut on uoir un plus bel exemple que dans M. Coeff. mesme qui dit dans la uie de Neron *Quelques soldats qui les estoient allez reconoistre.* Certes c'est ainsi que tout le monde a accoustumé de parler, c'est pourquoy encor qu'en cet exemple l'article *les* soit [...] esloigné de deux mots du Verbe dont il est regi, il ne laisse pas d'estre beaucoup mieux dit que si on disoit *qui estoient allez les reconoistre.* Voyez ce que i'en ay desia remarqué en un autre endroit sous cette mesme lettre A. » Au folio 69r° il y a une très courte observation, « *Pronom le* » qui ne consiste qu'en un exemple supplémentaire de Coeffeteau : « Pronom *le* feignant de l'Assister, alloit le trauersant dit M.Coeff non l'alloit trauersant ».

1442 Dans l'original : appelle.

1443 Sur cette question voir l'Introduction, p. 175 ; *cf.* Galet (1971), N. Fournier (1998 : 79-85), et Ayres-Bennett (2004c : 208-219). Notons que Wapy (1634 : 67-68) adopte la position contraire : « C'êt une maxime au langage françois qu'il faut pour l'ordinaire donner la preference aux façons de parler plus coulantes, & plus douces, si autre consideration

que l'Usage l'authorise, suivant ce qui a esté dit en la Remarque, qui a pour titre, *Une partie du pain mangé*[1444]. Une des principales beautez du Grec & du Latin consiste en ces transpositions, & comme elles sont fort rares en nostre langue, sur tout en prose, elles en sont plus agreables[1445].

Vieil, *vieux*[1446]

Tous deux sont bons, mais non pas indifferemment ; car *vieil* ne se doit jamais mettre à la fin des mots, ny devant les substantifs, qui commencent par une consone, comme on ne dira pas *c'est un homme vieil*, *c'est un habit vieil*, quoy qu'à Paris plusieurs dient *du vin vieil*, mais mal. On ne dira pas non plus, *c'est un vieil garçon*, *c'est un vieil manteau*, mais *un homme vieux*, *un habit vieux*, *du vin vieux*, *un vieux garçon*, *un vieux manteau*. **(378 [338])** Le seul usage donc de *vieil*, est devant les substantifs, qui commencent par une voyelle, comme *un vieil homme, un vieil amy, un vieil habit, &c.*[1447] Ce n'est pas que l'on ne die aussi *un vieux homme*, *un vieux amy*, *un vieux habit*, mais *vieil*, y est beaucoup meilleur.

Cymbales, *tymbales*[1448], *hemistiche*

---

n'empéche, encor qu'on puisse user des unes, & des autres sans faillir. A cecy le pronom prend bonne part lequel êt mis ordinairement apres le verbe nommément au temps imparfait, pour la plus grande douceur, quand un infinitif suit ; & dira t'on *Il ne sçauroit se donner à entendre* plutôt que cet autre, il ne se scauroit donner à entendre, & au lieu de dire, je ne vous veux pas dire adieu, on se servira de cette autre manière, *Je ne veux pas vous dire à Dieu.* »

1444 *Rp.* 374-375.

1445 Au XVIe siècle, Meigret et Ramus avaient déjà soutenu que le style français adopte plus régulièrement « l'ordre de nature » (Meigret 1980 [1550] : 141) que les Grecs et les Latins « qui ont ordinairement leurs hyperbates & traverses de mots » (Ramus 1572 : 158).

1446 Cette remarque ainsi que les deux suivantes ne figurent pas dans le manuscrit.

1447 Chez Estienne (1549) et Nicot (1606) on trouve l'entrée « Vieil », alors que Cotgrave (1611) renvoie ses lecteurs de « Vieil » à « Vieux ». L'usage de *vieil* n'est pas discuté de façon explicite avant Oudin (1640 : 84) qui, dans sa section sur la formation des pluriels, note que *vieux* « passe aussi pour singulier, et se met ordinairement devant un mot qui commence par consonne ». On trouve pourtant dans sa grammaire des exemples tels que « mon vieil Grammairien » (1640 : 206), « *Vieillir*, devenir vieil » (1640 : 218). Vaugelas utilise l'expression *vieil testament* dans sa traduction de Fonsèque (1615 : 438). Les exemples de l'usage critiqué sont également très nombreux dans Frantext (1600-1647) : *un vieil garçon* (Sorel 1627), *le vieil chemin* (Bailly 1634), *un vieil manuscrit* (Mersenne 1634), *Trasile fort vieil, riche et veuf* (Gougenot 1633) ; *cf.* Brunot (1905-1953 : III, 281), Thurot (1881-1883 : II, 191-193).

1448 Il manque la virgule après *tymbales* dans l'original.

Ces deux premiers mots sont tousjours feminins, *des cymbales sonantes*. *Hemistiche*, qui signifie un demi-vers, est tousjours masculin, *un hemistiche*[1449].

Deux ou plusieurs pluriels suivis d'un singulier avec la conjonction ET *devant le verbe, comment ils regissent le verbe ?*

L'exemple le va faire entendre, *Non seulement tous ses honneurs & toutes ses richesses, mais toute sa vertu s'esvanoüirent*. Quelques uns ont soustenu que c'estoit bien dit, à cause des pluriels & de plusieurs choses qui precedent le verbe, car quand il n'y auroit que des singuliers, estant de diverse nature & joints par la conjonction *et*, ils regiroient tousjours le pluriel, donc à plus forte raison y ayant des pluriels. Néantmoins la (379 [339]) pluspart ne sont pas de cet avis, & tiennent qu'asseurément il faut dire, *non seulement tous ses honneurs, & toutes ses richesses, mais toute sa vertu s'esvanoüit*, non pas à cause de *vertu*, qui est au singulier, & le plus proche du verbe *s'esvanoüit* ; car il n'y a point de doute qu'il faudroit dire *ses honneurs, ses richesses, & sa vertu s'esvanoüirent*, & non pas *s'esvanoüit*, quoy que *vertu*, en cet exemple soit au singulier, & proche du verbe, comme en l'autre[1450] ; Mais cela procede, si je ne me trompe, de deux raisons, l'une que l'adjectif *tout*, comme c'est un mot collectif, & qui reduit les choses à l'unité, quand il est immediatement devant le verbe au singulier, il demande necessairement le singulier du verbe qui le suit, nonobstant tous les pluriels qui le precedent, & pour le faire voir plus clairement, servons nous du mesme exemple, & disons *tous ses honneurs, toutes ses richesses, &*[1451] *toute sa vertu s'esvanoüirent*. Il est certain que presque tous ceux, qui sont sçavans en nostre langue, condamnent cette façon de parler, & soustiennent qu'il faut dire *s'esvanoüit*, quoy qu'ils ne doutent point qu'en l'autre exemple, il ne faille dire *ses honneurs, ses richesses, & sa vertu s'esvanoüirent*. Il n'y a donc que l'adjectif *tout*, qui cause cette difference. La seconde raison meilleure encore que la premiere est, que la particule *mais*, qui est au premier (380 [340]) exemple, separe en quelque façon ce membre de celuy qui le precede, & rompant la premiere construction des pluriels, en demande une

1449 Aucun lexicographe de notre corpus ne contredit ces jugements. Les exemples des deux premiers mots sont si rares dans Frantext pour la période (1600-1647) qu'on ne peut rien conclure de définitif, mais *hemistiche* y est toujours utilisé au masculin.

1450 Sur les questions d'accord avec un sujet coordonné, voir l'Introduction, p. 162-163.

1451 Dans l'original : & (en romain).

particuliere pour elle, qui est le singulier, ce *mais*, servant comme d'une barriere entre-deux, & d'un obstacle pour empescher la communication & l'influence des pluriels sur le verbe. Quoy qu'il en soit, & à quelque cause qu'on l'attribuë, l'Usage le fait ainsi dire presque à tout le monde, & les femmes que j'ay consultées là dessus, à l'imitation de Ciceron[1452], sont toutes de cet avis, & ne peuvent souffrir *non seulement toutes ses richesses & tous ses honneurs, mais toute sa vertu s'esvanoüirent*. Que si l'on demande ce que deviendront ces pluriels, *tous ses honneurs, & toutes ses richesses*, sans aucun verbe qu'ils regissent. Il faut respondre, que l'on y sous-entend le mesme verbe au pluriel *s'esvanoüirent*, lequel neantmoins on n'exprime pas, pour n'estre pas obligé de le repeter deux fois, quand on le met apres *toute sa vertu* ; car si l'on ne le mettoit point à la fin, on diroit fort bien, *non seulement tous ses honneurs, & toutes ses richesses s'esvanoüirent, mais toute sa vertu*, & alors apres *vertu*, il faudroit sous-entendre *s'esvanoüit*. Mais il est beaucoup plus elegant de le sous-entendre en cet exemple apres les pluriels, qu'apres le singulier.

(381 [341])

Trois substantifs, dont le premier est masculin, & les deux autres[1453], feminins, quel genre ils demandent

Parce que le genre masculin est le plus noble, il prevaut tout seul contre deux feminins, mesme quand ils sont plus proches du regime[1454]. Par exemple M. de Malherbe a dit[1455],

---

1452 *Cf.* Cicéron, *De Oratore* (III, xii, 45) : *equidem cum audio socrum meam Laeliam – facilius enim mulieres incorruptam antiquitatem conservant, quod multorum sermonis expertes ea tenent semper quae prima dedicerunt – sed eam sic audio ut Plautum mihi aut Naevium videar audire : sono ipso vocis ita recto et simplici est ut nihil ostentationis aut imitationes afferre videatur* (« Les femmes conservent mieux que nous la pureté de l'ancien accent ; comme elles entendent moins parler, il leur est plus facile de garder leurs premières habitudes de langage. Aussi lorsque Lélia, ma belle-mère, ouvre la bouche, je crois entendre Névius ou Plaute ; sa prononciation est simple, naturelle, sans affectation ; l'imitation ne s'y fait pas sentir : je juge que son père et ses aïeux devaient s'exprimer ainsi ; ce ton n'est ni dur, ni grossier, ni agreste, ni rude, comme celui que je blâmais tout à l'heure ; mais net, égal, plein de douceur » (traduction, Nisard 1840). Dans ce passage, extrait d'un dialogue, c'est Crassus qui parle plutôt que Cicéron lui-même.

1453 Dans l'original : *les autres deux*, voir les *Fautes d'Impression*.

1454 Comme le note Nathalie Fournier (1998 : 46), cette règle est née avec Malherbe suite à une critique d'un vers de Desportes ; elle note des exemples de l'accord au féminin avec le terme le plus proche chez Racine et Mme de Sévigné. *Cf. R*p. 83-85.

1455 Dans le manuscrit (f° 83r°) : « Malh. p.2. »

L'air, la mer, & la terre
N'entretiennent-ils pas
Une secrete loy de se faire la guerre,
A qui de plus de mets fournira ses repas ?

Il ne dit point, *n'entretiennent-elles pas*. Et afin qu'on ne croye pas, que ce soit une licence poëtique, voicy des exemples en prose, *le travail, la conduite, & la fortune peuvent-ils pas elever un homme ? Le travail, la conduite, & la fortune joints ensemble*, & non pas *jointes*[1456].

Verbes qui doivent estre mis au subjonctif, & non à l'indicatif[1457]

Par exemple, *je ne crois pas que personne puisse dire que je l'aye trompé*, il faut ainsi parler, & non pas *que je l'ay trompé*, en l'indicatif[1458]. La Reigle est, que quand il y a trois verbes dans une periode continue, si le premier est accompagné d'une negative, les deux autres (382 [342]) qui suivent, doivent estre mis au subjonctif, comme sont en cet exemple, *puisse*, &[1459] *je l'aye trompé*. Pour le premier, je ne vois personne, qui y manque, mais pour le second, plusieurs mettent l'indicatif pour le subjonctif, & disent, *je ne crois pas que personne puisse dire que je l'ay trompé*, au lieu de dire, *que je l'aye trompé*. C'est une faute que fait d'ordinaire un de nos meilleurs Escrivains, & ce qui m'a obligé de faire cette remarque, tant pour empescher qu'on ne l'imite en cela, que parce qu'il y a apparence, que puis qu'un si excellent Autheur y manque, d'autres y manqueront aussi.

1456 Les exemples de l'usage en prose sont ajoutés à la version publiée.

1457 Cette question est traitée dans deux observations manuscrites (f° 83r°, 94v°). La deuxième ressemble beaucoup à la version publiée dans laquelle Vaugelas s'intéresse au cas où il y a deux propositions subordonnées. Dans la première remarque manuscrite, qui est en partie illisible, il traite plutôt de l'usage dans une subordonnée simple : « *Subiunctif* [*sic*]. Plusieurs font cette faute ~~[…]~~ [de] se seruir de l'Indicatif là ou il faut mettre le Subiunctif, par exemple il faut […] *pense pas que personne croye*, et non pas *croit*. Il est uray qu'en cet endroit […] pas que personne y manque, mais il y en a d'autres ou il est plus aisé de se me[…] Vous en pouuez uoir des exemples frequents dans les Epistres de M. G. et particulier[…] » La référence est probablement à Antoine Godeau, qui publia une série de Paraphrases sur les *Épîtres* : *Paraphrase de Godeau sur l'Épistre de S. Paul aux Romains* (1635) ; *Paraphrase sur l'Épistre de sainct Paul aux Hébreux* (1637) ; *Paraphrase sur les deux Épistres de saint Paul aux Corinthiens. Paraphrase sur les Épistres de sainct Paul aux Galates, Éphésiens, Philipiens* (1637), *Paraphrase sur les Épistres de saint Paul aux Thessaloniciens, à Timothée, à Tite, à Philémon* (1637), *Paraphrase sur les Épistres canoniques* (1640).

1458 Nathalie Fournier (1998 : 376-378) observe que cette nouvelle formulation normative de Vaugelas est trop rigide et elle offre plusieurs contre-exemples pris des textes de l'époque.

1459 Dans l'original : *&*.

Envoyer[1460]

On demande s'il faut dire par exemple, *il envoya son fils au devant de luy pour l'asseurer, &c.* ou bien, *il envoya son fils au devant de luy l'asseurer*, sans *pour*. On respond que l'un & l'autre est bon, mais la question ayant esté proposée à des gens capables de la resoudre[1461], les uns ont creu qu'il estoit plus naturel de mettre *pour*, & les autres, plus elegant de le supprimer[1462].

Apres six mois de temps escoulez

Cette Remarque est presque semblable à celle qui a pour titre, *Une partie du pain* (383 [343]) *mangé*[1463]. La question est s'il faut dire *Apres six mois de temps escoulez*, ou *apres six mois de temps escoulé*. On tient que l'un & l'autre est bon, mais que le premier est plus grammatical, & le second plus elegant.

Accoustumance

Ce mot commence à vieillir[1464] ; Au lieu d'*accoustumance*, on dit maintenant *coustume*, quoy que ce soit un mot equivoque[1465], & qu'*accoustumance*, exprime bien mieux & uniquement ce qu'il signifie. Mais il n'y a point de raison contre l'Usage.

1460 Il s'ensuit une série de huit observations qui ne figurent pas dans le manuscrit.

1461 Il s'agit sans doute de l'Académie Française.

1462 Aucun grammairien de notre corpus (1530-1650) avant Vaugelas ne traite de cette question, mais Pillot (1561 : 220) dans sa discussion de l'usage des prépositions donne l'exemple « M*ittere legatos de pace*, Envoyer embassadeurs [*sic*] pour traiter la paix ». Si Fauchet (1601) omet le *pour* (*et puis envoya son armée de mer piller les ports de Dalmacie*), les exemples avec *pour* sont plus fréquents (*luy envoya son fils pour luy en donner advis*, Urfé 1627 ; *il envoya son intime amy Mecenas devers Antoine, pour le contenter [...]*, Coeffeteau 1646).

1463 *R*p. 374-375 ; voir aussi l'Introduction, p. 161-162.

1464 Si le changement est récent, il n'est pas surprenant que le mot ne soit pas considéré dans le manuscrit, et qu'on en trouve des exemples chez Malherbe (Régnier 1869 : 15). Tous les dictionnaires du siècle continuent pourtant à l'inclure, et Richelet (1680) observe : « Vaugelas dit que ce mot vieillit, et qu'en sa place on se sert de celui de *coutume*. Cela est vrai pour l'ordinaire : mais il y a des endroits où le mot *d'acoutumance* vient mieux que celui de *coutume*. » Pour une étude de l'usage de ce terme, voir Štichauer (2014 : 90-94).

1465 Voir, par exemple, Richelet (1680) qui donne comme second sens de *coutume* : « Droit coutumier, droit municipal ».

D'aventure

Aventure est un fort bon mot en divers sens, mais l'adverbe qui en est composé, *d'aventure*, pour signifier *par hazard*, *de fortune*, n'est plus gueres en usage parmy les excellens Escrivains[1466]. *Par aventure*, pour *peut-estre*, commence aussi à devenir vieux[1467], quoy qu'il y ayt encore de fort bons Autheurs qui s'en servent dans des ouvrages d'eloquence[1468]. Je ne le voudrois pas faire, estant bien asseuré qu'il vieillit. On dit bien *un mal d'aventure*, mais là il n'est pas adverbe, il est nom.

(384 [344])

Le peu d'affection qu'il m'a tesmoigné[1469]

On disputoit s'il falloit dire *le peu d'affection qu'il m'a tesmoigné*, ou *le peu d'affection qu'il m'a tesmoignée.* Quelques uns estoient d'avis du second, & de dire *tesmoignée*, au feminin, le[1470] rapportant à *affection*, mais la plus-part le condamnerent tout à fait, soustenant qu'il falloit dire *tesmoigné*, au masculin qui se rapporte à *le peu*, & certainement il n'y en a gueres, à qui je l'aye demandé depuis, qui n'ayent esté de cette opinion[1471]. Il en est de mesme de tous les adverbes de quantité *plus*, *moins*, *beaucoup*, *autant &c.* comme *J'ay plus perdu de pistoles en un jour,*

1466 Ernst (1977 : 125-126) cite des exemples de *d'aventure* chez Amyot, mais observe que cette locution ne se trouve ni chez Tallemant ni chez Dacier. Parmi la quarantaine d'exemples dans Frantext (1600-1647), il y a des attestations chez Malherbe et Coeffeteau. Oudin (1640 : 300) inclut *d'aventure* et *par adventure* dans sa liste d'adverbes « de cas fortuit ». Richelet (1680) cite le jugement de Vaugelas, mais Furetière (1690) et l'Académie (1694) incluent *d'avanture* / *d'aventure* sans commentaire. Dans son observation sur la remarque de Vaugelas, l'Académie (1704 : 380) se ravise : « D'*Aventure*, adverbe, pour signifier par *hazard*, n'est plus du tout en usage, non plus que par *aventure*, pour dire, *peut-estre* ». Philippe Caron nous fait remarquer que l'explication pour les commentaires divergents entre l'Académie en 1694 et en 1704 est probablement que les premières lettres de l'alphabet du dictionnaire ont été composées assez tôt dans le siècle.

1467 Comme c'était le cas pour la remarque précédente, cela explique probablement l'absence de cette question du manuscrit.

1468 Cet adverbe est plus rare dans Frantext (1600-1647) avec 13 attestations.

1469 Comme c'est le cas pour les remarques sur *une partie du pain mangé* (*R*p. 374-375) et *apres six mois de temps escoulez* (*R*p. 382-383), la discussion sur l'accord avec *le peu de* ne se trouve pas dans le manuscrit ; voir l'Introduction, p. 161-162.

1470 Dans l'original : les.

1471 La variation est attestée dans les textes de Frantext (1600-1647), par exemple, *le peu de satisfaction qu'il avoit receu de sa harangue* (Urfé 1631) ; *Voilà, monsieur, le peu de choses que j'ay remarquees* (Mersenne 1631).

que vous n'en avez gaigné en toute vostre vie, & non pas *gaignees*, parce que *gaigné*, se rapporte à *plus*, & non pas à *pistoles*. Il en est de mesme des autres, que j'ay marquez. Ceux mesmes, qui croyent que *tesmoignée* soit bien dit, demeurent d'accord, que l'autre est bon aussi ; C'est pourquoy on ne peut manquer de dire *tesmoigné*, & ce ne seroit pas sagement fait de risquer une chose, quand on s'en peut asseurer. Il y a encore dans la prochaine Remarque une raison convaincante, par laquelle il faut dire *tesmoigné*, & non pas *tesmoignée*.

(385 [345])

L'article indefini ne reçoit jamais apres soy le pronom relatif, ou, *le pronom relatif ne se rapporte jamais au nom qui n'a que l'article indefini*[1472]

Exemple, *il a esté blessé d'un coup de fleche, qui estoit empoisonnee*. Ce seroit mal parler, parce que *fleche*, n'est regi que d'un article indefini[1473] qui est *de*, & à cause de cela, le pronom relatif *qui*, ne sçauroit se rapporter à *fleche*[1474]. Mais s'il y avoit *il a esté*[1475] *blessé de la fleche, qui estoit empoisonnée*, alors ce seroit fort bien dit, parce qu'en cet exemple *fleche*, a[1476] un article defini, qui est *de la*, auquel le pronom *qui*, en tous les cas & en tous les nombres se rapporte parfaitement bien. A quoy il faut ajouster que le pronom *un* ou *ce, cette, ces*, & autres semblables avec l'article indefini, valent autant que l'article defini ; comme *il a esté blessé d'une fleche qui estoit empoisonnée*, se dit tout de mesme que *il a esté blessé de la fleche qui, &c.* le pronom *une*, equipolant[1477] l'article *la*[1478]. Donc suivant cette reigle, qui ne souffre jamais d'exception, on ne peut pas dire *le peu d'affection qu'il m'a tesmoignée*, parce que *tesmoignée*, & *que*, qui est devant *il*, se rapporteroient necessairement à *affection*, & *tesmoignée* ne s'y peut

1472 Pour une analyse de cette observation et de la suivante ainsi que de la reformulation de la règle par les grammairiens de Port-Royal, voir l'Introduction, p. 152.

1473 Vaugelas suit la terminologie de Maupas (1618 : f° 33r°) et d'Oudin (1640 : 52) en considérant *de* comme un article indéfini.

1474 Nathalie Fournier (1998 : 186-187) observe que, malgré des critiques réitérées en référence à l'autorité de Malherbe et Vaugelas, le type d'anaphore examiné dans cette remarque et la suivante reste extrêmement fréquent en langue classique.

1475 Dans l'original : *estè*.

1476 Dans l'original : à.

1477 Dans l'original : equipollent (*Fautes d'impression*).

1478 Dans l'original il manque le point final.

rapporter que par la liaison (386 [346]) & l'entremise du pronom *que*, lequel ne se peut rapporter à *affection* à cause que ce nom en cet exemple n'a que l'article indefini, à sçavoir *de*. Il faut donc de necessité qu'il se rapporte[1479] à ces mots *le peu*, où il y a un nom accompagné d'un article defini. La remarque suivante fortifiera encore celle-cy.

Le pronom relatif ne se peut rapporter à un nom qui n'a point d'article[1480]

Comme nous venons de dire, que le pronom relatif ne se rapporte jamais au nom, qui n'a qu'un article indefini, de mesme nous ajoustons, qu'à plus forte raison il ne se rapporte point au nom qui n'a point d'article. On peut exprimer cela d'une façon, qui sera peut-estre plus claire, & dire ainsi[1481] : Tout nom qui n'a point d'article, ne peut avoir apres soy un pronom relatif, qui se rapporte à ce nom là. L'exemple le fera encore mieux entendre, comme si l'on dit, *il a fait cela par avarice, qui est capable de tout*, c'est mal parler, parce qu'*avarice*, n'a point d'article, & ainsi ne se peut ayder du pronom relatif, ou pour mieux dire, le pronom relatif ne luy peut estre appliqué, ou rapporté en aucun des six cas, ny en aucun nombre. Il en est de mesme du mot *dont*, qui tient la place du pronom relatif ; (387 [347]) car on ne dira point *il a fait cela par avarice, dont la soif ne se peut esteindre.*

On pourroit objecter, que cette Reigle est veritable en tous les cas de la declinaison des noms, excepté au vocatif ; car par exemple on dira fort bien par apostrophe, *Avarice qui causes tant de maux*, *hommes qui vivez en bestes, &c.* Et il est vray que c'est en ce seul cas, où l'on trouvera un nom sans article, avec un pronom qui se rapporte au nom ; mais il y a double response, la premiere que cette exception n'empescheroit pas que la Reigle ne fust veritable en tout le reste. La seconde, que mesme la Reigle subsiste encore au vocatif, & n'y souffre point d'exception, parce que l'article du vocatif *o*[1482], y est sous-entendu, mais l'article n'est point sous-entendu aux autres cas[1483].

1479 Dans l'original : tapporte.

1480 Dans l'original : *d'articles* (*Fautes d'impression*).

1481 La ponctuation fait défaut après *ainsi* dans l'original.

1482 Voir aussi Maupas (1618 : f° 53r°) qui, dans sa déclinaison du mot *Prince*, propose *ô Prince*, *ô le Prince*, *ô Princes*, *ô les Princes* pour les formes du vocatif.

1483 L'ellipse est offerte comme explication pour les irrégularités linguistiques par Scaliger, cité ci-dessous. Sur les constructions elliptiques, voir l'Introduction, p. 144-145.

Que si l'on avoit la curiosité de demander pourquoy le nom, qui n'a point d'article, ou qui n'en a qu'un indefini, ne peut avoir apres soy un pronom relatif, on pourroit se deffaire de cette question par la response commune, que l'Usage le veut ainsi. Ce ne seroit pas mal respondu, mais quoy que l'Usage face tout en matiere de langue, & qu'il face beaucoup de choses sans raison, & mesme contre la raison, comme nous sommes obligez de dire souvent, si est-ce qu'il en fait beaucoup plus encore (388 [348]) avecque raison[1484], & il me semble que celle-cy est du nombre, bien que la raison en soit assez cachée. Je crois pour moy, que c'est à cause que le pronom relatif s'appellant ainsi pour la relation ou le rapport qu'il a à quelque chose qui a esté nommée[1485], il faut que les deux, & le nom & le pronom soient de mesme nature, & ayent une correspondance reciproque, qui face que l'un se puisse rapporter à l'autre. Or est-il que cela ne peut arriver entre deux termes, dont l'un est tousjours defini, qui est le pronom relatif, & l'autre indefini, qui est le nom sans article, ou sans un article defini. Le pronom est comme une chose fixe & adherente, & le nom sans article, ou avec un article indefini, est comme une chose vague & en l'air, où rien ne se peut attacher. Je ne sçay si je me seray fait entendre, ou quand on m'entendra, si l'on sera satisfait de ce petit raisonnement, & s'il ne sera point trouvé trop subtil, & trop metaphysique ; mais l'exemple du grand Scaliger[1486], qui a fait de si beaux raisonnemens sur la Grammaire Latine, m'a donné en la nostre cette hardiesse, que le Lecteur prendra s'il luy plaist en bonne part.

Au surplus

Il n'est pas meilleur qu'*au demeurant*, dont il est parlé ailleurs[1487], & encore ce dernier a cet (389 [349]) avantage sur l'autre, qu'au moins, du temps du Cardinal du Perron & de M. Coeffeteau, il estoit fort bon, & ce n'est que depuis quinze ou seize ans, que l'on commence à le mettre au rang des termes barbares ; Au lieu qu'*au surplus* n'estoit point alors dans le bel usage[1488], & n'y est pas encore aujourd'huy, bien qu'un de

1484 En particulier dans le domaine syntaxique, voir l'Introduction, p. 78.

1485 Cet accord contrevient à la règle formulée par Vaugelas dans la remarque sur *quelque chose*, *R*p. *464-*468.

1486 Jules César Scaliger, auteur de la grammaire latine spéculative, *De causis linguæ latinæ libri tredecim* ; voir l'Introduction, p. 49-50.

1487 Voir *R*p. 329.

1488 Cette question, absente du manuscrit, n'était peut-être pas considérée comme méritant une observation quand Vaugelas commença à rédiger ses observations. L'expression est

nos plus excellens Escrivains[1489] ne face pas difficulté de s'en servir en ses derniers ouvrages, mais il n'est pas à imiter en cela, comme il l'est en tout le reste. Cependant nous avons grand besoin de ces sortes de liaisons pour commencer nos periodes[1490], & *au reste*, & *du reste*, n'y peuvent pas tousjours fournir, il faut varier.

Amour[1491]

Il est masculin & feminin, mais non pas tousjours indifferemment[1492]; Car quand il signifie *Cupidon*, il ne peut estre que masculin, & quand on parle de l'Amour de Dieu, il est tousjours masculin, & non seulement on dit, *l'amour divin*, & jamais *l'amour divine*, ny *la divine amour*, soit que nous entendions de l'amour que Dieu nous porte, ou de l'amour que nous avons pour Dieu, mais on dit aussi, *l'amour de Dieu doit estre gravé dans nos cœurs*, & non pas *gravée*, & *l'amour que Dieu a tesmoigné aux hommes*, & non pas *tesmoignée*[1493]. C'est l'opinion commune, (390 [350]) neantmoins un

---

citée dans tous les dictionnaires à partir d'Estienne (1549) jusqu'à l'Académie (1694), à l'exception de celui de Richelet (1680). Elle est fréquente dans Frantext (1600-1647) avec plus de cent occurrences, et elle est attestée chez Coeffeteau, Hardy et Corneille entre autres, mais surtout dans les lettres de Peiresc.

1489 L'identité de cet auteur n'est pas donnée par la Clef de Conrart.

1490 *Cf. R*p. 329.

1491 Ce mot fait l'objet de trois remarques manuscrites (f° 7v°, 37r°, 47r°), mais la troisième ne consiste qu'en un titre. La deuxième (f° 37r°) traite du genre du mot au pluriel, question qui n'est pas explicitement abordée dans la version publiée : « *Amours* au pluriel est feminin. *Amours qui la plus part infidelles et feintes* dit M. de Malh. On dit aussi *mes cheres amours*, quand il signifie Cupidines, il est masculin au pluriel, aussi bien qu'au singulier quand il signifie Cupidon ». La première observation manuscrite (f° 7v°) est beaucoup plus courte et moins subtile que celle de la version publiée : « *Amour* est un de ces Substantifs qui sont communs, neantmoins il a meilleure grace feminin selon la coustume de n[ot]re langue qui a tousiours plus d'inclination à ce genre qu'à l'autre, quand [...] est commun Pour Cupidon il ne peut estre que masculin. On dit aussi tousiours *l'amour diuin*, et non *diuine.* »

1492 Avant Vaugelas, Maupas (1618 : f° 48r°) note simplement que ce mot « peut estre de genre commun » et Oudin (1640 : 76) observe que « *Amour* pour la passion [...] [est] du genre douteux ». Chabanel (1612 : 131-132) cite plusieurs exemples pris de ses autorités, y compris Amyot, pour illustrer les deux genres.

1493 Le jugement de Vaugelas semble être largement confirmé par l'usage dans Frantext (1600-1647) : tous les exemples de *l'amour de Dieu* sont au masculin et il n'y a qu'une seule occurrence d'*amour divine* (Aubigné 1630) contre onze d'*amour divin*. Braun (1933 : 44-45) note que dans les révisions de 1660, Pierre Corneille remplace l'usage du mot au féminin par le masculin ou y substitue le terme *ardeur*. Après 1650 il reste peu d'exemples d'*amour* au féminin dans ses pièces.

excellent homme croit que l'on peut dire *gravée*, & *tesmoignée*, au feminin[1494]. Hors de ces deux exceptions, il est indifferent de le faire masculin, ou feminin ; car on dit fort bien, *l'amour qu'un Amant a pour sa maistresse, ou un avaricieux pour les biens du monde, est si ardente, & si violente*, ou *si ardent & si violent*, & *l'amour des peres & des meres envers leurs enfans est si pleine de tendresse*, ou bien *si plein de tendresse*, & ainsi de tous les autres[1495]. Il est vray pourtant qu'ayant le choix libre, j'userois plus tost du feminin que du masculin, selon l'inclination de nostre langue, qui se porte d'ordinaire au feminin plustost qu'à l'autre genre, & selon l'exemple de nos plus elegans Escrivains, qui ne s'en servent gueres autrement. Certes du temps du Cardinal du Perron, & de M. Coeffeteau, c'eust esté une faute de le faire masculin[1496], hors les deux exceptions que j'ay marquée.

La petite amour parle, & la grande est muette,

dit M. Bertaut[1497], mais depuis quelques années, plusieurs de nos meilleurs Escrivains n'ont point fait de difficulté de le faire masculin, & mesme à la Cour, on a introduit cet usage ; quoy que la plus-part, & particulierement les femmes le facent feminin.

(391 [351])

De certains mots terminez en e *feminin, & en* es[1498]

On dit tousjours *Charles*, *Jaques*, *Jules*, & jamais *Charle*, *Jaque*, *Jule*[1499] ; C'est pourquoy Jules Scaliger en l'une de ses Exercitations contre Cardan dit de bonne grace, *An tibi videtur pulchrum nomen Julius ? At Galli cum*

1494 La Clef de Conrart n'identifie pas cet « excellent homme ».

1495 Cotgrave (1611), Furetière (1690) et l'Académie (1694) notent tous que le mot est masculin et féminin, mais Richelet (1680) juge qu'il est plus fréquent au masculin.

1496 Le féminin est plus fréquent chez Coeffeteau (*par vraye amour*, 1621 : I, 170) ; *l'amour qu'il avoit tesmoignée à son frere*, 1621 : III, 63), mais le masculin est également attesté dans l'*Histoire romaine* (*le grand amour*, 1621 : I, 103). On trouve également dans les *Œuvres* de Malherbe quelques exemples du masculin : *pour le seul amour de la vertu* (1631 : I, 163), *un amour aveugle* (1631 : I, 356). Dans sa poésie les exemples de l'usage pluriel sont au féminin (par ex. *que nulles amours*, 1631 : II, 84).

1497 Jean Bertaut, XIII : « Responce aux paroles d'une belle dame » (*Recueil de quelques vers amoureux*, éd. Louis Terreaux, Paris, Marcel Didier, 1970, p. 62).

1498 Il s'ensuit huit observations qui sont absentes du manuscrit.

1499 C'est aussi ce qui est conseillé par les grammairiens : Bosquet (1586 : 58) propose, par exemple, *Charles, Philippes, Jacques*. Si dans le cas de *Charles* (1104 ex. *vs* 2 de *Charle*) et de *Jaques* (21 *vs* 3 de *Jaque*), les formes avec 's' final dominent dans les textes de Frantext (1600-1647), la forme *Jule* (47 ex.), favorisée par Coeffeteau, est plus attestée que *Jules* (32 ex.).

illud pronuntiant, quasi ego non unus, sed plures homines sim, in pluralis flexus sonum corrupere[1500]. Mais on le pourroit bien dire avec plus de raison de cet autre *Jules*, qui agissant par tout l'Univers pour la gloire de la France, paroist tout seul plusieurs hommes[1501]. Quelques-uns attribuent cela à l'*s*, du mot Latin, mais je ne puis estre de cet avis, à cause de la quantité des noms propres tirez du Latin où il y a une *s*, qui neantmoins en François n'en ont point ; Mais on dit *Philippe*, & *Philippes*[1502], *Flandres*, & *Flandre*, avec cette difference neantmoins, qui est assez bizarre, que l'on dit *en Flandres*, & non pas *en Flandre*, & qu'il faut dire *la Flandre*, & non pas *la Flandres*, comme l'a escrit nouvellement une des meilleures plumes de France[1503]. On dit *jusqu'à*, *jusqu'aux*[1504], & *jusques à*, & non pas *jusque*, sans elision, & sans *s*[1505] mais on dit tousjours *avecque*, quand on le fait de trois syllabes, & jamais *avecques*, non pas (392 [352]) mesme en vers[1506] ; Au lieu que l'on dit tousjours *doncques*, & jamais *doncque*, sans *s*, quand on le fait de deux syllabes[1507], nonobstant le *dunque* des Italiens, d'où quelques-uns croyent que vient nostre *doncques* ; mais quand cela seroit, la consequence est mauvaise.

Mille, milles

Ces nombres *vint*, *cent*, *millier*, *million*, ont un pluriel, & l'on dit *six vints*, *cinq cents*, *cinq milliers*, *cinq millions* ; mais *mille*, n'a point de pluriel, ou pour mieux dire ne prend point de *s*, au pluriel, & l'on dit par exemple, *deux mille*, & non pas *deux milles*, *cinquante mille escus*, & non pas *cinquante milles escus*[1508].

1500 *Exotericarum exercitationum liber quintus decimus, De Subtilitate, ad Hieronymum Cardanum* (Scaliger 1557 : f° 338r).

1501 Ce compliment se réfère à Jules Mazarin, premier ministre à l'époque.

1502 Il y a également variation dans ce qui est conseillé par les grammairiens : si Bosquet (1586 : 58) donne *Philippes*, Meigret (1980 [1550] : 21) et Oudin (1640 : 91) préfèrent *Philippe*. La forme sans 's' (79 ex.) est plus fréquente dans Frantext (1600-1647) que la forme avec 's' (32 ex.).

1503 La même observation est faite par Oudin (1640 : 77). Nous n'avons trouvé aucun exemple de *la Flandres* dans Frantext (1600-1647), ce qui confirme dans les grandes lignes l'opinion de Vaugelas (*en Flandre* : 7 ex. *vs en Flandres* : 28 ex.).

1504 Dans l'original : *jusqu aux*.

1505 Voir *R*p. 20-21.

1506 Voir *R*p. 311-315.

1507 Maupas (1618 : f° 179r°) et Oudin (1640 : 354) citent les formes *donc* et *don(c)ques* et ne font pas mention de *don(c)que*. Dans Frantext, pour la période 1600-1647, il y a 6828 exemples de *donc*, 783 de *don(c)ques*, et seulement 69 de *don(c)que*.

1508 Ni Maupas (1618) ni Oudin (1640) ne font une observation explicite sur cette question, le premier (1618 : f° 56r°) citant tout simplement les exemples *deux mille*, *dix mille*, mais

Mais quand *mille* signifie *une estenduë de chemin, laquelle fait une partie d'une lieuë Françoise*, alors il faut mettre une *s* au pluriel, & dire *deux milles, trois milles*, & non pas *deux mille, trois mille*, quoy qu'il soit vray que ce mot vienne du nombre *mille*, qui est la mesure de mille pas, dont cette estenduë de chemin qui fait une partie d'une lieuë, a pris sa denomination.

Avoir à la rencontre

Il est traitté ailleurs de cette phrase *aller à la rencontre*[1509]. Celle-cy, *avoir à la rencontre*, pour (393 [353]) dire *rencontrer*, est encore pire[1510]. Par exemple, *en revenant j'eus à la rencontre un vieil hermite*, au lieu de dire, *en revenant je rencontray un vieil hermite*. Cette façon de parler est sans doute de quelque Province de France, car elle est inoüie à la Cour, & mesme il ne me souvient point de l'avoir oüi dire dans la ville. Je n'en aurois point fait de remarque, comme ne croyant pas cette phrase fort usitée, si je ne l'avois trouvée souvent dans les ouvrages d'un de nos meilleurs Escrivains[1511]. On diroit plustost *faire rencontre*, comme *en revenant je fis rencontre d'un vieil hermite*, mais *je rencontray un vieil hermite*, est beaucoup meilleur.

Reciproque, mutuel

Reciproque, se dit proprement de deux, & *mutuel* de plusieurs, comme *le mary & la femme se doivent aimer d'une amour reciproque, & les Chrestiens*

Wapy (1634 : 43) recommande le même usage que Vaugelas. Les exceptions à cette règle sont très rares dans Frantext pour la période 1600-1647 : *comme il faut faire deux milles lieuës pour amener en Espagne les thresors de l'Amerique* (Balzac 1624); *et en un seul jour il exposa cinq milles bestes sauvages pour donner une seule recreation au peuple* (Coeffeteau 1646).

1509 Voir *R*p. 222-223.

1510 Cette expression ne figure dans aucune grammaire de notre corpus avant Vaugelas ; elle est également absente de notre corpus de dictionnaires. Elle est beaucoup moins attestée dans Frantext (1600-1647) que l'expression *aller à la rencontre*, le seul exemple figurant dans l'*Histoire indienne d'Alexandre et d'Orazie* de Boisrobert (*outre que si j'alois figurer le peu de force qu'il eut à la rencontre de ceste nouvelle inesperee, et le desespoir où il fut tenté de s'abandonner plus d'une fois, je craindrois de ternir les autres actions de sa vie*).

1511 Il est difficile de déterminer si la référence dans la Clef de Conrart – « M. D'Ablancourt » – se rapporte à cette page ou plutôt à la page 397. On trouve toutefois des exemples de cet usage chez Perrot d'Ablancourt : *Comme il aprochoit d'une* [*sic*] *de leurs villages, il eut à la rencontre une jeune fille* (1664 [[1]1646] : 48); *où il eut à la rencontre Straton* (1664 [[1]1646] : 63).

se doivent aimer d'une affection mutuelle. Il y a encore cette difference que *reciproque*, ne se dit jamais de plusieurs ; car pour bien parler on ne dira pas, *les Chrestiens se doivent aimer d'une affection reciproque*, mais *d'une affection mutuelle*, Au lieu que *mutuel*, quoy qu'il ne se die proprement que de plusieurs, ne laisse pas de se dire aussi de deux seulement, comme *le mary & la femme se doivent aimer d'une amour mutuelle.* C'est fort bien dit, mais (394 [354]) *d'une amour reciproque*, est beaucoup meilleur. On dit aussi *don mutuel*, d'une donation faite entre deux personnes[1512].

AFIN, *avec deux constructions differentes en une mesme periode*

Quelques uns de ceux, qui sont les plus sçavans en nostre langue, & en la pureté[1513] ou netteté du stile, tiennent que cette conjonction *afin*, ne doit jamais regir deux constructions differentes en une mesme periode, par exemple ils ne veulent pas qu'on escrive, *afin de faire voir mon innocence à mes Juges, & que l'imposture ne triomphe pas de la verité*, parce qu'au premier membre, *afin* regit *de*, avec un infinitif, & au second membre il regit un *que*, avec le subjonctif. Ils ne nient pas que l'un & l'autre regime ne soit bon, & que la conjonction *afin* ne se serve de tous les deux en disant *afin de faire*, & *afin que l'on face*, mais ils ne veulent pas qu'en une mesme periode on les employe tous deux, mais qu'au second membre on suive le mesme regime, qu'on a pris au premier & que l'on die par exemple *afin de faire voir mon innocence à mes Juges, & d'empescher*[1514] *l'imposture de triompher de la verité*, ou bien, *afin que l'on voye mon innocence, & que la verité*[1515] *triomphe de l'imposture.* (395 [355]) Certainement c'est un scrupule, pour ne pas dire une erreur ; car outre que tout le monde parle ainsi, & qu'il est presque tousjours vray de dire, qu'il faut escrire comme on parle[1516], tous nos Autheurs les plus celebres

1512 Cette distinction n'est pas faite par les grammairiens avant Vaugelas et, parmi les lexicographes, seul Richelet (1680) la cite. De plus, dans les premières décennies du siècle, les deux termes sont parfois employés comme quasi synonymes dans des constructions coordonnées (*Mais si vostre mutuelle et reciproque communication se fait de la charité, de la devotion, de la perfection chrestienne, o Dieu, que vostre amitié sera pretieuse !* (François de Sales 1619) ; *qui sont les poincts sur lesquels les docteurs establissent la residence intime, mutuelle et reciproque des personnes divines l'une dans l'autre* (Bérulle 1623, cité d'après Frantext).

1513 Dans l'original : purete.

1514 Dans l'original : *d'empeschter.*

1515 Dans l'original : *verite.*

1516 Voir l'Introduction, 4.2.2, et *R*p. 509-511.

en nostre langue, soit anciens ou modernes, ou ceux d'entre-deux l'ont tousjours practiqué comme je dis, lors qu'ils ont eu besoin de varier la construction[1517], & tant s'en faut que cette varieté soit vicieuse, qu'elle fait grace sans pouvoir blesser l'oreille, qui est toute accoustumée à cet usage[1518]. La Remarque suivante servira à confirmer davantage cette verité.

Si, *avec deux constructions differentes en une mesme periode*

La conjonction *si*, peut recevoir une mesme construction aux deux membres d'une mesme periode, comme on dira fort bien *si vous y retournez & si l'on s'en plaint à moy, vous verrez ce qui en sera.* Mais la façon de parler la plus ordinaire & la plus naturelle est de dire *si vous y retournez, & que l'on s'en plaigne à moy, &c.* Et il est certain que pour une fois que l'on repetera le *si*, on dira mille fois *& que*, au second membre de la periode, par où l'on voit clairement, que cette (396 [356]) varieté n'est point vicieuse, mais naturelle & de nostre langue[1519]. Les Autheurs Grecs & Latins sont pleins de semblables choses, qui sont du genie de leurs langues[1520], & passent pour tres-elegantes.

Sur les armes, & sous les armes

Par exemple on dit *l'armée demeura toute la nuit sur les armes*, & *demeura toute la nuit sous les armes*. Tous deux sont bons, & egalement usitez pour dire que *l'armée fut toute la nuit en armes* ; car c'est ainsi que l'on parloit autrefois[1521] ; On ne laisse pas de le dire encore, & il n'y a pas long-temps, qu'on a introduit ces nouveaux termes avec une infinité d'autres, que

---

1517 Haase (1935 : 410) cite un exemple de cet usage chez Pascal.

1518 Vaugelas favorise donc dans ce cas la variation plutôt que de recommander une syntaxe symétrique et rigide, comme il le fait ailleurs dans les *Remarques*, voir l'Introduction, p. 144-145. Au début du siècle suivant, l'Académie (1704 : 391) juge qu'il faut éviter cette construction : « Ceux qui veulent escrire avec une exacte pureté doivent éviter d'employer *afin*, avec deux constructions differentes ; mais si on fait le contraire, cette negligence ne doit pas estre traitée de faute ».

1519 Oudin (1640 : 300) fait le même commentaire dans la section sur *et* : « *Et* : Cette-cy se trouvant apres la conditionnelle *si*, demande la particule *que* : par exemple ; *Si vous appellez vostre frere, et qu'il ne vous responde pas* : où il faut que le verbe soit au conjonctif. »

1520 Sur le concept du « génie de la langue », voir Siouffi (2010), Ayres-Bennett et Seijido (2011a : 80-82) et Ohligschlaeger (2011).

1521 L'expression *en armes* continue à figurer dans les dictionnaires monolingues de la fin du siècle ; elle est fréquente chez Coeffeteau (1621 : I, 128 ; II, 91, etc.).

la practique & l'exercice des armes à mis en usage depuis ces dernieres guerres[1522]. Il y a de nos meilleurs Escrivains qui affectent de ne le dire jamais que d'une façon, les uns escrivant tousjours *sur les armes*[1523], & les autres *sous les armes*[1524], mais puis que tous deux sont receus, il faut user tantost de l'un & tantost de l'autre, afin qu'il ne semble pas que l'on condamne celuy dont on ne se sert jamais, en quoy l'on auroit tort, & pour conserver d'ailleurs tout ce qui contribuë à la richesse de nostre langue ; comme est de pouvoir dire une mesme chose **(397 [357])** de deux façons, plustost que d'une seule[1525].

Certaines constructions, & façons de parler irregulieres

Un de nos meilleurs Autheurs, & de la premiere classe a escrit, que quelqu'un avoit fait rompre un pont *pour s'empescher d'estre suivi*[1526]. Si l'on veut examiner cette expression, sans doute on la trouvera bien estrange, car ou il faut que celuy qui a fait rompre le pont *empesche ses ennemis de le suivre*, ou *qu'il s'empesche par ce moyen de tomber entre leurs mains* ; Mais de dire *pour s'empescher d'estre suivy*, il y a je ne sçay quoy dans cette façon de parler à la prendre au pied de la lettre, que je ne puis concevoir, & qui semble à plusieurs aussi bien qu'à moy, n'estre gueres conforme à la raison ; car ce sont[1527] les autres qu'il empesche de le suivre, & il ne

1522 La chronologie proposée par Vaugelas explique peut-être l'absence de cette remarque dans le manuscrit. Vaugelas fait référence probablement à la Guerre de Trente Ans (1618-1648) et à la Guerre franco-espagnole, commencée en 1635.

1523 Richelet (1680) est le premier de nos lexicographes à inclure cette expression dans son dictionnaire. Nous trouvons deux occurrences dans Frantext pour la période 1600-1647, chez Peiresc 1637 et Scudéry 1640.

1524 Richelet (1680) est de nouveau le premier à noter cette locution sous son entrée *Arme*. Elle est également peu attestée avant 1647, le seul exemple dans Frantext est issu de *La Mort de Sénèque* de Tristan l'Hermite (1645). C'est pourtant cette expression qui domine après Vaugelas, comme le note l'Académie (1704 : 392) : « Il faut dire, *il demeura toute la nuit sous les armes*, et non pas *sur les armes* ».

1525 Nous voilà encore en face d'une remarque qui prône la variation, ce qui contredit l'image traditionnelle de Vaugelas comme prescripteur.

1526 Comme nous l'avons indiqué (note 1511), on ne voit pas clairement si la référence « M. D'Ablancourt » dans la Clef de Conrart se rapporte à l'exemple cité ici, mais il se trouve dans la traduction des *Guerres d'Alexandre* par Arrien : *Car ce Prince avoit déliberé si Alexandre s'arrestoit à Suze ou à Babylone, d'attendre à Egbatane s'il n'arriveroit point quelque changement à la Cour, & s'il le suivoit de se sauver chez les Hyrcaniens & les Parthes jusques dans le fons de la Bactriane, faisant le degast par tout, pour s'empescher d'estre suivy* (1664 [1646] : 104). Cette question n'est pas traitée par les grammairiens avant Vaugelas dans notre corpus (1530-1650).

1527 Dans l'original : c'est (*Fautes d'impression*).

s'empesche pas soy-mesme. Cependant l'expression non seulement en est bonne, mais elegante selon le sentiment de la plus-part de nos meilleurs Escrivains, que j'ay consultez là dessus[1528].

En voicy encore une autre du mesme Autheur, mais d'un autre genre, qui choque plustost la Grammaire que le sens, au lieu que la precedente choque plustost le sens & la raison **(398 [358])** que la Grammaire[1529]. Il dit que quelqu'un s'estoit sauvé d'une deroute *laissant sa mere avec sa femme & ses enfans prisonniers*[1530]. Selon la construction ordinaire, cette clause ne peut subsister ; car tout ce qui est regi de la preposition *avec*, doit estre conté pour rien, comme s'il n'y estoit pas, & ainsi *prisonniers*, au pluriel & au masculin ne peut convenir à *mere*, qui est singulier & feminin. Il eust fallu dire *laissant sa mere, sa femme, & ses enfans prisonniers*, pour le dire regulierement ; Car si l'on disoit *laissant sa mere prisonniere avec sa femme & ses enfans*, outre que cette expression seroit languissante & de mauvaise grace, elle seroit de plus equivoque, parce qu'il pouvoit laisser sa mere prisonniere sans que sa femme ny ses enfans fussent prisonniers. Ayant donc dit *laissant sa mere avec sa femme & ses enfans prisonniers*, il a failli sans doute contre la construction reguliere & grammaticale, mais c'est une de ces fautes qui dans toutes les langues passent plustost pour une vertu[1531], que pour un vice, comme je l'ay remarqué ailleurs, & que l'on conte entre les ornements & les graces du langage. Tant s'en faut donc que ceux qui en sont juges capables, la condamnent, qu'au contraire ils la loüent, & la preferent de beaucoup à la reguliere qui seroit de dire *laissant sa mere, sa femme, & ses enfans prisonniers.* **(399 [359])** Quand il s'en presentera d'autres de cette nature, je les remarqueray, comme des choses rares & curieuses.

1528 Vaugelas utilise lui-même cette construction dans les deux versions de sa traduction de Quinte-Curce : « Mais il y avoit une seconde ligne, où pour *s'empescher d'estre enveloppé* par la multitude, il avoit mis un puissant corps de reserve » (1659 : 344, *cf.* 1653 : 348).

1529 Cela implique que pour Vaugelas la syntaxe est indépendante et qu'il peut y avoir une tension entre les exigences de la régularité syntaxique et le sens. Si d'habitude la syntaxe et la sémantique s'accordent, quand elles divergent, il peut s'agir d'une anomalie contribuant à la beauté du langage, ou bien d'une erreur.

1530 Perrot d'Ablancourt (1664 [[1]1646] : 167).

1531 Voir *R*p. 305. Pour d'autres exemples de ces types d'accord grammatical, voir Haase (1935 : 153-154).

La conjonction ET *repetée deux fois aux deux membres d'une mesme periode*[1532]

Par exemple, *je leur ay fait voir le pouvoir que vous m'aviez donné, & me suis acquitté de tous les chefs de ma commission, & leur ay fait connoistre la passion que vous avez de les servir.* Je dis que cette façon d'escrire peche contre le bon stile, & que l'on ne doit pas repeter deux fois la conjonction, *et*, au commencement des deux membres d'une periode, comme l'on fait en cet exemple, si ce n'est qu'on ajouste au second *et*, quelque terme d'encherissement. Il faudroit donc mettre ainsi. *Je leur ay fait voir le pouvoir que vous m'aviez donné, & me suis acquitté de tous les chefs de ma commission, & mesme leur ay fait connoistre la passion que vous avez de les servir.* Tantost on peut mettre, *mesme*, comme icy, tantost *non seulement*, ou *tant s'en faut*, ou d'autres termes semblables, qui par cet encherissement apportent de la varieté à la periode, & couvrent le defaut de cette double repetition. Mais il faut noter que cette Reigle n'a lieu qu'au commencement des deux membres d'une mesme periode, & qui (400 [360]) sont dans un mesme regime, comme en l'exemple que nous avons donné, les deux *et*, sont au commencement du second & du troisiesme membre d'une mesme periode, & dans un mesme regime, qui est *je*, par où la periode commence ; Car si vous mettez un ou plusieurs *et*, hors de ces deux cas, ils ne seront point vicieux, par exemple on escrira fort bien, *je leur ay fait voir le pouvoir & l'authorité absoluë que vous m'avez donnée, & me suis acquitté de tous les chefs & de toutes les circonstances de ma commission, & mesme leur ay fait connoistre la passion & les raisons que vous aviez de les servir.* Toutes ces repetitions de la conjonction *et*, de la façon que celles-cy sont faites, ne sont point mauvaises, parce qu'elles sont hors des deux cas que j'ay marquez. Il est vray, qu'il n'y a rien qui gaste tant la beauté du stile, & des periodes, que de mettre plusieurs *et*, en tous leurs membres, comme

---

1532 Cette observation n'apparaît pas sous cette forme dans le manuscrit. Il n'y a qu'une remarque brève qui évoque succinctement le problème (f° 81v°) : « *Repetition* de la Conionction *Et*. Nous auons cet auantage sur la langue latine que nous ne le repetons qu'à la fin de la periode. Il en faut donner des exemples aux deux langues. Quelquefois ce n'est pas un uice de reporter *Et* au troisiesme membre de la Periode. faut donner des exemples de tout cela V. *Et*. » Dans une deuxième observation intitulée « *Et* au commencement de la periode » (f° 26v°), Vaugelas observe que *et* « commence fort bien une periode » à la différence de *qui* ou de *lequel*, voir ci-dessus, *R*p. 86-88. Une troisième remarque manuscrite, « *Et* quand il doit estre repeté » (f° 26v°) a été publiée par Alemand dans les *Nouvelles Remarques* (Vaugelas 1690 : 322-323).

il se voit en l'exemple que nous venons de donner. Au reste, on peut fort bien commencer une periode par la conjonction *et*, je dis mesme lors qu'il y a un point, qui ferme la periode precedente. Je n'en rapporteray point d'exemples, parce que tous nos bons Autheurs en sont pleins. Nous avons si peu de liaisons pour les periodes[1533], qu'il ne faut pas encore nous oster celle-cy.

(401 [361])

Soupçonneux, suspect

Plusieurs disent *soupçonneux*, pour *suspect*, qui est une chose insupportable[1534], par exemple ils diront, *ce Juge là est soupçonneux*, au lieu de dire, *suspect*[1535]. *Soupçonneux*, est tousjours un mot actif, & *suspect*, est tousjours un mot passif, *soupçonneux*, est tousjours celuy qui soupçonne, ou qui est enclin à soupçonner, & *suspect*, est tousjours celuy qui est soupçonné, ou qui le doit estre[1536]. Ce qui est cause à mon advis de cette faute, c'est que l'on dit *soupçonné*, pour *suspect*, & de *soupçonné*, on a passé aisément à *soupçonneux*[1537].

Fil de richar

Ce que l'on appelle ordinairement ainsi[1538], est tres-mal nommé, & par une corruption qui n'est venuë que de ce qu'on a ignoré l'origine de

1533 *Cf.* Rp. 31, 329, 389.

1534 Dans le manuscrit (f° 86r°), Vaugelas fait également mention de l'erreur inverse : « ou *suspect* pour *soupçonneux* ».

1535 Dans le manuscrit : « Il faut ~~bien~~ <de bonne heure> s'opposer à ces monstres et les estouffer dans le berceau, car si une fois on les laisse croistre, et s'establir dans l'Vsage, il n'y aura plus de remede, et ~~c'est~~ <ce seroit> une tache bien uilaine à la beauté de n[ot]re langue ». Nous trouvons dans Frantext (1600-1647) l'exemple suivant de l'usage critiqué : *Si tous ceux desquels elle estoit veue me donnoient de la jalousie, et si leur conversation, leurs paroles, voire leurs regards mesmes estoient soupçonneux, n'estoit-ce un tres-certain tesmoignage que je l'aimois infiniment ?* (Urfé 1610).

1536 *Cf.* l'Académie (1694) : « SOUPÇONNEUX, EUSE. adj. Defiant, qui est enclin à soupçonner, qui soupçonne aisement. [...] SUSPECT, ECTE. adj. Qui cause du soupçon, de la défiance, de qui on a sujet de se defier, qu'on soupçonne de quelque chose. »

1537 Dans le manuscrit : « Ceux qui ont tant soit peu de conoissance de la langue latine ne sçauroient faire une si lourde faute ». Cette référence plutôt obscure à la langue latine est omise de la version publiée, peut-être pour simplifier le contenu pour son lectorat.

1538 Cette observation apparaît pour la première fois dans le texte publié. Aucun dictionnaire de notre corpus ne contient cette forme.

ce mot. Il faut dire, *fil d'archal*[1539], & cet *archal*, prend sa vraye etymologie[1540] du mot Latin *aurichalcum* ; Ceux qui ont le genie de l'etymologie[1541] des mots, n'ont garde de douter de celle-cy, elle est trop evidente. C'est pourquoy il y faut une *l*, à la fin[1542]. Quelques-uns escrivent *fidarchal*, en un mot sans garder les marques de son ethymologie[1543]. D'autres le font deriver d'un village nommé (402 [362]) *Archat*, d'où cette invention est venuë ; mais il se faut tenir à *aurichalcum*.

Seulement pour *mesmes*, ou *au contraire*[1544]

C'est une faute assez familiere à beaucoup de gens, & de ceux mesme qui font profession[1545] de bien parler & de bien escrire, de se servir de l'adverbe *seulement*, au lieu de *mesmes*[1546]. Par exemple, on demandera, *fait-il bien chaud*, & on respondra, *il fait bien froid seulement*, pour dire, que tant s'en faut qu'il face bien chaud, que mesme il fait froid. Voicy encore un autre exemple. *Il ne m'en blasme pas, il m'en loüe seulement*, pour dire, *tant s'en faut qu'il m'en blasme, que mesme il m'en loüe.*

Faire signe, & donner le signal[1547]

Les signaux dont on a accoustumé de se servir à la guerre, ce sont le feu, la fumee, le canon, les cloches, les estendarts, le linge blanc, &

1539 *Fil de richer* n'est pas attesté dans Frantext (1600-1647), mais Serres (1603) emploie *fil d'archal* à quatre reprises.

1540 Dans l'original : ethymologie (*Fautes d'impression*).

1541 Dans l'original : ethymologie (*Fautes d'impression*).

1542 Pour l'attitude de Vaugelas envers l'étymologie comme justification de l'usage, voir l'Introduction, p. 81, 134, 185.

1543 Dans l'original : ethymologie (*Fautes d'impression*).

1544 L'opinion de Vaugelas sur cet usage est identique dans la remarque manuscrite (f° 85v°), mais il y cite d'autres exemples : « *Seulement* pour *mesmes* est une façon de parler fort commune mesmes parmy ceux qui parlent le mieux, qui neantmoins ne uaut rien, par exemple *Tant s'en faut qu'il s'en deust fascher, qu'il en deuroit estre seulement bien aise.* Ie dis que *Seulement* en cet endroit et en ce sens là n'est pas Francois et qu'il faut ~~dire~~ <mettre> mesme, <et dire> *Tant s'en faut qu'il s'en deust fascher, que mesmes il en deuroit estre bien aise.* »

1545 Dans l'original : ptofession.

1546 Régnier (1869 : 597) cite des exemples de cet usage chez Malherbe. Dans son commentaire sur cette remarque, l'Académie (1704 : 397) conclut : « *Seulement* pour *mesme*, est entierement hors d'usage, et si quelqu'un se servoit presentement de cette maniere de parler, il ne se feroit pas entendre. »

1547 Cette remarque ainsi que la suivante ne se trouvent pas dans le manuscrit.

autres choses semblables. Que si quand on se sert de quelqu'un de ces signaux, on appelloit cela *faire signe*, ce ne seroit pas bien parler, il faut dire *donner le signal*, ou *donner un signal. Faire signe*, est toute autre chose, tant parce qu'il ne se fait que des mains, ou de la (403 [363]) teste, ou du corps, qu'à cause qu'il se fait pour quelque sujet, ou accident inopiné, & dont il n'a point esté convenu entre celuy à qui on fait le signe, & celuy qui le fait, au lieu que *les signaux* se font ordinairement de concert[1548].

Proüesse

Ce mot est vieux, & n'entre plus dans le beau stile, qu'en raillerie[1549], comme par exemple si je dis, *sa vanité est insupportable, il ne cesse de parler de ses proüesses*, ou *je n'ayme point les gens qui se vantent tousjours de leurs proüesses.* Car alors, comme on mesprise la vanité & l'humeur de ces gens là, ce mot estant dit par mespris & par raillerie se trouve employé de bonne grace en ce sujet, tant s'en faut que celuy qui en usera ainsi puisse estre repris. Mais si j'escrivois serieusement, que *plusieurs grands hommes ont celebré les proüesses d'Alexandre*, je me servirois mal à propos de ce mot, qui n'estant plus en usage, ne peut estre employé que de la façon que je viens de dire.

Esclavage, esclavitude[1550]

1548 Comme le note Urbain (1893 : 315-316), il n'est pas toujours facile d'observer une distinction entre l'usage de *signe* et *signal* chez Coeffeteau : par ex. *il leur fit signe qu'ils eussent à y passer en toute asseurance* (1621 : I, 20) ; *En cette chaleur il donna le signal pour partir* (1621 : III, 108). À la fin du siècle, Richelet (1680) et l'Académie (1694) adoptent la distinction faite par Vaugelas.

1549 Ce jugement semble être confirmé par l'usage tel qu'il est attesté dans Frantext (1600-1647) : après les deux premières décennies du siècle, ce mot est surtout employé par Du Lorens, Sorel, Discret et Guérin de Bouscal dans des ouvrages comiques ou satiriques. Quant aux lexicographes, Nicot (1606) et Cotgrave (1611) l'incluent, et Furetière (1690) continue toujours à le valoriser dans son dictionnaire, même s'il observe que « Les delicats du temps ne veulent plus qu'on use de ce mot, et disent qu'il est vieux ».

1550 La critique de ces deux mots est beaucoup plus sévère dans le manuscrit (f° 28r°-v°) : « *Esclauitude* et *esclauage* sont aussi ~~[…]~~ <rudes> l'un que l'autre, et pour ne les point flatter, ilz ne ualent rien tous deux. Iamais noz bons Autheurs ne s'en seruent. » Vaugelas ajoute qu'il n'y a pas de mot français qui exprime précisément cette notion, mais qu'on pourrait se servir de *servitude* ou d'une circonlocution. Pour répondre à ceux qui croient que la langue française est pauvre, il continue : « C'est que cette sorte de defaut ~~n'est~~ ne se troue pas seulement en la nostre, il est commun à toutes les langues <uoire les plus parfaites>, et comme chaque langue à [*sic*] sa grace, elle a aussi ses manquements <et ses ~~[…]~~ uices> comme ont toutes les choses de ce monde. Ceux qui ont la conoissance de plusieurs langues en uoyent à tous

M de Malherbe disoit & escrivoit tousjours *esclavitude*[1551], & ne pouvoit souffrir *esclavage*. Neantmoins *esclavage*[1552], est beaucoup (404 [364]) plus usité que l'autre, & si j'avois besoin de ce mot, je le dirois plustost qu'*esclavitude*. Un homme tres-eloquent m'a dit qu'il ne feroit point de difficulté de se servir d'*esclavage*, dans les hautes figures ; Mais il faut eviter l'un & l'autre, tant qu'il est possible, & je ne suis pas seul de cet advis[1553].

Contre-pointe, *courte-pointe*[1554]

On demande lequel des deux il faut dire, *la contre-pointe*, ou *la courte-pointe d'un lit*, qui est proprement une couverture piquée. Il est certain qu'au commencement on a dit *la contre-pointe*, à cause des points d'aiguille dont ces sortes de couvertures sont piquées dessus & dessous, ou dedans & dehors, comme qui diroit *point contre point*, ou *pointe contre pointe*[1555]. Mais depuis par corruption & par abus on a dit, *courte-pointe*, contre toute sorte de raison, & l'Usage l'a ainsi establi, & en est demeuré le maistre[1556].

---

coups des exemples et particulierement les bons traducteurs, <à> qui il arriuera en une mesme page de faire trois choses <bien> differentes, l'une d'esgaler l'excellence de leur original, l'autre de n'y pouuoir atteindre, et l'autre de la surpasser, ce qui ne prouient que de la diuersité des langues, lesquelles tout ainsi que les personnes ont leurs perfections et leurs ~~taches~~ <manquements> ~~qui~~ differentes<s> les unes des autres, ~~si bien~~ <tellement> que si le Traducteur entend bien son mestier, il ne sera point trop fasché quand il ne rendra pas quelque pensee de l'Autheur auec la mesme grace ~~de l'Original~~ <que luy>, parce que ce sera une merueille, si deuant qu'il ~~n'~~ayt acheué la page il ne rencontre l'occasion de s'en reuancher en exprimant beaucoup plus elegamment la pensee de l'Autheur que ne fait l'Autheur mesme. I'ay uoulu dire cela une fois pour toutes ~~pour~~ <affin de> desabuser ceux qui condamnent legerement ~~leur~~ <nostre> langue ~~[…]~~ et la uont descriant pour sa pauureté à cause qu'ilz en ignorent les richesses ». Il est intéressant de noter que, dans la version publiée, Vaugelas supprime ce commentaire qui dérive de son expérience de traducteur et de sa connaissance du « génie » différent des langues.

1551 Ce mot ne figure dans aucun des dictionnaires de notre corpus, et il n'est attesté ni dans les textes de Frantext pour la période 1600-1647 ni dans l'édition de 1631 des œuvres de Malherbe.

1552 Il y a une trentaine d'exemples de ce mot dans Frantext (1600-1647). Il est inclus dans les dictionnaires de notre corpus à partir de Cotgrave (1611).

1553 Dans la version publiée, Vaugelas supprime la mention du terme favorisé dans le manuscrit, *servitude*, mot qui est d'ailleurs bien attesté chez Malherbe (1631 : I, 36, 73, etc.).

1554 Cette remarque et la suivante sont absentes du manuscrit.

1555 Cotgrave (1611) est le premier de nos lexicographes à inclure *contrepoinct(e)* avec cette acception. Sous l'entrée « Contrepointe », Furetière (1690) observe que « Plusieurs disent *Courtepointe* par abus ».

1556 C'est la forme citée par Richelet (1680) et l'Académie (1694). Il n'est pas surprenant que ni l'un ni l'autre de ces mots ne soient attestés dans Frantext pour la période 1600-1647.

Aviser

Aviser, pour *appercevoir*, ou *descouvrir*, ne peut pas estre absolument rejetté, comme un mot, qui en ce sens là ne soit pas François ; Mais il est bas & de la lie du peuple[1557]. (405 [365]) On n'oseroit s'en servir dans le beau stile, quoy qu'un de nos meilleurs Escrivains en use souvent[1558]. Pour le faire mieux entendre il en faut donner un exemple, *j'avisay un homme sur une tour, ou sur un arbre*, pour dire *j'apperceus*, ou *je decouvris un homme, &c.*

Pas, & point[1559]

Ces particules oubliées aux endroits où il les faut mettre[1560], ou mises là où elles ne doivent pas estre, rendent une phrase fort vicieuse, par exemple si l'on dit *pour ne vous ennuyer, je ne seray pas long*, comme parlent

1557 Cotgrave (1611) l'inclut avec cette acception, mais Richelet (1680) et l'Académie (1704 : 400) confirment que cet usage est considéré comme bas. Marazza (1989 : 32) cite des exemples issus de Molière (*Dom Juan*) et de Saint-Simon.

1558 La Clef de Conrart n'identifie pas cet auteur.

1559 Il y a trois endroits dans le manuscrit (f° 36r°, 69r°, 70r°-v°) où Vaugelas traite de l'usage de *pas* et de *point*. La première remarque (« Obmission de *pas*, ou *point* ») est très brève et propose des références précises à l'usage de Malherbe : « *Obmission* de *pas*, ou de *point* est frequente en M de Malh. p 537. 538. 553. 580. 621. » Parmi ces exemples on trouve *mais sans cela je n'aurois dequoy remplir ma lettre* (Malherbe 1631 : I, 538) et *jusques à pouvoir aimer une femme qui ne me rendist la pareille* (*ibid.* : 553). La deuxième observation (« *Point* ») traite de la position de *point* avec l'infinitif : « Il me semble que M Coeff. le met tousiours apres l'infinitif *s'estonna de ne uoir point* et non *de ne point uoir*, *affin de ne tomber point en la puissance de ses ennemis*, et non *de ne point tomber*, qui me semble neantmoins plus doux ». Ces exemples proviennent de son *Histoire romaine* (1621 : I, 32) : le deuxième exemple se lit exactement *à fin de ne tomber point vif en la puissance de ses ennemis*. Au folio 70, il y a une longue observation intitulée « *Pas* et *Point* » qui contient des passages qui n'apparaissent pas dans la version publiée (voir les notes ci-dessous). Un passage au folio 70v° qui se trouve dans la marge et qui commence « *Pas* se supprime aussi tres-elegamment, quand il est au [mi]lieu de *non* et de *par* » est publié par Alemand comme une observation originale dans les *Nouvelles Remarques* (Vaugelas 1690 : 263). Ce passage est suivi d'une observation intitulée « *Point* deuant les Noms ». Son deuxième paragraphe, qui commence par les mots « Mais ce n'est iamais que l'Article indefini » et qui est annoté dans les marges « *Point* doit tousiours estre suiui de l'Article indefini », est également publié par Alemand dans les *Nouvelles Remarques* (Vaugelas 1690 : 177-178). Alemand lui donne le titre « *Point* » et supprime le « Mais » initial. Un troisième ajout marginal, « *Pas* ne peut pas mesmes estre oublié aux uers, quand il doit estre mis en prose [...] », est légèrement remanié (« *Pas* ne doit point être oublié en vers [...] ») et publié également par Alemand (Vaugelas 1690 : 18).

1560 Sur l'histoire de la négation à cette période, voir, par exemple, Haase (1935 : 250-252).

& escrivent presque tous ceux de delà Loire, c'est tres-mal parler, il faut dire *pour ne vous point ennuyer*. Et si l'on dit *il fera plus qu'il ne promet pas*, ce n'est pas encore bien parler ; car il faut oster *pas*, & dire *il fera plus qu'il ne promet*. Or de sçavoir absolument, quand il faut le mettre, ou ne le mettre pas, il est assez difficile d'en faire une reigle generale. Voicy ce que j'en ay remarqué[1561].

On ne met jamais ny *pas*, ny *point* devant les deux *ny*, par exemple on dit *il ne faut estre ny avare ny prodigue*, & non pas, *il ne faut pas estre*, ou *il ne faut point estre ny avare, ny prodigue*[1562].

On ne les met jamais aussi devant le *que*, (406 [366]) qui s'exprime par *nisi* en Latin, & par *sinon que* en François. Exemples, *je ne feray que ce qu'il luy plaira*, on voit bien que ce *que*, se resout par *nisi*, & par *sinon que*, comme si je disois *je ne feray sinon ce qu'il luy plaira* ; *je n'ay esté qu'une fois à Rome*, *je ne joüe qu'avec des gens de bien*, *je ne mange qu'une fois le jour*. On voit qu'en tous ces exemples le *que*, vaut autant à dire que *sinon que*, & je n'ay point encore remarqué qu'il y ayt d'exception à cette reigle[1563].

1561 La remarque manuscrite commence ainsi (f° 70r°) : « *Pas* et *Point*. Quelquefois il ne faut mettre ni l'un ni l'autre, D'autrefois on peut mettre l'un et l'autre*, et d'autrefois on doit mettre l'un et non pas l'autre. {M. de Malh. les oublie souuent. B. p.6. la nature fait estre ceux qui quelque iour aimeroient mieux n'auoir esté. a fini là la periode. Il faudroit *n'auoir point esté*. [il y a à la suite le passage qui commence par le signe ǂ, voir ci-dessous, note 1565] * Malh. p.637 le plus beau que i'y uoye, c'est qu'il ne ueut point d'argent, si l'on ne guerit point sans *Point* il me semble meilleur mais auec *Point* il n'est pas mauuais, et ainsi il peut estre quelquefois indifferent de le mettre ou de ne le mettre pas, quoy qu'il soit plus elegant de faire l'un que l'autre.} Il faut donner des exemples de tous les trois. Du premier, *Ie ne feray que ce qu'il luy plaira*, et non *Ie ne feray pas, ni ie ne feray point que ce qu'il luy plaira*. Du second, *Ie ne pense pas, ou ie ne pense point l'auoir offensé*, tous deux sont bons. Du troisiesme, *Ie suis amy et non pas flatteur*. On ne dit iamais, *et non point flatteur* [~~...~~] <non plus qu'on ne dit point> *N'a-t-il pas de honte*, mais *n'a-t-il point de honte*. Maintenant il faut uoir s'il y a des reigles de cela, car bien souuent l'Vsage comme Tyran, ainsi que ie remarqueray en diuers endroits, procede sans reigle et sans raison, et bien souuent contre ~~tous~~ <toutes> les deux. Oüy, il y a quelques reigles que i'ay descouuertes, mais elles ne sont pas si generales qu'elles embrassent toutes les trois manieres d'user de ces deux mots, que i'ay dites. Il faut tousiours exposer celles que i'ay remarquees, et à mesure que i'en iray descouurant d'autres, ie les aiousteray à celles-cy. » Nous indiquerons dans les notes les passages où le manuscrit se distingue nettement du texte publié.

1562 Haase (1935 : 257-258) cite plusieurs exemples de cette construction, employée également par Vaugelas lui-même dans les *Remarques* (par ex., *Ils ne sont pas tousjours vicieux, ny n'ont pas tousjours mauvaise grace*, Rp. 140). Malherbe se sert de *ni* avec une autre négation (*ni pas, ni point*) à plusieurs reprises (Régnier 1869 : 411-412).

1563 Voir, par exemple, Haase (1935 : 256-257) et N. Fournier (1998 : 241-242). Vaugelas contrevient également à cette règle dans son propre usage dans les *Remarques* (par ex. *Je*

Mais cela se doit entendre, comme j'ay dit, devant le *que*, qui signifie *sinon que*, parce que cela n'est pas vray devant les autres *que*, qui signifient autre chose, comme par exemple on dira fort bien *je ne pense pas que vous le faciez*, *je ne veux pas dire que vous ayez tort*, *je ne blasme pas ce que j'ignore.*

On ne les met point encore devant *jamais*, comme *il ne sera jamais si meschant qu'il a esté*[1564].

Ny devant *plus* comme *je ne feray plus comme j'ay fait.* Ny apres *plus*, si une negative suit, comme *il est plus riche que n'a esté celuy qui, &c.* Je parle de *plus*, & non pas de *non plus*, qui n'est pas de mesme ; car on dit fort bien *je ne veux pas non plus, que vous alliez là*[1565].

On ne les met point aussi devant *aucun*, ou *nul*, comme *il ne fait aucun mal*, *il ne fait nul mal*, ny devant *rien*[1566], comme *il ne peut rien faire*, *il ne veut rien faire*[1567]. (407 [367])

---

n'avois pas neantmoins resolu d'en traiter, qu'en passant, selon les occasions qui s'en sont presentées dans ces Remarques, Rp. *474). Régnier (1869 : 474) cite ici encore des exemples de « *pas* et *point*, surabondants » chez Malherbe, par exemple, *Je serois bien aise que l'on n'usât point de ce mot de « poitrine » que rarement* ; *Le venin de la malice … ne déploie point bien sa force que contre ceux qui le portent.*

1564 *Cf.* Maupas (1618 : f° 168r°) ou Oudin (1640 : 286-287) : « On ne met jamais *pas*, ou *point*, lors que quelque diction de sens privatif entre en construction, comme, *aucun*, *aucunement*, *autre*, *celuy*, *jamais*, *rien*, *nul*, *nullement*, *personne*, *goutte*, & *mot* pour privation d'oüye, de lumiere, & de parole : *ame qui vive*, *homme du monde*, *homme qui vive* : *plus* adverbe de diminution, *quelconque.* » Pour des exemples, voir Brunot (1905-1953 : III : 616).

1565 Dans le manuscrit : « Ni deuant *plus*, Ie ne feray plus comme i'ay fait. <Ie ne dis pas deuant non plus, mais deuant plus ǂ> {ǂ Il est plus riche que n'a pas esté celuy qui &c. faut que n'a esté. Ainsi apres le *Plus*, si une negatiue suit il n'y faut ni *pas* ni *point*} ».

1566 Voir Haase (1935 : 256) et N. Fournier (1998 : 238-240) pour des exemples. Vaugelas contrevient également à cette règle dans les *Remarques* : *Il fait assez paroistre en tous ses Escrits, combien il estoit regligieux & exact à ne point user d'aucun mot ny d'aucune phrase, qui ne fust du temps & de la Cour* (Rp. *470).

1567 L'organisation du contenu de cette section est différente dans le manuscrit (f° 70r°), où nous avons l'impression que Vaugelas est toujours en train de formuler ses idées : « *Ni* deuant *Rien*, Ie ne fais rien qui uaille+ {+ Ni deuant *aucun*, il ne fait aucun mal. Ni apres le uerbe *cesser*, il ne cesse de boire, ni [...] apres *sans*. On dit *le ciel est sans nuage*, et non pas *sans point de nuage*, comme a dit deux fois de suite en cet exemple et en quelque autre chose pareille un des hommes du monde qui sçauoit aussi bien tous les secrets de nostre langue, mais qui en cela comme en quelques autres choses que ie remarqueray ailleurs, n'a pas laissé de se ressentir du malheur de la condition humaine qui est <d'estre> suiette à faillir. Aussi en a-t-il esté repris iustement par ses propres adorateurs. On oyt bien dire quelquefois *sans point de faute*, mais on ne l'oyt iamais dire qu'on n'oye faire une faute, et faut dire *sans faute.* Ni *pas* ni *point* ne se mettent point encore apres qu'on a parlé de quelque temps que ce soit, ni deuant qu'on en parle. Cette remarque est belle. Tournez feuillet.} Peutestre qu'il y a encore plusieurs autres mots deuant lesquels il ne les faut pas mettre non plus, mais ilz ne sont pas encore uenus à ma conoissance. ~~Ce sera maintenant une belle chose de considerer~~

Les raisons que l'on pourroit rendre de cela, car les Reigles ont quelquefois des raisons, & quelquefois n'en ont point, seroient, ce me semble, que les deux *ny*, *jamais*, *rien*, *nul*, *aucun*, nient assez d'eux-mesmes sans y ajouster ny *pas*, ny *point*, & que le *que*, qui signifie *sinon que* estant un mot de restriction, on ne nie pas absolument, & ainsi on ne se sert ny de l'un ny de l'autre de ces negatifs, ny devant *plus* aussi, parce que ce mot a encore plus de vertu que *pas*, ny que *point*, en ce qu'il n'exprime pas seulement qu'il ne fera pas une chose, mais qu'il ne fera pas ce qu'il a fait par le passé.

On ne les met pas encore devant *sans*, comme *sans nuage*, & non pas *sans point de nuage*, comme l'a escrit un de nos plus celebres Escrivains par deux fois de suite dans la meilleure piece qu'il ayt jamais faite en prose, en quoy il a esté justement repris de tout le monde[1568]. En cela il a suivy l'ancienne façon de parler, qui est abolie il y a long-temps ; car on disoit autrefois *sans point de faute*, & l'on dit maintenant *sans faute*.

~~si ces Reigles que ie uiens de donner sont fondees sur quelque raison, car il faut sçauoir que comme l'Vsage est bien souuent sans reigle et sans raison, et bien souuent contre toutes les deux, qu'aussi les Reigles sont quelquefois sans raison, et contre la raison, ainsi que nous remarquerons aux lieux qui en fourniront des exemples~~. Voicy les raisons qui me semble qu'on en peut rendre, Premierement on ne met ni *pas* ni *point* deuant les deux *ni*, parce que ces deux ni nient assez sans y aiouster ni *pas*, ni *point*. Les raisons que l'on pourroit rendre de cela, car les Reigles ont quelquefois des raisons et quelquefois elles n'en ont point, seroient, ce me semble, que les deux *ni*, *Iamais* et *Rien* nient assez d'eux-mesmes sans y aiouster ni *pas* ni *point*, et que le *que* qui signifie *sinon que* estant un mot de Restriction, on ne nie pas absolument, et ainsi on ne se sert ni de l'un ni de l'autre de ces negatifs, ni deuant *Plus*, aussi parce que ce mot a encore plus de uertu que *Pas* ni que *Point* en ce qu'il ~~[...]~~ <n'exprime> pas seulement qu'il ne fera pas une chose, mais qu'il ne fera pas ce qu'il a fait par le passé. [70v°] *Il y a dix iours que ie ne l'ay ueu, Ie ne le uerray de dix iours*, Voyla comme en ces deux exemples ou il est parlé du temps deuant et apres on ne met ni *pas* ni *point*. Et affin de uoir la beauté de cette reigle, cherchez autant d'exemples que uous pourrez uous imaginer, ou il soit fait en quelque sorte mention du temps deuant ou apres le uerbe, iamais uous n'en trouuerez aucun ou ce ne soit une faute de mettre *pas* ou *point*, ou pour le moins qu'il ne soit incomparablement mieux et plus elegant de ne les mettre point que de les mettre. Au moins quant à moy i'ay tourné de tous costez sans en pouuoir rencontrer un seul. Si i'y descouure quelque exception à l'auenir, ie la marqueray à la marge, mais en attendant c'est tousiours beaucoup d'estre asseuré qu'une reigle est si generale que l'on doute si elle souffre quelque exception. La raison que l'on pourroit rendre de celle-cy est la mesme que celle que i'ay rendue de *que* qui signifie *sinon que*, c'est à sçauoir que toutes les fois que l'on fait mention du temps, il y a tousiours de la restriction en ce mesme temps là, qui empesche que l'on ne nie absolument, ce qui a accoustumé de faire le *Pas* ou le *Point*. <et surtout le *point* * ». À côté de cet extrait se trouve dans la marge le texte qui est reproduit par Alemand dans les *Nouvelles Remarques* (Vaugelas 1690 : 263).

1568 Il s'agit de Malherbe qui se sert sans difficulté de *sans point de*, comme dans ces exemples cités par Régnier (1869 : 474) : *Cette diversité de remuements se faisoit sans point de bruit* ; *Les premiers mois ont le soleil presque sans point de nuages : et les derniers des nuages presque sans point de soleil.*

On ne les met point encore, ny avant que l'on parle de quelque temps, ny apres qu'on en a parlé[1569], comme *je ne le verray de dix jours. Il y a dix jours que je ne l'ay veu.* Et toutes les fois qu'il est fait mention du temps, **(408 [368])** j'ay trouvé cette Reigle sans exception, ce qui procede, comme je crois, de la mesme raison que j'ay alleguée à *sinon que*, qui est que toutes les fois qu'il est question de temps, il y a tousjours restriction de ce mesme temps-là, qui empesche que l'on ne nie absolument, ce qu'ont accoustumé de faire le *pas*, & le *point*.

On les supprime d'ordinaire avec le verbe *pouvoir*[1570], comme *il ne le peut faire, il ne pouvoit mieux faire, il ne peut marcher.* Ce n'est pas que l'on ne peust dire *Il ne le peut pas faire, il ne pouvoit pas mieux faire. Il ne peut pas marcher.* Mais il est incomparablement meilleur & plus elegant sans *pas*.

On les supprime encore avec le verbe *sçavoir* quand il signifie *pouvoir*, comme *il ne sçauroit faire tant de chemin en un jour, il n'eust sçeu arriver plustost.* On y pourroit mettre *pas*, mais l'autre est beaucoup meilleur.

Et avec le verbe *oser*, comme *il n'oseroit avoir fait cela, il n'oseroit dire mot.* Rarement il se dit avec *pas*, sur tout au participe, ou au gerondif, comme *n'osant luy contredire en quoy que ce fust*, mesme quand il y a un autre gerondif devant avec *pas*, comme *ne voulant pas le flatter, & n'osant luy contredire*; car si l'on disoit *& n'osant pas luy contredire*, ce ne seroit pas si bien dit, il s'en faudroit beaucoup. **(409 [369])**

Au reste il est tres-difficile de donner des reigles pour sçavoir quand il faut plustost dire *pas*, que *point*, il le faut apprendre de l'Usage, & se souvenir que *point* nie bien plus fortement que *pas*[1571].

Il y a encore cette difference entre *pas & point*, que *point* ne se met jamais devant les noms, qu'il ne soit suivy de l'article indefiny *de*, comme *il n'a point d'argent, il n'a point d'honneur.* C'est une faute ordinaire à ceux de delà

1569 Oudin (1640 : 287) reste toutefois plus ouvert à la variation : « Il n'est pas necessaire de mettre deux negatives devant la particule *de* qui a force d'adverbe du temps, comme, *Il ne viendra de trois jours, il n'arrivera de six mois.* »

1570 *Cf.* Oudin (1640 : 289) : « On les peut obmettre apres la particule *ne*, quand ces mots se rencontrent, *bouger, gueres, pouvoir, sçavoir*, ou les y mettre à discretion : v. g. *ne bouger, ne bouger point*, ou *pas, ne sçavoir*, ou *ne sçavoir pas*, etc. »

1571 *Cf.* Oudin (1640 : 288-289) : « Beaucoup de personnes confondent *pas & point*, mais il y a pourtant de la difference ; car *point* se rapporte aux choses qui portent quantité, & *pas* conclud une negation simple, ou de qualité : par exemple, *Je n'ay point d'argent*, & non, *je n'ay pas d'argent : je n'ay point veu de personnes, je ne l'ay pas veu : il n'a point de raison, il n'est pas raison : je ne veux point de cela, je ne veux pas cela* : & cependant on met souvent l'un pour l'autre. » Sur l'héritage de cette formulation « *point* nie bien plus fortement que *pas* », voir l'Introduction, p. 168.

Loire, de dire *il n'a point de l'argent*, avec l'article definy[1572], au lieu de dire *il n'a point d'argent* ; comme ils disent aussi *j'ay d'argent*, pour dire *j'ay de l'argent.* Mais parmy ceux qui parlent le mieux, mesme à la Cour & à Paris, il y en a qui font une autre faute toute contraire, & qui disent *il n'y a point moyen*[1573] pour dire *il n'y a point de moyen*, ou *il n'y a pas moyen*[1574].

Il est à noter qu'avec les infinitifs, *pas* & *point*, ont beaucoup meilleure grace estant mis devant qu'apres[1575], par exemple *pour ne pas tomber dans les inconveniens*, ou *pour ne point tomber dans les inconvenients*, est bien plus elegant que de dire *pour ne tomber pas*, ou *pour ne tomber point dans les inconvenients*.

Berlan, brelandier[1576]

1572 Les exemples de cet usage sont rares dans Frantext pour la période 1600-1647. Nous trouvons à la fois cet usage chez Mersenne, né près d'Oizé dans le département de la Sarthe en région Pays de la Loire (*Il ne faut point de l'imitation à un supplice*, 1624), et chez Peiresc, né à Belgentier dans le département du Var en région Provence-Alpes-Côte d'Azur (*ayant plusieurs pièces curieuses venües des Indes et de Canada et d'ailleurs, et des choses qui n'ont encore point du nom*, 1637).

1573 Guez de Balzac se sert de cette construction à plusieurs reprises dans ses écrits, y compris dans une lettre du 9 octobre 1625 à Vaugelas : *Il n'y a point moyen d'encherir sur ce que vous m'avez escrit* (cité d'après Frantext).

1574 Dans le manuscrit (f° 70v°) : « Pour satisfaire la curiosité, il me semble que l'on pourroit bien encore rendre une raison pourquoy *Point* deuant le Nom a tousiours *De* apres luy. C'est que ce *Point* dont l'usage est si frequent en n[ot]re langue est ueritablement un aduerbe, comme il se uoit clairement en ce qu'il n'est iamais qu'auec le Verbe et tout proche ou deuant ou derriere, mais de son origine il est tout clair que c'est un nom qui signifie un point, qui estant indiuisible selon les Mathematiciens est si peu de choses qu'il est pris pour rien, tellement que nostre langue s'en sert pour exprimer ce rien, et pour nier, qui est la mesme chose qu'exprimer ce rien. Et qu'ainsi ne soit les Italiens se seruant aussi bien que nous, quoy que non pas si souuent ni pres de là, de *Punto* qui signifie l'un et l'autre comme en nostre langue. Cela donc presupposé que c'est un nom et un nom substantif il tombe dans la reigle generale qui ueut que quand il y a deux Substantif [*sic*] l'un apres l'autre il y en ayt un qui regisse le genitif, c'est pourquoy apres *Point* il faut un *De* qui est <un des> ~~l'~~article<s> et une des marques du genitif. {*Point* ne se doit pas mettre deuant *moins* à cause de la cacophonie. Exemple *ne monstrons point moins de courage.* // *Pas* ne se doit pas mettre auec *un* quand il y a une negatiue deuant auec un Verbe. Exemple *Ie n'ay receu pas une lettre*, car il faut dire *Ie n'ay pas receu une lettre.*} »

1575 Ce paragraphe ne figure pas dans le manuscrit. Pour la négation avec les infinitifs à cette époque, voir Ayres-Bennett (2004c : 219-223). Vaugelas utilise lui-même la construction *ne* + infinitif + *pas/point* dans les *Remarques*, par exemple, *j'ay creu que le meilleur party que je pouvois prendre, estoit de ne refaire pas le quarton* (*R*p. 474). Cet usage est également attesté chez Malherbe ; par exemple, *pour être innocent il suffit de n'oublier point* (Régnier 1869 : 474-475).

1576 Cette observation et les deux suivantes sont absentes du manuscrit. Celle-ci traite du rapport entre la prononciation et l'orthographe, sujet qui apparaît souvent pour la première fois dans le texte imprimé.

On a presque tousjours escrit ce premier mot de cette façon, mais on l'a tousjours (410 [370]) prononcé, comme si l'on eust escrit *brelan*; Mais aujourd'huy plusieurs ne prononcent pas seulement *brelan*, ils l'escrivent aussi[1577].

On a tousjours dit & escrit *brelandier*, & non pas *berlandier*[1578], qui est encore une raison de ceux qui soustiennent, qu'il faut tousjours dire & escrire *brelan*, & non pas *berlan*.

Reguelisse, theriaque, triacleur

Reguelisse, est tousjours feminin[1579]. On dit *de la reguelisse*, & non pas *du reguelisse*. Mais *theriaque*, est des deux genres[1580], & l'on dit *du theriaque*, & *de la theriaque*. Il faut dire *triacleur*, qui vend de la theriaque, ou qui passe pour un Charlatan, & non pas *theriacleur*[1581].

Ployer, plier

1577 Les deux formes subsistent toujours dans les dictionnaires de Richelet (1680, *bréland/berland*), Furetière (1690) et l'Académie (1694), mais dans ses observations sur cette remarque celle-ci conclut : « On prononce et on écrit *Brelan* et *Brelandier*, et non pas *Berlan*, ny *Berlandier* » (Académie 1704 : 404). *Berlan* est légèrement plus attesté dans Frantext pour la période 1600-1647 (4 ex. contre un seul de *brelan*), mais il est à noter que Régnier remplace la forme *berlan* employée en 1609 par *brelan* en 1613. Dans la deuxième moitié du siècle, à partir de 1670, seul *brelan* est attesté.

1578 *Brelandier* est pourtant inclus dans les dictionnaires de Cotgrave (1611) et de Furetière (1690). Ni l'une ni l'autre de ces formes n'apparaissent dans les textes de Frantext (1600-1647).

1579 Seul Richelet (1680) fait mention de cette graphie comme forme alternative, tous les autres dictionnaires donnent plutôt *reglisse*; le mot est toujours considéré comme du genre féminin. Nous trouvons un exemple unique de *réglisse* au masculin dans Frantext (1600-1647) chez Serres (1603) : *deux drachmes de graine de fenouil, autant de celle d'anis, de la semence de citrin, de canelle, réglisse rasclé, d'ivoire, de chacun demie drachme [...]*.

1580 Selon Furetière (1690), le mot *thériaque* signifie « un remede composé de quantité de medicaments chauds pour la guerison des maladies froides, et où la chaleur naturelle se trouve affoiblie et languissante, comme paralysie, apoplexie, lethargie, epilepsie, convulsion, dissenterie, coliques, la fiévre quarte, la peste, la petite verole, la morsure des chiens enragez, et generalement contre les poisons et venins ». Si Cotgrave (1611) le juge masculin, les trois dictionnaires monolingues de la fin du siècle le caractérisent comme féminin, et Richelet (1680) observe : « J'ai consulté là-dessus d'habiles Médecins, d'habiles Epiciers et Apoticaires qui me l'ont tous fait *féminin* et pas un *masculin* : ainsi sur ce mot je déclinerois la juridiction de *Vaugelas.* » Parmi les exemples dans Frantext (1600-1647) où l'on peut identifier le genre du mot, il y en a 8 au féminin et 2 au masculin.

1581 Tous les lexicographes, de Robert Estienne à l'Académie prônent *t(h)riacleur*, forme qui est attestée chez Régnier (1609) dans Frantext (1600-1647).

Aujourd'huy l'on confond bien souvent les deux, qui neantmoins ont deux significations fort differentes[1582] ; car tout le monde sçait que *plier*, veut dire *faire des plis*, ou *mettre par plis*, comme *plier du papier*, *plier du linge* ; & *ployer*, signifie *ceder, obeïr, & en quelque façon succomber*, comme *ployer sous le faix*, *une planche qui ploye à force d'estre chargée*[1583]. Et certainement qui appelleroit cela *plier*, & diroit *plier sous le faix*, (411 [371]) parleroit & escriroit fort mal, quoy que plusieurs facent cette faute, trompez à mon avis, par la prononciation de la Cour, qui prononce la diphthongue *oi*, ou *oy*, comme la diphthongue *ai*, pour une plus grande douceur, & dit *player* pour *ployer*, & de *player*, on a aisement passé à *plier*[1584]. Neantmoins cet abus n'est pas tellement estably qu'on puisse dire que c'est l'Usage, auquel il faudroit ceder si la chose en estoit venuë à ce point. Il n'y a qu'une seule façon de parler, où il semble que l'Usage l'a emporté, qui est quand on dit en terme de guerre, par exemple, que *l'infanterie*, ou *la cavalerie a plié* ; car c'est ainsi que presque tout le monde parle & escrit aujourd'huy. La raison toutefois veut que l'on die *la cavalerie a ployé*, & non pas *plié*, parce que c'est une façon de parler figurée, qui se rapporte à celle de *ployer sous le faix, quand on a de la peine à soustenir une trop grande charge.* Mais hors de cette seule phrase il faut tousjours dire *ployer*, dans la signification qu'il a. Ainsi il faut dire *il vaut mieux ployer que rompre*, & non pas *il vaut mieux plier*, *faire ployer une espée*, & non pas *faire plier une espée*, *ployer les genoux*, & non pas *plier les genoux*[1585].

1582 Parmi les lexicographes, Nicot (1606) propose *ployer* comme alternatif de *plier* pour le sens *courber, flechir*, et Furetière (1690) adopte la distinction faite par Vaugelas ; l'Académie (1694 ; 1704 : 406) juge toutefois que *ployer* « n'est plus guere en usage ». *(Se) ployer* (171 ex.) est légèrement plus fréquent que *(se) plier* (157 ex.) dans Frantext pour la période 1600-1647, mais pour la période 1648-1699 *(se) plier* gagne nettement du terrain (222 ex. contre 86 de *(se) ployer*). Notons que Malherbe emploie la forme *ployer* (Régnier 1869 : 471) à la fois avec le sens de « faire plier, soumettre » et dans l'expression *ployer les genoux* (au figuré).

1583 L'usage semble être en réalité plus flexible, et nous trouvons, d'une part, dans Frantext *ployer les lettres* dans une lettre de Peiresc (1637) et, d'autre part, chez Garasse, *Tout ce qu'un bon esprit peut faire, c'est de plier sous les loix de la toute-puissance.*

1584 Sur cette question, voir *R*p. 98-101, *cf.* Thurot (1881-1883 : I, 383) et l'Introduction, p. 125-126.

1585 *Ployer les genoux* est employé, par exemple, par Bérulle (1623) et Malherbe (1627), mais on trouve également dans Frantext pour la période 1600-1647 une occurrence de *plier les genoux* dans *Le Prince* de Balzac (1631).

(412 [372])

Veuve[1586]

Il faut escrire *veuve*, ou *veufve*, & non pas *vefve*, comme on dit en plusieurs Provinces de France[1587] ; car on dit au masculin *veuf*, *un homme veuf*, & non pas *vef*, & ainsi au feminin il faut dire *veufve*, ou *veuve*, qui rime avec *neuve* & *fleuve*, & non pas avec *trefve*. M. de Malherbe,

---

1586 Vaugelas exprime l'opinion inverse dans la remarque manuscrite « *Veuues* » (f° 97r°), mais au moins les trois quarts de l'observation sont apparemment rayés d'un seul trait : « *Veuues* pour *vefues* ne me semble point bon ni en prose ni en uers, quoy que Malh p. 72 l'ayt escrit, et l'ayt fait rimer auec *Fleuues.* » Il cite l'exemple reproduit dans la version publiée et observe : « On prononce *uefues*, et l'on l'escrit aussi, mais surtout on le prononce ce qui fait qu'il doit estre encore moins receu en ~~uers~~ <rime> qu'en prose, parce que la rime n'a esgard qu'à la prononciation, et non pas à l'orthographe. La uraye rime seroit *uefues*, et *trefues.* » Il continue par une discussion plus générale portant sur la prononciation en Normandie (qui est rayée par une ligne qui va jusqu'à « encore un peu de cet accent »), le pays d'origine de Malherbe : « I'auoue qu'on escrit et qu'on prononce *un homme ueuf*, et qu'il rimeroit fort bien auec *œuf*, mais il ne me semble point qu'on die *ueuue.* Si ce n'est peut etre en Normandie (et il s'en faut informer) tout ainsi qu'il a <tousiours> fait rimer *abismer* auecque *mer*, et *parler* auec *air* quoy que cet *e* de noz infinitifs ayt <une> prononciation fort differente de celle de ces deux noms, comme chacun sçait. Neantmoins en Normandie ilz prononcent ces infinitifs tout de mesme que nous prononcons *mer*, et *air* ~~tout de mesme que~~ <comme> si on escriuoit *abismair*, et *parlair* auec la diphtongue *ai.* Et de fait i'ay oüy plusieurs fois un homme de ce pays là, qui nonobstant qu'il eust demeuré toute sa uie à la Court, et qu'il sceut <outre cela> parfaitement n[ot]re langue soit pour la parler soit pour ~~l'~~escrire n'a iamais peu neantmoins se corriger de ce uice de prouince, disant tousiours ~~*uoulez*~~ *<allons> disnair*, ~~[...]~~ c'est à dire prononçant ce mot comme il le faudroit prononcer s'il estoit escrit auec cette diphtongue. M. de Malh. mesme ~~[...]~~ <qui a passé plus de cinquante [*sic*] à la Court, ou l'on le consultoit tous les iours comme l'oracle de la langue françoise> ne laissoit pas de tenir encore un peu de cet accent, n'ayant iamais peu s'en deffaire tout à fait, tant il est malaisé de s'affranchir entierement des defauts que l'on a comme sucez auec le lait de sa nourrice, et de s'empescher de tenir tousiours quelque chose du ramage et du creu de son pays. Ainsi *parler*, et *l'air* n'est pas une mauuaise rime en Normandie, <au contraire elle est fort bonne> parce que se prononcant tous deux d'une mesme façon, ~~c'est tout ce que demande l'oreille pour estre satisfaite de la rime qu~~ Mais la faute est doncques non pas en la rime, qui est bonne en ce pays là, mais en la prononciation qui n'y uaut rien. » Cette dernière partie devient la base de la remarque « De la lettre *r*, finale des infinitifs », *R*p. 437-438. Vaugelas se souvenait-il de son propre cas, puisqu'on sait que Voiture lui reprochait son accent savoyard ?

1587 Si dans le manuscrit *veuve* était traité comme forme provinciale, dans le texte publié c'est plutôt *vefve* qui est ainsi caractérisé. Estienne (1549) et Nicot (1606) ne donnent que *vefve*, Cotgrave (1611) offre les deux variantes, mais les trois grands dictionnaires monolingues de la fin du siècle ne citent que *veuve.* Le changement de préférence entre les formes est également évident d'après l'analyse de l'usage dans Frantext : pendant la période 1600-1647 la forme *vefve* est plus attestée (159 ex. contre 93 de *veu(f)ve*), mais pour la période suivante (1648-1699) cette dernière devient plus fréquente (308 ex.) tandis que *vefve* se raréfie (22 ex.).

O combien lors aura de veuves
La gent qui porte le turban,
Que de sang rougira les fleuves,
Qui lavent les pieds du Liban.

Vent de midy, vent du midy

Tous deux sont bons[1588], tout de mesme que l'on dit *vent de Septentrion*, & *vent du Septentrion*, *du costé de Septentrion*, & *du costé du Septentrion*, *du costé d'Orient*, & *du costé de l'Orient*.

Vitupere, vituperer

Ce mot n'est gueres bon, quoy que M. Coeffeteau s'en soit servy une fois ou deux dans son histoire Romaine[1589], & que M. de Malherbe ayt dit[1590],

Et si de vos discords l'infame vitupere.

Je n'en voudrois user qu'en raillerie, & dans (413 [373]) le stile bas[1591]. *Vituperer*, ne vaut rien du tout[1592].

1588 Vaugelas se ravise entre le manuscrit (f° 95v°) et la version publiée. Dans celui-là il n'accepte que *vent de midi*, *du costé de Septentrion*. Le changement de préférence entre les deux constructions est reflété dans les textes de Frantext (1600-1647) : pendant le premier quart du siècle nous trouvons *vent de midi, vent de bise ou de septentrion*, etc., mais dès 1627 Sorel emploie *vent du septentrion* et Tristan l'Hermite se sert de *vent du nord* à deux reprises (1641, 1645). L'évolution est également consignée par les dictionnaires : Estienne (1549), Nicot (1606) et Cotgrave (1611) ne donnent que la forme *vent de midi*, mais à partir de Richelet (1680) *vent du midi* semble être la forme préférée.

1589 Coeffeteau emploie *vitupere* à trois reprises dans son *Histoire romaine* : *au grand vitupere de l'Empire* (1621 : II, 26) ; *il devait luy retrancher les occasions d'encourir un si grand vitupere* (1621 : II, 55) ; *& de ne faire rien qui luy puisse tourner à vitupere* (1621 : II, 174).

1590 Dans le manuscrit (f° 94r°) : « Malh. p.29 ». En réalité le premier vers se lit plutôt : *Et si de nos discords l'infame vitupere* (Malherbe 1631 : II, 29).

1591 Dans le manuscrit : « Ie ne uoudrois pas m'en seruir ~~qu'en~~ <si ce n'est en> raillant, dans une lettre, ou dans une petite piece. Mais en un œuure de longue haleine ~~[…]~~ encor qu'il ne soit pas permis, d'y employer un mauuais mot, si est ce qu'il n'importe pas qu'il soit si delicat, pourueu qu'il ne blesse point l'oreille, comme il feroit s'il n'estoit point du tout en usage. Ainsi ~~l'on se sert de beaucoup de choses en un long uoyage, que~~ l'on n'auroit garde de porter dans la uille, ni à une ~~pourmenade et l'on ne se soucie pas que ce que on […]~~, <promenade beaucoup de choses dont on se sert en un grand> uoyage, lesquelles on ne laisse pas de porter quoy qu'elles soient rudes et grossieres pourueu qu'elles ne blessent point. » *Vitupere* est toujours accepté par Estienne (1549), Nicot (1606) et Cotgrave (1611), mais Richelet (1680), Furetière (1690) et l'Académie (1694) le jugent archaïque. Il y une vingtaine d'exemples de *vitupere* dans Frantext pour la période 1600-1647, y compris chez Urfé, Hardy et Aubigné.

1592 Ce verbe n'est accepté que par Estienne (1549) et Nicot (1606). Nous en trouvons des exemples dans Frantext (1600-1647) chez Charron (1601) et François de Sales (1619), ce

Seraphin, *remerciment*, *agrément*, *viol*

Quoy qu'ils n'ayent rien de commun entre eux, je les mets ensemble, parce qu'il n'y a qu'un mot à dire sur chacun, & que par diverses rencontres, ils se presentent à ma plume tous ensemble[1593]. *Seraphin*, se doit escrire en François avec une *n*, bien qu'il y ayt une *m* au Latin[1594]. *Remerciment*, se doit aussi escrire & prononcer *remerciment*, & non pas *remerciement* avec un *e*, apres l'*i*[1595]. *Agrément*, de mesme, & non pas *agreement*[1596]. Ainsi dans les vers on dit *payray*, *louray*, & non pas *payeray*, ny *loüeray*, ce sont des mots dissyllabes dans la poësie. Et *Viol*, qui se dit dans la Cour & dans les armées pour *violement*, est tres-mauvais[1597].

Tel pour *quel*[1598]

Il y en a plusieurs, qui disent par exemple *Dieu est present en tous lieux, tels qu'ils soient*[1599], c'est mal parler, il faut dire *quels qu'ils soient*. Quelques

---

qui semble confirmer qu'il n'était plus courant dans les années 1640.

1593 Cela n'est pourtant pas le cas dans le manuscrit. Ni *seraphin*, ni *agrément* n'y sont examinés, et *remerciment* n'est traité qu'en passant dans la remarque sur « *Vray-semblance* » (f° 95v°) qui est publiée dans les *Nouvelles Remarques* par Alemand (Vaugelas 1690 : 311-312). Seul *viol* (f° 94r°) est traité de façon semblable dans le manuscrit.

1594 La justification pour ce commentaire n'est pas claire parce que la forme *seraphim* n'apparaît dans aucun de nos dictionnaires et elle n'est pas attestée dans Frantext (1600-1647).

1595 Estienne (1549), Nicot (1606), Cotgrave (1611) et Furetière (1690) acceptent *remerciement*, mais Richelet (1680) et l'Académie (1694) suivent le jugement de Vaugelas (*cf.* Thurot 1881-1883 : 1, 146). La graphie *remerciment* semble favorisée par certains auteurs dans les décennies 1620 et 1630 (88 ex.), mais les occurrences sont beaucoup moins nombreuses pour le reste du siècle (22 ex. contre 74 de *remerciement*).

1596 Furetière (1690) cite *agreement* comme entrée tandis que Richelet (1680) et l'Académie (1694) préfèrent *agrément*. Ce mot est rare dans Frantext (1600-1647) : nous trouvons un exemple unique de *agreement* chez Camus (1615) contre 6 d'*agrément*, tous pour la décennie 1640-1649.

1597 Richelet (1680) le considère comme « tres mauvais », mais Furetière (1690) l'accepte. Dans son dictionnaire, l'Académie (1694) le cite sans commentaire, et elle ajoute dans ses observations qu'il est encore en usage (1704 : 408). Pour la période 1600-1647, il n'y a aucune attestation de *viol* dans Frantext, contre 19 de *violement*, y compris chez Balzac et Coeffeteau ; après Vaugelas (1648-1699), les deux exemples dans Frantext proviennent des *Mémoires* de Bussy-Rabutin (1696).

1598 Cette question ne figure pas dans le manuscrit et n'est pas traitée par les grammairiens de notre corpus avant Vaugelas.

1599 Comme le note Nathalie Fournier (1998 : 362), la concurrence entre *tel que* et *quel que* se maintient tout au long du siècle ; elle cite un exemple issu de *Cinna* dans lequel Corneille corrige *à tel point qu'on le prise* et *à quel point qu'on le prise* en 1660.

uns croyent qu'encore que *quels*, soit le meilleur, *tels*, neantmoins ne laisse pas d'estre bon, mais ils se trompent.

(414 [374])

Certains regimes de verbes usitez par quelques Autheurs celebres, qu'il ne faut pas imiter en cela

Il y a des Autheurs celebres qui font regir à de certains verbes[1600], comme *se reconcilier, prier, s'acquitter, s'offenser*, des cas qui ne leur conviennent point, & il est bon d'en donner avis, afin que ceux qui les imiteront en une infinité d'autres choses excellentes, ne s'abusent pas en celles-cy. Il y a apparence, que ces verbes autrefois ont eu ce regime, mais ils ne l'ont plus aujourd'huy, *se reconcilier à quelqu'un, qu'il ne soit point en peine*, dit l'un d'eux, *de se reconcilier à personne*, il faut dire *avec personne*[1601], *prier aux Dieux*, autrefois on le disoit, il faut dire maintenant *prier les Dieux*[1602], *s'acquitter aux grands*, pour dire *s'acquitter envers les grands*[1603]. *S'offenser de quelqu'un*, au lieu de dire *s'offenser contre quelqu'un*[1604]. Il est vray que

---

1600 Cette observation est intéressante parce que le manuscrit (f° 96v°) indique nettement que le point de départ pour Vaugelas est la critique de l'usage de Malherbe : « *Verbes* Il y en [a] qui ne regissent point certains cas que M de Malh leur donne, [...] *s'offenser à* aucun pour *contre* aucun Malh B. *Prier aux Dieux*, pour *les Dieux* p.282 et 304 *Reconcilier.* Et ne soit point en peine de se reconcilier à personne p. 289 faut *auec personne. Acquiter aux plus grands* p. 290 mieux *enuers* les plus grands. » Vaugelas semble faire référence aux passages suivants : *parce qu'il ne s'offense point à ceux qui desavoüent le plaisir qu'il leur a fait* (1631 : I, 281) ; *qui prieroit aux Dieux* (1631 : I, 284) ; *il respondit que devant que cela fust il prioit aux Dieux* (1631 : I, 304) ; *& ne soit point en peine de se reconcilier à personne* (1631 : I, 289) ; *ne sont-ce pas choses qui nous peuvent acquitter aux plus grands* (1631 : I, 290).

1601 La construction de ce verbe n'est pas traitée par les grammairiens avant Vaugelas, mais déjà Estienne (1549) cite l'exemple *se reconcilier avec aucun*. Quant à l'usage dans Frantext (1600-1647), même si Coeffeteau se sert de *se reconcilier à* et *se reconcilier avec*, cette dernière construction, attestée chez Balzac et Arnauld entre autres, domine.

1602 Voir *R*p. 479.

1603 Ce jugement est accepté par les remarqueurs ultérieurs. Comme nous l'avons noté, Vaugelas s'appuie sur un exemple de Malherbe, mais d'après l'usage tel qu'il est attesté dans Frantext (1600-1647), *s'acquitter envers* était la construction usuelle.

1604 Dans le manuscrit Vaugelas critique plutôt *s'offenser à quelqu'un*. Dans son commentaire sur cette remarque, l'Académie (1704 : 409) n'accepte pas la construction préconisée par Vaugelas : « M. de Vaugelas marque qu'il faut dire *s'offenser contre quelqu'un*, au lieu de *s'offenser de quelqu'un*. Cette façon de parler n'est point naturelle. Il faut dire *s'offenser de ce que quelqu'un a dit ou fait*, et non pas *s'offenser contre quelqu'un*. » Nous trouvons quelques rares exemples de cet usage dans Frantext (1600-1647), par exemple chez Audiguier (*Aristandre fut mal avec elle, mais encore avec Virginie, qui ne trouvant pas bon que son cousin se servist d'elle en ces occasions, et moins encore Leonide, s'en offensa contre tous deux*, 1626) et

l'on dit fort bien, *s'allier avec quelqu'un*, & *s'allier à quelqu'un*, & mesme ce dernier passe pour plus elegant[1605].

Des negligences dans le stile[1606]

Je ne parle point icy des fautes, qui se commettent contre la pureté & la netteté (415 [375]) du stile[1607]. Ce sont des choses toutes distinctes de ce qu'on appelle *negligence*. Il y en a de plusieurs sortes. Voicy celles que j'ay remarquées. La principale est quand on repete deux fois dans une mesme page une mesme phrase sans qu'il soit necessaire ; car quand il est necessaire, comme il arrive quelquefois, tant s'en faut que ce soit une faute, que c'en seroit une de ne le faire pas[1608], outre que la nature des choses necessaires est telle, comme a remarqué excellemment Ciceron[1609], qu'elles sont tousjours accompagnées d'ornement. Mais quand il n'est pas besoin, c'est une tres-grande negligence de repeter une phrase deux fois dans une mesme page & de dire deux fois par exemple *sans en pouvoir venir à bout* ; Que si la phrase est plus noble, la faute est encore plus grande, parce qu'estant plus esclatante, elle se fait mieux remarquer.

La seconde sorte de *negligence*, c'est de repeter deux fois un mesme mot specieux[1610] dans une mesme page, sans qu'il en soit besoin ; car il faut tousjours excepter cela[1611]. Si le mot est simple & commun, il n'en faut pas faire scrupule, pour peu qu'il soit esloigné du premier ; pourveu

---

Mareschal (*et n'osoit s'offenser contre Chrysolite du mauvais traictement qu'elle luy avoit fait*, 1634).

1605 Coeffeteau se sert pourtant de *s'allier avec*, comme dans l'exemple suivant : *il se resolut de s'allier avec celuy qui estoit le plus à sa commodité* (1621 : III, 107).

1606 Comme il s'agit d'une remarque générale qui inclut des questions qui sont traitées ailleurs dans le volume (voir, par exemple, « *Du vers dans la prose* », *R*p. 102-106 ; « *Rimes dans la prose* », *R*p. 235-238 ; « *Repetition de mots. Faire* », *R*p. *484-*488), il n'y a pas de remarque manuscrite correspondant à ce texte. Il y a pourtant d'autres observations manuscrites qui sont en rapport avec lui et notamment celle intitulée « *Rime* » (f° 69r°-v°), voir la note 1620 ci-dessous. Sur les questions de style, voir l'Introduction, 6.6.

1607 Voir *R*p. 567-593.

1608 Notons la position de *pas* qui n'est pas « élégante » selon la remarque de Vaugelas, *R*p. 409.

1609 Cicéron, *De oratore*, III, xxxviii, 155 : *Tertius ille modus transferendi verbi late patet, quem necessitas genuit inopia et angustiis, post autem iucunditas delectatioque celebravit* (« Quant aux expressions figurées, le domaine en est très étendu. D'abord le besoin, la pauvreté et l'insuffisance du langage, leur donnèrent naissance ; bientôt le plaisir et l'agrément les consacrèrent », traduction de Nisard 1840).

1610 Sur ce terme, voir la note 409 ci-dessus.

1611 Voir *R*p. *484-*488.

neantmoins qu'il ne commence pas deux periodes ; car alors c'est une vraye negligence, comme par exemple si l'on met deux fois *cependant*, dans une mesme page, au commencement (416 [376]) de deux periodes. En ces places là les mots se font remarquer, quand ils ne seroient que d'une syllabe, comme *mais*, que la plus-part des Escrivains repetent trop souvent, quoy qu'ils soient excusables à cause du petit nombre de liaisons que nous avons, & qu'on retranche encore tous les jours. Il ne faut pas pourtant faire difficulté, apres qu'on a commencé une periode par *mais*, de se servir de ce mesme mot deux ou trois lignes apres en un autre sens, si le discours le requiert, pourveu qu'il soit dans un des membres de la periode, & non pas au commencement. *Or*, est encore un monosyllabe à commencer une periode, dont il ne faut user que de loin à loin[1612]. Je ne voudrois pas avoir mis à trois lignes proches l'une de l'autre *dont*, deux fois au lieu du pronom relatif, & j'ose asseurer que ce n'est point un scrupule, & qu'il n'y a point d'oreille delicate, qui ne soit blessée de cette repetition si proche, quoy que le mot soit doux & monosyllabe. J'en dis autant de l'adverbe du lieu *où* ; car pour l'*ou* disjonctif, c'est une autre chose ; sa nature est d'estre repeté plusieurs fois. Et ainsi de plusieurs autres.

La troisiesme sorte de *negligence*, c'est quand on fait trop souvent des vers communs, ou Alexandrins[1613]. Je dis trop souvent, parce qu'il est impossible qu'il ne s'en rencontre tousjours (417 [377]) quelqu'un par cy, par là[1614], que vous ne sçauriez la plus-part du temps eviter sans faire tort à la naïfveté de l'expression, qui est une chose bien plus considerable & un plus grand bien, qu'il n'y a de mal à laisser un vers. Jamais nos meilleurs Escrivains anciens & modernes ne se sont donné cette gesne, quand exprimant naïfvement leur intention, ils ont rencontré un vers, sur tout s'il n'est pas composé de paroles specieuses & qui sentent la poësie. Qui me pourroit blasmer si j'avois escrit en prose, *je ne suis jamais las de vous entretenir ?* Et certainement tous ceux qui ont repris Tacite d'avoir commencé ses Annales par un vers hexametre *Urbem Romam a principio Reges habuere*, & Tite-Live d'avoir commencé son Histoire Romaine par un demy-vers *Facturus-ne operæ-pretium*[1615] *sim*, ne laissent

1612 *Cf.* Wapy (1634 : 119) qui critique l'usage trop fréquent de certaines conjonctions, « specialement en celles-cy, *car, mais, or, par ce que*, & autres telles ».

1613 Voir *R*p. 102-106.

1614 Dans l'original : parlà.

1615 Dans l'original : *operæ prætium* (*Fautes d'impression*).

pas de passer pour des Censeurs bien severes, quoy qu'à la verité il n'y ayt pas d'apparence de commencer un ouvrage en prose par un vers. Boccace a aussi commencé son Decameron par un vers[1616],

Humana cosa è haver compassione,

& comme il faisoit de mauvais vers & que celuy-là est assez bon, on disoit de luy qu'il ne faisoit jamais bien des vers que lors qu'il n'avoit pas dessein d'en faire. Mais quand le vers n'a du vers que la mesure & encore bien **(418 [378])** rude, comme est celuy de Tacite, & qu'il sent beaucoup plus la prose que le vers, on le peut pardonner. Et Tite-Live pour un hemistiche assez desguisé par sa dureté ne meritoit pas ce reproche. *La negligence*, est donc, quand on en laisse couler plusieurs, & s'ils[1617] sont de suite, ils sont insupportables. Il y en a mesme qui les affectent & en parlant en public, & en escrivant, mais cela est un vice formé, & des plus grands, & non pas une simple negligence, qui n'arrive qu'à ceux, qui font des vers sans y penser. Nous avons parlé ailleurs amplement *des vers dans la prose*[1618].

La quatriesme espece de *negligence*, sont les rimes riches ou pauvres, dont il a esté aussi traité ailleurs bien au long[1619], non seulement quand elles se rencontrent dans la cadence des periodes, mais mesme proche l'une de l'autre, comme par exemple si je dis *cela donne davantage de courage*. Et non seulement *les rimes*, mais aussi *les consonances*, sont à eviter, & c'est une negligence de n'y prendre pas garde, ou de ne s'en soucier pas, comme *fers*, & *souhaits*, *affaire*, & *croire*, *tache*, & *visage*, & mille autres semblables, s'ils se rencontrent dans une mesme cadence[1620].

1616 Boccace, *Le Décaméron* : « Compatir au malheur est un penchant naturel, normal chez tous les hommes » (traduction par J. Bourciez, Paris, Garnier frères, 1963, Préface, p. 3).

1617 Dans l'original : s'il.

1618 Siouffi (1995 : 360) observe que cette remarque « se présente comme un correctif de la première ».

1619 *R*p. 235-238.

1620 La remarque manuscrite (« *Rime* », f° 69r°-v°) contient un passage sur cette question qui n'apparaît pas sous cette forme dans la version publiée. Vaugelas commence par exprimer son intention de chercher des exemples des « periode[s] uitieuse[s][…] en la cadence » : « la *Periode* peut <aussi> estre ~~aussi~~ uitieuse en sa cadence, si uous la faites terminer par un mot dont la cheute soit mauuaise. Il en faut donner des exemples Volontiers les periodes ne finissent pas bien auec les Aduerbes. Nous tascherons de remarquer le plus qu'il nous sera possible tout ce qui peut donner une mauuaise cadence à une periode. » Il continue : « Maintenant ie n'approuue pas le soing que M. de Malh. uouloit que l'on apportast, à diuersifier les cadences des periodes pour ce qui estoit des rimes masculines, et des feminines, par exemple, quand il auoit fini deux ou trois periodes par des masculins,

C'est encore une autre espece de negligence, par exemple de dire *il discourut long-temps sur l'immortalité de l'ame, sur le mespris de la vie,* (419 [379]) *sur la gloire des bonnes actions, & sur le point de mourir il tesmoigna, &c.* c'est à dire qu'une preposition comme est *sur* icy, servant à un sens ne doit pas estre employée de suite à un autre, parce qu'elle engendre de l'obscurité, & qu'elle trompe le Lecteur ou l'Auditeur. Il en est de mesme des autres parties de l'oraison.

Il y a encore plusieurs autres sortes de *negligences*, mais parce qu'elles sont trop delicates, je les laisse, & me contente d'avoir marqué les principales, & qui choquent tout le monde.

Au reste j'ay jugé à propos de faire cette Remarque, parce que j'ay pris garde, que plusieurs de nos meilleurs Escrivains, qui excellent en la pureté, netteté, & elegance du stile, tombent bien souvent dans ces negligences, qu'on remarque comme autant de taches sur un beau visage ; Car en beaucoup d'autres choses la negligence est souvent un grand artifice, mais elle ne le peut jamais estre en matiere de stile. *La naïfveté*, est bien une des premieres perfections, & des plus grands charmes de l'eloquence, mais elle n'a rien de commun avec la *negligence*, dont nous parlons en cette Remarque, & ceux qui penseroient faire passer l'une pour l'autre, auroient grand tort ; l'une[1621] est vice, & l'autre est vertu.

---

il uouloit que l'on finist la quatriesme par un feminin, et que l'on meslast [~~tant~~] finissant tantost par l'un, tantost par l'autre affin de diuersifer, et par cette diuersité diuertir dauantage l'oreille. I'auoüe que cette diuersité est fort bonne, et que de finir tousiours d'une mesme façon seroit un grand defaut, mais i'en condamne le soing comme inutile et gesnant sans necessité, parce que sans y penser un homme qui sçait escrire et qui a le stile formé euitera ces ressemblances. Outre qu'une periode qui a plusieurs membres dont la cadence est differente, [~~…~~] empesche qu'il n'y puisse auoir du uice en la ressemblance de la fin de plusieurs periodes de suite. Cela seroit bon en de simples periodes coupees, qui n'auroient point de membres ». Cette remarque manuscrite se termine par une section qui traite des « periode[s] uitieuse[s][…] en la mesure » : « la Periode peut aussi estre uitieuse en la mesure, quand elle est trop longue à perte d'haleine V. Quintilien, quand plusieurs periodes sont trop courtes, et qu'il s'en fait un stile coupé, et mauuais comme celuy de Seneque, <et> quand il y a des uers soit communs, soit Alexandrins, <surtout Alexandrins,> mais cela s'entend si le sens finit auec le uers, car si le uers finissant le sens ne finit point il n'y a pas grand danger. Il faut donner des exemples de tout cela. Il y en a qui tiennent qu'il n'importe pas que le uers acheue auec le sens pourueu que les paroles dont le uers est composé ne soient point magnifiques ou poetiques, c'est à dire qu'elles sentent le uers, mais ilz se trompent, encore que i'auoüe qu'il y a moins de mal. Que si ce sont d'autres uers que de communs ou Alexandrins, ou que ce ne soient que des hemistiques des uns ou des autres il n'importe. Ie ne parle pas des periodes uitieuses en la Transposition des mots, ni aux equiuoques. Ie ne la considere qu'en son exterieur et pour l'oreille. »

1621 Dans l'original : l'un.

(420 [380])

Septante, octante, nonante

Septante, n'est François, qu'en un certain lieu où il est consacré, qui est quand on dit *la traduction des septante*, ou *les septante Interpretes*, ou simplement *les septante*, qui n'est qu'une mesme chose[1622]. Hors de là il faut tousjours dire *soixante-dix*[1623], tout de mesme que l'on dit *quatre-vingts*, & non pas *octante*[1624], & *quatre vingt-dix*, & non pas *nonante*[1625].

Suppression des pronoms personnels devant les verbes[1626]

1622 Le jugement sur l'usage de *septante* est identique dans la version manuscrite (f° 87v°), mais Vaugelas y raye le dernier commentaire sur l'invariabilité de *vingt*, voir *R*p. 392 : « *Septante* n'est pas François, il faut dire *soixante dix*, si ce n'est qu'il soit en usage estant mis auec quelque~~s~~ Substantif~~s~~, comme quand on dit *les Septantes interpretes*, depuis *soixante* on conte ainsi *soixante dix quatre uint* ~~sans *S* car on ne dit *pas quatre uints, six uints* ni *quinze uints. Vint* est indeclinable. *Quatre uint dix, six uint*, non *cent et uint*~~ ».

1623 Maupas (1618 : f° 56r°) offre toujours les deux variantes (« 70. septante ou soixante & dix »), mais Oudin (1640 : 92) semble préférer *soixante & dix* : « Vulgairement & mieux pour l'ordinaire de compter. Item, *soixante & dix, soixante & unze, soixante & douze*, &c. jusques à *quatre-vingts* », tout en notant qu'on peut dire « Autrement en terme d'Arithmetique, *septante, septante & un*, &c. de mesme ». *Septante* pour *soixante-dix* est fréquent dans les textes des premières décennies du siècle dans Frantext, par exemple chez Fauchet et Serres, mais il se raréfie après 1630.

1624 Dans l'original : octante (en romain). Oudin (1640 : 92) propose plutôt « *huictante, huictante & un*, &c. », mais *octante* est cité par Estienne (1549), Nicot (1606) et Cotgrave (1611) sans commentaire. Des 12 occurrences de *octante* pour la période 1600-1647 dans Frantext, 11 proviennent de Fauchet et Serres dans les textes publiés dans la première décennie du siècle.

1625 Comme le note l'Académie (1694), *nonante* continue comme « terme dans l'Arithmetique ; mais dans le discours ordinaire on dit Quatre-vingt-dix ». La même distribution de formes est attestée dans Frantext pour *nonante* : 32 des 33 exemples de ce mot proviennent des textes publiés avant 1630.

1626 Cette question est examinée dans trois passages principaux du manuscrit, « *Obmission* » (f° 68v°), « *Suppression des pronoms personnels* » (f° 87v°), et « *Pronom personnel* » (f° 88v°) ; une quatrième observation intitulée « Repetition de deux particules necessaire » (f° 82v°) traite de la répétition de *que vous* dans un exemple de Malherbe, mais Vaugelas y ajoute à la fin « Ie pense que ie me trompe ». Nous avons l'impression que Vaugelas hésite beaucoup sur cette question et qu'il s'efforce de proposer des règles grammaticales à partir des exemples cités, notamment de Malherbe. Il hésite également sur l'usage du métalangage : notons l'usage et ensuite la correction du terme *pronom démonstratif* pour indiquer le pronom personnel sujet. La première observation (f° 68v°) fait partie d'une réflexion générale sur les différents types d'omission : « Les fautes d'obmission apportent de l'obscurité, ou ostent de l'ornement au langage. Faut examiner de combien de sortes d'obmission il y a. <l'>Obmission du Pronom demonstratif est uitieuse, si le premier membre de la periode est affirmatif et le second negatif. Exemple *Nous sommes bien souuent trompez de noz enfans,*

Cette suppression a tres-bonne grace, quand elle se fait à propos, comme *nous avons passé les rivieres les plus rapides, & pris des places que l'on croyoit imprenables, & n'aurions pas fait tant de belles actions, si nous estions demeurez oisifs, &c.* Il est bien plus elegant de dire, *& n'aurions pas fait tant de belles actions*, que si l'on disoit *& nous n'aurions pas fait*[1627]. Il en est de mesme de tous les autres pronoms personnels de la seconde & de la troisiesme personne singuliere & pluriele, dont les exemples sont si frequens dans nos bons Autheurs, qu'il seroit superflu d'en rapporter icy davantage[1628]. Mais plusieurs abusent de cette suppression, sur tout ceux qui (421 [381]) ont escrit il y a vingt ou vingt-cinq ans ; car en ce temps là, si nous en exceptons M. Coeffeteau[1629] & peu d'autres,

---

et pour cela ne laissons pas d'engendrer Malh. B. Au moins est il plus elegant de repeter le Pronom ~~nous~~, et dire *et pour cela nous ne laissons pas d'engendrer.* Ou si le premier membre est negatif, et le second affirmatif. Exemple Malh. B. p.2 Nous ne sommes pas contents de nous informer du fonds de celuy qui emprunte, mais foüillons iusques dans sa cuisine et dans sa garderobe. Au moins seroit il mieux dit *mais nous fouillons.* <Ie pense que la reigle est que si les deux membres sont affirmatifs, ou tous deux negatifs la repetition <du pronom> ne se doit pas faire au second.> » La deuxième observation (f° 87v°) revient sur la question de l'usage des pronoms personnels, sans parvenir à trouver une règle : « Suppression des Pronoms ~~demonstratifs~~ <personnels> a souuent bonne grace, mais il faut sçauoir quand elle est bonne ou mauuaise, car beaucoup de gents y manquent et de noz meilleurs Escriuains, comme M de Malh. et Moliere en sa belle Polyxene. Exemple de Malh. au commencem[ent] de sa traduction des Bienfaits p.1. *Car une chose mal donnee ne scauroit estre bien deüe, et ne uenons plus à temps de nous plaindre quand nous uoyons qu'on ne nous la rend point.* Il me semble qu'il falloit dire *et nous ne uenons plus à temps &c.* De mesmes un peu plus bas en la mesme page *nous ne sommes pas contents de nous informer du fonds de celuy qui emprunte, mais fouillons iusques dans sa cuisine.* Il me semble qu'il faut dire *nous fouillons*, ie m'en rapporte. Il faut en chercher la reigle. » La troisième longue remarque dans laquelle Vaugelas développe ses idées, mais exprime toujours de l'hésitation, est remaniée par Alemand qui supprime ces expressions d'incertitude (Vaugelas 1690 : 46-49) ; l'explication qui y est offerte diffère de ce qui apparaît dans le deuxième paragraphe de la version publiée en 1647.

1627 L'Académie (1704 : 416) n'est pas d'accord avec ce jugement : « Non seulement on n'a point trouvé que dans la phrase de M. de Vaugelas, il soit plus élegant de dire, *et n'aurions pas fait tant de belles actions*, que si l'on disoit, *et nous n'aurions pas fait.* Mais on a regardé la suppression du pronom *nous* comme une faute. Il n'est presque jamais permis de supprimer les pronoms personnels devant les verbes, quoy qu'ils ayent esté exprimez dans le premier membre de la periode. »

1628 Les raisons pour lesquelles Vaugelas ne fait pas mention ici de la première personne du pronom ne sont pas évidentes. Pour des exemples de l'omission du pronom sujet à cette époque, voir Haase (1935 : 13-17, 400-402) et N. Fournier (1998 : 22-23).

1629 Urbain (1893 : 315) observe qu'en réalité Coeffeteau fait comme ses contemporains : il supprime le pronom, le plus souvent devant un verbe impersonnel, et même en d'autres cas encore, par exemple, *On lui décerna de nouveaux honneurs et fut ordonné qu'aux assemblées il serait mis au siège des tribuns* ; *sa robe impériale se défit d'elle-même, et demeura la tête toute découverte.*

c'estoit un vice assez familier à nos Escrivains. L'un des plus celebres par exemple a escrit[1630], *car une chose mal donnée ne sçauroit estre bien deüe, & ne venons plus à temps de nous plaindre, quand nous voyons qu'on ne nous la rend point.* Il falloit dire, *& nous ne venons plus à temps*, parce que la construction change. De mesme en un autre endroit, *nous ne sommes pas contens de nous informer du fonds de celuy qui emprunte, mais foüillons jusques dans sa cuisine.* Il faut dire *mais nous foüillons*, parce que cette particule *mais*, fait une separation qui rompt le lien de la construction precedente, & en demande une nouvelle.

De ces deux exemples, on pourroit tirer deux Reigles pour connoistre quand la suppression est mauvaise. L'une, lors que la construction change tout à fait, comme au premier exemple, & l'autre, lors qu'elle est interrompuë par une particule separative ou disjonctive, comme *mais*, *ou*, & autres semblables. Donnons un troisiesme exemple de la disjonctive, *ou nous le confesserons, ou le nierons* ne vaut rien, il faut repeter *nous*, & dire *ou nous le confesserons, ou nous le nierons.* On pourroit faire encore d'autres reigles semblables tirées des endroits, où ces Autheurs ont manqué (422 [382]) selon l'avis mesme de leurs plus passionez partisans. Il est certain que ce grand homme dont j'ay rapporté les deux exemples, tenoit encore de l'ancien stile cette façon d'escrire[1631] ; car les anciens supprimoient souvent ce pronom, & les modernes qui ont voulu se former sur un modelle si estimé, l'ont suivy mesme aux choses, qui n'estoient plus en usage.

Pleurs[1632]

Ce mot a esté employé au genre feminin par M. de Malherbe dans ses vers[1633]. Il est vray que ce n'est pas dans ses bonnes pieces. Le vers m'est eschappé, toutefois j'en suis certain. Il y a eu aussi quelque autre Poëte de

1630 Clef de Conrart : « Je croy q[ue] c'est Malherbe », attribution confirmée par le manuscrit (f° 87v°), voir note 1626 ci-dessus.

1631 Vaugelas semble représenter l'ancien style sur ce point dans sa traduction des sermons de Fonsèque, voir Ayres-Bennett (1987a : 170).

1632 Cette remarque ne figure pas dans le manuscrit.

1633 Cet usage, selon nos recherches, ne figure pas chez Malherbe. Ménage (1675 : 159) propose l'explication suivante : « M. de Vaugelas dit que Malherbe l'a employé en quelque endroit de ses vers au genre féminin, et qu'il en est certain, quoyque l'endroit lui soit échappé de la mémoire. M. de Vaugelas s'est mépris. Et voicy la cause de sa méprise : Dans les prémiéres éditions de Malherbe il y avoit dans l'Ode sur le Voiage de Sedan, / *Nos pleurs sont évanouies. / Sedan s'est humilié ;* / aulieu de *Nos peurs sont évanouies.* »

ce temps-là, qui l'a fait feminin[1634] ; Neantmoins tous les Anciens l'ont fait masculin, & l'on trouvera dans Marot *un pleur*[1635], mais aujourd'huy je ne vois personne, qui ne le croye & ne le face masculin, *des pleurs versez, des pleurs repandus*[1636].

Mercredy, arbre, marbre, plus[1637]

Tous ceux qui ont tant soit peu estudié & qui sçavent l'etymologie de ce mot qui vient de Mercure, ont de la peine à l'escrire & à le prononcer autrement que *mercredy*, (423 [383]) avec une *r* apres l'*e*. Il y en a d'autres qui tiennent, qu'à cause de cette etymologie il faut bien escrire *mercredy*, mais il faut prononcer *mecredy*, sans *r*, tout de mesme que l'on escrit *arbre*, & *marbre*, & neantmoins on prononce *abre*, & *mabre*, pour une plus grande douceur[1638]. A quoy je respons qu'il est vray qu'autrefois on prononçoit à la Cour *abre* & *mabre* pour *arbre* & *marbre*, mais mal ; aujourd'huy cela est changé, on prononce l'*r*, comme à *plus*, on ne prononçoit pas l'*l*, & aujourd'huy on la prononce. La plus saine opinion, & le meilleur usage est donc non seulement de prononcer, mais aussi d'escrire *mecredy* sans *r*, & non pas *mercredy*[1639].

Le confluent de deux fleuves[1640]

La jonction, ou le meslange de deux fleuves, lors qu'un fleuve entre dans un autre se dit fort bien *le confluent de deux rivieres*, & c'est ce qui

---

1634 Les exemples du féminin sont rares dans Frantext (1600-1647) ; nous y trouvons *noyé de froides pleurs* (Montreux 1601), *les douces pleurs* (Maynard 1623). Chabanel (1612 : 154) cite des vers de Rémy Belleau (« J'ay veu les chaudes pleurs ») et de Baïf (« Loin tout ennuy, loin toutes pleurs ») pour illustrer que le mot est féminin.

1635 Nous trouvons dans les *Œuvres* de Marot deux exemples de ce mot au masculin singulier : *Cesse ton pleur et va où je t'addresse* ; *Mais d'un tel pleur esbahyr ne se fault* (*Œuvres de Clément Marot*, Paris, Garnier frères, 1867, p. 81, 337). Tous les exemples du singulier dans Frantext pour la période 1600-1647 sont au masculin.

1636 Cotgrave (1611), Richelet (1680), Furetière (1690) et l'Académie (1694) s'accordent sur le genre masculin pour ce mot.

1637 Cette question de prononciation n'est pas traitée dans le manuscrit. Voir l'Introduction, p. 129, et Thurot (1881-1883 : II, 278-280).

1638 Sur ce concept, voir l'Introduction, p. 122.

1639 La variation d'usage est également reflétée dans les dictionnaires : Estienne (1549) et Cotgrave (1611) ne donnent que *mercredi*, Nicot (1606) et Richelet (1680) ne citent que *mecredi*, tandis que Furetière (1690) et l'Académie (1694) notent les deux formes. Tous les exemples de *mecredy* dans Frantext (1600-1647) proviennent des lettres de Peiresc, mais celui-ci emploie également la forme *mercredy*.

1640 Cette remarque apparaît pour la première fois dans le texte publié.

est cause qu'il y a tant de lieux en France, qu'on appelle *Conflant*, c'est à dire *confluent*, mais de *confluent*, on a fait *conflant*, qui est plus aisé, & plus doux à prononcer[1641]. J'ose asseurer qu'il n'y a point de lieu qui s'appelle ainsi, où il n'y ayt une riviere qui entre dans l'autre. Mais il faut dire *le confluent de deux rivieres*, au singulier & non pas (424 [384]) *les confluens*, au pluriel, comme disent quelques uns[1642]. Ce n'est pas qu'on ne le die au pluriel si l'on parle de *tous les confluens d'un Royaume.*

Commencer[1643]

Ce verbe dans la pureté de nostre langue demande tousjours la preposition *à*, apres soy, & pour bien parler François il faut dire par exemple *il commence à se mieux porter*, & non pas *il commence de se mieux porter*, & cela est tellement vray, que mesme au preterit defini, à la troisiesme personne singuliere *commença*, il faut dire *à* apres, & non pas *de*, comme disent les Gascons, & plusieurs autres Provinciaux, & mesme quelques Parisiens, soit par contagion, ou pour adoucir la

1641 La forme *conflant* est attestée par Estienne (1549), Nicot (1606) et Cotgrave (1611) ; celui-ci note toutefois l'alternative *confluant*.

1642 Ce mot est rare dans Frantext (1600-1647) : Fauchet (1601) emploie *conflant* tandis que Montchrestien (1615) et Urfé (1631) favorisent *confluent*.

1643 La remarque manuscrite (« *Commencer* », f° 44r°) est beaucoup plus brève et ne contient pas la discussion sur la prononciation du verbe qui figure dans le deuxième paragraphe du texte publié. Dans le manuscrit, Vaugelas se concentre surtout sur l'usage de ses deux principales figures d'autorité : « *Commencer* regit elegamment *a* apres soy plustost que *De. Il commence à faire chaud*, ~~plustot~~ <est mieux dit> que *de faire chaud*, et *Il commenca à dire* comme escrit tousiours M. Coeff. nonobstant la cacophonie de deux *a* ~~qu~~ est beaucoup mieux dit qu'*il commença de dire* V. Cacophonie, et uous en uerrez la raison. Neantmoins M. de Malh. en sa Trad. de T. L. dit *Tout le costé droit commença de ployer*, ayant sans doute uoulu euiter la rencontre des deux *a*, mais par la raison que i'allegue à la Cacophonie ou ie uous renuoye, il eust sans doute mieux dit *commenca à ployer.* » Dans cette deuxième observation intitulée « Cacophonie » (f° 45v°), Vaugelas soutient que parfois il vaut mieux garder une prétendue cacophonie que de l'éviter : « *Cacophonie* Voicy une Reigle importante et en quoy plusieurs se trompent *que toute cacophonie n'est pas uitieuse*, au contraire c'est un plus grand uice quelquefois de l'euiter, à sçauoir quand pour l'euiter on se depart de la façon ordinaire de parler. » Dans un ajout, il note « Phil. et Arist. se trompent », référence aux *Lettres de Phyllarque à Ariste, où il est traité de l'éloquence française* par Jean Goulu, texte qui fut publié en 1627. Vaugelas continue en défendant l'usage de *il commença à dire*, concluant que « Iamais il n'y a de cacophonie uitieuse en des paroles et des termes qui sont en usage, non pas mesmes en ceux-cy *Il commença à auouer* ou il y a trois *a* parce que l'Vsage ueut que l'on parle ainsi et puis que par la fuite de la cacophonie on ne pretend euiter que de blesser l'oreille, elle est bien plus blessee quand on se depart de ce qu'elle accoustume d'ouïr et de ce qui est contraire à l'Vsage, comme quand on dit *Il com[m]enca de dire*, que quand on dit *il commenca à dire.* »

langue ostant la cacophonie des deux *à*[1644], ne se souvenant pas de cette maxime sans exception, qu'il n'y a jamais de mauvais son qui blesse l'oreille, lors qu'un long usage l'a estably, & que l'oreille y est accoustumée, ce que nous sommes obligez de repeter souvent selon les occasions[1645]. Il ne faut donc jamais dire *il commença de*, mais tousjours *il commença à*, mesme quand le verbe qui suit commenceroit encore par un *à*, tellement qu'il faut dire par exemple *il commença à avoüer*, & non pas *il commença d'avoüer.* Ce n'est pas qu'il ne **(425 [385])** le faille eviter tant qu'il est possible, mais si par necessité, comme il se rencontre quelquefois, la naïfveté de l'expression[1646] oblige aux trois *a*, de suite, il n'en faut point faire de scrupule, parce que cette façon de parler estant naturelle ne peut avoir que bonne grace, tant s'en faut qu'elle soit rude. Il est vray qu'il y a des verbes, qui regissent *à* & *de*, d'autres qui ne regissent que *de*, & d'autres, qu'*à*, comme celuy-cy. Je remarqueray ceux de toutes les trois sortes à mesure qu'ils se presenteront[1647].

Par occasion, puis que nous parlons du verbe *commencer*, je diray que plusieurs Parisiens doivent prendre garde à une mauvaise prononciation de ce verbe que j'ay remarquée mesme en des personnes celebres à la chaire & au barreau. C'est qu'ils prononcent *commencer*, tout de mesme que si l'on escrivoit *quemencer* ; comme nous avons remarqué ailleurs qu'ils disent aussi *ajetter* pour *acheter*[1648], & qu'ils prononcent l'*r* simple & douce, comme double & forte, & l'*r* double comme simple ; car ils disent *burreau* pour *bureau*, & *arest* pour *arrest*[1649]. Athenes le siege & l'oracle de l'Eloquence Grecque ne laissoit pas d'avoir quelque vice particulier dans sa langue, & Paris qui ne luy en doit rien dans la sienne, n'est pas exent aussi de quelques defauts par la destinée & la **(426 [386])** nature des choses humaines, qui ne souffre rien de parfait.

Demain matin, demain au matin

1644 Voir l'Introduction, p. 122.

1645 Sur l'usage de ce verbe, voir l'Introduction, p. 157, et Ayres-Bennett (2016). Vaugelas se sert d'habitude de *commencer de* dans sa traduction de Fonsèque.

1646 Sur la notion de *naïveté* chez Vaugelas, voir l'Introduction, p. 90, 117, 123.

1647 Voir, par exemple, « *Plaire* », *R*p. 355-357.

1648 Voir *R*p. 318-319.

1649 Voir Thurot (1881 : II, 373-380).

Tous deux sont bons[1650], mais il faut dire *jusques à demain matin*, & non pas *jusques à demain au matin*[1651], quoy que l'on die fort bien *jusques à demain au soir.*

Des Participes actifs

Dans la Remarque des gerondifs il a fallu necessairement parler des participes, à cause qu'une infinité de gens les confondent l'un avec l'autre[1652]. Mais apres avoir fait voir que l'usage des gerondifs est beaucoup plus frequent en François, que celuy des participes, nous avons promis une Remarque particuliere sur ces derniers pour en traitter à plein fond ; car j'ose dire que c'est une des parties de nostre Grammaire qui a esté aussi peu connuë jusqu'icy, & qui merite autant d'estre esclaircie[1653].

Il faut commencer par les deux verbes auxiliaires *avoir & estre*[1654]. Jamais ils ne sont participes, quand ils font leur fonction de verbe

---

1650 Dans le manuscrit (f° 67r°) : « Malh. dit demain au matin p. 619 ». Le commentaire sur l'usage avec *jusques à* apparaît pour la première fois dans la version publiée.

1651 L'expression *jusqu'à demain au matin* est attestée dans Frantext (1600-1647) à la fois dans une lettre de Peiresc (1629) et dans les poésies de Maynard (1646).

1652 *Cf. R*p. 185-186, 186-187, 187-188, 514-515, 576. Voir aussi la discussion de cette question dans notre Introduction, 6.4.5.

1653 La remarque manuscrite intitulée « *Participes pluriels* » (f° 48v°) est plus brève et moins complexe que celle de la version publiée. Elle commence également par noter l'absence de règles et de consensus sur cette question : « Il semble qu'il n'y a point encore de reigle asseuree pour sçauoir quand il faut mettre des *S* aux Participes pluriels, ou quand il n'en faut pas mettre. Les uns disent que lors qu'ilz passent pour gerondifs, il n'y faut point de *S*, parce que les gerondifs ne se declinants point n'ont ni pluriel ni singulier mais quand ~~ilz~~ <ce> sont Participes, qu'il y faut tousiours un *S*, et dautant qu'il n'importe point pour l'expression de ce que l'on ueut dire, qu'on se serue du gerondif ou du Participe, qu'ainsi il n'importe pas que l'on y mette un *S*, ou qu'on n'y en mette point. Il faut donner des exemples pour se faire entendre. *les hommes embrassant la uertu se rendent heureux*. Il n'importe, disent ilz, que l'on escriue *embrassant* ou *embrassants*, c'est à dire que l'on se serue du gerondif ou du Participe, puis que l'un et l'autre expriment esgalement la chose. De mesmes au Participe commun *ayant embrassé*, ou *ayants embrassé*. Mais ie ne suis pas de cet aduis, parce que bien souuent ce Participe se trouue entre un singulier et un pluriel, auquel cas si uous ne le distinguez par le *S*, uous ~~faissez~~ faites un equiuoque et laissez à deuiner ce que uous uoulez dire, qui est de toutes les fautes du stile celle qu'il faut le plus euiter. » Le traitement de ce problème par Maupas (1618 : f° 155v°-156v°, 158v°-159v°) est relativement bref ; *cf.* Brunot (1905-1953 : III, 326-331), Haase (1935 : 209-213) et N. Fournier (1998 : 299-303).

1654 Dans le manuscrit (f° 48v°), le traitement de cette question est moins systématique et Vaugelas donne les recommandations suivantes dans un seul paragraphe : « Voicy donc comme il me semble qu'on en doit user. Si le participe est simple et pluriel comme en l'exemple que nous auons proposé, disons *les hommes embrassants la uertu*, et non pas

auxiliaire, & qu'ils sont joints à un autre verbe, comme *ayant esté*, *ayant mangé*, *estant contraint*, *estant aimé*. Ils sont tousjours gerondifs, (427 [387]) & par consequent, ils ne reçoivent jamais d'*s* & ne peuvent avoir de pluriel, parce que les gerondifs sont indeclinables. D'où il s'ensuit que ceux qui escrivent par exemple *les hommes ayans veu*, *les hommes estans contraints*, comme font la plus-part, n'escrivent pas bien[1655]. Il faut dire *les hommes ayant veu*, *les hommes estant contraints* sans *s*, apres *ayant* & *estant*, à cause qu'ils sont gerondifs, comme il se voit clairement par la conformité des autres langues vulgaires avec la nostre ; car l'Italienne & l'Espagnole disent *havendo visto*, *essendo costretti*, *haviendo visto*, *siendo forçados*, ainsi que nous avons desja dit en la Remarque des gerondifs. Et cette façon de parler par le gerondif avec le participe est inconnuë à la langue Grecque & à la Latine, & n'appartient qu'aux langues vulgaires[1656].

---

embrassant <de mesmes> s'il est composé d'u [~~un des~~] Verbe~~s~~ auxiliare~~s~~ ~~à scauoir~~, *auoir*, ~~*et estre*~~ <+ {+ comme *les hommes ayants embrassé la uertu*. Mais si c'est du uerbe auxiliaire *estre*, cõme *les hommes estant creez*, il suffit de mettre une *S* à *creez* sans en mettre une à *Estant*} Mais s'il l'est> ~~ou~~ de tous deux ensemble comme au passif, mettez une fois le *S* seulement, et ne la mettez pas en tous les participes, par exemple. *les hommes ayant esté creez pour seruir Dieu*, N'escriuez pas *ayants esté creez*, parce que *creez* fait assez uoir que uous parlez au pluriel, mais seulement *ayant esté creez* En un mot il suffit qu'il y ayt un *S* pour oster tout equiuoque, et faire uoir qu'on parle au pluriel. Au reste quand on met la particule *en* deuant, c'est une marque infaillible du gerondif, et alors il n'y faut point de *S les hommes en ambrassant la uertu se rendent heureux*. Quand ~~il y a deuant~~ <le Verbe> *aller* ua deuant, alors c'est tousiours un gerondif, et iamais un participe, c'est pourquoy il n'y faut point de *S* par exemple *Noz miseres uont*, ou *alloient tous les iours croissant* Il ne faut pas dire *croissants*. {Malh. p.95 aux Vers. Mais tant de beaux obiets tous les iours s'augmentants Puis qu'en age si bas leur nombre uous estonne Comme y fournirez uous quand il aura uint ans. Il faut que ce participe, qui en latin seroit un ablatif absolu, le soit aussi en François, ou bien un nominatif absolu, comme en usent les grecs ordinairement faute d'ablatif} ».

1655 Nous trouvons, par exemple, dans Frantext : *Quelques uns des leurs ayans veu que Clarimond et Philiris estoient entrez chez Hircan, mais non pas Lysis ny Carmelin, ils crurent tous qu'ils estoient cheus quelque part* (Sorel 1627) ; *beaucoup de particuliers estans contraints de se regler sur la diverse façon de leurs logemens pour placer leurs bibliotheques au moins mal qu'il leur est possible, il sembleroit quasi superflu d'en prescrire aucuns* (Naudé 1644). Dans sa grammaire, Maupas (1618 : f° 158v°) cite les exemples suivants : « Les Romains estans deffaits, ou, ayans esté batus ». Il ajoute toutefois : « Vous noterez en passant que nos participes auxiliaires, ne sont jamais sous forme feminine, ains tous-jours comme de genre commun. *Ayant*, *Ayans*, *Estant*, *Estans* » (1618 : f° 159r°).

1656 Vaugelas fait allusion ici à l'expansion des verbes auxiliares dans les langues romanes. De plus, le terme « gérondif » n'a pas le même sens en français (où il désigne la forme invariable) et en latin (où il désigne la forme en *-nd-*). Dans sa critique de cette remarque, Dupleix (1651 : 409-414) reprend Vaugelas sur l'élasticité conceptuelle de ses catégories et l'usage flou du métalangage, symptôme du mouvement qui visait à fixer de plus en plus

Ces mesmes mots *ayant*, & *estant*, doivent encore estre considerez sans participe apres eux. Donnons-en des exemples, & parlons premierement d'*ayant*, sous lequel, estant ainsi employé, tous les autres participes actifs seront compris, parce qu'ils se gouvernent tout de mesme. *Ayant*, est donc gerondif de cette façon, *les hommes ayant cette inclination*, & participe de cette autre sorte, *Je les ay trouvez ayans le verre à la main*[1657]. Mais voicy une Remarque nouvelle & fort curieuse, dont je dois **(428 [388])** la meilleure partie aux Oracles de nostre langue, que j'ay consultez là dessus. C'est que le participe *ayant*, n'a jamais de feminin[1658], & que les autres participes actifs n'en usent gueres. L'exemple en est une preuve convaincante, *je les ay trouvées ayantes le verre à la main*. Cette façon de parler seroit barbare & ridicule. Aussi de dire *ayans le verre à la main*, cela ne se peut non plus, parce qu'*ayans*, est masculin & ne peut estre feminin, n'y ayant point d'adjectif en nostre langue, comme presque tous les participes le sont, qui se termine en *ant*, dont le feminin au pluriel ne se termine en *antes*. Il faut donc necessairement avoir recours au gerondif, quand il s'agit du feminin soit au singulier, soit au pluriel,

---

les formes dans des distributions spécifiques, en réduisant la flexibilité distributionnelle, sans entièrement y parvenir.

1657 En s'appuyant sur la différence entre « gerondif », invariable, et « participe », variable, Vaugelas semble suggérer que pour lui *ayans le verre à la main* a une valeur qualifiante proche de l'adjectif. Les formes avec accord au pluriel ne sont pas difficiles à trouver : *Pourquoy trouves-tu estrange que les hommes ayans la volonté libre de bien ou mal faire, & qui ont la connoissance d'une loy juste & equitable, soient punis, [...]* (Bailly 1634, cité d'après Frantext) ; *pourquoy ayans mesme naissance ils ont leurs fortunes si contraires* (Malherbe 1631 : I, 315). D'après notre corpus de grammaires, *ayans* est également courant chez les grammairiens tant au XVIe siècle (par ex. Bosquet, Robert Estienne, Garnier, Matthieu) qu'au XVIIe siècle (par ex. Macé, Maupas, Chiflet). Dans son observation sur cette remarque, l'Académie (1704 : 426) soutient au contraire que « *Estant* et *ayant* ne sont jamais participes, et par consequent ils n'ont point de pluriel, à l'exception d'*ayant*, dans une maniere de parler de pratique que l'usage a consacrée. *Ses hoirs et ayans cause*. Hors de là ces deux mots sont gerondifs, et ne reçoivent point d'*s*. » Elle juge par conséquent qu'« Il faut dire, *je les ay trouvez ayant*, et non pas *ayans le verre à la main*. *Je les ay trouvez mangeant des confitures, beuvant de la limonade*, et non pas *mangeans des confitures, beuvans de la limonade*. Il faut parler de la mesme sorte si le relatif *les* se rapporte à des femmes. *Je les trouvay mangeant des confitures*, et non pas *mangeantes des confitures*, quoy qu'on puisse dire en parlant des femmes. *Je les ay trouvées bien mangeantes et bien beuvantes*. La raison est qu'aucun verbe actif n'a de participe qui regisse l'accusatif. »

1658 Cette remarque semble confirmée par l'usage dans Frantext (1600-1647) où il n'y a aucune attestation ni d'*ayante(s)* ni d'*estante(s)*. Si en 1606, Masset (1606 : 15) donne toujours la forme *ayante* comme forme féminine de *ayant*, Maupas (1618 : f° 159r°) observe dans sa grammaire que « nos participes auxiliaires, ne sont jamais sous forme feminine, ains tous-jours comme de genre commun ».

& dire en l'exemple que nous avons proposé *je les ay trouvées ayant le verre à la main*, nonobstant l'equivoque d'*ayant*, qui se pourroit rapporter à *je*, aussi bien qu'*aux femmes*, si le sens ne suppleoit à ce defaut comme il fait souvent en toutes les langues, & dans les meilleurs Autheurs[1659]. Donnons un exemple des participes actifs aux autres verbes, *je les ay trouvées beuvantes & mangeantes*, qui a jamais oüy parler comme cela[1660], il faut dire *je les ay trouvées beuvant & mangeant*, au gerondif, nonobstant l'equivoque, qui est osté par le sens, & ne peut mesme estre rapporté à *je*, qu'en luy faisant (429 [389]) violence, parce que *beuvant & mangeant*, estant proches de *trouvées*, se doivent rapporter naturellement à *trouvées* plustost qu'à *je*, qui en est fort esloigné.

Mais on objecte que l'on[1661] dit *changeante*, *concluante*, *effrayante*, *remuante*, & une infinité d'autres de cette sorte ; donc le participe actif comme *changeant*, *concluant*, *effrayant*, *remuant*, *&c.* a son feminin.

On respond que tout participe actif & passif doit estre consideré en deux façons, ou comme participe & adjectif tout ensemble, ou comme adiectif seulement. Or il n'est jamais participe au feminin, au moins dans le bel usage, mais seulement adjectif, quoy que l'on confesse qu'il vient du participe ; Car s'il estoit participe au feminin, il regiroit sans doute le mesme cas que regit le verbe dont il est participe, comme il fait au masculin, par exemple on dit fort bien *je les ay trouvez mangeans des confitures, beuvants de la limonade*, mais on ne dira jamais en parlant de femmes *je les ay trouvées mangeantes*[1662] *des confitures*, ny *beuvantes de la limonade*, ny *ayantes le verre à la main*, comme nous avons dit[1663].

Que si l'on replique, qu'il y a plusieurs de ces feminins qui regissent le mesme cas, que leurs verbes, comme *ces estoffes ne sont pas fort belles, ny approchantes de celles que je vis hier*, (430 [390]) & *son humeur est tellement repugnante à la mienne que, &c.* Car le verbe *approcher*, regit *de*, comme *il n'approche pas de la vertu d'un tel*, & le verbe *repugner*, regit *à*, comme *cela repugne à mon humeur*, & ainsi d'un grand nombre d'autres. On

---

1659 Dans d'autres contextes pourtant Vaugelas ne semble accorder aucun rôle au contexte dans l'interprétation ou la désambigüisation de la phrase ; voir l'Introduction, p. 143-144.

1660 Dans les sermons de Fonsèque (Vaugelas 1615 : 171), on trouve l'exemple *une grande quantité de personnes qui pensants estre bien advisees, ou portees du desespoir.*

1661 Dans l'original : l'un (*Fautes d'impression*).

1662 Dans l'original : *mengeantes.*

1663 Pour des exemples des différents cas d'accord au XVIIe siècle, voir Haase (1935 : 209-213).

respond, qu'il ne s'ensuit pas pour cela que *approchantes*, *repugnantes*, & leurs semblables soient participes, parce qu'il y a plusieurs noms adjectifs & particulierement les verbaux, c'est à dire, ceux qui sont formez des verbes, qui gardent le mesme regime des verbes dont ils sont formez, ou dont ils approchent, quoy qu'ils ne soient point participes, & qu'ils n'en ayent aucune marque, comme par exemple *libre*, *vuide*, *conforme*, *semblable*, *&c.* Car on dira *libre de tous soins*, *libre de faire, ou de ne pas faire*, *vuide d'argent*, *vuide de tous soins*, *conforme*, ou *semblable à son modelle*, qui sont des regimes des verbes d'où ils viennent, ou dont ils approchent.

Il y en a pourtant qui soustiennent que ce participe actif feminin ne doit pas estre entierement banny de nostre langue, quoy que neantmoins ils demeurent d'accord que l'usage en est tres-rare, & que le gerondif mis en sa place sera meilleur sans comparaison. Quand on leur accorderoit ce participe feminin de la façon qu'ils le proposent, il me semble qu'il n'y auroit guere à dire entre ces deux (431 [391]) propositions *qu'il n'est point du tout de la langue*, ou *qu'il en est, de sorte, que l'usage en est tres-rare, & qu'encore en ce cas là, le gerondif est beaucoup meilleur.* Voicy l'exemple qu'ils apportent. On dira fort bien, disent-ils, *cette femme est si pressante & si examinante toutes choses.* Or *examinante*, en cet exemple ne peut estre que participe, puis qu'il regit apres soy le mesme cas que le verbe, qui est, comme nous avons dit, la marque infaillible du participe[1664]. On respond premierement que l'Usage n'est point de parler ainsi, & que l'on dira plustost *cette femme est si pressante & examine tellement toutes choses.* Secondement, on ne demeure point d'accord, que cela soit bien dit, & tous ceux à qui je l'ay demandé, & qui en sont bons juges, condamnent absolument cette façon de parler.

Voicy un exemple contraire, qui le fera voir encore plus clairement, par la comparaison du participe masculin avec le participe feminin, *ce sont tous argumens concluans une mesme chose.* Cela est fort bien dit[1665], & *concluans* icy est participe, mais *ce sont toutes raisons concluantes une*

1664 Par contraste, à cette époque, *pressant* avait déjà acquis le statut d'adjectif (ou de participe selon la terminologie de Vaugelas), comme l'attestent les dictionnaires contemporains. Par exemple, Cotgrave, en 1611, le définit ainsi : « *Pressing, inforcing, earnest, urgent ; importunate, unmannerlie, unreasonable* ».

1665 L'Académie (1704 : 426) élimine la distinction entre l'usage au masculin et au féminin : « [...] on ne peut dire *ce sont trois argumens concluans la mesme chose*, ny *ce sont toutes raisons concluantes la mesme chose* ; parce que dans cette phrase *concluans*, *concluantes* seroit participe,

mesme chose, ce sera fort mal dit, & l'Usage est de se servir du gerondif, & de dire *ce sont toutes raisons concluant une mesme chose*, ou ce qui seroit beaucoup mieux *ce sont toutes raisons qui concluent une mesme chose* ; Car c'est (432 [392]) avec ce pronom relatif, que nostre langue supplée au defaut du participe actif feminin, comme il se voit dans l'exemple que nous venons d'alleguer, & en celuy-cy encore *je les ay trouvées qui beuvoient & mangeoient*, & ainsi en tous les autres.

Ce n'est pas que de dire *ce sont toutes raisons concluantes*, ne soit tres-bien dit, parce que là il est adjectif, & l'Usage parle ainsi, mais si l'on pense en faire un participe qui regisse le nom comme son verbe, & dire *ce sont toutes raisons concluantes une mesme chose*, il ne vaut rien[1666].

Il reste à parler d'*estant*, quand il n'est pas auxiliaire[1667]. La plus-part tiennent qu'il n'est jamais participe, & tousjours gerondif, & qu'ainsi il faut dire par exemple *les François estant devant Perpignan*, & non pas *estans*, quelques-uns au contraire estiment, qu'*estans* se peut dire comme participe, quoy qu'ils ne nient pas qu'*estant*, comme gerondif n'y soit bon aussi. De mesme ils soustiennent que l'un & l'autre est bien dit *les soldats estans sur le point*, & *estant sur le point*. Que si cela est vray, au moins il n'a lieu qu'au seul cas de ces exemples ; car *estant*, ne peut estre employé qu'en trois façons, ou comme verbe auxiliaire, lors qu'il est joint au participe passif, par exemple *estant asseuré*, ou comme verbe substantif regissant un nom apres soy, par exemple (433 [393]) *estant malade*, ou sans participe & sans nom comme *estant sur le point*. Quand il est auxiliaire, nous avons desja fait voir qu'il ne peut estre que gerondif[1668]. Quand il regit un nom, il est aussi gerondif, & il n'est pas besoin de dire *estans*, pour marquer le pluriel, parce que le nom le marque assez, comme lors que l'on dit *estant malades*, l'*s* de *malades*, monstre bien qu'il est

---

et qu'un participe ne peut gouverner l'accusatif. Ainsi c'est tres-mal parler que de dire, *c'est une femme si examinante toutes choses.* »

1666 Maupas (1618 : f° 156r° ; *cf.* Oudin 1640 : 257) recommande aux lecteurs d'utiliser plutôt une subordonnée relative : « Bien qu'en plurier feminin on s'y peut accommoder. *Les vertus reiglantes la vie humaine sont bien séantes*, et *les voluptez corrompantes les bonnes mœurs sont tresnuisantes.* Toutesfois en ces termes pluriers quand le participe regit un cas apres soy, je trouverois bon d'user de circonlocution par le relatif et le verbe fini, *les vertus qui reiglent*, etc. *Et les voluptez qui corrompent.* »

1667 Vaugelas semble hésiter sur ce point dans la remarque manuscrite intitulée « *Estants* » (f° 26v°). Après avoir observé que « *Estants* ne se doit iamais mettre ni dire auec un *S*, il est tousiours gerondifs [*sic*] et par consequent indeclinable », il annote sous le titre de la remarque « i'en doute ».

1668 Il manque le point final dans l'original.

pluriel sans mettre *estans*[1669]. Il n'y a donc qu'un seul cas, où l'on puisse mettre *estans*, qui est lors qu'il n'a point de nom, ny de participe apres soy, comme quand on dit *estans sur le point*. Pour moy je le trouve bon, parce qu'il sert tousjours à esloigner l'equivoque qui se peut rencontrer entre le pluriel & le singulier, mais quand il ne fera point d'equivoque, j'aimerois mieux dire *estant*, au gerondif.

Au moins il est bien certain qu'*estant*, participe n'a point de feminin, & que jamais on n'a dit *estante*, non plus qu'*ayante*, au feminin, ce qui n'est pas un petit indice que les participes actifs naturellement n'ont point de feminin, & que tous les feminins que nous voyons tirez de ces participes sont purement adjectifs, & ne tiennent rien de la nature des participes actifs, que leur formation.

(434 [394])

Courir sus[1670]

Cette façon de parler soit dans le propre, ou dans le figuré estoit fort elegante du temps de M. Coeffeteau[1671] qui en use souvent, mais aujourd'huy elle commence à vieillir[1672]. Nous avons pourtant quelques uns de nos Autheurs modernes, & des meilleurs qui s'en servent encore.

1669 Le pluriel *étan(t)s* est pourtant encore fréquent dans Frantext (1600-1647), par exemple, *& leurs advis estans des-interessez ils se trouvoient tousjours conformes aux jugemens de la raison* (Senault 1641), et Vaugelas s'en sert lui-même dans la traduction des sermons de Fonsèque, par exemple, *lors qu'estants persecutez de Tite*; *tous ces membres estans pourris exceptees les levres* (Vaugelas 1615 : 314, 329). La forme est également attestée dans l'usage des grammairiens de l'époque : *Mais estans adversatives, elles ont differant usage* (Maupas 1618 : f° 177v°) ; *ces deux n'estans aucunement recevables* (Oudin 1640 : 159). Wapy (1634 : 90) accepte les deux possibilités, mais préfère la forme avec *-s* devant un mot commençant par une voyelle. Vaugelas semble pourtant prendre acte de son recul et le confirme (N. Fournier 1998 : 303 ; *cf.* Haase 1935 : 211).

1670 Cette construction n'est mentionnée qu'en passant dans la remarque manuscrite intitulée « *Sus pied* » (f° 85r°) qui est publiée par Alemand dans les *Nouvelles Remarques* (« *Sus suspied* », Vaugelas 1690 : 408-410).

1671 Dans l'original : Coffeteau. Coeffeteau se sert de *courir sus* dans son *Histoire romaine* (1621 : III, 89 ; III, 232), mais également de *courre sus* (1621 : I, 74).

1672 Plus de la moitié des exemples dans Frantext (1600-1647) datent de la première décennie du siècle. Tous les dictionnaires citent pourtant cette expression sans difficulté à l'exception de Richelet (1680) qui adopte le jugement de Vaugelas. Dans son observation sur cette remarque, l'Académie (1704 : 427) explique comment, selon elle, on peut toujours l'utiliser : « *Courir sus* est une vieille façon de parler dans cette phrase *courir sus aux affligez* ; mais on s'en sert encore dans les Patentes ou l'on dit, en parlant de vagabonds ou de rebelles, *enjoint de leur courir sus*, quoy que le datif soit devant le verbe ; ce qui fait voir que cette phrase n'est pas de la mesme espece que *luy aller au devant*, qui ne se dit point. »

Ce qu'il y a à remarquer pour ceux qui s'en voudront servir, est de ne mettre pas le datif que *courir sus*, regit, devant le verbe, mais apres. Un exemple le va faire entendre. *Il ne faut pas courir sus aux affligez*, est bien dit, mais si apres avoir parlé des affligez je dis *il ne leur faut pas courir sus*, je parle mal, parce que je mets *leur*, qui est le datif devant *courir sus*, dont il est regi[1673]. C'est tout de mesme qu'*aller au devant*, car *aller au devant de luy*, est fort bon, *& luy aller au devant*, ne vaut rien[1674].

Voisiné

Voisiné pour *voisinage*, comme *j'envoye des fruits à tout mon voisiné*, pour dire *à tout mon voisinage* est un mot Provincial insupportable à quiconque sçait la pureté de nostre langue[1675].

(435 [395])

De façon que, de maniere que, de mode que, si que[1676]

Ces deux premieres façons de parler *de façon que, de maniere que*, sont Françoises à la verité, mais si peu elegantes, qu'il n'y a pas[1677] un bon Autheur qui s'en serve[1678] ; & pour ces deux autres, *de mode que*, &

1673 On trouve toutefois cette construction dans la traduction de Fonsèque : *qu'il luy faisoit courre sus* (Vaugelas 1615 : 364), ainsi que chez Coeffeteau (*pour leur courir sus*, 1621 : III, 232).

1674 Voir *R*p. 371.

1675 Ce mot n'est pas examiné dans le manuscrit. Cotgrave (1611) l'inclut dans son dictionnaire, mais il est considéré comme « provincial » par Richelet (1680), et comme « populaire » par Furetière (1690), tandis que l'Académie (1704 : 427) juge qu'il « ne vaut rien du tout ». On en trouve deux occurrences dans Frantext pour la période 1600-1647 dans les *Lettres familières* de Pasquier (1613).

1676 Ni *de façon que* ni *si que* ne sont examinés dans le manuscrit. Dans la remarque manuscrite (f° 24v°) sur *De mode que*, Vaugelas semble encore tolérer *de maniere que* : « *De mode que*, pour dire *de sorte que, de maniere que* est tout à fait barbare ». Maupas (1618 : f° 164r°) liste comme adverbes « *de Renfort, ou pour renforcer* », « Si, tant, sique, tantque, si bien que, Tellement que, de sorte que, en sorte que, de maniere que, du tout, totalement, entierement », tandis qu'Oudin (1640 : 278) juge que *tellement que, de façon que, de maniere que, de sorte que, en sorte que* sont des « adverbes de comparaison ». À la fin du siècle, Richelet (1680), Furetière (1690) et l'Académie (1694) s'accordent, d'une part, à accepter *de façon que* et *de maniere que* (qui, selon Richelet, « avoit été hors d'usage » mais « commence d'avoir cours »), d'autre part, à rejeter *de mode que* et *si que*, le denier étant associé par Furetière « au Palais ».

1677 Dans l'original : n'y pas.

1678 On trouve pourtant près de deux cent exemples de *de façon que* dans Frantext (1600-1647), y compris chez Coeffeteau, Descartes et Naudé, et Vaugelas l'emploie lui-même dans sa traduction de Fonsèque (1615 : 338). Coeffeteau n'hésite pas non plus à employer *de*

si que, elles sont tout à fait barbares, particulierement *si que*, bien que tres-familier à plusieurs personnes, qui sont en reputation d'une haute eloquence[1679]. Il faut dire *si bien que*, *de sorte que*, ou *tellement que*. Il n'y a que ces trois, qui soient employez par les bons Escrivains.

Des preterits de ces verbes entrer, sortir, monter, descendre[1680]

C'est une faute fort commune de conjuguer les preterits de ces quatre verbes par le verbe auxiliaire *avoir*, au lieu de les conjuguer par le verbe substantif *estre*[1681]. L'exemple le va faire entendre. Plusieurs disent *il a esté jusqu'à la porte, mais il n'a pas entré, mais il n'a pas sorty*, au lieu de dire, *mais il n'est pas entré, mais il n'est pas sorty*[1682]. De mesme ils disent *il a monté, il a descendu*, pour *il est monté, il est descendu*[1683]. (436 [396]) Il faut observer la mesme chose en tous leurs autres preterits.

---

manière que (par ex. *Les bordeaux y estoient aussi ouverts, de manière que le Soleil ne vit jamais tant d'horreurs, & tant d'abominations qu'il en vit ce jour là sur le theatre de Rome* (1621 : II, 33)), et cette expression est également fréquente dans Frantext avec une centaine d'occurrences pour la période 1600-1647.

1679 *De mode que* ne figure pas dans les textes de Frantext (1600-1647). Quant à *si que*, il est bien attesté dans les premières décennies du siècle et encore accepté par Chabanel en 1612 (1612 : 127), mais il commence à se raréfier après 1630. Pierre Corneille (Braun 1933 : 43) qui l'avait d'abord utilisé, le remplace dans l'édition de 1660 de son théâtre.

1680 Vaugelas traite du choix de l'auxiliaire pour *tomber* dans une remarque manuscrite (f° 90r°) publiée par Alemand dans les *Nouvelles Remarques* (« *Tomber* », Vaugelas 1690 : 125). Il termine cette observation en abordant l'usage du verbe *entrer*, mais cette dernière phrase n'est pas reprise par Alemand : « Il en est de mesmes d'*Entrer*, car il faut dire *Il estoit entré dans la uille*, et non *Il auoit entré* comme disent plusieurs ». Les deux autres verbes ne sont pas considérés dans le manuscrit.

1681 Maupas (1618) et Oudin (1640) traitent du choix de l'auxiliaire pour une longue liste de verbes. Dans une première section (« Des actifs transitifs, reciproquez et neutres »), Oudin (1640 : 206-219) inclut les exemples « *Descendre* une chose de haut en bas, actif : *j'ay descendu. Descendre* en bas, neutre : *je suis descendu* » et « *Monter* pour monter haut quelque chose, actif : *j'ay monté. Monter* pour monter en dignité ; ou des herbes qui montent, neutre : *je suis monté.* » La section suivante (« *La difference des preterits composez des verbes neutres* » 1640 : 219-225) commence par noter que les étrangers ont du mal à choisir le bon auxiliaire, Si, dans le cas d'*entrer*, Oudin note les deux formes, *j'ay* et *je suis entré*, dans celui de *sortir*, il commente : « *Sortir* : *je suis sorty.* Donnez-vous de garde d'user de ce verbe en sens actif, pour *tirer dehors* ou *aveindre*, comme on fait en quelques Provinces de France, où j'ay oüy dire, *sortez mon cheval de l'escurie, sortez cela de vostre coffre*, &c. »

1682 Les exemples dans Frantext (1600-1647) sont plutôt rares ; *entrer* avec l'auxiliaire *avoir* est attesté chez Béroalde de Verville (1610), Mersenne (1624) et Bailly (1634). Pour d'autres exemples de la concurrence entre *avoir* et *être* comme auxiliaires, voir N. Fournier (1998 : 255-260).

1683 Nous trouvons, par exemple, dans Frantext : *Veritablement mes iniquitez ont monté si haut qu'elles sont desja proches du Throsne de Dieu* (Balzac 1624) ; *il le faut chercher dans les cieux*

Deux mauvaises prononciations, qui sont tres-communes, mesme à la Cour[1684]

L'une de ces mauvaises prononciations est de dire *cheuz vous*, *cheuz moy*, *cheuz luy*, au lieu de dire *chez vous*, *chez moy*, *chez luy*, & je ne puis comprendre d'où est venu cet *u*, dans ce mot[1685]. L'autre, de prononcer une *s*, ou un *z*, apres *on*, devant la voyelle du verbe, qui le suit, comme *on-z a*, pour dire *on a*, *on-z-ouvre*, pour dire *on ouvre*, *on-z-ordonne*, pour dire *on ordonne*[1686]. Je ne rapporte pas des exemples des autres voyelles, parce que j'ay remarqué, qu'en l'*e*, en l'*i*, & en l'*u*, on ne fait pas cette faute, & il me semble que je n'ay point oüi dire *on-z-estime*, pour *on estime*, ny *on-z-humecte*, pour *on humecte*. Neantmoins je me pourrois bien tromper, mais il suffit de soustenir que c'est un vice de prononciation en toutes les cinq voyelles. Ce vice est d'autant moins excusable, que la lettre *n*, qui finit *on*, n'a pas besoin du secours d'une autre consone pour oster la cacophonie de la voyelle suivante, puis qu'elle mesme y suffit en se redoublant, comme nous avons dit en la Remarque (437 [397]) de la lettre *h*[1687], car on prononce *on a*, *on ouvre*, *on ordonne*, comme si l'on escrivoit *on-n-a*, *on n-ouvre*, *on-n-ordonne*, qui est la plus douce prononciation que l'on sçauroit trouver en ces mots là, sans en chercher une autre. Il y a encore quelques autres mauvaises prononciations, que j'ay remarquées ailleurs[1688] ; En voicy encore une.

De la lettre r, *finale des infinitifs*

Je ne m'estonne pas qu'en certaines Provinces de France, particulierement en Normandie on prononce par exemple l'infinitif *aller*, avec l'*e* ouvert, qu'on appelle, comme pour rimer richement avec l'*air*, tout de mesme que si l'on escrivoit *allair*[1689] ; car c'est le vice du païs, qui pour ce qui est de la prononciation manque en une infinité de choses. Mais ce qui m'estonne, c'est que des personnes nées & nourries à Paris & à la Cour, le prononcent parfaitement bien dans le discours ordinaire, &

---

avec celuy qui y a monté le premier (Mersenne 1635)

1684 Voici encore une observation sur la prononciation qui ne figure pas dans le manuscrit.

1685 *Cf.* Thurot (1881-1883 : I, 467-468) et Rosset (1911 : 188).

1686 Sur les questions de fausse liaison, voir l'Introduction, p. 132.

1687 Voir *Rp.* 196.

1688 Voir Annexe III.

1689 Sur la prononciation du *-r* en position finale, en particulier dans les infinitifs, voir l'Introduction, p. 129-130, et Thurot (1881-1883 : I, 57-62).

que neantmoins en lisant, ou en parlant en public, elles le prononcent fort mal, & tout au contraire de ce qu'elles font ordinairement[1690] ; car elles ont accoustumé de prononcer ces infinitifs *aller, prier, pleurer*, & leurs semblables, comme s'ils n'avoient point d'*r*, à la fin, & que l'*e*, qui precede l'*r*, fust un (438 [398]) *e*, masculin, tout de mesme que l'on prononce le participe, *allé, prié, pleuré, &c.* sans aucune difference, qui est la vraye prononciation de ces sortes d'infinitifs[1691]. Et cependant, quand la plus-part des Dames par exemple, lisent un livre imprimé, où elles trouvent ces *r*, à l'infinitif, non seulement elles prononcent l'*r* bien forte, mais encore l'*e* fort ouvert, qui sont les deux fautes que l'on peut faire en ce sujet, & qui leur sont insupportables en la bouche d'autruy, lors qu'elles les entendent faire à ceux qui parlent ainsi mal. De mesme la plus-part de ceux, qui parlent en public soit dans la chaire, ou dans le barreau, quoy qu'ils ayent accoustumé de le bien prononcer en leur langage ordinaire, font encore sonner cette *r*, & cet *e*, comme si les paroles prononcées en public demandoient une autre prononciation, que celle qu'elles ont en particulier, & dans le commerce du monde[1692]. Quand j'ay pris la liberté d'en avertir quelques-uns de mes amis, ils m'ont respondu, qu'ils croyoient que cette prononciation ainsi forte avoit plus d'emphase & qu'elle remplissoit mieux la bouche de l'Orateur, & les oreilles des Auditeurs. Mais depuis ils se sont desabusez, & corrigez, quoy qu'avec un peu de peine, à cause de la mauvaise habitude qu'ils avoient contractée.

(439 [399])

Quand il faut prononcer le D aux mots qui commencent par Ad, avec une autre consone apres le D

Il y en a où il faut prononcer le *d*, & d'autres où il ne le faut pas prononcer[1693], tellement que pour bien faire, il ne faudroit point mettre le

---

1690 Cette question est abordée dans le manuscrit dans la remarque portant sur « *Veuue* » (f° 97r°), voir ci-dessus note 1586, mais Vaugelas y limite cette « mauvaise » prononciation à l'usage en Normandie. Rappelons que la majorité de cette observation est rayée dans le manuscrit.

1691 *Cf. R*p. 198.

1692 L'amuïssement du *r* final pouvait créer des ambiguïtés possibles, comme le note Galet (1971) dans son livre sur l'histoire de la montée du clitique à cette époque.

1693 Le traitement de cette question est beaucoup plus systématique dans la version publiée. Dans le manuscrit, Vaugelas ne parle que de la prononciation de trois mots, *adversité*, *admirer* et *adjouster* dans une remarque manuscrite intitulée « *Aduersité* » (f° 7v°) : « *Aduersité* se doit tousiours escrire et prononcer auec le *D*, comme fait *admirer* parmy les Verbes.

d, aux mots, où il ne se prononce point[1694] ; Aussi est-ce le sentiment de tous ceux qui s'y connoissent ; car à quel propos laisser un *d*, qui n'est là que comme une pierre d'achoppement pour faire broncher le Lecteur ? Par exemple en ces mots *avenir*, *avis*, *&c.* pourquoy escrire *advenir*, *advis* si ce *d*, ne se prononce jamais ?

Prenons tous ces mots l'un apres l'autre selon l'ordre du Dictionnaire, afin de n'en oublier pas un[1695].

Adjacent, terres adjacentes, le *d*, se prononce.

Adjoindre, adjoint, adjonction, on prononce le *d*.

Adjourner, adjournement, le *d*, ne se prononce point.

Adjouster, il ne se prononce point. On le prononce dans la ville, & mal, mais non pas à la Cour.

Adjuger, il ne se prononce point[1696].

Adjudication, il se prononce au verbal, quoy (440 [400]) qu'il ne se prononce pas au verbe[1697].

Adjurer, adjuration, il se prononce.

Adjuster, adjustement, il ne se prononce point[1698].

Admettre, admis, il se prononce.

Administrer, administration, il se prononce.

Admirer, admiration, admirable, & toute sa suite, il se prononce. Il n'y a que les Gascons qui disent *amirer, amirable, &c.*

Admonester, admonition, il se prononce[1699].

En quoy les gascons ont accoustumé de faillir qui prononcent tousiours *amirer* au lieu d'*admirer.* Il n'en est pas ainsi d'*aiouster*, ou il ne faut ni escrire ni prononcer le *D* comme font d'ordinaire les Parisiens, prononçants non sans beaucoup de rudesse *l'adiouste*, au lieu de dire *l'aiouste.* Mais uoyez cela en son lieu. » Au folio 10r°, Vaugelas renvoie ses lecteurs à cette observation sur « *Aduersité* » pour indiquer aux lecteurs comment prononcer *Admirer* et *Ajouster.* Sur cette question, voir Thurot (1881-1883 : II, 354-359).

1694 Dans ce cas Vaugelas prône l'alignement de la prononciation et de l'orthographe. Voir l'Introduction, p. 133-134.

1695 Vaugelas s'appuyait probablement sur son propre travail pour le dictionnaire de l'Académie. Il est difficile de retracer l'usage dans les textes, car on ne peut savoir ni si le *d* est prononcé ni le rôle joué par l'imprimeur. Nous ne signalons ci-dessous que les cas où les trois grands dictionnaires monolingues de la fin du siècle divergent par rapport au jugement de Vaugelas.

1696 Richelet (1680) préfère les graphies *ajourner/ajournement, ajoûter* et *ajuger* qui reflètent la prononciation de ces mots.

1697 *Cf.* l'Académie (1704 : 434) : « On ne prononce point le *d*, dans *adjudication*, non plus que dans *adjuger*, *admodier* et *admodiation*, quoy qu'il se doive escrire dans tous ces mots ». Richelet (1680) toutefois conserve la graphie *adjudication*.

1698 Les trois dictionnaires offrent les graphies *ajuster, ajustement*.

1699 Il y a une virgule dans l'original au lieu du point final.

Par où il se voit que le *d*, se prononce tousjours devant l'*m*, sans exception ; car *admodier, admodiation*, que l'on met avec un *d*, dans les Dictionnaires[1700], n'en doivent point avoir, & il faut escrire *amodier*, & *amodiation*. Que si l'on y mettoit un *d*, il faudroit dire, que tous les mots, qui commencent par *adm*, & qui viennent du Latin, comme sont tous ceux que nous avons marquez, veulent qu'on prononce le *d*, mais non pas ceux qui ne viennent pas du Latin[1701], comme *amodier, amodiation*, & *Admiral*, où il ne faut pas prononcer le *d*.

Il est vray qu'il faut non seulement prononcer, mais escrire *Amiral*[1702] sans *d*, *Amirauté*, de mesme, tant parce qu'à la Cour, on ne prononce jamais *Admiral*, ny *Admirauté* avec le *d*, qu'à cause de son etymologie, que Nicod rapporte doctement dans son Dictionnaire, & qu'il n'est pas besoin de transcrire icy[1703]. Il suffit (441 [401]) qu'il conclud luy-mesme qu'il faut dire *Amiral*, *advancer*, ny *advantage*, ne doivent point estre mis icy, parce qu'il les faut tousjours escrire sans *d*, *avancer*, *avantage*.

Advenir, en tout sens, le *d*, ne se prononce point[1704], ny en *advenement*, ny en *advenuë*, ny en *adventure*, ny en *adventurier*[1705].

Adverbe, adverbial, il se prononce.

Adversaire, il se prononce[1706].

1700 Nicot (1606) propose *admodier*, mais Cotgrave (1611) cite les deux formes ; à la fin du siècle, Furetière (1690) et l'Académie (1694) continuent à employer la graphie *admodier*, mais Richelet (1680) recommande plutôt *amodier*.

1701 Vaugelas se trompe sur l'origine de *amodier* qui est un emprunt médiéval au latin, *admodiare* (de *modius*).

1702 Dans l'original : *Amira*l.

1703 Nicot (1606) : « *Emir en langue Moresque signifie ce que nous disons Admiral : et peut estre que nous devrions escrire Amiral, à cause de Emir, approchant de ce vocable Punique Amiras, selon lequel est dit Amiralle, et Almiralle en langage Arabesque. Mais lesdits mots Punique et Arabesque signifient autant que Roy en François. En aucuns Romans anciens, et histoires des guerres d'outre mer, on trouve le pluriel Admiraux, usurpé pour chefs et colonnels en une armée, quand ils font mention des chefs et principaux conducteurs de l'armée Payenne.* » La graphie *admiral* est toujours citée par Furetière (1690) et l'Académie (1694) comme alternative d'*amiral*, celle-ci notant que « Quelques-uns escrivent Amiral et tous le prononcent ainsi ».

1704 Richelet (1680) et l'Académie (1694) ne proposent que la graphie *avenir*. Furetière (1690), quant à lui, semble différencier la graphie selon l'acception visée, conseillant *advenir* quand le mot désigne le « Temps qui n'est pas encore present », et *avenir* quand il est utilisé comme terme de palais et signifie « un acte qu'on signifie à un Procureur de partie adverse, pour se trouver à l'audience pour venir plaider ».

1705 La variation de graphie est toujours consignée à la fin de ce siècle, l'Académie (1694) notant *adventure* tout en préférant comme entrée *aventure*.

1706 *Cf.* Richelet (1680) : « AVERSAIRE, *aversité* [Renvoi de *Adverse*] Comme ces mots se prononcent d'ordinaire avec un d, voiez la colonne *adv.* »

Adversité, il se prononce.
Advertir, advertissement, il ne se prononce point[1707].
Advis, adviser, advisé, il ne se prononce point.
Advoüer, adveu, il ne se prononce point.
Advocat, advocasser, il ne se prononce point[1708].

Chaire, chaise ou *chaize*[1709]

L'un[1710] & l'autre est bon, mais il ne s'en faut pas servir indifferemment[1711] ; car on dit *la chaire de saint Pierre, la chaire du Predicateur, chaire de droit*, & non pas *chaise*. Au lieu que l'on dit *une chaise*, non pas *une chaire*, pour s'asseoir au sermon, ou ailleurs, ou pour se faire porter par la ville. *Des chaises de paille, aller en chaise, venir en chaise, porteurs de chaise*[1712], *loüer des chaises*.

(442 [402])

Vouloir pour *volonté*

C'est une chose ordinaire en nostre langue, aussi bien qu'en la Grecque, de substantifier[1713] les infinitifs, comme *le boire, le manger, &c.* mais de dire *le vouloir*, pour *la volonté*, est un terme qui a vieilly, & qui n'estant plus receu dans la prose, est neantmoins encore

---

1707 Furetière (1690) et l'Académie (1694) citent toujours les graphies *advertir* et *advertissement*.

1708 Seul Richelet (1680) adopte les graphies *avis, aviser* ; *aveu, avouër* ; *avocat, avocasser*.

1709 Il s'ensuit une série de six observations qui ne se trouve pas dans le manuscrit.

1710 Dans l'original : Lun (sans l'apostrophe).

1711 Comme le note Ernst (1977 : 162), cette distinction est en général attribuée à Vaugelas ; par exemple on trouve sous *Chaire* dans le dictionnaire de Furetière (1690) : « C'est une remarque de Vaugelas ». Il continue toutefois à donner sous *Chaise* la définition : « le lieu éminent d'où un Predicateur annonce la parole de Dieu au peuple » (*cf.* l'Académie (1694) : « On appelle, *Chaire et Chaise*, mais plus ordinairement *Chaire*, Ce siege d'où les Predicateurs preschent, et d'où les Professeurs enseignent »). En observant l'usage tel qu'il est attesté dans Frantext (1600-1647), l'emploi de *chaire* pour *chaise* est fréquent, étant attesté, par exemple, chez Sorel (1627), Urfé (1627) ou Aubigné (1630). Brunot (1905-1953 : III, 230) maintient que « la confusion durera [...] encore très longtemps » après Vaugelas, mais Ernst observe que les exemples sont associés aux textes burlesques ou comiques.

1712 Il manque la virgule dans l'original.

1713 Selon Marzys (2008 : 103), Vaugelas est le premier à employer ce verbe au sens de « faire un substantif de ». On trouve pourtant les expressions *adjectifs substantifiez* et *infinitifs substantifiez* chez Maupas (1618 : f° 43v°, 134v°) et Oudin (1640 : 55). Selon Chapelain (Vaugelas 1738 : III, 84), c'est « un mot hardi ».

employé dans la poësie par ceux mesme, qui excellent aujourd'huy en cet art[1714].

Esperdûment, *ingenûment*, *& des autres adverbes terminez en* ment

Il faut dire & escrire ainsi, & non pas *esperduement*, *ingenuement*, comme l'escrivoient les Anciens, & encore aujourd'huy quelques uns de nos Autheurs[1715]. Il est vray que ces adverbes terminez en *ment*, se forment de l'adjectif feminin soit participe, ou non, comme *asseurément*, vient d'*asseurée*, *effrontément*, d'*effrontée*, *poliment* & *infiniment* de *polie*, & *infinie*, & *absolûment*, *resolument*, d'*absoluë* & de *resoluë*. C'est pourquoy les Anciens escrivoient *asseureement*, *effronteement*, *poliement*, *infiniement*, *absoluëment*, & *resoluëment*, selon leur origine[1716]. Mais comme les langues se polissent, & se perfectionnent jusqu'à un certain point, on a supprimé pour (443 [403]) une plus grande douceur l'*e*, comme on le supprime en ces mots,

1714 Comme cette observation traite d'un terme vieilli et d'une différence entre l'usage en poésie et l'usage en prose, il n'est pas étonnant qu'elle ne se trouve pas dans le manuscrit. Sur le déclin de l'usage des infinitifs substantivés au XVIIe siècle, voir Buridant (2008 : 265-275) et N. Fournier (1998 : 274-276). Selon Fournier : « Encore fréquents et variés chez Malherbe, d'Urfé, Balzac, ils ne se maintiendront guère au-delà de 1650 que dans des genres particuliers (burlesque, apologétique religieuse) et chez des auteurs (La Fontaine, Pascal, Saint-Simon) archaïsants ». Ce déclin est probablement lié à la perte de la prononciation du *-r* finale des infinitifs. Dans son observation sur cette remarque, l'Académie (1704 : 435) conclut : « *Le vouloir* pour *la volonté* est entierement banni de la prose, et il y a aujourd'huy peu de personnes qui s'en servent en Poësie ».

1715 Oudin (1640 : 280) traite de la formation des adverbes de façon succincte : « Les adverbes de qualité se forment de toutes sortes d'adjectifs feminins ou communs : v. g. *Vertueuse*, *vertueusement : heureuse*, *heureusement : vraye*, *vrayement*, et *vrayment : sage*, *sagement*, etc. / Ceux qui sont formez des adjectifs terminez en *ïe* et *üe*, ne retiennent point l'*e* feminin en la prononciation, ny mesmes en l'escriture : par exemple, *hardie*, *hardiment*, *goulüe*, *goulument*, et je tiens que ceux-cy se forment plustost des masculins, comme aussi ceux qui se terminent en *é* et *y*. / On change *ant* ou *ent* des adjectifs qui ont ces terminaisons, en *amment*, et *emment*, *meschant*, *meschamment*, *prudent*, *prudemment*, etc. » L'observation de Vaugelas, qui retrace un changement d'usage, ne figure pas dans le manuscrit. Les deux variantes sont attestées dans Frantext pour la période 1600-1647, mais dans la seconde moitié du siècle, les formes avec *e* ne sont plus attestées après 1669. Dans son dictionnaire, l'Académie (1694), à la différence de ses contemporains, donne les formes *esperduëment*, *ingenuëment*, mais dans son observation sur cette remarque, elle ne critique pas Vaugelas sur ce point (1704 : 437).

1716 Ce sont les formes données par Estienne (1549). Parmi ces adverbes, *infiniement*, *absoluëment*, et *resoluëment* sont toujours attestés dans Frantext pour la période 1600-1647 ; la plupart des exemples datent des trois premières décennies du siècle, mais *infiniement* est encore employé par Urfé (1631), Peiresc (1637) et Mestrezat (1645).

agrément, *remerciment*, *remercirons* pour *agreement*, *remerciement*, *remercierons*, *&c.*[1717] & cette suppression est marquée par ceux qui escrivent, en mettant un accent sur l'*é*, sur l'*î*, & sur l'*û*, à sçavoir l'accent aigu sur l'*é*, comme *asseurément*, & l'accent circonflexe sur l'*î*, & sur l'*û*, comme *polîment*, *absolûment*[1718] ; & elle est marquée par ceux qui parlent, en prononçant cet *é*, cet *î*, & cet *û*, long, comme contenant le temps de deux syllabes reduites à une seule. Mais cette reigle n'a lieu, qu'aux adverbes, qui se forment des feminins adjectifs, où l'*e*, final est precedé d'une voyelle, comme sont tous ceux, dont nous venons de donner des exemples.

Que si l'adjectif feminin n'a point de voyelle devant l'*e*, comme *courtoise*, *civile*, on n'elide rien, on ne fait qu'ajouster *ment*, *courtoisement*, *civilement*, excepté en ce seul adverbe *gentiment*, lequel neantmoins se disoit autresfois *gentillement*, dans la mesme reigle des autres, mais depuis on l'a rendu plus doux par l'abbreviation[1719]. Et si l'adjectif est du genre commun, comme *brusque*, *fixe*, qui sont masculins & feminins, c'est tout de mesme ; on ne fait aussi qu'ajouster *ment*, & dire *brusquement*, *fixement*, & alors cet *e*, est bref, parce que la raison qui le fait long aux autres, vient à cesser (444 [404]) en celuy-cy, & il faut prononcer *civilement*, *courtoisement*, *brusquement*, *fixement*, d'un *e*, bref & ouvert & non pas *civilément*, *fixément*, d'un *é* long & fermé, ou masculin.

Il y a pourtant quelque exception en certains mots, que l'Usage, ou l'abus a[1720] fait longs contre la raison & leur origine, comme *communément*, *expressément*[1721], *commodément*, *extremément*, *conformément*, & peut-estre encore quelques autres, mais peu, qui se formant de *commune*, *expresse*, *commode*, *extreme*, *conforme*, doivent de leur nature avoir l'*e*, bref, & non pas long[1722].

Il reste à parler des adverbes formez des adjectifs feminins, qui se terminent en *ante*, ou *ente*, *puissamment*, se fait de *puissante*, *insolemment*, d'*insolente*, & à cause de cela les Anciens disoient *puissantement*,

---

1717 Voir *R*p. 413.

1718 *Cf.* l'Académie (1704 : 437) : « On ne met point d'accent circonflexe sur l'*i* et sur l'*u* de *poliment* et *d'absolument* ».

1719 En 1549 Estienne offre trois formes alternatives, *gentillement, gentiment*, ou *gentement.* La seule occurrence de *gentillement* dans Frantext (1600-1647) provient de Montchrestien (1615).

1720 Dans l'original : à.

1721 Dans l'original : *expressement.*

1722 On ne peut rien conclure de certain sur la prononciation en s'appuyant sur l'absence d'accent dans les textes publiés dans la première moitié du siècle.

insolentemment, *excellentement*, *ardentement*[1723] ; Mais à mesure que la langue s'est perfectionnée, on a changé ces trois lettres *nte*, en *m*, & l'on a dit *puissamment*, *insolemment*, *excellemment*, qui dans cette abbreviation a beaucoup plus de grace & de douceur[1724], & les autres ne se disent plus, mais passent pour barbares. Par tout ce discours, il se voit que tous les adverbes terminez en *ment*, se forment des adjectifs feminins, comme j'ay dit & non pas des masculins, comme quelques uns de nos Grammairiens ont creu & publié dans leurs Grammaires[1725].

(445 [405])

Ouvrage

Soit que l'on se serve de ce mot pour signifier quelque production de l'esprit, ou de la main, ou de la nature[1726], ou de la fortune, il est tousjours masculin, comme *il a composé un long ouvrage, un ouvrage exquis, c'est le plus bel ouvrage de la nature, c'est un pur ouvrage de la fortune.* Mais les femmes parlant de leur ouvrage, le font tousjours feminin, & disent *voilà une belle ouvrage*; *mon ouvrage n'est pas faite.* Il semble qu'il leur doit estre permis de nommer comme elles veulent[1727] ce qui n'est que de leur usage ; je ne crois pas pourtant, qu'il nous fust permis de l'escrire ainsi[1728].

Mettre

On dit par exemple *allez vous-en chez un tel, & ne mettez gueres*, pour dire *& ne soyez pas long-temps*, ou *ne demeurez gueres.* A la verité cette façon de parler est Françoise, mais si basse que je n'en voudrois pas user, mesme dans le stile mediocre, ny dans le discours ordinaire[1729] ; & de fait, j'ay

---

1723 Dans notre corpus des dictionnaires, seul *ardentement* est noté comme variante d'*ardamment* par Cotgrave (1611). Cet adverbe est également le seul à être attesté dans Frantext (1600-1647), l'occurrence venant des poésies de Malherbe (1627).

1724 La grâce et la douceur sont associées ici au perfectionnement du français, voir l'Introduction, p. 107-108, 121.

1725 Voir l'opinion d'Oudin (1640 : 280) citée dans la note 1715 ci-dessus.

1726 Dans l'original : ou bien de la nature (*Fautes d'impression*).

1727 Dans l'original : veuleut.

1728 Voir Ayres-Bennett (2004c : 154-159) pour une discussion sur le mot *ouvrage* et d'autres pour lesquels les femmes étaient censées choisir un genre différent, et pour une analyse des manières dont ces termes étaient employés dans les textes contemporains.

1729 L'Académie (1704 : 438) confirme que ce sont, à son avis, « des manieres de parler, dont il n'y a plus que le bas peuple qui se serve ».

veu des femmes de la Cour, qui l'oyant dire à des femmes de la ville, ne le pouvoient souffrir, comme une phrase qui n'est point usitée parmy ceux (446 [406]) qui parlent bien ; car c'est une maxime, comme j'ay dit ailleurs[1730], que tous les mots, & toutes les façons de parler, qui sont basses, ne se doivent jamais dire en parlant, quoy qu'il y ayt beaucoup plus de liberté à parler qu'à escrire. Il y a une certaine dignité mesme dans le langage ordinaire & familier, que les honnestes gens sont obligez de garder, comme ils gardent une certaine bien-seance en tout ce qu'ils exposent aux yeux du monde[1731].

Fureur, furie

Quoy que ces deux mots signifient une mesme chose, si est-ce qu'il ne les faut pas tousjours confondre, parce qu'il y a des endroits, où l'on use de l'un, que l'on n'useroit pas de l'autre. Par exemple, on dit *fureur poëtique*, *fureur divine*, *fureur martiale*, *fureur heroïque*, & non pas *furie poëtique*, *furie divine*, *&c.*[1732] Au contraire on dit *durant la furie du combat*, *la furie du mal*, *courre de furie*, *donner de furie*, & l'on ne diroit pas *la fureur du combat*, *la fureur du mal*, *courre de fureur*, *donner de fureur*[1733]. Il semble que le mot de *fureur*, denote davantage, *l'agitation violente du dedans* & le mot de *furie*, *les actions violentes du dehors.* Il y a aussi cette difference, que *fureur* se prend quelquefois en bonne part, comme *fureur* (447 [407]) *poëtique*, *fureur divine*, & les deux autres[1734] epithetes que nous avons nommez en suite, & *furie*, se prend ordinairement en mauvaise part[1735]. On dit neantmoins l'un & l'autre en parlant des animaux, & mesmes des choses inanimées, comme *le lion se lance en fureur*, ou *en furie*, *la fureur & la furie des bestes farouches*, *la fureur & la furie de la tempeste, des vents, de la mer & de l'orage.*

La lecture attentifve des bons Autheurs suppleera au defaut de cette Remarque, & apprendra quelles sont les phrases, où l'on se doit servir

1730 Voir *R*p. 123.

1731 Ce commentaire fait lier les *Remarques* à d'autres types de livres de courtoisie de l'époque.

1732 Ni *furie poëtique* ni *furie divine* ne sont attestés dans Frantext pour la période 1600-1647.

1733 Nous trouvons pourtant dans Frantext (1600-1647) un exemple de *fureur du combat* chez Mareschal (1634).

1734 Dans l'original : les autres deux (*Fautes d'impression*).

1735 En réalité l'usage semble être moins net : on trouve chez Coeffeteau (Urbain 1893 : 310) à la fois *arrêter la fureur des Allemands* et *arrêter la furie de soldats*, ou *entrer en fureur* et *mettre en furie*, et Régnier (1869 : 285-286) dresse une liste d'exemples de *fureur* chez Malherbe dans les diverses acceptions du latin *furor.*

de l'un & non pas de l'autre, & où l'on se peut servir de tous les deux. Il suffit d'advertir qu'on y prenne garde.

Gentil, *gentille*

Cet adjectif *gentil* a *gentille*, au feminin[1736], qui ne se prononce pas comme *ville*, mais comme *fille*, avec deux *ll*, liquides, & semblables à celles des Espagnols[1737]. Ce qui est tout particulier à ce mot, n'y en ayant aucun autre de la terminaison de *gentil*, qui prenne deux *ll*, au feminin, & les face prononcer comme *fille* ; car on dit *subtil*, & *subtile*, & non pas *subtille*, *civil*, & *civile*, non pas *civille*, *vil* & *vile*, & non pas *ville*[1738]. Il est vray qu'il y a peu d'adjectifs terminez en *il*, & que la (448 [408]) plus-part de ceux qui ont *ilis*, en Latin, prenne *ile*, en François. Et la difference qui s'y trouve vient de la longueur, ou de la briefveté de la penultiesme syllabe ; car tous ceux qui en la langue Latine d'où ils viennent, ont la penultiesme syllabe breve, comme *fertilis*, *utilis*, en nostre langue prennent un *e*, apres l'*l*, & l'on dit *fertile*, *utile*, mais lors qu'au Latin, la penultiesme syllabe est longue, comme en ces mots

---

1736 L'axe principal de la remarque manuscrite intitulée « *Fertil* » (f° 33v°) est un peu différent, car Vaugelas l'entame en considérant la bonne forme des adjectifs masculins : « *Fertil* pour *Fertile* ne uaut rien, non plus qu'*Vtil* pour *Vtile*, *Mil* pour *Mill*[*e*,] mais on dit *subtil*, et non pas *subtile* si ce n'est au feminin, et *gentil* et non pas *gentile* ». Il continue par noter que : « la Reigle en est belle, mais elle ne peut seruir qu'à ceux qui sçauent le latin. Car tous ces mots là uiennent du latin, et ceux qui en latin ont la seconde syllabe briefue comme *Fertilis*, *utilis*, <en> nostre langue <on> met un *e* apres l'*L* et <l'on> dit *Fertile* et *utile* mais si la seconde syllabe est longue, comme à *subtilis* et *gentilis*, il faut les mettre en françois sans *E* et dire *subtil* et *gentil*. C'est icy un exemple d'une de ces Reigles qui n'ont point de raison si ce n'est que l'on uoulust alleguer icy pour raison, que la longueur de la seconde syllabe se[...] [le texte est repris au f° 38 r°] obliger à s'y arrester, et que la briefueté de la mesme syllabe semble aussi obliger à passer outre en y aioustant une syllabe. Mais c'est uouloir estre trop subtil en une chose qui ne le merite pas. Au reste on dit fort bien *public* et *publique* tous deux Adiectifs et masculins, par exemple *vn deuil public*, et *un dueil publique*. » *Cf.* f° 94v° : « *Vtil* pour *Vtile* ne uaut rien. Voyez *Fertile*. »

1737 *Cf.* Maupas (1618 : f° 40v°) sur les adjectifs qui se terminent en 'l' : « ordinairement on adjoute *le*, *Gentil, gentille*, *Vermeil, vermeille*, *Pareil, pareille*. Vray est qu'où l, n'est pas liquide, on n'a point de necessité de la doubler, et pourroit suffire une simple. *General, generale*, *Eternel, éternele*, etc. Mieux toutesfois, *Telle Quelle*. » Sur la prononciation de ces formes, voir Thurot (1881-1883 : II, 306). Quant à l'orthographe, la forme *gentile* est attestée dans Frantext (1600-1647), par exemple chez Urfé et Camus.

1738 Les formes *subtille* et *civille* sont attestées dans Frantext pour la période 1600-1647, mais la plupart des occurrences proviennent des textes en vers.

subtilis, *gentilis*, *civilis*, il les faut dire en François sans *e*, *subtil*, *gentil*, *civil*. Il en faut excepter *servile*[1739].

Jumeau, *Gemeau*[1740]

Nonobstant l'origine de ce mot qui vient de *gemellus*, il faut prononcer & escrire *Jumeau*, & non pas *gemeau*, pour dire l'un des enfans qui sont nez d'une portée[1741] ; Que si c'est une fille, on l'appellera *jumelle*. On dit *ils sont freres jumeaux*, *il est jumeau*, *ce sont deux jumeaux*, *deux freres jumeaux*, *c'est une jumelle*, *une cerise jumelle*[1742]. Mais quand on parle d'un des signes du Zodiaque, il faut prononcer & escrire *gemeaux*, & non pas *jumeaux*.

Transfuge[1743]

Ce mot est nouveau, mais receu avec applaudissement à cause de la necessité, (449 [409]) que l'on en avoit, parce que nous n'en avions point en nostre langue, qui exprimast ce qu'il veut dire, & qu'il falloit user[1744] d'une longue circonlocution ; car *deserteur*, ny *fugitif*, n'est point cela, on peut estre l'un & l'autre sans estre transfuge[1745].

1739 Il semble que Vaugelas soit le premier à essayer de formuler une règle pour la formation des adjectifs se terminant en *-il(e)* ; voir Thurot (1881-1883 : I, 189-190) et Brunot (1905-1953 : III, 277).

1740 Comme c'est souvent le cas, le point de départ de la remarque manuscrite (f° 43r°) est une critique de l'usage de Malherbe : « *gemeaux* c'est ainsi que dit M de Malh p.314 se fondant sur le latin gemini ou gemelli, mais il ne faut point tirer de consequence de là, et *Iumeaux* est sans doute meilleur. M. Coeff. ~~le~~ dit *Iumeaux* et iamais *gemeaux*. Ie doute que cettuy cy soit bon. » L'exemple provient des *Bienfaits* de Malherbe (1631 : I, 314) : *pourquoy deux gemeaux separez en la conception sont assemblez en l'enfantement*.

1741 Richelet (1680) et l'Académie (1694) adoptent le jugement de Vaugelas, mais Furetière (1690) suit plutôt Estienne (1549) et Nicot (1606) en autorisant toujours, pour la forme *gemeau*, l'acception « Frere besson, ou qui est né avec un autre d'une même ventrée », tout en notant qu'« [o]n prononce maintenant *Jumeau* ». Voir aussi Thurot (1881-1883 : I, 272).

1742 Nous trouvons pourtant dans Frantext quelques occurrences de *gemeaux* avec ce sens, par ex. *Nous estions demeurez sur ces petits gemeaux / Que Cloris eslevoit* (Desmarets de Saint-Sorlin, 1637).

1743 Cette observation et les quatre suivantes ne se trouvent pas dans le manuscrit. Dans le cas de *transfuge*, il est probable que l'attention de Vaugelas fut attirée par l'usage de ce mot qu'en faisait Perrot d'Ablancourt dans sa traduction des *Annales* de Tacite (Marzys 2008 : 106 ; Perrot d'Ablancourt 1658 : 62).

1744 Dans l'original : & falloit user (*Fautes d'impression*).

1745 Selon Marzys (2008 : 106), le mot est attesté pour la première fois chez Bersuire (vers 1355), et ne reparaît que chez Cotgrave en 1611, avant d'être utilisé par Perrot d'Ablancourt. Il n'est pas attesté dans les textes de Frantext pour la période 1600-1647. À la fin du siècle il figure dans les trois grands dictionnaires monolingues de l'époque.

Transfuge[1746], comme en Latin *transfuga*, est quiconque quitte son party pour suivre celuy des ennemis.

Fortuné

Tantost *fortuné*, signifie *heureux*, & tantost *malheureux*, quand il signifie *heureux*, il est plus noble que le mot d'*heureux*, & n'est pas tant du langage familier. On dit *un Prince fortuné*, *un Amant fortuné*, *les isles fortunées*. Mais dans la signification de *malheureux*, il est bas, comme *ce pauvre fortuné*[1747].

Si, pour *avec tout cela*, & *outre cela*

On se servoit autrefois de cette particule *si*, avec beaucoup de grace, ce me semble, par exemple on disoit, *j'y ay fait tout ce que j'ay peu, j'ay remué ciel & terre, & si je n'ay peu en venir à bout*, pour dire *& avec tout cela je n'en ay peu venir à bout*; Mais aujourd'huy on ne s'en sert plus, ny en prose, ny en vers[1748].

On en usoit encore en un autre sens un peu (450 [410]) different du premier, pour dire non pas *avec tout cela*, mais *outre cela*, comme il se voit encore dans les escriteaux des chambres garnies de Paris, où l'on adjouste d'ordinaire à la fin, *& si l'on prend des pensionnaires*, c'est à dire *& outre cela l'on prend des pensionnaires*. Mais aujourd'huy ce terme est encore plus bas & plus vieux que l'autre[1749].

Gestes

Ce mot au pluriel pour dire *les faits memorables de guerre*, commence à s'apprivoiser en nostre langue, & l'un de nos celebres Escrivains l'a employé depuis peu en une tres-belle Epistre liminaire, qu'il adresse

---

1746 Dans l'original : *Tranfuge*.

1747 Les exemples contemporains dans Frantext ont le sens mélioratif. Cotgrave (1611), Richelet (1680), Furetière (1690) et l'Académie (1694) ne donnent également que le sens mélioratif du terme.

1748 Cette remarque qui consigne un changement d'usage est absente du manuscrit. Oudin (1640 : 305) avait déjà remarqué que « *Et si*, pour *et toutefois*, ne s'escrit plus ». Pour d'autres exemples de cet usage, voir Brunot (1905-1953 : III, 369), Haase (1935 : 388) et Spillebout (2007 : 237-238).

1749 Oudin (1640 : 301) condamne l'usage de *si* pour *et* : « *si firent tant par leurs paroles*, dites plus proprement, *et firent tant*, etc. » ; *cf.* Brunot (1905-1953 : III, 369).

à un grand Prince[1750]. Que si l'on s'en sert en ces endroits là qui sont si esclatans, & où l'on ne s'emancipe pas comme dans le cours d'un grand ouvrage, d'user de mots encore douteux, il y a apparence que dans peu de temps il s'establira tout à fait. Ce n'est pas tant un mot nouveau, qu'un vieux mot que l'on renouvelle & que l'on remet en usage ; car vous le trouvez dans Amyot[1751], & dans les Autheurs de son temps, mais j'apprens qu'il y a plus de cinquante ans que l'on ne l'a dit que par raillerie, *ses faits & gestes*[1752]. On mettoit tousjours *faits*, devant, comme pour l'expliquer ou luy (451 [411]) servir de passe-port[1753]. Il ne faudroit pas en user ainsi maintenant, si ce n'est que l'on repetast le pronom, en disant *ses faits & ses gestes*, & non pas *ses faits & gestes*, qui passeroit encore pour raillerie.

Au reste ceux qui s'en voudront servir desormais pour *les faits remarquables de guerre*, se souviendront qu'il est plus du haut stile, que de l'ordinaire *les gestes d'Alexandre le grand.* Je suis obligé d'ajouster ce que j'ay veu ; que la plus-part ont de la peine à approuver ce mot là, & ainsi je ne voudrois pas me haster de le dire, jusqu'à ce que le temps & l'Usage nous l'ayent rendu plus familier[1754].

Si FUIR *à l'infinitif, & aux preterits defini & indefini de l'indicatif est d'une syllabe ou de deux*

J'ay veu plusieurs fois agiter cette question parmy d'excellens esprits[1755]. Il n'y a que les Poëtes, qui y prennent interest, & qui voudroient tous que *fuir*, à l'infinitif, & *je fuis*, au preterit defini, & *j'ay füy*, au preterit

---

1750 Clef de Conrart : « M. D'Ablancourt ». On trouve dans l'*Epistre* de sa traduction des Guerres d'Alexandre par Arrien (1664 [[1]1646]) : *Ces miracles ne se rencontrent que dans les gestes du Duc d'Anguien & d'Alexandre.*

1751 Sturel (1908 : 365-366) observe que *gestes* est parfois encore employé par Amyot en 1559 (par ex. *la nuict il ne songeoit que de ses gestes*), mais que le plus souvent il est ou supprimé ou employé dans la locution *les faits et gestes* (par ex. *les histoires des faicts et gestes d'Alexandre le Grand*).

1752 Le seul exemple de l'expression *faits et gestes* dans Frantext (1600-1647) se trouve pourtant dans *Les Tragiques* d'Aubigné (1630), texte publié pour la première fois en 1615.

1753 L'usage de binômes synonymiques fut surtout favorisé par les traducteurs à des fins explicatives, par exemple quand ils voulaient introduire un mot calqué sur le latin (voir Buridant 1980).

1754 Absent du dictionnaire de Cotgrave (1611), le terme est limité au « beau stile » par Richelet (1680), tandis que Furetière (1690) et l'Académie (1694) le jugent « vieux ».

1755 Cette remarque sur la prononciation ne figure pas dans le manuscrit.

indefini, ne fussent que d'une syllabe, parce qu'ils ont souvent besoin de ce mot là, & que de le faire de deux syllabes, il est languissant & fait un mauvais effet appellé par les Latins *hiatus*[1756], qui est un si grand defaut parmy la (452 [412]) douceur & la beauté de la versification, qu'ils aimeroyent mieux se passer de le dire, que de le faire de deux syllabes ; c'est pourquoy ils opiniastrent tant, qu'il n'est que d'une[1757] ; Car pour ceux qui parlent, ou qui escrivent en prose, il leur importe peu, qu'il soit d'une ou deux, parce que dans la prononciation on a peine à distinguer de quelle façon on le fait, & dans la prose, il n'y a que l'orthographe tres-exacte, qui puisse declarer cela en mettant deux points entre l'*u*, & l'*i*, ou l'*y*, *fuïr, je fuïs, j'ay füy*, lesquels estant oubliez ne seroient pas remarquez pour une faute.

Le sentiment de tous les bons Grammairiens[1758] est que *füir, je fuïs, j'ay füy*, sont de deux syllabes, & ils se fondent sur des raisons convaincantes. Parlons premierement des preterits, à cause qu'ils ont des raisons particulieres, qui ne conviennent pas à l'infinitif, comme l'infinitif en a aussi qui ne conviennent pas aux preterits.

La premiere est, qu'en toutes les langues, comme en la nostre, les temps des modes qu'ils appellent, ou des conjugaisons ; car il faut necessairement user icy des termes de la Grammaire[1759], se diversifient tousjours autant qu'il se peut, par exemple on dit en Latin en la premiere personne du present de l'indicatif, *amo*, en celle de l'imparfait *amabam*, au (453 [413]) parfait, *amavi*, au plus que parfait *amaveram*, & au futur *amabo*. De mesme au Grec τύπτω, ἔτυπτον, τέτυφα, ἐτετύφειν, τύψω, & ainsi en toutes les langues vulgaires, dont il seroit ennuyeux & superflu de rapporter les exemples. Pourquoy donc faudra-t-il[1760] que cette reigle si generale, si naturelle, & si raisonnable de la diversité des temps, qui fait la clarté, la

1756 L'usage du terme technique, qui est contre la politique général de notre remarqueur (voir l'Introduction, 5.2.1), se justifie peut-être ici par son caractère autonymique. Comme terme technique, le mot est inclus par Thomas Corneille dans *Le Dictionnaire des Arts et des Sciences* de 1694, mais il est absent du dictionnaire de l'Académie de la même année.

1757 Pour le traitement de cette question dans les textes métalinguistiques, voir Thurot (1881-1883 : I, 549-551).

1758 Il n'y a pas de commentaire explicite sur la prononciation de ce verbe par les grammairiens de notre corpus (1530-1650), mais nous trouvons chez Maupas (1618 : f° 115r°) les formes *je fuï*, *j'ay fuï*, etc. écrites avec un tréma. Chabanel (1612 : 199), pour sa part, recommande les mêmes formes que Vaugelas.

1759 Voir Tableau 2, p. 103-105.

1760 Dans l'original : faudra-t il.

beauté, & la richesse des langues, n'ayt pas lieu en ce verbe *fuïr*, au preterit defini *je fuïs*, puis qu'elle le peut avoir en faisant *je fuis*, au present d'une syllabe, & *je fuis*, au preterit, de deux ? En ces matieres l'analogie est un argument invincible, dont les plus grands hommes de l'antiquité se sont servis toutes les fois que l'Usage n'avoit pas decidé quelque chose dans leur langue. *Analogiam*, dit un grand homme[1761], *loquendi magistram ac ducem sequemur ; hæc dubiis vocibus moderatur, aut veteribus, aut si quæ nostro aliisve sæculis nascuntur.* Et Varron qu'on appelle le plus sçavant des Romains, est dans ce mesme sentiment qu'il establit par des raisons admirables[1762]. Mais outre ce rapport general que les verbes ont entre eux, il y a encore une analogie toute particuliere entre ce verbe *fuïr*, & deux autres verbes, de la mesme conjugaison, & composez de mesme nombre de lettres, ce qui confirme entierement nostre opinion, & ne laisse (454 [414]) plus aucun lieu de repliquer. Ces deux verbes sont *oüir* & *haïr*, qui sont de deux syllabes à l'infinitif, au preterit defini, & au preterit indefini, & ne sont que d'une syllabe au present de l'indicatif ; Car on dit *oüyr, j'oüis, j'ay oüy,* & *j'oys*, *haïr, je haïs, j'ay haï, & je hais.* Pourroit-on trouver au monde deux exemples plus parfaits, plus conformes, & plus convaincans, ny concluans que ceux là[1763] ?

Mais comme j'escrivois cecy, un des plus beaux esprits de ce temps, à qui je le communiquay, ne voulut pas neantmoins se rendre à la force de ces raisons, qu'on pourroit appeller demonstrations[1764]. Pour toute defense il ne leur opposa que l'*Usage*, qui à ce qu'il soustient, ne fait *fuir*, ny tous ses autres temps dont il s'agit, que d'une syllabe. A cela je respondis, que si l'*Usage*, ne les faisoit que d'une syllabe, il n'y avoit rien à dire, que ces Remarques estoient pleines de l'entiere deference qu'il falloit rendre à l'Usage au prejudice de toutes les raisons du monde ; Mais c'est

1761 « Suivons [l'analogie] comme maîtresse et conductrice du langage ; celle-ci impose une limite aux formes (expressions) douteuses, ou aux formes anciennes, ou à toutes les formes qui naissent, tant à notre époque qu'aux autres. » Il a été impossible d'identifier la source de cette citation, mais il s'agit sans doute d'un texte postclassique.

1762 Dans les livres 8 à 10 de son *De lingua latina*, Varron liste tour à tour les arguments pour soutenir l'opinion que l'analogie est très commune dans le fonctionnement du langage et qu'elle guide le bon usage, et les raisons pour maintenir au contraire que l'analogie ne s'opère pas en matière de langage, avant d'offrir sa propre position dans le débat dans le livre 10.

1763 Vaugelas ne fait pas de distinction entre voyelles en hiatus et semi-voyelles, autrement dit, il confond prononciation et graphie.

1764 Cette allusion n'est pas référencée dans la Clef de Conrart mais, selon Chassang (1880 : II, 180), il s'agit de Patru.

la question, de sçavoir si l'Usage les fait d'une ou de deux syllabes ; car s'il l'avoit decidé il n'y auroit plus de doute, & de le mettre aujourd'huy en question, est une preuve infaillible qu'il ne l'a pas decidé[1765] ; Car il faut considerer, qu'encore que l'Usage soit le maistre des langues, il y a neantmoins beaucoup (455 [415]) de choses où il ne s'est pas bien declaré, comme nous l'avons fait voir en la Preface, par plusieurs exemples, qui ne peuvent estre contredits. Alors il faut necessairement recourir à la Raison, qui vient au secours de l'Usage. Par exemple en ce mot *füir*, non plus qu'en tous les autres mots de cette nature, on ne peut descouvrir l'Usage qu'en trois façons, en la prononciation, en l'orthographe, & en la mesure des vers. Pour la prononciation, on ne sçauroit discerner si on le fait d'une syllabe, ou de deux. Pour l'orthographe, on le pourroit connoistre par les deux points qu'il faudroit mettre sur l'*ü* ou sur l'*ï* en escrivant *fuïr*, ainsi ; car ces deux points marquent tousjours deux syllabes, mais les Imprimeurs ny les Autheurs ne sont pas si exacts. Et pour la mesure du vers, les Poëtes n'en doivent pas estre juges, parce qu'ils sont parties, & n'ont garde de le faire que d'une syllabe. La raison en est evidente, *fuir*, est un mot dont ils peuvent souvent avoir besoin, soit à l'infinitif, soit au preterit, c'est pourquoy ayant à s'en servir, ils ne manqueront pas de le faire d'une syllabe, & ne le feront jamais de deux, à cause de cet entre-baillement que font les voyelles *u*, & *i*, separées, & que la douceur de nostre Poësie ne peut souffrir, qui par cette mesme raison bannit la rencontre des voyelles (456 [416]) en deux mots differens. Ils ne devroient pas pourtant trouver *fuïr*, de deux syllabes plus rude, que *ruïne*, & *bruïne*, où l'*u*, & l'*i* font deux syllabes distinctes.

Nous avons donc fait voir que *je fuïs*, au preterit defini est de deux syllabes. S'il l'est au preterit defini, il l'est aussi au preterit indefini, *j'ay füy*, parce qu'en toutes les quatre conjugaisons des verbes, soit reguliers, soit anomaux je vois que, jamais ces deux preterits n'ont plus de syllabes l'un que l'autre : si ce n'est en un seul, qui est[1766] *mourus*, & *mort*, mais encore dit-on *je suis mort*, à l'indefini, comme on dit *je mourus*, au defini, & ainsi ils[1767] se peuvent dire egaux en syllabes.

Maintenant pour l'infinitif, il s'ensuit par l'analogie des verbes, que le preterit defini estant de deux syllabes, comme nous avons fait

1765 Sur *l'usage douteux*, voir l'Introduction, 4.1.5.

1766 Dans l'original : & est qui.

1767 Dans l'original : il.

voir, l'infinitif ne peut pas estre d'une syllabe, parce qu'en toutes nos conjugaisons regulieres, ou anomales, il n'y a pas un seul verbe sans exception, dont l'infinitif ne soit ou egal en syllabes avec le preterit defini, ou plus long, comme en la premiere conjugaison terminée en *er*, *aimer, aimay*, en la seconde terminée en *ir, sortir, sortis*, en la troisiesme terminée en *oir, prevoir, previs*, & quelquefois plus long, comme *sçavoir, sceus*, & en fin en la quatriesme terminée en *re, perdre, perdis*, (457 [417]) *faire, fis, croire, creus*. Il en est ainsi de tous les anomaux.

En Cour

Cette façon de parler, qui est si commune[1768], est insupportable. Tant de gens disent & escrivent & dans les Provinces & dans la Cour mesme, *il est en Cour, il est allé en Cour, il est bien en Cour*, au lieu de dire, *il est à la Cour, il est allé à la Cour, il est bien à la Cour*. C'est bien assez que l'on souffre *en Cour*, sur les paquets. De mesme il faut dire *Advocat au Parlement*, *Procureur au Parlement*, & non pas *Advocat en Parlement*, ny *Procureur en Parlement*, comme l'on dit, & comme l'on escrit tous les jours[1769].

Narration historique[1770]

Il y en a qui tiennent que dans le stile historique, il ne faut pas narrer le passé par le present, comme par exemple en descrivant une tempeste arrivée il y a long-temps, ils ne veulent pas que l'on die, *mais tout à coup une gresle espaisse suivie d'une effroyable tempeste, desroba la veuë & la conduite*

1768 Cette expression est bien attestée dans Frantext surtout dans les décennies 1620-1629 (43 ex.) et 1630-1639 (53 ex.). Oudin (1640 : 232) accepte également l'usage de *en Cour*.

1769 Nous lisons, par exemple, dans une des *Lettres familières* de Pasquier (1613) : *À Monsieur Loisel, Advocat en Parlement* (cité d'après Frantext).

1770 La remarque manuscrite (« *Narration* », f° 65v°) est plus courte et notamment ne contient pas la discussion de l'exemple pris de la traduction de Tacite par Perrot d'Ablancourt : « *Narration historique.* Il y en a qui tiennent qu'il ne faut pas narrer le passé par le present, mais ilz se trompent bien fort ; qu'ilz uoyent M Coeff Malh. p.402 en sa traduction de T. L. et tous les autres. Mesmes en parlant on en use ainsi et i'ay ueu des Relations des gents de la Court faites dans des lettres qui narrent par le present, comme ayant beaucoup meilleure grace que le preterit. Il est uray que pour diuersifier et rendre le stile plus agreable il se faut seruir tantost de l'un et tantost de l'autre, et sçauoir passer de l'un à l'autre dextrement et à propos, autrement on tombe dans une faute que ie uois faire à plusieurs de commencer par un temps et finir par l'autre qui est d'ordinaire un grand defaut. »

aux nautonniers. Le soldat apprentif dans les fortunes de la mer trouble l'art des matelots par un service inutile. Les (458 [418]) *vaisseaux abandonnez du pilote flottent à la mercy de l'orage ; tout cede enfin à la violence d'un vent*, & ce qui s'ensuit dans cette excellente & nouvelle traduction de Tacite au second livre des Annales[1771], que j'ay bien voulu rapporter icy pour un des plus beaux exemples, qu'aucun Historien eust peu me fournir sur ce sujet[1772]. Ceux qui sont dans ce sentiment voudroient que l'on dist *le soldat apprentif dans les fortunes de la mer troubloit*, & non pas *trouble l'art des matelots ; les vaisseaux abandonnez du pilote flottoient*, & non pas *flottent à la mercy de l'orage. Tout cedoit* & non pas *tout cede*, sur tout apres avoir employé, disent-ils[1773], le preterit defini *desroba*, immediatement devant la periode, qui employe le temps present *trouble*[1774]. Mais je ne puis assez m'estonner, que des gens, qui d'ailleurs escrivent parfaitement bien, soient tombez dans cette erreur ; car outre que l'exemple des Historiens Grecs & Latins les condamne, tous les nostres n'en usent point autrement, ny M. de Malherbe[1775], ny M. Coeffeteau, ny aucun autre. Mesmes en parlant on a accoustumé de narrer ainsi, & j'ay veu force Relations de gens de la Cour, & de gens de guerre, qui se servent d'ordinaire du present, comme ayant meilleure grace que le preterit.

Il est vray que pour diversifier & rendre le stile plus agreable, il se faut servir tantost de (459 [419]) l'un & tantost de l'autre, & sçavoir passer adroitement & à propos du preterit au present & du present au preterit ; autrement on feroit une faute que plusieurs font de commencer par un temps & de finir par l'autre, qui est d'ordinaire un tres-grand defaut.

1771 Perrot d'Ablancourt (1658 : 68).

1772 Comme le note Haase (1935 : 157), qui cite plusieurs exemples de cet usage, « malgré les grammairiens, les meilleurs auteurs du XVIIe siècle passent, comme on le fait encore aujourd'hui, du présent narratif au passé historique (passé défini) ».

1773 Dans l'original : disent ils.

1774 *Cf.* Oudin (1640 : 184) : « Premierement on ne se doit point servir du present de l'Indicatif, racontant une chose passée dés long-temps, parce que c'est le propre du parfaict definy, et cependant cela se fait quelquefois dans un discours apres un participe : par exemple, *Monsieur estant arriué, trois jours s'escoulent*, etc. mais il faut continuer tout son discours par ledit present. De mesme apres un adverbe du temps, v.g. *Aussitost le valet entre dans la salle, dit à la dame*, etc. ou on observera tousjours ladicte continuation, jusques à un changement de sujet. Ce qui servira de reigle generale, pour ce qui touche de suivre un mesme temps en une mesme periode, mais il faut dire pourveu que la force de l'action ou du temps n'oblige à y en mesler quelque autre. »

1775 Vaugelas fait allusion à l'exemple suivant dans le manuscrit : *Si tost qu'ils y eurent satisfait, il part à l'heure mesme, & passant par les confins de Phlionte arrive de nuit à Cleonées, sans que personne se doutast de ce qu'il avoit envie de faire* (Malherbe 1631 : I, 402-403).

D'autant plus

Ce terme estant relatif d'une chose à une autre, il faut l'employer d'une mesme façon en toutes les deux choses, par exemple *d'autant plus qu'une personne est eslevée en dignité, d'autant plus doit-elle estre humble*, & non pas *d'autant plus qu'une personne est eslevée en dignité, d'autant doit-elle estre humble*, comme l'a escrit un excellent Autheur[1776], & plusieurs autres aussi[1777]. Que si l'on met *d'autant plus*, au premier, il faut mettre *d'autant plus*, au second ; si l'on ne met que *d'autant*, au premier sans *plus*, il le faut mettre au second de mesme[1778]. Et il est à noter qu'il ne suffit pas de repeter *plus*, mais qu'il faut aussi le mettre en la mesme place que l'autre, & ne dire pas *d'autant plus qu'une personne est elevée, d'autant doit-elle estre plus humble*, ny *elle doit d'autant plus estre humble*, mais *d'autant plus doit-elle estre humble*[1779].

(460 [420])

Le verbe auxiliaire avoir, *conjugué avec le verbe substantif, & avec les autres verbes*[1780]

1776 Cet auteur n'est pas identifié dans la Clef de Conrart. L'exemple provient sans doute de Godeau, mais il semble avoir été détourné pour cacher son identité, voir note 1778 ci-dessous.

1777 L'usage de ce terme n'est pas traité par les grammairiens dans notre corpus (1530-1650) avant Vaugelas. La majorité des auteurs dans Frantext pour la période 1600-1647 (y compris Urfé, Coeffeteau et Arnauld) répètent *d'autant plus*, comme le recommande Vaugelas, mais on trouve chez Bérulle (1623) l'exemple suivant : *Car d'autant plus que le fils de Dieu se cache et s'abbaisse dans ce mystere, plus le pere le revele et manifeste, et plus les hommes le doivent recognoistre, et parler hautement de luy.*

1778 Dans le manuscrit (f° 67v°) : « Ie n'eusse pas creu qu'il eust esté besoing de <le> remarquer, si un de noz plus celebres Escriuains ~~[...]~~ n'auoit fait cette faute, ayant escrit <à cause que> ces deux arts ne sont rien autre chose qu'une imitation de la nature, et que d'autant plus qu'elles en approchent, d'autant sont elle uoisines de la perfection qui leur est propre. » La citation provient du *Discours sur les œuvres de Malherbe* par Godeau (Malherbe 1631 : I, o iii^{v}).

1779 Dans le manuscrit : « Et cette Remarque n'est pas une superstition, que i'introduise pour gesner les esprits de ceux qui escriuent en n[ot]re langue, et qui se plaignent desia de l'excessiue rigueur des loix que l'on leur impose. C'est une Reigle <~~si bien~~> <toute> establie ~~dans la langue~~, et ~~tellem[ent]~~ <tousiours> practiquee par M. Coeff. et par tous ceux qui scauent escrire ~~en françois~~ purement, si bien que c'est uioler la pureté de la langue <et ne parler pas françois> que d'y manquer. »

1780 Il y a deux remarques manuscrites qui traitent de cette question. La première est de nature plutôt générale (« Arrangement de mots », f° 35r°) : « Il n'y a rien qui contribue tant à la netteté et à la douceur du langage que de bien arranger ses mots ~~[...]~~ p.4 ~~[...]~~ On pourroit ce me semble, en faire une Reigle, et dire que le verbe auxiliare *auoir* ~~ne ueut pas~~ n'aime pas a estre tant esloigné de celuy à l'ayde + {+ duquel il est destiné, estant le

Quand le verbe auxiliaire[1781] *avoir*, se conjugue avec le verbe substantif *estre*, il n'aime pas à rien[1782] recevoir entre-deux qui les separe ; non pas que ce soit absolument une faute, mais c'est une imperfection à eviter[1783]. Par exemple si l'on dit *il a plusieurs fois esté contraint*, il ne sera pas si bon que de dire *il a esté plusieurs fois contraint*, ou *il a esté contraint plusieurs fois* en mettant *a*, & *esté*, immediatement l'un aupres de l'autre. De mesme *s'il eust esté encore malade*, est mieux dit nonobstant la cacophonie d'*encore* apres *esté*, que de dire *s'il eust encore esté malade* : Mais quand ce mesme verbe *avoir*, se conjugue avec un autre verbe, que le substantif, il n'en est pas ainsi[1784] ; car par exemple *je l'en ay plusieurs fois asseuré*, est bien mieux dit, que *je l'en ay asseuré plusieurs fois*.

Voile[1785]

Peu de gens ignorent, comme je crois, que ce mot à deux significations, & deux genres[1786]. Il est masculin quand il signifie *ce dont on se couvre le visage & la teste*, comme *le voile blanc*, *le voile noir des Religieuses*, & *un* (461 [421]) *voile devant les yeux*, que l'on dit, & proprement & figurement, & alors on voit par ces exemples qu'il est masculin. Mais il est feminin quand il signifie *la toile*, ou *autre estoffe, dont les matelots se servent pour prendre*[1787] *le vent qui pousse leurs vaisseaux*. Neantmoins je vois une infinité de gens, qui font ce dernier masculin[1788], & disent *il*

---

propre de celuy qui ayde de ne s'esloigner que le moins qu'il peut de celuy qui a besoing de son ~~[...]~~ secours.} » Il semble que Vaugelas fait référence à cet exemple de Malherbe : *comme il a déjà esté dit* (Malherbe 1631 : I, 4). Le contenu de la deuxième remarque (« *Verbe Substantif auec le'autre Verbe Auxiliaire Auoir* » (f° 94v°), qui a comme sous-titre « Verbe *Auoir* auec les autres Verbes »), est proche de celui de la version publiée. Elle conclut : « Cette petite remarque est delicate mais ceux qui y manquent choquent l'oreille de beaucoup de gents ~~qui [...]~~ <qui la sentent> sans qu'ilz en scachent la cause. »

1781 Dans l'original : auxilaire.

1782 Notons la cooccurrence de *pas* et de *rien*, voir *R*p. 406.

1783 Cette construction est toujours acceptée par Oudin dans sa grammaire (1640 : 201), et Brunot (1905-1953 : III, 659-660) observe que la séparation de l'auxiliaire et du participe est fréquente dans les textes.

1784 Voir, toutefois, la critique de certaines transpositions, *R*p. 580.

1785 Cette observation ne figure pas dans le manuscrit.

1786 Cette distinction a été déjà faite par Nicot (1606) et Cotgrave (1611) dans leurs dictionnaires et par Oudin (1640 : 75) dans sa grammaire.

1787 Dans l'original : *recevoir* (*Fautes d'impression*).

1788 Presque tous les exemples de *voile* au masculin dans Frantext (1600-1647) ont le sens de « pièce d'étoffe qui recouvre, protège ou masque », mais on trouve chez Sorel (1627) *faut caler le voile*, *les voiles enflez*. Soit qu'on s'en serve dans le propre, ou dans le figuré en ce dernier sens, il est tousjours feminin.

Si l'adjectif de l'un des deux genres se peut appliquer à l'autre dans la comparaison

L'exemple le va faire entendre. Si un homme dit à une fille, *je suis plus beau que vous*, ou qu'une fille die à un homme, *je suis plus vaillante que vous*, on demande si cette façon de parler est bonne[1789]. On respond, qu'elle ne se peut pas dire absolument mauvaise, mais qu'elle n'est pas fort bonne aussi, & qu'il la faut eviter en se servant d'une autre phrase, comme *j'ay plus de beauté que vous*, *j'ay plus de courage que vous* ; Autrement il faudroit dire, pour parler regulierement, *je suis plus beau que vous n'estes belle*, & *je suis plus vaillante, que vous n'estes vaillant*, car en cette phrase l'adjectif regardant (462 [422]) les deux personnes de divers sexe, & leur estant commun à tous deux, il doit aussi estre du genre commun, & non pas d'un genre qui ne convienne qu'à l'un des deux. C'est pourquoy un homme dira fort bien à une femme, ou une femme à un homme, *je suis plus riche que vous, je suis plus pauvre, & plus noble que vous*, parce que tous ces adjectifs *riche*, *pauvre*, *noble*, sont du genre commun, & conviennent egalement à l'homme & à la femme.

A mesme

Cette façon de parler *à mesme*, pour dire *en mesme temps*, ou *à mesme temps*, comme *à mesme que la priere fut faite, l'orage fut appaisé*, est tres-mauvaise, & je ne conseillerois à qui que ce soit d'en user, ny en parlant, ny en escrivant[1790].

---

un exemple de l'usage critiqué par Vaugelas : *Ses cris parvindrent aux oreilles de ceux qui estoient demeurez au navire d'Alerio, mais voyans qu'elle estoit des-ja dans celuy du corsaire où l'on mettoit le voile au vent, ils ne la pouvoient pas secourir.*

1789 Cette question n'est pas traitée dans le manuscrit et ne semble pas avoir attiré l'attention des grammairiens avant Vaugelas.

1790 Cette courte remarque apparaît pour la première fois dans la version publiée. *A mesme que* ne figure ni dans notre corpus de dictionnaires ni dans celui de grammaires (1530-1650) avant Vaugelas. Il semble d'après l'usage dans les textes de Frantext que cette expression est rare à cette période, et que Sorel (1627) fait exception en s'en servant dans l'exemple suivant : *Toutesfois, vivons en espoir, / possible encor pourray-je voir / le doux subject de mon martyre ? / à mesme, dans un antre ombreux, / il vit son soleil amoureux / auprès de Philandre reluire.*

Gens[1791]

Ce mot a plusieurs significations, tantost il signifie *personnes*, tantost *les domestiques*, tantost *les soldats*, tantost *les officiers du Prince en la justice*, & tantost *des personnes qui sont de mesme suite, & d'un mesme parti*. Il est tousjours masculin en toutes ces significations, excepté quand il veut dire *personnes* ; car (463 [423]) alors il est feminin si l'adjectif le precede, & masculin si l'adjectif le suit[1792]. Par exemple on dit, *j'ay veu des gens bien faits, bien resolus*, vous voyez comme l'adjectif *bienfaits*, apres *gens*, est masculin. Au contraire on dit *voyla de belles gens, ce sont de sottes gens, de fines gens, de bonnes gens, de dangereuses gens*, & ainsi l'adjectif devant *gens*, est feminin ; Il n'y a qu'une seule exception en cet adjectif *tout*, qui estant mis devant *gens*, y est tousjours masculin, comme *tous les gens de bien, tous les honnestes gens*, jusques là que l'on ne dit point *toutes les bònnes gens*, ce mot *tout*, ne se pouvant accommoder devant *gens*, avec les autres adjectifs feminins qu'il demande[1793]. Nous avons quelques autres mots en nostre langue, qui se gouvernent de mesme avec les adjectifs. Voyez *ordres*[1794], je ne me souviens pas des autres.

1791 Dans le manuscrit (f° 42r°), Vaugelas semble s'efforcer d'expliquer la variation du genre de ce mot : « *Gents* me semble estre du genre commun, car ie uois qu'on le fait tantost masculin, <et> tantost feminin. On dit *Tous les gents de bien*, *tous les honnestes gents*, *tous mes gents sont malades*, et l'on dit aussi *ce sont de belles gents*, ~~*O bonnes gents*~~, *ce sont de bonnes gents*. Mais encor qu'on le face tantost masculin et tantost feminin comme i'ay fait uoir par ces exemples. neantmoins à proprement parler il ne se peut pas dire du genre commun, comme est *Foudre*, *doute*, *amour* et quelques ~~autres~~ <peu> d'autres que nous auons remarquez, parce que les noms qui sont du genre commun on les peut faire masculins, ou feminins indifferemment comme l'on ueut, mais il n'en est pas ainsi de *gents*, car si uous disiez *Toutes les gents de bien*, et *ce sont de bons gents*, ~~[...]~~ ce seroit mal parler et le dernier seroit ridicule. Peutestre y a t-il quelque reigle pour cela, que ie n'ay pas remarquee, mais s'il y en a et qu'elle uienne à ma conoissance, nous ne l'oublierons pas, car elle est assez necessaire ». Cette remarque est suivie immédiatement par une observation sur *gent* au singulier, qui est publiée (avec quelques modifications et omissions) par Alemand dans les *Nouvelles Remarques* (Vaugelas 1690 : 197-199).

1792 Cette distinction a été déjà notée par Oudin (1640 : 77) : « Pour le mot de *gens*, lors que l'adjectif le precede il est du genre feminin, *de belles gens*, *de bonnes gens*, *de meschantes* gens : mais si l'adjectif suit, il est masculin, *les gens de ce quartier-là sont bien meschans* : De mesme quand il se rapporte aux hommes : v. g. *tous gens de guerre sortiront du païs*. Notez de plus, que son singulier n'est gueres en usage. » Sur cette question, voir Brunot (1905-1953 : III, 441-442).

1793 Dans Frantext (1600-1647), il y a 37 occurrences de *tous les gens* et aucune de *toutes les gens*.

1794 Voir *Rp*. 367.

Futur[1795]

Ce mot pris du Latin pour dire *à venir*, est plus de la Poësie, que de la bonne prose[1796] ; car en stile de Notaire, on dit bien *futur espoux*, & *future espouse*, *futurs conjoints*, & les Grammairiens disent bien *le temps futur*, pour *le temps à venir*, mais je ne sçache point d'endroit dans le beau langage où il puisse estre employé. Les Poëtes s'en servent (464 [424]) magnifiquement, comme M. de Malherbe[1797],

Que direz-vous races futures ?

Fatal[1798]

Ce mot le plus souvent se prend en mauvaise part, comme *le jour fatal*, *l'heure fatale*, *le tison fatal*, *le cheveu fatal*, *fatal à la Republique*, *Scipion fatal à l'Afrique*, *Hannibal fatal à l'Italie*[1799]. Mais il ne laisse pas de se prendre quelquefois en bonne part, comme M. de Malherbe a dit *dans*

1795 Cette observation, qui traite d'une différence d'usage en poésie et en prose, ne se trouve pas dans le manuscrit.

1796 Comme c'est souvent le cas, Richelet (1680) adopte le jugement de Vaugelas, mais Furetière (1690) et l'Académie (1694) incluent ce mot sans restriction sur son usage. Les exemples de *futur* (adjectif) en prose sont nombreux dans Frantext (1600-1647), par exemple chez Urfé, Boisrobert et Balzac.

1797 Malherbe, « Ode Sur l'attentat commis en la personne de Henry le Grand, le 19. de Decembre 1605 », v.1 (1631 : II, 40). *Cf.* Godeau (1665 [^{1}1648] : 315) dans sa *Paraphrase des pseaumes de David, en vers françois* : *Et ton peuple futur s'en doit entretenir.*

1798 Dans le manuscrit (f° 27v°), Vaugelas se concentre sur l'usage de Malherbe : « *Fatal* se prend ordinairement en mauuaise part ; mais M. de Malh. l'employe souuent en bonne part <p. 57 qu'auec une ualeur à nulle autre seconde et qui seule est fatale à n[ot]re guerison> p. 188 houlette de Loüis, houlette de Marie, Dont le fatal appuy met nostre bergerie hors du pouuoir des loups, et en prose p 495 Il n'est pas croyable Madame comme auec cet art de charmer les esprits, qui certai^{+} {nem[ent] est fatal à u[ot]re maison il auoit uniuersellement acquis les uolontez de toute cette prouince * [le texte continue au-dessus de ce passage] * encore p.89 Puis quand ces deux grands hymenees dont le fatal embrassement Doit applanir les Pyrenees auront leur accomplissement. Il en a usé plus souuent en ~~mauuaise~~ <bonne> part qu'en ~~bonne~~ <mauuaise> part. la discorde aux crins de couleuure peste fatale aux potentats [le texte continue au-dessus de ce passage] + Tu menois ce blond hymenee qui deuoit solennellement De ce fatal accouplement Celebrer l'heureuse iournee p.104} ». Les citations se lisent : *La discorde aux crins de couleuvres, / Peste fatale aux Potentats* (Malherbe 1631 : II, 80) ; *Tu menois le blond Hymenée, / Qui devoit solemnellement / De ce fatal accouplement / Celebrer l'heureuse journée* (*ibid.* : II, 104).

1799 Par exemple, on trouve dans la traduction des *Annales* de Tacite faite par Perrot d'Ablancourt (1658 : 10) : *l'orgueil de Livia fatal à la Republique, fatal à la maison des Cesars.*

le fatal accouplement, un autre[1800], *&*[1801] *c'estoit une chose fatale à la race de Brutus de delivrer la Republique*[1802].

Incognito

Depuis quelques années[1803] nous avons pris ce mot des Italiens pour exprimer une chose, qu'ils ont les premiers introduite fort sagement, afin[1804] d'eviter les ceremonies ausquelles les Grands sont sujets quand ils se font connoistre ; car par ce moyen on exente d'une importune obligation, & ceux qui doivent recevoir ces honneurs, & ceux qui les doivent rendre. Aujourd'huy toutes les nations se servent d'une invention si commode, & empruntent des Italiens & la chose & le mot tout ensemble[1805]. Nous disons *il est venu* (465 [425]) *incognito*, *il viendra incognito*, non pas qu'en effet on ne soit connu, mais parce qu'on ne le veut pas estre. Mais ce qui est digne de remarque, c'est que si nous parlons d'une femme, d'une Princesse, nous ne laisserons pas de dire *elle vient incognito*, & non pas *incognita* ; & si nous parlons de plusieurs personnes, comme de deux ou trois Princes, nous dirons aussi *ils viennent incognito*, & non pas *incogniti*, parce qu'*incognito*, se dit en tous ces exemples adverbialement, comme qui diront *incognitamente*, & ainsi il est indeclinable. Seulement il seroit à desirer que la pluspart des François qui prononcent ce mot, ne missent point l'accent sur la derniere syllabe, disant *incognitò*, au lieu de dire *incógnito*, en mettant l'accent sur l'antepenultiesme.

QUE *conjonctive,*
repetée deux fois dans un mesme membre de periode

1800 L'identité de l'auteur de cette citation, attribuée simplement à Vaugelas par tous les commentateurs ultérieurs, n'est pas connue.

1801 Dans l'original, l'esperluette n'est pas en italique.

1802 L'Académie (1704 : 455-456) soutient au contraire que « *Fatal*, qui signifie malheureux, funeste, quand il est pris en mauvaise part, n'a jamais esté employé pour *heureux* dans le sens contraire » ; dans son dictionnaire de 1694 elle offre plutôt la définition : « Qui porte avec soy une destinée inévitable ».

1803 Ce mot n'est pas traité dans le manuscrit, et Richelet (1680) est le premier de nos lexicographes à l'inclure dans son dictionnaire. Pour la période 1600-1647, il n'y en a que cinq occurrences dans Frantext, dont quatre proviennent des lettres de Peiresc et une de la correspondance de Mersenne.

1804 Dans l'original il y a une virgule après « afin ».

1805 Sur l'attitude de Vaugelas envers les néologismes, voir l'Introduction, p. 179-180.

Par exemple[1806], *Je ne sçaurois croire, qu'apres avoir fait toutes sortes d'efforts, & employé tout ce qu'il avoit d'amis, d'argent, & de credit pour venir à bout d'une si grande entreprise, qu'elle luy puisse reüssir, lors qu'il l'a comme abandonnée.* Je dis qu'il ne faut pas repeter le *que*, encore qu'il y ait trois lignes entre-deux[1807], & qu'ayant dit *qu'apres avoir fait toutes sortes d'efforts, &c.* il (466 [426]) ne faut pas dire *qu'elle luy puisse reüssir*, mais seulement *elle luy puisse reüssir*, parce que le premier *que*, suffit pour tous les deux, quand mesme la distance du regime seroit plus grande. Il est vray qu'en ce cas là, lors qu'elle est trop longue ; on a accoustumé pour soulager l'esprit du Lecteur, on de l'Auditeur, de reprendre les premiers mots de la periode, & de dire comme en cet exemple, *je ne sçaurois croire, qu'apres avoir fait toutes sortes d'efforts, & employé tout ce qu'il avoit d'amis, d'argent & de credit pour venir à bout d'une si grande entreprise, & qu'apres que toutes les puissances s'en sont meslées, les unes sous main, & les autres ouvertement, je ne sçaurois, dis-je, croire, qu'elle luy puisse reüssir, &c.* Alors il faut necessairement repeter le *que*, & non pas autrement[1808]. Il n'en est pas comme de *ce*, qui aime à estre repeté, encore que les deux soient proches, & qui le veut estre absolument lors qu'ils sont esloignez. Je n'en donne point d'exemple, parce qu'il y en a une Remarque particuliere[1809].

Banquet

Ce mot est vieux, & n'est plus guere en usage que parmy le peuple[1810]. Il se conserve neantmoins dans les choses sacrées, où il est meilleur que

1806 Dans le manuscrit (« *Que* repeté », f° 74v°), Vaugelas fait l'analyse d'un exemple différent (« Il faut que ceux qui n'ont pas le pouuoir de faire du bien au prochain, qu'ilz <en> ayent au moins [...] <la> uolonté »), mais dans les grandes lignes le jugement reste identique.

1807 Dans le manuscrit : « Vne infinité de gents y manquent <en cela> ».

1808 *Cf.* dans le manuscrit : « Il est uray que quelques uns tiennent que lors qu'il y a une grande distance entre le *que* et le Verbe, il n'y a point de danger de le repeter, affin de soulager la memoire par cette liaison, comme ilz disent que l'on fait à *ce* qu'on a accoustumé de repeter deux fois surtout quand ilz sont un peu esloignez l'un de l'autre. Mais il leur faut respondre que l'Vsage l'a receu pour *ce* et non pas pour *que*, n'ayant iamais ueu user de cette repetition à aucun Autheur qui ayt sceu la pureté de nostre langue. »

1809 Voir *R*p. 303-304.

1810 Cette remarque ne figure pas dans le manuscrit. Selon Ernst (1977 : 135-136), Amyot se sert de *banquet* 5 fois (*vs festin* 2 fois), Tallemant l'utilise une fois (*festin* 5 fois) et Dacier 3 fois (*festin* 4 fois). En revanche, Corneille se sert de *festin* 21 fois, mais jamais de *banquet*. Selon l'usage tel qu'il est attesté dans Frantext, *banquet* reste toutefois fréquent pendant la période 1600-1647, avec plus de cent occurrences. Il est à noter, pourtant, qu'après 1620, les exemples dans un contexte non-religieux se trouvent notamment dans des textes comiques, satiriques ou burlesques, chez Sorel, Du Lorens ou Auvray. Le sens de « festin,

festin ; Car on dit *le banquet des Eleus, le banquet de l'Agneau*. On dit aussi *le banquet* (467 [427]) *des sept Sages*[1811]. Mais le verbe *banqueter*[1812], est beaucoup moins encore en usage, que *banquet*.

Desbarquer, desembarquer[1813]

Tous deux sont bons, mais *desbarquer* est plus doux & plus en usage[1814] ; Car ces verbes composez d'un verbe simple qui commence par *em*, ou *en*, laissent d'ordinaire cette premiere syllabe dans leur composition, comme d'*engager*, simple se forme le composé *degager*, d'*envelopper*, se fait *desvelopper*, & d'*embarrasser*, *desbarrasser*, quoy qu'il y ait apparence qu'au commencement on a dit *desengager*, *desenvelopper*, & *desembarrasser*, mais depuis on a osté l'*em*, ou l'*en*, pour rendre ces mots plus courts & plus doux[1815]. Et de fait il y en a fort peu qui ayent gardé l'une ou l'autre de ces syllabes ; Car d'*embourser*, on a dit *desbourser* ; d'*embroüiller*, *desbroüiller* ; d'*emmaillotter*, *desmaillotter* ; d'[1816]*emmancher*, *desmancher* ; d'*empaqueter*, *despaqueter* ; d'*empestrer*, *despestrer* ; Il n'y a qu'*emparer*, qui fait *desemparer*, & *embarquer*, qui fait *desembarquer*, mais *desbarquer*, comme nous avons dit, est beaucoup meilleur[1817]. Et pour *en*, d'*enchevestrer*, se fait *dechevestrer* ; d'*encourager*, *descourager* ; d'*engraisser*, *desgraisser* ; d'*enlacer*, *deslacer* ; d'*enroüiller*, *desrouïller*, d'*enraciner*, *desraciner* ; & à mon avis, il n'y a d'excepté que *desenyvrer*, (468 [428]) d'*enyvrer* ; *desennuyer*, d'*ennuyer*, & *desensorceler*, d'*ensorceler*[1818] ; Car pour les verbes de deux syllabes, ils ne

---

grand repas » est indiqué par Estienne (1549), Nicot (1606) et Cotgrave (1611), mais à la fin du siècle les lexicographes s'accordent à noter que dans ce sens le mot vieillit.

1811 Aucune de ces expressions n'est attestée dans Frantext pour la période 1600-1647.

1812 Cotgrave (1611) inclut ce verbe, Furetière (1690) observe qu'il vieillit, tandis que l'Académie (1694) note qu'il n'est plus attesté que dans le langage populaire. Pour la période 1600-1647, il y a 18 occurrences de *banqueter*, mais la dernière date de 1627, ce qui semble confirmer l'opinion de Vaugelas selon laquelle l'usage de ce verbe se raréfie au moment où il écrit ses observations.

1813 Ces formes ne sont pas examinées dans le manuscrit.

1814 *Desembarquer* est pourtant employé par Coeffeteau dans son *Histoire romaine* (*& là se fit desembarquer les trouppes*, 1621 : I, 177). Nicot (1606), Cotgrave (1611), Furetière (1690) et l'Académie (1694) acceptent les deux formes, mais Richelet (1680) n'inclut que *débarquer*.

1815 Sur cette question, voir Ayres-Bennett (1987a : 130).

1816 Dans le paragraphe original, *d'* est en italique ; nous l'avons systématiquement transformé ici en caractères romains.

1817 On trouve pourtant chez Furetière (1690) et l'Académie (1694), *desempeser*, *desemprisonner* et *desembourber*.

1818 Les dictionnaires de la fin du siècle attestent pourtant plusieurs exemples de ce type de formation, parmi lesquels *desenchanter* (Richelet, Furetière), *desenr(h)umer* (Richelet,

tombent pas sous cette Reigle, parce que du simple *emplir*, on ne sçauroit faire que *desemplir*, ny d'*enfler* que *desenfler*.

Par où il se voit que *desbarquer*, & *desembarquer*, ont cela de particulier que l'un & l'autre se dit, quoy que l'un soit meilleur que l'autre ; au lieu que de tous ceux que nous avons nommez, qui sont à peu pres tout ce que nous en avons dans nostre langue, je n'en vois pas un qui se puisse dire de deux façons. Au reste on se sert de ce verbe, & en actif & en neutre, car on dit *desbarquer son armée* pour dire *la faire descendre*, ou *la mettre hors du navire*, & *l'armée a desbarqué en un tel lieu*.

Pluriel

Je dois cette petite Remarque non seulement au public, mais à moy-mesme, pour ma propre justification[1819] ; car dans le cours de cet ouvrage, où il faut souvent user de ce mot, je mets tousjours *pluriel*, avec une *l*, quoy que tous les Grammairiens François ayent tousjours escrit *plurier*, avec une *r* ; au moins jusqu'icy, je n'en ay pas veu un seul, qui ne l'ait escrit ainsi[1820] : La raison sur laquelle je me fonde est, que venant du Latin *pluralis*, où il y a une *l*, en la derniere syllabe, il faut necessairement (469 [429]) qu'il la retienne en la mesme syllabe au François[1821], parce que je pose en fait, que nous n'avons pas un seul mot pris du Latin, soit adjectif, ou substantif, qui ne retienne l'*l* quand elle se trouve en la derniere ou penultiesme syllabe Latine, où il y ait une *l*. Pour verifier cela, je pense avoir jetté les yeux sur tous les mots Latins, où il y a une *l*, à la derniere ou penultiesme syllabe, & dont nous avons fait des mots François ; car il y a un certain moyen de trouver en moins

---

Furetière, Académie), *desenseigner* (Richelet), *desenclouer* (Furetière, Académie), *desenrouer* (Furetière, Académie), *desentester* (Furetière, Académie), *desensabler* (Académie), etc.

1819 Cette question n'est pas traitée dans le manuscrit, mais Vaugelas y emploie également toujours *pluriel*.

1820 En effet, presque tous les grammairiens dans notre corpus de grammaires (1530-1650) n'emploient que la forme *plurier*. Les exceptions sont Robert Estienne (1557) qui préfère *pluriel* (46 occurrences) à *plurier* (8) et Oudin (1640) qui pourtant n'emploie la forme *pluriel* qu'une seule fois contre 99 occurrences de *plurier*. Ménage (1675 : 11-12) observe qu'Henri Estienne utilisait également *pluriel*, et que cette forme se trouve chez Méziriac et Nicot et dans les *Sentiments de l'Académie sur le Cid*. Régnier (1869 : 471) cite des exemples de *plurier* et *en plurier* chez Malherbe ; Bloch et Wartburg (1975) attribuent donc le changement d'usage à Vaugelas. Sur cette question voir aussi Thurot (1881-1883 : II, 179-180).

1821 Vaugelas contrevient donc à son principe selon lequel l'usage est primordial.

de rien tous ces mots Latins, mais je n'en ay pas rencontré un seul qui en nostre langue ne garde l'*l*, qui est dans la Latine. Il seroit ennuyeux de les mettre tous icy, j'en ay conté jusques à cent, ou environ. Il suffit, que quiconque ne le croira pas en pourra luy mesme faire l'experience ; & si par fortune il s'en trouvoit un ou deux d'exceptés, ce que je ne crois point, tousjours la reigle subsisteroit puissamment, ne souffrant au plus qu'une ou deux exceptions, & ainsi quand on dira *pluriel* avec une *l*, ce sera selon la reigle generale. Outre que c'est aussi le sentiment general de ceux qui sçavent parfaitement nostre langue, lesquels j'ay consultez, & que je puis opposer à nos Grammairiens, qui manquent bien en d'autres choses[1822]. Ce qui les a trompez, c'est sans doute que l'on dit *singulier* avec une *r* à la fin, & ils ont creu qu'il falloit (470 [430]) escrire & prononcer *plurier*, tout de mesme, ne songeant pas que *singulier*, vient de *singularis*, où il y a une *r* à la fin, & que *pluriel*, vient de *pluralis*, où il y a une *l*, & non pas une *r*, en la derniere syllabe.

Un excellent esprit m'a objecté que l'Usage est pour *plurier*, & qu'il ne voit pas, comme je puis soustenir cette Remarque, faisant profession d'estre tousjours pour l'Usage contre le Raisonnement ; mais je luy ay respondu que lors que je parle de l'Usage, & que je dis qu'il est le maistre des langues vivantes, cela s'entend de l'Usage dont on n'est point en doute[1823], & dont tout le monde demeure d'accord, ce qui ne nous apparoist proprement que d'une façon qui est quand on parle ; Car l'escriture n'est qu'une image de la parole, & la copie de l'original, de sorte que l'Usage se prend non pas de ce que l'on escrit, mais de ce que l'on dit & que l'on prononce en parlant[1824]. Or est-il qu'en prononçant *pluriel*, on ne sçauroit discerner s'il y a une *l*, à la fin ou une *r*[1825], tellement qu'on ne peut alleguer l'Usage en cette occasion non plus qu'en plusieurs autres, où l'on est contraint d'avoir recours à l'analogie[1826], comme dit Varron, & comme nous l'avons amplement expliqué en la Remarque de *Fuïr*, dans la page 454. & 455.

1822 Vaugelas semble donc faire une distinction entre les autorités linguistiques et les grammairiens. Après Vaugelas, la forme *plurier* est toujours préférée par Chiflet (1659), Irson (1662) et Arnauld et Lancelot (1676).

1823 Sur *l'usage douteux*, voir l'Introduction, 4.1.5.

1824 Sur le rapport entre l'usage parlé et l'usage écrit, voir l'Introduction, 4.2.2.

1825 Certains commentateurs contestent ce jugement. Par exemple, Thomas Corneille (Vaugelas 1738 : III, 142) remarque que « la prononciation de *pluriel* & de *plurier*, n'est pas si semblable, qu'on ne distingue aisément s'il y a une *l* à la fin ou une *r* ».

1826 L'analogie est ici étroitement liée à l'étymologie, voir l'Introduction, p. 80-81.

(471 [431])

Arc-en-ciel[1827]

Il faut escrire ainsi *arc-en-ciel*, avec les trois mots, dont il est composé, separez par deux tirets, & non pas escrire *arcanciel*[1828]. Et au pluriel s'il y avoit lieu de l'employer, ce qui ne peut arriver que rarement, il faut dire par exemple *deux arc-en-ciels*, *plusieurs arc-en-ciels*, & non pas *arc-en-cieux*, ny *arcs-en-ciels*, ou *arcs-en-cieux*[1829] ; cela estant assez ordinaire en nostre langue aux mots composez, soit noms ou verbes, de ne suivre pas la nature des simples qui les composent, comme il se voit en plusieurs de ces Remarques[1830].

Faute, à faute, par faute[1831]

1827 Cette remarque apparaît pour la première fois dans le texte publié.

1828 Richelet (1680), Furetière (1690) et l'Académie (1694) suivent le jugement de Vaugelas. Il n'y a qu'une seule occurrence de la graphie *arcanciel* dans Frantext pour la période 1600-1647 dans *Les Satires* de Régnier (1609).

1829 Richelet (1680) et l'Académie (1704 : 462) approuvent la forme défendue par Vaugelas, mais dès 1690, Furetière emploie dans un exemple la forme moderne, *arcs-en-ciel*.

1830 Voir *R*p. 166, 213, 371.

1831 Il y a deux remarques manuscrites (f° 27v°, 33v°) sur cette question. Vaugelas modifie quelque peu sa position entre le manuscrit et le texte publié. Dans la première remarque manuscrite (f° 27v°), il prend l'usage de Malherbe comme point de départ : il note que celui-ci utilise toujours *à faute*, et il cite l'exemple suivant « Malh. p. 661 qui seruent mal le Roy à faute d'affection ou à faute d'experience », jugeant qu'il lui semble « qu'il est mieux dit sans *a*, faute d'affection ». Quant à l'usage devant un infinitif, à cette époque Vaugelas préfère également dans ce contexte *faute* tout seul : il critique l'exemple « Vous ruinez u[ot]re santé à faute de uous exercer » (qui ressemble à un autre exemple chez Malherbe, *empirer le mauvais teint que vous avez à faute de vous exercer*, Malherbe 1631 : I, 152), tout en prétendant que Coeffeteau utilise toujours *par faute*, « <ce> qui me plaist encore moins », et notant qu'« Il n'en est pas comme *de crainte* qui ne uaut rien si on ne met *de* deuant et qu'on die *de crainte* ». Dans la deuxième remarque (f° 33v°), Vaugelas commence par observer que « cette Preposition, comme plusieurs autres, sert et aux noms et aux uerbes indifferemment, et regit tousiours l'article du genitif *De.* » Il revient au traitement du choix de la forme correcte, notant que Coeffeteau a « quelquefois » (plutôt que le « toujours » du folio 27v°) utilisé la forme *par faute*, et conclut : « Non seulement ce n'est pas mal parlé de ne le mettre pas, mais il est beaucoup plus elegant de le laisser ». Le passage suivant sur les avantages de la langue française ne figure pas dans la version publiée : « Au reste cette Preposition *Faute* est <fort> commode en nostre langue et [...] si ie ne me trompe, ni les Latins, ni les Italiens, ni les Espagnols n'ont point de mot seul qui exprime ce que celuy-cy ueut dire. Nous ferons une liste des mots et des belles façons de parler, que nostre langue a par dessus les autres, non que ie pretende preuuer par là qu'elle les surpasse toutes, mais seulement que les autres ne la surpassent <pas> aussi, quand elles nous font uoir quelques graces que la nostre n'a pas, puis qu'elle a dequoy se <prendre sa> reuanche [...] mesmes auec auantage. [...] <Certes il est certain>, que

On dit par exemple *faute d'argent on manque à faire beaucoup de choses*, & *à faute d'argent on manque, &c.* & encore *par faute d'argent on manque, &c.* Tous les trois sont bons, mais le meilleur c'est de dire *faute d'argent*, apres celuy là *à faute*, est le meilleur, & *par faute* est le moins bon des trois[1832] : Cela s'entend, quand *faute*, est devant un nom, mais quand il est devant un verbe à l'infinitif, il est mieux de dire *à* que *par*, ny que *faute*, tout seul, comme *à faute de payer les interests, il a doublé le* (472 [432]) *principal*, est beaucoup mieux dit que *par faute de payer*, ny que *faute de payer*, quoy que ce dernier me semble assez bon.

Florissant, fleurissant[1833]

Cette Remarque est curieuse ; car dans le propre on le dit d'une façon, & dans le figuré d'une autre. Dans le propre on dit plus souvent *fleurissant*, comme *un arbre fleurissant*, & dans le figuré on dit plustost *florissant*, que *fleurissant*, comme *une armée florissante*, *un Empire florissant*[1834]. Le verbe *fleurir*, a aussi de certains temps, où l'on employe plustost l'*o*, que l'*eu*, dans le figuré, comme dans l'imparfait on dira *un tel florissoit sous un tel regne*[1835], *l'eloquence* ou *l'art militaire florissoit en*

---

toutes les langues ont leurs graces et leurs delices particulieres. Mais peutestre que nous ferons uoir qu'~~en beaucoup de choses~~ on escrit auec plus de perfection en n[ot]re langue, qu'en toutes les autres uulgaires, et que mesmes en certaines choses nous sommes plus exacts et plus polis que les grecs ni les Latins ». Il est dommage que cette liste n'existe pas. La remarque se termine par l'examen de l'expression *à faute de* : « On dit bien *à faute de quoy*, et *à faute de faire telle chose*, mais si on y prend garde, c'est en un sens bien different de l'autre, et qui se resout par un *si*, comme si on disoit *si cela ne se fait*, ou *au cas que cela ne se face*, qui n'est pas le sens des deux exemples que i'ay donnez en haut ».

1832 *À faute* (238 ex.) et *par faute* (102 ex.) sont bien attestés dans Frantext pour la période 1600-1647. Aucun grammairien de notre corpus avant Vaugelas ne traite de cette concurrence. *À faute* et *par faute* sont également fréquents chez Nicot (1606), mais l'Académie (1704 : 463) juge que la première expression a vieilli, tandis que Furetière (1690) semble associer la deuxième à l'usage du Palais.

1833 Cette observation ne se trouve pas dans le manuscrit. Dans l'observation manuscrite sur « *Trouuer, treuuer* » (f° 90r°, voir *R*p. 133-134), Vaugelas note simplement qu'il considère *florissant* « meilleur » que *fleurissant*.

1834 Cette distinction est faite par les trois grands dictionnaires monolingues de la fin du siècle. On trouve pourtant quelques exemples de *fleurissant* au sens figuré à cette époque, chez Coeffeteau (par ex. *un si fleurissant Estat*, 1621 : II, 1), Descartes (Frantext), et Malherbe (Régnier 1869 : 272).

1835 Patru (Vaugelas 1738 : III, 146-147) juge que *fleurissait* « seroit encore mieux dit » dans cet exemple, et observe que Vaugelas utilise lui-meme l'expression *tous ces autres excellens Orateurs qui fleurissoient* (*R*p. 505).

un tel temps[1836]. J'ay dit *dans le figuré*, parce que dans le propre on diroit par exemple, *cet arbre fleurissoit tous les ans deux fois*, & non pas florissoit.

Soliciter

J'ay desja fait une Remarque sur ce mot[1837], où j'allegue un passage de Quintilien, qui m'oblige à faire encore celle-cy. C'est que j'ay dit que ce grand homme avoit employé le verbe *solicitare*, au mesme sens que le vulgaire l'employe en nostre langue pour dire *avoir soin* [473 (433)] *de quelqu'un*, comme on dit tous les jours à Paris parmy le peuple, qu'*il faut donner une garde à un malade pour le soliciter*, c'est à dire *pour en avoir soin, & pour le servir*. Voicy le passage, *illud vero insidiantis, quo me validius cruciaret, fortunæ fuit, ut ille mihi blandissimus, me suis nutricibus, me aviæ educanti, me omnibus qui solicitare solent illas ætates, anteferret*. Je ne sçay si je me flatte, mais il me semble que le sens le plus naturel de ces paroles va tout droit à celuy que je luy donne, & que c'est leur faire violence, & les tirer, comme on dit, par les cheveux, de les interpreter autrement. En effet *sollicitudo*, qui signifie *soin*, venant sans doute de *sollicitare*, est un grand indice que *sollicitare*, en bon Latin veut dire aussi *avoir soin*, & que c'est une de ses significations ; car il en a plusieurs : Neantmoins une personne qui sçait aussi bien la langue Latine, & sa pureté, qu'homme du monde, n'est pas de cet avis[1838], & lisant devant moy ma Remarque desja imprimée m'a conseillé de refaire le quarton[1839], comme ayant avancé une chose qui ne se pouvoit soustenir. Son opinion fut encore suivie le mesme jour par deux autres personnes qui ne me permettoient

1836 Il n'y a pas de discussion sur cette question par les grammairiens de notre corpus avant Vaugelas. Il est à noter que, comme la plupart des lexicographes de notre corpus, Vaugelas considère qu'il n'y a qu'un seul verbe, *fleurir* ; seul Richelet (1680) fait une entrée distincte pour le verbe *florir*, tandis que Cotgrave (1611) note la forme *flourir* comme variante de *fleurir*. Les deux variantes sont attestées dans Frantext (1600-1647) dans un contexte figuré ; par exemple, en 1615, Vital d'Audiguier emploie la forme *florissoit* (*Soubs le memorable regne du grand Henry pere valeureux de nôtre invincible monarque, florissoit en France un jeune seigneur*), tandis qu'en 1626, il choisit plutôt *fleurissoit* (*En vostre grande ville de Babylone, Madame, fleurissoit nagueres un Chevalier nommé Polinice*).

1837 Voir *R*p. 57. Cette remarque supplémentaire ne figure pas dans le manuscrit. Notons que Vaugelas préfère la graphie avec deux 'l' dans la première remarque, tandis qu'ici il se sert de la forme avec un seul 'l'.

1838 L'identité de cette personne et des autres mentionnées ci-dessous n'est pas révélée dans la Clef de Conrart.

1839 Il s'agit donc d'une des dernières remarques ajoutées au texte par Vaugelas. Il est intéressant d'apprendre que ses remarques furent l'objet de débats jusqu'au dernier moment.

plus d'en douter. Ayant donc donné les mains, comme j'estois sur le point de suivre leur conseil, j'ay trouvé un homme consommé dans le bons Autheurs, (474 [434]) & qui entre admirablement dans leur sens aux passages les plus difficiles, qui maintient que *solicitare*, en cet endroit de Quintilien se doit entendre selon ma Remarque, & non pas comme l'interpretent ces autres Messieurs, pour signifier *se joüer avec les enfans*, qui est un sens bien forcé au pris du mien, & qui semble ne s'accorder gueres bien avec *illas ætates*. Cela m'ayant obligé à consulter encore d'autres Oracles, j'en ay rencontré plusieurs du mesme sentiment, de sorte que demeurant en suspens, & ne m'appartenant pas de decider entre tant de grands hommes, j'ay creu que le meilleur party que je pouvois prendre, estoit de ne refaire pas le quarton, mais de refaire une Remarque, pour en laisser le jugement au Lecteur[1840].

Arsenal, & *Arcenac*[1841]

Arcenal, est le plus usité[1842]. Plusieurs disent aussi *arcenac*, avec un *c*, à la fin, & il semble qu'en parlant on prononce plustost *arsenac*, qu'*arsenal*, mais que l'on escrit plus volontiers *arsenal*, qu'*arsenac*, *un arsenal bien muny*, *dresser un arsenal*[1843]. On dit au pluriel *arcenaux*, & je n'ay jamais oüy dire *arcenacs*[1844], qui est encore une marque pour faire voir, qu'*arcenal*, avec une *l*, au singulier est le vray mot. L'Italien (475 [435]) dit, *arcenale*, & quelques uns croyent que nous l'avons pris de là[1845] ; Car si *arcenac*, estoit aussi bon, je ne vois pas pourquoy on ne diroit pas *arcenacs*, au pluriel aussi bien qu'*arcenaux*, comme on dit *arcs* d'*arc*.

1840 Vaugelas renonce donc dans ce cas à adopter une position prescriptive.

1841 Cette question n'est pas traitée dans le manuscrit.

1842 Vaugelas emploie toutefois la forme *arsenac* dans sa traduction des sermons de Fonsèque (1615 : 137).

1843 Si Nicot (1606) et Cotgrave (1611) ne citent que la forme *arcenal* (avec un 'c' dans la racine), les lexicographes de la fin du siècle hésitent : Richelet (1680) favorise *arcenac*, prononcé *arcena* ; Furetière (1690) adopte plutôt *arsenal* et considère que *arsenac* est employé par le peuple ; et l'Académie (1694) cite les deux formes, tout en notant que « quelques-uns disent aussi, Arcenac ». Les deux variantes sont également attestées dans Frantext (1600-1647), même dans l'usage d'un seul auteur (Aubigné) : *arsenac* semble être favorisé par Coeffeteau et Sorel, par exemple, tandis que Maynard et Rotrou préfèrent *arsenal*. Sur la prononciation de ce mot, voir aussi Thurot (1881-1883 : II, 181).

1844 On trouve pourtant une occurrence d'*arsenacs* dans Frantext (1600-1647) chez Maynard (1646).

1845 Le mot vient de l'arabe par l'intermédiaire de l'italien. Le *TLFi* note pourtant une attestation isolée de *tarsenal*, datée d'avant 1266. Cette date suggère que cette forme a été probablement empruntée directement à l'arabe.

Auparavant, auparavant que[1846]

Le vray usage d'*auparavant* c'est de le faire adverbe, & non pas preposition, par exemple c'est de l'employer ainsi. *Il me presse de telle chose, mais il y faut songer auparavant. Il ne luy est rien arrivé que je ne luy aye dit auparavant.* Ceux qui parlent & qui escrivent le mieux ne s'en servent jamais que de cette façon[1847]. Mais ceux qui n'ont nul soin de la pureté du langage disent & escrivent tous les jours par exemple *auparavant moy, il est venu auparavant luy*, & en font une preposition, au lieu de dire *il est venu devant moy, j'y suis devant luy*, C'est d'ordinaire avec les pronoms personnels qu'ils le font servir de preposition comme aux exemples que nous venons de donner ; Car devant les noms, je n'ay pas remarqué qu'ils le facent[1848], ny que l'on die jamais *auparavant le retour du Roy, auparavant Pasques*, ou *auparavant les festes de Pasques. Auparavant que* pour *devant que*, ou *avant que*, n'est pas aussi du bel usage[1849]. Les bons Escrivains ne diront jamais par (476 [436]) exemple *auparavant que vous soyez venu*, pour dire *avant*, ou *devant que vous soyez venu*. Il en est comme de *cependant*, dont nous avons fait une Remarque[1850] ; car pour bien parler on ne doit jamais dire *cependant que*, non plus que *auparavant que*.

Galant, galamment[1851]

Galant, à plusieurs significations, & comme substantif, & comme adjectif. Je les laisse toutes pour ne parler que d'une seule, qui est le

1846 La remarque manuscrite (f° 47r°) est très courte : « *Auparauant* à mon aduis n'est pas Preposition, quoy que M Coeff [...] <en use> souuent ainsi *auparauant cette uictoire*, <Au moins> il me semble qu'*auant* ou *deuant cette uictoire* est meilleur ».

1847 Si Maupas (1618 : f° 161v°) ne cite que l'usage adverbial, Robert Estienne (1557 : 73, 80) et Oudin (1640 : 267, 309) acceptent également l'usage prépositionnel. Spillebout (2007 : 240), qui cite deux exemples d'*auparavant* employé comme préposition chez Furetière et Saint-Simon, juge que ces emplois sont le fait d'écrivains volontairement archaïsants ; pour d'autres exemples, voir Haase (1935 : 355).

1848 Et pourtant il note dans le manuscrit que cet usage est fréquent chez Coeffeteau, voir note 1846 ci-dessus. Urbain (1893 : 313-314) confirme que Coeffeteau en avait ainsi usé plusieurs fois, non pas, il est vrai, avec des pronoms, mais avec des substantifs.

1849 Oudin (1640 : 269) liste toutefois cette forme sans commentaire, et elle est employée par Vaugelas lui-même dans sa traduction de Fonsèque (1615 : 323). Spillebout (2007 : 290) cite deux exemples d'*auparavant que* chez Pierre Corneille, tout en observant que cette locution est déjà vieillie ; voir aussi Haase (1935 : 378). Les exemples d'*auparavnt que* sont également nombreux dans Frantext pendant la période 1600-1647 (117 occurrences).

1850 Voir *R*p. 223-224.

1851 Cette longue remarque apparaît pour la première fois dans le livre publié.

sujet de cette Remarque[1852]. C'est dans le sens qu'on dit à la Cour, qu'*un homme est galant, qu'il dit & qu'il fait toutes choses galamment, qu'il s'habille galamment*, & mille autres choses semblables. On demande ce que c'est qu'*un homme galant*, ou *une femme galante de cette sorte, qui fait & qui dit les choses d'un air galant, & d'une façon galante.* J'ay veu autrefois agiter cette question parmy des gens de la Cour & des plus galans de l'un & de l'autre sexe qui avoient bien de la peine à le definir[1853]. Les uns soustenoient que c'est *ce je ne sçay quoy*[1854], qui differe peu *de la bonne grace*; les autres que ce n'estoit pas assez du *je ne sçay quoy*, ny *de la bonne grace*, qui sont des choses purement naturelles, mais qu'il falloit que l'un & l'autre fust accompagné d'un certain air, qu'on prend à (477 [437]) la Cour, & qui ne s'acquiert qu'à force de hanter les Grands & les Dames. D'autres disoient que ces choses exterieures ne suffisoient pas, & que ce mot de *galant*, avoit bien une plus grande estenduë, dans laquelle il embrassoit plusieurs qualitez ensemble, qu'en un mot c'estoit *un composé où il entroit du je ne sçay quoy,* ou *de la bonne grace, de l'air de la Cour, de l'esprit, du jugement, de la civilité, de la courtoisie & de la gayeté, le tout sans contrainte, sans affectation, & sans vice.* Avec cela il y a dequoy faire un honneste homme à la mode de la Cour. Ce sentiment fut suivy comme le plus approchant de la verité, mais on ne laissoit pas de dire que cette definition estoit encore imparfaite, & qu'il y avoit quelque chose de plus dans la signification de ce mot, qu'on ne pouvoit exprimer; car pour ce qui est par exemple de *s'habiller galamment, de danser galamment*, & de faire toutes ces autres choses qui consistent plus aux dons du corps qu'en ceux de l'esprit, il est aisé d'en donner une definition; Mais quand on passe du corps à l'esprit, & que dans la conversation des Grands & des Dames, & dans la maniere de traiter & de vivre à la Cour, on s'y est acquis le nom de *galant*, il n'est pas si aisé à definir; car cela presuppose beaucoup d'excellentes qualitez qu'on auroit bien de la peine à nommer toutes, & (478 [438]) dont une seule venant à manquer suffiroit à faire qu'il ne seroit plus *galant*. On peut encore dire la mesme chose des *lettres galantes*. En cette sorte de Lettres, la France peut se vanter d'avoir une personne à qui tout le monde le cede. Athenes mesme ny Rome si vous

1852 Plusieurs commentateurs ont remarqué la difficulté de définir ce concept plutôt flou, absent des dictionnaires avant la fin du siècle. Voir par exemple Magendie (1925 : 580-581) ou Brunot (1905-1953 : III, 237-240).

1853 Sur « la France galante », voir Viala (2008)

1854 Sur ce concept clef à cette époque, voir, par exemple, Scholar (2005).

en ostez Ciceron, n'ont pas de quoy le luy disputer, & je le puis dire hardiment, puis qu'à peine paroist-il qu'un genre d'escrire si delicat, leur ayt esté seulement connu. Aussi tous les gousts les plus exquis font leurs delices de ses lettres, aussi bien que de ses vers, & de sa conversation, où l'on ne trouve pas moins de charmes. Je tiendrois le Public bien fondé à intenter action contre luy pour luy faire imprimer ses œuvres[1855]. Au reste quoy qu'en une autre signification on die *galand*, & *galande*, avec un *d*, aussi bien qu'avec un *t*, si est-ce qu'en celle que nous traitons, il faut dire *galant* & *galante* avec un *t*, & non pas avec un *d*.

Reussir

On se sert plus elegamment de ce verbe au sens actif, ou avec le verbe auxiliaire *avoir*, qu'au sens passif, ou avec le verbe auxiliaire *estre*[1856]. Par exemple, il est beaucoup mieux dit *ce dessein luy a reussi*, que non pas (479 [439]) *luy est reussi*, *cette entreprise luy a reussi*, que non pas *luy est reussie*, quoy qu'un de nos plus celebres Escrivains l'ayt escrit de cette derniere façon[1857]. Nous avons fait une Remarque de la faute contraire que l'on fait en certains verbes, où l'on employe le verbe auxiliaire *avoir*, au lieu du verbe auxiliaire *estre*, comme *il a entré, il a sorty, il a passé* pour *il est entré, il est sorty, il est passé*[1858].

Servir, *prier*[1859]

1855 Clef de Conrart : « J'oubliois à m'informer qui est celuy que M.D.V. désigne, en disant, qu'il tiendroit le public bien fondé à intenter action contre luy, po[ur] luy faire publier ses ouvrages. Je ne say de quelle page c'est. [R. autant que je m'en puis souvenir, c'est Voiture.]. » Les œuvres de Voiture ne furent imprimées qu'à titre posthume, la première édition datant de 1650, trois ans après la publication des *Remarques*.

1856 Il manque le point final dans l'original.

1857 La Clef de Conrart n'identifie pas cet auteur. Nous trouvons chez Malherbe (1631 : I, 66) un exemple de cet usage : *Si cette intention luy est réüssie, & si me faisant paroistre son affection il a reconnu la mienne, il a ce qu'il a demandé.* La question n'est pas traitée par les grammairiens de notre corpus avant Vaugelas. Braun (1933 : 40) observe que Pierre Corneille, qui avait utilisé cette construction en 1629, la remplace en 1664.

1858 Voir *R*p. 435-436. Cette dernière phrase est ajoutée dans la version publiée de cette remarque qui est par ailleurs proche de la version manuscrite (f° 82r°).

1859 Ces verbes sont traités dans deux observations distinctes dans le manuscrit, « *Prier à Dieu* » (f° 48v°) et « *Seruir* » (f° 86r°). Le texte de la deuxième est plus court que celui de la version publiée ; elle commence ainsi : « *Seruir* regit <maintenant> l'Accusatif et non pas le datif », l'ajout de « maintenant » soulignant le changement d'usage. Dans la première, Vaugelas fait un parallèle avec l'usage de *commander*, qui est remplacé par le verbe *favoriser* dans le texte imprimé : « *Prier à Dieu* s'est dit et escrit autrefois, et Amyot parle tousiours ainsi, et encore aiourd'huy il y en a plusieurs qui le disent, mais il ne

Servir, regit maintenant l'accusatif, & non pas le datif comme il faisoit autrefois[1860], & comme s'en sert ordinairement Amyot & les anciens Escrivains[1861] ; Par exemple ils disoient, *il faut servir à son Roy, & à sa patrie*, pour dire *il faut servir son Roy & sa patrie*, comme on parle aujourd'huy. M. de Malherbe a encore retenu ce datif, comme quelques autres phrases du vieux temps ; *le Medecin*[1862], dit-il, *sert aux malades*[1863], au lieu de dire *sert les malades* ; car icy *servir*, ne signifie pas *estre propre & convenable*, auquel cas il regiroit le datif, comme *cela sert à plusieurs choses*, mais signifie *rendre service & assister*. Il en est de mesme de *prier*. Les Anciens disoient aussi *prier à Dieu*, & mesme quelques uns disent encore *je prie à Dieu*, au lieu de dire *je prie Dieu*[1864] ; *Favoriser*, a aussi le mesme usage[1865].

(480 [440])

Quantesfois[1866]

---

uaut rien, il faut dire *Prier ~~à~~ Dieu.* Il y a ainsi quelques uerbes qui regissoient autrefois le datif ~~à q~~ ausquels on donne maintenant l'Accusatif comme *commander une armee*, ou *des troupes*, pour *commander à une armee*, ou *à des troupes.* »

1860 *Cf.* Oudin (1640 : 238) : « *Servir* veut d'ordinaire un datif, cependant on dit ; *servir le Roy, Servir son maistre, servir une maistresse.* Davantage il se met avec la preposition *de* : *servir de valet* : *servir de compagnon* : *Dequoy sert,* et *à quoy sert cela.* »

1861 Par exemple, on trouve dans *Les Vies des hommes illustres grecs et romains* d'Amyot : *pour ce qu'il se lassoit de servir aux riches* (1613 [¹1559] : 425), *furent contrains de servir à ce tyran* (1613 [¹1559] : 501). Notons, toutefois, qu'il se sert également de la construction transitive : *de les aller servir & prier* (1613 [¹1559] : 131).

1862 Dans l'original *le Medecin* est suivi d'un point-virgule.

1863 Malherbe (1631 : I, 153).

1864 Robert Estienne (1549) cite déjà « *Prier Dieu*, Deum precibus salutare, Orare Deum, Precari ad Deum, Petere precibus à Deo, Appellare Deum », aussi bien que « *Je prie a Dieu qu'il, etc.* Deum quæso ut istæc prohibeat. » On trouve une variation dans l'usage de ce verbe chez Amyot et Malherbe. Dans *Les Vies des hommes illustres grecs et romains*, le premier écrit *priant aux dieux* (1613 [¹1559] : 628, 908), mais semble préférer le complément d'objet direct avec d'autres substantifs (*& envoya prier Theseus de venir* (1613 [¹1559] : 26) ; *prier son mari de le laisser coucher avec elle* (1613 [¹1559] : 92)). Quant à Malherbe, on trouve à la fois chez lui, *qui prieroit aux Dieux* (1631 : I, 284) ; *il prioit aux Dieux* (1631 : I, 304) et *on ne fait que prier Dieu* (1631 : I, 624).

1865 Il manque le point final dans l'original. Guerlin de Guer (1937 : 139) cite un exemple de *favoriser à* dans les *Vies parallèles de Démosthène et Cicéron* d'Amyot. On continue à trouver quelques occurrences de *favoriser à* dans Frantext (1600-1647), mais elles demeurent très minoritaires (par ex. *Ou, au contraire, la loy doit pourvoir à la nécessité, non favoriser à la lascheté*, Montchrestien 1615 ; *ceste prescience sembloit favoriser à nos vices*, Mersenne 1624).

1866 Vaugelas adopte un ton plus tranchant dans le manuscrit (f° 77r°) : « *Quantesfois* Malh. p. 69 quantesfois lors que sur les ondes ce nouueau miracle flottoit. Ce mot ne uaut

Ce mot pour dire *combien de fois*, est beau & agreable à l'oreille selon l'avis de beaucoup de gens ; tellement que je m'estonne qu'il ayt eu une si mauvaise destinée, au moins en vers, où il a tres-bonne grace, & où il est tres-commode, mesme apres l'exemple de M. de Malherbe, qui l'a si bien mis en œuvre,

Quantesfois, lors que sur les ondes
Ce nouveau miracle flottoit, &c.[1867]

Car pas un de nos Poëtes n'en voudroit user aujourd'huy, & pour la prose je ne pense pas qu'il ayt jamais esté en usage, ny mesme que M. de Malherbe s'en soit servy[1868].

Que non pas

Quelques uns de nos modernes Escrivains le condamnent, & ne veulent pas par exemple que l'on die, comme l'a escrit un excellent Autheur, *ils tiennent plus de l'architecte & du masson que non pas de l'Orateur*, mais *ils tiennent plus de l'architecte & du masson que de l'Orateur*[1869]. Il est vray que bien souvent ils ont raison, mais bien souvent aussi *non pas*, y a fort bonne grace, & rend l'expression plus (481 [441]) forte. Il faut en cela consulter l'oreille ; car il seroit mal-aisé d'en faire une Reigle certaine[1870], sans doute il est plus elegant pour l'ordinaire de le supprimer.

---

rien <en> prose. Et ie ne crois pas qu'en uers noz Poetes le ueüillent plus receuoir. » La discussion sur *toutes et quantesfois*, et *toutesfois et quantes* est reproduite par Alemand dans les *Nouvelles Remarques* (Vaugelas 1690 : 81).

1867 Cette stance continue avec un autre usage de *quantesfois* : *Et quantesfois en sa pensee, / De vives attaintes blessée, / Sans l'honneur de la Royauté / Qui luy fit celer son martyre, / Eust-il voulu de son Empire / Faire eschange à cette beauté ?* (Malherbe 1631 : II, 69).

1868 Maupas (1618 : f° 162r°) inclut toujours *quantesfois* dans sa liste d'adverbes « de nombre ou compte », mais Oudin (1640 : 276) juge que « *quantes-fois*, ny *à quantes fois*, ne s'escrivent, ny ne se disent aucunement ». L'usage de *quantesfois* est très rare dans les textes de Frantext à cette période (1600-1647) : les occurrences chez Malherbe mises à part, on ne le trouve que dans *L'Espadon satyrique* d'Esternod (1619), ou dans l'expression *toutes et quantesfois*, déjà probablement phraséologique.

1869 L'auteur de la citation n'est pas identifié dans le manuscrit (f° 76v°). Cet usage est bien attesté dans les textes de Frantext (1600-1647), par exemple : *Il y a bien plus d'apparence que la justice eternelle luy prepare le chastiment qu'il merite, que non pas que la fortune qui n'est qu'une infidele, luy garde sa foy* (Balzac 1631) ; *ce grand evesque travaille bien plus puissamment à faire entrer les fidelles dans la sainteté necessaire pour la participation de ces mysteres adorables, que non pas à porter indifferemment toutes sortes de personnes à y participer souvent* (Arnauld 1643).

1870 *Cf.* dans le manuscrit (f° 76v°) : « Ie ne sçay si en ce lieu icy, il ne seroit <pas> meilleur de dire *que* simplement, Faut uoir si on en pourra faire une reigle. » Oudin (1640 : 291)

Arrangement de mots[1871]

L'arrangement des mots est un des plus grands[1872] secrets du stile[1873] ; Qui n'a cela, ne peut pas dire qu'il sçache escrire. Il a beau employer de belles phrases & de beaux mots, estant mal placez ils ne sçauroient avoir ny beauté ny grace, outre qu'ils embarrassent l'expression & luy ostent la clarté, qui est le principal.

Tantum series, juncturaque pollet[1874].

Un Autheur celebre escrit[1875], *voicy pour une seconde injure, la perte qu'avecque vous, ou plustost avecque toute la France, j'ay faite de Monsieur, &c.* Quelle oreille n'est point choquée de cette transposition ? N'eust-il pas mieux dit *la perte que j'ay faite avecque vous, ou plustost avec toute la France, de Monsieur, &c.* A mon avis ce qui l'a trompé[1876], c'est qu'il a creu que ce genitif *de Monsieur*, seroit bien mieux placé aupres de *j'ay faite*, dont il est regi, qu'aupres de ces mots *avec toute la France*, avec lesquels il n'a aucune liaison ; Mais il n'a pas pris garde, que pour joindre sur la fin de la periode (482 [442]) les mots qui se construisent ensemble, il a separé d'une trop longue distance la construction des mots qui estoient au

---

avait pourtant traité de son usage dans sa grammaire : « En une comparaison, lors que la derniere partie se termine par un infinitif, il y faut mettre, *non pas* : *il aime mieux n'avoir rien, que non pas avoir du bien mal acquis.* Si c'est autrement, il y faut mettre *ne*, et *ne pas* : v. g. *Je suis tout autre, qu'il n'est pas* : *ils sont plus vaillans, que ne sont nos gens.* Et lors que ladite seconde partie de comparaison est sans verbe, il est indifferent d'y mettre, *non pas*, ou de le laisser : *Les tromperies se connoissent mieux par les evenemens, que par les apparences*, ou *que non pas par les apparences* ; et le premier est tousjours meilleur. Pour la mesme raison il y faut une negative quand au lieu du comparatif il se rencontre *autre*, et *autrement* : *La vertu nous fait tout autres que nous ne sommes* : *cela se pratique autrement que vous ne croyez.* »

1871 Cette remarque se rapporte à deux observations manuscrites, « *Arrangement de mots* » (f° 35r°) et « *Transposition uitieuse* » (f° 91r°) ; cette dernière est précédée par une autre intitulée « *Transposition de bonne grace* » qui n'est pas reproduite dans le texte publié (voir Annexe II). Sur le traitement de l'ordre des mots chez Vaugelas, voir l'Introduction, 6.4.8.

1872 Dans l'original : grand.

1873 L'idée selon laquelle il y aurait des « secrets » qu'il faut connaître pour pouvoir bien écrire est répétée ailleurs dans les *Remarques* (par exemple, Préface II.6, XIII.2 ; *R*p. 183, 494).

1874 Horace, *Art poétique*, v. 242. Les deux premières phrases ne paraissent pas dans l'observation manuscrite (f° 35r°) qui commence plutôt par la critique de Malherbe : « *Arrangement de mots* mauuais souuent en M. de Malh. ce qui luy est arriué à cause des uers, ou ces transpositions sont des ornements, au lieu qu'en prose ce sont des uices ».

1875 Le manuscrit (f° 35r°) donne la référence précise au texte de Malherbe : « p 567 ». La citation est légèrement abrégée : *Mais voicy pour une seconde injure, non moins sensible que la premiere, la perte qu'avecque vous [...]* (Malherbe 1631 : I, 567).

1876 Dans le manuscrit (f° 35r°) : « outre son oreille qui estoit comme ie dis accoustumee à ces sortes de transpositions qui ont bonne grace aux uers ».

commencement, à sçavoir *la perte que*, qui vouloient estre joints immediatement à leur verbe *j'ay faite*; Car il leur estoit bien plus necessaire qu'à ces derniers *de Monsieur*, tant parce que le verbe qui est construit avec le pronom relatif en l'accusatif, comme celuy-cy, veut estre le plus proche du pronom qu'il se peut, que parce qu'il y avoit plusieurs mots sans verbe, en quoy consiste un des principaux vices de l'arrangement; En effet si l'on sçait bien placer & entrelasser le verbe au milieu des autres parties de l'oraison, on sçaura un des plus grands secrets, & la principale reigle de l'arrangement des paroles[1877]. L'autre Reigle est, de suivre le mesme ordre en escrivant que l'on tient en parlant; car on ne dira pas *la*[1878] *perte qu'avecque vous, ou plustost avec toute la France j'ay faite de Monsieur, &c.* mais *la perte que j'ay faite avec vous ou plustost avec toute la France, de Monsieur, &c.* Ny l'on ne dira pas non plus, comme a escrit encore le mesme Autheur[1879], *je pense vous avoir conté qu'à l'entrée que douze ou quinze jours auparavant il avoit faite, &c.* mais *qu'à l'entrée qu'il avoit faite douze ou quinze jours auparavant.* C'est la situation naturelle[1880] de ces paroles, au lieu que l'autre est forcée. **(483 [443])**

Plusieurs attribuent aux vers la cause de ces transpositions, qui sont des ornemens dans la Poësie, quand elles sont faites, comme celles de M. de Malherbe, dont le tour des vers est incomparable; Mais pour l'ordinaire elles sont des vices en prose, je dis *pour l'ordinaire*, parce qu'il

1877 La remarque manuscrite (f° 35r°) se termine ici avec le commentaire suivant : « Au reste les mots qui tiennent lieu d'aduerbe comme ceux cy *auecque uous* ou *auecque toute la France* doiuent aussi occuper la place <le lieu> qui est plus naturelle à l'aduerbe qui est apres le Verbe, comme le mot d'Aduerbe le denote ». Notons que Maupas traite de l'ordre de mots dans la section sur l'usage des verbes (1618 : f° 126r°).

1878 Dans l'original : la (sans italique).

1879 Cet exemple est traité dans la deuxième courte remarque manuscrite (f° 91r°) : « *Transposition.* Vn des uices de la transposition est quand apres le *que* qui est accusatif regi par un uerbe qui suit uous mettez plusieurs paroles entre le *que*, et le verbe. Ce defaut est fort ordinaire à M de Malh. p.493 ie pense uous auoir conté qu'à l'entree que douze ou quinze iours auparauant il auoit faite, au lieu de mettre le uerbe immediatement apres *que* et <de> dire qu'à l'entree qu'il auoit faite douze ou 15 iours auparauant, et p.528 Ie me contenteray de disputer à tous ceux qu'auecque moy uous honorez de u[ot]re amitié, au lieu de dire, que uous honorez auecque moy de u[ot]re amitié. Ie pense qu'il n'y a point d'exception à cette reigle. » Le terme *transposition* ne figure pas dans notre corpus de grammaires (1530-1650) avant Vaugelas. Il ne paraît pas dans les dictionnaires de Robert Estienne ou de Nicot, mais en 1611 Cotgrave le définit ainsi : « *A transposition; translation, removall out of one place into another* ».

1880 Vaugelas utilise ici (et à la page 583) l'expression « situation naturelle » plutôt que « ordre naturel » qui deviendra l'expression ordinaire pour cette notion; elle se trouve déjà chez Maupas (1618 : f° 126r°).

y en a quelques unes de fort bonne grace. Il se pourroit faire que la tissure du vers auroit corrompu celle de la prose, mais combien avons-nous de grands hommes, dont la prose & les vers sont egalement excellens ? Parmy un si grand nombre on voit briller cette vive lumiere de l'Eglise, qui par ses Œuvres Chrestiennes s'est acquis une double palme en l'un & en l'autre genre[1881]. Est-il rien de plus doux, de plus pompeux que son stile, rien de plus eloquent que sa bouche & que sa plume ? Et ne sont-ce point encore de nouveaux sujets d'admiration, que la quantité, que la diversité de ses ouvrages, & que la promptitude & la facilité avec laquelle il les fait ? Certainement ce n'est point pour luy que l'on dit *que les talens sont partagez*, & *que le pris de l'Eloquence n'est pas de ceux qui se gaignent à la course*. Mais cette double gloire n'est-elle pas deuë aussi à l'Autheur de ce grand Ouvrage, qui a aujourd'huy tant d'esclat[1882] ? N'est-ce point un chef-d'œuvre d'eloquence, de pieté, de jugement, & qui va immortaliser (484 [444]) sur la terre un grand Cardinal desja immortel dans le ciel ? Se voit-il encore de plus belle prose ny de plus beaux vers que les lettres & les sonnets d'un autre excellent Esprit, desquels il suffit de dire pour toute loüange, qu'ils sont dignes du fameux Endymion[1883] ? Combien en avons nous d'autres encore, qu'il seroit trop long de designer, & que je me contente d'honorer d'un silence respectueux, puis que leur reputation parle assez.

Au preallable. Preallablement[1884]

Nous n'avons gueres de plus mauvais mots en nostre langue[1885]. C'estoit l'aversion d'un grand Prince, qui n'entendoit jamais dire l'un ou

1881 Clef de Conrart : « M. l'Ev. de Vence ». Patru (Vaugelas 1738 : III, 168) confirme cette attribution. Les *Œuvres chrétiennes* d'Antoine Godeau, élu à l'Académie Française en 1634, avaient été publiées à Paris par J. Camusat l'année précédente.

1882 Note de Patru : « M. Habert, Abbé de Cerisy, qui a fait la Vie du Cardinal de Bérulle » (Vaugelas 1738 : III, 171).

1883 Clef de Conrart : « M. De Gombaud » ; cette attribution est répétée par Patru « M. de Gombaut, qui a fait le Roman d'Endymion » (Vaugelas 1738 : III, 171).

1884 La remarque manuscrite (f° 4v°) ne traite que de « au preallable ».

1885 Maupas (1618 : f° 162r°) accepte les deux, mais selon Oudin (1640 : 275), *prealablement* « ne se trouve gueres ». Quant aux dictionnaires, Estienne (1549), Nicot (1606) et Cotgrave (1611) incluent les deux formes sans commentaire. Furetière (1690), d'autre part, observe que *preallablement* (notons la variation de graphie) se limite à la pratique, et l'Académie (1704 : 475) remarque que « *Au préalable* et *préalablement* sont des façons de parler qui n'entrent guere dans la conversation, si ce n'est en parlant d'affaires et de

l'autre sans froncer le sourcil[1886]. Il trouvoit qu'ils avoient quelque chose de monstrueux en ce qu'ils estoient moitié Latins & moitié François, quoy[1887] qu'en toutes les langues il y ayt beaucoup de mots *ibrides*, qu'ils appellent, ou *metifs*[1888] ; Et il estoit encore plus choqué de ce qu'*allable*[1889], entroit dans cette composition pour *qui doit aller*. Nous avons *auparavant*, *premierement*, *avant toutes choses*, & plusieurs autres termes semblables. Il faut laisser ces deux autres[1890] pour les Notaires, & pour la chicane[1891].

(485 [445])

Beaucoup[1892]

Ce mot estant employé pour *plusieurs*, ne doit pas estre mis tout seul. Il y faut ajouster *personnes*, ou *gens*, ou quelque substantif, comme *il donnoit peu à beaucoup*, n'est pas bien dit, il faut dire *à beaucoup de personnes*, ou *à beaucoup de gens*. Il est vray que l'on dit, *nous sommes beaucoup*, *ils sont beaucoup*, pour dire, *nous sommes beaucoup de gens*, mais il faut remarquer que cela n'a lieu que quand le pronom personnel le precede, lequel fait voir que ce *beaucoup*, qui suit, se rapporte au mesme pronom. De mesme quand on dit *il y en a beaucoup*, cet *en*, emporte avec soy la signification de *gens*, ou *de personnes*, comme il se voit par cette phrase *il y en a*, qui veut dire entre autres choses *il y a des gens*.

---

sciences ». Ces observations semblent être confirmées par l'usage tel qu'il est attesté dans Frantext (1600-1647) : parmi les 8 occurrences de *preal(l)ablement*, 4 proviennent de la *Logique* de Dupleix (1607) et 4 des lettres de Peiresc ; 14 des 20 exemples de *au prealable* sont également attestés dans les lettres de ce dernier qui illustrent souvent ses préoccupations savantes.

1886 Dans le manuscrit : « Il y auoit un des plus grands Princes de nostre temps, qui <le> haissoit ~~tellement ce uilain mot là~~ <si fort>, que quand <par malheur> il arriuoit à ~~quelqu'un une personne~~ <quelqu'un> d'en user ~~par malheur~~, en luy demandant quelque grace, ce Prince ne pouuoit s'empescher de froncer le sourcil, d'ou les pauures suppliants ~~[...]~~ <uenants à conceuoir> une mauuaise esperance de leurs affaires ne laissoient pas de remporter une response fauorable sans <que> neantmoins ilz peussent deuiner quel suiet ilz luy auoient donné de changer ainsi de uisage. »

1887 Dans l'original : & quoy (*Fautes d'impression*).

1888 *Metif* est une ancienne forme de *métis*, encore employé au XVIIIe siècle par Montesquieu, entre autres, selon Littré. Les termes *ibrides* et *metifs* ne figurent pas dans le manuscrit. Ils sont également absents de notre corpus de grammaires.

1889 Dans l'original : *qu'allable*.

1890 Dans l'original : autres deux (*Fautes d'impression*).

1891 Cette dernière phrase ne figure pas dans le manuscrit.

1892 La remarque manuscrite (f° 30v°) est plus courte mais offre dans les grandes lignes les mêmes conclusions.

Quand *beaucoup*, est adverbe, il y a une belle remarque à faire ; c'est que lors qu'on le met apres l'adjectif, il y faut necessairement ajouster *de*, devant & dire *de beaucoup*[1893] ; car si je dis, *l'esprit de qui la promptitude est plus diligente beaucoup que celle des astres*, ce n'est pas bien dit, quoy qu'il soit eschappé souvent à un celebre Autheur de l'escrire ainsi[1894] ; il faut dire *l'esprit de qui la promptitude est plus diligente de beaucoup que celle des astres*. Mais quand *beaucoup*, **(486 [446])** est devant l'adjectif, il n'est pas necessaire d'y mettre le *de*, mesme il est mieux de ne l'y mettre pas, comme *l'esprit de qui la promptitude est beaucoup plus diligente* est mieux dit que *l'esprit de qui la promptitude est de beaucoup plus diligente*[1895].

Barbarisme[1896]

On peut commettre un Barbarisme, c'est à dire parler barbarement, & hors des bons termes d'une langue, ou en une seule parole, ou en une phrase entiére. Les Barbarismes d'un seul mot, comme par exemple *pache*, pour *paction*[1897], *lent*, pour *humide*[1898], & une infinité d'autres semblables sont aisez à eviter, & il y a peu de gens nourris à la Cour, ou versez en la lecture des bons Autheurs, qui usent d'un mot barbare. Mais pour les Barbarismes de la phrase, qui est composée de plusieurs mots, il est tres-aisé d'y tomber[1899]. Par exemple, un de nos meilleurs Escrivains a dit *elever les yeux vers le ciel*[1900]. Cette phrase n'est point Françoise, il faut dire *lever les yeux au ciel*. Quelques uns disent

1893 Palsgrave (1852 [^{1}1530] : 848) cite déjà les exemples *de beaucoup plus fort, plus saige, plus hault, plus bas*.

1894 Malherbe (1631 : I, 64).

1895 Sur cet usage de *beaucoup* au XVIIe siècle, voir Haase (1935 : 242)

1896 La remarque manuscrite (f° 11r°) est en général très proche de la version définitive. Vaugelas revient aux barbarismes, *R*p. 568-572.

1897 Voir *R*p. 372-373.

1898 Ce sens n'est pas attesté dans notre corpus de dictionnaires.

1899 Dans le manuscrit : « et ~~il~~ n'est[…] pas croyable combien ce uice est commun à plusieurs, quoy qu'ilz soient nez au cœur de la France, qu'ilz ayent longtemps hanté la Court, ~~et~~ qu'ilz ~~soient~~ ayent leu noz bons livres, et qu'ilz ayent souuent conferé auec ~~les Maistres~~ <ceux qui> sçauent le mieux nostre langue, qui sont les quatre […] <auantages> par lesquels on y doit estre parfait ».

1900 Cet auteur n'est pas identifié par la Clef de Conrart. L'expression *lever les yeux vers le ciel* est assez fréquente dans les textes de Frantext (Gournay 1626, Baro 1628, Godeau 1633, Senault 1641), mais il n'y a qu'un seul exemple d'*eslever les yeux vers le ciel* chez Du Buc qui date de la première décennie du siècle.

aussi *sortir de la vie*[1901] ; cette phrase n'est pas Françoise non plus, quoy que les Latins dient *vita excedere* ; Car il n'y a point de consequence à tirer de la phrase d'une langue, à la phrase d'une autre, si l'Usage ne l'authorise. (487 [447])

Ce qui fait que tant de gens sont sujets à commettre cette sorte de barbarisme, c'est que tous les mots dont la phrase est composée sont François, & ainsi on ne s'apperçoit point de la faute ; Au lieu qu'au barbarisme du mot, l'oreille qui n'y est pas accoustumée, le rebutte, & n'a garde de se laisser surprendre, mais au barbarisme de la phrase, l'oreille[1902] estant surprise & comme trahie par les mots qu'elle connoit, luy ouvre la porte, d'où apres il luy est bien aisé de s'insinuer dans l'esprit.

Descouverte, ou *descouverture*

Par exemple *la descouverte*, ou *la descouverture du nouveau monde*, ou *des terres neuves*, sont tous deux bons. Amyot dit *descouverture*[1903], & je l'ay aussi oüy dire à des femmes de la Cour & de Paris[1904]. Ceux qui ne veulent pas que l'on die *descouverte*, ont accoustumé d'alleguer une mauvaise raison, qui est que *descouverte*, est un adjectif ; car combien avons nous d'adjectifs en nostre langue qui ne laissent[1905] pas d'estre substantifs[1906], & au masculin & au feminin, comme *le couvert*, *le contenu*, *le brillant*, *la*

1901 Cette expression est attestée, par exemple, dans le *Discours sur les œuvres de Mr de Malherbe* par Antoine Godeau : *Sortant de la vie ils sont entrez dans le temple de la gloire* (Malherbe 1631 : I, aii v°).

1902 Dans l'original : l'oreillë.

1903 Par exemple, on lit dans sa traduction de *Plutarque* (Amyot 1587 [^{1}1572]), *car il faut que d'une peché, comme d'une maladie honteuse, la descouverture et la correction soit secrette* (f° 53r°).

1904 Ce mot n'est attesté dans aucun de nos dictionnaires. Quant aux textes de Frantext (1600-1647), nous trouvons 3 occurrences chez Montchrestien (1615), ainsi que l'exemple suivant chez Tristan l'Hermite (1645) : *Pison espouvanté de la prise d'Epicaris, a des pressentimens de la fatale ruine de leur dessein, par une prochaine descouverture, quoy que Lucain l'asseure de la Vertu de cette illustre fille.* Après Vaugelas, pour la période 1648-1699, il n'y a plus d'attestations de ce mot dans Frantext.

1905 Dans l'original : l'aissent.

1906 Une première remarque manuscrite (f° 25v°) est proche de la version publiée jusqu'à ce point, mais elle ne développe pas les différents types d'exemples ; elle se termine ainsi : « Ceux qui ne ueulent pas qu'on die *descouuerte*, parce disent ilz que c'est un Adiectif, alleguent une mauuaise raison ueu qu'il y a plusieurs mots qui sont tout ensemble substantifs et adiectifs, comme *colere* et plusieurs autres. On dit *donner la couuerte.* » Dans une autre remarque (« *Noms substantifs et adiectifs tout ensemble* », f° 65v°), Vaugelas ajoute « *Noms substantifs et adiectifs tout ensemble*, comme *colere, retenue, enceinte,* beaucoup de mots tirez des participes passifs ».

retenuë, *la venuë*, *l'arrivée*, *l'enceinte*, & une infinité d'autres[1907] tirez des participes actifs & passifs, sans parler de ceux qui ne sont point pris des participes, comme *chagrin*, **(488 [448])** *colere*, *depit*, *sacrilege*, *parricide*? *&c.*

Et donc, *donc*[1908]

Plusieurs croyent que de commencer une periode par *& donc*, ne soit pas parler François, mais Gascon, comme en effet les Gascons ont souvent ce terme à la bouche. Mais M. Coeffeteau & M. de Malherbe en ont usé, & je l'entends dire tous les jours à la Cour à ceux qui parlent le mieux[1909]. Il se pourroit bien faire que les Gascons l'y auroient apporté avec beaucoup d'autres façon de parler qu'ils ont introduites du temps qu'ils estoient en regne ; Et ce qui m'en feroit douter, c'est qu'il ne me souvient point de l'avoir leu dans Amyot, où j'ay trouvé beaucoup de phrases que nous croyons nouvelles. Quoy qu'il en soit, l'Usage l'a estably.

On peut aussi commencer une periode par *donc*, & il n'est que bon de s'en servir ainsi quelquefois pour diversifier son usage ; car la plus commune façon d'en user, & qui a le plus de grace, est à la seconde, ou à la troisiesme ou quatriesme parole de la periode[1910].

Espace, *intervalle*[1911]

Ce mot est tousjours masculin, quoy qu'on l'ayt fait feminin autrefois[1912]. Il **(489 [449])** faut dire *un long espace*, soit que l'on parle *d'un*

1907 Dans l'original : d'autre.

1908 La remarque manuscrite (« *Donc* », f° 24v°) est presque identique au texte publié.

1909 Nous lisons, par exemple, chez Coeffeteau : *Et donc comment seroient les sens bons juges des objects de la Foy […] ?* ; *Et donc ne met-il pas la consecration aux paroles Sacramentales […] ?* (Coeffeteau 1622 : 17, 75), mais cet usage ne semble pas être attesté dans les *Œuvres* de Malherbe de 1631. Les grammairiens de notre corpus avant Vaugelas ne le traitent pas, mais Maupas (1618 : f° 113v°) utilise lui-même *Et donc* pour commencer une phrase.

1910 C'est l'usage ordinaire de Malherbe dans sa prose, et il n'y a que de rares exemples de *donc* en tête de phrase dans sa poésie (par exemple *Donc un nouveau labeur à tes armes s'appreste*, Malherbe 1631 : II, 58).

1911 Ces mots sont traités dans deux remarques distinctes dans le manuscrit, « *Espace* » (f° 31v°) et « *Interualle* » (f° 54v°), mais les jugements sont identiques.

1912 *Espace* est féminin selon Estienne (1549) et Cotgrave (1611), et masculin et féminin selon Nicot (1606). Oudin (1640 : 71) précise : « *Espace* est masculin : Et feminin en terme d'Imprimerie. » L'usage d'*espace* au féminin par Desportes est blâmé par Malherbe (Régnier 1869 : 231). Selon le témoignage de Frantext, Antoine Arnauld en 1643 emploie toujours *espace* au féminin dans l'expression *une espace de temps*.

espace de temps, ou *d'un espace de lieu*, car il se dit de tous les deux. Et au pluriel il en est de mesme qu'au singulier, *de grands espaces*, & non pas *de grandes espaces*[1913]. *Intervalle*, est de mesme en tout & par tout[1914].

Celle-cy pour *lettre*

Celle-cy, pour *lettre*, est bas[1915]. Neantmoins plusieurs ont accoustumé d'en user commençant une lettre ainsi : *Je vous escris celle-cy*[1916]. Il faut dire *je vous escris cette lettre*, ou simplement *je vous escris*; Car par *celle-cy*, de sous-entendre *lettre*, qu'on n'a point encore dit, il n'y a point d'apparence en nostre langue[1917], qui n'ayme pas ces suppressions. Les Latins ne sont pas si scrupuleux en plusieurs façons de parler, mesme en celle-cy, tesmoin Ovide

Hanc tua Penelope lento tibi mittit Ulyssi[1918],

& dans les Epistres de Ciceron on trouve souvent, *hanc*[1919] *tibi reddet*, ou *has tibi exaravi*, ou chose semblable, sous-entendant tantost *epistolam*, tantost *litteras*[1920].

Contemptible, contempteur[1921]

Ces deux mots me semblent bien rudes, & particulierement le dernier[1922]; Car pour le premier encore y a-t-il beaucoup de gens (490 [450]) qui s'en

1913 Le commentaire sur l'usage au pluriel est ajouté dans la version publiée.

1914 Le genre de ce terme n'est indiqué ni par Estienne (1549) ni par Nicot (1606) mais, dès 1530, Palsgrave (1852 [¹1530] le juge masculin. Tous les dictionnaires de notre corpus après Cotgrave (1611) lui attribuent le même genre. Presque toutes les attestations de ce mot dans Frantext (1600-1647) sont au genre masculin, et Arnauld (1643), qui s'en sert au féminin (*sans aucune intervalle*), l'emploie également au masculin (*durant un intervalle de temps raisonnable*).

1915 Dans le manuscrit (f° 43v°) : « ne uaut rien ».

1916 Pour des exemples de cet usage au XVIIᵉ siècle, voir Haase (1935 : 45).

1917 La remarque manuscrite se termine ici.

1918 Le recueil des *Héroïdes* s'ouvre sur une lettre de Pénélope à son époux Ulysse (« C'est ta Pénélope qui t'écrit celle-ci [cette lettre], à toi Ulysse qui tardes [à revenir] »).

1919 Dans l'original : *has* (*Fautes d'impression*).

1920 Il n'est pas certain que cet usage soit fréquent chez Cicéron. Dans l'*Institution oratoire* (IX, 3, 58), Quintilien cite ce passage pris d'une lettre perdue de Cicéro à Brutus : *Sermo nullus scilicet nisi de te; quid enim potius ? tum Flavius, cras, inquit, tabellarii, et ego ibidem has inter cenum exaravi* (« Pas de conversation sauf de toi. Quoi de mieux ? Puis Flavius dit, "Courriers demain", et j'ai écrit cette lettre chez lui pendant le dîner »).

1921 Il y a deux courtes remarques sur ces mots dans le manuscrit (« *Contempteur* » (f° 15r°), « *Contemptible* » (f° 44v°)).

1922 Dans le manuscrit, Vaugelas ne fait pas de distinction entre l'acceptabilité de ces deux mots : « *Contemptible*, et *Contempteur* sont deux mots dont use M. de Malh. en prose et

servent, bien que *mesprisable*, qui est si bon, ne couste pas plus à dire[1923]. Neantmoins M. de Malherbe s'en est servy en prose & en vers, *nous devenons*, dit-il, *aussi contemptibles, comme nous faisons les contempteurs*[1924]. Il est vray qu'en vers il ne s'est jamais servy de ce dernier, mais seulement de l'autre[1925].

Et qu'estant comme elle est, d'un sexe variable,
Ma foy, qu'en me voyant elle auroit agreable
Ne luy soit contemptible en ne me voyant pas.

Apparemment il n'a pas mis *mesprisable* au lieu de *contemptible*, quoy qu'il fust aussi propre au vers que l'autre, parce qu'il eust rimé dans la cesure du milieu avec *agreable*.

Faisable[1926]

On demande, *si une chose est faisable, ou non*. Quand on parle ainsi, on ne veut pas dire *s'il est permis de la faire*, mais *s'il est possible de la faire*[1927]. *Faisable*, regarde l'action seulement & non pas le devoir, & je ne vois personne qui en parlant, ny en escrivant l'employe à un autre usage, si ce n'est un celebre Escrivain, qui a donné[1928] lieu à cette Remarque, de

---

en uers, qui me semblent bien rudes, et d'autant moins insupportables [*sic*] que nous auons *mesprisable* et *mesprisant* » (f° 44v°). Trente ans plus tard, Richelet (1680) se réfère au jugement de Vaugelas sur *contempteur*, mais fait le commentaire suivant sur *contemptible* : « Vaugelas a décidé que ce mot étoit hors d'usage. Il est vrai qu'il ne se dit guere. Il se peut pourtant rencontrer des endroits où il ne fera pas un mauvais éfet. [Ils passent ici pour les plus vils et les plus contemptibles de tous les hommes. *Maucroix Schisme d'Angleterre, l. 3. pag. 496*.] » Les deux formes sont attestées dans Frantext : pour la période 1600-1647, conformément au jugement de Vaugelas, *contemptible* (18 ex.) est plus fréquent que *contempteur* (8 ex.), mais pour la période suivante (1648-1699), *contempteur* (10 ex.) est plus employé que *contemptible* (2 ex.).

1923 Dans le manuscrit (f° 44v°), Vaugelas fait mention également de *mesprisant*.

1924 Dans le manuscrit (f° 44v°) : « aux B. » (Malherbe 1631 : I, 115). Au folio 15r°, Vaugelas fait allusion à un autre exemple : « *Contempteur* Malh. 499 » ; le texte de Malherbe se lit : *& aux contempteurs de son authorité*.

1925 Dans le manuscrit (f° 44v°) : « Malh p.161 ». La différence entre son usage en prose et en vers est élaborée dans la version publiée, où Vaugelas explicite la raison pour laquelle Malherbe aurait évité *mesprisable*.

1926 Vaugelas essaie au folio 27v° d'élaborer une première version de cette observation, mais la moitié est rayée. Viennent ensuite deux observations sur d'autres questions et enfin une deuxième version de la remarque sur *faisable* qui parvient pourtant à la même conclusion sur l'usage de ce mot.

1927 *Cf.* Cotgrave (1611) : « *Feasible, doeable, effectable, makeable, which may be performed, acted, or done.* » Les trois grands dictionnaires monolingues de la fin du siècle confirment la définition de Vaugelas.

1928 Dans l'original : donne.

peur qu'estant imité & digne de l'estre en plusieurs autres choses, on ne l'imite[1929] encore en celle-cy[1930].

Devouloir

Pour dire *cesser de vouloir.* M. de Malherbe s'est servy de ce mot, *seroit-il possible,* (491 [451]) dit-il, *que celuy voulust, qui peut devouloir en un moment ?* Je ne sçay s'il est l'inventeur de ce mot, mais je ne l'ay jamais oüy dire, ny veu ailleurs[1931]. Il est fort commode, & fort significatif, & il seroit à desirer qu'il fust en usage[1932]. Selon l'analogie des mots il seroit aisé de l'establir, parce que nous en avons quantité de cette nature en nostre langue, comme *detromper,* que j'ay veu venir à la Cour, & que l'on trouvoit aussi estrange au commencement, qu'on fait maintenant *devouloir,* mais qui est aujourd'huy entierement en usage[1933]. Nous disons donc *tromper detromper, mesler demesler, faire deffaire, croistre decroistre, habiller deshabiller,* car on met un *s*, en la composition quand le verbe commence par une voyelle, comme *armer desarmer.* Le nombre de ces composez est tres-grand, dans lesquels la preposition *de,* emporte la destruction ou le contraire de ce que signifie le verbe simple[1934].

1929 Dans l'original : il ne le soit (*Fautes d'impression*).

1930 Dans le manuscrit (f° 27v°) : « *Faisable* ~~est~~ <se dit d'> une chose qui se peut faire <quant au fait et non quant au droit>, et non pas de celle qui se doit faire comme est auisé un de noz plus celebres Escriuains disant *sçauoir si une chose est faisable ou non.* Ce qui ua deuant fait uoir qu'il en use au sens que ie dis. Sans cela ie ne me fusse iamais auisé de faire cette remarque, ne croyant pas que l'on y peust manquer. » Cet usage est attesté dans Frantext chez Guez de Balzac (*à cause que pour bien juger si une chose est faisable ou non, il est necessaire d'en bien connoistre la fin*, 1631) ainsi que chez Urfé (*Ceux qui ont esté soubs l'authorité d'autruy, sçauront si cela est faisable ou non*, 1610).

1931 Le mot ne paraît dans aucun des dictionnaires de notre corpus et il n'y a aucune occurrence dans Frantext pour la période 1600-1647.

1932 La remarque manuscrite (f° 67r°) est très courte et se termine ici : « *Deuouloir* seroit il possible que celuy uoulust qui peut *deuouloir* en un moment ? dit Malh p. 277. Ce mot est bien estrange et bien nouueau, mais aussi est il fort commode et fort significatif, il seroit à desirer qu'il fust en usage. »

1933 Le verbe *detromper* est déjà attesté chez Cotgrave (1611). Il est employé dans les textes de Frantext (1600-1647) par Urfé (1610, 1612) et Arnauld (1643).

1934 *Cf.* la remarque sur *desbarquer, desembarquer* (*R*p. 467-468). Chassang (1880 : II, 229-230) observe dans une note de bas de page : « Au point de vue de l'orthographe, on remarquera que Vaugelas écrit ici *de* un préfixe qu'il a écrit *des* dans une des remarques qui précèdent immédiatement [...] : il écrit *devouloir, detromper, decroitre*, etc., et il a écrit plus haut *desbarquer, desvelopper*, etc. Il établit ici pour règle de ne mettre l'*s* que lorsque le verbe composé commence par une voyelle. »

Mesmes cette sorte de composition de verbes semble avoir ce privilege, qu'on en peut former & inventer de nouveaux au besoin, pourveu qu'on le face avec jugement & discretion, & que ce ne soit que tres-rarement. Ce fameux Poëte Italien en a ainsi usé, au mot de *dishumanare*, quand il a dit dans le Pastor fido (492 [452])

Che nel dishumanarti
Non diventi una fera anzi ch'un Dio[1935].

prens garde, dit-il, *qu'en te deshumanisant, tu ne deviennes plustost une beste farouche, qu'un Dieu.* Il s'est servy de ce mot le plus heureusement du monde, soit qu'il l'ayt inventé luy mesme comme je crois, ou qu'il l'ayt pris du Dante, qui n'a eu nulle pudeur à en faire autant de fois qu'il en a eu besoin, disant par exemple *immeiare*, *intuiare*, *insuiare*[1936], pour dire *convertir en moy*[1937], *convertir en toy*, *convertir en soy*, & une grande quantité d'autres horribles comme ceux-là ; car je n'ay pas remarqué qu'il ayt esté aussi heureux que hardy en cette sorte d'invention. On a fait un mot en nostre langue depuis peu[1938], qui est *debrutaliser*, pour dire *oster la brutalité*, ou *faire qu'un homme brutal ne le soit plus*, qui est heureusement inventé, & je ne sçaurois croire qu'estant connu, il ne soit receu avec applaudissement[1939]. Au moins tous ceux à qui je l'ay dit, luy donnent leur voix, & pas un jusqu'icy ne l'a condamné pour sa nouveauté, comme on fait d'ordinaire tous les autres. Aussi a-t-il esté fait[1940] par une personne, qui a droit de faire des mots, & d'imposer des noms, s'il est vray ce que les Philosophes enseignent, qu'il n'appartient qu'aux sages d'eminente sagesse d'avoir ce privilege.

1935 Guarini, *Il pastor fido*, Acte I, scène 1.

1936 *Cf.* Dante, *Paradiso*, canto IX, vers 80-81 : *Già non attendere' io tua dimanda, / s'io m'intuassi, come tu t'inmii.*

1937 Dans l'original *moy* est suivi d'un point-virgule.

1938 Thomas Corneille : « C'est Madame la Marquise de Ramboüillet qui a fait *débrutaliser* » (Vaugelas 1738 : III, 188).

1939 Comme l'observe Marzys (2008 : 108), les prédictions de Vaugelas se sont révélées fausses, dans la majorité des cas, en ce qui concerne les mots « allongez ou derivez ». Par exemple, le verbe *débrutaliser* n'est attesté qu'une seule fois dans Frantext, toutes périodes confondues, chez Cyrano de Bergerac (1655). Il ne figure dans aucun des dictionnaires de notre corpus, mais le verbe *brutaliser* est glosé par Baudeau de Somaize dans *Le Grand Dictionnaire des Pretieuses* de 1661 : « Terme de pretieuse pour dire se divertir amoureusement, prendre des plaisirs sensüels [...] ».

1940 Dans l'original : sait.

(493 [453])

Dueil pour *duel*

Cette Remarque me sembloit indigne de tenir rang parmy les autres, qui n'attaquent pas des erreurs si grossieres, qu'est[1941] celle de prononcer ou d'escrire *dueil* pour *duel*. Mais se rendant commune, il n'est pas inutile de la marquer[1942]. Ce sont pourtant deux choses bien differentes, que *dueil*, & *duel*, outre que *dueil*, est d'une syllabe, & *duel* de deux.

De cette façon de parler, il sçait la langue Latine & la langue Grecque[1943]

1941 Dans l'original : qui est (*Fautes d'impression*).

1942 Cet usage n'est pas traité dans le manuscrit. Dans la traduction de Fonsèque, on trouve pourtant les deux formes *dueil* et *duel* avec ce sens (Vaugelas 1615 : 127, 453).

1943 La remarque manuscrite (« *Nom* quand il doit estre repeté », f° 64r°-v°) commence d'une façon plus générale : « *Nom repeté.* Quand un meme nom Substantif sert à deux indiuidus, et qu'il a deux Epithetes dont l'un conuient à un indiuidu, et l'autre à l'autre, et que la Conionction *Et* les ioint ensemble, il faut repeter le nom Substantif. Cette reigle semble obscure, comme la pluspart des Reigles ont accoustumé de l'estre mais un Exemple l'esclaircira. *Il scait la langue grecque et la langue latine.* » Vaugelas poursuit en donnant son jugement sur chacune des quatre constructions, sans faire de commentaire sur la possibilité d'accorder ou avec les formes exprimées ou avec les formes sous-entendues. La remarque manuscrite se termine par un long passage sur la nécessité de consulter les femmes quand l'usage est douteux (*cf.* *R*p. 503-505) : « {+ Pour me confirmer en cette creance} + Ie ne me suis pas contenté de sçauoir la Reigle, d'obseruer comme les bons Autheurs ont accoustumé d'en user, et de consulter mon oreille, qui sont trois choses sur lesquelles i'a'y fondé mon opinion ; mais ~~i'en ay mesmes demandé l'aduis de~~ <c'a esté encor sur l'aduis que i'en ay demandé à> quelques Courtisans, que i'ay reconu auoir le goust bon en ce qui est de la pureté de nostre langue, quoy qu'ilz n'eussent point estudié, comme nous lisons dans Ciceron qu'il consultoit quelquefois l'esprit et l'oreille de sa mere et de sa femme, quand il estoit en doute si une façon de parler estoit bonne, ou s'il y en auoit deux ou trois, laquelle estoit la meilleure. Car les personnes qui n'ont point de lettres ni d'estude, et qui sont de condition, sçauent bien mieux pour l'ordinaire le uray genie de leur langue naturelle, que ceux qui la peuuent auoir corrompue par la contagion des autres langues, dont les reigles ne sont past tousiours conformes ni près de là, à celles de leur propre langage. C'est pourquoy ie conseilleray tousiours aux plus excellents Escriuains, qui seront en doute de quelque façon de parler, de s'adresser aux Dames comme aux urays Oracles qui les en peuuent esclaircir, et qu'ilz n'ayent point de honte de suiure en cela l'exemple du Prince de l'Eloquence. Certes il faut rendre ce tesmoignage à la uerité, que partout ou l'on parle purement les femmes ~~de qualité sont tousiours de [...]~~ <l'emportent par dessus> les hommes, et qu'on ne die pas que c'est qu'elles parlent dauantage, et que les choses ausquelles on s'exerce le plus sont celles que l'on fait le mieux. C'est que ueritablement elles ont ce don et cette prerogatiue du ciel ~~qui [...]~~ <laquelle> aussi bien que la beauté leur est plus propre et plus ordinaires qu'aux hommes, mais elles sont d'autant plus obligees de bien user de l'une et de l'autre. »

Le sens de ces paroles se peut exprimer en quatre façons. On peut dire, *il sçait la langue Latine & la langue Grecque. Il sçait la langue Latine & la Grecque. Il sçait la langue Latine, & Grecque* & *il sçait les langues Latine & Grecque.* On demande si ces quatre expressions sont toutes bonnes, & laquelle est la meilleure[1944]. Je respons que les deux dernieres sont mauvaises, & que les deux premieres sont bonnes ; Car, *il sçait la langue Latine & Grecque*, ne se peut dire, parce que la construction de cette periode, ou de cette oraison, pour parler en Grammairien, se doit faire, ou selon les paroles qui sont exprimées, ou selon celles qui sont sous-entenduës ; Si selon celles qui sont exprimées, ce singulier *la langue*, ne peut (494 [454]) convenir à deux langues entierement differentes, comme sont *la Latine & la Grecque* ; Si selon celles qui sont sous-entenduës, à sçavoir *la*, *langue*, encore qu'on ne die pas *langue*, il ne faut pas laisser d'exprimer l'article, *la*, qui ne se peut supprimer ny sous-entendre, à cause qu'un mesme substantif, comme est *langue*, en cet exemple, ne peut pas estre appliqué à deux choses differentes, qu'on ne luy donne deux articles effectifs, qui ne se doivent jamais supprimer. Et pour l'autre expression que nous soustenons mauvaise, *il sçait les langues Latine & Grecque*, cela est si evident à ceux mesmes qui ne sçavent pas les secrets de nostre langue, qu'il me semble superflu de le prouver. Il reste donc à sçavoir lequel de ces deux est le meilleur, *il sçait la langue Latine & la langue Grecque*, & *il sçait la langue Latine & la Grecque.* Les opinions sont partagées, les uns croyent que de repeter deux fois *langue*, est plus regulier & plus grammatical, & alleguent que M Coeffeteau qui escrivoit si nettement, en usoit tousjours ainsi[1945]. Les autres asseurent que celuy-cy est beaucoup meilleur & plus elegant, *il sçait la langue Latine & la Grecque*, parce, disent-ils, que la repetition des mots, à moins que d'estre absolument necessaire, est tousjours importune, outre qu'en l'evitant on s'exprime avec plus de briefveté, ce qui est (495 [455]) bien agreable, sur tout aux François.

Le pronom relatif LE, *devant deux verbes, qui le regissent*[1946]

1944 Sur le traitement des questions d'accord grammatical dans les *Remarques*, voir l'Introduction, 6.4.5.

1945 Urbain (1893 : 331) observe pourtant que Coeffeteau pratiquait parfois l'ellipse du substantif, par exemple, *Tantôt par une fuite simulée, tantôt par une véritable* ; *la terre ferme et la mouvante*, etc.

1946 Cette observation ne figure pas dans le manuscrit.

Par exemple *envoyez moy ce livre pour le revoir & augmenter.* C'est ainsi que plusieurs personnes escrivent, je dis mesme des Autheurs renommez[1947] ; Mais ce n'est point escrire purement, il faut dire *pour le revoir & l'augmenter*, & repeter le pronom *le*, necessairement ; & cela est tellement vray, que quand mesme les deux verbes seroient synonimes, il ne faudroit pas laisser de le repeter comme, *pour l'aimer & le cherir*, & non pas *pour l'aimer & cherir.* Cette Reigle ne souffre point d'exception.

D'une[1948] *heure à l'autre.*

Un de nos plus celebres Autheurs a escrit[1949], *il n'y a rien qui se doive conserver avec plus de soin que la memoire d'un bien-fait, il se la faut ramentevoir d'une heure à l'autre.* Il faut dire *d'heure à autre*, & *d'une heure à l'autre* n'est pas François[1950]. En un autre endroit il escrit encore[1951], *la tristesse s'estant emparée de mon esprit, s'y est tellement fortifiée, & s'y fortifie encore d'un jour à l'autre.* Il faut dire *de jour à autre*, & non pas *d'un jour à l'autre*[1952] ; Car ce dernier exprime un (496 [456]) temps defini, comme par exemple, si je voulois dire qu'un homme qui estoit aujourd'huy fort riche fust devenu fort pauvre le lendemain, je dirois que *d'un jour à l'autre*[1953], du plus riche homme de la ville, il estoit devenu le plus pauvre. Ainsi *d'un jour à l'autre*, signifie proprement l'espace de deux jours ou en tout, ou en partie ; car cela n'importe. Que si en ce mesme

1947 Vaugelas se sert lui-même de cette construction dans sa traduction de Fonsèque ; par exemple, *mais Marcelle & les autres qui sont avec elle le descouvrent & manifestent haut & clair* (Vaugelas 1615 : 461). Comme le note Nathalie Fournier (1998 : 77), qui en donne plusieurs exemples, cette ellipse, « surtout fréquente en cas de coordination d'infinitifs, lie fortement les deux verbes et donne la vision d'un procès unique ». Cette observation constitue donc l'un des cas assez rares où Vaugelas semble fournir une règle prescriptive qui ne reflète pas l'usage contemporain.

1948 Dans l'original : *D une.*

1949 Dans le manuscrit (f° 22v°) : « Malh. p.55 ». Cette attribution est également donnée par la Clef de Conrart. L'exemple est légèrement modifié dans le texte publié ; comme l'indique le manuscrit, le texte de Malherbe commence autrement : *Or il n'y a chose qui se doive conserver [...]* (Malherbe 1631 : I, 55). À l'exception que l'identité de Malherbe est cachée, la version publiée est très proche de la version manuscrite.

1950 Oudin (1640 : 270) ne note que *d'heure à autre*, et c'est cette expression qui est employée dans Frantext (1600-1647) par Balzac, Urfé et Mareschal, entre autres.

1951 Dans le manuscrit : « p.713 ».

1952 Dans l'original : d'un jour à l'autre (sans l'italique). L'expression *de jour à autre* (78 ex.) est bien plus fréquente dans Frantext (1600-1647) que *d'un jour à l'autre* (3 ex.).

1953 Dans l'original : d'*un jour à l'autre. Cf.* Malherbe (1631 : I, 40) : *Donnons des choses que la continuation de l'usage rende d'un jour à l'autre plus agreables [...].*

exemple je mettois *de jour à autre*, alors je ne dirois plus que ce grand changement fust arrivé determinément dans deux jours, mais peu à peu, & dans un espace de temps indefini. Il en est de mesme, ce me semble, de *d'une heure à l'autre*, & *d'heure à autre*.

Discord pour *discorde*[1954]

Discord pour *discorde*, ne vaut rien en prose, mais il est bon en vers,

Et si de nos discords l'infame vitupere,

dit M. de Malherbe[1955]. Les autres Poëtes en ont aussi usé & devant & apres luy[1956]. C'est un de ces mots, que l'on employe en vers & non pas en prose, dont le nombre n'est pas grand[1957]. Neantmoins je suis bien trompé si un de nos plus excellens Escrivains ne l'a employé une fois dans la Paraphrase, qui luy a acquis tant de reputation[1958]. Quoy qu'il en soit, on ne s'en sert en prose que tres-rarement, y ayant quelque (457*) lieu, où peut-estre il pourroit trouver sa place[1959].

Construction grammaticale[1960]

Plusieurs croyent que cette construction n'est pas bonne, *comme le Roy fut arrivé, il commanda, &c.* & qu'il faut dire *le Roy, comme il fut arrivé, commanda*. Mais ils se trompent fort ; car au contraire, l'autre est beaucoup meilleure & plus naturelle, parce que si je commençois la periode par *le Roy*, il faudroit dire *estant arrivé*, & non pas, *comme il fut arrivé*. *Le*

1954 Ce mot est traité dans deux remarques manuscrites, « *Discord* » (f° 22v°), observation qui suit immédiatement la précédente sur *d'une heure à l'autre*, et une deuxième ayant le même titre (f° 24v°), qui aborde le sujet sous un angle différent : « *Discord* pour *Different*, ou *querelle* ne uaut rien, et n'est pas bien parlér de dire *Estre en discord auec quelqu'un* ».

1955 Dans le manuscrit (f° 22v°) : « Malh p 29 ».

1956 Estienne (1549), Nicot (1606) et Cotgrave (1611) ne donnent que la forme *discord*. Parmi les occurrences de *discord* dans Frantext pour la période 1600-1647, la majorité apparaît effectivement dans des textes en vers, chez Scudéry, Corneille ou Du Ryer, mais Bailly s'en sert en prose en 1634 dans *Les Songes de Phestion*.

1957 Sur l'usage en poésie et en prose, voir l'Introduction, 4.2.4.

1958 Dans le manuscrit (f° 22v°) : « Il me semble que M Godeau en a usé en un lieu de sa paraph. ». Il est donc évident que l'auteur de la Clef de Conrart se trompe ici : « Je croy q[ue] c'est le Pére Senaut, dans sa Paraphrase sur Job ». Les vers de Godeau proviennent de sa *Paraphrase des pseaumes de David, en vers françois* : *D'une heureuse lignée, il remplit leurs familles, / Et ce nombre fecond & de fils & de filles, / Par le moindre discord, n'est jamais desuny* (Godeau 1665 [¹1648] : 201).

1959 Cette dernière phrase ne figure pas dans la remarque manuscrite.

1960 La remarque manuscrite (f° 15r°) est plus courte, mais elle offre la même conclusion.

Roy estant arrivé commanda, qui ne voit que cette phrase est beaucoup plus Françoise[1961] que cette autre, *le Roy, comme il fut arrivé, commanda ? A l'abord*, dit M. Coeffeteau[1962], *comme Tiridates apperceut Corbulon, il descendit le premier de cheval*. On parle & on escrit ainsi.

C'EST QUE, *où il est mauvais*

Ce terme est quelquefois superflu & redondant, par exemple lors qu'il est employé de cette sorte *quand c'est que je suis malade*[1963]. Une infinité de gens le disent ainsi, & particulierement les Parisiens & leurs voisins[1964], plustost que ceux des Provinces esloignées. Il faut dire simplement *quand je suis malade*[1965]. Cela est hors de doute. Mais on n'est pas si asseuré, (458*) que cette autre façon de parler soit mauvaise *quand est-ce qu'il viendra ?* car les uns la condamnent, & soustiennent qu'il faut dire *quand viendra-t-il ?* & les autres disent qu'elle est fort bonne, & pour moy je suis de cet avis[1966].

Onguent pour *parfum*[1967]

Un fameux Autheur est repris, & avec raison, d'avoir escrit *onguent*, en parlant de la Magdeleine, & dit *un precieux onguent*, au lieu d'*un*

1961 Il s'agit plutôt d'un latinisme qui était en vogue notamment au XVIe siècle. La grammaire d'Oudin (1640 : 184) inclut l'exemple *Monsieur estant arrivé, trois jours s'escoulent, etc.* dans sa discussion sur l'usage du temps présent, sans faire de commentaire sur la construction.

1962 Coeffeteau (1621 : II, 43).

1963 Nous avons ici une attestation précoce de cette tournure, fréquente en français familier aujourd'hui, ainsi qu'une origine géographique approximative.

1964 Dans le manuscrit (fo 14vo) : « et ceux du cœur de la France ». Vaugelas continue : « Encor pour le dire, passe, mais pour l'escrire, il s'en faut bien garder ». Ce commentaire semble être confirmé par l'usage tel qu'il est attesté dans Frantext : pour la période 1600-1647, il n'y a qu'une seule occurrence de cette construction qui se trouve dans une lettre de Peiresc de 1637 : *vous advouant que je ne fus jamais si surpris que je le fus à l'ouverture de vostre boitte, quand c'est que pensant y voir quelque empreinte de vase, je me trouvay à la main l'original de l'un de ceux de Mr De Roissy.* De plus, aucun grammairien de notre corpus avant Vaugelas ne discute de cet usage.

1965 La remarque manuscrite se termine ici.

1966 Sur l'histoire de cette construction et son usage au XVIIe siècle, voir Ayres-Bennett (2004c : 50-59).

1967 L'ordre du contenu est différent dans le manuscrit (fo 36ro); dans cette version Vaugelas commence par donner son jugement (« *Onguent* pour *parfum* ne uaut rien, quoy que plusieurs de noz meilleurs Escriuains ayent accoustumé d'en user en ce sens »), et il termine en notant : « Et c'est une faute qu'a faite M. Coeff. dont il a esté iustement repry ».

precieux parfum[1968]. Nous avons encore plusieurs de nos Escrivains & de nos Predicateurs, qui font cette faute[1969]. Ce qui les trompe, c'est que les Latins disent *unguentum*, en cette signification, parce que les Anciens se servoient de certains parfums, comme il y en a encore de plusieurs sortes parmy nous, dont le vray usage estoit de s'en oindre quelques parties du corps ; tellement qu'il semble qu'on avoit raison de l'appeler *onguent*. Mais parce que ce mot se prend tousjours pour medicament, il ne s'en faut jamais servir pour *parfum*, l'Usage le veut ainsi.

Poste[1970]

Quand c'est un terme de guerre, il est tousjours masculin, & ceux qui le font (459*) de l'autre genre parlent mal. Il faut dire *prendre un bon poste*, *garder son poste*, & non pas *prendre une bonne poste*, ny[1971] *garder sa poste*. Quand il signifie *une certaine course de cheval*, ou *le lieu où sont les chevaux destinez à cet usage*, ou *l'espace qu'ils ont accoustumé de faire en courant*, chacun sçait qu'il est feminin, & que l'on dit *courre la poste*. Tous deux viennent de l'Italien, qui appelle l'une *posta*, & l'autre *posto*. En faisant cette difference de genre, on parlera selon l'Usage, & l'on evitera l'equivoque[1972].

Abus du Pronom demonstratif, celuy[1973]

1968 La Clef de Conrart n'identifie pas cet auteur, mais le manuscrit indique que Vaugelas songe à Coeffeteau et à l'exemple suivant qui figure dans ses *Œuvres* : *ce fut pour faire rentrer le murmure en la bouche de Judas & des autres disciples qui se plaignoient de ce que la Magdeleine avoit versé sur luy, un precieux onguent* (Coeffeteau 1622 : 741). On trouve un autre exemple de cet usage à la page 911 : *Car il estoit question du fait de la Magdeleine, qio avoit espandu son Onguent sur nostre Seigneur.*

1969 L'Académie (1694) associe cet usage « au langage de l'Ecriture sainte », et approuve (1704 : 489) la remarque de Vaugelas. La grande majorité (118) des 143 occurrences d'*onguent* dans Frantext pour la période 1600-1647 proviennent de deux auteurs (Serres et Marinello) et ont le sens du medicament.

1970 Les mêmes conclusions sont proposées dans le manuscrit (f° 69r°), et dans le texte publié Vaugelas ne fait qu'élaborer la définition du *poste* au féminin.

1971 Dans l'original : *ny.*

1972 Cette remarque ne fut pas contestée, et elle semble refléter l'usage tel qu'il est représenté dans les textes de Frantext (1600-1647). Les trois grands dictionnaires monolingues de la fin du siècle réitèrent la même distinction.

1973 L'observation manuscrite, « *Celuy* mal placé au commencement de la periode » (f° 45r°), est très proche de la version publiée à ceci près que la dernière phrase n'y apparaît pas.

Plusieurs abusent du pronom demonstratif *celuy*, en tout genre & en tout nombre[1974]. Ce sont particulierement les femmes[1975] & les Courtisans quand ils escrivent ; & tant s'en faut qu'ils le veuillent eviter, qu'au contraire ils l'affectent comme un ornement. Ils le trouvent fort commode, & s'en servent d'ordinaire[1976] pour passer d'un discours à un autre. Par exemple, ils finiront une periode par *joye.* en mettant un point apres, & en commenceront une autre, qui n'aura rien de commun avec la premiere, disant *celle que j'ay receuë d'une telle chose*, &c. voulant dire *la joye que j'ay receuë.* Autre exemple, *j'ay parlé à un tel de vostre affaire, il s'y portera avec affection. Celle* **(460*)** *que vous m'avez tesmoignée ces jours passez*, pour dire *l'affection que vous m'avez tesmoignée ces jours passez, est extraordinaire.* Je dis que cette façon de parler, ou plustost d'escrire est vicieuse, & que jamais les bons Autheurs, ne s'en sont servis en aucune langue, parce que ce pronom, quand il se rapporte à des choses de cette nature, n'a son usage que dans une mesme periode, comme par exemple si je disois, *il m'a promis de vous servir avec la mesme affection, que celle que vous luy avez tesmoignée ces jours passez.*

Mais comme j'ay dit, cette Reigle n'a lieu que lors que ce pronom se rapporte à des choses d'une certaine nature, qui sont *les choses morales*, ou *intellectuelles*[1977], comme *joye, affection, esperance, action*, &c. Car *aux materielles*, ou *aux personnes*, il n'y a point de mal de commencer la periode par ce pronom, comme si je finis ainsi *pour payer le cabinet que j'ay acheté*, je puis fort bien recommencer, *Celuy qu'un tel vous donna*, &c. De mesme quand il s'agit d'une ou de plusieurs personnes, *la femme de Septimius*, dit M. Coeffeteau[1978], *pour espouser son adultere, fit proscrire & tuer son mary. Celle de Salassus alla elle mesme querir les soldats pour l'executer.* Il y a bien sans doute quelque belle raison de difference, mais je ne l'ay pas encore cherchée[1979].

1974 Pour des exemples de l'anaphore d'un nom à déterminant zéro par le démonstratif, voir Haase (1935 : 7-8) et N. Fournier (1998 : 189).

1975 Dans le manuscrit Vaugelas ne fait mention que des Courtisans.

1976 Vaugelas insère ici dans un ajout marginal « + par maniere de dire comme d'une planche ».

1977 Dans le manuscrit, Vaugelas écrit simplement « qu'aux choses [...] intellectuelles ».

1978 Coeffeteau (1621 : I, 24). Le texte est légèrement abrégé pour rendre l'exemple plus clair ; l'original se lit : *La femme de Septimius s'estant prostituée à un des domestiques d'Antoine, pour épouser son adultere fit proscrire & tuer son mary. Celle de Salassus alla elle mesme querir les soldats pour l'executer [...].*

1979 L'Académie observe (1704 : 491) : « On a trouvé quelque chose à dire sur cette phrase. *Il s'y portera avec affection, celle que vous m'avez temoignée*, à cause que le mot *affection* par où

(461*)

Adverbe[1980]

Cette partie de l'Oraison veut tousjours estre proche du verbe, comme le mot mesme le monstre ; soit devant ou apres, il n'importe, quoy que dans la construction il aille tousjours apres le verbe, comme l'accessoire apres le principal, ou l'accident apres la substance[1981]. C'est pourquoy je m'estonne qu'un de nos plus fameux Escrivains affecte de le mettre si souvent loin de son verbe à la teste de la periode[1982], par exemple, *comme l'on vit que presque leurs propositions n'estoient que celles mesmes qu'ils avoient faites à Rome*, au lieu de dire *comme on vit que leurs propositions n'estoient presque que celles mesmes qu'ils avoient faites à Rome*[1983], nonobstant la cacophonie des deux *que*, *presque que*, qui n'est pas considerable à comparaison de la rudesse qu'il y a à mettre *presque*, au lieu où il le met. Et il pouvoit eviter ces deux *que*, en mettant, *comme on vit que leurs propositions estoient à peu pres les mesmes*, &c.[1984]

Je crois neantmoins qu'il y a quelques adverbes, comme *jamais*, *souvent*, & quelquefois *tousjours*, qui ont meilleure grace au commencement de

finit la premiere periode est indefini. La phrase feroit moins de peine s'il y avoit, *il s'y est porté avec une affection extraordinaire, celle que vous m'avez temoignée*. On n'a point receu la distinction des choses morales et des materielles. »

1980 Cette remarque regroupe deux observations manuscrites, « *Aduerbe* » (f° 37r°) et « *Iamais* » (f° 54v°). Dans les deux observations, Vaugelas semble hésiter. La première va jusqu'au « & encore n'est-ce pas tousjours » dans le texte publié, et elle finit par ces mots : « I'y prendray garde pour uoir si il [*sic*] y auroit moyen ~~d'y establir~~ <d'en faire> quelque reigle certaine ». La deuxième commence par examiner un certain usage de Malherbe : « *Iamais* ~~Ordinairem[en]t~~ <Presque Tousiours> M. de Malh. le met au commencem[en]t de la periode, ou il est bon quelquefois, mais non pas tousiours Exemple Malh. B. p. quand iamais un de ses bienfaits ne luy deuroit reußir, faut quand un de ses bienfaits ne luy deuroit iamais reussir. Il me semble que lors que la periode ne commence pas par *Iamais*, il ne doit pas estre mis deuant les autres mots. Il faut uoir par les exemples si cela est uray. Malh. use ainsi de tous les autres Aduerbes en les transposant. {Malh. p. 334 Il deuoit faire en sorte qu'il n'y eust moyen de iamais les faire sortir au iour, faut, que iamais il n'y eust moyen de les faire sortir.} » Une troisième observation sur la bonne position de *toujours* (« *Tousiours* », f° 90v°-91r°) n'est pas reproduite dans le texte publié (voir Annexe II).

1981 La section sur l'adverbe dans les grammaires de Maupas (1618) et d'Oudin (1640) consiste essentiellement en de longues listes d'adverbes, classées selon leur fonction (du lieu, du temps, etc.).

1982 Dans le manuscrit (f° 37r°) : « manque grandement en ce qu'il affecte de le mettre <presque> tousiours à la teste de la periode loing de son Verbe ».

1983 Dans le manuscrit (f° 37r°) : « <M de Malh.> p. 440 ». La Clef de Conrart qui l'attribue à « M. D'Ablancourt » se trompe donc en cet endroit.

1984 Cette phrase est ajoutée au texte publié.

la periode, qu'ailleurs ; Mais aussi je n'en ay gueres remarqué d'autres que ceux là, ce qui me fait soupçonner que ce sont (462*) principalement les adverbes du temps qui ont ce privilege, & encore n'est-ce pas tousjours. Le mesme Autheur[1985], dont j'ay allegué l'exemple de *presque* a escrit, *quand jamais un de ses bien-faits ne luy devroit reüssir.* Et en un autre endroit[1986], *il devoit faire en sorte qu'il n'y eust moyen de jamais les faire sortir au jour.* Cette transposition est estrange, au lieu de dire, *il devoit faire en sorte qu'il n'y eust jamais moyen de les faire sortir au jour.*

Perdre le respect à quelqu'un[1987]

Cette façon de parler est de la Cour, s'il en fut jamais, & toute ma vie je l'ay ainsi oüy dire aux hommes & aux femmes qui la hantent. Neantmoins depuis peu je vois tant de gens qui condamnent cette phrase, ou qui en doutent, que je crois qu'il faut estre retenu à en user[1988]. J'avoüe que la construction en est estrange, & qu'il semble qu'on devroit dire *perdre le respect envers quelqu'un*, ou beaucoup mieux encore, *pour quelqu'un*, & non pas *à quelqu'un* ; Mais combien y a-t-il de ces phrases en toutes les langues, & en la nostre ? ordinairement ce sont

---

1985 Comme l'indique la note 1980 ci-dessus, Vaugelas omet de noter la page de cette citation dans le manuscrit (Malherbe 1631 : I, 7).

1986 La pagination indiquée dans le manuscrit (p. 334) n'est pas juste. En réalité la citation, dont le début a été modifié, se trouve aux pages 331-332 : *ou ne les avoir couverts de quelque chose de si pesant, qu'il n'y eust moyen de jamais les faire sortir au jour.*

1987 Cette observation combine encore deux remarques différentes du manuscrit, « *Perdre le respect à quelqu'un* » (f° 69v°) et « *Loüer* auec une construction estrange et digne de remarque » (f° 59r°). Dans le manuscrit, Vaugelas accepte les deux constructions sans hésitation : « *Perdre le respect à quelqu'un.* Cette construction est estrange, si l'on y ueut prendre garde, car il semble qu'il faudroit dire *enuers quelqu'un* et non pas *à quelqu'un*, et neantmoins elle est elegante et de la Court, ou l'on dit tous les iours *Il luy a perdu le respect, perdre le respect à son Maistre.* » « *Loüer.* C'est une façon de parler bien estrange, et qui ne se peut comprendre, que celle dont on use auec le Verbe *Loüer* quand on dit ordinairement *vn tel se loüe fort des faueurs que uous luy auez faites.* Car la raison uoudroit que l'on dist *vn tel uous loue fort*, et non pas *se loüe* qui n'est nullement à propos. Neantmoins il faut dire se *loüe* si l'on ueut parler françois, et cette façon de parler est tres-bonne et tres-elegante. Voyez ce que i'en dis à *Tout plein.* » La remarque sur *tout plein* fut publiée par Alemand dans les *Nouvelles Remarques* (Vaugelas 1690 : 526-528).

1988 La nature récente du changement explique donc la différence entre la position adoptée dans le manuscrit et celle du texte imprimé. Les dictionnaires de notre corpus publiés avant 1647 n'incluent pas cette expression, mais en 1694 l'Académie la définit sans faire de commentaire sur son acceptabilité : « On dit, *Perdre le respect à quelqu'un*, pour dire, Faire ou dire quelque chose contre le respect qui luy est deu. *Vous me perdez le respect. il m'a perdu le respect.* »

les plus belles & qui ont le plus de grace. Il se presente souvent occasion comme icy, de redire ce beau mot de (463*) Quintilien, *aliud est latine, aliud grammatice loqui*[1989].

Si nous voulions esplucher cette façon de parler, *se louër de quelqu'un*, & en faire une anatomie, selon que les mots sonnent, ou selon leur construction, ne la trouveroit-on pas encore plus estrange que l'autre, pour signifier ce qu'elle signifie[1990] ? Car par exemple quand on dit, *un tel se loüe fort des faveurs que vous luy avez faites*, la raison voudroit que l'on dist, *un tel vous louë fort des faveurs que vous luy avez faites*[1991], & non pas *se louë*, qui n'est nullement à propos. Et neantmoins il faut dire *se loüe*, si l'on veut parler François[1992]. Toutes les langues ont de ces façons de parler, comme j'ay dit. Il suffit d'en alleguer un exemple en la latine, *dabis mihi pœnas*, veut dire en bon Latin, *je vous donneray le foüet* ou *je vous battray* ; & à le prendre au pied de la lettre, ne semble-t-il pas qu'il veuille dire tout le contraire, à sçavoir, *vous me donnerez le fouët*, ou *vous me battrez*. Mais pour revenir à cette phrase, *perdre le respect à quelqu'un*, *il luy a perdu le respect*, ceux qui la condamnent, veulent que l'on die *manquer*, au lieu de *perdre*, comme *manquer de respect à quelqu'un. Il luy a manqué de respect*. Et c'est le plus seur, si ce n'est le meilleur. Il est vray qu'il ne dit pas tant, que *perdre le respect*.

(464*)

Quelque chose, *quel genre il demande*[1993]

On demande si *quelque chose*, veut tousjours un adjectif feminin[1994] selon le genre de *chose*, ou bien un adjectif masculin qui responde à

1989 *Cf. R*p. 375.

1990 Il semble donc que Vaugelas s'attende à ce qu'il y ait en général un rapport direct entre le sens de l'ensemble et le sens des parties qui le constituent.

1991 Dans l'original : *faices*.

1992 L'Académie (1704 : 494) approuve encore cette construction et la définit dans son dictionnaire (1694) de la façon suivante : « On dit, *Se louer de quelqu'un*, pour dire, Tesmoigner qu'on est content de son procedé, de sa conduite. *J'ay sujet de me loüer de luy, il en a tousjours fort bien usé avec moy.* » Nous trouvons un exemple dans la *Correspondance* de Mersenne (1630) : *Monsr Gassendi luy en escrit, lequel se loue grandement de vous et m'a dit que msr nostre ambassadeur fait grand estat de vostre personne* (cité d'après Frantext).

1993 Cette longue remarque, qui est comme un supplément à celle de la page 220, ne figure pas dans le manuscrit, et le problème ne semble pas avoir été abordé de façon systématique par les grammairiens avant Vaugelas. Pour une discussion de cette question ainsi que des exemples de l'usage contemporain, voir Haase (1935 : 104) et N. Fournier (1998 : 47, 222-223).

1994 Dans l'original : feminn.

l'*aliquid* des Latins, & à ce qu'il signifie. Par exemple, s'il faut dire, *il y a quelque chose dans ce livre, qui est assez bonne*, ou *quelque chose, qui est assez bon*, *quelque chose qui est assez plaisante*, ou *qui est assez plaisant*. Les sentimens sont divers ; car j'ay oüi agiter cette question en la compagnie du monde, qui la pouvoit le mieux decider[1995]. Les uns croyent que l'un & l'autre est bon ; Les autres qu'il le faut tousjours faire feminin, les autres tousjours masculin ; Et quelques uns sont d'avis d'eluder la difficulté & de dire, *il y a dans ce livre quelque chose d'assez bon*, *quelque chose d'assez plaisant*. Ceux qui croyent que tous deux sont bons, se fondent sur ce qu'on le peut faire feminin par la reigle generale qui veut que l'adjectif soit du genre du substantif, & que *chose*, estant un mot feminin, l'adjectif le soit aussi ; Et qu'on le peut faire masculin, eu esgard non pas au mot, mais à ce qu'il signifie, qui est l'*aliquid*[1996], des Latins, & un neutre que nous n'avons pas en François, mais que nous exprimons par le masculin, qui fait l'office du neutre. Ceux qui le font toujours feminin ne (465*) peuvent comprendre ny consentir, que *chose*, qui est feminin puisse jamais estre joint avec un adjectif masculin. Et ceux au contraire, qui le font tousjours masculin disent que ce n'est pas *chose*, simplement qu'ils considerent en cette question, mais ces deux mots ensemble *quelque chose*, qui font tout un autre effet estant joints, que si *chose*, estoit seul, ou qu'il fust accompagné d'un autre mot, comme *une* ; car avec *une*, il n'y a point de doute, & l'on ne met point en question qu'il ne faille dire *une chose qui est assez bonne*, & *qui est assez plaisante*, & non pas *assez bon*, ny *assez plaisant*. Or ils soustiennent que *quelque chose*, se doit prendre neutralement, & tout de mesme que l'*aliquid* des Latins. Mesmes quelques-uns de cette opinion passent jusques là, que de dire que *quelque chose* ne doit estre pris & consideré que comme un seul mot composé de deux qui voudroit estre orthographié ainsi *quelque-chose*, avec un tiret & une marque de composition, & qu'alors *quelque chose*, n'est plus feminin, mais est un neutre selon les Latins, & un masculin selon nous.

Et quant à ceux qui pensent eschapper la difficulté avec la preposition, ou la particule *de*, devant l'adjectif, ils ont raison en certains exemples comme sont les deux que nous avons proposez ; Mais cet expedient ne (466*) sert pas tousjours ; car si je dis *il y a quelque chose dans ce livre,*

1995 C'est-à-dire, l'Académie Française ; cette remarque nous offre donc un aperçu de ses débats.

1996 Dans l'original : *l'aliquid.*

qui n'est pas bon, ou *qui n'est pas plaisante*, on ne sçauroit employer le *de*, en cette phrase, ny en toutes les negatives, où cet eschappatoire ne vaut rien. De mesme si je dis *il y a quelque chose dans ce livre, qui merite d'estre leu*, ou *leuë*, on ne sçauroit eviter ce doute avec la particule *de*, ny en une infinité d'autres phrases semblables.

On en demeura là, mais depuis ayant medité sur ce sujet, il me semble qu'il y a des endroits où le feminin ne seroit pas bien, & d'autres où le masculin seroit mal, par exemple, *il y a quelque chose dans ce livre qui merite d'estre leuë*, je ne puis croire que ce soit bien dit, & qu'il ne faille dire *quelque chose qui merite d'estre leu*, *quelque chose qui merite d'estre censuré*, & non pas *d'estre censurée*[1997]. Et si je dis, *il y a quelque chose dans ce livre qui n'est pas tel que vous dites*, ou *il y a dans ce livre quelque chose qui n'est pas tel que vous dites*, quoy que quelques-uns l'approuvent, j'ay neantmoins peine à croire que ce soit bien dit, & qu'il ne faille dire, *il y a quelque chose dans ce livre, qui n'est pas telle que vous dites*. D'où l'on peut former une quatriesme opinion differente des trois autres[1998], à sçavoir qu'il y a des endroits où il faut necessairement mettre le masculin, & d'autres où il faut mettre le feminin, comme sont les deux (467*) que nous venons de proposer. Mais pour discerner ces endroits là, je n'en sçay point de reigle, ou du moins d'autre reigle que l'oreille. Seulement je diray qu'il est beaucoup plus frequent, plus François, & plus beau de donner un adjectif masculin à *quelque chose*, qu'un feminin[1999].

C'est une belle figure en toutes les langues, & en prose aussi bien qu'en vers, de reigler quelquefois la construction, non pas selon les mots qui signifient, mais selon les choses qui sont signifiées. Par exemple, nous avons fait une Remarque de *personne*[2000], où l'on voit qu'encore que *personnes*, soit feminin, neantmoins parce qu'il signifie *hommes & femmes*, quand on a dit *personnes*, dans un membre de periode, on peut dire *ils*, au masculin dans un autre membre de la mesme periode, à cause que cet *ils*, se rapporte non pas au mot signifiant qui est *personnes*, mais au

1997 Il contrevient lui-même à cette recommandation dans ses *Remarques* : « Je crois pour moy, que c'est à cause que le pronom relatif s'appellant ainsi pour la relation ou le rapport qu'il a à *quelque chose qui a esté nommée* » (*R*p. 388).

1998 Dans l'original : des autres trois (*Fautes d'impression*).

1999 Thomas Corneille observe : « Monsieur de Vaugelas a employé *quelque chose*, d'une manière, qui fait que le relatif qui suit est au feminin, & que ce seroit une faute de le mettre au masculin. C'est lors qu'il dit dans la remarque qui a pour titre, *sur, sous* ; *si je suis assis sur quelque chose, & qu'on la cherche* » (Vaugelas 1738 : III, 215).

2000 Voir *R*p. 6-9.

mot signifié, qui est *hommes*. Mais y a-t-il un plus bel exemple que celuy que nous avons desja allegué ailleurs & qui est tout propre pour cette Remarque ?

Ogni cosa di strage era ripieno,

& non pas *ripiena*, dit le Tasse dans sa Hierusalem[2001]. Voilà un exemple pour le genre, en voicy un autre pour le nombre. *J'en ay veu une infinité qui meurent*, &c. *Infinité*, est singulier (468*) & *meurent*, est pluriel, & cependant il faut dire ainsi, & non pas, *j'en ay veu une infinité qui meurt*, qui seroit tres mal dit[2002]. Et cela, parce que *meurent*, se rapporte non pas au mot signifiant qui est *infinité*, & singulier, mais[2003] à la chose signifiée, qui est *quantité de personnes*, ou *d'animaux*, qui comme un terme collectif equipolle le pluriel, tellement qu'on n'a pas esgard au mot, mais à la chose.

Succeder pour *reüssir*[2004]

Lors que *succeder*, veut dire *reüssir*, il s'employe au preterit avec le verbe auxiliaire *avoir*, & non pas avec l'autre verbe auxiliaire *estre*[2005], par exemple il faut dire *cette affaire luy a bien succedé*, & non pas *luy est bien succedée*. Neantmoins un de nos plus celebres Autheurs a escrit dans le meilleur de ses ouvrages, *deux combats qui luy estoient glorieusement succedez*[2006]. C'est ce qui a donné lieu à cette Remarque, parce que je ne crois pas que cette façon de parler soit à imiter[2007]. Le mesme Escrivain a employé *reüssir*, de la mesme façon, comme nous l'avons remarqué ailleurs[2008].

2001 Canto XIX, stanza 30.

2002 Voir *R*p. 41.

2003 Dans l'original : mai.

2004 La remarque manuscrite est plus courte (f° 86v°) et n'inclut pas les deux dernières phrases du texte.

2005 Dans le manuscrit : « se met plus elegamment ce me semble au Preterit auec le uerbe auxiliaire *auoir* qu'auec le uerbe auxiliaire *estre* ».

2006 Dans le manuscrit : « Malh. p.487 » ; la citation qui provient des lettres de Malherbe est en réalité *deux combats, qui luy estoient aussi glorieusement succedez*, (Malherbe 1631 : I, 487). La Clef de Conrart se trompe en notant, « peut-estre est-ce encore luy [M. D'Ablancourt] ».

2007 Le choix de l'auxiliaire de ce verbe n'est pas traité par les grammairiens de notre corpus (1530-1650) avant Vaugelas. Dans Frantext (1600-1647), tous les exemples de *succéder* avec le sens de « réussir » aux temps composés emploient l'auxiliaire *avoir*, à l'exception d'un usage dans une lettre de Pasquier, qui fut pourtant rédigée *circa* 1588.

2008 Voir *R*p. 478-479.

Bien que, quoy que, encore que[2009]

Ces conjonctions ne doivent pas estre repetées dans une mesme periode. Par (469*) exemple, *bien que l'experience nous face voir tous les jours qu'il n'y a point d'innocence qui soit à couvert de la calomnie, & quoy que les plus gens de bien soient exposez à la persecution, si est-ce*, &c. Je veux dire qu'apres avoir commencé la periode par *bien que*, il ne faut pas mettre *quoy que*, ny *encore que*, dans le second membre de la mesme periode, mais escrire ainsi, *bien que l'experience nous face voir tous les jours qu'il n'y a point d'innocence qui soit à couvert de la calomnie, & que les plus gens de biens sont exposez à la persecution.* Je ne me serois pas avisé de faire cette Remarque, si je n'avois trouvé cette faute dans les Œuvres d'un[2010] bon Escrivain[2011].

Comme ainsi soit[2012]

2009 L'usage de ces conjonctions n'est pas traité dans le manuscrit. Il ne figure pas non plus dans les grammaires de Maupas (1618) ou d'Oudin (1640).

2010 Dans l'original : dun.

2011 La Clef de Conrart note ici « Idem », c'est-à-dire, Perrot d'Ablancourt. Cet usage n'est pourtant pas attesté dans sa traduction d'Arrian.

2012 Il y a deux remarques manuscrites sur cette question. La première (f° 13r°) est proche de la version publiée à l'exception de l'absence du passage qui va du « qui s'estoit proposé » à « en quoy il excelle » dans le texte publié. Environ le dernier tiers en est rayé. La deuxième observation (f° 40r°-41r°) commence de façon presque identique, mais se termine avec un long passage sur les mérites respectifs de Coeffeteau et d'Amyot ; cette comparaison se retrouve dans la section X.1 de la Préface dans la version définitive : « Il [M. Coeffeteau] fait assez paroistre en tous ses Escrits combien il estoit exact et religieux à ~~ne~~ <n'user> iamais ~~user~~ d'aucun mot ni d'aucune phrase qui ne fust du temps et à la mode, si bien que ceux là luy sont fort rudes, pour ne dire pas, cruels, qui à cause de ce mot, et de deux ou trois autres pour le plus que nous dirons chacun en son lieu, s'escrient contre luy comme ilz feroient contre un barbare Escriuain. ~~[....]~~ Ie n'entreprens point de faire icy son Apologie ni son Panegyrique. Ses propres Escrits luy tiennent lieu de l'un et de l'autre. Mais ie diray bien qu'il passe auiourd'huy dans la reputation publique, et dans la plus saine partie des Iuges pour la meilleure plume de France. Ie ne parle point de l'Inuention qui est une loüange à part, ie ne parle que du langage, qu'il a eleué à un tel degré de perfection en toutes ses parties, que ie ne sçay si i'oseray dire qu'il a esgalé nostre langue à celles des Anciens, mais ie diray bien hardiment qu'il <en> a surpassé quelques Autheurs particuliers comme Florus en la traduction merueilleuse qu'il en a faite, ce que l'on peut aisément uerifier en les conferant ensemble. Ie repete encore une fois que ie ne parle que du langage, car pour l'intelligence du sens peut estre qu'il n'y a pas tousiours apporté tout le soing qui y eust esté necessaire, en quoy ie ne uoudrois pas l'excuser, mais il n'y auoit rien si aisé que d'euiter ce blasme. Vn peu plus de trauail ou de conference auec les personnes doctes, qui l'honoroient ~~à toute heure~~ <tous les iours> de leurs uisites, en faisoit la raison. ~~Amyot en a fait~~. Combien Amyot a-t-il fait de fautes en sa traduction de Plutarque ? Vn des plus sçauants hommes de nostre siecle en a remarqué

M Coeffeteau[2013] use souvent de cette façon de parler à l'imitation d'Amyot[2014], qu'il s'estoit proposé pour le plus excellent patron de son temps, & sur lequel il avoit formé son stile avec les changemens & les modifications qu'il y falloit apporter. Dans ses premiers Ouvrages, ce terme ne fut pas mal receu, mais bien-tost apres il vint à un tel descry, que l'authorité d'un si grand homme ne le pût sauver, au contraire on le luy reprochoit comme un crime, ou du moins comme une tache qui soüilloit toute cette beauté de (470*) langage, en quoy il excelle[2015]. La cause de ce descry, c'est que les Notaires ont accoustumé de s'en servir au commencement de leurs contracts[2016]. Neantmoins on a souvent affaire de ces sortes de termes, & celuy-cy me sembloit fort grave à l'entrée d'un discours, lors qu'il est question d'entamer quelque matiere importante ; Et nous n'avons pas plus de mots de cette nature en nostre langue, qu'il ne nous en faut. J'avoüe que dans une lettre il seroit exorbitant[2017] ; mais

---

un si grand nombre qu'il n'est permis de le dire qu'on ne le uerifie à mesme temps, si on ne ueut passer pour un calomniateur et se charger de la haine publique. Et cependant iamais Traducteur n'acquit plus de gloire auec plus de raison, ni n'a mieux desabusé le monde de cette fausse creance, *que la Traduction est un trauail ingrat* (aussi est elle pour les mauuais Ouuriers) qu'à fait ce grand personnage. Ne semble-t-il pas disputer le pris de l'eloquence historique auec son Autheur, et faire douter à ceux qui sçauent parfaitement les deux langues s'il a accreu ou diminué l'honneur de Plutarque à l'auoir traduit ? Certes ceux qui en sont iuges capables demeurent d'accord qu'en beaucoup d'endroits il luy fait courre grand' fortune. Quelle obligation ne luy a point nostre langue ? Tous ses thresors, toutes ses delices sont là dedans, et nous n'usons pas auiourd'huy d'une façon de parler françoise, noble et magnifique, qu'il ne nous ayt laissee en ses Œuures, si bien que tout ce que nous auons fait depuis luy, c'a esté de retrancher la moitié de ses phrases et de ses mots, nonobstant quoy nous n'auons pas laissé de trouuer dans l'autre moitié toutes les richesses dont nous faisons maintenant parade. » Le « savant homme » dont parle Vaugelas est probablement Claude-Gaspard de Méziriac, élu à l'Académie Française en 1634, et auteur du discours *De la traduction*, texte qui fut lu par Vaugelas devant l'assemblée à cause des problèmes de santé de Méziriac. L'auteur s'y attaque aux libertés de traduction d'Amyot face au texte de Plutarque.

2013 Sorel (1671 : 357) fait le commentaire suivant sur le style de Coeffeteau : « Stile plus fort, mais on l'a pourtant repris de quelques mots qu'il a affectez ; de son *Comme ainsi soit*, avec lequel il commence des Chapitres & des Periodes, dans son Livre des Passions, & dans quelques autres Ouvrages ». Il y a 15 occurrences de *comme ainsi soit* dans Frantext pour la période 1600-1647, y compris dans les lettres de Jean Chapelain.

2014 Cette expression apparait régulièrement dans la traduction de *Plutarque* d'Amyot (1613 [¹1559] : 39, 44, 748, 1079).

2015 L'expression n'est attestée dans aucun des dictionnaires de notre corpus. Maupas (1618 : f° 178r°) accepte toujours *comme ainsi soit que*, mais Oudin (1640 : 304) le juge « antique ».

2016 Dans les marges du manuscrit (f° 13r°), Vaugelas ajoute ici : « + Et cela pour la mesme raison, [...] qui a fait condamner *Face* et *Poitrine* ou ie uous renuoye. »

2017 Dans le manuscrit : « il n'auroit pas bonne grace ».

qui ne sçait qu'il y a des paroles & des termes pour toutes sortes de stiles[2018] ? Les Italiens n'ont-ils pas leur *conciosiacosaché* ou *conciosiecosache*, pour dire *comme ainsi soit*, qui est bien encore plus estrange, duquel neantmoins ils ne laissent pas de se servir depuis plusieurs siecles au commencement de quelque grave discours, quand ils veulent escrire d'un stile majestueux ? Avec tout cela, il faut aujourd'huy condamner *comme ainsi soit*, puis que l'Usage le condamne ; Mais il n'avoit pas encore prononcé l'Arrest definitif, quand M. Coeffeteau s'en servoit ; c'est pourquoy il n'est pas tant à blasmer de ne s'en estre pas abstenu[2019]. Il fait assez paroistre en tous ses Escrits, combien il estoit religieux & exact à ne point user d'aucun mot ny d'aucune phrase[2020], qui ne fust du temps & de la Cour.

(471*)

Si bien

Si bien, conjonction ne se dit jamais, qu'il ne soit suivy immediatement de *que*, & que l'on ne die *si bien que*, qui veut dire *de sorte que*, ou *tellement que*. J'ay adjousté *conjonction*, parce que *si bien*, sans *que*, apres, est fort bon, quand il n'est pas conjonction, mais adverbe, comme par exemple quand on dit, *il est si bien fait*, *il est si bien né*. Mais ce n'est pas de quoy il s'agit[2021]. Nous condamnons *si bien*, dont une infinité de gens ont accoustumé d'user pour *bien que*, *encore que*, comme quand ils disent *si bien j'ay dit cela, je ne le feray pas*[2022]. C'est une façon de parler purement Italienne *Se bene l'ho detto, &c.*[2023] & je m'estonne qu'un de

2018 Voir l'Introduction, 4.2.1.

2019 Dans le manuscrit : « Il est uray que ce n'est que depuis fort peu de temps qu'il l'a abolie, c'est pourquoy M. Coeff. n'est pas à blasmer de s'en estre serui de la facon que i'ay dit auant que l'Vsage l'eust defendu. »

2020 Nouvelle infraction à sa propre règle sur l'usage de *pas* et *point*, voir *R*p. 406.

2021 Cette distinction entre l'usage de la conjonction et celui de l'adverbe n'est pas faite dans la remarque manuscrite (f° 85r°).

2022 Cet usage n'est pas examiné par les grammairiens de notre corpus (1530-1650) avant Vaugelas. La construction est attestée dans Frantext (1600-1647), par exemple dans les lettres de Peiresc : *si bien je suys des moyndres en moyen de meriter l'honneur qu'il y a pour moy, je ne cederoys pas facilement à d'autres en devotion toute entiere à leur service* (1634 ; *cf.* Haase 1935 : 372).

2023 Dans le manuscrit : « Plusieurs disent et escriuent auiourd'huy *si que* pour *si bien que* mais tres-mal, n'estant pas croyable combien cela est rude aux oreilles accoustumees à la pureté de nostre langue. Et ce qui est encore plus fascheux, c'est que l'usage de ce mot est fort frequent, si bien que l'on est fort suiet à en estre importuné par ~~beaucoup de gents~~

nos plus celebres Autheurs ayt escrit, *si bien ces commencemens nous ont esté necessaires*, au lieu de dire, *bien que ces commencemens*, ou *encore que ces commencemens*, &c.[2024]

Consideré que[2025]

Ce terme de conjonction pour, *veu que*, n'est plus gueres en usage. Neantmoins M. Coeffeteau s'en sert souvent apres Amyot, & avec plusieurs autres bons Escrivains[2026]. Mais je ne conseillerois pas aujourd'huy à qui que ce fust de s'en servir, si ce n'est dans un grand (472*) Ouvrage de doctrine plustost que d'eloquence. *Attendu que*, commence à se rendre fort commun dans le beau stile, mais du temps du Cardinal du Perron & de M. Coeffeteau il estoit banni de leurs escrits & de ceux de tous

---

<ceux qui en usent ~~[…]~~ mesmes ~~[…]~~> ~~[…]~~ auec affectation.⁺ {+ comme il semble que font quelques uns. C'est une façon de parler purement Italienne, et impurement Françoise} ».

2024 Dans le manuscrit : « *Si bien* sans *que* pour dire *encor que*, ou *combien que*, ne uaut rien, par exemple *si bien i'ay dit cela*, ie ne la feray pas. Plusieurs le disent, mais il est tres-mauuais. Il n'est bon qu'en Espagnol. <Ie m'estonne que M. de Malh. en ayt usé quelquefois Si bien ces commencements nous ont esté necessaires. Mal. B.> » La Clef de Conrart ne révèle pas l'identité de l'auteur de cette citation qui vient des *Bienfaits* de Malherbe (1631 : I, 126).

2025 La critique de *consideré que* est moins sévère dans le manuscrit (f° 15v°) où Vaugelas observe que *consideré que* « commence à n'estre plus tant en usage, mais elle n'est pas pourtant si mauuaise, qu'il la faille condamner absolument, ~~[…]~~ <en un grand ouurage> ~~[…]~~, Car enfin le mot estant bon en soy, il n'est plus question que de la phrase, qui n'est point differente de celle-cy *veu que*, qui ueut dire la mesme chose, et est toutefois une maniere de parler receüe et approuuee de tout le monde. » En revanche, Vaugelas y censure *attendu que* : « Plusieurs disent aussi *attendu que*, <Malh. p.260> mais certes il n'est pas de bon aloy, et M. Coeff. ni aucun Autheur qui ayt soing d'escrire purement ne s'en sert iamais. Aussi à bien examiner le mot, *attendu* en cet endroit là, n'est nullement françois, car il est tout clair qu'il ne ueut pas dire <en latin> *Expectatus*, auquel sens seulement *attendu* est francois, mais c'est un mot entierement escorché du latin qui dit *attendere* pour dire *considerer attentifuement*, de sorte que de dire *attendu que* pour dire *ueu que*, ou *consideré que* ~~c~~est une façon de parler extremement Barbare, et de fait ie ne l'ois gueres dire à la Court. Certes i'aimerois incomparablement mieux user de *consideré que*, que d'*attendu que*. »

2026 Masset (1606 : 126) cite dans sa grammaire les conjonctions *veu que, consideré que* et *attendu que*, « qui ont la mesme force », et Nicot (1606) se sert lui-même de *consideré que* dans son dictionnaire. Coeffeteau l'emploie également dans son *Histoire romaine de L. Florus*, par ex. *Je croy que* les Dieux entendirent & eurent horreur de leur vœu, conceu en paroles si tragiques, *consideré que ces Barbares n'eurent pas mesmes le courage d'oüir le son de la trompette* (Coeffeteau 1621 : I, 121). À l'exception de celles de Coeffeteau, toutes les occurrences de *consideré que* comme conjonction dans Frantext (1600-1647) figurent dans les textes publiés dans la première décennie du siècle.

les meilleurs Autheurs[2027], qui l'avoient[2028] relegué dans le pays d'*iceluy* & de *pour & à icelle fin*[2029]. Mais l'Usage comme la Fortune, chacun en sa jurisdiction, eleve ou abbaisse qui bon luy semble, & en use comme il luy plaist.

S'attaquer à quelqu'un[2030]

Cette façon de parler *s'attaquer à quelqu'un*, pour dire *attaquer quelqu'un*, est tres-estrange & tres-Françoise tout ensemble ; Car il est bien plus elegant de dire *s'attaquer à quelqu'un*, qu'*attaquer quelqu'un*[2031]. Ce sont de ces phrases dont nous avons parlé ailleurs, qui ne veulent pas estre espluchées, ny prises au pied de la lettre, parce qu'elles n'auroient point de sens, ou mesmes sembleroient en avoir un tout contraire à celuy qu'elles expriment, mais qui bien loin d'en estre moins bonnes en sont

---

2027 *Attendu que* est pourtant inclus dans tous les dictionnaires du corpus à partir de Robert Estienne (1549). Maupas (1618) l'emploie lui-même (par exemple au folio 145v°), mais il ne fait pas de commentaire sur son usage ; Oudin (1640 : 304) le cite dans sa liste de conjonctions « de discerner » ; Wapy (1634 : 145) en donne un exemple dans sa liste de « Transitions ou liaisons du discours qui servent de passage ». Selon Ernst (1977 : 118), *attendu que* est utilisé souvent par Amyot, mais non par Tallemant ou Dacier. Comme le note Vaugelas dans le manuscrit, Malherbe s'en sert, par exemple, dans : *Or qu'y a-t-il qui vous oste le sujet de le rechercher, attendu que de soy la chose est injurieuse* (Malherbe 1631 : I, 260).

2028 Dans l'original : l'avoit.

2029 Le point final manque dans l'original. Vaugelas mentionne ces expressions également dans la Préface (IX.3). Alors qu'elles sont toujours employées par Maupas (1618 : f° 73r°), Oudin (1640 : 124) observe le déclin des formes *iceluy*, *icelle* : « Ceux-cy se declinent avec l'article indefiny, leurs pluriers sont *iceux* & *icelles* : mais parce que personne ne s'en sert plus gueres, je ne veux pas m'arrester à en dire de grandes particularitez, je vous advertis seulement d'en user le moins que vous pourrez ». Wapy (1634 : 42) les considère comme archaïques et limités à l'usage juridique.

2030 La remarque manuscrite intitulée « *Attaquer* » (f° 8r°) est très courte : « *Attaquer.* C'est une façon de parler estrange en n[ot]re langue, et qui est digne de remarque. *S'attaquer à quelqu'un*, et neantmoins elle est excellente. »

2031 Selon l'Académie (1704 : 502), les deux expressions n'ont pas exactement le même sens : « *S'attaquer à quelqu'un*, ne veut point dire simplement attaquer quelqu'un, puis qu'on ne dit point, *l'ayant trouvé inopinément dans la rue*, *il s'attaque à luy*, mais *il l'attaqua*. Il se dit pour marquer la hardiesse que quelqu'un à d'entreprendre d'attaquer une personne plus considerable et plus puissante que luy. Ainsi on dit fort bien, *il ne faut pas s'attaquer à des gens puissans*. M. Corneille / *Mais t'attaquer à moy ! qui t'a rendu si vain ?* » Cette construction est attestée dans Frantext (1600-1647) chez Sorel (*Qui voudroit parler de tous les poëtes antiens ne verroit d'aujourd'huy la fin de son discours ; il faut que je m'attaque seulement aux principaux de la bande*, 1627) et Tristan l'Hermite (*Je ne m'attaque point à qui vit justement*, 1639), entre autres.

beaucoup plus excellentes. Voyez la Remarque intitulée, *perdre le respect à quelqu'un*[2032].

(473*)

Que le changement des articles a bonne grace[2033]

Je dis que le changement des articles a bonne grace, lors que l'on employe deux substantifs l'un apres l'autre avec la conjonction &, tellement que pour avoir cette grace, il faut tascher autant qu'il se peut, de mettre deux substantifs de divers genre ; L'exemple le va faire entendre, *je dois beaucoup à la conduite & au soin de cet homme*, est dit sans doute avec plus de grace que, *je dois beaucoup à la conduite & à la diligence de cet homme*, parce que la varieté donne beauté & grace à toutes les choses. C'est pourquoy cette variation d'articles feminin & masculin, *à la conduite & au soin*, est bien plus agreable à l'oreille[2034], que ne seroit l'uniformité d'un seul article repeté deux fois, *à la conduite & à la diligence*. Je ne doute point que plusieurs ne dient, que c'est un trop grand raffinement, à quoy il ne se faut point amuser ; Aussi je ne blasme point ceux qui n'en useront pas, mais je suis certain que quinconque suivra cet avis plaira davantage, & fera une de ces choses dont se forme la douceur du stile, & qui charme le Lecteur, ou l'Auditeur sans qu'il sçache d'où cela

---

2032 Dans l'original : *quelqu un*. Voir *R*p. *462-*463.

2033 Cette question est abordée dans deux observations manuscrites qui traitent de ce que Vaugelas appelle le « *Raffinement* de douceur de langage ». Dans une première observation (f° 81v°), il illustre ce concept en se servant d'un seul exemple, qui est différent de celui qui est cité dans la version définitive : « *Raffinement* en la douceur du langage, <Exemple> ne mettre pas deux fois l'article *a* quand on peut diuersifier et mettre *au* Exemple *I'ay contribué à son co[n]tentement et au bon succes de ses affaires*, ie le trouue plus doux que de dire *à son contentement et à la bonne issue &c.* Cela se doit entendre quand il n'y a point d'inconuenient et qu'il ne cous[te] rien de le faire ». Dans la deuxième observation (f° 82r°), Vaugelas développe un peu ces idées : « *Raffinement* de douceur de langage, de mettre diuers genres pour diuersifier les articles apres les uerbes qui regissent le datif par exemple *I'ay beaucoup contribué à la reputation et à la bonne issue de noz affaires*, ie ueux dire qu'il est plus doux de changer de genre pour diuersifier l'article, et mettre *I'ay beaucoup contribué à la reputation et au bon succes &c.* parce qu'*au* apres *à la*, a beaucoup meilleure grace que de dire deux fois *à la*, et encore que personne n'y prene garde ni celuy qui escrit, ni celuy qui lit, si est ce que l'oreille de celuy mesme qui n'y pense pas, ne laisse pas de demeurer bien plus satisfaite de l'un que de l'autre, sans s'apperceuoir de ce qui en est cause, comme on uoit arriuer tous les iours, en la satisfaction que les ignorants ne laissent pas de prendre à lire ou <à> oüyr reciter une excellente piece, quoy qu'ilz ne sçachent pas en quoy consiste son excellence. »

2034 Sur ce concept, voir l'Introduction, p. 122.

vient. L'usage de cet avis ne doit avoir lieu que lors que l'on a le choix de plusieurs mots, dont on peut (474*) diversifier le genre, & qu'il ne couste rien d'en user ainsi ; Car je n'entens pas que l'on se contraigne en rien, ny que l'on se departe pour cela de la grace de la naïfveté[2035], & d'une expression naturelle.

Qu'il est necessaire de repeter les articles devant les substantifs[2036]

Voicy une des principales & des plus necessaires Reigles de nostre langue, que la repetition des Articles. Je n'avois pas neantmoins resolu d'en traiter, qu'en passant[2037], selon les occasions qui s'en sont presentées dans ces Remarques ; parce que je ne vois presque personne avoir tant soit peu de soin de bien escrire, qui manque à une loy si connuë & si establie. Mais outre qu'y ayant pris garde de plus pres, j'ay trouvé cette faute moins rare que je ne m'estois imaginé, on m'a conseillé d'en parler à plein fond, m'asseurant que ma peine ne seroit pas superfluë.

Donc pour proceder par ordre, la repetition des Articles est tousjours necessaire au nominatif & à l'accusatif, quand il y a deux substantifs joints ensemble par la conjonction &. Exemple, *les faveurs & les graces sont si grandes* & non pas *les faveurs & graces, &c.* Voila pour le nominatif, & à l'accusatif, *j'ay receu les faveurs & les graces que vous m'avez faites*, (475*) & non pas *j'ay receu les faveurs & graces*, &c. Mais la faute est bien encore plus grande de ne repeter pas l'article, quand les deux substantifs sont de deux genres differens, comme de dire, *le malheur & misere dont on est accablé*, au lieu de repeter l'article, *le malheur & la misere*, &c. Aussi n'y a-t-il que les Escrivains insupportables qui facent une faute si grossiere[2038].

Cette mesme repetition est encore necessaire au genitif & à l'ablatif, qui sont tousjours semblables en nostre langue, comme le nominatif & l'accusatif le sont. Il faut dire, *l'amour de la vertu & de la philosophie*, & non pas, *l'amour de la vertu & philosophie*. A l'ablatif de mesme, il faut dire, *despoüillé de la charge & de la dignité qu'il avoit*, & non pas, *despoüillé de*

2035 Voir l'Introduction, p. 90, 117, 123.

2036 Nous avons déjà cité le passage du manuscrit (f° 6r°-v°) qui correspond à cette remarque dans les notes qui accompagnent l'observation intitulée « *Reigle nouvelle & infaillible pour sçavoir* quand il faut repeter les articles, *ou* les prepositions, *tant devant les noms, que devant les verbes* » (*R*p. 214-218). Sur la règle dite « des synonymes », voir l'Introduction, p. 145-147.

2037 Notons l'usage de *ne… pas…que*, qui contrevient à ses propres règles (*R*p. 405-406).

2038 Haase (1935 : 392) cite pourtant des exemples chez Descartes (*ceux qui ont cette connoissance et sentiment*) et Pascal (*Mais quand on voit les miracles et doctrine suspects d'un même côté*).

la charge & dignité qu'il avoit. Il est vray qu'au genitif, on s'en dispensoit autrefois aux mots synonimes & approchans, comme *j'ay conceu une grande opinion de la vertu & generosité de ce Prince*, au lieu de dire, *une grande opinion de la vertu & de la generosité de ce Prince*, & M. Coeffeteau, qui escrivoit si purement, le disoit souvent ainsi sans repeter l'article[2039] ; Mais je pense avoir desja dit en quelque une de mes Remarques, que cela ne se fait plus aujourd'huy, & qu'encore que les mots soyent synonimes ou approchans, il ne faut pas laisser de repeter l'article[2040]. Ainsi de l'ablatif, *je* (476*) *puis esperer cela de la bonté & de la generosité de ce Prince*, & non pas *de la bonté & generosité.* Que si les deux substantifs sont de divers genre, ce seroit[2041] encore une plus grande faute de ne pas redoubler l'article, parce que le premier article ne convient pas au second substantif, par exemple, si je disois, *il jeusne au pain & eau*, au lieu de dire, *au pain & à l'eau*, *au disné & collation*, pour *au disner & à la collation*, car l'article *au*, ne convient pas à *eau*, ny à *collation.* Que si les deux substantifs sont de mesme genre, mais que l'un commence par une consone, & l'autre par une voyelle, comme *au midy & à l'Orient*, ce seroit encore une grande faute de dire, *au midy & Orient*, parce que l'article *au*, quoy que masculin ne convient pas à l'autre masculin commençant par une voyelle.

Pour le datif, il y en a qui le voudroient excepter, croyant que de dire, *je dois cela à la bonté & generosité de ce Prince*, est mieux dit, que *je dois cela à la bonté & à la generosité de ce Prince*, parce que *bonté & generosité*, estant approchans des synonimes, il semble qu'ils tombent dans cette belle Reigle des synonimes ou des approchans, qui ne veulent pas la repetition de plusieurs particules, comme les mots contraires ou tout à fait differens la veulent absolument avoir, par exemple, *je* (477*) *dois cela à l'adresse & à la force d'un tel*, *j'ay esgard à la vigueur & à la foiblesse d'un homme.* Mais je ne serois pas de cet avis maintenant quoy que du temps de M. Coeffeteau je confesse que je l'aurois esté[2042].

2039 Notons toutefois cet exemple qui provient de l'*Histoire romaine* de Coeffeteau : *comme d'un eternel monument des victoires & de la vertu de ce grand Prince* (1621 : III, 23). Pour d'autres exemples, voir Haase, *ibid.*

2040 Voir *R*p. 214-218.

2041 Dans l'original : s roit.

2042 Il semble pourtant que Coeffeteau avait tendance à répéter les marqueurs grammaticaux ; par exemple, dans l'*Histoire romaine de L. Florus* on lit : *jointe au merite & à la gloire du nom qu'il avoit pris* (1621 : I, 112). Les exemples du type, *s'accommodant à la vigueur & merite de la matiere qu'elle embrasse* (Bailly 1634, cité d'après Frantext), deviennent de plus en plus rares à mesure que le siècle progresse.

Quel est l'usage des articles avec les substantifs, accompagnez d'adjectifs, avec particules, ou sans particules[2043]

Les articles joints aux substantifs accompagnez d'adjectifs[2044], soit que ces adjectifs soient tout seuls, ou qu'ils ayent quelque particule avec eux, ont le mesme usage en tout & par tout, que les Articles joints aux seuls substantifs. Exemples de tous les cas. Au nominatif, *c'est le meilleur homme & le meilleur ouvrier du monde.* De mesme à l'accusatif, qui est tousjours semblable au nominatif, *il a veu le meilleur homme & le meilleur ouvrier du monde*[2045]. Au genitif & à l'ablatif, *c'est le fils du meilleur homme & du meilleur ouvrier du monde.* Ce qui se dit du masculin s'entend du feminin aussi, & des deux nombres de mesme.

Il y a exception quand les deux substantifs sont synonimes, ou approchans[2046] ; car alors on n'est pas obligé de repeter[2047] ny l'article ny l'adjectif, comme, *c'est le fils du meilleur parent &* (478*) *amy que j'aye au monde*[2048], est bien dit, quoy que ce soit encore mieux dit, *le fils du meilleur parent & du meilleur amy* ; car cette repetition n'est absolument necessaire que quand les deux substantifs sont tout à[2049] fait differens, comme en cet autre exemple, *le meilleur homme & le meilleur ouvrier du monde*[2050], où il ne faut pas dire, *le meilleur homme & ouvrier du monde*[2051].

2043 La très longue remarque manuscrite (« Articles ioints aux Substantifs accompagnez d'Epithetes auec particules, ou sans particules et leur usage », fº 6vº-7vº) contient la majorité de la remarque publiée, à l'exception de la discussion de l'usage avec *si*. Nous ferons des commentaires sur les différences les plus importantes dans les notes ci-dessous.

2044 Dans le manuscrit (fº 6vº), Vaugelas utilise plutôt le terme « Epithetes ».

2045 Dans le manuscrit (fº 6vº) : « *Il a obligé le meilleur homme et le meilleur Ouurier du monde* ». Pour des exemples de l'omission de l'article dans ce contexte, voir Haase (1935 : 393).

2046 Voir l'Introduction, p. 146.

2047 Dans le manuscrit (fº 7rº) : « car alors on ne repete ».

2048 Dans le manuscrit (fº 7rº), l'exemple est plutôt au féminin : *C'est le filz de la meilleure parente et amie que i'aye au mon*[*de*].

2049 Dans l'original : a.

2050 Dans l'original « *du monde* » est suivi d'un point.

2051 Dans le manuscrit (fº 7rº) : « Il est uray qu'il y a cela de plus qu'aux Articles des simples Substantifs, q[…] ce n'est qu'au genre feminin et au genitif et au datif <du nombre> singuliers que l'Article ne se repete pas quand les Substantifs sont seuls, au lieu que quand ilz sont accompagnez d'un Epithete et que les deux ~~Epithetes~~ <Substantifs> sont synonimes, ou approchants on peut ne repeter pas l'Article ni l'Adiectif aussi en tous les cas <et en tous les genres>, par exemple *C'est le meilleur parent et ami que i'aye au monde* cela est mieux dit que de repeter *le meilleur* Ainsi au pluriel. Ce qui ne se fait pas, quand les deux Substantifs sont tout à fait differents comme en l'autre Exemple, car on ne doit point dire en quelque cas ni en quelque nombre que ce soit ~~C'est le~~ *meilleur homme*

Voila quant aux articles qui sont joints à deux noms substantifs accompagnez d'un mesme adjectif qui sert à tous les deux.

Que si les deux substantifs ont chacun leur adjectif different, comme *c'est le bon homme & le mauvais ouvrier*, c'est ainsi qu'il faut dire & non pas, *c'est le bon homme & mauvais ouvrier*, c'est à dire qu'il faut tousjours repeter l'article. En fin le second substantif joint au premier par la conjonction *&*, lors qu'ils ne sont pas synonimes ou approchans, veut estre traité tout de mesme que le premier ; car si le premier a un article, le second en veut avoir un ; si le premier a un adjectif ou un epithete, le second en veut avoir un aussi, comme s'il estoit jaloux de tout le bien que l'on fait à l'autre ; Au lieu qu'estant synonimes ou alliez, ils s'accordent comme bons amis, & se passent d'un seul article, & d'un seul adjectif pour eux deux[2052].

Quand les deux adjectifs contraires ou differens (479*) sont accompagnez de la particule *plus*, il faut tousjours repeter l'article & la particule *plus*, soit que le substantif soit devant ou apres les adjectifs[2053],

---

et Ouurier du monde que l'on ne repete tousiours le mesme Article dont on se sera serui deuant la Conionction *Et*, et le mesme Epithete. »

2052 Dans le manuscrit (f° 7r°), Vaugelas ajoute ici le texte suivant : « Nous auons consideré les Articles auec deux Substantifs simples, et auec deux Substantifs accompagnez soit d'un seul, soit de deux Adiectifs, qui est tout l'usage que peuuent auoir les Articles entre deux Substantifs. Maintenant il faut considerer l'Vsage des Articles ~~entre~~ <auec> deux Adiectifs ioints à un mesme Substantif. Quand les deux Adiectifs ou Epithetes sont simples <ou positifs qu'appellent les grammairiens>, il ne faut point repeter l'article Exemple *la belle et honneste femme qu'il a espousee*. Et cela <se retiendra > en tout genre, en tout nombre, en tout cas. Et ne faut point dire *la belle et l'honeste* [*sic*] *femme qu'il a espousee* sinon qu'on le dist par admiration, et que ces noms ne fussent regis d'aucun verbe <et encor me sembleroit il meilleur de l'autre façon>. Ou bien que ces deux adiectifs fussent contraires comme *I'ay esprouué la bonne et la mauuaise fortune* <entre la bonne et mauuaise tristesse dit M. god. faut et la mauuaise> et non pas *j'ay esprouué la bonne et mauuaise fortune*, parce qu'en cet Exemple *Fortune* semble tenir lieu de deux Substantifs differens à cause de ses deux differentes ou plustost contraires qualitez, c'est pourquoy il leur faut à chacune son Article à part. Si le Substantif est devant les deux adiectif [*sic*], il n'y a point de difficulté qu'il ne faut iamais qu'un seul article deuant le substantif comme en cet exemple *la femme sage et uertueuse est un grand thresor.* » La citation (*& fait voir quelle difference il y a entre la bonne et mauvaise tristesse*) provient de l'Argument de la seconde Epistre de Saint Paul aux Corinthiens (Antoine Godeau, *Paraphrase sur les Epistres de Saint Paul ; et sur les epistres canoniques*, Paris, La Veuve Jean Camusat & Pierre le Petit, 1650). Pour d'autres exemples de cette construction, voir Haase (1935 : 393) et N. Fournier (1998 : 142). Dans son observation sur la remarque, l'Académie (1704 : 508) juge qu'« Il n'importe pas que les adjectifs soient synonimes ou approchans. Cela n'empesche point qu'il ne faille repeter l'article ».

2053 Dans le manuscrit (f° 82v°) : « *Repetition d'Article* quand il y a deux Adiectifs qui ne sont ni synonimes ni approchants ~~deuant le sub~~ <auec *Plus*>, il faut repeter l'article à chaque

par exemple, *aux contraires* en parlant d'un riche avaricieux, *c'est le plus riche & le plus pauvre homme que je connoisse*, & non pas *c'est le plus riche & plus pauvre homme*, & moins encore *c'est le plus riche & pauvre homme*, &c. Et aux differens, *c'est le plus riche & le plus liberal homme du monde*, & non pas *c'est le plus riche & plus liberal homme du monde*, & moins encore, *c'est le plus riche & liberal*. Et *c'est l'homme le plus riche & le plus liberal du monde*, & non pas *le plus riche & plus liberal*, & encore moins *le plus riche & liberal*. Mais quand ils sont synonimes ou approchans, il n'est pas necessaire de repeter l'article, ny la particule *plus*, comme, *il practique les plus hautes & excellentes vertus*, est bien dit, parce qu'icy *hautes & excellentes*, sont comme synonimes, quoy que *il practique les plus hautes & les plus excellentes vertus*, non seulement ne soit pas mal dit, mais soit encore mieux dit que l'autre selon l'opinion de M. Coeffeteau qui l'a tousjours escrit ainsi[2054]. *Et promirent d'estre obeïssans & fidelles à de si genereux & de si magnifiques Empereurs*, dit-il en un lieu, bien que *genereux & magnifiques*, soient deux epithetes approchans[2055]. La particule *si*, veut estre traitée (480*) comme *plus*, & quelques autres. On le peut encore dire d'une troisiesme façon, *il practique les plus hautes & plus excellentes vertus du Christianisme*, qui est selon quelques-uns la meilleure des trois, & celle dont M. de Malherbe a accoustumé d'user, *devant le plus grand & plus glorieux courage*, dit-il, en quelque endroit[2056]; Tellement que de tout cela on peut recueillir que

---

adiectif, deuant chaque plus. Neantmoins Malh. dit <p.546> *l'ay tousiours creu que la plus seure et plus prompte uoye d'auoir des nouuelles*, il faut dire *la plus seure et la plus prompte uoye*, car *seure* et *prompte* ne sont ni synonimes ni approchants, mais fort differents. Que s'il y auoit *la plus courte et plus pronte uoye* il ne seroit pas mal à cause que *courte* et *pronte* sont approchants d'un mesme sens, uoire il me sembleroit meilleur que de dire *la plus courte et la plus pronte uoye*, qui neantmoins à mon aduis ne seroit pas mauuais. » *Cf.* Rp. 75-76.

2054 Vaugelas ajoute dans les marges du manuscrit (f° 7v°), « [c']estoit aussi l'opinion de M. Coef. selon laquelle il a tousiours escrit ». *Cf.* Wapy (1634 : 65) : « Or je dis que l'elegance de ces articles au langage françois se voit en leur frequente redite, & que l'omission en ôte beaucoup de naïveté, exemple on ne dit point avec grace, *c'êt le plus riche, & honnête homme qui se puisse rencontrer* ».

2055 Coeffeteau (1621 : I, 21). Cet exemple apparaît dans le manuscrit au folio 81v° : « Repetition d'articles et d'autre particule et promirent d'estre obeissants et fidelles à de si genereux et de si magnifiques Empereurs M. Coeff. ». Au même folio, Vaugelas ajoute un autre exemple : « *Repetition d'Aduerbe. Mais les uoluptez auoient tellem[ent] destrempé et tellement amolli son courage* Coeff. parlant d'Antoine. » (*cf.* Coeffeteau 1621 : I, 41).

2056 Dans le manuscrit (f° 7v°) : « si est ce que ce ne sera point une faute de dire *Ie luy ay ueu practiquer les plus hautes et plus excellentes uertus*+ {+ comme dit d'ordinaire Malh. p.530 deuant le plus grand et plus glorieux courage} &c, ni de dire *les plus hautes et excellentes uertus*. Et cela à cause que les deux Adiectif [*sic*] sont comme synonimes. Car s'ilz sont

cette distinction des synonimes ou des approchans & des contraires ou des differens, est d'un grand usage ; car elle influë presque sur toutes les parties de l'Oraison, sur les articles, sur les noms soit substantifs, soit adjectifs, sur les verbes, sur les prepositions, & sur les adverbes, comme il s'en voit des exemples en divers endroits de ces Remarques[2057].

---

fort diuers comme <sont> en l'exemple que nous auons donné cy dessus ~~de~~ *Riche* et ~~de~~ *Liberal*, alors il n'y a point de doute que c'est une faute de ne repeter pas ~~et l'Article~~, et *plus*, et l'Article. Que s'ilz sont contraires, comme de dire en parlant d'un riche auaricieux *c'est le plus riche et le plus pauure homme tout ensemble que ie conoisse* il est encor plus necessaire de repeter tous les deux. »

2057 Dans le manuscrit (f° 7v°) : « Ainsi ie uais reconoissant de plus en plus que c'est une distinction d'un grand usage que celle des Substantifs, ou des Adiectifs Synonimes ou approchants, et de ceux qui sont entierement diuers ~~et~~ <ou> contraires. Car elle influe presque sur toutes les parties de l'Oraison, et mesme sur les Verbes, comme uous uerrez en son lieu au Regime de deux Substantif [*sic*] avec le Verbe. Cette remarque donc est fort belle et fort utile. Aux Pronoms possessifs il n'en est pas tout à fait de mesme <qu'aux Articles>, quant aux Adiectifs qui sont synonimes ou approchants, mais quant aux autres qui sont diuers ou contraires, il n'y a point de difference, comme uous pourrez uoir au *Pronoms possessifs*. ~~Au reste ce *plus* ioint à l'Article n'exprime point le comparatif, mais le Superlatif, car quand ie dis *c'est le plus riche de tous*~~ Pour ce qui est de *plus* voyez le en son lieu. » Notons que dans les marges du folio 7r°, Vaugelas commente d'autres usages de ce qu'il appelle « articles ». En premier lieu, il traite de quelques exemples d'absence d'articles : « L'Article indefini tout seul y a quelquefois une merueilleuse grace comme quand on dit *on fit tout passer au fil de l'espee sans pardonner à hommes ni à cheuaux*, il est incomparablem[ent] mieux dit que de se seruir de l'article defini, et dire *aux hõmes et aux cheuaux*. Et il y a bien plus, c'est que ie crois qu'en ce lieu là se seroit une faute de dire *aux*. Ainsi l'on dit *nous sommes en terre d'Ennemis*, et non *des ennemis*. / Quelquefois on laisse tout à fait l'article tant indefini que defini, et cela a une grace non-pareille *là dessus on mit seruiteurs et seruantes à la question* dit M. Coeff. » En deuxième lieu, il parle de la position du pronom clitique (voir *R*p. 376-377) : « <quelques uns mettent tousiours> L'Article ~~se met quelquefois~~ proche du uerbe qui le regit comme <fait> M. Coeff. ~~en use~~ presque ordinairement, parce qu'il semble que la construction en est plus nette, par exemple M. Coeff. dira *A peine peurent ilz se tenir de pleurer*, et non *a peine se peurent ilz tenir*, quoy qu'à mon aduis ce dernier me semble plus doux à cause qu'il est beaucoup plus en usage que l'autre. Car le plus ou le moins de la douceur d'un mot ou d'une façon de parler se prend du plus ou du moins qu'ilz sont en usage. Et quoy que l'exemple que i'ay donné soit d'un possessif, il n'importe parce que les Articles et les Pronoms possessifs comme [~~…~~] <i'ay> desia dit se gouuerne[n]t d'une mesme sorte. *A peine le peurent ilz arrester* dit on ordinairem[ent], et M. Coeff. dit *A peine peurent ilz l'arrester* Il faut uoir s'il y en a une reigle ». En troisième lieu, il parle de l'usage de *de* devant les infinitifs : « Quant à l'article *De* car ie l'appelle ainsi, qui a accoustumé de regir l'Infinitif, i'en parleray aux uerbes qui le ueulent auoir apres eux. Car il y a des uerbes apres lesquels on ne met iamais *De* comme *Penser*, d'autres apres lesquels tantost on le met et tantost on le laisse comme *Plaire*, *desirer*. Ie ne pense pas qu'il y en ayt aucun apres lequel il le faille tousiours necessairement mettre. Ie dis tousiours, parce qu'à *Plaire*, et à *desirer* il y a des lieux ou il le faut mettre de necessité si l'on ne ueut faire une grosse faute. » Il termine, enfin, par un bref commentaire sur la répétition du pronom complément d'objet devant

Ressembler

On demande si *ressembler*, regit aussi bien l'accusatif, que le datif; car personne ne doute qu'il ne regisse le datif[2058]. M. de Malherbe a escrit en un certain lieu[2059], *gardons nous de le ressembler*, & en un autre, *avecque ce langage & autres qui le ressemblent*, & M. Bertaut lui a fait aussi regir l'accusatif en cette fameuse stance[2060] ; (481*)

Quand je revis ce que j'ay tant aimé,
Peu s'en fallut que mon feu rallumé
Ne fist l'amour en mon ame renaistre,
Et que mon cœur autrefois son captif
Ne ressemblast l'esclave fugitif,
A qui le sort fait rencontrer son Maistre.

Il y a beaucoup d'autres Autheurs qui luy donnent l'accusatif, mais ce sont les vieux, & non pas les modernes[2061] ; Ce qui fait voir que c'estoit la vieille façon de parler, que de luy faire regir l'accusatif, & qu'aujourd'huy il demande tousjours le datif. Il est vray qu'en faveur de la poësie j'ay oüy dire à plusieurs personnes tres-sçavantes en nostre langue, qu'en

---

le deuxième des deux infinitifs coordonnés : « Article faut repeter l'article apres le second uerbe quoy que synonime du premier exemple *le sauuer et le garentir* non *et garentir* ».

2058 Vaugelas se ravise dans le manuscrit. Il commence par maintenir que seul le datif est permis (fº82vº), en citant les exemples de Malherbe et de Bertaut qui sont reproduits dans la version finale du texte. Puis il ajoute : « I'ay changé d'opinion par le moyen d'un de mes amis qui m'a allegué cette difference dont ie suis demeuré d'accord, que quand *Ressembler* se prend en sa propre signification qui est d'estre la uraye d'image d'une chose, comme par exemple quand on parle d'un portrait, il faut dire *Il ressemble bien à un tel*, ou bien mesmes de deux uisages. *Il ressemble bien à son frere*, *il ressemble à un tel*. Mais quand ~~il s'agit~~ *Ressembler* se prend en une signfication plus uaste, qui comprend toute sorte de similitude, et particulierem[ent] celle des actions, alors il regit l'accusatif,+ {+ comme en cet exemple de Bertaut, auquel sens mon amy disoit qu'il croyoit qu'il pouuoit aussi regir le datif, mais qu'il n'estoit pas si elegant que l'accusatif. Mais pour moy ie ne crois pas qu'en ce sens là il regisse le Datif. Il y a d'autres uerbes de cette nature comme *approcher satisfaire.*} » Dans la version publiée Vaugelas revient à sa première position, tout en notant que l'usage dans la poésie est peut-être différent. Parmi les grammairiens, seul Oudin (1640 : 237) fait mention de la construction de ce verbe, notant que « *Ressembler* est plus proprement avec un datif qu'avec l'accusatif. » Les trois grands dictionnaires de la fin du siècle s'accordent à indiquer qu'il s'agit d'un verbe « neutre ».

2059 Dans le manuscrit : « <Malh. p.360 fait cette faute gardons nous de *le ressembler* et p. 57+> {+ C'est auecque ce langage et autres qui *le ressemblent*} ».

2060 « Stanses » de Jean Bertaut dans le *Recueil de quelques vers amoureux* (Edition derniere, Reveüe & augmentee, Paris, Philippe Patisson, 1606, fº 33vº).

2061 Pour d'autres exemples, voir Brunot (1905-1953 : III, 546) et Haase (1935 : 137).

vers ils le souffriroient à l'accusatif, aussi bien qu'au datif, mais qu'en prose ils le condamneroient absolument.

S'il faut dire cueillera, *&* recueillera, *ou* cueillira *&* recueillira

Cette question a esté agitée en une celebre compagnie[2062], où les voix ont esté partagées[2063]. Les uns alleguoient qu'on disoit autrefois *cueiller*, à l'infinitif, au lieu de *cueillir*, & que de *cueiller*, on avoit formé le futur *cueilleray* ; car c'est sans doute de l'infinitif que se forme le futur de l'indicatif. Les autres qui estoient de la mesme opinion qu'il falloit dire (482*) *cueilleray*, n'avançoient point cette raison, ny aucune autre, mais se fondoient sur l'Usage seulement, & asseuroient que l'on dit en parlant, *cueillera* & *recueillera*, & non pas *cueillira*, & *recueillira*, avec un *i*, devant l'*r.* Ceux de l'opinion contraire soustenoient, que l'Usage estoit pour *cueillira* & *recueillira* avec *i*, & que jamais ils ne l'avoient leu, ny oüy dire autrement. Sur quoy il y en eut quelques uns qui les accorderent par cette distinction, qu'à la Cour tout le monde dit *cueillira* & *recueillira*, & qu'à la ville tout le monde dit *cueillera*, & *recueillera* ; ce qui à mon avis est tres-veritable[2064] ; Et cela presupposé que s'ensuit il autre chose sinon que *cueillira* & *recueillira*, est comme il faut parler, puis que c'est un des principes de nostre langue, ou pour mieux[2065] dire de toutes les langues, que lors que la Cour en quelque lieu du monde que ce soit parle d'une façon, & la ville d'une autre, il faut suivre la façon de la Cour. Outre que celle-cy est encore fortifiée par les Autheurs, où je n'ay jamais veu *cueillera*, ny *recueillera*, cela estant si veritable, que la plus-part mesmes de ceux qui sont pour *cueillera*, demeurent d'accord qu'on ne l'escrit pas ainsi, mais qu'on le dit en parlant[2066] ; comme si cela se faisoit en nostre langue, ny en aucune autre, que l'on dist un mot d'une façon en parlant, & d'une autre en escrivant ; en quoy je (483*) n'entens point parler de la difference de la prononciation & de l'orthographe.

2062 C'est-à-dire, l'Académie Française.

2063 Cette question n'est pas considérée dans le manuscrit.

2064 Tandis que Maupas (1618 : f° 114r°) admet *cueilliray* et *cueilleray* et même *cueudray*, qui est pourtant « moins en usage », Oudin (1640 : 163) n'accepte plus que la première forme.

2065 Dans l'original « mieux » est suivi d'une virgule.

2066 Dans Frantext pour la période 1600-1647, il y a 3 exemples de *(re)cueillera* (chez Serres 1603, Baro 1628 et Scudéry 1636) contre 9 de *(re)cueillira*.

Et quant à ce qu'ils alleguent l'ancien infinitif *cueiller*, ils ne prennent pas garde que cela fait contre eux ; car puis qu'ils tirent une consequence de l'infinitif au futur de l'indicatif, qui n'est pas mauvaise, estant vray, comme nous avons dit, qu'il en est formé, que s'ensuit il autre chose sinon que quand on disoit *cueiller*, & *recueiller*, on disoit (& il falloit dire aussi), *cueillera & recueillera*, & qu'à cette heure parce que l'on dit *cueillir*, il faut dire *cueillira* & *recueillira* ; car ils ne contestent point que l'on die encore *cueiller*[2067], à l'infinitif[2068].

Sorte, *comme il se doit construire*[2069]

Nous avons remarqué en divers endroits plusieurs façons de parler, où le regime du genre ne suit pas le nominatif, mais le genitif, qui est une chose assez estrange, & contre la construction ordinaire de la Grammaire en toutes sortes de langues[2070]. En voicy encore un exemple en ce mot *sorte*, car il faut dire *il n'y a sorte de soin qu'il n'ayt pris*, & non pas *qu'il n'ayt prise*, quoy que *sorte*, soit le nominatif feminin, auquel l'adjectif participe *pris*, se doit rapporter dans la bonne construction Grammaticale, & par consequent il (484*) faudroit dire *prise*, le genitif ne pouvant estre construit avec le nominatif adjectif[2071]. Mais en cecy, comme en plusieurs autres façons de parler que nous avons remarquées, on regarde plustost le sens que la parole, c'est à dire qu'en cet exemple, *il n'y a sorte de soin*, on ne considere pas *sorte*, mais *soin*, tout de mesme que si l'on disoit *il n'y a soin*, parce que tout le sens va à *soin*, & non pas à *sorte*.

Repetition de mots. Faire[2072]

2067 Dans l'original : *cueillir* (*Fautes d'impression*).

2068 Pour la période 1600-1647, il y a 41 occurrences de *cueiller* (contre 125 de *cueillir*), mais elles proviennent de trois auteurs, Serres (1603 : 21 ex.), Sorel (1627 : 1 ex.), et Peiresc (1634, 1637 : 19 ex.).

2069 Cette question n'est pas traitée dans le manuscrit.

2070 Voir « *Une infinité* » (*R*p. 41), « *La pluspart, la plus-grand'part* » (*R*p. 41-42), et « *Ce peu de mots ne sont que pour, &c.* » (*R*p. 350-351). Sur le traitement de ces questions d'accord dans les *Remarques*, voir l'Introduction, 6.4.5 ; *cf.* *R*p. 153-154, 374-375, 382-383, 384.

2071 Cette construction n'est pas examinée par les grammairiens de notre corpus (1530-1650) avant Vaugelas, mais on trouve déjà dans le dictionnaire de Robert Estienne (1549) l'exemple *Quelle sorte de gens seront la ?*

2072 Le premier paragraphe du texte publié n'apparaît pas dans le manuscrit. L'observation manuscrite (« *Faire* tenant lieu de la repetition du Verbe precedent », f° 38r°-v°), qui suit immédiatement une autre observation portant sur *faire*, publiée à titre posthume dans

Il y a des repetitions d'un mot ou de plusieurs mots qui sont necessaires, comme *je n'ay fait aujourd'hui que ce que j ay fait depuis vingt ans.* Tous nos bons Autheurs en sont pleins, & ce seroit une grande faute de ne pas user de ces repetitions quoy qu'un des premiers esprits de nostre siecle[2073] les ayt toutes condamnées egalement, en quoy il est aussi condamné de tout le monde. Il y a d'autres repetitions qui ne sont pas absolument necessaires, comme le sont ces premieres dont nous venons de parler, mais qui font grace & figure & il y en a beaucoup de façons differentes qu'il seroit trop long de marquer par des exemples[2074]. Il

---

les *Nouvelles Remarques* (Vaugelas 1690 : 86-87), traite de la répétition de *faire*, en citant d'autres exemples. Elle commence ainsi : « *Faire* ~~met~~ <se met> aussi fort souuent au lieu du Verbe qui uient d'estre employé lequel il faudroit repeter ; par exemple *les Catholiques ne mangent pas de ~~la~~ chair le caresme, comme font les Huguenots.* Icy *Font* emporte auec soy la signification du uerbe *mangent* qui a esté dit deuant, comme si l'on disoit, *les Catholiques ne mangent ~~pas~~ de la chair le caresme comme les Huguenots en mangent.* Par ou il se uoit que le uerbe *Faire* n'exprime <emporte> pas seulement le uerbe, ou le sens du uerbe qui a esté dit deuant, mais aussi la particule *en* en cet exemple, ou quelque pronom en d'autres exemples, ou mesmes plusieurs mots ensemble, ~~les~~ comme quand on dit *les meres ne doiuent pas estouffer leurs enfans à force de les caresser comme font les singes.* Icy *font* ueut dire ~~tout~~ <et> emporte toutes ces paroles qu'il espargne comme *les singes estouffent les leurs à force de les ambrasser.*> » Notre remarqueur se demande : « Mais il y a peu de gents qui ne sçachent cela, à quoy sert il donc d'en faire une remarque ? » Il exprime toutefois beaucoup d'incertitude sur cette question : « C'est que quelquefois ~~on~~ <il> se faut seruir de ce uerbe *Faire* de la façon que nous uenons de dire, et quelquefois il ne s'en faut pas seruir, mais repeter le mesme uerbe qui a desia esté dit, en quoy tant de gents manquent, mesmes de noz meilleurs Escriuains, que c'est une chose tres-necessaire à remarquer. Il est uray qu'il est difficile d'establir une Reigle certaine ; par laquelle on puisse discerner quand il faudra repeter le Verbe, ou user du uerbe *Faire* en sa place. Nous sommes encore à la chercher. Si nous la trouuons, cõme il le <faut> esperer, nous en ferons part au public pour qui nous trauaillons. » L'usage de *faire* avait déjà été abordé dans une observation manuscrite intitulée « *Faire* employé pour les autres uerbes, quand » (f° 27v°), dans laquelle Vaugelas avait censuré son usage pour remplacer un autre verbe suivi d'un complément d'objet direct : « *Faire* en la place de la repetition du uerbe *n'a-t-il pas creu le recompenser s'il le traitoit un peu plus doucem[ent] qu'il ne fit son ayeul.* ~~[...]~~ *ne les <plaisirs> allons pas chercher comme ilz font les leurs dans les sources escoulees* <~~[...]~~> Ie ne pense pas que cela se puisse dire, ie crois que le Verbe *faire* tenant la place d'un autre ne ueut point regir d'accusatif. » Quant à la répétition d'un mot ou d'une expression « par pure negligence », question examinée dans le troisième paragraphe du texte publié, dans le manuscrit Vaugelas l'aborde du point de vue de la « *Repetition* parmy les Latins ». (voir note 2080 ci-dessous).

2073 La Clef de Conrart note ici : « Je crois que c'est feu M. D'Avaux » (voir note 2075 ci-dessous). La justification de cette attribution n'est pas évidente.

2074 Andry de Boisregard consacre une série d'observations aux répétitions dans ses deux volumes de *Réflexions* : « Répétitions nécessaires » (1692 : 547-564), « Répétitions de netteté » (1692 : 564-568), « Répétitions élégantes » (1692 : 568-575), « Répétitions élégantes dans les discours prononcez » (1692 : 575-580), « Répétitions vicieuses » (1692 :

suffit d'en faire voir d'une façon, comme, *une si belle victoire meritoit d'estre annoncée par une si belle bouche*; ces deux mots *si* (485*) *belle*, deux fois repetez ont fort bonne grace, quoy que la repetition n'en soit pas absolument necessaire; car quand on diroit *une si belle victoire meritoit d'estre annoncée par cette bouche*, comme l'a escrit dans une lettre ce grand homme, de qui j'ay tiré cet exemple, ce seroit fort bien dit; mais en repetant *si belle*, on enrichit encore la pensée, d'une figure qui est un ornement. Neantmoins celuy dont je parle[2075], l'a rejettée; car il ne faut pas douter qu'elle ne luy soit tombée dans l'esprit; Et il l'a rejettée, parce qu'il y auroit eu trop d'affectation en cette figure, & qu'un jugement si solide & si esclairé que le sien[2076], à qui l'on a confié les plus grandes affaires de l'Europe, n'a garde de recevoir toutes les belles productions de l'esprit, mais seulement celles qui sont accompagnées des circonstances necessaires, du temps, du lieu, des occasions, & de la qualité des personnes qui escrivent, & de celles à qui l'on escrit. Hors de là il ne peut y avoir d'eloquence, & c'est faire valoir l'esprit aux despens du jugement.

Mais pour revenir à ma Remarque, qu'une si juste digression a interrompuë; il y a d'autres repetitions qui ne sont ny necessaires, ny belles, comme lors que l'on repete un verbe au lieu de se servir de *faire*, qui est un secours que nostre langue nous donne & un (486*) avantage que nous avons pour eviter cet inconvenient, par exemple quand on dit, *je n'escris plus tant que j'escrivois autrefois*; cette repetition du verbe *escrire*, n'est ny necessaire, ny belle en cet endroit, & quoy qu'absolument elle ne se puisse pas dire mauvaise, si est-ce que ce sera beaucoup mieux dit, *je n'escris plus tant que je faisois autrefois*, & parmy les Maistres de l'Eloquence & de l'art de bien parler, c'est une espece de faute de n'exprimer pas les choses de la meilleure façon, dont elles peuvent estre exprimées[2077]. Nous trouvons

---

580-588), « Répétitions, *redites* » (1692 : 588-591), « Répétitions nécessaires » (1693 : 306-312), « Répétitions vitieuses » (1693 : 312-318).

2075 Note de Patru (Vaugelas 1738 : III, 246) : « Feu M. d'Avaux dans la lettre à Mme de Longueville ». La Clef de Conrart donne le même nom. Il s'agit de Claude de Mesmes, comte d'Avaux (1595-1650). Les *Lettres de messieurs d'Avaux et Servien, ambassadeurs pour le Roy de France en Allemagne, concernantes leurs différents et leurs réponses de part et d'autre en l'année 1644*, ne furent publiées qu'en 1650, mais elles circulaient peut-être sous forme manuscrite avant la publication des *Remarques*.

2076 Thomas Corneille ajoute le commentaire suivant : « On employoit autrefois *si*, pour *aussi*, mais presentement il faudroit dire, *parce qu'un esprit aussi solide & aussi éclairé que le sien* » (Vaugelas 1738 : III, 251).

2077 Spillebout (2007 : 197-198) dresse une liste d'exemples où *faire* est employé comme outil grammatical et se construit alors comme le verbe qu'il supplée, par exemple, *Et comme ils*

l'usage de *faire*, si commode pour ne pas repeter un mesme verbe deux fois, que nous nous en servons non seulement en des phrases semblables à celle, que nous venons de dire, mais encore en d'autres où nous faisons regir à *faire*, le mesme cas, que regit le verbe pour lequel nous l'employons ; comme par exemple quand nous disons, *il ne les a pas si bien apprestées qu'il faisoit les autres*[2078], pour dire *qu'il apprestoit les autres. Il n'a pas si bien marié sa derniere fille, qu'il a fait les autres*, pour *qu'il a marié les autres.*

Il y a une autre sorte de repetition qui est vicieuse parmy nous, & qui choque les personnes mesme les plus ignorantes. C'est quand sans necessité, sans beauté, sans figure, on repete un mot ou une phrase par pure negligence. Cela s'entend[2079] assez sans en (487*) donner des exemples. J'ay dit *parmy nous*, parce que les Latins n'ont pas esté si scrupuleux en cela, non plus qu'en beaucoup d'autres choses, qui regardent le stile & le langage[2080]. On n'a qu'à ouvrir leurs livres pour voir si je leur impose. Je me souviens encore d'un passage de Cesar au premier livre *de Bello Gallico* ; il met deux fois en une mesme periode ces mots *tridui viam procedere*, sans qu'il soit necessaire, ny qu'ils facent figure, & au mesme endroit *convocato concilio, & ad id concilium*, &c. il met deux fois le mot de *concilium*, ainsi proche l'un de l'autre[2081]. Nous avons nostre particule *y*, en

---

font du vray, du faux ils m'epouvantent (Régnier) ; *Personne n'a, Madame, aimé comme je fais* (Molière) ; *Je ne vous ai jamais tant aimée et tant estimée que je fais aujourd'hui* (Bussy-Rabutin).

2078 Dans l'original, *autres* est suivi d'un point.

2079 Dans l'original : s entend.

2080 Dans le manuscrit (f° 81v°), Vaugelas inclut une remarque intitulée « *Repetition* parmy les Latins ». Sous ce titre dans les marges, il note « C'est une chose toute commune parmy les Latins, et mesmes dans Ciceron, c'est pourquoy il est superflu d'en donner des exemples. On pourroit dire pour leur defense que le changement des cas + <+ y apportant de la diuersité, cela ne sonne pas si mal qu'en n[ot]re langue, ou les cas ne uarient point si ce n'est ≠ (f° 80r°) \\ *Repetition de mots uitiuese* ≠ (cecy est la suite de ce qui est marqué à R auec cette marque ≠) par les articles et encore n'est ce pas en tous les cas. Mais cette excuse est mauuaise, parce que quand nous aurons dit ~~une fois~~ *excellent*, si nous disons bientost apres *excellentes* nous faisons un changement aussi grand que celuy des Latins et neantmoins nous ne le pouuons souffrir, cela estant tellement condamné parmy nous, que les plus mauuais escriuains hommes et femmes l'euitent et sçauent qu'il le faut euiter, quoy qu'ilz ignorent tout le reste des reigles qu'il faut obseruer pour bien escrire. » Quant au texte, il se lit : « *Repetition* parmy les Latins. Ilz ne sont pas si religieux que nous à l'euiter quand elle n'est pas necessaire Quintilian qui est si elegant dit *ut fecit Thymantes ut opinor Cithnius*, si nous mettions comme a fait Thymantes, comme ie pense &c. On pourra dire qu'*ut*, n'estant que d'une syllabe, la repetition n'en est pas si rude que de *comme* ».

2081 César, *Guerre des Gaules* : *Cum* ***tridui viam processisset****, nuntiatum est ei Ariovistum cum suis omnibus copiis ad occupandum Vesontionem, quod est oppidum maximum Sequanorum, contendere* ***triduique viam a suis finibus processisse*** (livre I, 38) ; *Haec cum animadvertisset,* ***convocato***

François, qui nous sauve ces sortes de repetitions, en quoy nostre langue a de l'avantage sur la Latine ; car nous dirions *le conseil estant assemblé, & un tel y ayant esté appellé.* Cependant Cesar est le plus pur de tous les Latins. Quinte Curce au sixiesme livre met deux fois *regnante Ocho*, en quatre lignes, & *occurrit* & *occurrunt*, à trois lignes l'un de l'autre[2082]. Mais en faut-il chercher d'autres exemples, que celuy de Ciceron qui a repeté le mot de *dolor*, quatre fois en quatre ou cinq lignes[2083], qui d'ailleurs est un mot si specieux, sans qu'il y eust ny necessité, ny figure[2084]. Tout ce qui pourroit excuser cela, ce seroit la naïfveté[2085], qui est une des grandes perfections du stile, comme nous avons dit souvent, mais il faut (488*) prendre garde, qu'on ne la face degenerer en negligence, dont nous avons fait une Remarque bien ample[2086].

---

consilio *omniumque ordinum* ***ad id consilium*** *adhibitis centurionibus, vehementer eos incusavit* (livre I, 40).

2082 Quinte-Curce, *Vie d'Alexandre* : XXX *hinc stadia processerat, cum Phrataphernes ei* ***occurrit*** *seque et eos, qui post Dari mortem profugerant, dedens : quibus benigne exceptis ad oppidum Arvas pervenit. Hic ei Craterus et Erigyius* ***occurrunt*** *: praefectum Tapurorum gentis Phradatem adduxerant. [...] Satrapen deinde Hyrcaniae dedit Minapin : exul hic* ***regnante Ocho*** *ad Philippum pervenerat. Tapurorum quoque gentem Phradati reddidit. Iamque ultima Hyrcaniae intraverat, cum Artabazus, quem Dareo fidissimum fuisse supra diximus, cum propinquis Darei ac suis liberis modicaque Graecorum militum manu occurrit. Dextram venienti obtulit rex : quippe et hospes Philippi fuerat, cum* ***Ocho regnante*** *exularet, et hospitii pignora in regem suum ad ultimum fides conservata vincebat* (livre VI, 4-5).

2083 Il y a plusieurs passages dans l'ouvrage *De finibus bonorum et malorum* de Cicéron dans lesquels *dolor* est répété, par exemple : *Huic certae stabilique sententiae quae sint coniuncta explicabo brevi. nullus in ipsis error est finibus bonorum et malorum, id est in voluptate aut in* ***dolore****, sed in his rebus peccant, cum e quibus haec efficiantur ignorant. animi autem voluptates et* ***dolores*** *nasci fatemur e corporis voluptatibus et* ***doloribus*** *– itaque concedo, quod modo dicebas, cadere causa, si qui e nostris aliter existimant, quos quidem video esse multos, sed imperitos –, quamquam autem et laetitiam nobis voluptas animi et molestiam* ***dolor*** *afferat, eorum tamen utrumque et ortum esse e corpore et ad corpus referri, nec ob eam causam non multo maiores esse et voluptates et* ***dolores*** *animi quam corporis* (livre 1, 55).

2084 Ce passage correspond à une autre remarque manuscrite (« *Repetition de mots uicieuse* », f° 81v°) : « *Repetition de mots uitieuse* peu exactem[ent] euitee des meilleurs Autheurs Latins. On m'a dit, ie ne l'ay pas ueu que Ciceron auoit repeté plus de quatre fois le mot de *Dolor* qui est remarquable en quatre ou cinq lignes, sans qu'il fust necessaire et quand il n'est pas absolum[ent] necessaire il est uicieux. Q. C. au 6 liure met deux fois *Regnante Ocho* en quatre lignes. Oserions nous mettre <deux fois> seulem[ent] en une page, *sous le regne d'Ochus* Et Cesar qui est le plus pur escriuain et le plus poli + {+ de [*sic*] Latins au premier liure de Bell. galli. met deux fois en une mesme periode ~~cette p~~ ces mots *tridui uiam procedere* sans qu'il soit necessaire, et au meme endroit, *conuocato concilio*, et *ad id concilium*, repete deux fois *concilium* proche l'un de l'autre, en quoy il y a encore une chose à remarquer que nostre *y* exprime ces trois mots *ad id consilium*, le conseil estant assemblé et un tel y ayant esté appellé auantange de n[ot]re langue sur la latine Et Q. C. l.6 p.207 met *occurrit* et *occurrunt* en trois lignes} ».

2085 Voir l'Introduction, p. 90, 117, 123.

2086 Voir *Rp.* 414-419.

Parfaitement ou *infiniment* avec *tres-humble*[2087]

C'est une faute que beaucoup de gens font, quand ils finissent une lettre, de dire par exemple, *je suis parfaitement Monsieur, vostre tres-humble serviteur* ; Car cet adverbe *parfaitement*, ayant la mesme signification, & au mesme degré, que *tres-*, qui est la particule & la marque du superlatif, lequel superlatif exprime la perfection de la qualité dont il s'agit, il y a le mesme inconvenient à dire *parfaitement tres-humble*, qu'à dire deux fois de suite *parfaitement, parfaitement humble*, ou bien *tres-tres-humble*, qui seroit une chose impertinente & ridicule. Aussi plusieurs se sont apperceus, & corrigez de ce pleonasme[2088], où des meilleurs esprits de France estoient tombez sans y penser & sans y faire reflexion. Qui diroit, *je suis parfaitement vostre serviteur*, diroit fort bien, mais *je suis parfaitement vostre tres-humble*[2089] *serviteur*, ne se peut dire qu'en ne sçachant ce que l'on dit, ou du moins, n'y songeant pas. Il en est de mesme d'*infiniment*, dont on se sert aussi souvent que de *parfaitement* ; (489*) *& je suis infiniment vostre tres-humble serviteur*, est pour la mesme raison aussi mauvais que l'autre.

Que, *devant* l'infinitif, *pour* rien à

Par exemple, *quand on n'a que faire*, pour dire *quand on n'a rien à faire*, est tres-François & tres-elegant : Mais il ne le faut pas affecter, ny en user si souvent que fait un de nos plus celebres Autheurs[2090]. *Je ne puis que deviner, n'ayant que respondre aux reproches*, & autres semblables, tout cela est tres-bien dit[2091].

2087 Vaugelas n'aborde pas cet usage dans le manuscrit. Il n'y en a aucun exemple dans les textes de Frantext pour la période 1600-1647.

2088 Sur le pléonasme, *cf. R*p. 157-160.

2089 Dans l'original : *tres humble.*

2090 Dans le manuscrit (f° 76v°) : « *Que* pour *rien à* est fort françois, par exemple *quand on n'a que faire*, pour *quand on n'a rien à faire.* Mais il ne le faut pas affecter ni en user si souuent que fait M. de Malh. Et puis il ne uaut rien auec un uerbe neutre, qui ne regit pas l'accusatif. Exemple *Il ne trouue que parler*, pour *Il ne trouue de quoy parler*, mais *Il ne trouue que dire* est bon, parce que *Dire* est un uerbe actif. » L'identité de cet auteur n'est pas donnée dans la Clef de Conrart.

2091 Dans le manuscrit (f° 76v°) : « Malh. dit p. 599 Ie ne puis que deuiner, cette façon de parler est estrange, ie doute qu'elle soit bonne. Mais p.529 n'ayant que respondre aux reproches, est fort bon pour dire n'ayant rien à respondre, duquel neantmoins i'aimerois mieux user dans un stile historique que de l'autre, comme estant plus clair, et plus naturel. »

Que *apres* si, *& devant* tant s'en faut, *veut estre repeté*

Un celebre Autheur a escrit[2092], *la fin de ma misere ne peut venir d'ailleurs que de mon retour aupres de vous, qui est chose dont je vois le terme si esloigné, que tant s'en faut qu'en la tempeste où je suis, j'apprehende le naufrage, au contraire je pense avoir toutes les occasions du monde de les desirer.* Je dis qu'en cette periode il manque un *que*, qui doit estre mis immediatement apres *naufrage*, & devant *au contraire*, & qu'il faut escrire, *qui est chose dont je vois le terme si esloigné, que tant s'en faut qu'en la tempeste où je suis, j'apprehende le naufrage, qu'au contraire* (490*) *je pense*, &c. Ce qui a trompé ce fameux Escrivain & plusieurs autres apres luy en de semblables rencontres[2093], c'est le *que*, qui est devant *tant s'en faut*, qu'il a creu ne devoir pas estre repeté selon la reigle que nous avons remarquée ailleurs[2094]. Mais il n'en est pas de mesme en cet exemple ; car le *que*, qui est devant *tant s'en faut*, se rapporte à *si esloigné*, qui va devant, & qu'il faut necessairement dire apres *si*, & *tant s'en faut qu'en la tempeste*, &c. demande un autre *que*, devant *au contraire*, outre celuy qui se trouve dans ces paroles *qu'en la tempeste*[2095].

Si, *pour* adeo, *doit estre repeté*

Il faut dire par exemple, *vous estes si sage & si avisé*, & non pas *vous estes si sage & avisé*, comme disent quelques uns[2096]. Je sçay bien que ce n'est pas absolument une faute, mais il ne s'en faut gueres ; car l'autre locution est si Françoise & si pure au pris de cette derniere, où le *si*, n'est pas repeté au dernier adjectif, que quiconque ne le repete pas, n'a pas

---

2092 Dans le manuscrit (f° 76v°) : « Mal. p. 710 <a> laissé ce *que* en quoy il a failli ». La citation de Malherbe se termine en réalité avec les mots : *toutes les occasions du monde de le desirer* (Malherbe 1631 : I, 710).

2093 La référence à plusieurs autres écrivains qui font la même faute ne figure pas dans le manuscrit. Il semble que cette question n'ait pas été traitée par les grammairiens de notre corpus (1530-1650) avant Vaugelas.

2094 Voir *Rp.* 465-466.

2095 La remarque manuscrite, qui est en général proche de la version publiée, se termine sur une note d'incertitude : « Il faut un peu examiner cela, et le consulter » (f° 77r°). Il n'est pas clair si Vaugelas pense à consulter Malherbe en personne (dans quel cas l'observation manuscrite aurait été écrite avant octobre 1628) ou plutôt ses œuvres.

2096 Par exemple dans Frantext (1600-1647), *C'est un si sage et grave marché* (Camus 1625) ; *Il semble qu'elle soit si sage et discrette* (Urfé 1631). On trouve également un exemple de cet usage dans la traduction des sermons de Fonsèque : *contre un si foible & chetif ennemy* (Vaugelas 1615 : 451).

grand soin, ou bien ne sçait ce que c'est de parler & d'escrire purement[2097]. Ainsi cette reigle de la repetition du *si*, en ce sens, n'a point d'exception, parce que si elle en avoit, ce seroit aux synonimes & aux approchans, (491*) comme la reigle generale de la repetition des mots en souffre en ces deux especes, ce que je suis obligé de dire souvent[2098] ; mais on voit qu'en l'exemple que j'ay donné, où *sage & avisé*, sont synonimes, la repetition de *si*, ne laisse pas d'estre necessaire. Donc à plus forte raison quand les deux adjectifs sont contraires ou differens[2099].

Soy, *pronom*

Ce pronom demonstratif ne se rapporte jamais au pluriel[2100], si ce n'est quelquefois avec la preposition *de*[2101]. Par exemple, un celebre Escrivain a dit, *comme gens qui ne croyent pas avoir occasion de penser à soy*, sans doute il s'est mespris ; il faut dire *comme gens qui ne croyent pas avoir occasion de penser à eux*[2102]. Et ce seroit parler estrangement de dire, *ils ne font pas tant cela pour vous que pour soy*, ou *ils feront plustost cela pour soy que pour vous*, au lieu de dire, *ils ne feront pas tant cela pour vous que pour eux*, ou *pour eux que pour vous*. Il y a une pareille chose en la langue Latine[2103]

2097 Cette phrase n'apparaît pas dans l'observation manuscrite (f° 85v°) qui est par ailleurs assez proche du texte publié.

2098 Voir l'Introduction, p. 145-147.

2099 Dans le manuscrit (f° 85v°), Vaugelas continue : « comme si ie disois parlant d'un Auaricieux *Il est si riche et si pauure. Il est si riche et si beau.* Qui ne uoit qu'il y faut repeter le *si* et que si on le supprimoit, cette suppression ne seroit pas seulement tres-rude, mais apporteroit encor quelque obscurité ? »

2100 Pour des exemples avec un antécédent pluriel, voir Haase (1935 : 30-31) et N. Fournier (1998 : 194). Dans sa grammaire, Oudin (1640 : 103) dresse un tableau de « *Singulier & plurier de* Soy ».

2101 Cette exception n'est pas notée dans la remarque manuscrite correspondante (f° 86v°) qui commence : « *Soy* Pronom demonstratif ne se ~~met~~ <rapporte> iamais au pluriel que ie sçache, quoy que M. de Malh. ayt accoustumé de faire cette faute ». Voir *R*p. 166-167 et la note suivante.

2102 Dans le manuscrit : « dit il en sa trad. de T. L. ». Vaugelas ajoute d'autres exemples de cet usage chez Malherbe dans la marge du manuscrit : « + Il [*sic*] les aduertirent de prendre garde à *soy*, dit il ailleurs p. 387 et p. 699 Ces considerations n'estans point si foibles que *de soy mesme* elles ne puissent uaincre toutes celles du parti contraire ». Vaugelas conclut l'observation manuscrite en revenant sur le cas traité dans la remarque intitulée « *Soy, de soy* » (*R*p. 166-167) : « le seul cas que i'ay remarqué ou il se rapporte au pluriel, c'est quand on dit *Il y a des choses qui sont indifferentes de soy*, car ie crois que cela se peut dire et qu'il est plus elegant que *d'elles mesmes* ».

2103 Cette comparaison avec l'usage en latin ne figure pas dans le manuscrit.

pour *suus* & *ipse*, qui ne veulent pas estre confondus à moins que de faire un solecisme. Et l'on a remarqué qu'un excellent Grammairien, (c'est Laurens Valle) faisant cette observation, & reprenant avec raison des passages de certains (492*) Autheurs celebres, qui y avoient manqué, a commis luy-mesme la faute au mesme lieu où il la reprenoit, tant il est aisé de faillir en toutes choses[2104].

Belle & curieuse exception à la Reigle des preterits participes[2105]

J'ay fait une Remarque bien ample sur les Preterits participes[2106], où je croyois avoir traité de tous les usages qu'ils peuvent avoir, & dit de quelle façon il s'en falloit servir ; car c'est une des choses de toute nostre Grammaire, que l'on sçait le moins, & dont mesmes les plus sçavans ne conviennent pas, si ce n'est aux usages que nous avons marquez comme indubitables parmy eux. Mais j'ay oublié une des façons d'employer ces preterits participes. C'est quand le nominatif qui regit le preterit participe ne va pas devant ce preterit, mais apres. Par exemple, *la peine que m'a donné cette affaire* ; en cette phrase, *affaire*, est le nominatif, qui dans la construction regit le preterit[2107] participe *a donné.* On demande donc s'il faut dire *la peine que m'a donné cette affaire*, ou *que m'a donnée cette affaire.* La Reigle generale, comme nous avons fait voir en la Remarque alleguée, est que le preterit participe mis apres le substantif, auquel il se rapporte, (493*) suit son genre & son nombre, comme *la lettre que j'ay receuë* & non pas *que j'ay receu*, parce que le substantif *lettre*, estant devant le preterit participe *j'ay receuë*, il faut que ce preterit se rapporte au genre du substantif precedent ; Que si le substantif estoit apres, il faudroit dire *j'ay receu la lettre*, & non pas *j'ay receuë la lettre.* Ainsi pour le nombre on dit *les maux qu'il a faits*, & non pas *les maux qu'il a fait.* Neantmoins voicy une exception à cette Reigle ; car encore que le substantif soit devant & le preterit participe apres en cet exemple, *la peine que m'a donné cette affaire*, si est-ce qu'à cause que le nominatif qui

---

2104 Vaugelas fait référence au livret de Laurentius Valla au sujet du caractère réflexif de *se* et de *suus* (*De reciprocatione Sui et Suus Libellus*) qui suit son ouvrage *De linguae Latinae elegantia libri VI.*

2105 Cette exception n'est pas traitée dans le manuscrit.

2106 Voir *R*p. 175-181.

2107 Dans l'original : prererit.

regit le verbe est apres le verbe, ce preterit n'est point sujet au genre ny au nombre du substantif qui le precede, & il faut dire *la peine que m'a donné cette affaire*, & non pas *la peine que m'a donnée*, de mesme au pluriel *les soins que m'a donné cette affaire, les inquietudes que m'a donné cette affaire* : & non pas *les soins que m'a donnez*, ny *les inquietudes que m'a données*[2108]. Il faut donc ajouster à la Reigle generale, que *le nominatif qui regit le verbe soit devant le verbe, & non pas apres.*

Synonimes[2109]

Je ne puis assez m'estonner de l'opinion nouvelle qui condamne les synonimes & (494*) aux noms & aux verbes[2110]. Outre que l'exemple de toute l'antiquité la condamne elle mesme, & qu'il ne faut qu'ouvrir un livre Grec ou Latin pour la convaincre, la raison mesme y repugne ; Car les paroles estant les images des pensées, il faut que pour bien representer ces pensées là on se gouverne comme les Peintres, qui ne se contentent pas souvent d'un coup de pinceau pour faire la ressemblance d'un trait de visage, mise en donnent encore un second coup qui fortifie le premier, & rend la ressemblance parfaite. Ainsi en est-il

2108 Pour des exemples de « non-accord » du participe avec un sujet postposé, voir Haase (1935 : 215-216) et Spillebout (2007 : 399). Au début du siècle suivant, l'Académie (1704 : 520) approuve toujours cette remarque : « On a esté de l'avis de M. de Vaugelas ».

2109 Dans la courte observation manuscrite sur cette question (f° 87v°), Vaugelas semble s'écrire une note de rappel pour une future remarque : « *Synonimes.* faut en faire un discours, alleguer les exemples frequents des Latins, et particulierem[ent] celuy de Iustin au commencement de son œuure, contre quelques uns de noz modernes Escriuains qui les condamnent absolument, et se trompent. Il en faut rendre la raison. M. Coeff. *Il ne se fit iamais un si signalé et si remarquable combat.* Amyot merueilleux en cela⁺ {Ciceron en son liure de Senect. Cumqé homini Deus nihil mente praestabilius dedisset, huic diuino muneri ac dono nihil esse tam inimicum quam uoluptatem. Et plus bas, quod idem contingit adolescentib. aduersante et repugnante natura.} » Les *Histoires philippiques de Justin* commencent ainsi : « Principio rerum, *gentium nationumque* imperium penes reges erat » (Nisard 1850 : 386).

2110 Sur l'attitude de Vaugelas envers les synonymes, voir l'Introduction, p. 189-190, et Chevalier (1971). Catherine Fuchs (1979 : 286) commente la divergence entre la théorie de Vaugelas exprimée dans cette observation et sa tendance dans le reste du volume à différencier les mots apparentés. Il nous semble que dans le premier cas Vaugelas adopte une position de traducteur et stylicien qui est bien conscient de la nécessité dans certains contextes d'employer des synonymes pour bien exprimer une idée ou pour des raisons stylistiques, tandis que dans le second cas il parle plutôt comme grammairien et lexicographe qui vise à donner une définition précise de chaque mot et à noter les différences entre les quasi-synonymes.

des synonimes. Il est question de peindre une pensée, & de l'exposer aux yeux d'autruy, c'est à dire aux yeux de l'esprit. La premiere parole a desja esbauché ou tracé la ressemblance de ce qu'elle represente, mais le synonime qui suit est comme un second coup de pinceau qui acheve l'image. C'est pourquoy tant s'en faut que l'usage des synonimes soit vicieux, qu'il est souvent necessaire, puis qu'ils contribuent tant à la clarté de l'expression, qui doit estre le principal soin de celuy qui parle ou qui escrit. Que si les synonimes sont souvent necessaires, autant de fois qu'ils le sont, autant de fois ils servent d'ornement, selon cette excellente remarque de Ciceron, qu'il n'y a presque point de chose au monde soit de la nature ou de l'art, (495*) qui estant necessaire à un sujet, ne serve aussi à l'orner & à l'embellir[2111]. Je n'ay point donné d'exemple de ces synonimes, parce que j'ay dit que les livres des Anciens en estoient pleins : Mais en voicy deux de cet incomparable Orateur dans son livre *De senectute*, apres lesquels il n'en faut plus chercher ; *cumque homini Deus nihil mente præstabilius dedisset, huic divino muneri ac dono, nihil esse tam inimicum quam voluptatem*[2112]. Remarquez, je vous prie, *muneri ac dono*. Et plus bas, *quod idem contingit adolescentibus adversante & repugnante natura*[2113]. Voyez *adversante & repugnante*. Ne sont-ce pas là les deux coups de pinceau que je dis, ou si nous voulons encore emprunter une comparaison de ceux qui battent de la monnoye, ne sont-ce pas comme deux coups de marteau pour mieux imprimer la marque du coin, & ne sont-ce point encore comme ces deux coups que donnent les Imprimeurs pour mieux marquer la feüille, qui est sous la presse, la figure de leurs caracteres ? Il est vray qu'il n'en faut pas abuser, & qu'une seule parole est souvent une image si parfaite de ce que l'on veut representer, qu'il n'est pas besoin d'en employer deux, la premiere ayant fait l'impression entiere dans l'esprit du Lecteur, ou de l'Auditeur ; Et c'est le defaut qu'on reproche au grand Amyot, d'estre trop (496*) copieux en synonimes ; mais nous devons à ce défaut l'abondance de tant de beaux mots & de belles phrases, qui font les richesses de nostre langue[2114]. On peut dire que c'est un thresor qu'il

---

2111 *Cf. R*p. 415, note 1609.

2112 Cicéron, *De senectute*, XII, 40 : *cumque homini sive natura sive quis deus nihil mente praestabilius dedisset, huic divino muneri ac dono nihil tam esse inimicum quam voluptatem.*

2113 *Ibid.* XIX, 71.

2114 Sur cette défense d'Amyot et des « richesses » de la langue française, voir Ayres-Bennett (2007b).

a laissé, mais qu'il faut mesnager & dispenser avec jugement[2115] sans gaster le stile en le chargeant de synonimes ; outre qu'ils obligent à une frequente repetition de la conjonctive *&*, ce qu'il faut eviter selon la Remarque que nous en avons faite en son lieu[2116], si nous voulons rendre nos periodes agreables. Sans doute le stile veut estre esgayé, non pas estouffé ny accablé de mots superflus, & en toutes sortes d'ouvrages il y doit avoir une certaine grace, qui resulte de la proportion que le plein & le vuide ont ensemble : De sorte que comme c'est une erreur de bannir les synonimes, c'en est une autre d'en remplir les periodes. Il faut que le jugement, comme j'ay dit, en soit le dispensateur & l'œconome, sans que l'on puisse donner une reigle certaine pour sçavoir quand il en faut mettre, ou n'en mettre pas. Seulement est-il tres-certain, qu'il est mieux de n'en user pas fort souvent ; & si je ne me trompe, il me semble, qu'à la fin de la periode ils ont beaucoup meilleure grace, qu'en nul autre endroit. On peut s'en esclaircir dans les bons Autheurs[2117], sans qu'il soit necessaire d'en rapporter des exemples, mais (497) s'il en faut dire la raison, c'est à mon avis, parce que le sens estant complet à la fin de la periode, & par consequent l'esprit du Lecteur ou de l'Auditeur demeurant satisfait, & n'estant plus en suspens ny impatient de sçavoir ce qu'on luy veut dire, il reçoit volontiers le synonime, ou comme une plus forte expression, ou comme un ornement, ou comme estant tous les deux ensemble, ou bien encore si vous voulez, comme une piece à arrondir la periode, & à luy donner sa cadence[2118].

En fin ce n'est pas de cette façon que la langue Françoise doit faire parade de ses richesses, en entassant synonimes sur synonimes, mais en se servant tantost des uns & tantost des autres selon les occasions qu'il y a de les employer & de revestir en divers lieux une mesme chose de paroles differentes. Sur quoy il faut que je die que jamais nostre langue ne m'a paru si riche ny si magnifique que dans les escrits d'une personne, qui

---

2115 Cette expression « mesnager & dispenser avec jugement » résume en quelque sorte la différence entre la politique lexicale du XVIIe siècle et celle du siècle précédent.

2116 Voir *R*p. 399-400.

2117 Sur l'usage des synonymes fait par Vaugelas dans ses traductions, voir Ayres-Bennett (1987a : 153-155). Urbain (1893 : 324-325) remarque que dans les écrits que Coeffeteau a composés à loisir et dans lesquels le style est plus orné, la même idée est beaucoup plus souvent exprimée par deux synonymes juxtaposés que dans les ouvrages improvisés dans le feu des polémiques.

2118 *Cf.* Préface X.2 : « *un de nos Maistres [...] soustient que quand une langue a nombre & cadence en ses periodes, comme la Françoise l'a maintenant, elle est en sa perfection* ».

en use de cette sorte[2119]. Il ne multiplie point les synonimes des mots ny des phrases, qui arrestent l'esprit du Lecteur, mais gaignant pays & fournissant tousjours de nouvelles choses il leur donne de nouveaux ornemens ; il soustient si bien la grandeur & la pompe de son stile selon la dignité du sujet, que non seulement il justifie nostre langue de la pauvreté, qu'on luy reproche, (498) mais il fait voir qu'elle a des thresors inespuisables. J'ay accoustumé de luy dire que son stile n'est qu'or & azur, & que ses paroles sont toutes d'or & de soye, mais je puis dire encore avec plus de verité, que ce ne sont que perles & que pierreries.

Il reste à remarquer une chose tres-importante sur les synonimes ; c'est que les synonimes des mots comme nous avons dit, sont fort bons, pourveu qu'ils ne soient pas trop frequens, mais les synonimes des phrases[2120] pour l'ordinaire ne valent rien, & dans les meilleurs Autheurs Grecs & Latins si l'on y prend garde, on n'en trouvera que tres-rarement, & encore ne sera-ce pas peut-estre une phrase synonime, mais qui dira quelque chose de plus que la premiere, au lieu qu'ils sont pleins de synonimes de mots. Il n'y a que Seneque, qui aussi en a esté repris, comme corrupteur de la vraye eloquence, disant bien souvent de suite une mesme chose en plusieurs façons & avec des pointes differentes, sans se souvenir du sentiment & du precepte de son pere, qui en la Controverse 28 reprend Montanus & Ovide mesme de ce vice. *Habet*, dit-il, *hoc Montanus vitium, sententias suas repetendo corrumpit, dum non est contentus unam rem semel bene dicere, efficit ne bene dixerit ; Et propter hoc & alia, quibus orator potest* (499) *poetæ similis videri, solebat Scaurus Montanum inter oratores Ovidium vocare, nam & Ovidius nescit, quod bene cessit, relinquere*[2121].

2119 Clef de Conrart : « M. D'Ablancourt ». L'attribution dans ce cas n'est pas certaine, même si l'on trouve quelques exemples des binômes, ou couples de synonymes, dans ses traductions (par ex., *Car la mer en cet endroit estoit pleine de vase & de limon, fort basse & fangeuse du costé de la terre […]* (Perrot d'Ablancourt 1664 [¹1646] : 106) ; *à force de les choquer & heurter par escadrons* (*ibid.* : 150)). Zuber (1995 : 122) doute de la sincérité de Vaugelas dans cet éloge car, en traduisant l'*Arrian*, Perrot d'Ablancourt se fit très consciemment le rival de Vaugelas qui préparait sa propre traduction de Quinte-Curce. Nous avons toutefois déjà vu que Conrart se trompe parfois dans l'identification des sources anonymes. D'autres (Guillaumie 1927 : 4-5, 189 ; Lathuillère 1962 : 76) pensent qu'il s'agit plutôt de Guez de Balzac, car celui-ci emploie souvent des synonymes ou mots apparentés (par ex. *Disons que c'est une profession ouverte de mauvaise humeur, un chagrin superbe et presomptueux, qui se produit au dehors avec vanité, qui cherche la gloire et les applaudissemens* (1654, cité d'après Frantext)).

2120 Dans l'original : phrase.

2121 *Controverses* (de Sénèque le rhéteur), IX, 5 (28), 17 : « Tel est le défaut de Montanus : il gâte ses *traits* en y revenant ; il ne se contente pas de bien exprimer une fois une idée et

La raison pourquoy les synonimes des phrases sont vicieux, & ceux des mots ne le sont pas, est naturelle ; car l'esprit humain impatient de sçavoir ce qu'on luy veut dire, aime bien deux mots synonimes, parce qu'ils le luy font mieux entendre, & qu'un mot est bien tost dit, mais il n'aime pas deux phrases ou deux periodes synonimes, parce qu'une phrase ou une periode entiere est trop longue, & que la premiere ayant achevé le sens, & exprimé clairement une pensée, il veut que l'on passe aussitost à une autre & de celle là encore à une autre jusqu'à la fin, c'est à dire jusqu'à ce qu'il soit pleinement satisfait de ce qu'il desire sçavoir ; au lieu que deux phrases, ou deux periodes synonimes le tiennent en suspens, le font languir, & pour de nouvelles choses qu'il demande, ne luy donnent que de nouvelles paroles. Que si apres deux phrases synonimes il y en a encore une troisiesme, & quelquefois une quatriesme tout de suite, & qu'ainsi tout le stile soit composé de ce genre d'escrire, comme nous avons certains Autheurs d'ailleurs tres-renommez, qui l'affectent, on peut dire que ce stile là est tres-vicieux, & qu'il ne sçauroit presque l'estre davantage.

(500)

Si l'on dit bon-heurs, *au pluriel*[2122]

L'opinion commune est que *bonheur*, ne se dit qu'au singulier, & que l'on ne dit jamais *bonheurs*, au pluriel, quoy que l'on die *malheur* & *malheurs* en tous les nombres[2123]. J'ay dit que c'estoit l'opinion commune, parce que j'ai veu des gens tres-sçavans en nostre langue, & tres-excellens Escrivains, qui soustiennent le contraire, & alleguent des exemples[2124], où l'on ne sçauroit dire que *bonheurs*, au pluriel ne fust bien dit, comme *il luy pourroit arriver tous les malheurs & tous les bonheurs du monde, il ne se hausse ny ne se baisse, il porte tousjours mesme visage.* Ils donnent

---

il arrive à l'exprimer mal. Pour cette raison et pour d'autres, qui peuvent faire paraître l'orateur semblable au poète, Scaurus avait coutume d'appeler Montanus l'Ovide des orateurs, car Ovide non plus ne sait rien sacrifier de ce qui vient bien » (traduction de Henri Bornecque, Paris, Garnier, [1902]).

2122 Ici commence une série de cinq remarques qui ne figurent pas dans le manuscrit.

2123 Cette question n'est traitée ni dans les dictionnaires ni dans les grammaires qui parurent avant les *Remarques*.

2124 Il y a 23 occurrences de *bonheurs* au pluriel dans Frantext pour la période 1600-1647, mais il est à noter qu'elles sont regroupées chez peu d'auteurs, et surtout chez Urfé (13 ex.), La Calprenède (4 ex.) et Mairet (4 ex.).

encore cet exemple. *Il est si heureux, que pour un malheur qui luy arrive, il luy arrive cent bonheurs.* Pour moy, je le trouverois bon en certains endroits, comme aux exemples que nous venons de donner, & autres semblables : Mais avec tout cela je n'en voudrois pas user, puis que la plus-part du monde le condamne, & que je me souviens de cette belle difference qu'il y a entre les personnes & les mots, qui est que quand une personne est accusée & que l'on doute de son innocence, on doit aller à l'absolution, mais quand on doute de la bonté d'un mot, il faut au contraire le condamner, (501) & se porter à la rigueur. A plus forte raison, si non seulement la plus-part en doutent, mais le condamnent comme on fait celuy-cy. Le passage de Scaliger en sa Poëtique est trop beau, pour n'estre pas allegué sur ce sujet. *Contra nobis*, dit-il, *atque Jurisconsulti sanxere, faciendum est, illis enim ita videtur præclarius consuli rebus humanis, si decem sontes absolvantur, quam si unus innocens damnetur; Etenim vero Poetæ id agendum est, ut potius centum bonos versus jugulet, quam unum plebeium relinquat*[2125].

Allé, au preterit, *comme il en faut user*

Cette Remarque est separée & distincte de celle des preterits qui se servent de participes passifs, dont nous avons traité à plein fond[2126] ; Et neantmoins elle ne laisse pas de luy ressembler en quelque chose. Par exemple, on demande s'il faut dire *ma sœur est allée visiter ma mere*, ou *est allé visiter ma mere*; car on dit *ma sœur est allée à Paris*, & non pas *est allé*, & ainsi il semble qu'il faut dire *ma sœur est allée visiter ma mere*, & non pas *est allé visiter*. Neantmoins c'est tout au contraire, il faut dire *est allé visiter*, & non pas *est allée visiter*, parce que l'infinitif à cette proprieté d'empescher le verbe qui va devant de se rapporter au genre, dont il est regi & precedé[2127] ; (502) Comme nous avons dit en la Remarque des preterits, qu'en parlant d'une femme il faut dire *je l'ay veu venir*, & non

2125 Livre VI, chapitre 5 de l'ouvrage *Poetices libri septem* (Scaliger 1561 : 320).

2126 Voir *R*p. 175-181. Ce cas n'est traité ni dans les grammaires avant Vaugelas ni dans son manuscrit.

2127 Pour des exemples de non-accord au XVIIe siècle, voir Haase (1935 : 221-222) et N. Fournier (1998 : 317). Comme l'indique le commentaire sur cette remarque faite par l'Académie (1704 : 527), cette question continua à faire débat tout au long du siècle : « On a agité cette question long-temps, et enfin on a decidé à la pluralité des voix selon le sentiment de M. de Vaugelas que quand il suit un infinitif aprés les participes *allé* et *venu*, ces participes sont indeclinables, et ne reçoivent ny nombre ny genre. »

pas *je l'ay veuë venir*, en quoy consiste ce que j'ay dit au commencement, que cette Remarque ressembloit en quelque chose à celle des preterits des participes passifs. Il en est du nombre, comme du genre, il faut dire par exemple, *mes freres sont allé visiter ma mere*, & non pas *sont allez visiter*, tout de mesme encore que l'on dit *je les ay veu venir*, & non pas *je les ay veus venir.*

Convent

Il faut escrire *convent*, qui vient de *conventus*, mais il faut prononcer *couvent*, comme si l'on mettoit un *u*, pour l'*n*, apres l'*o*[2128]. Cela se fait pour la douceur de la prononciation, comme on prononce *Moustier*, pour *Monstier*, vieux mot François, qui veut dire *Monastere.* On dit *Farmoustier*, *Nermoustier*, *S. Pierre le Moustier*, au lieu de dire *Farmonstier*, *Noir-monstier*, *S. Pierre le Monstier* avec une *n*, comme il ne faut pas laisser de l'escrire, encore qu'on le prononce autrement[2129]. *Impetratum est a consuetudine, suavitatis causa, ut peccare liceret*, dit le Maistre de l'Eloquence[2130], & cela se practique en toutes les langues.

(503)

Que dans les doutes de la langue il vaut mieux pour l'ordinaire, consulter les femmes, & ceux qui n'ont point estudié, que ceux qui sont bien sçavans en la langue Grecque, & en la Latine[2131]

Quand je parle icy des femmes, & de ceux que n'ont point estudié, je n'entens pas parler de la lie du peuple, quoy qu'en certaines rencontres il se pourroit faire qu'il ne le faudroit pas exclurre ; & qu'on en pourroit

2128 Comme c'est souvent le cas, cette observation portant sur une question de prononciation n'apparaît pas dans le manuscrit. Estienne (1549), Nicot (1606) et Cotgrave (1611) ne donnent que la forme *convent* ; l'Académie approuve la remarque (1704 : 528) et préfère toujours *convent*, mais Richelet (1680) et Furetière (1690) favorisent plutôt *couvent.* Selon Oudin (1640 : 25), « *Convent* & *Monstier*, se prononcent vulgairement *Couvent* & *Moutier* » ; *cf.* Thurot (1881-1883 : II, 514-515).

2129 Sur le rapport entre prononciation et graphie, voir l'Introduction, 6.2.2.

2130 Cicéron, *Orateur*, XLVII, 157.

2131 Cette remarque méthodologique n'apparaît pas sous cette forme dans le manuscrit. Nous avons pourtant vu que Vaugelas y conseille aux lecteurs de consulter les femmes sur l'usage douteux, comme le faisait Cicéron. Voir la note 1943 sur la remarque « *De cette façon de parler*, il sçait la langue Latine & la langue Grecque », *R*p. 493-495. Sur le rôle des femmes dans l'élaboration des *Remarques*, voir Flutre 1954, et l'Introduction, 4.2.5.

tirer l'esclaircissement de l'Usage, non pas qu'il faille en cela tant deferer à la populace, que l'a creu un de nos plus celebres Escrivains, qui vouloit que l'on escrivist en prose, comme parlent les crocheteurs & les harangeres[2132]. J'entens donc parler seulement des personnes de la Cour ou de celles qui la hantent, & dans le mot de *personnes*, je comprens les hommes & les femmes qui n'ont point estudié, & crois que pour l'ordinaire, il vaut mieux les consulter dans les doutes de la langue, que ceux qui sçavent la langue Grecque & la Latine. La raison en est evidente ; c'est que douter d'un mot ou d'une phrase dans la langue, n'est autre chose que douter de l'Usage de ce mot ou de cette phrase, tellement (504) que ceux qui nous peuvent mieux esclaircir de cet Usage, sont ceux que nous devons plustost consulter dans cette sorte de doutes[2133]. Or est-il que les personnes qui parlent bien François & qui n'ont point estudié, seront des tesmoins de l'Usage beaucoup plus fidelles & plus croyables, que ceux qui sçavent la langue Grecque, & la Latine, parce que les premiers ne connoissant point d'autre langue que la leur, quand on vient à leur proposer quelque doute de la langue, vont tout droit à ce qu'ils ont accoustumé de dire ou d'entendre dire, qui est proprement l'Usage, c'est à dire ce que l'on cherche & dont on veut estre esclaircy. Au lieu que ceux qui possedent plusieurs langues, particulierement la Grecque & la Latine, corrompent souvent leur langue naturelle par le commerce des estrangeres, ou bien ont l'esprit partagé sur les doutes qu'on leur propose par les differens Usages des autres langues, qu'ils confondent quelquefois, ne se souvenant pas qu'il n'y a point de consequence à tirer d'une langue à l'autre. Par exemple je vois tous les jours des personnes bien sçavantes, qui font *erreur*, masculin, lequel neantmoins aujourd'huy est feminin si declaré, que qui le fait de l'autre genre, fait un solecisme[2134]. Toutefois si vous en reprenez ces gens là, ils vous diront aussi-tost, (505) qu'*error* en Latin est masculin & qu'il le doit estre aussi en François. De mesme ils croiront que *servir à Dieu*, soit mieux dit que *servir Dieu*, parce qu'en Latin on dit *servire*

2132 Un commentaire dans le manuscrit sous la rubrique « *Merry* » (f° 62v°), confirme qu'il s'agit de Malherbe : « Toutefois M de Malh. a escrit p 547 *Ie suis tres-merry*. Il faut croire que c'est la faute de l'Imprimeur. <Il est uray qu'il affectoit extremement de parler comme le peuple et plus encore comme la lie du peuple.> » *Cf.* manuscrit folio 26v°, cité sous la remarque « *De la plus grande erreur qu'il y ayt en matiere d'escrire* », note 2143.

2133 Sur l'usage douteux, voir l'Introduction, 4.1.5.

2134 Voir *R*p. 130.

Deo, au datif, & ainsi d'une infinité d'autres[2135]. C'est pourquoy le plus eloquent homme qui ayt jamais esté, avoit raison de consulter sa femme & sa fille dans les doutes de la langue, plustost qu'Hortensius ny que tous ces autres excellens Orateurs qui fleurissoient de son temps[2136]. De là vient aussi que pour l'ordinaire les gens de lettres, s'ils[2137] ne hantent la Cour ou les Courtisans, ne parlent pas si bien ny si aisement que les femmes, ou que ceux qui n'ayant pas estudié sont tousjours dans la Cour. Nous avons à Paris une personne de grand merite, qui ne sçait point la langue Grecque, ny la Latine, mais qui sçait si bien la Françoise, qu'il n'y a rien de plus beau que sa prose & que ses vers. Presque tous ceux qui se meslent de l'un & de l'autre, & nos Maistres mesmes, le consultent comme leur oracle, & il ne sort gueres d'ouvrage de prix, auquel il ne donne son approbation, avant que d'en expedier le privilege[2138].

De quelle façon il faut demander les doutes de la langue[2139]

Ce n'est pas une chose inutile de descouvrir le moyen par lequel on peut sçavoir (506) au vray l'Usage que l'on demande, quand on en est en doute ; Car faute de sçavoir la methode qu'il faut observer, & de quelle façon il faut interroger ceux à qui l'on demande l'esclaircissement du doute, on n'en est point bien esclaircy ; au lieu que par le moyen que je vais donner, on voit clairement la verité, & à quoy il se faut tenir. Par exemple, je suis en doute s'il faut dire *elle s'est fait peindre*, ou *elle s'est faite peindre*, pour m'en esclaircir qu'est-ce qu'il faut faire ? Il ne faut pas aller demander, comme on fait ordinairement, lequel faut-il dire des deux ; car dés là, celuy à qui vous le demandez, commence luy mesme à en douter,

---

2135 Voir *R*p. 479.

2136 Cicéron, voir ci-dessus, note 1452.

2137 Dans l'original : s'il.

2138 Clef de Conrart : « Je ne demande pas qui est marqué, p505. car je le reconnois trop bien, & c'est à cet oracle q[ue] je demande la résolution de mes doutes, & le pardon de mes importunitez ». Chassang (1880 : II, 285-286) identifie avec raison cet oracle : « Cette *personne de grand mérite, qui ne sait point la langue grecque ny la latine*, c'est Conrard lui-même. C'est Conrard qui expédiait le *privilége* aux auteurs, et celui des Remarques de Vaugelas porte sa signature. » Chassang finit par conclure que Conrart ne peut pas être l'auteur de la Clef, mais la manière elliptique et modeste dont il se décrit est tout-à-fait caractéristique de l'époque.

2139 Cette deuxième observation méthodologique n'apparaît pas non plus dans le manuscrit. Sur la modernité de cette méthode d'enquête linguistique, voir l'Introduction, p. 116-117 ; *cf.* Ayres-Bennett (1987a : 14).

& tastant lequel des deux luy semblera le meilleur, ne respondra plus dans cette naïfveté qui descouvre l'Usage que l'on cherche, & duquel il est question, mais se mettra à raisonner sur cette phrase, ou sur une autre semblable, quoy que ce soit par l'Usage & non pas par le raisonnement, que la chose se doit decider[2140]. Voicy donc comme j'y voudrois proceder. Si je parle à une personne qui entende le Latin, ou quelque autre langue, je luy demanderay en Latin, ou en cette langue là, comme il diroit en François ce que je luy demande en Latin, ou en cette autre langue; Et s'il n'en sçait point d'autre que la Françoise, il sera beaucoup (507) plus difficile de luy former la question en sorte qu'il ne s'apperçoive point du nœud de la difficulté, & du poinct auquel consiste le doute dont on se veut esclaircir[2141] ; car c'est tout le secret en cecy, que de ne point donner à connoistre où est le doute, afin qu'on descouvre l'Usage dans la naïfveté de la response, qui ne feroit plus cet effet, si lors que l'on sçauroit dequoy il s'agit, on y apportoit le raisonnement, au lieu de la naïfveté. Si je m'adressois donc à une personne, qui ne sceust point d'autre langue que la Françoise, je luy dirois dans l'exemple que j'ay proposé, les paroles suivantes. *Il y a une Dame qui depuis dix ans ne manque point de se faire peindre deux fois l'année par des peintres differens. Je vous demande, si vous vouliez dire cela à quelqu'un, de quelle façon vous le luy diriez sans repeter les mesmes paroles que j'ay dites.* Ayant ainsi formé ma question, il est certain d'un costé qu'on sçauroit jamais deviner le sujet pour lequel je la fais, & d'autre part il est comme impossible, que par ce moyen je ne tire la phrase que je cherche, où je trouveray l'esclaircissement de ce que je veux sçavoir; car tost ou tard, cette personne seule, ou plusieurs ensemble dans une mesme compagnie, à qui je me seray adressé, ne manqueront point de dire *elle s'est fait peindre*, ou *elle s'est faite peindre*, & (508) de ce qu'elles diront ainsi naïfvement sans y penser, & sans raisonner sur la difficulté, parce qu'elles[2142] ne sçavent point quelle elle est, on descouvrira le veritable Usage, & par consequent la façon de parler, qui est la bonne, & qui doit estre suivie.

Cét exemple peut servir pour tous les autres, & il n'importe point quel circuit ou quelle voye on prenne, pourveu qu'on cache bien le doute

2140 Vaugelas reconnaît ce qu'on appelle aujourd'hui le paradoxe de l'observateur.

2141 Dans l'original : esclaireir.

2142 Vaugelas hésite entre l'usage du pronom féminin et celui du pronom masculin pour reprendre *personne(s)* dans cette observation; *cf.* l'usage conseillé *R*p. 6-9, *467.

dont on veut estre esclaircy, & que neantmoins on ayt l'adresse de tirer la phrase que l'on demande, où le doute est contenu ; car je redis encore une fois, que de demander de but en blanc, s'il faut dire ainsi, ou ainsi, est un tres-mauvais moyen d'en sçavoir la verité, jusques là que j'ay remarqué bien souvent une chose assez plaisante, que des personnes qui se servoient constamment d'une façon de parler, dont plusieurs estoient en doute, lors qu'on a demandé à ces personnes là, s'il falloit dire de cette façon ou d'une autre, pour l'ordinaire ils prononçoient contre ce qu'eux mesmes avoient accoustumé de practiquer, & contre la bonne opinion. C'est qu'en parlant sans reflexion & sans raisonner sur la phrase, ils parloient selon l'Usage & par consequent parloient bien, mais en la considerant & l'examinant, ils se departoient de l'Usage, qui ne peut tromper en matiere de (509) langue, pour s'attacher à la raison, ou au raisonnement, qui est tousjours un faux guide en ce sujet, quand l'Usage est contraire.

De la plus grande erreur qu'il y ayt en matiere d'escrire

La plus grande de toutes les erreurs en matiere d'escrire, est de croire, comme font plusieurs, qu'il ne faut pas escrire, comme l'on parle[2143]. Ils s'imaginent que quand on se sert des phrases usitées, & qu'on a accoustumé d'entendre, le langage en est bas, & fort esloigné

2143 Le rapport entre l'usage écrit et l'usage parlé est examiné dans l'observation manuscrite intitulée « Escrire » (f° 26v°) qui est également publiée par Alemand dans les *Nouvelles Remarques* (Vaugelas 1690 : 221) avec quelques petits remaniements et l'ajout d'une première phrase générale. Nous observons un changement de position entre le manuscrit et la version publiée ; dans le premier Vaugelas met l'accent sur les choses qui peuvent se dire mais qui ne peuvent pas être écrites : « *Escrire.* Plusieurs choses se disent qui ne se peuuent pas escrire, par exemple on dit de fort bonne grace en parlant d'un grand Iureur, *cela ne fait que iurer*, et l'on ne l'oseroit escrire. En cet endroit *cela* ueut dire *cet homme là.*+ {*Remettez moy cette espee dans le fourreau*, est excellent à dire, et tres-mauuais à escrire} On ne peut rien escrire qui ne se dise, ~~mais on~~ <ou plustost> Rien n'est bon à escrire qui ne soit bon à dire, mais tout ce qui est bon à dire n'est pas bon à escrire, en quoy ~~s'est trompé un~~ <se sont grandement trompez deux> des plus celebres ~~plumes~~ <Escriuains> de nostre siecle, qui ~~n'a~~ <n'ont> pas ueu que ces deux Propositions n'estoient pas reciproques, mais ~~a~~ <ont> creu qu'il falloit escrire en prose comme parlent les crocheteurs et les harangeres, ~~[…]~~ fondez sur cette fausse presupposition, qu'il falloit escrire comme on parloit, ce qui est tres-uray en certains sens, mais non pas de la facon qu'ilz l'entendoient, qui est celle que nous condamnons icy. » Dans l'observation publiée, Vaugelas explique en effet comment « entendre sainement cette maxime, *qu'il faut escrire comme l'on parle* ». Voir aussi l'Introduction, 4.2.2.

du bon stile. Je ne parle que des phrases & non pas des mots, parce qu'il n'y a personne à mon avis, qui pretende composer un discours de paroles nouvelles & inconnuës, c'est à dire, faire une nouvelle langue qu'on n'entende point. Mais pour les phrases, leur opinion est tellement opposée à la verité, que non seulement en nostre langue, mais en toutes les langues du monde, on ne sçauroit bien parler ny bien escrire qu'avec les phrases usitées, & la diction qui a cours parmy les honnestes gens, & qui se trouve dans les bons Autheurs[2144]. Chaque langue a ses termes & sa diction, & qui, par exemple, parle Latin comme font plusieurs, avec des paroles Latines & des phrases Françoises ; ne (510) parle pas Latin, mais François, ou plustost ne parle ny François ny Latin. Cela est tellement vray que je m'estonne qu'il y ayt tant de gens infectez de l'erreur qui m'oblige à faire cette Remarque. Ce n'est pas que parmy les façons de parler establies & receuës, on ne puisse faire quelquefois des phrases nouvelles, comme nous avons dit ailleurs, mais il faut que ce soit rarement & avec toutes les precautions que j'ay marquées[2145]. Ce n'est pas non plus, que comme nostre langue s'embellit & se perfectionne tous les jours, on ne puisse employer quelques nouveaux ornemens, qui jusqu'icy estoient inconnus à nos meilleurs Escrivains, mais le corps des phrases & de la diction doit estre tousjours conservé, & l'essence & la beauté des langues ne consiste qu'en cela. Il est vray que l'on doit entendre sainement cette maxime, *qu'il faut escrire comme l'on parle* ; car comme il y a divers genres pour parler, il y a divers genres aussi pour escrire, & il faut que le genre d'escrire responde à celuy de parler, le genre bas au bas, le mediocre au mediocre, & le sublime au sublime, de sorte que si j'employois une phrase fort basse dans un haut stile, ou une phrase fort noble dans un stile bas, je me rendrois egalement ridicule ; Mais pour tous ces genres là, il y a des phrases en nostre langue qui (511) leur sont affectées ; & qu'on ne luy reproche point sa pauvreté ; car c'est bien souvent celle des mauvais harangueurs, ou des mauvais Escrivains, & non pas la sienne ; Elle a des magazins remplis de mots & de phrases de tout pris, mais ils ne sont pas ouverts à tout le monde, ou[2146] s'ils le sont, peu de gens sçavent choisir dans cette grande quantité ce qui leur est propre.

2144 Voir Préface IX.3.
2145 Voir *Rp.* 122-123.
2146 Dans l'original : où.

Autruy[2147]

Il y a des gens qui croyent que ce mot n'est pas bon, & qu'il est vieux, & à cause de cela ils disent tousjours *autres*, pour *autruy*. Mais ils se trompent extremement ; car au contraire c'est une faute, & ce n'est pas parler François que de dire *autres*, en beaucoup d'endroits, où il faut dire *autruy*. Par exemple, *il ne faut pas desirer le bien des autres*, est tres-mal dit, il faut dire *le bien d'autruy*. *Autres*, a relation aux personnes dont il a desja esté parlé, comme si je disois, *il ne faut pas ravir le bien des uns pour le donner aux autres*, je dirois bien, & de dire, *il ne faut pas ravir le bien des uns pour le donner à autruy*, ne seroit pas parler François ; parce que quand il y a relation de personnes, il faut dire *autres*, & quand il n'y a point de relation, il faut dire *autruy*. D'ailleurs *autre*, (512) s'applique aux personnes & aux choses, mais *autruy*, ne se dit que des personnes & tousjours avec les articles indefinis. Je sçay bien que quelques Grammairiens disent qu'*autruy*, se met quelquefois avec l'article definy[2148], & qu'alors il veut dire *le bien*, & non pas *la personne*, par exemple, *je ne veux rien de l'autruy*, pour dire *du bien d'autruy*, mais cette façon de parler est du vieux temps[2149], d'où M. de Malherbe l'a ramenée, disant[2150],

A qui rien de l'autruy ne plaist.

Aujourd'huy elle n'est plus en usage, que dans la lie du peuple, pourquoy ne dirons nous pas, *je ne veux rien d'autruy* ?

Arondelle, hirondelle, erondelle[2151]

On dit *arondelle*, *hirondelle*, & *erondelle*, mais *erondelle*, avec *e*, est le meilleur, & le plus usité des trois. C'est à mon avis, parce que nostre

---

2147 Dans le manuscrit deux remarques consécutives (f° 10r°) intitulées « *Autruy* » et « *Autres* » ont ensemble presque le même contenu que la remarque publiée sauf que Vaugelas y ajoute l'exemple pris de Malherbe.

2148 Cet usage est noté par Maupas (1618 : f° 90v°), mais Oudin (1640 : 142) avait déjà jugé qu'« on ne se sert plus de *l'autruy*, pour dire, *le bien d'autruy* ».

2149 On trouve chez Estienne (1549) et Nicot (1606), « *L'autruy*, Alienum, Res aliena ». Il y a 21 occurrences de *l'autruy* dans Frantext (1600-1647), mais la grande majorité des exemples (17) figurent dans des textes publiés avant 1630.

2150 Cette citation vient de l'*Ode à Monseigneur le duc de Bellegarde, Grand-Ecuyer de France* : « Quand le monstre infame d'Envie, / A qui rien de l'autruy ne plaist » (Malherbe 1631 : II, 102).

2151 Dans la courte remarque manuscrite (« *Arondelle* », f° 8r°), dont plus de la moitié est rayée, Vaugelas ne parle pas de la forme *erondelle* : « *Arondelle* et *Irondelle* sont tous deux bons, mais *Irondelle* est meilleur et comme plus usité et comme plus doux, ~~quoy qu[…] <pour l'ordinaire> […]~~. » La discussion sur la « douceur » de la prononciation est introduite dans le texte publié.

langue qui aime la douceur de la prononciation, change volontiers l'*a*[2152], en *e*[2153], n'y ayant point de doute que l'*a*, est une voyelle beaucoup moins douce que l'*e*. Nous en avons donné des exemples en divers endroits, qu'il n'est pas besoin de repeter icy[2154]. Mais quand nous dirons, qu'il n'en faut pas pourtant abuser, ny dire *merque*, pour *marque*, *merry* pour *marry*, ny *serge*, pour *sarge*, je ne (513) crois pas que ce soit une repetition inutile, veu le grand nombre de gens qu'il y a qui manquent en ces trois mots, & en quelques autres semblables[2155]. Apres *herondelle*, le meilleur est *hirondelle*, quoy que ce dernier ayt plusieurs partisans capables de l'authoriser, & mesme de le disputer à l'autre[2156].

Quelque usage de la negative ne

Nous avons fait une Remarque, où il se voit qu'avant *pas*, ou *point*, il est libre de mettre la negative *ne*, ou de ne la mettre pas, comme[2157] on peut dire *avez-vous point fait cela*, & *n'avez-vous point fait cela*. Mais voicy une addition à la Remarque, qui est importante, & qui merite elle mesme une Remarque[2158]. C'est que lors qu'on ne parle pas par interrogation, il faut tousjours mettre la negative *ne*, & ce seroit une faute de ne la mettre pas, par exemple, il faut dire *il veut sçavoir s'ils n'ont point*

2152 Dans l'original : *l'a.*

2153 Notons que Vaugelas se réfère à l'ancien usage du français plutôt qu'au latin. Si l'étymon latin de *serge* est *serica*, celui de *hirondelle* est *hirundo*, avec un [i].

2154 Voir l'Introduction, p. 124 (*cf.* Thurot 1881-1883 : I, 18-19).

2155 Voir *R*p. 250.

2156 La forme *erondelle* n'est pas attestée dans notre corpus de dictionnaires : Estienne (1549) n'offre que la forme *arondelle* et cette forme est toujours favorisée par Nicot (1606) et Cotgrave (1611), même s'ils incluent *hirondelle* comme alternative. À la fin du siècle, d'autre part, tous les lexicographes préfèrent *hirondelle*. Quant à l'usage, il infirme également la remarque de Vaugelas : *(h)erondelle* n'est pas attesté dans Frantext pour la période 1600-1647, et *arondelle* (16 ex.) est plus fréquent que *(h)irondelle* (10 ex.). Dans sa traduction des sermons de Fonsèque, Vaugelas avait lui-même employé *arrondelles* [*sic*] (1615 : 421).

2157 Dans l'original : çomme.

2158 Comme nous l'avons déjà remarqué dans notre commentaire sur « *N'ont ils pas fait*, & *ont-ils pas fait* » (*R*p. 210), Vaugelas inclut une seule observation dans le manuscrit qui traite à la fois de l'interrogation directe et de l'interrogation indirecte (« *Ne* negatiue », f° 65r°) : « *Ne* negatiue se doit tousiours mettre deuant le Verbe suiui de *Point*, si ~~c'est~~ ce n'est en interrogation. Exemple *le demande s'ilz ont point esté mariez* ne uaut rien, il faut dire *s'ilz n'ont point esté mariez*. Mais par interrogat[ion] *ont ilz point esté mariez* <non seulem[en]t> est bon, ~~et~~ mais plus elegant que *n'ont ilz point esté mariez.* » Notons que Vaugelas semble réserver le terme « interrogation » seulement à l'interrogation directe et n'y associe pas l'interrogation indirecte.

esté mariez, & non pas, *il veut sçavoir s'ils ont point esté mariez*[2159]. Au lieu qu'en interrogation, on peut dire tous les deux, *n'ont ils point esté mariez*, & *ont-ils point esté mariez ?*

Detteur

Il sembleroit que ce mot, dont s'est servy un de nos plus celebres Escrivains[2160], devroit (514) estre plus François que *debiteur*, parce qu'il s'esloigne plus du Latin, & s'approche plus du François *dette*, ou *debte*, d'où *detteur*, est formé. Mais il n'en est pas ainsi. *Detteur*, est un vieux mot, qui n'est plus guere en usage[2161]. Il faut dire & escrire *debiteur*. Nous avons ainsi beaucoup de mots en nostre langue, comme *donation*[2162], & plusieurs autres, dont il ne me souvient pas maintenant, qui d'une façon approchent beaucoup plus du Latin que de l'autre, & quoy que ceux qui tiennent moins du Latin semblent plus François, si est-ce que le plus souvent c'est tout le contraire, l'Usage le voulant ainsi[2163].

De la situation des gerondifs estant *&* ayant[2164]

2159 Dans l'original : *s'ils ont esté mariez* (*Fautes d'impression*). Dans la traduction de Fonsèque, on trouve pourtant des cas où Vaugelas omet le *ne* : « regardants de tous costez, si on leur avoit point dressé de pieges » (Vaugelas 1615 : 407). Sur cette question, voir Haase (1935 : 253) et Brunot (1905-1953 : III, 620).

2160 Dans le manuscrit (f° 67r°) : « Malh. p. 252 » ; le mot apparaît en fait à la page 253 (Malherbe 1631 : I, 253). L'auteur n'est pas identifié dans la Clef de Conrart.

2161 Ce commentaire ne figure pas dans le manuscrit. Les dictionnaires retracent le changement d'usage : Estienne (1549) et Nicot (1606) citent la forme *debteur* (même si l'on trouve également des exemples de *debiteur* dans leurs textes), Cotgrave (1611) inclut les deux formes, mais les trois grands dictionnaires de la fin du siècle n'acceptent que *debiteur*. On trouve toujours quelques exemples de *debteur* dans Frantext pour la période 1600-1647, mais 5 des 7 occurrences sont attestées dans les satires de Du Lorens (1624, 1646).

2162 Cet exemple n'est pas inclus dans l'observation manuscrite. La forme *donaison* est toujours citée par Cotgrave (1611), mais elle n'est pas attestée dans Frantext (1600-1647 *vs* 47 ex. de *donation*).

2163 Sur la « relatinisation » du lexique français, voir par exemple Gougenheim (1970).

2164 Il y a deux remarques manuscrites qui traitent de cette question. La première, « Gerondif » (f° 42v°), correspond dans les grandes lignes au commencement de l'observation finale : « *Gerondif* doit estre mis apres le <nom> substantif. Exemple. *Estant le bienfait de cette nature* dit Mal. B. p. 4 au lieu de dire *le bienfait estant de cette nature*. Il fait ordinairem[en]t cette faute, et l'affecte. » La deuxième, « Transposition » (f° 90v°), offre trois exemples supplémentaires de la construction fautive pris de Malherbe : « par exemple M de Malh. dit tousiours *estants les Etoliens d'une humeur inquiete* p.459 <faut dire *les etoliens estant* et p.504 qu'estant u[ot]re compagnie et la

Il faut que les gerondifs *estant*, & *ayant*, soient tousjours placez apres le nom substantif qui les regit, & non pas devant, comme fait d'ordinaire un de nos plus celebres Escrivains[2165]. Par exemple, il a escrit *estant le bien-fait de cette nature*, au lieu de dire, *le bien-fait estant de cette nature.* J'ay marqué les gerondifs *estant*, & *ayant*, parce que c'est en cela[2166] principalement que cet Autheur renommé commet cette faute, qui pourroit estre un piege à ceux qui se proposent de l'imiter & qui se forment en tout **(515)** sur ce modelle, s'ils n'estoient avertis par cette Remarque, que cette façon de parler est ancienne, & qu'elle n'est plus en usage que chez les Notaires[2167]. Il en est de mesme du gerondif *ayant*, comme *ayant ce bon homme fait tout son possible*, au lieu de dire *ce bon homme ayant fait tout son possible.* Je ne crois pas qu'aux autres verbes cette faute se puisse commettre[2168].

Long pour *longue*[2169]

La commune opinion est, qu'il faut dire *tirer de longue*, & *aller de longue*, pour dire *avancer*, *gaigner pays*, *faire du chemin*, & non pas *tirer de long*, ny *aller de long*[2170], comme l'a escrit un de nos plus celebres

sienne et p.244.> ». À la page 244 on trouve l'exemple suivant : *puis qu'il voyoit que pour la multitude des affaires il ne pouvoit avoir la mémoire nette, & que l'ayant la grandeur de sa fortune occupée à ranger des armées, il n'estoit pas possible qu'il se pûst souvenir de chaque soldat en particulier* (Malherbe 1631 : I, 244). Voir aussi *R*p. 342, « Verbe substantif mal placé ».

2165 La Clef de Conrart identifie correctement cet auteur comme Malherbe.

2166 Dans l'original : celà.

2167 Les exemples de cet usage dans Frantext (1600-1647) se trouvent surtout dans des textes publiés au début du siècle, par ex. : *Car (disoit-il) estant les clercs et laics si unis, il n'y avoit apparence (quand bien il l'eut voulu) de leur faire mal* (Fauchet 1602).

2168 Marzys (2009 : 821) cite pourtant un exemple de Coeffeteau avec le verbe *se trouver* : *Se trouvant un grand nombre de gens de guerre en un mesme Cartier […].*

2169 La remarque manuscrite est plus courte (f° 59r°) : « *Long* pour *longue* ne uaut rien. Il faut dire *aller de longue*, *tirer de longue*, et non *Tirer de long*, ni *aller de long* comme dit M de Malh p.197 Cette façon de parler est moderne, et ie ne pense pas qu'Amyot en ayt iamais usé. »

2170 *Aller de long* ne figure dans aucun dictionnaire de notre corpus ; Richelet (1680) note l'usage d'*aller de longue*, s'appuyant sur Vaugelas. En revanche, *tirer de long* est inclus par Furetière (1690) (avec le sens de « s'enfuir ») ainsi que par l'Académie (1694) qui lui attribue deux sens, « durer long-temps » et « s'en aller, s'en fuir ». Cet usage semble donc se distinguer de celui de *tirer de longue* que l'Académie (1694) glose comme « s'en aller bien loin ». Dans son observation sur la remarque, l'Académie (1704 : 539) ne donne que la signification « durer long-temps » pour *tirer de long.*

Autheurs[2171], & d'autres apres luy[2172]. Je ne pense pas qu'Amyot ayt jamais usé de cette façon de parler. Elle est fort basse, & je ne voudrois pas m'en servir en escrivant. *Tirer en longueur*, *aller en longueur*, sont des choses toutes differentes, de *tirer de longue*, & *aller de longue*[2173] ; car *tirer*, ou *aller en longueur*, veut dire qu'il se passera beaucoup de temps, avant que l'on voye la fin de la chose, qui tire en longueur, au lieu que *tirer*, ou *aller de longue*, marque un progres fort pront, par le moyen duquel on parvient bien tost au but que l'on se propose.

(516)

S'il faut dire landy, *ou* landit

Il faut escrire *landit*, avec un *t*, à la fin, quoy qu'il ne se prononce pas, ce qui a esté cause que plusieurs ont creu qu'il falloit escrire *landy*[2174]. C'est ce que le disciple paye tous les ans à son Precepteur en reconnoissance de la peine, qu'il a prise à l'enseigner, & vient de ces deux mots Latins *annus dictus*, ou comme d'autres croyent d'*indictum*, d'où il s'ensuit qu'il faut escrire *landit*, avec un *t*[2175]. Car c'est ordinairement au bout de l'an, c'est à dire de l'an scholastique, que ce present se fait au Precepteur. M. de Malherbe a escrit *landit*, avec un *t*, dans sa traduction des bienfaits de Seneque ; Voicy le passage, *vous me direz, qu'à ce conte là vous ne devez rien ny à vostre Medecin, qui a eu sa piece d'argent, quand il vous est venu voir, ny à vostre Precepteur à qui vous avez payé son landit*[2176]. Et pour ce

2171 On trouve chez Malherbe (à la page 196 et non à la page 197 comme l'indique le manuscrit) : *Mais puis que vous le voulez, allons de long, & aprés la matiere principale dépeschons ce qui en approche, bien qu'il n'y soit pas attaché* (Malherbe 1631 : I, 196).

2172 Il n'y a aucun exemple de *tirer de long* dans les textes de Frantext pour la période 1600-1647.

2173 *Cf.* Nicot (1606) : « *Tirer en longueur un affaire*, Rem trahere, Liv. lib. 22. » Dans notre corpus de dictionnaires, l'expression *aller en longueur* ne figure que chez Richelet (1680), qui cite à nouveau Vaugelas. Quant à l'usage dans les textes de Frantext (1600-1647), *tirer en longueur* est employé par plusieurs écrivains, y compris par Coeffeteau, Camus et Corneille, tandis que l'expression *aller en longueur* n'est attestée que chez Urfé.

2174 Il semble que la variation entre *landi* et *landit* continua tout au long du siècle. Si Thomas Corneille (1694) préfère *landi*, tout en notant que quelques-uns écrivent *landit*, dans son observation sur cette remarque l'Académie (1704 : 541) observe « qu'on doit escrire *Landit* avec un *t*, et non pas *Landi* sans *t* », mais qu'« elle a preferé l'étimologie d'*Indictum* à celle d'*annus dictus* ». Cette étymologie est également proposée par Ménage (1694) qui favorise, quant à lui, la forme *landi* (Blum 2007).

2175 Du Lorens l'emploie de cette façon dans ses *Premières Satires* (1624) : *encores qu'il n'ait onc payé, comme l'on dit, dans l'université chandelles ny landit* (cité d'après Frantext).

2176 Manuscrit (f° 59r°) : « Malh. p. 267 ».

qui est de l'*l*, par laquelle ce mot commence, qui semble destruire cette veritable etymologie, il faut sçavoir qu'il est arrivé à ce mot la mesme chose, qu'à plusieurs autres, dont nous donnerons icy des exemples, qui est que l'*l*, au commencement estoit l'article du mot, la voyelle qui la suit se mangeant par la rencontre de l'autre voyelle, qui commence le mot, & l'on escrivoit ainsi *l'an dit*, en trois (517) mots separez, dont l'article est conté pour un ; Mais depuis par corruption il est arrivé, que l'article s'est joint & comme incorporé avec *an*, de sorte que ne faisant plus qu'un mot, il a fallu luy donner un nouvel article, & dire *le landit*. Si nous n'en donnions des exemples, comme nous l'avons promis, il sembleroit que cette etymologie seroit bien tirée par les cheveux ; il est certain qu'*hedera*, cette feüille tousjours verte s'est long-temps appellée en François *hierre*, il ne faut que lire les vieux Autheurs pour en estre asseuré, & mesmes *l'Abbaye d'Hierre*, s'appelle en Latin *hedera*[2177] ; On a donc esté long-temps, que l'on disoit *l'hierre*, pour *la hierre*, à cause que l'*e*, & l'*a*, de l'article masculin & du feminin se mangent, comme chacun sçait, devant la voyelle du mot suivant ; mais depuis on en a fait un seul mot *lierre*, & alors il a fallu luy donner un nouvel article, & dire *le lierre*[2178]. Tous nos meilleurs etymologistes croyent aussi que *loisir*, s'est formé de la mesme façon[2179], & qu'anciennement d'*otium*, on avoit dit *oisir*, en François, & que l'*l*, qui va devant *oisir*, en disant *loisir*, n'estoit que l'article, mais depuis s'estant tout à fait incorporé avec le mot, il luy a fallu encore un article nouveau, avec lequel on dit *le loisir*. Je sçay qu'il y en a d'autres exemples indubitables en nostre langue, qui ne se presentent (518) pas à point nommé, quand on en a besoin mais je suis asseuré qu'il y en a. Et cela est si familier à la langue Espagnole, que ce n'est pas une merveille si la nostre en fait autant ; car en tous les mots que les Espagnols ont pris de l'Arabe, qui commencent par *al*, comme *alcova*, *alguazil*, *almohada*, *alcalde*, *alcayde*, & une infinité d'autres, quoy que cet *al*, soit l'article Arabe, on n'a pas laissé d'y adjouster l'article Espagnol & de dire *el alcova*, *el alguazil*, *el almohada*, *&c.*

2177 Le mot *hierre/lierre* n'est pas évoqué dans la remarque manuscrite (f° 59r°).

2178 La variante *hierre* est toujours citée par Nicot (1606) et Cotgrave (1611), mais elle n'est pas attestée dans Frantext pour la période 1600-1647.

2179 On trouve pourtant chez Ménage (1650) : « LOISIR De *licere. Licere, licire*, […] Ce verbe s'est substantifié. Ainsi on dit *un bon manger, un blanc manger, le parler, le boire, le manger*, etc. » (Blum 2007).

Conjurateur, pour *conjuré*

Conjurateur, pour un homme qui est autheur ou complice d'une conjuration, n'est pas François, il faut dire *conjuré*[2180]. Ce qui a trompé ceux qui ont dit les premiers *conjurateur*, c'est que la terminaison en estant active, & celle de *conjuré*, passive, ils ont creu que le nom verbal[2181], qui avoit la terminaison active devoit estre employé pour exprimer une action, & non pas celuy, qui à la terminaison passive comme *conjuré*. Mais outre que l'Usage le voulant ainsi, il n'y a plus de replique, cet Usage est encore fondé sur ce que *conjuré*, vient du Latin *conjuratus*, qui signifie la mesme chose, & que les Latins nomment ainsi, & non pas *conjurans*, ny *conjurator*[2182]. D'ailleurs (519) il n'est pas fort extraordinaire en nostre langue, qu'il y ayt des noms avec la terminaison passive, qui neantmoins signifient une action, comme *affectionné*, *passionné*, & une grande quantité d'autres[2183], non plus qu'il n'est pas nouveau, qu'il y ayt des noms avec la terminaison active, qui neantmoins ont une signification passive, comme *chemin passant*, &c.

Cela dit[2184]

Cette phrase ne vaut rien, quoy que plusieurs l'escrivent, & particulierement la plus-part de ceux qui font des Romans[2185]. Elle ne se

2180 Parmi les lexicographes, Estienne (1549), Nicot (1606) et Cotgrave (1611) donnent *conjurateur* pour le substantif, tandis que Richelet (1680) adopte le jugement de Vaugelas, et Furetière (1690) cite les deux formes. Dans son dictionnaire l'Académie (1694) accepte aussi les deux formes, tout en notant que *conjurez* n'a d'usage qu'au pluriel ; en 1704, cependant, elle se déclare plutôt de l'avis de Vaugelas (1704 : 542). Dans Frantext (1600-1647), *conjurateur* se trouve seulement chez Coeffeteau et dans les textes de Charron et Fauchet publiés durant la première décennie du siècle. *Conjuré* est de loin la forme préférée, mais elle n'est attestée qu'au pluriel à cette période (*conjurez*).

2181 Dans le manuscrit (f° 14r°) : « car c'est ainsi qu'on appelle ces noms là, parce qu'ilz deriuent des Verbes ».

2182 Dans le manuscrit : « à cause de la ceremonie ~~et de la[...]~~ du serment solennel que les *coniurez* faisoient entre eux quand ilz ~~[...]~~ lioient la partie ensemble, et s'entre-promettoient une mutelle fidelité et assistance à executer ce qu'ils auoient entrepris ».

2183 Dans le manuscrit Vaugelas propose plutôt l'exemple de *curé* : « qui sans doute est dit ainsi du latin parce que *curat animus*, c'est à dire qu'il a *cure* ~~et~~ <ou> soing des ames ».

2184 La courte remarque manuscrite sur cette question est en fait intitulée « *Cela fait* » (f° 13v°), et Vaugelas commence par noter que « *Cela fait* est fort bon. On le dit et on l'escrit. » Il poursuit avec la critique de *cela dit* qui est presque identique à celle de la version publiée.

2185 *Cela dit* n'est pas traité par les grammairiens de notre corpus avant Vaugelas. Il y a une douzaine d'exemples de cet usage dans Frantext (1600-1647) dont le dernier date de 1628.

peut pas escrire, parce qu'elle ne se dit jamais, on dit ordinairement *ayant dit cela*, & c'est ainsi qu'il faut escrire. Ce qui les a trompez, c'est que l'on escrit fort bien *cela fait* ; qui est bien meilleur & plus elegant que de dire *cela estant fait*, mais ils ne considerent pas, que si on l'escrit, on le dit aussi, & qu'à cause qu'on ne dit point *cela dit*, il ne faut point aussi l'escrire.

Pronoms possessifs

Il faut repeter le pronom possessif, comme on repete l'article, par exemple on dit *le pere & la mere*, & non pas *les pere & mere* ; Ainsi il faut dire *son pere & sa mere*, & non (520) pas *ses pere & mere*, comme dit la plus-part du monde, qui est une des plus mauvaises façons de parler, qu'il y ayt en toute nostre langue[2186]. Par tout ailleurs il en faut user aussi comme de l'article, par exemple, quand il y a des adjectifs avec des particules comme *plus*, *moins*, *si*, & autres semblables, il faut repeter le pronom possessif aux mesmes endroits où l'on repeteroit l'article, & non pas aux autres. On dit *les plus beaux & les plus magnifiques habits*, & l'on dit encore, *les plus beaux & plus magnifiques habits*, sans repeter l'article au second adjectif[2187], selon la reigle des synonymes & des approchans dont nous avons souvent parlé[2188]. Ainsi l'on dit *ses plus beaux & ses plus magnifiques habits*, & l'on dit encore, *ses plus beaux & plus magnifiques habits*, selon la mesme reigle[2189]. Mais on diroit mal, *il luy a fait voir les*

2186 Dans le manuscrit (f° 73r°) : « comme l'on dit communement qui est neantmoins une façon de parler la plus rude, et la plus barbare, dont ~~l'~~on sçauroit gueres [*sic*] user en nostre langue ». Parmi les 11 exemples de *ses pere et mere* dans Frantext (1600-1647), trois proviennent de l'*Astrée* d'Urfé, mais cet usage est également attesté, par exemple, dans la correspondance de Pasquier et de Peiresc.

2187 Dans le manuscrit : « I'ay remarqué aux Articles que quand il y a deux Adiectifs auec la particule *plus* et que les deux Adiectifs sont synonimes ou approchants, encor qu'il soit mieux de ne repeter pas l'article, par exemple *I'ay pris les plus beaux et plus magnifiques habits que ~~i'eusse~~ <i'aye>*, si est ce que ce n'est pas une faute de le repeter comme fait presque tousiours M. Coeff. ».

2188 Voir l'Introduction, p. 145-147.

2189 Dans le manuscrit, en revanche, Vaugelas n'accepte pas la répétition du possessif quand les adjectifs sont « synonimes ou approchants » : « Mais aux Pronoms possessifs il n'en est pas ainsi car ce seroit une faute si i'escriuois *I'ay pris mes plus beaux et mes plus magnifiques habits.* Il ne faut pas repeter *mes*, mais il faut bien repeter *plus*, et ce seroit une faute de dire *I'ay pris mes plus beaux et magnifiques habits.* Que si les deux Epithetes sont diuers, ~~alors~~ <ou> contraires, alors il faut repeter le Pronom sur peine de faire une faute par exemple *I'ay pris mes plus beaux, et mes plus uilains habits.* » L'usage critiqué par Vaugelas

plus beaux & plus vilains habits du monde, par la reigle contraire à celle des synonimes & des approchans, qui veut que l'on repete l'article, & que l'on die *il luy a fait voir les plus beaux & les plus vilains habits du monde.* C'est pourquoy il faut dire aussi *il luy a fait voir ses plus beaux & ses plus vilains habits*, en repetant deux fois *ses*, & non pas *ses plus beaux & plus vilains habits.* Ce que j'ay dit du pronom possessif de la troisiéme personne, s'entend de mesme du possessif de la premiere & de la seconde personne au singulier & au pluriel.

(521)

Jusques à aujourd'huy[2190]

J'ay veu disputer à des gens qui parlent fort bien, s'il faut dire *jusques à aujourd'huy*, ou *jusques aujourd'huy*. Ceux qui croyent qu'il faut dire *jusques à aujourd'huy*, alleguent pour leur raison[2191], que la preposition *jusques*, soit qu'elle designe le temps ou le lieu ; car elle sert à l'un & à l'autre, regit d'ordinaire l'article du datif, soit singulier ou pluriel, comme *jusques à l'année prochaine*, *jusques aux longs jours*, *jusques à Rome*, *jusques aux enfers*, excepté en ces deux phrases seulement *jusques icy*, ou *jusqu'icy*, & *jusques là*, qui se disent toutes deux & pour le temps & pour le lieu, sans que *jusques*, soit suivy du datif, ou de la preposition *à* ; car ceux qui disent *jusques à icy*, & *jusques à là*, comme je l'ay souvent oüy dire, parlent barbarement. Cela presupposé ils inferent qu'il faut dire *jusques à aujourd'huy*, comme l'on dit, *jusques à demain*, *jusques à hier*, *jusques à ce jour.*

Mais ceux qui sont de l'opinion contraire les combattent avec la mesme raison, & de leurs propres armes, disant, qu'à cause que *jusques*, doit estre suivy du datif, ou de la preposition *à*, il faut dire, *jusques aujourd'huy*, parce qu'*aujourd'huy*, est un mot qui commence (522) par l'article masculin du datif *au*, & ainsi selon la propre Reigle des adversaires il faut dire *jusques aujourd'huy*, & non pas *jusques à aujourd'huy.*

---

est attesté, par exemple, chez Garasse : *le rossignol desgoise ses plus beaux et merveilleux fredons* (1623, cité d'après Frantext).

2190 Dans l'original : *aujourd'uy.* Cette longue remarque ne figure pas dans le manuscrit. Il semble que Vaugelas soit le premier dans notre corpus de grammaires à traiter de cette question ; dans son dictionnaire de 1606, Nicot donne la forme *jusques aujourd'huy.*

2191 Comme il s'agit apparemment d'un cas d'« usage douteux » Vaugelas propose des arguments pour soutenir chaque variante. Il semble pourtant que l'usage, du moins tel qu'il est attesté dans Frantext (1600-1647), favorise la forme *jusques aujourd'huy* (6 ex.), car la variante avec *à* n'y figure pas.

A cela ils repartent, qu'il est vray, qu'*aujourd'huy*, est un mot, qui commence par l'article masculin du datif, mais que ce mot ne doit pas estre consideré selon son etymologie, ou sa composition, piece à piece, & separé en ces quatre mots *au jour de*, ou *d'huy*, mais comme un adverbe qui ne fait plus qu'un mot en François, comme *hodie*, qui signifie *aujourd'huy*, ne fait qu'un mot en Latin, quoy qu'il soit composé de deux, & comme *demain*, & *hier*, ne font aussi qu'un mot en François ; de sorte que de la mesme façon que l'on dit *jusques à demain*, *jusques à hier*, on doit dire aussi *jusques à aujourd'huy*, puis que *demain*, *hier*, & *aujourd'huy*, sont trois adverbes de temps, dont il se faut servir tout de mesme sans mettre autre difference entre eux, que celle de leur signification.

Neantmoins on replique, qu'encore qu'il soit vray, qu'*aujourd'huy*, ne fait plus qu'un mot, qui est adverbe, si est-ce que se rencontrant qu'il commence par l'article du datif, qui est celuy que la preposition *jusques*, demande, on se sert de cette rencontre, & on la mesnage si bien qu'on se passe de la preposition (523) *à*, & l'on se contente de dire *jusques aujourd'huy*, sans dire *jusques à aujourd'huy*, comme si *aujourd'huy*, n'estoit pas adverbe, & un seul mot, mais quatre mots separez, comme nous avons dit, *au jour d' huy*, & comme on diroit, *jusques au jour d'hier*. Outre qu'on evite la cacophonie des deux voyelles. Ce qui confirme cela, c'est une autre façon de parler toute semblable, qui est *jusques à cette heure* ; car ceux qui disent *jusques à à cette heure*, comme il y a en plusieurs[2192], qui parlent ainsi au lieu de dire *jusques à cette heure*, disent si mal, que les partisans mesme de *jusques à aujourd'huy*, les condamnent. Et neantmoins il n'y a pas plus de raison d'un costé que d'autre, parce qu'*à cette heure*, est adverbe aussi bien qu'*aujourd'huy*, & il ne faut pas alleguer, que la cacophonie des deux *a*, sonans de mesme, en *jusques à à cette heure*, en est la cause, & qu'en *jusques à aujourd'huy*, le second *a*, joint à l'*u*, fait une diphthongue, qui varie le son du premier *a*, & qui se prononce comme un *o* ; car nostre langue n'a point d'esgard, comme nous avons dit plusieurs fois[2193], à ces cacophonies, quand l'Usage les authorise, puis que nous disons, *il commença à dire*, & qu'il le faut dire ainsi pour bien parler François, & non pas *il commença de dire*, & ce qui est bien plus encore, puis qu'il faut dire *il commença à avoüer*, non-obstant (524) la cacophonie

2192 Il s'agit peut-être d'une variante orale. Quoi qu'il en soit, elle n'est pas attestée dans Frantext pour la période 1600-1647.

2193 Voir l'Introduction, p. 132-133.

des trois, *a*, plustost qu'*il commença d'avoüer*[2194]. Enfin ceux qui sont pour *jusques à aujourd'hui*, ont encore trouvé une subtilité, qui est de dire que *jusques*, est une preposition qui regit le datif, & qu'en ce mot *aujourd'huy*, l'article *au*, n'y est point au datif, mais à l'ablatif tout de mesme qu'en l'adverbe Latin *hodie*, qui est encore un mot composé de deux mots, on voit que ces deux mots sont à l'ablatif. A cela les autres respondent qu'il est tres-vray que cet article defini *au*, en *aujourd'huy*, est ablatif, comme l'article indefiny *à*, en *à cette heure*, est ablatif aussi ; Mais que l'article de l'ablatif & celuy du datif estant souvent semblables, comme ils[2195] le sont en ces deux exemples *aujourd'huy*, & *à cette heure*, on se prevaut de la commodité, puis qu'ils se rencontrent tout propres pour estre ajustez sans aucun changement avec *jusques*, qui demande un datif.

Il y a pourtant certains endroits où non seulement on peut dire *à aujourd'huy*, mais il le faut dire necessairement, comme *on m'a assigné à aujourd'huy*[2196], & non pas *on m'a assigné aujourd'huy* ; car ce dernier seroit equivoque, ou pour mieux dire, il ne signifieroit pas que *l'on m'a assigné à aujourd'huy*, mais que *c'est aujourd'huy qu'on m'a assigné.* De mesme, *on a remis cette affaire aujourd'huy*, ne seroit pas bien dit pour (525) dire *on a remis cette affaire à aujourd'huy.* Il y auroit dans l'intelligence de ces paroles *on a remis cette affaire aujourd'huy*, le mesme vice, & le mesme inconvenient qu'en celles-cy, *on m'a assigné aujourd'huy.*

Bien, *au commencement de la periode*

L'adverbe *bien*, au commencement de la periode, sent son ancienne façon d'escrire, qui aujourd'huy n'est plus gueres en usage[2197]. Par exemple, un de nos fameux Autheurs a escrit *bien est-il mal aisé*, *bien crois-je*, & plusieurs autres semblables[2198]. On le dit encore quelquefois en parlant, mais il semble que ce n'est pour l'ordinaire qu'en raillerie, &

2194 Voir *R*p. 424-426.

2195 Dans l'original : il.

2196 Dans l'original : *aujourd huy.*

2197 Cette construction est attestée dans les années 1630 dans Frantext, par exemple chez Bailly (*Bien est-il vray qu'elle ne sçauroit voir actuellement sans l'œil*, 1634) et notamment dans les lettres de Peiresc (*Bien ay-je vue dans les autheurs grecs une mesure du triple [...]*, 1637). Pour d'autres exemples, voir N. Fournier (1998 : 37) et Brunot (1905-1953 : III, 667-668).

2198 Dans le manuscrit (f° 30v°) : « comme dit Malh. p 619 et 626 ». Vaugelas cite un autre exemple de Malherbe dans le manuscrit, « p. 531 *Bien uous diray-ie que* » ; le texte se lit, *Bien vous diray-je que l'on va icy entamer des affaires [...].*

qu'on ne l'escrit que rarement[2199]. J'entens en prose ; car en vers M. de Malherbe en a souvent usé, & je trouve qu'il a aussi bonne grace en vers, qu'il l'a mauvaise en prose, pourveu qu'il soit bien placé, comme cet excellent ouvrier avoit accoustumé de s'en servir[2200]. Que si en prose, j'avois jamais à le mettre, ce seroit sans doute en cette phrase *bien est-il vray*, qui a beaucoup plus de force & de grace, que de dire, *il est bien vray*. Un de nos Maistres a escrit depuis peu[2201], *bien sçay-je*[2202].

(526)

Gracieux

Ce mot ne me semble point bon quelque signification qu'on luy donne ; la plus commune & la meilleure est de signifier *doux, courtois, civil*, & de fait, quand on dit *gracieux*, on le met d'ordinaire apres *doux*, *doux & gracieux*, *courtois & gracieux*, & en cette compagnie il passe plus aisement[2203]. Un de nos plus celebres Escrivains a dit, *ils luy avoient apporté des responses les plus gracieuses du monde*, pour dire *les plus honnestes, les plus civiles*[2204]. Je

---

2199 Le commentaire sur l'usage à l'oral est ajouté dans le texte publié. Dans le manuscrit Vaugelas note plutôt : « Il peut passer en une lettre, mais en un stile serieux, ie n'en uoudrais pas user. » Cette association avec la correspondance est confirmée par les exemples dans Frantext (voir note 2197 ci-dessus).

2200 *Cf.* Malherbe (1631 : II, 55) : *Bien est-elle un soleil ; & ses yeux adorables, / Déjà veus de tout l'orizon […].*

2201 Clef de Conrart : « M. De Gombaud ». Dans l'*Endimion de Gombauld* (Paris, Nicolas Buon, 1624), on lit : *Et je ne sçay pas si les charmes des Magiciennes peuvent tirer la Lune du Ciel ; mais bien sçay-je que ceux de Diophanie en tirent le Soleil* (p. 24).

2202 Ces deux dernières phrases ne figurent pas dans le manuscrit.

2203 Dans le manuscrit (f° 42v°) : « Ne me semble point un bon mot françois, ~~quelque sens qu'on luy ueuille donner~~ <si ~~n'est bon~~ ce n'est ~~que~~ pour signifier doux et courtois>. Il y en a qui s'en seruent pour dire qu'une personne a ~~[…]~~ bonne grace de dire ou faire quelque chose. *Il est gratieux* disent ilz quand il fait un tel conte. Mais sans doute cela ne uaut rien. » En 1611, Cotgrave avait proposé comme équivalents anglais de ce mot : « *Gracious, courteous, affable, respective, debonaire ; gentle, benigne, favourable ; full of humanitie ; also, in good grace, or in great favour, with* ».

2204 L'auteur de cette citation n'est pas identifié dans la Clef de Conrart. Dans le manuscrit, Vaugelas cite un exemple de Malherbe : « M. de Malh. s'en sert en un autre sens disant p 416 *Ilz luy auoient apporté des responses les plus gratieuses du monde*, pour dire *Honestes*, qui eust esté bien meilleur à mon aduis. » Comme c'est souvent le cas, la citation est légèrement modifiée : la version imprimée dans les *Œuvres* de Malherbe (1631) se lit : *Que ses Ambassadeurs ne faisoient que revenir de Rome, d'où ils luy avoient apporté des declarations du Senat les plus honorables, & des responses les plus gracieuses qu'il eust sceu desirer.*

ne voudrois pas m'en servir[2205]. Il y a de certaines Provinces, où l'on s'en sert pour dire qu'une personne à bonne grace à faire quelque chose. *Il est gracieux*, disent-ils, *quand il fait ce conte là*. Mais il ne vaut rien du tout, & ce n'est point parler François[2206]. On dit bien *mal-gracieux*, comme *vous estes bien mal-gracieux*, qui est opposé au premier & au vray sens de *gracieux*, & qui veut dire *rude*, mais il est bas, & je ne le voudrois pas escrire dans le stile noble[2207].

Par sus tout[2208]

Cette façon de parler est vieille, & n'est plus aujourd'huy en usage parmy les bons Escrivains[2209]. Neantmoins un des plus celebres (527) a escrit *par sus tout j'admire*[2210]. Et c'est ce qui est cause que j'en fais une Remarque, de peur qu'on ne l'imite en cela, comme il est à imiter en d'autres choses. *Sus*, comme nous avons dit en son lieu[2211], n'est jamais preposition, mais adverbe, la preposition c'est *sur*, avec l'*r*, à la fin[2212], & *dessus* encore, quand il y a *par*, devant, comme *par dessus la teste*, *par dessus le ventre*, mais *par sus*, ne se dit point ; ny par consequent *par sus tout*. Il faut dire *par dessus tout j'admire*, ou plustost encore, *par dessus tout cela j'admire*.

Absynthe, poison[2213]

2205 Marazza (1989 : 37) note qu'il y a des exemples de *gracieux* chez Mme de Sévigné (*l'air tout gracieux*), Rotrou (*qu'il est gracieux*), et La Fontaine (*propos flatteurs et gracieux*). Les occurrences sont nombreuses (171 ex.) dans Frantext pour la période 1600-1647, et cet adjectif est attesté chez Coeffeteau, Corneille et Boisrobert.

2206 Ce commentaire sur la variation régionale ne figure pas dans le manuscrit.

2207 Dans le manuscrit, Vaugelas note simplement qu'il ne voudrait pas écrire *mal-gracieux*, sans faire de commentaire sur le niveau de style auquel il est associé. Richelet (1680) répète le jugement de Vaugelas, mais Furetière (1690) et l'Académie (1694) l'incluent sans réserve.

2208 La remarque manuscrite est plus courte (f° 69v°) : « *Parsus tout* : *Parsus tout* ne uaut rien pour *surtout*. *Mais parsus tout admire* dit un celebre Escriuain. Ie le remarque affin qu'on ne l'imite pas en cela. Il faut dire *mais surtout admire*, ou *mais par dessus tout cela admire*. » Cette expression n'est traitée ni par les grammairiens ni par les lexicographes de notre corpus avant Vaugelas.

2209 Ce jugement est confirmé par l'usage dans les textes de Frantext. Pour la période 1600-1647, il n'y a que 4 exemples qui proviennent tous de Serres dans son *Théâtre d'agriculture et mesnage des champs* publié en 1603.

2210 L'identité de cet auteur n'est fournie ni dans le manuscrit ni dans la Clef de Conrart. Il semble que Vaugelas songe à cette citation de Malherbe (1631 : I, 64) : *Mais parsus tout admire cet esprit vrayment admirable, qui se trouve au bout du monde plustost qu'il n'a fait dessein de partir pour y aller.*

2211 Voir *R*p. 124-126 et la note 484 (MS f° 85r°).

2212 Sur la non-prononciation du *r* final de *sur*, voir Thurot (1881-1883 : II, 176-177).

2213 Les deux mots sont traités séparément dans le manuscrit. Dans le cas d'*absynthe* (f° 35r°), Vaugelas note que Malherbe « le fait hermaphrodite », sans exprimer une préférence

M de Malherbe dans ses vers fait *absynthe* tantost masculin[2214], & tantost feminin. Il dit en un lieu *tout le fiel & tout l'absynthe*[2215], & en un autre *adoucit toutes nos absynthes*[2216]. Pour moy, je l'aimerois mieux faire masculin, que feminin, non-obstant l'inclination de nostre langue, qui va à ce dernier genre plustost qu'à l'autre, & je ne vois presque personne, qui ne soit de cet avis[2217]. *Poison*, est tousjours masculin[2218], quoy que M. de Malherbe l'ayt fait quelquefois feminin[2219], & que d'ordinaire les Parisiens le facent de ce genre, & dient *de la poison*. J'oubliois de dire, qu'*absynthes*, au pluriel n'est pas bon[2220].

(528)

Certaine Reigle pour une plus grande netteté, ou douceur de stile[2221]

Je dis qu'un substantif, qui suivant un autre substantif est au genitif, s'il a un epithete apres luy, & qu'en suite il y ayt encore dans le mesme regime un autre substantif au genitif accompagné aussi d'un autre epithete, ces deux substantifs doivent estre situez d'une mesme façon, c'est à dire

---

pour l'usage au masculin. Il y a deux versions de l'observation sur *poison*, l'une (f° 72r°) est rayée et ne fait pas référence à Malherbe, et la deuxième (f° 71v°) est proche de la version publiée. La dernière phrase de l'observation publiée ne figure pas dans le manuscrit.

2214 Dans l'original : le fait tantost masculin (*Fautes d'impression*).

2215 Dans le manuscrit (f° 35r°) : « p.170 ». L'exemple vient d'une de ses chansons (Malherbe 1631 : II, 170) : *Je connois bien que dans ce labyrinthe / Le ciel injuste m'a reservé / Tout le fiel, & tout l'absinte / Dont un amour fut jamais abreuvé.*

2216 Malherbe (1631 : II, 91) : *Quand tu la vois si dignement / Adoucir toutes nos absyntes.*

2217 Si Cotgrave le considère comme masculin, Furetière (1690) maintient les deux genres, tandis que l'Académie (1704 : 550) estime que le mot « dans l'usage du monde le plus ordinaire est feminin. La pluspart de ceux qui traitent de la Botanique le font masculin. » Dans presque tous les exemples de l'usage de ce mot dans Frantext il est impossible d'en déterminer le genre – ce qui est sans doute à l'origine de l'incertitude – mais Urfé l'emploie au masculin, tandis que Camus s'en sert au féminin.

2218 Tous les lexicographes s'accordent à considérer ce mot comme masculin. Nous trouvons quelques exemples de son usage au féminin dans les années 1620 dans Frantext, chez Bertaut, Sorel et Camus.

2219 Dans le manuscrit (f° 71v°) : « Malh. p. 222 ». L'exemple se lit : *comme est empoisonneur celuy qui baille à boire une liqueur innocente, s'il pense bailler une poison* (Malherbe 1631 : I, 222).

2220 Voir l'exemple de Malherbe cité dans la note 2216 ci-dessus.

2221 La remarque manuscrite est intitulée « *Raffinement* en la pureté, et en la douceur du stile » (f° 77v°). Le texte est presque identique à la version publiée à l'exception que Vaugelas y cite un exemple différent (« I'expose cet Ouurage à la lumiere de l'Intelligence la plus pure, et de la plus parfaite Raison qui ayent paru il y a fort long temps parmy les hommes. ») et que la dernière phrase de la version publiée n'y figure pas.

que si le premier est devant l'adjectif, le second le doit estre aussi & si le premier est apres l'adjectif, le second le doit estre de mesme. L'exemple le fera mieux entendre que la Reigle, *j'expose cet ouvrage au jugement du siecle le plus malin, & du plus barbare peuple qui fut jamais.* Je dis que c'est escrire avec beaucoup plus de netteté & de douceur, de dire *j'expose cet ouvrage au jugement du siecle le plus malin, & du peuple le plus barbare*, ou bien *au jugement du plus malin siecle, & du plus barbare peuple, qui fut jamais.* J'en fais juge l'oreille. On dira que c'est un raffinement de peu d'importance, mais puis qu'il ne couste pas plus de le mettre d'une façon que d'autre, pourquoy choisir la plus mauvaise, & celle qui sans doute blessera une oreille tant soit peu delicate, encore que bien souvent celuy qui est choqué de semblables choses, ne sçache pas pourquoy, ny d'où cela vient.

(529)

Aimer mieux[2222]

La question est de sçavoir si apres le *que*, qui suit tousjours l'infinitif que l'on met apres cette phrase *aimer mieux*, il faut mettre la particule *de*, ou ne la mettre pas[2223]. L'exemple le va faire entendre. On demande s'il faut dire, *il aime mieux faire cela que de faire autre chose*, ou bien, *il aime mieux faire cela que faire autre chose.* On respond que presque tousjours il faut mettre le *de*, & que du moins il est plus François & plus elegant que de ne le pas mettre. *Il leur fit response*, dit M. Coeffeteau, *qu'ils aimoient mieux mourir, que de monstrer aucun signe de crainte & de lascheté.* Et en un autre endroit, *Antoine avoit mieux*

2222 Au folio 12r° du manuscrit, Vaugelas évoque le problème, « Aimer mieux quand il regit l'article de apres luy ou non » dans la marge en tête du folio comme note de rappel. Au folio 47r°, il y a deux courtes remarques sur ce verbe ; dans la première Vaugelas cite un des exemples de Coeffeteau (*Antoine avoit mieux aimé*, etc.) et un autre de Malherbe (*il aime mieux luy donner*, etc.) pour montrer « qu'*aimer mieux* regit *que de* quand il est esloigné » mais *que* seul quand il est proche. Dans la deuxième observation, Vaugelas examine l'exemple *Il leur fit response*, etc. ; il juge : « Ie pense que la Reigle est de ne mettre pas *De* apres le *que* quand non seulem[ent] il n'y a rien apres le premier Infinitif, qui suit *aimer mieux*, mais aussi apres celuy qui suit *que de*. Exemple. Il est fort bien dit *I'aime mieux dormir que manger*, ie uois que *de manger* ne seroit pas mauuais, mais l'autre est beaucoup meilleur. Que si uous aioustez quelque chose apres *manger*, comme *que manger les meilleures uiandes du monde*. Il faut adiouster *de*. {Malh. p. 706 uous aimez mieux meriter des loüanges que les receuoir il faut, ce me semble, que de les receuoir} » Vaugelas traite également de l'usage de *valoir mieux* dans le manuscrit (f° 95v°) : « *Valoir mieux*. Qu'il luy ualoit mieux uiure parmy des Barbares, que de ~~mourir~~ <perir> en son pays. Coeff. *Valoit mieux &c. que de perir*, non *que perir* comme *aimer mieux* ».

2223 Dans l'original : pas, L'exemple.

aimé se rendre comme bourreau de la passion d'Auguste, que de s'allier avec luy, & avec Cassius[2224]. Et M. de Malherbe, *il aime mieux luy donner tout autre nom que de l'appeller Dieu*[2225]. Neantmoins ce dernier en un autre lieu a escrit, *vous aimez mieux meriter des loüanges, que les recevoir*[2226]. Je ne le condamne pas, mais je croirois que le *de*, y seroit meilleur, & qu'il est plus François & plus naturel de dire[2227], *vous aimez mieux meriter les loüanges que de les recevoir.*

Mais on dit fort bien par exemple, *j'aime mieux mourir que changer*, & je doute fort que *j'aime mieux mourir que de changer*, fust bien (530) dit. En quoy consiste donc cette difference, & n'y a-t-il point de reigle pour sçavoir quand il faut mettre le *de*, ou ne le mettre pas ? Je n'en ay jamais oüy dire aucune[2228]. Voicy seulement ce que j'en ay remarqué, je ne sçay si je me trompe, qu'*aimer mieux*, & l'infinitif qui le suit, demandent le *de*, apres *que*, quand le *que*, est esloigné du premier infinitif, comme en l'exemple que nous avons allegué de M. Coeffeteau, *Antoine aimoit mieux se rendre comme bourreau de la passion d'Auguste, que de s'allier avec luy* ; car entre *aimoit mieux se rendre*, & *que de s'allier*, il y a ces paroles *comme bourreau de la passion d'Auguste*, tellement que le second infinitif *s'allier*, est esloigné du premier, *se rendre.* Je voudrois donc establir cette Reigle generale sans exception, que toutes les fois que le second infinitif est esloigné du premier, il faut mettre le *de*, apres *que* & dire *que de*, & quand il n'y a rien entre les deux infinitifs que le *que*, qu'il n'y faut point mettre *de*, comme en l'exemple allegué[2229] *j'aime mieux mourir que changer.* Cette Reigle a deux parties, l'une pour l'infinitif esloigné, l'autre pour le proche. En l'esloigné, je ne crois pas, qu'elle souffre d'exception, mais au proche, il faut distinguer si le dernier infinitif finit le sens, comme en cet exemple *j'aime mieux dormir que manger*, je croirois que la Reigle (531) ne souffriroit point d'exception, mais si le dernier infinitif ne finit point le sens, & que je die par exemple, *j'aime mieux dormir que manger les meilleures viandes du monde*, alors je pense que l'on a le choix de mettre le *de*, ou de ne le mettre pas, quoy que selon moy, il soit meilleur de le mettre & de dire, *j'aime mieux dormir, que de manger les meilleures viandes du monde.*

2224 Dans son *Histoire romaine* (1621 : I, 42 ; I, 35).
2225 Dans le manuscrit (f° 47r°) : « Malh. p. 362 ».
2226 Dans le manuscrit (f° 47r°) : « Malh. p. 706 ».
2227 Dans l'original : dire. *vous*.
2228 Vaugelas est effectivement le premier grammairien de notre corpus (1530-1650) à traiter de cette question.
2229 Dans l'original : allegue.

Il reste encore une troisiesme espece, qui est quand le dernier infinitif n'est ny esloigné ny proche. Par *ny proche*, il faut entendre, quand apres le premier infinitif, le *que*, ne suit pas immediatement, mais qu'il y a quelque chose entre-deux, comme en cet exemple, *j'aime mieux faire cela que de ne rien faire*; car apres le premier infinitif *faire*, il y a *cela*, devant *que*, on demande s'il y faut mettre le *de*, ou ne le mettre pas ? Je ne voudrois pas dire absolument, que ce fust une faute de ne le mettre pas, & de dire *j'aime mieux faire cela que ne rien faire*, mais je diray bien hardiment qu'il est beaucoup mieux de le mettre. Il y en a qui veulent qu'il n'y ayt point de reigle pour ce dernier exemple, & que cette delicatesse depend de l'oreille seule : mais je doute fort de cela, & je ne sçay mesme, si pour rompre un vers on pourroit quelquefois obmettre le *de*[2230].

(532)

Pour afin[2231]

Par exemple, *j'ay dit cela, pour afin de luy faire connoistre, &c.* au lieu de dire *j'ay dit cela afin de luy faire connoistre*, ou *pour luy faire connoistre.* Ce *pour afin*, est si barbare, que je m'estonne qu'à la Cour tant de gens le dient. Pour ce qui est de l'escrire, je ne pense point avoir jamais leu de si mauvais Autheur, qui en ayt usé[2232]. J'aymerois presque mieux dire *pour & à celle fin*, quoy qu'insupportable, parce qu'au moins il y a du sens & de la construction, mais en *pour afin*, il n'y en a point. *Pour & à icelle fin*, que l'on dit dans la chicane, est le dernier des barbarismes[2233].

2230 Thomas Corneille considère qu'« Il y a bien de la subtilité dans les trois especes que M. de Vaugelas établit ici », mais il conclut « Pour moi, j'avoue que je mettrois *de* par tout » (Vaugelas 1738 : III, 335). Dans son observation sur cette remarque, l'Académie (1704 : 553) adopte la même position.

2231 Si le jugement sur *pour afin* est similaire dans la remarque manuscrite correspondante (f° 73r°), celle-ci ne consiste qu'en la deuxième et troisième phrase du texte final. Quant à *pour & à icelle fin*, Alemand fusionne les deux remarques qui se suivent dans le manuscrit (« *A celle fin que* », « *A ce que* » (f° 4v°)) dans une seule observation dans les *Nouvelles Remarques*, « *A celle fin que, à icelle fin, & pour à icelle fin que* » (Vaugelas 1690 : 290). Le texte est identique à l'observation manuscrite à l'exception que Alemand supprime un commentaire qui se trouve à la fin de la remarque : « et quelquefois *A ce que*, mais il le faut sçauoir bien placer, et alors il a très-bonne grace et est fort elegant ».

2232 Il n'y a aucune occurrence de *pour afin* dans Frantext pour la période 1600-1647 ni aucune discussion de son usage par les grammairiens de notre corpus avant Vaugelas (1530-1650).

2233 Il n'est donc pas surprenant que cette expression ne soit pas attestée dans Frantext (1600-1647).

Si pour *adeo*

Cette particule *si*, pour *adeo*, jointe avec un adjectif, aime apres le *que*, ou le *comme*, qui la suit, le verbe substantif, & c'est une faute, selon l'opinion de plusieurs, que de ne le pas mettre. Par exemple, un fameux Autheur a escrit, *je ne pensois pas quand je vous escrivis ma derniere lettre, que la response que vous m'y feriez, deust estre accompagnée d'une si pitoyable nouvelle, comme celle que vous me mandez*[2234]. Ils disent qu'il faut escrire, *comme est celle que vous me mandez*, avec le verbe substantif (533) *est*, & qu'il en est de mesme avec *que*, *d'une si pitoyable nouvelle, qu'est celle*, & non pas, *que celle.* Neantmoins la plus commune opinion est, que tous deux sont bons[2235]. Surquoy je rediray en passant, ce que je crois avoir remarqué ailleurs[2236], qu'apres le *si*, employé comme il est en cet exemple, le *que*, est beaucoup meilleur que le *comme*, que je ne condamne pas absolument, comme font plusieurs, mais je n'en voudrois pas trop user si ce n'est pour rompre le vers. Je mettrois tousjours *que*[2237]. J'en dis presque autant d'*aussi*, avec un epithete, & l'on a repris, *aussi rude ennemy comme parfait amy*, au lieu de dire *que parfait amy*. Le *que* est meilleur, mais *comme* n'est pas mauvais.

Se fier

Je remarque trois regimes en ce verbe[2238]. Il regit le datif, comme quand on dit, *on ne sçait à qui se fier*, l'accusatif avec la preposition *sur*[2239],

2234 Dans le manuscrit (f° 16v°) : « Exemple Malh p. 662 ». Cette attribution est également proposée par la Clef de Conrart. Dans l'édition de 1631 nous trouvons *deut* à la place de *deust* dans la citation. Dans le manuscrit Vaugelas note « Il le faut consulter ». Ce commentaire indique-t-il que Malherbe était encore vivant quand Vaugelas a écrit cette remarque ?

2235 Dans le manuscrit, Vaugelas n'accepte que la version avec le verbe substantif, mais le commentaire cité dans la note précédente indique son incertitude à cette époque. Tout le reste de la remarque publiée ne figure pas dans le manuscrit.

2236 Voir *Rp.* 63, 242.

2237 On trouve pourtant dans sa traduction des sermons de Fonsèque (1615 : 576) : *& bien que ces miracles ne fussent pas en si grand nombre pour lors, comme ils furent depuis.* Pour d'autres exemples, voir Haase (1935 : 380-381) et N. Fournier (1998 : 364).

2238 La construction de ce verbe n'est pas discutée dans notre corpus de grammaires avant Vaugelas. Toutes les constructions dont fait mention Vaugelas sont attestées dans Frantext pour la période 1600-1647, par ex. *il le voulut lire sans se fier à personne* (Urfé 1610) ; *Apres cela voyant qu'elle ne doutoit point de sa bonne volonté, se fiant sur la simplicité de son naturel […]* (Sorel 1623) : *elle ne voulut jamais se fier en moy* (Urfé 1610) ; *il n'y a rien qu'une femme craigne tant que de se fier de semblable chose à une autre femme* (Urfé 1627).

2239 La remarque manuscrite (f° 27v°) ne fait pas mention de l'usage de *sur*.

comme *se fier sur son merite*. L'ablatif, avec la preposition *en*, comme *je me fie en vous*, & le mesme ablatif avec la preposition *de*. En voicy deux exemples de M. de Malherbe, *comme à celuy, dont il croyoit que son maistre se fieroit le plus*[2240] ; car ce *dont*, vaut autant que *duquel*, qui est un ablatif. Et en un autre endroit il dit *fiez vous de vos merites*[2241] ; où il est à remarquer, (534) qu'on dit bien *dont, duquel, & de laquelle il se fioit*, & de mesme au pluriel, mais hors ces trois exemples *fier*, ne se dit point avec *de*, & je crois que c'est une façon de parler ancienne, ne l'ayant jamais entendu dire qu'à des gens fort vieux[2242] ; car comme nous avons dit ailleurs, nostre langue a plusieurs verbes anciens, qui sont autant en vigueur & en usage qu'ils ont jamais esté, mais on s'en sert autrement aujourd'huy, que l'on ne faisoit autrefois leur regime estant changé, par exemple ces verbes *servir*, *favoriser*, *prier*, regissoient le datif & ils regissent maintenant l'accusatif[2243]. Ce n'est pas qu'il n'y en ayt qui regissent l'un & l'autre, comme *survivre*[2244] ; car on dit egalement bien *survivre à son pere, & survivre son pere*[2245]. Mais pour revenir à *se fier*, plusieurs croyent que sa vraye construction est en l'ablatif avec la preposition *en*, & qu'encore que l'on die fort bien, *on ne sçait à qui se fier*, neantmoins la vraye & ancienne, construction est de dire *on ne sçait en qui se fier*. Et cet *à*[2246], employé pour *en*, dans beaucoup de phrases, n'est que depuis quelques années en usage, à cause sans doute, qu'on le trouve plus doux, que l'*en*, de sorte qu'il y a grande apparence, qu'encore qu'aujourd'huy tous deux soient fort bons, neantmoins dans quelque temps, l'un supplantera tout à fait l'autre, & l'on dira tousjours *à*, & (535) jamais *en*, aux endroits où l'on aura le choix de dire celuy des deux que

---

2240 Dans le manuscrit : « Malh p. 430 ». En réalité, Malherbe utilise plutôt la forme *fioit* dans cette citation (Malherbe 1631 : I, 430).

2241 Dans le manuscrit, Vaugelas cite le texte plus fidèlement : « p 690 fiez uous de u[ot]re merite » (*fiez vous comme vous devez de vostre merite*, 1631 : I, 690).

2242 Notons que Vaugelas associe explicitement les formes qui vieillissent avec l'usage qu'en font les gens âgés, *cf.* l'Introduction, p. 86.

2243 Voir *R*p. 479.

2244 La remarque manuscrite se termine ici. La question de l'usage de *en*/*à* apparaît au folio 28v° où, après avoir critiqué l'expression « en table », Vaugelas continue : « Et tant s'en faut qu'il faille mettre *en* là ou et l'Vsage et la Raison ueulent que l'on mette *a* comme icy, que là ou le mesme Vsage et la Raison aussi font dire *En* comme <en celuy-cy> *en mesme temps* il est plus elegant de dire *a mesme temps*, [....] <ainsi que> dit presque tousiours M. Coeff. On dit aussi *Au mesme temps*, mais quelquefois on le dit en des lieux qu'on ne pourroit pas dire *En mesme temps*. On dit tousiours *En ce mesme temps*, et iamais *à ce mesme temps*. »

2245 Voir *R*p. 162.

2246 Dans l'original : *a*.

l'on voudra[2247] ; Car il y a des endroits, où *en*, ne peut estre mis qu'avec grande rudesse, comme en cet exemple *se fier en un homme si paresseux*, au lieu que je n'en vois point où *se fier à*, soit rude. C'est pourquoy on met si souvent *à*, pour *en*. Il y en a plusieurs exemples, qui ne tombent pas à point nommé sous la plume, je n'en diray qu'un en passant, qui est *en mesme temps, & à mesme temps*. M. Coeffeteau use tousjours du dernier[2248], & beaucoup d'excellens Escrivains en font de mesme[2249].

A avec, *l'un & l'autre*[2250]

L'article[2251], ou la preposition *à*, au datif ; car il peut estre pris pour article & pour preposition, veut estre repetée en ces deux mots *l'un & l'autre*. Par exemple il faut dire, *cela convient à l'un & à l'autre*, & non pas *cela convient à l'un & l'autre*, comme a escrit un celebre Autheur[2252]. Et ce n'est pas seulement avec l'article ou la preposition *à*, que cela se pratique, c'est avec tous les articles des cas, & avec toutes sortes de prepositions ; car il faut tousjours repeter & l'article & la preposition, comme *je suis amy de l'un & de l'autre*, & non pas *je suis amy de l'un &* (536) *l'autre*, *je me defie de l'un & de l'autre*, & non pas *je me defie de l'un & l'autre*. De mesme aux prepositions, *je l'ay fait pour l'un & pour l'autre*, *avec l'un & avec l'autre*, *sans l'un & sans l'autre*, *sur l'un & sur l'autre*, & ainsi de

2247 L'Académie (1704 : 556) adopte la même position dans son observation sur cette remarque : « On n'a point approuvé les deux exemples de M. de Malherbe. On ne dit plus aujourd'huy *celuy dont* ou *duquel je me fie*, ny *La personne de laquelle je me fie*, il faut dire *celuy en qui* ou *à qui je me fie*. On employe plus souvent le datif avec ce verbe que la préposition *en*, et l'on dit *se fier à quelqu'un*. *Je ne voudrois pas m'y fier*. *Je ne m'y fie que de la bonne sorte*. »

2248 Voir, par exemple, Coeffeteau (1621 : I, 17, 41, 207). Nous trouvons également quelques occurrences de l'expression *en ce mesme temps* (1621 : I, 207 ; III, 35).

2249 *En mesme temps* est beaucoup plus fréquent dans Frantext (1600-1647) avec plus de 600 occurrences. Parmi les 162 exemples de l'expression *à mesme temps*, 105 proviennent de l'*Histoire romaine* de Coeffeteau, mais on trouve également des exemples chez Urfé, Boisrobert et Mersenne. Dans sa grammaire, Masset (1606 : 31) ne cite que l'exemple *A mesme temps*, *A mesme heure*, tandis que dans le dictionnaire qui l'accompagne, Nicot (1606) note simplement *En ce mesme temps, ou en mesme temps*.

2250 La remarque manuscrite (« *A article* », f° 47r°) est très courte : « *A Article* doit estre repeté icy *à l'un et à l'autre*, et ne faut pas dire *à l'un et l'autre* comme a escrit un celebre Escriuain ».

2251 Dans l'original : Larticle.

2252 L'identité de l'écrivain n'est pas indiquée dans la Clef de Conrart. Il n'a pas été possible de trouver la source de l'exemple cité, mais Malherbe se sert de la construction (par exemple, *mais la faute de parolles a fait qu'à l'un & l'autre nous donnons le nom d'épargnant*, 1631 : I, 71). Parmi les six occurrences de cet usage dans Frantext (1600-1647), cinq proviennent de textes en vers, ce qui explique peut-être le choix de cette variante.

toutes les prepositions, quelles qu'elles soient[2253]. Ce qui confirme bien la Reigle tant de fois alleguée de la repetition des prepositions devant les mots quand ils ne sont ny synonimes ny approchans, mais differens ou contraires[2254] ; car y a-il rien de plus different que *l'un & l'autre* ?

Asseoir pour *establir*[2255]

Asseoir pour *establir*[2256], comme quand on dit, *on ne sçauroit asseoir aucun jugement sur cela*, ne se conjugue pas comme *asseoir*, pour *sedere*, de la conjugaison duquel nous avons fait une remarque[2257] ; car *asseoir*, pour *establir*, ou *poser*, n'est en usage qu'en cet infinitif seulement, & ce seroit fort mal parler, que de dire *je n'assieds*, ou *je n'ay assis aucun jugement là dessus*[2258]. Et il en est de mesme de tous les autres temps, & de tous les autres modes, sans en excepter le participe ; car on ne dira pas non plus *n'asseiant aucun jugement*[2259]. Il faut se servir en sa place du verbe *faire*, qui se peut employer par tout, comme *je n'ay fait, ny ne fais, ny ne feray aucun jugement, ne faisant aucun jugement*, & ainsi de tous les autres. (537)

Pas pour *passage*

Il n'est pas[2260] permis de dire *pas*, pour *passage*, que pour exprimer quelque destroit de montagne, ou quelque passage difficile[2261], comme

2253 Vaugelas est le premier grammairien de notre corpus (1530-1650) à traiter de cette question. Dans les textes de Frantext (1600-1647), la majorité des occurrences dans lesquelles la préposition n'est pas répétée se trouvent en poésie.

2254 Voir l'Introduction, p. 145-147.

2255 La discussion portant sur cet usage d'*asseoir* dans la remarque manuscrite (fº 47vº) est très proche du texte publié à l'exception que Vaugelas n'y mentionne pas l'emploi de *faire* à sa place.

2256 Dans le manuscrit : « *Asseoir* pour *stabilire* ».

2257 Voir *R*p. 165-166.

2258 Dans le manuscrit : « il ne me semble pas que ce soit bien parler de dire *l'assieds*, ni *i'ay assis* <ni *I'assiray*> *un fondement* ».

2259 Il semble que cette question n'est pas traitée par les grammairiens de notre corpus avant Vaugelas. Nous trouvons toutefois des exemples de cet usage dans les textes de Frantext de la période 1600-1647, par exemple, *J'avois assis ce jugement sur vos vers latins et françois* (Pasquier 1613) ; *n'estant pas couvert de ces vestemens superbes sur qui l'on assied le jugement auparavant que de regarder le merite* (Sorel 1623).

2260 Comme l'observe Thomas Corneille (Vaugelas 1738 : III, 345-346), Vaugelas contrevient ici à sa propre règle élaborée dans la remarque sur l'usage de *pas* et *point* (*R*p. 405-409), le *pas* étant superflu.

2261 En 1549, Estienne observe « *Pas, pour Passage. Usez des formules de* Passage. *Ung mauvais pas. Le pas de la mort.* » Nicot (1606) recopie cette définition en y ajoutant l'exemple « *Le*

le pas de Suze, tant de l'ancienne *Suze*, que de celle des Alpes, & d'une infinité d'autres destroits, que l'on appelle *pas*[2262], *gaigner le pas de la montagne.* C'est un mot consacré à ce seul usage, où il est si excellent, que ce ne seroit pas bien ny proprement parler, que de n'en user point, & de vouloir dire *passage*, plustost que *pas. Le pas des Thermopyles*[2263].

Insulter, pudeur

Ce premier mot est fort nouveau, mais excellent pour exprimer ce qu'il signifie[2264]. M. Coeffeteau l'a veu naistre un peu devant sa mort, & il me souvient qu'il le trouvoit si fort à son gré[2265], qu'il estoit tenté de s'en servir, mais il ne l'osa jamais faire à cause de sa trop grande nouveauté, tant il estoit religieux à ne point user d'aucun terme[2266], qui ne fust en usage. Il augura bien neantmoins de celuy-cy, & predit ce qui est arrivé, qu'il seroit receu dans quelque temps aussi bien qu'*insulte*, comme[2267] en effet on ne fait plus aujourd'huy de difficulté d'user **(538)** de l'un & de l'autre en parlant & en escrivant. Cette phrase particulierement luy sembloit si elegante, *insulter à la misere d'autruy*[2268].

---

pas de Calais ».

2262 La courte remarque manuscrite (f° 48v°) se termine ici.

2263 On trouve pourtant chez Malherbe (1631 : I, 294), *au passage des Thermopyles*.

2264 Dans la remarque manuscrite intitulée « *Insulte, Insulter* » (f° 54r°), Vaugelas traite aussi bien du substantif que du verbe ; il juge que ces mots sont « deux mots aussi fort significatifs, et dont plusieurs se seruent en parlant, mesmes à la Court, mais ilz sont encore trop noueaux pour les oser escrire », même si « on commence à s'y appriuoiser ».

2265 Dans le manuscrit : « I'ay oüy dire autrefois à M. Coeff. qu'il eust bien desiré que l'usage les eust pleinement establis ».

2266 Thomas Corneille (Vaugelas 1738 : III, 350) observe que Vaugelas contrevient de nouveau à sa règle sur l'usage des négatifs en mettant *point* avec *aucun*.

2267 Dans l'original : dans quelque temps, comme (*Fautes d'impression*).

2268 Dans le manuscrit : « il trouuoit cette phrase si elegante, et si significatiue, qu'il estoit tenté d'en user. Ce que neantmoins il n'a point fait à cause de sa trop grande nouueauté, mais il a bien predit que [...] dans quelques annees elle seroit si generalement receüe, qu'on ne feroit plus de difficulté de l'escrire. » Vaugelas termine la remarque manuscrite en parlant du créateur du substantif, *insulte* : « Et quant à celuy+ {c'est du Moulin} qui [...] escrit le premier <*Insulte*>, encor que sa plume ayt acquis une grande reputation, [...] <par toute la France, et qu'il passe communement> pour un de noz meilleurs Escriuains, si est ce que ceux qui sont capables d'en iuger prononcent tous d'une uoix, que tout son talent de ce costé là est plustost une heureuse naissance et une naturelle inclination <[...]> a bien escrire, que non pas une perfection de stile laquelle ne s'acquiert qu'en aioustant à la nature le secours de l'art qu'il a [...] entierement negligé. Car il est uray qu'il manque ordinairem[ent] + {+ en la pluspart des Reigles qu'ont accoustumé d'obseruer [...] <ie ne diray> par ceux qu'on appelle Puristes, qui pourroient sembler trop seueres et trop exacts,

Il[2269] passera donc d'icy à quelques années pour un mot de la vieille marque[2270], de mesme que nous en avons plusieurs en nostre langue, qui ne sont gueres plus anciens, & que neantmoins l'on ne distingue point maintenant d'avec les autres. Je n'en diray qu'un, mais il est beau, c'est *pudeur*, dont on ne s'est servy que depuis M. de Portes, qui en a usé le premier, à ce que j'ay entendu dire[2271]. Nous luy en avons de l'obligation, & non seulement à luy, mais à ceux qui l'ont mis en vogue apres luy ; car ce mot exprime une chose, pour laquelle nous n'en avions point encore en nostre langue[2272], qui fust si propre & si significatif, parce que *honte*, quoy qu'il signifie cela, ne se peut pas dire neantmoins un terme tout à fait propre pour exprimer ce que signifie *pudeur*, à cause que *honte*, est un mot equivoque, qui veut dire & la bonne & la mauvaise honte[2273], au lieu que *pudeur*, ne signifie jamais que la bonne honte. Or est-il qu'encore

---

mais ceux là seulement qui ont un soing raisonable de la pureté et netteté du langage. Il ne faut qu'ouurir un de ses liures quel qu'il soit […] pour uerifier cela […] si clairement, qu'il n'y peut auoir de replique. C'est grand dommage qu'un si excellent naturel faute d'auoir esté cultiué ayt produit tant de ronces et d'orties parmy une quantité de fleurs, quoy que uenimeuses que l'on uoit dans ses escrits} ». Vaugelas semble parler de Pierre Du Moulin (1568-1658), théologien protestant et auteur de nombreux ouvrages.

2269 Dans l'original : Ils.

2270 Sorel (1671 : 361) fait mention de ce verbe dans le *Cyrus* (1649-1653) et la *Clelie* (1654-1660) de Madeleine de Scudéry « avec plusieurs autres mots qui en dépendent, dont l'on peut attribuer l'invention ou l'arrangement à la personne qui y a mis la main, & si on luy en dispute l'honneur, qu'on nous montre quelque Livre fait auparavant les siens, où ces mots se rencontrent » (*cf. pretexter*, *R*p. 119). *Insulter* est pourtant déjà consigné par Cotgrave dans son dictionnaire de 1611. Dans Frantext (1600-1647), il y a également trois occurrences de ce verbe dans des textes publiés dans les premières décennies du siècle, chez Montchrestien (1604), Garasse (1623) et Aubigné (1630), mais aucun exemple du substantif *insulte*.

2271 Selon la *Concordance des œuvres poétiques de Philippe Desportes* de Keith Cameron (Genève, Droz, 2000), ce mot n'est pas employé par Desportes. Le *TLFi* cite P. de Changy (1542) comme source de cette forme. Dans Frantext, les premières attestations se trouvent chez Montaigne (1592), et il devient très fréquent durant la période 1600-1647 (88 ex.). Cotgrave (1611) est le premier lexicographe de notre corpus à l'inclure dans son dictionnaire, mais il le cite comme forme alternative de *pudicité*.

2272 Dans le manuscrit : « Et de fait on commence à s'y appriuoiser, comme on a fait à quelques autres mots que l'on a ueu naistre de nostre temps, <et> qui ne laissent pas <maintenant> d'estre aussi bien receus que les anciens. Ie n'en allegueray qu'un icy, qui est *pudeur*, dont on ne s'est serui que depuis M. des Portes, <de> qui il me semble auoir oüy dire qu'il en auoit usé le premier. Et certes ie luy en sçay bon gré, et à ceux qui l'ont mis en uogue apres luy, parce qu'outre que ce mot de soy […] est doux, il exprime aussi une chose, pour laquelle nous n'auions point auparauant de mot en nostre langue, qui fust si propre ni si significatif. » Vaugelas ne parle pas de *honte* dans le manuscrit.

2273 *Cf.* Estienne (1549) : « Ignominia, Pudor, Verecundia ».

qu'il soit tres-vray qu'on ne laisse pas de parler proprement, quand on se sert de mots equivoques, si est-ce que c'est parler encore plus proprement, quand on employe (539) des mots, qui ne conviennent qu'à une seule chose.

Il sied[2274]

Ce verbe est fort anomal en sa conjugaison. Il ne se conjugue qu'aux temps, que je vais marquer, *il sied*, au present de l'indicatif, comme *il sied bien*, *il sied mal*, *cet habit luy sied bien*, ou *luy sied mal*, *il seioit*, à l'imparfait, comme *cela luy seioit bien*, ou *luy seioit mal*. Il n'a point de preterit parfait, ny definy, ny indefiny, ny de preterit plus que parfait[2275]. Mais il a le

2274 Vaugelas traite de ce verbe dans deux remarques qui se suivent dans le manuscrit, « *Seoir* » (fº 86rº-vº) et « *Sied. Il sied* » (fº 86vº). Dans la première, Vaugelas observe que : « *Seoir* <sedere> est un Verbe anomale qui ~~n'a que fort peu de Temps ausquels il se coniugue, et encore~~ <ne se coniugue presque point> » ; mais le reste de la remarque se focalise plutôt sur la différence entre l'usage de *seoir* et d'*asseoir* : « On se sert du composé *asseoir* ~~auque~~ qui est coniugué en son lieu. <quelques uns disent au present> *Ie me sieds, tu te sieds, il se sied, nous nous seons, uous uous seez, ilz se seent.* Mais tout cela n'est pas trop bon. Il uaut beaucoup mieux se seruir d'*asseoir.* Il n'y a de bon que l'Infinitif et le Participe *soir* [*sic*] et *seant*, et encore y a til cette difference entre *seoir* et *asseoir*, quand *asseoir* signifie *sedere*, que *seoir* est <proprem[ent]> un uerbe neut[…] qui ne regit point d'accusatif,⁺ {i'ay toutefois oüy dire souuent à la Court Voulez uous pas uous soir Malh. en sa lettre à M de Luyn. auant la traduction de T. Liue la Reyne la plus accomplie que nous eussions iamais ueu soir dans le throsne des fleurs de lis.} comme quand on dit combien de Roys auons nous ueus seoir dans leur lit de iustice,+ au lieu que iamais nous ne disons *asseoir* sans accusatif, et nous ne dirions pas *combien de Roys auons nous ueu asseoir*, mais *s'asseoir.* Outre qu'il y a une autre difference bien grande, que *seoir* signifie l'~~acte~~ <estat> du repos, et s'asseoir signifie le mouuement de l'action, et ~~celuy~~ se dit de celuy qui n'est pas encore assis, mais que se ueut *asseoir*, et *seoir* tout au contraire. » Dans la remarque suivante, Vaugelas parle exclusivement de la conjugaison de *seoir* comme verbe impersonnel ; l'incertitude du remarqueur est indiquée par l'ajout d'un commentaire marginal, « Il faut s'en informer à l'Academie pour le mettre dans les Remarques ». En effet, le jugement de Vaugelas se modifie dans quelques cas entre le manuscrit et la version publiée de la remarque : « *Sied.* <pour *Decet*> Il sied bien, il sied mal est un uerbe Impersonnel qu'ilz appellent, ou pour mieux dire un Verbe qui n'a que la troisiesme personne du singulier et du pluriel, et en certains temps seulement comme au Present de l'Indicatif *ce chapeau luy sied bien. Ces grands cheueux luy sient mal*, <non> ou *luy seent mal*, ~~[…]~~ A l'imparfait *cet habit luy sioit* ~~*mal*~~ *<bien>*, non *seoit*, *ces grands manteaux sioient mal*, non *seoient.* Au preterit ni defini ni indefini il ne se dit point, ni au plus que parfait par consequent, mais au futur on dit *Cela luy siera bien*, *les couleurs luy sieront bien.* Aux autres Modes à sçauoir Imperatif, Optatif, Subiunctif, et infinitif il ne se dit point, si ce n'est qu'à l'Imperatif, à l'optatif, et au subiunctif on uoulust dire encore *seie*, ou *sie*, *seient*, ou *sient*, comme par exemple *que me soucié-ie qu'il luy sie, ou qu'il ne luy sie pas, affin que cela luy seie* ou *sie mieux*, et ainsi au pluriel. Au participe il a *seant*, pour *Decorum.* »

2275 Dans sa grammaire, Maupas (1618 : fº 119rº) commence par lister la conjugaison du verbe *seoir* : « Je Sieds, je sis, j'ay sis, Seoir ou Soir, Séant et Siésant, Serray, Siéray, et Siéseray,

futur *il seiera*, comme *cela vous seiera bien*, à l'imperatif *seie*, comme *qu'il luy seie bien*, *qu'il luy seie mal*, & non pas *sie*. Et en l'optatif & subjonctif *seieroit*, il n'a point d'infinitif[2276]. Au participe, il a *seant*. Mais comme ce verbe *il sied*, a deux usages, l'un pour les mœurs, & l'autre pour les habits, ou pour les choses qui ont du rapport aux personnes, comme par exemple pour les mœurs, quand on dit, *il sied mal à un pauvre d'estre glorieux*, & pour les habits, ou ce qui concerne la personne, *cet habit luy sied bien*, *les grands cheveux luy sient mal*, il faut remarquer qu'au participe *seant*, ne s'employe jamais que pour les mœurs, & non pas pour les habits ; car on dira fort bien *ce qui est seant*, ou *bien-seant à l'un, ne l'est pas à l'autre*, mais c'est tousjours pour les mœurs & **(540)** jamais pour les habits, ny pour aucune chose qui donne bonne ou mauvaise grace à la personne[2277]. Et qu'ainsi ne soit, si je dis, *les grand cheveux vous sient bien, & à luy, ils luy sient mal*, & qu'en suite j'ajouste dans le mesme sens, *ce qui est seant à l'un, ne l'est pas à l'autre*, je parleray tres-mal, & ne diray point ce que je veux dire, qui se doit dire en ces termes, *ce qui sied bien à l'un, sied mal à l'autre. Sied*, emporte les deux significations, *& seant*, n'en a qu'une, *seant*, est participe seulement, & non pas gerondif, puis qu'il ne s'employe qu'avec le verbe auxiliaire substantif, *il est seant*, *estant mal seant*, & jamais *seant*, tout seul selon l'usage ordinaire des gerondifs ; car on ne dira pas par exemple, *certaines choses seant bien en un âge, qui ne sient pas bien en un autre.* Si l'on pouvoit parler ainsi, sans doute *seant*, en cet exemple seroit gerondif, mais ce ne seroit point parler François de dire *certaines choses seant bien*, pour dire *estant bien seantes.* Au reste il est à remarquer pour la satisfaction de ceux qui entendent les deux

---

ainsi. Assoir, Rassoir, Sursoir ». Après avoir parlé de l'usage pronominal, *s'asseoir*, il continue : « De luy est aussi tiré l'impersonnel grandement usité. *Il Sied*, *il séoit* et *siésoit*, les pret. ne sont point pratiquez, nous les suppléons par le participe. Il fut seant, il a esté séant, etc. Il siéra, l'infinitif. *Estre seant*, plustost que *Soir*, et le surplus de mesme il signifie le Latin. *Decere Aptum concinnum* et Decorum esse. *Garder la bien-séance.* Servare decorum. Le droit de bien séance, etc. » Dans Frantext (1600-1647), c'est la forme *seoit* (forme également recommandée par Chabanel (1612 : 173), non *seioit*) qui est attestée pour l'imparfait (par ex. *mais sa voix trop claire, ne convenoit et seoit pas bien, à la forme de son corps*, Fauchet 1601), mais elle est très rare.

2276 Dans Frantext (1600-1647), nous trouvons plutôt 2 exemples de *siera* (0 de *seiera*) et 9 de *sieroit* (0 de *seieroit*) ; il n'y a aucune occurrence de *seie.*

2277 Ce jugement est confirmé par l'usage dans les textes de Frantext (1600-1647), même s'il y a quelques rares exemples de l'usage critiqué par Vaugelas (par ex., *et a assisté aujourd'huy à l'audience publique en manteau rouge de chevallerie avec son mortier à la main, dont l'habit lui estoit fort bien seant*, Peiresc 1637).

langues, que les Latins ont usé du mot de *sedere*, en cette signification. Pline en son Panegyrique, *quam bene humeris tuis sederet imperium*[2278]. Et Quintilien, *nam & ita sedet melius toga, &c.*[2279] On ne se sert gueres de ce verbe qu'en troisiéme personne, mais on ne laisse pas de dire, *je* (541) *luy seois bien, vous luy seiez bien*, pour dire *je luy estois, vous luy estiez utile* ou *necessaire* ; mais ce n'est que dans le stile bas[2280].

Croyance, creance[2281]

Croyance & *creance*, se prononcent tous deux à la Cour d'une mesme façon, à cause que la dipththongue *oi* ou *oy*, se prononce en *e*, en beaucoup de mots, dont celuy-cy est du nombre[2282]. Ce sont neantmoins deux choses differentes ; car *creance*, avec *e*, comme quand on dit *une lettre de creance*, & *avoir de la creance en quelqu'un*, ou *parmy les peuples*, ou *parmy les gens de guerre*, est toute autre chose que *croyance* avec *oy*, comme quand on dit *ce n'est pas ma croyance*[2283], pour dire *je ne crois pas*, ou *ajouster croyance à quelqu'un*, pour dire *ajouster foy*. Ce n'est pas qu'à les bien considerer, ils ne viennent tous deux d'une mesme source, parce que de dire qu'*un homme a de la creance parmy les peuples*, qu'est-ce à dire autre chose, sinon que ces peuples ajoustent foy & croyance à cet homme là, & à tout ce qu'il leur veut persuader ? De mesme, que signifie *une lettre de creance*, sinon une lettre, qui declare & asseure, que l'on peut, ou que l'on doit avoir croyance à celuy qui la porte, ou à ce qu'il dira[2284]. Mais la plus-part croyent qu'il ne (542) faut pourtant pas laisser de les distinguer, en escrivant tousjours *creance*, avec *e*, aux exemples que nous avons donnez,

2278 Pline, *Panégyrique de Trajan*, X, 6 : « avec quelle solidarité l'empire reposait sur tes épaules » (traduction de Marcel Durry, Paris, Les Belles Lettres, 1972, p. 105).

2279 Quintilien, *Institution oratoire*, XI, 3, 140 : « car, ainsi, [la toge] est mieux en place » (traduction de Jean Cousin, 1979, p. 261).

2280 Cet usage n'est pas attesté dans Frantext (1600-1647).

2281 Sous le titre de la remarque manuscrite (f° 12v°-13r°), on trouve une note rayée : « A demander à l'Academie ».

2282 Voir *R*p. 98-101.

2283 Dans le manuscrit (f° 12v°) : « *c'est ma croyance* c'est à dire *ce que ie crois* [~~....~~] ou *c'est ma creance* comme ~~prononceroit~~ diroit un Ambassadeur à celuy à qui il auroit esté enuoyé parlant de la charge et de l'instruction qu'on luy auroit confiee ».

2284 Dans les marges du manuscrit (f° 12v°), Vaugelas ajoute un commentaire plus général sur les équivoques : « Mais quand ce seroient deux choses differentes, il n'est pas nouueau qu'il y ayt des mots equiuoques et qu'un mesme mot signifie deux choses ou plusieurs. Il est uray qu'il ne faut pas introduire des equiuoques sans necessité, quand chaque chose a son mot à part pour l'exprimer. »

& *croyance*, avec *oy*, aux deux autres exemples & en leur semblables[2285] ; car pour l'orthographe ils conviennent qu'il y faut mettre de la difference[2286], quoy qu'il n'y en faille point mettre dans la prononciation, & qu'en l'un & en l'autre sens, il faille tousjours prononcer *creance*, pour prononcer delicatement & à la mode de la Cour. Je crois neantmoins qu'à la fin on n'escrira plus que *creance*, c'est des-ja l'opinion de plusieurs, à laquelle je souscris[2287].

Entaché

Ce mot est dans la bouche presque de tout le monde, qui dit par exemple *entaché d'un vice*, pour dire *taché*, ou *soüillé d'un vice*, mais il est extrémement bas[2288], & jamais M. Coeffeteau, ny qui que ce soit qui aime la pureté du langage, n'en a usé[2289]. Il est vray qu'un de nos plus excellens Poëtes modernes s'en est servy[2290], s'estant laissé aller au torrent du peuple qui parle ainsi, ou bien ayant eu besoin d'une syllabe pour

2285 La forme *creance*, avec autour de 700 occurrences dans Frantext pour la période 1600-1647, est beaucoup plus attestée que *croyance* (111 ex.), et elle est très fréquente avec le sens de « action de croire », par ex., *Jamais esprit ne fût mieux persuadé que le sien de l'avenir que nous attendons, ny ne receut de plus vives et de plus violentes impressions de la verité, ny ne pensa plus hautement de la dignité du christianisme, ny ne rendist de plus belles et de plus illustres preuves de sa creance* (Balzac 1631).

2286 Dans le manuscrit (f° 13r°) : « quant à l'Orthographe ie serais [...] d'aduis qu'on y mist de la difference, parce que tant que l'on peut empescher les equiuoques, il le faut faire pour la perfection d'une langue ».

2287 Cette distinction n'est pas traitée par les grammairiens de notre corpus (1530-1650) avant Vaugelas. Parmi les lexicographes, seul Richelet (1680) note « *Croiance*. Voiez *créance*. » Pour d'autres commentaires sur ces deux formes, voir Thurot (1881 : I, 396-397).

2288 La critique est moins sévère dans le manuscrit (f° 32v°) : « mais il n'est pas fort bon ». En 1611, Cotgrave l'inclut dans son dictionnaire avec la définition : « *Spotted, stained, soyled; polluted, corrupted, tainted; touched with, or guiltie of, an offence.* »

2289 S'il n'y a aucun exemple de cet usage dans l'*Histoire romaine* de Coeffeteau, dans ses *Œuvres* nous lisons : *Et derechef parlant d'un homme entaché du mesme sacrilege* (Coeffeteau 1622 : 190). *Cf.* Malherbe (1631 : I, 319) : *Alexandre [...] n'a pas esté seul entaché de ce vice.*

2290 La remarque manuscrite se termine par une rapide critique du poète (« Nous auons un de noz plus excellents Poetes qui s'en sert, mais aussi en est il blasmé »). Comme c'est souvent le cas, le commentaire sur l'usage régional de ce mot apparaît pour la première fois dans le texte publié. Le poète n'est pas identifié dans la Clef de Conrart. Selon Chassang (1880 : II, 326) : « Le mot n'est ni de Malherbe ni de Corneille. Peut-être est-il fait allusion à ces vers de Régnier, *Sat.* XV : De tous ces vices-là dont ton cœur *entaché* / S'est vu par mes escrits si librement touché. ». Comme l'indique la note précédente, Malherbe en fait usage dans sa prose. Dans Frantext (1600-1647), nous trouvons également un exemple en vers issu des *Bergeries* de Racan (1632) : *Quand d'infidelité vous seriez entaché / Vostre extreme remords absoult vostre peché.*

faire son vers, mais aussi on l'en a repris, comme d'un mot indigne d'avoir place en cette belle piece, où (543) il l'employe. *Entaché*, se dit en Anjou, *des fruits.*

Inonder

M Coeffeteau & quelques autres de son temps se servent de ce verbe d'une façon, qui n'est pas commune, & c'est, comme je crois, à l'imitation d'Amyot[2291]. Ils s'en servent avec la preposition *sur*, & neutralement, comme par exemple M. Coeffeteau dit en la vie d'Auguste[2292], *le Po, qui avoit inondé sur les terres voisines*, & je n'ay pas remarqué qu'il en use jamais autrement[2293]. Neantmoins l'usage ordinaire d'aujourd'huy est de faire *inonder*, actif, & de s'en servir sans preposition, comme de dire *le Po, qui avoit inondé les terres voisines*[2294]. Peut-estre en est-il de ce verbe, comme de[2295] *frapper*, & de quelques autres, qui s'employent activement, & neutralement avec la preposition *sur*, car on dit par exemple, *frapper la cuisse, & frapper sur la cuisse*, & ce dernier est beaucoup plus elegant & plus François que l'autre[2296].

Jaillir

Jaillir, pour *rejaillir*, n'est pas fort bon, quoy que l'un de nos plus fameux Autheurs en ayt usé[2297], disant, *il a fait jaillir de* (544) *l'ordure sur vous*, au lieu de dire, *il a fait rejaillir de l'ordure*. Peut-estre que c'est

2291 Dans le manuscrit (f° 54v°) : « Ie ne sçay si Amyot en use ainsi ». Dans sa traduction de Plutarque, Amyot emploie ce verbe transitivement : *c'est que la mer s'enfla, qui vint inonder tout le païs* (1587 [¹1572] : f° 232v°).

2292 Coeffeteau (1621 : I, 12).

2293 *Cf.* les exemples suivants : *Car le Tybre s'estant débordé, & ayant inondé dans toutes les places de la ville [...]* (Coeffeteau 1621 : I, 100) ; *Le Tibre s'estant furieusement enflé, & ayant entrainé son pont innonda* [*sic*] *de sorte, que durant six jours on alla par bateaux dans la ville* (Coeffeteau 1621 : I, 126).

2294 Ce jugement est confirmé par l'usage dans les textes de Frantext (1600-1647) où la grande majorité des occurrences sont de type transitif. Seul Coeffeteau et Garasse l'emploient avec la préposition *sur*.

2295 Dans l'original : *de*.

2296 Les grammairiens avant Vaugelas ne traitent pas de la construction d'*inonder*, mais Oudin (1640 : 235) commente l'usage de *frapper* : « *Frapper à la teste*, et *sur la teste* : *frapper au visage* : *frapper un homme*, et *sur un homme* : *frapper au but.* »

2297 Dans le manuscrit (f° 55r°) : « quoy que M. de Malh. en ayt usé. p. 260. » L'attribution n'est pas faite dans la Clef de Conrart.

un defaut du païs, où l'on se sert de plusieurs verbes simples au lieu des composez, dont on use par tout ailleurs[2298]. J'en ay fait une Remarque[2299], où *tasser*, & *sieger*, sont marquez pour dire *entasser*, & *assieger*. Il y a des verbes simples, qui ne sont gueres en usage, & l'on se sert des composez en leur place, qui ne laissent pas de retenir la signification du simple & non pas du composé, comme par exemple *refroidir*, est beaucoup mieux dit que *froidir*, dont je doute mesme s'il est bon, quoy que plusieurs le dient[2300], & ce *re*, bien qu'il denote une repetition, ou reïteration, ne luy donne point une autre signification que celle du simple. Il en est de mesme de *rejaillir*, il y en a quelques autres de cette nature, qui ne se presentent pas maintenant à ma memoire[2301].

De l'usage & de la situation de ces mots, Monseigneur, Monsieur, Madame, Mademoiselle, *& autres semblables, dans une lettre ou dans un discours*[2302]

Ces mots que l'on doit inserer dans les lettres que l'on escrit, ou dans les discours que l'on fait aux personnes de condition, (545) ou de respect, ne se peuvent pas mettre indifferemment en tous lieux. D'ordinaire on les place fort mal[2303]. Voicy quelques reigles pour ne tomber pas dans ce defaut. Premierement il ne faut jamais dans la premiere periode d'une

2298 Dans son dictionnaire de 1549 sous l'entrée « Re », Robert Estienne indiqua déjà que *jaillir* et *rejaillir* ont plutôt une acception différente : « *Quelquesfois il vault autant que* Retro, *derriere, en arriere : comme Reculer, aller en arriere, tirer le cul arriere*, recedere : *Rechasser ou Repoulser ses ennemis*, retro pellere : *Se retirer, Revenir, Rejaillir.* »

2299 Voir *R*p. 76-77.

2300 Le verbe simple *froidir* ne figure pas dans les dictionnaires d'Estienne (1549) de Nicot (1606) ou de Cotgrave (1611), et il n'y en a aucune occurrence dans Frantext pour la période 1600-1647.

2301 Ce dernier commentaire ne figure pas dans la remarque manuscrite.

2302 Dans la courte remarque manuscrite (f° 62r°), les réflexions de Vaugelas sur cette question ne sont pas encore développées : « *Monsieur, Monseigneur, Madame, Madlle Sire*, et autres semblables que l'on doit inserer dans les lettres que l'on escrit, ou dans les discours que l'on fait aux personnes de respect, ne se peuuent pas mettre indifferemment en tous lieux ~~Ils~~ D'ordinaire on les situe fort mal, et particulierement apres les Verbes. Il en faut donner des exemples. Cela est important, parce que non seulement à les bien situer et entrelasser ilz donnent beaucoup de grace à la periode, mais aussi parce qu'en y manquant, et les placant mal <comme apres certains uerbes>, on fait des sens ridicules. »

2303 Vaugelas songe-t'il ici à la correspondance privée qui pour la plus grande part a été perdue ? Les auteurs tels que Guez de Balzac ou Mersenne semblent avoir employé les formes d'adresse dans leurs lettres d'une façon plus ou moins conforme aux recommandations de Vaugelas (voir les exemples ci-dessous cités d'après Frantext).

lettre ou d'un discours, quelque longue qu'elle soit, repeter le mot par lequel on a commencé, c'est à dire, que si vous avez par exemple commencé ainsi, *Monseigneur*[2304], ou quelqu'un des autres, & que la premiere periode soit fort longue, il ne faut point repeter *Monseigneur*, ou *Monsieur*, ou aucun des autres, que la periode ne soit achevée, parce qu'une periode n'en peut souffrir deux, & ce seroit importuner & non pas respecter la personne, que l'on pretend honorer, d'user de cette repetition si proche l'une de l'autre avant que le sens soit complet.

La seconde Reigle est, qu'apres *vous*, quand ce pronom personnel finit le membre de la periode, il faut mettre *Monseigneur*, ou l'un de ces autres mots, par exemple, si je dis, *il n'appartient qu'à vous Monseigneur*, ou l'un des autres, je diray beaucoup mieux, que si je disois seulement, *il n'appartient qu'à vous de faire*, &c.[2305] Car je parleray à cette personne là, que je dois & que je veux honorer, avec beaucoup plus de respect, que si je disois simplement (546) *vous*, qui de soy est un terme commun à tous & par consequent, peu respectueux. C'est pourquoy, il n'y a point d'endroit dans la lettre, où cette repetition puisse avoir meilleure grace, qu'apres ce pronom, parce qu'elle y est necessaire. Il faut donc tascher de l'y mettre tousjours. Que s'il se rencontre, qu'on l'ayt mise ailleurs en un lieu fort proche, il la faut oster de là pour la placer apres *vous*. Ce qui se pratique en deux façons, ou en le repetant immediatement apres *vous*, comme en l'exemple que nous avons donné, *il n'appartient qu'à vous Monseigneur*, ou en le repetant mediatement, comme *pour vous dire Monseigneur*, ou *pour vous asseurer Monseigneur*. Mais en cette derniere façon il n'est pas du tout si necessaire, qu'en l'autre, quoy qu'il y ait tousjours bonne grace, & qu'il soit bon de l'y mettre autant qu'il se peut.

Il est bien placé aussi apres les particules, ou les termes de liaison[2306], qui commencent les periodes, comme apres *car*, *mais*, *au reste*, *apres tout*, *en fin*, *certes*, *certainement*, *c'est pourquoy*, & autres semblables[2307].

2304 Dans plusieurs passages de cette remarque le *M* initial de *Monseigneur, Monsieur, Majesté, Madame* n'est pas en italique dans l'original ; nous les avons harmonisés de façon systématique.

2305 *Cf.* Balzac (1624, cité d'après Frantext) : *c'est ce que j'estime en vous, Monseigneur, et non pas vostre Chappeau rouge, et vos cinquante mille escus de rente.*

2306 Sur l'usage du métalangage dans les *Remarques*, voir l'Introduction, 5.2.

2307 *Cf. Car, monseigneur, ce sont les muses que vous voyez icy prosternées devant vous* (Mersenne 1627) ; *C'est pourquoy, Monseigneur, je mettray à part ce qui me touche, pour entrer dans vos ressentimens* (Balzac 1624).

On n'a gueres accoustumé de le mettre au commencement de la periode. Il semble que cette place ne luy appartient qu'à l'entrée de la lettre, ou du discours, & qu'apres cela on le met tousjours en suite de quelques (547) autres mots, qui ont commencé la periode[2308]. Mais pourtant je ne le voudrois pas condamner, si ce n'est dans une lettre fort courte, où veritablement il seroit tres-mal placé ; car dans une longue epistre, ou dans un long discours, il est certain qu'on peut encore en quelque endroit luy faire commencer une periode avec beaucoup de grace, & d'emphase. Il est vray que je ne voudrois pas que ce fust plus de deux fois en tout & encore en y comprenant celle qui est à la teste de la piece.

Il faut prendre garde à ne le mettre point apres un verbe actif, à cause de l'equivoque ridicule qu'il peut faire, & avec le verbe, & avec le nom qui en est regi, comme *je ne veux pas acheter Madame, si peu de chose à si haut pris*, car qui ne voit le mauvais effet que cela produit & devant & apres, en disant *acheter Madame*, & *Madame si peu de chose*[2309] ? Et quand le nom qui est regi par le verbe ne fait point d'equivoque, comme si je dis, *je ne veux pas achever Madame, un ouvrage*, il ne laisse pas de faire que le mot de *Madame*, ne soit mal placé, parce que deux substantifs de suite apres un verbe qui en regit un ne s'accommodent point bien, & ne sçauroient avoir que mauvaise grace. Comme j'escrivois cecy, on m'a donné un livre, où en l'ouvrant j'ay veu *je* (548) *ne sçaurois jamais oublier Monseigneur, cet heureux sejour*, cela m'a choqué, mais aussi n'est-il pas vray, que ce n'est pas escrire nettement que de mettre *Monseigneur*, en cet endroit là ? Il falloit dire, *je ne sçaurois Monseigneur, jamais oublier cet heureux sejour*, ou *jamais je ne sçaurois Monseigneur oublier*, ou en fin, *je ne sçaurois jamais Monseigneur, oublier*, &c.

C'est donc une des principales maximes, ou peut-estre la seule en ce sujet, de ne mettre jamais *Monsieur*, ny *Madame*, ny leurs semblables en aucun endroit, où ce qui va devant & ce qui va apres puissent faire equivoque ; car encore que ces equivoques pour l'ordinaire soient

2308 Il manque le point final dans l'original.

2309 Dans les lettres diplomatiques du corpus des *Acta Pacis Westphalicae*, qui sont en général soigneusement rédigées, nous trouvons quelques exemples de formules d'adresse postposées à un verbe transitif, ce qui pourrait engendrer un moment d'hésitation pour le lecteur, par ex : *Comme je vois les choses changer j'ay désiré, Monsieur, avant que d'entrer en matière de vous rendre compte* ; *Nous rendrons, Monsieur, par le prochain ordinaire un compte exact de tout* (*Acta Pacis Westphalicae. Serie II : Korrespondenzen. Abteilung B : Die französischen Korrespondenzen*, 6 vols (1644-1647), Münster, Aschendorff, 1979-2004, vol. II, n° 144 ; vol IV, n° 140). Je remercie Annette Gerstenberg pour ces informations.

desraisonnables, & ne se puissent pas dire equivoques, sans faire violence à la phrase d'une façon grossiere & impertinente, comme est celle qui est si triviale & si importune, mais que l'exemple m'oblige d'alleguer, *voulez vous du veau Monsieur*, si est-ce qu'il ne faut pas laisser de les eviter, & avec d'autant plus de soin, qu'il y a plus de personnes desraisonnables & impertinentes, qu'il n'y en a de l'autre sorte[2310]. Il ne faut point non plus mettre ces mots *Monsieur*, ny *Madame*, ny leurs semblables entre le substantif & l'adjectif, si l'adjectif se rencontre du mesme genre, que *Monsieur*, ou *Madame*, par exemple, *c'est un adversaire Monsieur, tres-insolent*, (549) & l'on a beau mettre une virgule, comme il la faut mettre apres *Monsieur*, on ne se paye pas de cela, & on ne laisse pas d'en rire[2311]. De mesme au feminin, *c'est une procedure, Madame, desaprouvée de tout le monde.*

Il est bien placé devant le *que*, comme *je ne crois pas Madame, que &c. Il est certain Madame, que &c.* & devant *de*, comme *c'est un effet, Madame, de vostre bonté.* Et apres *oüy*, & *non*, comme *Oüy Madame, Non Madame, il ne se voit rien* &c.[2312]

Il semble qu'il est inutile d'avertir qu'il ne le faut point mettre à la fin de la periode ; car cela est trop visible. Neantmoins il se pourroit faire qu'il y trouveroit sa place, & de bonne grace ; car pourquoy n'escriroit-on point en finissant une periode *ne le croyez point Madame. Ne le croyez point Monseigneur.* Mais il n'en faut pas user souvent[2313].

On ne doit jamais aussi mettre ny *Sire*, ny *Monseigneur*, ny *Madame*, apres *vostre Majesté*, ou *vostre Eminence*, ou *vostre Altesse* comme *vostre Majesté Sire, ne souffrira pas, &c. vostre Majesté Madame, vostre Eminence Monseigneur, vostre Altesse Monseigneur.* Mais on les peut mettre devant, comme *Sire, vostre Majesté ne souffrira pas* ; *Madame, vostre Majesté est si sage*, & ainsi des autres.

2310 Voir l'Introduction, p. 143-144.

2311 Vaugelas semble donc nier à la fois le rôle de la ponctuation et de l'intonation dans la désambiguïsation.

2312 Tous ces usages figurent dans les lettres de Balzac : *C'est assez, Monseigneur, que vous conserviez la memoire de ceux que vous avez aymez* (1624) ; *Et partant, Monseigneur, de quelque opinion que vous soyez, vous porterez avec vous ce qui gaigne les victoires* (1624) ; *Non, Monseigneur, il ne le faudroit pas* (1624).

2313 Cet usage est également attesté dans les lettres diplomatiques du corpus des *Acta Pacis Westphalicae*, par ex. *Le temps nous esclaircira bientost de l'estat véritable de cette affaire, Monsieur* ; *Mais il a dict qu'il estoit impossible de donner tant de choses premier que de s'adresser ailleurs ; que vous sçaviez bien Monsieur* (*Acta Pacis Westphalicae. Serie II : Korrespondenzen. Abteilung B : Die französischen Korrespondenzen*, 6 vols (1644-1647), Münster, Aschendorff, 1979-2004, vol. I, n° 138 ; vol. III, n° 067).

Il est à propos d'ajouster icy, qu'il y a force gens en escrivant, aussi bien qu'en parlant, **(550)** qui repetent trop souvent *Monsieur*, jusqu'à s'en rendre insupportables. En toutes choses l'excés est vicieux. Ils veulent honorer, & ils importunent. Il est bien aisé de se corriger de cette faute en escrivant, mais tres-difficile, en parlant ; si une fois on a contracté cette mauvaise habitude comme ont fait plusieurs, que je connois, où[2314] il n'y a plus de remede.

Si en escrivant, on peut mesler vous, *avec* vostre Majesté, *ou* vostre Eminence, *ou* vostre Altesse, *& autres semblables*[2315]

Si vous escrivez une lettre qui ne soit pas fort longue, il faut tousjours mettre *vostre Majesté*, & jamais *vous*. Je sçay bien les inconveniens qu'il y a, de s'assujetir à cela, & de parler tousjours en la troisiesme personne, soit en disant *vostre Majesté*, soit en disant *elle* ; mais en une lettre courte, il se faut un peu contraindre, & il n'y a point d'apparence, de s'emanciper dans un si petit espace. *Elle*, doit estre repeté beaucoup plus souvent que *vostre Majesté*, quoy que ce dernier le doive estre souvent, mais avec une certaine mesure judicieuse, qui empesche qu'on ne se rende importun en voulant estre respectueux[2316]. **(551)**

Que si c'est une longue lettre, ou un discours de longue haleine, il n'y aura point de danger de mesler l'un avec l'autre, & de dire tantost *vous*, & tantost *vostre Majesté*, mais plus souvent *vostre Majesté*. Les plus scrupuleux avoüeront, qu'il y a mesme des endroits, où il faut necessairement dire *vous*, comme *vous estes Madame, la plus grande Reyne du monde*. Il est certain qu'il faut necessairement dire ainsi, & non pas *vostre Majesté Madame, est la plus grande Reyne du monde*, qui seroit une expression impertinente, tellement qu'en cet exemple on pourroit mettre *vous*, dans une lettre de douze lignes, & en quelques autres cas semblables, qui se pourroient presenter.

Quant aux autres titres de grandeur, moindre que la Royale, on ne doit faire aucune difficulté[2317] de mesler l'un avec l'autre, nostre langue s'estant reservé cette liberté, que l'Italienne ny l'Espagnole n'ont pas, à

2314 Dans l'original : ou.

2315 Vaugelas ne traite pas de cette question dans le manuscrit. Dans l'original le *M* initial de *Majesté* et *Madame* n'est pas toujours en italique : nous avons corrigé de façon systématique.

2316 Ce genre de recommandation nous rappelle le contexte socioculturel de l'élaboration des *Remarques* ainsi que leurs rapports avec les livres de courtoisie de l'époque.

2317 Dans l'original : difficulte.

cause que *vous* en ces deux langues est un terme incompatible avec la civilité, sur tout *vos*, en Espagnol, ce qui n'est pas en la nostre. Les Latins sont bien encore moins ceremonieux, qui disent tousjours *tu*, à qui que ce soit, & il semble que nous avons pris un milieu & un temperament bien raisonnable entre ces deux extremitez[2318], en donnant par honneur le nombre pluriel à une seule personne, quand nous luy (552) disons *vous*, & en evitant dans le commerce continuel de la vie, la frequente & importune repetition des termes dont les Italiens & les Espagnols se servent en sa place.

S'il faut dire alte, *ou* halte[2319]

Faire alte. On demande s'il faut dire *alte*, ou *halte*, avec une *h*[2320]. Pour resoudre la question, il y en a qui croyent, qu'il faut avoir recours à l'etymologie du mot, tellement que ceux qui le derivent de l'Allemand *halten*, qui veut dire *arrester*, soustiennent qu'il faut dire *halte*, avec une *h*, aspirée, qui marque son origine, parce que *faire halte*, comme chacun sçait, ne signifie autre chose en terme de guerre, que *s'arrester dans la marche*. Les autres au contraire le font venir du Latin *altus*, c'est à dire *haut*, parce que quand on fait *alte*, on tient les piques hautes, d'où est venu le proverbe *haut le bois*, & par cette raison croyent qu'il faut dire *alte*, sans aspiration[2321]. Mais ceux qui veulent qu'on l'aspire repliquent, que quand ainsi seroit, qu'il viendroit d'*altus*, dont ils ne demeurent pas d'accord, il ne s'ensuivroit pas pourtant qu'il fallust escrire ny prononcer *alte*, sans *h*, puis qu'estant certain que *haut*, vient d'*altus*, on n'a pas laissé d'y mettre une *h*, qui s'aspire, ce qui est comme un (553) prejugé, que si *alte*, venoit d'*altus*, il faudroit[2322] pareillement & à l'exemple de

2318 Vaugelas profite donc de la comparaison pour louer les qualités de la langue française.

2319 Cette remarque ainsi que la suivante ne se trouvent pas dans le manuscrit.

2320 La variation est attestée dans les exemples proposés par Nicot (1606) dans son dictionnaire. Tandis que sous « *Halebarde* » il donne la forme *faire halte* (« *La hante en est longue, et en plusieurs garnie d'une petite poincte de fer au bout d'en-bas, que le soldat fiche en terre, quand il fait halte* »), sous « Ligne », on trouve plutôt « tout *ainsi que le Geometrien fait alte* ». Pour sa part, Cotgrave (1611) inclut l'entrée « faire halte. *To stop, stay, make a stand* », tout en notant sous *Alte* « *as* Halte ».

2321 Selon le *TLFi*, ce mot vient de l'italien *alto* « arrêt au cours d'une marche (surtout en parlant d'une armée) » (fin XVe-début XVIe siècle) dans l'expression *fare alto* « s'arrêter (d'une armée) », lui-même emprunté à l'allemand *Halt*, terme militaire signifiant « arrêt ». L'*h* initial du mot français est dû au mot allemand *Halt* de même sens.

2322 Dans l'original : il y faudroit (*Fautes d'impression*).

l'autre y mettre aussi une *h*, aspirante, de sorte qu'ils retorquent ainsi l'argument contre leurs adversaires.

La plus saine & la plus commune opinion est, qu'il faut dire & escrire *alte*, sans *h*, & sans avoir aucun esgard à toutes les etymologies, qu'on pourroit rapporter au contraire ; car nous ne voudrions pas non plus en cette occasion nous servir de celles, qui nous seroient favorables, n'y ayant pas lieu de recourir aux etymologies, lorsque l'Usage est declaré, comme icy[2323]. Or est-il que je pose en fait, apres le tesmoignage d'une quantité de personnes irreprochables, auquel je joins encore ma propre observation, que dans tous les livres, & dans toutes les relations qui se sont faites en ces dernieres guerres, on n'a point veu *alte*, imprimé, ny escrit avec une *h*[2324]. Et ce n'est que depuis ce temps là qu'on a commencé à escrire ce mot, dont M. Coeffeteau n'a jamais osé se servir[2325], n'estant pas encore en usage dans le beau stile, quoy que ce fust un terme bien necessaire. Mais ce qui acheve de decider la question, c'est que ces mesmes tesmoins & une infinité d'autres, asseurent aussi bien que moy, qu'ils ne l'ont jamais oüy aspirer, qu'ils ont tousjours entendu prononcer (554) *faire alte*, comme si l'on escrivoit *fair' alte*[2326], en mangeant l'*e* de *faire*, par une apostrophe, ce qui ne se fait jamais devant l'*h*, aspirée, ou consone.

S'il faut dire hampe, *ou* hante

On demande encore s'il faut dire *la hampe*, ou *la hante d'une halebarde*. On dit l'un & l'autre, mais *hampe* est incomparablement meilleur & plus usité. Il est tellement en usage, que quelques uns de la compagnie, où ce doute a esté proposé, s'estonnoient qu'on le demandast. Mais on a fait une response qui peut servir en tous les doutes de cette nature. C'est que l'on demeure bien d'accord, que là où l'Usage est certain & declaré, il n'y a point de question à faire, ny à hesiter, il le faut suivre ;

2323 Sur le rôle de l'étymologie pour éclairer les cas d'un usage douteux, voir l'Introduction, p. 81.

2324 Vaugelas fait référence à l'intervention française, à partir de 1635, dans la Guerre de Trente Ans, guerre terminée en 1648 par la paix de Westphalie. Cette observation est confirmée par l'usage dans les textes de Frantext (1600-1647) : il y a 7 occurrences de la forme *alte* et aucune de *halte*.

2325 Il y a pourtant quelques exemples dans Frantext de *faire alte* dans les dernières décennies du XVIe siècle, chez Poissenot (1583), Montaigne (1592) et Lucinge (1593). Marzys (2008 : 107-108) observe que, si *(h)alte* remonte au dernier quart du XVIe siècle, comme terme militaire à l'origine, ce mot pouvait paraître nouveau dans la langue littéraire.

2326 Dans l'original : *fair alte*.

mais toutes les fois que l'on doute d'un mot, c'est un signe infaillible que l'on doute de l'Usage[2327]. Il est donc vray, puis que l'on demande lequel est le meilleur de *hampe*, ou de[2328] *hante*, que l'Usage en est douteux. Et ce doute, comme plusieurs autres, qui se voyent dans ces Remarques, ne procede d'autre chose, que de ce que l'oreille ne discerne pas aisement si l'on prononce *hampe*, ou *hante*. J'ay esté tout de nouveau confirmé dans ce sentiment en une celebre compagnie[2329], (555) où l'on a proposé cette question, parce qu'encore que[2330] chacun lors qu'il opinoit[2331], prononçast bien distinctement & bien hautement ou *hampe*, ou *hante*, & que tous les autres fussent bien attentifs à recueillir lequel des deux il disoit, neantmoins il le luy falloit faire repeter deux fois, & quelquefois trois pour le bien entendre, de sorte qu'on fut contraint d'opiner en ces termes, *hampe, avec un p, est le meilleur. On dit aussi hante, avec un t*. Si donc il est vray qu'il n'est pas aisé à l'oreille de distinguer *hampe* de *hante*, sans qu'on y ajouste ces paroles *avec un p*, ou *avec un t*, il ne faut pas s'estonner, si l'Usage en est douteux, veu mesmes que ce n'est pas un mot dont l'usage soit fort frequent, que parmy les gens de guerre dans l'infanterie[2332]. Outre que dans les livres qui traitent de l'art militaire, on le voit escrit tantost d'une façon, & tantost de l'autre ; mais les Autheurs, qui ont plus hanté la Cour, escrivent *hampe*, & non pas *hante*[2333].

Sur, & dessus

Nous avons desja fait une Remarque sur ces prepositions *sur, dessus, sous, dessous, dans, dedans*, & quelques autres, & nous ne repeterons pas icy ce qui a esté dit[2334], mais nous ajousterons une chose, qui a esté obmise.

2327 Sur l'usage douteux, voir l'Introduction, 4.1.5.

2328 Dans l'original : *de*.

2329 L'Académie Française.

2330 Dans l'original : qu'un (*Fautes d'impression*).

2331 Dans l'original : de ceux qui y estoient (*Fautes d'impression*)

2332 Estienne (1549), Nicot (1606) et Cotgrave (1611) dans leurs dictionnaires font une distinction entre *hampe* pour « poitrine de cerf » en vénerie, et *hante*, « fuste d'une javeline, ou autre baston ». Chabanel (1612 : 208) pourtant définit *hampe* comme « le manche des bastons de guerre ». À la fin du siècle, Richelet (1680), Furetière (1690) et l'Académie (1694) confirment que la forme *hampe* s'est établie.

2333 Il n'y a aucune attestation dans Frantext de la forme *hampe* pour la période 1600-1647. Les deux exemples de *hante* datent des premières décennies du siècle (Fauchet 1601, Urfé 1612).

2334 Voir *R*p. 124-126. Cette observation supplémentaire ne figure pas dans le manuscrit.

(556) C'est qu'à la Reigle que nous avons donnée, de n'employer jamais pour prepositions ces composez *dessus*, *dessous*, *dedans*, & les autres, mais tousjours les simples comme *sur*, *sous*, & *dans*, nous avons mis une exception, qui est que quand ces composez sont precedez d'une autre preposition, alors il se faut servir des composez & non pas des simples. Par exemple, il faut dire *par dessus la teste*, & non pas *par sur la teste*, quoy qu'il faille dire *sur la teste*, & non pas *dessus la teste*, quand il n'y a point de preposition devant, comme est *par*. De mesme il faut dire *par dessous la table*, *par dedans l'Eglise*, & non pas *par sous la table*, ny *par dans l'Eglise*, quoy qu'il faille dire *sous la table*, & *dans l'Eglise*, quand il n'y a point de *par*, devant.

Tout cela a desja esté dit, mais il estoit absolument necessaire de le repeter, pour faire entendre ce que nous y adjoustons, qui est qu'avec *de*, il en est de mesme qu'avec *par*, & ce qui me l'a fait remarquer, c'est la faute que j'ay trouvée dans un Autheur assez renommé, à qui elle est familiere[2335]. Il a sceu qu'il falloit se servir de ces prepositions simples, & non pas des composées, qui sont d'ordinaire adverbes & non pas prepositions, mais il n'a pas sceu, que quand il y a une autre preposition devant, il faut user des composées, qui (557) deviennent prepositions, d'adverbes qu'elles estoient ; il escrit donc tousjours par exemple, *il se leva de sur son lit*, au lieu de dire, *il se leva de dessus son lit*, *il ne fait que sortir de sous l'aile de la mere*, au lieu de dire, *il ne fait que sortir de dessous l'aile de la mere* ; car ce *de* est une preposition qui respond à l'*ex*, ou à l'*e* des Latins, & il me semble qu'il n'y a que ces deux prepositions *par*, & *de*, où cette exception ayt lieu. Et il ne faut pas objecter que l'on dit *au dessus de la teste*, *au dessous du genoüil*, &c. parce qu'en ces exemples *dessus*, & *dessous*, & leurs semblables passent pour mots substantifiez, & non pas pour prepositions. Les articles qui vont devant & derriere, en sont des preuves infaillibles.

Qu'ainsi ne soit[2336]

Nous avons remarqué de certaines façons de parler, qui semblent dire tout le contraire de ce qu'on leur fait signifier[2337]. Celle-cy est de ce

2335 L'identité de cet auteur n'est pas donnée dans la Clef de Conrart. Dans Frantext (1600-1647) nous trouvons des exemples de ce type chez Pierre Corneille (*Je le considerois tantost chez ce Libraire, / Ses regards de sur vous ne pouvoient se distraire*, 1637) ou dans les lettres de Peiresc (*quel sera le succez de ce malheureux fleau que Dieu veuille destourner de sur nous*, 1631).

2336 Cette expression n'est pas évoquée par Vaugelas dans le manuscrit de l'Arsenal.

2337 Voir *R*p. 228-230.

nombre ; car lors qu'il est question d'entrer en preuve d'une proposition[2338], si je dis *& qu'ainsi ne soit, vous voyez telle & telle chose*, qui est, comme on a accoustumé[2339] de parler, n'est-il pas vray qu'à[2340] l'examiner de pres, il n'y a point de raison de dire *& qu'ainsi ne soit*, & qu'au contraire il faut dire (558) *& qu'ainsi soit.* Cela est tellement vray, que tous les anciens l'escrivoient ainsi, & ces jours passez je le voyois encore dans Joachim du Belay[2341]. Neantmoins il y a plus de cinquante ans, que cette phrase est changée, & que l'on dit *& qu'ainsi ne soit*, ou *& qu'il ne soit ainsi*, & non pas *& qu'ainsi soit*, ou *& qu'il soit ainsi*, qui aujourd'huy ne seroient pas receus parmy ceux qui sçavent parler François[2342]. Il seroit mal-aisé d'en rendre aucune raison, puis que c'est contre la raison que cela se dit de cette sorte ; Se peut-il voir un plus bel exemple de la force ou de la tyrannie de l'Usage contre la raison ? Cependant ce sont ces choses là, qui font d'ordinaire la beauté des langues.

Tout de mesme[2343]

Il faut considerer ce terme de comparaison en differentes façons ; car si l'on s'en sert en respondant à une interrogation, par exemple si l'on me demande, *l'autre est-il comme cela* ? & que je responde *tout de mesme* ; ce sera bien parler. Sans interrogation encore je diray fort bien, *vous voyez celuy-là, l'autre est tout de mesme*, il n'y a point de stile si noble, où ce

2338 Dans l'original : preposition.

2339 Dans l'original : accoustume.

2340 Dans l'original : a.

2341 On trouve cette expression, par exemple, dans *La Defence, et illustration de la langue francoyse* (Paris, Arnoul l'Angelier, 1549) : *Et qu'ainsi soit, Philosophes, Historiens, Medicins, Poëtes, Orateurs Grecz, & Latins ont apris à parler Francois.* Il reste quelques rares occurrences de *qu'il soit ainsi* et de *qu'ainsi soit* dans le premier tiers du XVIIe siècle, par exemple, *Qu'il soit ainsi, l'on a l'esprit et le corps autant à commandement comme auparavant qu'elles advinssent* (Charron 1601) ; *Qu'ainsi soit vous voyez plusieurs femmes pour ce defaut, quasi prestes à rendre l'ame* (Marinello 1609).

2342 La variante *qu'ainsi ne soit* est pourtant bien attestée dans Frantext près d'un siècle avant la publication des *Remarques*, par exemple chez Taillemont (1553), Charles Estienne (1561), et Grévin (1562). Vaugelas se sert lui-même de cette forme dans sa traduction des sermons de Fonsèque (1615 : 56).

2343 Cette observation apparaît pour la première fois dans le texte publié. Les remarques manuscrites (f° 89v°) intitulées « *Tout* aduerbe, *Tout aussitost*, *Tout aupres*, *Tout premierement* » et « *Tout de mesme* » sont publiées comme une seule observation par Alemand dans les *Nouvelles Remarques* (Vaugelas 1690 : 73-74), mais celle-ci ne traite pas de la question étudiée ici.

terme ne puisse entrer. Mais s'il y a un *que* apres, comme *celuy là est tout de mesme que l'autre*, il n'est pas absolument mauvais, mais (559) il est extrémement bas, & ne doit estre employé que dans le dernier de tous les stiles[2344]. Que si l'on m'objecte que dans le cours de ces Remarques, je m'en suis servy fort souvent de cette sorte[2345], j'avoüeray franchement que j'ay failly en cela comme en beaucoup d'autres choses, & que je n'ay connu la faute dont j'avertis maintenant les autres, que depuis peu ; Tellement qu'il faut en user selon cette Remarque, & non pas selon le mauvais exemple que j'en ay donné.

L'adjectif tout, *avec plusieurs substantifs*

Cet adjectif suivy de plusieurs substantifs dans la mesme construction du membre de la periode, veut estre repeté devant chaque substantif, par exemple il faut dire *toute la Syrie, & toute la Phenicie*, & non pas *toute la Syrie & la Phenicie.* Et non seulement le premier où *toute*, est repeté[2346] deux fois est meilleur, mais le dernier où il n'est employé qu'une fois est mauvais, & contre la pureté naturelle de nostre langue[2347]. Ça bien tousjours esté ma creance[2348], mais ce seroit peu de chose si ce n'estoit aussi le sentiment de nos maistres. Que s'il y a plus de deux substantifs, c'est encore de mesme[2349]. Par exemple, un excellent Autheur a

2344 Cette expression n'est pas évoquée dans notre corpus de grammaires (1530-1650). Les lexicographes avant Vaugelas ne lui consacrent pas d'entrée non plus, mais Nicot (1606) l'utilise lui-même dans son article sur « Timon ». Si, dans Frantext (1600-1647), l'expression *tout de mesme que* est attestée dans les lettres de Peiresc, elle se trouve également dans la *Confession catholique du sieur de Sancy* d'Aubigné (1630), dans le *Discours de la méthode* de Descartes (1637) et dans *De la fréquente communion* d'Arnauld (1643).

2345 Voir, par exemple, *R*p. 114, 196, 201, 233.

2346 Dans l'original : repete.

2347 La variation est attestée dans les textes de Frantext (1600-1647), même dans les cas où les deux substantifs sont des antonymes, par exemple : *Nous rencontrerons aussi les deux tonneaux où Jupiter selon le dire d'Homere met tout le bien et le mal qu'il envoye aux hommes* (Sorel 1627) ; *et le bien des particuliers n'est considerable au general, qu'entant qu'il est utile à la personne du prince, de qui seul on attend tout le bien et tout le mal qui se respand dans le corps de la monarchie* (Faret 1636).

2348 Vaugelas contrevient ici à sa propre observation sur la bonne forme de ce mot (*R*p. 541-542).

2349 Dans le manuscrit (« *Tout* », 91r°-v°), Vaugelas fait toutefois une distinction entre les deux cas étudiés dans cette remarque : « Mais parce que de repeter trois ou quatre fois de suite *Tout*, ou *Toutes*, seroit importun, ie penserois qu'il suffiroit de le repeter une fois, comme si ie disois en l'exemple proposé *pour uoir toutes les beautez, tout l'artifice,*

escrit[2350] *pour voir toutes les beautez,* (560) *l'artifice, & les graces parfaitement employées*, il falloit dire *pour voir toutes les beautez, tout l'artifice & toutes les graces parfaitement employées.* Cela est hors de doute parmy les purs Escrivains. Il semble que les substantifs qui suivent soient jaloux du premier, s'ils ne marchent avec mesme train, & si l'on ne les traite avec autant d'honneur, que celuy qui va devant. Et quand les deux substantifs sont de divers genre, la faute est inexcusable de ne pas repeter *tout*, comme par exemple de dire *il a perdu toute sa splendeur & son lustre*, c'est sans doute mal parler[2351], il faut dire, *il a perdu toute sa splendeur & tout son lustre.*

Mais si les deux substantifs sont de mesme genre & synonimes, ou approchans, on demande s'il le faut repeter[2352], comme si je dis, *il a perdu toute l'affection & l'inclination qu'il avoit pour moy*, diray-je mieux que si je disois *il a perdu toute l'affection, & toute l'inclination qu'il avoit pour moy* ? On respond que tous deux sont bons, & que la grande Reigle des synonimes ou approchans, & des contraires ou differens a lieu icy, c'est à dire qu'aux mots contraires ou differens, il faut necessairement repeter *tout*, mais aux synonimes ou approchans, il n'est point necessaire, quoy que ce ne soit pas une faute de le repeter[2353], comme ç'en seroit une de ne le repeter (561) pas aux contraires & aux differens ; car par exemple, si je disois *il a oublié tout le bien & le mal que je luy ay fait*, je parlerois mal ; il faut dire de necessité, *il a oublié tout le bien & tout le mal que je luy ay fait* ; Aux differens de mesme ; *il a perdu toute l'affection & l'estime qu'il*

---

et les graces dont ie uiens de parler, sans dire *et toutes les graces.* Neantmoins il semble qu'il y seroit encore necessaire, et que l'oreille le trouue à dire, quand il y manque, si bien que pour la satisfaire d'une façon et d'autre, ie uoudrois euiter de mettre plus de substantifs de suite. Nous auons traité de cette ialousie des substantifs et des adiectifs en leur place ».

2350 Dans le manuscrit (91r°) : « Car il ne faut que lire la seconde partie des Œuures de M. pour uoir *toutes les beautez, l'artifice et les graces* ». Selon la Clef de Conrart, il s'agirait de Voiture, mais en réalité l'exemple provient du *Discours sur les œuvres de Mr de Malherbe* par Godeau (Malherbe 1631 : I, i iii v°).

2351 Haase (1935 : 393-394) cite pourtant plusieurs exemples de cet usage qui persiste après la publication des *Remarques*.

2352 Vaugelas ne traite pas de la règle des synonymes dans l'observation manuscrite.

2353 L'usage de Coeffeteau est variable, par exemple, *veu qu'il y fut receu avec toute l'honneur, toute la joye, toute la pompe & toute la gloire qu'on se sçauroit imaginer* (1621 : I, 91), mais *où Neron luy ceignit le bandeau Royal avec toute la pompe & la magnificence qu'on se sçauroit imaginer* (1621 : II, 58). Les occurrences de la non-répétition de *tout* se raréfient dans les années 1630 et 1640, mais nous lisons par exemple chez Arnauld (1643), *dans toute la pompe et la magnificence du siecle* (cité d'après Frantext).

avoit pour moy, n'est pas bien dit ; il faut dire *il a perdu toute l'affection, & toute l'estime qu'il avoit pour moy.*

Crainte, *dans le preterit*[2354]

Ce mot employé avec le verbe auxiliaire dans les preterits, a si mauvaise grace, qu'il le faut éviter, y ayant peu d'endroits où l'on s'en puisse servir. L'exemple le va faire voir. *C'est une chose que j'ay tousjours crainte.* Qui ne sent point la rudesse de ce mot ? sans doute elle provient de l'equivoque de ce participe qui sert aux preterits de son verbe, avec le substantif *crainte*, lequel estant un mot que l'on oyt dire à toute heure en cette signification, fait trouver l'autre estrange & sauvage, dans un usage different[2355]. Il y a pourtant quelques endroits, où il ne sonneroit pas mal, comme si l'on disoit *plus crainte qu'aimée*, ce qui arrive en cét exemple, tant parce que le *plus*, qui va devant oste l'equivoque du nom, qu'à cause de l'opposition *qu'aimée*, qui luy (562) donne & lumiere, & grace tout ensemble.

De certains noms que nous avons en nostre langue, qui ont tout ensemble une signification active, & une passive[2356]

Nous avons desja remarqué de certains mots qui ont la terminaison active & la signification passive, & d'autres qui ont la terminaison passive, & la signification active[2357] : Mais en voicy d'autres, qui ont un double usage, & une signification active & passive tout ensemble[2358].

2354 Commence ici une série de remarques qui ne se trouvent pas dans le manuscrit.

2355 Maupas (1618 : f° 160r°) observe simplement que la forme du participe passée au féminin « nous sert souvent de substantif verbal femi. Ainsi, Allee, Arrivee, Entree, Sortie, Couvee, Donnee, Issue, Veuë, Départie, Venuë, Saillie, Cruë, Assemblee, Prise, Apprise, Entreprise Mise, Remise, Entremise, Montee, Dévalee, Crainte, Contrainte, Portee, Enceinte, et autres en grand nombre sont participes et noms subst. fem. » Vue la fréquence de ce type de formation en français, l'aversion exprimée dans cette remarque semble assez curieuse. Notons pourtant le commentaire de l'Académie qui souligne l'idée qu'il s'agit d'un cas particulier : « On a esté de l'avis de M. de Vaugelas. *Plainte* est un substantif aussi usité que *crainte.* Cependant on n'est point blessé, quand on parle d'une femme d'entendre dire, *je l'ay plainte dans son malheur*, et si l'on dit *je l'ay tousjours crainte*, cela fait peine à l'oreille. »

2356 Il n'y a ni de remarque générale sur cette question ni de commentaire particulier sur l'usage d'*estime* ou d'*aide* dans le manuscrit.

2357 Voir *R*p. 518-519.

2358 Les exemples traités dans cette remarque où la différence de sens dépend du contexte syntaxique sont pourtant différents du cas de *conjuré* où il est plutôt question de la disjonction entre la forme et le sens du mot.

Par exemple *estime*, est un mot qui se dit avec le pronom possessif & de *l'estime que l'on a de moy*, & de *l'estime que j'ay d'un autre*. Voicy comment. *Mon estime n'est pas une chose dont vous puissiez tirer grand avantage*. Icy, *estime*, est dans une signification active eu esgard à moy ; car il veut dire *l'estime que je fais de vous*, & si je dis *mon estime ne depend pas de vous*, il est dans une signification passive ; car il veut dire *l'estime que l'on fait* ou *que l'on peut faire de moy*. Il en est de mesme de cet autre mot *ayde*, par exemple *mon ayde vous est inutile* ; car icy il a un usage actif, & veut dire, *l'aide que je vous puis donner*, & si je dis *venez à mon ayde*, il a un usage (563) passif, & veut dire *l'ayde que l'on me donnera*, & non pas *celle que je donneray*. Ainsi de *secours*, *mon secours vous est inutile*, & *venez à mon secours*. Ainsi d'*opinion*[2359] ; sans le possessif, comme *il est mort dans l'opinion de Copernicus*, a un sens actif, c'est à dire qu'*il avoit l'opinion de Copernicus*, & *il est mort dans l'opinion de sainteté* a un sens passif, qui veut dire, qu'*on a creu qu'il estoit mort saint*. Et ainsi de plusieurs autres. Cette observation est curieuse, & digne de celuy que j'ay nommé *un des plus grands Genies de nostre langue*[2360]. Je la tiens de luy avec plusieurs autres choses, qui rendront ces Remarques plus utiles & plus agreables ; & pleust à Dieu qu'il les eust pû toutes voir, comme il eust fait sans doute, si son loisir eust secondé sa bonté, & si tout ce que nous avons d'excellens hommes en France pour les belles lettres & pour l'exquise erudition, ne partageoient tout son temps avec son Heroine, avec ses amis, & l'elite de la Cour.

Prendre à tesmoin

On demande s'il faut dire *je vous prens tous à tesmoin*, ou *je vous prens tous à tesmoins* avec une *s*, au pluriel. Cette question fut faite dans une celebre compagnie, où (564) tout d'une voix on fut d'avis, qu'il falloit dire *je vous prens tous à tesmoin*, au singulier[2361]. Quelques uns seulement ajousterent, qu'ils ne condamneroient pas tout à fait le pluriel *à tesmoins*, mais que

2359 Dans l'original : *d'opinion*.

2360 Clef de Conrart : « M. Chapelain ». L'allusion plus bas à « son Heroine », référence nette à son poème, *La Pucelle*, confirme cette attribution. Le poème était encore inédit à l'époque où Vaugelas écrivait.

2361 Cette observation qui semble naître d'un débat à l'Académie Française ne se trouve pas dans le manuscrit. La question n'est pas traitée, avant Vaugelas, par les grammairiens de notre corpus (1530-1650).

l'autre estoit incomparablement meilleur, & plus François[2362]. Celuy qui proposa le doute trouvant tout le monde d'une opinion, comme d'une chose indubitable, fit bien voir neantmoins qu'il y avoit lieu de douter. Il avoit pour luy la reigle ordinaire, qui veut qu'apres *tous*, au pluriel, le substantif qui s'y rapporte, soit pluriel aussi. Et de fait, on ne diroit jamais *je vous reçois tous pour tesmoin*, mais *pour tesmoins*. A cela on respondoit, qu'il n'estoit pas icy question de la reigle ny de l'exemple, mais de l'Usage, qui vouloit que l'on dist *à tesmoin*, & non pas *à tesmoins*. Sa replique sembloit encore plus forte ; car il disoit que si c'estoit l'Usage, il donnoit les mains ; Mais que c'estoit là le nœud de la question, de sçavoir si c'estoit l'Usage ou non, parce que l'*s*, finale n'ayant gueres accoustumé de se prononcer en nostre langue, & particulierement en ce mot, où l'on n'apperçoit comme point de difference pour la prononciation entre le singulier & le pluriel[2363] ; car *un faux tesmoin* & *les faux tesmoins*, se prononcent tous deux egalement sans *s*, on ne pouvoit pas determiner si l'Usage estoit pour **(565)** *tesmoin*, ou pour *tesmoins* ; Et par consequent l'Usage n'estant point declaré, il s'en falloit tenir à la grammaire & à l'analogie, ausquelles on a accoustumé d'avoir recours, dans ces incertitudes ; *in dubiis vocibus*, dit un grand homme[2364], *analogiam loquendi magistram ac ducem sequemur*, & ainsi il falloit dire *à tesmoins*, & non pas *à tesmoin*. A cette replique on repartit qu'*à tesmoin* se prenoit là adverbialement, & indeclinablement, comme nous en avons plusieurs exemples en nostre langue, qui sont semez dans ces Remarques, & entre autres celuy-cy, *elle se fait fort de cela*, & *ils se font fort*, & non pas *elle se fait forte*, ny *ils se font forts*[2365]. Et pour ne sortir pas mesme de la phrase, dont il s'agit, on allegua pour une preuve convaincante de cette adverbialité[2366], s'il faut user de ce mot, que nous disons *je vous*

2362 *Prendre à tesmoins* est en réalité plus fréquent dans Frantext (1600-1647) dans ce contexte grammatical (par ex. chez Coeffeteau, Pierre Corneille et Mairet), mais on trouve quelques occurrences de l'autre variante (*à tesmoin*) chez Audiguier et Scudéry.

2363 Comme le notent Maupas (1618 : f° 12r°-v°) et Oudin (1640 : 48), il y a pourtant une différence de quantité vocalique entre la prononciation du singulier et du pluriel ; cette différence est confirmée par l'Académie (1704 : 583-584) : « On a esté de l'avis de M. de Vaugelas sur cette Remarque. On n'a pas pourtant trouvé qu'il eust lieu de dire qu'on n'apperçoit point de difference pour la prononciation entre *un faux tesmoin*, et *les faux tesmoins*. La derniere syllabe de *tesmoin* au singulier est breve, et elle est longue dans *tesmoins* au pluriel. » *cf.* Thurot (1881-1883 : II, 624-626).

2364 *Cf. R*p. 453.

2365 Voir *R*p. 323-324.

2366 Il semble que Vaugelas soit le premier à utiliser ce terme métalinguistique.

prens tous à partie, au singulier, & non pas *je vous prens tous à parties*, au pluriel, & que cela est si vray qu'il n'y a personne qui en doute[2367]. On y en ajoustoit encore un autre, qui est *je vous prens tous à garent*, & non pas *à garens*[2368]. Sans ces deux exemples, j'aurois esté d'avis d'une chose dont je ne m'avisay pas alors ny personne, mais qui m'est tombée depuis dans l'esprit, qui est que *tesmoin*, en cet endroit là signifie *tesmoignage* ; Et il ne faut point d'autre preuve pour faire voir qu'il se prend quelquefois (566) pour cela, que cette clause si ordinaire *en tesmoin dequoy j'ay signé la presente*, où l'on ne peut pas dire, que *tesmoin*, ne signifie *tesmoignage*, si l'on veut que ces mots ayent quelque sens. Mais ces deux autres[2369] *à partie*, & *à garent*, me ferment la bouche. Ce mot *tesmoin*, est encore indeclinable, & comme adverbe en cette phrase, *tesmoin tous les anciens Philosophes*, *tesmoin tous les Peres de l'antiquité* ; car asseurement il faut dire *tesmoin*, & non pas *tesmoins*, comme l'on dit *excepté*, ou *reservé cent personnes*, & non pas *exceptées*, ou *reservées cent personnes*[2370]. Ce qui confirme extremement, qu'en cette phrase *les prendre tous à tesmoin*, *tesmoin*, est adverbial & indeclinable.

Pardonnable

On abuse souvent de ces adjectifs verbaux. Nous avons fait une Remarque d'un de ceux là, qui est *faisable*[2371], qu'un Autheur celebre a employé pour une chose qu'on a permission de faire, quoy qu'il n'ayt jamais cette signification, & qu'il veüille dire seulement *ce qui est possible*, & non pas *ce qui est permis*. J'ay veu un autre Autheur[2372] abuser aussi d'un autre adjectif verbal, qui est *pardonnable* ; car il dit *je ne serois pas pardonnable*, pour dire *je ne serois pas digne de pardon*, (567) ou *je ne meriterois point de pardon*. *Pardonnable* ne se dit jamais des personnes, mais seulement des choses, comme *cette faute n'est point pardonnable*, *cela ne seroit pas pardonnable*, & non pas *je ne serois pas pardonnable*.

2367 Il n'y a que deux occurrences du pluriel *à parties* dans Frantext (1600-1647), qui proviennent toutes deux de *La Doctrine curieuse des beaux-esprits de ce temps* de Garasse (1623).

2368 Il n'y a aucune occurrence du pluriel dans Frantext (1600-1647), mais l'expression est en général très rare (2 ex. de *prendre à garent*, 1 ex. d'*appeler à garent*).

2369 Dans l'original : autres deux (*Fautes d'Impression*).

2370 *Cf.* Vaugelas (1690 : 67).

2371 Voir *R*p. 490 ; *pardonnable* n'est pas abordé dans le manuscrit.

2372 Vaugelas songeait-t-il à ce vers de Théophile de Viau : *Je ne serois point pardonnable* (*Les Œuvres de sieur Théophile de Viau*, Paris, J. Quesnel, 1621, p. 89) ? Cet usage est également attesté dans Frantext chez Urfé (1627) et Baro (1628), entre autres.

Excusable, se dit & des personnes & des choses, comme *vous n'estes pas excusable*, & *c'est une faute qui n'est pas excusable. Consolable* & *inconsolable*, se disent & de la douleur & de la personne affligée.

Qu'il y a une grande difference entre la pureté *&* la netteté du stile[2373]. *Et premierement,* de la pureté[2374]

La plus-part du monde confond ces deux choses, qui neantmoins sont fort differentes & n'ont rien de commun. La pureté du langage & du stile consiste *aux mots, aux phrases, aux particules*, & *en la syntaxe*. Et la netteté[2375] ne regarde que *l'arrangement, la structure, ou la situation des mots, & tout ce qui contribuë à la clarté de l'expression.* Examinons maintenant par le menu l'un & l'autre, & pour commencer par *la pureté*, voyons les quatre parties qui la composent ; mais auparavant disons, qu'il n'y a qu'à eviter le barbarisme & le solecisme pour escrire purement. Le barbarisme est *aux mots, aux* **(568)** *phrases, & aux particules*[2376] ; & le solecisme est *aux declinaisons, aux conjugaisons, & en la construction.*

Du barbarisme, premier vice contre la pureté[2377]

Pour les mots, on peut commettre un barbarisme en plusieurs façons, ou en disant un mot qui n'est point François, comme *pache*, pour *pacte*, ou *paction*, ou un mot qui est François en un sens & non pas en l'autre, comme *lent* pour *humide*[2378], *sortir* pour *partir*, ou qui a esté en usage autrefois, mais qui ne l'est plus, comme *ains*, *comme ainsi soit*[2379], & une infinité d'autres[2380], ou enfin un mot, qui est encore si nouveau, & si

2373 Sur ces concepts, voir l'Introduction, p. 117-121, 143.

2374 Le volume se termine par cinq remarques générales qui définissent et illustrent des catégories essentielles de l'analyse du français selon Vaugelas. Aucune d'entre elles n'apparaît sous cette forme dans le manuscrit, bien que quelques mots et constructions qui servent d'exemples y soient traités. Cette première remarque ne figure nullement dans le manuscrit.

2375 Dans l'original : nettete.

2376 *Cf.* Préface, VI.

2377 Cette remarque qui contient comme exemples plusieurs mots et expressions traités ailleurs dans le livre ne se trouve pas sous cette forme dans le manuscrit.

2378 Voir *R*p. 136-137, 372-373, 486.

2379 Voir *R*p. 151, *469-*470.

2380 *Cf.* Sorel (1671 : 377) : « Ce n'est pas pourtant l'Academie qui a retranché, *ains*, *jaçoit*, & plusieurs autres mots : Beaucoup de Gens les avoient quittez avant que cette Compagnie fust établie ; Il est vray qu'elle a autorisé ces sortes de corrections ». Wapy (1634 : 42)

peu estably par l'Usage, qu'il passe pour barbarisme, à moins que d'estre adoucy par un, *s'il faut ainsi parler, si j'ose user de ce mot*, ou quelque autre terme semblable, comme nous avons dit ailleurs[2381] ; Ou bien en se servant d'un adverbe pour une preposition, comme de dire *dessus la table*, pour *sur la table*, *dessous le lit*, pour *sous le lit*, *dedans le lit*, pour *dans le lit*[2382] ; ou en disant au pluriel un nom, qui ne se dit bien qu'au singulier, comme *bonheurs*[2383], ou au contraire, comme *delice*, pour *delices*[2384]. (569)

Pour les phrases, en usant d'une phrase, qui n'est pas Françoise, comme *elever les mains vers le ciel*, au lieu de dire *lever les mains au ciel*[2385] ; *Je m'en suis fait pour cent pistoles*, comme disent les Gascons, pour dire *j'ay*[2386] *perdu cent pistoles au jeu*. Non pas qu'il ne soit permis de faire quelquefois des phrases nouvelles avec les precautions que nous avons marquées en quelque endroit de ce livre[2387], au lieu qu'il n'est jamais permis de faire de nouveaux mots, nonobstant cet oracle Latin,

Licuit, semperque licebit
Signatum præsente nota producere verbum[2388]

parce que cela est bon en la langue Latine, & plus encore en la Grecque, mais non pas en la nostre, où jamais cette hardiesse n'a reüssi à qui que ce soit, au moins en escrivant ; car en parlant on sçait bien qu'il y a de certains mots que l'on peut former sur le champ, comme *brusqueté*, *inaction*, *impolitesse*[2389], & d'ordinaire les verbaux qui terminent en *ent*

---

considère *ains* comme archaïque et limité à l'usage juridique, mais s'en sert lui-même dans son texte (1634 : 101).

2381 Voir *R*p. 44. Dans ses *Remarques*, Wapy (1634 : 14-15) propose le même type d'expressions pour introduire des emprunts lexicaux : « s'il [l'homme parfaitement eloquent] est contraint d'emprunter une parole étrangere, il âjoutera quelque sauf-conduit pour luy donner passage en cette sorte : *s'il m'est permis d'ainsi parler. Puisque la necessité m'oblige de laisser courre ce mauuais mot* : ou autres semblables ».

2382 Voir *R*p. 124-126, 555-557.

2383 Voir *R*p. 500-501.

2384 Voir *R*p. 249. Il manque le point final dans l'original.

2385 Voir *R*p. 486.

2386 Dans l'original : *j ay*.

2387 Voir *R*p. 122-123.

2388 Horace, *Art poétique*, v. 58-59 (texte déjà cité dans la Préface, XI). Il semble que Vaugelas cite de mémoire parce qu'il écrit *verbum* au lieu de *nomen*.

2389 *Brusqueté* n'est attesté ni dans les dictionnaires de notre corpus, ni dans Frantext pour tout le XVIIe siècle. *Inaction* apparaît pour la première fois dans les dictionnaires de Furetière (1690) et de l'Académie (1694) ; il n'y a aucune occurrence pour la période 1600-1647 dans Frantext, mais le mot est attesté à partir de 1656 chez l'Abbé de Pure dans *La Prétieuse*. *Impolitesse* ne figure pas dans les dictionnaires publiés au XVIIe siècle et il n'y en a

comme *criement*, *pleurement*, *ronflement*[2390], & encore n'est-ce qu'en raillerie. Outre que ce passage du Poëte ne permet que d'estendre des mots qui sont desja faits, & non pas d'en faire de tout nouveaux, qui est ce qui ne nous est point du tout permis[2391], tesmoin le mauvais succes qu'ont eu tous les mots que Ronsard, M. du Vair & plusieurs autres **(570)** grands personnages ont inventez pensant enrichir nostre langue : Mais en matiere de phrases, c'est un barbarisme pour l'ordinaire de quitter celles qui sont naturelles & usitées par tous les bons Autheurs, pour en faire à sa fantaisie de toutes entieres, ou changer en partie celles qui sont de la langue, & de l'Usage.

C'est aussi *un barbarisme de phrase*, que d'user de celles qui ont esté en usage autrefois, mais qui ne le sont plus, comme vous en pouvez voir un grand nombre dans Amyot. Et encore d'user de celles qui ne font presque que de naistre, & que l'Usage n'a pas encore bien authorisées.

Pour les particules, c'est un barbarisme de laisser celles qu'il faut mettre. Il en faut donner des exemples en toutes les parties de l'Oraison, qui en sont capables, comme *aux articles, aux pronoms, aux adverbes, & aux prepositions.* Aux articles, si l'on dit, *les peres & meres sont obligez*, &c. au lieu de dire *les peres & les meres sont obligez* ; si l'on dit *pour les aimer & cherir*, au lieu de dire *pour les aimer & les cherir* ; si l'on dit, *ils sont obligez de faire & dire tout ce qu'ils pourront*, au lieu de, *ils sont obligez de faire & de dire* ; si l'on dit *avant que mourir*, au lieu de dire *avant que de mourir* ; & ainsi de beaucoup d'autres[2392]. **(571)**

Aux pronoms, si par exemple on dit, *aussitost cette lettre receuë, ne manquerez de faire telle chose*, au lieu de dire *vous ne manquerez* ; si l'on dit *ses pere & mere*, au lieu de dire *son pere & sa mere*, *ses habits & joyaux*, au lieu de dire *ses habits & ses joyaux* ; si l'on dit *nos amis & ennemis*, au lieu de dire *nos amis & nos ennemis*[2393].

---

qu'une occurrence dans Frantext tout au long du siècle dans la correspondance de Mme de Sévigné (1680). Cependant, Thomas Corneille remarque dès 1687 qu'il « commence fort à s'establir » (Vaugelas 1738 : III, 408).

2390 *Criement* et *pleurement* sont attestés chez Estienne (1549), Nicot (1606) et Cotgrave (1611), mais ils n'apparaissent pas dans les dictionnaires de la fin du XVIIe siècle. En revanche, *ronflement* est attesté dans les trois grands dictionnaires monolingues de cette époque. Quant à l'usage dans les textes de Frantext, il n'y a aucun exemple ni de *ronflement* ni de *pleurement* tout au long du siècle, mais on trouve une seule attestation de *criement* chez Serres (1603) dans l'expression *criement de grues*.

2391 Sur l'attitude de Vaugelas envers les néologismes, voir l'Introduction, p. 179-180.

2392 Voir *R*p. 214-218, 319-320, *474-*477, 493-495, 495, 519-520, etc.

2393 Voir *R*p. 420-422, 519-520.

Aux adverbes, si l'on dit par exemple, *il ne manquera de faire son devoir*, au lieu de dire, *il ne manquera pas*, ou *il ne manquera point de faire son devoir* ; car c'est une espece de barbarisme insupportable en nostre langue, que d'obmettre les *pas*, & les *point*, où ils sont necessaires ; si l'on dit, *il est si riche & liberal*, au lieu de dire, *il est si riche, & si liberal* ; si l'on dit, *il est plus juste & facile de faire telle chose*, au lieu de dire *il est plus juste & plus facile de faire*, & ainsi de plusieurs autres[2394].

Aux prepositions, comme si l'on dit *par avarice & orgueil*, au lieu de dire *par avarice & par orgueil* ; si l'on dit, *se vanger sur l'un & l'autre*, au lieu de dire *sur l'un & sur l'autre*, & plusieurs autres semblables[2395].

Mais c'est une autre sorte de barbarisme, de *mettre des particules où il n'en faut point.* Il est vray, qu'il n'arrive que tres-rarement en comparaison de l'autre, qui les obmet quand il les faut mettre, ce vice estant tres-commun parmy la foule des mauvais Escrivains. (572) Voicy quelques exemples des particules, comme si l'on dit *du depuis*, pour dire *depuis*[2396] ; *en apres*, ou *par apres*, pour *apres*[2397] ; si l'on dit, *il supplioit avec des larmes*, au lieu de dire *avec larmes*, & quelques autres semblables[2398]. Voila quant au barbarisme.

Du solecisme, second vice contre la pureté[2399]

Et pour le solecisme qui a lieu *dans les declinaisons, dans les conjugaisons, & dans la construction*, voicy des exemples de tous les trois. *Aux declinaisons*, par exemple si l'on dit *les esventaux*, au lieu de dire, *les esventails*, ou *les esmails*, au lieu de dire, *les esmaux*, mais il est tres-rare en ce genre, & il n'y en a comme point[2400].

2394 Voir *R*p. 405-409, *477-*480, *490-*491.

2395 Voir *R*p. 50-51, 214-218.

2396 Voir *R*p. 173-175.

2397 Voir *R*p. 223.

2398 Dans la remarque manuscrite « *Article* obmis » (f° 47v°), dont le texte est en partie illisible, Vaugelas observe : « *Article* obmis a quelquefois bonne grace <et est elegant > *Il commenca auec mantelets et gabions à gaigner le pied de la muraille* Malh. *auec larmes* est fort bon aussi [...] l'article sied bien. » La citation provient des *Œuvres* de Malherbe (1631 : I, 408).

2399 Pour illustrer le solécisme Vaugelas utilise à la fois certains exemples déjà traités dans le livre et de nouveaux exemples. Ce traitement systématique de la catégorie apparaît pour la première fois dans le texte publié. Sans faire de commentaire élaboré sur le concept, Wapy (1634 : 62) décrit le *solécisme* comme le « plus notable vice qui se puisse rencontrer dans le langage ».

2400 Par rapport aux questions de morphologie verbale (voir Annexe III), il y a relativement peu d'observations qui traitent de morphologie nominale (« *Quand il faut dire*, grande

Aux conjugaisons, il a bien plus d'estenduë ; car combien y en a-il, qui y pechent en parlant, mettant des *i*, pour des *a*, & des *a* pour des *i*, comme on fait en plusieurs endroits du preterit simple, quand on dit par exemple *j'alla*, pour *j'allay*, *il allit*, pour *il alla*, & en un[2401] autre temps *nous allissions*, pour *nous allassions*[2402] ? J'ay dit en parlant, parce qu'en escrivant, je n'ay point encore veu de si monstrueux Escrivain, qui face des fautes si enormes[2403]. Combien y en a-t-il qui disent *j'ay sentu*, (573) pour *j'ay senty*, *cueillit* & *recueillit*, pour *cueille*, & *recueille*[2404], *conduit*, *reduit*, au preterit definy, pour *conduisit*, & *reduisit*, *faisions*[2405], à l'optatif, & au subjonctif pour *facions*, *vous mesdites*, pour *vous mesdisez*, *il faillira faire*, pour *il faudra faire*. Toute la Normandie dit ce dernier. *Resoudons*, pour *resolvons* ; car le *d*, du verbe *resoudre*, ne se garde point dans la conjugaison, que là où il y a une *r* apres, comme *resoudray*, *resoudrois*, &c.[2406] & une grande quantité d'autres de cette nature qu'on trouvera semez par cy, par là dans mes Remarques.

Tout cela sont des fautes contre la pureté du langage ; Quelques uns disputent s'il les faut appeller solecismes, ou barbarismes[2407] ; mais n'estant question que du nom, il importe peu ; car que ce soit l'un, ou que ce soit l'autre, il le faut egalement eviter pour parler & escrire purement, quoy que selon mon avis on doive plustost appeller solecisme que barbarisme des fautes dans les declinaisons, & dans les conjugaisons, puis qu'elles font une partie principale de la grammaire, contre laquelle il me semble qu'on ne peut pecher, que ce ne soit proprement un solecisme.

---

devant le substantif, ou grand' *mangeant l'*e » (*R*p. 168), « *Bel, & beau* » (*R*p. 328-329), « *Pseaumes Penitentiaux* » (*R*p. 364-365) et « *Vieil, vieux* » (*R*p. 377-378)).

2401 Dans l'original : une.

2402 Les formes *j'alla* et *il allit* ne sont pas attestées dans notre corpus de grammaires (1530-1650) avant Vaugelas. En revanche, *nous allissions* et *vous allissiez* sont les seules formes proposées dans leur grammaire par Robert Estienne (1557 : 49-50) et Garnier (1558 : 72) pour le pluriel de l'imparfait de « l'optatif », et Maupas (1618 : f° 108 v°) continue à les accepter comme formes alternatives de *nous allassions* et *vous allassiez*.

2403 Ce commentaire nous donne peut-être quelques indices sur le déclin de l'usage du passé simple et de l'imparfait du subjonctif à l'oral, ce qui est à l'origine de l'hésitation sur leur conjugaison. Il est toutefois à noter que plusieurs autres remarques traitent de morphologie verbale (voir Annexe III).

2404 *Cf.* *R*p. *481-*483.

2405 Dans l'original : *faisons* (*Fautes d'impression*). Cette question fait l'objet une observation à part dans le manuscrit (f° 38r°) : « *Faisions* pour *Facions* à l'Optatif, ou au Subiunctif ne uaut rien, par exemple il faut dire *affin que nous facions n[ot]re deuoir*, et non *que nous faisions* ~~comme~~ <comme> disent plusieurs et tres-mal. »

2406 Voir *R*p. 61.

2407 Voir l'Introduction, p. 118-119.

Quant au solecisme qui se fait *dans la construction*, il comprend toutes les fautes qui se commettent contre les reigles de la syntaxe ; (574) *aux articles, aux noms, aux pronoms, aux verbes, aux participes, & aux prepositions* ; mais il faut noter, que ce n'est qu'en tant qu'un mot a du rapport à un autre, parce qu'estant consideré seul en soy-mesme, c'est un solecisme d'un mot, ou mal decliné, ou mal conjugué, & non pas un solecisme de construction, ou de syntaxe.

Aux articles, en les mettant quand il ne les faut pas mettre, comme quand on dit de là Loire, *je n'ay point de l'argent*, au lieu de dire *je n'ay point d'argent*, ou en ne les mettant pas quand il les faut mettre, comme quand on dit *j'ay d'argent*, au lieu de dire, *j'ay de l'argent*[2408].

Aux noms, comme de faire masculin un nom qui est feminin, par exemple si l'on dit *un grand erreur*, au lieu de dire *une grande erreur*, ou de faire feminin un nom qui est masculin, comme de dire *la navire*, que l'on disoit autrefois, au lieu de dire *le navire*[2409].

Aux pronoms, de mesme, comme quand toutes les femmes & de la Cour & de la ville disent à Paris en parlant de femmes, *ils y ont esté, ils y sont*, au lieu de dire *elles y ont esté, elles y sont*, & *j'iray avec eux*, au lieu de dire *avec elles*. Ou bien quand on met un pronom singulier avec un pluriel, comme quand on dit *il faut que ces gens là prennent garde à soy*, au (575) lieu de dire *prennent garde à eux*[2410]. Ou bien quand on se sert du pronom relatif *qui*, en certains cas au lieu du pronom *lequel*, comme quand on dit *c'est un ouvrage à qui l'on donne de grandes loüanges, c'est une table sur qui je me couche*, au lieu de dire, *c'est un ouvrage auquel on donne de grandes loüanges, c'est une table sur laquelle je me couche*, & mieux encore, *où je me couche*[2411].

Aux verbes, par exemple, quand le participe passif du preterit ne respond pas au genre & au nombre du substantif, qui le precede, comme si l'on dit *la lettre que j'ay receu*, au lieu de dire *la lettre que j'ay receuë*, & *les maux que vous m'avez fait*, au lieu de dire *les maux que vous m'avez faits*. Ou quand on manque dans ces preterits composez en quelqu'une des façons que j'ay remarquées en son lieu, j'entens de celles, qui ne sont point contestées, & qui passent pour fautes sans contredit[2412]. Ou quand

2408 Voir *R*p. 409.
2409 Voir *R*p. 130.
2410 *Cf.* *R*p. 166-167, *491-*492.
2411 Voir *R*p. 55-57, 115-118.
2412 Voir *R*p. 175-181.

on met le verbe au singulier apres un nom collectif qui est suivy d'un genitif pluriel, comme si l'on dit *une infinité de gens se perd*, au lieu de dire *se perdent*, ou bien au contraire quand le genitif est singulier, comme *une infinité de monde se perdent*, au lieu de dire *se perd*, & en beaucoup d'autres façons encore, qui seroient trop longues à mettre icy, & dont plusieurs ont esté touchées dans ces Remarques[2413]. (576)

Aux participes, comme quand on les employe au lieu des gerondifs, par exemple si je dis *les hommes ayans reconnu*, au lieu de dire *ayant reconnu*, au gerondif, qui est indeclinable en François. Ou quand on joint les participes pluriels terminez en *ans*, qui sont masculins avec des feminins, comme *les femmes ayans leurs maris* ; En cet exemple *ayans*, au pluriel ne peut convenir avec *femmes*, qui est feminin, & l'on ne peut dire *ayantes*, qui n'est pas François. Il faut dire *ayant*, au gerondif. Il en est le mesme d'*estant* ; car il ne faut pas dire *les hommes estans marris*, mais *estant marris*, ny *les femmes estans marries*, mais *estant marries*. Et aux verbes actifs, il ne faut pas se servir pour les feminins, du participe masculin, comme par exemple il ne faut pas dire, *c'est une femme si ponctuelle & si examinant toutes choses* ; car asseurement le participe present actif, comme *examinant*, n'est point du genre commun, mais seulement masculin, & ne convient point à la femme. Voyez la Remarque, que j'en ay faite, où l'on trouvera comme il faut dire[2414]. Ou enfin, quand on ne donne pas au participe le regime de son verbe, comme si en ces verbes *prier*, *favoriser*, qui ne regissent plus maintenant que l'accusatif, on faisoit regit le datif à leurs participes, & que l'on dist par exemple *priant à Dieu, & favorisant à son* (577) *amy*[2415]. Et en fin *aux prepositions*, quand on leur donne des articles, qui ne leur conviennent pas, comme quand on dit *au travers le corps*, au lieu de dire, *au travers du corps*, ou *à travers le corps* ; Et c'estoit encore un solecisme du temps de M. Coeffeteau de dire *à travers du corps*, mais aujourd'huy l'Usage commence à l'authoriser, quoy que les meilleurs Autheurs ne s'en servent point encore, & que je ne voudrois pas estre des premiers à m'en servir[2416]. C'est encore un solecisme dans les prepositions de dire par exemple *aupres le Palais*, au lieu de dire *aupres du Palais*. Mais le plus grand & le plus grossier de tous, c'est de mettre

2413 Voir *R*p. 41 et Annexe III « Accord avec un syntagme complexe ».
2414 Voir *R*p. 426-433.
2415 Voir *R*p. 414, 479, et Annexe III « Constructions verbales ».
2416 Voir *R*p. 250.

l'article de l'ablatif pluriel apres la preposition *en*, comme par exemple de dire, *en les affaires du monde*, au lieu de dire *aux affaires du monde*, ce qui est pourtant familier à un Escrivain moderne[2417], qui d'ailleurs est digne de recommendation.

De la netteté du stile[2418]

Apres avoir parlé *de la pureté*, il reste à parler *de la netteté du stile*, laquelle consiste comme j'ay dit[2419], en l'arrangement des mots & en tout ce qui rend l'expression claire & nette ; car je n'entens pas traitter icy de la netteté du raisonnement qui est la partie essentielle du discours, sans laquelle avec **(578)** toute la pureté & la netteté de langage, on est insupportable, la raison n'estant pas moins essentielle au stile, qu'à l'homme. Un langage pur, est ce que Quintilien appelle *emendata oratio*, & un langage net, ce qu'il appelle, *dilucida oratio*[2420]. Ce sont deux choses si differentes, qu'il y a une infinité de gens, qui escrivent nettement, c'est à dire clairement & intelligiblement en toutes sortes de matieres, s'expliquant si bien qu'à la simple lecture on conçoit leur intention, & neantmoins il n'y a rien de si impur que leur langage. Comme au contraire, il y en a qui escrivent purement, c'est à dire sans barbarisme & sans solecisme, & qui neantmoins arrangent si mal leurs paroles & leurs periodes, & embarrassent tellement leur stile, qu'on a peine à les entendre. Mais le nombre de ces derniers est fort petit en comparaison de celuy des autres, qui est

2417 Les exemples de *en les* + N sont extrêmement rares dans Frantext (1600-1647), le dernier étant d'Honoré d'Urfé, mort en 1625. Il est donc peu probable qu'il soit cet « Escrivain moderne » auquel Vaugelas fait allusion.

2418 Cette remarque résume également plusieurs questions déjà traitées par Vaugelas (voir, par exemple, *R*p. 79-80, 81, 142-143, 481-484, etc.). Dans ses *Remarques*, Wapy (1634 : 22-23) insiste déjà sur l'importance de la netteté : « C'est l'un des grands points de la perfection du langage, de rendre nettement, & en paroles aysées la force des bonnes pensées, à quoy il faut apporter un tres-grand soin, dautant qu'à faute de cela, plusieurs hommes de bon sens demeurent en arriere rendant inutile quantité de fortes raisons qui se perdent dans les enueloppes de ces ambiguités, lors principalement qu'il faut enfoncer quelque discours qui soit tant soit peu de longue haleine. » Vaugelas traite des transpositions dans une série de remarques manuscrites (f° 90v°-91r°) qui ne sont pas publiées séparément dans le texte final. Dans ces observations, il cite surtout les exemples de Malherbe (voir les notes suivantes).

2419 Voir *R*p. 567.

2420 *Institution oratoire*, I, 5, 1 : *Iam cum oratio tris habeat virtutes, ut emendata, ut dilucida, ut ornata sit* (« Étant établi que l'expression a trois qualités : correction, clarté, élégance […] », traduction de Cousin, 1975, p. 86).

presque infiny. Il est vray que ceux qui n'escrivent pas purement, mais qui escrivent nettement, ont cet avantage sur les autres, qu'ils peuvent apprendre la pureté du langage par la lecture des bons Autheurs, & par la frequentation des personnes sçavantes en cette matiere, au lieu que ceux qui n'escrivent pas nettement en ce qui est de l'arrangement des mots, sont presque incorrigibles, soit que ce defaut de les mal arranger procede du vice de (579) l'oreille, ou de celuy de l'imagination, ou de tous les deux ensemble, qui sont deux choses que l'art donne rarement, quand la nature les refuse. Un des plus celebres Autheurs de nostre temps[2421] que l'on consultoit comme l'Oracle de la pureté du langage, & qui sans doute y a extremement contribué, n'a pourtant jamais connu la netteté du stile, soit en la situation des paroles, soit en la forme & en la mesure des periodes, pechant d'ordinaire en toutes ces parties, & ne pouvant seulement comprendre ce que c'estoit que d'avoir le stile formé, qui en effet n'est autre chose que de bien arranger ses paroles, & de bien former & lier ses periodes. Sans doute cela luy venoit de ce qu'il n'estoit né qu'à exceller dans la Poësie, & de ce tour incomparable de vers, qui pour avoir fait tort à la prose, ne laisseront pas de le rendre immortel ; Je dois ce sentiment à sa memoire, qui m'est en singuliere veneration, mais je dois aussi ce service au public d'avertir ceux qui ont raison de l'imiter en d'autres choses, de ne l'imiter pas en celle-cy.

Donnons des exemples de ces transpositions[2422], *si vous reservez l'honneur de vos bonnes graces à celuy qui les desire avec plus d'affection, je ne pense point qu'il y en ayt, qui plus que luy se doive justement promettre la gloire d'y parvenir*[2423]. Voyez je vous prie l'embarras de ces dernieres (580) paroles,

---

2421 Clef de Conrart : « Malherbe » ; cette attribution est confirmée par les exemples cités ci-dessous.

2422 Sur la notion de transposition, voir l'Introduction, p. 147-148.

2423 Dans le manuscrit (f° 91r°), « *Transpositions en trois endroits d'une periode* » : « *Transpositions.* Quand en une periode ou en <un> membre de periode il y a plusieurs transpositions, la rudesse en est extreme, par exemple en Malh. p.529 Si uous reseruez l'honneur de uoz bonnes graces à celuy qui les desire auec plus d'affection, ie ne pense point qu'il y en ayt qui plus que luy se doiue iustement promettre la gloire d'y paruenir. Voyez ie uous prie l'embaras de ces dernieres paroles qui sont apres *qui*, au lieu de dire *qui doiue plus iustement que luy se promettre la gloire*, en quoy l'ordre des mots se trouue presque tout changé, parce qu'il estoit presque tout peruerti, ou bien *qui plus iustement que luy se doiue promettre*, et ainsi il n'y aura qu'un changement. Vn des plus grands defauts qu'un homme puisse auoir à escrire, ce sont ces transpositions, non tant en ce que elles blessent et l'esprit et l'oreille, que parce que ceux qui ont ce uice sont ~~presque incurables~~ <bien de la peine> à s'en corriger, et que c'est comme une maladie incurable. »

qui sont apres le second *qui*, *qui plus que luy se doive justement promettre la gloire d'y parvenir*, au lieu de dire, *qui doive plus justement que luy se promettre la gloire, &c.* ou bien *qui plus justement que luy se doive promettre la gloire*. En voicy un autre[2424], *ils firent les uns & les autres si bien*, au lieu de dire *ils firent si bien les uns, & les autres*, ou *les uns & les autres firent si bien*. Et encore celuy-cy[2425]. *C'estoit du bled que les Siciliens en l'honneur de C. Flaminius & de son pere avoient fait apporter de Rome*, au lieu de dire *du bled que les Siciliens avoient fait apporter de Rome en l'honneur de C. Flaminius & de son pere*. Et celuy-cy encore[2426], *entre les personnes que vostre bienveüillance a par le passé jamais obligées*, au lieu de dire *que vostre bienveüillance a jamais obligées par le passé*, ou bien *entre les personnes que vostre bienveüillance a jamais obligées*, sans ajouster *par le passé*, & encore[2427] *où est allée*

2424 Cet exemple apparaît avec d'autres pris de Malherbe dans une des remarques manuscrites intitulées « *Transposition* » (f° 90v°) : « *Transposition* C'est une des plus grandes fautes que l'on puisse cõmettre en escriuant en prose que la transposition des mots. ~~Elle~~ C'est un grand ornement en uers, et c'est ce qui ~~luy~~ <leur> donne ce tour excellent que l'on admire en M de Malh. mais en prose c'est un uice insupportable. Cela fait que les Poëtes sont plus suiets à ces transpositions que les autres. *combien prend un homme plus de plaisir* dit un grand Poëte, escriuant en prose. Il eust mieux dit *combien plus de plaisir prend un homme*, et encor mieux *combien un homme prend il plus de plaisir ? Ilz firent les uns et les autres si bien*, au lieu de dire *Ilz firent si bien les uns et les autres*, ou *les uns et les autres firent si bien* +. {Malh p. 634 Nous auons *eu bien de la peine*, faut, nous auons *bien eu de la peine*, et p. 493 Ie pense uous auoir conté *qu'à l'entree que douze ou quinze iours auparauant il auoit faite en une petite uille*, faut *qu'à l'entree qu'il auoit faite douze ou &c.* et p.479 Ou est allee cette crainte de Dieu que si exactement uous a tousiours fait conformer à ses uolontez, au lieu de dire, qui uous a tousiours fait conformer si exactement à ses uolontez, et il y a icy double faute de l'auoir mis deuant, parce que cet *exactement* ne se rapporte pas à *la crainte de Dieu qui uous a tousiours faite*, mais à *conformer*, qui se rapporte à la personne à qui l'autheur parle.} <Surtout il ne faut point esloigner l'Aduerbe du Verbe en le mettant ~~deuant~~ bien loing deuant le Verbe comme fait tousiours M de Malh.> ».

2425 *Cf.* une autre remarque manuscrite intitulée « *Transposition* » (f° 90v°) : *Transposition.* « Vne des Reigles qu'il faut obseruer pour euiter les transpositions des mots qui sont extremem[ent] uitieuses en prose, c'est ~~qu~~ de mettre le Nominatif qui regit le Verbe le plus proche du Verbe sans placer entre-deux une clause, qui ne doit estre mise qu'apres le Verbe. Exemple en Malh. qui est subiet à ces transpositions p. 456 *C'estoit du blé que les Siciliens en l'honneur de C Flaminius et de son pere auoient fait apporter de Rome*. Il falloit mettre le nominatif aupres du verbe et dire *que les Siciliens auoient fait apporter <de Rome> en l'honneur de C. Flaminius et de son Pere* et p.534 entre les personnes que u[ot]re bienueillance a par le passé iamais obligees, au lieu de dire que u[ot]re bienueillance a iamais obligees par le passé. » Le texte de Malherbe se lit en fait *avoient fait apporter à Rome*.

2426 Voir la note précédente. Vaugelas ajoute *personnes* à l'original pour rendre l'exemple plus clair ; la citation de Malherbe (*entre celle que vostre bienveillance [...]*) se trouve en fait à la page 532 de ses *Œuvres* (1631).

2427 Voir la note 2424 ci-dessus.

cette crainte de Dieu, qui si exactement vous a tousjours fait conformer à ses volontez? au lieu de dire *qui vous a tousjours fait conformer si exactement à ses volontez*; car cet *exactement*, ne se rapporte point à[2428] *la crainte de Dieu, qui vous a tousjours fait*, mais à *conformer*, qui se rapporte à la personne à qui l'Autheur parle, & cependant de la façon, qu'il est situé, il ne se peut joindre avec *conformer*[2429].

C'est donc le premier vice opposé à la netteté du stile, que la mauvaise situation des (581) mots; Il y en a de deux sortes, l'une simple, comme est celle de tous les exemples que nous venons de donner, que j'appelle ainsi non pas qu'elle soit la moins vicieuse, car au contraire, c'est celle qui l'est davantage & qui se fait le plus remarquer, mais parce que les mots y sont simplement transposez & considerez en eux-mesmes sans avoir aucun rapport aux autres mots, & sans blesser en rien la construction grammaticale, comme en l'exemple allegué, *il n'y en a point qui plus que luy se doive justement promettre la gloire, &c.* ces mots *plus que luy*, qui sont si mal situez, ne choquent point pourtant la syntaxe ny les reigles de la Grammaire, parce qu'ils n'ont aucun rapport vicieux ny avec ceux qui precedent, ny avec ceux qui suivent, mais seulement ont tout leur defaut en eux mesmes. Au lieu que l'autre espece de mauvaise situation, n'est vicieuse que selon le rapport qu'elle a aux autres mots, comme par exemple si je dis *il ne se peut taire, ny parler*, je ne parle pas nettement, il faut dire *il ne peut se taire ny parler*, parce qu'encore qu'*il ne se peut taire*, soit bien dit, à s'arrester là, & mieux dit que ne seroit, *il ne peut se taire*, qui pourtant ne seroit pas mauvais, mais moins bon que l'autre, à cause qu'il est beaucoup moins dans l'Usage, si est-ce qu'estant suivy d'un autre (582) verbe, & ne s'arrestant pas là, il faut arranger les paroles en sorte, que le verbe qui regit les deux infinitifs, ayt sa construction nette avec l'un & avec l'autre[2430]. Ce qui ne se fait pas en cét exemple; car *peut*, est le verbe qui regit les deux infinitifs *taire* & *parler*, & il n'est

2428 Dans l'original : *à*.

2429 Vaugelas fournit d'autres exemples dans une autre remarque intitulée « *Transposition* » au folio 90v° : « *Transposition.* Sont des qualitez qu'on n'a iamais icy ueues ensemble cet *Icy* est mal placé, faut qu'*Icy on n'a iamais ueues ensemble*, ou *qu'on n'a iamais ueues ensemble icy* et p.378 <Ceux de la uille que tout expres on faisoit marcher deuant le heraut, il faut mettre qu'on faisoit marcher tout expres deuant le heraut, et n'importe que ⁺> {+ tout expres se rapporte à *Faisoit* et non pas à *marcher*, car il ne laisse pas de s'y rapporter sans uiolence.} » Voir aussi le commentaire sur la remarque intitulée « *Arrangement de mots* », *R*p. 481-484.

2430 *Cf. R*p. 142-143.

pas possible qu'il les regisse comme il faut, qu'en mettant *se*, apres *peut*, & disant *il ne peut se taire ny parler* ; parce que *se peut* ne s'accorde point icy avec *parler*. Que si le second infinitif veut la mesme construction que le premier comme *il ne se peut taire ny fascher*, alors il faut dire *il ne se peut taire*, & non pas *il ne peut se taire*, tant à cause que cette façon de parler, *il ne se peut taire*, est meilleure comme plus usitée[2431], que l'autre, & que rien n'empesche qu'on n'en use, puis qu'elle convient aux deux infinitifs, que parce que ce seroit mal parler de dire *il ne peut se taire ny fascher*, & qu'il faut dire *il ne peut se taire ny se fascher*. Je pourrois bien alleguer d'autres exemples, mais je veux abreger ce discours, en ajoustant seulement qu'il y a cette difference entre ces deux especes de mauvaise situation, que la premiere choque l'oreille & non pas la construction grammaticale, & que la derniere au contraire, choque la construction grammaticale, & non pas l'oreille, si elle n'est sçavante & delicate en ces matieres. (583)

Le second vice contre *la netteté du stile*, c'est la mauvaise structure, & il y en a de plusieurs sortes. Mais avant que de les dire, on remarquera qu'il y a cette difference entre la mauvaise situation, & la mauvaise structure, qu'en la premiere il n'y a rien à ajouster ny à diminuer, mais seulement à changer, & mettre en un lieu ce qui est en un autre, hors de sa situation naturelle ; Au lieu qu'en la mauvaise structure il y a tousjours quelque chose à ajouster, ou à diminuer, ou à changer non pas simplement pour le lieu, mais pour les mots[2432]. Voyons-en maintenant des exemples de toutes les façons. Et premierement pour *ajouster*, en voicy un beau que je trouvay hier à l'ouverture d'un livre *selon le sentiment du plus capable d'en juger de tous les Grecs*[2433]. Je dis que ce n'est pas escrire nettement, parce que ces mots *de tous les Grecs*, sont trop esloignez de *capable*, duquel ils sont regis & veulent estre mis immediatement apres. Que si vous les mettez immediatement apres *capable*, & que vous disiez *selon le sentiment du plus capable de tous les Grecs d'en juger*, vous n'escrirez pas encore nettement, parce que ces mots *d'en juger*, veulent estre mis immediatement apres *capable*, dont il est regi, & comme ils ne peuvent pas tous deux remplir cette mesme place, il s'ensuit que cette expression ne peut estre nette, (584) qu'en ajoustant quelques paroles, & disant

2431 Voir *Rp*. 376-377.

2432 Pour une discussion de ces notions, voir l'Introduction, p. 147-148.

2433 Dans plusieurs occurrences de cette remarque, le *G* majuscule de *Grecs* n'est pas en italique. Nous l'avons corrigé de façon systématique.

ainsi *selon le sentiment de celuy de tous les Grecs, qui estoit le plus capable d'en juger.* Pour *diminuer*, en voicy un du mesme Autheur, *en cela plusieurs abusent tous les jours merveilleusement de leur loisir.* Cela n'est pas escrit nettement, il y a trop de mots pour un seul verbe ; car les verbes dans les periodes ou dans leurs membres sont comme la chaux, & les autres parties de l'Oraison, comme le sable, de sorte que lors qu'on environne un verbe seul de plusieurs mots, on peut dire que c'est du sable sans chaux, *arena sine calce*, comme l'Empereur Caligula appelloit le stile de Seneque[2434]. Donc pour former cette periode *en cela plusieurs abusent tous les jours merveilleusement de leur loisir*, & la rendre nette, il en faut oster quelque chose, & dire *en cela plusieurs abusent tous les jours de leur loisir*, ou *en cela plusieurs abusent merveilleusement de leur loisir.*

Pour *changer*, non pas de lieu, mais de mot, en voicy un exemple ; car pour abreger il suffit d'en donner un, *il travaille extremement proprement.* J'entens tous les jours à la Cour de ces façons de parler, où l'on joint deux adverbes de mesme terminaison, & je m'estonne que ceux qui le disent ne s'apperçoivent point d'une si grande rudesse. Mais outre cela, c'est encore un vice contre la netteté, **(585)** qui demande que l'on change un de ces adverbes, & que l'on die *il travaille fort proprement.* On peut aussi se servir de *tres-* superlatif, & au lieu de dire *il escrit extremement elegamment*, on dira *il est escrit fort elegamment* ou *tres-elegamment*[2435] ; mais deux adverbes de suite de cette mesme terminaison sont contraires à la netteté.

Mais c'est encore un autre vice bien plus grand contre la netteté de donner un mesme regime à deux verbes qui demandent deux regimes differens[2436], comme de dire, *il a embrassé & donné le baiser de paix à son fils* ; car *embrassé*, veut un accusatif, & *donné*[2437] un datif. Il faut donc mettre deux verbes qui ayent mesme regime, comme *il a embrassé & baisé son fils.* Ce mesme vice se peut encore rencontrer dans les divers genres des noms.

2434 Suétone, *Caligula*, 53.3 : *lenius comptiusque scribendi genus adeo contemnens, ut Senecam tum maxime placentem "commissiones meras" componere et "harenam esse sine calce" diceret* (« méprisant à tel point le style trop choisi et trop orné, qu'il reprochait aux ouvrages de Sénèque, l'auteur alors le plus en vogue, "d'être de pures tirades théâtrales" et "comme du sable sans chaux" » (*De Vitae Caesarum ; Vies des douze César : Tibère, Caligula*, traduction de Henri Ailloud (Suétone 2000 : 189)).

2435 Dans l'original : *tres elegamment.*

2436 Voir *R*p. 79-80.

2437 Dans l'original : donner (*Fautes d'impression*).

Des equivoques[2438]

Le plus grand de tous les vices contre la netteté, ce sont les equivoques, dont la plus-part se forment *par les pronoms relatifs, demonstratifs, & possessifs* ; les exemples en sont si fréquens dans nos communs Escrivains, qu'il est superflu d'en donner ; neantmoins comme ils font mieux entendre les choses, j'en donneray un de chacun ; *du relatif*, **(586)** comme *c'est le fils de cette femme, qui a fait tant de mal*. On ne sçait si ce *qui*, se rapporte à *fils*, ou à *femme*, de sorte que si l'on veut qu'il se rapporte au *fils*, il faut mettre *lequel*, au lieu de *qui*, afin que le genre masculin oste l'équivoque. En l'autre relatif de mesme. En voicy un bel exemple d'un celebre Autheur[2439], *qui trouverez-vous qui de soy-mesme ayt borné sa domination, & n'ait perdu la vie sans quelque dessein de l'estendre plus avant ?* Au sens on voit bien que *l'estendre*, se rapporte à *domination*, & non pas à *vie*, mais parce qu'*estendre*, est propre aux deux substantifs qui le precedent, & que *vie*, est le plus proche, il fait equivoque & obscurité[2440]. Il y en a encore un autre bel exemple dans le mesme Escrivain[2441], *je vois bien*

2438 Sur l'attitude de Vaugelas envers les équivoques, voir l'Introduction, 6.4.1. Mis à part les remarques publiées par Alemand dans les *Nouvelles Remarques* de Vaugelas (1690) et celles qui sont incluses parmi les inédites (f° 26v°, f° 64v°, voir Annexe II), il y a quatre observations principales dans le manuscrit qui traitent de l'équivoque en lien avec cette dernière observation de Vaugelas : « *Construction nette* » (f° 44r°), « Netteté en fuyant l'equiuoque » (f° 65r°), « *Equiuoque* » (f° 92r°) et « *Equiuoque* par le moyen du pronom demonstratif *celuy* » (f° 92v°). Presque tous les exemples dans ces remarques sont pris de Malherbe. Dans la première (f° 44r°), Vaugelas observe que la netteté consiste « principalem[ent] à oster tout [*sic*] equiuoque ». Il continue : « quelquefois le sens supplee au defaut de la construction, quand il est si clair qu'il ne se peut entendre raisonablement que de la façon dont on ueut qu'il soit entendu, mais quelquefois aussi on se sert d'un uerbe qui est tellement propre aux deux substantifs qui le precedent, que l'article ne les pouuant distinguer, parce qu'ilz sont de mesme genre, et de mesme nombre, ou bien qu'il se fait une elision de la uoyelle de l'article, qui empesche qu'on ne discerne la difference du genre. » Il conclut la remarque en traitant d'un exemple de Malherbe (voir les deux notes suivantes).

2439 Manuscrit (f° 44r°) : « Malh. p. 319 ». La Clef de Conrart se trompe en attribuant cet exemple à « M. D'Ablancourt ».

2440 La remarque manuscrite conclut (f° 44r°) : « <Il s'ensuit donc qu'il les faut euiter tant qu'il peut, parce qu'encor qu'en relisant la periode on iuge bien d'abord que le uerbe se rapporte à *Domination*, et non pas à *uie*, neantmoins il ne laisse pas de choquer l'intelligence, et la netteté de l'expression> ». Mok (1968 : 310) observe qu'il faut interpréter « sens » ici avec une acception large, c'est-à-dire comme « l'ensemble des connaissances fournies par la phrase elle-même et par des données extérieures à la phrase, et nécessaires à l'interprétation correcte de celle-ci ».

2441 La citation a été modifiée ; dans le texte de Malherbe (1631 : I, 672), on lit : *Je vois bien que de trouver de la recommandation aux effets, c'est chose que malaisément je puis esperer de ma fortune. Voila pourquoy je la cherche aux parolles.*

que de trouver de la recommendation aux paroles, c'est chose que malaisement je puis esperer de ma fortune; *Voyla pourquoy je la cherche aux effets.* Cela est equivoque ; car selon le sens il[2442] se rapporte à *recommendation*, & selon la construction des paroles il se rapporte à *fortune*, qui est le substantif le plus proche, & qui convient à *fortune*, aussi bien qu'à *recommendation*.

Aux pronoms possessifs, comme *il a tousjours aimé cette personne au milieu de son adversité*[2443]. Ce *son*, est equivoque ; car on ne sçait s'il se rapporte à *cette personne*, ou à *il*, *qui est celuy qui a aimé.* Quel remede ? il faut donner un (587) autre tour à la phrase, ou la changer.

Aux demonstratifs, comme dans cet exemple tiré d'un celebre Autheur[2444] escrivant pour une femme, *ce sont deux choses que mal aisement les paroles seront capables de vous representer, toutefois puis qu'à faute de mieux, je suis contrainte de les employer, vous me ferez s'il vous plaist cet honneur de les en croire, & vous asseurer Monsieur, qu'entre celles que vostre bienveüillance a par le passé jamais obligées, & qu'elle obligera jamais à l'avenir, il n'y en a pas une à qui je ne me face avec raison ceder la gloire d'estre vostre bienhumble servante.* Qui ne voit que ces mots *qu'entre celles*, font une equivoque notable, & qu'il n'y a personne qui ne les entendist *des paroles*, dont il a tousjours parlé auparavant, & neantmoins elles ne s'entendent de rien moins que de cela, mais *des personnes.* C'est pourquoy il faut dire *qu'entre les personnes.*

Les equivoques, se font aussi quand un mot qui est entre deux autres se peut rapporter à tous les deux, comme en cette periode d'un celebre Autheur[2445], *mais comme je passeray par dessus ce qui ne sert de rien, aussi veux-je bien particulierement traitter ce qui me semblera necessaire.* Le *bien*, se rapporte à *particulierement*, & non pas à *veux-je*, c'est pourquoy pour escrire nettement, il falloit mettre, *aussi veux-je traitter bien particulierement, &c.* & non (588) pas *aussi veux-je bien particulierement traitter*[2446].

2442 C'est-à-dire le pronom objet, *la*.

2443 À la fin du folio 97r°, on trouve une note ajoutée à l'envers : « enuers la personne qu'il aime au milieu de son aduersité, faut enuers les personnes au pluriel pour oster l'equiuoque le changem[en]t des genres et des nombres est un grand secret pour oster tout equiuoque d'une periode ».

2444 Ce paragraphe correspond à la remarque manuscrite « *Equiuoque* par le moyen du pronom demonstratif *celuy* » (f° 92v°), dans laquelle Vaugelas indique que l'exemple provient de « Malh p.534 ».

2445 Cet exemple pris de Malherbe (« Malh. B. p.14 ») est traité en termes presque identiques dans la remarque manuscrite, « Netteté en fuyant l'equiuoque » (f° 65r°). L'identité de l'auteur n'est pas indiquée dans la Clef de Conrart.

2446 Il manque le point final dans l'original.

Les equivoques, se font encore quand on met quelques mots entre ceux qui ont du rapport ensemble, & que neantmoins les derniers se peuvent rapporter à ceux qui sont entre deux. L'exemple le va faire entendre, comme si l'on dit *l'Orateur arrive à sa fin, qui est de persuader, d'une façon toute particuliere, &c.*[2447] L'intention de celuy qui parle ainsi, est que ces mots *d'une façon toute particuliere*, se rapportent à ceux-cy *arrive à sa fin*, & neantmoins comme ils sont placez, il semble qu'ils se rapportent à *persuader*. Il faudroit donc dire *l'Orateur arrive d'une façon toute particuliere à sa fin, qui est de persuader*, & l'on a beau mettre une virgule apres *persuader*, elle ne sert de rien pour l'oreille, & quoy que pour la veuë, elle serve de quelque chose, & face voir que *d'une façon toute particuliere*, ne se rapporte pas à *persuader*, car il n'y faudroit point de virgule, si est-ce qu'elle n'est pas suffisante de lever entierement l'equivoque[2448]. Un de nos fameux Autheurs commence ainsi cette belle lettre, qui est le chef-d'œuvre de sa prose[2449]. *Ne pouvant aller à Sainct Germain si tost que je desirois pour une affaire qui m'est survenuë*. On ne sçait s'il veut dire, qu'il luy estoit survenu une affaire, pour laquelle il desiroit aller à Sainct Germain, ou bien qu'il ne pouvoit (589) aller à Sainct Germain à cause d'une affaire qui luy estoit survenuë ; si au lieu de *pour une affaire*, il eust mis *à cause d'une affaire*, il eust levé l'equivoque. Neantmoins ce grand homme avoit accoustumé de dire parlant de la clarté avec laquelle il se faut expliquer,

2447 *Cf.* la remarque intitulée « *Construction* ou *arrangement* » dans les *Nouvelles Remarques* (Vaugelas 1690 : 505-506 ; manuscrit f° 16v°-f° 17r°) qui aborde l'exemple pris du *Discours sur Malherbe* de Godeau : *La Poësie arrive à sa fin qui est d'instruire et de plaire d'une façon toute particuliére*.

2448 Voici encore une occasion où Vaugelas semble minimiser le rôle de la ponctuation dans l'écrit et de l'intonation dans l'oral pour résoudre les cas d'ambiguïté potentielle.

2449 Dans la remarque manuscrite intitulée « Equiuoque » (f° 92r°), Vaugelas indique qu'il s'agit de « Malh. p.477 <en sa lettre à Mad^{e} la Princesse de Conty il commence ainsi> », attribution qui est également proposée par la Clef de Conrart. Dans le manuscrit, Vaugelas observe qu'« on ne scait d'abord » le sens de la construction. Il ajoute : « I'ay dit *d'abord* parce qu'à ~~l'interpreter à la bonne foy [...] selon la propre signification des mots, on uoit bien à trauers ce passage ce que il a uoulu dire [...]~~ <bien considerer et à la bonne foy ~~c'est à dire~~ mesmes ayant une uirgule apres *desirois*, il est aisé de iuger de son intention> Mais tousiours est ce une faute d'en faire tant soit peu douter, et luy mesme auoit accoustumé de dire sur le suiet de la clarté auec laquelle il se faut expliquer, que si on relisoit deux fois une de ses periodes, ou quelques uns de ses uers, il uouloit que ce fust pour l'<es> admirer, et pour le plaisir qu'il y a de repeter les belles choses, et non pas pour chercher ce qu'il uouloit dire. Certes il faut donner cette loüange eminente à M. Coeff. laquelle ie ne sçay si l'on peut donner aussi absolument aux meilleurs Escriuains^{+} {+ de l'Antiquité, soit grecs soit latins, qu'en ses uolumes immenses qu'il a composez <tant> en latin qu'en François, il ne s'y touuera pas une seule periode qu'il faille relire deux fois pour l'entendre.} ».

que si l'on relisoit deux fois l'une de ses periodes, ou l'un de ses vers, il vouloit que ce fust pour les admirer, & pour le plaisir qu'il y a de repeter les belles choses, & non pas pour chercher ce qu'il vouloit dire. Certes il faut donner cette loüange à M. Coeffeteau, & je doute qu'on la puisse donner aux meilleurs Autheurs de l'Antiquité, qu'en tant de volumes qu'il a faits, il ne s'y trouvera pas une seule periode, qu'il faille relire deux fois pour l'entendre[2450].

Ce ne seroit jamais fait de vouloir marquer toutes les sortes d'equivoques, qui se peuvent faire en escrivant, & qui sont autant de fautes contre la netteté. Quintilien dit que le nombre en est infini[2451]. Je sçay bien qu'il y en a quelques unes que l'on ne peut eviter, & que les plus excellens Autheurs Grecs & Latins nous en fournissent des exemples ; On a accoustumé de dire pour les excuser, que le sens supplée au defaut des paroles, & j'en demeure d'accord, pourveu que ce ne soit que tres-rarement, & en sorte que le sens y soit tout (590) evident. Mais à dire le vray, je voudrois tousjours l'eviter autant qu'il me seroit possible ; car apres tout, c'est à faire aux paroles de faire entendre le sens, & non pas au sens de faire entendre les paroles, & c'est renverser la nature des choses, que d'en user autrement. C'est faire comme à la feste des Saturnales, où[2452] les serviteurs estoient servis par leurs maistres, le sens estant comme le maistre, & les mots, comme les serviteurs. Certainement ce grand homme que je viens de nommer condamne absolument toutes sortes d'equivoques, puis qu'il ne pardonne pas à celle que vous allez voir icy. Il faut que je mette ses propres termes en Latin, parce que les exemples qu'il donne ne peuvent s'accommoder à nostre langue, qui ne souffre pas les transpositions de la nature de celles-cy. *Vitanda imprimis ambiguitas, non hæc solum quæ incertum intellectum facit, ut Chremetem audivi percussisse Demeam, sed illa quoque, quæ etiamsi turbare non potest sensum, in idem tamen verborum vitium incidit, ut si quis dicat visum a se hominem librum scribentem ; Nam etiamsi librum ab homine scribi pateat, male tamen composuerat, feceratque ambiguum, quantum in ipso fuit*[2453]. Apres cela, il n'y a plus d'equivoque qui se puisse defendre, & il ne reste plus rien à dire qu'une chose, qui seroit bien hardie, & que je ne voudrois pas (591) dire

2450 Voir l'Introduction, p. 61-62.

2451 Voir, par exemple, les sections VII, 9 et VIII, 2 de l'*Institution Oratoire* de Quintilien qui traitent des équivoques et de la clarté.

2452 Dans l'original : ou.

2453 Quintilien, *Institution oratoire*, VIII, 2, 16.

le premier, que Quintilien s'est trompé[2454]. Il encherit bien encore dans ce mesme chapitre *de perspicuitate*, il veut que l'expression soit si claire, qu'elle frappe l'esprit du Juge, je diray, de l'Auditeur, ou du Lecteur, comme le Soleil frappe les yeux des personnes, qui le voyent & le sentent malgré qu'ils en ayent[2455]. En fin il reduit la clarté à ce dernier degré de perfection, qu'il faut tascher autant qu'il se peut, quand on parle ou quand on escrit, non seulement de se faire entendre, mais de faire en sorte qu'on ne puisse pas n'estre pas entendu, *non ut intelligere possit, sed ne omnino possit non intelligere curandum*[2456].

Il y a encore un autre vice contre la *netteté*, qui sont certaines constructions, que nous appellons *lousches*, parce qu'on croit qu'elles regardent d'un costé, & elles regardent de l'autre ; J'en ay fait une Remarque, à laquelle je renvoye pour abreger[2457]. Il la faut chercher à la table au mot de *construction*.

Et encore un autre, quand le second membre d'une periode, qui est joint au premier par la conjonctive *&*, en est fort esloigné, à cause d'une autre periode longue, qui est entre deux, comme une parenthese, par exemple, *il y a dequoy confondre ceux qui le blasment, quand on leur aura fait voir que sa façon de chanter est excellente, quoy qu'elle n'ayt rien de commun* (592) *avec celle de l'ancienne Grece, qu'ils loüent plustost par le mespris des choses presentes, que par aucune connoissance qu'ils ayent de l'une ny de l'autre, & qu'il merite une grande loüange*[2458]. Je dis que ce dernier membre *& qu'il merite une grande loüange*, est trop esloigné du premier par cette longue parenthese, qui commence *quoy qu'elle n'ayt, &c.* & que quand elle n'auroit que le tiers de la longueur, qu'elle a, comme *que sa façon de parler est excellente, quoy qu'elle n'ayt rien de commun avec la nostre, & qu'il merite, &c.* la periode ne laisseroit pas d'estre vicieuse, & de pecher contre la netteté.

La longueur des periodes, est encore fort ennemie de la netteté du stile. J'entens celles qui suffoquent par leur grandeur excessive ceux qui les

---

2454 Dans l'original : trompe.

2455 *Cf.* Quintilien, *Institution oratoire*, VIII, 2, 23.

2456 Quintilien, *Institution oratoire*, VIII, 2, 24 ; ce passage est traduit par Cousin (1978 : 60) de la façon suivante : « il ne faut pas veiller à ce que le juge puisse comprendre, mais à ce que, en tout état de cause, il ne puisse pas ne pas comprendre ».

2457 Voir *R*p. 112-114.

2458 Clef de Conrart : « C'est de l'auteur de la Préface sur les œuvres de Malherbe, qu'est pris ce passage. Mais qui est cet auteur. [R. C'est M. l'Evesq[ue] de Vence.] »

prononcent, comme parle Denis d'Halicarnasse, περίοδοι μακραὶ καὶ[2459] ἀποπνίγουσαι τοὺς λέγοντας[2460], sur tout si elles sont embarrassées & qu'elles n'ayent pas des reposoirs, comme en ont celles de ces deux grands Maistres de nostre langue, Amyot & Coeffeteau ; Il seroit importun & superflu d'en donner des exemples, qui ne sont que trop frequens dans nos mauvais Escrivains. *Les longues & frequentes parentheses*, y sont contraires aussi[2461].

Il y a bien d'autres vices sans doute contre *la netteté*, mais il suffit d'en avoir marqué les[2462] principaux & de dire pour la gloire de la (593) France qu'elle n'a point encore porté tant d'hommes, qui ayent escrit purement & nettement, qu'elle en fournit aujourd'huy en toutes sortes de stiles.

A la pureté, & à la netteté du stile, il y encore d'autres parties à ajouster, *la proprieté des mots & des phrases, l'elegance, la douceur, la majesté, la force*, & ce qui resulte de tout cela, *l'air, & la grace*, qu'on appelle *le je ne sçay quoy*, où *le nombre, la briefveté, & la naïfveté de l'expression*, ont encore beaucoup de part. Mais ce n'est pas à moy à traiter de tant de belles choses, qui passent ma portée, & qui ne demandent pas moins qu'un Quintilien François ; C'est bien assez, si j'apprens que ce petit travail n'ayt pas esté inutile, ny desagreable au public.

FIN

2459 Dans l'original : και.

2460 Vaugelas semble faire référence à la citation suivante, écrite non pas par Denis d'Halicarnasse, mais par Démétrios de Phalère dans son traité « Du Style » (chapitre 303.4, IVe siècle avant J.-C.) : καὶ αἱ περίοδοι δ' αἱ συνχεῖς καὶ μακραὶ καὶ ἀποπνίγουσαι τοὺς λέγοντας οὐ μόνον κατακορές, ἀλλὰ καὶ ἀτερπές (« Quant aux longues périodes qui s'enchaînent, mettant les orateurs hors d'haleine, elles sont non seulement fastidieuses mais sinistres », traduction de Pierre Chiron, *Démétrios Du Style* (Paris, 1993)).

2461 La Clef de Conrart se termine en notant : « J'ay mis à la fin de tout, Si je n'ay pas expliqué toutes les pages marquées, en ces derniers feüillets, il ne s'en faut pas étonner, ni si j'ay expliqué la plus part des autres douteusement ; parce q[ue] l'Auteur, en alléguant des exemples qu'il blâmoit, n'en désignoit pas les auteurs clairement, com[m]e lors qu'il les louoit, estant l'homme du monde le plus circonspect en cela, aussi bien qu'en toute autre chose. »

2462 Dans l'original : les les.

AVERTISSEMENT

Le peu de loisir qu'a eu l'Autheur, ne luy ayant pas permis de voir exactement toutes les feüilles de ce livre pendant l'impression, il a fallu s'en fier à l'Imprimeur, qui y a laissé glisser quelques fautes dont la plus grande est au chiffre en la feüille cottée *Mmm*, où il a mis 457. au lieu de mettre 497. & a continué l'erreur quarante pages de suite, jusques à ce qu'il a repris le mesme nombre de 497. Et parce qu'il n'y a pas eu de remede à une faute si longue, on a esté contraint de marquer dans cette table par le mot de *bis*, les remarques qui se sont rencontrées dans l'erreur de ce chiffre ; On les trouvera pourtant aysement si l'on prend garde à la cotte des feüilles ; car elles sont toutes depuis *Mmm*, jusques à *Rrr.* Il a aussi manqué au Grec en plusieurs endroits nonobstant les soins de l'Autheur, qui en a marqué les fautes dans l'errata mis au commencement du livre. Au reste les remarques qui se trouvent dans le texte du livre hors des titres, sont marquées en la table par une estoile *.

(FFff ij r°)

TABLE

A

B

C

1 Dans l'original : Le.

(GGgg r°) **D**

---

2 Dans l'original : *demy-douzeine*.
3 Dans l'original : *on*.

E

4 Dans l'original : *a*.

F

G

H

I/J[5]

---

5 Suivant les normes typographiques de l'époque, il n'y a que 'I' dans l'original.
6 Dans l'original : *Il commençà.*
7 Dans l'original : *Il commençà.*

L

8 Dans l'original : *ethimologie* (*Fautes d'impression*).

M

N

O

P

9 Dans l'original : *peut estre.*

Q

10 Dans l'original il y a une virgule entre *est-ce* et *qu'il.*

R

11 Dans l'original : *Repetion.*

12 Dans l'original : *Soubçonneux.*

T

U/V[13]

13 Suivant les normes typographiques de l'époque, il n'y a que 'V' dans l'original.
14 Dans l'original : *de*.
15 Dans l'original il y a un point après *comment*.
16 Dans l'original : *le*.

Y

Z

FIN

ANNEXE I

Liste des principales éditions et réimpressions des *Remarques* de Vaugelas

Le premier privilège fut octroyé à Vaugelas (C.F.D.V.) le 26 juin 1646 pour 20 ans.

1647 Paris, Veuve Jean Camusat et Pierre Le Petit ; [52]-593-[24] p., in-4° [Pour des raisons pratiques, le texte de notre édition a été établi à partir de l'édition fac-similé faite par Jeanne Streicher (1934). Comme cette édition n'inclut pas l'index original de Vaugelas, nous avons ajouté celui de l'exemplaire BnF RES-X-917]

[Il y a plusieurs tirages de cette édition [voir, par exemple, BnF RES-X-918 ; X-2441 ; Arsenal 4-BL-494], avec variation concernant la duplication de pagination, la disposition des *Fautes d'Impression* (24 lignes dans l'édition que nous reproduisons, 21 lignes dans BnF X-2441), et la position du Privilège, etc.]

1647 Paris, Augustin Courbé ; [54]-593-[22] p., in-4° [Arsenal 4-BL-493]

1649 Paris, Augustin Courbé ; Jouxte la copie imprimée, [52]-716-[32] p., in-8° [Bibliothèque municipale de Beaune ancien P2312]

1651 Paris, Augustin Courbé ; Jouxte la copie imprimée, [52]-708-[32] p., in-8° [Bibliothèque municipale de Lyon 343477]

1654 Paris, Augustin Courbé ; Jouxte la copie imprimée, [60]-708-[32] p., in-8° [Bibliothèque municipale de Lyon 343476]

1655 Paris, Augustin Courbé, Troisiesme Edition, reveuë & corrigée ; [54]-593-[22] p., in-4° [BnF X-2442]

[Dans les grandes lignes, cette édition est identique à celle de 1647 (BnF X-2441), à l'exception près qu'il y a quelques petites différences dans la division des mots à la fin des pages. Dans l'exemplaire à la Bibliothèque municipale de Lyon 319437, sur la page de titre, trois III ont été rajoutés à la main pour indiquer 1658, mais il s'agit de l'édition de 1655]

1657 **Bruxelles, François Vivien,** Quatriesme Edition, reveuë & corrigée ; Jouxte la Copie de Paris, [51]-515-[18] p., in-8° [BnF X-13307]

1659 **Paris, Augustin Courbé,** Quatriéme Edition, reueuë & corrigée, « Cette Edition imprimée à Rouen, par Laurens Maurry » ; [70]-473-[24] p., in-12° [BnF X-13308]

[« Table beaucoup plus ample qu'aux precedentes impressions, où les Remarques qui se trouvent dans le texte du livre, hors des titres, sont marquées d'une estoille * »]

1659 **Paris, Augustin Courbé** ; Jouxte la copie imprimée, [48]-716-[31] p., in-8° [Cambridge University Library Bb*.5.35(F)]

1662 **Paris, Louis Billaine,** Nouvelle Edition, reveuë & corrigée ; [72]-474-[24] p., in-12° [BnF X-13309]

1662 **Paris, Thomas Jolly,** Nouvelle édition reveüe et corrigée ; [44]-515-[18] p., in-8° [Médiathèque Jean-Jacques Rousseau Chambéry PER A 010.010-001]

1663 **Paris, Louis Billaine** ; [54]-454-[18] p., in-4° [BnF RES 4-ZADLER-26]

[« A Rouen [L. Maurry], Et se vendent à Paris, chez Louis Billaine, au Palais, au second Pilier de la grand' Salle, à la Palme, & au grand Cesar »]

1663 **Paris, Thomas Jolly** ; [53]-454-[18] p., in-4° [BnF X-2443]

« Cette edition achevée d'imprimer, A Rouen, par L. Maurry »

1664 **Paris, Louis Billaine,** Nouvelle Edition, reveuë & corrigée ; [70]-474-[24] p., in-12° [BnF X-13311]

1664 **Paris, Thomas Jolly,** Nouvelle Edition, reveuë & corrigée ; [70]-474-[24] p., in-12° [BnF X-13310]

1664 **Paris, Augustin Courbé,** Nouvelle Edition, reveuë & corrigée ; [70]-474-[24] p., in-12° [Sainte-Geneviève Rés 8 X 375 INV 700]

1665 **Amsterdam, Jean de Ravestein** ; [54]-368-[22] p., in-12° [British Library, Londres 626.a.35]

1667 **Paris, ?** [malheureusement la page de titre est manquante] ; [48]-593-[23] p., in-4° [Bourg-en-Bresse FA 112109]

1670 **Paris, Thomas Jolly et Simon Bénard,** Nouvelle Edition, reveüe & corrigée ; [70]-474-[25] p., in-12° [BnF X-13313]

1670 **Paris, Louis Billaine,** Nouvelle édition, reveuë et corrigée ; [70]-474-[25] p., in-12° [BnF X-13312]

1670 **Paris, Thomas Jolly** ; [70]-474-[25] p., in-12° [Médiathèque ville de Rodez MAG 35 569]

1672 Paris, Louis Billaine[1], Nouvelle Edition, reveuë et corrigée ; [70]-474-[25] p., in-12° [BnF X-13314]
[Nouvelle émission de l'édition partagée entre les même libraires, Paris, 1670, et donc identique à BnF X-13313]

1672 Paris, Thomas Jolly et Simon Bénard, Nouvelle Edition, reveüe & corrigée ; [70]-474-[25] p., in-12° [BnF 8-X-3284]

1672 Paris, Thomas Jolly, Nouvelle Edition, reveüe & corrigée ; [70]-474-[25] p., in-12° [Sainte-Geneviève Réserve 8 X 376 INV 701]

1677 Cologne, Benoist Roulet ; [72]-474-[25] p., in-12° [Bibliothèque d'Étude et du Patrimoine Grenoble F.1686]

1677 Lyon, Jean Carteron ; [74]-474-[25] p., in-12° [Médiathèque Le Mans BL 8* 10001]

1677 Lyon, Claude de la Roche ; [74]-474-[24] p., in-12° [Arsenal 8-BL-2069]

1677 Lyon, J. B. de Ville ; [71]-474-[25] p., in-12° [BM Nantes 104 Fonds ancien 3 : 23104]

1678 Paris, Au Palais, par la Société, Nouvelle édition reveuë & corrigée ; [72]-474-[25] p., in-12° [Arsenal 8-BL-1601]

1687 Paris, Theodore Girard, Nouvelle Edition reveuë & corrigée. Avec des notes de T. Corneille ; 2 vol., vol 1 : [86]-p. 1-456 ; vol 2 : [2]-p. 457-1068-[36], in-12° [BnF 13315-13316]

1690 Amsterdam, Pierre Mortier, Nouvelle Edition reveuë & corrigée. Avec des notes de T. Corneille ; 2 vol. in 1, [56]-268 ; 355-[21] p., in-12° [Cambridge University Library F169.e.5.7]

1697 Paris, la veuve de Theodore Girard, Nouvelle Edition, reveuë & corrigée. Avec des notes de T. Corneille ; in-12°, 2 vol., [84]-p. 1-456 p. ; [8]-p. 457-1068-[36] [Cambridge University Library Bb*.4. 61-62(F)]

1698 Paris, Nicolas Gosselin, Nouvelle Edition, reveuë & corrigée. Avec des notes de T. Corneille (En la boutique de T. Girard) ; [86]-p. 1-456 ; vol 2 : p. 457-1068-[36], in-12° [Newnham College Library, Cambridge 750:1.8a-b]

1703-1713 Amsterdam, Gerard Onder de Linden, Nouvelle Edition reveuë & corrigée. Avec des notes de T. Corneille ; 3 vol. in 2, vol 1 : [62]-268, vol. 2 : 355-[30] p., in-12° [British Library, Londres 1568/3496]

---

1 Streicher (1934) fait mention d'une édition de 1673, publiée à Rouen et Paris par L. Billaine, in-4°, mais nous n'avons pas pu en identifier un exemplaire.

1704 Paris, Jean-Baptiste Coignard, *Observations de l'Académie Françoise sur les Remarques de M. de Vaugelas* ; [52]-617-[1] p., in-4° [BnF X-2445]

1705 La Haye, Jonas L'Honoré & Thomas Johnson, *Observations de l'Académie Françoise sur les Remarques de M. de Vaugelas*, Seconde Edition reveuë & corrigée avec soin ; 2 vol. [21]-lxvii-[10]-407 ; [14]-544p., in-12° [Aberdeen University Library BCL B6891-6892]

1738 Paris, Clousier, *avec des notes de Messieurs Patru, & de T. Corneille* ; 3 vol., [4]-480 ; [4]-480 ; [4]-445-[95] p., in-12° [British Library, Londres 626.d.12-14]

[Cette édition de 1738 contient également les *Nouvelles Remarques*, mais sans les commentaires d'Alemand]

1738 Paris, Huart, *avec des notes de Messieurs Patru, & de T. Corneille* ; 3 vol., [2]-480 ; [2]-480 ; [4]-445-[91] p., in-12° [BnF NUMM-6565883, NUMM-6565932, NUMM-6565915]

1738 Paris, Didot, *Remarques de M. de Vaugelas sur la langue françoise, Avec des Notes de Messieurs Patru, & de T. Corneille* ; 3 vol., [4]-480 ; [4]-480 ; [4]-445-[91] p., in-12° [Arsenal 8-BL-1604]

1738 Paris, Nyon fils, *avec des notes de Messieurs Patru, & de T. Corneille* ; 3 vol., [2]-480 ; [2]-480 ; [4]-445-[91] p., in-12° [Sainte-Geneviève Réserve Delta 52318]

1738 Paris, De Nully, *avec des notes de Messieurs Patru, & de T. Corneille* ; 3 vol., [2]-480 ; [2]-480 ; [2]-445-[95] p., in-12° [Universitätsbibliothek Mannheim Sch 101/153-1-3]

1738 Paris, Prault fils, *avec des notes de Messieurs Patru, & de T. Corneille* ; 3 vol., [2]-480 ; [2]-480 ; [4]-445-[91] p., in-12° [BnF vol. 1-2 X-32949-32950, le volume III manque ; vol 3. Bibliothèque universitaire d'Angers R 01 058]

1738 Paris, Valleyre, *avec des notes de Messieurs Patru, & de T. Corneille* ; 3 vol., vol 2 : [2]-480 p., vol. 3 : [2]-445-[95] p., in-12°, [Sainte-Geneviève, le tome I. mq. 8 X 376(2) INV 702-704]

1738 Paris, Piget, *avec des notes de Messieurs Patru, & de T. Corneille* ; in-12°, 3 vol., [4]-480-[4] ; [4]-480 ; [4]-445-[91] p., [Bibliothèque Mazarine 8° 20238 (A-C)]

ÉDITIONS, RÉIMPRESSIONS ET FAC-SIMILÉS MODERNES

1880 **Versailles, Cerf et fils / Paris, J. Baudry**, Nouvelle édition, comprenant le texte de l'édition originale, des remarques inédites, une clef inédite de Conrart, tous les commentaires du XVIIe siècle, des notes nouvelles, une introduction et une table analytique des matières, par A[lexis] Chassang [contient également le texte des *Nouvelles Remarques*] [BnF NUMM-6385630, NUMM-6274587]

1934 **Paris, E. Droz**, fac-similé de l'édition originale publié sous le patronage de la Société des textes français modernes. Introduction, bibliographie, index, par Jeanne Streicher ; la table de l'édition originale est remplacée par un index mentionnant les pages en double [BnF 8-X-19388]

1943 **Paris, Éditions du Raisin** ; 3 vol. [BnF RES M-X-68]

1969 **Paris, Larousse**, extraits avec une notice biographique, une notice historique et littéraire, des commentaires de l'Académie, un questionnaire, un index, des jugements et des notes explicatives par René Lagane [BnF EL 8-Y-252 (81)]

1970 **Genève, Slatkine reprints**, fac-similé de l'édition de Paris, E. Droz, 1934 [BnF 8-X-27517] ; réimpression 2000 [BnF 447.03 VAUG r]

1971 **Paris, Hachette**, Reproduction de l'édition de Paris, Veuve J. Camusat et P. Le Petit, 1647 ; 12 microfiches de 60 images, version numérique sur Gallica [BnF NUMM-84316]

1972 **Genève, Slatkine reprints**, *Observations de l'Académie Françoise sur les Remarques de M. de Vaugelas*, fac-similé de l'édition de La Haye, Jonas L'Honoré & Thomas Johnson, 1705 [BnF NUMM-7588 <1> – NUMM-7589 <2>]

1973 **Paris, France-Expansion** (Archives de la linguistique française) ; 6 microfiches de 128 images, reproduction de l'édition de Paris, Augustin Courbé, 1647, version numérique sur Gallica [BnF NUMM-50995]

1973 **Paris, France-Expansion** (Archives de la linguistique française), *Observations de l'Académie françoise sur les Remarques de M. de Vaugela*s ; 6 microfiches de 128 images, reproduction de l'édition de Paris, Jean-Baptiste Coignard, 1704, version numérique sur Gallica [BnF NUMM-50996]

1975 **Paris, Larousse**, extraits avec une notice biographique, une notice historique et littéraire, des commentaires de l'Académie, un questionnaire, un index, une documentation thématique, des jugements et des notes explicatives par René Lagane ; nouvelle édition [BnF EL 8-Y-7306]

1981 **Paris, Éditions Champ libre** [renommée Éditions Ivrea en 1992] [BnF 8-X-30393]

1984 **Neuchâtel, Faculté des Lettres / Genève, Droz**, *La Préface des « Remarques sur la langue françoise »* ; édition avec introduction et notes par Zygmunt Marzys [BnF 447.03 VAUG p]

1987 **Paris, Larousse** ; réimpression de l'édition de 1975 par René Lagane [Bibliothèque de l'Université du Littoral Côte d'Opale 447 VAU R]

1996 **Paris, Éditions Ivrea** ; édition parue aux éditions Champ Libre en 1981 [Bibliothèque universitaire, Le Mans MAG.8°19575]

2009 **Genève, Droz**, édition critique avec introduction et notes par Zygmunt Marzys [BnF 2010-283128]

2011 **Paris, Classiques Garnier Numérique**, *Corpus des remarques sur la langue française (XVIIe siècle)*, dir. Wendy Ayres-Bennett ; reproduction de l'édition de Paris, Veuve Jean Camusat et Pierre Le Petit, 1647, ressource électronique.

ANNEXE II

Remarques inédites

Comme nous l'avons indiqué dans notre Introduction, il n'est pas toujours facile de délimiter exactement ce qui est inédit. Cette liste contient des remarques qui traitent des sujets complètement nouveaux et d'autres qui sont apparentés aux observations publiées en 1647[1]. Les derniers folios du manuscrit sont très difficiles, même impossibles, à lire, et notre transcription est par conséquent très lacunaire. Plusieurs observations sont incomplètes, ce qui explique peut-être pourquoi Alemand ne les a pas publiées dans les *Nouvelles Remarques*.

Folio 8v°
[…]ticle. Au pluriel apres qu'on a mis l'article deuant le substantif qui a deux adiectifs apres luy, il ne faut iamais repeter l'Article deuant le second adiectif. Exemple *Il a* <*une*> *grande conoissance des sciences diuines et des humaines* ~~[…]~~ Cela ne uaut rien, il faut dire *Il a une grande conoissance des sciences diuines et humaines* <sans l'article *Des*>. En touts [*sic*] les cas du pluriel cette reigle est uraye. Mais au singulier e [*sic*]

Folio 9r° : *Aposteme* et *Apostume*
Aposteme et <ne uaut rien, il faut dire> *Apostume* ~~[…]~~

Folio 10r°
<*Assemblement*, et *assemblage* Malh. dit tous les deux *Ie crois qu'il ne me reste plus que l'assemblem*[*ent*] *que uous faites de l'interest du Roy et de la Reyne auec leur* […]>

Folio 15v° : *Congratuler*
Congratuler ne uaut rien du tout, ~~mais~~ <et> est barbare Voyez *conioüir.*

---

1 D'autres remarques inédites ont été discutées dans les notes de bas de page quand elles sont liées au sujet de l'observation concernée.

Folio 23v° : [...] *partie*
De partie pour *De part* ne uaut rien, au moins en prose, car en uers Malh. a dit

Folio 24r° : *De peur*
De peur <*que*> ueut tousiours la negatiue *ne* apres soy, ~~par exemple~~ par exemple *craignons Dieu de peur qu'il ne nous chastie*, et non pas *De peur qu'il nous chastie* comme escrit ordinairement Amyot. Cette façon de parler s'est changee depuis luy, aussi bien qu'une infinité d'autres. Plusieurs neantmoins ne laissent pas encore auiourd'huy de le dire, mais c'est une faute. *De peur* sans *que* regit un *de* et un Infinitif apres soy et ne ueut point de negatiue, car on dit *de peur d'aller là*, et non *de n'aller là*.

Folio 25r° : *Difforme*, et *deformité*
Difforme et *deformité* : C'est ainsi qu'il faut dire et non pas *Difformité* quoy qu'on die *Difforme* n'estant pas nouueau en nostre langue qu'il y ayt changement de uoyelle entre l'Adiectif et le Substantif d'une mesme chose <ou le Concret, et l'Abstrait pour parler en Logicien>. Nous en auons plusieurs exemples dont il ne me souuient pas maintenant, ie n'en allegueray qu'un seul qui ~~me uient~~ <se presente> à ma memoire, qui est *parfait* et *perfection*. l'Aduerbe ~~est~~ <se dit> *parfaitement*, non *perfaitement* comme quelques uns disent. Ainsi faudroit il dire *Difformement* si cet Aduerbe estoit bien en usage, et non pas *Deformement*. En quoy on peut faire cette reigle, que l'Aduerbe ~~quant à ce point~~ suit la nature de l'Adiectif, dont <tous> les Aduerbes se forment, et non pas du Substantif.

Folio 25v° : *Public* transposé
Public, il ne faut pas dire *Tout le public* ~~[...]~~

Folio 25v° : *Deuoüer*
Deuouer est fort bon, et ueut dire autre chose que *voüer*.

Folio 25v° : *Donnez en moy*
Donnez en moy ne uaut rien, faut dire *Donnez m'en*.

Folio 25v° : *Despit*
Despit adiectif me semble fort mauuais, et par consequent ie ne crois pas que ce soit bien parler de dire *Ie suis depit contre uous*, ou *auecque uous*. <I'en doute, ie ne le condamne pas.>

Folio 26r° : *Esmouuoir à la pitié*
Esmouuoir à la pitié que dit un de noz meilleurs Escriuains ne uaut rien, il faut dire *Esmouuoir à pitié.*

Folio 26v° : *Equiuoque*
Equiuoque souuent le sens oste l'equiuoque des paroles, *et quand il uouloit monter dessus, il se mettoit de luy-mesme à genoux* le premier *Il* s'entend de l'homme et le second *Il* du cheual. <Il faut neantmoins euiter ces choses là tant que l'on peut pour la clarté et la beauté du langage. Malh. Voyla comme Annibal sortit de Carthage plus affligé du mauuais estat de son pays que $^{+}$> {$^{+}$ de celuy de Carthage[2]. le sens fait uoir que *celuy* se rapporte à *estat* et non pas à *pays*, mais il auroit mieux fait de l'euiter en mettant un mot au lieu du pays d'un autre genre et d'un autre nombre.}

Folio 26v° : *Escrouelle*
Escrouelle non *Escruelle.*

Folio 26v° : *Equiuoque*
Equiuoque faut auoir un grand soing d'euiter toutes sortes d'Equiuoques si l'on ueut escrire nettement, par exemple si ie dis *la periode peut estre aussi uitieuse*, <ce> n'est pas parler nettement il faut dire *la periode peut aussi estre uitieuse*, car ainsi uous euiterez deux equiuoques l'un de *peut estre* qu'on ne scait si uous le faites uerbe, ou aduerbe, et l'autre d'*Aussi*, qu'on ne scait s'il ueut dire *etiam*, *encore*, ou *tam* <*autant*> qui est un terme de comparaison, qui doit estre suiui de *quam* ou de *que*.

Folio 27r° : *Eschange*
Eschange[3] est tousiours feminin, quoy que *change* soit masculin.

Folio 28v° : *Entable*[4]
Folio 28v° : *En mesme temps*
Folio 28v° : *En ce mesme temps*

---

2 Malherbe (1631 : I, 465) : *Voila comme Annibal sortit de Carthage, plus affligé du mauvais estat de son païs, que de celuy de ses propres affaires.*

3 Le mot semble être rayé de deux lignes diagonales.

4 Il y a une ligne onduleuse à côté de cette première partie de la remarque ainsi qu'une croix au-dessous du titre.

Entable que plusieurs disent pour dire *à table. Nous estions entable* ne uaut rien du tout, et choque merueilleusem[ent] l'oreille, au moins certes la mienne. Et tant s'en faut qu'il faille mettre *en* là ou et l'Vsage et la Raison ueulent que l'on mette *a* comme icy, que là ou le mesme Vsage et la Raison aussi font dire *En* comme <en celuy-cy> *en mesme temps* il est plus elegant de dire *a mesme temps*, ~~[…]~~ <ainsi que> dit presque tousiours M. Coeff. On dit aussi *Au mesme temps*, mais quelquefois on le dit en des lieux qu'on ne pourroit pas dire *En mesme temps*. On dit tousiours *En ce mesme temps*, et iamais *à ce mesme temps*.

Folio 30r° : *Beuuois*, *beuray*, *Beuuez*
~~*Beuuois*, *beuray*, <*beuuez*, *beuuant beuuons*> dont la premiere syllabe est *beu* ne ualent rien. Il faut dire *Beuois*, *boiray*, *beuez*, *beuant*, *beuons*.~~

Folio 30v° : *Bac*
Bac Malh p. 273 passé une riuiere dans un bac.

Folio 31r° : *Excogiter*
Excogiter ~~est latin […]~~ <ne uaut rien, non pour estre trop latin, car la moitie de n[ot]re langue est composee de semblables mots, comme *Exceller*, *exhorter*, qui ne sont qu'exemples de Verbes que ie donne>, parce qu'ilz commencent comme *Excogiter*, mais ce mot ne uaut rien parce qu'il n'est pas en usage parmy + {+ ceux qui parlent et escriuent bien.}

Folio 36r° : *Obmission d'articles*
Obmission d'articles M. de Malh. p. 536 hors des broüilleries et desordres.

Folio 37r° : *Audace*
Audace ne se prend qu'en mauuaise part, et *Hardiesse* plustot en bonne qu'en mauuaise part et i'oserois <presque> dire tousiours en bonne part, en quoy nous auons auantage sur les latins, qui se seruent d'*audax* en bien et en mal, comme *audaces fortuna iuuat*[5] en bien, *et audax Iapeti genus*[6] en mal, au lieu que nous auons hardiesse pour le bien. *Asseurance* semble estre pour l'un et pour l'autre.

---

5 « La fortune sourit aux audacieux ».

6 *Audax Iapeti genus / Ignem fraude mala gentibus intulit* (« Dans son audace, le fils de Japet apporta, par une ruse malheureuse, le feu aux nations », traduction de F. Villeneuve, *Horace, Odes et épodes*, Paris, Les Belles Lettres, 1927, p. 11).

Folio 38r° : *Foüir*
Foüir pour *Fuyr* ne uaut rien quoy que plusieurs le disent à la court. *Foüir* c'est *Fodere* en latin, comme quand on dit *Foüir la terre.*

Folio 38r° : *Fidel.*
Fidel ne uaut rien. Il faut tousiours dire *Fidelle* autant au masculin, qu'au feminin. Voyez *Fertil.*

Folio 38r° : *Finablement*
Finablement ne uaut <plus> rien, il faut dire *finalement, enfin, à la fin.*

Folio 42v° : *Grammaire*
Grammaire, Elle ne parle point des barbarismes des paroles ni de ceux de l'oraison ni des ~~[...] ni de~~ meilleurs mots ni des meilleures façons de parler. Ces Remarques ont cela de plus que la grammaire ne fait pas. Faut aussi dire pourquoy ie n'ay pas suiui ~~l'ordre de~~ <en> ces Remarques l'ordre de Laurentius Valla[7].

Folio 43v° : *Construction bizarre*
Construction bizarre Malh. p. 493 Quel loisir luy eussiez uous desiré dauantage ? car *Dauantage* ne se rapporte pas à *Desiré,* mais à *loisir,* comme il est aisé à uoir, et ie ne sçay comme on les peut construire ensemble.

Folio 44v° : *Caprice*
Caprice est masculin. Malh. le fait feminin B. p 11. *la Caprice du peintre.*

Folio 44v°
Conclure ne uaut rien, faut dire *conclurre.*

Folio 44v° : *Ce que*
Ce que. Si nous auons l'election de donner *ce que* bon nous semblera dit Malh. B. il dit bien, mais il semble que par la construction ordinaire il faudroit [...] le nominatif *ce qui* bon nous semblera [...]

7 Le même commentaire sur l'ordre est répété au f° 97v°.

Folio 46r°-46v° : *Harengue* oblique[8]

Harengue. Quelques uns tiennent qu'aux Harangues obliques il se faut tousiours seruir du temps present, et iamais de l'Imparfait, mais ilz se trompent grandement, tesmoing tous noz bons Autheurs ausquels ie les renuoye, outre qu'en parlant on s'en sert tout de mesmes qu'en escriuant. Malh. en sa traduct. de T. Liue que tant que les ennemis auoient l'espee à la main, il leur falloit faire la guerre à bon escient, mais que depuis qu'ilz estoient par terre il n'appartenoit qu'aux ames lasches[9] de leur mettre le pied sur la gorge. Il ne dit pas que tant que les ennemis *ont* l'espee à la main, il leur *faut* faire la guerre, &c. quoy qu'il seroit bon aussi, et pour diuersifier on se sert tantost de l'un et tantost de l'autre, comme fait M. Coef.

Folio 47r° : *Ausquels auec leur*

Ausquels on auoit promis leur grace, non *la grace* M. Coeff.

Folio 47v° : *Amende*

Amende. Il sera mis en amende, dit un fameux Escriuain, il faut dire *mis à l'amende.*

Folio 61r° : *Mil*

Mil pour *Mille* ne uaut rien. Voyez *Fertile.*

Folio 62r° : *Maudisson*

Maudisson. Malediction uenant de latin est bon, et l'autre mauuais.

Folio 62v° : *Matin*

Matin. A ce matin et *ce matin* sont tous deux bons. Malh. p.628 dit ce matin, et p.465 le lendemain au matin.

Folio 64v° : *Netteté de langage*

Netteté de langage, de ne mettre point deux substantifs d'un mesme genre, quand on met un adiectif apres qui se rapporte au premier substantif. Exemple *Ie ne ueux pas en alleguer icy les exemples, ilz seront serrez par cy par là dans ces Remarques selon l'occasion que nous en auons. Mais i'en donneray seulem*[*ent*] *un qui en uaut mille*, si au lieu d'*occasion* ie mettois *suiet*, ce

8 L'orthographe de ce mot alterne entre *harengue* et *harangue.*

9 Malherbe (1631 : I, 398) : *à des ames lasches.*

mot *un* seroit equiuoque et feroit hesiter le lecteur dans l'intelligence si bien que *occasion* ostant toute doute[10] est incomparablem[ent] meilleur.

Folio 65r° : *Ni* auec *sans*
Ni ne se met iamais auec *sans* par exemple *sans peril ni sans peine*, comme a dit un excellent Escriuain.

Folio 68v° : *Ou* pour *au lieu*
Ou pour *au lieu* encore pire que *là où*, et fait de l'equiuoque et par consequent cause de l'obscurite. ~~[....]~~. qui ne uoit que cet *ou* fait une equiuoque. I'auoue qu'on le dit, mais il est du nombre des choses que l'on dit et qu'on n'escrit pas.

Folio 73r° : *Presagier*
Presagier ne uaut rien, il faut dire *Presager*.

Folio 73r° : *Profonder*
Profonder ne uaut rien, il faut dire *Approfondir*.

Folio 76v° : *Qu'il* repeté
Qu'il ou *qu'on*, ou *que l'on* repeté deux fois dans une mesme periode ou dans un mesme membre de periode est contre la netteté.

Folio 76v° : *Quinte Curce*
Quinte Curce Voyez <en Raderus> au 6 l. en la harangue qui commence *Multitudinem rerum quas gestimus* les louänges et le procedé de Q. Curce au cours de son histoire, affin que ie l'imite en mes deux premiers liures.

Folio 76v° : *Que* apres *aussi bien que*
Que apres *aussi bien que* doit estre repeté au second substantif s'il n'est pas synonime ou approchant du premier. Exemple ~~[....]~~

Folio 81r° : *Repetition de mot* {~~Promesse faite à A de donner des exemples de Repetition frequent [*sic*] à M. Coeff il faut s'en acquiter~~}
Repetition de mot. C'est icy une des plus importantes reigles de nostre langue, et dont l'usage est aussi frequent. Car elle s'entend sur les Articles, sur les Noms, sur les Pronoms, sur les Verbes, sur les Conionctions,

10 Voir le commentaire de Vaugelas sur le genre de ce mot, *R*p. 299-300.

<et> sur les Prepositions. Vous en uerrez des exemples de tout cela, si uous les cherchez en leur place.

Folio 82v° : *Repetition* de deux particules necessaire
Repetition de Conionction et de Pronom <de> *que uous*. Malh. p. 478 Mais auiourd'huy que de l'amour d'un frere uous semblez passer à la haine de uous mesme, et faites apprehender à uoz seruiteurs quelque mauuaise issue de cette obstination à uous affliger. Il faut <necessairem[ent]> repeter *que uous*, et dire *et que uous faites apprehender.* <Ie pense que ie me trompe.>

Folio 88r° : *Parler*
Parler On dit des ~~choses~~ mots en parlant ~~qu'on~~ et de bonne grace, qu'on n'escrit point. Il y en a plusieurs Exemple *Ie ne reçois fois de uoz lettres.* Cela se dit de bõne grace et ne s'escrit point.

Folio 90v° : *Traduction*
pour Q. Curce
Traduction. Seneque dit par la traduction de M. de Malh. en ses Bienfaits p.13 *en matiere de reuanche qui ne passe, n'atteint point*, il en est ainsi une bonne traduction.

Folios 90v°-91r° *Tousiours*
Tousiours. Presque tousiours M de Malh. le met deuant le Verbe au commencement de la periode. Quelquefois il y a bonne grace, mais souuent la transposition en est rude comme en le passage p.382 qu'ilz auoient fait tout ce que des gents de bien pouuoient faire, comme *Tousiours* ~~[...]~~ <ilz> feroient quand la partie seroit esgale. Il faut dire, commes ilz feroient tousiours.+ {+ et p. 536 faites moy la grace de m'aimer tousiours, comme celuy qui tousiours ueut estre, faut qui ueut tousiours estre.} Ie m'imagine que quand la periode, ou le membre de la periode commence Tousiuors en cet endroit là est bien placé, mais non pas quand il y a quelque chose deuant. Il faut obseruer s'il est uray.

Folio 91r° : *Transposition de bonne grace*
Transposition a quelquefois bonne grace Malh. p.511 Dieu a donné à plusieurs des priuileges extraordinaires, mais de celuy de ne mourir pas ie suis encore à en uoir le premier exemple.

ANNEXE III

Classement des remarques

Ce classement a été développé pour pouvoir s'appliquer à tous les volumes de remarques, et d'en faciliter la comparaison (voir Ayres-Bennett et Seijido 2011a). Les références renvoient à la pagination du texte de Vaugelas (1647).

I : MÉTHODOLOGIE ET DÉFINITIONS

MÉTHODOLOGIE

[501] *Que dans les doutes de la langue il vaut mieux pour l'ordinaire, consulter les femmes, & ceux qui n'ont point estudié, que ceux qui sont bien sçavans en la langue Grecque, & en la Latine* (p. 503-505)
[502] *De quelle façon il faut demander les doutes de la langue* (p. 505-509)

DÉFINITION ET EXEMPLIFICATION DE CATÉGORIES

[457] *Barbarisme* (p. 486-487)
[545] *Qu'il y a une grande difference entre* la pureté & la netteté du stile. *Et premierement*, de la pureté (p. 567-568)
[546] *Du barbarisme premier contre la pureté* (p. 568-572)
[547] *Du solecisme, second vice contre la pureté* (p. 572-577)
[548] *De la netteté du stile* (p. 577-585)
[549] *Des equivoques* (p. 585-593)

II : PRONONCIATION

PRONONCIATION DES VOYELLES

[28] *Ingredient*, *expedient*, *inconvenient*, *escient*, & autres semblables (p. 29)
[91] *Tomber, Tumber* (p. 82)
[110] *Quand la diphtongue OI, doit estre prononcée comme elle est escrite, ou bien en AI* (p. 98-101)
[137] *Trouver, treuver, prouver, esprouver, pleuvoir* (p. 133-134)
[143] *Damoiselle, Madamoiselle* (p. 141-142)
[208] *Arroser* (p. 219)
[242] *Guarir, guerir, sarge* (p. 250)
[307] *Portrait, pourtraict* (p. 340)
[308] *Filleul, fillol* (p. 341)
[393] *Veuve* (p. 412)
[500] *Convent* (p. 502)
[505] *Arondelle, hirondelle, erondelle* (p. 512-513)

Prononciation de schwa (épenthèse/syncope)

[246] *Encore* (p. 252-253)
[268] *Avec, avecque, avecques* (p. 311-315)
[312] *Seureté, seurté* (p. 343)

Syllabation

[272] *Eu* (p. 319)
[280] *Aoust* (p. 322)
[427] *Si* Fuir *à l'infinitif, & aux preterits defini & indefini de l'indicatif est d'une syllabe ou deux* (p. 451-457)

PRONONCIATION DES CONSONNES

[6] *Chypre* (p. 6)
[120] *Persecuter* (p. 114)
[271] *Acheter* (p. 318-319)
[291] *Bigearre, bizarre* (p. 330)

[334] *Gangreine* (p. 361-362)
[335] *Exemple* (p. 362)
[414] *Quand il faut prononcer le D aux mots qui commencent par Ad, avec une consone apres le D* (p. 439-441)
[421] *Gentil, gentille* (p. 447-448)

Syncope ou épenthèse d'une consonne

[22] *Fronde* (p. 25)
[159] *Satifaire, satifaction* (p. 157)
[403] *Mercredy, arbre, marbre, plus* (p. 422-423)
[413] *De la lettre* r, *finale des infinitifs* (p. 437-438)

H aspiré / h muet

[1] *Heros, heroïne, heroïque* (p. 1-3)
[82] *Huit, huitiesme, huitain* (p. 73)
[197] H, *aspirée, ou consone, & H muëtte* (p. 194-198)
[198] *Reigle pour discerner l'*h, *consone d'avec la muette* (p. 198-201)
[199] *De l'*h, *dans les mots composez* (p. 201-202).

FRONTIÈRES DE MOTS

Absence ou présence d'élision, liaison, enchaînement, etc.

[87] *Le onziesme* (p. 77-78)
[232] *Oüy, pour Ita* (p. 242-243)
[349] Si, *particule conditionnelle* (p. 372)
[412] *Deux mauvaises prononciations, qui sont tres-communes, mesme à la Cour* (p. 436-437)

Euphonie : hiatus évité

[8] *Si on*, & *si l'on* (p. 9-10)
[9] *On*, *l'on*, & *t-on* (p. 10-12)
[10] *En quels endroits il faut dire* on, *& en quels endroits* l'on (p. 12-14)
[11] *Que*, devant *on*, & devant *que l'on* (p. 14-15)
[18] *Jusques à*, & *jusqu'à* (p. 21-22)

PRONONCIATION DE MOTS ÉTRANGERS EN FRANÇAIS

III : ORTHOGRAPHE

IV : MORPHOLOGIE

MORPHOLOGIE NOMINALE

Substantifs

Noms propres

Noms communs

Genre

– Substantifs dont le genre est douteux
[14] *Rencontre* (p. 19)
[25] *Epithete, equivoque, anagramme* (p. 25)
[32] *Epigramme* (p. 32)
[33] *Epitaphe, Horoscope, Epithalame* (p. 32)
[36] *Mensonge, poison, relasche, reproche* (p. 34)
[75] *Preface, Maxime* (p. 64)
[88] *Sur le minuit* (p. 78)
[134] *Navire. Erreur* (p. 130)
[185] *Estude* (p. 181-182)
[236] *Affaire* (p. 246-247)
[241] *Delice* (p. 249)
[255] *Foudre* (p. 299)
[256] *Aigle, fourmy, doute* (p. 299-300)
[311] *Date* (p. 342-343)
[341] *Oratoire, Episode* (p. 366)
[344] *Evesché, Duché, Comté* (p. 368)
[351] *Ebene, yvoire* (p. 373)
[354] *Ulcere* (p. 374)
[359] *Cymbales, tymbales, hemistiche* (p. 378)
[391] *Reguelisse, theriaque, triacleur* (p. 410)
[402] *Pleurs* (p. 422)
[418] *Ouvrage* (p. 445)
[460] *Espace, intervalle* (p. 488-489)
[518] *Absynthe, poison* (p. 527)

– Substantifs qui ont deux genres
selon le sens et/ou la distribution
[2] *Periode* (p. 3-4)
[7] *Personne* (p. 6-9)
[37] *Œuvre, œuvres* (p. 34-35)
[67] *Pourpre* (p. 58-59)
[269] *Exemple* (p. 315-316)

Numéraux

[373] *Mille, milles* (p. 392)

MORPHOLOGIE VERBALE

Conjugaison du verbe (indicatif, subjonctif, impératif, etc.)

[115] *Verbes dont l'infinitif se termine en IER* (p. 109-111)
[170] *Asseoir* (p. 165-166)
[306] *Conquere* (p. 339-340)

Verbes défectifs

[525] *Asseoir* pour *establir* (p. 536)
[528] *Il sied* (p. 539-541)

Conjugaison de l'indicatif

[15] *Haïr* (p. 20)
[26] *Je vais, je va* (p. 26)
[69] *RESOUDRE conjugué* (p. 61)
[77] *Peux* pour *possum* (p. 65)
[108] *Vinrent, & vindrent* (p. 97)
[109] *Print, prindrent, prinrent* (p. 98)
[114] *Vesquit, vescut* (p. 108-109)
[123] *Lairrois, lairray* (p. 119)
[136] *Premiere personne du present de l'Indicatif* (p. 131-133)
[203] *De la premiere personne du present de l'indicatif, devant le pronom personnel* je (p. 210-212)
[347] *Previt, preveut* (p. 370-371)
[488] *S'il faut dire* cueillera, *&* recueillera, *ou* cueillira *&* recueillira (p. 481*-483*)

Conjugaison du subjonctif

[78] *Preigne* pour *prenne*, *vieigne* pour *vienne* (p. 66)
[97] *Aye*, ou *ayt* (p. 90)

Conjugaison de l'impératif

Conjugaison des participes

Participes passés

Participes présents

FORMES INVARIABLES

Adverbes

Formation des adverbes en *-ment*

V : SYNTAXE

GROUPE NOMINAL

Déterminants

Articles définis, indéfinis, partitifs

La concurrence de / du, de la, des
[292] *De, & des articles* (p. 330-331)

Absence de déterminants
[177] *Il a esprit, il a esprit & cœur* (p. 170-171)
[247] *L'article devant les noms propres* (p. 253-254)
[394] *Vent de midy, vent du midy* (p. 412)

Groupe nominal étendu

Numéraux

[127] *Quatre* pour *quatriesme, & autres semblables* (p. 123-124)

Substituts du groupe nominal

Pronoms personnels

[27] *La*, pour *le* (p. 27-29)
[34] *LE, pronom relatif oublié* (p. 33)
[104] *Y*, pour *luy* (p. 94)
[106] *Y, avec les pronoms* (p. 95)
[171] *Soy, de soy* (p. 166-167)
[190] *Eux-mesme, elles-mesme* (p. 188)
[495] Soy, *pronom* (491*-492*)

Pronoms et déterminants démonstratifs

[260] Ce, *devant le verbe substantif* (p. 303-304)

Pronoms et déterminants possessifs

Indéfinis

Relatifs

VERBE ET GROUPE VERBAL

Constructions verbales

Régimes verbaux, transitivité, etc.

[16] *Promener* (p. 20)
[44] *Sortir* (p. 38-39)
[70] *RESOUDRE neutre & actif* (p. 61-62)
[157] *Approcher* (p. 155-156)
[165] *Survivre* (p. 162)
[239] *Eviter* (p. 248-249)
[253] *Cesser* (p. 298)
[275] *Croistre* (p. 320)
[276] *Fournir* (p. 320)
[281] *Appareiller* (p. 323)
[302] *Eschapper* (p. 337)
[325] *Plaire* (p. 355)
[337] *Souvenir* (p. 363)
[363] *Envoyer* (p. 382)
[398] *Certains regimes de verbes usitez par quelques Autheurs celebres, qu'il ne faut pas imiter en cela* (p. 414)
[405] *Commencer* (p. 424-426)
[451] *Servir, prier* (p. 479)
[483] *S'attaquer à quelqu'un* (p. 472*)
[487] *Ressembler* (p. 480*-481*)
[520] *Aimer mieux* (p. 529-531)
[523] *Se fier* (p. 533-535)
[531] *Inonder* (p. 543)

Constructions particulières

[172] *Tomber aux mains de quelqu'un* (p. 167)
[476] *Perdre le respect à quelqu'un* (p. 462*)

Modes, temps et aspects

Temps et aspect

Temps
[265] *Ce fut pourquoy* (p. 308-309)

Périphrases verbales
[187] *Va croissant, va faisant*, &c. (p. 185-186)
[295] *Apres* (p. 332-333)
[309] *Estre* avec *pour* (p. 342)

Modes

Indicatif/subjonctif
[362] *Verbes qui doivent estre mis au subjonctif, & non à l'indicatif* (p. 381-382)

Infinitif
[111] *Le verbe sçavoir, suivi d'un infinitif* (p. 101-102)
[141] *Trois infinitifs de suite* (p. 140-141)

Auxiliation

[411] *Des preterits de ces verbes enter, sortir, monter, descendre* (p. 435-436)
[450] *Reussir* (p. 478-479)
[478] *Succeder* pour *reüssir* (p. 468*)

ADVERBES

[3] *Quelque* (p. 4)
[20] *Mesme*, & *mesmes* adverbe (p. 23-24)
[216] *Cependant, pendant* (p. 223-224)
[235] *De decà, de delà* (p. 244-246)
[297] *Comme, comment, comme quoy* (p. 333-335)
[329] *Quelque riches qu'ils soient* (p. 359)
[448] *Auparavant, auparavant que* (p. 475-476)

PRÉPOSITIONS ET GROUPES PRÉPOSITIONNELS

Catégorisation

Préposition *vs* adverbe
[128] *Sur, sous* (p. 124-126)
[537] *Sur,* & *dessus* (p. 555-557)

+/- Préposition

[181] *S'il faut dire,* Il y en eut cent tuez, *ou* il y en eut cent de tuez (p. 172-173)
[282] *Il n'y a rien de tel, il n'y a rien tel* (p. 323)
[514] *Jusques à aujourd'huy* (p. 521-525)

Régime/construction des prépositions

[274] *Avant que, devant que* (p. 319-320)
[331] *A moins de faire cela* (p. 360)
[345] *Pres, aupres* (p. 368-369)

Observations particulières / usage des prépositions

[121] *Lors* (p. 114-115)
[164] *Sans* (p. 161-162)
[176] *Le long, du long, au long* (p. 170)
[243] *Au travers, & à travers* (p. 250)
[252] *Chez Plutarque, chez Platon* (p. 297-298)
[444] *Faute, à faute, par faute* (p. 471-472)
[521] *Pour afin* (p. 532)

CONJONCTIONS

[13] *Pour que* (p. 17-19)
[19] *Mais mesmes* (p. 22-23)
[29] *Soit que, ou soit* (p. 30-31)
[52] *Peur, crainte* (p. 45)
[55] *Parce que,* & *pource que* (p. 47-48)
[71] *SI, conjonction conditionnelle* (p. 62)

ACCORD

Accord avec un syntagme complexe
(sujet collectif, déterminant quantitatif, déterminant complexe, etc.) :
accord avec la tête nominale ou avec le complément

Accord avec un syntagme coordonné

Autres cas d'accord du verbe

Accord en personne

[96] *S'il faut dire, Si c'estoit moy qui eusse fait cela*, ou *si c'estoit moy qui eust fait cela* (p. 88-89)

Accord des locutions *c'est, ce sont*

[261] *Ce, avec le pluriel du verbe substantif* (p. 305-307)

Accord du participe

Accord du participe passé

[184] *De l'usage des participes passifs, dans le preterits* (p. 175-181)
[356] *De la façon que j'ay dit* (p. 376)
[496] *Belle & curieuse exception à la Reigle des preterits participes* (p. 492*-493*)
[499] *Allé*, au preterit, *comme il en faut user* (p. 501-502)

Accord du participe présent

[407] *Des Participes actifs* (p. 426-433)

Cas divers de l'accord

Accord de l'attribut du complément d'objet

[283] *Fort, court* (p. 323-334)
[543] *Prendre à tesmoin* (p. 563-566)

Accord de l'adjectif

[433] *Si l'adjectif de l'un des deux genres se peut appliquer à l'autre dans la comparaison* (p. 461-462)

Accord de l'adverbe

[107] *TOUT, adverbe* (p. 95-97)

Accord avec le pronom indéfini : *quelque chose*

[210] *Quelque chose* (p. 220)
[477] Quelque chose, *quel genre il demande* (p. 464*-468*)

Accord du complément

[135] *Toute sorte*, & *toutes sortes* (p. 130-131)

CONSTRUCTIONS IMPERSONNELLES

[4] *Ce qu'il vous plaira* (p. 4-5)
[147] *Pouvoir* (p. 146-147)
[161] *Souvenir* (p. 161)
[278] *Quoy qu'il arrive, quoy qu'il en soit* (p. 321-322)
[303] *Il est, il n'est*, pour *il y a, il n'y a* (p. 337-338)

CONSTRUCTIONS NÉGATIVES

[202] *N'ont ils pas fait, & ont-ils pas fait* (p. 210)
[389] *Pas, & point* (p. 405-409)
[492] Que, *devant* l'infinitif, *pour* rien à (p. 489*)
[506] *Quelque usage de la negative* ne (p. 513)

Ne explétif

[42] *Nier* (p. 37-38)

CONSTRUCTIONS INTERROGATIVES

[471] C'EST QUE, *où il est mauvais* (p. 457*-458*)

EMPHASE / MISE EN RELIEF

[262] *Ce que*, pour *si* (p. 307-308)

PROPOSITIONS À VERBE NON FINI,
CONSTRUCTIONS PARTICIPIALES, ETC.

[140] *Arrivé qu'il fut, arrivé qu'il estoit, marri qu'il estoit* (p. 139-140)
[188] En, *devant le gerondif* (p. 186-187)

[189] *Si dans une mesme periode on peut mettre deux participes, ou deux gerondifs, sans la conjonction* et (p. 187-188)
[379] *Certaines constructions, & façons de parler irregulieres* (p. 397-399)
[512] *Cela dit* (p. 519)

CONSTRUCTIONS CONCESSIVES

[397] *Tel* pour *quel* (p. 413)

CONSTRUCTIONS COMPARATIVES

[73] *Si* pour *adeò* en Latin (p. 63)
[223] *Il en est des hommes, comme de ces animaux* (p. 230-231)
[231] *Autant* (p. 242)
[430] *D'autant plus* (p. 459)
[453] *Que non pas* (p. 480-481)
[522] *Si* pour *adeò* (p. 532-533)
[539] *Tout de mesme* (p. 558-559)

SYNTAGMES COORDONNÉS

Coordination équivoque

[119] *Netteté de construction* (p. 112-114)

Répétition obligatoire des morphèmes communs dans les syntagmes coordonnés (marquage morphologique/syntaxique maximal)

[467] *Le pronom relatif* LE, *devant deux verbes, qui le regissent* (p. 495)
[485] *Qu'il est necessaire de repeter les articles devant les substantifs* (p. 474*-477*)
[494] Si, *pour* adeo, *doit estre repeté* (p. 490*-491*)
[524] *A* avec, *l'un & l'autre* (p. 535-536)

Répétition obligatoire/facultative suivant la règle des synonymes

[58] *Repetition des Prepositions aux noms* (p. 50-51)
[206] *Reigle nouvelle & infaillible pour sçavoir* quand il faut repeter les articles, *ou* les prepositions, *tant devant les noms, que devant les verbes* (p. 214-218)

[486] *Quel est l'usage des articles avec les substantifs, accompagnez d'adjectifs, avec particules, ou sans particules* (p. 477*-480*)
[513] *Pronoms possessifs* (p. 519-520)
[540] *L'adjectif* tout, *avec plusieurs substantifs* (p. 559-561)

Recherche d'un parallélisme entre les syntagmes coordonnés (régime / ordre des mots)

[89] *Verbes regissans deux cas, mis avec un seul* (p. 79-80)
[90] *Un NOM & un VERBE regissans deux cas differens, mis avec un seul cas* (p. 81)
[145] *Netteté de construction* (p. 142-143)
[519] *Certaine Reigle pour une plus grande netteté, ou douceur de stile* (p. 528)

Absence de parallélisme entre les syntagmes coordonnés

[376] AFIN, *avec deux constructions differentes en une mesme periode* (p. 394-395)

Choix de la conjonction dans les syntagmes coordonnés

[41] *Ny devant le second epithete d'une proposition negative* (p. 37)
[377] Si, *avec deux constructions differentes en une mesme periode* (p. 395-396)
[479] *Bien que, quoy que, encore que* (p. 468*-469*)

Omissions récusées : tournures elliptiques

[195] *Exemple d'une construction estrange* (p. 193)
[201] *Si cette construction est bonne*, en vostre absence, & de Madame vostre mere (p. 209-210)
[327] *Il s'est bruslé, & tous ceux qui estoient aupres de luy* (p. 358)
[401] *Suppression des pronoms personnels devant les verbes* (p. 420-422)
[466] *De cette façon de parler*, il sçait la langue Latine & la langue Grecque (p. 493-495)

ORDRE DES MOTS

Observation générales / traitement général d'une partie du discours

[186] *De l'Adjectif devant ou aprés le substantif* (p. 182-185)
[454] *Arrangement de mots* (p. 481-484)
[475] *Adverbe* (p. 461*-462*)

Séparation vicieuse des deux constituants

[74] *POUR, avec l'infinitif* (p. 63-64)
[158] *Epithete mal placé* (p. 156-157)
[284] *De, article du genitif* (p. 324-325)
[431] *Le verbe auxiliaire* avoir, *conjugué avec le verbe substantif, & avec les autres verbes* (p. 460)
[470] *Construction grammaticale* (p. 457*)

Établissement d'un nouvel ordre

[35] *Les pronoms, LE, LA, LES, transposés* (p. 33-34)
[105] *Y devant EN, & non pas aprés* (p. 94)
[310] *Verbe substantif mal placé* (p. 342)
[459] *Et donc, donc* (p. 488)
[508] *De la situation des gerondifs* estant & ayant (p. 514-515)
[515] Bien, *au commencement de la periode* (p. 525)

Deux ordres tolérés, mais un ordre préféré

[49] *Le pronom possessif aprés le substantif* (p. 43)
[357] *Il se vient justifier, il vient se justifier* (p. 376-377)

VI : LEXIQUE

MORPHOLOGIE LEXICALE

Dérivation

Rapport entre mot simple / mot dérivé

[54] *Particuliarité* (p. 46-47)
[118] *Orthographe, Orthographier* (p. 112)
[293] *Encliner* (p. 331)
[441] *Desbarquer, desembarquer* (p. 467-468)

Choix entre forme simple / forme dérivée

[86] *Sieger, Tasser* (p. 76-77)
[532] *Jaillir* (p. 543-544)

Choix du préfixe

[23] *Soumission*, & *submission* (p. 25)

Choix du suffixe

[333] *Jours Caniculaires* (p. 360-361)
[386] *Esclavage, esclavitude* (p. 403-404)
[458] *Descouverte*, ou *descouverture* (p. 487-488)

Dérivation impropre

[30] *Superbe* (p. 31)
[154] *Apres souper*, ou *apres soupé* (p. 152)

Formation des noms composés

[328] *Demi-heure, demi-douzaine* (p. 358-359)

Forme populaire / forme savante de la base

[233] *Innumerable, innombrable* (p. 243-244)
[300] *Bienfaiteur, bienfaicteur, bienfacteur* (p. 336-337)
[507] *Detteur* (p. 513-514)
[511] *Conjurateur*, pour *conjuré* (p. 518-519)

FORME CORRECTE

[162] *Temple feminin* (p. 161)
[350] *Pact, pacte, paction* (p. 372-373)
[382] *Fil de richar* (p. 401-402)
[387] *Contre-pointe, courte-pointe* (p. 404)
[442] *Pluriel* (p. 468-470)
[447] *Arsenal*, & *Arcenac* (p. 474-475)
[536] *S'il faut dire* hampe, *ou* hante (p. 554-555)

SÉMANTIQUE

Définition

[225] *Humilité* (p. 234-235)
[304] *Parricide, fratricide* (p. 338-339)
[404] *Le confluent de deux fleuves* (p. 423-424)
[424] *Fortuné* (p. 449)
[437] *Fatal* (p. 464)
[449] *Galant, galamment* (p. 476-478)
[463] *Faisable* (p. 490)
[538] *Qu'ainsi ne soit* (p. 557-558)
[542] *De certains noms que nous avons en nostre langue, qui ont tout ensemble une signification active, & une passive* (p. 562-563)

Signification admise

[94] *Songer* pour *penser* (p. 85)
[117] *Se resouvenir* (p. 111-112)
[336] *Horrible, effroyable* (p. 362)
[400] *Septante, octante, nonante* (p. 420)
[526] *Pas* pour *passage* (p. 537)

Signification censurée

Signification rejetée

[68] *Poitrine. Face* (p. 60)
[149] *Possible*, pour *Peut-estre* (p. 149)
[228] *Manes* (p. 240-241)
[383] *Seulement* pour *mesmes*, ou *au contraire* (p. 402)
[472] *Onguent* pour *parfum* (p. 458*)
[544] *Pardonnable* (p. 566-567)

Signification basse

[65] *Solliciter* (p. 57)
[388] *Aviser* (p. 404-405)
[446] *Soliciter* (p. 472-474)

Signification vieillie

[194] *Rais* (p. 192)
[352] *Courroucé* (p. 373)

Signification douteuse

[103] *Proches*, pour *parens* (p. 94)
[174] *Monde* (p. 169)
[294] *Accueillir* (p. 332)

DIFFÉRENCIATION DE MOTS ET D'EXPRESSIONS APPARENTÉS

Différenciation par le sens

[5] *Propreté*, & non pas *Proprieté* (p. 5-6)
[40] *Ne plus ne moins* (p. 36)
[83] *Temperature, temperament* (p. 74)
[84] *Terroir, terrein, territoire* (p. 74-75)
[153] *Matineux, matinal, matinier* (p. 151-152)
[155] *Remplir*, & *emplir* (p. 152-153)
[237] *Benit, beni* (p. 247)

[250] *Courir, courre* (p. 256)
[251] *Accroire* (p. 256-297)
[254] *De gueres* (p. 298-299)
[257] *Consommer, & consumer* (p. 300-302)
[315] *Fond*, & *fonds* (p. 347-348)
[353] *Vers, envers* (p. 373-374)
[375] *Reciproque, mutuel* (p. 393)
[381] *Soupçonneux, suspect* (p. 401)
[384] *Faire signe, & donner le signal* (p. 402-403)
[392] *Ployer, plier* (p. 410)
[415] *Chaire*, *chaise*, ou *chaize* (p. 441)
[420] *Fureur, furie* (p. 446)
[422] *Jumeau, Gemeau* (p. 448)
[445] *Florissant, fleurissant* (p. 472)
[465] *Dueil* pour *duel* (p. 493)
[468] *D'une heure à l'autre* (p. 495-496)
[529] *Croyance, creance* (p. 541-542)

Différenciation de sens selon la situation

[24] *De cette sorte*, & *de la sorte* (p. 26)
[330] *Valant*, & *vaillant* (p. 359-360)

Différenciation selon les marques d'usage

[193] *A l'improviste, à l'impourveu* (p. 192)
[196] *De moy, pour moy, quant à moy* (p. 193-194)
[238] *Dependre, depenser* (p. 247-248)
[301] *Bestail*, & *bestial* (p. 337)

PROBLÈMES DE CONGRUENCE EN CONTEXTE IMMÉDIAT

[43] *Subvenir* (p. 38)
[125] *S'immoler à la risee publique* (p. 120-123)
[212] *Supplier* (p. 221)

PROPRIÉTÉ DES MOTS ET DES PHRASES

Mots/expressions dont l'usage est admis

[72] *SI*, pour *si est-ce que* (p. 62-63)
[101] *Liberal arbitre* (p. 92-93)
[178] *Jamais plus* (p. 171)
[221] *A peu pres* (p. 228-230)
[259] *Peril eminent* (p. 302-303)
[267] *Peu s'en est fallu* (p. 310-311)
[296] *Se condouloir* (p. 333)
[378] *Sur les armes*, & *sous les armes* (p. 396-397)
[406] *Demain matin, demain au matin* (p. 426)

Mots/expressions dont l'usage est censuré

[53] *Là où* (p. 43-44)
[214] *Aller à la rencontre* (p. 222-223)
[299] *Compagnée* pour *compagnie* (p. 335)
[314] *Ambitionner* (p. 346)
[339] *Notamment* (p. 364)
[370] *Au surplus* (p. 388-389)
[410] *De façon que, de maniere que, de mode que, si que* (p. 435)
[428] *En Cour* (p. 457)
[434] *A mesme* (p. 462)
[462] *Contemptible, contempteur* (p. 489-490)
[516] *Gracieux* (p. 526)

Indications temporelles (néologismes/archaïsmes)

Mots/expressions nouveaux

[45] *Insidieux* (p. 39-41)
[50] *Securité* (p. 43-44)
[124] *Invectiver* (p. 119-120)
[129] *Intrigue* (p. 126)
[130] *Incendie* (p. 126-127)
[204] *Conjoncture* (p. 212-213)

[205] *Se conjoüyr, feliciter* (p. 213-214)
[227] *Exact, exactitude* (p. 239-240)
[249] *Seriosité* (p. 254-256)
[324] *Vers où* (p. 355)
[423] *Transfuge* (p. 448-449)
[438] *Incognito* (p. 464-465)
[464] *Devouloir* (p. 490-492)
[527] *Insulter, pudeur* (p. 537-539)

Mots/expressions vieux/vieillis

[31] *En somme* (p. 31)
[38] *Tant plus* (p. 35)
[48] *Voire mesme* (p. 42-43)
[66] *Longuement* (p. 57-58)
[92] *POUR CE, pour à cause de cela, ou partant. Par ainsi* (p. 82)
[116] *Premier que*, pour *avant que* (p. 111)
[132] *Magnifier* (p. 128-129)
[152] *Maint*, & *maintefois* (p. 151)
[179] *Meshuy, dés meshuy* (p. 171)
[180] *Devers* (p. 172)
[183] *Du depuis* (p. 173-175)
[209] *C'est chose glorieuse* (p. 220)
[211] *Taxer* (p. 221)
[215] *Par apres, en apres* (p. 223)
[218] *A qui mieux mieux* (p. 224-225)
[219] *Partant* (p. 225)
[222] *D'abondant* (p. 230)
[229] *Souloit* (p. 241-242)
[230] *Nonchalamment, loisible* (p. 242)
[234] *Mesmement* (p. 244)
[240] *Gaigner la bonne grace* (p. 249)
[273] *En mon endroit, à l'endroit d'un tel* (p. 319)
[290] *Au demeurant* (p. 329)
[305] *Cupidité* (p. 339)
[316] *Tant & de si belles actions* (p. 348-349)
[318] *Bailler, donner* (p. 349-350)

[326] *Corrival, complaintes* (p. 357-358)
[365] *Accoustumance* (p. 383)
[366] *D'aventure* (p. 383)
[385] *Proüesse* (p. 403)
[408] *Courir sus* (p. 434)
[425] *Si*, pour *avec tout cela*, & *outre cela* (p. 449-450)
[440] *Banquet* (p. 466-467)
[452] *Quantesfois* (p. 480)
[480] *Comme ainsi soit* (p. 469*-470*)
[517] *Par sus tout* (p. 526-557)

Archaïsmes réintroduits ou termes déclarés vieillis à tort

[426] *Gestes* (p. 450-451)

Indications spatio-linguistiques

Régionalismes ; mots/expressions des provinces

[139] *Quel, & quelle*, pour *quelque, languir, plustost, sortir, rester* (p. 136-139)
[213] *A la reservation* (p. 222)
[245] *Fut fait mourir* (p. 251-252)
[279] *Il m'a dit de faire* (p. 322)
[321] *Mes obeissances* (p. 353)
[348] *Aller au devant* (p. 371)
[374] *Avoir à la rencontre* (p. 392-393)
[409] *Voisiné* (p. 434)

Cour, ville, etc.

[217] *A present* (p. 224)
[270] *Faire piece* (p. 316-318)

Indications du medium d'expression (français écrit / français parlé)

[60] *Quant & moy*, pour *avec moy* (p. 52)
[62] *Quant & quant moy, quant & quant* (p. 53)
[80] *Nu-pieds* (p. 66)

Indications du registre

Bas

[21] *Quasi* (p. 24-25)
[126] *Des mieux* (p. 123)
[144] *N'en pouvoir mais* (p. 142)
[166] *Mais que* (p. 162)
[175] Monde *avec le pronom possessif* (p. 169-170)
[192] *Pour l'heure* (p. 192)
[277] *Rien autre chose* (p. 321)
[395] *Vitupere, vituperer* (p. 412-413)
[419] *Mettre* (p. 445-446)
[461] *Celle-cy* pour *lettre* (p. 489)
[509] *Long* pour *longue* (p. 515)
[530] *Entaché* (p. 542-543)

Familier, ordinaire

[163] *En suite de quoy* (p. 161)

Indications d'un certain type de texte

Poésie/prose

[248] *Fors, hors, hors-mis* (p. 254)
[258] *Avoisiner* (p. 302)
[332] *Loin, bien loin* (p. 360)
[416] *Vouloir* pour *volonté* (p. 442)
[436] *Futur* (p. 463-464)
[469] *Discord* pour *discorde* (p. 496-497)

Indications d'une pratique, d'un domaine, d'une profession

[79] *Naviger, naviguer* (p. 66)
[244] *A l'encontre* (p. 250-251)
[455] *Au preallable. Preallablement* (p. 484)

Indications d'un usage ou d'une opinion des Dames

VII : STYLE

REMARQUES GÉNÉRALES SUR LE STYLE

PLÉONASME

RIMES ET VERS DANS LA PROSE

USAGES DANS DES STYLES PARTICULIERS

Style épistolaire

[138] *Le titre de, la qualité de* (p. 134-135)
[169] *Monsieur, Madame* (p. 165)
[491] *Parfaitement* ou *infiniment* avec *tres-humble* (p. 488*-489*)
[533] *De l'usage & de la situation de ces mots*, Monseigneur, Monsieur, Madame, Mademoiselle, *& autres semblables, dans une lettre ou dans un discours* (p. 544-550)
[534] *Si en escrivant, on peut mesler* vous, *avec* vostre Majesté, *ou* vostre Eminence, *ou* vostre Altesse, *& autres semblables* (p. 550-552)

ANNEXE IV

Lettres manuscrites envoyées par Vaugelas[1]

1606 : Vaugelas à Mme de la Faverge [qu'il appelle sa « tante »] (Annecy, vers le printemps de 1606 (juin ?)) [Combaz 2000 : 352-353]

1606 : Vaugelas à Mme de la Faverge (Annecy, le 4 juillet 1606) [Combaz 2000 : 354-355]

1612 : Vaugelas à Monsieur Des Hayes, maître d'hôtel du Roy, à Paris, rue Saint-Jacques, vis-à-vis des Mathurins (De Madrid, le 23 juillet 1612) [Combaz 2000 ; 366-373]

(1612 : Vaugelas ? à M. des Hayes (?) (De Madrid, ce lundi 13 août 1612) [Combaz 2000 : 373-374])

(1612 : Vaugelas ? à M. des Hayes (?) (De Madrid, ce 19 août 1612) [Combaz 2000 : 374-376])

(1612 : Vaugelas ? à M. des Hayes (?) (De Madrid, 23 août au soir, 1612) [Combaz 2000 : 376-378])

(1612 : Vaugelas ? à Mme de Rambouillet (?) (De Madrid, ce lundi 24 août 1612) [Combaz 2000 : 378-379])

1616 : Vaugelas à l'Abbé de la Mante, à Turin (Paris, le 31 mars 1616) [Combaz 2000 : 380-383[2]]

1620 : Vaugelas « A Monseigneur le duc de Nemours » (Paris, le 14 septembre 1620) [Combaz 2000 : 402-403[3]]

1630 : Vaugelas « A Monsieur d'Hozier, gentilhomme ordinaire de la chambre du Roy, en Cour » (à Paris, ce 17 mai 1630) [Combaz 2000 : 429-430]

1630 : Vaugelas « A Monsieur d'Hozier » (Paris, le 21 juin 1630) [Combaz 2000 : 430-431]

1 Nous indiquons entre crochets une source accessible pour la consultation de ces lettres (pour la plupart Combaz (2000) qui modernise l'orthographe). Nous mettons l'entrée entre parenthèses quand la lettre n'est qu'attribuée à Vaugelas.

2 Voir aussi Barbiellini Amidei (1936).

3 Voir aussi Orsier (1912).

1630 : Vaugelas « A Monsieur d'Hozier » (Paris, le 6 septembre 1630) [Combaz 2000 : 431-432]

1633 : Vaugelas à Charles de Menthon, premier comte de Montrottier (Bruxelles, le 19 décembre 1633) [Combaz 2000 : 439-441]

1637 : Vaugelas à Samuel Guichenon (Paris, le 6 octobre 1637) [Combaz 2000 : 450-451]

1637 : Vaugelas à MM. Favre ses frères, au sujet de Guichenon (Paris, le 6 octobre 1637) [Combaz 2000 : 451]

1639 : Vaugelas à Samuel Guichenon (Paris, le 5 avril 1639) [Combaz 2000 : 464]

1645 : Vaugelas à Brice Bauderon de Sénecé (Paris, le 23 avril 1645) [Combaz 2000 : 478]

1645 : Vaugelas à Brice Bauderon de Sénecé (Paris, le 24 août 1645) [Combaz 2000 : 479]

1646 ? : Mémoire autographe de Vaugelas au cardinal Mazarin, BN ms fonds français 18470 f° 362 [facsimile dans l'éd. de Streicher (1934), dépliant en face de p. xxviii]

1647 : Vaugelas à Dom Albert Bailly (Paris, le 28 mai 1647) [Combaz 2000 : 480-483]

1647 : Vaugelas au chancelier Séguier (Paris, septembre (?) 1647) [Combaz 2000 : 484-485]

1647 : Vaugelas à un fonctionnaire de l'ambassade ducale à Paris (identifié par Mombello en la personne de Carlo Bernardino Ferraris, secrétaire de l'ambassade de Savoie à Paris) (Paris, le 20 décembre 1647) [Combaz 2000 : 488-489]

(1648 : Vaugelas à Pierre d'Hozier (Paris, le 11 janvier 1648) [Lettre citée par Collet 1950b], mais pas retrouvée)

1649 ? : Vaugelas « A Madame Royale », c'est-à-dire à la duchesse Marie-Christine de France, première Madame Royale (Mombello 1996 : 343-344 hésite sur une datation de 1646 ou de 1649, mais Combaz indique Paris [...] 1649) [Combaz 2000 : 493-494]

1649 : Vaugelas au R. P. Albert Bailly (Paris, le 22 novembre 1649) [Combaz 2000 : 494-496]

1649 : Vaugelas au R. P. Albert Bailly. Supérieur des pères barnabites de Paris, à Chambéry (Paris, le 10 décembre 1649) [Combaz 2000 : 496-498]

1650 : Vaugelas à M. le R. P. Dom Albert Bailly (Paris, le 7 janvier 1650) [Combaz 2000 : 498-501]

RÉFÉRENCES BIBLIOGRAPHIQUES

CORPUS

CORPUS DES GRAMMAIRES (1530-1650)

Nous avons selectionné les grammaires de cette période contenues dans le *Grand Corpus des grammaires françaises, des remarques et des traités sur la langue (XIVe-XVIIe s.)* (dir. B. Colombat, J.-M. Fournier, W. Ayres-Bennett), Paris, Classiques Garnier Numérique, 2011.

PALSGRAVE, John (1530) *Lesclarcissement de la langue françoyse*, Londres, J. Haukyns (cité d'après l'édition de F. Génin, Paris, Imprimerie nationale, 1852).

SYLVIUS, Jacobus [Jacques Dubois] (1531) *In linguam Gallicam isagωge* et *Grammatica Latino-Gallica*, Paris, Robert Estienne.

BOVELLES Charles de (1533) *Liber de differentia vulgarium linguarum et Gallici sermonis varietate*, Paris, Robert Estienne.

DONAT (1585 [1 1545]) *Aelii Donati de octo partibus orationis libellus*, Paris, Robert Estienne.

MEIGRET, Louis (1550) *Le Trętté de la grammęre françoęze*, Paris, C. Wechel (cité d'après l'édition de Franz-Josef Hausmann, Tübingen, Gunter Narr, 1980).

PILLOT, Jean (1561 [1 1550]) *Gallicæ linguæ ae institutio, Latino sermone conscripta*, Paris, Étienne Grouleau.

ESTIENNE, Robert (1557) *Traicté de la grammaire Francoise*, Paris, Robert Estienne.

MEURIER, Gabriel (1557) *La Grammaire françoise*, Anvers, Christophe Plantin.

GARNIER, Jean (1558) *Institutio gallicæ linguæ in usum iuventutis Germanicæ*, Genève, Jean Crespin.

MATTHIEU, Abel (1559) *Devis de la langue francoyse*, Paris, Richard Breton (cité d'après la transcription faite par Alberte Jacquetin-Gaudet pour son édition, Paris, H. Champion, 2008).

MATTHIEU, Abel (1560) *Second Devis et principal propos de la langue francoyse*, Paris,

Richard Breton (cité d'après la transcription faite par Alberte Jacquetin-Gaudet pour son édition, Paris, H. Champion, 2008).

DU VIVIER, Gérard (1566) *Grammaire françoise*, Cologne, Materne Cholin.

DU VIVIER, Gérard (1568) *Briefve Institution de la langue francoise, expliquée en Aleman*, Cologne, H. von Aich.

CAUCHIE, Antoine (1586 [1570]) *Grammaticae gallicae libri tres*, Strasbourg, Bernard Jobin.

RAMUS, Petrus [Pierre de la Ramée] (1562) *Gramerę*, Paris, André Wechel.

RAMUS, Petrus [Pierre de la Ramée] (1572) *Grammaire*, Paris, André Wechel.

BOSQUET, Jean (1586) *Elemens ou institutions de la langue françoise*, Mons, Charles Michel.

SERREIUS, Joannes [Jean Serrier] (1623 [1598]) *Grammatica Gallica nova*, Strasbourg, Lazare Zezner.

MASSET, Jean (1606) *Exact et tres-facile acheminement à la langue françoise*, Paris, David Douceur.

MAUPAS, Charles (1618 [1607]) *Grammaire et syntaxe françoise*, Orléans, Olivier Boynard & Jean Nyon.

OUDIN, Antoine (1640 [1632] *Grammaire françoise rapportée au langage du temps*, Paris, A. de Sommaville.

CORPUS DES REMARQUES SUR LA LANGUE FRANÇAISE
(1647-1704)

Corpus des remarques sur la langue française (XVIIe siècle) (dir. W. Ayres-Bennett), Paris, Classiques Garnier Numérique, 2011.

VAUGELAS, Claude Favre de (1647) *Remarques sur la langue françoise utiles à ceux qui veulent bien parler et bien escrire*, Paris, Veuve J. Camusat et P. le Petit.

LA MOTHE LE VAYER, François de (1669 [1647]) *Lettres touchant les nouvelles remarques sur la langue françoise*, in *Œuvres de François de La Mothe Le Vayer, conseiller d'estat ordinaire. Tome X. Contenant divers petits traitez, en forme de lettres*, Paris, L. Billaine.

DUPLEIX, Scipion (1651) *Liberté de la langue françoise dans sa pureté*, Paris, D. Bechet.

MACÉ, Jean (1651) *Methode universelle pour apprandre facilemant les langues, pour parler puremant et escrire nettemant en françois*, 2e éd., Paris, J. Jost

BUFFET, Marguerite (1668) *Nouvelles Observations sur la langue françoise, où il est traitté des termes anciens & inusitez, & du bel usage des mots nouveaux. Avec les éloges des illustres sçavantes, tant anciennes que modernes*, Paris, J. Cusson.

MÉNAGE, Gilles (1675 [1672]) *Observations de Monsieur Ménage sur la langue françoise*, 2e éd., Paris, C. Barbin.

BOUHOURS, Dominique (1692 [[1]1675]) *Remarques nouvelles sur la langue françoise*, 3e éd., Paris, G. et L. Josse.

MÉNAGE, Gilles (1676) *Observations de Monsieur Ménage sur la langue françoise. Segonde partie*, Paris, C. Barbin.

ALEMAND, Louis-Augustin (1688) *Nouvelles Observations, ou Guerre civile des François, sur la langue*, Paris, J.-B. Langlois.

ANDRY DE BOISREGARD, Nicolas (1692 [[1]1689]) *Réflexions, ou Remarques critiques sur l'usage present de la langue françoise*, 2e éd., Paris, L. d'Houry.

VAUGELAS, Claude Favre de (1690) *Nouvelles Remarques de M. de Vaugelas sur la langue françoise. Ouvrage posthume. Avec des Observations de M.****** [Louis-Augustin Alemand], Paris, G. Desprez.

BOUHOURS, Dominique (1693 [[1]1692]) *Suite des Remarques nouvelles sur la langue françoise*, Paris, G. et L. Josse.

ANDRY DE BOISREGARD, Nicolas (1693) *Suite des Réflexions critiques sur l'usage present de la langue françoise*, Paris, L. d'Houry.

TALLEMANT, Paul (1698) *Remarques et decisions de l'Académie Françoise*, Paris, J.-B. Coignard.

ACADÉMIE FRANÇAISE (1704) *Observations de l'Académie Françoise sur les Remarques de M. de Vaugelas*, Paris, J.-B. Coignard.

CORPUS DES DICTIONNAIRES

Nous avons consulté les dictionnaires monolingues ou bilingues[1] dans *Dictionnaires des 16e et 17e siècles*, Paris, Classiques Garnier Numérique, 2007.

ESTIENNE, Robert (1549) *Dictionaire Francoislatin*, Paris, Robert Estienne.

NICOT, Jean (1606), *Thrésor de la langue françoyse, tant ancienne que moderne*, Paris, David Douceur.

COTGRAVE, Randle (1611) *A Dictionarie of the French and English tongues*, Londres, Adam Islip.

RICHELET, Pierre (1680) *Dictionnaire françois*, Genève, Jean Herman Widerhold.

FURETIÈRE, Antoine (1687) *Essai d'un Dictionaire universel*, Amsterdam, Henri Desbordes.

FURETIÈRE, Antoine (1690) *Dictionaire universel*, La Haye et Rotterdam, Arnout et Reinier Leers.

ACADÉMIE FRANÇAISE (1694) *Le Dictionnaire de l'Académie Françoise dedié au Roy*, Paris, Veuve Jean-Baptiste Coignard et Jean-Baptiste Coignard.

CORNEILLE, Thomas (1694) *Le Dictionnaire des Arts et des Sciences*, Paris, Veuve Jean-Baptiste Coignard et Jean-Baptiste Coignard.

1 Nous n'avons pas inclus les dictionnaires étymologiques de Gilles Ménage dans nos enquêtes.

SOURCES IMPRIMÉES

ABLANCOURT, Nicolas Perrot d' (1658 [[1]1640-1651]) *Les Œuvres de Tacite de la traduction de N. Perrot sieur d'Ablancourt*, Quatriéme Edition, reveuë & corrigée, Paris, Augustin Courbé.

ABLANCOURT, Nicolas Perrot d' (1664 [[1]1646]) *Les Guerres d'Alexandre par Arrian. De la Traduction de Nicolas Perrot, Sieur d'Ablancourt. Sa Vie tirée du Grec de Plutarque, et ses Apophtegmes de la mesme traduction*, Paris, Louis Billaine.

ACADÉMIE FRANÇAISE (1687) *Le Dictionnaire de l'Académie Françoise* (de *A* à *Neuf*), pré-édition, Paris, Petit.

ACADÉMIE FRANÇAISE (1932) *Grammaire de l'Académie Française*, Paris, Firmin-Didot.

ADAM, Antoine (1947) « Pour le troisième centenaire des *Remarques* de Vaugelas », *Mercure de France*, 300, p. 246-261.

AISY, Jean d' (1685) *Le Genie de la langue françoise. Suite du Genie de la langue françoise*, 2 vol., Paris, Laurent d'Houry.

ALBRECHT, Jörn (1987) « Consuetudo, usus, usage, uso : Zum Sprachnormproblematik bei Vaugelas und Manzoni », in Hans-Josef Niederehe et Brigitte Schlieben-Lange (édit.), *Die Frühgeschichte der romansichen Philologie : von Dante bis Diez*, Tübingen, Gunter Narr, p. 109-121.

AMYOT, Jacques (1587 [[1]1572]) *Œuvres morales et meslees de Plutarque*, Paris, B. Macé.

AMYOT, Jacques (1613 [[1]1559]) *Les Vies des hommes illustres grecs et romains, Comparees l'une avec l'autre par Plutarque de Chaeronee*, s.l., Samuel Crespin.

ANON. (1657) *Grammaire françoise avec quelques remarques sur cette langue, selon l'usage de ce temps*, Lyon, Michel Duhan.

APULÉE (1973) *Opuscules philosophiques (Du Dieu de Socrate, Platon et sa doctrine, Du monde) et fragments*, texte établi, traduit et commenté par Jean Beaujeu, Paris, Les Belles Lettres.

ARLAND, Marcel (1950) « Pour un grammairien », *La Table ronde*, octobre 1950, p. 122-130.

ARNAULD, Antoine et LANCELOT, Claude (1676 [[1]1660]) *Grammaire generale et raisonnée*, Paris, Pierre le Petit.

AUER, Anita et VOESTE, Anja (2012) « Grammatical Variables », in J. M. Hernández-Campoy et J. C. Conde-Silvestre (édit.), *The Handbook of Historical Sociolinguistics*, Malden, MA, Blackwell, p. 253-270.

AUERBACH, Erich (1951) « La Cour et la Ville », in *Vier Untersuchungen zur Geschichte der französischen Bildung*, Berne, A. Francke, p. 12-50.

AULU-GELLE (1967-1989) *Les Nuits attiques*, texte établi et traduit par René Marache, 3 vol., Paris, Les Belles Lettres.

AUROUX, Sylvain (1998) *La Raison, le langage et les normes*, Paris, Presses Universitaires de France.

AVELINE, Claude (1956) « Comment mourut Favre de Vaugelas », *L'Éducation nationale*, 12e année, nº 13 (12 avril), p. 20-21.

AYRES, Wendy (1983) « A Study in the Genesis of Vaugelas's *Remarques sur la langue françoise* : the Arsenal Manuscript », *French Studies*, 37, p. 17-34.

AYRES-BENNETT, Wendy (1987a) *Vaugelas and the Development of the French Language*, London, Modern Humanities Research Association.

AYRES-BENNETT, Wendy (1987b) « Usage and Reason in Seventeenth-Century French Grammar : A Fresh Look at Vaugelas », in H. Aarsleff *et al.* (édit.), *Papers in the History of Linguistics. Proceedings of the Third International Conference on the History of the Language Sciences (ICHoLS III), Princeton, 19-23 August 1984*, Amsterdam/Philadelphia, J. Benjamins, p. 233-246.

AYRES-BENNETT, Wendy (1990) « Variation and Change in the Pronunciation of French in the Seventeenth Century », in John N. Green et Wendy Ayres-Bennett (édit.), *Variation and Change in French : Essays presented to Rebecca Posner on the occasion of her sixtieth birthday*, Londres / New York, Routledge, p. 151-179.

AYRES-BENNETT, Wendy (1991) « Observations et remarques sur la langue française : Histoire d'un genre », *La Licorne*, 19, p. 1-24.

AYRES-BENNETT, Wendy (1994) « Negative Evidence : Or Another Look at the Non-Use of Negative *ne* in Seventeenth-Century French », *French Studies*, 48, p. 63-85.

AYRES-BENNETT, Wendy (1996) « "Tres-estrange & tres-françois" : l'usage du terme *français* au XVIIe siècle et la tradition de la *latinitas* », in R. Lorenzo (édit.), *Actas do XIX Congreso Internacional de Lingüística e Filoloxía Románicas (Universidade de Santiago de Compostela, 1989)*, vol. 8, Coruña, Fundación "Pedro Barrié de la Maza, Conde de Fenosa", p. 81-90.

AYRES-BENNETT, Wendy (2002) « An Evolving Genre : Seventeenth-Century *Remarques* and Observations on the French Language » in R. Sampson et W. Ayres-Bennett (édit.), *Interpreting the History of French : A Festschrift for Peter Rickard on the Occasion of his Eightieth Birthday*, Amsterdam / New York, Rodopi, p. 353-368.

AYRES-BENNETT, Wendy (2004a) « Sociolinguistic Variation in the Work of the French Seventeenth-Century *Remarqueurs* », in G. Hassler et G. Volkmann (édit.), *History of Linguistics in Texts and Contexts*, Münster, Nodus, vol. 1, p. 131-140.

AYRES-BENNETT, Wendy (2004b) « De Vaugelas à nos jours : comment définir le genre des remarques sur la langue française ? » in Caron (2004), p. 19-33.

AYRES-BENNETT, Wendy (2004c) *Sociolinguistic Variation in Seventeenth-Century France*, Cambridge, Cambridge University Press.

AYRES-BENNETT, Wendy (2007a) « La Modernité de l'usage linguistique de *L'Astrée* vue par les yeux d'un remarqueur », *XVII*e *siècle*, 59(2), p. 255-273.

AYRES-BENNETT, Wendy (2007b) « Vaugelas's Literary Sources : *Anciens, Modernes* and *Demi-Modernes* », *Zeitschrift für französische Sprache und Literatur*, 117, p. 225-238.

AYRES-BENNETT, Wendy (2009) « Presenting Grammar to a Non-Specialist Audience : Vaugelas's Use of Metaphors in his *Remarques sur la langue françoise* (1647) », *Seventeenth-Century French Studies*, 31(1), p. 36-45.

AYRES-BENNETT, Wendy (dir.) (2011a) *Corpus des remarques sur la langue française (XVII*e *siècle)*, Paris, Classiques Garnier Numérique.

AYRES-BENNETT, Wendy (2011b) « Metaphors in Metalinguistic Texts : The Case of Observations and Remarks on the French Language », in G. Hassler (édit.), *History of Linguistics 2008. Selected Papers from the 11th International Conference on the History of the Language Sciences (ICHOLS XI), Potsdam, 28 August – 2 September 2008*, Amsterdam/Philadelphia, J. Benjamins, p. 239-249.

AYRES-BENNETT, Wendy (2012) « La Contribution des remarqueurs à une historie générale de la grammaire française », in B. Colombat, J.-M. Fournier et V. Raby (édit.), *Vers une histoire générale de la grammaire française : Matériaux et perspectives*, Paris, H. Champion, p. 61-78.

AYRES-BENNETT, Wendy (2014) « "Nous sommes plus exacts en nostre langue, & en nostre stile, que les Latins" : La représentation du latin chez les remarqueurs français au XVIIe siècle », in S. Archaimbault, J.-M. Fournier et V. Raby (édit.), *Penser l'histoire des savoirs linguistiques. Hommage à Sylvain Auroux*, Lyon, ENS Éditions, p. 327-336.

AYRES-BENNETT, Wendy (2015) « La Persistance de l'idéologie linguistique des Remarqueurs dans les chroniques de langage de 1925 à nos jours », *Circula*, 1 : *La médiatisation des idéologies linguistiques : tradition et continuité dans la presse écrite*, p. 44-68.

AYRES-BENNETT, Wendy (2016) « Codification and Prescription in Linguistic Standardisation : Myths and Models », in Josep Maria Nadal et Francesc Feliu (édit.), *Constructing Languages : Norms, Myths and Emotions*, Amsterdam/Philadelphia, John Benjamins, p. 99-129.

AYRES-BENNETT, Wendy et CARON, Philippe (édit.) (1996) *Les Remarques de l'Académie Française sur le Quinte-Curce de Vaugelas 1719-1720*, Paris, Presses de l'École Normale Supérieure.

AYRES-BENNETT, Wendy et CARON, Philippe (2016) « Periodization, translation, prescription and the emergence of Classical French », *Transactions of the Philological Society*, 114(3), p. 339-390.

AYRES-BENNETT, Wendy et CARON, Philippe (à paraître) « La Prescription linguistique en France de 1647 à 1720 : l'exemple des remarqueurs », à paraître dans Douglas Kibbee et Danielle Candel (édit.), *Prescriptions en langue (histoire, succès, limites)*.

AYRES-BENNETT, Wendy et SEIJIDO, Magali (2011a) *Remarques et observations sur la langue françoise : Histoire et évolution d'un genre*, Paris, Classiques Garnier.

AYRES-BENNETT, Wendy et SEIJIDO, Magali (2011b) « Les Compilations raisonnées des remarques et observations sur la langue française », *French Studies*, 65, p. 347-356.

AYRES-BENNETT, Wendy et SEIJIDO, Magali (édit.) (2013) *Bon Usage et variation sociolinguistique : Perspectives diachroniques et traditions nationales*, Lyon, ENS Éditions.

BADIOU-MONFERRAN, Claire (2006) « Le *Dictionnaire Universel* de Furetière : Des éditions connues aux éditions inconnues », *Cahiers de lexicologie*, 88, p. 9-26.

BADIOU-MONFERRAN, Claire (2011) « Changement de régime de normativité et changements linguistiques. Un cas d'école : les aléas de la locution *alors que* entre 1647 et 1770 », in S. Branca-Rosoff, J.-M. Fournier, Y. Grinshpun et A Régent-Susini (édit.), *Langue commune et changements de normes*, Paris, H. Champion, p. 255-276.

BAGOLA, Beatrice (1991) *Sprachdiskussion in Italien und Frankreich. Probleme und Tendenzen der Sprachregelung in der ersten Hälfte des 17. Jahrhunderts, Beni, Fioretti, Franzini, Buommattei – Vaugelas*, Hambourg, H. Buske.

BAILLET, Adrien (1722) *Jugemens des savans sur les principaux ouvrages des auteurs*, revûs, corrigés et augmentés par M. de La Monnoye, 7 vol., Paris, C. Moette.

BAKER, Robert (1779, [1]1770) *Remarks on the English Language, in the Nature of Vaugelas's Remarks on the French, being a detection of many improper expressions used in conversation and many others to be found in authors*, Londres, J. Bell.

BALSAMO, Jean (2013) « L'Épître de consolation dans le débat du meilleur style : Malherbe entre Du Vair et Coeffeteau », *Dix-septième siècle*, 260, p. 493-509.

BALZAC, Jean-Louis Guez de (1665) *Les Œuvres de Monsieur de Balzac*, 2 vol., Paris, Louis Billaine.

BALZAC, Jean-Louis Guez de (1873) *Lettres de Jean-Louis Guez de Balzac*, publiées par M. Philippe Tamizey de Larroque, Paris, Imprimerie nationale.

BARATIN, Marc (2008) « Usage linguistique et réflexion sur les usagers : un exemple de croisement entre grammaire et philosophie chez Varron », in B. Pérez et M. Griffe (édit.), *Grammairiens et philosophes dans l'Antiquité gréco-romaine*, Montpellier, Presses Universitaires de la Méditerranée, p. 183-197.

BARBIELLINI AMIDEI, Adhémar (1936) « Quelques lettres inédites de personnages aux noms illustres du XVIIe siècle : Vaugelas – Honoré d'Urfé

– Diane de Chateaumorand – Jean-Pierre Camus », *Revue Savoisienne*, 77, p. 179-187.

BARY, René (1665 [[1]1653]), *La Rhetorique françoise ou pour principale augmentation l'on trouve les secrets de nostre langue*, Paris, Pierre le Petit.

BEAUZÉE, Nicolas (1767) *Grammaire générale, ou Exposition raisonnée des éléments nécessaires du langage : pour servir de fondement à l'étude de toutes les langues*, 2 vol., Paris, J. Barbou.

BELAVAL, Yvon (1962) « Vaugelas » in *Tableau de la littérature française*, Vol. 1 : *De Rutebeuf à Descartes*, Paris, Gallimard, p. 538-546.

BERA, M. A. (1950) « *Remarques upon the French Language* by John Trotter, Gentleman », *Modern Language Review*, 45, p. 518-519.

BERLAN, Françoise (2011) « Entre norme et système : Corneille correcteur de ses œuvres, Voltaire et ses *Commentaires sur Corneille* », in S. Branca-Rosoff, J.-M. Fournier, Y. Grinshpun et A Régent-Susini (édit.), *Langue commune et changements de normes*, Paris, H. Champion, p. 217-238.

BERRENDONNER, Alain (1982) *L'Éternel Grammairien. Étude du discours normatif*, Berne, Peter Lang.

BLADUCHE-DELAGE, Alain (2003) *Ici ? ou là ? Les traîtres mots*, Paris, Éditions Mots & Cie et *la Croix*.

BLOCH, Oscar et WARTBURG, Walther von (1975) *Dictionnaire étymologique de la langue française*, sixième édition, Paris, Presses Universitaires de France.

BLOCHWITZ, Werner (1968) « Vaugelas' Leistung für die französische Sprache », *Beiträge zur romanischen Philologie*, 7, p. 101-130.

BLUM, Claude (dir.) (2007) *Grand Corpus des dictionnaires [du* IXe *au* XXe *siècle]*, Paris, Classiques Garnier Numérique.

BOMBART, Mathilde (2007) *Guez de Balzac et la querelle des « Lettres » : Écriture, polémique et critique dans la France du premier* XVIIe *siècle*, Paris, H. Champion.

BONHOMME, Marc (1990) « Les Rapports norme-structure dans les *Remarques* de Vaugelas », in R. Liver, I. Welen et P. Wunderli (édit.), *Sprachtheorie et Theorie der Sprachwissenschaft : Geschichte und Perspektiven. Festschrift für Rudolf Engler zum 60. Geburtstag*, Tübingen, Gunter Narr, p. 69-82.

BONHOMME, Marc (1993) « Les *Remarques* de Vaugelas sont-elles polyphoniques ? », *Acta romanica basiliensa*, 1, p. 27-36.

BONHOMME, Marc et HORAK, André (2013) « Un bon usage ouvert à la variation : L'exemple des *Observations sur la langue françoise* de Ménage », in Ayres-Bennett et Seijido (2013), p. 65-75.

BORDEAUX, Henry (1935) « La Vie courante hier et aujourd'hui : Vaugelas », *La Revue de France*, 15, p. 555-563.

BOUHOURS, Dominique (1671) *Les Entretiens d'Ariste et d'Eugène*, Paris, S. Mabre-Cramoisy.

BOUHOURS, Dominique (1674) *Doutes sur la langue françoise proposez à Messieurs de l'Académie Françoise par un gentilhomme de province*, Paris, S. Mabre-Cramoisy.

BOYER, Abel (1699) *The Royal Dictionary. In Two Parts. First, French and English. Secondly, English and French [...]*, Londres, R. Clavel *et al.*

BRANCA-ROSOFF, Sonia (2007) « Fontanier commentateur de Racine », F. Douay et J.-P. Sermain (édit.), *Pierre « Émile » Fontanier : La rhétorique ou les figures de la Révolution à la Restauration*, Laval, Presses de l'Université de Laval, p. 141-158.

BRANCA-ROSOFF, Sonia, FOURNIER, Jean-Marie, GRINSHPUN, Yana et RÉGENT-SUSINI, Anne (édit.) (2011), *Langue commune et changements de norme*, Paris, Honoré Champion.

BRAUN, Ernst (1933) *Die Stellung des Dichters Pierre Corneille zu den « Remarques » des Grammatikers Vaugelas (Eine sprachgeschichtliche Untersuchung)*, Inaugural-Dissertation zur Erlangung der Doktorwürde der Philosophischen Fakultät (I. Sektion) der Ludwig-Maximilians-Universität zu München, Kaiserslauten, Thiemesche Druckereien.

BREUILLARD, Jean (2002) « Nikolaj Karamzin et la pensée linguistique de son temps », *Revue des études slaves*, 74(4), p. 759-776.

BROUSSEAU, Anne-Marie (2007) « Le Maintien du h aspiré au 18e siècle : l'éclairage des créoles français », in Bernard Combettes et Christiane Marchello-Nizia (édit.), *Études sur le changement linguistique en français*, Nancy, Presses Universitaires de Nancy, p. 65-83.

BRUNEAU, Charles (1950) « Vaugelas (1585-1650) », *XVIIe siècle*, 5-6, p. 129-130.

BRUNEAU, Charles (1955) *Petite Histoire de la langue française. Vol 1 : Des origines à la Révolution*, Paris, A. Colin.

BRUNETIÈRE, F. (1903) « Vaugelas et la théorie de l'usage », in *Études critiques sur l'histoire de la littérature française*, Septième série, Paris, Hachette, p. 27-54.

BRUNOT, Ferdinand (1891) *La Doctrine de Malherbe d'après son commentaire sur Desportes*, Paris, G. Masson.

BRUNOT, Ferdinand (1905-1953) *Histoire de la langue française des origines à 1900*, 13 vol., Paris, A. Colin.

BRUNOT, Ferdinand (1907) « La langue du Palais et la formation du "bel usage" », in *Mélanges Chabanel*, Erlangen, Fr. Junge, p. 677-690.

BUFFIER, Claude, 1709. *Grammaire françoise sur un plan nouveau pour en rendre les principes plus claires & la pratique plus aisée*, Paris, Nicolas Le Clerc, Michel Brunet, Leconte et Montalan.

BURIDANT, Claude (1980) « Les Binômes synonymiques. Esquisse d'une histoire des couples de synonymes du Moyen Âge au XVIIe siècle », *Bulletin du Centre d'Analyse du discours*, 4, p. 5-79.

BURIDANT, Claude (2008) *La Substantivation de l'infinitif en français : Étude historique*, Paris, H. Champion.

BURY, Emmanuel (1993) « Un laboratoire de la prose française : la difficile élaboration du *Quinte-Curce* de Vaugelas (1653-1659) », in Bernard Beugnot et Robert Melançon (édit.), *Les Voies de l'invention aux XVIe et XVIIe siècles. Études génétiques*, Montréal, Département d'Études françaises, Université de Montréal, p. 189-208.

BURY, Emmanuel (1994) « À la recherche d'une synthèse française de la civilité : l'*honnêteté* et ses sources », in Alain Montandon (édit.), *Pour une histoire des traités du savoir-vivre en Europe*, Clermont-Ferrand, Association des Publications de la Faculté des Lettres et Sciences Humaines de Clermont-Ferrand, p. 179-214.

BUSSE, Winfried et DOUGNAC, Françoise (1992) *François-Urbain Domergue : Le Granmmarien patriote (1745-1810)*, Tübingen, Gunter Narr.

CALLIÈRES, François de (1693) *Du bon, et du mauvais usage, dans les manieres de s'exprimer. Des façons de parler bourgeoises. Et en quoy elles sont differentes de celles de la Cour. Suitte des Mots à la mode*, Paris, C. Barbin.

CAMPBELL, George (1776) *The Philosophy of Rhetoric*, 2 vol., Londres/Édimbourg, W. Stratham et T. Cadell / W. Creech.

CAMUS, Jean-Pierre (1625) *Alcime, relation funeste, où se découvre la main de Dieu sur les impies*, Paris, Lasnier.

CAPUT, Jean-Pol (1972) « Naissance et évolution de la notion de norme en français », *Langue française*, 16, p. 63-73.

CARILE, Paolo (édit.) (1976) *Saint-Évremond et comte d'Ételan, « La Comédie des académistes » et Saint-Évremond, « Les Académiciens »*, Paris/Milan, Nizet/ Goliardica.

CARLIER, Anne (2004-2005) « Ce sont des Anglais : un accord avec l'attribut ? », *L'Information grammaticale*, 103, p. 13-18 ; 104, p. 4-14.

CARON, Philippe (édit.) (2004) *Les Remarqueurs sur la langue française du XVIe siècle à nos jours*, Rennes, Presses Universitaires de Rennes (= *La Licorne*, 70).

CARON, Philippe (2010) « La Diction composite de la comédie. À propos du *Bourgeois Gentilhomme* », *Annales de l'Association pour un Centre de Recherche sur les Arts du Spectacle aux XVIIe et XVIIIe siècles*, 4, p. 185-194.

CELLARD, Jacques (1983) « Les Chroniques de langage », in É. Bédard et J. Maurais (édit.), *La Norme linguistique*, Montréal/Paris, Publications du Québec / Dictionnaire le Robert, p. 651-666.

CERQUIGLINI, Bernard (2004) *La Genèse de l'orthographe française (XIIe-XVIIe siècles)*, Paris, H. Champion.

CERQUIGLINI, Bernard (2008) *Merci professeur ! Chroniques savoureuses sur la langue française*, Paris, Bayard.

CHABANEL, Jean de (1612) *Les Sources de l'elegance françoise ; ou du droict et naif usage des principales parties du parler François*, Tolose, Vefve de J. Colomiez et R. Colomiez.

CHAPELAIN, Jean (1656) *La Pucelle ou La France delivrée. Poëme heroïque*, Paris, Augustin Courbé.

CHASSANG, Alexis (édit.) (1880) *Remarques sur la langue françoise par Vaugelas*, nouvelle édition comprenant le texte de l'édition originale, des remarques inédites, une clef inédite de Conrart, tous les commentaires du XVIIe siècle, des notes nouvelles, une introduction et une table analytique des matières, 2 vol., Paris, L. Cerf.

CHATELAIN, Jean-Marc (2003) *La Bibliothèque de l'honnête homme. Livres, lecture et collections en France à l'âge classique*, Paris, Bibliothèque Nationale de France.

CHAUGY, Françoise-Madeleine de (1659) *Les Vies de IV. des premières mères de l'ordre de la Visitation Sainte Marie*, Annecy, Jacques Clerc.

CHEN, Pei-Ying (2013) « De Vaugelas à Haase, ou comment un remarqueur devient un législateur malgré lui », in Ayres-Bennett et Seijido (2013), p. 149-157.

CHENEAU, Francis (1685) *Francis Cheneau's French Grammar, Enrich'd with a compendious and short way to learn the French Tongue in a very short Time. (VIZ.) With RULES more Plain than in any GRAMMAR before : […] And the Best* Observations *of Mr.* de Vaugelas*, one of the Reformers of the said Tongue […]*, Londres, N. Thomson.

CHEVALIER, Jean-Claude (1968) *Histoire de la syntaxe : Naissance de la notion de complément dans la grammaire française 1530-1750*, Genève, Droz.

CHEVALIER, Jean-Claude (1971) « Note sur la notion de synonymie chez trois grammairiens des XVIIe et XVIIIe siècles », *Langages*, 24, p. 40-47.

CHEVREAU, Urbain (1642) *Lettres nouvelles de Mr Chevreau*, Paris, Nicolas de Seroy.

CHEVREAU, Urbain (1909) *Remarques de Chevreau sur les poésies de Malherbe*, éd. Gustave Boissière, Niort, Clouzot.

CHIF[F]LET, Laurent (1659) *Essay d'une parfaite grammaire de la langue françoise*, Anvers, Jacques van Meurs.

CHIF[F]LET, Laurent (1668 [[1]1659]) *Essay d'une parfaite grammaire de la langue françoise ; Où le Lecteur trouvera, en bel ordre, tout ce qui est de plus necessaire, de plus curieux & de plus elegant, en la Pureté, en l'Orthographe, & en la Prononciation de cette Langue*, Paris, P. Maugé.

CHRISTMANN, Hans Helmut (1980) « Zum Begriff der Analogie in der Sprachbetrachtung des 16. bis 19. Jahrhunderts », in Gerhard Schmidt et Manfred Tietz (édit.), *Stimmen der Romania. Festschrift für W. Theodor Elwert zum 70. Geburtstag*, Wiesbaden, B. Heymann, p. 519-535.

CICÉRON (1938) *Lettres à Atticus*, Tome II : Livres VII-XI, traduction nouvelle avec une introduction et des notes par Édouard Bailly, Paris, Garnier Frères.

CICÉRON (2001) *Letters to Friends*, edited and translated by D. R. Shackleton Bailey, 3 vol., Cambridge MA / Londres, Harvard University Press.

CIVARDI, Jean-Marc (2004) *La Querelle du « Cid » (1637-1638)*, éd. critique intégrale, Paris, H. Champion.

CLÉMENT, Louis (1898) *Henri Estienne et son œuvre française (étude d'histoire littéraire et de philologie)*, thèse présentée à la faculté des lettres de l'Université de Paris, Paris, Alphonse Picard et fils.

COEFFETEAU, Nicolas (1615) *Hisotire romaine de Lucius Annaeus Florus [...] mise en nostre langue [...] par F. Nicolas Coeffeteau*, Paris, S. Cramoisy.

COEFFETEAU, Nicolas (1621) *Histoire romaine, contenant tout ce qui s'est passé de plus memorable depuis le commencement de l'empire d'Auguste jusques à celuy de Constantin le Grand*, Paris, S. Cramoisy.

COEFFETEAU, Nicolas (1622) *Œuvres de R. P. en Dieu F. Nic. Coeffeteau [...]*, Paris, S. Cramoisy.

COHEN, Marcel (1950) *Regards sur la langue française*, Paris, Sedes.

COHEN, Marcel (1954) « Vaugelas et le français de classe », in *Grammaire et style 1450-1950 : Cinq cents ans de phrase française*, Paris, Éditions sociales, p. 57-64.

COLLET, Claude-Georges (1949-1950) « Sur la mort et la sépulcre de Vaugelas. Sur le testament étrange et pitoyable qu'on lui attribue », *XVIIe siècle*, 1, p. 222-228.

COLLET, Claude-Georges (1950a) « Vaugelas a débuté dans les lettres en 1615 », *Revue d'histoire littéraire de la France*, 50, p. 369-378.

COLLET, Claude-Georges (1950b) « La Vie », in *Vaugelas (1585-1650), Visages de l'Ain*, 3e année, 9, p. 3-19.

COLLET, Claude-Georges (1954) « Vaugelas : membre d'une société secrète : La Compagnie du Très-Saint-Sacrement de l'Autel », *Revue de Savoie*, octobre 1954, p. 17-24.

COLLINOT, André et MAZIÈRE, Francine (1997) *Un prêt à parler : le dictionnaire*, Paris, Presses Universitaires de France.

COLOMBAT, Bernard (1993) *Les Figures de construction dans la syntaxe latine (1500-1780)*, Louvain/Paris, Peeters / Société pour l'information grammaticale.

COLOMBAT, Bernard (1999) *La Grammaire latine en France à la Renaissance et à l'Âge classique : Théories et pédagogie*, Grenoble, Ellug.

COLOMBAT, Bernard (édit.) (2003) *Jean Pillot, Institution de la langue française*, Paris, H. Champion.

COLOMBAT, Bernard (2007) « Some Problems in Transferring the Latin Model to First French Grammars : Verbal voice, impersonal verbs and the *-rais* form », in Eduardo Guimarães et Diana Luz Pessoa de Barros (édit.), *History of Linguistics 2002. Selected Papers from the Ninth International Conference on the History of the Language Sciences (ICHoLS IX), 27-30 August 2002, São Paulo-Campinas*, Amsterdam/Philadelphia, Benjamins, p. 3-16.

COLOMBAT, Bernard, FOURNIER, Jean-Marie et AYRES-BENNETT, Wendy (dir.) (2011) *Grand Corpus des grammaires françaises, des remarques et des traités sur la langue (XIVe-XVIIe s.)*, Paris, Classiques Garnier Numérique.

COMBAZ, André (1996) « Vaugelas et l'Espagne », *Mémoires de l'Académie de Savoie*, Septième série, 9, p. 137-179.

COMBAZ, André (2000) *Claude Favre de Vaugelas, mousquetaire de la langue française*, Paris, Klincksieck.

COMBAZ, André (2003) « "Vaugelas, ce fameux Savoyard qui a réformé la langue française" », *Studi francesi*, 47(1), p. 39-51.

CORNULIER, Benoît de (1984) « Des vers dans la prose. Une strophe de Bredmond-Vaugelas », *Poétique*, 57, p. 76-80.

COSKI, Christopher (2011) *From Barbarism to Universality : Language and Identity in Early Modern France*, Columbia, University of South Carolina Press.

COUSIN, Jean (édit.) (1975) *Quintilien Institution Oratoire*, tome I : Livre I, texte établi et traduit par Jean Cousin, Paris, Les Belles Lettres.

COUSIN, Jean (édit.) (1977) *Quintilien Institution Oratoire*, tome IV : Livres VI et VII, texte établi et traduit par Jean Cousin, Paris, Les Belles Lettres.

COUSIN, Jean (édit.) (1978) *Quintilien Institution Oratoire*, tome V : Livres VIII et IX, texte établi et traduit par Jean Cousin, Paris, Les Belles Lettres.

COUSIN, Jean (édit.) (1979) *Quintilien Institution Oratoire*, tome VI : Livres X et XI, texte établi et traduit par Jean Cousin, Paris, Les Belles Lettres.

COVENEY, Aidan (2004) « The Alternation between *l'on* and *on* in spoken French », *Journal of French Language Studies*, 14(2), p. 91-112.

CUET, Christine (2013) « Richelet, un dictionnaire non prescriptif : les variations phonologiques dans la première édition », in W. Ayres-Bennett et M. Seijido (2013), p. 97-108.

DAUMAS, Georges (1951) « Notes sur l'enfance et la jeunesse provinciale de Claude Favre dit de Vaugelas (1585-1607) », *Revue des sciences humaines*, 16, p. 305-315.

DECLERCQ, Gilles (1996) « *Usage* et *Bel Usage* : l'éloge de la langue dans les *Entretiens d'Ariste et d'Eugène* du père Bouhours », *Littératures classiques*, 28, p. 113-135.

DELALAIN, Paul (1907) *Les Libraires et imprimeurs de l'Académie Française de 1634 à 1793. Notices biographiques*, Paris, Alphonse Picard et fils.

DELESALLE, Simone (2006) « Le Statut du lexique dans la *Grammaire* de

Laurent Chiflet et dans la *Methode* de Claude Irson : 1656-1660 », *Histoire, épistémologie, langage*, 28(2), p. 35-54.

Delesalle, Simone et Mazière, Francine (2002) « La liste dans le développement des grammaires », *Histoire, épistémologie, langage*, 24(1), p. 65-92.

Delesalle, Simone et Mazière, Francine (2007) « Grammaire générale et grammaire particulière : Les *Méthodes* de Claude Irson », in E. Guimarães et D. Luz Pessoa de Barros (édit.), *History of Linguistics 2002 : Selected Papers from the Ninth International Conference on the History of the Language Sciences, 27-30 August 2002, São Paulo-Campinas*, Amsterdam/Philadelphia, John Benjamins, p. 41-62.

Denis, Delphine (2005) « Lire le nom propre de fiction au xviie siècle », *Littérature*, 140, p. 83-94.

Desgrouais (1766) *Les Gasconismes corrigés*, Toulouse, impr. de J.-J. Robert.

Douay, Françoise et Pinto, Jean-Jacques (1991) « Analogie / anomalie : Reflet de nos querelles dans un miroir antique », *Communications*, 53(1), p. 7-16.

Douay-Soublin, Françoise (2008) « Nouvel Examen de la Grammaire raisonnée de Mme de Châtelet », in Ulla Kölving et Olivier Courcelle (édit.), *Émilie Du Châtelet, éclairages et documents nouveaux*, Ferney-Voltaire, Centre international d'étude du xviiie siècle, p. 173-196.

Du Bellay, Joachim (1549) *La Defence et illustration de la Langue Francoyse*, Paris, Arnoul l'Angelier.

Dubois de Launay, Henri (1775) *Remarques sur la langue françoise à l'usage de la jeunesse de Lorraine*, Paris, chez les Libraires Associés.

Dumonceaux, Pierre (1986) « Le Bon Usage est-il une norme ? », *Textes et langages*, 12 [= Normes et transgressions en langue et en littérature. Actes du colloque franco-allemand de Nantes, 14-16 mars 1984], p. 35-40.

Duneton, Claude (2004) *Au plaisir des mots*, Paris, Éditions Balland.

Du Perron, Jacques (1622) *Les Diverses Œuvres de l'illustrissime Cardinal du Perron*, Paris, A. Estienne.

Dupleix, Scipion (1645) *Les Lumières de Mathieu de Morgues*, Condom, A. Manas.

Duval, Maurice (1950a) « Où est né Vaugelas », *Le Monde*, 5.4.1950.

Duval, Maurice (1950b) « La sépulcre de Vaugelas », *Le Monde*, 13.4.1950.

Engler, Rudolf (1993) « La Discussion italienne sur la norme et sa réception en Europe », in Pierre Knecht et Zygmunt Marzys (édit.), *Écritures, langues communes et normes. Formation spontanée de koinès et standardisation dans la galloromania et son voisinage. Actes du colloque tenu à l'Université de Neuchâtel du 21 au 23 septembre 1988*, Neuchâtel/Genève, Faculté des Lettres / Droz, p. 205-225.

Ernst, Gerhard (1977) *Der Wortschatz der französischen Übersetzungen von Plutarchs « Vies parallèles » (1559-1694). Lexikologische Untersuchungen zur Herausbildung des français littéraire vom 16. zum 17. Jahrhundert*, Tübingen, Max Niemeyer.

ERNST, Gerhard (1985) *Gesprochenes Französisch zu Beginn des 17. Jahrhunderts. Direkte Rede in Jean Héroards « Histoire particulière de Louis XIII » (1605-1610)*, Tübingen, Niemeyer.

ESTIENNE, Henri (1853) *Conformité du langage françois avec le grec*, édition accompagnée de notes et précédée d'un Essai sur la vie et les ouvrages de cet auteur par Léon Feugère, Paris, J. Delalain.

ESTIENNE, Henri (1999) *Hypomneses (1582)*, Texte latin original, traduction et notes par Jacques Chamarat, Paris, H. Champion.

FARET, Nicolas (1925 [1630]) *L'Honneste Homme ou l'Art de plaire à la court*, éd. M. Magendie, Paris, Presses Universitaires de France.

FAVRE, Antoine (1606) *Codex Fabrianus definitionum forensium et rerum in sacro Sabaudiae Senatu tractatarum*, Lyon, Horace Cardon.

FEBVRE, Lucien et MARTIN, Henri-Jean (1971) *L'Apparition du livre*, Paris, Albin Michel.

FENNE, François de (1680) *Institutio linguae gallicae Praeceptis brevissimis ac ordini meliori restitutis*, Leyde, Cornelium Boutesteyn.

FÉRAUD, Jean-François (1994) *Dictionnaire critique de la langue française (1787)*, Préface par P. Caron et T. R. Wooldridge, 3 vol., Tübingen, Max Niemeyer.

FLUTRE, Louis-Fernand (1954) « Du rôle des femmes dans l'élaboration des *Remarques* de Vaugelas », *Neophilologus*, 38, p. 241-248.

FÖGEN, Thorsten (2000) *Patrii sermonis egestas : Einstellungen lateinischer Autoren zu ihrer Muttersprache. Ein Beitrag zum Sprachbewusstsein in der römischen Antike*, Stuttgart, B. G. Teubner.

FONSECA, Cristóbal de (1614) *Discursos para todos los Evangelios de la Quaresma*, Madrid, A. M. de Balboa, a costa de A. Perez.

FOURNIER, Jean-Marie (2001) « Le Nom des temps dans les grammaires françaises des XVIIe et XVIIIe siècles », in Bernard Colombat et Marie Savelli (édit.), *Métalangage et terminologie linguistique. Actes du colloque international de Grenoble (Université Stendhal-Grenoble III, 14-16 mai 1998)*, 2 vol., Leuven, Peeters, p. 443-456.

FOURNIER, Nathalie (1998) *Grammaire du français classique*, Paris, Belin.

FOURNIER, Nathalie (2002) « Approches de la syntaxe du verbe dans la *Grammaire et syntaxe françoise* de Charles Maupas (1618) », *Histoire, épistémologie, langage*, 24(1), p. 33-63.

FOURNIER, Nathalie (2004) « Le Discours des grammairiens au XVIIe siècle », *Littératures classiques*, 50, p. 167-196.

FRANÇOIS DE SALES (1892-1964) *Œuvres de saint François de Sales, évêque de Genève et docteur de l'Église : Édition complète, d'après les autographes et les éditions originales*, 27 vol., Annecy/Lyon, Monastère de la Visitation / E. Vitte.

FRANTEXT, www.frantext.fr.

FUCHS, Catherine (1979) « La Synonymie dans les *Remarques* de Vaugelas (1647) : Théorie explicite et conceptions implicites », *Historiographia Linguistica*, 6, p. 285-293.

FUMAROLI, Marc (1992) « Le Génie de la langue française », in Pierre Nora (édit.), *Les Lieux de mémoire*, vol. 3(3), Paris, Gallimard, p. 910-973.

GALET, Yvette (1971) *L'Évolution de l'ordre des mots dans la phrase française de 1600 à 1700*, Paris, Presses Universitaires de France.

GALLIOT, Marcel (1948) « Vaugelas : Père du français moderne », *Revue Savoisienne*, 89, p. 79-91.

GEMMINGEN, Barbara von (1986) « Du bon ton au bon usage : l'importance des traités de bienséance pour la constitution d'une norme linguistique au XVIe siècle », *Textes et langages*, 12 [= Normes et transgressions en langue et en littérature. Actes du colloque franco-allemand de Nantes, 14-16 mars 1984], p. 41-51.

GENDRON, Jean-Denis (2011) « L'Accent québécois révélateur du double style de prononciation pratiqué à Paris aux XVIIe et XVIIIe siècles et de l'origine de l'accent bourgeois du XIXe siècle », *Le Français moderne*, 79(2), 129-156.

GEORGIN, René (1965) « Qu'est-ce qu'une chronique de grammaire ? », *Défense de la langue française*, 30 (décembre 1965), p. 4-9.

GIARD, Luce (1984) « Du latin médiéval au pluriel des langues, le tournant de la Renaissance », *Histoire, épistémologie, langage*, 6(1), p. 35-55.

GIRARD, Gabriel (1747) *Les Vrais Principes de la langue françoise [...]*, 2 vol., Paris, Le Breton.

GIRAULT-DUVIVIER, Charles-Pierre ([4]1819 [[1]1811]) *Grammaire des grammaires, ou analyse raisonnée des meilleurs traités sur la langue françoise*, 2 vol., Paris, Janet & Cotelle.

GLATIGNY, Michel (1982) « Naissance de la notion de norme en français », *Le français dans le monde*, 169, p. 26-31.

GLATIGNY, Michel (édit.) (1990) *Les Marques d'usage dans les dictionnaires (XVIIe-XVIIIe siècles) = Lexique*, 9.

GLATIGNY, Michel (2001) « Les Jugements d'acceptabilité dans *Le Courrier de Vaugelas* (1868-1881) », *Le Français moderne* 69(2), p. 129-160.

GODEAU, Antoine (1665 [[1]1648]) *Paraphrase des pseaumes de David, en vers françois*, Puy, A. & P. Delagarde.

GOUGENHEIM, Georges (1970) « La relatinisation du vocabulaire français », in Georges Gougenheim (édit.), *Études de grammaire et de vocabulaire français*, Paris, Picard, p. 413-423.

GOUGENHEIM, Georges (1971) *Étude sur les périphrases verbales de la langue française*, Paris, A.-G. Nizet.

GOUGENHEIM, Georges (1974) *Grammaire de la langue française du XVIe siècle*, Nouvelle édition entièrement refondue, Paris, A. et J. Picard.

GOUJET, Claude-Pierre (1740) *Bibliotheque françoise, ou Histoire de la litterature françoise*, vol. 1, Paris, Pierre-Jean Mariette et Hyppolitte-Louis Guerin.

GOULU, Jean (1627-1628) *Letres de Phyllarque à Ariste. Où il est traité de l'Eloquence Françoise*, 2 vol., Paris, Nicolas Buon.

GRANGER, André (1943) « La Blanque de Vaugelas », *Mémoires de la Société archéologique de Rambouillet*, 30, p. 30-31.

GREVISSE, Maurice (1980) *Le Bon Usage. Grammaire française avec des remarques sur la langue française d'aujourd'hui*, 11e édition revue, Paris/Gembloux, Duculot.

GREVISSE, Maurice et GOOSSE, André (2011) *Le Bon Usage : Grammaire française*, 15e édition, Bruxelles / [Paris], De Boeck / Duculot.

GRILLET, Jean-Louis (1807) *Dictionnaire historique, littéraire et statistique des départements de Mont-Blance et du Léman*, vol. 2, Chambéry, J.-F. Puthod.

GROSSE, Sybille (2017) *Les Manuels épistolographiques français entre traditions et normes*, Paris, Honoré Champion.

GUERLIN DE GUER, Charles (1937) « La Langue d'Amyot d'après les "Vies parallèles" de Démosthène et Cicéron ; de Périclès et Fabius Maximus », *Le Français moderne*, 5, p. 1-10, 127-141, 231-242.

GUICHENON, Samuel (1650) *Histoire de Bresse et de Bugey*, Lyon, J.-A. Huguetan et M.-A. Ravaud.

GUILLAUMIE, Gaston (1927) *J. L. Guez de Balzac et la prose française. Contribution à l'étude de la langue et du style pendant la première moitié du XVIIe siècle*, Paris, Auguste Picard.

HAASE, Alfons (1935) *Syntaxe française du XVIIe siècle*, Nouvelle édition traduite et remaniée par M. Obert, quatrième édition, Paris, Delagrave.

HAGENBERG, Claus-Detlef (1994) *Der unbekannte Malherbe. Untersuchungen zur Übersetzung des 33. Buches des Titus Livius*, Bonn, Romanistischer Verlag.

HALL, Robert A. (1969) « Some recent studies on Port-Royal and Vaugelas », *Acta Linguistica Hafniensia*, 12, p. 207-233.

HASSLER, Gerda (2004) « Bon usage et langue parfaite. La présence des remarqueurs dans le débat sur l'universalité de la langue française au XVIIIe siècle », in Caron (2004), p. 167-183.

HASSLER, Gerda (2007) « Analogy : The History of a Concept and a Term from the 17th to the 19th Century », in Douglas A. Kibbee (édit.), *History of linguistics 2005 : Selected papers from the Tenth International Conference on History of the Language Sciences (ICHOLS X), 1-5 September 2005, Urbana-Champaign, Illinois*, Amsterdam, John Benjamins, p. 156-168.

HENRIOT, Émile (1958) « Parler Vaugelas », in *Courrier littéraire* XVIIe *siècle*, nouvelle édition augmentée, Paris, Albin Michel, p. 203-209.

HERRIOT, Édouard (1950) « Vaugelas », in *Études françaises*, Genève, Éditions du milieu du monde, p. 26-35.

HERMANT, Abel (1936) *Chroniques de Lancelot du « Temps »*, Paris, Larousse.

HILLMAN, Larry H. (1972) *Vaugelas and the Port-Royal Grammar : Usage and Reason in Seventeenth-Century Grammar*, thèse doctorale inédite, Cornell University.

HILLMAN, Larry H. (1976) « Vaugelas and the "Cult of Reason" », *Philological Quarterly*, 55, p. 211-224.

HUNTER, Alfred C. (1967) *Lexique de la langue de Jean Chapelain*, Genève, Droz.

IRSON, Claude (1662 [1 1656]) *Nouvelle Methode pour apprendre facilement les principes et la pureté de la langue françoise Contenant plusieurs Traitez [...]*, 2e éd., Paris, P. Baudouin le fils.

JANIK, Dieter (1984) « "La plus saine partie de la Cour" – Herkunft und Bedeutung der Begründungsformel des "bon usage" bei Vaugelas », in Günter Holtus et Edgar Radtke (édit.), *Umgangssprache in der Iberoromania. Festschrift für Heinz Kröll zum 65. Geburtstag*, Tübingen, Gunter Narr, p. 425-430.

JODOGNE, Omer (1962-1963) « Sur la doctrine de Vaugelas », *Vie et langage*, 127, p. 516-522 ; 129, p. 664-669 ; 138, p. 465-469.

JOSEPH, John E. (1987) *Eloquence and Power. The Rise of Language Standards and Standard Languages*, Londres, Frances Pinter.

KERVILER, René (1874) *Le Chancelier Pierre Séguier second protecteur de l'Académie Française*, Paris, Didier.

KIBBEE, Douglas (2010) « Continuités et discontinuités dans l'histoire du prescriptivisme français », *Collection des congrès mondiaux de linguistique française*, http://www.linguistiquefrancaise.org/index.php?option=com_article&access=standard&Itemid=129&url=/articles/cmlf/abs/2010/01/cmlf2010_000264/cmlf2010_000264.html.

KIBBEE, Douglas (2011a) « "Liberté" et "tyrannie" dans le discours normatif », in S. Branca-Rosoff *et al.* (édit.), *Langue commune et changements de normes*, Paris, H. Champion, p. 45-60.

KIBBEE, Douglas (2011b) « Les Métaphores politico-légales dans l'histoire de la linguistique prescriptive du français au XVIIe siècle », *Langages*, 182, p. 97-109.

KIBBEE, Douglas (2012) « L'Absolutisme politique et linguistique entre 1550 et 1651 », in B. Colombat, J.-M. Fournier et V. Raby (édit.), *Vers une histoire générale de la grammaire française ? Matériaux et perspectives*, Paris, H. Champion, p. 211-224.

KIBBEE, Douglas (2014) « Principes et pratiques dans la conception politique de la langue en France au XVIIe siècle », in S. Archaimbault, J.-M. Fournier et V. Raby (édit.), *Penser l'histoire des savoirs linguistiques. Hommage à Sylvain Auroux*, Lyon, ENS Éditions, p. 317-325.

KIBBEE, Douglas (à paraître) « Une étape dans l'évolution du genre "remarques sur la langue" : *Les Sources de l'elegance* de Jean de Chabanel (1612) », à paraître dans J.-M. Fournier, A. Lauhaussois et V. Raby (édit.), *Mélanges pour Bernard Colombat*, Lyon, ENS Éditions.

KÖRVER, Edith (1992) *Claude Favre de Vaugelas : Die Grundlegung der französischen Grammatik*, Aachen, Diss. Rheinisch-Westfälischen Technischen Hochschule Aachen.

KUKENHEIM, Louis (1966) *Esquisse historique de la linguistique française et ses rapports avec la linguistique générale*, 2e éd. revue, corrigée et augmentée, Leyde, Universitaire pers Leiden.

LAGANE, René (1975) *Vaugelas, « Remarques sur la langue francaise », extraits avec une notice biographique, une notice historique et littéraire, des commentaires de l'Académie, un questionnaire, un index, une documentation thématique, des jugements et des notes explicatives*, Paris, Larousse.

LA MOTHE LE VAYER, François (1638 [[2]1647]) *Considerations sur l'eloquence françoise de ce tems*, Seconde Edition, Paris, A. de Sommaville.

LANDY-HOUILLON, Isabelle (1991) « Usage et raison aux siècles classiques » *XVIIe siècle*, 43(4), p. 359-373.

LATHUILLÈRE, Roger (1962) « Voiture et le "bon Usage" à l'Hôtel de Rambouillet », *Cahiers de l'Association Internationale des Études Françaises*, 14, p. 63-78.

LA TOUCHE, Pierre de (1730 [[1]1696]) *L'Art de bien parler françois, qui comprend tout ce qui regarde la Grammaire et les façons de parler douteuses*, 2 vol., Amsterdam, Wetsteins et Smith.

LE GAL, Étienne (1924) *Ne dites pas… Mais dites… Barbarismes, solécismes, locutions vicieuses*, Paris, Delagrave.

LE GRAS (1671) *La Rethorique françoise, ou les preceptes de l'ancienne et vraye éloquence*, Paris, A. de Rafflé.

LE GUERN, Michel (2004) « Échos des remarqueurs dans le Dictionnaire de Richelet (1680) », in Caron (2004), p. 253-261.

LEPERS, Julien (2011) *Les Fautes de français ? Plus jamais !*, Paris, Éditions Michel Lafon.

LESFARGUES, Bernard (1639) *Histoire d'Alexandre le Grand, tirée de Q. Curse et autres*, Paris, J. Camusat.

LODGE, R. Anthony (1993) *French : From Dialect to Standard*, London / New York, Routledge.

LODGE, R. Anthony (2004) *A Sociolinguistic History of Parisian French*, Cambridge, Cambridge University Press.

MAGENDIE, Maurice (1925) *La Politesse mondaine et les théories de l'honnêteté en France, au XVIIe siècle, de 1600 à 1660*, Paris, Alcan.

MALHERBE, François de (1631) *Les Œuvres de Mre François de Malherbe*, Seconde édition, Paris, Charles Chappellain.

MARAZZA, Camillo (1989) « Problemi di lessico nelle *Remarques* di Vaugelas », in *La Lingua francese nel seicento*, Prefazione di M. Gross, Bari/Paris, Adriatica/Nizet, p. 27-40.

MARIN, Jean (1680) *Nouvelle grammaire françoise*, Nuremberg, Fürst.

MAROT, Jean (1999) *Les deux recueils Jehan Marot de Caen, poëte et escripvain de la royne Anne de Bretagne, et depuis valet de chambre du treschretien roy François premier*, éd. critique par Gérard Defaux et Thierry Mantovani, Genève, Droz.

MARTIN, Henri-Jean et LECOCQ, Micheline (avec la collaboration de H. Carrier et A. Sauvy) (1977) *Livres et lecteurs à Grenoble. Les Registres du Libraire Nicolas (1645-1668)*, 2 vol., Genève, Droz.

MARZYS, Zygmunt (1970-1971) « Vaugelas ou l'indifférence à l'histoire », *Université de Neuchâtel, Annales*, p. 99-114.

MARZYS, Zygmunt (1974) « La formation de la norme du français cultivé », *Kwartalnik neofilologiczny*, 21, p. 315-332.

MARZYS, Zygmunt (1978) « L'Archaïsme, Vaugelas, Littré et le *Petit Robert* », *Le Français moderne*, 46, p. 199-209.

MARZYS, Zygmunt (édit.) (1984) *La Préface des « Remarques sur la langue françoise »*, Neuchâtel/Genève, Faculté des Lettres / Droz.

MARZYS, Zygmunt (1987) « Le Burlesque et les fondateurs de la langue classique », in Isabelle Landy-Houillon et Maurice Ménard (édit.), *Burlesque et formes parodiques dans la littérature et les arts. Actes du Colloque de l'Université du Maine Le Mans du 4 décembre au 7 décembre 1986*, Seattle/Tübingen, Papers on French Seventeenth Century Literature / Biblio 17, p. 115-123.

MARZYS, Zygmunt (1993) « Du raisonnable au rationnel : les avatars du bon usage », in Pierre Knecht et Zygmunt Marzys (édit.), *Écriture, langues communes et normes. Formation spontanée de koinès et standardisation dans la galloromania et son voisinage. Actes du colloque tenu à l'université de Neuchâtel du 21 au 23 septembre 1988*, Neuchâtel/Genève, Faculté des Lettres / Droz, p. 59-73.

MARZYS, Zygmunt (2000) « Vaugelas, disciple de Malherbe ? » in Philippe Terrier, Loris Petris et Marie-Jeanne Liengme Bessire (édit.), *Les Fruits de la saison. Mélanges de littérature des XVIe et XVIIe siècles offerts au Professeur André Gendre*, Neuchâtel/Genève, Université de Neuchâtel / Droz, p. 411-420.

MARZYS, Zygmunt (2004) « Pour une édition critique des *Remarques sur la langue françoise* de Vaugelas », *Vox Romanica*, 34, p. 124-139.

MARZYS, Zygmunt (2008) « Vaugelas et les néologismes », in J. Bień, M. Sowa et W. Wołowski (édit.), *Glissades. Mélanges offerts à Alfons Pilorz à l'occasion de son 80e anniversaire*, Lublin, Wydawnictwo Kul, p. 101-112.

MARZYS, Zygmunt (édit.) (2009) *Claude Favre de Vaugelas, Remarques sur la langue française*, éd. critique avec introduction et notes, Genève, Droz.

MARZYS, Zygmunt (2010) « "Le bon usage" et "la plus saine partie" dans les *Remarques* de Vaugelas », *Vox Romanica*, 69, p. 188-205.

MASSERON, Caroline et LAPARRA, Marceline (2008) « (*De, par*) peur / crainte *de / que* : petite enquête sur une concurrence énigmatique », in Olivier Bertrand, Sophie Prévost, Michel Charolles, Jacques François, Catherine Schnedecker (édit.), *Discours, diachronie, stylistique du français. Études en hommage à Bernard Combettes*, Bern, etc., Peter Lang, p. 435-452.

MATTHEWS, Peter (1994) « Greek and Latin linguistics », in Giulio Lepschy (edit.) *History of Linguistics II : Classical and Medieval Linguistics*, Londres, Longman, p. 1-133.

MAUGER, Claude (1684 [1 1653]) *Grammaire françoise de Claude Mauger Avec des augmentations*, Londres, Thomas Harrison.

MAUVILLON, Éléazar de (1747) *Remarques sur les germanismes. Ouvrage utile aux Allemands, aux François, et aux Hollandois, &c.*, Amsterdam, Pierre Mortier.

MEIGRET, Louis (1542) *Traité touchant le commun usage de l'escriture françoise (Paris 1542)*, Reproduction en fac-similé, Genève, Slatkine, 1972.

MERLIN, Hélène (1994) « Langue et souveraineté en France au XVIIe siècle. La Production autonome d'un *corps de langage* », *Annales : Histoire, Sciences Sociales*, 49(2), p. 369-394.

MERLIN-KAJMAN, Hélène (2003) *La Langue est-elle fasciste ? Langue, pouvoir, enseignement*, Paris, Éditions de Seuil.

MERLIN-KAJMAN, Hélène (2004) « Norme et ironie, bon usage et mauvais usage », *Littératures classiques*, 50, p. 229-243.

MERLIN-KAJMAN, Hélène (2011a) « "Dictature linguistique" : la leçon du XVIIe siècle », in S. Branca-Rosoff *et al.* (édit.), *Langue commune et changements de normes*, Paris, H. Champion, p. 29-43.

MERLIN-KAJMAN, Hélène (2011b) « Vaugelas politique ? », *Langages*, 182, p. 111-122.

MINCKWITZ, Marie J. (1897), « Beiträge zur Geschichte der französischen Grammatik im 17. Jahrhundert », *Zeitschrift für französische Sprache und Literature*, 19, p. 81-191.

MOK, Q. I. M. (1968) « Vaugelas et la "désambiguïsation" de la parole », *Lingua*, 21, p. 303-311.

MOMBELLO, Gianni (1988a) « Une lettre inédite de Claude Favre de Vaugelas (Paris, 20 décembre 1647) », *Studi testuali*, 1, p. 133-153.

MOMBELLO, Gianni (1988b) « "Ce cher frere ..." Une lettre inédite de Claude Favre de Vaugelas à Dom Albert Bally (28 mai 1647) », in *Miscellanea di studi romanzi offerta a Giuliano Gaca Queirazza*, Alessandria, Edizioni dell'Orso, II, p. 673-730.

MOMBELLO, Gianni (1989) *Une lettre inédite de Vaugelas à Antoine-Philibert (Albert) Bailly (7 janvier 1650)*, Alessandria, Edizioni dell'Orso.

MOMBELLO, Gianni (1996) « Vaugelas précepteur (avec trois lettres inédites) », in *Studi di Storia della civilità letteraria francese. Mélanges offerts à Lionello Sozzi*, Paris, Champion, p. 303-360.

MONCOURT, Edme (1851) *De la méthode grammaticale de Vaugelas*, Paris, Veuve Joubert.

MOORE-RINVOLUCRI, Mina J. (1951) « Claude Favre de Vaugelas 1595 [*sic*]-1650 », *Modern Languages*, 32, p. 84-87.

MORGUES, Mathieu de (1636) *Lumières pour l'histoire de France et pour faire voir les calomnies, flatteries et autres défauts de Scipion Dupleix*, s. l., s. édit.

MORIN, Yves Charles (2011), « L'Imaginaire Norme de prononciation aux XVIe et XVIIe siècles », in S. Lusignan, F. Martineau, Y. C. Morin et P. Cohen, *L'Introuvable Unité du français : Contacts et variations linguistiques en Europe et en Amérique (XIIe-XVIIIe siècle)*, Québec, Presses de l'Université Laval, p. 145-226.

MOUSNIER, Roland (1969) *Les Hiérarchies sociales de 1450 à nos jours*, Paris, Presses Universitaires de France.

MUGNIER, François (1902-1903) *Histoire et correspondance du Premier Président Favre*, 2 vol., Paris, Champion.

MURĂRET, Ion (1963) « Un comentariu inedit scris de Rivarol la opera lui Vaugelas *Remarques sur la langue françoise* », *Revista de filolgie romanică şi germanică*, 7, p. 229-251.

MUZERELLE, Danielle (1996) « Le Receuil Conrart à la bibliothèque de l'Arsenal », *XVIIe siècle*, 48(3), p. 477-487.

NÉDÉLEC, Claudine (2004) « "Deffences de le faire sans attestation" : une représentation allégorique de la langue par Charles Sorel », *Littératures classiques*, 50, p. 197-211.

NEVALAINEN, Terttu, RAUMOLIN-BRUNBERG, Helena et MANNILA, Heikki (2011) « The Diffusion of Language Change in Real Time : Progressive and Conservative Individuals and Time Depth of Language Change », *Language Variation and Change*, 23, p. 1-43.

NICERON, Jean-Pierre (1732) *Mémoires pour servir à l'histoire des hommes illustres dans la république des lettres, avec un catalogue raisonné de leurs ouvrages*, vol. XIX, Paris, Briasson.

NISARD, Désiré (édit.) (1840) *Œuvres complètes de Cicéron*, t. 1, Paris, J.-J. Dubochet.

NISARD, Désiré (édit.) (1850) *Cornelius Nepos. Quinte-Curce, Justin, Valère Maxime, Julius Obsequens, Œuvres complètes avec la traduction en français*, Paris, J.-J. Dubochet, Le Chevalier et comp.

OHLIGSCHLAEGER, Kertin (2011) « À la recherche du "*génie de la langue*" », in Jean-Jacques Briu (édit.), *Terminologie (I) : Analyser des termes et des concepts*, Bern, Peter Lang, p. 101-116.

OLIVET, Pierre-Joseph Thoulier d' (1771 [¹1767]) *Remarques sur la langue françoise*, Paris, Barbou.

ORSIER, Joseph (1912) « À propos d'une lettre et de deux portraits de Claude Favre de Vaugelas », *Revue de Savoie*, 1, p. 133-140.

OSTHUS, Dietmar (2006) « Laienlinguistik und Sprachchroniken : Französisch und Okzitanisch / Linguistique populaire et chroniques de langage : français et occitan », in G. Ernst, M.-D. Gleßgen, C. Schmitt et W. Schweickard (édit.), *Romanische Sprachgeschichte / Histoire linguistique de la Romania*, vol. 2, p. 1533-1546.

OTT, Karl A. (1947) *Die Sprachhaltung des 17. Jahrhunderts in den « Remarques sur la langue françoise » von Cl. F. de Vaugelas*, thèse inédite, Ruprecht-Karls-Universität Heidelberg.

OTT, Karl A. (1962) « La Notion du "bon usage" dans les Remarques de Vaugelas », *Cahiers de l'Association Internationale des Études Françaises*, 14, p. 79-94.

PADLEY, G. Arthur (1988) *Grammatical Theory in Western Europe 1500-1700 : Trends in Vernacular Grammar II*, Cambridge, Cambridge University Press.

PARIENTE, Jean-Claude (1985) *L'Analyse du langage à Port-Royal : Six études logico-grammaticales*, Paris, Les Éditions de Minuit.

PELLAT, Jean-Christophe (1976-1977) « Vaugelas : une réputation usurpée ? », *Bulletin de la Faculté des Lettres de Mulhouse*, 8, p. 29-44.

PELLISSON, Paul et D'OLIVET, Pierre-Joseph (1858) *Histoire de l'Académie Française par Pellisson & d'Olivet*, éd. par Ch.-L. Livet, 2 vol., Paris, Didier.

PERCIVAL, W. Keith (1976) « The Notion of Usage in Vaugelas and in the Port-Royal Grammar », in H. Parret (édit.), *History of Linguistic Thought and Contemporary Linguistics*, Berlin, Mouton de Gruyter, p. 374-382.

PERRET, Jean (1950) « Le Grammairien », in *Vaugelas (1585-1650), Visages de l'Ain*, 3e année, 9, p. 20-31.

PETREQUIN, Gilles (2009) *Le « Dictionnaire françois » de P. Richelet (Genève, 1679/1680). Étude de métalexicographie historique*, Louvain / Paris / Walpole, MA, Peeters.

PONS, Alain (édit.) (1987) *Castiglione Baldassar, "Le livre du courtisan"*, présenté et traduit de l'italien d'après la version de Gabriel Chappuis (1580), Paris, G. Lebovici.

POULLAIN DE LA BARRE, François (1691) *Essai de remarques particulières, Sur la Langue Françoise, pour la ville de Genève*, Genève : s. édit.

PRÉMONTVAL, André Pierre Le Guay de (1759-1761) *Préservatif contre la corruption de la langue française*, 2 vol., Berlin, Georg Ludwig Winter et Grynäus & Decker.

PRICE, Glanville (1979) « Point nie bien plus fortement que pas – Vaugelas que veut-il dire ? », in M. Höfler, H. Vernay et L. Wolf (édit.), *Festschrift Kurt Baldinger zum 60. Geburtstag, 17 November 1979*, 2 vol., Tübingen, M. Niemeyer, I, p. 245-254.

QUEMADA, Bernard (1970-1972) *Bibliographie des chroniques de langage publiées dans la presse française*, 2 vol. (vol 1 : 1950-1965 ; vol 2 : 1966-1970), Paris, Didier.

RACINE, Jean (1822) *Œuvres complètes de J. Racine*, t. 1, Paris, Lefèvre.

RAT, Maurice (1963) *Grammairiens et amateurs de beau langage*, Paris, A. Michel.

RAT, Maurice (1967) « La Vie discrète de Vaugelas », *Miroir de l'histoire*, 215, p. 92-99.

RÉGNIER, Adolphe (1869) *Lexique de la langue de Malherbe avec une introduction grammaticale*, Paris, L. Hachette.

RÉGNIER, Mathurin (1609) *Les Satyres du sieur Regnier*, Paris, Toussaint du Bray.

REMYSEN, Wim (2012) « Les Représentations identitaires dans le discours normatif des chroniqueurs de langage canadiens-français depuis le milieu du XIXe siècle », *Journal of French Language Studies*, 22, p. 419-445.

RENAUD, André (1697) *Maniere de parler la langue françoise selon ses differens styles ; avec la critique de nos plus célebres Ecrivains, en Prose & en Vers ; et un petit traité de l'Orthographe & de la Prononciation Françoises*, Lyon, C. Rey.

RÉVÉREND DU MESNIL, Edmond (1869-1870) « Le Président Favre, Vaugelas et leur famille d'après les documents authentiques », *Revue du Lyonnais*, 8, p. 369-382, 447-463 ; 9, p. 25-35, 85-94, 195-214.

REY, Alain (2006) *À mots découverts : Chroniques au fil de l'actualité*, Paris, Robert Laffont.

REY, Alain (2008) *Encore des mots à découvrir : Nouvelles Chroniques au fil de l'actualité*, Paris, Points.

REY, Christophe (2007) « La Grammaire dans le Dictionnaire françois (1680) de César-Pierre Richelet », *L'Information grammaticale*, 114, p. 20-24.

REY, Édouard (1900) *Vaugelas et la société polie du XVIIe siècle vue à travers son œuvre*, Bourg-en-Bresse : Imprimerie du « Courrier de l'Ain ».

RICKARD, Peter (1968) *La Langue francçaise au seizième siècle. Étude suivie de textes*, Cambridge, Cambridge University Press.

RICKARD, Peter (1980) « The syntax of *dire* used injunctively », *Zeitschrift für romanische Philologie*, 96, p. 49-67.

RICKEN, Ulrich (1978) *Grammaire et philosophie au siècle des lumières : Controverses sur l'ordre naturel et la clarté du français*, Villeneuve-d'Ascq, Université de Lille III.

RIFFAUD, Alain (2009) *Répertoire du théâtre français imprimé entre 1630 et 1660*, Genève, Droz.

ROLFE, John C. (1927-1928) *The Attic Nights of Aulus Gellius*, with an English translation by John C. Rolfe, 3 vol., Londres, W. Heinemann.

RONSARD, Pierre de (1914-1975) *Œuvres complètes*, éd. Paul Laumonier, 20 vol., Paris, Hachette / E. Droz / Marcel Didier.

ROSSET, Théodore (1911) *Les Origines de la prononciation moderne étudiées au* XVII*e siècle d'après les remarques des grammairiens et les textes en patois de la banlieue parisienne*, Paris, Armand Colin.

SAINTE-BEUVE, Charles-Augustin (1866) « Vaugelas », in *Nouveaux lundis*, vol. 6, Paris, Michel Lévy, p. 340-397.

SAINT-MAURICE, Alcide de Bonnecase, sieur de (1672) *Remarques sur les principales difficultez que les estrangers ont en la langue françoise, avec un recueil alphabétique de plusieurs mots choisis, pour faciliter l'Ortographe, & la Prononciation, qui peut servir de Dictionnaire*, Paris, E. Loyson.

SAMFIRESCO, Elvire (1904) « Essai sur V. Conrart, grammairien », in *Mélanges de philologie offerts à Ferdinand Brunot*, Paris, Société nouvelle de librairie et d'édition, p. 303-310.

SÁNCHEZ REGUEIRA, Isolina (1985) « Antoine Oudin, gramático francés entre Maupas y Vaugelas », *Verba. Annario galego de filoloxía*, 12, p. 361-381.

SANCIER-CHÂTEAU, Anne (1998) « De la syntaxe au style : La quête de la "clarté" au seuil du XVIIe siècle. Deux figures exemplaires : Du Perron et Du Vair », *Information grammaticale*, 78, p. 41-49.

SAYOUS, André (1853) *Histoire de la littérature française à l'étranger depuis le commencement du* XVII*e siècle*, vol. 1, Paris, J. Cherbuliez.

SCALIGER, Jules César (1557) *Exotericarum exercitationum liber quintus decimus, De Subtilitate, ad Hieronymum Cardanum*, Paris, Michaelis Vascosani.

SCALIGER, Jules César (1561) *Poetices libri septem*, Genève, J. Crispinum.

SCHOLAR, RICHARD (2005), *The* Je-Ne-Sais-Quoi *in Early Modern Europe : Encounters with a Certain Something*, Oxford, Oxford University Press.

SCHØSLER, Lene (2004) « "Tu eps l'*as deit*" / "Tut s'en *vat declinant*". Grammaticalisation et dégrammaticalisation dans le système verbal du français illustrées par deux évolutions, cette du passé composé et celle du progressif », *Aemilianense*, I, p. 517-568.

SCHWARZE, Christoph (1977) *Sprachschwierigkeiten, Sprachpflege, Sprachbewusstsein. Das Phänomen der « Chroniques de langage »*, Constance, Universität Konstanz.

SÉGUIER, Nicolas (1598) *L'Histoire des faicts d'Alexandre le Grand [...] composée par*

Quinte Curse, et tournée de latin en françois par N. Séguier, Genève, Guillaume de Laimarie.

SETTEKORN, Wolfgang (1981) « Bermerkungen zum bon usage : Genese und Erfolg eines Normkonzepts », *Lendemains*, 6, p. 17-31.

SETTEKORN, Wolfgang (1988) *Sprachnorm und Sprachnormierung in Frankreich : Einführung in die begrifflichen, historischen und materiellen Grundlagen*, Tübingen, Niemeyer.

SIEBENBORN, Elmar (1976) *Die Lehre von der Sprachrichtigkeit und ihren Kriterien : Studien zur antiken nomativen Grammatik*, Amsterdam, B. R. Grüner.

SIOUFFI, Gilles (1995) « Le "Génie de la langue française" à l'âge classique. Recherches sur les structures imaginaires de la description linguistique de Vaugelas à Bouhours », Thèse doctorale, Université de Paris IV.

SIOUFFI, Gilles (1998) « Une catégorie étrange de la grammaire française au XVIIe siècle : les "particules" », *Information grammaticale*, 78, p. 13-20.

SIOUFFI, Gilles (2008) « Du syntagme au paradigme : autour de la synonymie chez D. Bouhours », *Cahiers de lexicologie*, 92, p. 31-50.

SIOUFFI, Gilles (2010) *Le Génie de la langue française. Études sur les structures imaginaires de la description linguistique à l'Âge classique*, Paris, H. Champion.

SIOUFFI, Gilles (2012) « Les Binômes synonymiques et la question de la figure au XVIIe siècle : Quelques investigations dans l'usage et dans les remarques », in Françoise Berlan et Gérard Berthomieu (édit.), *La Synonymie*, Paris, Presses de l'Université Paris-Sorbonne, p. 367-378.

SIOUFFI, Gilles et STEUCKARDT, Agnès (édit.) (2007) *Les Linguistes et la norme. Aspects normatifs du discours linguistique*, Bern, etc., Peter Lang.

SMITH, John C. (1993) « The Agreement of the Past Participle Conjugated with *avoir* and a Preceding Direct Object : A Brief History of Prescriptive Attitudes », in R. Sampson (édit.), *Authority and the French Language*, Münster, Nodus, p. 87-125.

SOREL, Charles (1671) *De la connoissance des bons livres. Ou examen de plusieurs autheurs*, Paris, A. Pralard.

SOULFOUR, Nicolas de (1629) *Alexandre françois, image de la fortune et de la vaillance à la noblesse française, ou l'Histoire de Quintus Curtius, des faicts d'Alexandre le Grand, nouvellement traduite en françois, par N. de Soulfour, sieur de Glatigny, et les deux premiers livres imitez de Justin, Arrian et Diodore Sicilien*, Paris, A. de Sommaville.

SPILLEBOUT, Gabriel (2007 [[1]1985]) *Grammaire de la langue française du XVIIe siècle*, nouvelle édition, Paris, Eurédit.

SPILLNER, Bernd (1981) « Die Rolle des Hofes bei der Herausbildung des *bon usage* in der französischen Sprache des 17. Jahrhunderts », in August Buck *et al.* (édit.), *Europäische Hofkultur im 16. und 17. Jahrhundert : Vorträge und Referate gehalten anlässlich des Kongresses des Wolfenbütteler Arbeitskreises für Renaissanceforschung und des Internationalen Arbeitskreises für Barockliteratur in der Herzog August Bibliothek Wolfenbüttel vom 4. bis 8. September 1979*, vol. 2, p. 13-21.

STÉFANINI, Jean (1959) « Grammairiens classiques et classicisme grammatical », in *Hommage au doyen Étienne Gros*, Gap, Imprimerie L. Jean, p. 165-172.

STEUCKARDT, Agnès et THOREL, Mathilde (édit.) (2017), *Le Jugement de l'oreille (XVIe-XVIIIe siècles)*, Paris, H. Champion.

ŠTICHAUER, Jaroslav (2014) *Études sur la formation des mots en français préclassique et classique*, Prague, Karolinum.

STREICHER, Jeanne (1933) « Les Années d'apprentissage de Vaugelas », *Revue universitaire*, 42, p. 418-425.

STREICHER, Jeanne (édit.) (1934) *Claude Favre de Vaugelas, Remarques sur la langue françoise. Fac similé de l'édition originale. Introduction, bibliographie, index par Jeanne Streicher*, Paris, Droz.

STREICHER, Jeanne (1936) *Commentaires sur les Remarques de Vaugelas par La Mothe le Vayer, Scipion Dupleix, Ménage, Bouhours, Conrart, Chapelain, Patru, Thomas Corneille, Cassagne, Andry de Boisregard et l'Académie Française*, 2 vol., Paris, Droz.

STUREL, René (1908) *Jacques Amyot traducteur des Vies parallèles de Plutarque*, Paris, Honoré Champion.

SUÉTONE (2000) *Vies des douzes Césars : Tibère, Caligula*, texte établi et traduit par Henri Ailloud ; introduction et notes de Pierre-Emmanuel Dauzat, Paris, Les Belles Lettres.

SUSO LÓPEZ, Javier (sans date) « Norme et bon usage au XVIIe siècle en France », http://dialnet.unirioja.es/servlet/articulo?codigo=4032432.

SWIGGERS, Pierre (2001) « La Terminologie de la description du pronom dans la grammaire française du seizième siècle », in Bernard Colombat et Marie Savelli (édit.), *Métalangage et terminologie linguistique. Actes du colloque international de Grenoble (Université Stendhal-Grenoble III, 14-16 mai 1998)*, 2 vol., Leuven, Peeters, p. 395-411.

TAILLEUR, Sandrine (2007) « L'Alternance d'emploi des auxiliaires avoir et être avec les verbes intransitifs en français du XVIIIe siècle », Mémoire de maîtrise, Université d'Ottowa.

TALLEMANT DES RÉAUX (1960) *Historiettes*, édition établie et annotée par Antoine Adam, 2 vol., Paris, Gallimard.

TALON, Omer (1839) *Mémoires de Omer Talon […] continués par Denis Talon, son fils, publiés, avec des fragments inédits, par MM. Champollion-Figeac et Aimé Champollion fils*, Nouvelle collection des mémoires pour servir à l'histoire de France […] par MM. Michaud […] et Poujoulat, 3e série, vol. 6, Paris, L'éditeur du commentaire analytique du Code civil.

THABUIS, Michel (1976) « Vaugelas, premier grammairien français », *Défense de la langue française*, 85, p. 6-9.

THIELEMANN, Werner (1998) « Langage généreux ou docilité dogmatique ? Der Streit um den Bon Usage zwischen François de la Mothe le Vayer und Claude Favre de Vaugelas », in Volker Fuchs (édit.), *Von der Unklarheit des Wortes in die Klarheit des Bildes ? Festschrift für Johannes Thiele*, Tübingen, Stauffenburg Verlag, p. 249-269.

THUROT, Charles (1881-1883) *De la prononciation française depuis le commencement du XVIe siècle, d'après les témoignages des grammairiens*, 2 vol., Paris, Imprimerie nationale.

TIEKEN-BOON VAN OSTADE, Ingrid M. (2008) « Henry Fowler and his eighteenth-century predecessors », *Bulletin of The Henry Sweet Society for the History of Linguistic Ideas*, p. 5-24.

TIEKEN-BOON VAN OSTADE, Ingrid M. (2010) « The usage guide : its birth and popularity », *English Today : The International Review of the English Language*, 26(2), p. 14-44.

TLFi = *Trésor de la langue française informatisé*, http://atilf.atilf.fr/tlf.htm.

TOURRETTE, Éric (2014) « La construction louche : histoire d'une notion », in Bernard Colombat, Jean-Marie Fournier et Valérie Raby (édit.), *Vers une histoire générale de la grammaire française : Matériaux et perspectives*, Paris, H. Champion, p. 707-720.

TOURRETTE, Éric (2016) « Qu'est-ce qu'une négligence de style au XVIIe siècle ? », in Pierre Chiron et Charles Guérin (édit.), *L'infraction stylistique et ses usages théoriques de l'Antiquité à nos jours*, Rennes, Presses Universitaires de Rennes, p. 123-136.

TRISTRAM, Anna (2014) *Variation and Change in French Morphosyntax : The Case of Collective Nouns*, Oxford, Legenda.

TRISTRAM, Anna et AYRES-BENNETT, Wendy (2012) « From Negation to Agreement : Revisiting the Problem of Sources for Socio-Historical Linguistics », *Neuphilologische Mitteilungen* 113(3), p. 365-393.

TRUDEAU, Danielle (1992) *Les Inventeurs du bon usage (1529-1647)*, Paris, Éditions de Minuit.

URBAIN, Charles (1893) *Nicolas Coeffeteau : Dominicain, Évêque de Marseille. Un des fondateurs de la prose française (1574-1623)*, Paris, Thorin et fils.

USPENSKIJ, Boris A. (1984) « The Language Program of N. M. Karamzin and its Historical Antecedents », in Riccardo Picchio et Harvey Goldblatt (edit.), *Aspects of the Slavic Language Question*, vol. 2 : *East Slavic*, New Haven, CT, Yale Concilium on International and Area Studies, p. 235-296.

VACHER, Marie-Claude (édit.) (1993) *Suétone : Grammairiens et rhéteurs*, Paris, Les Belles Lettres.

VALLA, Lorenzo (1566) *De linguae latinae elegantia libri sex*, Louvain, Bartholomaeus Gravius.

VARCHI, Benedetto (1570) *L'Hercolano Dialogo di Messer Benedetto Varchi, Nel qual si ragiona generalmente delle lingue, & in particolare della Toscana, e della Fiorentina*, Venise, Filippo Guinti, e Fratelli.

VAUGELAS, Claude Favre de (1615) *Les Sermons de Fonseque sur tous les Evangiles du Caresme : Avec une Paraphrase perpetuelle sur toutes les parties des Evangiles. Traduits d'Espagnol en François par C.F.D.V. Œuvre remplie de Conceptions nouvelles, doctes, curieuses & devotes, non seulement à l'usage des Predicateurs, & des doctes ; mais de toutes personnes pieuses*, Paris, R. Thierry & E. Foucault.

VAUGELAS, Claude Favre de (1653) *Quinte Curce, De la vie et des actions d'Alexandre le Grand, De la Traduction de Monsieur de Vaugelas* [éd. par V. Conrart et J. Chapelain], Paris, A. Courbé.

VAUGELAS, Claude Favre de (1659) *Quinte Curce, De la vie et des actions d'Alexandre le Grand. De la traduction de Monsieur de Vaugelas. Troisième Edition, Sur une nouvelle Copie de l'Autheur qui a esté trouvée depuis la premiere, & la seconde impression* [éd. par O. Patru], Paris, A. Courbé.

VAUGELAS, Claude Favre de (1687) *Remarques sur la langue françoise de Monsieur de Vaugelas utiles à ceux qui veulent bien parler et bien escrire*, Nouvelle Edition reveuë et corrigée. Avec des notes de T. Corneille, 2 vol., Paris, T. Girard.

VAUGELAS, Claude Favre de (1738) *Remarques de M. de Vaugelas sur la langue françoise, Avec des notes de Messieurs Partu, & T. Corneille*, 3 vol., Paris, Didot.

VERYRIN-FORRER, Jeanne (1978) « Histoire et civilisation du livre », *École pratique des hautes études. 4e section, Sciences historiques et philologiques. Annuaire 1977-1978*, p. 889-891.

VIALA, Alain (2008) *La France galante*, Paris, Presses Universitaires de France.

VINEIS, Edoardo (1976) « Aspetti della cultura linguistica del Manzoni : Claude Favre de Vaugelas e le sue *Remarques sur la langue françoise* », *Studi e saggi linguistici*, 16, p. 25-61.

VLASSOV, Serge (2011) « V. K. Trediakovskij et les théories françaises du bon usage aux XVIIe et XVIIIe siècles », *Revue des études slaves*, 82(2), p. 217-251.

VLASSOV, Serge (2012) « La Synonymie distinctive dans les remarques sur la langue française du XVIIe siècle », in Françoise Berlan et Gérard Berthomieu (édit.), *La Synonymie*, Paris, Presses de l'Université Paris-Sorbonne, p. 379-413.

VOILE, C. (1936) « En lisant Vaugelas », *Le Français moderne*, 4, p. 261-268.

VOITURE, Vincent (1650) *Les Œuvres de Monsieur de Voiture*, Paris, A. Courbé.

VORLAT, Emma (2001) « Lexical rules in Robert Baker's *Reflections on the English language* », *Leuvense bijdragen*, 90(4), p. 391–401.

WADSWORTH, Philip A. (1940) « The *Car* Quarrel », *Modern Languages Quarterly*, 1, p. 527-538.

WAPY (ou WEPY), Jean de (1634) *Les Remarques sur la langue françoise pour parler à la mode & selon l'air du temps*, Mousson, Philippe Vincent.

WEINRICH, Harald (1960) « Vaugelas und die Lehre vom guten Sprachgebrauch », *Zeitschrift für Romanische Philologie*, 76, p. 1-33.

WEINRICH, Harald (1989a) *Conscience linguistique et lectures littéraires*, Paris, Éditions de la Maison des sciences de l'homme.

WEINRICH, Harald (1989b [1985]) « Vaugelas et la théorie du bon usage dans le classicisme français », in Weinrich 1989a, p. 189-217.

WEY, Francis (1845) *Remarques sur la langue française au dix-neuvième siècle, sur le style et la composition littéraire*, 2 vol., Paris, Firmin Didot Frères.

WINKLER, Émile (1912) « La Doctrine grammaticale française d'après Maupas et Oudin », *Beihefte zur Zeitschrift für Romanische Philologie*, 38, Halle, M. Niemeyer.

WIONET, Chantal (2013) « La Mothe lecteur de Vaugelas : l'ombre du doute », in Ayres-Bennett et Seijido (2013), p. 53-64.

WITART, Claude (1581) *Les Faicts et conquestes d'Alexandre le Grand, Roy des Macedoniens, descripts en Grec, en huict livres, par Arrian de Nicomedie surnommé le nouveau Xenophon : Traduicts nouvellement de Grec en Françoys par Cl. Witart [...]*, Paris, Federic Morel.

WOLF, Lothar (1983) « La Normalisation du langage en France. De Malherbe à Grevisse », in *La Norme linguistique*, Montréal/Paris, Publications du Québec / Dictionnaire le Robert, p. 105-137.

WOLF, Lothar (1984) « Le Français de Paris dans les remarques de Vaugelas », in *Langues et cultures. Mélanges offerts à Willy Bal* [= *Cahiers de l'Institut de linguistique de Louvain*, 10], p. 141-152.

WÜLLENWEBER, Heinrich (1877) *Vaugelas und seine Commentatoren : Beitrag zur Geschichte der französischen Sprache während des 17. Jahrhunderts*, Berlin, Carl Hermann Müller.

ZUBER, Roger (1995) *Les « belles infidèles » et la formation du goût classique*, postface d'Emmanuel Bury, Paris, A. Michel.

SOURCES MANUSCRITES[2]

PARIS, BIBLIOTHÈQUE DE L'ARSENAL

3105 : Vaugelas, Remarques sur la langue française. Manuscrit autographe
4115 : *Recueil Conrart*, tome 10,2 Deux poèmes en français : p. 891 Poème « De Monsieur de Vaugelas, A des Dames qui faisoyent une queste à Nevers, & qui estoyent venuës en son logis un jour qu'il avoit pris un lavement », « Empêché d'vn emphêchement [...] » ; p. 892 « Tout à ce moment Maître Isac [...] »)
5420 : *Recueil Conrart*, tome 11,1, p. 19-24 « Note sur une Remarque de M. De Vaugelas. Page 178. », suivie par la discussion d'autres remarques ; p. 24-25 Clef de Conrart : « Qui sont les auteurs, & les piéces q. M.D.V. désigne en plusieurs endroits de ses Rem ? »

PARIS, ARCHIVES DE L'INSTITUT DE FRANCE

« Remarques de l'Académie Françoise sur le Quinte-Curce de Vaugelas, commencées en 1723. Les premiers feuillets, tant du premier tome que du second, ont été égarez » (t. I, p. 14-136 ; t. II, p. 1-270)
Le Dossier Vaugelas de l'Académie Française, comprenant un portrait gravé, extraits de livres ou d'articles concernant Vaugelas, des coupures de presse, et un reçu signé par Vaugelas à la date du 18 décembre 1618
Manuscrits de la bibliothèque Spoelberch de Lovenjoul – Œuvres et dossiers constitués par Sainte-Beuve : Ms Lov. D 566XXIX. Thiers-Vernet, f° 279-294 Vaugelas

PARIS, ARCHIVES DE L'ACADÉMIE FRANÇAISE

Autographes de la Collection Moulin : 1 G 82 Vaugelas – 1 pièce signée (1618) ; Portraits

PARIS, BIBLIOTHÈQUE MAZARINE

3808 (ancien côte : 1954) Vaugelas, *Remarques sur la langue françoise* [...], Paris, 1647, in-4°. À la marge et sur des feuillets ajoutés, les additions de Patru, autographe de celui-ci ; ces additions ont été imprimées à Paris, 1738, 3 vol. in-12. (Ce volume paraît venir du convent des Augustins de la reine Marguerite ; ancienne cote : Z, no 4.)

2 Voir aussi Annexe IV : Lettres manuscrites envoyées par Vaugelas.

PARIS, BIBLIOTHÈQUE NATIONALE DE FRANCE

Fonds français, 3809, f° 116 : Lettre de Vaugelas « A Monseigneur le Duc de Nemours, A Paris ce 14 de sept 1620 »

Fonds français, 12887, f° 83-87 « Remarques escrites par Jean Racine sur quelques phrases de Vaugelas dans son Quinte Curce »

Fonds français, 18470, f° 362 : Mémoire autographe de Vaugelas « pour estre payé de sa Pension »

Fonds français, 25403 : Extraits de Vaugelas (liste abrégée des jugements de Vaugelas en ordre alphabétique)

Fonds français, 31798, f° 482 : Lettre de Vaugelas à d'Hozier, « A Paris, ce 21 juin 1630 »

INDEX DES NOMS

Cet index inclut les noms des auteurs, des autorités sur la langue et des personnages historiques ou mythologiques cités par Vaugelas. Les références renvoient à la pagination du texte de Vaugelas (1647) ou à la section de sa Préface.

INDEX DES TITRES

Cet index inclut les titres des ouvrages cités par Vaugelas. Les références renvoient à la pagination du texte de Vaugelas (1647) ou à la section de sa Préface.

INDEX DU MÉTALANGAGE

Nous donnons la forme moderne du terme. Notez que l'occurrence dans le texte peut utiliser une variante orthographique ou se trouver sous une forme discontinue. Les références renvoient à la pagination du texte de Vaugelas (1647) ou à la section de sa Préface. Nous ne retenons que les usages qui font partie du métalangage du texte et les sens plus techniques des termes. Quand un chiffre est indiqué en gras, le terme est expliqué ou commenté en note de bas de page.

1 Nous nous limitons aux contextes où *bien* est adjectif ou il modifie un verbe tel que *parler*, *écrire*, *dire*, *exprimer*, *placer*, etc.

2 Nous nous limitons ici aux mots composés ; le verbe s'emploie également pour indiquer les constituants d'un vers, d'une phrase ou d'un discours.

3 Nous nous limitons aux contextes où *mal* est adjectif ou il modifie un verbe tel que *parler, écrire, dire, sonner, placer,* etc.

4 Dans plusieurs observations ce verbe est utilisé pour faire une distinction entre usage parlé et usage écrit, mais il peut être employé avec un sens plus général, ou même pour indiquer l'usage écrit. Nous n'incluons pas le verbe *dire* dans cet index, mais il peut également être parfois employé pour indiquer un usage oral qui se distingue de l'usage écrit.

TABLE DES MATIÈRES

REMARQUES
SUR LA
LANGUE FRANÇOISE

UTILES A CEUX QUI VEULENT
BIEN PARLER ET BIEN ESCRIRE

IMPRIM'VERT®

Achevé d'imprimer par Corlet,
Condé-en-Normandie (Calvados),
en Mars 2025
N° d'impression : 187429 - dépôt légal : Mars 2025
Imprimé en France